世界の憲法集

〔第五版〕

畑　博行
小森田秋夫
編

有信堂

第五版　はしがき

一九九一年の初版以来、版を重ねてきた『世界の憲法集』の特徴は、収録している国の多さである。第五版では、スイスと欧州連合を新たに加えた結果、合計一九の国と一つの国際組織に及んでいる。サミットを構成するようないわゆる「主要国」や「欧米先進国」だけではなく、いくつかの旧社会主義国やアジア諸国も含まれている。

このような『世界の憲法集』は、それぞれの読者が関心をもつ国の憲法について調べるのに役立つだけではなく、横に比較することによって、さまざまな発見をもたらしてくれるだろう。

例えば、「憲法」として取り上げるべき規範が単一の憲法典だけとは限らない国があることに気づくだろう。また、憲法典がどのようなことがらについて、どの程度の詳しさで規定するかについても、千差万別であることがわかる（あまりに詳細なため、本書では残念ながら適宜省略せざるを得なかった場合もある）。このような多様な姿は、「諸外国では頻繁に憲法改正が行われているのに、日本国憲法は一度も改正されていない」ということについて考えるさいの、ひとつの手がかりとなるだろう。日本ではなじみの薄い連邦制をとっている国が思いのほか多いこと、そしてひと口に連邦制と言っても、その形はきわめて多様であることにも気づかされる。連邦制をとっているか否かを問わず、世界の各地で起こっている国家の枠組みをめぐる変動には、各国内の「地域」の地位がかかわっている場合があり、憲法上の仕組みについての理解が欠かせない。

憲法に限らず、法律の翻訳というのはなかなか厄介な作業である。正確であることと分かりやすいこと、それぞれの国の文脈に即して厳密であることと日本の法律用語に照らしてなじみやすいことなど、時として折り合いのつきにくい事例にぶつかりながら、適切な訳語・訳文を選択することは、専門家にとっても容易ではない。一度行った選択を再考することもあるだろう。読者の皆さんには、そんなことも頭に置きながら、本書を利用していただければと思う。また、執筆者の皆さんには、地味ながら多大なご苦労に対して編者として感謝申し上げたい。

最後に、今回も、執筆者とのやり取り、校正のチェックなど骨の折れる仕事を重ねながら、新版の出版を推進してくださった有信堂代表取締役の髙橋明義氏に、厚くお礼を申し上げる。

二〇一八年五月

編　者

凡例

・内容現在　二〇一八年五月一日

・条文見出し　各条の下に見出しを付した。テキスト正文自体の見出しは、（ ）で示し、訳者が付したものは、〔 〕で示した。

世界の憲法集〔第五版〕／目　次

はしがき
1 アメリカ合衆国…………高井裕之
解説（2） アメリカ合衆国憲法（6）
2 イタリア共和国…………高橋利安
解説（18） イタリア共和国憲法（25）
3 インド…………孝忠延夫
解説（44） インド憲法（48）
4 オーストラリア連邦…………佐藤潤一
解説（82） オーストラリア連邦憲法（89）
5 オーストリア連邦…………高田 敏
解説（108） オーストリア連邦憲法（116）
6 カナダ…………畑 博行
解説（144） 一九八二年カナダ憲法（148）
7 スイス…………平松 毅
解説（156） スイス連邦憲法（160）
8 スウェーデン…………平松 毅
解説（186） 統治法典（191） 王位継承法（208）
出版の自由に関する法律（209） 表現の自由に関する基本法（225）

9 スペイン……百地　章
解説（236）　スペイン憲法（240）
10 大韓民国……尹　龍澤
解説（264）　大韓民国憲法（271）
11 中華人民共和国……杉田憲治　全　理其
解説（284）　中華人民共和国憲法（293）
12 デンマーク……畑　博行
解説（310）　デンマーク王国憲法（313）
13 ドイツ連邦共和国……永田秀樹
解説（324）　ドイツ連邦共和国基本法（329）
14 フィリピン共和国……萩野芳夫
解説（364）　フィリピン共和国憲法（369）
15 ブラジル連邦共和国……二宮正人　永井康之
解説（400）　ブラジル連邦共和国憲法（408）
16 フランス共和国……光信一宏
解説（460）　フランス共和国憲法（465）
17 ベルギー王国……武居一正
解説（484）　ベルギー国憲法（493）
18 ポーランド共和国……小森田秋夫
解説（520）　ポーランド共和国憲法（525）

19 ロシア連邦……佐藤史人

解説（552）　ロシア連邦憲法（558）

20 欧州連合（ＥＵ）……新井信之

解説（576）　欧州連合（ＥＵ）条約（581）

欧州連合（ＥＵ）運営条約（594）　欧州連合（ＥＵ）基本権憲章（615）

資料　日本国憲法（621）

1 アメリカ合衆国

髙井 裕之

解説 2
アメリカ合衆国憲法 6
前文……六
第一条 連邦議会……六
第二条 大統領……九
第三条 司法権……一〇
第四条 連邦制……一一
第五条 憲法修正……一一
第六条 最高法規……一一
第七条 承認……一二
修正条項（第一条～第二七条）……一三

解説

一　制定史

北米大陸東岸における英国の植民地建設は一七世紀初頭にさかのぼる。それ以来、欧州からわたってきた人々は議会を開き住民参加の政治経験を積むとともに、欧州での宗教対立の経験をふまえ、政治と宗教に関わるさまざまな統治形態を試みてきた。一八世紀半ば、英本国が植民地に対する課税を強化し貿易を制限したことをきっかけに次第に植民地側の不満が高まり、本国と植民地人との武力衝突にいたる。植民地側は、一七七六年七月四日「独立宣言」を発し、困難な戦いに勝利し、一七八三年に英本国との講和により独立を達成した。しかし、これら一三の植民地諸邦が一七七七年に採択し八一年に発効した「連合規約（The Articles of Confederation）」においては連合体が邦に対してあまりに弱体で、財政基盤も脆弱であった。そこで、より強力な結合をめざし、一七八七年五月、フィラデルフィアに各邦からの代表者が集まり、そこで新たな憲法を制定することにした。もっとも、会議においては、政情の安定と自由な通商を求め強力な連邦政府の樹立を求める勢力と、中央政府への集権を警戒し邦の権限を守ろうとする者との対立をはじめ、商工業者の多い北部と奴隷による農業経営で成り立つ南部との対立、あるいは人口の多い邦と少ない邦との対立など、多くの困難があった。しかし、これを何とか乗り越えて意見をまとめ、同年九月一七日、アメリカ合衆国憲法を採択した。その承認のための各邦の憲法会議においても、憲法制定に賛成するフェデラリストとこれに反対する反フェデラリストの間で論戦があったが、翌年六月、所定の九邦の承認を得て合衆国憲法は発効し、一七八九年四月三〇日、ジョージ・ワシントンが初代大統領に就任し、合衆国政府が成立した。

合衆国憲法は、その制定過程から窺えるように、奴隷制の温存などいくつかの点で妥協的な部分を有しているが、基本的な構造においては確固とした原理に立脚しているものということができる。それは、国防、外交、対外通商等の面では連邦政府の権限を認め統一国家として行動できるようにしつつ、それら連邦政府の権限は憲法に列挙するという形で、それ以外の権限は原則的に州が有するとしたのである。また、連邦政府も権力分立制を採用し、立法、執行、司法をそれぞれ担う機関を分離するとともに、それら相互の抑制と均衡を図っている。

ところで、制定過程で反フェデラリストは、憲法が（わずかの例外を除き）個人の権利の保障を欠いていることを攻撃したが、フェデラリストも権利保障条項の追加を約し、一七九一年、修正一条から一〇条として実現した。これを「権利章典（the Bill of Rights）」という。その内容としては比較的に手続（とくに刑事手続）保障に詳細であり、イギリスで歴史的に保障されてきたものを受け継いでいる。ただ、これらの保障はもっぱら連邦政府に対するものであり、州政府に対する権利保障は州憲法に委ねられるとされていたのであった。

二　成立後の変遷と展開

制定まもない一八〇三年、Marbury v. Madison 判決において最高裁判所は、憲法に明文の規定はないものの、憲法の最高法規性や司法権の性質を根拠に、連邦議会の制定した法律の憲法適合性を判断する権限を裁判所自らが有すると判示し、違憲審査制を確立した。合衆国憲法を今日の姿に大きく近づける画期となったのは南北戦争（一八六一年～六五年）である。北軍の勝利の結果、修正一三条は奴隷制を廃止し、修正一四条で黒人を市民として認めその平等の地位を保障し、さらに修正一五条でその投票権を保障しようとしたのである。これらの条項はまた、州を拘束するものであって、連邦議会の権限を明記することにより、州に対する連邦の権限の拡大への道を開いたものといえる。もっとも、現実の黒人の地位は長らく向上しなかった。連邦最高裁は、修正一四条は、私人による差別を禁止する権限を連邦議会に与えていないと判示し、また、公共施設における人種分離も「分離すれど平等」の法理の下、合憲としたのであった。

一九世紀末からの資本主義の発達に伴い、経済活動規制や労働者保護のための立法がなされるようになるが、自由放任主義を信奉する最高裁は、修正一四条のデュー・プロセス（適正手続）条項から「契約の自由」を導く解釈をし、労働時間制限立法や最低賃金法などを違憲とした。また、大恐慌後のニュー・ディールにおける主要な立法に対しても、最高裁は、連邦議会の権限や委任立法の限界を狭く解することにより違憲と判示した。ここにおいて、大統領・議会と最高裁との間の緊張が高まったが、「憲法革命」と呼ばれる一九三七年の判例変更により、最高裁は、経済・社会立法への介入を控えるようになった。

第二次大戦前後からアメリカが政治的・軍事的な大国となるに伴い、政治の実権が連邦議会から大統領に集中するようになる。外交上は、上院の承認を要する条約（第二条二節2項）に代わって、それを要しない行政協定という形式が多用され、軍事的には、ベトナム戦争に見られるように議会の宣戦布告（第一条八節11項）がないにもかかわらず、軍の最高司令官としての大統領（第二条二節1項）の命令による軍事行動が増加するようになった。議会はこれに対して、戦争権限法を制定して大統領による軍事行動を議会の統制下に置こうとした。さらに、ウォターゲート事件は大統領による権力濫用をまざまざと見せつけた。

戦後はまた、判例による個人の権利の保障が一層発展した。一九五〇年代の冷戦下、最高裁は破壊活動の唱道にかかわる事件で「明白かつ現在の危険」の法理を一時、実質的に放棄し、表現の自由の保障を後退させたが、その後再び表現の自由を強く保護する法理を構築するにいたっている。何より、ウォーレン長官率いる連邦最高裁では平等主義的傾向が顕著であった。最高裁は、一九五四年、先に触れた「分離すれど平等」の理論を放棄し、公立学校の人種別学は違憲であると判断した。これ以後、最高裁は、他の場面での人種差別の撤廃にも熱心に取り組み、また、議員定数不均衡の是正や刑事手続における権利保障にも積極的姿勢を見せるようになった。人種別学や議員定数不均衡に対する裁判所による救済手段の積極化は、現代国家における裁判所の役割に関する議論を呼び起こした。

一九七〇年代になり、バーガー長官の時代には、刑事手続上の権利の拡大に対して慎重な態度をとる反面、憲法上の権利として人工妊娠中絶の自由を認めるなど司法積極主義的な方向を見せることもあり、最高裁はやや保守化したとはいえ、根本的な姿勢の転換にはいたっていない。このことは、一九八六年に任命されたレーンキスト長官の下でも同様であり、妊娠中絶の自由の憲法的保障もやや範囲を狭められつつも基本的には維持されており、また、同性愛行為の処罰を違憲とする判決も出された。保守派は、政教分離を緩和し、人種に関するアファーマティブ・アクション(積極的差別是正措置)を違憲とすることを求めているが、最高裁はそのような主張を一部認めつつも全面的には受け入れていない。死刑に関してもその適用を制限する判決をいくつか下している。ただ、近年、最高裁は連邦制原理を重視し、連邦政府の権限を限定する一連の判決を下し始め、これはニュー・ディール期以来の判例の流れを変えるものとして注目される。二〇〇五年に就任したロバーツ長官の下でも、今のところ最高裁はこのような流れにそっているように見える。近年では、同性結婚を憲法上の権利として認め、注目された。なお、二〇〇一年九月の同時多発テロ以降、「テロとの戦い」のなかで拘束された「敵性戦闘員」の処遇も、重大な法的・憲法的問題を提起しており、最高裁はいくつかの重要な判決を下している。

三　特　徴

以上のような発展を遂げた合衆国憲法の特徴は、形式的には硬性成典憲法たる点に、内容的には連邦制、権力分立、個人的権利の保障の三点に要約できよう。

合衆国憲法は、憲法をもって通常の立法に優位するものとする観念に基づき、厳格な改正手続を定めている(第五条)。このため、二三〇年の歴史でわずかに二七の修正条項が追加されただけであるが、憲法が今日なおアメリカ政治の根幹をなしているのは、柔軟で創造力ある運用がなされてきたことにもよる。州際通商条項やデュー・プロセス条項についての判例の展開、あるいは大統領の実質的な直接選挙化をその例として挙げうる。

連邦制に関しては、当初、連邦政府の権限は憲法に列挙された事項(第一条八節参照)に限定され、その他は州または人民に留保される(修正一〇条)と考えられていた。が、必要・適切条項(第一条八節18項)や州際通商条項(同3項)を通じて、さらに連邦政府から州への補助金の支給によって、連邦政府の活動領域は広がっている。

合衆国憲法に先立つ州憲法の下での経験から、議会への権力集中が警戒され、典型的な三権分立制が採用された。すなわち、議院内閣制と異なり、大統領の選出は基本的には議会によらない(第二条一節2項・3項、修正一二条参照)反面、大統領は議会を解散しえない。また、大統領および閣僚は議員と兼職できない(第一条六節2項)。裁判官は大統領が上院の同意を得て任命するが(第三条二節2項)終身の任期を保障される(第三条一節)。他方、権力相互の抑制と均衡も図られ、例えば大統領は議会を通過した法案の拒否権(絶対的ではないが)を有する(第一条七節2項)が、大統領が条約を締結するには上院の三分の二の賛成が、また、大使や最高裁判事などを任命するにはその過半数の賛成が、それぞれ必要とされている(第二条二節2項)。連邦議会はまた、人統領、裁判官その他の公務員を弾劾することができ（第一条二節5項、三節6項）、裁判所の管轄権を決定することもできる（第三条二節2項）。これに対して、最高裁の違憲審査権が確立したことはすでに述べた。ただし、このような厳格な三権分立の制度をとっているため、他の民主主義国家と較べてアメリカの場合には独任制機関である大統領の権限が突出している点は否定できない。そのため、特にその事故の際の対応についての規定（第二条一節6項、修正二〇条・二五条）にも注目すべきである。

最後に個人の権利について見ると、南北戦争後の憲法修正においては、修正一五、一九、二四、二六条による投票権の拡大や、修正一七条（上院議員の直接選挙）、二三条（首都ワシントンの大統領選挙権）に見られるように、民主主義の拡大を目指してきたといえよう。さらに判例上、手続保障は刑事のみならず行政手続にまで及ぼされている。先に触れたように、平等保護や表現の自由などはとくに重要であるが、その発展に伴いつねに新しい問題に遭遇する。近年では、修正一条に関してインターネット上の表現の規制や、修正四条に関して電子機器による捜索の許容性をめぐる問題が、その例である。

参考文献

根來源之『米國憲法』（一九一四年、根來翻譯通譯事務所）
土橋友四郎『日本憲法比較対照　世界各国憲法』（一九二五年、有斐閣）
高木八尺『米國憲法略義』（一九四七年、有斐閣）
アメリカ学会編訳『原典アメリカ史』第一、二、四、五、七巻（一九五〇―一九八二年、岩波書店）
大石義雄編『世界各国の憲法典』（宮田豊担当）（一九五六年、有信堂）
E・S・コーウィン（京都大学憲法研究会編）『アメリカ合衆国憲法』（一九六〇年、有信堂）
C・H・プリチェット（村田・西・竹花訳）『アメリカ憲法入門』（一九七二年、成文堂）
田中英夫『英米法総論　上下』（一九八〇年、東京大学出版会）
宮沢俊義編『世界憲法集　第四版』（斎藤眞担当）（一九八三年、岩波文庫）
塚本重頼・長内了『註解アメリカ憲法　全訂新版』（一九八三年、酒井書店）
アメリカ大使館広報・文化交流局『アメリカ合衆国憲法』（一九八七年）
『［対訳］アメリカ合衆国憲法』（一九八七年、中経出版）
飛田茂雄『アメリカ合衆国憲法を英文で読む』（一九九八年、中公新書）
阿川尚之『憲法で読むアメリカ史　上下』（二〇〇四年、PHP新書）
初宿正典・辻村みよ子編『新解説 世界憲法集　第4版』（野坂泰司担当）（二〇一七年、三省堂）
高橋和之編『［新版］世界憲法集　第二版』（土井真一担当）（二〇一二年、岩波文庫）
松井茂記『アメリカ憲法入門［第8版］』（二〇一八年、有斐閣）

アメリカ合衆国憲法

〔前文〕

われら合衆国の人民は、より完全な連邦を形成し、正義を樹立し、国内の平穏を保障し、共同の防衛に備え、一般の福祉を増進し、およびわれらとわれらの子孫に自由のもたらす恵沢を確保する目的をもって、この憲法をアメリカ合衆国のために確定し制定する。

第一条〔連邦議会〕

第一節〔立法権の帰属、二院制〕

この憲法によって与えられる立法権は、すべて、上院および下院からなる合衆国連邦議会に属する。

第二節〔下院の組織〕

1〔下院議員の任期、選挙人資格〕 下院は、各州の人民によって二年ごとに選出される議員によって組織される。各州の選挙人は、その州議会の議員数の多い議院の選挙人となるのに必要な資格を有していなければならない。

2〔下院議員の資格〕 何人も、年齢二五歳に達しない者、七年間の合衆国市民権を有しない者、および選挙されたときにその選出された州の住民でない者は、下院議員となることができない。

3〔直接税の配分、議員定数配分〕【下院議員および直接税は、連邦に加入する各州の間に、その人口に比例して配分される。その人口は、一定年限役務に服さなければならない者を含み、課税されないインディアンを除く自由人の総数に、その他の者すべての五分の三を加えた数とする。】＊ 実際の人口の算定は、合衆国連邦議会の最初の開会から三年以内に、またその後は一〇年以内ごとに、連邦議会が法律で定める方法に従って行うものとする。下院議員の定数は、人口三万人に対して一名の割合を超えてはならない。ただし、各州は少なくとも一名の下院議員を選出することができる。この人口の算定が行われるまでは、ニュー・ハンプシャー州は三名、マサチューセッツ州は八名、ロード・アイランド・アンド・プロヴィデンス・プランテーションズ州は一名、コネティカット州は五名、ニュー・ヨーク州は六名、ニュー・ジャージー州は四名、ペンシルヴェニア州は八名、デラウェア州は一名、メリーランド州は六名、ヴァージニア州は一〇名、ノース・カロライナ州は五名、サウス・カロライナ州は五名、およびジョージア州は三名、それぞれ選出することができる。

（＊修正一四条二節、修正一六条で変更）

4〔補欠選挙〕 各州から選出された下院議員に欠員が生じたときは、その州の執行府は、欠員を補充するための選挙命令を発しなければならない。

5〔下院の役員、弾劾申立〕 下院は、その議長その他の役員を選任する。また、下院は弾劾を申し立てる権限を専有する。

第三節〔上院の組織〕

1〔上院議員の任期、選出方法〕 合衆国の上院は、各州から二名ずつ、【その州議会によって】＊六年の任期で選出される上院議員によって組織される。各上院議員は一票の投票権を有する。

（＊修正一七条で変更）

2〔上院議員の区分、欠員補充〕 第一回の選挙の結果に基づいて上院議員が集会したときは、直ちにこれをできるだけ同数の三部に分ける。上院の三分の一が二年ごとに改選されるようにするため、第一部の議員は二年目の終わりに、第二部の議員は四年目の終わりに、第三部の議員は六年目の終わりに、それぞれ議席を失う。【州議会の閉会中に辞職その他の理由で欠員が生じた場合には、州議会が次の開会時に欠員を補充するまでの間、その州の執行府は臨時の任命を行うことができる。】＊

（＊修正一七条2項で変更）

3〔上院議員の資格〕 何人も、年齢三〇歳に達しない者、九年間の合衆国市民権を有しない者、および選挙されたときにその選出された州の住民でない者は、上院議員となることができない。

4〔上院議長〕 合衆国の副大統領は上院の議長となる。ただし、可否同数の場合を除き、表決権を有しない。

5〔上院の役員〕 上院は、議長を除く上院の役員を選任する。また、副大統領が欠席し、または合衆国大統領の職務を行う場合には、臨時議長を選任する。

6〔弾劾裁判〕 上院はすべての弾劾を裁判する権限を専有する。この目的のために開会されるときは、議員は宣誓または確約をしなければならない。合衆国大統領が裁判されるときは、最高裁判所長官が議長となる。何人も、出席議員の三分の二の賛成がなければ有罪の判決を受けることはない。

7〔弾劾裁判判決の効力〕　弾劾事件の判決は、職務からの罷免、および名誉、信任または報酬を伴う合衆国の官職に就任し在職する資格の剥奪を超えて及んではならない。ただし、有罪の判決を受けた者は、さらに法律の規定によって起訴、審理、判決および処罰を受けることを免れない。

第四節〔選挙規定、集会期日〕

1〔両院議員の選挙の規定〕　上院議員および下院議員の選挙を行う日時、場所および方法は、各州においてその州議会が定める。ただし、連邦議会は、上院議員を選出する場所を除いては、いつでも法律でその規則を制定または変更することができる。

2〔連邦議会の集会期日〕　連邦議会は少なくとも毎年一回集会する。【この集会は、連邦議会が法律で別の日を指定しない限り、一二月の第一月曜日に開会される。】*

（*修正二〇条二節で変更）

第五節〔議院の権限〕

1〔選挙・資格争訟の裁判、定足数〕　各議院は、その議員の選挙、選挙報告および資格に関する争訟を裁判する。各議院の過半数をもって議事を行うに必要な定足数とする。定足数に満たない場合にはその当日を休会とし、各議院の定める方法および制裁をもって欠席議員の出席を強制することができる。

2〔議事規則、懲罰〕　各議院は、その議事規則を定め、秩序を乱した議員を懲罰し、三分の二の賛成をもって議員を除名することができる。

3〔議事録〕　各議院は、その議事録を作成し、各議院が秘密を要すると判断する部分を除いて、随時これを公表しなければならない。各議院の議員の賛否は、いかなる議題についても、出席議員の五分の一の要求があるときは、これを議事録に記載しなければならない。

4〔休会の制限〕　いずれの議院も、連邦議会の会期中は、他の議院の同意のない限り、三日を超えて休会し、またはその議場を両議院が開会中の場所以外へ移してはならない。

第六節〔議員の特権、兼職制限〕

1〔報酬、不逮捕特権、免責特権〕　上院議員および下院議員は、その職務に対して、【法律によって確定され】*、合衆国国庫から支払われる報酬を受ける。両議院の議員は、叛逆罪、重罪および治安妨害罪以外のどのような場合にも、開会中の各議院に出席中、および議場への往復途上において逮捕されない特権を有する。両議院の議員は、また、議院における発言または討論について院外で責任を問われない。

（*修正二七条で条件づけ）

2〔議員の兼職禁止〕　上院議員および下院議員は、その任期中に新設または増俸された合衆国の文官職に、その選出された任期中に任命されることはできない。また、何人も、合衆国の官職に就いている者は、その在職中はいずれの議院の議員にもなることができない。

第七節〔立法手続〕

1〔歳入法案〕　歳入を徴収するための法律案は、すべて下院において先議されなければならない。ただし、上院は、他の法律案におけるのと同じく、修正案を発議し、または修正を付して同意することができる。

2〔法律制定手続〕　法律案は、すべて、下院および上院によって可決されたのち、法律となるに先立ち、合衆国大統領に提出されなければならない。大統領は、承認するときはこれに署名し、承認しないときは反対理由を付して、これが発議された議院に還付する。その議院は、反対理由の全部を議事録に記載し、法律案を再審議に付する。再審議ののち、その議院の三分の二の議員が法律案の可決に賛成すれば、その法律案は大統領の反対理由とともに他の議院に送付され、そこで同様に再審議され、三分の二の議員の賛成で承認されれば、それは法律となる。ただし、そのようなすべての場合において、両議院の表決は賛否の表明によってなされ、法律案の賛成投票者および反対投票者の名はそれぞれの議院の議事録に記載されなければならない。法律案が大統領に提出されたのち一〇日（日曜日を除く）以内に大統領から還付されなければ、その法律案は大統領が署名した場合と同様に法律となる。ただし、連邦議会が休会によりその還付を妨げた場合には、法律とならない。

3〔両院合同決議〕　上院および下院の同意を要する命令、決議または表決（休会の議決を除く）は、すべて、合衆国大統領に提出されなければならない。それらは、効力を生ずるに先立ち、大統領によって承認されなければならず、もし大統領が承認しないときは、法律案の場合について定められた規則および制限に従って上院および下院の三分の二の議員の賛成によって再び可決されなければならない。

第八節〔連邦議会の権限〕

1〔徴税〕　連邦議会は次の権限を有する。合衆国の国債を支払い、その共同の防衛および一般の福祉に備えるため、租税、関税、一般税および消費税を賦課徴収すること。ただし、すべての関税、一般税および消費税は合衆国全土を通じて均一でなければならない。

2〔借入金〕　合衆国の信用において金銭を借入すること。

3〔通商規制〕　諸外国との通商、各州の間の通商、およびインディアンの諸部族との通商を規制すること。

4〔帰化、破産〕　合衆国全土を通じて統一的な帰化の規則、および統一的な破産に関する法律を制定すること。

5〔貨幣、度量衡〕　貨幣を鋳造し、その価値および外国の貨幣の価値を規律し、度量衡の標準を定めること。

6〔通貨偽造の処罰〕　合衆国の証券および通貨の偽造に対する罰則を定めること。

7〔郵便〕　郵便局を設け、郵便道路を建設すること。

8〔知的財産権の保護〕　限られた期間、著作者および発明者に各々の著作および発見についての独占的権利を保障することにより、科学および有用な技芸の発展を促進すること。

9〔下級裁判所の設置〕　最高裁判所の下に下級裁判所を組織すること。

10〔国際犯罪の処罰〕　公海において犯される海賊行為および重罪、ならびに国際法に違反する犯罪を規定し、処罰すること。

11〔宣戦布告〕　戦争を宣言し、敵国船拿捕免許状を付与し、陸上および海上における拿捕に関する規則を設けること。

12〔陸軍の設立〕　陸軍を徴募し、維持すること。ただし、そのために用いられる歳出予算は、二年を超える長期にわたってはならない。

13〔海軍の設立〕　海軍を創設し、維持すること。

14〔軍隊の規則〕　陸軍および海軍の統轄および規律に関する規則を定めること。

15〔民兵の召集〕　連邦の法律を執行し、叛乱を鎮圧し、および侵略を撃退するための民兵の召集について規定すること。

16〔民兵の規律〕　民兵の編成、武装および規律について、ならびに民兵中、合衆国の軍務に服する部分の統轄について規定すること。ただし、各州は、将校を任命し、および連邦議会の規定する規律に従って民兵を訓練する権限を留保する。

17〔連邦政府の所在地等〕　特定の州が譲渡し連邦議会が受領することにより合衆国政府の所在地となるべき地区（一〇マイル平方を超えてはならない）に対していかなる事項についても排他的立法権を行使すること。また、要塞、武器庫、兵器工場、造船所その他の必要な建造物の建設のために、その所在する州の議会の同意を得て購入した地域すべてに対して同様の権限を行使すること。

18〔必要・適切条項〕　上記の権限、およびこの憲法によって合衆国政府またはその機関もしくは公務員に与えられた他のすべての権限を行使するために必要かつ適切な一切の法律を制定すること。

第九節〔連邦議会の権限の制限〕

1〔奴隷の輸入〕　現在存在する州のいずれかが受け入れを適当と認める人々の移住または輸入は、一八〇八年以前においては、連邦議会はこれを禁止してはならない。ただし、そのような輸入に対し、一人当たり一〇ドルを超えない租税または関税を課することができる。

2〔人身保護令状〕　人身保護令状の特権は、叛乱または侵略に際し公共の安全に基づく必要のある場合を除き、これを停止してはならない。

3〔権利剥奪法・事後処罰法の禁止〕　権利剥奪法または事後処罰法は、これを制定してはならない。

4〔人頭税・直接税〕**【**人頭税その他の直接税は、先の規定により実施すべき国勢調査または人口算定に基づく比率によるのでなければ、これを課してはならない。**】＊**

（＊修正一六条で変更）

5〔輸出税の禁止〕　各州から輸出される物品には、租税または関税を課してはならない。

6〔港湾規制〕　通商または徴税に関する規制において、一州の港湾を他州の港湾よりも優遇してはならない。また、一州に向かい、または一州から出航する船舶に対して、他州において入港し、出入港手続をし、または関税を支払うことを強制してはならない。

7〔予算・決算〕すべて国庫からの金銭の支出は、法律の定める歳出予算に基づかなければならない。また、一切の公金の収支に関する正式の報告および決算は、随時公表しなければならない。

8〔貴族制度の禁止〕　合衆国は、貴族の称号を授与してはならない。何人も、報酬または信任を伴う合衆国の官職にある者は、連邦議会の同意がなければ、いかなる国王、王侯または外国からも、その性質の如何にかかわらず、贈与、俸給、官職または称号を受けてはならない。

第一〇節〔州の権限の制限〕

1〔州に対する禁止事項〕　いかなる州も、条約、同盟もしくは連合を締結すること、敵国船拿捕免許状を付与すること、貨幣を鋳造すること、信用証券を発行すること、金貨銀貨以外の物を債務弁済の法定手段とすること、権利剥奪法、事後処罰法もしくは契約上の債務を損なう法律を制定すること、または貴族の称号を授与することをしてはならない。

2〔輸入税・輸出税〕　いかなる州も、その検査法を執行するために絶対に必要な場合を除き、連邦議会の同意がなければ、輸入または輸出に対して輸入税または輸出税を課してはならない。各州が輸出入に課した輸出入税の純収益は合衆国国庫の用に充てられる。また、これに関するすべての法律は、連邦議会の修正および監督に服する。

3〔州の軍事権限等の規制〕　いかなる州も、連邦議会の同意がなければ、噸税を課すること、平時において軍隊もしくは軍艦を保持すること、他州もしくは外国と協約もしくは協定を締結すること、または、現実に侵略され、もしくは猶予を許さない急迫する危険がある場合を除き、戦争を行うことをしてはならない。

第二条〔大統領〕

第一節〔大統領・副大統領職〕

1〔執行権の帰属〕　執行権はアメリカ合衆国大統領に属する。大統領の任期は四年とし、同一の任期で選出される副大統領とともに、次の方法で選挙される。

2〔大統領選挙の方法〕【各州は、その州から連邦議会に選出することのできる上院議員および下院議員の総数と同数の選挙人を、その州議会の定める方法で選任する。】＊　ただし、上院議員、下院議員、または信任もしくは報酬を伴う合衆国の官職にある者は、選挙人になることができない。

（＊修正一三条で補足）

3〔同上〕　【選挙人は、各々の州において会合し、無記名投票によって二名に投票する。ただし、そのうちの少なくとも一名は、選挙人と同じ州の住民であってはならない。選挙人は、すべての得票者およびその各々の得票数の表を作成し、これに署名し証明したうえ封印し、上院議長に宛ててこれを合衆国政府所在地に送付しなければならない。上院議長は、上院議員および下院議員の立ち会いの下ですべての証明書を開封し、次いで投票が計算されるものとする。ただし、投票の最多数を得た者が大統領となる。ただし、選任された選挙人の過半数の投票を得なければならない。もしそのような過半数を得た者が二名以上ありその得票が同数のときは、下院は直ちに無記名投票でそのうちの一名を大統領に選出する。もし過半数の得票をした者がないときは、上位得票者五名のうちから下院が同様の方法で大統領を選出する。ただし、下院が大統領を選出する場合には、投票は州を単位に行われ、各州の議員団が一票を有するものとする。この目的のための定足数には、全州の三分の二から一名以上の議員の出席を要し、また、大統領の選出には全州の過半数を必要とする。いずれの場合も、大統領選出の後に選挙人の投票を最も多く得た者が副大統領となる。ただし、もし得票が同数の者が二名以上あるときは、上院がそれらの者のうちから無記名投票で副大統領を選出する。】＊

（＊修正一二条で変更）

4〔同上〕　連邦議会は、選挙人を選任する時、および選挙人が投票する日を決定することができる。ただし、その投票日は合衆国を通じて同一でなければならない。

5〔大統領の資格〕　出生による市民であるか、またはこの憲法の採択の時点で合衆国の市民である者を除き、何人も合衆国大統領の職に就く資格を有しない。また、年齢三五歳に達しない者、および一四年間合衆国に居住したことのない者も、大統領職に就く資格を有しない。

6〔大統領・副大統領の事故〕　【大統領の罷免、死亡、辞任、またはその職務上の権限および義務の遂行不能の場合、その職務は副大統領に移転する。】＊　連邦議会は、法律で、大統領および副大統領がともに、罷免され、死亡し、辞任し、または職務遂行不能となった場合について規定し、この場合に大統領の職務を行うべき公務員を定めることができる。この公務員は、これにより、職務遂行不能が除去され、または大統領が選出されるまで、大統領の職務を行う。

（＊修正二五条で補足）

7〔大統領の報酬〕　大統領は、定時にその職務に対して報酬を受ける。その額は、任期中、増額も減額もされない。また、大統領は、その任期中、合衆国またはいかなる州からも、その他の報酬を受けてはならない。

8〔就任宣誓〕　大統領は、その職務の遂行を開始する前に、次のような宣誓または確約をしなければならない。

「私は、合衆国大統領の職務を誠実に遂行し、全力を挙げて、合衆国憲法を維持し、保護し、擁護することを厳粛に誓う（または確約する）。」

第二節〔大統領の権限〕

1〔軍司令権、意見聴取権、恩赦権〕　大統領は、合衆国の陸海軍、および現に合衆国の軍務に服するために召集された各州の民兵の最高司令官である。大統領は、執行各部の長官に対して、その各々の職務に関連するいかなる事項についても書面による意見を求めることができる。大統領は、弾劾の場合を除き、合衆国に対する犯罪について、刑の執行停止および恩赦を行う権限を有する。

2〔条約締結権、公務員任命権〕　大統領は、上院の助言と同意によって条約を締結する権限を有する。ただし、この場合には、上院の出席議員の三分の二の賛成を要する。大統領は、大使その他の外交使節および領事、最高裁判所の裁判官、ならびに、この憲法において任命について別段の定めがなく、かつ法律によって設置される合衆国の他のすべての公務員を指名し、上院の助言と同意によって任命する。ただし、連邦議会は、法律により、下級公務員の任命権を、その適当と判断するところに従って、大統領単独に、司法裁判所に、または各部の長官に与えることができる。

3〔臨時の任命権〕　大統領は、上院の閉会中に発生したすべての欠員を、任命書を交付することにより補充する権限を有する。ただし、その任命は、次の会期の終わりにその効力を失う。

第三節〔大統領のその他の権限〕

大統領は、随時、連邦議会に連邦の状況に関する情報を与え、必要かつ適切と考える方策を審議するよう勧告するものとする。大統領は、非常の場合には、両院または一院を招集することができる。大統領は、両院の間で休会の時期について意見が一致しないときは、自ら適当と考える時期まで両院を休会させることができる。大統領は、大使その他の外交使節を接受する。大統領は、法律が誠実に執行されるように配慮し、また、合衆国のすべての公務員に任命書を交付する。

第四節〔弾劾〕

大統領、副大統領およびすべての合衆国の文官は、叛逆罪、収賄罪またはその他の重罪および軽罪について弾劾され、かつ有罪判決を受けたときは、罷免される。

第三条〔司法権〕

第一節〔司法権の帰属〕

合衆国の司法権は、一つの最高裁判所、および連邦議会が随時設置することができる下級裁判所に属する。最高裁判所および下級裁判所の裁判官は、罪過なき限りその職を保持し、定時にその職務に対し報酬を受ける。この報酬は、在任中、減額されない。

第二節〔管轄権〕

1〔事件・争訟〕　司法権は次の事件または争訟に及ぶ。〔一〕この憲法、合衆国の法律、および合衆国の権限に基づいてすでに締結され、または将来締結される条約の下で発生する、普通法および衡平法上のすべての事件。〔二〕大使その他の外交使節および領事に関係するすべての事件。〔三〕海事および海上管轄に関するすべての事件。〔四〕合衆国が当事者である争訟。〔五〕二以上の州の間の争訟。【〔六〕ある州と他州の市民との間の争訟。】＊〔七〕異なる州の市民の間の争訟。〔八〕異なる諸州の付与に基づく土地についての主張をする、同一の州の市民の間の争訟。ならびに、〔九〕【ある州またはその市民と、外国、その市民または臣民との間の争訟。】＊

（＊修正一一条で限定）

2〔最高裁判所の管轄〕　大使その他の外交使節および領事に関係するすべての事件、ならびに州が当事者であるすべての事件においては、最高裁判所が第一審管轄権を有する。先に規定したその他のすべての事件においては、最高裁判所は、連邦議会の定める例外を除いて、また、その定める規律に従って、法律および事実の双方について上訴管轄権を有する。

3〔犯罪の審理〕　すべての犯罪の審理は、弾劾の場合を除いては、陪審によらなければならない。その審理は、当該犯罪が行われた州で行われなければならない。ただし、犯罪地がいずれの州にも属さない場合には、審理は、連邦議会が法律で定めた場所で行われなければならない。

第三節〔叛逆罪〕

1〔叛逆の証明〕　合衆国に対する叛逆罪を構成するのは、合衆国に対して戦いを起こし、または敵に援助および便宜を与えてこれに加担する行為のみとする。何人も、同一の外面的行為についての二人の証人の証言によるか、または公開の法廷における自白によるのでない限り、叛逆罪につき有罪とされない。

2〔叛逆罪の刑罰〕　連邦議会は叛逆罪の刑罰を定める権限を有する。ただし、叛逆を理由とする権利剥奪は血統汚損に及んではならず、また権利を剥奪される者の生存期間を除いては財産没収があってはならない。

第四条〔連邦制〕

第一節〔州間の相互信頼〕

各州は、他のすべての州の法令、記録および司法上の手続に対して十分の信頼および信用を与えなければならない。連邦議会は、そのような法令、記録および手続を証明する方法、ならびにその効力について、一般的法律によって規定することができる。

第二節〔州間での特権・免除〕

1〔特権・免除〕　各州の市民は、他州においても、その州の市民の有する特権および免除をすべて享有することができる。

2〔逃亡犯罪人の引き渡し〕　ある州において叛逆罪、重罪またはその他の犯罪で告発された者が逃亡して裁判を免れ、他州で発見されたときは、逃亡された州の執行府の要求があれば、その者は、その犯罪につき管轄権を有する州に移すため引き渡されなければならない。

3〔逃亡奴隷の引き渡し〕　【何人も、ある州においてその法律の下で役務または労働の義務を負う者は、他州に逃亡しても、その州の法律または規則によってそのような役務または労働の義務から解放されることはなく、そのような役務または労働に対して権利を有する当事者の請求に従って引き渡されなければならない。】＊

（＊修正一三条で無効化）

第三節〔新たな州、連邦直轄領〕

1〔新たな州の創設〕　新たな州は、連邦議会の決定によってこの連邦への加入を許される。ただし、連邦議会および関係諸州の議会の同意がなければ、新たな州を他の州の管轄内に形成もしくは創設し、または二以上の州もしくはその一部の合併によって州を形成してはならない。

2〔連邦直轄領〕　連邦議会は、合衆国に直属する領土その他の財産を処分し、ならびに、それらに関して必要なすべての規定および規則を制定する権限を有する。この憲法のいかなる規定も、合衆国または特定の州の権利を損なうように解釈してはならない。

第四節〔州の保護〕

合衆国は、この連邦内のすべての州に対して共和政体を保障し、また、侵略に対して各州を保護する。合衆国は、州内の暴動に対しては、州議会または（州議会の招集ができないときは）州執行府の要請に応じて各州を保護する。

第五条〔憲法修正〕

連邦議会は、両議院の三分の二以上が必要と認めるときは、この憲法に対する修正を発議する。また、連邦議会は、全州の三分の二の議会の要求があるときは、修正を発議するための憲法会議を招集しなければならない。いずれの場合でも、修正は、全州の四分の三の議会で承認されたとき、または全州の四分の三の憲法会議で承認されたとき、あらゆる意味において完全にこの憲法の一部としての効力を有する。いずれの承認方法を採るかは、連邦議会が決定することができる。ただし、一八〇八年以前に行われる修正によって、第一条第九節1項および4項をなんら変更してはならない。また、いかなる州も、その同意がなければ、上院における平等の投票権を奪われない。

第六条〔最高法規〕

1〔債務〕　この憲法の採択以前に契約されたすべての債務および締結されたすべての約定は、連合規約の下におけるのと同様に、この憲法の下においても合衆国に対して有効である。

2〔連邦法の優位〕　この憲法、この憲法に準拠して制定される合衆国の法律、および合衆国の権限に基づいてすでに締結され、または将来締結されるすべての条約は、国の最高法規である。各州の裁判官は、州の憲法または法律の中にこれと矛盾する規定のある場合といえども、これに拘束される。

3〔公務員の憲法擁護義務〕　先に規定した上院議員および下院議員、州議会議員、ならびに合衆国および各州のすべての執行府および司法府の公務員は、宣誓または確約によりこの憲法を擁護する義務を負う。ただし、合衆国のいかなる官職または信任による公職についても、その資格として宗教上の審査を課せられてはならない。

第七条〔承認〕

九邦の憲法会議がこの憲法を承認したときは、この憲法は、これを承認した邦の間でその効力を発する。

紀元一七八七年、アメリカ合衆国独立第一二年、九月一七日、列席諸邦の全会一致の同意により、憲法制定会議はこの憲法を制定した。その証明のため、われらはここに署名する。

ジョージ・ワシントン、議長にしてヴァージニア代表

ニュー・ハンプシャー——ジョン・ラングドン、ニコラス・ギルマン

マサチューセッツ——ナサニエル・ゴーラム、ルーファス・キング

コネティカット——ウィリアム・サミュエル・ジョンソン、ロジャー・シャーマン

ニュー・ヨーク——アレグザンダー・ハミルトン

ニュー・ジャージー——ウィリアム・リヴィングストン、デイヴィッド・ブリアリー、ウィリアム・パターソン、ジョナサン・デイトン

ペンシルヴェニア——ベンジャミン・フランクリン、トマス・ミフリン、ロバート・モリス、ジョージ・クライマー、トマス・フィッツシモンズ、ジャレッド・インガソル、ジェームズ・ウィルソン、グーヴナー・モリス

デラウェア——ジョージ・リード、ガニング・ベッドフォード二世、ジョン・ディッキンソン、リチャード・バセット、ジェイコブ・ブルーム

メリーランド——ジェームズ・マクヘンリー、ダニエル・オヴ・セント・トマス・ジェニファー、ダニエル・キャロル

ヴァージニア——ジョン・ブレア、ジェームズ・マディソン二世

ノース・カロライナ——ウィリアム・ブラウント、リチャード・ドッブズ・スペイト、ヒュー・ウィリアムソン

サウス・カロライナ——ジョン・ラトリッジ、チャールズ・コーツワース・ピンクニー、チャールズ・ピンクニー、ピアス・バトラー

ジョージア——ウィリアム・ヒュー、エイブラハム・ボールドウィン

書記ウィリアム・ジャクソン、認証する

修正第一条〔政教分離、信教の自由、言論・出版の自由、請願権〕（一七九一年成立）

連邦議会は、国教を樹立し、または宗教上の自由な行為を禁止する法律を制定してはならない。また、言論もしくは出版の自由を制限する法律、または人民が平穏に集会し、および苦痛の救済を政府に請願する権利を制限する法律を制定してはならない。

修正第二条〔武器保有携帯権〕（一七九一年成立）

規律ある民兵は、自由な国家の安全にとって必要であるから、人民が武器を保有し、および携帯する権利は、これを侵してはならない。

修正第三条〔兵士の宿営の制限〕（一七九一年成立）

平時においては、何人の住居にも、その所有者の同意がなければ兵士を宿営させてはならない。また、戦時においても、法律の定める方法によるのでなければ、宿営させてはならない。

修正第四条〔不合理な逮捕・捜索・押収の禁止〕（一七九一年成立）

不合理な捜索および逮捕押収に対し、身体、住居、書類および所有物の安全を保障される人民の権利は、これを侵害してはならない。令状はすべて、宣誓または確約によって支持される相当の理由に基づき、かつ、捜索されるべき場所および逮捕押収されるべき人または物を特定的に記載するものでない限り、発せられてはならない。

修正第五条〔大陪審の保障、二重の危険の禁止、自己負罪拒否特権、適正手続、公用徴収〕（一七九一年成立）

何人も、大陪審の告発または起訴によるのでなければ、死刑または自由刑を科せられる罪に問われない。ただし、陸海軍において、または戦時もしくは公共の危険に際して現に軍務に服している民兵において生じた事件については、この限りでない。何人も、同一の犯罪について、重ねて生命身体の危険にさらされない。何人も、刑事事件において、自己に不利益な供述を強制されない。何人も、法の適正な手続によらないで、生命、自由または財産を奪われない。また、私有財産は、正当な補償がなければ、公共の用途のために徴収されない。

修正第六条〔刑事被告人の権利〕（一七九一年成立）

すべての刑事上の訴追において、被告人は、犯罪の行われた州および地区（その地区は予め法律で定められていなければならない）の公平な陪審による迅速な公開裁判を受け、また、公

訴事実の性質および原因について告知を受け、自己に不利な証人に反対尋問し、自己に有利な証人を得るために強制手続をとり、ならびに自己の防御のために弁護人の援助を受ける権利を有する。

修正第七条〔民事陪審の保障〕（一七九一年成立）

普通法上の訴訟において、係争額が二〇ドルを超えるときは、陪審による裁判を受ける権利が保障される。陪審によって審理された事実は、普通法上の規則による場合を除き、合衆国のいずれの裁判所によっても再審理されない。

修正第八条〔残虐で異常な刑罰等の禁止〕（一七九一年成立）

過大な額の保釈保証金を要求し、過大な額の罰金を科し、または残虐で異常な刑罰を科してはならない。

修正第九条〔人民の保有する諸権利〕（一七九一年成立）

この憲法に一定の権利を列挙したことをもって、人民の保有する他の諸権利を否定または軽視したものと解釈してはならない。

修正第一〇条〔州または人民に留保された権限〕（一七九一年成立）

この憲法によって合衆国に委任されず、かつ州に禁止されなかった権限は、各州それぞれに、または人民に留保される。

修正第一一条〔連邦司法権の制限〕（一七九五年成立）

合衆国の司法権は、その一州に対して、他州の市民または外国の市民もしくは臣民によって開始または遂行される、普通法または衡平法上の訴訟にまで及ぶものと解釈してはならない。

（※本条は、第三条二節1項を限定）

修正第一二条〔大統領選挙方法の改正〕（一八〇四年成立）

選挙人は、各々の州において会合し、無記名投票によって大統領および副大統領に投票する。ただし、そのうちの少なくとも一名は、選挙人と同じ州の住民であってはならない。選挙人は、その投票用紙に大統領として投票される者の名を記載し、別の投票用紙に副大統領として投票される者の名を記載する。選挙人は、大統領として得票した者すべての表、副大統領として得票した者すべての表、および各々の得票数の表を別々に作成し、これに署名し証明したうえ封印し、上院議長に宛ててこれを合衆国政府所在地に送付しなければならない。――上院議長は、上院議員および下院議員の立ち会いの下ですべての証明書を開封し、次いで投票が計算されるものとする。――大統領のための投票の最多数を得た者が大統領となる。ただし、選任された選挙人の過半数の投票を得なければならない。もし過半数の得票をした者がないときは、大統領として投票された者で三名を超えない上位得票者のうちから、下院は直ちに無記名投票で大統領を選出する。ただし、大統領の選出にあたっては、投票は州を単位に行われ、各州の議員団が一票を有するものとする。この目的のための定足数には、全州の三分の二から一名以上の議員の出席を要し、また、大統領の選出には全州の過半数を必要とする。【この選出の権利が下院に移転したにもかかわらず、次の三月四日までに下院が大統領を選出しない場合には、大統領の死亡その他憲法の定める職務遂行不能の場合と同様に、副大統領が大統領の職務を行う。】＊――副大統領としての投票の最多数を得た者が副大統領となる。ただし、選任された選挙人の過半数の投票を得なければならない。もし過半数の投票を得た者がないときは、上位得票者二名のうちから、上院が副大統領を選出する。この目的のための定足数は、上院議員総数の三分の二とし、副大統領の選出には総数の過半数を必要とする。ただし、憲法上大統領の職に就く資格のない者は、合衆国副大統領の職に就く資格を有しない。

（＊修正二〇条で変更）

（※本条は、第二条一節3項を変更）

修正第一三条〔奴隷制の廃止〕（一八六五年成立）

第一節〔奴隷および意に反する労役の禁止〕

奴隷制および意に反する労役は、犯罪に対する処罰として当事者が適法に有罪宣告を受けた場合を除いて、合衆国またはその管轄に服するいかなる地域においても存在してはならない。

第二節〔連邦議会の実施権限〕　連邦議会は、適切な立法により、本条を実施する権限を有する。

（※本条は、第四条二節3項を無効化）

修正第一四条〔市民権〕（一八六八年成立）

第一節〔市民権、特権・免除、適正手続、平等保護〕　合衆国において出生しまたはこれに帰化し、かつ合衆国の管轄権に服する者はすべて、合衆国およびその居住する州の市民である。いかなる州も、合衆国市民の特権または免除を制限する法律を制定または実施してはならない。いかなる州も、法の適正な手続によらないで何人からも生命、自由または財産を奪ってはならない。また、その管轄内の何人に対しても、法の平等な保護を拒んではならない。

第二節〔下院議員の配分〕　下院議員は、各州の間に、その人口に比例して配分される。その人口は、**【課税されないインディアンを除く】＊**各州の総人口とする。ただし、合衆国大統領および副大統領の選挙人、連邦下院議員、州の執行府および司法府の公務員、または州議会議員の選挙に際して、州の男性住民で二一歳に達しかつ合衆国市民である者に対して、叛乱への参画その他の犯罪以外の理由で投票権を否定し、またはなんらかの方法で制限するときは、その州の選出することのできる下院議員の数は、そのような男性市民の数がその州の二一歳以上の男性市民の総数に占める割合に従って減らされる。

（＊なお、修正二四条参照）

（※本節は、第一条二節3項を変更）

第三節〔公務員の欠格〕　かつて連邦議会の議員、合衆国の公務員、州議会の議員、または州の執行府もしくは司法府の公務員として合衆国憲法を擁護する宣誓をしておきながら、合衆国に対する暴動もしくは叛乱に加担し、または合衆国の敵に援助もしくは便宜を与えた者は、何人も、連邦議会の上院議員もしくは下院議員、もしくは大統領および副大統領の選挙人となり、または合衆国もしくはいかなる州の下でも文武の官職に就くことができない。ただし、連邦議会は各議院の三分の二の投票によってこの欠格を除去することができる。

第四節〔国債の有効性、奴隷解放への補償等の禁止〕　暴動または叛乱を鎮圧するための役務に対する恩給および賜金の支払いのため起債された公債を含め、法律によって認められた合衆国の国債の効力は、これを争うことはできない。ただし、合衆国に対する暴動もしくは叛乱を援助するために発生した負債もしくは債務、または奴隷の喪失もしくは解放を理由とする請求に対しては、合衆国またはいかなる州もこれを負担しまたは支払ってはならない。これらの負債、債務および請求はすべて違法かつ無効である。

第五節〔連邦議会の実施権限〕　連邦議会は、適切な立法により、本条の諸規定を実施する権限を有する。

修正第一五条〔人種等による投票権剥奪の禁止〕

（一八七〇年成立）

第一節〔投票権〕　合衆国市民の投票権は、人種、皮膚の色または過去における労役の状態を理由として、合衆国またはいかなる州によっても拒否または制限されてはならない。

第二節〔連邦議会の実施権限〕　連邦議会は、適切な立法により、本条を実施する権限を有する。

修正第一六条〔連邦所得税〕（一九一三年成立）

連邦議会は、いかなる源泉から生ずる所得に対しても、各州の間に配分することなく、また国勢調査または人口算定に準拠することなく、租税を賦課徴収する権限を有する。

（※本条は、第一条二節3項および九節4項を変更）

修正第一七条〔上院議員の直接選挙〕（一九一三年成立）

1〔上院議員の直接選挙〕　合衆国の上院は、各州から二名ずつ、その州の人民によって六年の任期で選挙される上院議員によって組織される。各上院議員は一票の投票権を有する。各州の選挙人は、その州議会の議員数の多い議院の選挙人となるのに必要な資格を有していなければならない。

2〔補欠選挙〕　各州から選出された上院議員に欠員を生じたときは、その州の執行府は、欠員を補充するための選挙命令を発しなければならない。ただし、州議会は、人民が州議会の定めるところに従って選挙により欠員を補充するまでの間について臨時の任命をする権限を、州の執行府に与えることができる。

3〔経過規定〕　この修正は、それが本憲法の一部として効力を生ずる以前に選出された上院議員の選挙または任期に影響を及ぼすものと解釈してはならない。

（※本条は、第一条三節1項・2項を変更）

修正第一八条〔禁酒法〕（一九一九年成立）

第一節〔禁酒法〕　**【**本条の承認から一年を経たのちは、合衆国およびその管轄に服するすべての領土において、飲用の目的で、酒精飲料を製造、販売、輸送、および輸出入することをここに禁止する。**】＊**

第二節〔連邦議会および州の実施権限〕　**【**連邦議会および各州は、適切な立法により、本条を実施する競合的権限を有する。**】＊**

第三節〔承認期限〕　本条は、これを連邦議会が各州に提議した日より七年以内に、本憲法の規定に従って各州の議会により本憲法の修正として承認されない場合には、その効力を生じない。

（＊修正二一条で廃止）

修正第一九条〔女性参政権〕（一九二〇年成立）

1〔性別による投票権剥奪の禁止〕　合衆国市民の投票権は、性別を理由として、合衆国またはいかなる州によっても拒否または制限されてはならない。

2〔連邦議会の実施権限〕　連邦議会は、適切な立法により、本条を実施する権限を有する。

修正第二〇条〔大統領・連邦議会議員の任期〕（一九三三年成立）

第一節〔大統領・議員の任期の変更〕　大統領および副大統領の任期は、もし本条が承認されなければその任期が終了すべき年の一月二〇日正午に終了する。上院議員および下院議員の任期は、もし本条が承認されなければその任期が終了すべき年の一月三日正午に終了する。その後任者の任期は、その時点より開始する。

第二節〔連邦議会の集会期日〕　連邦議会は少なくとも毎年一回集会する。この集会は、連邦議会が法律で別の日を指定しない限り、一月三日正午に開始する。

第三節〔大統領・副大統領当選者の事故〕　大統領の任期の始期と定められた時点において、大統領に当選した者が死亡している場合には、副大統領に当選した者が大統領となる。大統領の任期の始期と定められた時点までに大統領が選出されていない場合には、または、大統領に当選した者が資格を備えるにいたっていない場合には、大統領が資格を備えるにいたるまで副大統領に当選した者が大統領の職務を行う。連邦議会は、大統領に当選した者および副大統領に当選した者のいずれもが資格を備えるにいたっていない場合において、何人が大統領の職務を行うか、またはどのようにしてその職務を行う者を選定するかについて、法律で規定することができる。その場合には、その者が、大統領または副大統領が資格を備えるにいたるまで、大統領の職務を行う。

第四節〔大統領・副大統領候補者の事故〕　連邦議会は、下院に大統領選出権が移転したときに下院が大統領を選出すべき候補者中に死亡者が生じた場合について、および、上院に副大統領選出権が移転したときに上院が副大統領を選出すべき候補者中に死亡者が生じた場合について、法律で規定することができる。

第五節〔発効期日〕　第一節および第二節は、本条が承認されたのちの最初の一〇月一五日にその効力を生ずる。

第六節〔承認期限〕　本条は、その提議の日より七年以内に、全州の四分の三の議会により本憲法の修正として承認されない場合には、その効力を生じない。

（※本条一節・三節は、修正一二条を一部変更。本条二節は、第一条四節2項を変更）

修正第二一条〔禁酒法の廃止〕（一九三三年成立）

第一節〔修正第一八条の廃止〕　合衆国憲法修正第一八条は、ここにこれを廃止する。

第二節〔州の権限〕　合衆国の州、領土または所有地の法律に違反して、それらの地域における引き渡しまたは使用のために、酒精飲料をそれらの地域に輸送または輸入することは、ここにこれを禁止する。

第三節〔承認期限〕　本条は、これを連邦議会が各州に提議した日より七年以内に、本憲法の規定に従って各州の憲法会議により本憲法の修正として承認されない場合には、その効力を生じない。

修正第二二条〔大統領の三選の禁止〕（一九五一年成立）

第一節〔大統領二期制〕　何人も、二回を超えて大統領の職に選出されてはならない。また、何人も、他の者が大統領として選出された場合にその任期のうち二年を超えて大統領の職にあり、または大統領の職務を行った者は、一回を超えて大統領の職に選出されてはならない。ただし、本条は、本条が連邦議会によって発議されたとき大統領の職にある者には適用されない。また、本条は、それが効力を生ずるときに任期の途中にある、大統領の職にある者または大統領の職務を行う者が、その任期の残余期間中、大統領の職にあり、または大統領の職務を行うことを妨げない。

第二節〔承認期限〕　本条は、これを連邦議会が各州に提議した日より七年以内に、全州の四分の三の議会により本憲法の修正として承認されない場合には、その効力を生じない。

修正第二三条〔首都ワシントンの大統領選挙権〕（一九六一年成立）

第一節〔首都ワシントンの大統領選挙権〕　合衆国政府の所在地を構成する地区は、連邦議会の定める方法により、大統領および副大統領の選挙人を選任する。その選挙人の数は、もし同地区が州であるならば選出しうる連邦議会の上院議員および下院議員の総数と同数とする。ただし、その数は、いかなる場合にも、人口の最も少ない州の選任しうる選挙人の数を超えてはならない。同地区選任の選挙人は、各州より選任された選挙人に加えられ、大統領および副大統領の選挙の目的のためには州によって選任された選挙人とみなされ、また、同地区に会合して修正第一二条の定める義務を履行しなければならない。

第二節〔連邦議会の実施権限〕　連邦議会は、適切な立法により、本条を実施する権限を有する。

修正第二四条〔租税不払による投票権剥奪の禁止〕（一九六四年成立）

（※本条は、第二条一節2項を補足）

第一節〔人頭税等不払による投票権剥奪の禁止〕　大統領もしくは副大統領、大統領もしくは副大統領の選挙人、または連邦議会の上院議員もしくは下院議員のための予備選挙その他の選挙における合衆国市民の投票権は、人頭税その他の租税を支払わないことを理由として、合衆国またはいかなる州によっても拒否または制限されてはならない。

第二節〔連邦議会の実施権限〕　連邦議会は、適切な立法により、本条を実施する権限を有する。

修正第二五条〔大統領の事故〕（一九六七年成立）

第一節〔副大統領の昇格〕　大統領の罷免、死亡または辞任の場合には、副大統領が大統領となる。

第二節〔副大統領の補充〕　副大統領職が欠員のときは、大統領は副大統領を指名し、この指名された者は、連邦議会両議院の過半数の承認により、副大統領職に就任する。

第三節〔大統領の意思による副大統領の大統領職代行〕　大統領が、その職務上の権限および義務を遂行することができない旨の書面による申立を上院の臨時議長および下院議長に送付したときは、大統領が反対の旨の書面による申立を両議長に送付するまで、副大統領が大統領代行として大統領職の権限および義務を遂行する。

第四節〔大統領の意思によらない副大統領の大統領職代行〕　副大統領、および執行各部の長官の過半数または連邦議会が法律で定める他の機関の長の過半数が、上院の臨時議長および下院議長に対して、大統領がその職務上の権限および義務を遂行することができない旨の書面による申立を送付するときは、副大統領は直ちに大統領代行として大統領職の権限および義務を継承する。

その後、大統領が上院の臨時議長および下院議長に対して、職務遂行不能が存在しない旨の書面による申立を送付すれば、大統領はその職務上の権限および義務を回復する。ただし、副大統領、および執行各部の長官の過半数または連邦議会が法律で定める他の機関の長の過半数が、四日以内に、上院の臨時議長および下院議長に対して、大統領がその職務上の権限および義務を遂行することができない旨の書面による申立を送付するときは、この限りでない。この場合、連邦議会が問題を決定する。連邦議会は、開会中でないときは四八時間以内にこの目的のために集会する。連邦議会が、後者の書面による申立を受理したのち二一日以内に、または連邦議会が開会中でないときはその集会が要求されたのち二一日以内に、両議院の三分の二の投票で、大統領はその職務上の権限および義務を遂行することができないと決定する場合には、副大統領が、引き続いて、大統領代行として大統領職の権限および義務を遂行する。それ以外の場合には、大統領がその職務上の権限および義務を回復する。

修正第二六条〔一八歳選挙権〕（一九七一年成立）

（※本条は、第二条一節6項を補足）

第一節〔一八歳選挙権〕　一八歳以上の合衆国市民の投票権は、年齢を理由として、合衆国またはいかなる州によっても拒否または制限されてはならない。

第二節〔連邦議会の実施権限〕　連邦議会は、適切な立法により、本条を実施する権限を有する。

修正第二七条〔議員報酬変更の制限〕（一九九二年成立）

上院議員および下院議員の職務の報酬を変更する法律は、次の下院議員の選挙が行われるまでは効力を発しない。

（※本条は、第一条六節1項を条件づけ）

2 イタリア共和国

高橋利安

解説 18

イタリア共和国憲法 25

基本的諸原理……二五
第一部 市民の権利および義務……二六
第一章 市民的関係……二六
第二章 倫理的・社会的関係……二七
第三章 経済的関係……二八
第四章 政治的関係……二九
第二部 共和国の組織……三〇
第一章 国会……三〇
第一節 両議院……三〇
第二節 法律の制定……三一
第二章 共和国大統領……三三
第三章 政府……三四
第一節 内閣……三四
第二節 公行政……三四
第三節 補助機関……三四
第四章 司法……三四
第一節 司法組織……三四
第二節 裁判に関する規定……三五
第五章 州、県、コムーネ……三六
第六章 憲法保障……三九
第一節 憲法裁判所……三九
第二節 憲法改正、憲法的法律……四〇
経過的および最終的規定……四〇

解説

一　成立の由来

(1)　アルベルト憲章

イタリアでは、一八四八年三月五日に公布されたサルデーニャ王国基本憲章（下賜した国王の名に因みアルベルト憲章と呼ばれる）が、一八六一年にサルデーニャ王国による国土統一が実現し、イタリア王国が成立したのに伴い、イタリア王国憲法となった。この憲法は、主にフランスの一八一四年および一八三〇年憲章をモデルとした欽定憲法で、神聖不可侵とされる国王が統治権を手中に収める統治構造となっていた。しかし、一方で制限選挙であったが民選の下院（代議院）の設置や人権保障を規定していた。アルベルト憲章が、軟性憲法であったこともあり、憲法慣習・憲法付属法の変更を通じて、議院内閣制が確立する一方で、第一次大戦後の政治的危機の中でファシズム体制が確立することとなる。こうして、形式的にはアルベルト憲章は、第二次世界大戦後までその生命を保った。

(2)　現行憲法の制定

連合軍がシチリアへ上陸し、イタリアの敗戦が時間の問題となり、国王によってムッソリーニが解任・逮捕（一九四三年七月）された。この事実上のファシズム体制の崩壊によって生み出された「憲法の空白」をめぐって、アルベルト憲章を破棄し、新憲法制定のための憲法制定会議の招集を求める国民解放委員会（キリスト教民主党、社会党、共産党、行動党などのレジスタンス勢力を結集）とアルベルト憲法体制への復帰をめざした宮廷・保守勢力が激しく対立したが、レジスタンス勢力の勝利に終わった。その結果、一九四四年六月二五日国王代行緊急立法命令一五一号（第一暫定憲法）により、①アルベルト憲章の廃止、②国土の解放後の政体（共和制か王制か）の選択、③新憲法を制定する憲法制定議会の選挙の実施が決定された。さらに、一九四六年三月一六日国王代行緊急立法命令第九八号（第二暫定憲法）では、政体選択は、憲法制定議会の選挙と同時に行われる国民投票によって決定することとなった。

一九四六年六月二日に行われた国民投票では、共和制が選択された（有効投票の五四％）。一方、制憲議会選挙の結果は、キリスト教民主党（二〇七議席）、社会党（一一五議席）、共産党（一〇四議席）が三大政党となり、総議席の約八割を占める結果となった。制憲議会は、各会派の議員数に比例して指名される七五人の委員から成る憲法委員会を設置して、憲法草案を起草することを決定した。憲法委員会は、三つの小委員会（「市民の権利および義務に関する」第一小委員会、「国家の憲法制度に関する」第二小委員会、「社会的・経済的権利および義務に関する」第三小員会）に分かれて作業を行い、一九四七年二月に委員会草案を本会議に提出した。本会議での審議を経て、新憲法案は一二月二二日に四五三対六二の圧倒的多数で可決され、一九四八年一月一日から施行された。

憲法制定作業の特徴としては、政府が制憲作業に介入しなかったことを挙げることができる。この不介入の背後には、「現実の政治運営」は政府、「制憲作業」は制憲議会という任務分担体制が存在していた。この任務分担体制が、「制憲作業」は左派を構成した若い研究者、知識人グループに委ね、党主流派（デ・カスペリ）は、「現実の政治運営」に集中するというキリスト教民主党内の任務分担を可能にした。また、このキリスト教民主党内の任務分担が、左派（社・共）との憲法制定作業の協力を促進し、進歩的な憲法典を起草する要因となった。さらに、冷戦の激化による社・共の閣外への追放が示すように「現実の政治運営」では、キリスト教民主党、社会党、共産党による三党政治体制は終焉したが、この任務分担構造のゆえに、「憲法制定作業」のレベルでは、反ファシズムを共通の基盤とした三党間の合意は基本的に維持された。

二　イタリア共和国憲法の特徴

(1)　基本的特徴

共和国憲法の基本的特徴として指摘すべきことは、まず、キリスト教民主党、社会党、共産党を中心にしたレジスタンスを闘った諸政党を署名主体とした協定としての憲法だということである。言い換えれば、自由民主主義、キリスト教民主主義、マルクス主義といったイタリアの代表的なイデオロギーの「反ファシズム」（「非ファシズム」ではない）を共通基盤とした「出会い」「合流」の産物の憲法ということである。この「反ファシズム」憲法の基本理念は、冒頭の「基本原則」に規定されているが、①国民投票によって決定された共和制の原則（憲法改正の対象から排除されている）、②人間の尊厳の保障（人格の国家に対する優越性の承認）、③労働、労働者を国の生活の中心に位置づける労働中心主義原則（社会国家の原則）、⑤形式的平等に留まらない実質的な平等原則、⑥個人と国家の間にある家族、政党、組合、教会などの中間団体を人格の発展する場と評価する多元主義原則、⑦行政的分権、地方自治の原則、⑧戦争の否認・国際協力の原則、が特に注目される。以上の「基本原則」から読み取れる憲法制定者の意思は、ファシズム体制の一掃に止まらず、ファシズムに道を開いた自由主義国家モデルの克服にあるといえる。

(2)　人権

人権に関して、注目されるのは、独特な視点で人権を分類し、体系化していることである。すなわち、人権を①市民的関係、②倫理的・社会的関係、③経済的関係、④政治的関係という四つの領域に分類している。また、労働中心主義の原則（「労働に基礎を置く民主共和国」）を受けて、生活扶助を受ける権利、団結権、争議権など詳細な社会権条項が盛り込まれた。

(3)　統治構造

国会　共和国憲法は、代議院と共和国元老院からなる二院制を採用しており、その特徴は、両議院の組織方法が類似（両院とも解散制度あり）し、かつ完全に対等の権限を有することにある（対等な二院制（bicameralismo paritario）と呼ばれている）。法律の制定に関して憲法は、「立法権能は両院が共同して行使する」（七〇条）と定めて、日本国憲法が認めているような下院の優越は一切存在せず、両院で議決が異なった場合の両院協議会のような調整メカニズムも憲法上用意されていない。国会と政府との関係では、議院内閣制（「政府は両院の信任を有しなければならない」第九四条第一項）を採用しているが、政府に対する信任・不信任にする権限についても全く対等である。

選挙制度　二〇〇五年の選挙法（二〇〇五年一二月二一日法律第二七〇号「下院及び上院の選挙規程の改正」）の基本枠組は、「多数派プレミアム付比例代表制」であり、下院については、全国で最多得票をした候補者名簿（政党）または複数の候補者名簿が連結した候補者名簿連合（政党連合）に三四〇議席（全体の約五五％）を配分し、残りの議席をその他の候補者名簿連合等の間で比例配分する仕組みである。上院は各州で最多得票をした候補者名簿連合等に定数の約五五％の議席を配分する制度が採用された。すなわち、多数派プレミアムが適用されるレベルが、下院は全国、上院では州と両院で異なるため両院で異なった多数派が形成される可能性があった（二〇一三年の総選挙の事例）。両院ともに全選挙区で重複立候補の可能な拘束名簿が用いられていた。

しかし、憲法裁判所は、二〇〇五年選挙法の多数派プレミアム制と拘束名簿に関する規定を違憲と判示した（二〇一四年判決第一号）。レンツィ内閣の下で憲法判決を踏まえて成立したのが、二〇一五年法律第五二号「下院選挙に関する規程」（イタリアで呼ばれているように *Italicum* と表記する）であった。憲法裁判決との関係で注目される *Italicum* の内容は、①多数派プレミアムの配分要件を設けたこと（全国の有効投票の四〇％）、②配分要件を満たした候補者名簿が存在しない場合、上位二位の名簿間で決選投票を行い勝利者にプレミアムを配分する仕組みを導入したこと、③非拘束名簿制で、二名まで選好投票できること、④重複立候補（一〇選挙区）が可能で、当選した場合、選出選挙区を自由に選択できる筆頭候補者（名簿筆頭登載者）という制度を設けたことである。しかしさらに、この *Italicum* に対して憲法裁判所は、決選投票における多数派プレミアム制と複数の選挙区で当選した筆頭候補者が自由に選出選挙区を選択することを可能とする規定を違憲と判示した（二〇一七年判決三五号）。また、判決は、違憲とされた部分を除いた選挙法は直ちに適用可能であるとした。

両院の任期満了が迫る中で、与党と五つ星運動を除く野党との間で選挙制度改革について合意に達し、新しい選挙法（二〇一七年一一月三日法律第一六五号）が成立した。新選挙制度の基本的特徴は、以下の通り。①上下両院の選挙制度の同質性を高めるために、両院ともに、小選挙区制と比例代表制の比率が約四対六の混合制を採用し、投票方法もいずれも一票制とした。

②比例区の定数が多いことが、有権者が個々の候補者を認識することを困難にしているという憲法裁判所の指摘を踏まえて、比例区を細分して定数を減らす（下院は三～八、上院は二～八）とともに、各候補者名簿の登載者数を原則として二～四名とした。

③立候補は、最大で一小選挙区および五比例区まで重複して行うことができる。小選挙区と比例区の両方で当選した場合、小選挙区での当選とし、複数の比例区で当選した場合、自身の登載された候補者名簿の得票率が最も低い比例区で当選する（このように、重複して当選した場合にどの選挙区から選出されるかをあらかじめ定めているのは、憲法裁判所の判決の影響である）。

④比例区で複数の候補者名簿（＝政党）が連合し、小選挙区の候補者と連結することが可能となった。候補者名簿連合の形成については、比例区では、複数の政党が合同で単一の候補者名簿を作成するのではなく、複数の政党がその登載順位を含めた候補者および選挙綱領の独自性を保持したままで、小選挙区で統一候補

を立て選挙戦を行うことを可能にする方式が採用された。

新選挙法に基づき実施された両院選挙（二〇一八年三月四日）では、両院ともに中道右派連合が最大得票数を得たが、単独で過半数の議席数に達しなかった（また、同盟がフォルツァ・イタリアを抜き、国政選挙レベルで初めて中道右派連合の第一党となった）。第二位には、単独で選挙を戦った五つ星運動が入った。一方、中道左派連合は、大きく議席を減らし第三位に沈んだ。以上の選挙結果を踏まえて、新内閣の形成作業が行われ、紆余曲折を経てようやく組閣作業開始から八九日後に非議員コンテ（私法学者、フィレンツェ大学教授）を首相とした同盟と五つ星運動の連立内閣が成立した。

大統領　共和国憲法は、大統領を「国家元首であり、国民の統一を代表する」（第八七条一項）機関として位置付けている。大統領は、州代表が加わった国会の合同会議で選出され、内閣総理大臣その他の大臣の任命権、両院の解散権、軍隊の指揮権などを持っていることからも分かるように、単なる名目的な元首ではない。しかし、大統領が実際の政治過程でどの程度の役割を果たすかは、時々の政治状況に左右される。

憲法保障　法律の合憲性審査のための機関として憲法裁判所が設置された。憲法裁判所は、一五人の裁判官で構成され（大統領、国会合同会議、破毀院・国事院がそれぞれ五人の裁判官を任命）、①ドイツの具体的規範統制に類似した前提問題型の合憲性審査、②ドイツの抽象的規範統制に類似した主要問題型の合憲性審査、③国の機関間の権限争議審査、④大統領に対する弾劾審査などを行う（一九七〇年五月二五日法律第三五二号により、国の法律に関する国民投票の請求の適法性の審査権が付与された）。

三　憲法の運用

(1)　第一共和制

イタリア共和国憲法の運用の歴史は、「第一共和制」と「第二共和制」に二分することができる。「第一共和制」の憲法運用の政治環境の特徴は、以下の四点にまとめることができる。①憲法協定の調停者であった政党（キリスト教民主党、共産党、社会党など）が運用の担い手、②その政党間の政治ゲームのルールは、比例代表制、③キリスト教民主党を「優位政党」とした一党優位政党システムおよびその結果としての本格的な与野党間の政権交代の欠如、④政党が主権者である国民の政治参加を媒介するという本来の役割を超え、国家の諸制度と市民社会の諸制度に深く浸透し、それらを支配し政治的資源の分配を独占することで政党の党派的な利害を貫徹させる「政党支配制」。

さらに、「第一共和制」のイタリア共和国憲法の運用は、次の五期に区分できる。

第一期（一九四八年—一九五〇年代末）　冷戦の顕在化により、憲法制定に参加した社・共が閣外に追放され、キリスト教民主党を中心とした多数派によって、憲法実施が組織的に妨害され、憲法が「凍結」された時代。

第二期（一九五〇年代末—六〇年代末）　キリスト教民主党が「左への開放」路線に転換した結果、社会党が入閣し、社会党系大統領が誕生するという政治環境の変化が生じ、憲法が解凍された。その結果、憲法機関が設置され、その活動を開始し、憲法構想が漸進的に実現した時代。この時代に、憲法裁判所（一九五

六年）、経済労働国民会議（一九五七年）最高司法会議（一九五八年）が発足した。

第三期（一九六〇年代末―七〇年代末）　経済・社会システムの発展に呼応した共和国憲法構想の発展的解釈の時代。注目すべき事柄として①普通州（一九七〇年）の設置、②企業内における労働者の人権や組合活動を行う権利を保障する「労働者憲章（statuto dei lavoratori）」（一九七〇年五月二〇日法律第三〇〇号）の制定、③国民投票法の制定と最初の国民投票の実施（離婚法の廃止の是非を問うもの。離婚法支持派の勝利）④政治スト処罰規定（刑法五〇三条）を違憲とした憲法裁判所判決（一九七四年一二月一九日判決二九〇号、「一般的政治方針に関連する措置を求める政治スト」も憲法第三条二項の目的の実現を促進するための手段として、憲法上の価値を有している）を挙げることができる。

第四期（一九七〇年代末―八〇年代末）　政治システムの危機の顕在化、共和国憲法構想の不充分性が自覚された時代。実際、戦後初めて憲法問題について幅広く調査・検討するための両院合同委員会（ボッツィ委員会）が設置された。

第五期（一九八〇年代末―九三年末）　第一共和制が崩壊に至った時代。「戦後最大規模の政治汚職（タンジェントーポリ）」の摘発により、現行憲法を生み出した憲法協定（patto costituzionale）の調印者で「正統的な」憲法の担い手（＝arco costituzionale）である戦後政党が姿を消すこととなった。また、選挙制度も比例代表方式に替えて、議員定数の七五％を小選挙区・多数決方式で選出し、二五％を大選挙区・比例代表方式で選出する混合型選挙制度を導入した。

(2)　**第二共和制**　新選挙法による総選挙の結果、ベルルスコーニ政府が誕生したことが第二共和制の幕開けといわれている。第二共和制の時代は、憲法の運用の主体である政党の在り方が大きく変容し、憲法運用の政治環境が大きく変わった。まず、「優位政党」であるキリスト教民主党が完全に消滅し、共産党は、冷戦の終焉を受けて、左翼民主主義者（現在は民主党）というヨーロッパの通常の社会民主主義政党へと改組した。さらに、「旧体制」とは切れた「第二共和制」の新たな担い手の登場として、経済界・マスコミの「帝王」ベルルスコーニ率いる「フォルツァ・イタリア」（頑張れイタリア）が政治市場に参入した。また、政治市場への登場は「第一共和制」時代であったが、「第一共和制」の批判者として「第一共和制」の外にいた北部同盟の存在である（「北部」の分離・独立を主張し、移民に敵対的な排外主義の立場に立つ地域右翼政党）。選挙制度改革と政党の再編成の結果、中道右派連合・中道左派連合からなる二極的な政治編成が成立し、本格的政権交代も起こった。

このような憲法運用の政治環境の変化の中で、憲法改正の動きも活発となり、一九九〇年代に二度にわたり「憲法改正のための両院合同員会」の設置という特別な憲法改正手続による憲法第二部の全面的な改正が試みられたが、いずれも失敗に終わった（デ・ミータ＝イヨッティ両院合同委員会〔一九九二―一九九四年〕、ダレーマ両院合同委員会〔一九九七―一九九八年〕）。この結果、実現可能な改正から着手する方式がとられ、適正手続きの明文化、在外選挙制度の導入といった改正が行われた。しかし、最も重要な改正は、中道左派政権の下で実現した地方分権改革

（二〇〇一年一〇月一八日憲法的法律第三号）である。この改正は、憲法第二部第五章をほぼ全面的に書き直すもので、これによってイタリアは連邦制への一歩を踏み出したと評価された。この改革の結果、州の立法権が大幅に強化され、行政権能は基礎自治体であるコムーネに第一次的に帰属するものとする補完性原則が憲法に明記され、コムーネ、県、州の財政自治権および自主財源の保障に関する規定が盛り込まれた。

しかし、ベルルスコーニ政府は、憲法第二部の「大改革」路線に立ち返り、さらなる地方分権の推進、首相の権限強化、「対等な二院制」改革を主たる内容とした憲法改正案（憲法全体の三分の一の条文に及ぶ戦後最大規模）を議会に提出した（二〇〇三年一〇月二三日）。議会では、与党の賛成で可決されたが、二〇〇六年五月二五日・二六日に実施された国民投票により否決された（賛成三八・七％、反対六一・三）。

四　憲法改正の最新の動向

二〇一三年総選挙の結果、再び憲法運用の政治環境は大きく変容した。イタリア憲政史上初めて、下院は中道左派、上院は中道右派と両院で異なる多数派が形成される事態に陥った。このため、両院とも内閣の信任において対等な権限を持っていることから、新内閣の形成が困難を極めた。さらに、グリッロ率いるポピュリズム政党「五つ星運動（M５S）」が下院の投票率では第一党と躍進し、九四年の「第二共和制」への移行以来継続してきた、中道右派連合・中道左派連合からなる二極的な政治編成が崩れ、民主党を中心とする中道左派連合、自由の人民を中心とする中道右派連合、「五つ星運動」という三極的構成となった。

以上の政治環境の変容を受けて、レンツィ内閣は、憲法第二部の包括的な憲法改正に乗り出し、「対等な両院制の克服、国会議員定数の削減、政治諸制度の機能のコストの抑制、経済労働国民会議の廃止及び憲法第二部第五章の見直しに関する規程」と題する憲法改正案（全一三九か条の内四七カ条が改正の対象であった）を議会に提出した（二〇一四年三月三一日の閣議決定を経て、四月八日、提出）。その主要な内容は、次の二点にまとめることができる。

第一は、現行の「権限が対等で構成が相似した二院制」の見直しである。「対等な権限」の見直しについては、両院での審議・議決の対象となる法律を憲法改正、選挙制度、上院の組織、地方自治体、EUに関連する法律などに限定し、通常立法に関しては概ね下院が優越する立法手続の導入することを提案した。政府の信任権も下院のみに与えていた。「構成の相似」については、上院を国民代表機関から領域団体（州、大都市、コムーネ。コムーネは基礎自治体である）を代表する地域代表機関へと変更し、選出方法についても国民の直接選挙から州議会による間接選挙制を提案していた。

第二は、競合的立法事項を廃止し、いくつかの重要な立法事項を国の専属的立法事項へ移す（「再集権化」）ことで、二〇〇一年の憲法改正によって生じた政府と州との関係の「混乱」を、整理し「正常化」することである。換言すれば、二〇〇一年の行き過ぎた「連邦制化」から共和国憲法の本来の構想である「州国家 stato regionale」」の枠組みに基づく改革への軌道修正ともいえる。

憲法改正案は、約年二年にわたる困難な審議の結果、ようやく両院で可決された。しかし、二回目の表決で賛成票が、両院とも三分の二に達しなかったため、国民投票が実施されることになった。二〇一六年一二月四日に行われた国民投票（投票率六五・四七%）は、反対五九・一二%、賛成四〇・八八%で憲法改正案を否決し、レンツィ政権による憲法改正の試みは、失敗に終わった。この最大の要因は、国民投票が法改正案の内容の是非を問う場からレンツィとその政権に対する審判の場となってしまったことにある。

また、今回の国民投票の在り方に関する問題として以下の二点が指摘された。まず、与党（改正賛成派）が、本来、改正に反対する勢力（少数派）の対抗手段と位置付けられてきた国民投票を自ら請求したことの是非である。与党からの請求は、憲法上問題はないが、政治的には、国民投票運動において、憲法改正の内容自体をめぐる争点と政権に対する評価をめぐる争点とを混乱させる結果となった。

第二は、改正案を一括して国民投票に付すという現行制度の問題も指摘された。今回の改正案のようにその内容が広範囲にわたっていても全体としての賛否の表明しかできず、上院制度改革には賛成だが、国と州の権限の見直しには反対だという部分的な意見表明ができないという仕組みの問題が指摘された。

出典

Valerio Onida, *La Costituzione*, il Mulino, 2017, pp.126-154.

憲法裁判所サイト http://www.cortecostituzionale.it/documenti/download/pdf/Costituzione_della_Repubblica_italiana.pdf

大統領府サイト http://www.quirinale.it/qrnw/costituzione/pdf/costituzione.pdf

参照文献

Federico del Giudice, Costituzione esplicata, Simone 15 edizione, 2016.

宮沢俊義編『世界憲法集』第四版、岩波文庫、一九八三年

井口文男訳、初宿正典・辻村みよ子編『新解説　世界憲法集』三省堂、二〇〇六年

田近肇訳、初宿正典・辻村みよ子編『新解説　世界憲法集』第四版、三省堂、二〇一七年

イタリア共和国憲法

〔一九四八年〕

暫定国家元首は、
一九四七年一二月二二日の会議において、イタリア共和国憲法を可決した憲法制定議会の議決に鑑み、
憲法最終規定一八条に鑑み、
以下に掲げるイタリア共和国憲法に審署する

基本的諸原理

第一条〔政体・人民主権〕
1　イタリアは労働に基礎を置く民主的共和国である。
2　主権は、人民に属し、人民は憲法の定める形式および制限においてこれを行使する。

第二条〔人権の不可侵性、中間団体の承認、社会連帯の義務〕
共和国は、人間の不可侵の権利を、個人としても、人格が展開される場である社会的諸組織においても、承認し保障するとともに、政治的、経済的および社会的連帯の背くことのできない義務を果たすことを要求する。

第三条〔法の前の平等、実質的平等原則〕
1　すべての市民は、対等な社会的尊厳を有し、性別、人種、言語、宗教、政治的意見、身体的および社会的条件による区別なく、法律の前に平等である。
2　市民の自由および平等を事実上制限することにより、人格の完全な発展および国の政治的、経済的および社会的組織へのすべての労働者の実効的な参加を妨げている経済的および社会的な種類の障害を除去することは、共和国の責務である。

第四条〔勤労の権利、社会進歩に寄与する義務〕
1　共和国は、すべての市民に勤労の権利を承認し、この権利に実効性を与える諸条件を整備する。
2　各市民は、自らの能力および選択に応じて、社会の物質的進歩または精神的進歩に寄与する活動または役割を行う義務を負う。

第五条〔地方自治・分権の保障〕
一にして不可分の共和国は、地方自治を承認し、これを促進する。共和国は、国家に帰属する事務に関して最大限に広範な行政上の分権を実施し、その立法の原理と実務を自治および分権の要請に適合させる。

第六条〔言語的少数者の保護〕
共和国は、特別の規範によって言語的少数者を保護する。

第七条〔国家とカトリック教会の関係〕
1　国家とカトリック教会は、各々その固有の秩序において、独立かつ最高である。
2　両者の関係は、ラテラノ協定により規律される。この協定の改正が両当事者により承認される場合には、憲法改正の手続を必要としない。

第八条〔すべての宗派の自由、カトリック以外の宗派と国家の関係〕
1　すべての宗派は、法の前に等しく平等である。
2　カトリック以外の諸宗派は、イタリアの法制度に反しない限り、自己の規約に従い団体を組織する権利を有する。
3　カトリック以外の宗派と国家との関係は、双方の代表者の協定に基づき法律により規律される。

第九条〔文化・学術の奨励、景観・文化財の保護〕
1　共和国は、文化の発展ならびに自然科学および技術に関する研究を促進する。
2　共和国は、国の景観ならびに歴史的および美術的遺産を保護する。

第一〇条〔国際法規の遵守、外国人の法的地位、庇護権〕
1　イタリアの法制度は、一般に承認された国際法規に従う。
2　外国人の法的地位は、国際法規および国際条約に従い、法律によって規律される。
3　イタリア憲法が保障する民主的自由の実効的な行使を自国において妨げられている外国人は、法律が定める条件に従って、共和国の領土内における庇護を求める権利を有する。
4　政治犯罪を理由とする外国人の引渡しは、これを認めない。
〔本条四項は、一九六七年六月二一日憲法的法律第一号の改正により、大量殺戮犯罪には適用されない〕

第一一条〔戦争の否認、主権の制限〕
イタリアは、他の人民の自由を侵害する手段および国際紛争を解決する方法としての戦争を否認する。イタリアは、他国と平等な条件において、諸国民の間に平和および正義を保障する

機構に必要な主権の制限に同意する。イタリアは、この目的のための国際組織を促進し、支援する。

第一二条〔国旗〕

共和国の国旗は、イタリア三色旗、すなわち、緑、白および赤の等幅で垂直な三つの帯の旗である。

第一部　市民の権利および義務

第一章　市民的関係

第一三条〔人身の自由〕

1　人身の自由は侵すことができない。

2　いかなる形式の拘禁、身体の検査もしくは捜索または人身の自由に対するその他のいかなる制限も、司法官憲の理由を付した令状によりかつ法律が定める場合および方法によらなければ許されない。

3　法律が明確に定める必要かつ緊急の例外的場合には、公安官憲は暫定的処分をとることができる。この処分は、四八時間以内に司法官憲に通知されなければならず、司法官憲が通知を受けてから四八時間以内にこれを承認しないときは、取り消されたものとみなし、いかなる効力も有しない。

4　人身の自由が制限されている者に対するいかなる肉体的および精神的な暴力行為も処罰される。

5　未決勾留の最高限度は、法律で定める。

第一四条〔住居の不可侵〕

1　住居は不可侵である。

2　検査、捜索または差押えは、人身の自由を保護するために定められた保障に従い法律が定める場合と方法によるものでなければ、行うことができない。

3　公衆衛生および公共の安全を理由とする調査および検査または経済上および税務上の目的による調査および検査については、特別の法律により規律する。

第一五条〔通信の自由・秘密〕

1　親書およびその他すべての形態の通信の自由と秘密は、侵すことはできない。

2　その制限は、法律が定める保障をともない、司法官憲の理由を付した令状によってのみ、これを行うことができる。

第一六条〔通行・滞在の自由、出国・再入国の自由〕

1　すべての市民は、衛生上または治安上の理由により、法律が一般的に定める制限の場合を除き、国の領土のいかなる部分でも自由に通行し、滞在することができる。政治的理由によっては、いかなる制限も定めることができない。

2　すべての市民は、法律上の義務ある場合を除き、自由に共和国の領土外にでることができ、再び領土内に入ることができる。

第一七条〔集会の自由〕

1　市民は、平穏かつ武器をもたずに集会する権利を有する。

2　集会は、公衆に開かれた場所（luogo aperto al pubblico）におけるものであっても、事前の届出を必要としない。

3　公共の場所（luogo pubblico）における集会は、当局に事前の届出をしなければならない。当局は、立証された治安上または公衆の安全上の理由によってのみ、これを禁止することができる。

第一八条〔結社の自由〕

1　市民は、刑法が個人に禁止していない目的のために、許可なしに自由に結社を設立する権利を有する。

2　秘密結社および軍事的性格の組織を通じて、間接的であっても政治的目的を追求する結社は、これを禁止する。

第一九条〔信仰・布教・礼拝の自由〕

何人も、個人としてまたは結社を通じて、いかなる形態においても、自己の宗教上の信仰を自由に表明し、布教を行い、私的にまたは公然とその礼拝をおこなう権利を有する。ただし、善良の風俗に反する儀式はこの限りでない。

第二〇条〔宗教団体の差別の禁止〕

結社または団体が、教会の性格を有することおよび宗教的または祭祀的な目的を有することは、その設立、権利能力、および各行動形態について、特別の立法上の制限または特別の租税上の負担を課す原因となってはならない。

第二一条〔表現の自由〕

1　何人も、自己の思想を、発言、文書その他あらゆる流布手段により、自由に表明する権利を有する。

2　出版は、許可または検閲に服せられない。

3　差止めは、出版に関する法律が明示的に認めている犯罪の場合または責任者の表示について司法が定める諸規定に違反する場合に、司法官憲の理由を付した令状によってのみ、これを行うことができる。

4　前項の場合にあって、絶対的な緊急性があり、かつ司法官憲が適時に介入できないとき、司法警察官が、定期出版物の差止めを行うができる。ただし、司法警察官は直ちに、遅くとも二四時間以内に、これを司法官憲に通告しなければならない。司法官憲が通告を受けてから二四時間以内にこれを承認しなときは、差止めは、取り消されたものとみなし、いかなる効力を持たない。

5 法律は、一般的性格の規定により、定期出版物の資金調達方法を公表するよう定めることができる。

6 善良な風俗に反する出版物、興行およびその他すべての表現行為は、これを禁止する。その違反を予防し、抑制するのに適切な措置は、法律でこれを定める。

第二二条〔政治的理由による権利剥奪の禁止〕

何人も政治的理由により、権利能力、公民権および姓名を奪われない。

第二三条〔法律によらない役務の提供・財産供出の禁止〕

いかなる役務の提供または財産供出も、法律に基づかない限り、課すことはできない。

第二四条〔裁判を受ける権利〕

1 何人も、自己の権利および正当な利益の保護のため、訴訟を提起することができる。

2 弁護は、手続のあらゆる時期および段階において、侵すことのできない権利である。

3 貧困者に対しては、特別の制度により、いずれの裁判所においても訴訟を提起し、弁護する手段を確保する。

4 裁判の過誤に対する補償の条件および方法は、法律で定める。

第二五条〔適正な裁判の保障、刑罰法規の不遡及など〕

1 何人も、法律で事前に定められた本来の裁判官による裁判を受ける権利を奪われない。

2 何人も、その行為がなされる以前に施行された法律によらなければ、処罰されない。

3 何人も、法律の定める場合でなければ、保安処分を受けない。

第二六条〔市民の引渡〕

1 市民の外国への引渡しは、国際協定によって明示的に定められている場合にのみ、認められる。

2 政治犯罪を理由とした外国への引渡しは、いかなる場合であっても、これを認めない。

〔本条二項は、一九六七年六月二一日憲法的法律第一号により、大量殺戮犯罪には適用されない〕

第二七条〔刑罰〕

1 刑事責任は、個人に帰属する。

2 被告人は、有罪判決が確定するまでは、有罪とはみなされない。

3 刑罰は人道的取扱いに反するものであってはならず、受刑者の再教育をめざすものでなければならない。

4 死刑は許されない。

〔本条四項は、二〇〇七年一〇月二日憲法的法律第一号により改正〕

第二八条〔公務員、国および公共団体の責任〕

国および公共団体の公務員および公務被用者は、その行為によって権利を侵害したときは、刑事法、民事法及び行政法に従い、直接、責任を負う。この場合、民事上の責任は、国および公共団体に及ぶ。

第二章　倫理的・社会的関係

第二九条〔家族の権利、婚姻における両性の平等〕

1 共和国は、婚姻に基づく自然的結合体としての家族の権利を認める。

2 婚姻は、家族の一体性を保障するために法律が定める制限の下で、配偶者相互間の倫理的および法的平等に基づき、規律される。

第三〇条〔両親の子どもに対する権利および義務〕

1 子を養育し、訓育しおよび教育することは両親の義務であり、権利である。子が婚姻外で生まれたものであっても、同様とする。

2 両親が無能力の場合には、法律は、その責務を果たす措置を講ずる。

3 婚姻外で生まれた子に対する法的および社会的保護は法律で定める。この保護は法律婚による家族構成員の権利と両立するものとする。

4 父子関係の捜索に関する規範およびその制限は法律で定める。

第三一条〔家族形成への配慮、母性・児童・青少年の保護〕

1 共和国は、経済的および他の措置により、家族の形成およびその責務の遂行を助成する。大家族に対しては、特別な配慮を行う。

2 共和国は、母性、児童および青少年を保護し、この目的に必要な施設を助成する。

第三二条〔健康の保護、強制的な医療処置の禁止〕

1 共和国は、個人の基本的権利および社会全体の利益として健康を保護し、困窮者に対して無料の治療を保障する。
2　何人も、法律の規定によらなければ、医療上の特別の処置を強制されない。法律は、いかなる場合であっても、人の身体への尊重によって課される制限に反してはならない。

第三三条〔芸術・学問の自由、教育の自由、大学の自治〕
1　芸術および学問は、自由であり、またその教授も自由である。
2　共和国は、教育に関する一般的な規範を定め、あらゆる種類および段階の国立学校を設置する。
3　法人および私人は、国に負担を求めることなく、学校および教育施設を設置する権利を有する。
4　法律は、同等な取り扱いを求める国立でない学校の権利および義務を定めるにあたり、それらの学校に対して完全な自由を保障し、その児童・生徒（alumno）に対して国立学校の児童・生徒と対等な修学上の取り扱いを保障しなければならない。
5　各種類および各段階の学校への入学または卒業ならびに専門職業資格について、国家試験を定める
6　大学および高等教育機関といった高等文化機関は、国の法律の定める限度内で、自律的な秩序を定める権利を有する。

第三四条〔義務教育の無償、教育助成〕
1　学校は、すべての者に開かれる。
2　少なくとも八年間与えられる初等教育は、義務でありかつ無償である。
3　能力があり成績の優れた者は、資力がなくとも、最上位の段階の学校に進学する権利を有する。
4　共和国は奨学金、家族手当および他の措置により前項の権利を実効的なものとする。ただし、これらの助成措置は試験により付与されなければならない。

第三章　経済的関係

第三五条〔労働の保護、移民の自由〕
1　共和国は、あらゆる形態行われる労働を保護する。
2　共和国は、労働者の育成および職業能力の向上に配慮する。
3　共和国は、労働の権利を確立し、規律することを目的とする国際協定および国際組織を推進し、助成する。
4　共和国は、公共の利益のために法律で定める義務のある場合を除き、移民の自由を承認し、外国におけるイタリア人の労働を保護する。

第三六条〔報酬を受ける権利、労働時間の決定、休暇をとる権利〕
1　労働者は自らの労働の量と質に比例し、また、いかなる場合においても自身と家族に対して自由で尊厳のある生活を保障するのに十分な報酬を請求する権利を有する。
2　労働日の労働時間の上限は、法律でこれを定める。
3　労働者は、毎週の休日および年次有給休暇に対する権利を有し、これを放棄することはできない。

第三七条〔女性・年少勤労者の権利・保護〕
1　女性労働者は、男性労働者と同一の権利を有し、同等の労働に対して男性労働者と同一の報酬を受ける。労働条件は、女性労働者の家庭での不可欠の責務の遂行を可能にし、母親および子供に対し、特別の十分な保護を保障するものでなければならない。
2　賃金を得る労働についての最低年齢は、法律で定める。
3　共和国は、特別の規範により未成年者の労働を保護し、同等の労働につき同等の報酬を受ける権利を未成年者に保障する。

第三八条〔生活扶助を受ける権利〕
1　労働の能力がなく、生活するのに必要な資力を有しないすべての市民は、社会的な扶助を受ける権利を有する。
2　労働者は、事故、疾病、障碍および老齢、その意に反する失業の場合に、その生活上の必要に相応する手段が準備され、保障される権利を有する。
3　労働能力のない者および障害者は、教育および職業訓練を受ける権利を有する。
4　本条に定める責務は、国が設置しまたは助成する機関および施設がこれを行う。
5　私的な扶助は自由である。

第三九条〔団結権、労働協約締結権〕
1　労働組合を組織することは、自由である。
2　労働組合に対して、法律が定める規定に従った地方官庁および中央官庁への登録以外の義務を課すことはできない。
3　登録の要件は、労働組合の規約が民主的基礎に基づく内部組織を定めていることである。
4　登録された労働組合は、法人格を有する。組合は、その組合員に比例して統一的に代表され、協約に関連する職種に属する全ての者に対して

強制的な効力を有する労働協約を締結することができる。

第四〇条〔ストライキ権〕
ストライキ権は、これを規制する法律の範囲内で行使される。

第四一条〔私的経済行為の自由〕
1　私的な経済行為は、自由である。経済財は、国の公共団体または私人に属する。
2　私的な経済行為は、社会的利益に反して、または安全、自由および人間の尊厳を害するような方法で営んではならない。
3　法律は、公的および私的な経済活動が社会的目的に向けられ、調整されるようにするため、適当な計画および統制を定める。

第四二条〔私的所有の承認〕
1　財産は、公有または私有とする。
2　私有財産は、法律により承認され、保障される。この法律は、私有財産の社会的機能を確保し、それをすべての人にとって近づきうるものにする目的で、その取得、共有の方法、およびその制限を定める
3　私有財産は、法律が定める場合には、補償の下に、公共の利益のために収用することができる。
4　法定相続および遺言による相続に関する規範および制限ならびに相続財産に対する国の権利は、法律で定める。

第四三条〔企業の国有化〕
法律は、公共の利益のため、重要な公益事業もしくはエネルギー源に関連し、または独占状態に関連する特定の企業または特定の種類の企業であって、高度に公益的性格を有するものを、国、公共団体または労働者団体もしくは利用者団体に始原的に留保し、または補償の下に収用することによって、譲渡することができる。

第四四条〔私的土地所有権の規制〕
1　土地の合理的な利用を達成し、公平な社会関係を確立するために、法律は、私的な土地の所有に義務および拘束を課し、地域および農業地帯応じて所有面積の制限を定め、土地の開墾、大土地所有の改革および生産単位の再編成を促進し、義務付け、ならびに中小の土地所有を助成する。
2　山岳地帯に対する助成措置は、法律で定める。

第四五条〔協同組合の承認、手工業の保護〕
1　共和国は、相互扶助の性格を有し、私的投機を目的としない協同組合の社会的機能を承認する。法律は、適切な手段により協同組合の発展を促進および助成し、適当な統制により、その性格および目的を確保する。
2　法律は、手工業の保護及び発展のための措置を定める。

第四六条〔労働者の企業管理協力権〕
共和国は、労働の経済的および社会的向上を目的として、生産の要請との調和を図りつつ、法律が定める方法と制限において、企業の管理に協力する労働者の権利を承認する。

第四七条〔貯蓄の保護、信用制度の規律〕
1　共和国は、あらゆる形態における貯蓄を奨励し、保護する。共和国は、信用制度の運用を規制し、調整し、統制する。
2　共和国は、国民の貯蓄が住宅所有、耕地の直接所有ならびに国内の大規模な生産企業の直接および間接の株式投資に充てられるよう助成する。

第四章　政治的関係

第四八条〔普通選挙、投票の自由・秘密投票〕
1　成人に達した男女のすべての市民は、選挙人である。
2　投票は、選挙人本人が行うものとし、そして平等、自由かつ秘密である。投票することは、市民の義務である。
3　法律は、外国に居住する市民が投票権を行使する要件および方法を定め、その実効性を保障する。この目的のため、両院の選挙のために在外選挙区が設けられ、これに憲法規範が定める定数内で、法律が確定した基準に従って議席が配分される。
〔本条三項は、二〇〇〇年一月一七日憲法的法律第一号により挿入〕
4　投票権は、民事上の無能力もしくは確定した刑事判決の効果による場合または法律が定める反道徳的行為の場合でなければ、制限することはできない。

第四九条〔政党結成権〕
すべての市民は、民主的な方法で国の政策の決定に参画するために、自由に政党を結成する権利を有する。

第五〇条〔請願権〕
すべての市民は、立法措置を求めまたは共通の要請を表明するために、両議院に対して請願を行うことができる。

第五一条〔公職就任権〕
1　すべての男女の市民は、法律が定める要件に従い、平等な条件で、公職および選挙による公務に就くことができる。この目的のために、共

和国は、適当な措置により男女の機会均等を促進する。

2　共和国の管轄に属さないイタリア人〔第二次大戦後にイタリア領土ではなくなったユーゴスラヴィア、フランスなどに居住し続けたイタリア人。イタリア国籍は保持したが、公民権は失った〕は、公職および選挙による公務への就任に関し、法律により、これをイタリア市民と同等に扱うことができる。

3　選挙による公務についた者は、その職務を遂行するために必要な時間を自由に用いる権利を有し、その本職の地位を保持する権利を有する。

〔本条一項後段は、二〇〇三年五月三〇日憲法的法律第一号により挿入〕

第五二条〔兵役の義務〕

1　祖国の防衛は、市民の神聖な義務である。

2　兵役は、法律が定める制限と方法において、義務である。市民は、兵役義務の履行によって、その職務上の地位および政治的権利の行使を脅かされない。

3　軍隊の組織は、共和国の民主的精神に従う。

第五三条〔納税の義務〕

1　何人も、その担税能力に応じて、公共の費用を負担しなければならない。

2　租税体系は、累進的な基準に従う。

第五四条〔憲法および法律の遵守義務〕

1　すべて市民は、共和国への忠誠義務ならびに憲法および法律を遵守する義務を負う。

2　公職を付託された市民は、法律の定める場合には宣誓を行い、紀律と名誉をもってその公職を遂行する義務を負う。

第二部　共和国の組織

第一章　国会

第一節　両議院

第五五条〔両院制、両院合同会議〕

1　国会は、代議院（下院）および共和国元老院（上院）で構成される。

2　国会は、憲法で定める場合にのみ、両議院の議員の合同会議を開く。

第五六条〔代議院の選挙方法、定数、被選挙権〕

1　代議院は、普通かつ直接選挙で選出される。

2　代議院議員の定数は、六三〇である。ただし、そのうち一二は、在外選挙区において選出する。

3　選挙の日に二五歳に達しているすべての選挙人は、代議院議員の被選挙権を有する。

4　選挙区への議席の配分は、在外選挙区に配分された議席数を除き、直近の国勢調査によって明らかになった共和国の人口総数を六一八で除し、その配分基数と最大剰余数に基づいて各選挙区の人口に比例して行う。

〔本条は、一九六三年二月九日憲法的法律第二号および二〇〇一年一月二三日憲法的法律第一号により改正〕

第五七条〔共和国元老院議員の定数、議席配分方法〕

1　共和国元老院は、在外選挙区に配分される議席を除き、州を基礎に選出される。

2　選挙による共和国元老院議員の定数は、三一五である。ただし、そのうちの六は在外選挙区において選出する。

3　各州の共和国元老院議員の定数は七以上とする。ただし、モリーゼ州の定数は二、ヴァッレ・ダオスタ州の定数は一とする。

4　各州への議席の配分は、在外選挙区に配分される議席数を除き、前項の規定を踏まえ、かつ配分基数と最大剰余法に基づいて、直近の国勢調査によって明らかになった各州の人口に比例して行われる。

〔本条は、一九六三年二月九日憲法的法律第二号および一九六三年一二月二三日憲法的法律第三号二〇〇一年一月二三日憲法的法律第一号により改正〕

第五八条〔元老院議員の選挙原則、選挙・非選挙資格〕

1　共和国元老院議員は、二五歳以上の選挙人が、普通かつ直接選挙で選出する。

2　四〇歳に達した選挙人は、共和国元老院議員の被選挙権を有する。

第五九条〔終身元老院議員〕

1　共和国大統領であった者は、辞退しない限り、当然に終身共和国元老院議員である。

2　共和国大統領は、社会、科学、芸術および文学の分野における最高の功績により祖国の名を高めた市民を五人、終身の共和国元老院議員に任命することできる。

第六〇条〔両議院の任期〕

1　代議院および共和国元老院は、五年の任期で選出される。

2　各議院の任期は、戦争の場合に限り、法律で延長することができる。

〔本条第一項は、一九六三年二月九日憲法的法律第二号により改正〕

第六一条〔選挙日、最初の集会、前議員の権限〕

1　新たな議院の総選挙は、前の議院の任期が終了した日から七〇日以内に実施される。その最初の会議は、総選挙から二〇日以内に開く。

2 新たに議院が集会するまでは、前の議院の権限が延長される。

第六二条〔両議院の集会〕

1 両議院は、二月および一〇月の休日でない最初の日に当然に集会する。

2 各議院は、議長、共和国大統領または議員の三分の一の発議により、臨時に集会することができる。

3 一議院が集会するときは、他の議院も当然に招集される。

第六三条〔議長、理事部〕

1 各議院は、その議員の中から、議長および理事部を選出する。

2 国会が、合同会議を開くときは、議長および理事部は代議院のそれを充てる。

第六四条〔議院規則、会議の公開、定足数、政府構成員の出席〕

1 各議院は、その議員の絶対多数でその規則を採択する。

2 会議は公開とする。ただし、各議院および国会の合同会議は、秘密会を開くことを議決することができる。

3 各議院および国会の合同会議の議決は、憲法が特別多数を定めている場合を除き、その議員の過半数が出席し、かつ出席議員の過半数で採択されない限り、有効ではない。

4 政府構成員は、議院に議席をもたない場合でも、会議に出席する権利を有し、求められる時は、出席する義務を負う。政府構成員が発言を要求するときには、いつでも発言を許されなければならない。

第六五条〔被選挙欠格事由・兼職禁止〕

1 代議院議員および共和国元老院議員の被選挙欠格事由および兼職禁止事由は、法律でこれを定める。

2 何人も同時に両院の議員となることはできない。

第六六条〔議員の資格審査〕

各議院は、その構成員の議員としての資格ならびに被選挙欠格および兼職禁止の追加的事由について審査する。

第六七条〔全国民の代表、命令的委任の禁止〕

すべての国会議員は、国民を代表し、委任に拘束されることなく、その職務を行う。

第六八条〔議員の免責・特権〕

1 代議院は、その職務を遂行に際して表明した意見および行った表決について、責任を問われない。

2 国会議員は、その所属する議院の許諾がなければ、身体もしくは住居の捜索を受け、逮捕され、またはその他の方法で身体の自由を奪われ、拘禁されることはない。ただし、確定した有罪判決の執行の場合または現行犯のときには逮捕しなければならないものと定められた犯罪行為で拘束された場合は、この限りではない。

3 国会議員に対して、会話または通信のいかなる形態における傍受および親書の差押えを行う場合も、前項の許諾が必要である。

〔本条は、一九九三年一〇月二九日により改正〕

第六九条〔議員の歳費〕

国会議員は、法律が定める歳費を受ける。

第二節 法律の制定

第七〇条〔立法権能〕

立法権能は、両院が共同して行使する。

第七一条〔法律の発案権、人民発案〕

1 法律の発案権は、政府、両議院の議員、憲法的法律が定める機関および団体に属する。

2 人民は、少なくとも五万人の選挙人が、条文として起草された草案を提出することで、法律の発案を行う。

第七二条〔法案の議決、略式手続、委員会立法〕

1 一議院に提出された法律案は、その議院規則の定めに従い、委員会で、次いで本会議で審議される。本会議は法律案を逐条採決し、最後に法律案全体の表決を行う。

2 緊急と宣言された法律案いついての略式手続は、議院規則で定める。

3 また、議院規則は、法律案の審議および表決を、院内会派を比例的に反映するように構成された委員会（常任委員会を含む）に付託する場合およびその形式を定めることができる。この場合においても、確定的な議決がなされるまでは、政府またはその議院の議員の一〇分の一もしくは委員会の五分の一が、その法律案の審議および表決を本会議で行うよう要求するとき、または採決に対する態度表明のみを伴う本会議の最終議決に付すよう要求するときは、その法律案は、本会議に返附する。委員会の議事の公開の形式は、規則で定める。

4 憲法および選挙に関する事項の法律案、立法の委任に関する法律案、国際条約の批准の承認に関する法律案ならびに予算および決算の承認に関する法律案は、常に、本会議が審議し、直接に議決するという通常手続きによる。

第七三条〔法律の審署・交付、施行〕

1　法律は、可決から一か月以内に共和国大統領が審署する。

2　両議院が、各々その議員の絶対多数で緊急性を宣言したときは、法律は、その定める期日内に審署される。

3　法律は、審署の後直ちに公布され、その法律が異なる期日を定める場合を除き、その公布に続く一五日目に施行される。

第七四条〔大統領の再議請求権〕

1　共和国大統領は、法律に審署する前に、両議院に理由を付した教書によって再議を求めることができる。

2　両議院がその法律を再び可決したときは、大統領は、その法律に審署しなければならない。

第七五条〔法律の廃止的国民投票〕

1　五〇万人の選挙人または五つの州議会が要求するときは、法律または法律の効力を有する行為の全部または一部の廃止を決定するために、国民投票が行なわれる。

2　租税および予算、大赦および減刑、国際条約批准の承認に関する法律については、国民投票は認められない。

3　代議院の選挙権を有するすべての市民は国民投票に参加する権利を有する。

4　国民投票に付された提案は、有権者の過半数が投票に参加し、有効投票の過半数の賛成を得たときに、可決される。

5　国民投票を実施する方法は法律で定める。

第七六条〔立法の委任〕

立法権能は、指導的な原則および指針が定められ、期間が限定され、かつ対象が特定されなければ、政府に委任することはできない。

第七七条〔委任立法、緊急法律命令〕

1　政府は、両院の委任がなければ、通常法律の効力を有する命令を発することができない。

2　緊急の必要がある非常の場合に、政府が、その責任において、法律の効力を有する暫定措置をとったときは、政府はこれを法律に転換するために、その日のうちに両院に提出しなければならない。両院は、解散中であっても、特に召集され、五日以内に集会する。

3　この命令は、その公布後六〇日以内に法律に転換されなければ、はじめからその効力を失う。ただし、両議院は、法律に転換されなかった命令に基づき生じた法律関係を法律で規律することができる。

第七八条〔戦争状態の議決〕

両議院は、戦争状態を議決し、必要な権限を政府に付与する。

第七九条〔大赦および減刑〕

1　大赦および減刑は、逐条審査かつ最終表決で、各議院の議員の三分の二の多数で議決した法律により付与される。

2　大赦または減刑を付与する法律は、その適用期間を定める。

3　いかなる場合であっても、大赦および減刑は、当該法律案の提出後のなされた犯罪に対しては、適用することはできない。

〔本条は、一九九二年三月六日憲法的法律第一号により改正〕

第八〇条〔国際条約批准の承認〕

両議院は、法律により、政治的性質を有する国際条約、仲裁もしくは司法的解決を定める国際条約または領土の変更を伴う国際条約または財政上の負担もしくは法律の改正を伴う国際条約の批准を承認する。

第八一条〔予算・決算の承認、収支の均衡〕

1　国は、景気循環の後退期および拡大期を考慮して、その予算の歳入と歳出の均衡を保障する。

2　借入れは、景気循環の影響を考慮するため、および例外的な事象の発生に際して両議院の各構成員の絶対多数による事前承認を得た場合にのみ許される。

3　新たな負担または負担の増加を伴うすべての法律は、その財源について措置する。

4　両議院は、毎年、政府の提出する予算および決算を法律により議決する。

5　予算の暫定的な執行は、法律により、かつ通じて四か月を超えない期間についてのみ、認められる。

6　予算法の内容ならびに行政全体の予算の歳入と歳出の均衡および債務の持続可能性を保障するための基本的な規定及び基準は、憲法的法律で定める原則を遵守して、各議院の構成員の絶対多数で可決される法律により定める。

〔本条は、二〇一二年四月二〇日憲法的法律第一号により改正〕

第八二条〔議院の調査権〕

1　各議院は、公共の利益に関する事項について調査を行うことができる。

2　この目的のために、各議院は、その議員の中から、各会派（の所属議員数）を比例的に反映するようにつくられた委員会を任命する。この調査委員会は、司法官憲と同一の権限を有し、同一の制限の下に、調査および審査を行う。

第二章　共和国大統領

第八三条〔大統領の選挙〕

1　共和国大統領は、国会議員の合同会議において選出される。

2　この選挙には、少数派の代表が確保される方法で、州議会が選出した各州につき三人の代表者が参加する。ヴァッレ・ダオスタ州の代表は一人とする。

3　共和国大統領の選挙は秘密投票で行われ、会議の三分の二の多数で選出する。第三回目の投票の後は、絶対多数で決定する。

第八四条〔大統領の被選挙資格、兼業禁止、待遇〕

1　五〇歳に達し、民事上の権利および公民権を有するすべての市民は、共和国大統領に選出されることができる。

2　共和国大統領の職は、他のいかなる職務とも兼ねることができない。

3　大統領の給与および年間経費は、法律で定める。

第八五条〔大統領の任期、新大統領の選挙〕

1　共和国大統領の任期は、七年とする。

2　大統領の任期が満了する三〇日前に、代議院議長は、新たな共和国大統領を選出するために、国会と州代表の合同会議を招集する。

3　両議院が解散されている場合または両議院の任期満了までに三か月に満たない場合、大統領の選挙は、新たな両議院の集会から一五日以内に行う。その間、在職の大統領の権限は延長される。

第八六条〔大統領職の代行、大統領の欠缺〕

1　共和国大統領がその職務を遂行できないときは、共和国元老院議長がその職務を代行する。

2　共和国大統領の永続的故障もしくは死亡または辞職の場合には、代議院議長は、新大統領の選挙を一五日以内に公示する。ただし、両議院が解散されている場合または両議院の任期満了までに三か月にみたない場合には、それを過ぎた期日を指定することができる。

第八七条〔大統領の地位、権限〕

1　共和国大統領は、国家元首であり、国の統一を代表する。

2　共和国大統領は、両議院に教書を送ることができる。

3　共和国大統領は、新議院の選挙を告示し、その最初の集会日を決める。

4　共和国大統領は、政府発議の法律案の両議院への提出を承認する。

5　共和国大統領は、法律に審署し、法律の効力を有する命令および規則を公布する。

6　共和国大統領は、憲法が定める場合に国民投票を告示する。

7　共和国大統領は、法律が定める場合において、国家公務員を任命する。

8　共和国大統領は、外交使節に信任を与えおよびこれを接受し、必要なときには、事前に両議院の承認を得た後に国際条約に批准する。

9　共和国大統領は、軍隊の指揮権を有し、法律に従って設置される最高国防会議を主宰し、両議院の議決を経て、戦争状態を宣言する。

10　共和国大統領は、最高司法会議を主宰する。

11　共和国大統領は、恩赦を与え、刑を減ずることができる。

12　共和国大統領は、共和国の栄典を授与する。

第八八条〔両議院の解散権〕

1　共和国大統領は、両議院の議長の意見を聴いた上で、両議院または一議院のみを解散することができる。

2　共和国大統領は、その任期満了前六か月間は、前項の権限を行使できない。ただし、その期間の全部または一部が立法期の最後の六か月間と重複する場合を除く。

〔本条二項は、一九九一年一一月四日憲法的法律第一号により改正〕

第八九条〔大統領の行為への副署〕

1　共和国大統領のすべての行為は、担当大臣の副署がなければ効力を有しない。その行為の責任は、担当大臣が負う。

2　法律的効力を有する行為および法律で定めるその他の行為は、内閣総理大臣によっても副署される。

第九〇条〔大統領の無答責、弾劾〕

1　反逆または憲法への侵犯による場合を除いて、共和国大統領は、その職務の遂行に際して行った行為につき、責任を問われない。

2　反逆または憲法への侵犯の場合、共和国大統領は、国会の合同会議が、その議員の絶対多数で議決することにより、弾劾の訴追がなされる。

第九一条〔大統領の宣誓〕

共和国大統領は、職務に就く前に、国会合同会議において、共和国への忠誠と憲法の遵守を宣言する。

第三章　政府

第一節　内閣

第九二条〔政府の構成、任命〕
1　共和国政府は、内閣総理大臣および各大臣からなる。内閣総理大臣および各大臣はともに、内閣を組織する。
2　共和国大統領は、内閣総理大臣を任命し、その提案に基づき各大臣を任命する。

第九三条〔大臣の宣誓〕
内閣総理大臣および各大臣は、職に就く前に、共和国大統領の面前で宣誓する。

第九四条〔政府の信任および不信任〕
1　政府は、両議院の信任を得なければならない。
2　各議院は、理由が付されかつ指名点呼投票で可決された動議によって、信任を与えまたは撤回する。
3　政府は、成立後一〇日以内に、両議院に対して信任を求めなければならない。
4　政府の提案に対する一議院または両議院の反対表決は、政府の辞職を伴うものではない。
5　不信任動議は、その議院の少なくとも一〇分の一の議員が署名しなければならず、その提出から三日を経た後でなければ討議に付すことはできない。

第九五条〔内閣総理大臣の権限、大臣の責任〕
1　内閣総理大臣は、政府の一般政策を指揮し、その責任を負う。内閣総理大臣は、各大臣の活動を促進および調整することにより、政治上及び行政上の方針の統一を維持する。
2　各大臣は、内閣の行為について連帯して責任を負い、その主任する省の行為については、個別的に責任を負う。
3　内閣府の組織ならびに各省の数、所掌事務および組織については、法律で定める。

九六条〔内閣総理大臣および各大臣の訴追〕
内閣総理大臣および各大臣は、その職務を解かれた後であっても、共和国元老院または代議院が事前に許諾したときは、憲法的法律によって定める規範に従い、その職務の遂行の際して行った犯罪について、通常裁判所に訴追される。
〔本条は、一九八九年一月一六日憲法的法律第一号により改正〕

第二節　公行政

第九七条〔行政機関〕
1　行政は、欧州連合の法規と一致するよう、予算の均衡及び公的債務の持続可能性を保障する。
2　行政機関は、法律の規定に従い、行政の能率的運営および公平性を確保するように組織される。
3　公務員の権限の範囲、職掌および責任は、行政機関の規則によって定める。
4　公行政機関の公務員の任用は、法律が定める場合を除き、競争試験による。
〔本条は、二〇一二年四月二〇日憲法的法律第一号により第一項を挿入〕

第九八条〔公務員〕
1　公務員は、国民にのみ奉仕する。
2　公務員が国会議員を兼職するときは、年功序列以外の昇進を受けることはできない。
3　司法官、現役の職業軍人、警察職員、外国にある外交官および領事官については、法律により、政党に加入する権利の制限を定めることができる。

第三節　補助機関

第九九条〔経済労働会議〕
1　経済労働会議は、法律が定める方法により専門家ならびに数的および質的な重要性を考慮して選ばれた各生産部門の代表者で構成する。
2　経済労働会議は、法律がこれに与えた事項および権能について、両議院および政府の諮問機関である。
3　経済労働会議は、法律の発案権を有し、法律が定める原則に従いかつ法律の定める制限内で、経済的立法および社会的立法の起草に寄与することができる。

第一〇〇条〔国務院、会計院〕
1　国務院は、法および行政に関する諮問機関であり、行政における正義の擁護者である。
2　会計院は、政府の行為についての適法性の事前統制を行い、国の予算の執行について事後的な検査を行う。会計院は、法律が定める場合および形式において、国が経常的に補助する団体の財政管理の検査に参加する。会計院は、検査結果を両議院に直接報告する。
3　本条の二つの機関およびその構成員の政府に対する独立は、法律で保障する。

第四章　司法

第一節　司法組織

第一〇一条〔裁判の原則〕
1　裁判は、国民の名において行う。

2　裁判官は、法律にのみ従う。

第一〇二条〔司法権の行使、特別裁判所の禁止、参審制〕

1　司法権能は、司法組織に関する規程により設置され、規律される通常司法官が行使する。

2　例外裁判官または特別裁判官は、これを置くことはできない。ただし、特定事項に関する特別部を通常裁判機関に設置することができ、司法官でない市民であって適任の者をこれに参加させることができる。

3　国民が裁判に直接参加できる場合および形式は、法律で定める。

第一〇三条〔国務院・会計院の裁判権、軍事裁判所〕

1　国務院およびその他の行政裁判機関は、公行政に関して正当な利益を保護するために、および法律が定める特別の事項について主観的権利を保護するためにも、裁判権を有する。

2　会計院は、公会計に関する事項および法律が特定するその他の事項について裁判権を有する。

3　軍事裁判所は、戦時においては、法律が定める裁判権を有する。軍事裁判所は、平時においては、軍隊に属する者が行った軍事犯罪についてのみ裁判権を有する。

第一〇四条〔司法府の独立、最高司法会議〕

1　司法府は、他のいかなる権力からも独立した自律的な組織である。

2　最高司法会議は、共和国大統領が主宰する。

3　破毀院第一部長及び破毀院付検事長は、当然に最高司法会議の構成員となる。

4　最高司法会議のその他の構成員は、すべての通常司法官が、各部門に属する司法官の中からその三分の二を選出し、国会の合同会議が、大学の法律学の正教授および一五年の職歴を有する弁護士の中から三分の一を選出する。

5　最高司法会議は、国会の指名した構成員の中から、副議長を選挙する。

6　最高司法会議の選挙による委員の任期は四年とし、引き続いての再選はできない。

7　前項の委員は、その在任中、職業名簿に登録され、または国会議員もしくは州議会議員となることはできない。

第一〇五条〔最高司法会議の権限〕

最高司法会議は、司法組織に関する規範に従い、司法官の任用、補職、転任、昇進および懲戒処分に関する権限を有する。

第一〇六条〔司法官の任命〕

1　司法官の任命は、競争試験による。

2　司法組織に関する法律は、単独裁判官が行うすべての権能につき、選挙による任命を含めて名誉司法官を認めることができる。

3　大学の法律学の正教授、および一五年の職歴を有しかつ上級裁判所の裁判に関与するための特別名簿に登載されている弁護士は、顕著な功績により、最高司法会議の指名に基づいて、これを破毀院評定官（判事）に任命することができる。

第一〇七条〔司法官の身分保障〕

1　司法官は、罷免されることがない。司法官は、司法組織（に関する規範）が定める理由により、かつその定める防御の保護の下でなされた司法最高会議の決定、または本人の同意をもってなされた最高司法会議の決定によらなければ、その職を免じ、その職を停止しまたは他の裁判所もしくは職務に移すことができない。

2　司法大臣は、懲戒の訴えを提起する権限を有する。

3　司法官は、その職務の違いを除いて、相互の間で区別されない。

4　検察官は、司法組織に関する規範が定める保障を享受する。

第一〇八条〔司法組織に関する規範〕

1　司法組織および司法官に関する規範は、法律で定める。

2　特別裁判所の裁判官、これに附置される検察官および裁判に参加するその他の独立は、法律で保障する。

第一〇九条〔司法警察の指揮〕

司法官憲は、司法警察を直接に指揮する。

第一一〇条〔司法大臣の権限〕

最高司法会議の権限に属するものを除き、司法に関する事務の組織および運営は、司法大臣に属する。

第二節　裁判に関する規定

第一一一条〔適正手続、破毀院への上訴〕

1　裁判は、法律が規律する適正な手続を通じて行う。

2　すべての訴訟は、対等な条件の下で、公平な第三者である裁判官の面前における当事者間の対審により行う。訴訟の合理的な期間は、法律でこれを保障する。

3　刑事手続においては、犯罪で訴追された者は、本人に通告された起訴の性質と理由とを可能な限り短期間に、他人に知られることなく告知されること、自己の防御を準備するのに必要な時間と条件を与えられること、自己に不利な証言をする者を裁判官の面前で尋問しまたは尋問させ、自己に有利な証言をする者の召喚および自己に有利な証言をする者と同じ条件で求めならびに自己に有利な他のあらゆる証拠を取得できること、手続において使用されている言語を理解できずまたはこれを話せないときは、通訳の補助を受けられることを法律で保障する。

4　刑事手続においては、対審の原則に基づいて行われる。被告人の有罪は、被告人またはその弁護人の尋問を自由な選択により故意に回避した者の供述に基づいて、これを立証することはできない。

5　被告人の同意により、または客観的な供述不能が確認され、もしくは違法な行為が立証されたことにより、対審による証拠調べが行われない場合については、法律でこれを定める。

6　すべての裁判上の処分には、理由を付さなければならない。

7　通常裁判所または特別裁判所が言い渡した判決および人身の自由に関する処分に対する破毀院の上訴であって、法律違反を理由とするものは、常にこれを行ことができる。

8　国務院および会計院の判決に対する破棄院への上訴は、裁判管轄に関する理由がある場合にのみ、これを行うことができる。

〔本条第一項から第五項は、一九九九年一一月二三日憲法的法律第二項により挿入〕

第一一二条〔起訴法定主義〕

検察官は、刑事訴追を行う義務を負う。

第一一三条〔行政訴訟〕

1　公行政の行為に対しては、常に、通常裁判所または行政裁判所における権利および正当な利益の裁判上の保護が認められる。

2　この裁判上の保護は、これを否定し、または特定の異議申立手続もしくは特定の種類の行為に限定することはできない。

3　いずれの裁判機関が、いかなる場合に、いかなる効果をもって公行政の行為を取り消すことができるかは、法律で定める。

第五章　州、県、コムーネ

第一一四条〔共和国の構成〕

1　共和国は、コムーネ（基礎自治体）、県、大都市、州および国から構成される。

2　コムーネ、県、大都市および州は、憲法が定める原則に基づき固有の憲章、権限および権能を持つ自治団体である。

3　ローマは、共和国の首都である。その組織については、国の法律で定める。

〔本条は、二〇〇一年一〇月一八日憲法的法律第三号により改正〕

第一一五条〔廃止〕

〔本条は、二〇〇一年一〇月一八日憲法的法律第三号により廃止〕。

第一一六条〔特別州〕

1　フリウリ＝ヴェネツィア・ジューリア、サルデーニャ、トレンテーノ＝アルト・アルトジェ／（南チロル）およびヴァッレ・ダオスタは、憲法的法律で定めるそれぞれの特別憲章に基づき、特別な形式および条件の自治権を有する。

2　トレンテーノ＝アルト・アルジェ／（南チロル）州は、トレント自治県およびボルツァーノ自治県で構成される。

3　第一一七条第三項に定める事項ならびに同条第二項l号（ただし治安判事の組織に限定する。）、第n号および第s号が定める事項に係る特別な形式および条件の自治権は、第一一九条に定める原則を遵守しつつ、関係する州の発案に基づき、地方公共団体の意見を聴衆して、国の法律でその他の州に認めることができる。この法律は、国と関係州との取極めに基づき、両議院が議員の絶対多数で可決する。

〔本条は、二〇〇一年一〇月一八日憲法的法律第三号により改正〕

第一一七条〔国と州のとの立法権分割〕

1　立法権は、憲法ならびに共同体の法規および国際的義務から生ずる拘束を遵守して、国および州が行使する。

2　国は、以下の事項について専属的な立法権を有する。

(a)　外交政策および国の国際関係。国と欧州連合との関係。庇護権および欧州連合に属しない国家の市民の法的地位

(b)　移民

(c)　共和国と宗派との間の関係

(d)　国防および軍隊。国家の安全保障。武器、弾薬および爆薬

(e)　通貨、貯蓄の保護および金融市場。競争の保護。外国為替制度。国の税制度および会計制度。公的予算に係る調整。財源の平衡化

(f)　国の諸機関およびその選挙法律。国政上の国民投票。欧州議会選挙

(g)　国および国の公法人の制度および行政組織

(h)　地方行政警察を除き、公の秩序および安全

(i)　国籍、身分関係およびその登録
(l)　裁判および手続規範。民事法および刑事法。行政裁判制度
(m)　全国的に保障されるべき市民的権利および社会的権利に関する給付の最低限の水準の決定
(n)　教育に関する一般的規範
(o)　社会保険
(p)　コムーネ、県および大都市の選挙法、執行機関および基本的権能
(q)　税関、国境取締および国際的な疾病予防
(r)　度量衡および標準時の決定。国、州および地方団体の行政機関が保有するデータの電子計算機による統計的な調整。知的財産
(s)　環境、生態系および文化財の保護

3　以下の事項は、競合的立法事項である。州の国際関係および州と欧州連合との関係。外国との通商。労働の保護および安全。教育、ただし、学校施設の自治ならびに職業教育および職業訓練を除く。職業。科学技術研究および生産部門のための技術革新への支援。健康の保護食品。スポーツに係る制度。災害救助。国土利用計画。民間の港湾および空港。大規模な輸送網および航行網。通信制度。エネルギーの全国規模での生産、輸送および配給。補充的・補完的な年金保険。財政および税制の調整。文化財および景観の活用ならびに文化活動の促進および組織化。貯蓄銀行、農業銀行および州の信用金庫。州の土地農業信用公庫。競合的立法事項については、州に立法権が属するが、基本原則の決定は国の立法に留保する。

4　国の立法に明示的に留保されていないすべての事項に関する立法権は、州に属する。

5　州ならびにトレントおよびボルツァーノ自治県は、その権限に属する事項につき、共同体の法規作成のための決定に参加し、国の法律が定める手続規範を遵守して、国際協定および欧州連合の決定を実施し執行する。〔州および自治県による〕不履行がある場合の代理権限の行使の方法は、当該法律で規律する。

6　州に委任した事項を除き、専属的立法事項についての規則制定権は、国に属する。その他の事項についてはすべて、州に規則制定権が属する。コムーネ、県および大都市は、組織およびその与えられた権能の遂行の規律について規則制定権を有する。

7　州法律は、社会的、文化的および経済的生活における男女の完全な均等を妨げるすべての障害を除去し、選挙による公職への男女のアクセスの均等を促進する。

8　共同機関の設置による場合を含めて、州がその権能をよりよく行使するための他の州との取決は、州法律で承認する。

9　州は、その権限内にある事項につき、国の法律が規律する場合と形式において、諸国との合意および他国の内部の領域団体との取決を結ぶことができる。

〔本条は、二〇〇一年一〇月一八日憲法的法律第三号および二〇一二年四月二〇日憲法的法律第一号により改正〕

第一一八条〔行政権能の配分〕

1　行政権能は、統一的な執行を保障するために、補完性、差異性および最適性の原則に基づき、県、大都市、州および国に付与される場合を除き、コムーネに帰属する。

2　コムーネ、県および大都市は、固有の行政権能および国または州の法律によって各々の権限に応じて付与された行政権能を有する。

3　第一一七条第二項(b)号および(h)号に規定する事項についての国と州との間の調整の形式ならびに文化財の保護についての取決および調整の形式は、国の法律で規律する。

4　国、州、大都市、県およびコムーネは、補完性の原理に基づき、公益的活動の実施のために、市民が個人としておよび団体の構成員として行う自主的な取組を支援する。

〔本条は、二〇〇一年一〇月一八日憲法的法律第三号により改正〕

第一一九条〔財政自治権〕

1　コムーネ、県、大都市および州は、それぞれの予算の均衡を遵守した上で、収入および支出の財政自治権を有し、欧州連合の法規から生ずる経済的および財政的拘束の遵守を保障するよう協力する。

2　コムーネ、県、大都市および州は、自主財源を有する。コムーネ、県、大都市および州は、憲法に適合して、かつ、財政と租税制度調整原理に基づき、租税と固有の収入を定め賦課する。自らの区域に交付される国の税収の配分の決定に与る。

3　国の法律は、住民一人当たりの財政力の低い地域のために使途の定めのない平衡化基金を設ける。

4　前二項に由来する財源を、コムーネ、県、大都市および州は、自己に帰属する公的任務の費用に完全に充当する。

5　経済発展、社会的結束と連帯を推進し、経済的社会的不均衡を除去し、人権の実効的な行使を助長し、またはその任務の通常の遂行とは異なる目的に対処するために、国は、特定のコムーネ、県、大都市および州に、挿入財源を配当し、特別な措置を行う。

6　コムーネ、県、大都市および州は、国の法律の定める一般原則に基づき、固有の財産を有する。コムーネ、県、大都市および州は、償還計画を同時に策定するとともに、各州の団体が全体として財政収支の均衡を遵守することを条件として、投資的支出の財源のためにのみ借入れを行うことができる。前文の規定による借款に対していかなる国による保証も行われない。

〔本条は、二〇〇一年一〇月一八日憲法的法律第三号および二〇一二年四月二〇日憲法的法律第一号により改正〕

第一二〇条〔州際の交通の自由・国の代行権限〕

1　州は、州と州との間の輸入、輸出または移動に課税することができない。また、方法のいかんを問わず、州と州との間の人および物の自由な交通を妨げる措置をとることができず、国の領土のいかなる地域における勤労権の行使を制限することもできない。

2　国際規範および条約または欧州連合の規範が遵守されない場合、公衆の安全および治安に重大な危険がある場合ならびに法的統一または経済的統一の保護が求められる場合、特に地方政府の境界にかかわらず市民的権利および社会的権利に関する給付の欠くことができない水準の保護が必要な場合、中央政府は、州、大都市、県およびコムーネの機関に代わって行為することができる。代位権限が補完性原則および誠実な協力原則に従って行使されることを保障する手続は、法律で定める。

〔本条は、二〇〇一年一〇月一八日憲法的法律第三号により改正〕

第一二一条〔州の機関とその権限〕

1　州の機関は、州議会、参事会および知事とする。

2　州議会は、州に属する立法権ならびに憲法および法律が州に付与するその他の権能を行使する。州議会は、両議院に法律案を提出することができる。

3　州参事会は、州の執行機関である。

4　州知事は、州を代表し、参事会の政策を指揮し、その責任を負い、州法律に審署し、州規則を制定し、国が州に委任した行政権能を共和国政府の訓令に従い指揮する。

〔本条第二項および第四項は、一九九九年一一月二二日憲法的法律第一号により改正〕

第一二二条〔州議会議員・州知事・州参事会員〕

1　州知事、および州参事会のその他の構成員ならびに州議会議員の選挙制度、被選挙欠格および兼職禁止については、共和国の法律が定める基本原則の制限内で、州法で定める。共和国の法律は、選挙によって選出される機関の任期も定める。

2　何人も、州議会議員もしくは州参事会員と同時に、国会の何れかの院の議員、他の州の州議会議員もしくは参議会員または欧州議会議員となることはできない。

3　州議会は、その議員の中から、議長および理事部を選出する。

4　州議会議員は、その職務を遂行するに際して表明した意見および行った表決について、その責任を問われない。

5　州知事は、州憲章が異なる定めをする場合を除き、普通かつ直接選挙でこれを選出する。選出された州知事は、参事会員を任命し、罷免する。

〔本条は、一九九九年一一月二二日憲法的法律第一号により改正〕

一二三条〔州憲章〕

1　各州は、憲法に適合するようにその統治形体ならびに組織および運営の基本原則を定める憲章を有する。州憲章は、州の法律および行政措置に関する州民発案権および州民投票の行使ならびに州の法律および規則の公布を規律する。

2　州憲章は、州議会が、その議員の絶対多数で、少なくとも二か月の期間をおいて連続して二回議決することで可決した法律により採択し、改正する。この法律には、政府監察官の承認の添付を要しない。共和国政府は、州憲章に関する合憲性の問題を、その公布から三〇日以内に憲法裁判所に対して提起することができる。

3　州憲章は、その公布から三か月以内に州の選挙人の五〇分の一または州議会議員の五分の一が請求するときは、州民投票に付す。州民投票に付された憲章は、有効投票の過半数で承認されないときは、審署されない。

4　すべての州において、州憲章は、州と地方公共団体との間の協議機関である地方自治評議会に関する規律を定める。

〔本条は、一九九九年一一月二二日憲法的法律第一号および二〇〇一年一〇月一八日憲法的法律第三号により

改正〕

第一二四条〔廃止〕

〔本条は、二〇〇一年一〇月一八日憲法的法律第三号により廃止〕

第一二五条〔行政裁判機関〕

共和国の法律が定める制度に従い、州に第一審の行政裁判機関が設置される。その支部は、州都以外の場所に設置することができる。

〔本条は、二〇〇一年一〇月一八日憲法的法律第三号により改正〕

第一二六条〔州議会の解散、州知事の罷免〕

1　共和国大統領は、理由を付した命令によって、憲法に反する行為または重大な法律違反行為を行った州議会を解散し、州知事を罷免する。国家の安全を理由としても、この解散および罷免を行うことができる。この命令は、共和億の法律で定める方式で構成される州問題に関する両院合同委員会の意見を聴取して発する。

2　州議会は、少なくとも五分の一の議員が連署しかつ理由が付された動議を氏名点呼投票により議員の絶対多数で可決することによって、州知事に対して不信任を表明することができる。ただし、この動議は、提出から三日を経た後でなければ、討議に付すことはできない。

3　普通・直接選挙によって選出された州知事に対する不信に動議が可決された場合または知事の免職、永続的故障、死亡もしくは辞職の場合には、参事会の辞職および州議会の解散をもたらす。州議会議員の過半数が同時に辞職した場合も同様とする。

〔本条は、一九九九年一一月二二日憲法的法律第一号により改正〕

第一二七条〔州法律に関する合憲性審査〕

1　共和国政府は、州の法律が州の権限を越えると認めるときは、その公布から六〇日以内に憲法裁判所に対して合憲性の問題を提起することができる。

2　州は、国または他の州の法律または法律の効力を有する行為が自らの権限の領域を侵していると認めるときは、その法律または法律の効力を有する行為の公布から六〇日以内に合憲性の問題を憲法裁判所に対して提起することができる。

〔本条は、二〇〇一年一〇月一八日憲法的法律第三号により全面改正〕

第一二八条〔廃止〕

〔本条は、二〇〇一年一〇月一八日憲法的法律第三号により廃止〕

第一二九条〔廃止〕

〔本条は、二〇〇一年一〇月一八日憲法的法律第三号により廃止〕

第一三〇条〔廃止〕

〔本条は、二〇〇一年一〇月一八日憲法的法律第三号により廃止〕

第一三一条〔各州〕

以下の州を設置する。

ピエモンテ　ヴァッレ・ダオスタ　ロンバルディア　トレンテーノ＝アルト・アルジェ　ヴェネト　フリウリ＝ヴェネツィア・ジューリア　リグーリア　エミリア＝ロマーニャ　トスカーナ　ウンブリア　マルケ　ラツィオ　アブルツィオ　モリーゼ　カンパーニャ　プーリア　バジリカータ　カラブリア　サルデーニャ

〔本条は、一九六三年一二月二七日憲法的法律第三号により改正、モリーゼ州が新設された〕

第一三二条〔州の合併・新設、県・コムーネの帰属州の変更〕

1　既存の州の合併または人口一〇〇万人以上の新たな州の設置は、関係住民の少なくとも三分の一を代表するコムーネ議会が要求し、かつ当該住民の過半数が住民投票で承認するときは、州議会の意見を聴取し、憲法的法律でこれを行うことができる。

2　県またはコムーネの一つの州からの分離および他の州への編入は、県またはコムーネがこれを要求し、かつその住民の過半数が住民投票でこれを承認するときは、州議会の意見を聴取し、共和国の法律でこれを行うことができる。

〔本条二項は、二〇〇一年一〇月一八日憲法的法律第三号により改正〕

第一三三条〔県の境界変更・新設、新コムーネの設置〕

1　一つの州の区域内における県の区域の変更および新たな県の設置は、コムーネの発議に基づき、当該州の意見を聴取して、共和国の法律で定める。

2　州は、関係住民の意見を聴取して、州法律により、その区域内に新たなコムーネを設置しならびにコムーネの区域および名称を変更することができる。

第六章　憲法保障

第一節　憲法裁判所

第一三四条〔憲法裁判所の権限〕

憲法裁判所は、次の事項を裁判する。

国および州の法律および法律の効力を有する行為の合憲性に関する争い

国の諸権力の間の権限争議ならびに国と州との間および各州の間の権限争議

憲法の定めにより共和国大統領に対して提起された弾劾

〔一九八九年一月一六日憲法的法律第一号第二条により改正〕

第一三五条〔憲法裁判所の構成〕

1　憲法裁判所は一五人の裁判官で構成する。その三分の一は共和国大統領が、三分の一は国会が合同会議で、残りの三分の一は最高通常裁判機関および最高行政裁判機関が任命する。

2　憲法裁判所の裁判官は、退職した者も含めて上級通常裁判機関および上級行政裁判機関の裁判官、大学の法律学の正教授ならびに二〇年の職歴を有する弁護士の中から選出する。

3　憲法裁判所の裁判官は、それぞれについて宣誓の日から九年の任期で任命され、再任されない。

4　憲法裁判所の裁判官は、任期の終了により職務を解かれ、職権の遂行を停止する。

5　憲法裁判所は、法律で定める規範に従ってその構成員の中から長官を選出する。長官は、その任期を三年とし、再選が許される。ただし、裁判官としての任期は変わらないものとする。

6　憲法裁判所の裁判官の職は、国会議員および州議会議員の職、弁護士としての職業の遂行ならびに法律で定めるあらゆる職務および職と両立しない。

7　共和国大統領に対する弾劾の裁判においては、憲法裁判所の正規の裁判官に加えて、国会が九年ごとに作成する、元老院議員の被選挙資格を有する市民の名簿から抽選で選出され、正規の裁判所の裁判官の任命について定めるのと同じ方法で選任される一六人の構成員が参加する。

〔本条は、一九六七年一一月二二日憲法的法律第二項第一条により改正後、一九八九年一月一六日憲法的法律第一号により、第七項が改正された〕

第一三六条〔違憲判決の効力〕

1　憲法裁判所が法律または法律の効力を有する行為の規範が違憲であると宣言したときは、その規範は、判決の公布の日の翌日から効力を失う。

2　憲法裁判所の判決は、これを公布し、ならびに両議院および関係する州議会に通知し、両議院および関係する州議会は、必要と認めるときは憲法に適合するよう措置をとる。

第一三七条〔法律への委任、判決の終局性〕

1　合憲性に関する裁判の提起の条件、形式および期間ならびに憲法裁判所の裁判官の独立性の保障は、憲法的法律で定める。

2　憲法裁判所の組織および運営に必要なその他の規範は、通常法律で定める。

3　憲法裁判所の判決に対しては、上訴を認めない。

第二節　憲法改正、憲法的法律

第一三八条〔憲法改正、憲法的法律の手続〕

1　憲法改正法律およびその他の憲法的法律は、各議院における少なくとも三か月の期間をおいて連続してなされる議決をもって採択され、かつ二回目の表決では、各議院の議員の絶対多数によって可決しなければならない。

2　前項の法律は、その公布から三か月以内に、一議院の議員の五分の一、五〇万人の有権者または五つの州議会からの要求があるときは、これを国民投票に付す。国民投票に付された法律は、有効投票の過半数で承認されない限り、署名されない。

3　第一項の法律が、各議院の二回目の表決において、その議員の三分の二の多数で可決されたときは、国民投票は行わない。

第一三九条〔憲法改正の限界〕

共和政体は、憲法改正の対象とすることができない。

経過的および最終的規定

1　この憲法の施行とともに、暫定国家元首は、大統領の権限を行使し、その称号を用いる。

2　大統領選挙の日までに、すべての州議会が組織されていないときは、その選挙は、両議院の議員のみで行う。

3　最初の共和国元老院の構成については、憲法制定議会の議員であって、元老院議員となる法定要件を備えかつ次に掲げる者に該当する者が、共和国大統領の命令により元老院議員に任命される。

内閣総理大臣または立法府の議長であった者

解散された元老院の議員であった者

憲法制定議会の選挙も含めて、三回以上の選挙で選出された者

一九二六年一一月九日の代議院の会議において議員の資格喪失を宣言された者

ファシズム国防特別裁判所の判決により、

五年以上の懲役刑に服した者

さらに、解散された元老院の議員であって全国評議会の委員であった者も共和国大統領の命令で、元老院議員に任命される。

元老院議員に任命される権利は、任命の命令が署名される前に放棄することができる。総選挙の候補者となることの受諾は、元老院議員に任命される権利の放棄とみなす。

4 元老院の最初の選挙については、モリーゼ州は、その人口に基づいて認められる数の元老院議員を有する独自の州とみなす。

5 憲法八〇条の規定は、財政上の負担または法律の改正を伴う国際条約に関しては、両議院の招集の日から効力を生ずる。

6 この憲法の施行から五年以内に、国務院、会計院および軍事裁判所を除く現行の特別裁判所の見直しを行う。

7 憲法に適合する新たな司法組織に関する法律が公布されるまでは、現行の司法組織に関する規範が遵守される。

憲法裁判所が活動を開始するまでは、憲法一三四条で定める争訟の裁判は、憲法の施行の前に存在する規範の形式および制限において行う。

〔第二項は、一九六七年一一月二二日憲法的法律第二号により廃止〕

8 州議会および選挙で選出される県行政機関の選挙は、憲法の施行から一年以内に実施する。

州に配分される国の権能の移譲は、公行政のすべての部門について、共和国の法律で規律する。地方公共団体の間における行政権能の再編および配分がなされるまでは、県および州が県およびコムーネが現に行使している権能および県およびコムーネに行使を委任したその他の権能は、県およびコムーネに属する。

中央行政機関の公務員を含めて国の公務員および被用者の州への移籍であって、新たな法制度によって必要となったものは、共和国の法律で規律する。州は、その部局の設置に際し、必要な場合を除いて、その職員を国および地方公共団体の職員から任用しなければならない。

9 共和国は、憲法の施行から三年以内に、その法律を、地方自治の要請と州に与えられた立法権に適合させる。

10 一一六条に定めるフリウリ＝ヴェネツィア・ジューリア州に対しては、第二部第五章の一般規定を暫定的に適用する。ただし、六条に従い言語的少数者を保護しなければならない。

11 〔憲法の施行から五年間は、〕一三二条一項が求める要件をみたさない場合であっても、憲法的法律により、憲法一三一条が定める（州の）一覧を改正して、他の州を設置することができる。ただし、関係住民の意見は、聴取しなければならない。

〔一九五八年三月八日憲法的法律第一号により期日は、一九六三年一二月三一日までに延長された。〕

12 解散されたファシスト党の再建は、いかなる形式においても、禁止される。

四八条にかかわらず、ファシスト体制に責任がある指導者に対して、憲法の施行から五年間、法律により、投票権および被選挙権を一時的に制限する。

13 〔サヴァイア家の家族および子孫は、選挙人となることができず、公職にも選挙による公務にも就くことができない。〕

〔サヴァイア家の前国王、その配偶者およびその男子孫は、領土内に入り、滞在することが禁止される。〕

サヴァイア家の前国王、その配偶者およびその男子孫の領土内に存在する財産は、国に移管される。一九四六年六月二日以降に行われた、これらの財産に対する物権の移転および設定は、無効である。

〔第一項および第二項は、二〇〇二年一〇月二三日憲法的法律第一号により失効〕

14 貴族の称号は、これを認めない。

一九二二年一〇月二八日以前に存在した貴族の称号に付属する名称は、氏名の一部とみなす。

聖マウリツィオ会は、医療法人として存続し、法律が定める方法で運営される。

紋章審議会の廃止は、法律で規律する。

15 憲法の施行とともに、国家の暫定組織に関する一九四四年六月二五日国王代行緊急立法命令第一五一号は、法律に転換する。

16 憲法の施行から一年以内に、従前の憲法的法律で、現在までに明示的または黙示的に廃止されていないものの改正および憲法との調整を行う。

17 憲法制定議会は、一九四八年一月三一日までに、共和国元老院選挙法、特別州の憲章および出版に関する法律を審議するために、その議長により招集される。

新たな両議院の選挙の日まで、憲法制定議会は、一九四六年三月一六日国王代行緊急立法命令第九八号二条一項および二項ならびに三条一項および二項によりその権限とされた事項に関して審議の必要が生じたときは、これを招集することができる。

前項の期間中、常任委員会は、その職務を引き続き行う。立法委員会は、送付された法律案を必要な意見および修正案を付して、政府に返付する。

議員は、政府に対して質問を提出し、書面による答弁を求めることができる。

本条二項に定める憲法制定議会の招集は、政府または二〇〇人以上の議員の理由を付した要求に基づいて、議長が行う。

18　この憲法は、憲法制定議会が可決してから五日以内に暫定国家元首が審署し、一九四八年一月一日に施行する。

憲法の正文は、共和国の各コムーネの庁舎に寄託され、すべての市民が知ることができるように、一九四八年を通じて、そこに掲示される。

憲法は、国璽を押し、共和国の公式法令集に収録される。

憲法は、共和国の基本法として、すべての市民および国の機関により、忠実に遵守されなければならない。

一九四七年一二月二七日　ローマで制定

エンリーコ・デ・ニコラ

副署　憲法制定議会議長

ウンベルト・テッラチーニ

内閣総理大臣

アルチーデ・デ・カスペリ

認証　国璽監

ジュゼッペ・グラッシ

3　インド（抄）

孝忠 延夫

解説　44
インド憲法　48
前文……四八
第一編　連邦およびその領域……四八
第二編　公民権……四八
第三編　基本権……四九
第四編　国家政策の指導原則……五一
第四A編　基本義務……五三
第五編　連邦……五三
第一章　執行……五三
第二章　国会……五六
第三章　大統領の立法権……六〇
第四章　連邦司法……六〇
第五章　インド会計検査院長……六二
第六編　州……六二
第一章　総則……六二
第二章　執行……六二
第三章　州議会……六四
第四章　知事の立法権……六六
第五章　州高等裁判所……六六
第六章　下級裁判所……六七
第七編　第一付則B編に規定する州（削除）……六七
第八編　連邦領……六七
第九編　パンチャーヤト……六八
第九A編　自治都市……六九
第九B編　協同組合……六九
第一〇編　指定地域および部族地域……七〇
第一一編　連邦と州との関係……七〇
第一章　立法関係……七〇
第二章　行政関係……七一
第一二編　財政、財産、契約および訴訟……七一
第一章　財政……七一
第二章　借入……七三
第三章　財産、契約、権利、義務、負担および訴訟……七三
第四章　財産権……七三
第一三編　インド領内における取引、商業および交通……七三
第一四編　連邦および州の公務……七三
第一章　公務……七三
第二章　公務委員会……七四
第一四A編　審判所……七四
第一五編　選挙……七四
第一六編　特定階層に対する特別規定……七五
第一七編　公用語……七六
第一章　連邦の言語……七六
第二章　地方的言語……七六
第三章　最高裁判所、高等裁判所等において使用する言語……七六
第四章　特別規定……七七
第一八編　非常事態規定……七七
第一九編　雑則……七八
第二〇編　憲法改正……七八
第二一編　暫定的、経過的および特別規定……七八
第二二編　略称、施行、ヒンディー語による正文および廃止……七九
第一付則――第一二付則……七九

解説

「インドの歴史は、統一と分裂のくり返しである」といわれてきた。また、論議のあるところではあるが、「多様性の中の統一」をめざしてきたのがインドの歴史であるともいわれている。一六〇〇年、東インド会社設立以来、イギリスはインドに進出し、とりわけ一八世紀の後半から一九世紀にかけてのイギリスのインド支配がインド社会の階層的な構造の一面に決定的な影響を与えてきたと思われる。パキスタンが分離・独立していったとはいえ、インドの独立そしてインド憲法の制定は、インドの地に主権在民の連邦制を採用する立憲民主主義共和国としての統一国家がインド史において初めて成立したことを意味する。

一　インド憲法の成立とその運用

一九四七年七月一五日、インド独立法がイギリス議会を通過し、同月一八日に国王の承認を得た。これにより、前年から活動を続けていた制憲議会は自動的にインドの最高府となった。ただ、パキスタンとの分離・独立の動きの中で、パキスタン制憲議会が一九四七年六月三日に設置され、インド制憲議会は再編成を余儀なくされた。新たな構成のもとでの制憲議会は、同年一二月になってから再開された。すでに同年一月、制憲議会は、J・ネルーの提案した『目標決議』を採択していたが、この決議は、制定すべき憲法の基本理念と目的を示すものであり、憲法の前文などに盛り込まれていった。制憲議会は、同年八月、B・R・アンベードカル以下七人の憲法起草委員を任命。同起草委員会は、一〇月に提出された憲法顧問案を土台に論議を進め、翌一九四八年二月、全三一五条および八の附則からなる起草委員会案を制憲議会に提出した。制憲議会での活発な審議（七六三五の修正案が出され、その内二四七三が審議の対象となった）を経て一九四九年一一月二六日可決され、インド憲法が成立した。一部の条文は即日施行されたが、その大半は一九五〇年一月二六日施行された。このインド憲法は、世界一長文の成文憲法典であるといわれている（二〇一八年四月現在、前文、第一条～第三九五条（条文総数四六六）、および膨大な一二の附則から構成されている）。

当初、憲法の運用は、独立の中心的担い手であった国民会議派の一党優位体制のもとでおこなわれた。一九七〇年代の一時期を除いて今日まで、基本的に立憲主義体制を堅持している。一九九〇年代になると憲法が明記する政教分離主義に批判的なインド人民党（ＢＪＰ）が議席を拡大し、一九九六年、一九九八年の総選挙で勝利した。その後コミュナリズム（宗派至上主義）と政教分離主義との緊張が続いている。二〇〇四年の総選挙では国民会議派を中心とする連立勢力が勝利をおさめたが、国民会議派に独立当初のような力はみられなかった。そして、二〇一四年の総選挙でインド人民党は単独過半数を獲得し（上院では過半数を制してはいないが）、政権を担当している。

二　構　成

インド憲法は、インドが「社会的、政教分離主義的、民主主義共和国である」（前文）とし、連邦制をとることを定めている（第一条）。憲法制定のときには、「主権を有する民主共和国」であるとされていたが、一九七六年第四二次憲法改正により、現在の表現に改められた。

第一条は、インドが諸州の連邦であることを定めている（第一付則によれば現在、二九の州とデリーなど七の連邦領から構成されている）。中央と州とは、それぞれ議会と政府をもち（第五二条以下および第七九条以下ならびに第一五三条以下および第一六八条以下）、連邦と州との権限に関する管轄権の区分は第一一編と第七付則に規定されている。それらによれば連邦は、共通管轄事項、州管轄事項に列挙されていない事項に対して排他的立法権を有している。また、大統領の州知事任命権（第一五五条）、非常事態における国会および大統領の州に対する権限（第二五〇条、第三五三条、第三五四条など）からみても、中央集権的性格の強い連邦制あるいは「中央集権的連邦制」といえよう。

大統領は、連邦の執行権を有し（第五三条）、国会議員および州議会の選挙された議員で構成される選挙会が選挙する（第五四条）。首相は、大統領が任命し、その他の大臣は首相の助言に基づき大統領が任命する。大臣会議は下院に対して連帯責任を負う旨の規定（第七五条3項）からして、議院内閣制をとっているといえるが、大臣の在職の要件は大統領の信任である（同条2項）。

国会は、大統領ならびに上院および下院の二院で構成するとされ（第七九条）、立法権その他の権限を有する。上院は、大統領の指名する一二人の議員と各州および連邦領（連邦直轄地）から選挙された二三八人以内の議員で構成する（第八〇条）。下院は、直接平等選挙によって各州の選挙区から選挙される五三〇人以内の議員および連邦領を代表する二〇人以内の議員で構成される（第八〇条）。下院の一定割合の議席が指定カースト、指定部族に留保されている（第三三〇条以下）。上院に対する下院の優越的地位は、金銭法案に関する特別手続き（第一〇九条）などに示されている。

最高裁判所（第一二四条以下）ならびに高等裁判所および下級裁判所（第二一四条以下）の規定は、①最高裁判所を頂点とする全インドの裁判所機構を統一し、②司法権の独立を保障し、③違憲審査権を付与し、④基本権侵害に対する司法的救済を保障すること、を目的としている。最近の第九九次憲法改正（二〇一四年）は、裁判官の任命に関する全国裁判官任命委員会を設けるものであり（第一二四A条、第一二四B条）、「司法権の独立」にかかわる重大な内容を含んでいる（二〇一五年一〇月一六日最高裁判所判決）。なお、第一二四条1項に定める最高裁判所裁判官の数は、二〇〇八年最高裁判所（裁判官数）改正法（二〇〇九年法律第一一号）により、「三〇人以内」とされている。

三　特　徴

連邦制など、統治の仕組みについての工夫に加え、各国憲法のすぐれた経験をとり入れ、基本的人権についての詳細な規定が設けられている（第三編）。インド憲法の明記する基本権は、その実現のために裁判所に提訴することが認められた権利である（第三二条）。イギリスにおける大権令状の制度を基本的人権救済のためにとり入れたものであり、基本的人権の保障こそがインド憲法の核心であるとの考えもその背景にあるといえよう。

さらに注目されるのは、このような基本権とは別に国家政策の指導原則（第四編）を設けていることである。この指導原則は、その実現を求めて裁判所に訴えることはできないが（第三七条）、立法にあたって国はこれらの諸原則を適用することを義務づけられている。基本権と指導原則との関係について、一九七三年の最高裁判所判決は、「指導原則と基本権との間に不調和は存在しない。それらは憲法で謳われた社会革命の実現と福祉国家の確立という同一の目標を目指しているという点で、互いに補い合うものだからである」と述べた。この判断は、一九八〇年代の判決にも受け継がれ、「基本権と指導原則との調和とバランスはインド憲法の本質的特徴の一つである」との考えが示されてきた。

基本権および指導原則のなかには、インドの文化的・社会的・歴史的特性を反映した多くの規定がみられる。宗教的、言語的または文化的少数者への権利の保障（第二九条、第三〇条など）、後進階層、弱者層に対する利益の促進（第四六条など）がその代表的なものである。また、たんなる法の下の平等を保障するばかりではなく、指定カースト・指定部族に対する公務・公職上の機会均等、定員優遇留保措置の保障（第一五条4項、第一六条4項など）が明記されている。インドにおけるカースト差別の歴史をふまえ、指定カースト・指定部族には、優遇措置に加えた定員枠留保措置を（加えて連邦下院および州下院の議席留保も）、その他の後進階層には優遇措置を憲法は明記しているが、この規定のあり方をめぐって論議が続いている。

一九八〇年代以降に展開されてきた公益訴訟（Public Interest Litigation――その内容に着目して「社会活動訴訟（Social Action Litigation）」と呼ばれることもある）は、社会正義実現のために司法府が積極的にかかわっていく一つのあり方として評価されている。最高裁判所は、積極的に社会的弱者層の司法的救済をはかり、社会正義を実現するために、憲法第二一条の人身の自由保障規定をデュープロセス条項に読み替え、あるいは第三二条を大胆に解釈するなどの手法を用いてきた。

四　改　正

一九五〇年に施行されてから、インド憲法は多くの改正を経て来た。以下の和訳では、憲法第一〇一次改正法（二〇一六年九月八日）までの内容を紹介・抄訳する。憲法改正（第三六八条）には、国会の両議院が「議院の総議員の過半数であり、かつ、出席して投票する議員の三分の二以上の多数で可決」し、大統領の認証を必要とする。なお、州に関連する条項の憲法改正については大統領の認証前に二分の一以上の州議会による承認の議決が必要とされている（第三六八条2項但書）。憲法理念の不断の実現、最高裁判所の違憲判決への対応、付則の改正、比較的細部にわたる事項まで憲法が定めていることなどの理由により、このように頻繁な改正がおこなわれてきたものと考えられる。

編の廃止あるいは新設という大きな改正も何度かあったが、憲法の改正には一定の限界があると考えられており、最高裁判所は、「憲法の基本構造」にかかわる改正を憲法改正権の限界を超えるものと判断してきた。

基本権との関連においては、国会の憲法改正権には国会が基本権を制限・除去する権限を有することを明確にするために憲法第二四次改正（一九七一年）がおこなわれた。非常事態の布告期間中におこなわれた第三八次改正（一九七五年）と第四二次改正（一九七六年）は、インド憲法の「基本構造」あるいは「基本的特質」にかかわる内容、すなわち弱い形態であったかもしれないが、それまでに存在していた、執行権に対する議会的統制および司法的統制を大きく変えるものであった。第三八次改正は、非常事態宣言後に憲法の非常事態に関する規定（第三五二条、第三五九条）を改正した。また、第四二次改正は、基本的人権を保障し、憲法裁判所としての機能を持つ（第一三条、第三二条）最高裁判所の違憲立法審査権を制限し、裁判所を政府、国会に従属せしめようとするものであった。例えば、最高裁判所だけが連邦法の違憲審査権をもち、州法については連邦法律の違憲性が争点とならない限り、その審査権を有しないものとされた。さらに、違憲判決を下すには、最高裁判所で七人以上の裁判官が構成する法廷で三分の二以上の賛成が必要とされた（第一四四A条）。ただし、第四二次改正でなされた憲法改正は、立憲主義からの逸脱と批判されたほとんどの部分が第四三次改正および第四四次改正によって旧規定に戻されている。

その他の主要な改正としては、国家首都デリーに特別の地位と権限を与えた第六九次改正（一九九一年）、削除されていた第九編をパンチャーヤトに関する新たな編として設けた第七三次改正（一九九二年）、「その他の後進階層」への優遇留保措置の拡がりに対応する指定カースト、指定部族へのさらなる優遇措置を明記した第七七次改正（一九九五年）、第八一次改正（二〇〇〇年）、第八二次改正（二〇〇〇年）、第八三次改正（二〇〇〇年）、第八五次改正（二〇〇一年）などが注目される。

近年の憲法改正としては、協同組合に関する新たな編（第九B編：第二四三ZH条～第二四三ZT条）を設けた第九七次改正（二〇一一年）、裁判官の新たな任命制度を担う国家裁判官任命委員会の新設とその職務内容を定めた第九九次改正（前述）などがある。

和訳にあたっては、公式サイトhttp://www.india.gov.in/my-government/constitution-indiaに加えて、P. M. Baksi, *The Constitution of India*, 14th ed., 2017, Universal, Haryana; Mahendra Pal Singh, *V.N. Shukla's Constitution of India*, 13th ed., 2017, EBC, Lucknow. にもとづき、次に挙げる文献を参照した。

稲正樹『インド憲法の研究』（一九九三年、信山社）

ラーマチャンドラ・グハ（佐藤宏訳）『インド現代史（上・下）』（二〇一二年、明石書店）

近藤則夫『現代インド政治：多様性の中の民主主義』（二〇一五年、名古屋大学出版会）

堀本武功『インド現代史』（一九九七年、刀水書房）

なお、インド憲法の全訳については、孝忠延夫・浅野宜之『インドの憲法〔新版〕――「国民国家」の困難性と可能性』（二〇一八年、関西大学出版部）がある。

インド憲法

前文

われらインド国民は、インドを主権を有する社会的・政教分離主義的・民主主義共和国となし、すべての公民に
社会的、経済的および政治的正義
思想、表現、信条、信仰および崇拝の自由
地位および機会の平等
を確保し、
かつ、すべての公民に
個人の尊厳と国民国家の統一・統合をもたらす友愛を促進することを
厳粛に決意し、
一九四九年一一月二六日憲法制定議会においてこの憲法を採択、制定し、かつわれら国民自身に付与する。

第一編　連邦およびその領域

第一条（連邦の名称およびその領域）
1　インドすなわちバーラトは、諸州の連邦である。
2　諸州およびその領域は、第一付則で定めるものとする。
3　インドの領域は、次のものを含む。
一　諸州の領域
二　第一付則で定める連邦領および
三　将来取得されるべきその他の領域

第二条（新州の加入および創設）
国会は、法律で、その認める条件のもとに、新州を加えまたは創設することができる。

第三条（新州の形成ならびに現に存する州の区域、境界および名称の変更）〔略〕

第四条（第二条または第三条の規定による第一付則または第四付則の改正および補足的、付随的または結果的事項を規定する法律）〔略〕

第二編　公民権

第五条（憲法施行時の公民権）
この憲法施行のときに、インド領内に住所を有する者であって、次に掲げる者は、これをインド公民とする。
一　インド領内で出生した者
二　両親のいずれかがインド領内で出生した者または
三　この憲法施行に先立ち五年以上インド領内に罪過なく居住した者

第六条（パキスタンからインドへ移住した者の公民権）
第五条の規定にかかわらず、現在パキスタンに含まれている領土からインド領に移住してきた者であって、次に掲げる者は、この憲法施行時にインド公民と見なす。
一　本人またはその両親もしくは祖父母の一人が一九三五年インド統治法（最初に制定されたものをいう）の定めるインドで出生した者であって
二(i)　一九四八年七月一九日前に移住した者であるときは、当該移住の日以後罪過なくインド領内に居住する者または
(ii)　一九四八年七月一九日以後に移住した者であるときは、この憲法施行前に本人の申請に基づいて、インド自治領政府の定める形式および方法によって、当該目的のために任命された官吏によりインド公民として登録された者
ただし、当該申請に先立ち、少なくとも六月間インド領内に居住した者でなければ登録することができない。

第七条（パキスタンへの移住者の公民権）
第五条および第六条の規定にかかわらず、一九四七年三月一日以後インド領内から現在パキスタンに含まれている領域に移住した者は、インド公民とは見なされない。
ただし、この条の規定は現在パキスタンに含まれる領域に移住した後、法律によりまたはこれに基づいて発給された再移住許可証または永久許可証を得てインド領内に帰還した者には適用しない。この者は、第六条二号の規定により、一九四八年七月一九日以後インド領に移住した者と見なす。

第八条（インド領外に居住する一定のインド系の者の公民権）〔略〕

第九条（自発的に外国の公民権を取得した者の公民権）〔略〕

第一〇条（公民権の継続）
この編中の前条までの規定によりインド公民であるまたはインド公民であると見なされる者は、国会の制定する法律の規定に基づき引き続きインド公民であるものとする。

第一一条（国会の制定する法律による公民権の規制）〔略〕

第三編　基本権

総則

第一二条（定義）

この編において「国」とは、文脈の許す限り、インドの政府および国会、各州の政府および議会ならびにインド領内またはインド政府の監督のもとにあるすべての地方機関その他の機関を含むものとする。

第一三条（基本権と抵触し、または基本権を侵害する法律）

1　この憲法施行までインド領内で効力を有していたすべての法律は、この編の規定に抵触する限り、その限度において無効とする。

2　国は、この編によって与えられる権利を奪い、または制限する法律を制定してはならず、この項に違反して制定される法律は、その違反の限度において無効とする。

3　この条において、文脈の許す限り

一　「法律」とは、インド領内において法律の効力を有する政令、命令、細則、規則、公示、慣習または慣行を含むものとし、

二　「効力を有する法律」とは、この憲法施行前にインド領内の立法府または権限あるその他の機関によって可決または制定された法律であって、その法律またはその一部が全インドまたは特定の地域において実施されていないのにかかわらず、この憲法施行前に廃止されていないものを含む。

4　この条のいかなる規定も、第三六八条の規定に基づいてなされる、この憲法の改正に適用されてはならない。

平等権

第一四条（法の前の平等）

国は、インド領内において、何人に対しても法の前の平等または法の平等な保護を否認してはならない。

第一五条（宗教、人種、カースト、性別または出生地を理由とする差別の禁止）

1　国は、宗教、人種、カースト、性別、出生地またはそれらのいずれかのみを理由として、公民に対する差別を行ってはならない。

2　公民は、宗教、人種、カースト、性別、出生地またはそれらのいずれかのみを理由として、次に掲げる事項に関し無資格とされ、義務を課され、制限を付され、または条件を課されることはない。

一　店舗、公衆食堂、旅館および公衆娯楽場への立入

二　全部または一部が国家基金により維持され、または一般の用に供されている井戸、用水池、浴場、通路または娯楽地の使用

3　この条の規定は、国が女性および子どもに対する特別規定を設けることを妨げるものではない。

4　この条および第二九条2項の規定は、国が公民の社会的・教育的後進階層または指定カーストおよび指定部族の進歩のため特別規定を設けることを妨げるものではない。

第一六条（公務への雇用における機会均等）

1　国の下にある官職への雇用または任命に関する事項については、いかなる公民も平等の機会を与えられる。

2　いかなる公民も、宗教、人種、カースト、性別、家柄、出生地、居住地またはそれらのいずれかのみを理由として国の下にある官職への雇用または任命につき不適格とされたり、差別されることはない。

3　〔略〕

4　この条の規定は、国がその公務に適当に参加していないと認める後進階層公民のために任命または補職を留保する旨の規定を設けることを妨げるものではない。

4A　この条の規定は、国がその公務に十分に代表されていないと認める指定カーストおよび指定部族のために当然の先任順位に従い、いかなる職階への昇進についても、留保のための規定を設けることを妨げるものではない。

〔以下略〕

第一七条（不可触民制の廃止）

「不可触民制」は廃止され、いかなる形式におけるその慣行も禁止される。「不可触民制」より生ずる無資格を強制することは法律により処罰される犯罪である。

第一八条（称号の廃止）

1　国は、軍事上または学術上の勲功を示す称号以外の称号を与えてはならない。

2　インド公民は、外国からいかなる称号も受けてはならない。

3　インド公民でない者は、国の下に俸給または信任を受ける官職にある期間中、大統領の許可

なしに外国から称号を受けてはならない。

4　国の下に俸給または信任を受ける官職にある者は、大統領の許可なしに外国から、または外国の下においていかなる種類の贈与、報酬または官職をも受けてはならない。

自由権

第一九条（言論の自由等に関する一定の権利の保護）

1　すべての公民は、次に掲げる権利を有する。

一　言論および表現の自由

二　平和的に、かつ、武器を携帯することなく集会すること

三　結社、組合または協同組合を組織すること

四　インド領内を自由に移動すること

五　インド領内のいずれかの地域に居住し、または定住すること

六　（削除）

七　専門的職業に就き、または職業、交易もしくは事業を行うこと

2　1項一号の規定は、その法律がインドの主権と統合、国の安全、外国との友好関係、公の秩序、良俗もしくは道徳のため、または裁判所侮辱、名誉毀損もしくは犯罪の教唆に関して、同号によって与えられた権利の行使を合理的に制限するものである限り、いかなる既存の法律の施行をも妨げず、また、国がいかなる法律を制定することをも妨げるものではない。

3　1項二号の規定は、その法律がインドの主権と統合、または公の秩序のために同号により与えられる権利の行使を合理的に制限するものである限り、いかなる既存の法律の施行をも妨げず、また、国が、いかなる法律を制定することをも妨げるものではない。

4　1項三号の規定は、その法律がインドの主権と統合、公の秩序、または道徳のために同号により与えられる権利の行使を合理的に制限するものである限り、いかなる既存の法律の施行をも妨げず、また、国が、いかなる法律を制定することをも妨げるものではない。

5　1項四号および五号の規定は、その法律が一般公衆または指定部族のために同号により与えられる権利の行使を合理的に制限するものである限り、いかなる既存の法律の施行をも妨げず、また、国が、いかなる法律を制定することをも妨げるものではない。

6　1項七号の規定は、その法律が一般公衆のために同号により与えられる権利の行使を合理的に制限するものである限り、いかなる既存の法律の施行をも妨げず、また、国がいかなる法律を制定することをも妨げるものではない。また、とくに同号の規定は、その法律の規定が次に掲げる事項に関するものである限り、いかなる既存の法律の施行をも妨げず、また、国がいかなる法律を制定することをも妨げるものではない。

(i)　専門的職業を行い、または職業、交易もしくは事業を行うのに必要な専門的または技術的資格

(ii)　公民の全部または一部を除外すると否とを問わず、国または国が所有もしくは監督する法人による交易、事業、産業または役務の運営

第二〇条（犯罪処罰に関する保護）

1　何人も、犯罪とされる行為実行のときに効力を有する法律に違反しない限り、有罪とされることはなく、また、犯罪行為実行のときに効力を有する法律により科されるものより重い刑罰を科されることはない。

2　何人も、同一の犯罪について重ねて訴追され、処罰されることはない。

3　何人も、犯罪の訴追をうけたとき、自己に不利益な証人となることを強制されない。

第二一条（生命および人身の自由の保護）

何人も、法律の定める手続によらなければ、その生命または人身の自由を奪われない。

第二一A条（教育への権利）

国は、六歳から一四歳のすべての子どもに法律で定めるところにより、普通・義務教育を行わなければならない。

第二二条（一定の場合における逮捕、拘禁からの保護）

1　何人も、逮捕されたときには、ただちに逮捕の理由を告げられることなくして拘禁されず、また、本人が選任した弁護人と協議する権利およびその弁護人の弁護を受ける権利を奪われてはならない。

［以下略］

搾取に対する権利

第二三条（人身売買および強制労働の禁止）

1　人身売買、ベガーその他これに類する形式の強制労働は禁止される。この規定の違反は、法律により処罰される犯罪となる。

2　この条の規定は、国が公の目的のために義務的役務を課することを妨げるものではない。ただし、国が当該役務を課するにあたっては、宗

教、人種、カースト、階層またはそれらのいずれかのみを理由として差別を設けてはならない。

第二四条（工場等における子ども雇用の禁止）
一四歳未満の子どもは、工場もしくは鉱山での労働に雇用してはならないし、またはその他の危険な業務に従事させてはならない。

宗教の自由に関する権利

第二五条（良心の自由ならびに信仰告白、祭祀および布教の自由）
1　公の秩序、道徳、衛生およびこの編の他の規定の制限内で、何人も等しく良心の自由を保障され、自由に信仰を告白し、祭祀を行いおよび布教する権利を保障される。
〔以下略〕

第二六条（宗教活動上の自由）
公の秩序、道徳および衛生に基づく制限内において、すべての宗派またはその分派は、次の権利を有する。
一　宗教的、慈善的目的のための施設を創設し、維持すること
二　宗教事項に関する事務を処理すること
三　動産・不動産を所有し、管理すること、および
四　法律に従い、その財産を管理すること

第二七条（特定宗教弘布のための租税納付に関する自由）
何人も、特定の宗教または宗派の弘布または維持の費用の支払に充てるための租税の納付を強制されない。

第二八条（一定の教育機関における宗教教育および礼拝に参加することの自由）
1　もっぱら国家基金により維持されている教育機関は、宗教教育を行ってはならない。
〔以下略〕

文化および教育に関する権利

第二九条（少数者の利益保護）
1　インド領内またはその一部に居住する公民であって、固有の言語、文字または文化を有する者は、それを保持する権利を有する。
2　公民は、宗教、人種、カースト、言語またはそれらのいずれかのみを理由として国が維持しまたは国家基金の援助を受けている教育機関で学ぶことを拒否されてはならない。

第三〇条（教育機関を設立、管理する少数者の権利）
1　宗教または言語に基づく少数者は、自らの選択で教育機関を設立、管理する権利を有する。
1A　1項で規定された、少数者の設立、管理する教育機関財産の強制収用を法律で定めるに際して、国は同項が保障する権利を制限または廃棄しないよう、当該財産収用のために定める法律に基づいて額を定めなければならない。
2　国は、教育機関に補助を行うにあたって、宗教または言語に基づく少数者が管理するものであることを理由として差別してはならない。

財産に対する権利

第三一条　（削除）

一定の法律の適用除外

第三一A条（資産の収用等を規定する法律の適用除外）　〔略〕

第三一B条（特定の法律および規則の効力）
〔略〕

第三一C条（一定の指導原則を実現する法律の適用除外）　〔略〕

憲法上の救済についての権利

第三二条（この編の規定する権利行使のための救済措置）
1　この編の規定する権利を実現していくため、適正な手続により最高裁判所に提訴する権利が保障される。
2　この編の規定する権利を実現していくため、最高裁判所は、適正な指令、命令または人身保護令状、職務執行令状、禁止令状、権限開示令状もしくは移送命令書の性質を有する令状を含む令状を発する権限を有する。
〔以下略〕

第三三条（この編の規定が保障する権利の適用についての国会の変更権等）　〔略〕

第三四条（この編の規定が保障する権利の非常事態法施行地域における制限）　〔略〕

第三五条（この編の規定を施行するための立法）
〔略〕

第三五A条（永住者およびその権利に関する法律の適用除外）　〔略〕

第四編　国家政策の指導原則

第三六条（定義）
この編において「国」とは、文脈の許す限り、第三編におけるものと同じ意味とする。

第三七条（この編の原則の適用）

この編の規定は、裁判所による実現が保障されるものではないが、ここで定める原則は、国の統治にとって基本的なものであり、立法に際してこれらの原則を適用することは国の義務である。

第三八条（国民の福祉増進のための国による社会秩序の確保）

1 国は、社会的・経済的・政治的正義が国民生活のすべての組織にいきわたるよう、社会秩序をできる限り効果的に保障、保護することによって国民の福祉を増進することに努めなければならない。

2 国は、異なった地域に居住し、または異なった職業に従事する個人間においてのみならず、それらの異なった国民集団相互間においても、とくに収入の不平等の減少に努め、地位、便宜および機会の不平等の除去に努めなければならない。

第三九条（国の遵守すべき一定の政策原則）

国は、とくに次に掲げる事項を確保する政策をとらなければならない。

一 男女等しく公民は、十分な生活手段への権利を持つこと

二 社会の物的資源の所有および管理は、公共の利益に最も役立つように配分されること

三 経済制度の運用は、富と生産手段の集中が公共に害をもたらすことのないようにすること

四 男女の別なく、等しい労働に対しては等しい賃金の支払がなされること

五 男女労働者および幼児の健康と体力を酷使してはならず、また、公民が経済的必要にせまられて、その年齢または体力に相応しない職に就くことのないようにすること

六 子どもが健康的かつ自由と尊厳を有する条件で発育する機会と便宜を与えられること、また、年少者を搾取から保護し、道徳的・物質的放任から保護すること

第三九A条（平等な裁判と無料法律扶助）

国は、法制度の運用が平等の機会の原則に基づく裁判を増進するように努めなければならない。また、とくに裁判を保障する機会が経済的またはその他の無能力によって否定されることのないよう適切な立法・計画その他の措置を講じて無料法律扶助を行わなければならない。

第四〇条（村パンチャーヤトの組織）

国は、村パンチャーヤトを組織し、それが自治単位としての機能を持つのに必要な権限を与えなければならない。

第四一条（労働、教育および一定の場合における公的扶助への権利）

国は、その経済力、発育の段階に応じて、労働および教育の権利ならびに失業、老齢、疾病、身体障害またはその他不当な困窮状態にある者の公的扶助への権利を保障するのに有効な規定を設けなければならない。

第四二条（正当で人間らしい労働条件および母性保護に関する規定）

国は、正当で人間らしい労働条件を保障し、母性を保護するための規定を設けなければならない。

第四三条（労働者に対する生活賃金等）

国は、適切な立法、経済組織その他の方法により、農業労働者、工業労働者その他のすべての労働者に対し、相応の生活水準と余暇および社会的・文化的機会を享受するに足りる労働、生活賃金および労働条件を保障することに努めなければならない。また、とくに、農村における個人または協同に基づく家内工業を振興するように努めなければならない。

第四三A条（工場の運営への労働者の参加）〔略〕

第四三B条（協同組合の普及・促進）〔略〕

第四四条（公民のための統一民法典）

国は、公民のために、インド領内をつうじての統一民法典を保障するよう努めなければならない。

第四五条（六歳未満の子どもへの乳幼児保育および教育についての規定）

国は、六歳未満のすべての子どもに乳幼児保育および教育を行うよう努めなければならない。

第四六条（指定カースト、指定部族その他の弱者層に対する教育上および経済上の利益の促進）

国は、国民の弱者層とりわけ指定カーストおよび指定部族の教育上および経済上の利益を特別の配慮をもって促進し、また、社会的不正義および一切の搾取からこれらの者を保護しなければならない。

第四七条（栄養水準および生活水準の向上ならびに公衆衛生の改善への国の任務）

国は、国民の栄養水準および生活水準の向上ならびに公衆衛生の改善を第一次的な義務と見なさなければならず、とくに、医療上の目的を除き、健康に害のある酒類または麻薬物の使用を禁止することに努めなければならない。

第四八条（農業および牧畜業の組織化）〔略〕

第四八A条（環境の保護、改善ならびに森林および野生動物の保護）

国は、環境の保護、改善ならびに国内の森林および野生動物の保護に努めなければならない。

第四九条（国家的に重要である史跡、場所および物件の保護）　〔略〕

第五〇条（執行からの司法の分離）

国は、公務において、司法を執行より分離する措置をとらなければならない。

第五一条（国際平和および安全の促進）

国は、次に掲げる事項に努めなければならない。

一　国際平和および安全を促進すること
二　諸国家との正当にして名誉ある関係を維持すること
三　国際関係の処理にあたって、国際法および条約上の義務を尊重する精神を養うこと、ならびに
四　国際間の紛争を仲裁により解決するように努めること

第四A編　基本義務

第五一A条（基本義務）

次に掲げる事項は、すべてのインド公民の義務である。

一　この憲法を遵守し、この憲法の理念と制度、国旗および国歌を尊重すること
二　自由をめざすインドの国民的闘争を鼓舞する高貴な理念を育み、守ること
三　インドの主権、統一および統合を支持し、守ること
四　国を防衛し、要請されたときには軍務に従事すること
五　宗教的、言語的および地域的または地方的な相違をのりこえる、インド全国民の調和と共通の友愛の精神を促進し、女性の尊厳を損なう慣行を否認すること
六　多面的要素を含んだインド文化の豊かな伝統を尊重し、維持すること
七　森林、湖、河川および野生動物を含む自然環境を保護、改善し、生物をいとおしむこと
八　科学的気質、人間性および研究と改革の精神を発展させること
九　公の財産を保護し、暴力を放棄すること
一〇　国民が努力と業績の高い水準をたえず達成するために、個人および集団の活動のすべての分野で卓越するように努めること
一一　親または保護者は、その子どもが六歳から一四歳までの間、教育を受ける機会を与え、必要に応じて後見すること

第五編　連邦

第一章　執行

大統領および副大統領

第五二条（インド大統領）

インド大統領をおく。

第五三条（連邦の執行権）

1　連邦の執行権は、大統領に属し、この憲法に従い、大統領が直接に、または大統領の下にある官吏をつうじて、これを行使する。

2　前項で規定する一般原則を損なうことなく、連邦国防軍の最高指揮権は、大統領に属し、その行使は法律により規制される。

3　この条の規定は、

一　既存の法律が州政府またはその他の機関に与えている権能を大統領に委譲するものと見なすものではなく、
二　国会が法律で大統領以外の機関に権能を与えることを妨げるものではない。

第五四条（大統領選挙）

大統領は、次に掲げる者からなる選挙会の構成員が選挙する。

一　国会の両議院の選挙された議員、および
二　州下院の選挙された議員

（原注）この条および第五五条における「州」には、デリー国家首都地区とポンディシェリー連邦領を含むものとする。

第五五条（大統領選挙の方法）

1　大統領の選挙に際しては、各州の代表の割合は、できるだけ均等でなければならない。

2　各州間の均等および州と連邦との間の均等を保障するため、大統領選挙において国会および各州下院の選挙された議員が有する票数は、次の方法によってこれを定める。

一　各州下院の選挙された議員は、当該州の人口を選挙された議員の総数で除して得た商千につき一票の割合の票数を有する。
二　前号の場合において千未満の数が五百以上であるときには、同号による議員の票数にさらに一票を加える。
三　国会の両議院の選挙された議員は、一号および二号の規定により州下院の議員に与えら

れる票数の総計を、国会の両議院の選挙された議員の総数で除して得た数に相当する数の票数を有し、二分の一を超える端数は一として計算し、二分の一以下の端数は切り捨てる。

3　大統領の選挙は、単記移譲式による比例代表制でこれを行うものとし、その投票は秘密投票でなければならない。

〔以下略〕

第五六条（大統領の任期）

1　大統領は、その就任の日から五年の任期で在職する。

ただし、

一　大統領は、副大統領宛の自筆の書面で辞職することができる。

二　大統領は、憲法違反を理由として、第六一条で定められた方法による弾劾をもって解任される。

三　大統領は、その任期が満了した場合においても、その後任者が就任するまで引き続きその職にとどまる。

2　1項但書一に基づく副大統領宛の辞表は、副大統領が直ちにこれを連邦下院議長に通知しなければならない。

第五七条（再選資格）

大統領として在職する者またはその職に在った者は、この憲法の他の規定の制限内において大統領に再選される資格を有する。

第五八条（大統領の被選挙資格）

1　何人も次の要件を備えなければ大統領に選挙される資格を有しない。

一　インド公民であること

二　三五歳以上であること、および

三　連邦下院議員の被選挙資格を有すること

2　インド政府もしくは州政府またはそれらの政府のいずれかが監督する地方機関もしくはその他の機関において報酬をともなう職に在る者は、大統領の被選挙資格を有しない。

〔以下略〕

第五九条（大統領職の条件）

1　大統領は、国会のいずれかの議院の議員または州議会の議員であってはならず、国会のいずれかの議院または州議会の議員が大統領に選挙されたときには、大統領に就任した日に、その議院の議席を失ったものと見なす。

2　大統領は、報酬をともなうその他のいかなる官職にも就いてはならない。

3　大統領は、賃料を支払うことなく官邸を使用し、国会が法律で定める俸給、手当および特権を受ける権利を有し、それについての規定が設けられるまでは、この俸給、手当および特権は第二付則で定めるところのものとする。

4　大統領の俸給および手当は、その在任期間中減額されることはない。

第六〇条（大統領の宣誓または約言）

大統領または大統領としての行動もしくは大統領としての職権を行使する者は、その職に就くに先立ち、最高裁判所長官または最高裁判所長官不在のときは最高裁判所の首席裁判官の立会のもとに、次の方式により宣誓または約言を行い、署名しなければならない。

『私何某は、忠実にインド大統領の職務を執行し（または大統領の職権を行使し）、全力を尽くして憲法および法律を維持し、擁護し、かつ遵守すること、ならびにインド国民への奉仕と福祉のために献身することを神の名において誓う。厳粛に約言する。』

第六一条（大統領の弾劾手続）

1　大統領が憲法違反を理由として弾劾されるときは、告発は国会のいずれかの議院がこれを行う。

〔以下略〕

第六二条（大統領が欠けた場合の選挙時期および欠員補充のために選挙された者の任期）

〔略〕

第六三条（インド副大統領）

インド副大統領をおく。

第六四条（職務上連邦上院議長となる副大統領）

副大統領は、職務上連邦上院議長となるものとし、その他いかなる報酬をともなう官職にも就いてはならない。

ただし、副大統領は、第六五条の規定により、大統領として行動し、または大統領の職務を行う期間中は連邦上院議長としての職責はこれを行わず、また、第九七条の規定による連邦上院議長の俸給および手当を受けることができない。

第六五条（大統領の事故または不在の期間における副大統領による大統領としての行動またはその権能の行使）〔略〕

第六六条（副大統領の選挙）

1　副大統領は、国会の両議院の議員からなる選挙会の委員により、単記移譲式投票による比例代表制に従って選挙するものとし、その投票は秘密投票でなければならない。

2　副大統領は、国会のいずれかの議院または州議会の議員であってはならず、国会のいずれかの議院または州議会の議員が副大統領に選挙されたときには、副大統領に就任した日に、その議院の議席を失ったものと見なす。

3　何人も次の要件を備えなければ副大統領に選挙される資格を有しない。

一　インド公民であること

二　三五歳以上であること、および

三　連邦上院議員の被選挙資格を有すること

4　インド政府もしくは州政府またはそれらの政府のいずれかが監督する地方機関もしくはその他の機関において報酬をともなう職に在る者は、副大統領の被選挙資格を有しない。

（原注）何人も連邦の大統領もしくは副大統領、州の知事または連邦もしくは州の大臣であるという理由だけでは、この条でいう報酬をともなう職に在る者とは見なされない。

第六七条（副大統領の任期）

副大統領は、その就任の日から五年の任期で在職する。

ただし、

一　副大統領は、大統領宛の自筆の書面で辞職することができる。

二　副大統領は、連邦上院の在籍議員の過半数により採択され、連邦下院の同意を得た決議によって解任される。ただし、この号の規定による決議案は、少なくとも一四日前に予告するのでなければ発議できない。

三　副大統領は、任期が満了した場合においても、その後任者が就任するまでは、引き続きその職を保持する。

第六八条（副大統領が欠けた場合の選挙時期および欠員補充のために選挙された者の任期）

〔略〕

第六九条（副大統領の宣誓または約言）〔略〕

第七〇条（他の緊急の事態における大統領権能の行使）

国会は、この章に予め定められていない緊急の事態の発生した際の大統領権能の行使に関して、その適当と認める規定を設けることができる。

第七一条（大統領または副大統領の選挙に関する事項）

1　大統領または副大統領の選挙に関して生ずるすべての疑義および争訟は、最高裁判所が審査し、決定するものとし、その決定は最終的のものとする。

〔以下略〕

第七二条（一定の場合における大統領の赦免権等ならびに宣告の停止、軽減および変更権）

〔略〕

第七三条（連邦の執行権の範囲）

1　連邦の執行権は、この憲法の規定の制限内において、次に掲げる事項に及ぶ。

一　国会が法律制定権を有する事項、および

二　条約または協定に基づいてインド政府が行使することのできる権利、権限または管轄権の行使

ただし、この憲法または国会の制定する法律に明記する場合を除き、一号に規定する執行権は州議会が立法権を有する事項については当該州に及ばないものとする。

2　国会が別段の規定を設けるまで、州または州の官吏もしくは機関は、この条の規定にかかわらず、国会が当該州のために立法権を有する事項に関し、この憲法の施行までに州または州の官吏もしくは機関が行使することのできた執行権または権能を、なお行使することができる。

大臣会議

第七四条（大統領を補佐する大臣会議）

1　大統領の権能行使を補佐し、助言するため首相を長とする大臣会議をおく。大統領は、当該助言にしたがって行為しなければならない。

ただし、大統領は、一般的にまたはその他の方法で当該助言を再検討することを大臣会議に要請することができ、大統領はかかる再検討の後になされた助言に従って行動しなければならない。

2　大統領に対し、大臣が助言を行ったか否か、またはいかなる助言がなされたかについて、裁判所でこれを審理することはできない。

第七五条（大臣に関するその他の規定）

1　首相は、大統領が任命し、その他の大臣は首相の助言に基づいて大統領が任命する。

1A　大臣会議における首相を含め大臣の数は、連邦下院議員総数の一五％を超えてはならない。

1B　国会のいずれかの議院の議員で政党に属する者が、第一〇付則第二条に基づきその議員の資格を失ったときには、その欠格となった日から議員としての任期が満了するまでの間、または国会のいずれかの議院の選挙での当選を争っているときには、その任期満了かその者の当選が認められるまでのいずれか早い日までの間、1項に基づいて任命される資格を有しない。

2　大臣は、大統領の信任の存する間、その職にある。

3　大臣会議は、連邦下院に対し連帯して責任を負う。

〔以下略〕

インド法務総裁

第七六条（インド法務総裁）

1　大統領は、最高裁判所裁判官に任命される資格を有する者をインド法務総裁に任命する。

2　法務総裁は、大統領が随時付議し、または委託する法律事項につきインド政府に助言し、同様に付議し、または委託する法律的性質を有する他の職責を遂行し、また、この憲法またはそのときにおいて効力を有するその他の法律により、またはこれに基づいて与えられる権能を行使することをその職責とする。

〔以下略〕

政務の遂行

第七七条（インド政府の政務の遂行）

1　インド政府のすべての執行行為は、大統領の名において行われることを明らかにしなければならない。

2　大統領の名において制定され、執行される命令その他の文書は、大統領の制定する規則の定める方法でこれを確認し、当該確認がなされた命令その他の文書の効力は、大統領が制定または執行したものでないという理由で審査されない。

3　大統領は、インド政府の事務処理の便宜のため、および当該事務を大臣の間に配分するための規則を定めなければならない。

第七八条（大統領への資料提供等に関する首相の義務）〔略〕

第二章　国会

総則

第七九条（国会の構成）

連邦に、大統領ならびに連邦上院および連邦下院の二院で構成する国会をおく。

第八〇条（連邦上院の構成）

1　連邦上院は、次の者でこれを構成する。

一　3項の規定に従い、大統領が指名する一二人の議員、ならびに

二　二三八人を超えない員数の各州および連邦領の代表

2　各州および連邦領の代表によって占められる連邦上院の議席の割合は、第四付則の当該規定によってこれを行う。

3　1項一号の規定により大統領が指名する議員は、次に掲げる事項に関し、特別の知識または実際の経験を有する者をもって充てる。

文学、科学、芸術または社会事業

4　連邦上院における各州の代表は、当該州下院の選挙された議員が単記移譲式による比例代表制により選挙する。

5　連邦上院における連邦領の代表は、国会が法律で定めた方法によって選挙する。

第八一条（連邦下院の構成）

1　第三三一条の規定に従い、連邦下院は、次の者でこれを構成する。

一　州における選挙区から直接選挙によって選ばれた五三〇人を超えない議員、および

二　国会が法律で定めた方法によって選ばれる、連邦領を代表する二〇人を超えない議員

2　1項一号で定める選挙を行うため、

一　各州に割り当てられる連邦下院の議席数と州の人口との割合が、できる限りすべての州に等しくなるように各州の議席数が割り当てられねばならない、また、

二　各州は、各選挙区の人口と当該選挙区に割り当てられた議席数との割合が、できる限り当該州内で等しくなるように選挙区を分けなければならない。

ただし、この項一号の規定は、当該州の人口が六〇〇万人を超えない限り、連邦下院の議席割当について、いかなる州にも適用されてはならない。

3　この条において「人口」とは、関連数字が公表されている直近の人口調査により確定された人口を意味する。

ただし、関連数字が公表されている直近の人口調査という文言は、西暦二〇二六年後最初に行われる人口調査で関連数字が公表されるまで、

(i)　2項一号および同項但書については、一九七一年人口調査の参照、

(ii)　2項二号については、二〇〇一年人口調査の参照、

と解釈される。

第八二条（人口調査後の再調整）〔略〕

第八三条（国会の議院の存続期間）

1　連邦上院は解散されない。ただし、その三分の一は、国会が法律で定めるところに従い、二年の期間が経過するごとに退職するものとする。

2　連邦下院は、解散される場合を除き最初の開会日に指定された日から五年継続し、この期間

が経過したときには解散の効果を生ずる。
ただし、当該期間は、非常事態布告の施行中は、国会が法律で一回につき一年を超えない限度において延長することができるが、いかなる場合においても布告が効力を失った後六月以上にわたって延長することはできない。

第八四条（国会議員の資格）
次に掲げる要件に該当する者でなければ、国会議員に選挙される資格を有しない。
一　インド公民であり、かつ第三付則の定める形式に従い宣誓または約言を、当該目的のため選挙委員会により権限を与えられた人の前で行い、署名した者であること
二　連邦上院議員にあっては三〇歳以上、連邦下院議員にあっては二五歳以上であること、および
三　国会の制定する法律により、またはこれに基づいて定められるその他の資格を有すること

第八五条（国会の会期、停会および解散）
1　大統領は、随時適当と認めるときおよび場所に国会の各議院を招集する。ただし、一会期の最終日と次の会期の初日として指定する日との間隔は、六月を超えてはならない。
2　大統領は、随時
一　両議院または一議院の停会を命じ、
二　連邦下院を解散することができる。

第八六条（議院における大統領の演説および教書送付権）〔略〕
第八七条（大統領の特別演説）〔略〕
第八八条（議院に関する大臣および法務総裁の権利）〔略〕

国会の役員

第八九条（連邦上院の議長および副議長）
1　副大統領は、職務上連邦上院議長となる。
2　連邦上院は、できるだけ速やかに、連邦上院議員のなかから副議長となる者を選挙し、副議長が欠けたときには、さらに副議長を選挙する。

第九〇条（連邦上院副議長の欠員、辞任および解任）〔略〕

第九一条（連邦上院副議長の権限および議長代理たる者または議長の職務を行う者の権限）
1　議長が欠け、または副大統領が大統領として行動し、もしくは大統領の職権を行使している期間中は、議長の職務は副議長が行う。また、副議長も欠けているときは、議長の職務は大統領がそのために任命する連邦上院議員が行う。
2　連邦上院の開会中議長が欠席しているときは、副議長が、副議長も欠席しているときには、連邦上院議事規則により決定される議員が、この議員も出席していないときには、連邦上院の決定する他の議員が議長として行動する。

第九二条（連邦上院議長または副議長の解任決議案審議中の議長職）〔略〕

第九三条（連邦下院の議長および副議長）
連邦下院は、できるだけ速やかに連邦下院議員のなかから二議員をそれぞれ議長および副議長に選出し、議長または副議長が欠けたときには、さらに議長または副議長を選挙する。

第九四条（連邦下院議長および副議長の欠員、辞任および解任）〔略〕

第九五条（連邦下院副議長の権限および議長代理たる者または議長の職務を行う者の議長職）〔略〕

第九六条（連邦下院議長または副議長の解任決議案審議中の議長職）〔略〕

第九七条（連邦上院議長および副議長ならびに連邦下院議長および副議長の俸給および手当）〔略〕

第九八条（国会事務局）
1　国会の各議院にそれぞれ事務局をおく。ただし、この項の規定は、国会の両議院に共通の職を設けることを妨げるものと解釈してはならない。
2　国会は、法律で各議院の事務局職員の任用および服務条件を定めることができる。
〔以下略〕

院務の遂行

第九九条（議員の宣誓または約言）
国会の両議院の議員は、議席を占めるに先立ち、大統領または大統領が任命する者の前で第三付則に規定する方式により宣誓または約言を行い、署名しなければならない。

第一〇〇条（議院における投票ならびに欠員がある場合の議院の権限および定足数）
1　この憲法に別段の定めのあるものを除き、各議院または両議院の合同会議におけるすべての問題は、連邦下院議長または連邦上院議長もしくは連邦下院議長として行動する者を除き、出席しかつ投票する議員の過半数で決定する。
〔以下略〕

議員の欠格

第一〇一条（欠員）

1　何人も国会の両議院の議員を兼ねることはできず、国会の両議院に選挙された者が、いずれかの議院の議員となることによって生ずる空席については、国会が法律で定める。

2　何人も国会の議員と州議会の議員とを兼ねることはできず、国会議員と州議会議員とに選挙された者がある場合においては、この者があらかじめ州議会議員を辞任しない限り、大統領が制定する規則に定める期間が経過した日において国会議員の議席を失う。

3　国会のいずれかの議院の議員は、次の場合に、その議席を失う。

一　第一〇二条1項もしくは2項に規定する欠格事由のいずれかに該当するとき、または

二　連邦上院議長もしくは連邦下院議長宛の自筆の文書をもって申し出、連邦上院議長もしくは連邦下院議長により承認されたとき

ただし、二号で定める辞任の場合には、連邦上院議長または連邦下院議長は、知りえたことから、または適当と認める調査を行った後、当該辞職が自発的なもの、または真意に出たものでないとの心証を得たときには、当該辞職を認めてはならない。

4　国会のいずれかの議院の議員が六〇日間、当該議院の許可を受けずにすべての会議を欠席したときには、当該議院はその議席の喪失を宣告することができる。

ただし、当該六〇日の算定にあたっては、当該議院が引き続き四日以上停会し、または休会したときには、その期間は算入しない。

第一〇二条（議員の欠格）

1　次の各号の一に該当する者は、国会議員に選挙されることができず、また国会議員であることができない。

一　インド政府または州政府において、国会が法律で欠格とならない旨定めた職以外の、報酬をともなう職に在る者

二　心神耗弱者であって、権限ある裁判所でその旨を宣告された者

三　破産者であって、復権しない者

四　インド公民でない者、自らの意思で外国の公民権を取得した者または外国に対する忠誠もしくは帰依を承認した者

五　国会の定める法律により、またはこれに基づいて欠格となった者

（原注）何人も連邦または州の大臣であるという理由だけで、この条にいうインド政府または州政府において報酬をともなう職に在る者とは見なされない。〔以下略〕

第一〇三条（議員の欠格に関する疑義の裁決）〔略〕

第一〇四条（第九九条の規定による宣誓もしくは約言を行わない者または欠格者もしくは失格者が議事に加わり投票した場合の処罰）〔略〕

国会およびその議員の権限、特権および免責

第一〇五条（国会の議院、議員および委員会の権限および特権等）

1　この憲法の規定ならびに国会の議事手続を定める規則および議事規程の制限内において、国会における発言は自由である。

2　国会議員は、国会またはその委員会における発言または投票に関して裁判所で審査されることはない。また、何人も国会各議院の権限による、またはこれに基づく報告、文書、投票もしくは議事についての出版物に関しても審査されることはない。

〔以下略〕

第一〇六条（議員の俸給および手当）〔略〕

立法手続

第一〇七条（法案の先議および可決に関する規定）

1　法案は、金銭法案その他の財政法案に関する第一〇九条および第一一七条に規定する場合を除き、国会のいずれの議院でもこれを先議することができる。

2　法案は、第一〇八条および第一〇九条に規定する場合を除き、無修正であると両議院の承認を受けた修正付であるとを問わず、両議院がこれに同意を与えない限り、国会が可決したものとは見なされない。

〔以下略〕

第一〇八条（一定の場合における両議院の合同会議）

1　法案が一の議院で可決され、他の議院に送付された場合において、

一　当該法案が他の議院で否決され、

二　両議院が当該法案に加えられる修正に最終的に不同意であり、または

三　他の議院が当該法案を受け取った日から可決しないまま六月以上経過したときには、

大統領は連邦下院解散のために廃案となる場合を除き、両議院が開会中であるときは教書で、

開会中でないときは公示により両議院に対し、当該法案を審議し、表決するための合同会議を招集する意図を通告することができる。

ただし、この項は金銭法案には適用しない。

2　1項に規定する六月の期間を算定するにあたっては、同項三号に規定する議院が引き続き四日以上停会または休会したときは、その期間は算入しない。

3　大統領が1項の規定により両議院を招集して合同会議を開催する意図を通告したときには、いずれの議院も当該法案の審議を進めてはならない。大統領は、その通告の日以後いつでも通告に示した目的で両議院を招集し合同会議を開催することができる。大統領が招集したときには、両議院はそれに従って会議を行う。

〔以下略〕

第一〇九条（金銭法案に関する特別手続）

1　金銭法案は、連邦上院において先議してはならない。

2　金銭法案は、連邦下院で可決した後、連邦上院の勧告を得るため連邦上院に送付される。連邦上院は当該法案を受け取った日から一四日以内にその勧告を付して連邦下院に回付しなければならず、連邦下院は連邦上院の勧告の全部または一部を受諾または拒否することができる。

3　連邦下院が、連邦上院の勧告を受諾したときには、金銭法案は連邦上院が勧告し連邦下院が受諾した修正を付して両議院が可決したものと見なす。

4　連邦下院が連邦上院の勧告を受諾しないときには、金銭法案は連邦上院が勧告した修正を含まず連邦下院が可決した形式において両議院が可決したものと見なす。

5　連邦下院が可決し、連邦上院に勧告を求めて送付した金銭法案が2項に規定する一四日以内に連邦下院に回付されないときには、当該金銭法案は当該期間が経過した日において、連邦下院が可決した形式で両議院が可決したものと見なす。

第一一〇条（「金銭法案」の定義）〔略〕

第一一一条（法案の認証）

法案が、国会の両議院で可決されたときには、大統領に提出され、大統領はこれを認証するか認証を保留するかを宣言する。

ただし、大統領は、それが金銭法案でない場合には、その法案またはその法案中の特定の条項につき教書を付して、できる限り速やかに両議院に返付して再審議を求め、とくに大統領が教書において勧告した修正の審議を求めることができる。返付を受けた両議院はこれを再審議すべきものとし、両議院が修正を付しまたは付さないで再可決した上大統領に提示したときには、大統領は認証を留保することができない。

財政事項に関する手続

第一一二条（年次財政説明書）

1　大統領は、各財政年度ごとに、この編においては「年次財政説明書」とよぶ、当該年度のインド政府収支予算の説明書を国会の両議院に提出させなければならない。

〔以下略〕

第一一三条（予算に関する国会の手続）〔略〕

第一一四条（支出承認法案）〔略〕

第一一五条（補正、追加または超過のための交付金）〔略〕

第一一六条（勘定についての表決、貸付および特別交付金の表決）〔略〕

第一一七条（財政法案に関する特別規定）〔略〕

一般手続

第一一八条（手続規則）

1　国会の各議院は、この憲法の規定の制限内において、その手続および事務の処理に関する規則を制定することができる。

2　1項の規定による規則が制定されるまでは、インド自治領議会に関し、この憲法施行まで効力を有する手続規則および議事規程が、連邦上院議長または連邦下院議長の定める読み替えをして随時国会に適用されるものとする。

3　大統領は、連邦上院議長および連邦下院議長と協議した後、両議院間の連絡に関する手続についての規則を制定することができる。

4　両議院の合同会議においては、連邦下院議長、連邦下院議長欠席のときには3項の規定に基づいて定める手続規則の定める者が司会する。

第一一九条（財政事務に関する国会の手続の法律による規制）

国会は、財政事務を速やかに処理するため、法律で財政に関する事項またはインド統合基金からの金銭支出についての法案に関し、国会各議院の手続および事務の処理を規制することができる。この場合において、当該法律の規定が第一一八条1項の規定により国会の一議院が定める規則または同条2項の規定により国会に関して効力を有する規則もしくは議事規程と抵触するときには、この条に基づく法律の規定が優先する。

第一二〇条（国会において使用する言語）

1　第一七編の規定にかかわらず、第三四八条の規定の制限内において、国会の事務はヒンディー語または英語によって処理するものとする。

ただし、連邦上院議長もしくは連邦下院議長または議長として行動する者は、ヒンディー語または英語では適当に表現できない議員に対して、その母語で述べることを許可することができる。

〔以下略〕

第一二一条（国会における討議に対する制限）

最高裁判所裁判官または高等裁判所裁判官がその任務の遂行のためになす行為に関しては、後に定めるところにより大統領に対して裁判官の罷免を求める動議が提出される場合を除いて、国会において討議してはならない。

第一二二条（国会議事の審査についての裁判所の無権限）

1　国会における議事の効力は、手続上の瑕疵を理由に審査されることはない。

2　この憲法により、またはこの憲法に基づいて国会における手続もしくは事務処理を規制し、または秩序を維持する権限を与えられた国会の役員または議員は、その権限の行使に関し、裁判所の管轄権に服することはない。

第三章　大統領の立法権

第一二三条（国会閉会中大統領令を公布する大統領の権限）

1　大統領は、国会の両議院の開会中を除き、速やかに措置する必要のある事態が存在すると認めるときは、いつでも当該事態に対処するために必要と考えられる大統領令を公布することができる。

2　この条により公布される大統領令は、国会の制定する法律と同一の効力を有する。ただし、すべての大統領令は、

一　国会の両議院に提出されなければならず、かつ、国会が再開した日から六週間が経過したとき、または当該期間経過前に両議院が当該大統領令を否認する決議をした場合において、後に決議をした議院の決議が可決されたときに、

二　大統領が、随時廃止することができる。

（原注）国会の議院が異なった日に再開するよう招集されたときには、この項でいう六週間は、後に再開された日から起算する。

3　この条に基づく大統領令が、この憲法上国会に制定権のない事項について規定を設けたときには、当該大統領令はその限度において無効とする。

第四章　連邦司法

第一二四条（最高裁判所の設置および組織）

1　インド最高裁判所長官および国会が法律で定数を増加するまでは七人以内の裁判官で構成するインド最高裁判所を置く。

2　最高裁判所裁判官は、大統領が第一二四A条に定める国家裁判官任命委員会の助言に基づいて、大統領の署名捺印した辞令をもって任命し、六五歳に達するまでその職に在る。

ただし、最高裁判所長官以外の裁判官を任命する場合には、インド最高裁判所長官はつねに協議を受ける。

また、

一　最高裁判所裁判官は、大統領宛の自筆の文書で申し出ることにより辞任することができる。

二　最高裁判所裁判官は、4項で定める方法によって解任される。

2A　最高裁判所裁判官の年齢は、国会が法律により定める権限および方法により決定する。

3　インド公民であり、かつ、次に掲げる要件の一を満たす者でなければ、最高裁判所裁判官に任命される資格を有しない。

一　少なくとも五年間一の高等裁判所の、もしくは引き続き二以上の高等裁判所の裁判官であった者

二　少なくとも一〇年間一の高等裁判所の、もしくは引き続き二以上の高等裁判所の弁護士であった者、または

三　大統領がすぐれた法律学者と認めた者

（原注一）この項において「高等裁判所」とは、インド領内において管轄権を行使し、またはこの憲法施行まで管轄権を行使した高等裁判所をいう。

（原注二）この項に規定する弁護士であった期間の算定にあたっては、その者が弁護士となった後、地方裁判所裁判官と同等以上の司法官の職にあった期間を合算する。

4　最高裁判所裁判官は、明らかな非行または不適任を理由とする解任提案が同一会期中に国会の各議院の総議員の過半数であって、かつ出席

し投票する議員の三分の二以上によって支持された旨大統領に通告がなされた後、大統領が命令により解任する場合を除いては解任されない。

5　国会は、4項に規定する通告の提出および裁判官の非行または不適任について調査し、立証する手続を法律で定める。

6　最高裁判所裁判官に任命された者は、就任に先立ち、大統領または大統領がそのために任命する者の面前で第三付則に定める方式により宣誓または約言を行い、署名しなければならない。

7　最高裁判所裁判官の職にあった者は、インド領内における裁判所または機関において弁護士として働くことができない。

第一二四A条（国家裁判官任命委員会）〔略〕

第一二四B条（委員会の職務）〔略〕

第一二四C条（国会の法律制定権）〔略〕

第一二五条（裁判官の俸給等）〔略〕

第一二六条（最高裁判所長官代理の任命）〔略〕

第一二七条（特別裁判官の任命）〔略〕

第一二八条（最高裁判所の審理への退職裁判官の参加）〔略〕

第一二九条（記録裁判所としての最高裁判所）

　最高裁判所は、記録裁判所として、裁判所侮辱の処罰権を含む記録裁判所としてのすべての権限を有する。

第一三〇条（最高裁判所の所在）

　最高裁判所は、デリーまたはインド最高裁判所長官が大統領の承認を得て随時定めるその他の場所において裁判を行う。

第一三一条（最高裁判所の第一審管轄権）

　この憲法の規定の制限内において最高裁判所は、権利の存在または範囲に関する問題（法律上のものであると事実上のものであるとにかかわらず）を含む場合には、次に掲げる事項について他の裁判所を排して第一審管轄権を有する。

一　インド政府と一またはそれ以上の州との間の紛争

二　一方の当事者がインド政府および一またはそれ以上の州であって他方の当事者が一またはそれ以上の州である紛争

三　二またはそれ以上の州の間の紛争

　ただし、当該管轄権は、この憲法施行前に締結され、または執行された条約、協定、協約、契約、譲渡証書、その他これに類する文書であって、この憲法施行後においても効力を有するものまたはこの条に規定する管轄権が当該紛争に及ばない旨を規定するものから生じた紛争には及ばない。

第一三二条（一定の事件に関する高等裁判所の裁判に対する最高裁判所の上告裁判権）〔略〕

第一三三条（民事事件に関する高等裁判所の裁判に対する最高裁判所の上告裁判権）〔略〕

第一三四条（刑事事件に関する最高裁判所の上告裁判権）〔略〕

第一三四A条（最高裁判所への上告のための証明書）〔略〕

第一三五条（既存の法律に基づいて連邦裁判所が有する管轄権および権限の最高裁判所による行使）〔略〕

第一三六条（最高裁判所による上告特別許可）〔略〕

第一三七条（最高裁判所による判決および命令の審査）

　国会が制定する法律または第一四五条の規定に基づいて制定する規則に基づき、最高裁判所は、その宣言した判決または発した命令を審査する権限を有する。

第一三八条（最高裁判所の管轄権の拡大）

1　最高裁判所は、連邦管轄事項表に掲げる事項に関しても、国会が法律で与える管轄権および権限を有する。

2　最高裁判所は、国会が法律で最高裁判所の当該管轄権および権限の行使について規定する場合には、インド政府および州政府が特別に協定して与える事項に関しても、管轄権および権限を有する。

第一三九条（一定の令状作成権の最高裁判所への付与）〔略〕

第一三九A条（一定の事件の移送）〔略〕

第一四〇条（最高裁判所の付随的権限）

　国会は、法律で最高裁判所に対し、この憲法の規定に抵触しない限り、この憲法により、またはこの憲法に基づいて最高裁判所に与えられる管轄権の行使を一層有効ならしめるために必要であり、または望ましいと考える付随的権限を与えることができる。

第一四一条（すべての裁判所を拘束する最高裁判所の宣言する法）

　最高裁判所により宣言された法は、インド領内のすべての裁判所を拘束する。

第一四二条（最高裁判所の決定または命令の施行および捜索等に関する命令）〔略〕

第一四三条（最高裁判所に対する大統領の諮問権）

1　法律上または事実上の問題であって公的な重

要性を有しており、最高裁判所の意見を聞くことに適しているものが起こり、または起こるおそれがあると認めたときには、大統領はこの問題を最高裁判所に付議することができる。この場合には、最高裁判所は適当と認める審理を行った後、その意見を大統領に報告することができる。

〔以下略〕

第一四四条（行政機関および司法機関の最高裁判所に対する援助）〔略〕

第一四五条（最高裁判所規則等）

1 最高裁判所は、国会が制定する法律の制限内において、大統領の承認を得て、最高裁判所における訴訟手続を一般的に規制する規則であって次に掲げるものを含む規則を随時制定することができる。

〔以下略〕

2、3 〔略〕

4 最高裁判所の判決は、すべて公開の法廷で行わなければならない。また、第一四三条の規定に基づく報告は、公開の法廷において述べられる意見に従って行わなければならない。

5 最高裁判所の判決および見解は、事件の審理に出席する裁判官の多数の合意によるものでなければならない。ただし、この項の規定は、裁判官が異なった判断または意見を述べることを妨げるものではない。

第一四六条（最高裁判所の職員、雇員および経費）〔略〕

第一四七条（解釈）〔略〕

第五章 インド会計検査院長

第一四八条（インド会計検査院長）

1 インド会計検査院長をおく。会計検査院長は、大統領が署名捺印した辞令によって任命され、最高裁判所裁判官と同様の方法および理由によってのみ解任される。

2 会計検査院長として任命される者は、その就任前大統領もしくは大統領が指名する者の前で第三付則の定める方式により宣誓または約言を行い、署名しなければならない。

3 会計検査院長の俸給およびその他の服務条件は、国会が法律で定めるが、その決定があるまでは第二付則に規定するところによる。

ただし、会計検査院長の俸給および休暇、年金または退職年齢に関する権利は、その任命後この者の不利益となるように変更することはできない。

4 会計検査院長は、退任後、インド政府または州政府の官職に就く資格を有しない。

5 この憲法および国会が制定する法律の規定に従い、会計検査院に勤務する者の服務条件および会計検査院長の行政権は、大統領が会計検査院長と協議した後制定する規則で定める。

6 会計検査院に勤務する者に対し、またはこの者に関して支給されるすべての俸給、手当および年金を含む会計検査院行政費は、インド統合基金の負担となる。

第一四九条（会計検査院長の任務および権限）

会計検査院長は、連邦、州およびその他の機関または団体の会計に関し、国会の制定する法律により、またはこれに基づいて規定される任務の遂行と権限の行使を行うものとし、当該規定が設けられるまでは、この憲法施行までインド自治領および旧州の会計に関し、インド会計検査長官に与えられ、行使されていた任務および権限を連邦および州の会計に関して遂行し、行使する。

第一五〇条（連邦および州の会計の記帳形式）〔略〕

第一五一条（会計報告）

1 連邦の会計に関するインド会計検査院長の報告は、大統領に提出され、大統領はこれを国会の両議院に提出させる。

2 州の会計に関するインド会計検査院長の報告は、州知事に提出され、知事はこれを州議会に提出させる。

第六編 州

第一章 総則

第一五二条（定義）

本編において「州」とは、別段の定めのない限り、ジャンムー・カシュミール州を含まない州をいう。

第二章 執行

知事

第一五三条（州知事）

各州に州知事をおく。

ただし、この条の規定は、二以上の州知事に同一の者が任命されることを妨げるものではない。

第一五四条（州の執行権）

1　州の執行権は、知事に属し、この憲法に従い知事により直接に、または知事の下にある官吏を通じて行使される。

〔以下略〕

第一五五条（知事の任命）

州知事は、大統領がその署名捺印した辞令をもって任命する。

第一五六条（知事の任期）

1　知事は、大統領の意に反しない限り、その職を保持する。

2　知事は、大統領宛の自筆の文書で申し出ることによってその職を辞任することができる。

3　この条の前項までの規定に従い、知事はその就任の日から五年の任期でその職を保持する。

ただし、知事は任期が満了した場合においても、その後任者が就任するまでは引き続きその職を保持する。

第一五七条（知事の任命資格）

何人もインド公民であり、かつ三五歳以上でなければ知事に任命される資格を有しない。

第一五八条（知事の職の条件）

1　知事は国会議員または第一付則に規定する州議会議員であってはならない。国会議員またはかかる州議会議員が知事に任命されたときには知事に就任した日において、その議席を失ったものと見なす。

2　知事は、他のいかなる俸給をともなう職にも就いてはならない。

3　知事は、賃料を払うことなく公邸を使用し、国会が法律で定める俸給、手当および特権を受ける権利を有し、それについての規定が設けられるまでは、この俸給、手当および特権は第二付則で定めるところのものとする。

3A　同一の者が、二以上の州知事に任命されたとき、その知事に支払われる俸給および手当は、大統領が命令で決定する割合で当該州の間に割り当てるものとする。

4　知事の俸給および手当は、その在任期間中減ぜられることはない。

第一五九条（知事の宣誓または約言）〔略〕

第一六〇条（一定の不測の事態における知事の権能の行使）

大統領は、この章で予定していない不測の事態の発生した場合において州知事が権能を行使するのに適当と認める定めを設けることができる。

第一六一条（一定の場合における知事の赦免権等ならびに宣告の停止、軽減および変更権）

〔略〕

第一六二条（州の執行権の範囲）〔略〕

大臣会議

第一六三条（知事を補佐する大臣会議）

1　知事がこの憲法により、またはこれに基づいて自己の裁量でその権能を行使することを必要とされている場合を除き、知事の権能行使を補佐し助言するために、州首相を長とする大臣会議をおく。

2　知事がこの憲法により、またはこれに基づいて自己の裁量で行動することを要する事項か否かに関し疑義が生じたときは、知事の裁量による決定を確定的なものとし、知事の行為の効力は、知事が自己の裁量で行動すべきであったか否かの理由で審査に付されることはない。

3　知事に対し、州大臣が助言を行ったか否かについて、またはいかなる助言を行ったかについて裁判所で審査されることはない。

第一六四条（大臣に関するその他の規定）

1　州首相は、知事が任命し、その他の州大臣は州首相の助言に基づいて知事が任命する。また、州大臣は知事の意に反しない限りその職を保持する。

ただし、チャッティースガル州、ジャールカンド州、マディヤ・プラデーシュ州およびオディシャー州においては、部族の福祉を担当する大臣をおき、その職務のほか、指定カーストおよび後進階層の福祉その他に関する事務を行わせるものとする。

〔以下略〕

2　大臣会議は、州下院に対し連帯して責任を負う。

3　州大臣の就任に先立ち、知事は第三付則に規定する方式に従い任務遂行と秘密保持に関する宣誓を州大臣に行わせる。

4　引き続き六月間州議会に議席を有しない州大臣は、当該期間が経過した日においてその職を失う。

5　州大臣の俸給および手当は、州議会が随時法律で定めるものとし、州議会が決定するまでは、第二付則に規定するところによる。

州法務総裁

第一六五条（州法務総裁）

1　州知事は、高等裁判所裁判官に任命される資格を有する者を州法務総裁に任命する。

〔以下略〕

政務の遂行

第一六六条（州政府の政務の遂行）
1　州政府のすべての執行行為は知事の名において行われることを明らかにしなければならない。
2　知事の名において制定され、または執行される命令その他の文書は、知事の制定する規則の定める方法で認証されなければならず、当該認証がなされた命令その他の文書の効力は、知事が制定し、または執行したものでないという理由で審査されることはない。
3　知事は、州政府の事務処理の便宜のためおよびこの憲法により、またはこれに基づいて知事の裁量で行うことを要する政務を除く当該事務を州大臣の間に分配するための規則を定めなければならない。

第一六七条（知事への資料を提供すること等に関する州首相の義務）
州首相は、次に掲げる義務を有する。
一　州に関する事務運営および法律案に関する州大臣会議の決定を州知事に通告すること
二　州に関する事務運営および法律案に関し、知事の求める資料を提供すること、ならびに
三　知事の要求がある場合において、ある大臣が決定し、いまだ州大臣会議により審議されていない事項を州大臣会議に付議すること

第三章　州議会

総則

第一六八条（州議会の組織）
1　各州に議会をおく。議会は、知事ならびに
一　アーンドラ・プラデーシュ州、ビハール州、マハーラーシュトラ州、カルナータカ州、タミル・ナードゥ州、テランガーナ州およびウッタル・プラデーシュ州にあっては両議院
二　その他の州にあっては、一議院で構成する。
2　州議会が二院制である場合には、一の議院を州上院、他の議院を州下院とし、一院制である場合には、州下院とする。

第一六九条（州上院の廃止または創設）
1　第一六八条の規定にかかわらず、州下院がその総議員の過半数であって、かつ、出席して投票する議員の三分の二以上の多数でもって二院制をとっている州の上院を廃止する決議をしたとき、または一院制をとっている州に上院を設置する決議をしたときには、国会はその旨の法律を制定することができる。
〔以下略〕

第一七〇条（下院の構成）
1　第三三三条に規定する場合を除き、各州の下院は、当該州の地域的選挙区から直接選挙で選ばれた五〇〇人未満六〇人以上の議員で構成する。
〔以下略〕

第一七一条（上院の構成）
1　州上院における議員総数は、当該州下院の議員総数の三分の一を超えてはならない。ただし、州上院の議員総数は、いかなる場合においても四〇人未満であってはならない。
〔以下略〕

第一七二条（州議会の期間）
1　各州の下院は、解散される場合を除き、最初の開会指定日から五年の期間継続し、この期間が経過したときには解散の効果を生ずる。
〔以下略〕
2　州上院は、解散されない。ただし、その三分の一は、国会が法律で定めるところに従い、二年の期間が経過するごとに退職するものとする。

第一七三条（州議会の議員の資格）
次に掲げる要件に該当する者でなければ、州議会の議員として選挙される資格を有しない。
一　インド公民であり、第三付則の定める形式に従い宣誓または約言を当該目的のため選挙委員会によって権限を与えられた人の前で行い、署名した者であること
二　州下院にあっては二五歳以上、州上院にあっては三〇歳以上であること、および
三　国会の制定する法律により、またはこれに基づいて定められるその他の資格を有すること。

第一七四条（州議会の会期、停会および解散）
1　知事は、随時適当と認めるときおよび場所に州議会の議院または両議院を招集する。ただし一会期の最終日と次の会期の初日として指定する日との間隔は六月を超えてはならない。
2　知事は、随時
一　議院または両議院の停会を命じ、
二　州下院を解散することができる。

第一七五条（州議会における知事の演説および教書送付権）〔略〕

第一七六条（知事の特別演説）〔略〕

第一七七条（州議会に関する州大臣および州法務総裁の権利）
各州大臣および州法務総裁は、発言その他の方法により州下院もしくは二院制をとっている

州にあっては両議院の議事または自己が委員に指名されている議会委員会の議事に参加する権利を有する。ただし、この条により投票する権利を与えられるものではない。

州議会の役員

第一七八条（下院の議長および副議長）
各州下院は、できる限り速やかに、その議員のなかから議長一人および副議長一人を選挙し、議長または副議長が欠けたときには、さらに議長または副議長を選挙する。

第一七九条（下院の議長および副議長の欠員、辞任および解任）〔略〕

第一八〇条（下院副議長の権限および議長代理者または議長の職務を行う者の権限）〔略〕

第一八一条（解任決議案審議中の議長または副議長による会議の司会）〔略〕

第一八二条（上院の議長および副議長）〔略〕

第一八三条（上院の議長または副議長の欠員、辞任および解任）〔略〕

第一八四条（上院副議長の権限および議長代理者または議長の職務を行う者の権限）〔略〕

第一八五条（解任決議案審議中の議長または副議長による会議の司会）〔略〕

第一八六条（下院議長および副議長ならびに上院議長および副議長の俸給および手当）〔略〕

第一八七条（州議会事務局）
1　州議会の一議院または両議院に、それぞれ事務局をおく。
ただし、この項の規定は、二院制をとっている州において両議院に共通の職を設置することを妨げるものと解釈してはならない。

〔以下略〕

院務の遂行

第一八八条（議員の宣誓または約言）〔略〕

第一八九条（議院における投票、欠員がある場合の議院の権限および定足数）〔略〕

議員の欠格

第一九〇条（欠員）
1　何人も州議会の両議院の議員を兼ねることはできず、州議会の両議院の議員に選挙された者が、いずれかの議員となることによって生ずる空席については、州議会が法律で定める。

〔以下略〕

第一九一条（議員の欠格）〔略〕

第一九二条（議員の欠格に関する疑義の裁決）〔略〕

第一九三条（第一八八条の規定による宣誓もしくは約言を行わない者または欠格者もしくは失格者である者が議事に加わり、投票した場合の処罰）〔略〕

州議会およびその議員の権限、特権および免責

第一九四条（州議会の議院、議員および委員会の権限および特権等）
1　この憲法の規定ならびに州議会の議事手続を定める規則および議事規程の制限内において、州議会における発言は自由である。
2　州議会議員は、議院またはその委員会における発言または投票に関して裁判所で審査されることはない。また、何人も当該議院の権限による、またはこれに基づく報告、文書、投票または議事についての出版に関しても審査されることはない。
3　前2項に規定するもののほか、州議会の議院、議員および委員会の権限、特権および免責については州議会が随時法律で定めるところによるものとし、当該規定が設けられるまでは、一九七八年憲法（第四四次改正）法第二六条施行まで議院、その議員および委員会の有していたものとする。

〔以下略〕

第一九五条（議員の俸給および手当）〔略〕

立法手続

第一九六条（法案の先議および可決に関する規定）
1　法案は、金銭法案その他の財政法案に関する第一九八条および第二〇七条に規定する場合を除き、二院制をとっている州議会においては、そのいずれの議院においても先議することができる。
2　二院制をとっている州議会に提出する法案は、第一九七条および第一九八条に規定する場合を除き、無修正であると両議院が同意を与える修正付であるとを問わず、両議院がこれに同意を与えない限り、州議会の両議院が可決したものとは見なされない。

〔以下略〕

第一九七条（金銭法案以外の法案に関する州上院の権限の制限）
1　二院制をとっている州において法案が州下院において可決され、州上院に送付された場合に

おいて

一　当該法案が州上院で否決され、

二　当該法案が州上院に上程された日から可決されることなく三月を経過し、または

三　州上院が修正を付して可決し、州下院がその修正に同意しないときには、

州下院は、その手続を定める規則の制限内において、当該法案を州上院が提示し、または支持する修正を付し、または付さないで、同一会期または次の会期において再可決し、州上院に送付することができる。

2　州下院が法案を再可決し、州上院に送付した場合において、

一　当該法案が州上院によって否決され、

二　当該法案が州上院に上程された日から可決されることなく一月以上を経過し、または

三　州上院が修正を付して可決し、州下院がその修正に同意しないときには、

当該法案は、再可決のときの法案が州下院の行い、または提示した修正であって、州下院が同意したものを含むものであるときは、それを含めた形式で、州下院が再可決した際の形式において州議会の両議院によって可決されたものと見なす。

3　この条は、金銭法案には適用しない。

第一九八条（金銭法案に関する特別手続）

〔略〕

第一九九条（「金銭法案」の定義）　〔略〕

第二〇〇条（法案の認証）　〔略〕

第二〇一条（考慮のため留保される法案）

〔略〕

財政事項に関する手続

第二〇二条（年次財政説明書）　〔略〕

第二〇三条（予算に関する州議会の手続）

〔略〕

第二〇四条（支出承認法案）　〔略〕

第二〇五条（補正、追加または超過のための交付金）　〔略〕

第二〇六条（勘定についての表決、貸付および特別交付金の表決）　〔略〕

第二〇七条（財政法案に関する特別規定）

〔略〕

一般手続

第二〇八条（手続規則）

1　州議会の議院は、この憲法の規定の制限内において、その手続、院務の処理に関する規則を制定することができる。

2　1項の規定による規則が制定されるまでは、当該州に対応する旧州の議会に関しこの憲法施行まで効力を有する手続規則および議事規程が、州下院議長または州上院議長の定める読み替えをして、随時当該州議会に適用されるものとする。

3　州上院を有する州の知事は、州下院および州上院の議長と協議した後、両議院間の連絡に関する手続きについての規則を制定することができる。

第二〇九条（財政事務に関する州議会の手続の法律による規制）　〔略〕

第二一〇条（州議会において使用する言語）

1　第一七編の規定にかかわらず、第三四八条の規定の制限内において、州議会の事務は州の公用語もしくは言語、またはヒンディー語もしくは英語によって処理するものとする。

ただし、州下院議長もしくは州上院議長または議長として行動する者は、本条に規定する言語では適当に表現できない議員に対して、その母語で述べることを許可できる。

2　州議会が法律で別段の規定を設けない限り、この憲法施行後一五年が経過した後においては、本条で「もしくは英語」とある文言は省略するものとする。

〔以下略〕

第二一一条（州議会の討議に対する制限）

〔略〕

第二一二条（州議会議事の審査についての裁判所の無権限）　〔略〕

第四章　知事の立法権

第二一三条（州議会閉会中知事令を公布する知事の権限）

1　知事は、州下院の開会中または二院制をとっている州にあっては両議院の開会中を除き、速やかに措置する必要のある事態が存在すると認めるときは、いつでも当該事態に対処するために必要と考える政令を公布することができる。

〔以下略〕

2　この条に基づいて公布する知事令は、知事が承認した州議会の制定法と同一の効力を有する。

〔以下略〕

第五章　州高等裁判所

第二一四条（州高等裁判所）

各州に高等裁制所をおく。

第二一五条（記録裁判所としての高等裁判所）

高等裁判所は、記録裁判所とし、裁判所侮辱の処罰権を含む記録裁判所としてのすべての権限を有する。

第二一六条（高等裁判所の構成）

高等裁判所は、裁判所長および大統領が随時必要に応じて任命するその他の裁判官で構成する。

第二一七条（高等裁判所裁判官の任命および要件）

1　高等裁判所裁判官は、大統領が第一二四A条に定める国家裁判官任命委員会の勧告に基づいて、かつ高等裁判所長官以外の裁判官を任命するにあたっては、州知事が当該裁判所長と協議した後、いずれも大統領の署名捺印した辞令をもって任命し、補佐裁判官または臨時代理裁判官の場合は、第二二四条の定める期間、その他の場合には六二歳に達するまでその職に在る。

〔以下略〕

2　インド公民であり、かつ、次に掲げる要件の一を満たす者でなければ、高等裁判所裁判官に任命される資格を有しない。

一　インド領内において少なくとも一〇年間司法官の職に在った者または

二　少なくとも一〇年間一の高等裁判所もしくは引き続き二以上の高等裁判所の弁護士であった者

〔以下略〕

3　高等裁判所裁判官の年齢に関して疑義が生じたときには、その疑義は、インド最高裁判所長官と協議した後、大統領が決定するものとし、その決定が最終的なものである。

第二一八条（最高裁判所に関する一定の規定の高等裁判所への適用）〔略〕

第二一九条（高等裁判所裁判官の宣誓または約言）〔略〕

第二二〇条（高等裁判所常勤裁判官の職にあった者の弁護事務の禁止）〔略〕

第二二一条（高等裁判所裁判官の俸給等）〔略〕

第二二二条（高等裁判所裁判官の転任）〔略〕

第二二三条（高等裁判所長代理の任命）〔略〕

第二二四条（補佐裁判官および臨時代理裁判官の任命）〔略〕

第二二四A条（高等裁判所の審理への退職裁判官の参加）〔略〕

第二二五条（現存高等裁判所の管轄権）〔略〕

第二二六条（高等裁判所の一定の令状発出権）〔略〕

第二二七条（高等裁判所によるすべての下級裁判所への監督権）

1　高等裁判所は、その管轄権を行使する領域においてすべての下級裁判所および審判所への監督権を有する。

2　前項に規定する一般原則を損なうことなく、高等裁判所は、

一　下級裁判所から報告を求め、

二　一般原則を制定・公布し、下級裁判所の弁護および審理手続を規律する形式を定め、

三　下級裁判所の職員が帳簿、登記簿および勘定書を保管する方式を定めることができる。

〔以下略〕

第二二八条（一定事件の高等裁判所への移送）〔略〕

第二二九条（高等裁判所の職員、雇員および経費）〔略〕

第二三〇条（連邦領への高等裁判所の管轄権の拡大）〔略〕

第二三一条（二以上の州についての共通の高等裁判所の設置）〔略〕

第二三二条（削除）

第六章　下級裁判所

第二三三条（地方裁判所裁判官の任命）

1　州における地方裁判所裁判官の任命、補職および昇任は、州知事が当該州に関して管轄権を行使する高等裁判所と協議して行う。

〔以下略〕

第二三三A条（一定の地方裁判所裁判官の任命、およびその裁判官の下した判決等の効力）〔略〕

第二三四条（地方裁判所裁判官以外の者の司法職への任用）〔略〕

第二三五条（下級裁判所の監督）〔略〕

第二三六条（解釈）〔略〕

第二三七条（一定の治安判事に対するこの章の規定の適用）〔略〕

第七編　第一付則B編に規定する州

（削除）

第八編　連邦領

第二三九条（連邦領の行政）

1　国会が法律で別段の定めをした場合を除いて、すべての連邦領の行政は、大統領が行うものとし、その適当と認める範囲において指名により任命された行政官を通じて行う。

2　第六編における規定にかかわらず、大統領は州知事を、隣接する連邦領の行政官に任命することができる。知事がこの行政官に任命されたときには、その大臣会議から独立した行政官としてその権能を行使するものとする。

第二三九A条（一定の連邦領のための地方議会もしくは大臣会議または地方議会と大臣会議の創設）〔略〕

第二三九AA条（デリーに関する特別規定）

1　一九九一年憲法（第六九次改正）法施行の日からデリー連邦領は、デリー国家首都地区とよぶものとし（以下、この編では国家首都地区と略記する）、第二三九条に基づいて任命される行政官は副知事として任命される。

2　一　国家首都地区に下院をおき、この下院は、国家首都地区の地域的選挙区から直接選挙によって選出された議員で構成する。

二　下院の議席数、指定カーストに留保する議席数、国家首都地区の地域的選挙区割（この区割の根拠も含む）、および下院の活動に関するその他のすべての事項は、国会が法律により定める。

三　第三二四条から第三二七条および第三二九条の規定は、国家首都地区、国家首都地区下院およびその議員に関しては、州、州下院およびその議員に関するそれぞれの規定を適用するものとする。また、第三二六条および第三二九条の「権限を有する議会」とは、国会をさすものとする。〔以下略〕

第二三九AB条（憲法機構運用不能の場合の規定）〔略〕

第二三九B条（連邦領議会閉会中における行政官の命令発出権）〔略〕

第二四〇条（一定の連邦領についての大統領の規則制定権）〔略〕

第二四一条（連邦領の高等裁判所）〔略〕

第二四二条（削除）

第九編　パンチャーヤト

第二四三条（定義）

この編においては、文脈の許す限り、

一　「県」とは、州の中の県をいう。

二　「村民総会」とは、村規模でのパンチャーヤト地域内にある村に関して選挙人名簿に登録された住民が構成する組織をいう。

三　「中間規模」とは、この編のために州知事が中間規模であると定めた、村と県との間の規模のものをいう。

四　「パンチャーヤト」とは、農村地域において、第二四三B条に基づいて組織された自治組織（それがどのような名称で呼ばれようと）をいう。

五　「パンチャーヤト地域」とは、パンチャーヤトの地域的範囲をいう。

六　「人口」とは、関連数字が公表されている直近の人口調査において確定された人口をいう。

七　「村」とは、知事が公示により、この編のために村と定めたものをいい、その村の連合を含むものとする。

第二四三A条（村民総会）

村民総会は、州議会が法律により定めた権限を行使し、村規模でその活動を行う。

第二四三B条（パンチャーヤトの構成）

1　この編の規定に従い、すべての州に、村規模、中間規模および県規模のパンチャーヤトをおく。

2　1項の規定にかかわらず、中間規模のパンチャーヤトは、人口が二百万人を超えない州にはこれをおかないことができる。

第二四三C条（パンチャーヤトの組織）

1　州議会は、この編の規定に従い、法律でパンチャーヤトの組織に関して定める。〔以下略〕

第二四三D条（議席の留保）

1　すべてのパンチャーヤトにおいて、指定カーストおよび指定部族に議席を留保する。さらに、当該パンチャーヤト内で直接選挙によって選出される全議席中の留保議席数は、当該パンチャーヤト地域内での指定カーストの人口または同地域内の指定部族の人口が、当該地域の全人口に占める割合とできるだけ等しくなるように定めるものとする。また、その留保議席は、パンチャーヤト内の異なった選挙区へ交代で割りあてるものとする。

2　1項に基づいて留保する議席の三分の一以上は、指定カーストに属する女性に留保するものとし、指定部族についても同様とする。

3　すべてのパンチャーヤトで、直接選挙によって選ばれる全議席数の三分の一以上（指定カーストおよび指定部族に属する女性に留保する議席数も含む）は、女性のために留保するものとし、この議席はパンチャーヤト内の異なった選挙区へ交代で割りあてるものとする。
〔以下略〕

第二四三E条（パンチャーヤトの任期等）
〔略〕

第二四三F条（議員の欠格事由）〔略〕

第二四三G条（パンチャーヤトの権能、権限および責務）〔略〕

第二四三H条（パンチャーヤトの課税権およびパンチャーヤト基金）〔略〕

第二四三I条（財務状況を審査する財務委員会の設置）〔略〕

第二四三J条（パンチャーヤト会計の監査）
〔略〕

第二四三K条（パンチャーヤトの選挙）〔略〕

第二四三L条（連邦領への適用）〔略〕

第二四三M条（この編の規定の一定の地域への不適用）〔略〕

第二四三N条（既存の法律の効力およびパンチャーヤトの継続）
この編の規定にかかわらず、一九九二年憲法（第七二次改正）法施行のとき、州において効力を有するパンチャーヤトに関する規定で、この編の規定と抵触するものは、権限を有する議会もしくはその他権限を有する機関により改正もしくは廃止され、またはこの憲法改正施行後一年を経過するかいずれか早い時期がくるまでその効力を継続するものとする。〔以下略〕

第二四三O条（選挙事項に対する裁判所の干与の排除）〔略〕

第九A編　自治都市

第二四三P条（定義）〔略〕

第二四三Q条（自治都市の構成）
1　この編の規定に従い、すべての州に次の組織をおく。
一　移行地域、すなわち農村地域から都市地域へ移行しつつある地域にナガル・パンチャーヤト（それをどのように呼ぼうとも）
二　小都市地域に自治都市評議会
三　大都市地域に自治都市体
ただし、この条の規定に基づく自治都市は、地域の規模およびその地域の産業施設が提供しまたは提供することになっている都市サービスその他知事が適当と認めた要件を有する都市地域またはその一部を、知事が公示によって産業都市と定めたときには組織されない。

〔以下略〕

第二四三R条（自治都市の組織）
1　2項に規定するものを除き、自治都市のすべての議席は、自治都市内の地域的選挙区から直接選挙によって選ばれるものとし、この選挙のために各自治都市区域は、区と呼ばれる地域的選挙区に区割される。〔以下略〕

第二四三S条（区委員会の構成と組織等）
1　自治都市の地域内で人口三〇万以上の地域に、一以上の区からなる区委員会をおく。
〔以下略〕

第二四三T条（議席の留保）〔略〕

第二四三U条（自治都市の任務等）〔略〕

第二四三V条（委員の欠格事由）〔略〕

第二四三W条（自治都市の権能、権限および責務等）〔略〕

第二四三X条（自治都市の課税権および自治都市基金）〔略〕

第二四三Y条（財務委員会）〔略〕

第二四三Z条（自治都市会計の監査）〔略〕

第二四三ZA条（自治都市の選挙）〔略〕

第二四三ZB条（連邦領への適用）〔略〕

第二四三ZC条（この編の規定の一定の地域への不適用）〔略〕

第二四三ZD条（県計画のための委員会）
1　すべての州で、県規模においてパンチャーヤトおよび自治都市が作成した計画を統合し、県全体の発展案を作成する県計画委員会をおく。
〔以下略〕

第二四三ZE条（大都市計画のための委員会）
〔略〕

第二四三ZF条（既存の法律の効力および自治都市の継続）〔略〕

第二四三ZG条（選挙事項に対する裁判所の干与の排除）〔略〕

第九B編　協同組合

第二四三ZH条（定義）〔略〕

第二四三ZI条（協同組合の設立）〔略〕

第二四三ZJ条（委員および事務職員の数および任期）〔略〕

第二四三ZK条（委員の選挙）〔略〕

第二四三ZL条（委員の交替ならびに活動停止および暫定的運営）〔略〕

第二四三ZM条（協同組合の会計）〔略〕

第二四三ZN条（全体会議の招集）〔略〕

第二四三ZO条（会員の情報入手権）〔略〕

第二四三ZP条（資料の提出）〔略〕

第二四三ZQ条（違反行為の処罰）〔略〕

第二四三ZR条（複数の州にまたがる協同組合への適用）〔略〕

第二四三ZS条（連邦領への適用）〔略〕

第二四三ZT条（既存の法律の継続）〔略〕

第一〇編　指定地域および部族地域

第二四四条（指定地域および部族地域の行政）

1　アッサム州、メガラヤ州、トリプラ州およびミゾラム州を除く州の指定地域および指定部族の行政および監督については、第五付則の定めるところによる。

2　アッサム州、メガラヤ州、トリプラ州およびミゾラム州の部族地域の行政については第六付則の定めるところによる。

第二四四A条（アッサム州内の一定の部族地域により構成される自治州の形成ならびに当該地域のための地方議会もしくは大臣会議の創設または地方議会および大臣会議の創設）〔略〕

第一一編　連邦と州との関係

第一章　立法関係

立法権の配分

第二四五条（国会および州議会の立法範囲）

1　この憲法の規定の制限内において、国会は、インド領の全部または一部に対して法律を制定し、州議会は州の全部または一部に対して法律を制定することができる。

2　国会の制定する法律は、それが領域外に適用されるという理由で無効と見なされることはない。

第二四六条（国会および州議会の立法事項）

1　2項および3項の規定にかかわらず、国会は第七付則第一表（この憲法において「連邦管轄事項表」という）に掲げる事項に関し、排他的立法権を有する。

2　3項の規定にかかわらず、国会は第七付則第三表（この憲法において「共通管轄事項表」という）に掲げる事項に関し立法権を有し、1項の規定の制限内において州議会もまた同様とする。

3　1項および2項の規定の制限内において、第七付則第二表（この憲法において「州管轄事項表」という）に掲げる事項に関し、州議会は当該州またはその一部に対して排他的管轄権を有する。

4　国会は、州に含まれないインド領の一部の領域のため、その事項が州管轄事項表に掲げる事項である場合であっても、当該事項に関し立法権を有する。

第二四六A条（物品およびサービス税に関する特別規定）〔略〕

第二四七条（一定の補充裁判所設置について定める国会の権限）〔略〕

第二四八条（未配分事項に関する立法権）

1　国会は、共通管轄事項表および州管轄事項表に掲げていない事項に関し、第二四六A条に基づき排他的立法権を有する。

2　前項の規定による権限は、同項に規定する表に掲げていない租税を賦課する立法権を含む。

第二四九条（国家利益のために国会が有する州管轄事項に関する立法権）

1　この章の前条までの規定にかかわらず、連邦上院が、出席して投票した議員の三分の二以上の賛成を得た決議により、第二四六A条に定める物品およびサービス税または国家の利益のため、州管轄事項表に掲げる事項であって当該決議において指定したものに関し国会が法律を制定することが必要または有利であると宣言したときには、国会は、その決議の有効期間中、インド領の全部または一部に対し当該事項に関する立法権を有する。

2　1項の規定に基づいて採択された決議は、一年を超えない限度において決議で定める期間効力を有する。

ただし、当該決議の効力継続を認める決議が1項に定める方法で可決されたときには、当該決議は、この規定により効力を失うべき日からさらに一年効力を継続する。

〔以下略〕

第二五〇条（非常事態の布告施行中における州管轄事項に関する国会の立法権）〔略〕

第二五一条（第二四九条および第二五〇条の規定に基づき国会の制定した法律と州議会の制定した法律との抵触）〔略〕

第二五二条（二以上の州の承認による当該州のための国会の立法権および他州による当該法律の採択）〔略〕

第二五三条（国際協定実施のための立法）

この章の前条までの規定にかかわらず、国会は外国との条約、協定もしくは協約または国際会議、国際機構その他の国際機関が採択した決議を実施するため、インド領の全部または一部に対し、法律を制定する権限を有する。

第二五四条（国会の法律と州議会の法律が抵触する場合）〔略〕

第二五五条（手続事項のみに関する勧告および事前許可についての要件）〔略〕

第二章　行政関係

総則

第二五六条（州および連邦の責務）

州の執行権は、国会の制定した法律および既存の法律であって当該州に適用されるものに従って行使されるものとし、連邦の執行権は、インド政府が州に対して、必要と認める指令を発する権限を含むものとする。

第二五七条（一定の場合における州に対する連邦の監督）〔略〕

第二五八条（一定の場合における州に対する連邦の権限等の付与権）〔略〕

第二五八Ａ条（連邦に作用を委任する州の権限）〔略〕

第二五九条（削除）

第二六〇条（インド国外に関する連邦の管轄権）〔略〕

第二六一条（公的行為、記録および司法手続）

1　連邦および州の公的行為、記録および司法手続に対しては、インド全土をつうじて完全な信頼と信用が与えられる。

2　1項に規定する行為、記録および司法手続を証明する方法および条件ならびにその効力は、国会の制定する法律で規定しなければならない。

3　インド領内の民事裁判所が下した終局判決または命令は、法律に従い、インド領内のいずれの場所においても執行することができる。

河川に関する紛争

第二六二条（州際河川または州際河谷の紛争に関する裁決）

1　国会は、法律で州際河川または州際河谷の水使用、配分または管理に関する紛争または不服申立ての裁決について規定を設けることができる。

2　この憲法の規定にかかわらず、国会は法律で最高裁判所その他の裁判所が1項に規定する紛争または不服申立てに関し、管轄権を行使できない旨を規定することができる。

州間の調整

第二六三条（州際評議会に関する規定）

大統領は、次に掲げる任務を有する評議会を設置することが公共の利益に役立つと認めるときには、いつでも、命令で当該評議会を設置し、かつ、当該評議会の遂行する任務の性格、その組織および手続を定めることができる。

一　州間に生ずる紛争について調査および助言すること

二　いくつかの州、すべての州または連邦および一州もしくは数州が共通の利害関係を有する事項を調査および討議すること

三　前各号に掲げる事項に関する勧告、特に当該事項に関する政策および行動を一層調整するための勧告を行うこと

第一二編　財政、財産、契約および訴訟

第一章　財政

総則

第二六四条（解釈）

この編において「財政委員会」とは、第二八〇条の規定に基づいて設置される財政委員会を意味する。

第二六五条（法律によらない課税の禁止）

租税は、法律の認めるところによらなければ、賦課または徴収することができない。

第二六六条（インドおよび州の統合基金および公金勘定）〔略〕

第二六七条（非常基金）〔略〕

連邦と州との間における収入の配分

第二六八条（連邦が賦課し、州が徴収充用する租税）

1　連邦管轄事項表に掲げる印紙税は、インド政府が賦課し、次の各号の規定するところにより徴収する。

一　連邦領内に賦課されたものである場合には、インド政府が徴収する。

二　その他の場合には、当該税を賦課された州が徴収する。

2　州内において賦課される税の各財政年度における収入は、インド統合基金の一部となさず、当該州に交付する。

第二六八A条（連邦が賦課し連邦と州とで徴収・充用する奉仕税）（削除）

第二六九条（連邦が賦課徴収し、州に交付する租税）

1　物品の販売または購買に対する税および物品の委託販売に対する税は、第二六九A条の定めるものを除きインド政府が賦課徴収するものとし、一九九六年四月一日以降、2項に規定する方法で州に交付し、また交付してきたものとみなす。

（原注）この条において、

一　「物品の販売または購買に対する税」とは、州際通商または取引において行われた場合における新聞以外の当該物品の販売または購買に対する税をいう。

二　「物品の委託販売に対する税」は、（その委託販売がその商品を製造した人に対するものと、その他の人に対するものとを問わず）州際通商または取引において行われた物品の委託販売に対する税をいう。

2　1項に規定する租税の財政年度における純収入は、連邦領に帰属する収入である場合を除き、インド統合基金の一部となさず、これら租税が賦課された州に対し、当該財政年度内に交付するものとし、国会が法律で定める配分基準に従い関係各州に配分する。

3　国会は、法律で物品の売買または委託が州際通商または取引において行われた場合を決定する原則を定める。

第二六九A条（州際取引または商業活動に関わる物品およびサービス税の賦課徴収）〔略〕

第二七〇条（連邦と州との間で賦課・配分する租税）〔略〕

第二七一条（一定の租税に対する連邦のための付加税）〔略〕

第二七二条（連邦が賦課徴収し、連邦と州との間に配分する消費税）〔略〕

第二七三条（ジュートおよびジュート製品輸出税に代わる補助金）〔略〕

第二七四条（州に関係する課税法案についての大統領の事前の勧告の必要）〔略〕

第二七五条（一定の州に対する連邦の補助金）

1　国会が法律で定める金額は、国会が援助を必要とするものと定める州の収入に対する補助金として、毎年、インド統合基金から支出するものとし、州により異なった額を定めることができる。

ただし、州内の指定部族の福祉を増進し、指定地域の行政水準をその他の地域の行政水準に近づけるためインド政府の承認をえて州が立てた開発計画を実施するための費用をまかなうのに必要な資金および経費は、当該州の歳入への補助金としてインド統合基金から支出するものとする。

〔以下略〕

第二七六条（自由業、商工業その他の職業および雇用に対する課税）〔略〕

第二七七条（例外）〔略〕

第二七八条（削除）

第二七九条（「純収入」の計算等）〔略〕

第二七九A条（物品およびサービス税評議会）〔略〕

第二八〇条（財政委員会）

1　大統領は、命令でこの憲法施行後二年以内に財政委員会をおく。財政委員会は、その後五年ごとに、または大統領が必要とするこれより早い時期に更新されるものとし、大統領の任命する委員長および四名の委員で構成する。

2　国会は、法律で1項に規定する委員会委員の任命資格および選任方法を定める。〔以下略〕

第二八一条（財政委員会の勧告）〔略〕

財政に関する雑則

第二八二条（連邦または州がその収入より行う支出）

連邦または州は、公共の目的のために国会または州議会が立法権を有していない事項に関しても交付金を与えることができる。

第二八三条（統合基金、非常基金および公金勘定払込金の管理等）〔略〕

第二八四条（訴訟者供託金ならびに官吏および裁判所の収納するその他の金銭の管理）〔略〕

第二八五条（連邦財産に対する州の租税の非課税）〔略〕

第二八六条（物品売買税賦課に関する制限）〔略〕

第二八七条（電力に対する非課税）〔略〕

第二八八条（一定の場合における水力および電力に関する州税の非課税）〔略〕

第二八九条（州の財産および収入に対する連邦税の非課税）〔略〕

第二九〇条（一定の経費および年金に関する調整）〔略〕

第二九〇A条（一定のデヴァスワム基金への年次支払）〔略〕

第二九一条（削除）

第二章　借入

第二九二条（インド政府の借入）

連邦の執行権は、国会が随時法律で定める制限があればその限度において、インド統合基金を担保として借入を行い、また、法律の定める限度内において保証を与える権限を含むものとする。

第二九三条（州の借入）

1　この条の規定の制限内において、州の執行権は、州議会が随時法律で定める制限があればその限度内において州統合基金を担保として借入を行い、また法律の定める限度内において保証を与える権限を含むものとする。

〔以下略〕

第三章　財産、契約、権利、義務、負担および訴訟

第二九四条（一定の場合における財産、資産、権利、義務および負担の承継）〔略〕

第二九五条（他の場合における財産、資産、権利、義務および負担の承継）〔略〕

第二九六条（復帰、失効または無主物の財産）〔略〕

第二九七条（領海または大陸棚の有価物および連邦に帰属する専属経済水域の資源）〔略〕

第二九八条（交易等を行う権限）〔略〕

第二九九条（契約）〔略〕

第三〇〇条（訴訟および手続）

1　インド政府は連邦の名において、州政府は州の名において訴えまたは訴えの対象となることができる。また、この憲法の与える権限に基づいて制定される国会または州議会の制定法の規定の制限内において、この憲法が施行されなかったとした場合に、インド自治領または当該州に対応する旧州もしくはインド藩王国が訴え、または訴えの対象となることができた事件と同一の事件に関し、同様に訴えまたは訴えの対象となることができる。

〔以下略〕

第四章　財産権

第三〇〇A条（法律の根拠によらないで財産を奪われない権利）

何人も法律の根拠によらなければ、その財産を奪われない。

第一三編　インド領内における取引、商業および交通

第三〇一条（取引、商業および交通の自由）

この編の他の規定の制限内において、全インド領内における取引、商業および交通は自由とする。

第三〇二条（取引、商業および交通に制限を課する国会の権限）

国会は、法律で州の間またはインド領内の一部における取引、商業および交通に対し、公共の利益のために必要な制限を課することができる。

第三〇三条（取引および商業に関する連邦および州の立法権の制限）〔略〕

第三〇四条（州間における取引、商業および交通の制限）〔略〕

第三〇五条（既存の法律の適用除外および州の独占を規定する法律）〔略〕

第三〇六条（削除）

第三〇七条（第三〇一条から第三〇四条の規定を実施するための機関の任命）〔略〕

第一四編　連邦および州の公務

第一章　公務

第三〇八条（解釈）

この編において「州」とは、文脈の許す限り、ジャンムー・カシュミール州を含まないものとする。

第三〇九条（連邦または州の公務に従事する者の任用および服務条件）

この憲法の規定の制限内において、当該議会の制定法は、連邦または州の事務に関する公務または公職への任用および当該公務または公職に任命された者の服務条件を規制することができる。

〔以下略〕

第三一〇条（連邦または州の公務の保有条件）

1　この憲法が別に規定するものを除き、連邦の武官、文官、全インド公務職または連邦の下に

おいて国防に関する職もしくは文官職を保持する者は、大統領の意に反しない限りその職を保持し、州の文官または州の下において文官職を保持する者は、州知事の意に反しない限りその職を保持する。

〔以下略〕

第三一一条（連邦または州の文官の罷免、解任および降任）〔略〕

第三一二条（全インド公務職）〔略〕

第三一二A条（一定の公務員の勤務条件を変更または廃止する国会の権限）〔略〕

第三一三条（経過規定）〔略〕

第三一四条（削除）

第二章　公務委員会

第三一五条（連邦公務委員会および州公務委員会）

1　この条の規定により、連邦公務委員会および州公務委員会をおく。

2　二以上の州は、協議してこれらの州のために単一の公務委員会を置くことを定めることができる。これらの州議会の議院または二院制をとっている州にあっては両議院でそのための決議が可決されたときには、国会は法律でこれらの州の必要を満たす合同州公務委員会（以下この章において合同委員会という）の任命について規定することができる。

〔以下略〕

第三一六条（委員の任命および任期）

1　公務委員会の委員長およびその他の委員は、連邦公務委員会または合同委員会にあっては大統領、州公務委員会にあっては州知事が任命する。

〔以下略〕

1A　公務委員会の委員長が欠けたとき、または委員長が欠席その他の理由でその職責を行うことができないときには、1項の規定に基づいてその地位に任命された者がその職責を果たすまで、または当該委員長がその職責を再び行使するまで、連邦公務委員会または合同委員会にあっては大統領、州公務委員会にあっては州知事がそのために任命する委員会の委員がその職責を行使するものとする。

〔以下略〕

第三一七条（公務委員会委員の解任および休職）〔略〕

第三一八条（公務委員会委員および職員の服務条件に関し規程を設ける権限）〔略〕

第三一九条（公務委員会委員退任後の任官禁止）〔略〕

第三二〇条（公務委員会の権能）

1　連邦公務委員会および州公務委員会は、連邦または州の公務に就く者を任命するため、それぞれ試験を行うことを任務とする。

〔以下略〕

第三二一条（公務委員会の権能を拡張する権限）〔略〕

第三二二条（公務委員会の経費）

公務委員会の委員もしくはその職員に対し、またはこれらの者に関して支給される俸給、手当および年金を含む連邦公務委員会または州公務委員会の経費は、インド統合基金または州統合基金の負担となる。

第三二三条（公務委員会の報告）

1　連邦公務委員会は、その業務に関し、毎年大統領に報告を提出する義務を有する。大統領は当該報告を受け取ったときには、その写しを、委員会の助言を受諾することができない場合においては、その理由を説明する覚書を付して、国会の両議院に提出させる。

〔以下略〕

第一四A編　審判所

第三二三A条（行政審判所）

1　国会は、法律で、連邦もしくは州の事務またはインド領内もしくはインド政府の監督のもとにある地方機関その他の機関もしくはインド政府により支配もしくは監督された団体の事務に関する公務および公職に任命される者の雇用および服務条件についての争訟および不服申立てにつき行政審判所による宣告または裁判のための規定を設けることができる。

〔以下略〕

第三二三B条（行政審判所についてのその他の規定）

1　権限を有する議会は、法律により、当該議会が立法権を有する事項に関し、2項に定める事項のすべてまたはあるものについての争訟、不服申立てまたは犯罪を審判所が裁定または裁判することについての規定を設けることができる。

〔以下略〕

第一五編　選挙

第三二四条（選挙委員会による選挙の監督、指令

および管理）

1　この憲法に基づいて行われる国会および州議会のすべての選挙ならびに大統領および副大統領の選挙のための選挙人名簿の準備および選挙の実施を監督し、指令しおよび管理する権限は委員会（この憲法において選挙委員会という）に与えられる。

2　選挙委員会は、選挙委員長および大統領が決定する数の選挙委員で構成し、選挙委員長およびその他の選挙委員は、そのために国会が制定する法律の規定の制限内において、大統領が任命する。

〔以下略〕

第三二五条（宗教、人種、カースト、性別を理由として選挙人名簿から除外されることのない権利または特別選挙人名簿に加わることを要求されない権利）

国会の両議院または州議会の議院もしくは両議院の選挙のため、すべての選挙区に一の一般選挙人名簿を備えるものとし、何人も宗教、人種、カースト、性別またはそのいずれかのみを理由として当該選挙人名簿から除外され、または特別選挙人名簿に加わることを要求されることはない。

第三二六条（連邦下院および州下院の選挙での成人普通選挙の保障）

連邦下院および州下院の選挙は、成人による普通選挙とし、インド公民であって権限を有する議会の制定した法律により、またはこれに基づいて定められた日に一八歳以上である者は、この憲法または当該議会の制定した法律に基づいて無居所、精神疾患、犯罪もしくは汚職または不法行為を理由として欠格とされる者を除き、選挙人として登録される資格を有する。

第三二七条（議会の選挙に関する規定を設ける国会の権限）　〔略〕

第三二八条（州議会の選挙に関する規定を設ける当該州議会の権限）　〔略〕

第三二九条（選挙事項に対する裁判所の干与の排除）　〔略〕

第一六編　特定階層に対する特別規定

第三三〇条（指定カーストおよび指定部族に対する連邦下院の議席留保）

1　連邦下院においては、次に掲げる者のために議席を留保する。

一　指定カースト

二　アッサム自治県における指定部族を除く指定部族、および

三　アッサム自治県における指定部族

2　1項の規定に基づいて、州もしくは連邦領の指定カーストまたは指定部族のために留保する議席数は、当該州もしくは連邦領に割り当てられる連邦下院の議席数に対し、当該州もしくは連邦領の指定カーストの人口または当該州もしくは連邦領もしくはその一部における指定部族の人口と当該州もしくは連邦領の総人口との比率にできるだけ等しくなるように定めるものとする。

〔以下略〕

第三三一条（連邦下院におけるアングロ・インディアン社会の代表）

第八一条の規定にかかわらず、大統領はアングロ・インディアン社会が連邦下院において十分に代表されていないと認めるときには、連邦下院に二人を超えない範囲において当該社会に属する者を指名することができる。

第三三二条（指定カーストおよび指定部族に対する州下院の議席の留保）

1　アッサム自治県における指定部族を除き、すべての州下院においては、指定カーストおよび指定部族のために議席を留保する。

2　アッサム州下院においては、その自治県のためにも議席を留保する。

〔以下略〕

第三三三条（州下院におけるアングロ・インディアン社会の代表）　〔略〕

第三三四条（議席留保および特別代表の七〇年後における廃止）

この編の前条までの規定にかかわらず、次に掲げる事項に関するこの憲法の規定は、この憲法施行後七〇年を経過した日に、その効力を失う。

一　連邦下院および州下院における指定カーストおよび指定部族のための議席の留保

二　連邦下院および州下院における指名によるアングロ・インディアン社会の代表

ただし、この条の規定は、その当時在任する連邦下院または州下院が解散されるまでは、連邦下院または州下院における代表に影響を及ぼさない。

第三三五条（公務および公職に対する指定カーストおよび指定部族の要求）

連邦または州の事務に関わる公務または公職への任命にあたり、指定カーストまたは指定部

族に属する者の要求は、行政の能率維持と矛盾しない限り考慮しなければならない。
ただし、この条は、連邦または州の事項に関するいかなる職階での昇進の留保についても、指定カーストおよび指定部族に属する者のために試験の合格最低点を緩和しまたは評価基準を下げることを妨げない。

第三三六条（一定の公務におけるアングロ・インディアン社会に関する特別規定）〔略〕

第三三七条（アングロ・インディアン社会のための教育交付金に関する特別規定）〔略〕

第三三八条（指定カーストのための全国委員会）〔略〕

第三三八A条（指定部族のための全国委員会）〔略〕

第三三九条（指定地域の行政および指定部族の福祉に関する連邦の管理）〔略〕

第三四〇条（後進階層の状況を調査する委員会の設置）

1　大統領は、命令で、適当と認める者をもって構成する委員会を置き、インド領内の社会的・教育的後進階層の状態およびその困窮状態を調査し、その困難の除去および状態の改善のために連邦または州がとるべき措置ならびに当該目的のため連邦または州が与えられるべき交付金および当該交付金の下付条件に関し勧告させることができる。委員会の設置に関する命令は、当該委員会がとるべき手続を定めなければならない。

〔以下略〕

第三四一条（指定カースト）

1　大統領は、公示で、州または連邦領に関し、州にあっては当該州の知事と協議した後、カースト、人種もしくは部族またはカースト、人種もしくは部族内の部分もしくは集団を、この憲法にいう当該州または連邦領における指定カーストと見なす旨を規定することができる。

〔以下略〕

第三四二条（指定部族）〔略〕

第一七編　公用語

第一章　連邦の言語

第三四三条（連邦の公用語）

1　連邦の公用語は、デーヴァナーガリー文字によるヒンディー語とする。
連邦の公に使用する数字の形式は、インド数字の国際的形式とする。

2　1項の規定にかかわらず、この憲法施行後一五年間はこの憲法施行まで使用されていた英語が連邦のすべての公の目的のために継続して使用される。
ただし、大統領は、当該一五年の期間中、命令により連邦の公の目的のために英語のほかにヒンディー語を、インド数字の国際的形式のほかにデーヴァナーガリー形式の使用を認めることができる。

3　この条の規定にかかわらず、国会は法律により、当該一五年を経過した後において、当該法律で定める目的のために、次のものを用いることを規定できる。
一　英語、または
二　デーヴァナーガリー形式の数字

第三四四条（公用語に関する委員会および国会の委員会）〔略〕

第二章　地方的言語

第三四五条（州における一または二以上の公用語）
州議会は、第三四六条および第三四七条に規定する場合をのぞき、法律で州の公の目的の全部または一部のために使用すべき公用語として、当該州で使用されている一もしくはそれ以上の言語またはヒンディー語を採用することができる。

〔以下略〕

第三四六条（州間または州と連邦との通信のための公用語）〔略〕

第三四七条（州人口の一部により使用される言語に関する特別規定）

第三章　最高裁判所、高等裁判所等において使用する言語

第三四八条（最高裁判所、高等裁判所、法律、法案等において使用する言語）

1　この編の前条までの規定にかかわらず、国会が法律で別段の定めを設けない限り、次に掲げるものは英文によるものとする。
一　最高裁判所および高等裁判所におけるすべての手続
二　次に掲げるものの正文
(i)　国会の両議院または州議会の議院もしくは両議院に提出される法案または発議される修正案
(ii)　国会または州議会が可決する制定法およ

び大統領または州知事が公布する政令、ならびに
(iii)　この憲法または国会もしくは州議会の制定する法律に基づいて定められるすべての命令、規則、規程および細則
〔以下略〕

第三四九条（言語に関する一定の法律制定のための特別手続）〔略〕

第四章　特別規定

第三五〇条（苦情申請に使用する言語）〔略〕

第三五〇Ａ条（初等教育を母語で行う施設）〔略〕

第三五〇Ｂ条（言語的少数者のための特別官）〔略〕

第三五一条（ヒンディー語普及に関する規定）〔略〕

第一八編　非常事態規定

第三五二条（非常事態の布告）

1　大統領は、戦争、外患または反乱により、インドまたはその領域のいずれかの部分の安全が脅かされる重大な非常事態が存在すると認めるときには、布告で、インド全域または当該布告で定めたその領域の部分に関して、その旨の宣言を発することができる。

（原注）　戦争、外患または反乱により、インドまたはその領域のいずれかの部分の安全が脅かされている旨宣言する非常事態の布告は、大統領がその緊急の危険があると見なしたときには、戦争、外患または反乱の現実的発生より前に発することができる。

2、3　〔略〕

4　この条の規定に基づいて発せられるすべての布告は、国会の両議院に提出されなければならず、その布告が前の布告を廃止する布告である場合を除いて、一月の経過前に国会の両議院の決議によって承認されなければ一月の経過終了時に効力を失うものとする。

〔以下略〕

第三五三条（非常事態の布告の効果）

非常事態の布告の施行中は、

一　この憲法の規定にかかわらず、連邦の執行権は州の執行権の行使方法に関し、州に対して指令を与える権限を含むものとする。

二　法律を制定する国会の権限は、連邦管轄事項表に掲げられていない事項について連邦または連邦の官吏もしくは機関に権限を与え、任務を課し、または権限を与えもしくは任務を課することを承認する法律を制定する権限を含むものとする。

ただし、非常事態の布告がインド領内の一部においてのみ施行されているときには、

(i)　一号の規定に基づいて指令を与える連邦の執行権、および

(ii)　二号の規定に基づいて法律を制定する国会の権限は、

インドまたはその領土の一部の安全が、非常事態の布告が施行されているインド領内の一部またはその地域に関する活動によって脅かされている場合には、非常事態の布告が施行されている州またはその州の一部以外の州にも及ぶものとする。

第三五四条（非常事態の布告の施行中における収入配分に関する規定の適用）〔略〕

第三五五条（外患または内乱から州を保護する連邦の任務）

外患または内乱に対して各州を保護し、また、各州の統治がこの憲法の規定に従って運営されるようにすることは、連邦の任務である。

第三五六条（州における憲法機構運用不能の場合の規定）

1　大統領は、州知事からの報告その他により、州の統治をこの憲法の規定に従って運営することができない事態が発生したと認めるときには、布告で、次に掲げる措置をとることができる。

一　州政府の権能の全部もしくは一部または州知事、団体もしくは機関（州議会を除く）が有し、行使することができる権限の全部もしくは一部を接収すること

二　州議会の権限は、国会がこれを行使し、または国会の権限に基づいて行使される旨宣言すること

三　州の団体もしくは機関に関するこの憲法の規定の全部または一部の適用を停止する規定を含め、大統領が当該布告の目的を達成するために必要または望ましいと認める付随的、結果的規定を制定すること

ただし、この項の規定は、高等裁判所が有し、もしくは行使する権限を大統領が接収し、または高等裁判所に関するこの憲法の規定の全部または一部を停止することを認めるものではない。

2　〔略〕

3　この条の規定に基づく布告は、国会の両議院に提出しなければならず、当該布告を廃止する

布告が発せられる場合を除き、二月を経過した日においてその効力を失う。ただし、当該期間の終了前に国会の両議院の決議によって承認されたときはこのかぎりでない。〔以下略〕

第三五七条（第三五六条の規定による布告の施行中の立法権の行使）〔略〕

第三五八条（非常事態における第一九条の規定の停止）〔略〕

第三五九条（第三編の規定に基づく権利の行使の非常事態における停止）〔略〕

第三六〇条（財政非常事態に関する規定）〔略〕

第一九編　雑則

第三六一条（大統領、知事およびラジプラムクの保護）〔略〕

第三六一A条（国会および州議会の議事手続公表の保障）〔略〕

第三六一B条（報酬をともなう政治職への任命についての無資格）〔略〕

第三六二条（削除）

第三六三条（一定の条約、協定等より生ずる紛争に対する裁判所の干与の排除）〔略〕

第三六三A条（インド藩王国統治者としての承認の失効および内帑金の廃止）〔略〕

第三六四条（主要港および空港に関する特別規定）〔略〕

第三六五条（連邦の指令に従わず、またはこれを施行しない場合の効果）〔略〕

第三六六条（定義）〔略〕

第三六七条（解釈）〔略〕

第二〇編　憲法改正

第三六八条（国会の憲法改正権とその手続）

1　この憲法の規定にかかわらず、国会は、この条に定める手続に従い、この憲法の条項を追加、変更または廃止することによって憲法改正権を行使することができる。

2　この憲法の改正は、国会のいずれかの議院における改正法案の提出によってのみ発案することができる。当該法案が両議院においてその議院の総議員数の過半数であり、かつ、出席して投票する議員の三分の二以上の多数で可決されたときには、認証を求めるため大統領へ提出されるものとし、認証されたとき、憲法は当該法案の字句に従って改正される。

ただし、その改正が、

一　第五四条、第五五条、第七三条、第一六二条、第二四一条もしくは第二七九A条、

二　第五編第四章、第六編第五章もしくは第一一編第一章、

三　第七付則の表、

四　国会における州の代表、または

五　この条の規定

の変更を行おうとするものであるときには、当該改正は、当該改正を規定する法案が認証を求めるため大統領へ提出される前に、二分の一以上の州議会によって、これを承認する決議を可決することにより、承認されなければならない。

3　第一三条の規定は、この条の規定に基づく改正には、適用しない。

4　この条の規定に基づいてなされ、またはなされんとするこの憲法の改正（第三編の規定を含む）は、一九七六年憲法（第四二次改正）法第五五条の施行前後を問わず、いかなる理由に基づいても裁判所で審査されることはない。

5　疑義を除去するために、この条に基づいてこの憲法の条項を追加、変更または廃止する国会の憲法改正権には、いかなる制限もない。

第二一編　暫定的、経過的および特別規定

第三六九条（州管轄事項表に掲げる一定の事項を共通管轄事項と見なして立法する国会の暫定的権限）〔略〕

第三七〇条（ジャンムー・カシュミール州に関する暫定規定）〔略〕

第三七一条（マハーラーシュトラ州およびグジャラート州に関する特別規定）〔略〕

第三七一A条（ナガランド州に関する特別規定）〔略〕

第三七一B条（アッサム州に関する特別規定）〔略〕

第三七一C条（マニプル州に関する特別規定）〔略〕

第三七一D条（アーンドラ・プラデーシュ州またはテランガーナ州に関する特別規定）〔略〕

第三七一E条（アーンドラ・プラデーシュにおける中央大学の設置）〔略〕

第三七一F条（シッキム州に関する特別規定）〔略〕

第三七一G条（ミゾラム州に関する特別規定）〔略〕

第三七一H条（アルナーチャル・プラデーシュ州

に関する特別規定）〔略〕

第三七一Ｉ条（ゴア州に関する特別規定）〔略〕

第三七一Ｊ条（カルナータカ州に関する特別規定）〔略〕

第三七二条（既存の法律の効力の継続およびその適合化）

1　第三九五条に規定する法令のこの憲法による廃止にかかわらず、この憲法のその他の規定の制限内において、この憲法施行までインド領内において効力を有する一切の法律は、権限ある議会または権限あるその他の機関により変更し、廃止し、または改正されるまでその効力を継続する。

〔以下略〕

第三七二Ａ条（法律を適合化する大統領の権限）〔略〕

第三七三条（一定の場合の予防拘禁者に関する大統領の命令権）〔略〕

第三七四条（連邦法院裁判官および連邦法院またはイギリス枢密院に係属中の訴訟に関する規定）〔略〕

第三七五条（憲法の規定の制限内における裁判所、機関および公務員の権能の継続）〔略〕

第三七六条（高等裁判所裁判官に関する規定）〔略〕

第三七七条（インド会計検査院長に関する規定）〔略〕

第三七八条（公務委員会に関する規定）〔略〕

第三七八Ａ条（アーンドラ・プラデーシュ州下院の継続に関する特別規定）〔略〕

第三七九条―第三九一条（削除）

第三九二条（困難を除去する大統領の権限）〔略〕

第二二編　略称、施行、ヒンディー語による正文および廃止

第三九三条（略称）

この憲法をインド憲法と称する。

第三九四条（施行）

この条ならびに、第五、第六、第七、第八、第九、第六〇、第三二四、第三六六、第三六七、第三七九、第三八〇、第三八八、第三九一、第三九二および第三九三条の規定は、即時これを施行し、この憲法のその他の規定は、この憲法の施行日としてこの憲法に規定する一九五〇年一月二六日から施行する。

第三九四Ａ条（ヒンディー語による正文）

1　大統領は、その権限により、次のものを公刊せしめるものとする。

一　制憲議会議員が署名したヒンディー語訳憲法に、ヒンディー語による連邦法の正文の言語、文体および用語法と一致するように必要な修正を加え、その公刊までになされたこの憲法のすべての改正を盛り込んだ、ヒンディー語によるこの憲法の書換え、ならびに

二　英語でなされた、この憲法のすべての改正のヒンディー語への書換え

〔以下略〕

第三九五条（廃止）

一九四七年インド独立法ならびに一九三五年インド統治法およびこれを修正、補足するすべての法令は、一九四九年枢密院管轄権廃止法を除き廃止する。

付　則

第一付則　州および連邦領〔略〕

第二付則〔略〕

Ａ編　大統領および州知事に関する規定

Ｂ編〔削除〕

Ｃ編　連邦下院議長・副議長および連邦上院議長・副議長ならびに州下院議長・副議長および州上院議長・副議長に関する規定

Ｄ編　最高裁判所および高等裁判所の裁判官に関する規定

Ｅ編　インド会計検査院長に関する規定

第三付則　宣誓または約言の方式〔略〕

第四付則　連邦上院における議席の割当〔略〕

第五付則　指定地域および指定部族の行政および監督に関する規定〔略〕

Ａ編　総則

Ｂ編　指定地域および指定部族の行政および監督

Ｃ編　指定地域

Ｄ編　付則の改正

第六付則　アッサム州、メガラヤ州、トリプラ州およびミゾラム州における部族地域の行政に関する規定〔略〕

第七付則（第二四六条）〔略〕

第一表　連邦管轄事項表

第二表　州管轄事項表

第三表　共通管轄事項表

第八付則　言語〔略〕

第九付則（第三一B条）〔略〕

第一〇付則 欠格に関する規定〔略〕

第一一付則（第二四三G条）〔略〕

第一二付則（第二四三W条）〔略〕

4　オーストラリア連邦

佐藤 潤一

解説　82

オーストラリア連邦憲法　89

第一章　議会……九〇
第一節　総則……九〇
第二節　元老院……九〇
第三節　代議院……九二
第四節　議会の両議院……九四
第五節　議会の権限……九五
第二章　行政府……九七
第三章　司法府……九八
第四章　財政および通商……九九
第五章　州……一〇二
第六章　新州……一〇三
第七章　雑則……一〇三
第八章　憲法改正……一〇四
別表……一〇四

解　説

一　制定前史

(1)　イギリスによる「発見」、オーストラリアの「憲法」制定は、一七七〇年のイギリス人クック（James *Cook*）による「発見」が端緒である。当時ヨーロッパでは、オーストラリア大陸はニュー・ホランド（*New Holland*）と呼ばれており、タスマン（Abel Janszoon *Tasman*）命名の*Nova Hollandia*に基づく。この名称は一八一七年まで用いられたが、同年フリンダース（Matthew *Flinders*）の推挙で、大陸名称は「オーストラリア」に変更された。この名称は、*Terra Australis*に基づき、*Australis*は、ラテン語で「南の方角」を意味する。

(2)　「無主地先占」理論　クックはエンデバー号で様々な学的観測と南太平洋での新発見であり出発直前まで秘密とされた「発見」をした。一七六八年七月三〇日付での当初の命令は、科学的観測と南太平洋での新発見であり出発直前まで秘密とされた。クックはその後ニュージーランドが大陸と接続していないことを観測した後、さらに一七七〇年四月二日、ニュー・サウス・ウェールズ南海岸に到達し、その後北に向けて航海し、現在のクイーンズランドにあたる北部までの海岸線を測量している。一七七〇年八月二二日、クックは、大陸の全東海岸の領有を宣言し、新規に領有を宣言した地をニュー・サウス・ウェールズ（*New South Wales*）と名付けた（現在のクイーンズランド（*Queensland*）を含む）。クックはこの航海中居住者の存在を記録している。一七七一年五月にクックはイギリスに帰国し、その報告書が、イギリス海軍に、アーサー・フィリップ将軍率いる艦隊を送ることを命ずることを決断させ、一七八八年に入植に成功したのである。現在に至る大きな問題を惹き起こしたのは、その際に*terra nullius*の概念（「誰にも属していない土地」「居住者のいない土地」に対応するラテン語）が用いられたことであった。これは理論的には、ド・ヴァッテルの『国際法』（一七五八年）に基づくものである。当時の国際法の下で、ニュー・ホランドのような領域は、たとえばイギリスのような国によって無主地あるいは居住者のいない土地とみなされると、植民した国の法が、新たな植民地に適用される、すなわち、自然法の下では、放浪部族は、土地所有者として扱われない。これは財産の私的所有に関するヨーロッパ的観念の反映で、土地の耕作が領域の現住人民によって行われていない場合、当該領域を無主地とみなし得る。これに対して、曲がりなりにも領域が譲渡によって取得される―すなわち居住者と植民国との間の条約による―のであれば、現住の居住者の法が、当該領域において引き続き適用される（土地を征服した場合も、征服者の法が適用されるまでは従前の法が適用される）。よくオーストラリアと対比されるニュージーランド（*New Zealand*）はワイタンギ条約（Treaties of *Waitangi*）に基づくためマオリの法が適用されるはずだが、マオリ語と英語の条約本文の差が現在でも問題となっている。

(3)　流刑地から自治領へ　イギリスはオーストラリアを当初流刑地としたが、一八九〇年代まで、各地にイギリス植民地自治領が形成された。一八世紀後半にまずニュー・サウス・ウェールズが植民地となる。一九世紀に入り西オーストラリア（Western Australia）が成立するとともに、ニュー・サウス・ウェールズから、タスマニア（Tasmania）、南オーストラリア（Southern Australia）、ヴィクトリア（Victoria）、クイーンズランドが分離する。これらに自治権が与えられることになるのは一八五〇年法（Australian Colonies Government Act 1850）が契機となる（ただしニュー・サウス・ウェールズについてはNew South Wales Constitution Act 1855、ヴィクトリアについてはVictoria Constitution Act 1855によるが、南オーストラリアに一八五五年に、タスマニアに一八五六年に自治権が与えられたのは前記一八五〇年法に基づく）。クイーンズランドは、New South Wales Constitution Act 1855に基づき一八六〇年に自治権を獲得し、西オーストラリアはWestern Australia Constitution Act 1890で自治権を獲得した。これらの「憲法」は現在でも州憲法の基本ではあるが、クイーンズランド州は二〇〇一年にConstitution Act 1867に代えてConstitution of Queensland 2001を制定した。

二　憲法会議開催から連邦憲法制定へ

(1)　第一回憲法会議まで　　オーストラリアの各自治領は、もともとは独立志向が高かった。ニュージーランドも、ワイタンギ条約締結を機に、一八三九年～四〇年にニュー・サウス・ウェールズから分離して自治権を獲得している。一八八三年にシドニーで開かれた植民地代表者会議の後一八八五年には、四つの自治領とニュージーランド、およびフィジーが連合組織への参加意欲は見せたが、英議会がオーストラレイシア連合評議会（Federal Council of Australasia）を発足させたにもかかわらず、結局ニュー・サウス・ウェールズもニュージーランドも参加せず、南オーストラリアは一八八九年から二年間のみの参加となり、同評議会は一九〇〇年まで継続したが、統一国家形成の基礎組織とはならなかった。これは連合評議会が立法権のみを有する機関であったことに主要因が求められる。本来連合評議会が設置されたのも、国際環境の変化（フランスやドイツの太平洋進出）への対応という側面が強く、共同防衛体制については英議会のImperial Defence Act 1888でひとまず確立した。各自治領の指導者らは一八九〇年にメルボルンでニュージーランドを含む七植民地会議（conference）を開催し、関税と移民に関する早期の統一が必要であるとの見解の一致を見た。オーストラレイシア連邦会議（Australasia Federation Conference）による、オーストラレイシア憲法会議（National Australasian Convention）設置による連邦憲法制定が勧告された。これを受け翌一八九一年に憲法会議がシドニーで開催され、カナダやアメリカ合衆国を参考に憲法を起草することには合意があったものの、アメリカ独立時と同様、連邦主義と州権主義の対立があった他、保守派、自由派、労働運動の対立のようなイデオロギー的対立、さらには州毎の利害が対立するなど複雑であり、一八九三年にはCommonwealth BillとConventionと呼ばれる提案が起草されたものの採択に至らなかった。一八九五年、首相（Premiers）会議が自治領の直接選挙で新たな代表を選び憲法会議を開催すること、さらに憲法草案に対する住民投票を提案した。クイーンズランドおよび西オーストラリアでは採択に至らなかったものの、他の自治領ではこの提案が採択された。

(2) 第二回憲法会議から連邦憲法制定まで　一八九七年三月にアデレードで西オーストラリアを含む五自治領代表者からなる憲法会議が開かれた。この第二回会議にニュージーランドは参加せず、独立の道を選ぶ。九月に各自治領議会で意見聴取が行われ、翌一八九八年一月からメルボルンで開催された会議でようやく草案作成に至った。同年三月、ニュー・サウス・ウェールズ、ヴィクトリア、タスマニア、そして南オーストラリアで住民投票に付された。問題はニュー・サウス・ウェールズで否決されたことである。大州の利益保証が不十分であること等が理由であったが、この時点で大州が参加しない、しかも六自治領の過半数に達していないこととなり、連邦形成は危機に瀕した。最終的には一八九九年一月に開催された六自治領首相会議で加えられた修正に基づきヴィクトリア、タスマニア、南オーストラリア、そしてニュー・サウス・ウェールズでも承認され、これまでの会議で採択に至っていなかったクイーンズランドでも同年九月に承認される。この時点ではまだ自治領といいつつ、イギリスに立法権が留保された「植民地」であったため、ロンドンにおける交渉を経て七四条などに修正が加えられ、イギリス議会通過後、一九〇〇年九月に女王が裁可した。ここまで連邦設立に参加していなかった西オーストラリアもこの時点で住民投票を経て連邦に参加し、他方既に触れたようにニュージーランドは参加せず、独立した。このように自治領代表者の会議で連邦憲法が起草され、イギリス議会制定法として成立したとはいえ、オーストラリアの住民による起草であり、オーストラリア人による憲法制定権力の行使の結果、とみなし得る。一九〇一年一月一日に連邦憲法は施行された。アメリカ合衆国憲法に強く影響を受けた硬性憲法であるが、行政権者が、「女王の名代」である総督とされ、連邦（Governor-General）にも、州にも総督（州の総督は単にGovernor）が置かれている。けれども、連邦憲法制定当初から、（憲法）習律（convention）に従い、イギリス同様の議院内閣制がとられており、行政の実権は議会から選出される総理大臣にある。この点はカナダに類する。各州も憲法が廃止されたわけではなく、州首相（premier）も置かれている

三　成立後の変遷

(1) 連邦憲法の成立　公式の憲法概説（Australian Government Solicitorによって作成されたもの・後掲）は、連邦憲法が、オーストラリア人による提案・起草・承認された文書であることを強調し、また連邦憲法制定による、オーストラリアの独立国家化を強調する。そして憲法がいったん制定された後は、憲法一二八条に従って憲法改正が行われていることをもってその独立性の証左としている。制定の経緯は、最初の八カ条、「包括条項」として一般に言及される規定にも示されている（包括条項四条・六条参照）。

(2) 改正経緯　改正はかなり困難であり（一二八条参照）、現在まで成立しているのは八つに過ぎない。①一九〇六年憲法改正（元老院の選挙）〔一九〇七年第一号・一九〇七年三月裁可〕、②一九〇九年憲法改正（州の債務）〔一九一〇年第三号・一九一〇年八月六日〕、③一九二八年憲法改正（州の債務）〔一九二九年

第一号・一九二九年二月一三日裁可〕、④一九四六年憲法改正（社会保障）〔一九四六年八一号・一九四六年一二月一九日〕、⑤一九六七一九六七年憲法改正（原住民）〔一九六七年第五五号・一九六七年八月一〇日〕、⑥一九七七年憲法改正（元老院の欠員補充）〔一九七七年八二号・一九七七年七月二九日〕、⑦一九七七年憲法改正（裁判官の定年）〔一九七七年八三号・一九七七年七月二九日〕、⑧一九七七年憲法改正（国民投票）〔一九七七年八四号・一九七七年七月二九日〕。関連条文にも註釈として附しておいたが、これらの改正で一三条、一五条、五一条、七二条、一〇五条、一〇五A条、一二七条、一二八条が改正、廃止ないし追加されている。

四　内容と特色

(1)　統治機構の概略　　連邦憲法第一章は立法権（議会）の権限、第二章は執行政府すなわち行政権、第三章が司法権（裁判所）につき定める。行政権は、法の執行と、行政機関としての書記官、法定機関、および軍隊といった機関を通じて政府を運営する権力と解されている。議院内閣制について連邦憲法典に明文規定はなく、憲法習律による。行政立法も一定程度認められるが、議会両院は、行政立法の禁止（disallow）すなわち却下（reject）権限を保持する。政府閣僚任命は連邦総督によるが、それは内閣の同意を要し、かつ連邦議会の議員であることを条文上定めて、連邦議会に対して責任を追う責任政府原理を採用していることは（一応）明示されている。

(2)　女王の位置づけ　　女王は議会の一部（一条）であり、また連邦総督を女王の代理人として任命する権限を持つ（二条）。連邦の行政権は女王に属し、連邦総督は女王の代理人としてそれを行使する（六一条）。一見すると日本の明治憲法に類する立憲君主制憲法である。しかし、女王は全くといってよいほど統治過程には登場しない。すでに述べたように、たとえば連邦総督の任命も、内閣総理大臣の助言に従って行われるのである（なおイギリス同様「女王 Queen」ではなく、規定上はほとんど「王冠 Crown」とされる）。

(3)　連邦総督　　連邦総督は非常に多くの機能を担う。けれども例外的状況を除けば、連邦総督の行為は連邦国務大臣の助言に従って行われる（日本国憲法における象徴天皇制と極めて近い）。国務大臣自体についてはともかく（六四条参照）、問題は内閣総理大臣との関係である。連邦総督が従わねばならない「習律」、すなわち「確立し一般に受け入れられた慣習法」理解自体が、連邦総督と国務大臣とで食い違うことがある。六四条の下で連邦総督が内閣総理大臣を任命するときは、習律によれば、与党党首あるいは代議院（下院）で多数の議席を有する連立政党の党首を任命しなければならない。この点について問題が起きたのが一九七五年である。連邦総督カー卿（Sir John *Kerr*）が、内閣総理大臣ウィットラム（Edward Gough *Whitlam*）を罷免した。元老院（上院）において野党が多数派であるという、いわゆるねじれ状況において、野党が歳出予算法案の通過を阻止した後に、突如行われたものである。硬性憲法典上の行政権者と習律上の行政権者が異なることから生じた問題であり、多くの論争を呼んだ。

(4)　代議制民主主義（代議政治）　　憲法は、代議院および元老院の定期的選挙を要請し（七条・一二八条）、連邦議会の議員を国民が直接選挙すべきことを要請する（七条・二四条）。また連邦議会につきかなり詳細な規定を置く（一条〜六〇条）。州民が、州の人口にかかわらず、同数の元老院議員を選出（現在一二名）し、また北部準州（NT: Northern Territory）およびオーストラリア首都領域（ACT: Australian Capital Territory）の国民はそれぞれ現在二名の元老院議員によって代表される。計七六人の元老院議員が在籍し、代議院では各州（および準州）の議席は、人口に依存する（ただし各州は少なくとも五議席を保証される）。現在代議院議員数は一五〇名である。法案が議会制定法となるには、代議院および元老院両院を通過した後に連邦総督に提示され、総督は女王の名で裁可する（五八条）。法案はこの裁可を受けることで議会制定法となる。法案が、政府によって提案される点は日本と同様である。五三条に定められた適切な歳入や租税を賦課する法律案の発議や改正に関する二、三の例外を除き、元老院は法律案について代議院と同等の権限を有する。与党が元老院で過半数の議席を有しない場合、法案審議について両院の間に紛争が起こり得る。大体の紛争は両院の協議で解決されるからこそ、先に述べた一九七五年の内閣総理大臣解任が問題となった（一般にこの事件は、オーストラリアでは憲法習律の観点から憲法危機と呼ばれる）。両院の協議が整わない場合における元老院・代議院の同時解散（五七条）は、日本の両院制と顕著に異なる。立法権は、アメリカ合衆国憲法に範をとり、州権を相当に重視して起草されているため、五一条・五二条に列挙された範囲内でのみ連邦議会は立法権を有する。これらの列挙規定は、必ずしも限定的に狭く解釈されない。原則として、州は連邦憲法によって拘束され、各州の憲法は連邦憲法に従わなければならない（一〇六条・一〇七条）。州の立法権については、関税・消費税（九〇条）、軍隊の維持（一一四条）を除き、連邦憲法による制限はない。教育、刑法、道路といった領域については、第一次的には州法による。なお、有効な連邦法が州議会法と一致しない場合には、連邦法が有効であり、州法は不一致の範囲で無効となる（一〇九条）。九六条は、連邦が、いかなる目的であっても、州に対する条件付きの財政援助を為し得る。すなわち、連邦は、法律を制定する直接的権限を有しない領域において州に対して影響力を行使し得る。連邦憲法の文理解釈に従えば、六一条は、連邦の行政権は女王にあり、実際には連邦総督によって行使されると定め、他方六八条は国防軍の指揮権は連邦総督にあると規定する。国務大臣の任命と連邦政府を統轄するための省の創設（六四条一項）、国務大臣が、連邦議会の議員であるか、議員とならなければならない（同条三項）規定はある。この点でも明治憲法にむしろ類似する。なお実務上、国務大臣は、代議院与党ないし連立与党の構成員でなければならない。確立した憲法慣習によれば、内閣総理大臣は元老院議員でなく代議院議員でなければならない。内閣総理大臣についても、内閣についても、連邦憲法には規定がない。連邦憲法の文言上は、連邦行政評議会（The Federal Executive Council）が内閣に相当する組織のように見えるが、実態としては、会議体として君主の行う権能を担う。結局、憲法の行政権に関するほとんどの規定は死文化しており、条文を読むだけでは、実態が全く把握できない。

(5) 連邦裁判所　憲法第三章（七一条〜八〇条）は「オーストラリア高等法院」（High Court of Australia）の設立を定める。高等法院は、終局的な憲法解釈権を有し、当然違憲判決を下すこともできる（七六条一号）。最終的な上告審（つまり最高裁判所）であり、州刑法の下での有罪判決のような純粋な州事項に関するものも含む。

(6)　オーストラリアの「共通市場」　憲法第四章（八一条〜一〇五A条）は、オーストラリア全土にわたる、とりわけ通商と交通に関して規制する諸規定を含む。連邦形成時に州分権を維持しつつ追求されたのは、関税統一による共通市場の確保であった（八八条・九〇条・九二条参照）。州それぞれが保護主義的な関税を課していたためである。財政については、八一条による「統合歳入基金（one Consolidated Revenue Fund）」規定と、八三条による財政民主主義の確保がなされている。

(7)　新州と準州　憲法は新州の設立と承認についての規定を置く（一二一条・一二四条）が、連邦成立後、新州の設立も承認も行われていない。なお準州（Territories）は、一二二条に基本的によるが、同条は、連邦議会に対し、州が「移譲した」領域（Territories）あるいは他の方法で連邦によって取得された領域に関して法律を制定する権限を与える。準州を含むこういった領域（現在一〇領域）については、連邦議会が立法権を行使する。ただし、三つの領域（オーストラリア首都地域、ノーフォーク島、および北部準州）の住民に対しては、広範囲に及ぶ自治権が与えられている。

(8)　人権　オーストラリア連邦憲法の特徴は、イギリスとの統治機構の類似性にもかかわらず、アメリカ合衆国憲法の強い影響を受けていることだけでなく、国会主権の思想が現代に至っても強く、かつ、連邦形成当初の白豪主義の下で、白人以外に権利を与えたくないとの動機から、いわゆる権利章典を憲法典内に持たないことにもある。しかしながら、連邦による立法あるいは行政に対して憲法によって与えられたいくつかの明示的な保護はある（五一条〔三一号〕・八〇条・一一六条）。ただし、州による保護は（基本的には）ない。また一一七条は、州議会による、当該州の住民でない者に対する差別を禁ずる。このように、連邦憲法にはわずかながら人権に関する規定があるが、むしろ高等法院の判例によって黙示的権利（Implied Rights）が解釈上存在するものとされ、コモン・ロー上の人権保障という考え方が有力である。なお連邦憲法への権利章典導入は挫折している。オーストラリア連邦憲法に権利章典を挿入しようとする試みは、二度提起され、二度とも失敗に終わる（一九四四年・一九八八年）。また、連邦レベルの法律で権利章典を作成する試みは四度に渡って提起された（一九七三年・一九八一年・一九八四年・一九八五年）が、関連立法のうちで成立したのは一つだけである（一九八一年人権委員会法（Human Rights Commission Act 1981 (Cth)）。同法は連邦法として、批准された国際人権条約のうち、人種差別禁止等の人権条約実施機関についての定めを置く。すなわち私人間差別や行政に対する統制は相当程度進んでいるが、立法への統制は限定的である。国際人権規約自由権規約を国内法化する法律は首都地域とヴィクトリア州にのみ存在する。黙示的な人権保障については、例えば権力分立に関する諸規定から裁判所による司法権の独占を引き出し、民主的な政治制度に関する諸規定から政治的表現の自由を読み取るといったかなり大胆な解釈が行われてきたものの、人権制限のゆえに法律を無効とすることはそれほど頻繁ではない。二〇一一年に人権（議会審査）法（Human Rights (Parliamentary Scrutiny) Act 2011, No.186, 2011）が成立し、議会両院の議員から選出された委員会による法律の人権条約適合性審査が行われているが、その実効性には依然として強い疑義が呈されている。

(9)　憲法改正　憲法を改正する前に有権者の過半数が当該改正を支持しなければならない。さらに過半数の州—六州のうち四州—が賛成しなければならない（し、さらに、連邦議会における州の代表数を縮減するか、あるいは州の領域を狭くするような改正提案は、当該州における有権者の過半数によって支持されなければならない）。通常、改正事項がレファレンダムの主題となるためには、連邦議会の両院が提案された憲法改正案を含む提案された法律案に賛成しなければならない（一二八条）。

参考文献

条文は、*Commonwealth of Australia Constitution Act*（*The Constitution*）Prepared by the Office of Parliamentary Counsel（Canberra, 2010）により（冒頭にGovernment SolicitorによるOverviewがある）、条文の見出しもこれに依拠した。邦訳は、本翻訳も依拠した『世界の憲法集〔第四版〕』（有信堂、二〇〇九年）七七頁（松井幸夫訳）の他、萩野他編著『アジア憲法集〔第二版〕』（明石書店、二〇〇七年）一三頁（天野淑子訳）、京都大学憲法研究会『世界各国の憲法典』（有信堂、一九六五年）二二五頁（小森義峯訳）が比較的入手しやすい。オーストラリア連邦憲法を解説している文献として、平松他共著『現代オーストラリア法』（敬文堂、二〇〇五年）、山田邦夫『諸外国の憲法事情　オーストラリア』（国立国会図書館調査及び立法考査局、二〇〇三年一二月）がある。ただし人権に関しては、アボリジニの問題に関しては多くの文献があるが、包括的な解説は極めて少ない。佐藤潤一「オーストラリアにおける人権保障—成文憲法典で人権保障を規定することの意義・研究序説」『大阪産業大学論集　人文・社会科学編』一二号（二〇一一年六月）一九頁、同「オーストラリア憲法とイギリス憲法」倉持他編著『憲法の「現代化」』（敬文堂、二〇一六年）第九章を参照。解説中の一九七五年の事件についてDonald Markwell, *Constitutional Conventions and the Headship of State: Australian Experience*（Connor Court, 2016）を、司法権と人権保障の関係についてJames Stellios, *The Federal Judicature: Chapter III of the Constitution Commentary and Cases*（LexisNexis Australia, 2010）を参照。オーストラリア憲法解釈書として、Cheryl Saunders, *The Constitution of Australia A Contextual Analysis*（HART, 2011）、Suri Ratnapala and Jonathan Crowe, *Australian Constitutional Law: Foundations and Theory 3rd ed.*（OUP, 2012）、いわゆるケースブックとして、Blackshield Williams, *Australian Constitutional Law and Theory*（Federation Press, 6th ed, 2014）が理論的にも有用である。Sauders の著書は簡潔なテキストであるが、制定史についても比較的詳細に記述されている。

オーストラリア連邦憲法

（ヴィクトリア女王治政第六三／六四年法律第一二号）

オーストラリア連邦の憲法を制定する法律

〔一九〇〇年七月九日制定・最終改正一九七七年七月二九日〕

〔前文〕

ニュー・サウス・ウェールズ、ヴィクトリア、南オーストラリア、クイーンズランド、およびタスマニアの人民は、畏れ多くも全能の神の恩寵により、グレート・ブリテンおよびアイルランド連合王国国王、ならびにここに制定される憲法の下に、単一不可分の連邦国家に合一することに合意したので、

また、女王の、他のオーストラレイシアの植民地または領地を連邦に加入させるための規定を定めることが適切であるので、

〔制定書き〕

卓越し給う女王陛下は、本会議に参集した聖俗の貴族院議員および庶民院議員の助言と同意に基づいて、かつ、それらの権威により、次の通り定める。

第一条（略称）

この法律は、オーストラリア連邦憲法法として引用することができる。

第二条（女王の継承者への準用）

この法律の女王に関する規定は、連合王国の主権を受け継ぐ女王陛下の継承者にも準用する。

第三条（オーストラリア連邦設立の布告）

女王は、枢密院の助言に基づいて、布告により、この法律の制定後一年以内の当該布告が定める日以後、ニュー・サウス・ウェールズ、ヴィクトリア、南オーストラリア、クイーンズランドおよびタスマニアの人民、ならびに西オーストラリアの人民が賛成していると女王陛下が認める場合には西オーストラリアの人民が、オーストラリア連邦の名の下に、連邦に合一することを宣言する法的権能を有する。ただし、女王は、当該布告を行った日の後であれば、連邦総督を任命することができる。

第四条（連邦憲法の発効）

前条の布告が定める日以後、連邦は成立し、かつ、連邦憲法は施行される。ただし、各植民地議会は、この法律が制定された後は、本法律制定時に憲法が施行されているならば制定することができる〔州の〕法律を制定することができる。植民地議会が制定する当該法律は、前条の布告が定める日に発効する。

第五条（憲法および法律の効力）

この法律、および憲法の下で連邦議会が制定するすべての法律は、連邦のすべての州および区域の裁判所、裁判官および人民を拘束する。また、連邦の法律の効力は、女王の軍艦を除き、出航許可を得る最初の港および目的港が連邦の領域内であるすべての英国船舶に及ぶ。

第六条（定義）

1　連邦は、この法律によって設立されるオーストラリア連邦をいう。

2　州（複数 *The States*）は、ニュー・サウス・ウェールズ、ニュー・ジーランド、クイーンズランド、タスマニア、ヴィクトリア、西オーストラリア、および南オーストラリアの北部領域を含む南オーストラリアの各植民地の内で当面の間連邦を構成する区域、ならびに連邦が州としての加入を承認し、または州を設立する植民地または領域をいう。連邦を構成する当該各区域は州（単数 *a State*）と呼ぶ。

3　基本州（Original States）は、連邦の設立時に連邦を構成する州を指す。

第七条（オーストラレイシア連邦評議会法の廃止）

1　一八八五年オーストラレイシア連合評議会法は、本法律により廃止される。ただし、オーストラレイシア連合評議会が制定し、かつ、連邦の設立時に施行されている法律の効力には、影響を及ぼすものではない。

2　オーストラレイシア連合評議会が制定した前項の法律は、州に関するものについては連邦議会が、また、州とならない植民地に関するものについては、当該植民地議会が、それぞれ廃止することができる。

第八条（植民地境界法の適用）

本法律が制定された後は、一八九五年の植民地境界法は、連邦の州となる植民地には適用されない。ただし、連邦は、同法における自治植民地とみなされる。

第九条（憲法）

連邦憲法は、以下の通りである。

憲　法

この憲法は以下の通り区分される。

第一章　議会
第一節　総則
第二節　元老院
第三節　代議院
第四節　議会の両議院
第五節　議会の権限
第二章　行政府
第三章　司法府
第四章　財政および通商
第五章　州
第六章　新州
第七章　雑則
第八章　憲法改正
別表

第一章　議会

第一節　総則

第一条（立法権）

連邦の立法権は、女王、元老院および代議員をもって構成する連邦の議会（Federal Parliament）（以下議会または連邦議会という。）に属する。

第二条（連邦総督 Governor-General）

連邦総督は、女王が任命し、連邦における女王陛下の名代となる。連邦総督は、襄王陛下が付与し給う女王の権能を有し、女王の御意にかなう限り、この憲法に従って、連邦においてその権能を行う。

第三条（連邦総督の俸給）

1　連邦総督の俸給は、議会が別に定めるまでの間、年額一〇、〇〇〇ポンドとし、連邦の統合歳入基金から女王が支払う。

2　連邦総督の俸給は、在任中変更することができない。

第四条（連邦総督に関する規定（の準用））

連邦総督に関するこの憲法の規定は、連邦政府を統轄するために女王が任命する者にも準用する。これらの者は、連邦政府を統轄している間、他の職務について連邦から俸給を受けることができない。

第五条（議会の会期・停会および解散）

1　連邦総督は、適当と認める議会の会期を定める。連邦総督は、布告その他の方法により随時議会の停会を命じ、また、同様の方法によって代議員を解散することができる。

2（議会の招集）　総選挙が行われたときは、議会は、選挙執行令状が選挙報告に指定する日の後三〇日以内に召集されなければならない。

3（第一会期）　議会は、連邦成立の後六ヶ月以内に召集されなければならない。

第六条（常会）

議会は、少なくとも毎年一回開会する。議会の一会期の最終日と次会期の初日との間には、一二ヶ月の期間を超えてはならない。

第二節　元老院

第七条（元老院）

1　元老院は、各州を代表する元老院議員で組織する。元老院議員は、議会が別に定めるまでの間、州の区域を一選挙区として、州の人民が直接に選挙する。

2　ただし、議会が別に定めるまでの間、クイーンズランド州議会は、当該州が基本州である限り、法律を制定して州を数個の選挙区に分け、かつ、各選挙区から選出される元老院議員の数を決定することができる。当該法律が制定されないときは、当該州は、一の選挙区とする。

3　各基本州を代表する元老院議員の定数は、議会が別に定めるまでの間、六人とする。議会は、各州を代表する元老院議員の定数を増減するための法律を制定することができる。ただし、各基本州を代表する元老院議員の定数は同数とし、かつ、基本州の元老院議員は六人を下回ることはない。

〔一九八三年代表法によって各州代表は一二人に増員された。一四条参照。〕

4　元老院議員の任期は、六年とする。各州から選出された元老院議員の氏名は、州総督が連邦総督に対して認証する。

第八条（選挙人の資格）

各州における元老院選挙人の資格は、この憲法または連邦議会が定める代議院議員の選挙人の資格と同一とする。ただし、元老院議員の選挙における各選挙人の投票は、一回に限られる。

第九条（元老院議員選挙の方法）

1　連邦議会は、元老院議員の選挙の方法を定める法律を制定することができる。ただし、その方法は、すべての州に均一でなければならない。各州の議会は、この法律に従い、当該州を代表する元老院議員の選挙の方法を定める法律を制定することができる。

〔現行法は次の通り。一九〇三年元老院選挙法（ニュー・サウス・ウェールズ）、一九五八年元老院選挙法（ヴィクトリア）、一九六〇年元老院選挙法（クイーンズランド）、一九〇三年元老院選挙法（南オーストラリア）、一九〇三年元老院選挙法（西オーストラリア）、一九三五年元老院選挙法（タスマニア）〕

2 （元老院議員選挙の時期および場所） 州の議会は、当該州を代表する元老院議員選挙の時期および場所を定める法律を制定することができる。

第一〇条（州法の適用） 州の議会の議員数が多い方の議員の選挙について施行されている州法は、連邦議会が別に定めるまでの間、この憲法に反しない限り、当分の間、可能な限り当該州を代表する元老院議員の選挙に適用する。

第一一条（元老院議員選出の不履行） 元老院は、いずれかの州が元老院における当該州の代表者の選出を怠った場合にも、議事を進めることができる。

第一二条（選挙執行令状の発行） 各州の総督は、当該州を代表する元老院議員を選挙するための令状を発することができる。元老院が解散されたときは、当該令状は、解散の日から一〇日以内に発せられなければならない。

第一三条（元老院議員の半数改選）

1 元老院は、第一回集会の後、または元老院の解散に続く最初の集会の後、できる限りすみやかに、各州から選出された元老院議員を、可能な限り同数の二組に分けなければならない。第一組の元老院議員の任期は、任期の開始から三年、第二組の元老院議員の任期は六年で満了する。

2 任期満了による選挙は、任期が満了する前の一年以内に行われなければならない。

3 本条に規定する元老院議員の任期は、選挙の日の後の七月一日から起算する。ただし、第一回の選挙および元老院の解散による選挙の場合には、選挙の日に先立つ七月一日から起算する。

〔一九〇七年憲法改正（元老院選挙）で改正〕

第一四条（半数改選のための特例） 連邦議会は、州を代表する元老院議員の定数を増減する場合で、半数改選の均衡を維持するために必要と認めるときは、当該州の元老院議員の議席を空席とする旨の規定を設けることができる。

〔一九八三年代表法第三条によって元老院議員の各州定数は一二とされた。七条三項参照。〕

第一五条（欠員の補充）

1 元老院議員の任期が満了する前に欠員が生じたときは、当該議員を選出した州の議会の両議院は、合同の集会と投票により、また、一議院のみからなる議会にあってはその議院は、残任期間が満了するまでの間当該議席を占める者を選出する。ただし、州議会の閉会中に欠員の通知があったときは、州総督は、州の行政評議会の助言に基づいて、当該議席を占める者を任命することができる。その在任期間は、当該州の議会の次の会期の開始から一四日の経過、または、残任期間の満了のうち、いずれか早い期日までとする。

2 州の人民によって選挙された元老院議員で、選挙時に特定の政党がその候補者であることを公認し、かつ、当該議員自身がその政党の候補者である旨を公称していた元老院議員に欠員が生じたときは、当該欠員を補うために本条により選出または任命される者は、その政党に選出または任命されるべき者がいない場合を除き、当該政党の構成員とする。その議席にさらに欠員が生じた場合も同様とする。

3 一 前項の規定により、特定の政党の構成員が、選出または任命されて欠員となった議席を占める場合で、

二 その者が、初登院の前に当該政党の構成員でなくなったとき（その政党が存在しなくなった場合を除く）

は、その者は、選出または任命されたものとはみなされず、この憲法の第二一条に従って再度欠員の通知がなされる。

4 選出または任命された元老院議員の氏名は、州総督が連邦総督に対して認証する。

5 一九七七年憲法改正（元老院の欠員補充）の施行の前最後に行われた元老院議員選挙で、州の人民によって選挙された元老院議員の議席がこの憲法改正の施行の前に欠員となった場合で、当該欠員を補うために（補った後その議席にさらに欠員が生じた場合を含む。）州の議会の一議院もしくは両議院によって選出された、または、州総督によって任命された在任中の者がその施行のときにいないときは、州の人民によって選挙された元老院議員の議席は、憲法改正の施行の後に欠員となったものとみなし、本条を適用する。

6 一九七七年憲法改正（元老院の欠員補充）の施行時に在任中の元老院議員で、州の人民によって選挙された元老院議員の議席に生じた欠

員を補うために州総督によって任命された元老院議員は、任命の後に開始された、または開始する当該州の議会の次の会期の開始から一四日が経過するまでの間在任するものとして任命されたものとみなされ、その後の措置は、この憲法改正の施行の後に州の人民によって選挙された元老院議員の議席に欠員が生じたものとして、本条に従って処理される。

7　次項の規定に従うことを条件に、一九七七年憲法改正（元老院の欠員補充）の施行時に在任中の元老院議員で、州の人民によって選挙された元老院議員の議席に生じた欠員を補うために州の議会の一議院または両議院によって選出された元老院議員は、州の人民によって選挙された元老院議員の任期が満了するまでの間在任するものとして選出されたものとみなされる。

8　一九七七年憲法改正（元老院の欠員補充）の施行時またはその前に、「一九七七年憲法改正（同時選挙）」と題された憲法改正法が施行されている場合は、当該改正法の施行時に在任中の元老院議員で、州の人民によって選出された元老院議員の議席に生じた欠員を補うために州の議会の一議院または両議院によって選出された元老院議員は、次のいずれかの期間在任するものとして選出されたものとみなされる。

一　州の人民によって選挙された元老院議員の任期が一九七八年六月三〇日に満了する場合は、当該改正法の施行の後に人気が満了する、もしくは解散される最初の代議院の、任期満了、もしくは解散までの間。または、

二　州の人民によって選挙された元老院議員の任期が一九八一年六月三〇日に満了する場合は、当該改正法の施行の後に任期が満了する、もしくは解散される、第二番目の代議院の任期満了もしくは解散までの間、もしくはそれ以前に元老院が解散される場合はその解散までの間。

第一六条（元老院議員の資格）

〔一九七七年憲法改正（元老院の欠員補充）で全面改正〕

元老院議員の資格は、代議院議員の資格と同一とする。

第一七条（議長の選挙）

1　元老院は、他のすべての案件に先立って、元老院議員のなかから元老院議長を選任する。議長が欠けたときは、元老院は、再び議長を選任する。

2　議長は、元老院議員でなくなったときは、その職を失う。議長は、元老院の議決によって免職され、または、連邦総督宛の文書によりその職もしくは議席を辞することができる。

第一八条（議長の不在）

元老院は、議長が不在中その職務を代行する元老院議員を、あらかじめ、またはその不在中に選任することができる。

第一九条（元老院議員の辞職）

元老院議員は、議長宛ての文書により、または議長が欠けている場合もしくは議長が連邦内に不在の場合には、連邦総督宛ての文書により、辞職することができる。この場合、当該議員の議席は、欠員となる。

第二〇条（欠席による失職）

元老院議員が、元老院の許可を得ることなく議会の会期中引き続いて二ヶ月間出席を怠る場合には、当該議員の議席は、欠員となる。

第二一条（欠員の通知）

元老院に欠員が生じたときは、議長は、または議長が欠けている場合もしくは議長が連邦内に不在の場合には、連邦総督は、欠員となった議員を選出した州総督に、その旨を通知する。

第二二条（定足数）

元老院は、議会が別に定めるまでの間、総議員の三分の一以上の出席がなければ、その権限を行使するための会議を開くことができない。

第二三条（元老院における表決）

元老院の議案は、過半数の表決により決定し、各議員は、一の表決権を有する。議長は、すべての場合において表決する権利を有し、可否同数のときは、議案は否決されたものとする。

第三節　代議院

第二四条（代議院の組織）

1　代議院は、連邦の人民によって直接選挙された議員で組織する。代議院議員の定数は、できうる限り、元老院議員の定数の二倍とする。

2　各州において選挙される代議院議員の定数は、それぞれの人口数に比例するものとし、議会が別に定めるまでの間に必要が生じるときは、次の方法により決定する。

一　議員一人当たりの人口基数は、直近の連邦統計に示された連邦の人口数を、元老院議員の定数の二倍で除することにより決定される。

二　各州において選挙される議員の定数は、直近の連邦統計に示された当該州の人口数を、人口基数で除することにより決定される。この場合、人口基数の二分の一を超える剰余があるときは、さらに一人を選挙することがで

きる。

ただし、本条の規定にかかわらず、各基本州は、少なくとも五人を選挙する。

第二五条（選挙権を付与されない人種に関する規定）

前条の規定により州または連邦の人口数を算定するにあたり、州の法律が、特定の人種に属する者に州の議会の議員数が多い方の議員の選挙における投票権を付与していない場合は、当該州に居住する当該人種に属する者の数は、算入しない。

〔本条は一九六七年憲法改正で削除された第一二七条との関連で設けられた経過規定であり、かかる規定はすでに存在せず、現在では意義を失っている。〕

第二六条（第一議会における議員）

第一回の選挙で各州において選出される代議院議員の定数は、第二四条の規定にかかわらず、次の通りとする。

ニュー・サウス・ウェールズ	二三
ヴィクトリア	二〇
クイーンズランド	八
南オーストラリア	六
タスマニア	五

ただし、西オーストラリアが基本州である場合には、次の通りとする。

ニュー・サウス・ウェールズ	二六
ヴィクトリア	二三
クイーンズランド	九
南オーストラリア	七
西オーストラリア	五
タスマニア	五

第二七条（議員定数の変更）

議会は、この憲法に反しない限り、代議院議員の定数を増減するための法律を制定することができる。

第二八条（代議院の存続期間）

代議院は、選挙後最初の集会から三年間存続するが、それを超えて存続しない。ただし、総督は、それ以前に代議院を解散することができる。

第二九条（選挙区）

1　各州の議会は、連邦議会が別に定めるまでの間、当該州において代議院議員を選出するための選挙区、および各選挙区から選出される議員の定数を定める法律を制定することができる。

2　選挙区は、他の州に及んではならない。別に定めがない限り、各州は、一の選挙区とする。

第三〇条（選挙人の資格）

各州における代議院議員の選挙人の資格は、連邦議会が別に定めるまでの間、当該州の法律が定める、州の議会の議員数が多い方の議員の選挙人の資格と同一とする。ただし、代議院議員選挙における各選挙人の投票は、一回に限られる。

第三一条（州法の適用）

州の議会の議員数が多い方の議員の選挙について施行されている州法は、連邦議会が別に定めるまでの間、この憲法に反しない限り、当分の間可能な限り当該州における代議院議員の選挙に適用する。

第三二条（総選挙執行令状）

1　行政評議会における連邦総督は、代議院議員の総選挙を行うための令状を発することができる。

2　前項の令状は、第一回の総選挙の場合を除き、代議院の任期満了の日またはその解散の布告の日から一〇日以内に発せられなければならない。

第三三条（補欠選挙執行令状）

代議院に欠員が生じたときは、議長は、補欠議員を選挙するための令状を発しなければならない。議長が欠けている場合または連邦内に不在の場合には、行政評議会における連邦総督が、当該令状を発する。

第三四条（議員資格）

代議院議員の資格は、議会が別に定めるまでの間、次の通りとする。

一　満二一年に達し、かつ、代議院議員選挙において投票権を有する選挙人、または、かかる選挙人となる資格を有する者であって、選出される時に存在している連邦の領域内に、少なくとも三年間居住していること

二　生来の女王の臣民であること、または、連合王国法の下で、もしくはすでに州となっているか、あるいは州となる植民地の、または連邦法もしくは州法の下で帰化してから少なくとも五年間女王の臣民であること

第三五条（議長の選挙）

1　代議院は、他のすべての案件に先立って、代議院議員のなかから代議院議長を選出する。議長が欠けたときは、代議院は、再び議長を選出する。

2　議長は、議員でなくなったときは、その職を失う。議長は、代議院の議決によって免職され、または、連邦総督宛ての文書によりその職もしくは議席を辞することができる。

第三六条（議長の不在）
代議院は、議長が不在中その職務を代行する代議院議員を、あらかじめ、またはその不在中に選任することができる。

第三七条（議員の辞職）
代議院議員は、議長宛ての文書により、または議長が欠けている場合もしくは連邦内に不在の場合には、連邦総督宛ての文書により、辞職することができる。この場合、当該議員の議席は、欠員となる。

第三八条（欠席による失職）
代議院議員が、代議院の許可を得ることなく議会の会期中引き続いて二ヶ月間出席を怠る場合には、当該議員の議席は、欠員となる。

第三九条（定足数）
代議院は，議会が別に定めるまでの間、総議員の三分の一以上の出席がなければ、その権限を行使するための会議を開くことができない。

第四〇条（表決）
代議院の議案は、議長を除く過半数の表決により決定する。議長は、可否同数の場合でなければ表決することができない。この場合には、議長は、決定権を持つ。

第四節　議会の両議院

第四一条（州の選挙人の権利）
州の議会の議員数が多い方の議員の選挙において投票権を有し、または有すべき成年者は、その権利が存続する限り、連邦のいかなる法律によっても、連邦議会のいずれかの議員の選挙において投票することを妨げられない。

第四二条（忠誠の宣誓または誓約）
すべての元老院議員および代議院議員は、その就任前に、連邦総督または連邦総督によって授権された者の前で、この憲法の別表が定める方式による忠誠の宣誓または誓約を行い、かつ、これに署名しなければならない。

第四三条（他の議院の議員との兼職禁止）
議会の位置の議員は、他の議院の議員として選出され、または登院することはできない。

第四四条（欠格事由）
次の各号に掲げる者は、元老院議員または代議院議員として選出され、または登院することができない。
一　外国に忠誠を尽し、服従し、もしくは加担していると認められる者、外国の臣民または市民である者、または外国の臣民もしくは市民の権利もしくは特権を有する者
二　反逆罪により有罪とされた者、または連邦もしくは州の法律により有罪とされ、一年以上の拘禁刑に服役中、もしくは服役すべき者。
三　破産者または支払不能者であって免責を受けていない者。
四　国王の下で有給の職にある者、または連邦の歳入から国王の御意にかなう限り支払われる年金を受けている者。
五　二五人を超える人数で組織する法人格を持った会社の一員として他の構成員と同格である場合を除いて、連邦の公的機関との契約により、直接間接の金銭的利害を有する者。
ただし、第四号の規定は、連邦の女王の国務大臣または州の女王の大臣の職には適用しない。女王の海軍もしくは陸軍の将兵として、俸給、特命俸もしくは年金を受ける場合、または連邦の海軍もしくは陸軍の将兵として一時的に服務する者が俸給を受ける場合も、同様とする。

第四五条（失職事由）
元老院議員または代議院議員が、次の各号の一に該当するときは、当該議員の議席は、欠員となる。
一　前条に掲げる欠格事由の一に該当するに至ったとき
二　譲渡、和議その他の方法のいずれかを問わず、破産または支払不能となった債務者に関する法律による救済を受けたとき
三　連邦のために奉仕し、または議会において何らかの人もしくは州のために奉仕したことについて、直接間接に報酬もしくは謝礼を受け、または受けることに同意したとき

第四六条（無資格登院者に対する制裁金）
この憲法の規定により元老院議員または代議院議員として登院できないと定められている者が登院したときは、議会が別に定めるまでの間、その者は、これを管轄権ある裁判所に訴えた者に対して、登院した日一日につき一〇〇ポンドの金額を支払う責に任ずる。

第四七条（選挙争訟）
元老院議員もしくは代議院議員の資格または議会のいずれかの議院における欠員に関する争訟、およびいずれかの議院の議員選挙に関する争訟は、議会が別に定めるまでの間、当該議院が決定する。

第四八条（議員の手当）
元老院議員および代議院議員は、議会が別に定めるまでの間、その就任の日から起算して一年ごとに四〇〇ポンドの手当を受ける。

第四九条（議員の特権等）

元老院、代議院ならびに各議院の議員および委員会の権限、特権および免責は、議会の定めるところによる。ただし、議会が定めるまでの間は、連邦が成立した時の連合王国議会の庶民院ならびに庶民院議員および委員会の権限、特権および免責と同一とする。

第五〇条（議院規則）

両議院は、それぞれ次の事項について規則を制定することができる。

一　議院の権限、特権および免責を行使し、および確保するための方法

二　他の議院と独立して、または合同して行う職務および議事の手続および処理

第五節　議会の権限

第五一条（議会の立法権）

議会は、この憲法に反しない限り、連邦の平和、秩序および良き統治のために、次に掲げる事項について法律を制定する権限を有する。

一　諸外国との通商および各州間の通商

二　租税の賦課徴収。ただし、州または州の一部の間に差別を設けてはならない。

三　物品の生産または輸出に対する奨励金。ただし、連邦の全域を通して均一でなければならない。

四　連邦の公的信用において起債すること

五　郵便、電信、電話その他類似の事業。

六　陸海軍による連邦および各州の防衛、ならびに連邦法の執行および維持のための武力の統制

七　灯台、灯台船、航路標識および浮標

八　天体観測および気象観測

九　検疫

一〇　領海外のオーストラリア水域での漁業

一一　国勢調査および統計

一二　通貨、貨幣制度および法定通貨

一三　州の銀行業以外の銀行業。ただし、州の銀行業が当該州域外にわたる場合、ならびに銀行の設立および紙幣の発行を含む。

一四　州の保険業以外の保険業。ただし、州の保険業が当該州域外にわたる場合を含む。

一五　度量衡

一六　為替手形および約束手形

一七　破産および支払不能

一八　著作権、発明および意匠の特許権ならびに商標

一九　帰化および外国人

二〇　外国会社および連邦の領域内に設立される商事会社または金融会社

二一　婚姻

二二　離婚および婚姻事件。これらに関連する親権ならびに未成年者の保護および後見

二三　傷病者および老齢者に対する年金

二三A　出産手当、寡婦年金、児童養育基金、失業、医薬、疾病および入院手当、医療および歯科医療の事業（ただし、いかなる形態での非軍事的徴用をも認めるものではない。）、学生への奨学金、ならびに家族手当に関する措置

〔一九四六年憲法改正（社会事業）で追加〕

二四　各州の民事および刑事の手続ならびに州裁判所の判決を連邦の全域へ送達し、かつ執行すること

二五　各州の法律（the laws）、一般法（the public Acts）および公文書、ならびに訴訟手続を連邦の全域で承認すること

二六　特別法の制定の必要性があると認められる人種に属する人民

〔一九六七年憲法改正（原住民）で改正〕

二七　移民および移住

二八　犯罪人の流入

二九　対外業務

三〇　連邦と太平洋諸島との関係

三一　議会が法律を制定する権限を有する目的のために、正当な条件により州または個人から財産を取得すること

三二　連邦の陸海軍のための輸送に関して鉄道を統制すること

三三　連邦と州との間に取り決められた条件により、州の同意を得て州の鉄道を買収すること

三四　州の同意を得て、州内に鉄道を敷設および延長すること

三五　一州の州域外にわたる労働争議を防止し、および解決するための調停および仲裁

三六　この憲法が、議会が別に定めるまでの間と規定している事項

三七　一州または複数の州の議会が連邦議会に付託した事項。ただし、その法律の効力は、その事項を州の議会が付託した州、または事後にその法律を採択した州に限られる

三八　直接に関係を有する全ての州の議会の要請または同意により、この憲法制定の時に連合王国議会またはオーストラレイシア連合評議会に専属している権限を、連邦内において

行使すること

三九　この憲法により、議会、議会のいずれかの議院、連邦政府、連邦裁判所、または連邦の行政機関もしくは公務員に与えられた権限の執行に付随する事項

第五二条（議会の専属的権限）

議会は、この憲法に反しない限り、連邦の平和、秩序および良き統治のために、次に掲げる事項について法律を制定する専属的権限を有する。

一　連邦政府の所在地および公の目的のために連邦が取得したすべての土地

二　この憲法が監督権を連邦の行政府に移管した公務を担当する部門に関する事項

三　その他、この憲法が議会の専属的権限と定める事項

〔憲法八四条1項参照〕

第五三条（立法に関する両議院の権限）

1　歳入もしくは歳出を行う法律案、または租税を賦課する法律案は、元老院において発議することはできない。ただし、罰金その他の制裁金の賦課もしくは割当、または免許料もしくは役務に対する報酬の必要性、支払もしくは充当の規定を含む法律案は、その理由のみによって歳入もしくは金銭を支出する法律案、または租税を賦課する法律案とみなしてはならない。

2　元老院は、租税を賦課する法律案、または政府の通常の年次業務のために歳入もしくは金銭を支出する法律案を修正することができない。

3　元老院は、人民の義務または負担を加重する目的で法律案を修正することはできない。

4　元老院は、元老院が修正できない法律案については、いつでもこれを代議院に返付し、書信をもって当該法律案の条項または規定の削除または修正を求めることができる。代議院は、相当と認めるときは、元老院の求めるところに変更を加え、または加えないで、当該条項または規定の削除または修正を行うことができる。

5　元老院は、本条に規定する場合を除いては、すべての法律案について代議院と同等の権限を有する。

第五四条（歳出予算案）

政府の通常の年次業務のための歳入または歳出に関する法律案は、かかる歳出に関する事項のみを規定しなければならない。

第五五条（租税法律案）

1　租税を賦課する法律は、租税の賦課に関する事項のみを取り扱う。そこに含まれるその他の事項に関する規定は、効力を有しない。

2　租税を賦課する法律は、関税または消費税を賦課する法律を除き、一つの税目のみを取り扱う。関税を賦課する法律は、関税のみを取り扱い、消費税を賦課する法律は、消費税のみを取り扱う。

第五六条（歳出の議決に関する連邦総督の承認）

歳入または歳出についての議決、決議または法律案は、発議した議院に対して、同一会期中に、連邦総督が、書信によってその目的を承認するのでなければ、可決してはならない。

第五七条（両議院間の不一致）

1　元老院が、代議院が可決した法律案を否決し、もしくは議決せず、または代議院が同意しないような修正を付して可決した場合において、三ヶ月が経過した後の同一または次の会期中に、代議院が、元老院の作成、提案もしくは同意した修正を付して、または付さないで当該法律案を否決し、もしくは議決せず、または代議院が同意しないような修正を付して可決したときは、連邦総督は、元老院および代議院を同時に解散することができる。

2　前項の解散の後、代議院が、元老院が作成、提案もしくは同意した修正を付して、または付さないで当該法律案を再度可決したにもかかわらず、元老院がこれを否決し、もしくは議決せず、または代議院が同意しないような修正を付して可決したときは、連邦総督は、元老院および代議院の議員による両院協議会を召集することができる。

3　両院協議会に出席した議院は、代議院が最後に提案した法律案、および一議院が作成し他の議院が同意しなかった修正があるときにはその修正について審議し、かつ表決する。元老院および代議院の議員総数の過半数によって承認された修正は、可決されたものとみなされる。法律案（前段の手続により可決された修正があるときはこれを含む。）は、元老院および代議院の議員総数の過半数によって承認された場合には、議会の両議院を適正に通過したものとみなされ、女王の裁可を得るために連邦総督に提出される。

第五八条（法律案に対する女王の裁可）

1　議会の両議院を通過した法律案が女王の裁可を得るために連邦総督に提出されたときは、総督は、この憲法に反しない限り自由な裁量をもって、女王の名において裁可する旨、裁可しない旨、または女王の勅許を得るために留保す

る旨を宣言しなければならない。

2（連邦総督の勧告）　連邦総督は、提出された法律案を、それを発議した議院に還付することができる。この場合、総督は、修正の勧告を附することができる。両議院は、当該勧告を審議することができる。

第五九条（女王の拒否権）

女王は、連邦総督の裁可から一年の間は、いかなる法律に対しても拒否権を行使することができる。連邦総督が、議会の各議院に対して口頭もしくは書信で、または布告によって、法律が拒否された旨を通知したときは、当該法律は、その通知の日から効力を失う。

第六〇条（留保された法律案に対する女王の勅許の通知）

女王の勅許を得るために留保された法律案は、女王の裁可を得るために連邦総督に提出された日から二年以内に、連邦総督が、議会の各議院に対して口頭もしくは書信で、または布告によって、女王の裁可を得た旨を通知しないとき、および当該通知がなされるまでの間は、効力を有しない。

第二章　行政府

第六一条（行政権）

連邦の行政権は、女王に属し、女王の名代としての連邦総督がこれを行使する。行政権は、この憲法および連邦法律の執行および維持に及ぶ。

第六二条（連邦行政評議会）

連邦総督に対して助言を行うため、連邦政府に連邦行政評議会を置く。連邦総督は、行政評議会の構成員を選任し、これを召集する。行政評議会の構成員は、行政評議会議員として宣誓し、連邦総督の信任を受ける限り在任する。

第六三条（連邦総督に関する規定）

行政評議会における連邦総督、と定めるこの憲法の規定は、連邦総督が、連邦行政評議会の助言に基づいて行動する旨を定めたものと解釈される。

第六四条（国務大臣）

1　連邦総督は、連邦の各省を統轄する公務員を任命することができる。連邦の各省は、行政評議会における連邦総督が設置する。

2　前項の公務員は、連邦総督の信任を受ける限り在任するものとし、連邦行政評議会の構成員および連邦の女王の国務大臣となる。

3（国務大臣の議員資格）　国務大臣は、第一回の総選挙があった後は、元老院議員もしくは代議院議員でなければ、またこれら議員になるのでなければ、三ヶ月を超えて在任することができない。

第六五条（国務大臣の定数）

国務大臣は、議会が別に定めるまでの間、七人の定数を超えてはならない。国務大臣は、議会が定める職務を担当し、議会の定めがない場合には、連邦総督が指示する職務を担当する。

［現在は、一九五二年国務大臣法四条により、連邦議会政務官として連邦総督に任命される場合は一二人以下、そうでない場合、三〇人以下とされる。］

第六六条（国務大臣の俸給）

国務大臣の俸給は、議会が別に定めるまでの間、年額一万二〇〇〇ポンドを超えてはならないものとし、連邦の統合歳入基金から女王が支払う。

第六七条（公務員の任命）

連邦の行政府その他のすべての公務員の任免権は、議会が別に定めるまでの間、行政評議会における連邦総督に属する。ただし、任命権については、行政評議会における連邦総督または連邦法律が、これを他の機関に委任する場合は、この限りではない。

第六八条（陸海軍の指揮権）

連邦の陸海軍に対する最高指揮権は、女王の名代としての連邦総督に属する。

第六九条（州の部門の連邦への移管）

1　各州において、次に掲げる公務を担当する部門は、連邦の成立の後に連邦総督が布告する日に連邦に移管される。

郵便、電信および電話
陸海軍による防衛
灯台、灯台船、航路標識および浮標
検疫

2　ただし、各州において関税および消費税を担当する部門は、連邦成立の時に連邦に移管される。

第七〇条（植民地総督の権限の連邦総督への帰属）

この憲法により連邦の行政府に付与される権限事項については、連邦成立の時に植民地総督、その行政評議会の助言に基づいて行動する植民地総督、または植民地の機関に属するすべての権能は、必要に応じて、連邦総督、行政評議会における連邦総督、または連邦において同様の権限を行使する機関に帰属するものとする。

第三章　司法府

第七一条（司法権および裁判所）
連邦の司法権は、オーストラリア高等法院と呼ばれる連邦最高裁判所および議会が設置するその他の連邦裁判所、ならびに連邦の裁判権を付与されたその他の裁判所に属する。高等法院は、長官および議会が定める二人以上の員数のその他の裁判官で構成する。

第七二条（裁判官の任命・身分保障・報酬）
1　高等法院および議会が設置するその他の裁判所の裁判官は、
一　行政評議会における連邦総督が任命する。
二　明白な非行または職務を執ることができないことが明らかであることを理由に罷免を要請する決議が、同一会期中に議会両院からなされたときに、行政評議会における連邦総督が罷免する場合を除いては、罷免されない。
三　議会が定める報酬を受ける。ただし、この報酬は、在任中減額することができない。
2　高等法院の裁判官は、七〇歳に達したときに退官する。七〇歳に達している者は、高等法院の裁判官に任命されない。
〔一九七七年憲法改正（裁判官の定年）で追加〕
3　議会が設置する裁判所の裁判官は、任命の時の当該裁判所の裁判官の定年に達したときに退官する。当該裁判所のその時点での定年に達している者は、その裁判所の裁判官に任命されない。
〔一九七七年憲法改正（裁判官の定年）で追加〕
4　本条の規定に従うことを条件に、議会が設置する裁判所の裁判官の定年は、七〇歳とする。
〔一九七七年憲法改正（裁判官の定年）で追加〕
5　議会は、議会が設置する裁判所の裁判官の定年を七〇歳未満とする法律を制定することができる。議会は、いつでも当該法律を改廃することができる。ただし、この改廃は、当該法律の改廃の前に任命された裁判官の在任期間には影響を及ぼさない。
〔一九七七年憲法改正（裁判官の定年）で追加〕
6　高等法院または議会が設置する裁判所の裁判官は、自筆書名の書信を連邦総督に送達することにより、その任を辞することができる。
〔一九七七年憲法改正（裁判官の定年）で追加〕
7　一九七七年憲法改正（裁判官の定年）により本条に追加された規定は、当該規定の施行前に任命された在任中の裁判官の職務の継続については、いかなる影響も及ぼさない。
〔一九七七年憲法改正（裁判官の定年）で追加〕
8　高等法院または議会が設置する裁判所の裁判官の任命についての本条の規定は、高等法院または議会が設置する裁判所の裁判官を、異なる地位または称号を持つ同一裁判所の別の裁判官職へ任命する場合についての規定を含むものとして解釈される。
〔一九七七年憲法改正（裁判官の定年）で追加〕

第七三条（高等法院の上訴裁判権）
1　高等法院は、議会が別に定める場合を除き、かつ、議会が定める規則に従い、次に掲げる者が行うすべての判決、決定、命令および宣告に対する上訴を審理し、かつ、裁判する権限を有する。高等法院の判決は、それらすべての事件において、最終的かつ確定的である。
一　第一次的裁判権を行う高等法院の裁判官
二　その他の連邦裁判所もしくは連邦の裁判権を行う裁判所、または州最高裁判所もしくは連邦成立時に枢密院における女王への上訴ができるとされているその他の州裁判所
三　州際委員会。ただし、法律問題に限られる。
2　議会が定める前項の除外事項または規則にかかわらず、高等法院は、連邦成立の時に州最高裁判所の裁判に対して枢密院における女王への上訴ができるとされている事項に関する州最高裁判所の裁判に対する上訴を審理し、かつ裁判することができる。
3　議会が定めるまでの間、州最高裁判所の裁判に対する枢密院における女王への上訴についての要件および制限は、州最高裁判所の裁判に対する高等法院への上訴にも適用する。

第七四条（枢密院における女王への上訴）
1　連邦の憲法上の権限と州の憲法上の権限との間の限界、または二以上の州の憲法上の権限間の限界について生じる争訟に関する高等法院の判断に対しては、枢密院における女王陛下が裁断すべき争訟である旨を高等法院が認証しない限り、枢密院における女王に上訴することはできない。
2　高等法院は、特別の理由により認証されるべきであると認める場合には、前項の認証を行うことができる。この場合においては、それ以外の許可を必要とすることなく、当該争訟については、枢密院における女王陛下に上訴することができる。
3　この憲法は、本条が定める場合を除いて、女王が、国王大権により、高等法院の裁判に対して枢密院における女王への上訴を特別に許可す

る権利を行使し給うことを妨げない。議会は、当該許可を求めることができる事項を限定する法律を制定することができる。ただし、そのような限定を含む法律案については、連邦総督は、女王陛下の勅許を得るために、これに対する許可を留保しなければならない。

〔一九六八年枢密院（上訴制限）法（*Privy Council (Limitation of Appeals) Act 1968*）、一九七五年枢密院（高等法院からの上訴）法（*Privy Council (Appeals from the High Court) Act 1975*）および Kirmani v Captain Cook Cruises Pty. Ltd [No. 2] (1985) 159 CLR 461. 参照〕

第七五条（高等法院の第一次裁判権）

高等法院は、次に掲げるすべての事項について第一次裁判権を有する。

一　条約に関して生じる事項

二　外国の領事その他の代表者に関する事件

三　連邦が当事者である事件。または連邦に代わって訴訟を提起し、もしくは提起されている者が当事者である事件

四　州相互間、異なる州の住民間、または、州と他の州の住民との間の事件

五　連邦の公務員に対する職務執行令状、禁止令状または差止命令の発給を求める事件

第七六条（高等法院の付加的な第一次裁判権）

議会は、次に掲げる事項について、高等法院に第一次裁判権を付与する法律を制定することができる。

一　この憲法に関して生じる事件、またはこの憲法の解釈を含む事件

二　議会が制定した法律に関して生じる事件

三　海法および海事管轄権に関する事件

四　異なった州の法律によって主張される同一の訴訟物に関する事件

第七七条（裁判権を確定する権限）

議会は、前二条に掲げる事件について、次に掲げる事項を定める法律を制定することができる。

一　高等法院以外の連邦裁判所の裁判権を限定すること

二　連邦裁判所の裁判権が、州の裁判所に属している、または付与されている裁判権を排除する範囲を画定すること

三　州の裁判所に連邦の裁判権を付与すること

第七八条（連邦または州に対する訴訟手続）

議会は、司法権の範囲にある事項について、連邦または州を訴える権利を付与する法律を制定することができる。

第七九条（裁判官の員数）

裁判所における連邦の裁判権は、議会が定める員数の裁判官によって行使される。

第八〇条（陪審による審理）

連邦の法律に違反する犯罪によって起訴された事件に対する審理は、陪審によるものとする。その審理は、当該犯罪が行われた州において行う。当該犯罪がいずれの州域内で行われたものでもない場合は、その審理は、議会が定める場所において行う。

第四章　財政および通商

第八一条（統合歳入基金）

すべて連邦の行政府が徴収し、または収納する歳入または金銭は、単一の統合歳入基金を構成し、連邦のために、この憲法が定める方法により、この憲法が定める経費および債務に充当するために支出される。

第八二条（統合歳入基金から負担すべき支出）

統合歳入基金の徴収、管理および収納に付帯する諸費用は、統合歳入基金から優先的に支払われるべき経費とする。また、連邦の歳入は、最初に連邦の歳出の支払いに充当される。

第八三条（法律による支出）

1　法律により定められた歳出予算に基づく場合を除いては、いかなる金銭も連邦の国庫から支出することはできない。

2　ただし、議会の第一回集会の後一ヶ月を経過するまでの間は、連邦に移管された部門の維持および第一回議会選挙の実施のために必要な金銭を国庫から支出し、および使用することができる。

第八四条（職員の移管）

1　州の公務を担当する部門が連邦に移管される場合には、当該部門のすべての職員は、連邦の行政府の監督に服するものとなる。

2　連邦の職務に就かない職員は、等しい報酬を受ける他の州の公職に任命される場合を除き、その職務の廃止に伴い州の法律の定めるところにより支払われる年金、功労金その他の補償金を州から受ける権利を有する。

3　連邦の職務に就く職員は、現に有し、および将来有すべき権利を保持する。また当該職員は、連邦における職務が州における職務の継続であったならば当該州の法律により与えられるはずの年金または退職金を受けて、いつでも退職することができる。ただし、州は年金または退職金の一部を連邦に支払うものとし、その金額

は、当該退職者の州における全在職期間に対する割合に応じて算定される。この場合、金額算定に用いる俸給額は、移管時に州が当該退職者に支払っていた俸給額によるものとする。

4　連邦成立の時に州の公職にある職員で、当該州の行政評議会の助言を受けた州総督の同意によって連邦の公職に転属する者は、連邦に移管された部門の職員で連邦の職務に就いている者と同等の権利を有する。

第八五条（州の財産の移管）

州の公務を担当する部門が連邦に移管される場合には、

一　もっぱら当該部門とのかかわりで使用されている州財産は、すべて連邦に帰属するものとする。ただし、関税、消費税および奨励金を管理する部門については、行政評議会における連邦総督が必要である旨を宣言した場合に限る。

二　連邦は、もっぱら当該部門とのかかわりで使用されている財産以外の州の財産を取得することができる。当該財産の価値について協議が調わないときは、その価額の決定は、土地に関する利益の価額を決定する方法に可能な限り準じて決定される。

三　連邦は、本条の規定に基づき連邦に移管された財産の価額を州に補償しなければならない。補償の方法について協議が調わないときは、その方法は、議会の定める法律によって決定される。

四　連邦は、移管の日において、移管される部門に関して州が負っている流動債務を引き受けるものとする。

第八六条（関税、消費税、奨励金の移管の管理）

関税および消費税の徴収および管理ならびに助成金の支払いの管理は、連邦成立の時に連邦に移管される。

第八七条（関税および消費税収入の使途）

1　連邦は、関税および消費税から連邦が取得する純収入の四分の一を超えない額を、連邦成立の後一〇年間、およびその後議会が別に定めるまでの間、毎年、連邦の歳出に充当しなければならない。

2　残余金は、この憲法の規定に従ってそれぞれの州に支払うか、または連邦が引き受けたそれぞれの州の債務の利息の支払いに充当しなければならない。

〔八六条および八七条の見出しは政府が編集公表している連邦憲法に便宜上付されたものを訳出した〕

第八八条（関税の均一化）

関税は、連邦の成立の後二年以内に、均一に賦課されるようにしなければならない。

第八九条（関税が均一化されるまでの州への支払い）

均一の関税が賦課されるまでの間、

一　連邦は、連邦がそれぞれの州で徴収した収入、各州の貸方に記入する。

二　連邦は、次の金額を、各州の借方に記入する。

(a)　州から連邦に移管された部門を移管の時と同様に維持し、または存続させるためにのみ必要とされる、各州における連邦の支出

(b)　州の人口に応じて割り当てられる連邦のその他の支出

三　州に有利な差額が生じる場合には、連邦は、毎月、その差額をそれぞれの州に支払わなければならない。

第九〇条（関税、消費税および助成金に対する連邦議会の専属的権限）

1　均一の関税が賦課されるときには、関税および消費税を賦課し、ならびに物品の生産または輸出に対して助成金を付与する権限は、連邦議会に専属するものとする。

2　均一の関税が賦課されるときには、関税および消費税を賦課し、ならびに物品の生産または輸出に対して助成金を付与する各州の法律は、すべてその効力を失う。ただし、州の政府の権限により、または州の政府の権限のもので適法になされた助成金の付与の認許または合意は、それが一八九八年六月三〇日の前になされた場合に限って有効とし、その他の場合には無効とする。

第九一条（助成金に関する例外）

この憲法のいかなる規定も、州が金銀その他の金属の採掘に対して補助金もしくは助成金を付与し、または連邦議会の両院決議による同意を得て、物品の生産もしくは輸出に対して補助金もしくは助成金を付与することを禁止するものではない。

第九二条（連邦内通商の自由）

1　均一の関税が賦課されるときは、州相互間の通商および交通は、内国運送によると海洋航行によるとを問わず、絶対に自由とする。

2　ただし、この憲法の規定にかかわらず、均一の関税が賦課される前に州に輸入された物品、または州となる植民地に同様に輸入され当該植

民地内に残留している物品を、その後均一の関税が賦課された後二年以内に他の州に移入する場合には、当該物品を連邦に輸入するときに賦課すべき関税額から当該物品を輸入した際にすでに支払った関税額を控除して課税する。

第九三条（関税の均一化後五年間の州への支払い）

均一の関税が賦課された後、引き続き五年間、およびその後議会が別に定めるまでの間、

一　ある州に輸入された後消費のために別の州に移入される物品に賦課する関税、およびある州において生産され、または製造された後に消費のために別の州に移入される物品に賦課する消費税は、当該物品を輸入、生産または製造した州ではなく、後の〔移入された別の〕州において徴収したものとみなす。

二　前号の規定に従って、連邦は、均一の関税が賦課されるまでの期間に関する規定におけると同様に、当該収入を貸方に、および支出を借方に記入し、その差額をそれぞれの州に支払わなければならない。

第九四条（剰余金の配分）

議会は、均一の関税が賦課されてから五年後においては、議会が公正と認める基準に基づいて、連邦のすべての剰余歳入をそれぞれの州に支払う旨の規定を設けることができる。

第九五条（西オーストラリア州における関税）

1　この憲法の規定にかかわらず、西オーストラリア州議会は、当該州が基本州である限り、均一の関税が賦課された後引続き五年間は、当該州に移入される物品で本来連邦の領域外から輸入されたものではないものに対して関税を賦課することができる。この関税は、連邦が徴収する。

2　ただし、この関税の賦課については、最初の一年間は、均一の関税が賦課されたときに施行されている西オーストラリア州の法律により当該物品に賦課される関税額を超えてはならず、また、二年目、三年目、四年目および五年目については、当該州の法律により当該物品に賦課される関税額の、それぞれ五分の四、五分の三、五分の二、および五分の一を超えてはならない。本条の規定により賦課される関税は、均一の関税が賦課された後五年を経過した時に終了する。

3　本条の規定により物品に賦課される関税は、〔本条で定める〕五年間に同一の物品の輸入に対して連邦が賦課する関税よりも高い場合には、連邦の領域外から西オーストラリア州に輸入される物品に対しては、その高い方の関税を徴収する。

第九六条（州に対する財政的援助）

連邦成立の後一〇年間、およびその後は議会が別に定めるまでの間、議会は適当と認める条件の下で、州に対する財政上の援助を与えることができる。

第九七条（会計検査）

すでに州となっている、または州となる植民地において施行されている法律で、植民地の政府のための歳入の収納および歳出、ならびに収納および支出の審査、および会計検査に関する法律は、議会が別に定めるまでの間、州における連邦のための歳入の収納および歳出にも適用される。この場合、植民地、植民地の政府または植民地の職員、との文言は、連邦、連邦政府または連邦職員と読み替えるものとする。

第九八条（通商と航行・海運）

通商に関して法律を制定する議会の権限は、航行および海運、ならびに州の所有する鉄道に及ぶ。

第九九条（連邦による特恵の禁止）

連邦は、通商または歳入に関する法律または規則により、特定の州またはその一部に、他の州またはその一部に優先する特恵を与えてはならない。

第一〇〇条（河川使用権の制限禁止）

連邦は、通商に関する法律または規則により、州またはその住民が、保全または灌漑のために河川を合理的に使用する権利を制限してはならない。

第一〇一条（州際委員会）

州際委員会を設置する。州際委員会は、この憲法の通商に関する規定、およびその下で制定されるすべての法律を連邦内で執行または維持するために議会が必要と認める裁決および行政を行う権限を有する。

第一〇二条（州による特恵の禁止）

鉄道に関し、州または州の下に設置された機関による特恵または差別的取扱が、不当かつ不合理であり、またはいずれかの州にとって不公平である場合には、議会は、通商に関する法律により、当該特恵または差別的取扱を禁止することができる。この場合には、当該鉄道の敷設および維持に関連して州が負う財政上の負担に対しては、適正な考慮がなされなければならない。ただし、本条の意味におけるいかなる特恵または差別的取扱も、州際委員会の裁決による

のでなければ、不当かつ不合理とみなされ、またはいずれかの州にとって不公平であるとみなされることはない。

第一〇三条（州際委員会の委員の任命・任期・報酬）

州際委員会の委員は、

一　行政評議会における連邦総督が任命する。

二　任期を七年とする。ただし、明白な非行または職務を執ることができないことが明らかであることを理由に罷免を要請する決議が、同一会期中に議会の両院からなされたときは、行政評議会における連邦総督は、任期満了前に罷免することができる。

三　議会が定める報酬を受ける。ただし、この報酬は、在任中減額することができない。

第一〇四条（特定の地方税についての特例）

州の所有する鉄道による物品の運送に対して賦課される地方税は、州際委員会により当該州域の発展上必要であると認められ、かつ当該州内にある物品および他州から当該州に移入される物品に等しく適用される限り、この憲法の規定によって違法とされることはない。

第一〇五条（連邦による州の公債の引き受け）

議会は、州の公債、または直近の連邦統計が示す各州の人口数に応じて算定されるその公債の一部を引き受け、かつ当該公債またはその一部を転換し、更新し、または整理することができる。州は、引き受けられた公債に関して、連邦に補償しなければならない。また当該公債に関して支払われるその後の利息は、それぞれの州に支払うべき連邦の剰余歳入の配分から控除して確保する。当該剰余歳入の配分額が不足する場合、または存在しない場合には、それぞれの州は、その不足分または全額を支払わなければならない。

〔一九一〇年憲法改正（州の債務）で改正〕

第一〇五A条（州の公債に関する規定）

一　連邦は、州の公債に関して、次に掲げる事項を含む協定を州と結ぶことができる。

(a)　連邦による州の公債の引き受け

(b)　州の公債の管理

(c)　州の公債に関する利息の支払ならびに減債基金の設立および管理

(d)　州の公債の整理、更新、転換および償還

(e)　連邦が引き受けた公債に関して、州が連邦に対して行う補償

(f)　州もしくは連邦による金銭の借入、または州のために連邦が行う金銭の借入

二　議会は、本条の規定の施行前に結ばれた協定を有効とする法律を制定することができる。

三　議会は、協定当事者に協定を履行させるための法律を制定することができる。

四　協定当事者は、協定を変更し、または廃止することができる。

五　すべての協定およびその変更は、この憲法、各州の憲法、または連邦議会もしくは州の議会が定める法律の規定にかかわらず、その当事者である連邦および州を拘束する。

六　本条の規定により与えられる権限は、いかなる点においても、この憲法の一〇五条の規定によって制限されるものと解釈してはならない。

〔一九一〇年の憲法改正（州の債務）で追加〕

第五章　州

第一〇六条（州の憲法の継続）

連邦の各州の憲法は、この憲法に反しない限り、当該州の憲法の規定によって改正されるまでの間、連邦成立の時、または州の加入の承認もしくは設立の時のいずれかと同一のものとして継続する。

第一〇七条（州の議会の権限の継続）

すでに州となっている、または州となる植民地議会のすべての権限は、この憲法によりその権限が連邦議会に専属するとされる場合、または州議会の権限でないとされる場合を除き、連邦設立の時、または州の加入の承認もしくは設立の時のいずれかと同一のものとして継続する。

第一〇八条（州の法律の継続）

すでに州となっている、または州となる植民地に施行されている法律で、連邦議会の権限事項にかかわるものは、すべて、この憲法に反しない限り、引続き当該州において効力を有する。また、州議会は、連邦議会がそのための規定を設けるまでの間、植民地が州となるまでに当該植民地議会が定めた法律を改廃する権限を有する。

第一〇九条（法律の抵触）

州の法律が連邦の法律に抵触する場合には、連邦の法律が優先し、当該州の法律は、抵触する限度において効力を有しない。

第一一〇条（州総督に関する規定の準用）

州総督に関するこの憲法の規定は、州の仮総督または州政府の長たるその他の行政官にも準用する。

第一一一条（州の領域の連邦への移譲）

州議会は、州の一部を連邦に移譲することができる。この場合において、連邦がこれを受領したときは、当該州の一部は、連邦の専属的管轄権に服する。

第一一二条（州の検査法のための負担金）

州は、均一の関税が賦課された後は、輸出品もしくは輸入品、または州内に移入され、もしくは州外に移出される物品に対して、州の検査法を執行するために必要な負担金を賦課することができる。ただし、すべての当該負担金の純益は、連邦の用に供されなければならない。また、連邦議会は、そのような検査法を無効とすることができる。

第一一三条（酩酊作用のある液体）

発酵液、蒸留液、その他酩酊作用のある液体で、州に移入され、または使用、消費、販売もしくは貯蔵のため州内に残留するものは、すべて当該州で製造されたものと同様に、当該州の法律に服するものとする。

第一一四条（州による軍隊徴募の禁止、連邦および州の財産に対する課税）

州は、連邦議会の同意がなければ、陸海軍を徴募もしくは維持し、または連邦の財産に課税することはできない。また連邦は、州の財産に課税することはできない。

第一一五条（州による貨幣鋳造の禁止）

州は、貨幣を鋳造することはできない。また金貨および銀貨以外のものを、債務の支払における法定通貨としてはならない。

第一一六条（宗教に関する連邦立法の禁止）

連邦は、いかなる宗教についてであれ、宗教を樹立し、宗教の遵奉を強制し、または自由な宗教活動を禁止する法律を制定してはならない。またいかなる宗教上の宣誓も、連邦における公職または公務に対する資格として要求してはならない。

第一一七条（州の住民の権利）

いかなる州に居住する女王の臣民も、別の州において、その別の州に居住する女王の臣民であるならば等しく受けることがないような権利の制限または差別的取扱を受けない。

第一一八条（州法等の承認）

すべての州の法律、一般法および公文書ならびに訴訟手続に対しては、連邦の全域において十分な信頼と承認が与えられなければならない。

第一一九条（侵略・暴力行為からの州の防護）

連邦は、すべての州を侵略から防護し、また州の行政府の要請があったときは州内の暴力行為から防護しなければならない。

第一二〇条（州による連邦法違反者の拘禁）

すべての州は、連邦の法律に違反する犯罪により起訴され、または有罪とされた者を監獄に拘禁し、および当該犯罪により有罪とされた者を処罰するための規定を定めなければならない。連邦議会は、本条の規定を実施するための法律を制定することができる。

第六章　新州

第一二一条（新州の加入の承認・設立）

議会は、新州の連邦への加入を承認し、または新州を設立することができる。この場合において、議会は、議会の両院における代表者の選出の範囲を含め、適当と認める条件を定め、または課すことができる。

第一二二条（諸領域の統治）

議会は、州が移譲し、かつ連邦が受領した領域、女王が連邦の支配下に置くものとし、かつ連邦が受領した領域、またはその他の方法によって連邦が取得した領域を統治するために、法律を制定することができる。議会は、適当と認める範囲および条件で、当該領域から議会のいずれかの議院への代表者の選出を認めることができる。

第一二三条（州の境界変更）

連邦議会は、州議会の同意およびその問題について投票する州の選挙人の多数の承認を得て、双方の一致した条件に基づいて、州の境界を拡大、縮小その他変更することができる。また同様の同意を得て、当該州にかかわる領域の拡大、縮小または変更の実施に関する規定を定めることができる。

第一二四条（新州の形成）

州議会の同意のみにより、当該州から分離して新州を形成することができる。また関連する州議会の同意のみにより、二以上の州またはそれらの一部を統合して新州を形成することができる。

第七章　雑則

第一二五条（連邦政府の所在地）

1　連邦政府の所在地は、議会が決定する。その所在地は、連邦が譲り受けまたは取得した領域内に置き、連邦に直属する。またその所在地は、ニュー・サウス・ウェールズ州内にあって、シドニーから一〇〇マイル以上離れていなければならない。

2　当該領域は、一〇〇平方マイル以上の区域を含むことを要し、そのうち国王の御料地からなる部分は、無償で連邦に付与されるものとする。

3　議会は、政府の所在地において集会するまでは、メルボルンで開会する。

第一二六条（連邦総督の代理人任命権）

女王は、連邦総督に、連邦の一部において連邦総督を代理する一人の代理人、または共同して、もしくは単独で行動する数人の代理人を任命する権限を与えることができる。当該代理人は、女王が与える明示的制限または指示に従い、連邦総督が当該代理人に付与するのが適当と認める連邦総督の権能を、連邦総督の意にかなう限り行使することができる。ただし、当該代理人の任命は、連邦総督が自らその権能を行使することを妨げない。

第一二七条（削除）~~〔人口数算定における原住民の除外〕~~

~~連邦の人口算定、もしくは州ないしその他の連邦の部分の人口算定にあたっては、原住民（aboriginal natives）は算入されない。~~

〔一九六七年憲法改正（原住民）により削除〕

第八章　憲法改正

第一二八条（憲法改正の手続）

1　この憲法は、以下に定める方法によらなければ改正されない。

2　憲法改正案は、議会の各議院の総議員の過半数で可決し、両院を通過した後二ヶ月以上六ヶ月以内に、各州および準州において、代議院議員選挙の選挙権を有する選挙人に提案しなければならない。

〔一九七七年憲法改正（国民投票）により改正〕

3　ただし、いずれかの議院が、総議員の過半数で可決した改正案を、他の議院が否決し、もしくは議決せず、または第一の議院が同意しないような修正を付して可決した場合において、三ヶ月が経過した後の同一または次の会期中に第一の議院が、他の議院が作成もしくは同意した修正を付して、または付さないで当該改正案を再度総議員の過半数で可決したにもかかわらず、他の議院がこれを否決し、もしくは議決せず、または第一の議院が同意しないような修正を付して可決したときは、連邦総督は、第一の議院が最後に提案した改正案を、その後両院において一致した修正を付して、または付さないで、代議院議員選挙の選挙権を有する各州および準州の選挙人に提案しなければならない。

〔一九七七年憲法改正（国民投票）により改正〕

4　改正案が選挙人に提案された場合には、その投票は、議会が定める方法によって行う。ただし、代議院議員の選挙人の資格が連邦の全域を通して均一になるまでの間は、成年者選挙権が実現している州においては、改正案に賛否の投票を行う選挙人の半数のみを算入するものとする。

5　当該改正案は、過半数の州で、投票した選挙人の過半数が賛成し、かつ、投票した全選挙人の過半数が賛成するときは、女王の裁可を得るために連邦総督に提出される。

6　議会のいずれかの議院における州選出の代表者の比例的配分もしくは代議院における州の代表者の最低数を減少する改正、州の境界を拡大、縮小、その他変更する改正、またはいかなる方法によるを問わずこれらに関する憲法の規定に影響を及ぼす改正は、当該州において投票した選挙人の過半数が当該改正案に賛成するのでなければ、成立しない。

7　本条において、準州とは、この憲法の第一二二条が定める領域で、代議院への代表者の選出を認める法律が施行されている領域をいう。

〔一九七七年憲法改正（国民投票）により改正〕

別表

宣誓

私、A・Bは、ヴィクトリア女王陛下、および法による陛下の継承者に対して忠実であり、かつ、真の忠誠を保持することを宣誓する。神のご加護のあらんことを！

誓約

私、A・Bは、ヴィクトリア女王陛下、および法による陛下の継承者に対して忠実であり、かつ、真の忠誠を保持することを、厳粛かつ誠実に制約し、宣言する。

註―当面のグレート・ブリテンおよびアイルランド連合王国の国王または女王の名前は、時宜に応じて換えられるものとする。

出典

Commonwealth of Australia Constitution Act（The Constitution）Prepared by the Office of Parliamentary Counsel, Canberra.

なお、オーストラリア連邦憲法編纂には、関連する主要法律についての註、改正経緯についての註、制定史と憲法運用についての Australian Government Solicitor による概説があり、本翻訳にはその「註」のうち条文理解に有用であると思われるものを〔　〕で示し、また概説の主要要素については、解説の中で触れておいた。ただし紙幅の関係で一々の出典は示していない。解説末尾の参考文献表を参照されたい。

5　オーストリア連邦（抄）

高田　敏

解　説　108

オーストリア連邦憲法　116

第一章　総則・ヨーロッパ連合……一一六
第一節　総則……一一六
第二節　ヨーロッパ連合……一一八
第二章　連邦の立法……一二〇
第一節　国民議会……一二〇
第二節　連邦参議院……一二〇
第三節　連邦総会……一二〇
第四節　連邦の立法手続……一二一
第五節　連邦の執行に対する国民議会および連邦参議院の参与……一二三
第六節　国民議会および連邦参議院の議員の地位……一二三
第三章　連邦の執行……一二三
第一節　行政……一二三
第二節　通常裁判権……一二五
第四章　連邦の立法および執行……一二六
第一節　総則……一二六
第二節　連邦の首都ウィーン……一二七
第五章　自治行政……一二七
第一節　市町村〔地方公共団体〕……一二七
第二節　その他の自治行政……一二八
第六章　会計の監督および財務執行状況の監督……一二九
第七章　憲法および行政の保障……一三〇
第一節　行政裁判所……一三〇
第二節　憲法裁判所……一三三
第八章　オンブズマン……一三八
第九章　補則……一三九

国民の一般的権利に関する一八六七年一二月二一日の国家基本法　140

オーストリアの中立性に関する一九五五年一〇月二六日の連邦憲法　141

オーストリアのヨーロッパ連合への加盟に関する連邦憲法　142

解説

一　憲法の成立

(1)　立憲主義化の歩み　　オーストリアにおいて立憲主義化が進展したのは、三月革命後のことである。

フランスと並ぶヨーロッパ大陸の強国であったオーストリアは、一八〇六年に神聖ローマ帝国がその歴史の幕を閉じたことにより、神聖ローマ帝国と切り離された独自の国となった。しかしなお当時、立憲主義は浸透せず、一八一五年のウィーン会議で約束された等族的憲法の制定も実行されず、オーストリアはドイツ同盟（一八一五―一八六六年）の指導者として絶対主義に忠実なままであった。

しかし一八四八年の三月革命は、オーストリア憲法史に決定的影響を及ぼした。まず、一八四八年四月二五日に最初の憲法が発布された（ピラースドルフ憲法―Pillersdorf'sche Verfassung―と称される）。そしてこれに続いて発せられた選挙令に基づいて、最初の公選議会が発足し、始めはウィーンで、ついでクレムジールで、自由主義的・連邦主義的な新憲法の草案を起草した（クレムジール草案―Kremsierer Entwurf―）。しかし武力で議会は解散させられ、政府が帝国に憲法を与えた。一八四九年三月四日のことであり、欽定三月憲法（Oktroyierte Märzverfassung）といわれるものである。この憲法の特色は、ハプスブルク帝国の全ラントを統合しようとするところにあった。この憲法の個々の規定のみは効力をもったものもあったが、憲法自体は存立し得ず、一八五一年一二月三一日の皇帝の勅許（大晦日勅許 Silvesterpatent）によって廃止された。これをもって一八四八年憲法の成果はほとんど廃止されることとなったが、この時代に設けられた裁判所および行政機構は、今日のそれらの基礎を築いたものである。

その後、一八六〇年一〇月二〇日に一〇月勅書（Oktoberdiplom）が、そして一八六一年二月二六日に二月勅許（Februarpatent）が発せられた。後者は一八六一年ライヒ憲法ともいわれ、ライヒ議会に重点をおいた憲法であったが、内政面とくにハンガリーとの憲法制定上の不和によって、成果を挙げ得ず、廃止された。

(2)　一二月憲法　　ところが一八六六年の普墺戦争で、オーストリアは敗れ、その結果、オーストリアはドイツ連邦から駆逐された。ここにおいて、オーストリア・ドイツ人は、一八六七年、ハンガリーと和解（Ausgleich）を遂げ、ハンガリー王国の建設を許し、オーストリア皇帝フランツ・ヨゼフがハンガリー王を兼ねることになった。これがいわゆるオーストリア・ハンガリー二重王国（Österreichisch-Ungarische Doppelmonarchie）である。

かくて、ハンガリーはオーストリア国には留まらず、独立の主権国家となり、自己独自の憲法をもち、ただオーストリアとともに連合を形成した。二つの国に共通なのは、国王と個々の事務、とくに、共通のオーストリア・ハンガリー外務大臣による対外的な国家代表、共通の軍隊、共通の財務行政、であった。そして、このいわゆる「オーストリア半帝国」（Österreichische Reichshälfte)、あるいは「ライヒスラートにおいて代表される王国と諸ラント」のために、一八六七年一二月二一日の日付をもって、五つの個々の法律の形で国家基本法が発布された。すなわち、①帝国の代議制度に関する一八六一年二月二六日の基本法を変更する法律、②国民の一般的権利に関する一八六七年一二月二一日の国家基本法、③帝国裁判所設置に関する一八六七年一二月二一日の国家基本法、④司法権に関する一八六七年一二月二一日の国家基本法、⑤統治権および執行権の行使に関する一八六七年一二月二一日の国家基本法、である。この五法は、合わせて一二月憲法（Dezemberverfassung）と呼ばれる。そしてこれをもって、遂にオーストリアは立憲主義国家として確立したのである。

この憲法は、一九一八年における王国の崩壊まで効力を有したが、この五法のうちの第二のものは、現行のオーストリア憲法を構成している。

(3)　共和国憲法の成立　第一次世界大戦末期の一九一八年一〇月二一日、ドイツ系議員が集まって仮国民議会を開き、一〇月三〇日には「国権の基本体制に関する議決」がなされて（いわゆる一九一八年憲法）、新国家が成立した。同年一一月一一日には、皇帝カルル一世（一九一六年—一九一八年）が国民による統治を承認し、翌一二日には仮国民議会がオーストリアを民主主義的共和国と宣言し、ここにオーストリアは君主国から共和国へと移行した。ついで仮国民議会は、同年一二月一九日に、いわゆる「一九一八年改正憲法」を議決した。そして同年一二月一八日の二つの法律に基づいて、一九一九年二月一六日に選挙が行われ、一九一九年三月四日に憲法制定国民議会が召集されて、仮国民議会は消滅した。憲法制定国民議会は、同年三月一四日に二つの憲法律からなる「一九一九年の暫定憲法」を制定し、一九二〇年一〇月一日に統一的憲法を可決した。

この統一的憲法制定過程においては、種々の草案が出されたが、国民議会の憲法委員会は、一九二〇年七月八日に小委員会を設け（これには、ハンス・ケルゼンが専門家として助言を行った）、小委員会は一一回の会議の後、八月二九日に暫定連邦憲法案をまとめた。その後、社会民主党とキリスト教社会党との間の私的審議等を経て、憲法委員会は九月二六日・二七日に連邦憲法に関する委員会報告を完成し、憲法制定国民議会は、九月二九日から一〇月一日にかけて審議を行い、これを可決したのである。

この憲法は、「オーストリア共和国を連邦国家として整備するための一九二〇年一〇月一日の法律（連邦憲法）：Gesetz vom 1. Oktober 1920, womit die Republik Österreich als Bundesstaat eingerichtet wird（Bundes-Verfassungsgesetz）」と称され、一九二〇年一一月一〇日に効力を発生した。

この憲法が今日の憲法の基礎をなしているのである。

二　成立後の変遷と展開

(1)　連邦憲法の改正　一九二〇年の連邦憲法は、一九二五年七月三〇日に改正をうけ（一〇月一日に発効）、さらに一九二九年一二月七日に大改正をうけた。一九二九年の改正は、一九二〇年憲法の議会主義的民主主義の形式に変更を加えたといわれる。すなわち、連邦大統領は、連邦議会からでなく連邦国民から直接選挙され、また国民議会の召集権や制限的緊急命令権を有する。

しかし憲法の基本原則、つまり民主主義的共和国という国家形態や連邦国家という組織形態には、変更は加えられなかった。この改正憲法は、一二月一一日に公布され、一九三〇年一月一日の官報第一号によって再公布された。この憲法は“Bundesverfassungsgesetz in der Fassung von 1929”と呼ばれる。この憲法が第二次大戦後復活され、効力を有しているのである。

この一九二九年の憲法は当時は生命が短く、とくに一九三四年五月一日にはナチズムを基礎とする憲法（「一九三四年憲法」“Verfassung 1934”と言われる）が成立した。そして、一九三八年三月一三日にオーストリアはドイツに併合され、その独立性を失ってしまったのである。

(2)　第二次大戦後の展開　一九四三年一一月のモスクワ宣言は、ドイツとの合併の無効を宣言し、独立のオーストリアの再建を宣言した。カルル・レンナーによって樹てられたオーストリア仮政府は、一九四五年五月一日、「一九二九年の本文における連邦憲法の新たな有効性に関する憲法」（憲法経過法 Verfassungs-Überleitungsgesetz，オーストリア国官報第四号）を発布し、一九二九年の憲法を復活することを宣言した。

かくて、第二次大戦後のオーストリアにおいては、一九二九年憲法が実施されることとなったのである。ただ、オーストリアは一九四五年七月四日に四地区に分けて占領され、ウィーンに設けられた連合国統制委員会が主権を行使していた。しかし、一九四六年六月二八日の連合国の協定によって、オーストリア政府の権限は、例外を除いてほとんどオーストリア全域に及んだ。そして、一九五五年五月一五日（七月二七日発効）のオーストリアと、ソビエト・イギリス・アメリカ・フランスとの間の条約（「独立で民主的なオーストリアの再建に関する条約」）によって、連合国委員会は廃止され、ここにオーストリアは完全な主権を回復したのである。

この間、現行憲法としての一九二九年憲法は、小改正を重ねたが、一九五五年の平和条約に基づくオーストリアの完全独立は、オーストリア憲法史にも画期的な意義を与えることとなった。すなわち、オーストリアは、永久の中立を希求することになり、その結果、一九五五年一〇月二六日には「オーストリアの中立性に関する連邦憲法」（後掲拙訳参照）が制定されて、オーストリアの永続的な中立が宣言された。ここにオーストリアは世界の憲法史上にも大きな足跡を残したのである。

(3)　ヨーロッパ化　世界史における一九八九年以降の東西二極分解・対立の構造の崩壊は、オーストリアにおける中立のあり方にも変容をもたらした。すなわち、以前にはヨーロッパ共同体への加入が中立に関する連邦憲法との関係で問題を有すると考えられていたが、今やヨーロッパ連合の構成国としての地位と中立とは矛盾しないものと解され、一九九四年、「オーストリアのヨーロッパ連合への加盟に関する連邦憲法」（後掲拙訳参照）が制定されて、オーストリアはヨーロッパ連合に加盟したのである。そして、それにともなって連邦憲法にも改正が加えられ（一九九四年改正）、また、EUの展開に対応して憲法律が制定されている（「アムステルダム条約の締結に関する連邦憲法」一九九八年連邦官報I七六号、「ニース条約の締結に関する連邦憲法」二〇〇一年連邦官報I一二〇号）。なお、オーストリアは、二〇〇四年一〇月二九日に調印されたEU憲法条約を、二〇〇五年五月に批准したが（五月一一日に国民議会の承認、五月二五日に連邦参議院の同意）、EU憲法条約自身が発効せずに終わり（フランスおよびオランダにおける国民投票での否決により）、それに代わる改革条約として成立したリスボン条約（二〇〇七年一二月一三日調印、オーストリアは二〇〇八年五月一三日に批准書寄託）が、二〇〇九年一二月一日に発効した（二〇〇九年連邦官報Ⅲ一三二号）。

(4) 最近の改正　連邦憲法は、その規定がきわめて詳細なものであることもあって、頻繁に改正されており、一九二九年憲法の改正は、一九九四年改正までで六三回（第二次大戦後に六〇回）に及び、その後二〇〇五年（本書第三版発行）の一月一日までにさらに二二回の改正が行われている（後掲RISによる）。

ところで、二〇〇五年は、連邦憲法八五年（一九二〇年一〇月一日の第一共和制憲法から）、第二共和国憲法六〇年（一九四五年五月一日の一九二九年憲法復活から）の年である。この年に向けて、オーストリア諮問会議（Österreich-Konvent）が二〇〇三年六月に発足し、一〇の委員会を設けて憲法改革（Staats-und Verfassungsreform）についての審議を行い、二〇〇五年一月二八日に、一一二八頁の最終報告をまとめた（http://www. konvent. gv. at/）。しかし、これは、新憲法の制定をもたらすことはなかった。オーストリア憲法は、従来の状態のままに留まっているのである。

そして、その中核をなす連邦憲法について言えば、本書第三版出版の二〇〇五年から第五版が出版される二〇一八年一月一日までの間に、三五回の改正がなされている（https://www. ris. bka. gv. at/GeltendeFassung. wxe?Abfrage=Bundesnormen&Gesetzesnummer=10000138）。それによって多くの条項が改正されているが、最も大きな改正の一つは、二〇〇八年に、「第五章　自治行政」の章が設けられたことである（二〇〇八年連邦官報Ⅰ二号）。そこでは、それまでの第四章第三節（市町村・地方公共団体）が第五章第一節となり、新たに第五章第二節（その他の自治行政）が追加されたのである。また、その改正においては、第三章第一節（行政）に第六款（大学）も設けられている。最大の改正のもう一つは、二〇一二年に行われた、行政裁判所に関する大改正である（二〇一二年連邦官報Ⅰ五一号）。改正前において、行政争訟は、行政裁判所と、その前審たる行政審判によって行われていた。ヨーロッパ人権条約第五条（自由及び安全についての権利）、第六条（公正な裁判を受ける権利）、第一三条（効果的な訴願の権利）および欧州共同体基本権憲章第四七条（実効的な争訟と公正な裁判所の権利）が求める行政法上の保護を実現し、行政裁判所の負担軽減を図るため、新たに、各邦の行政裁判所、連邦行政裁判所及び連邦財政裁判所が設けられ、行政審判を司った行政機関の多くが廃止されたのである。

三　特　色

(1) 法源　オーストリア憲法の形式面における最大の特色は、憲法の法源にあるといえよう。

オーストリアには、わが国におけるような、単一の憲法典のみが存するのではない。第二次大戦後、一九二九年の連邦憲法が復活し、それが現行憲法の主要部分を構成しているのであるが、しかしこれがすべてではない。すなわち、オーストリア憲法には、以下のものが属する。

(a)「連邦憲法」(Bundes-Verfassungsgesetz, B-VGと略称) これは、一九二〇年の連邦憲法を改正した「一九二九年の本文における連邦憲法」を基礎とした憲法典であって、オーストリア憲法の核をなすものである。

(b)「憲法律」(Verfassungsgesetz) これは、右の「連邦憲法」以外で“Verfassungsgesetz”という名称を付されたまとまった憲法典である。

(c) 単純法律中に含まれる「憲法規定」(Verfassungsbestimmung) これは、通常の法律の中に“Verfassungsbestimmung”という見出しを付しておかれる、その法律中のある章、条文等をいう。

(d) 憲法と同ランクの条約、および、法律と同ランクの条約中の憲法ランクの規定

斯様に、現行オーストリア憲法は、単一の法典から構成されているのではない。しかし、上述のように、「連邦憲法」がその中核をなすものである。これは一五二条から成り、しかも厖大なもので、そこにはオーストリアの統治機構に関する規定その他ほとんどの憲法の規定が含まれている。ただ、国民の権利に関する規定のみは、ほとんどみられない。

このほかに連邦憲法以外の「憲法律」および「憲法規定」があるわけであるが(連邦憲法第四四条参照)、「憲法規定」は単純法律中に含まれて諸所に散在しているものであって、きわめて多数にのぼる(第二次大戦後一九七一年までのもののみでも、後掲のヴァルターは一六一を挙げており、現在までに一〇〇〇以上の憲法規定が定められたとされている〈http://www.konvent.gv.at/〉)。まとまった法典としての「憲法律」も多数にのぼるが、たとえば次のような種類のものがある。

(イ)「連邦憲法」のための経過法(一九二〇年一〇月一日連邦官報第二号、および一九二九年一二月七日連邦官報第三九三号)

(ロ)「連邦憲法」第一四九条によって「憲法律」と宣言されたもの(六つ)(後掲拙訳中の同条文参照)。

(ハ) 一九二〇年一一月一〇日以後に発布された連邦の「憲法律」で一九三三年三月五日に効力を有していたもの(主なもの五つ)。

(ニ) 一九四五年五月一日以後に発布された「憲法律」(但し、一九四五年一二月一九日に「連邦憲法」が完全に効力を発生して以後に有効であった場合に限る)。この戦後における「憲法律」の中で最も重要と考えられるものの若干を挙げると、一九四五年五月一日の「憲法経過法」(解説二の(2)参照)、「オーストリアにおける法生活の回復に関する一九四五年五月一日の憲法――憲法経過法」(オーストリア国官報第六号)、「連邦憲法」第一三条の意味において発布された「一九四八年一月二一日の財政憲法律」(連邦官報第四五号)、ならびに後に訳出する「中立性に関する連邦憲法」および「ヨーロッパ連合への加盟に関する連邦憲法」などがある。

(2) 国民の権利 国民の権利に関しては、「連邦憲法」はほとんど規定を設けていない。僅かに、第七条が「法の前の平等」と「公務員の政治的権利」について、第八条が言語上の少数者の

権利について、そして第八三条2項が「裁判を受ける権利」について定めている、等にすぎない。したがって、基本権に関する規定は、主として「憲法律」に委ねられているわけである。

現在、国民の権利に関する一般法として妥当しているのは、「連邦憲法」第一四九条1項によって「憲法律」と宣言された「国民の一般的権利に関する一八六七年一二月二一日の国家基本法（後掲拙訳参照）である。これは、自由権的基本権を包括的に保障したものである。この憲法律第八条の人身の自由に関しては「人身の自由の保護のための一九八八年一一月二九日の連邦憲法」（連邦官報第六八四号）が制定され、同じく第九条に関する詳細な規定としては「住居権の保護のための一八六二年一〇月二七日の法律」（帝国官報第八八号、「連邦憲法」第一四九条1項によって「憲法律」とされている）がある。

このほかに、「一九一九年九月一〇日のサン・ジェルマン条約」（一九二〇年オーストリア国官報第三〇三号、「連邦憲法」第一四九条1項による「憲法律」）の第六二条ないし第六九条は、法の前の平等、身体の自由権、信教の自由権、少数民族の権利などを保障し、仮国民議会の一九一八年一〇月三〇日の議決（連邦憲法第一四九条1項による「憲法律」）は、検閲の禁止、出版・集会・結社等の自由を定めている。また、「独立で民主的なオーストリアの再建に関する条約」（一九五五年五月一五日）の第六条は、平等権、表現・出版・信教・政治的意見・集会等の自由権を保障し、第七条は少数民族の権利を保障している。なお、集会および結社の権利に関する単純法律としては、「一九五一年の結社法」（同年連邦官報第二三三号）、「一九五三年の集会法」（同年連邦官報第九八号）、等がある。

このように、国民の権利に関しては、統一的な憲法典がなく、一八六七年の国家基本法が一般法として妥当している。ただ、この憲法律が一九世紀の立憲君主制時代のものであるために、右にみた諸法による補充によっても、なお不備を免れない。そのため、基本権の新しい憲法典化のための努力がなされてきているが（連邦総理府におかれた基本権改革委員会の一九六四年から一九八三年にいたる作業、それをうけての、政治的基本権委員会の一九八五年以降の作業、等）、未だ成功していない（なお、二の⑷で触れたオーストリア諮問会議の第四委員会も、基本権のカタログ化を課題としていた）。現在、条約の現行法としての適用、若干の新しい分野での国内法の制定、等が行われている。

まず、条約としては、ヨーロッパ人権条約（一九五〇年一一月四日の人権および基本的自由の保護に関する条約、一九五八年連邦官報第二一〇号）が最も大きい意義を有しているが、社会的基本権については、ヨーロッパ社会憲章（一九六九年連邦官報第四六〇号、一九七〇年連邦官報第二八四号）がある。また、新しい分野に関する国内法としては、「放送の独立性の保障に関する一九七四年七月一〇日の連邦憲法」（連邦官報第三九六号）、「個人データーの保護に関する一九七八年一〇月一八日の法律（データ保護法）」（連邦官報第五六五号）、等がみられる。さらに、二〇〇〇年一二月に公布されていた欧州連合基本権憲章が、二〇〇九年のリスボン条約発効によって法的拘束力をもつこととなったため、今後、徐々にその役割を大きくしていくことが予想される。

⑶　内容的特色　　オーストリア連邦憲法は、第一次大戦後の

一九二〇年に成立したものであるが、現存するものとしては最古の憲法裁判所を設け（連邦憲法第六章第四節）、徹底した法治行政原理を採用し（連邦憲法第一八条1項）、また最初の行政手続法が一九二五年に成立した（官報一九二五年二七三――二七六号）。したがって、オーストリア法は、ドイツ法系に属しながらも、一九二〇年憲法においては、大きな特色を示したのである。これには、ケルゼンが憲法制定に大きな役割を果たしたこと、その後もウィーン学派が大きな影響力をもったこと、等も原因として挙げられよう。しかし、第二次大戦後に接近をみせている独墺の憲法原理の礎が、すでに第一次大戦後のオーストリアにおいて築かれていたことは、注目されてよいであろう。そして、このような法治主義は、第二次大戦後、とくに近年、さらなる展開をみせているのである。

摘　要

ここでは、先ず、一九二〇年に成立し、第二次大戦後に一九二九年の本文において復活した「連邦憲法」を訳出した。ついで、国民の権利に関する一般法として、「国民の一般的権利に関する一八六七年一二月二一日の国家基本法」を訳出した。さらに、オーストリアの特色を示すものとして、「オーストリアの中立性に関する一九五五年一〇月二六日の連邦憲法」、および「オーストリアのヨーロッパ連合への加盟に関する連邦憲法」を訳出した。

しかし、一九二九年の「連邦憲法」については、それが厖大なものであるため、単に主な条文のみを訳出するにとどめた。ただ、各条文の見出しのみは掲げた。そしてある条項全体を省略した場合は〔略〕と記し、ある条項中の文または語を省略した場合は「……」で示した。

ここに訳出した憲法の原文は、Grabenwarter/Ohms, Die österreichische Bundesverfassung (Manz・Taschenausgaben), 13. Aufl. Stand 1. 7. 2014 に掲載のものであるが、オーストリア政府のRIS (Rechts Information System) の Bundesrecht も参考にした（http://www.ris.bka.gv.at/bundesrecht/）。

オーストリア憲法史については、入門書として、W. Brauneder, Österreichische Verfassungsgeschichte, 8, Aufl. 2001, 概説書として、O. Lehner, Österreichische Verfassungs-und Verwaltungsgeschichte, 4. Aufl. 2007, 等があり、憲法の諸テキストの中にも憲法史の叙述がみられる（とくに、次に掲げるアダモヴィッヒのものは、詳しい）。また、資料集も、いくつものすぐれたものがあるが、ここでは省略する。

憲法の法源については、以前のものであるが詳細なものとして、Ludwig Adamovich, Handbuch des österreichischen Verfassungsrechts, 6. Aufl., S. 1971, S. 57ff.; Robert Walter, Österreichisches Bundesverfassungsrecht, 1972, S. 45ff., 参照。人権についての一般的なテキストとして、Felix Ermacora, Grundriß der Menschenrechte in Österreich, 1997; ヨーロッパ法とオーストリアについては、C. Thun-Hohenstein/ F. Cede, Europarecht. Das Recht der Europäischen Union unter besonderer Berücksichtigung des EU-Beitritts Österreichs, 1995, 等参照。

〔付記〕

ここで、本解説・翻訳に関する若干の参考文献を掲げておきたい。

まず、オーストリア連邦憲法の翻訳であるが、一九二九年の「連邦憲法」の一九五七年現在の翻訳として、「和訳各国憲法集（続 一二） オーストリア連邦憲法」（衆参両議院法制局・国会図書館・内閣法制局）がある。最近のものとしては、武永淳「オーストリア共和国連邦憲法⑴⑵」彦根論叢（滋賀大学）三一二号・三一三号（一九九八年）が、連邦憲法第五九b条までの訳を提供している。

次に、憲法史に関しては、奥正嗣氏の一連の論稿がある。すなわち、「国際研究論叢」（大阪国際大学紀要）一六巻二号・一七巻一号（一八四八—五一年について）、一八巻三号・一九巻一号（一八五二—六七年について）、二一巻一号および「ヨーロッパにおける人権問題」（大阪国際大学、二〇〇六年）四章（一八六七—一九一八年について）所収のもの、「国際研究論叢」二三巻二号・三号（クレムジール憲法草案について）、二五巻三号・二六巻一号・三号・二七巻一号（一九二〇年憲法とケルゼンについて）、二七巻二号・三号（一九三四年憲法と職能身分制国家について）、二八巻一号（ドイツ占領下のオーストリアについて）、二八巻二号・三号。二九巻一号（連合国による管理とオーストリアの再建について）、二九巻二号・三号・三〇巻一号・二号（一九五五年以降のオーストリア憲法の展開について）である。

そして、現行オーストリア憲法の基本原理、基本的人権、統治機構等の研究書としては、渡辺久丸『現代オーストリア憲法の研究』（信山社、二〇〇六年）がある。

なお、訳者自身のものとしては、「オーストリー法治主義（Legalitätsprinzip）の比較法的研究」（平成六年度—八年度文部省科学研究費補助金—基盤研究(c)(2)—研究成果報告書、一九九八年）がある。（ちなみに、訳者自身は、国名表記としては、オーストリアではなく、オーストリーを用いている。しかし、本書においては、公式の表記法に遵っている。）

最新の資料・情報の検索・収集などについては、高田篤氏の助力を得た。

オーストリア連邦憲法

第一章　総則・ヨーロッパ連合

第一節　総則

第一条〔民主主義、共和制〕
オーストリアは、民主主義的共和国である。その法／権利は、国民から発する。

第二条〔連邦国家、邦〕
1　オーストリアは、連邦国家である。
2　連邦は、以下の独立の諸邦から構成される。すなわち、ブルゲンラント、ケルンテン、ニーダーオーストリア、オーバーオーストリア、ザルツブルク、シュタイアーマルク、チロール、フォラールベルク、ウィーンである。
3　〔略〕

第三条〔連邦領域と邦領域〕
1　連邦領域は、各邦の領域を包括する。
2　連邦の境界を変更することとなる条約は、関係諸邦の同意を得た場合に限り、締結することが認められる。
〔3項・4項　略〕

第四条〔貨幣・経済および関税の区域の統一〕
1　連邦領域は、単一の貨幣区域・経済区域および関税区域をなすものとする。
2　連邦内においては、中間関税線またはその他の通商制限が設けられてはならない。

第五条〔連邦の首都、連邦の最高諸機関の所在地〕
1　連邦の首都および連邦の最高諸機関の所在地は、ウィーンである。
2　〔非常事態中の特則　略〕

第六条〔国民の要件〕
1　オーストリア共和国における国民の要件は、統一的に定められる。
2　邦内に主たる住所を有する国民は、当該邦の公民である。ただし、邦法律は、邦に住所を有するが主たる住所を有しない国民についても、当該邦の公民と定めることができる。
〔3項・4項　略〕

第七条〔法の前の平等、公務員の政治的権利〕
1　すべての国民は、法律の前に平等である。出生、性別、身分、階級および信仰に基づく特権は、これを認めない。何人もその障害により差別されてはならない。共和国（連邦、邦および市町村）は、障害を有する者と有しない者の平等取扱いを、日常生活のすべての領域において保障することを、大原則とする。
2　連邦、邦および市町村は、男女の事実上の平等化を大原則とする。とくに事実上存在する不平等を除去することによって男女の事実上の平等化を促進する措置をとることは、これを認める。
3　公職の表示は、その職にある者の性別を表現するような形式で用いることができる。称号、学位および職業の表示についても同様とする。
4　公務員（連邦軍に所属する者を含む）は、その政治上の権利の完全な行使を保障される。

第八条〔国語〕
1　ドイツ語を、共和国の国語とする。ただし、言語上の少数者に対して連邦法律上与えられた権利は、侵害されない。
〔2項・3項　略〕

第八a条〔国家のシンボル〕
1　オーストリア共和国の色彩は、赤―白―赤とする。旗は、三つの均等の幅の横縞で構成し、中央を白、上下を赤とする。
〔2項・3項　略〕

第九条〔国際法規〕
1　一般的に承認された国際法規は、連邦法の構成部分として効力を有する。
2　〔略〕

第九a条〔全般的国土防衛、良心的兵役拒否、女性の防衛役務提供権〕〔略〕

第一〇条〔連邦の立法および執行の権限〕
1　次の諸事項に関する立法および執行は、連邦の所管に属する。
一　連邦憲法・とくに国民議会の選挙・連邦憲法に基づく国民請願、国民投票、国民調査、憲法裁判権、邦の行政裁判所の組織を例外とした行政裁判権
一a　ヨーロッパ議会の選挙、ヨーロッパレベルの市民発案
二　外務……
三　連邦領域への入国および連邦領域からの出国の規制および監督……
四　連邦の財政……
五　貨幣・信用・証券取引所および銀行に関する制度、度量衡および規格、検定に関する制度
六　民事法制度……、私的財団制度、刑法制度

……、司法、社会の防衛のための施設……、著作権、報道、公用収用……、公証人・弁護士および類似の職業に関する事項

七　公共の平穏・秩序および安全の維持……、結社および集会に関する法、戸籍上の身分に関する事項……、外国人に関する警察および登録制度……、銃砲・弾薬・爆薬・射撃に関する制度

八　営業および産業に関する事項……

九　交通制度……、水上交通警察、郵便および電信電話制度、環境影響評価……

一〇　鉱業、牧畜業を含めた林業、水法……

一一　労働法……、社会保険および契約保険制度、労働者・被用者のための会議体……

一二　衛生制度……

一三　学術的・専門技術的な公文書・図書館役務、連邦の美術的・学術的な収集および施設に関する事項、連邦劇場に関する事項……、記念物保護、礼拝に関する事項、国勢調査およびその他の統計……、財団および基金制度……

一四　連邦警察の組織および運営……

一五　軍事に関する事項……

一六　連邦官庁およびその他の連邦官職の設置、連邦公務員勤務法・職員代表法

一七　人口政策……

一八　〔二〇一二年廃止〕

〔2項・3項　略、一九九四年4項ないし6項廃止〕

第一一条〔連邦の立法事項と邦の執行事項の競合〕

1　次の諸事項に関しては、立法は連邦の所管に属し、執行は邦の所管に属する。

一　国籍

二　職業的代議機関で第一〇条に規定する以外のもの……

三　国民の住居に関する制度……

四　交通警察

五　都市の衛生的再開発

六　内水航行……

七　環境影響評価……

八　動物保護……

2　行政手続、行政刑法総則、行政刑事手続および行政上の強制執行については、統一的規定を制定する必要があると認めるときは、邦の立法権に属する事項についても、とくに公課に関する事項についても、連邦法律で定める。……

〔3項ないし7項　略〕

第一二条〔連邦と邦の競合的管轄事項についての権限配分〕

1　次の諸事項に関しては、原則についての立法は連邦の所管に属し、施行法律の制定および執行は邦の所管に属する。

一　救貧制度、人口政策……、社会福祉施設、母性・乳児・少年の保護、療養所および介護施設、健康上の視点から保養地ならびに保養施設および保養設備に課されるべき要請、温泉

二　裁判外で紛争を解決するための公の制度

三　土地改革……

四　疾病および害虫に対する植物の保護

五　電気事業（第一〇条に規定するものを除く）

六　労務者法ならびに労務者・被用者の保護（農業・林業の労務者・被用者に関する）

2　〔略〕

第一三条〔連邦と邦の課税権〕

1　公課制度の領域における連邦および邦の権限は、特別の連邦憲法律（「財政憲法律」）によってこれを定める。

2　連邦、邦および市町村は、その予算執行について、全経済の均衡の維持と持続的に秩序づけられた財政に努めなければならない。

3　連邦、邦および市町村は、予算執行に際して、男女の事実上の平等化に努めなければならない。

第一四条〔学校・教育制度に関する連邦と邦の所管事項と権限配分〕〔略〕

第一四a条〔農林学校・教育制度に関する連邦と邦の所管事項と権限配分　続〕〔略〕

第一四b条〔公的委託制度に関する連邦と邦の所管事項〕〔略〕

第一五条〔邦の権限事項〕

1　連邦憲法が明示的に連邦の立法に委任することなくまたは執行にも委任していない事項は、邦の独自の権限に属する。

〔2項ないし10項　略〕

第一五a条〔連邦と邦ならびに邦相互間の協定、国際条約と協定〕〔略〕

第一六条〔邦の条約締結権、邦の条約執行義務、連邦の監督権〕

1　各邦はその独自の権限に属する事項について、オーストリアと国境を接する諸国またはその支分国と、条約を締結することができる。

〔2項ないし5項　略、一九九四年6項廃止〕

第一七条〔私権の主体としての連邦および邦の地位〕

立法および執行の権限に関する第一〇条ないし第一五条の規定は、私権の主体としての連邦および邦の地位に変更をもたらさない。

第一八条〔法律による行政、命令、緊急命令〕

1 すべての国家行政は、法律の根拠に基づいてのみ行われ得る。

2 各行政官庁は、法律の根拠に基づいて、自己の権限の範囲内で、命令を発することができる。

3 国民議会が召集されていないか適時に召集されることができないかまたはその活動を不可抗力によって阻まれているときに、明白かつ再び償われ得ない公共の損害を防止するため、憲法上国民議会の議決を要する措置を即時にとることが必要となる場合においては、連邦大統領は、連邦政府の提議に基づいて、大統領および連邦政府の責任の下に、法律を変更する暫定的な命令によって、右の措置をとることができる。連邦政府は、その提議を、国民議会の主委員会によって任命された常任小委員会（第五五条3項）と協調して審理しなければならない。この命令には、連邦政府の副署を要する。

4 前項の規定に基づいて発せられた命令の各々は、連邦政府によって遅滞なく国民議会に提出されるべきものとする。国民議会がこの時点で会期中でない場合は連邦大統領が、会期中であれば国民議会の議長が、提出後の八日のうちに、同議会を召集しなければならない。国民議会は、命令の提出後四週間以内に、当該命令の代わりにそれに相当する連邦法律を議決するか、または議決によって連邦政府に当該命令を直ちに失効させるべき旨要求するかしなければならない。この場合においては、連邦政府は、直ちにこの要求に従わなければならない。……命令が上記の規定に従い連邦政府によって廃止される場合には、当該命令によって廃止されていた法律の規定は、当該命令の廃止が効力を生じた日から再びその効力を生ずる。

5 3項に定められた命令は、連邦憲法上の規定の変更を意味してはならず、また、連邦の継続的な財政上の負担、邦または市町村の財政上の負担、国民の財政上の義務づけ、国有財産の処分、第一〇条1項一一号に掲げられた事項に関する措置、および団結権または賃借人保護の領域における措置を対象にしてはならない。

第一九条〔執行の最高諸機関、公務員の私企業への関与の制限〕

1 執行の最高諸機関は、連邦大統領、連邦大臣および次官、ならびに邦政府の構成員である。

2 前項に掲げられた諸機関およびその他の公務員の私企業における活動の許容は、連邦法律によってこれを制限することができる。

第二〇条〔行政機関、その指揮監督関係、その職務上の秘密保持義務、情報提供義務〕

1 行政は、任期を定めて選挙された機関、任命された専門職の機関または契約によって任用された機関が、連邦および邦の最高諸機関の指揮の下に、法律の規定に従って、これを行う。これらの諸機関は、2項により法律に別段の定めがある場合を除き、その上級機関の訓令に拘束され、かつその職務上の行為について上級機関に責任を負う。下級機関は、訓令が無権限の機関によってなされたとき、または訓令への服従が刑法上の規定に反すると考えられるときは、訓令への服従を拒否することができる。

〔2項・3項　略〕

4 連邦・邦および市町村の事務を担当するすべての機関ならびに他の公法上の団体の機関は、法律上の守秘義務に反しない限り、その権限に属する事項について、情報を提供しなければならない。……

第二一条〔公勤務法〕〔略〕

第二二条〔公の機関相互間の協力義務〕

連邦、邦および市町村のすべての機関は、その法律で定められた権限の範囲内で、相互に協力する義務を負う。

第二三条〔国および公共団体の損害賠償責任〕

1 連邦、邦、市町村およびその他の公法上の社団および営造物は、その機関として行動する者が法律の執行中に違法行為により何びとに対してであれ有責に損害を加えたときは、その損害について責任を負う。

2 前項に掲げられた法主体の機関として行動する者に故意または重大な過失があるときは、この者は、法主体が被害者に賠償した損害につき、法主体に対して責任を負う。

〔3項ないし5項　略〕

第二節　ヨーロッパ連合

第二三 a条〔ヨーロッパ議会の選挙〕

1 ヨーロッパ議会の議員は、オーストリアにおいては、選挙の日までに一六歳に達し、選挙の指定日にオーストリア公民権を有しかつヨーロッパ連合の法の基準によって選挙権を奪われていないか、またはヨーロッパ連合の他の構成国の国籍を有しかつヨーロッパ連合の法の基準によって選挙権を有する男女の平等・直接・本人の・自由・秘密の選挙権に基づいて、比例選挙の原則により、選挙される。

2　連邦領域は、ヨーロッパ議会の選挙について統一的な選挙体を構成する。

3　被選挙権を有する者は、オーストリアにおいてヨーロッパ議会の選挙権を有する者であって、選挙の日までに一八歳に達した者とする。

4　第二六条5項ないし8項の規定は、これを準用する。

第二三b条〔公務員、大学教員のヨーロッパ議会への参加〕

1　ヨーロッパ議会議員に立候補しようとする公務員は、立候補のために必要な自由時間を与えられるべきものとする。ヨーロッパ議会議員に選出された公務員は、議員の席にある間、給与を支給されることなく休職されるものとする。詳細は法律で定める。

2　大学教員は、ヨーロッパ議会に所属している間においても、研究および教授の活動ならびに試験の活動を継続することができる。この活動に対する給与は、事実上なされた業績に応じて査定されるべきものとする。ただし、大学教員の給与の二五パーセントを超えてはならない。

3　〔略〕

第二三c条〔ヨーロッパ連合諸機関へのオーストリアの協力〕

1　欧州委員会、欧州司法裁判所、会計検査院、経済社会委員会および地域委員会の構成員とその代理人およびのヨーロッパ投資銀行評議会の構成員の任命に対するオーストリアの提案を行うことは、連邦政府の責務とする。

2　欧州委員会、欧州司法裁判所、会計検査院およびヨーロッパ投資銀行評議会の構成員の任命に対する提案を行う前に、連邦政府は、提案しようとする者を、国民議会と連邦大統領に伝えなければならない。連邦政府は、提案に関して、国民議会の主委員会と合意しなければならない。

3　経済社会委員会の構成員の任命に対する提案を行う前に、連邦政府は、経済的・社会的生活上の諸種の集団を法律上およびそれ以外で職業上代表する者から、その提案を得なければならない。

4　地域委員会の構成員およびその代理者の任命に対するオーストリアの協力は、邦ならびにオーストリア市連合およびオーストリア町村連合の提案に基づいて、行われるべきものとする。この場合、邦は一名ずつの、オーストリア市連合およびオーストリア町村連合は共同して三名の代表者を、提案しなければならない。

5　〔略〕

第二三d条〔ヨーロッパ連合の事業計画と邦〕

1　連邦は、ヨーロッパ連合内の事業計画であって、邦の独自の活動領域に関するか、または邦の利益となることのできるすべての事業計画については、邦に対して遅滞なく、教示し、および態度表明の機会を与えなければならない。このような邦の態度表明は、連邦総理府に対して行われるものとする。市町村の独自の活動領域または市町村のその他の重大な利益に関する場合は、市町村についてもまた同じ。市町村を代表することは、この事務について、オーストリア市連合およびオーストリア町村連合の責務である（第一一五条第3項）。

〔2項ないし5項　略〕

第二三e条〔ヨーロッパ連合の事業計画と国民議会・連邦参議院〕

1　所管の連邦大臣は、国民議会および連邦参議院に対して、ヨーロッパ連合内の全ての事業計画につき、遅滞なく教示し、態度表明の機会を与えなければならない。

〔2項ないし4項　略〕

第二三f条〔国民議会・連邦参議院のヨーロッパ連合諸条約で想定された諸権限とその他の権限〕〔略〕

第二三g条〔国民議会・連邦参議院とヨーロッパ連合の立法活動〕〔略〕

第二三h条〔補完性原則違反のヨーロッパ連合の立法活動に対する国民議会・連邦参議院の訴訟提起〕〔略〕

第二三i条〔欧州理事会の手続・権限の変更と国民議会・連邦参議院〕〔略〕

第二三j条〔ＥＵの外交・安全保障政策等への参加〕

1　オーストリアは、その第三条5項および第二一条1項において特に国連憲章の諸原則の保持ないし尊重を予定する、リスボン条約の本文におけるヨーロッパ連合条約第五編第一章および第二章に基づいて、ＥＵの共通の外交・安全保障政策に参加する。これには、同条約第一七条2項による課題への協力、ならびに一つまたはいくつかの第三国との経済関係を一時的に停止し、制限しまたは完全に停止する措置への協力が含まれるものとする。ＥＵの共通の防衛についての欧州理事会の表決には、第五〇条4項の規定を準用する。

〔2項ないし4項　略〕

第二三k条〔ヨーロッパ連合にかかる国民議会・連邦参議院の権限の規律と委員会への権限委譲〕〔略〕

第二章　連邦の立法

第一節　国民議会

第二四条〔連邦の立法権〕
連邦の立法権は、国民議会が連邦参議院と共にこれを行使する。

第二五条〔国民議会の所在地ウィーンと非常事態中の特則〕〔略〕

第二六条〔国民議会の選挙〕
1　国民議会は、選挙の日までに一六歳に達した男女の平等・直接・本人の・自由・秘密の選挙権に基づいて、比例選挙の原則に従い、連邦国民により選挙される。……
〔2項・3項　略〕
4　国民議会の選挙権を有する者であって、指定日にオーストリア国籍を有し、かつ選挙の日までに一八歳に達した者は、被選挙権を有する。
〔5項ないし7項　略〕

第二六a条〔選挙官庁〕〔略〕

第二七条〔国民議会の立法期間、新議会の召集〕
1　国民議会の立法期間は、その最初の集会の日から起算して五年とする。ただし、新たな国民議会が召集される日に至るまで継続するものとする。
2　〔略〕

第二八条〔国民議会の召集、会期、臨時会、閉会、会議〕〔略〕

第二九条〔国民議会の解散〕
1　連邦大統領は、国民議会を解散することができる。ただし、大統領が同一原因に基づいて解散を行うことは、一回に限り認められるものとする。……
2　国民議会は、立法期間の満了前に、単純法律によって、その解散を議決することができる。
3　〔略〕

第三〇条〔国民議会の議長、議事と議事規則、事務局員〕〔略〕

第三〇a条〔国民議会・連邦参議院の領域における情報の特別の保護と秘密保持〕〔略〕

第三一条〔国民議会の議決〕
国民議会の議決のためには、この法律に別段の定めがある場合、または国民議会の議事規則に関する連邦法律の中に個々の事項につき別に定められている場合を除き、少なくとも総議員の三分の一が出席し、かつ投票の絶対多数を得ることを要する。

第三二条〔国民議会の会議の公開とその停止〕〔略〕

第三三条〔国民議会の会議における真実の報告の無答責〕〔略〕

第二節　連邦参議院

第三四条〔連邦参議院の構成〕
1　連邦参議院においては、各邦は、以下の規定に従い、その邦の公民数に比例して代表される。
2　最多数の公民数を有する邦は、一二人の議員を送り、他の各邦は、その公民数と上記の邦の公民数との比に相当する数の議員を送るものとする。この場合、比例数の二分の一を超える端数は、全数と看做す。ただし、いずれの邦にも少なくとも三人の議員の代表が帰属するものとする。各議員ごとに予備員一人が選任される。
3　〔略〕

第三五条〔連邦参議院議員の選挙、議員たるべき資格〕
1　連邦参議院議員およびその予備員は、邦議会によって、その立法期間を任期とし比例選挙の原則に従って選出される。ただし、少なくとも一人の議員は、邦議会において第二位に多数の議席を有する政党……に属さなければならない。複数の政党が同じ権利を有する場合は、くじで決する。
2　連邦参議院議員は、その議員を派遣する邦議会の議員であってはならない。ただし、この邦議会の被選挙権を有する者でなければならない。
〔3項・4項　略〕

第三六条〔連邦参議院の議長、邦首長の議事参加権〕〔略〕

第三七条〔連邦参議院の議決、議事規則、会議の公開とその停止〕
1　連邦議会の議決のためには、この法律に別段の定めがある場合、または連邦参議院の議事規則中に個々の事項につき別に定められている場合を除き、少なくとも総議員の三分の一が出席し、かつ投票の絶対多数を得ることを要する。
〔2項・3項　略〕

第三節　連邦総会

第三八条〔連邦総会〕
国民議会および連邦参議院は、連邦大統領の宣誓のためにならびに宣戦の議決のために、国民議会の議場において合同の公開の会議の形で、連邦総会として集会する。

第三九条〔連邦総会の召集、議長、議事〕〔略〕

第四〇条〔連邦総会の議決の認証、副署、公布〕〔略〕

第四節　連邦の立法手続

第四一条〔法律案の提出、国民請願〕

1　法律案は、国民議会議員、連邦参議院もしくは連邦参議院議員三分の一の発議または連邦政府の提案として、国民議会に提出される。

2　一〇万人の投票権者または三邦の投票権者のそれぞれ六分の一によってなされた各発議（国民請願）は、審議のために、連邦選挙庁により国民議会に提出されるべきものとする。国民請願における有権者は、その提出期間の最終日までに国民議会の選挙権を有し、かつ連邦領域内の市町村に主たる住所を有する者とする。国民請願は、連邦法律によって規律されるべき事項に関するものでなければならず、法律案の形式で提出されなければならない。連邦法律によって、有権者による国民請願の電子的支援を用意することは可能であるが、支援が個人に対してのみおよび一度だけ行われるように保障されなければならない。

3　国民請願の手続に関する詳細は、連邦法律によって定める。

第四二条〔法律の議決〕

1　国民議会の法律の議決の各々は、遅滞なくその議長によって連邦参議院に送付されるべきものとする。

2　法律の議決は、憲法に別段の定めのある場合を除き、連邦参議院がこの議決に対して理由を付した異議を申立てない場合に限り、認証されかつ公布されることができる。

3　前項の異議は、法律の議決が連邦参議院に提出されて後八週間以内に、その議長により、国民議会に書面で通知されなければならない。この異議は、連邦首相に知らされるべきものとする。

4　国民議会が、少なくとも総議員の二分の一の出席の下にその最初の議決を再び行ったときは、当該議決は認証および公布されるべきものとする。連邦参議院が異議を申立てない旨の議決をなすとき、または前項に定められた期間内に理由を付した異議が申立てられないときは、法律の議決は、認証および公布されるべきものとする。

5　〔略〕

第四二a条〔国民議会の法律議決に対する邦の同意〕〔略〕

第四三条〔国民議会の法律議決と国民投票〕

国民議会の法律の議決の各々は、国民議会がその旨を議決する場合または国民議会の総議員の多数がその旨を要求する場合には、第四二条ないし第四二a条による手続の終了後、大統領による法律議決の認証の前に、国民投票に付されるべきものとする。

第四四条〔憲法律または憲法規定の議決、連邦憲法の改正〕

1　憲法律または単純法律中に含まれる憲法規定は、国民議会において、少なくとも総議員の二分の一が出席しかつ投票の三分の二の多数を以ってする場合に限り、これを議決することができる。これらは、「憲法律」、「憲法規定」と明示されるべきものとする。

2　邦の立法または執行の権限を制限する憲法律または単純法律中に含まれる憲法規定は、さらに連邦参議院において、少なくとも総議員の二分の一が出席しかつ投票の三分の二の多数を以って同意の議決をしなければならない。

3　連邦憲法の全部改正はつねに、その一部改正は国民議会または連邦参議院の総議員の三分の一によって要求される場合に限り、第四二条による手続の終了後、連邦大統領による認証の前に、全連邦国民の投票に付されるべきものとする。

第四五条〔国民投票（Volksabstimmung）〕

1　国民投票は、有効投票の絶対多数でこれを決する。

2　国民投票の結果は、公式に告示されるべきものとする。

第四六条〔国民投票の指令者、有権者、手続〕

1　連邦大統領は、国民投票について指令する。

2　国民投票日に国民議会の選挙権を有する者は、国民投票の投票権を有する。

3　国民投票の手続についての詳細は、連邦法律でこれを定める。……

第四七条〔連邦法律の認証〕〔略〕

第四八条〔連邦法律および条約の公布〕〔略〕

第四九条〔法律と条約の公布の形式〕〔略〕

第四九a条〔連邦法律と条約の再公示〕〔略〕

第四九b条〔国民調査投票（Volksbefragung）〕

1　国民調査投票は、基本的性格を有しかつ全オーストリア的意義を有する事項であって、連邦立法がその規律の権限を有しているものについてなされるものとし、国民議会が、その議員または連邦政府の提案に基づき、主委員会における審議を経て議決をした場合に、これを行わなければならない。選挙ならびに裁判所もしくは行政官庁が決定しなければならない事項は、国民調査投票の対象とすることができない。

〔2項・3項　略〕

第五節　連邦の執行に対する国民議会および連邦参議院の参与

第五〇条〔条約の議会による承認〕

1 (1) 政治的条約、および、法律を変更しまたは法律を補充する内容を有するもので、第一六条1項に属しない条約、ならびに、

(2) ヨーロッパ連合の条約上の基礎を変更することとなる条約

の締結については、国民議会による承認を要する。

2 1項(1)号による条約については、さらに次の原則が適用される。

(1)〔略〕

(2) 条約が邦の独自の権限事項について規律する場合は、連邦参議院の同意を得なければならない。

(3)〔略〕

(4)〔略〕

〔3項ないし5項　略〕

第五〇a条〔欧州安定メカニズムと国民議会〕

国民議会は、欧州安定メカニズムにかかる事項に参与する。

第五〇b条〔欧州安定メカニズムのオーストリア代表と国民議会〕〔略〕

第五〇c条〔欧州安定メカニズムの連邦担当大臣と国民議会〕〔略〕

第五〇d条〔国民議会の欧州安定メカニズムにかかる事項への参与と連邦法律〕〔略〕

第五一条〔連邦財政法律の議決〕

1 国民議会は、連邦財政大綱法、ならびに、その限界内で連邦財政法律を議決する。その審議は、連邦政府案に基づいて行われるべきものとする。

2 連邦政府は、毎年遅くとも連邦法律で定められた時点までに、連邦財政大綱法案または連邦財政大綱法を改正する連邦財政法律案を、国民議会に提出しなければならない。……

〔3項ないし9項　略〕

第五一a条〔連邦財政大綱法・連邦財政法律の議決の特則〕〔略〕

第五一b条〔連邦財務大臣の予算執行〕〔略〕

第五一c条〔臨時支出、超過支出等〕〔略〕

第五一d条〔国民議会の財務委員会〕〔略〕

第五二条〔連邦政府の執行に対する議会の監査権〕〔略〕

第五二a条〔国民議会の審査委員会〕〔略〕

第五二b条〔国民議会の会計・財政状況審査小委員会〕〔略〕

第五三条〔国民議会の調査委員会〕〔略〕

第五四条〔郵便手数料、独占価格、連邦事業従事者の俸給決定への国民議会の参与〕削除

第五五条〔国民議会における主委員会、常任小委員会〕〔略〕

第六節　国民議会および連邦参議院の議員の地位

第五六条〔自由委任〕

国民議会および連邦参議院の議員は、その職務の行使に際して、いかなる委任にも拘束されない。

〔2項ないし4項　略〕

第五七条〔国民議会議員の免責特権〕〔略〕

第五八条〔連邦参議院議員の免責特権〕〔略〕

第五九条〔両議会およびヨーロッパ議会の議員兼職の禁止〕〔略〕

第五九a条〔公務員と議会活動〕〔略〕

第五九b条〔公務員である議会議員〕〔略〕

第三章　連邦の執行

第一節　行政

第一款　連邦大統領

第六〇条〔大統領の選挙、任期、解職〕

1 連邦大統領は、連邦国民により、国民議会の選挙権を有する男女の平等・直接・本人の・自由で秘密の選挙権に基づいて、選挙される。選挙に一人の候補者だけが立候補するときは、選挙は表決の形式で実施されるべきものとする。

……

2 全有効投票の過半数を得た者が選ばれたものとする。過半数の得票者がないときは、第二回目の選挙が行われる。第二回目の選挙においては、最初の選挙において最多数の票を得た二人

の候補者のいずれかに対してなされた投票に限り有効なものとする。

3　国民議会の選挙権を有し、かつ選挙の日までに三五歳に達した者に限り、連邦大統領に選挙されることができる。統治者の家系またはかつて統治したことのある一族の構成員は、被選挙人たる資格を有しない。

4　連邦大統領の選挙の結果は、連邦首相によって公式に公布される。

5　連邦大統領の任期は、六年である。引き続いての期における再選は、一回に限り認められる。

6　連邦大統領は、任期満了前に国民投票によってこれを解職することができる。国民投票は、連邦総会が要求する場合に実施されるべきものとする。連邦総会は、国民議会が動議を決議した場合に、右の目的のために連邦首相がこれを召集するものとする。国民議会のこの決議のためには、少なくとも総議員の二分の一が出席し、かつ投票の三分の二の多数を得ることを要する。国民議会の当該議決によって、連邦大統領は、その職務のそれ以後の行使をすることができない。国民投票による大統領の解職の拒否は、新たな選挙と看做され、国民議会は解散（第二九条1項）されるものとする。この場合においても、連邦大統領の全任期は、一二年を超えてはならない。

第六一条〔大統領の兼職の禁止、大統領の称号〕〔略〕

第六二条〔大統領の就任に際する宣誓〕〔略〕

第六三条〔大統領の訴追の要件としての連邦総会の同意〕〔略〕

第六四条〔大統領の職務代行者としての連邦首相、国民議会の議長団、新大統領の選挙〕〔略〕

第六五条〔大統領の権限〕

1　連邦大統領は、対外的に共和国を代表し、使節を接受および信任し、外国領事の任命を認証し、外国における共和国の領事的代表者を任命し、ならびに条約を締結する。……

2　さらに、大統領は、この憲法の他の規定によって委託されている権限のほか、次の権限を有する。

(a)　連邦官吏（士官を含む）およびその他の連邦議員の任命、彼らに対する官職名の授与

(b)　職名の設定および授与

(c)　次のことを個々の場合につき行うこと、すなわち、裁判所の確定判決を受けた者に対する恩赦、裁判所によって宣告された刑の減軽および変更、恩典として行う刑の効果の猶予および有罪判決の廃止、ならびに職権により訴追されるべき可罰行為についての刑事訴訟手続の中止

(d)　両親の申請に基づき非嫡出子を嫡出子と宣告すること

3　〔大統領の人事権等の特別法律による委任略〕

第六六条〔大統領の連邦公務員任命権の委任、条約締結の授権〕〔略〕

第六七条〔大統領の行為のための他機関の提議〕

1　連邦大統領のすべての行為は、憲法上別段の定めがある場合を除き、連邦政府または連邦政府から授権された連邦大臣の提議に基づいて行われる。この提議を行うに際して連邦政府または連邦主務大臣が自らいかなる程度まで他の機関の提議に拘束されるかについては、法律で定める。

2　連邦大統領のすべての行為は、その効力発生のためには、憲法上別段の定めがある場合を除き、連邦首相または連邦主務大臣の副署を要する。

第六七a条〔大統領官房〕〔略〕

第六八条〔大統領の連邦総会に対する責任〕

1　連邦大統領は、その職務を行うについて、第一四二条により、連邦総会に対して責任を負う。

2　この責任の追及のために、国民議会または連邦参議院の決議に基づき、連邦首相により、連邦総会が召集されるべきものとする。

3　第一四二条の意味における公訴が提起されるための議決をするには、両議会の各々の議員の過半数が出席し、かつ投票の三分の二の多数を得ることを要する。

4　〔略〕

第二款　連邦政府

第六九条〔連邦行政権と連邦政府、首相・副首相・大臣〕

1　連邦の最高行政事務は、連邦大統領に委ねられているものを除き、連邦首相、副首相およびその他の連邦大臣に委託される。連邦首相、副首相および連邦大臣は、その全体をもって連邦政府を構成し、連邦首相をその長とする。

2　副首相は、連邦首相の全職務範囲について首相を代理する。連邦首相および副首相に同時に支障のあるときは、連邦首相は、最先任の、在職年限が同じときは最年長の、支障のない連邦政府構成員によって代理される。

3　連邦政府は、その構成員の過半数が出席したときに、決定することができる。

第七〇条〔大統領による連邦政府構成員の任免〕

1　連邦首相は、大統領によって任命され、連邦政府のその他の構成員は、連邦首相の提議に基づき大統領によって任命される。連邦首相または連邦政府全員の罷免には、提議を要しない。連邦政府の個々の構成員の罷免は、連邦首相の提議に基づいて行われる。連邦首相または連邦政府全員の任命に関する場合は、新任の連邦首相によって副署が行われる。罷免には、副署を要しない。

2　国民議会議員の被選挙権を有する者に限り、連邦首相、副首相または連邦大臣に任命されることができる。連邦政府の構成員は、国民議会議員であってはならない。

3　〔略〕

第七一条〔暫定連邦政府〕〔略〕

第七二条〔連邦政府構成員の就任の際の宣誓、辞令〕〔略〕

第七三条〔連邦大臣の代理・委任等〕〔略〕

第七四条〔国民議会による連邦政府およびその構成員の解職〕

1　国民議会が明示の決議によって連邦政府またはその個々の構成員に対し信任を拒否したときは、連邦政府または当該連邦大臣は、解職されるべきものとする。

2　信任を拒否する国民議会の議決のためには、国民議会の議員の二分の一の出席を要する。

……

3　〔略〕

第七五条〔連邦政府構成員の議会およびその委員会の審議への参加権〕〔略〕

第七六条〔連邦政府構成員の国民議会に対する責任〕

1　連邦政府の構成員（第六九条および第七一条）は、第一四二条により国民議会に対して責任を負う。

2　第一四二条による公訴が提起されるための議決をするには、総議員の過半数の出席を要する。

第七七条〔連邦の省・官署とその管理〕〔略〕

第七八条〔無任所大臣、次官〕〔略〕

第三款　連邦の安全保障官庁

第七八a条〔安全保障官庁〕

1　最高の安全保障官庁は、連邦内務大臣とする。その下には安全保障部が、そしてそれらの下に邦警察部がおかれ、地区行政官庁が安全保障官庁としてその下におかれる。

2　人の生命・健康・自由もしくは財産権が現に危険にさらされているか、またはこの危険が直接に切迫しているときは、安全保障官庁は、危険防除のための他官庁の権限にもかかわらず、それぞれの権限官庁の対応措置が行われるまで、第一次的・一般的な救助活動を行う権限を有する。

3　市町村が安全保障官庁としてどの範囲までの対応措置をとらなければならないかについては、連邦法律で定める。

第七八b条〔邦警察部およびその長〕

1　各邦には、安全保障部がおかれる。その長は邦警察部長とする。ウィーンの邦警察部の部長の職務名は、「邦警察部長官」とする。

2　連邦内務大臣は、邦警察部長を、邦知事と協力して、任命する。

3　連邦内務大臣は、国政上重要な訓令または当該邦全体における公共の静穏・秩序および安全の維持にとって指導的な訓令であって、邦警察部長に対してなされるものの各々について、当該邦知事に通知すべきものとする。

第七八c条〔市町村の安全保障官庁〕

市町村の領域についてどの範囲まで邦警察部が同時に第一段階担当部局の安全保障官庁であるかについては、連邦法律で定める。ウィーンについては、邦警察部が同時に第一段階担当部局の安全保障官庁である。

第七八d条〔保安団体〕

1　保安団体は、武器を有するか、制服を着用するか、または軍隊を範として設けられた編成体であって、これらに警察的性格を有する事務が委託されたものをいう。……

2　〔略〕

第四款　連邦軍

第七九条〔連邦軍の任務〕〔略〕

第八〇条〔連邦軍の指揮命令〕〔略〕

第八一条〔邦の連邦軍に対する協力〕〔略〕

第五款　連邦の学校官庁

第八一a条〔学校官庁、教育評議会〕

1　学校制度および教育制度の領域における生徒寮の事務についての連邦行政は、連邦主務大臣およびこれの下にある連邦の学校官庁が処理するものとする。ただし、大学制度および芸術アカデミー制度ならびに農学・林学の学校制度および教育制度における寄宿舎事務に関する限りは、右の学校官庁の所管に属しないものとする。就学義務者の記録の管理については、連邦の委託した作用領域内で、市町村が行うことができる。

2　各邦の領域ごとに邦教育評議会と称される一つの学校官庁が設けられ、各政治地区の領域ごとに地区教育評議会と称される一つの学校官庁が設けられるものとする。ウィーン邦においては、邦教育評議会は、地区教育評議会の事務をも処理しなければならず、ウィーン市教育評議会と称される。邦教育評議会および地区教育評議会の事物管轄は、連邦法律で定める。

3　法律によって規律されるべき連邦の学校官庁の制度については、以下の基準が妥当する。……

(a)　連邦の学校官庁の範囲内に、合議制官庁が設けられるものとする。……

(b)　邦教育評議会の長は邦知事とし、地区教育評議会の長は地区行政庁の長とする。

(c)　合議制官庁ならびに邦教育評議会および地区教育評議会の長の事務の範囲は、法律でこれを定める。……

……

(d)(e)〔略〕

〔4項・5項　略〕

第八一b条〔邦教育評議会〕〔略〕

第六款　大学

第八一c条〔大学〕

1　公の大学は、自由で学問的な研究、教授および芸術開発の場である。公の大学は、法律の範囲内で自治的に行動し、規則を制定する。大学の合議制機関の構成員は、指令命令から自由である。

2　オーストリア国籍を有しない者が大学に所属して活動し、また大学の諸機関や学生代表諸機関に参加することは、連邦法律によって認めることができる。

第二節　通常裁判権

第八二条〔司法権の淵源〕

1　すべて司法権は、連邦から発する。

2　判決および決定は、共和国の名において宣告および作成される。

第八三条〔裁判所の組織と権限、裁判官の裁判をうける権利〕

1　裁判所の構成および権限は、連邦法律でこれを定める。

2　何人も、法律で定める裁判官の裁判を受ける権利を奪われてはならない。

第八四条〔軍法会議の廃止〕

軍法会議は、戦時のほか、これを廃止する。

第八五条〔死刑の廃止〕

死刑は、これを廃止する。

第八六条〔裁判官の任命、任命推薦方法〕

1　裁判官は、この法律に別段の定めがある場合を除き、連邦政府の申し出に従って、連邦大統領により任命され、または大統領の授権に基づいて連邦主務大臣により任命される。連邦政府または連邦大臣は、裁判所構成法により推薦権限をもつ裁判所の部の任命推薦を求めなければならない。

2　〔略〕

第八七条〔裁判官の独立、裁判官の職務としての事務処理〕

1　裁判官は、その裁判官としての職務を行うについて、独立である。

〔2項・3項　略〕

第八七a条〔裁判事務処理の委任〕〔略〕

第八八条〔裁判官の定年の定め、罷免・転勤・休職・停職〕〔略〕

第八八a条〔管区裁判官〕〔略〕

第八九条〔法律または命令の効力の審査権と裁判所〕

1　適式に公布された命令、法律（条約）の再公付の公示、法律および条約の効力を審査する権限は、以下の諸項に別段の定めがある場合を除き、通常裁判所には属さない。

2　通常裁判所は、法律違反を理由とした命令の、法律違反を理由とした法律（条約）の再公付の公示の、憲法違反を理由とした法律の、または、法違反を理由とした条約の適用に疑いありと認めるときは、この法規定の廃止を憲法裁判所に提議しなければならない。

3　裁判所の適用すべき法規がすでに効力を失っているときは、裁判所は、憲法裁判所に対して、当該法規が違法、違憲または違法であった旨の判決を求める申立てをしなければならない。

4　2項または3項による提議が裁判所に係属している手続に対してどのような効果を及ぼすのかについては、連邦法律で定められなければならない。

第九〇条〔裁判の口頭・公開主義、刑事訴訟における起訴主義〕

1　判決通常裁判所における民事事件および刑事事件の審理は、口頭によりかつ公開で行われる。例外は法律により定める。

2　刑事手続は、訴追訴訟による。

第九〇a条〔検察官〕（連邦官報I二〇〇八／2）

検察官は、通常裁判権に属する機関である。裁判により刑罰を科せられるべき行為を理由とする手続においては、検察官は、捜査および起訴の職務を行う。検察官の上級機関の指揮命令への服従義務についての詳細は、連邦法律で定める。

第九一条〔国民の裁判への協力、陪審員、参審員〕

1　国民は、裁判に協力しなければならない。

2　法律の定める重刑に処せられるべき犯罪、ならびにすべての政治上の犯罪および軽罪については、陪審員が被告人の罪を決定する。

3　前項に定めるもの以外の可罰行為に関する刑事訴訟手続においては、これに科せられるべき刑罰が法律で定める限度をこえるときは、参審員が、その裁判に関与する。

第九二条〔最高裁判所、その構成員たり得ない者〕

1　民事および刑事事件における最終審級は、最高裁判所である。

2　〔略〕

第九三条〔恩赦〕

裁判上の可罰行為に対する恩赦は、連邦法律によってこれを行う。

第九四条〔司法と行政の分離〕

1　司法は、そのすべての審級において、行政から分離される。

2　連邦法律または邦法律によって、個々の事案において、行政裁判所への訴訟提起に代わりに、行政官庁から通常裁判所への審級進行を定めることができる。……

第四章　邦の立法および執行

第一節　総則

第九五条〔邦の立法権、邦議会議員の選挙〕

1　邦の立法権は、邦議会によって行使される。邦議会は、邦議会選挙法により選挙権を有する男女の邦公民が、平等・直接・本人の・自由・秘密の選挙権に基づいて、比例選挙の原則により選挙する。……

2　邦議会選挙法は、その選挙権および被選挙権の要件を、国民議会の選挙についての連邦憲法よりも厳格に定めてはならない。

3　選挙人は、選挙区においてその選挙権を行使する。……議員の数は、公民数に比例して選挙区に配分されるべきものとする。……

4　選挙手続についての詳細は、邦議会選挙法によって定める。……

5　〔公務員の邦議会活動　略〕

第九六条〔邦議会の議員の免責特権、会議の公開、会議における真実の報告〕〔略〕

第九七条〔邦法律の成立要件、邦法律執行に際する連邦官庁の協力、邦緊急命令〕

1　邦法律の成立のためには、邦議会の議決、邦憲法の定めに従った公証および副署、ならびに邦首相による邦公報での公布を要する。

〔2項ないし4項　略〕

第九八条〔邦議会の法律議決と連邦政府〕

（二〇一二年に廃止）

第九九条〔邦憲法〕

1　邦憲法律によって制定されるべき邦憲法は、連邦憲法に抵触しない限り、邦憲法律によってこれを改正することができる。

2　邦憲法律は、邦議会の総議員の二分の一が出席しかつ投票の三分の二の多数を以ってする場合に限り、これを議決することができる。

第一〇〇条〔邦議会の解散〕

1　各邦議会は、連邦政府の提議に基づき連邦参議院の同意を得て、連邦大統領がこれを解散することができる。ただし、この解散は、同一の理由によっては、一度に限り行うことができるものとする。連邦参議院の同意は、総議員の二分の一が出席しかつ投票の三分の二の多数で、議決されなければならない。この投票には、議会の解散が議せられている邦の代表者は、加わることができない。

2　〔略〕

第一〇一条〔邦の執行と邦政府〕

1　各邦の執行は、邦議会によって選出されるべき邦政府が、これを行う。

2　邦政府の構成員は、邦議会に属してはならない。ただし、邦議会議員の被選挙権を有する者に限り、邦政府の構成員に選出されることができる。

3　邦政府は、邦首相、必要な数の代理者およびその他の構成員でこれを構成する。

4　〔略〕

第一〇一a条〔邦法規定の公布〕

邦官報によって公示されるべき法規定の公布は、連邦の法情報システムの枠内において行うことができる。

第一〇二条〔邦の領域内における連邦の執行〕

1　邦の領域内においては、連邦の執行は、独自の連邦官庁が存する場合（直接の連邦行政）を除き、邦首相およびその下に属する邦官庁がこれを行う（間接の連邦行政）。……

2　次の諸事項は、直接、連邦官庁がこれを執行することができる。すなわち、境界画定、……である。

3　2項に掲げられた事項についても、連邦は、邦首相に連邦の執行を委任することを妨げない。

4　2項に定められた事項以外の事項のための独自の連邦官庁の設置は、関係諸邦の同意を得た場合に限り、これを行うことができる。

〔5項　略〕

第一〇三条〔間接の連邦行政〕

1　間接連邦行政の事務においては、邦首相は、連邦政府および個々の連邦大臣の指示に拘束されるものとし（第二〇条）、また、この指示を実行するため、邦の独立の権限機関たる資格で知事の指揮に服するものをも使用する義務を負う。

〔2項・3項　略〕

第一〇四条〔第一〇二条の特則〕〔略〕

第一〇五条〔邦首相、その代理、邦政府構成員の責任〕

1　邦首相は、邦を代表する。邦首相は、間接連邦行政の事務について、第一四二条に従い、連邦政府に対して責任を負う。邦首相は、邦政府の指定した邦政府の構成員（邦首相代理者）によって代理される。……

2　邦政府の構成員は、第一四二条に従い、邦議会に対して責任を負う。

3　第一四二条の意味における公訴提起の議決をなすためには、総議員の二分の一の出席を要する。

第一〇六条〔邦事務長官〕〔略〕

第一〇七条〔各邦相互間の協定〕

（一九七四年に廃止）

第二節　連邦の首都ウィーン

第一〇八条〔ウィーンの統治組織〕

邦としての連邦首都ウィーンについては、市議会は邦議会の、市参事会は邦政府の、市長は邦首相の、市庁は邦政府の官署の、市事務長官は邦事務長官の機能をもそれぞれ有するものとする。

第一〇九条〔ウィーンの間接連邦行政〕〔略〕

第一一〇条〔ウィーン市庁における行刑審議会〕

（一九八四年に廃止）

第一一一条〔建築および公課事項の最終決定庁〕

（二〇一二年に廃止）

第一一二条〔ウィーンに適用される規定〕

連邦首都ウィーンについては、第一〇八条および第一〇九条によるのほか、第五章第一節の規定が適用される。ただし、第一一七条6項第二文、第一一九条4項、および第一一九ａ条は、これを除く。……

第一一三条および第一一四条

（一九二五年に廃止）

第五章　自治行政

第一節　市町村〔地方公共団体〕

第一一五条〔市町村とその定め〕

1　以下において市町村とは、地方公共団体をいうものとする。

2　連邦の権限と明示的に定められていない限り、邦の立法は、本章の以下の規定の諸原則に基づいて、市町村法を定めなければならない。生じ得る審級進行の除外を含めて、第一一八条、第一一八ａ条および第一一九条により市町村が処理すべき事務を規律する権限は、本憲法の総則に従いこれを定める。

3　オーストリア市町村連合および市連合は、市町村の利益を代表する資格を有する。

第一一六条〔市町村の性格、権能〕

1　各邦は、市町村から構成される。市町村は、自治行政の権利を有する地域団体であり、同時に行政管轄区域である。各土地は、市町村に属さなければならない。

2　市町村は独立の経済団体である。市町村は、連邦および邦の一般的な法律の範囲内で各種の財産を所有・取得・処分し経済的企業を経営し、ならびに財政憲法の範囲内でその財務を独立して執行し、公課を徴収する権利を有する。

3　人口二万人以上を有する市町村は、邦の利益が害されないときは、その申出に基づき、邦の法律によって、自主法（市法）を設けることができる。この法律の議決は、連邦政府の同意を得た場合にのみ、これを公布することができる。

……

第一一六ａ条〔市町村組合〕

1　市町村は、その事務を処理するために、協定によって市町村組合を結成することができる。この協定は、監察官庁の認可を要する。この認可は、関係市町村の法律に適合した協定が存在し、かつ次に掲げる要件が充足される場合に、命令によってこれを与えることができる。

一　市町村組合の形成が、高権的行政の事務を処理する場合に自治行政体としての関係市町村の機能を害しないとき

二　市町村組合の形成が、私法上の主体としての市町村の事務を処理する場合に、合目的性・経済性・節倹性を根拠として、関係市町村の利益に合しているとき

〔2項ないし6項　略〕

第一一六b条〔市町村協定〕〔略〕

第一一七条〔市町村の機関〕

1　市町村の機関として、次のものは設けられるべきものとする。

(a)　市町村議会——市町村の選挙権者によって選挙されるべき一般的代表機関

(b)　市町村理事会（市参事会 Stadtrat）、自主法を有する市にあっては市参事会（Stadtsenat）

(c)　市町村長

2　市町村議会は、市町村の区域内に主たる住所を有する男女の国民の平等・直接・本人の・自由・秘密の選挙権に基づいて、比例選挙の原則により、選挙される。ただし、選挙法は、市町村の区域内に住所を有するが主たる住所を有しない国民も選挙権を有する旨、定めることができる。選挙法においては、選挙権および被選挙権の要件は、邦議会の選挙法におけるよりも厳しく定められてはならない。……邦が要件を定めるについては、選挙権および被選挙権は、ヨーロッパ連合の他の構成国の国民にも認められるものとする。……

3　市町村議会の議決には、議決参加資格を有する出席議員の単純多数決を必要とする。ただし、とくに定める事項について、これと異なる議決の要件を定めることができる。

4　〔略〕

5　市町村議会において代表される選挙政党は、その勢力に応じて、市町村理事会における代表を請求する権利を有する。

6　市町村長は、市町村議会の選挙によって選出する。邦憲法は、市町村議会の選挙権を有する者が市町村長を選挙する旨、定めることができる。

〔7項・8項　略〕

第一一八条〔市町村の活動領域、固有活動領域〕

1　市町村の活動領域は、固有活動領域、ならびに、連邦によって委任された活動領域および邦によって委任された活動領域とする。

2　固有活動領域は、第一一六条2項に掲げられた事務のほか、市町村として具現した地域共同体のもっぱらの利益または主たる利益に関しかつその利益のためになされるすべての事務であって、共同体が地域内で処理するものを包括する。法律は、このような事務を、市町村の固有活動領域の事務と明文をもって定めなければならない。

3　市町村には、固有活動領域における事務処理のために、とくに以下に掲げる事務についての官庁の責務が保障されているものとする。……

〔以下一号ないし一一号略〕

〔4項ないし8項　略〕

第一一八a条〔市町村保安団体所属者への授権〕〔略〕

第一一九条〔受任活動領域〕

1　受任活動領域は、市町村が連邦法律に従い委任を受けて、かつ連邦の訓令に従って処理しなければならない事務、または市町村が邦法律に従い委任を受けてかつ邦の訓令に従って処理しなければならない事務を包括する。

2　受任活動領域の事務は、市町村長がこれを処理する。市町村長は、この処理を行うにつき、連邦の執行事務については連邦の主務機関の訓令に、邦の執行事務については邦の主務機関の訓令に拘束され、4項によって責任を負う。

〔3項・4項　略〕

第一一九a条〔連邦および邦の監視権〕

1　連邦および邦は、市町村が固有活動領域の処理において法律および命令に反していないこと、とくにその活動領域を踰越することなく、法律上市町村の責務となっている課題を履行していることにつき、市町村に対して監視権を行使する。

2　邦は、このほかに、市町村の財務執行を、その節倹性、経済性および合目的性につき審査する。……

〔3項ないし10項　略〕

第一二〇条〔広域的地方公共団体に関する連邦憲法立法と邦立法〕〔略〕

第二節　その他の自治行政

第一二〇a条〔自治行政体〕

1　公的任務は専らのまたは圧倒的な共通の利益を具有するものであり、その共通の利益のゆえに共通に処理されるのに適しているものであるが、この公的任務を独立して引き受けるために、

人は、法律によって、自治行政体へと統合される。

2　共和国は、社会的パートナーの役割を承認する。共和国は、社会的パートナーの自治を尊重し、その対話を、自治行政体の組織を通して促進する。

第一二〇b条〔自治行政体の任務遂行の権利と国の監視権、国家行政的任務の委託等〕

1　自治行政体は、その任務を自らの責任において指揮命令から自由に処理しまた法律の範囲内で規則を制定する権利を有する。連邦または邦には、自治行政体に対して、法律の定める基準に従い、行政執行の法適合性に関し監視権が認められる。さらに、監視権は、それが自治行政体の任務を根拠として要求されるときは、行政執行の合目的性にも及ぶ。

2　自治行政体には国家行政の任務が委託されることができる。法律は、その種の事項を明示的に委託された活動範囲の事項として示さなければならず、権限を有する最上級行政機関の指揮命令に拘束されることを定めなければならない。

3　自治行政体の国家の執行への協力の形態は、法律によってこれを定めることができる。

第一二〇c条〔自治行政体の組織、任務遂行の基準、経済団体としての自治行政体〕

1　自治行政体の機関は、その構成員の中から民主主義の原則に従い組織されなければならない。

2　自治行政体の任務の無駄のない経済的遂行は、法律の定める基準により、その構成員の寄与またはその他の手段によって確保されるべきものとする。

3　自治行政体は、自立した経済団体である。それは、法律の範囲内で、その任務の履行のために、あらゆる種類の財産を取得し、所有し、それを処分することができる。

第六章　会計の監督および財務執行状況の監督

第一二一条〔財務監督機関としての会計検査院〕

1　連邦、邦、市町村組合、市町村および法律で定められたその他の法主体の財務執行状況の検査は、会計検査院の職務である。

2　会計検査院は、連邦の決算を作成し、これを国民議会に提出する。

〔3項・4項　略〕

第一二二条〔会計検査院の地位、構成〕

1　会計検査院は、国民議会に直属する。会計検査院は、連邦の財務執行および法律で定められた職業上の代表機関の財務執行の事務については、当該事務が連邦の執行に属する限り、国民議会の機関として行動し、邦・市町村組合および市町村の財務執行ならびに法律で定められた職業上の代表機関の財務執行の事務については、当該事務が邦の執行に属する限り、当該邦の議会の機関として、活動する。

2　会計検査院は、連邦政府および邦政府から独立であって、法律の規定にのみ従う。

3　会計検査院は、院長ならびに必要な官吏および補助職員でこれを構成する。

4　会計検査院長は、国民議会が、主委員会の提案に基づいて、一二年の任期でこれを選挙する。再選は、これを認めない。会計検査院長は、その就任前に、連邦大統領に対して宣誓を行う。

5　会計検査院長は、国民議会について被選挙権を有さねばならないが、一般代議機関にもヨーロッパ議会にも所属してはならず、また、最近五年間に連邦政府または邦政府の構成員であった経験を有してはならない。

第一二三条〔会計検査院長の責任、解任〕〔略〕

第一二三a条〔会計検査院長の権限〕〔略〕

第一二四条〔会計検査院長の代理〕〔略〕

第一二五条〔会計検査院の官吏・補助職員の任命、連邦の勤務高権〕〔略〕

第一二六条〔会計検査院構成員の企業への関与の制限〕〔略〕

第一二六a条〔会計検査院の権限に関する法律の解釈についての決定〕

会計検査院と法主体（第一二一条1項）の間で、会計検査院の権限を規律する法律の規定の解釈について見解の相違が生じたときは、連邦政府、邦政府、または会計検査院の申出により、憲法裁判所が決定する。……

第一二六b条〔連邦等の財政状況の会計検査院による検査〕〔略〕

第一二六c条〔社会保険担当者の財政状況の会計検査院による検査〕〔略〕

第一二六d条〔会計検査院の活動の国民議会への報告とその審査〕〔略〕

第一二七条〔邦等の財政状況の会計検査院による検査〕〔略〕

第一二七a条〔地方公共団体等の財政状況の会計検査院による検査〕〔略〕

第一二七b条〔法律で定められた職業上の代表機関の財政状況の会計検査院による検査〕〔略〕

第一二七c条〔会計検査院と同種の邦の機関の設

置〕〔略〕

第一二八条〔会計検査院の組織と活動に関する細則〕〔略〕

第七章　憲法および行政の保障

第一節　行政裁判権

第一二九条〔行政裁判所〕
各邦に、邦の行政裁判所をおく。連邦に、連邦行政裁判所という連邦の行政裁判所と、連邦財政裁判所という財政についての連邦の行政裁判所をおく。

第一三〇条〔行政訴訟事項〕
1　行政裁判所は、
一　違法性を理由としての行政官庁の処分に対する、
二　違法性を理由としての行政官庁の直接の命令・強制権の行使に対する
三　行政官庁による決定義務違反故の、
四　第八一a条4項による訓令に対する
行政訴訟について判決を下す。
1a　〔略〕
2　連邦法律あるいは邦法律によって、
一　法律の執行において行政官庁の活動が違法であることを理由としての行政訴訟、または
二　公的委託制度の事務において委託者の活動が違法であることを理由としての行政訴訟、または
三　公務員の公務員法上の事務における紛争に関する判決については、行政裁判所のそれ以外の権限を定めることができる。……
3　行政刑法の問題、および、財政についての連邦の行政裁判所の権限に属する法律問題を除いて、法律が行政官庁に裁量を与え、行政官庁が法律の意味における裁量を行使した限りにおいては、違法性は存しない。
4　行政刑法における1項一号による行政訴訟については、行政裁判所が、法的問題において、自身で判決を下さなければならない。その他の法律問題における1項一号による行政訴訟については、行政裁判所が、以下の場合、法的問題において、自身で判決を下さなければならない。
一　決定的な事実関係が確かである場合、あるいは、
二　行政裁判所自身による決定的な事実関係の確認が、迅速性の利益にかなう、あるいは、著しい経費節約に結びついている場合。
5　この法律において別に定めがない限り、通常裁判所あるいは憲法裁判所の権限に属する事項は、行政裁判所の権限から除外される。

第一三一条〔連邦と邦の行政裁判所の権限〕
1　1項および2項から別にならない限り、第一三〇条1項に従った訴訟については、邦の行政裁判所が判決を下す。
2　3項から別にならない限り、直接に連邦官庁によって遂行された連邦の執行の事務における法律問題における第一三〇条1項による訴訟については、連邦の行政裁判所が判決を下す。……法律が第一三〇条2項三号によって行政裁判所の権限を定める場合、連邦の行政裁判所は、連邦の公務員の公務員法上の事務における紛争について判決を下す。
3　財政についての連邦の行政裁判所は、当該事務が直接に連邦の公課官庁あるいは財政刑法官庁によって遂行されない限り、（連邦、邦および市町村の行政公課を例外とする）公課および財政刑法の事務の事項における、ならびに、その他法律に定められた事務における第一三〇条1項一号ないし三号による訴訟について、判決を下す。
4　連邦法律によって、次の権限を定めることができる。
一　2項および3項による事務の事項における、邦の行政裁判所の権限、
二　(a)　環境に対して著しい影響が見込まれ得る企図についての環境影響評価事務（第一〇条1項九号および第一一条1項七号）の事項における、
(b)　連邦官庁によって直接に遂行されない連邦の執行事務の、ならびに、第一一条、第一二条、第一四条2項および3項および第一四a条3項の事務の事項における
連邦の行政裁判所の権限。
5　邦法律によって、邦の自律的作用領域にかかる事務の事項において、連邦の行政裁判所の権限を定めることができる。第九七条2項が準用される。
6　第一三〇条2項一号による法律が行政裁判所の権限を定める事項における行政訴訟については、本条1項ないし4項による事務について権限を有する行政裁判所が判決を下す。第1文によって権限が与えられていない場合は、邦の行政裁判所がそれらの行政訴訟について判決を下す。

第一三二条〔行政訴訟提起の要件〕

1　次の各号に掲げる者は、行政官庁の処分に対して、違法性を理由として、行政訴訟を提起することができる。
一　処分によってその権利を侵害されたと主張する者、
二　第一一条、第一二条、第一四条2項・3項および第一四a条3項・4項の事項、または、合議制の決定に基づいて邦教育庁の処分がなされる事項については、連邦主務大臣。
2　行政官庁の直接の命令・強制権の行使に対しては、違法性を理由として、それによってその権利を侵害されたと主張する者が行政訴訟を提起することができる。
3　決定義務の違反を理由とする行政訴訟は、行政手続上当事者として決定義務の履行を主張する権利を有すると申し立てる者が、これを提起することができる。
4　第八一a条4項による訓令に対して、邦教育庁は、合議制の決定に基づき行政訴訟を提起することができる。
5　1項および2項に掲げられた以外の場合において、および、第一三〇条2項による法律が行政裁判所の権限を定める場合において、誰が違法性を理由として行政訴訟を提起することができるかは、連邦法律あるいは邦法律がこれを定める。
6　市町村の固有の活動領域にかかる事務において、行政裁判所での行政訴訟は、審級を尽くした後はじめてこれを提起することができる。

第一三三条〔連邦行政裁判所の権限〕
1　連邦行政裁判所は、
一　行政裁判所の判決に対する違法性を理由とする上告、
二　行政裁判所による判決義務違反を理由とする期間設定の提起、
三　行政裁判所の間のあるいは連邦行政裁判所と行政裁判所との間の権限争議
について判決を下す。
2　連邦法律あるいは邦法律によって、処分あるいは行政裁判所の判決の違法性の確認を求める通常裁判所の提起に関する判決については、行政裁判所のそれ以外の権限を定めることができる。
3　行政裁判所が法律の意味におけるこの自由裁量権を行使した限りにおいては、違法性は存しない。
4　〔略〕
5　連邦憲法裁判所の権限に属する事項は、行政裁判所の権限から除外される。
6　次の各号に掲げる者は、行政裁判所の判決に対して、違法性を理由として、行政訴訟を提起することができる。
一　処分によってその権利を侵害されたと主張する者、
二　行政裁判所の手続における提訴された行政官庁、
三　第一三二条1項二号に掲げられた事項における連邦主務大臣、
四　第一三二条4項に掲げられた事項における合議制の決定に基づく邦教育庁。
〔7項ないし9項　略〕

第一三四条〔行政裁判所および連邦行政裁判所の構成〕
1　行政裁判所および連邦行政裁判所は、一人の長官、一人の副長官および必要な数のその他の構成員でこれを構成する。
2　邦の行政裁判所の長官、副長官およびその他の構成員は、邦政府が任命する。邦政府は、長官または副長官の地位に関する場合を除き、行政裁判所の全員会議の、または、全員会議のメンバーから選ばれ、長官、副長官および邦の行政裁判所の五名のその他の構成員からなる委員会の三倍提案求めなければならない。邦の行政裁判所の構成員は、法学または法学・国家学の大学課程を終えかつ五年以上の法律家としての職業経験をもっている者でなければならない。
3　連邦の行政裁判所の長官、副長官およびその他の構成員は、連邦政府の提議により、連邦大統領がこれを任命する。連邦政府は、その提議を、長官または副長官の地位に関する場合を除き、行政裁判所の全員会議の、または、全員会議のメンバーから選ばれ、長官、副長官および連邦の行政裁判所の五名のその他の構成員からなる委員会の三倍提案求めなければならない。連邦の行政裁判所の構成員は、法学または法学・国家学の大学課程を終えかつ五年以上の法律家としての職業経験をもっている者でなければならない。政についての連邦の行政裁判所の構成員は、関連する大学課程を終えかつ五年以上の関連する職業経験をもっている者でなければならない。
4　連邦行政裁判所の長官、副長官およびその他の構成員は、連邦政府の提議により、連邦大統領がこれを任命する。連邦政府は、その提議を、長官または副長官の地位に関する場合を除き、連邦行政裁判所の全員会議の、または、全員会議のメンバーから選ばれ、長官、副長官および連邦行政裁判所の五名のその他の構成員からなる委員会の三倍提案に基づいて行う。連邦の行政裁判所の構成員は、法学または法学・国家学の大学課程を終えかつ一〇年以上の法律家としての職業経験をもっている者でなければならない。少なくとも四分の一は、邦の職業的地位から、もし可能な場合には邦の行政職務から調達されることとする。

5　連邦政府、邦政府、国民議会、連邦参議院、邦議会またはヨーロッパ議会の構成員は、行政裁判所および連邦行政裁判所の構成員となることができない。連邦行政裁判所については、さらに、一般的代議機関の構成員は、その構成員となることができない。一定の立法期間または在職期間を以って選挙された一般的代議機関の構成員については、任期満了前に辞任した場合においても、立法期間または在職期間の満了するに至るまでは、行政裁判所および連邦行政裁判所の構成員との兼職は、これを認めない。

6　5項に掲げられた職務の一つを最近の五年間に行使したことのある者は、これを行政裁判所または連邦行政裁判所の長官または副長官に任命することができない。

7　行政裁判所および連邦行政裁判所の構成員は裁判官とする。第八七条1項および2項ならびに第八八条1項および2項の規定は、邦の行政裁判所の構成員が退官するもしくは勤務関係を終える定年は邦の法律によって定められる、という条件つきで、準用する。

8　行政裁判所の職員に対する勤務指揮権は、長官によって行使される。

第一三五条〔行政裁判所および連邦行政裁判所の部、職責〕

1　行政裁判所は、一人の裁判官によって判決を下す。行政裁判所の手続に関する法律において、または、連邦法律または邦法律において、行政裁判所が部によって裁判することを定めることができる。部は、全員会議によって、もしくは、全員会議のメンバーから選ばれ、長官、副長官および行政裁判所の法律で定める数のその他の構成員からなる委員会によって、行政裁判所の構成員から、および、連邦法律または邦法律において専門知識のある素人裁判官の裁判への参加が予定されている限りは、法律で定める数の専門知識のある素人裁判官から、構成されることとなる。連邦法律が、邦の行政裁判所が部において裁判しなくてはならないと、または、専門知識のある素人裁判官が裁判に参加すると定める限り、これについて、関与する邦の同意が得られなくてはならない。連邦行政裁判所は、全員会議によって、もしくは、全員会議のメンバーから選ばれ、長官、副長官および連邦行政裁判所の法律で定める数のその他の構成員からなる委員会によって、連邦行政裁判所の構成員から構成される部によって判決を下す。

2　行政裁判所が遂行すべき職務は、全員会議によって、もしくは、全員会議のメンバーから選ばれ、長官、副長官および行政裁判所の法律で定める数のその他の構成員からなる委員会によって、一人の裁判官および部に、法律で定められた機関にあらかじめ配分される。連邦行政裁判所が遂行すべき職務は、全員会議によって、もしくは、全員会議のメンバーから選ばれ、長官、副長官および連邦行政裁判所の法律で定める数のその他の構成員からなる委員会によって、部に、法律で定められた機関にあらかじめ配分される。

3　この職務分配により構成員に割り当てられた責務は、2項により権限のある機関によってのみ、および、構成員に事故があるとき、または仕事量のゆえに適切な期間内にその責務を果たすことができないときにのみ、免除され得る。

4　第八九条の規定は、行政裁判所および連邦行政裁判所に対して、準用する。

第一三五a条〔行政裁判所における職務の委任〕

1　行政裁判所の組織に関する法律において、逐一精確に掲げられる態様の職務の処理を、特に訓練された非裁判官たる職員に委ねることができる。

2　しかしながら、職務配分により権限を有する行政裁判所の構成員は、いつでも、そのような職務の処理を自らに留保しまたは自らに引き取ることができる。

3　1項に掲げられた職務の処理に際して、非裁判官たる職員は、職務配分により権限のある行政裁判所構成員の指示にのみ拘束される。第二〇条1項一文が適用され得る。

第一三六条〔行政裁判所および連邦行政裁判所の組織および手続の規律〕

1　邦の行政裁判所の組織は、邦法律によって規律され、連邦の行政裁判所の組織は、連邦法律によって規律される。

2　行政裁判所の手続は、財政についての連邦の行政裁判所を例外として、特別の連邦法律によって統一的に規律される。連邦は、邦に、そのような法律を制定しようとする準備に関与する機会を与えなくてはならない。行政裁判所の手続に関する規律は、それが対象の規律にとって必要な場合、または、第一文で掲げられた特別の連邦法律がそれを行う授権をしている限り、連邦法律または邦法律によってなされ得る。

3　財政についての連邦の行政裁判所の手続は、連邦法律によって規律される。連邦法律によって、邦の行政裁判所における公課手続も、規律され得る。

3a　〔略〕

4　連邦行政裁判所の組織および手続は、特別の連邦法律によって規律される。

5　行政裁判所と連邦行政裁判所の全員会議は、上記の諸項にしたがって発布された法律に基づき、裁判所規則を決定する。

第二節　憲法裁判所

第一三七条〔憲法裁判事項その一、行政主体に対する財産法上の請求の裁判〕

憲法裁判所は、連邦、邦、市町村および市町村組合に対する財産法上の請求であって、通常の訴訟手続においては決定されず、行政官庁の処分によっても解決されないものについて、裁判する。

第一三八条〔その二、権限争議の裁判〕

1　憲法裁判所は、次の権限争議について裁判する。

(1)　裁判所と行政官庁との間の権限争議

(2)　通常裁判所と庇護裁判所または行政裁判所との間の権限争議、庇護裁判所と行政裁判所との間の権限争議ならびに憲法裁判所自身とすべての他の裁判所との間の権限争議

(3)　連邦と邦との間の権限争議または邦相互間の権限争議

2　憲法裁判所は、このほか、連邦政府または邦政府の申立てに基づき、立法上または執行上の行為が連邦の権限に属するかまたは邦の権限に属するかについて確定する。

第一三八a条〔その三、連邦と邦の間の、および邦相互間の協定についての審査〕

1　憲法裁判所は、連邦政府または関係邦政府の申立てに基づいて、第一五a条1項の意味における協定が存在するか否か、および、この協定から生ずる義務——財産法上の請求権に関しないものに限る——が邦または連邦によって履行されたか否か、について確定する。

2　憲法裁判所は、このほか、第一五a条2項の意味における協定中に定めがあるときは、関係邦政府の申立てに基づいて、この協定が存在するか否か、および、この協定から生ずる義務——財産法上の請求権に関しないものに限る——が履行されたか否か、について確定する。

第一三八b条〔その四、調査委員会をめぐる争いについての裁判〕

1　憲法裁判所は、次の事項について裁判する。

(1)　国民議会の構成員の四分の一による調査委員会設置の要求の全部または一部について、許されないとする国民議会の議院規則委員会による決定の、この要求を支持する国民議会構成員の四分の一による、違法性を理由とする取消し、

(2)　一号による国民議会構成員の四分の一の申請に基づく、国民議会の議院規則委員会の基本的な証拠決定が十分な範囲であるか、

(3)　調査対象についてのさらなる証拠の提出に関して、国民議会構成員の四分の一による要求に客観的な関連があることを否認する国民議会の調査委員会による決定について、この要求を支持する国民議会構成員の四分の一の申請に基づいて、それが合法であるか、

(4)　国民議会の調査委員会と、国民議会構成員の四分の一と、情報提供義務のある機関との間の、調査委員会、国民議会構成員の四分の一または情報提供義務のある機関の申請に基づく、調査委員会に情報を提供する義務に関する意見の相違、

(5)　調査対象について情報を持つ人の召喚に関して、国民議会構成員の四分の一による要求に客観的な関連があることを否認する国民議会の調査委員会による決定について、この要求を支持する国民議会構成員の四分の一の申請に基づいて、それが合法であるか、

(6)　国民議会の調査委員会と連邦司法大臣との間の、国民議会の調査委員会または連邦司法大臣の申請に基づく、刑事訴追官庁の活動に対する配慮ついての申合せの必要性および解釈に関する意見の相違

(7)　(a)　国民議会の調査委員会の、

(b)　国民議会の構成員としてその職を行う際に、同委員会の構成員の、または

(c)　調査委員会の手続においてその任務を行うにあたり、法律によって規定さ

れた者の行為によって、自らの人格権を害されたと主張する者の異議。

2　憲法裁判所は、さらに、情報提供義務のある機関による、国民議会ないし連邦参議院に提供される情報の分類について、国民議会の議長および連邦参議院の議長の決定の取消に関して、違法性について、裁判する。

第一三九条〔その五、命令の違法性の審査〕

1　憲法裁判所は、

(1)　裁判所の申立てに基づいて、

(2)　憲法裁判所が当該命令を同裁判所に係属中の事件に適用する可能性があるときは、職権で、

(3)　命令が裁判所の判決の宣告なしにまたは処分を行うことなしに当該者に効力を生ずるものとなるときは、違法な命令によって直接自らの権利を侵されていると主張する者の申立てによって、

(4)　通常裁判所によって第一審で判決された事件の当事者として、この判決に対しての上訴の機会に、法律違反の命令の適用の結果自らの権利を侵されていると主張する者の申立てによって、

(5)　連邦行政官庁の命令については、邦政府またはオンブズマンの申立てによっても、

(6)　邦行政官庁の命令については、連邦政府または……オンブズマンまたは第一四八ｉ条2項による施設の申立てによっても、

(7)　第一一九ａ条6項による監視官庁の命令については、命令を廃棄される市町村の申立てによっても、

命令の違法性について裁判を行う。

三号による申立てについては、第八九条3項が準用される。

1a　通常裁判所の手続の目的を確保するために必要な場合は、1項四号による申立てを行うことを連邦法律によって許されないと宣告することができる。1項四号による申立てがいかなる効力を有するかは、連邦法律によって定められる。

1b　憲法裁判所は、1項三号または四号による申立てを取り扱うことを、申立者に成功の十分な見込みがない場合には、公判まで、決定によって拒否することができる。

2　憲法裁判所に係属している事件で、命令が適用されるべきものにおいて、当事者に訴えの利益のない場合においても、命令の法律適合性の審査手続がすでに開始されているときは、この手続は続行されるべきものとする。

3　憲法裁判所は、命令の廃止が明示的に申し立てられたとき、または憲法裁判所が係属している事件において命令を適用しなければならないときに限り、命令を違法として廃止することができる。ただし、憲法裁判所は、命令全体が

(1)　法律の根拠を欠いている

(2)　無権限の官庁によって制定された

(3)　違法な方法で公示された

との見解に達したときは、命令全体を違法なものとして廃止しなければならない。……

4　命令が憲法裁判所の判決の宣告の時点ですでに失効していて、手続が職権によって開始され、または裁判所、独立行政審判所、連邦委託官による申立てもしくは違法な命令によって権利を侵害されていると主張する者による申立てがなされるときは、憲法裁判所は、命令が違法であったか否かについて宣言しなければならない。3項はこれを準用する。

5　命令を違法として廃止する憲法裁判所の判決は、連邦および邦の最高主務官庁に対し、遅滞なくその廃止を公布すべき義務を負わせる。この規定は、4項による宣言の場合に準用する。廃止は、憲法裁判所が失効までの期間（六ヵ月を超えてはならない。ただし、法律上の措置を必要とするときは一八ケ月を超えてはならない。）を定めるときを除き、公布の日の翌日の午前零時に効力を生ずる。

6　命令がその違法性を理由として廃止され、または憲法裁判所が4項に拠って命令が違法である旨宣言したときは、すべての裁判所および行政官庁は裁判所の判断に拘束される。ただし、廃止前に現実化した事態に対しては、原因をなした事件を例外として、憲法裁判所が廃止の判決において別段の宣言をしない限り、命令は、引き続き適用されるものとする。憲法裁判所が廃止の判決において5項による期間を定めたときは、命令は、この期間の満了にいたるまでに現実化したすべての事態に対し、原因をなした事件を例外として、適用されるべきものとする。

7　1項三号または四号による申立てを行うことの原因となった事件については、連邦法律によって、命令を法律違反であるとして破棄する憲法裁判所の判決が当該事件の再度の裁判を可能にすることを定めることとする。これは、4項による請求の事案に準用される。

第一三九ａ条〔その六、法規の再公布の審査〕

憲法裁判所は、法律（条約）の再公布の公示の違法性につき、裁判所、独立行政審判所または連邦委託官の申立てにより裁判する。ただし、憲法裁判所がこの公示を係属中の事件において適用しなければならないかも知れないときは、職権でこれを行う。第一三九条は、これを準用する。

第一四〇条〔その七、法律の違憲性の審査〕

1　憲法裁判所は、

(1) (a)　裁判所の申立てに基づき、

(b)　当該法律を同裁判所に係属中の事件に適用する可能性があるときは、職権で

(c)　法律が裁判所の判決の宣告なしにまたは処分を行うことなしに当該者に効力を生ずるものとなるときは、当該違憲性によって直接自らの権利を侵されていると主張する者の申立てによって、

(d)　通常裁判所によって第一審で判決された事件の当事者として、この判決に対しての上訴の機会に、憲法違反の法律の適用の結果自らの権利を侵されていると主張する者の申立てによって、

法律の、

(2)　邦政府または国民議会議員の三分の一もしくは連邦参議院議員の三分の一の申立てによっても、連邦法律の、

(3)　連邦政府の申立てによっても、または、邦憲法に定めがある場合、邦議会議員の三分の一の申立てによって、邦法律の、

違憲性について裁判を行う。一号(c)および(d)の申立てには、第八九条3項を準用する。

1a　通常裁判所の手続の目的を確保するために必要な場合は、1項一号(d)による申立てを行うことを連邦法律によって許されないと宣告することができる。1項一号による申立てがいかなる効力を有するかは、連邦法律によって定められる。

1b　憲法裁判所は、1項一号(c)または(d)による申立てを取り扱うことを、申立者に成功の十分な見込みがない場合には、公判まで、決定によって拒否することができる。

2　憲法裁判所が、法律を適用しなければならない係属中の事件において、当事者が訴えの利益を失ったときにおいても、当該法律の違憲性の審査に関しすでに開始されている手続は、続行されるべきものとする。

3　憲法裁判所は、法律の廃止が明示的に申立てられているか、または憲法裁判所が当該法律を係属中の事件に適用しなければならないかも知れないときに限り、法律を違憲として廃止することが認められる。ただし、憲法裁判所は、法律全体が権限分配上は所管でない立法機関によって制定されたか、または違憲の方法で公布されたという見解に達したときは、その法律全体を違憲として廃止しなければならない。ただし、その法律全体の廃止が、1項一号(c)または(d)によって申立てを行った当事者または職権上の法律審査手続開始の原因となった事件の当事者の法的利益に明らかに反するときは、この限りでない。

4　法律が憲法裁判所の判決の宣告の時点ですでに失効していて、手続が職権で開始されたとき、または申立てが、裁判所もしくは違憲の法律により直接に権利を侵害されたと主張する者によってなされたときは、憲法裁判所は、その法律が違憲であったか否かを宣言しなければならない。これには3項を準用する。

5　法律を違憲として廃止する憲法裁判所の判決は、連邦首相または主管の邦知事に対して当該法律の廃止を遅滞なく公布することを義務づける。この規定は4項による宣言の場合にも準用する。廃止は公布の日の翌日の午前零時に効力を生ずる。ただし、憲法裁判所がその失効について期限を定めたときはこの限りでない。この期間は一八ヵ月を超えてはならない。

6　憲法裁判所の判決によって法律が違憲として廃止されたときは、判決が別段の宣言をしない限り、その廃止の効力が生ずる日に、憲法裁判所によって違憲と判決された法律により廃止されていた法律の規定が、再び効力を有する。法律の廃止に関する公布については、法律の規定が再び効力を有するか否か、およびどの法律の規定が再び効力を有するのかについても公示すべきものとする。

7　法律が違憲を理由として廃止されたとき、または憲法裁判所が4項によって法律が違憲であった旨宣言したときは、すべての裁判所および行政官庁は憲法裁判所の判決に拘束される。憲法裁判所が法律を廃止する判決において別段の宣言をしない限り、廃止以前に現実化した事態に対しては、原因となった事件を例外として、その法律が引き続いて適用されるべきものとする。憲法裁判所が、法律を廃止する判決において5項により期間を定めたときは、その法律は、

原因となった事件を例外として、この期間の満了にいたるまでに現実化したすべての事態に適用されるべきものとする。

8　1項一号(d)による申立ての原因となった事件については、連邦法律によって、法律を違憲として破棄した憲法裁判所の判決が当該事件の新たな裁判を可能にすることを定めることとする。これは、4項による請求の事案に準用される。

第一四〇a条〔その八、条約の違法性に関する裁判〕

　憲法裁判所は、条約の違法性について裁判する。政治的な、法律を変更する条約もしくは法律を補充する条約およびヨーロッパ連合の条約上の基礎を変更する条約には第一四〇条を、その他すべての条約には、以下の条件で、第一三九条を適用する。

一　憲法裁判所が憲法違反または法律違反を確認した条約は、判決公布の日の翌日の午前零時に、……それ以降その執行に任じられている機関によって適用され得ない。

二　〔略〕

第一四一条〔その九、選挙訴訟、国民投票等に関する裁判〕

1　憲法裁判所は、次の各号に掲げる事項について裁判する。

(a)　連邦大統領の選挙ならびに一般的代議機関、ヨーロッパ議会および法律上の職業的代表の規約制定機関（代議機関）の選挙の異議について

(b)　邦政府および市町村の執行機関への選挙の異議について

(c)　一般的代議機関による、または、―それぞれの一般的代議機関の手続を規律する法規定の定めがある限りで―、一般的代議機関の議長ないし構成員の三分の一による、その議員の議席喪失に対する申立てについて、および、オーストリア共和国において選出されたヨーロッパ議会議員の少なくとも半分による、オーストリア共和国からのヨーロッパ議会議員の議席喪失に対する申立てについて

(d)　連邦総会による、連邦大統領の解職に対する申立てについて

(e)　国民議会による、連邦政府の構成員、次官、会計検査院長官またはオンブズマンの構成員の解職に対する申立てについて

(f)　邦議会による邦政府の構成員の解職に対する申立てについて

(g)〔略〕

(h)　国民発案、国民投票、国民調査およびヨーロッパ市民発案の結果の異議について

……

〔2項　略、3項　二〇一二年に廃止〕

第一四二条〔その一〇、国の最高諸機関の憲法責任追及の公訴の裁判〕

1　憲法裁判所は、連邦および邦の最高諸機関がその職務行為によってひきおこした有責の法違反について負うべき憲法上の責任を追及するための公訴を、裁判する。

2　公訴は、次の場合にこれを提起することができる。

(a)　連邦大統領に対し、連邦憲法の侵害を理由として、連邦総会の議決によって

(b)　連邦政府の構成員、これと同一の責任を有する機関および次官に対し、法律違反を理由として、国民議会の議決によって

(c)　EU理事会のオーストリア代表に対し、その立法が連邦の所管であると考えられる事項ついての法律違反を理由として、国民議会の議決によって。その立法が邦の所管であると考えられる事項の法律違反を理由とする場合は、すべての邦議会の同じ議決によって

(d)　邦政府の構成員およびこの法律または邦憲法により邦政府構成員と同一の責任を有する機関に対し、法律違反を理由として、当該邦議会の議決によって

(e)　邦知事、その代理者（第一〇五条1項）または邦政府の構成員（第一〇三条2項および3項）に対し、法律違反を理由として、ならびに間接的連邦行政の事件において連邦の命令またはその他の指示（訓令）に従わないことを理由として、さらに邦政府構成員については間接的連邦行政の事件において邦知事の訓令に従わないことをも理由として、連邦政府の決議によって

(f)　連邦首都ウィーンの機関が、固有の活動領域として連邦の執行の領域に属する任務を処理するときに、同機関に対して、法律違反を理由として、連邦政府の決定によって

(g)　邦知事に対し、第一四条8項による訓令の不遵守を理由として、連邦政府の決定によって

(h)　邦教育評議会の議長または事務執行の長に対して、法律違反ならびに連邦の命令も

しくはその他の指示（訓令）の不遵守を理由として、連邦政府の決定により

……

3 〔略〕

4 憲法裁判所の有責判決は、官職の喪失、とくに情状の重い場合においては政治的権利の一時的喪失をも、宣告しなければならない。2項のc、e、g、およびhに掲げられた場合において軽微な法違反にとどまるときは、憲法裁判所は、法違反があることを確定するにとどめることができる。……

5 〔略〕

第一四三条〔同　右〕

第一四二条に記された者に対する公訴は、公訴を提起されるべき者の職務行為に関連する刑事裁判上訴追されるべき行為を理由としても、これを提起することができる。この場合においては、憲法裁判所のみがその管轄権を有する。普通刑事裁判所にすでに係属中の審理は、憲法裁判所に移送される。憲法裁判所は、この場合においては、第一四二条4項のほか、刑法の規定をも適用することができる。

第一四四条〔その一一、行政裁判所の判決に対する異議〕

1 憲法裁判所は、行政裁判所の判決によって憲法上保障された権利を侵害された、または違法な命令、法律（条約）の再公示についての違法な公布、違憲の法律もしくは違法な条約の適用が原因でその権利を侵害されたと異議申立人が主張するときは、行政裁判所の判決に対する異議について裁判する。

2 〔略〕

3 異議を申立てられた行政裁判所の判決によって1項の意味における権利が侵害されてはいなかったと憲法裁判所が認める場合、憲法裁判所は、行政訴訟提起者の申立てによって、申立人が当該判決により他の権利を侵害されたか否かを決定するため当該異議を行政裁判所へ移送しなければならない。……

〔4項・5項　略〕

第一四五条〔その一二、国際法違反に関する裁判〕

憲法裁判所は、特別の連邦法律の規定に従い、国際法の侵犯について裁判する。

第一四六条〔憲法裁判所の判決の執行〕

1 第一二六a条、第一二七c条および第一三七条による憲法裁判所の判決の執行は、通常裁判所がこれを行う。

2 憲法裁判所のその他の判決の執行は、連邦大統領の職務とする。この執行は、大統領の訓令に従い、大統領の裁量により執行の委任を受けた連邦または邦の機関（連邦軍を含む）がこれを行うべきものとする。かかる判決の執行の申立ては、憲法裁判所が連邦大統領に対してこれをなすべきものとする。連邦大統領の当該訓令は、連邦またはその機関に対する執行に関するものであるときは、第六七条による副署を要しない。

第一四七条〔憲法裁判所の構成〕

1 憲法裁判所は、一人の長官、一人の副長官、その他の一二人の裁判官および六人の予備官でこれを構成する。

2 長官、副長官、その他の六人の裁判官、および三人の予備官は、連邦大統領が連邦政府の提議に基づいてこれを任命する。これらの裁判官および予備官は、裁判官、行政官および大学の法学部の教授の中からこれを選任しなければならない。長官・副長官以外の六人の裁判官と三人の予備官は、そのうち三人の裁判官と二人の予備官とについては国民議会が、三人の裁判官と一人の予備官については連邦参議院がそれぞれ行った提案に基づいて、大統領が任命する。三人の裁判官と二人の予備官とは、その住所を連邦首都ウィーン外にもたなければならない。

……

3 憲法裁判所の裁判官と予備官とは、法学または法・国家学の課程を終えかつ一〇年以上の法律家としての職業経験をもっている者でなければならない。

4 連邦政府、邦政府、一般的代議機関またはヨーロッパ議会の構成員は、憲法裁判所の構成員となることができない。一定の立法期間または在職期間を以って選挙された一般的代議機関の構成員については、任期満了前に辞任した場合においても、立法期間または在職期間の満了するに至るまでは、憲法裁判所構成員との兼職は、これを認めない。さらに、政党の職員その他の役員である者は、憲法裁判所の構成員になることができない。

5 4項に定められた職務の一を最近の五年の間に行使したことのある者は、憲法裁判所の長官または副長官にこれを任命することができない。

6 憲法裁判所の裁判官および予備官には、第八七条1項・2項および第八八条2項が適用される。細則は、第一四八条によって発布する連邦法律でこれを定める。裁判官または予備官が七

〇歳に達した年の一二月三一日を定年とする。

7　裁判官または予備官が、正当な理由なしに、憲法裁判所の審理への出席要求に三度続けて応じなかった場合、憲法裁判所は、当人の弁明を聴いた後この事実を確認しなければならない。この確認はその裁判官資格または予備官としての資格の喪失をもたらすものとする。

8　憲法裁判所の職員に対する勤務指揮権は、長官によって行使される。

第一四八条〔憲法裁判所に関する細則〕

憲法裁判所の組織および手続の細則は、特別の連邦法律およびこれに基づき憲法裁判所が制定すべき規則によって、これを定める。

第八章　オンブズマン

第一四八a条〔オンブズマン〕

1　各人は、私権の主体としての活動を含む、連邦の行政が生じさせた不都合の影響を受けており、かつそれに対する法的救済手段がおよそ存在しないかそれ以上設けられていないときは、当該不都合を、特に人権侵害を、主張してオンブズマンに対し不服申立てを提起することができる。この不服申立ての各々は、オンブズマンによって審査されなければならない。不服申立て提起者に対しては、審査の結果ならびに必要に応じてなされた指示を通知しなければならない。

2　オンブズマンは、私権の主体としての活動を含む、連邦の行政が不都合を、特に人権侵害を、生じさせたと推定されるときは、当該不都合について職権で審査する権限を有する。

3　〔略〕

4　1項にかかわらず、各人は、裁判所の遅延を経験している場合には、それを理由として、手続行為を行うべくオンブズマンに対して不服申立てをすることができる。2項は準用される。

5　オンブズマンは、このほか、国民議会に対してなされた請願および市民発案の取扱いに参与する責務を負う。詳細については、国民議会の議院規則に関する連邦法律で、これを定める。

6　オンブズマンは、その職権の行使について、独立である。

第一四八b条〔オンブズマンへの協力義務、オンブズマンの守秘義務〕

1　連邦、邦および市町村、市町村組合ならびにその他の自治行政団体の全機関は、オンブズマンの職務の遂行を支援し、その文書閲覧を保障し、要請に基づき必要な情報を提供しなければならない。職務上の守秘義務は、オンブズマンに対しては存しない。

2　オンブズマンは、その職務を履行するについて接した機関と同範囲の守秘義務を有する。

3　〔略〕

……

第一四八c条〔オンブズマンの勧奨〕

オンブズマンは、連邦の最上級行政事務を委託された機関に対し、特定の事例または特定の事例を契機としてとられた措置について、勧奨を行うことができる。オンブズマンは、自治行政または訓令から独立した官庁の行政の事項について、自治行政または訓令から独立した官庁の所轄機関に対し、勧奨を行うことができる。これらの勧奨は、連邦の最上級行政機関に対しても通知されるべきものとする。当該機関は、連邦法律で定められた期間内に、当該勧奨に応じ、このことをオンブズマンに通知するか、または何故勧奨に応じられないかの理由を書面で示さなければならない。オンブズマンは、一定の事件において、または一定の事件を契機として、裁判所の遅滞の除去（第一四八a条4項）に向けられた期間設定の提起を行い、また職務監査の措置を提議することができる。

第一四八d条〔オンブズマンの国民議会および連邦参議院での年次報告、オンブズマン事項に関する議会への出席権〕〔略〕

第一四八e条〔命令の違法性の裁判とオンブズマン〕

（二〇一二年に廃止）

第一四八f条〔オンブズマンの管轄に関する争訟〕

オンブズマンと連邦政府もしくは連邦大臣との間に、オンブズマンの権限を規律する法律規定の解釈について意見の相違が存するときは、憲法裁判所は、連邦政府またはオンブズマンの申立てに基づき決定を下す。

第一四八g条〔オンブズマンの所在地、構成員、選出、兼職禁止〕

1　オンブズマンは、ウィーンにおく。オンブズマンは、三名の構成員から成り、その都度その中の一名が議長職を行う。任期は六年とする。オンブズマンの構成員の一回を超える再選は、これを認めない。

2　オンブズマンの構成員は、国民議会が主委員会の全体提案に基づいて、選出する。主委員会は、その全体提案を、その委員の少なくとも半数の出席の下に行う。その際、国民議会における議席上の三大政党は、全体提案においてそれぞれ一名のオンブズマン構成員を指名する権利を有する。議席数が同じ場合は、直近の国民議会選挙で投じられた票数で決定する。オンブズマンの構成員は、その就任の前に、連邦大統領に宣誓を行う。

3　〔略〕

4　〔略〕

5　オンブズマンの構成員は、国民議会の被選挙権を有し、かつ行政の組織や活動の仕方の知識および人権分野の知識をもっていなければならない。構成員は、その任期中、一般代表機関にもヨーロッパ議会にも属してはならず、連邦政府または邦政府の構成員であってはならず、かつ他の職業についてはならない。

6　すべてのオンブズマンの構成員は、第一四二条による責任に関して、連邦政府の構成員と同列におかれる。

第一四八h条〔オンブズマンの官吏等の任命、任用高権、職務規定〕〔略〕

第一四八i条〔オンブズマンの邦行政に対する権限〕

1　邦は、邦憲法によって、オンブズマンを、当該邦の行政領域についても管轄権を有するものと宣言することができる。この場合、第一四八f条の規定が準用される。

2　〔略〕

第一四八j条〔細則〕

本章の実施のための細則は、連邦法律によって定めるべきものとする。

第九章　補則

第一四九条〔憲法律とされる諸法〕

1　本法律のほか、次に掲げる法律は、本法律によって加えられた変更のうえ、第四四条1項の意義において憲法律として妥当しなければならない。

「帝国議会において代表される王国および諸邦の国民の一般的権利に関する一八六七年一二月二一日の国家基本法（帝国官報第一四二号）」

「住居権の保護のための一八六二年一〇月二七日の法律（帝国官報第八八号）」

「一九一八年一〇月三〇日の仮国民議会の議決（オーストリア国官報第三号）」

「ハプスブルク、ロートリンゲン家の追放および財産没収に関する一九一九年四月三日の法律（オーストリア国官報第二〇九号）」

「貴族、騎士、貴婦人団ならびに一定の称号および勲位の廃止に関する一九一九年四月三日の法律（オーストリア国官報第二一一号）」

「一九一九年九月一〇日のサン・ジェルマン条約第三章第五節（オーストリア国官報一九二〇年第三〇三号）」

2　一八六七年一二月二一日の国家基本法（帝国官報第一四二号）第二〇条ならびにこの条に基づいて発せられた一八六九年五月五日の法律（帝国官報第六六号）は、これを廃止する。

第一五〇条〔本法の経過規定〕

1　本法律により制定された連邦憲法の施行のための経過規定は、本法律と同時に効力を生ずべき特別の憲法律でこれを定める。

2　〔略〕

第一五一条〔本法の諸改正条項の施行〕〔略〕

第一五二条〔連邦政府による本法の執行〕

この連邦憲法の執行は、連邦政府の任とする。

国民の一般的権利に関する一八六七年一二月二一日の国家基本法

（帝国官報第一四二号）

朕は、帝国議会の両院の協賛を経て、国民の一般的権利に関する以下の国家基本法を制定し、次のように公布する。

第一条〔オーストリア公民権〕

1　帝国議会において代表される諸王国および諸邦のすべての構成員のために、一般的なオーストリア公民権が存する。

2　オーストリア公民権を取得、行使および喪失する要件は、法律でこれを定める。

（本条は、連邦憲法第六条との抵触の故に、連邦憲法第一四九条1項によって、継受されていない。）

第二条〔法の前の平等〕

すべての国民は、法律の前に平等である。

（連邦憲法第七条1項をも参照）

第三条〔平等に公務に就く権利〕

1　すべての国民は、平等に公務に就くことができる。

2　外国人が公務に就くには、オーストリア公民権を取得することを要する。

第四条〔移転および移住の自由〕

1　国の領土内における個人および財産の移転の自由は、いかなる制限にも服さない。

2　市町村に居住し、そこにおいて不動産・収益または所得につき租税を納付するすべての国民は、市町村構成員と同一の条件の下に、市町村議会の選挙権および被選挙権を有する。

3　外国に移住する自由は、兵役義務によるのでなければ、国家の側から制限されることはない。

4　国外移住税は、相互主義を適用する場合を除いて、これを課してはならない。

（連邦憲法第四条2項をも参照）

第五条〔所有権の不可侵、公用収用〕

所有権は、これを侵してはならない。所有者の意思に反する公用収用は、法律の定める場合においてかつ法律の定める方法においてのみ、これを行うことができる。

第六条〔居住・不動産・営業の自由、その特則〕

1　すべて国民は、国の領土内のいずれの場所においても居所および住所を設定し、各種の不動産を取得しおよびそれらを自由に処分し、ならびに法律の定める条件の下で各種の営業を行うことができる。

2　死手（tote Hand）に対しては、法律で、公益を根拠として、不動産を取得しおよびそれを処分する権利を制限することが認められる。

第七条〔隷属の関係の禁止〕

およそ従属および隷属の関係は、永久にこれを廃止する。およそ不動産の分割所有の権原に基づいて課せられる債務または給付は、償却しうる。将来いかなる不動産に対しても、この種の償却し得ない給付を課してはならない。

第八条〔人身の自由〕

〔人身の自由の保護に関する一九八八年一一月二九日の連邦憲法（連邦官報一九八八年第六八四号）が制定（一九九一年一月一日施行）されたことにより、本条は廃止された（同法第八条2項）。〕

第九条〔住居権〕

1　住居権は、これを侵してはならない。

2　住居権の保護のための一八六二年一〇月二七日の現行法律（帝国官報第八八号）は、これと共に、この国家基本法の構成部分として宣言される。

第一〇条〔信書の秘密、差押〕

信書の秘密は、これを侵してはならない。信書の差押は、法律による逮捕または家宅捜索の場合を除き、戦時または現行法律に従って発せられた裁判官の命令に基づく場合でなければ、これを行うことができない。

第一〇ａ条〔電気通信の秘密〕（連邦官報一九七四／8）

電気通信の秘密は、これを侵してはならない。前項の規定の例外は、現行法律に従って発せられた裁判官の命令に基づく場合にのみ、認められる。

第一一条〔請願権〕

1　何人も、請願権を有する。

2　代表者による請願は、法律によって認められた法人または結社に限り、これを行うことができる。

第一二条〔集会および結社の権利〕

オーストリア国民は、集会および結社の権利を有する。この権利の行使は、特別の法律によって規制される。

第一三条〔表現の自由権、出版の自由〕

1　何人も、法律の範囲内で、言語・文書・出版によってまたは絵画によって、自己の意見を自由に表現する権利を有する。

2　出版物は、検閲に付されたり許可制度によって制限されたりしてはならない。行政上の郵便物禁止は、国内における出版文書には適用されない。

第一四条〔信仰および良心の自由〕

1　何人も、完全な信仰および良心の自由を保障される。

2　市民権および政治的権利は、宗教上の信仰の如何にかかわらず、これを享有することができる。ただし、宗教上の信仰によって国民の義務が損われてはならない。

3　何人も、教会の行為を強制されたり、または、教会の儀式に参加することを強制されてはならない。ただし、法律上この権能を有する他人の権力に服する者は、この限りではない。

（連邦憲法第七条も参照）

第一五条〔宗教団体の自由〕

すべて法律上承認された教会および宗教団体は、共同で公然その宗旨を実施する権利を有し、自らの内部事務を自主的に処理管理し、礼拝・教育・慈善の目的のために設定された自らの施設・寄附金・基金を所有・享有することができる。ただし、他の各団体と同じく、一般的な国法には服さなければならない。

第一六条〔宗教的行為と私住所自由の原則〕

法律上承認されていない宗教的信仰の信奉者にも、私住居内における宗旨の実践は認められる。ただし、それが法律に違反する場合および風紀を害する場合は、この限りではない。

第一七条〔学問の自由、教育をする自由〕

1　学問およびその教授は、自由である。

2　法律上その資格のあることを証明された各国民は、上級および下級の学校を設立し、そこにおいて授業を行う権能を有する。

3　家庭内の授業は、この制限に服さない。

4　学校における宗教教育は、所属の教会または宗教団体によって、配慮され得る。

5　国家は、上級下級の全学校制度に関して、最高の管理および監視の権利を有する。

第一七a条〔芸術の自由〕

芸術上の創造、芸術の伝達および芸術の教授は、自由である。

第一八条〔職業選択の自由〕

何人も、自らの欲する方法および場所で、自らの職業を選択しおよびその職業のための訓練をする自由を有する。

第一九条〔民族の平等、言語の自由〕

1　オーストリア国のすべての民族は、平等の権利を有する。したがって、各民族は、自らの国民性と言語とを保持し育成することの不可侵の権利を有する。

2　国家は、学校、公務および公生活において地方的に一般に用いられるすべての言語の平等権を、承認する。

3　数民族が居住する諸邦においては、公立学校は、これらの民族の各々が第二国語の学習を強制されることなく自らの言語で教育を受けるため必要な手段をとり得るように、組織されなければならない。

オーストリアの中立性に関する一九五五年一〇月二六日の連邦憲法

（連邦官報第二一一号）

第一条〔中立の宣言、その保障手段〕

1　オーストリアは、対外的にその独立性を絶えず主張する目的のために、およびその領域を侵害されない目的のために、自由な立場からその永続的な中立を宣言する。オーストリアは、この中立を自らに可能なあらゆる手段をもって維持し、守り抜くものとする。

2　オーストリアは、この目的を確保するために、あらゆる将来において、いかなる軍事的な同盟にも加わらないし、自らの領土内に外国の軍事基地を設けることも認めないものとする。

第二条〔この憲法の執行義務〕

連邦政府は、この連邦憲法を執行する義務を負う。

オーストリアのヨーロッパ連合への加盟に関する連邦憲法

（連邦官報一九九四年第七四四号）

第一条〔ヨーロッパ連合加盟条約締結〕

この連邦憲法に対する連邦国民の同意によって、連邦憲法上権限を有する諸機関は、ヨーロッパ連合へのオーストリアの加盟に関する条約を、加盟会議において一九九四年四月一二日に確定された交渉結果に応じて締結することを、授権される。

第二条〔加盟条約への議会の参与〕

ヨーロッパ連合へのオーストリアの加盟に関する条約は、これに対する国民議会の承認と連邦参議院の同意によってのみ、これを締結することができる。この議決は、それぞれ、少なくとも総議員の半数の出席と投票の三分の二の多数の賛成を得なければならない。

第三条〔この憲法の執行〕

この連邦憲法の執行は、連邦政府の任とする。

6 カナダ

畑　博行

解説 144
一九八二年カナダ憲法 148
第一章 カナダの権利と自由の章典……一四八
第二章 カナダの先住民の権利……一五一
第三章 平衡化と地域的不平等……一五二
第四章 憲法会議〔内容条文削除〕……一五二
第四章の一 憲法会議〔内容条文削除〕……一五二
第五章 カナダ憲法の改正手続……一五二
第六章 一八六七年憲法の改正……一五三
第七章 総則……一五三
一九八二年憲法別表〔略〕

解　説

一　制定史

カナダには、もともと形式的意義の憲法は存在しなかった。しかし、実質的意義の憲法が存在したことはいうまでもない。それは、一八六七年イギリス議会によって制定された「英領北アメリカ法」（British North America Act, 1867）、一一〇を超えるその改正法、新州の連邦加入に関連して制定された諸法令、旧自治領の自治権を承認したウェストミンスター法などの諸法令および憲法律（constitutional conventions）から成っていた。

この「憲法」によってカナダは統治されてきたのであるが、そこには二つの重要な問題があった。その一つは、「憲法」の核がイギリス議会の法律であったため、それを改正するのにイギリス議会を煩わさなければならないという点であった。イギリス議会はカナダ自身の望むとおりの改正に応じてはいたものの、自国の憲法を改正するのにいちいちイギリス議会の可決を要するというのは多くのカナダ人にとっては愉快なことではなかったようである。もう一つの問題は、カナダでは、アメリカの権利章典とか、わが国の憲法第三章にみられるような一般的な人権保障規定は存在せず、権利保障は、基本的とみられる権利や自由をできる限り尊重するというイギリス的伝統とコモン・ロー上の救済手続に従って行われてきた。しかし、これでは新しい事態に十分対応できないということで、一九六〇年、「カナダ権利章典」（Canadian Bill of Rights）が採択された。つづいて、若干の州が連邦の例にならって州の権利章典を制定した。もちろん、これによって問題が解決されたわけではない。例えば、「カナダ権利章典」は、権利章典とはいっても、アメリカ合衆国のそれとは違い制定法にすぎないし、また連邦法であるため州機関に対しては適用されない。同様に、州の権利章典も連邦の機関に対しては適用がない。このため、連邦と州のあらゆる統治機関を拘束する権利自由の憲章（憲法）の制定が切実に求められていた。

アメリカと異なり、州権の強いカナダにおいて、連邦機関のみならず、すべての州政府に対し拘束力をもつ憲法を制定するというのは、至難の技であり、最後まで予断を許さなかった。事実、オンタリオ、ケベックという有力二州が反対している以上、憲法改正の実現は難しいと考えた人も少なくなかった（エリオット「市民的自由とカナダ最高裁判所」『ジュリスト』七五九号参照）。しかし、紆余曲折の末、一つの重要な留保を付して、各州はその成立に同意した。

その留保とは、一九八二年憲法第三三条である。同条は、連邦議会および州議会はある制定法の全体または一部が憲法（新権利自由憲章）の規定に明示的に違反するにもかかわらず効力をもち得ることを当該制定法のなかで宣言できると定め、その際、無視し得る憲法上の権利として、第二条の基本的自由（信教の自由、集会・結社・表現の自由、通信の秘密）、第七条から第一四条までの刑事手続上の権利（人身の自由）および第一五条の平等権を挙げている。このような規定は、まかり間違えば、憲法の人権保障を骨抜きにするおそれがあることはいうまでもない。しかし、大方の専門家は、客観的状況からみて、この規定が援用されることはまずないとみている。実は、一九六〇年のカナダ権利章典にも同種の規定があったが、その権限が発動されたのは、一九七〇年のケベック危機の時、ただ一回だけだったことも楽観論の根拠となっている。

もちろん、一九八二年憲法（Constitution Act, 1982）が制定されたといっても、カナダの統治制度を定めた一八六七年の「英領北アメリカ法」およびその修正法等の効力に変化が生じたわけではない。これらの法律は、一九八二年以降も、いぜんとして連邦と州の統治制度を定めた国家の基本法として生き続けている。ただ、「英領北アメリカ法」という古い名称は廃止され、「一八六七年憲法」（Constitution Act, 1867）と改名された。これにより、現在のカナダ憲法は、一八六七年憲法、その修正法および一九八二年憲法を併せた「一八六七年―一九八二年憲法」（Constitution Acts 1867 to 1982）をいう。

二　カナダ憲法の特色

カナダの統治構造には、イギリスの議会主義とアメリカ合衆国の連邦制の影響が色濃く出ている。

まず、カナダの元首は、イギリスの女王でもあるエリザベス二世である。そして、カナダ連邦の法律は、「上院および下院の助言と同意により女王陛下は次のとおり定める」という文言で始まる。この点は州の法律についても同様である。また、連邦議会も州議会も女王が召集し、そこで可決された法律案はいずれも女王の裁可なしに法律となることはない。もっとも、女王はイギリスにいるので、カナダにおいては連邦レベルでは総督が、また州では副総督が女王の役を代行する。一八六七年に自治領になって以来、カナダは政治的にも経済的にもイギリスから離れ、今や完全に別の国になったといっても過言ではない。しかし、イギリスの女王がカナダの元首であるという点は今もって変っていない。

次に、カナダは議院内閣制をとっている。カナダの連邦議会（Parliament）は、一般有権者によって選ばれる連邦下院（House of Commons）と、任命制の連邦上院（Senate）の二院よりなっている。連邦上院は、民主的に選ばれた連邦下院の決定にほぼ追随してきたが、まれにそれを拒否する構えをみせることがある。カナダでは、連邦の首相は連邦下院（議員定数三〇八）の第一党の党首が任命される。そして、その他の閣僚は、議員のなかから首相によって選任される。閣僚のほとんど大多数は下院議員であり、上院からは若干の議員が入閣している。首相もその他の閣僚も初めから議員である必要はないが、就任後、補欠選挙その他の方法によってすみやかに議席を得るというのが憲法律となっている。このように、カナダでは議院内閣制がとられているが、首相の権限は日本の首相やアメリカ合衆国の大統領のそれよりも強いといわれており、現実政治においても強力なリーダーシップを発揮している。

また、カナダは一〇の州と三つの準州からなる連邦国家である。もっとも、同じ連邦国家といっても、カナダとアメリカ合衆国は、州と連邦の関係という面では、非常に異なっている。まず、アメリカ合衆国の場合、一八の事項が連邦の立法権の対象としてアメリカ合衆国憲法第一条八節に列挙されており、そこに挙げられていない事項は州および人民に留保すると定められている（同憲法修正第一〇条）。これに対し、カナダの場合には、州と連邦の立法権限が憲法上それぞれ別々に明示されており、明示的に州の権限とされていない事項はすべて連邦の管轄に属すると定められている（一八六七年憲法第九一条二九号）。この点は、アメリカ合衆国とはまったく逆であり、憲法の規定をみるかぎり、カナダははっきりと連邦優位の立場を打ち出している。

しかしながら、現実にはカナダの連邦制は州権優位の連邦制である。アメリカ合衆国では、連邦権は憲法により限定されているにもかかわらず、「州際通商条項」、「必要かつ適当条項」などの憲法規定を拡大解釈することによって、連邦の優位が確立されてきたのに対し、カナダでは、州の管轄事項が憲法上明示されているため、連邦が介入する余地がなく、また連邦の管轄事項のなかにも別の角度から州の管轄事項ととれるものがあることを認め、結果的に州権を擁護することになる「二重性の原則」（double aspect doctrine）を裁判所が支持しているため、その面でも州権の優位が確保されている。このように、憲法文言上の連邦優位と憲法運用面における州の優位の問題がカナダの憲法政治における最も重要な争点であったし、一九八二年憲法の制定に際しても、最大の論点の一つであった。憲法制定を実現するため、連邦が州、とりわけ、資源州に譲歩をし、非再生資源、森林資源および水力エネルギーに関する排他的立法権を付与したこともその脈絡のなかでみる必要がある。

さらに、人権が通常の法律ではなく、それより上位の憲法のなかで保障されるようになった意義は大きい。今後、議会が人権を侵害するような法律を制定しても、裁判所がその法律を違憲と判断し、その適用を拒否する道が作られたことになる。ただ、一定の権利自由の保障に重大な留保が付されていること（一九八二年憲法第三三条）は、一において述べたとおりである。

なお、新権利自由憲章には、目ぼしい自由権的人権はほとんどすべて保障されているが、財産権保障規定が欠落しているのが目につく。それは、財産権の保障が公益事業等の妨げになることを恐れた結果のようであるが、これに対する反発も根強く、将来憲法改正の問題が起るとすれば、この点が最初の問題になるであろうといわれている。

最後に、イヌイット、インディアン等の先住民の既存の権利および条約上の権利が八二年憲法により明示的に承認されていること（第三五条）は注目に値する。アメリカ合衆国では、一九六〇年代頃からインディアンなどの先住民が土地の所有権を主張し、連邦や州の政府と争っているが、カナダでも大規模開発計画などを契機に先住民と政府との間の紛争が頻発していた。今回、先住民の権利が憲法によって保障された意義はきわめて大きい。とはいっても、この権利の内容は決っておらず、その決定は今後の課題である。新憲法は、その目的のため連邦政府首相に先住民代表と協議するよう義務づけている。

なお、一九八二年憲法について、これまで二回改正が行われた。第一回目は、先住民の権利を拡充するための改正（一九八四年七月一一日の改正）であり、第二回目の改正は、ニュー・ブランズウィック州内での英語共同体とフランス語共同体の同等の地位と権利を確認する改正（一九九三年四月七日）で、いずれも多文化主義問題にかかわる人権規定の改正である。

さらに、念のため、前述したように、カナダの憲法は「一八六七年—一九八二年憲法」であるが、ここでは「一九八二年憲法」のみを訳出することを付記しておく。

一九八二年カナダ憲法

第一章　カナダの権利と自由の章典

カナダは、神の至高と法の支配を認める諸原理に立脚しており、故に左記のように定める。

権利と自由の保障

第一条〔権利・自由の保障とその限界〕
カナダの権利と自由の章典は、自由で民主的な社会において明確に正当化できる、法律によって定められた合理的制限の枠内において、同章典に列挙された権利および自由を保障する。

基本的自由

第二条〔思想・信教・表現・集会・結社の自由〕
何人も、次に掲げる基本的自由を有する。
(a) 良心および信教の自由
(b) 出版その他の意思伝達手段の自由を含む、思想、信条、意見および表現の自由
(c) 平和的集会の自由
(d) 結社の自由

民主的権利

第三条〔連邦下院・州議会の選挙権・被選挙権〕
すべてのカナダ市民は、連邦下院〔House of Commons〕議員および州議会〔legislativeassembly〕議員の選挙において投票する権利および被選挙権を有する。

第四条〔連邦下院・州議会の会期、非常事態における会期の延長〕
1　連邦下院および州議会の存続期間は、総選挙の結果報告のために定められた期日より五年を超えないものとする。
2　戦時または戦争の恐れのある場合、外敵の侵入の場合、もしくは反乱が生じた場合、連邦下院および州議会の三分の一を超える議員の反対がなければ、連邦下院については、連邦議会〔Parliament〕、また州議会については、州立法府〔legislature〕が、それぞれの存続期間を延長することができる。

第五条〔連邦議会・州立法府の開会〕
連邦議会および各州の立法府は、一二カ月ごとに少なくとも一回開会しなければならない。

移転の自由

第六条〔出入国の自由・居住および移転の自由・生計手段追求の自由〕
1　カナダのすべての市民は、カナダに入国し、滞在し、かつそこから出国する自由を有する。
2　カナダのすべての市民およびカナダの永住権をもつすべての者は、次に掲げる権利を有する。
(a) 他の州へ移転し、かつ居住する自由
(b) あらゆる州において生計手段を追求する自由
3　2項に定められた権利は、次の各号に掲げられた法律または慣習に従うものとする。
(a) 現在居住しまたは過去に居住した州を主たる理由として差別的取扱いをしているものを除き、州において効力を有し、かつ一般に適用されている法律または慣習
(b) 公的に給付される社会的サービスの受給資格として合理的な居住要件を定めている法律
4　2項および3項は、就業率がカナダ全体の平均よりも低い州において社会的または経済的に不利な状態にある者の条件を改善することを目的とする法律、事業または活動を妨げるものではない。

刑事手続上の権利

第七条〔基本的正義の原則〕
何人も、生命、自由および身体の安全を享受する権利を有し、基本的正義の原則によらなければ、その権利を奪われない。

第八条〔不合理な捜索・押収の禁止〕
何人も、不合理な捜索および押収を受けない権利を有する。

第九条〔恣意的な抑留・拘禁の禁止〕
何人も、恣意的な抑留または拘禁を受けない権利を有する。

第一〇条〔逮捕・勾留に際しての保障〕
何人も、逮捕および勾留に際し、次の各号に掲げる権利を有する。
(a) 直ちにその理由を告知される権利
(b) 遅滞なく弁護人に依頼し、かつ指示する権利、およびその権利の告知を受ける権利
(c) 人身保護令〔habeas corpus〕の手続により、勾留の効力の確認を求め、かつ勾留が適法でないとみとめられた場合、釈放される権利

第一一条〔刑事被告人・被疑者の権利〕
刑事被告人または被疑者は、次の各号に掲げる権利を有する。

(a)　不当に遅延することなく明確な犯罪名を告知される権利
(b)　合理的期間内に裁判を受ける権利
(c)　自らの犯罪に関する手続において自己に不利益な証人となることを強制されない権利
(d)　独立かつ公平な裁判所による公正かつ公開の審理において、法により有罪と認定されるまで、無罪の推定を受ける権利
(e)　正当な理由なしに妥当な保釈を拒否されない権利
(f)　軍法会議によって審理される軍法違反の犯罪の場合を除き、最高刑が五年以上の自由刑またはそれより厳しい刑罰である場合に、陪審による裁判を受ける権利
(g)　実行の時に、カナダの法律または国際法上の犯罪に該当せず、また国際社会によって承認された法の一般原則により犯罪とされない作為または不作為を理由として有罪とされない権利
(h)　無罪が確定した犯罪につき、重ねて訴追されない権利、および有罪が確定し、既に処罰が行われた犯罪につき、重ねて訴追または処罰されない権利
(i)　有罪の判決が下されたが、犯罪の実行時と判決の言い渡し時の間に量刑の変更がなされている場合、軽いほうの刑罰を受ける権利

第一二条〔残虐かつ異常な取扱い・刑罰の禁止〕
何人も、残虐かつ異常な取扱いまたは刑罰に服させられない権利を有する。

第一三条〔自己負罪的証言の使用禁止〕
どのような手続においてであれ、証言を行う証人は、偽証または矛盾する証言を行ったために訴追される場合を除き、そこで行った不利な証言を他の手続において自らを有罪とするのに用いられない権利を有する。

第一四条〔通訳の援助を得る権利〕
どのような手続においてであれ、そこで用いられる言語を理解または話すことができず、あるいは聞くことができない当事者または証人は、通訳の援助を得る権利を有する。

平等権

第一五条〔法の下の平等・法の平等保護〕
すべての個人は、法の前および法の下において平等であり、差別、とりわけ、人種、出身国または民族的背景、肌の色、宗教、性別、年齢、もしくは精神的または肉体的障害に基づく差別を受けることなく、法の平等な保護および利益を受ける権利を有する。

カナダの公用語

第一六条〔カナダの公用語・英仏語の平等扱い〕
1　英語およびフランス語をカナダの公用語とし、カナダの連邦議会および連邦政府の全機関における使用に関し平等の地位ならびに平等の権利および特権を付与する。
2　英語およびフランス語をニューブランズウィック州の公用語とし、ニューブランズウィック州の立法府および政府の全機関における使用に関し平等の地位ならびに平等の権利および特権を付与する。
3　本憲章におけるいかなる条項も、英語およびフランス語の地位または使用の平等を促進する連邦議会または州立法府の権能を制限するものではない。

第一六条の一〔ニュー・ブランズウィック州における英語共同体・フランス語共同体の地位〕
1　ニュー・ブランズウィック州にある英語共同体およびフランス語共同体は平等な地位、および独自の教育制度、ならびにそれらの共同体の保持および振興に必要な文化的制度をもつ権利を含む平等な権利および特権を有する。
2　前項に掲げた地位、権利および特権を保持し、振興するニュー・ブランズウィック州の立法府および政府の任務をここに確認する。

第一七条〔連邦議会・ニューブランズウィック州立法府における英仏語の使用権〕
1　何人も、連邦議会における討論その他の手続において英語またはフランス語を使用する権利を有する。
2　何人も、ニューブランズウィック州立法府における討論その他の手続において英語またはフランス語を使用する権利を有する。

第一八条〔英仏語による法律・記録等の作成〕
1　連邦議会の法律、記録および刊行物は英語およびフランス語にて印刷し発行するものとし、両語版とも同等の権威を有する。
2　ニューブランズウィック州立法府の法律、記録および刊行物は英語およびフランス語にて印刷し発行するものとし、両語版とも同等の権威を有する。

第一九条〔法廷にて英仏語を使用する権利〕
1　連邦議会によって設置された裁判所において、もしくはそのような裁判所における訴答手続、あるいはそのような裁判所の訴訟手続において、何人も、英語またはフランス語のいずれかを使

用することができる。

2　ニューブランズウィック州の裁判所において、もしくはその裁判所における訴答手続、あるいはその裁判所の訴訟手続において、何人も、英語またはフランス語のいずれかを使用することができる。

第二〇条〔政府機関と英仏語で連絡しサービスを受ける権利〕

1　カナダの公衆のいずれの成員も、英語またはフランス語で、連邦議会または連邦政府の機関の長または中央事務所と連絡をし、かつそれらの提供するサービスを受領する権利を有し、また、次の各号に掲げる場合には、それらの機関の他の事務所に関しても同様の権利を有する。

(a)　英語またはフランス語でその事務所と連絡をし、かつその提供するサービスを受領することに対し相当な需要がある場合

(b)　事務所の性質により、それとの連絡およびその提供するサービスの受領を英語およびフランス語の両言語によって行うのが適当と認められる場合

2　ニューブランズウィック州の公衆のいずれの成員も、英語またはフランス語で、ニューブランズウィック州の立法府または政府の機関の事務所と連絡をし、かつその提供するサービスを受領する権利を有する

第二一条〔英仏語に関する既存の憲法上の権利義務の存続〕

第一六条から第二〇条までのいかなる条項も、カナダ憲法の他のいずれかの規定により存在または存続している英語およびフランス語、もしくはそのいずれかの言語に関する権利、特権または義務を廃止し、もしくは減少するものではない

第二二条〔英仏語以外の言語に関する既得権の存続〕

第一六条から第二〇条までのいかなる条項も、本憲章の施行以前または以後に取得され、または享受されていた法上の、もしくは慣習上の権利または特権を廃止し、もしくは制限するものではない。

少数派言語教育権

第二三条〔教育言語〕

1　次の各号のいずれかに該当するカナダ市民は、その州内において自己の子弟に当該少数言語で初等および中等学校教育を受けさせる権利を有する。

(a)　最初に習得し、かつ現在も理解している言語が現在居住している州の英語系またはフランス語系の言語上の少数派のものである者

(b)　カナダにおいて英語またはフランス語で初等学校教育を受け、かつその教育を受けた言語が英語系またはフランス語系の言語上の少数派のものとなっている州に居住する者

2　その子弟がカナダにおいて英語またはフランス語で初等または中等学校教育を受けたか、あるいは現在受けているカナダ市民は、自己のすべての子弟に同一の言語で初等および中等学校教育を受けさせることができる

3　自己の子弟に英語系またはフランス語系の州内の言語上の少数派の言語で初等および中等学校教育を受けさせる1項および2項に基づくカナダ市民の権利は、

(a)　その州内においてそのような権利をもつ市民の子弟の数が少数言語教育のための公的資金を支出するのに十分な場合に適用されるものとし、また

(b)　そのような子弟の数が右の点を満たすに十分な場合、公的資金によって設けられた少数言語教育施設において教育を受けさせる権利を含むものとする。

執行

第二四条〔裁判所による権利の救済・違法証拠の排除〕

1　本憲章の保障する権利または自由を侵害されまたは否認された者は何人も、管轄権を有する裁判所に出訴し、当該裁判所が諸般の状況からみて適切かつ正当とみなす救済を求めることができる。

2　1項に基づく手続において、証拠が本憲章の保障する権利または自由を侵害または否認する方法で収集されたと裁判所が判断した場合、あらゆる状況からみてその証拠の採用が司法の信用を傷つけることが確認されれば、当該証拠は排除されなければならない。

総則

第二五条〔カナダ先住民の既得権の保障〕

本憲章における特定の権利および自由の保障は、次の各号に掲げる権利および自由を含むカナダの先住民に関する本来の、条約上の、あるいはそれ以外の権利または自由を廃止し、もしくは制限するものと解釈してはならない。

(a)　一七六三年一〇月七日の女王布告によって

承認された権利または自由

(b)　土地請求紛争解決のための合意によって、現在存在しているか、もしくは先住民が取得するかもしれない権利または自由　〔本号は一九八三年憲法改正布告によって追加〕

第二六条〔既得権の保障〕

本憲法における特定の権利および自由の保障は、カナダにおいて認められているその他の権利および自由の存在を否認するものとして解釈してはならない。

第二七条〔多元的文化の伝統の保存・向上〕

本憲章はカナダ人の多元的文化の伝統の保存および向上に合致するように解釈しなければならない。

第二八条〔男女の平等取扱い〕

本憲章のいかなる規定にもかかわらず、本憲章に列記された権利および自由は、これを男性および女性に等しく保障されるものとする。

第二九条〔宗派学校等の既得権の保障〕

本憲章におけるいかなる条項も、宗派学校、カトリック教区学校または非国教派学校に関し、カナダ憲法により、もしくはそれに基づき保障された権利または特権を廃止し、もしくは制限するものではない。

第三〇条〔憲章の準州への適用〕

本憲章における州もしくは州の議会または立法府に関する規定は、状況に応じて、ユーコン準州およびノースウェスト準州、もしくはそれら準州の正当な立法機関を含むものとみなされる。

第三一条〔立法権の拡大禁止〕

本憲章における条項は、いかなる団体または機関の立法権をも拡大するものではない。

憲章の適用

第三二条〔憲章の適用範囲〕

1　本憲章は、次の各号に掲げる機関に適用する。

(a)　ユーコン準州およびノースウェスト準州に関連するあらゆる事項を含むカナダ連邦議会の権限に属するあらゆる事項に関しては、連邦議会および連邦政府

(b)　各州の立法府の権限に属するあらゆる事項に関しては、各州の立法府および政府

2　1項の規定にかかわらず、第一五条は、本条発効後三年が経過するまで効力を有しないものとする。

第三三条〔違憲の法律の例外的有効宣言〕

1　連邦議会または州の立法府は、状況に応じて、連邦法または州法のなかで、それらの法律またはその法律の規定が、本憲章の第二条または第七条から第一五条までのなかで保障された規定にもかかわらず、効力を有することを明示的に宣言することができる。

2　本条に基づいて行われた宣言が有効に向けられている法律または法律の規定は、その宣言のなかで言及された本憲章の規定が存在しないものとして適用されるものとする。

3　1項に基づいて行われた宣言は、発効後五年が経過したとき、もしくはその宣言のなかにそれよりも早い期日が明示してあるときは、その期日に失効するものとする。

4　連邦議会または州立法府は、1項に基づいて行われた宣言を再採択することができる。

5　4項に基づいて行われた再採択に関しては、3項を適用するものとする。

引用

第三四条〔本章の引用〕

本章は、「カナダ権利自由憲章」として引用することができる。

第二章　カナダの先住民の権利

第三五条〔カナダ先住民の既得権の確認〕

1　カナダ先住民の既存の本来的権利および条約上の権利は、これにより承認、かつ確認する。

2　本法における「カナダの先住民」とは、カナダのインディアン、イヌイットおよびメティスの人びとを含むものとする。

3　1項における条約上の権利は、明確に土地請求紛争解決のための合意によって現在存在しているか、もしくは先住民が同じような方法で取得するかもしれない権利または自由を含む。

4　本条の他の規定にかかわりなく、1項に掲げる先住民の権利および条約上の権利は、等しく男性および女性に保障される。

〔3項および4項は一九八三年憲法改正布告によって追加〕

第三五条の一〔先住民にかかわる憲法改正のための前提手続〕

カナダの連邦政府および州政府は、「一八六七年憲法」第九一条第二四号、現憲法第二五条または本章に何らかの改正がなされるまでは、次の各号に掲げる原則に従うことを誓約している。

(a)　カナダの連邦首相および州首相によって組織され、その議題に憲法改正の提案にかかわ

る事項を含む憲法会議は、カナダの連邦首相より招集される。

(b)　カナダ連邦首相は、前項の事項の討議に参加させるためカナダの先住民の代表を招かなければならない。

〔本条は一九八三年憲法改正布告によって追加〕

第三章　平衡化と地域的不平等

第三六条〔機会均等の促進・平衡交付金〕

1　連邦議会および州の立法府は、それぞれの立法権限、もしくはその行使に関する諸権利に変更を加えることなく、カナダの連邦政府および州政府とともに、次の各号に掲げる事項を行うものとする。

(a)　カナダ国民の福祉のため機会の均等を増進すること

(b)　機会の不均等を減少するため経済開発を推進すること

(c)　すべてのカナダ国民に妥当な内容をもった必要不可欠な公的サービスを提供すること

2　カナダ連邦議会および連邦政府は、州政府が適度に相応する課税水準で適度に相応する水準の公的サービスを提供するのに十分な歳入が得られるよう保障するため平衡交付金を支出するという原則に従うものとする。

第四章　憲法会議

第三七条〔憲法会議の構成・招集・任務〕

削除

第四章の一　憲法会議

第三七条の一〔先住民・準州にかかわる憲法改正の手続〕

削除

第五章　カナダ憲法の改正手続

第三八条〔憲法改正の一般手続・州議会による改正反対の決議〕

1　カナダ憲法の改正は、次の各号に掲げる決議によって承認された場合、カナダの国璽を捺印した総督の発する布告によりこれを行うことができる。

(a)　上院および下院の議決

(b)　決議時に最も近い時点において行われた国勢調査により、全州の人口の合計の五〇パーセント以上を有する、全州の議会の三分の二以上の議決

2　1項に基づき行われる改正で、州の立法府または州政府の立法権、財産権、もしくはその他の権利または特権を制限するものは、上院、下院および1項の要求する州議会のそれぞれの過半数による議決を必要とする。

3　2項に定められた改正は、その改正にかかわる布告が発せられる前に、その議会が議員の過半数による議決をもって反対を表明している州においては効力を有しないものとする。ただし、当該州議会が事後に議員の過半数による議決をもってその反対を撤回し、かつ改正を承認した場合はその限りではない。

4　3項の目的のために行われた反対の議決は、改正にかかわる布告が発せられる前または後のいかなる時点においてもこれを撤回することができる。

第三九条〔改正布告の発布の制限〕

1　第三八条1項に基づく布告は、憲法改正手続を開始する議決がなされてから一年が経過するまで、これを発してはならない。ただし、各州の議会があらかじめ賛成または反対の議決を行っている場合はこの限りではない。

2　第三八条1項に基づく布告は、憲法改正手続を開始する議決がなされてから三年が経過すれば、これを発してはならない。

第四〇条〔憲法改正にともなう州への補償〕

第三八条1項に基づき、教育またはその他の文化的事項に関する州の立法権を州の立法府から連邦議会に移管する改正を行う場合、連邦政府は、その改正の適用を受けない州に対し合理的な補償をしなければならない。

第四一条〔全州の同意を要する憲法改正〕

次に掲げられた事項に関するカナダ憲法の改正は、連邦上院および連邦下院、ならびに各州の議会の議決によって承認された場合に限り、カナダの国璽を捺印した総督の発する布告によりこれを行うことができる。

(a)　女王、総督および州の副総督の職務

(b)　本章の施行時に、各州に割当てられている連邦上院議員の定数を下回らない数の議員を連邦下院に送る州の権利

(c)　第四三条によることを条件とする英語またはフランス語の使用

(d)　カナダ最高裁判所の構成

(e)　本章の改正

第四二条〔一般手続による憲法改正〕

1　次の各号に掲げられた事項に関するカナダ憲法の改正は、第三八条1項によってのみこれを行うことができる。

(a) カナダ憲法の定める連邦下院における州の比例代表の原則
(b) 連邦上院の権限および連邦上院議員の選出方法
(c) 州に認められている連邦上院議員の定数およびその居住要件
(d) 第四一条(d)号によることを条件とするカナダ最高裁判所
(e) 既存の州の準州への拡張
(f) 他のいかなる法律または慣習があろうと、新しい州の設置

2 第三八条2項から4項までの規定は、1項に掲げられた事項に関する改正については適用されない。

第四三条〔一部の州に関する規定の改正〕

次の各号に掲げられたものを含む、全州ではなく一以上の州に適用される規定に関するカナダ憲法の改正は、連邦上院および連邦下院、ならびにその改正が適用される各州の議会の議決によって承認された場合に限り、カナダの国璽を捺印した総督の発する布告によりこれを行うことができる。

(a) 州と州との間の境界の変更
(b) 州内における英語またはフランス語の使用にかかわる規定の改正

第四四条〔連邦議会による憲法改正法の制定〕

第四一条および第四二条の規定によるのほか、連邦議会は、連邦政府、もしくは連邦上院および連邦下院に関するカナダ憲法を改正するための法律を独占的に制定することができる。

第四五条〔州議会による憲法改正法の制定〕

第四一条の規定によるのほか、各州の立法府は、州憲法を改正するための法律を独占的に制定することができる。

第四六条〔改正手続の開始・賛成議決の撤回〕

1 第三八条、第四一条、第四二条および第四三条に基づく改正の手続は、連邦上院または連邦下院、もしくは州議会のいずれかにおいてこれを開始することができる。

2 本章の目的のために行われた賛成の議決は、それによって承認された布告が発せられるまではいつでもこれを撤回することができる。

第四七条〔連邦上院の議決なしに行われる改正〕

1 第三八条、第四一条、第四二条または第四三条に基づく布告によって行われたカナダ憲法の改正は、連邦下院がその布告を承認する議決を行ったあと一八〇日以内に、連邦上院が同様の議決を行わず、かつその期間の満了後いつであろうと、連邦下院が同議決を再度採択した場合、その布告の発布を承認する連邦上院の議決がなくても、これを行うことができる。

2 連邦議会が閉会または解散中の期間は、1項に定められた一八〇日の期間の算定にあたっては、これを算入しないものとする。

第四八条〔総督に対する布告発布の助言〕

カナダのための女王の枢密院は、本章に基づく布告によって行われる改正に必要とされる議決の採択とともに、直ちに本章に基づく布告を発するよう総督に助言をしなければならない。

第四九条〔憲法会議による本章の再検討〕

連邦首相は、本章の施行後一五年以内に、連邦首相および州の首相によって構成される憲法会議を招集するものとする。

第六章 一八六七年憲法の改正

第五〇条〔非再生資源・森林資源・電力エネルギーに関する州の独占的立法権〕

削除

第五一条〔非再生天然資源・森林資源の一次生産物の意義〕

削除

第七章 総則

第五二条〔憲法の最高法規性〕

1 カナダ憲法は、カナダの最高法規であり、憲法の条規に反する法律は、その違反の限度において効力または効果を有しないものとする。

2 カナダ憲法は、次に掲げる法令からなる。

(a) 本法を含む、「一九八二年カナダ法」
(b) 別表に列記された法律および命令
(c) (a)号および(b)号に掲げられた法律または命令の改正法

3 カナダ憲法の改正は、カナダ憲法に定められた権限によってのみ行われる。

第五三条〔法令の廃止・改正〕

1 別表第一に列記された法令は、別表第二に定められた限度においてこれを廃止または改正するものとし、廃止されない法令は、別表第三に表示された名称の下にこれをカナダにおける法として存続させる。

2 「一九八二年カナダ法」を除き、別表第一の中に名称が列記されている法令を引用しているすべての法令は、その名称に代え、別表第三に掲げられたそれに対応する名称を付すことによってこれを改正するものとし、別表のなかに

掲げられていない英領北アメリカ法は、その制定年および、制定番号があれば、その制定番号をあとに付した「憲法」〔Constitution Act〕としてこれを引用することができる。

第五四条〔第四章の削除〕

第四章の規定は、本章施行後一年が経過したときこれを削除するものとし、本条も、これを削除することができる。第四章の削除および本条の削除にともなって、カナダの国璽を捺印した総督の発する布告により、本法の制定番号は、これをあらためることができる。

第五四条の一〔第四章の一および本条の削除〕

第四章の一および本条は、一九八七年四月一八日をもって削除する。

〔本条は一九八三年憲法改正布告によって追加〕

第五五条〔カナダ憲法のフランス語版の作成〕

別表に掲げられたカナダ憲法を構成する法令のフランス語版は、可及的速やかに連邦司法大臣がこれを作成するものとし、その一部であっても措置がとれる状態にあるものは、カナダ憲法の同一の条項の改正に適用される手続に従い、カナダの国璽を捺印した総督の発する布告により法令化するため、これを提出しなければならない。

第五六条〔憲法を構成する法令の英仏語版の効力の平等性〕

カナダ憲法を構成する法令が英語およびフランス語で制定されている場合、あるいは第五五条に基づき憲法を構成する法令のフランス語版が制定されている場合、憲法を構成する法令の英語およびフランス語版は、同等の権威を有する。

第五七条〔本法の英仏語版の効力の平等性〕

本法の英語およびフランス語版は、同等の権威を有する。

第五八条〔本法の施行日〕

第五九条によるのほか、本法は、カナダの国璽を捺印した女王または総督の発する布告によって定められた日から、これを施行する。

第五九条〔ケベックに関する少数言語教育権規定の施行日・その決定手続〕

1　第二三条1項ⓐ号は、ケベック州に関しては、カナダの国璽を捺印した女王または総督の発する布告によって定められた日から、これを施行する。

2　1項に基づく布告は、ケベック州の議会または州政府によって承認された場合においてのみ、これを発するものとする。

3　本条は、第二三条1項ⓐ号がケベック州に関して施行される日に、これを廃止することができる。本条の削除にともなって、カナダの国璽を捺印した女王または総督の発する布告により、本法は、これを改正し、かつその制定番号は、これをあらためることができる。

第六〇条〔本法の名称〕

本法は、これを「一九八二年憲法」として引用し、「一八六七年—一九七五年憲法（第二号）」および本法は、これを併せて「一八六七年—一九八二年憲法」〔Constitution Acts, 1867 to 1982〕として引用することができる。

第六一条〔引用〕

「一八六七年—一九八二年憲法」に対する引用は、「一九八三年憲法改正布告」に対する引用を含むものとみなされる。

〔本条は一九八三年憲法改正布告によって追加〕

一九八二年憲法別表——憲法の現代化〔第一表＝関係法令、第二表＝改正、第三表＝新しい名称〕

〔以下略〕

7　スイス連邦

平松　毅

解説　156
スイス連邦憲法　160
前文……一六〇
第一編　総則……一六〇
第二編　基本権、市民権及び社会目標……一六〇
第一章　基本権……一六〇
第二章　市民権及び政治的権利……一六三
第三章　社会目標……一六三
第三編　連邦、州及び自治体……一六三
第一章　連邦と州との関係……一六三
第一節　連邦と州の任務……一六三
第二節　連邦と州の協力……一六四
第三節　自治体……一六四
第四節　連邦保障……一六四
第二章　権限……一六五
第一節　外交関係……一六五
第二節　安全保障、国防、民間防衛……一六五
第三節　教育、研究及び文化……一六六
第四節　環境と国土計画……一六七
第五節　公共工事及び交通……一六八
第六節　エネルギーと通信……一六九
第七節　経済……一七〇
第八節　住宅、労働、社会保障及び保健……一七二
第九節　外国人の滞在と定住……一七五
第一〇節　民事法、刑事法、度量衡……一七五
第三章　財政……一七六
第四編　国民と州……一七七
第一章　一般的規定……一七七
第二章　国民発案と国民投票……一七七
第五編　連邦官庁……一七八
第一章　一般的規定……一七八
第二章　連邦議会……一七八
第一節　組織……一七八
第二節　手続……一七九
第三節　権限……一八〇
第三章　連邦内閣及び連邦行政……一八一
第一節　組織及び手続……一八一
第二節　権限……一八一
第四章　連邦裁判所及びその他の司法機関……一八二
第六編　連邦憲法の改正及び経過規定……一八二
第一章　改正……一八二
第二章　経過規定……一八三

解説

一　制定史

スイスの建国は、一三世紀まで遡ることができる。当時、この地域を支配していたハプスブルグ家は、その支配力を拡大して、住民の自由を制限し始めた。それに対し、一二九一年八月一日に、ウーリ、シュヴィーツ、ウンターヴァルデンの三州の住民が、自衛のための盟約者団を結成した。一三一五年ハプスブルグ家は、スイスに軍を派遣したが、盟約者団は、この皇帝軍を打ち破り、独立を獲得した。そこで八月一日は、スイスの建国記念日とされ、スイスの国名は、このシュヴィーツに由来する。

その後、この三州に隣接するルチェルン、チューリッヒなどの州が加わり、一六世紀には一三州からなる盟約者団となった。それが神聖ローマ皇帝との戦争に勝利して主権を獲得したという沿革から、憲法第三条では、「州は、その主権が連邦憲法によって制限されていない限り、主権を有する。州は、連邦に委ねられていないすべての権利を行使する」と定め、国民主権ではなく、州主権を定めている。しかし、その実体は、各州が、同盟によって結ばれた国家連合に過ぎなかった。

一六世紀の宗教改革により、スイスでは、福音主義に基づく改革を主張する州は新教連盟を結成し、他方その他の諸州は、旧教徒連盟を組織し、内戦にまで発展した。その後も紛争は絶えなかったが、一六四八年のウェストファリア条約により、スイス連邦は、各国から、神聖ローマ帝国からの独立した地位が承認された。

一七九八年、フランス革命に際し、ナポレオンは、スイスに侵入し、同年末には、スイス連邦を解体し、ヘルヴェティア共和国を成立させた。その後、ナポレオンの失脚に伴い、一八一五年のウィーン会議は、スイス連邦の独立と永世中立を承認したが、スイスは、尚、小国家の連合体に留まっており、少数の貴族や特権的ギルドに支配されたままで、市民的自由は抑圧されていた。しかし、一八三〇年に、七月革命の影響を受けて、多くの州憲法が自由主義的で民主的なものに改革され、連邦国家形成への動きが強化された。自由主義諸州は七州同盟を結成し、他方、カトリック教会の勢力が強い州は、連邦からの分離を求める分離同盟を結成し、両者の間で内戦となったが、自由主義諸州は、分離同盟を打破した。その結果、フランスに二月革命が起こった年である一八四八年に、これまでの国家連合に代わる連邦国家が成立し、アメリカ合衆国憲法をモデルとする連邦憲法が制定された。連邦憲法制定後も、諸州の民主化を求める運動は進み、それは連邦憲法の改正と連邦権力の強化を求める動きとなり、一八七四年にこれが全面改正された。主な改正点は、任意的法律国民投票の導入、連邦権力及び市民的権利の拡大などである。この憲法は、一九九九年まで維持されたが、その間に平均すると一年に一回の加除修正が加えられたために、憲法の体系性が損なわれ、わかりにくいものになった。

その結果、一九六五年以降、連邦憲法の全面改正を求める動きが本格化したが、内容に関する本格的な改正は、議会の承認も国民投票による承認も得られないであろうことが明らかだったので、一九八七年に連邦議会は、憲法の基本的な内容には手を加えず、文言を時代に対応した表現に代え、判例法によって形成されてきた基本権を親しみ易く表現し、瑣末な部分を削除し、これらを体系的な一つの文書に統合する連邦憲法の全面改正を求める連邦決議を採択した。新憲法の草案は、一九九九年に採択され、二〇〇〇年一月から施行された。その後も、内容に関する実質的な改正(司法制度、直接民主制、連邦と州の間の歳入の配分作業)が続き、二〇一三年になって一段落したという事情にある。

二　スイス連邦憲法の基本的諸原則

(一)　法治国家原則

法治国家原則の目的は、法の支配と同じく、個人の自由のために、国家権力を制限することである。そのためには、司法権の独立を含む法の優位が必要である。実体的には、憲法によって保障され、立法者をも拘束する基本権の保障が、法治国家の最も重要な特質である。憲法第五条は、「国のすべての活動は、法に基づき、法によって限界づけられる。」「国の活動は、公益のために行われなければならず、追求される目的に比例しなければならない。」などと定めている。しかし、連邦法に対する司法審査は、第一九〇条「連邦法及び国際法は、連邦裁判所その他の法適用官庁を拘束する。」により、裁判所は、連邦法が憲法に抵触していても、連邦法を適用しなければならないこととされている。

(二)　民主主義の原則

民主主義とは、国家権力が国民の意思に基づいて行使されることをいう。スイスでは、代表制は、国民の直接参加によって補完されている。その一つが、議員候補者の推薦制であり、もう一つが、半直接民主制である。

(1)　議員候補者の推薦制

日本では、国会議員に対し、国権の最高機関に相応しい待遇という理由で、国家公務員の最高給与を下回らない報酬が支払われている。それによって有能な人材が確保されているかというと、逆にそれが議員の世襲制を招き、議員資質は年々低下している。他方、スイスの国会議員の報酬は、生業を営んでいる国民が兼職するという建前なので、月収三〇万円程度である。そこで議員資質の低下を防ぐための措置が講じられている。その一つが、議員と同じく公益を追求する現職の公務員も、原則として公務員の籍をおいたまま議員に立候補することができる制度である（ドイツのほか、多くの国がこれと同様の制度を採用している。その理由は、公務員という身分を理由に被選挙権を剥奪することは、許されないことにある）。

もう一つが、議員候補者の推薦制である。具体的にいうと、有権者は、選挙の前に、議員になって欲しい人の氏名を推薦する機会が与えられ、その数が、それぞれの州で定められた一定数（一〇〇ないし四〇〇）に達すると、本人の同意を得てその人の氏名が候補者のリストに掲示され、その中から議員を選ぶことができる。日本でも、以前「出たい人より、出したい人へ」というスローガンが叫ばれたことがあったが、スイスではこれが現実に行われているのである。

(2)　半直接民主制

半直接民主制の主な手段としては、国民

投票と国民発案がある。国民投票は、国民に、立法府の議決に対する拒否権を与えるが、国民発案は、政治エリートが無視した問題を議題とする力を与えるものだといわれる。国民投票には、義務的国民投票（憲法改正及び重要な国際条約の場合には、国民投票は自動的に行われる）と任意的国民投票（憲法改正の場合は一〇万人の、その他の場合は五万人の有権者の請求又は八州若しくは連邦議会が、告示されてから一〇〇日以内に要求した場合に行われる）がある。国民発案は、憲法改正の場合は一〇万人の、法律又は公共事業の変更の場合は五万人の有権者が、国民発案を求めることができ、それが議会により否決された場合には、国民投票に持ち込むことができる権利である。

㈢　連邦主義

スイスは、規模や人口の異なる二六の州から構成されており、州も二七〇〇以上の大幅な自治権を有する地方政府から構成されている。スイスは、異なる宗教を有する多文化社会であり、四つの公用語（ドイツ語、フランス語、イタリア語、ロマンシュ語）を有する多言語社会なので、連邦主義は、言語的文化的少数派を守るという重要な機能を果たしている。

スイスが連邦国家であることは、次の諸点に示されている。①憲法が、連邦と州に権限を分配しており、州の権限内では、州は実質的な自治を保持している。州の政策決定には、州の憲法が適用される。②州は、連邦の意思形成に参加し、特に連邦憲法の改正には、不可欠の機関として参加する。③アメリカ上院をモデルにした全州議会は、連邦政府において州の意思を代表する意図を有する。

スイスは、欧州諸国と異なり、立法、行政、司法がそれぞれ独立して権限を行使する会議制が採用されている。ただ、会議制は、少数民族の意思を国政に反映させるために採用されたため、会議制がフランス革命のときのように独裁制に転化するおそれはない。会議執行権は、一人の人物ではなく、連邦内閣と呼ばれる複数の政党から成る七名に委ねられている。この七名は、議会で選出され、平等な権限を有し、任期は四年である。政府は、不信任投票によって辞職させられることはない。連邦内閣の長は連邦大統領と称されるが、会議を主催し、政府を代表するだけで、一年毎に交代する。スイスでは、国民が、国民投票と国民発案を通じて、野党の役割を引き受けている。

㈣　社会的正義

(1)　生存権　国民の自由、法治国家、法の下の平等及び民主的手続は、それらの権利を享受する能力と手段を欠いている者にとっては、いかがわしい価値しか有しない。それ故に国は、何らかの形で貧困階層の最低限の生活保障を確保することを義務づけられている。そこで、憲法前文には、「国民の強さは、最も弱い立場にある国民に対する福祉によって測られる。」と定めている。憲法には、わが国と同様、国民の生存権と義務教育の無償が定められているが、それに加えて第四一条では、国民の権利としてではなく、立法府に対するガイドラインである社会目標として、それを具体化するためのリストを掲げている。それには、老齢者、遺族及び障害者への年金支給（第一一一条）、老齢者保険、遺族保険及び障害者保険（第一一二条）、雇用者保険（第一一三条）、失業保険（第一一四条）、法的扶助を求める権利（第二九条）などである。これらの保障が、社会的正義を実現するために不可欠と考えられたことにある。

(2) 持続可能な成長　成長が持続可能になるのは、きたるべき将来の世代を損うことなく、現在の必要に応える場合である。憲法第七三条は、「連邦及び州は、自然及び自然の再生能力と、人間による自然利用との間で、永続的に均衡の取れた関係を構築するように努めるものとする。」と定め、これを環境と国土計画に関する憲法上の基準としている。そして国家目的を定めた第二条において、「2 スイス連邦は、公共の福祉、持続的発展……を促進する。……4 スイス連邦は、自然的生命基盤の永続的保全……の維持に努める。」と定め、これを国家目標として遵守することと規定している。

なお、翻訳に際しては、参考文献のほか、インターネットのBundesverfassung der Schweizerischen Eidgenossenschaft (二〇一七年二月一二日現在) (https://www.admin.ch/opc/de/classified-compilation/19995395/201702120000/101.pdf) を参照した。

参考文献

1 『スイス連邦憲法概要』参議院憲法調査会事務局、二〇〇二(平成一四)年七月

2 美根慶樹『スイス歴史が生んだ異色の憲法』ミネルヴァ書房、二〇〇三年

3 ワルターハラー著、平松・辻・寺澤訳『スイス憲法―比較法的研究』成文堂、二〇一四年

4 関根照彦「スイス連邦」初宿・辻村編『新解説　世界憲法集(第四版)』三省堂、二〇一七年

スイス連邦憲法

（一九九九年四月一八日制定、二〇一七年二月現在）

前文

全能の神の名において、スイス国民と州は、創造主に対する責任を自覚し、世界と連帯し、世界に開かれた精神により、自由と民主主義、独立と平和を強化するために連邦を刷新することを試み、人間相互間における配慮と尊重を保ちながら、統一の中で多様に生きることを決意し、将来世代に対する共同の成果と責任を自覚し、自由を行使する者だけが自由であること、国民の強さは最も弱い立場にある国民に対する福祉によって測られることを確信し、この憲法を制定する。

第一編　総則

第一条（スイス連邦）

スイス国民とチューリッヒ、ベルン、ルツェルン、ウーリ、シュヴィーツ、オプヴァルデンとニートヴァルデン、グラールス、ツーク、フリーブール、ゾーロトゥルン、バーゼル都市部とバーゼル農村部、シャッフハウゼン、外アッペンツェルと内アッペンツェル、サンクトガレン、グラウビュンデン、アールガオ、トゥールガウ、ティチーノ、ヴォー、ヴァレー、ヌシャテル、ジュネーブ及びジュラの各州は、スイス連邦を構成する。

第二条（目的）

1　スイス連邦は、国民の自由と権利を保護し、国の独立と安全を保障する。

2　スイス連邦は、国の、公共の福祉、持続的発展、内部的団結及び文化的多様性を促進する。

3　スイス連邦は、市民にできるだけ多くの機会が均等に達成されるように努める。

4　スイス連邦は、自然的生命基盤の永続的保全と平和で正義に適った国際秩序の維持に努める。

第三条（州）

州は、その主権が、連邦憲法によって制限されていない限り、主権を有する。州は、連邦に委ねられていないすべての権利を行使する。

第四条（言語）

国語は、ドイツ語、フランス語、イタリア語及びロマンシュ語である。

第五条（法治国家原則に基づく行動）

1　国家のすべての活動は、法に基づき法によって限界づけられる。

2　国家活動は、公益のために行われなければならず、追求される目的に比例しなければならない。

3　公共機関と私人は、信義誠実の原則に従って行動しなければならない。

4　連邦及び州は、国際法を尊重しなければならない。

第五ａ条（補完性の原則）

国家の任務の割当及び充足に際しては、補完性の原則を顧慮するものとする。

第六条（個人的及び社会的責任）

何人も、自己自身に対する責任を自覚し、その能力に応じて国家と社会における任務の遂行に寄与するものとする。

第二編　基本権、市民権及び社会目標

第一章　基本権

第七条（人間の尊厳）

人間の尊厳は、尊重され、保護されなければならない。

第八条（法の下の平等）

1　人は、すべて法の下に平等である。

2　何人も、出生、人種、性別、年齢、言語、社会的地位、生活様式、宗教的世界観若しくは政治的信条により又は身体的若しくは精神的障害により、差別されない。

3　男女は、平等の権利を有する。法律は、両性の法律上及び事実上の平等、特に家族、教育及び労働に関する平等な取扱いを規定するものとする。男女は、同一価値を有する労働に対しては同一賃金を請求する権利を有する。

4　法律は、障害を有する人に対する差別を除去する措置をとるものとする。

第九条（恣意からの保護と信義誠実の原則）

何人も、国家機関から恣意を含まず、かつ、信義誠実の原則に基づいた処遇を受ける権利を有する。

第一〇条（生命及び人身の自由）

1　何人も生命への権利を有する。死刑はこれを禁止する。

2　何人も、人身の自由、特に身体的及び精神的

不可侵の権利並びに移動の自由を享有する。
3　拷問その他の残虐で非人道的若しくは品位を傷つける処遇又は刑罰は、これを禁止する。

第一一条（児童及び青年の保護）
1　児童及び青年は、人身の不可侵に対する特別の保護を受け、その成長を育成される権利を有する。
2　児童及び青年は、その権利をその判断能力の範囲内で行使する。

第一二条（貧窮に際して保護を求める権利）
貧窮しており、自活できる状況にない者は、扶助と介護を受ける権利を有し、及び人間の尊厳に値する生存に不可欠な資金を求める権利を有する。

第一三条（プライバシーの権利）
1　何人もその私生活及び家族生活、住居、信書並びに電気通信に関するプライバシーの権利を有する。
2　何人も、その個人情報の乱用から保護される権利を有する。

第一四条（婚姻と家族の権利）
婚姻と家族形成の権利は、保障される。

第一五条（信教及び良心の自由）
1　信仰及び良心の自由は、保障する。
2　何人も、自己の自由意思に基づいて自己の宗教及び哲学的信条を選択し、それを単独で又は他人と共同で告白する権利を有する。
3　何人も、宗教団体に加入し又は所属する権利及び宗教上の集会に出席する権利を有する。
4　何人も、宗教団体に加入し又は所属すること、宗教的行為を行い又は宗教上の集会に出席することを強制されない。

第一六条（意見及び情報の自由）
1　意見及び情報の自由は、保障する。
2　何人も、自由に意見を形成し、表現し及び伝達する権利を有する。
3　何人も、自由に情報を受領し、一般的にアクセスすることができる情報源から情報を収集し流布する権利を有する。

第一七条（情報媒体の自由）
1　新聞、ラジオ及びテレビジョン並びに公共の電気通信技術を用いた作品及び情報を流布するその他の手段は、これを保障する。
2　検閲は、禁止する。
3　情報源の保護は、保障する。

第一八条（言語の自由）
言語の自由は、保障する。

第一九条（初等教育を受ける権利）
十分かつ無償の初等教育を受ける権利は、保障する。

第二〇条（学問の自由）
大学における教育及び研究の自由は、保障する。

第二一条（芸術の自由）
芸術の自由は、保障する。

第二二条（集会の自由）
1　集会の自由は、保障する。
2　何人も、集会を組織し、集会に参加し、又は集会に参加しない権利を有する。

第二三条（結社の自由）
1　結社の自由は、保障する。
2　何人も、結社を結成し、結社に加入し又は所属し、及び自らその活動に参加する権利を有する。
3　何人も、結社に加入又は所属することを強制されない。

第二四条（居住の権利）
1　スイス市民は、国内のいずれの場所にも、居住する権利を有する。
2　スイス市民は、スイスから出国し、又はスイスに入国する権利を有する。

第二五条（国外退去、犯罪人引渡し及び強制送還からの保護）
1　スイス市民は、スイスから退去させられることはない。又、本人の同意なくして外国の機関に引き渡されることはない。
2　難民は、迫害を受けるおそれのある国に強制的に移送され、又は引き渡されてはならない。
3　何人も、拷問その他の残虐で非人道的な処遇若しくは刑罰を受けるおそれがある国に強制送還されてはならない。

第二六条（財産権の保障）
1　財産を所有する権利は、これを保障する。
2　公用収用及び公用収用に相当する財産権の制限を行うには、完全な補償がなされなければならない。

第二七条（経済的自由）
1　経済的自由は、保障される。
2　経済的自由には、特に職業選択の自由並びにあらゆる有償の私経済活動への自由な参入及びその自由な行使が含まれる。

第二八条（団結の自由）
1　被雇用者及び雇用者並びにこれらの組織は、自己の利益を擁護するために連携し、結社を結成し、及びこれに加入するかしないかを決定する権利を有する。

2　争議は、できる限り交渉又は調停によってこれを解決するものとする。

3　ストライキ及びロックアウトは、それが雇用者・被用者関係に関するとき、それが平和条項を遵守する義務又は調停に付する義務に反しないときには、許容される。

4　法律で、特定の種類の人々に対し、ストライキに参加することを禁止する措置をとることができる。

第二九条（一般的手続保障）

1　何人も、司法的及び行政的手続において、平等かつ公正に取り扱われ、合理的な期間内における判断を求める権利を有する。

2　事件の当事者は、法律上の聴聞を請求することができる。

3　必要な資力に欠ける者は誰でも、その申立てに全く理由がない場合でない限り、手続に要する費用を免除される権利を有する。更に、自己の権利を擁護するために必要な限度において、無償で弁護人を付することを求める権利を有する。

第二九a条（裁判を受ける権利）

何人も、法的紛争に対し、裁判所によって審理判決を受ける権利を有する。連邦及び州は、法律により、例外的場合において、裁判所へのアクセスを排除することができる。

第三〇条（司法的手続）

1　訴訟手続により解決しなければならない事件を有する者は何人も、法律によって設置され、権限を有し、独立のかつ公平な裁判を受ける権利を有する。特別裁判所は、これを禁止する。

2　民事訴訟の被告となった者は、その事件を自己の住所地の裁判所で判決されることを求める権利を有する。その他、裁判籍については、法律でこれを定めることができる。

3　裁判所の審理及び判決は、公開される。法律によりその例外を定めることができる。

第三一条（適正な手続によらない自由剥奪の禁止）

1　何人も、法律に規定されている場合及び方法によらないで、その自由を奪われない。

2　自由を剥奪された者は、直ちに本人が理解できる言語で、拘束の理由及び自己の権利について告知される権利を有する。自由を剥奪された者は、自己の権利を主張する機会を与えられなければならない。特に、その者は、最も身近な親族に知らせることを求める権利を有する。

3　未決勾留中の者は、何人も、遅滞なく裁判官との面談を求める権利を有する。裁判官は、同人を引き続き勾留すべきか又は釈放すべきかを決定する。未決勾留中の者は、すべて合理的な期間内における判決を求める権利を有する。

4　何人も、自由の剥奪が、裁判所の命令によるものでない場合には、いつでも裁判所による判断を求める権利を有する。裁判所は、できるだけ早く、勾留が合法的に行われているかどうかを判断する。

第三二条（刑事手続）

1　何人も、有罪判決を受けるまでは、無罪と推定される。

2　すべての被告人は、自己に帰せられた罪について、できるだけ迅速かつ完全に告知される権利を有する。被告人には、適切な防御のために自己の権利を行使する機会が与えられなければならない。

3　すべての被告人は、連邦最高裁判所が初審である場合を除いて、判決に対して上級の裁判所に上訴する権利を有する。

第三三条（請願権）

1　何人も、官庁に対し、請願する権利を有する。それにより請願者に何らの不利益も与えてはならない。

2　官庁は、請願の内容に留意しなければならない。

第三四条（政治的権利）

1　政治的権利は、保障される。

2　政治的権利の保障は、自由な意見形成及び本人の意思に従って投票する自由を保護する。

第三五条（基本権の実現）

1　基本権は、すべての法秩序を通じて実現されなければならない。

2　国の職務を遂行する者は、何人も基本権を尊重し、その実現に尽力しなければならない。

3　官公庁は、そうすることが適切な場合には、基本権が私人間でも有効に働くように配慮しなければならない。

第三六条（基本権の制限）

1　基本権の制限には、法律上の根拠を必要とする。重大な制限は、法律の中にこれを規定しなければならない。ただし、重大、直接かつ差し迫った危険がある場合は、この限りではない。

2　基本権の制限は、公益又は第三者の基本権の保護のために正当化できるものでなければならない。

3　基本権の制限は、目的に照らして比例原則により正当化できるものでなければならない。

4 基本権の本質的内容は、不可侵である。

第二章 市民権及び政治的権利

第三七条（市民権）

1 自治体の市民権及び州の市民権を享有する者は、スイス市民である。

2 何人も、市民権を理由に優遇され、又は不利に扱われてはならない。ただし、教区民若しくは組合の政治的権利及びその財産への参加に関する規定には、州の立法が別段の定めをおいている場合でない限り適用されない。

第三八条（市民権の取得及び喪失）

1 連邦は、血統、婚姻、養子縁組による市民権の取得及び喪失について定める。連邦は、更に他の理由によるスイス市民権の喪失と回復についても定める。

2 連邦は、外国人が州に帰化するために必要な最小限の条件を定めるものとし、帰化の許可を与える。

3 連邦は、次の者の帰化の条件を緩和する。

a 第三世代の外国人

b 無国籍の児童

第三九条（政治的権利の行使）

1 連邦は、連邦の事項に関する政治的権利の行使について、州は、州及び自治体の事項に関する政治的権利の行使について、各々規則を定める。

2 政治的権利は、住所地で行使される。連邦及び州は、例外を定めることができる。

3 何人も、その政治的権利を二以上の州で行使することはできない。

4 州は、新規転入者に対しては、転入後最長三ヶ月を経た後に初めて州及び自治体の事案に関する投票権を行使することを認める旨を定めることができる。

第四〇条（外国在留スイス人）

1 連邦は、外国在住スイス人相互間及びスイスとの関係を促進する。連邦は、この目的を追求するための組織に対し助成することができる。

2 連邦は、外国在住スイス人の権利と義務、特に連邦における政治的権利の行使、兵役及び代替役務の遂行、福祉援助及び社会保障に関する規則を定める。

第三章 社会目標

第四一条（社会目標）

1 連邦及び州は、個人の自己責任及び個人の自主性を補完するために、次の事項の確保に努める。

a 何人も、社会保障の恩恵に浴する。

b 何人も、健康のために必要な医療を受けることができる。

c 成人と児童から構成される家族共同体は、保護され援助される。

d 就業可能な者は、適切な条件の下で労働により生計を維持することができる。

e 自己及び家族のために住居を求める者は、負担できる条件で適切な住居を確保することができる。

f 児童、青年及び就業可能な年齢の人々は、その能力に応じて教育、訓練及び研修を受ける機会が与えられる。

g 児童及び青年が、自立し、社会的責任を負うことができる人間に成長することを促進し、その社会的、文化的及び政治的人格形成を支援する。

2 連邦及び州は、老齢、障害、病人、事故、失業、出産、孤児、寡婦（夫）になったときの経済的負担に対して対処できるように配慮する。

3 連邦及び州は、その憲法上の権限及び財政上可能な範囲でこの社会目標を達成するために努力する。

4 この社会目標から、直接国家の給付を求める請求権を引き出すことはできない。

第三編 連邦、州及び自治体

第一章 連邦と州との関係

第一節 連邦と州の任務

第四二条（連邦の任務）

連邦は、連邦憲法によって連邦を指定して配分された職務を遂行する。

第四三条（州の任務）

州は、その権限内において、どの任務を遂行するかを決定する。

第四三a条（国家的任務の指定と充足のための原則）

1 連邦は、州の能力を超える又は連邦による統一的な規制が必要な職務のみを遂行する。

2 公務の遂行によって利益が生じた共同体は、その費用を負担する。

3 公務の遂行のための費用を負担する共同体は、この公務の遂行に関する決定を行うことができる。

4 すべての人に提供される公務は、すべての人が類似の方法で利用することができなければならない。

5 国家の任務は、需要に対応して、効率よく充足されなければならない。

第二節　連邦と州の協力

第四四条（原則）

1 連邦と州は、その任務の遂行に際しては、相互に援助し、協力する。

2 連邦と州は、相互に配慮し、支援する義務を負う。連邦と州は、相互に職務共助及び法律上の共助を行う。

3 州間又は州と連邦との間の紛争は、できる限り交渉及び調停により解決するものとする。

第四五条（連邦の意思形成への参加）

1 州は、連邦憲法の規定に従って、連邦の意思形成に、特に立法過程に参加する。

2 連邦は、州に対して、適時かつ詳細に連邦の計画に関する情報を提供する。連邦は、州の利害に関わる場合には、州の意見を求めるものとする。

第四六条（連邦法の執行）

1 州は、連邦法を憲法及び法律に従って執行する。

2 連邦と州は、州が連邦法を執行するに際して、州が一定の目的を達成することに、そして連邦からの財政援助によるこの目的のための行動計画を執行することに合意することができる。

3 連邦は、州にできるだけ多くの形成の余地を認め、州の特別の事情を考慮することができる。

第四七条（州の自治）

1 連邦は、州の自主性を維持しなければならない。

2 連邦は、州が州の職務を自主的に遂行することに拘束を加えず、その組織的自律権を尊重する。連邦は、州に十分な資金源を委ね、州がその職務を遂行するのに必要な資金源を確保できるように配慮する。

第四八条（州間協定）

1 州は、州相互間で協定を締結し、共同の組織及び施設を設置することができる。州は、特に地域的利害に関する職務を共同して遂行することができる。

2 連邦は、その権限内で参加することができる。

3 州間協定は、連邦法、連邦の利益又は他の州の権利を侵害してはならない。州間協定は、連邦に通知しなければならない。

4 州間協定によって州は、協定が次の定めを有する場合には、協定によって設立される機関に協定を執行する規則の制定を委ねることができる。

a 州の立法に適用される手続と同じ手続を経て承認されたものであり、

b その規則の主要な内容が協定で定められているとき

5 州は、州間協定にかかる法令を遵守しなければならない。

第四八a条（一般的拘束力と参加義務）

1 関係州の申立てにより、連邦は、次の職務領域にかかる州間協定が一般的拘束力がある旨を宣言し、又は州に州間協定への参加を義務づけることができる。

a 刑罰及び措置の執行

b 第六二条4項に定められた学校制度

c 州立大学

d 地域の枠を超えた文化施設

e 廃棄物処理

f 汚水処理

g 交通渋滞

h 先端医療と特殊診療所

i 障害者の診療と機能回復訓練施設

2 一般拘束力に関する宣言は、連邦措置の形式で行う。

3 法律で、一般拘束力宣言及び参加義務を定めるための前提条件を確定し、その手続を定める。

第四九条（連邦法の優位と遵守）

1 連邦法は、州法に優位する。

2 連邦は、州による連邦法の遵守を監視する。

第三節　自治体

第五〇条（地方自治）

1 地方自治は、州法で定められた範囲内で保障される。

2 連邦は、その活動に際して、自治体に及ぼす影響を考慮する。

3 連邦は、前項の活動に際しては、都市、都市圏及び山岳地域の特殊事情を考慮する。

第四節　連邦保障

第五一条（州憲法）

1 すべての州は、民主的な憲法を採用するものとする。憲法は、国民の同意を必要とし、有権者の過半数が望むときは、改正されなければならない。

2 州憲法は、連邦の保証を必要とする。連邦は、それが連邦法と矛盾しないときに保証を与える。

第五二条（合憲的秩序）

1　連邦は、州の憲法的秩序を保障する。

2　連邦は、州の秩序が乱され、又はそのおそれがあり、当該州が自力で又は他の州の援助によっては防護することができないときは、介入する。

第五三条（州の存立と領域）

1　連邦は、州の存立及び領域を保障する。

2　州の存立の変更には、関係住民、関係州並びに連邦国民及び州の同意を必要とする。

3　州の区域の変更には、関係住民及び関係州の同意並びに連邦決議の形式による連邦議会の同意を必要とする。

4　州間の境界線に関する紛争は、関係州間の協定により解決することができる。

第二章　権限

第一節　外交関係

第五四条（対外関係）

1　対外関係は、連邦の管轄である。

2　連邦は、スイスの独立を確保し及びその福祉のために尽力する。連邦は、特に、世界における欠乏と貧困の緩和のために、人権の尊重と民主主義の擁護のために、諸民族の平和的共存及び自然的生命基盤の保持のために、寄与する。

3　連邦は、州の権限に留意し、その利益を擁護する。

第五五条（外交政策への州の参加）

1　州の権限又は州の重要な利益に関わる外交政策を決定するに際しては、州は、その準備の段階から参加する。

2　連邦は、州に対し適時にかつ包括的に情報提供し、その見解を徴する。

3　州の権限に影響が及ぶ場合には、州の見解は、特に重視されなければならない。この場合には、州は、適切な方法で国際交渉に参加する。

第五六条（州と外国との関係）

1　州は、その権限の範囲内の事項に関しては、外国と協定を締結することができる。

2　その協定は、連邦の権利及び利益並びに他の州の権利を侵害しないものでなければならない。

3　州は、その協定の締結前に、連邦に通知しなければならない。

4　州は、外国の下級官庁と直接交渉することができる。その他の場合においては、州と外国との交渉は、連邦を通して行う。

第二節　安全保障、国防、民間防衛

第五七条（安全保障）

1　連邦と州は、その権限の範囲で、国の安全保障と国民の保護に尽力する。

2　連邦と州は、国内の安全保障のための努力に際しては、協調する。

第五八条（軍）

1　スイスは、軍隊を保持する。軍隊は、原則として民兵団として組織される。

2　軍隊は、戦争の防止のために尽力し、平和の維持に貢献する。軍隊は、国内の安全に対する重大な脅威を除去し、その他の非常事態を克服するにあたって、非軍事的機関を援助する。その他の任務については、法律で定めることができる。

3　軍隊の投入は、連邦が管轄する。

第五九条（軍務と代替役務）

1　すべてのスイス人男性は、兵役に服する義務を負う。代替役務については、法律で定める。

2　スイス人女性は、自由意思で兵役に服することができる。

3　兵役にも代替役務にも服さないスイス人には、公課が課せられる。この公課は、連邦によって課せられ、州によって査定され、徴収される。

4　連邦は、所得に加えられる損失に対して、適切な補償を定める。

5　兵役又は代替役務に従事した者が、健康を害し又は生命を失ったときには、自身又は親族は、連邦に対して適切な補償を求める権利を有する。

第六〇条（軍の組織、訓練及び装備）

1　軍事立法並びに軍の組織、訓練及び装備は、連邦の管轄である。

2　〔削除〕

3　連邦は、州の軍事施設を適切な補償をすることによって引き継ぐことができる。

第六一条（民間防衛）

1　人及び財産を武力紛争の影響から保護する民間防衛に関する立法は、連邦の権限である。

2　連邦は、大災害及び非常事態における民間防衛軍の出動に関する立法措置をとる。

3　連邦は、男性に民間防衛を義務づけることができる。女性には、自由意思に委ねられる。

4　連邦は、所得の喪失に対する適切な補償について定める。

5　民間防衛に従事した人が、健康を害し又は生命を喪失したときは、自身又は親族は、連邦に対して補償を求める権利を有する。

第三節　教育、研究及び文化

第六一a条（スイスの教育環境）

1　連邦と州は、共同してそれぞれの権限内において、高い水準と融通性のあるスイスの教育環境の形成のために尽力する。

2　連邦と州は、共通の行政機関その他の措置により、それぞれの努力を調整し、共同作業を確保する。

3　連邦と州は、それぞれの任務を充足するに際して、普通教育と職業教育が平等な価値を有することが社会的に認知されるように努めなければならない。

第六二条（学校制度）

1　学校制度は、州が管轄する。

2　州は、すべての児童のために開かれた充実した小学校教育のために尽力する。小学校教育は、義務であり、国の管理又は監視に服する。公立学校は、無償である。

3　州は、最長二〇歳になるまでの、すべての障害のある児童及び青年のための十分な特殊学校教育に配慮する。

4　入学年齢と就学義務、義務教育期間と教育程度、それぞれの教育段階における期間と目的、教育段階の移行及び終了認定についての一致が調整によって達成できない場合には、連邦は、一致を達成するために規則を定めることができる。

5　連邦は、学年の開始を定める。

6　州の権限に属する事項について連邦が規則を立案するに際しては、州との共同作業に特に配慮しなければならない。

第六三条（職業教育）

1　連邦は、職業及び専門教育についての規則を定める。

2　連邦は、職業教育の分野における多様で融通性のある課程のために尽力する。

第六三a条（大学）

1　連邦は、連邦技術大学を経営する。連邦は、その他の大学及び大学レベルの他の施設を設立し、引き受け、経営することができる。

2　連邦は、州の大学を支援し、連邦が承認した大学レベルのその他の高等教育施設に財政的援助を与えることができる。

3　連邦と州は、共同で、スイスの大学制度における質を充実するための調整と保障に配慮する。両者は、その責任を充足するに際して、大学の自律とそれに責任をもつ様々な機関を考慮に入れ、同様の機能を有する施設には、同等の取扱いを確保する。

4　連邦と州は、それぞれの任務を達成するために契約を締結し、特定の機能を共通の機関に委ねることとする。法律は、その機関の権限を定め、その組織の原則と調整の手続を確定する。

5　連邦と州が、共通の目標を定めることが調整によってできない場合には、連邦は、学習の程度及び異なる課程の学習への移行、再教育並びに研究所による承認及び資格についての規則を定めることができる。加えて連邦は、大学に対する助成のための資金提供の基準となる原則を定めることができ、そして資金を必要とする特別の研究を行っている大学に依拠して助成金を定めることができる。

第六四条（研究）

1　連邦は、科学研究及び技術革新を促進する。

2　連邦は、研究助成を、特に質の確保及び調整の確保に基づいて決めることができる。

3　連邦は、研究所を設立し、引き受け又は経営することができる。

第六四a条（継続的教育）

1　連邦は、継続的教育訓練のための原則を定める。

2　連邦は、継続的教育訓練を促進する。

3　法律は、助成のための分野及び基準を定める。

第六五条（統計）

1　連邦は、スイスの国民、経済、社会、教育、研究、国土及び環境の現状と発展の動向についての必要な統計資料を収集する。

2　連邦は、収集費用をできるだけ抑制するために、官庁への登録及び調整に関する規則を定める。

第六六条（教育助成）

1　連邦は、大学その他の高等教育施設で勉学している者に対する奨学金のための州の支出に対し、補助を与えることができる。連邦は、州間における奨学金の調整を促進し、奨学金に関する基本方針を定めることができる。

2　連邦は、加えて、州による措置を補完するために、学校に対する州の自治権を尊重しながら、教育の振興のための独自の措置をとることができる。

第六七条（児童及び青年のための措置）

1　連邦及び州は、それぞれの任務を充足するに際して、児童と青年の育成及び保護の特別の必要性を考慮する。

2　連邦は、州の措置を補完するに際して、児童及び青年の学校外の活動を助成することができる。

第六七a条（音楽教育）

1　連邦及び州は、音楽教育、特に児童と青年のそれを助成する。

2　連邦及び州は、その権限内において、学校における価値の高い音楽授業を指定する。州が、調整によっては、学校における音楽授業の目標について一致を達成することができないときは、連邦は、必要な定めをおくことができる。

3　連邦は、州と協力して、青年が音楽演奏に参加するための機会を与え及び音楽的才能を有する人を奨励するための基本的原則を定める。

第六八条（体育）

1　連邦は、体育、特に体育教育を促進する。

2　連邦は、体育学校を経営する。

3　連邦は、青年の体育に関する規則を定めることができ、学校における体育授業を義務づけることができる。

第六九条（文化）

1　文化の分野は、州の権限に属する。

2　連邦は、スイス全体の利害に関わる文化的な営み並びに芸術及び音楽を、特に教育の分野において促進する。

3　連邦は、その任務を充足するに際して、国の文化的及び言語的多様性を考慮に入れる。

第七〇条（言語）

1　連邦の公用語は、ドイツ語、フランス語及びイタリア語である。ロマンシュ語を話す人との通信に際しては、ロマンシュ語も連邦の公用語である。

2　州は、州の公用語を決定する。州は、言語共同体相互間における協調を維持するために、地域における伝統的な言語の構成に注意し、古来の言語的少数民族に配慮する。

3　連邦と州は、言語共同体相互間における意思の疎通と交流を促進する。

4　連邦は、多言語州における特別の任務を充足するに際して、多言語州を支援する。

5　連邦は、ロマンシュ語及びイタリア語の維持及び奨励のためにグラウビュンデン州及びティチーノ州がとった措置を支持する。

第七一条（映画）

1　連邦は、スイスの映画製作及び映画文化を奨励することができる。

2　連邦は、映画の多様性及び質の向上のための規則を定めることができる。

第七二条（教会と国家）

1　教会と国家との関係を規律することは、州の権限に属する。

2　連邦と州は、それぞれの権限内において、様々な宗教団体に属する人々の間における公共の秩序を維持するための措置をとることができる。

3　ミナレット〔イスラム教寺院の祈りの塔〕の建設は、禁止する。

第四節　環境と国土計画

第七三条（持続的発展）

連邦及び州は、自然及び自然の再生能力と人間による自然利用との間で、永続的に均衡のとれた関係を構築するように努めるものとする。

第七四条（環境保護）

1　連邦は、環境に有害な又は負荷を与える作用から人間とその自然環境を保護するための規則を制定する。

2　連邦は、そのような作用による影響を回避するために尽力する。それを回避し又は除去する費用は、その発生源が負担する。

3　その規則の執行は、法律がその権限を連邦に留保していない限り、州の権限に属する。

第七五条（国土計画）

1　連邦は、国土計画の基本原則を定める。州は、この原則を遵守することによって、土地の合目的で合理的な利用及び秩序ある居住区域の形成に尽力する。

2　連邦は、州の努力を促進し、調整し、州と協力する。

3　連邦と州は、その任務を遂行するに際しては、国土計画のための必要条件を考慮する。

第七五a条（測量）

1　国土の測量は、連邦の事務である。

2　連邦は、官公庁による測量に関する規則を定める。

3　連邦は、国土と所有地に関する官公庁の情報の調整に関する規則を定める。

第七五b条（別荘）

1　自治体の住居及び居住目的に利用されている階層の総面積に占める別荘の割合は、最高二〇％に制限する。

2　法律は、自治体に、当初の居住割当計画及びその詳細なる実施状況を毎年公表することを義務づけるものとする。

第七六条（水）

1　連邦は、その権限内において水の経済的利用、水源の保護及び水の有害な作用の防止に努める。

2　連邦は、水資源の保全と開発、水のエネルギー源及び冷却目的のための利用並びに水の循環に対するその他の措置に関する原則を定める。
3　連邦は、水域の保護、適切な残水量の確保、治水工事、ダムの安全性及び降水量の影響に関する規則を定める。
4　州は、水資源を管理する。州は、連邦法の範囲内で水の利用に関して使用料を徴収することができる。連邦は、使用料及び補償を支払うことにより、水を連邦の交通企業に利用させる権利を有する。
5　国際的な水資源に対する権利及びそれに伴う使用料については、連邦は、関係する州と協議した上で決定する。州間の水資源に対する権利について合意が成立しない場合には、連邦が決定する。
6　連邦は、その任務を充足するに際しては、水源地が存在する州の利益を考慮する。

第七七条（森林）

1　連邦は、森林がその保護的、経済的及び福祉的機能を充足できるように配慮する。
2　連邦は、森林の保護に関する原則を定める。
3　連邦は、森林を保存するための措置を促進する。

第七八条（自然及び郷土の保全）

1　自然と郷土の保護は、州の権限である。
2　連邦は、その任務を充足するに際しては、自然及び郷土の保護に対する関心を考慮する。連邦は、景観、地域建築、歴史的遺跡、自然的及び文化的遺産を保護する。連邦は、公共の利益のために必要な場合には、現状のまま保存する。
3　連邦は、自然及び郷土保護のための努力を支援し、スイス全体にとって価値あるものは、契約又は収用によって取得するか確保する。
4　連邦は、動物及び植物の保護並びに自然の多様性に中におけるそれらの生存空間を保持するための規則を定める。連邦は、絶滅危惧種が絶滅しないように保護する。
5　特別の美観を有する湿原及び湿原景観で、スイス全体にとって価値あるものは、保護される。そこでは、建造物の建築又は土地の現状変更は行われてはならない。ただし、保護のための又は既存の湿原景観の利用に役立つ施設は、この限りではない。

第七九条（漁業及び狩猟）

連邦は、漁業及び狩猟を営むための、特に魚類、野生の哺乳類及び鳥類の多様性を保持するための原則を定める。

第八〇条（動物の保護）

1　連邦は、動物の保護のための規則を定める。
2　連邦は、特に次の事項を規制する。
a　動物の飼育と動物の保護
b　動物実験及び生存動物の手術
c　動物の使用
d　動物及び動物を加工した製品
e　動物の取引及び輸送
f　動物の殺害
3　この規定の執行は、法律で連邦に留保されていない限り、州の権限である。

第五節　公共工事及び交通

第八一条（公共工事）

連邦は、全体としての国の又はその大多数の利益のために、公共工事を施行し、又は公共工事を支援する。

第八一ａ条（公共交通）

1　連邦と州は、州のすべての領域における鉄道、道路、水運及びロープウェイによる公共交通が十分に提供されるように配慮する。その際、貨物鉄道の重要性についても適切な考慮を払うものとする。
2　公共交通の費用の相当な部分は、利用者が支払う価格によって賄われるものとする。

第八二条（道路交通）

1　連邦は、道路交通に関する規則を定める。
2　連邦は、スイス全体にとって重要性を有する道路に対する監督を行う。連邦は、どの通過道路を往来のために空けておくべきであるかを決定することができる。
3　公共交通の利用は、無料である。連邦議会は、その例外を承認することができる。

第八三条（自動車専用道路）

1　連邦は、自動車専用道路網を建設し、その利用を確保する。
2　連邦は、自動車専用道路を建設し、経営し、維持する。連邦は、その費用を負担する。連邦は、この仕事の全部又は一部を公的、私的又は半官半民の機関に割り当てることができる。

第八四条（アルプス横断通過交通）

1　連邦は、アルプス地方を通過交通による有害な影響から保護する。連邦は、通過交通による負荷を、人間、動物及び植物並びにこれらの生存圏に有害でない程度に制限する。
2　国境から国境へ貨物を輸送するアルプス横断交通は、軌道に乗せて行う。連邦参事会は、そうすることに必要な措置をとる。例外は、そうすることが不可避である場合にのみ許容される。詳細は、法律で定める。

3　アルプス地方における通過交通の容量は、高められてはならない。村落を通過交通の負担から軽減する迂回道路は、この限りではない。

第八五条（重量車両に対する通行税）

1　連邦は、重量車両が、他の公課又は料金によっては償うことができない負担を国民にもたらす限度で、重量車両に対してその能力又はマイル数に比例した通行税を徴収することができる。

2　通行税の純益は、道路交通に関連する費用を償うために使用される。

3　州は、この純益の分配に参加する。配分の査定には、山岳及び辺境地域における通行税徴収の特別の事情が考慮される。

第八六条（燃料に対する消費税及びその他の通行税）

1　連邦は、燃料に対し消費税を徴収する。

2　連邦は、通行料の対象となる重量車両以外の自動車及びトレーラーによる自動車専用道路の使用に対して通行税を徴収する。

3　連邦は、航空燃料以外のすべての燃料に対する消費税の半分及び自動車専用道路通行料の純益を道路交通と関連した次の負担及び費用に使用する。

a　自動車専用道路の建設、維持及び管理。

b　（輸送手段の）結合輸送並びに自動車両及び運転手の輸送を促進するための措置。

b2　都市及び密集地域における輸送の基盤となる施設の改善措置。

c　主要道路の費用の分担。

d　自然災害を防ぐ構造補強のための負担並びに環境及び田園を道路交通の影響から保護する措置。

e　自動車両が通行する道路によって生じた州の負担を緩和するための助成。

f　自動車専用道路を有しない州への助成。

3②　航空燃料に対する消費税から生じた純益の半分は、航空輸送に関連する次の課題及び費用にあてるものとする。

a　航空輸送によって必要となった環境保護のための助成。

b　航空輸送に対する不法行為から保護するための安全措置、特にテロリストによる攻撃及び航空機のハイジャックで、その措置をとることが国の機関の責任ではない場合における助成。

c　航空機における安全のための高度の技術を確保するための助成。

4　これらの原資が、道路と航空輸送に関する課題と費用に足りないときは、連邦は、関連する燃料に対する消費税を追加課税しなければならない。

第八七条（鉄道その他の輸送手段）

鉄道輸送、ケーブルカー、船舶並びに大気圏及び宇宙空間への飛行に関する立法は、連邦の権限である。

第八八条（歩道及び散歩道）

1　連邦は、歩道及び散歩道のための歩道網に関する原則を定める。

2　連邦は、州による散歩道のための歩道網の設置及び維持を助成し、調整することができる。

3　連邦は、その任務を充足するに際して、歩道及び散歩道のための歩道網を考慮した上で、連邦が廃止しなければならない散歩道に対しては、代替措置を講ずる。

第六節　エネルギーと通信

第八九条（エネルギー政策）

1　連邦と州は、それぞれその権限内において、十分で、多種多様な、安定した、経済的で環境負荷の少ないエネルギー供給源の確保と経済的で合理的なエネルギー消費のために尽力する。

2　連邦は、国産の、再生可能なエネルギーの利用について及び経済的で合理的なエネルギー消費についての原則を定める。

3　連邦は、施設、自動車及び機械器具のエネルギー消費に関する規則を定める。連邦は、特にエネルギーの節約及び再生可能なエネルギーのためのエネルギー技術の発展を促進する。

4　建築物におけるエネルギーの消費に関する措置については、州が権限を有する。

5　連邦は、そのエネルギー政策において、州、自治体及び経済界の努力を考慮に入れる。連邦は、個々の地域の状況及び経済的な負担能力を考慮に入れる。

第九〇条（原子力エネルギー）

原子力エネルギーの分野における立法は、連邦の事務である。

第九一条（エネルギーの輸送）

1　連邦は、電力の輸送と供給に関する規則を定める。

2　液体又は気体の燃料輸送のための配管施設に関する立法は、連邦の事務である。

第九二条（郵便及び電気通信）

1　郵便と電気通信は、連邦の事務である。
2　連邦は、国のすべての地域において郵便と電気通信が十分かつ安価に供給できるように配慮する。料金は、均一性の原則に基づいて定められる。

第九三条（ラジオ及びテレビジョン）
1　ラジオとテレビジョンに関する立法及びその他の手段による作品と情報の公共遠隔通信技術による流通に関する立法は、連邦の事務である。
2　ラジオとテレビジョンは、教育と文化の発展に、自由な意見形成と娯楽に寄与する。両者は、国の特殊性と州の必要性を顧慮しなければならない。両者は、事件を客観的に見解の多様性を適切に報道しなければならない。
3　ラジオとテレビジョンの独立性及び番組形成の自律性は、保障する。
4　その他の情報伝達手段、特に新聞の地位と任務が考慮されなければならない。
5　番組に対する苦情は、独立の苦情処理機関に申し出ることができる。

第七節　経済

第九四条（経済秩序の原則）
1　連邦及び州は、経済的自由の原則を尊重する。
2　連邦及び州は、私経済主体と協力して全体としてのスイス経済の利益を擁護し、以て国民の福祉と経済的安全保障に寄与する。
3　連邦及び州は、それぞれの権限内において、私経済主体のために有利な諸条件を醸成する。
4　経済的自由の原則からの逸脱、特に競争の制限に向けられた措置は、それが連邦憲法に規定されているか州の独占に基づいて行われる場合にのみ、許容される。

第九五条（私経済活動）
1　連邦は、私経済的営業活動の行使に関する規則を定めることができる。
2　連邦は、スイスが統一的な経済圏であることに留意する。連邦は、学問的資格を有する者又は連邦、州若しくは州が承認した教育課程の修了者が、その職業をスイス全体で行使することができることを保障する。
3　国民経済、私有財産及び株主を保護するためにそして持続的な企業統治のために、内外で上場しているスイスの株式会社を法律で次の原則に従って規律する。
a　株主総会は、毎年理事会、取締役会及び顧問へのすべての報酬の総額（金銭及び現物給付の価値）を採決する。株主総会は、毎年理事会の理事及び理事長、報酬委員会の委員及び議決権に関する独立の代表を選出する。年金収支は、その被保険者の利益を保護するために採決し、年金会計でどのような議決が行われたのかを公開する。株主は、オンラインで議決に参加することができる。その議決を企業の役員又は保管銀行に委任することは、禁止する。
b　執行役員は、退職金その他の補償などの事前の報酬、企業の売買による特別賞与を与えられ、系列に属する他の企業との顧問契約又は社員契約をしてはならない。企業の経営は、他の法人に委任してはならない。
c　定款には、執行役員に支払われる支給金、貸付金、年金及び成功報酬及び社員持分計画、系列企業以外から支払われる賞与的利益配当並びに執行役員の任期を規定する。
d　上記a～cの規定に違反した者は、三年以下の懲役及び最高六年間の報酬に相当する罰金に処する。

第九六条（競争政策）
1　連邦は、カルテルその他競争制限の国民経済的又は社会的に有害な作用を防ぐための規則を定める。
2　連邦は、次のための措置をとる。
a　市場を支配している私的又は公法上の企業又は組織による価格形成の乱用を防ぐため。
b　不正競争を防ぐため。

第九七条（消費者の保護）
1　連邦は、消費者を保護するための措置をとる。
2　連邦は、消費者団体がとることができる法的手段についての規則を定める。この団体は、不正競争に関する連邦立法の下においては、同業組合及び経済団体と同等の権利を有する。
3　州は、一定価格までの紛争に対しては、調停手続又は簡易若しくは即決裁判手続を考慮する。連邦内閣は、価格の限度額を定める。

第九八条（銀行及び保険）
1　連邦は、銀行及び保険に関する規則を定める。連邦は、その際、州銀行の特別の役割と地位を考慮する。
2　連邦は、他の分野における金融サービスに関する規則を定めることができる。
3　連邦は、私的保険制度に関する規則を定める。

第九九条（通貨及び金融政策）
1　金融及び通貨制度は、連邦の事務である。連邦だけが、硬貨と紙幣を発行する権利を有する。
2　スイス国立銀行は、独立の中央銀行として国全体の利益のために金融政策と通貨政策を遂行する。国立銀行は、連邦と協同し、その監督の下で業務を遂行する。

3　スイス国立銀行は、その収益の中から外貨準備を十分に確保する。外貨準備の一部は金で保有する。

4　スイス国立銀行の純益の少なくとも三分の二は、州に属する。

第一〇〇条（景気政策）

1　連邦は、均衡のとれた景気対策、特に失業及び物価高の予防と対策のための措置をとる。

2　連邦は、個々の地域における経済発展に配慮する。連邦は、州及び経済界と協力する。

3　対外経済及び財政の分野における財政金融政策に際しては、連邦は、必要な場合には、経済的自由の原則から乖離することができる。

4　連邦、州及び自治体は、その収入及び支出政策においては、景気の動向を考慮する。

5　連邦は、景気の安定のために、一時的に連邦法に基づいて課徴金を課し、又は軽減することができる。これが解除された後、直接税は個々に払い戻され、間接税は割引又は雇用の創設に使用される。

6　連邦は、企業に雇用創設のための準備金の積み立てを義務づけることができる。連邦は、このために租税軽減措置を実行し、州に対しても同様の措置を求めることができる。準備金積立が解除された後、企業は、その資金の使途を法律で許容されている範囲内で自由に決定することができる。

第一〇一条（対外経済政策）

1　連邦は、外国におけるスイス経済の利益を保護する。

2　特別の場合には、連邦は、国内経済の擁護のための措置をとることができる。連邦は、必要な場合には、自由経済の原則から乖離することができる。

第一〇二条（物資補給）

1　連邦は、経済が自力で対応することができない武力外交又は戦争の危険及び厳しい物資欠乏に際して、生活必需物質及び役務の補給を確保する。

2　連邦は、必要な場合には、自由経済の原則から乖離することができる。

第一〇三条（構造的経済政策）

連邦は、経済的危機に瀕している地域において、生存を確保するための自助努力が十分に期待できない場合には、地域を支援し、並びに産業部門及び職業を助成する。連邦は、必要な場合には、自由経済の原則から乖離することができる。

第一〇四条（農業）

1　連邦は、農業が、持続的に市場に向けられた生産によって、重要な次の貢献をしていることに配慮する。

a　国民に安定的に自給していること

b　自然的生存基盤の維持及び地方の住民の保全

c　国土に分散して定住していること

2　農業による期待できる自助努力を補完し、必要な場合には、自由経済の原則から乖離して、連邦は、土地耕作による農業経営を助成する。

3　連邦は、農業がその多様な機能を充足することに向けられた措置をとる。連邦は、特に次の権限と責任を有する。

a　連邦は、生態系上もたらされた成果が証明されているという前提に基づいて、それに対して適切な報酬を与えるために、農業からの収入を直接助成により補完する。

b　連邦は、特に自然に密着した、環境及び生物にやさしい、経済的に採算がとれる生産形態を促進する。

c　連邦は、食料品について、生産者、品質、生産方法及び加工方法の明示のための規則を定める。

d　連邦は、環境を、肥料、化学薬品その他の補助物質の過剰な投入による侵害から保護する。

e　連邦は、農業の研究、助言及び専門教育を促進し、投資を助成することができる。

f　連邦は、農業用の土地所有の安定化のための規則を定めることができる。

4　連邦は、このために、農業分野及び連邦の一般財源から、投資を行うものとする。

第一〇五条（アルコール）

蒸留酒の製造、輸入、精製及び輸送に関する立法は、連邦の事務である。連邦は、特にアルコール消費による有害な作用を考慮する。

第一〇六条（賭博）

1　連邦は、賭博に関する規則を定める。その際、連邦は、州の利益を考慮する。

2　カジノの開設と経営には、連邦の免許が必要である。連邦は、免許を与えるに際しては、地域の実情を考慮する。連邦は、カジノに対して収益に応じた賭博税を徴収する。これは、全粗利益の八〇％を超えてはならない。この税は、老人保険、遺族保険及び廃疾保険に充てられる。
3 次の許可及び監督については、州が権限を有する。
a 不特定多数人によって利用され、一箇所以上に設置され、同一確率又は同一手続で行われる賭博。前段の規定は、カジノにおけるトランプ、富くじには適用しない。
b スポーツ賭博
c 熟練を要する賭博
4 2項及び3項は、電気通信を利用して行われる賭博にも適用する。
5 連邦と州は、賭博の危険性を考慮しなければならない。連邦と州は、立法及び監督措置によって適切な保護を確保し、その際ゲームの異なる特徴並びに賭博の種類及び場所を考慮しなければならない。
6 州は、3項a及びbによる純賭博収入が、すべて公益的事業、特に文化、社会及びスポーツの為に使用されることを確保する。
7 連邦と州は、それぞれの任務を遂行するために協力する。法律は、この目的を達するために、その構成員の半数が、それぞれ連邦の執行機関及び州から構成される共通の機関を設置する。

第一〇七条（武器及び軍需資材）
1 連邦は、武器、武器の付属品及び弾薬類の乱用を防ぐための立法措置を講ずる。
2 連邦は、軍需資材の製造、調達、販売、輸入、輸出及び通過輸送に関する規則を制定する。

第八節　住宅、労働、社会保障及び保健

第一〇八条（住宅建設及び住宅所有の促進）
1 連邦は、住宅建設及び個人的用途に供する住宅及び共同住宅の取得を促進し、公共住宅建設のための事業者及び組織の活動を奨励する。
2 連邦は、特に住宅建設のための土地の調達と開発、住宅建設の合理化と低価格化及び住宅の低価格化を促進する。
3 連邦は、住宅建設及び建設の合理化のために、国土の開発に関する規則を定める。
4 連邦は、その際、特に家族、高齢者、貧困者及び障害者の利益に配慮する。

第一〇九条（住宅貸借）
1 連邦は、賃借制度の乱用、特に、恣意的賃借料並びに疑義のある恣意的解約及び賃貸借関係の期限付延長などに対する規則を定める。
2 連邦は、標準的賃借契約の一般的拘束力に関する規則を定める。貸借契約が、少数者の正当な利益及び地域の多様性を適切に配慮しており、平等原則を侵害しない場合にのみ、一般的拘束力を宣言することができる。

第一一〇条（労働）
1 連邦は、次の事項に関する規則を定めることができる。
a 労働者の保護
b 雇用者と被雇用者との関係、特に事業上及び職業上の共通の規律に関する事項
c 労働調停
d 労働協約の一般的拘束力
2 労働協約は、それが少数者の正当な利益及び地域の多様性を適切に反映しており、並びに法的平等及び団結の自由を侵害しない場合にのみ、一般的拘束力を宣言することができる。
3 八月一日は、連邦の祝日である。その日は、労働法上日曜日と同様有給である。

第一一一条（老齢者、遺族及び障害者への年金支給）
1 連邦は、スイス連邦の老齢者、遺族及び障害者に対する十分な財政的措置を講ずる。この措置は、三つの柱、つまり連邦の老齢者、遺族及び障害者に対する年金、職業上の年金、自己責任による年金に基づいている。
2 連邦は、連邦の老齢者、遺族及び障害者年金並びに職業上の年金が継続的にその目的を達することができるように配慮する。
3 連邦は、州に、連邦の老齢者、遺族及び障害者年金並びに職業上の年金を納税義務から免除すること、被保険者及び雇用者に掛金及び相続人の請求権に、税の軽減措置をとるように義務づけることができる。
4 連邦は、州と協力して自己責任による年金保険を、特に租税政策及び財産の自己所有推進政策を通じて奨励する。

第一一二条（老齢者保険、遺族保険及び障害者保険）
1 連邦は、老齢者保険、遺族保険及び障害者保険に関する規則を定める。
2 連邦は、その際、次の諸原則を考慮する。
a 保険は、義務的とすること
a2 保険は、金銭及び現物給付を認めること
b 年金は、生存費用を適切に充足するものでなければならない。
c 年金の最高額は、最大で最低年金の二倍とする。
d 年金は、少なくとも価格の上昇に対応するものとする。
3 保険の財源は、次のとおりとする。

a　被保険者の掛金による。その際、雇用者は、その労働者のために掛金の半額を負担する。

b　連邦からの助成。

4　連邦の助成は、最高でも保険給付の半分までとする。

5　連邦の助成は、煙草税の純益、蒸留酒税及びカジノからの収益により賄う。

第一一二a条（補完的給付）

1　連邦及び州は、その生存費用を老齢年金、遺族年金及び障害者年金で賄うことができない人に対する補完的給付を行わなければならない。

2　法律は、補完的給付の限度、連邦及び州の職務と責任について定めるものとする。

第一一二b条（障害者年金該当者に対する機能回復訓練の促進）

1　連邦は、障害者年金該当者に対し、現金及び現物給付を与えることによって、その機能回復を促進しなければならない。連邦は、このための財源を障害者保険から賄う。

2　州は、障害者年金該当者の機能回復を、特に居住及び労働のための施設の建設及び運営に対する助成を通じて促進する。

3　法律は、機能回復訓練の目的、原則及び基準を確立する。

第一一二c条（高齢者及び障害者の介護）

1　州は、高齢者及び障害者の自宅における介護と援助のために配慮する。

2　連邦は、高齢者及び障害者のための全スイスにおける努力を支援する。連邦は、このための費用を老齢者年金、遺族年金及び障害者年金から賄う。

第一一三条（職業保険）

1　連邦は、職業保険に関する規則を定める。

2　連邦は、その際、次の原則に従う。

a　職業保険は、老齢保険、遺族保険及び障害者保険と相まって生計がこれまでどおり適切な方法で継続することができるように配慮する。

b　職業保険への加入は、被雇用者の義務である。法律は、例外を規定することができる。

c　雇用者は、被雇用者が保険制度に加入することを確保する。必要な場合には、連邦は、雇用者に被雇用者が連邦の保険制度に加入することを確保する措置を講ずる。

d　独立自営業者は、自由意思で保険制度に加入することができる。

e　自営業者の特定の団体に対しては、連邦は、職業保険への加入が一般的義務であること又は個別の危険に関して義務であると宣言することができる。

3　職業保険は、被保険者の掛金によって賄われる。雇用者は、少なくとも被保険者の掛金の半分を支払う。

4　保険制度は、連邦が定める最低限の基準を充たさなければならない。連邦は、特別の問題に対応するためには全国的措置をとることができる。

第一一四条（失業保険）

1　連邦は、失業保険に関する規則を定める。

2　連邦は、その際、次の諸原則に従う。

a　保険は、適切な収入を補償し、失業の予防と防止のための措置を支援する。

b　加入は、被雇用者の義務である。法律で例外を規定することができる。

c　独立自営業者は、自由意思で保険に加入することができる。

3　保険は、被保険者の掛金によって賄われる。その際、雇用者は、被雇用者のために掛金の半額を支払う。

4　連邦と州は、特別の状況に際しては、財政的補助を行う。

5　連邦と州は、失業救済事業のための規則を定めることができる。

第一一五条（貧困者支援）

貧困者に対する支援は、本人が居住する州が行う。連邦は、その例外及び管轄を定めることができる。

第一一六条（家族手当と出産保険）

1　連邦は、その任務を充足するに際して、家族の需要を考慮する。連邦は、家族を保護するための措置を支援することができる。

2　連邦は、家族手当に関する規定を定め、連邦家族調整基金を運用することができる。

3　連邦は、出産保険を設立する。連邦は、保険給付の恩恵に浴することができない者にも、掛金の支払いを義務づけることができる。

4　連邦は、家族調整基金及び出産保険への加入を一般的に又は個々の住民団体に義務づけることができ、連邦の給付を州の適切な給付に対応させることができる。

第一一七条（疾病及び事故保険）

1　連邦は、疾病及び事故保険に関する規則を定めることができる。

2　連邦は、疾病及び事故保険加入を一般的に又は個々の住民団体に義務づけることができる。

第一一七a条（医療保険）

1 連邦と州は、その権限内において、すべての人に開かれた高度の資質を有する十分な医療を保障する。連邦と州は、家庭医療をこの医療保障の本質的な構成要素と認め、促進するものとする。

2 連邦は、次に関する規則を定める。

a 医療を提供する医師のための教育及び再教育及びこの職業を遂行するために必要とされる資質について

b 家庭医の仕事に対する適切な補償

第一一八条（健康保持）

1 連邦は、その権限内において、健康保持のための措置をとる。

2 連邦は、次の事項に関する規則を定める。

a 食料品、薬剤、麻酔薬、有機物、化学物質及び健康に有害でありうる品目の流通

b 人間及び動物に対する伝染性の、広く蔓延している又は悪性の病気への対処

c 電離放射線からの保護

第一一八a条（補完的医療）

連邦と州は、それぞれの権限内において、補完的医療についても配慮する。

第一一八b条（人間に関する研究）

1 連邦は、人間の尊厳及び人格の保護にとって必要である限りにおいて、人間に関する研究についての規則を定める。連邦は、その際に研究の自由を守り、研究が健康及び社会にとって有する意義を考慮する。

2 人間に関する生物学と医学の研究のために、連邦は、次の原則に注意を払う。

a すべての研究計画は、参加者又は法律に基づいてその資格のある人が、十分な説明の後その承認を与えることを前提条件とする。法律は、例外を定めることができる。拒否は、何れの場合でも拘束力を有する。

b 参加する人に対する危険又は負担は、研究計画の効用に比し、不均衡なものであってはならない。

c 同意能力が欠けた人に対しては、研究計画は、同等の価値を有する認識を同意能力のある人から得ることができない場合にのみ行うことができる。研究計画が、同意能力の欠けた人にとって直接的効用が期待できない場合には、危険と負担は最小限度においてのみ許容される。

d 研究計画に対する独立の審査は、参加者の安全が保障されている場合に行われなければならない。

第一一九条（人間に対する生殖医療及び遺伝子技術）

1 人間は、生殖医療及び遺伝子技術の乱用から保護される。

2 連邦は、人間の生殖細胞（胚）及び遺伝型質の取扱に関する規則を定める。連邦は、その際、人間の尊厳、人格及び家族の保護に配慮し、特に次の原則を遵守しなければならない。

a あらゆる種類のクローニング及び人間の生殖細胞及び胎児の遺伝型質に対する介入は許されない。

b 人間以外の胚及び遺伝型質は、人間の生殖細胞に提供され又は融合されてはならない。

c 医学的に支援された生殖医療は、不妊又は重大な病気の感染の危険を、他の方法では除去することができない場合にのみ用いることができる。ただし、子供に特定の資質を植えつけるため又は研究を進めるためには許されない。女性の体外における人間の卵細胞の受精は、法律で定められた条件の下でのみ許容される。女性の体外において、胚を発生させることのできる人間の卵細胞を、医学的に許容できる生殖に必要である以上に発生させてはならない。

d 胎児の贈与及びすべての代理母は、許されない。

e 人間の生殖細胞及び受精卵から得られたものの取引は許されない。

f 人間の遺伝型質は、当事者である本人が同意し、又は法律が命じている場合にのみ、調査し、登録し、又は明らかにすることができる。

g すべての人は、自己の血統に関するデータにアクセスすることができる。

第一一九a条（臓器移植）

1 連邦は、臓器、組織及び細胞の移植に関する規則を定めることができる。連邦は、その際、人間の尊厳、人格及び健康の保護に配慮する。

2 連邦は、特に臓器の適正な割当てのための基準を定める。

3 人間の臓器、組織及び細胞の寄付は、無償とする。人間の臓器の取引は、禁止する。

第一二〇条（人間以外の分野における遺伝子技術）

1 人間及びその環境は、遺伝子技術の乱用から保護される。

2 連邦は、動物、植物その他の有機体の胚、遺伝型質の取引に関する規則を定める。その際、

連邦は、被造物の尊厳並びに人間、動物及び環境の安全性を考慮し、動物及び植物の種の遺伝的多様性を保護する。

第九節　外国人の滞在と定住

第一二一条（外国人の出入国）

1　外国人の入国と出国、滞在と定住及び亡命権の付与に関する立法は、連邦の事務である。

2　外国人は、国の安全を脅かす場合には、スイスから追放することができる。

3　外国人は、次の場合には、それぞれの外国人の法的地位と関係なく、スイスにおける滞在権及び滞在のための法的請求権を失う。

a　故意による殺害、暴行若しくはその他の重大な性的犯罪、強盗などの暴力犯罪、人身売買、麻薬取引若しくは家宅侵入により、有罪判決を受けたとき、又は

b　社会保障又は社会扶助を悪用して不法な給付を受けたとき

4　立法者は、第3項による構成要件をより詳細に定める。立法者は、他の構成要件を付加することができる。

5　第3項又は第4項によってスイスに滞在する滞在権及び滞在する法的請求権を失った外国人は、管轄官庁によりスイスから追放され、五ないし一五年間の入国を禁止される。再犯者は、二〇年間入国を禁止される。

6　入国禁止を無視した者又は違法にスイスに入国した者は、処罰される。立法者は、関連する規則を定める。

第一二一a条（外国人の移住）

1　スイスは、外国人の移住を独自の方法で調節する。

2　スイスにおいて外国人に与えられる滞在許可の人数は、年間の上限数及び割当数により制限される。年間の上限数には、亡命者も含めて、外国人法に基づいて承認されるすべての人数が含まれる。永住権、家族の追加及び社会保障給付に対する請求は、制限することができる。

3　就労外国人の年間の上限数及び割当数は、スイス人の優先権を考慮したスイス全体の経済的利益によって決められる。越境労働者もこれに含まれる。滞在許可の基準となるのは、特に雇用者の要求、同化能力、自立した生存基盤である。

4　これらの条項に抵触する条約は、締結することができない。

5　詳細は、法律により定める。

第一〇節　民事法、刑事法、度量衡

第一二二条（民事法）

1　民事法及び民事訴訟法の分野における立法は、連邦の事務である。

2　裁判所の組織及び民事事件における判決は、法律が別段の定めをおかない限り、州が管轄する。

第一二三条（刑事法）

1　刑事法及び刑事訴訟法の分野における立法は、連邦の事務である。

2　裁判所の組織、刑事事件における判決並びに刑罰及び処分の執行は、法律が別段の定めをおかない限り、州が管轄する。

3　連邦は、刑罰及び処分の執行のための規則を定める。連邦は、次の事項に関して州に助成金をあたえる。

a　施設の設置

b　刑罰及び処分の執行における改善措置

c　児童、青年及び成人の若年層に対する教育措置をとるための施設

第一二三a条（刑法）

1　性的又は暴力的犯罪の犯人が、判決を下すために必要な鑑定において、極度の危険性が認められ、治療不可能と格付けされたときは、その高度の再犯の危険性により、終身拘禁する。刑期前の釈放及び外出休暇も認められない。

2　新規の科学的知見によって、犯人が更正することができ、公衆に対する危険は存在しないことが証明される場合には、新たな鑑定が作成されなければならない。この新たな鑑定によって拘禁が中止されたときは、犯人の再犯による拘禁は、拘禁を中止した官庁が引き受けなければならない。

3　性的及び暴力的犯罪による犯人に対する判決のためのすべての鑑定は、少なくとも2人の相互に独立した専門家が、判断のために重要なすべての根拠を考慮した上で、作成する。

第一二三b条（ポルノ犯罪に対する時効適用の停止）

思春期前の児童に対する性的又はポルノ犯罪による訴追及びその犯罪による刑罰には、時効の適用を停止する。

第一二三c条（性的不可侵の侵害）

児童又は被保護者の性的不可侵を侵害したとの判決を受けた者は、未成年者又は被保護者と職業活動又はボランティア活動を行う権利を永久に喪失する。

第一二四条（犠牲者救済）

連邦と州は、犯罪によって身体的、心理的又は性的な被害を受けた者が、援助を受けることができるように、犯罪によって経済的困難に陥った者が、適切な補償を受けることができるように配慮する。

第一二五条（度量衡）

度量衡に関する立法は、連邦の事務である。

第三章　財政

第一二六条（財政）

1　連邦は、収入と支出が、長期的には、均衡を保つように配慮する。

2　概算によって承認される総支出の上限は、経済状況を勘案して見積もった収入を勘案して調整する。

3　例外的財政需要があるときには、前項による上限は、引き上げることができる。上限の引上げは、第一五九条3項cにより連邦議会が議決する。

4　総支出が、第2項及び前項による上限を超えた場合には、その超過支出は、翌年に補填されなければならない。

5　詳細は、法律で定める。

第一二七条（課税の原則）

1　税の主要な項目、特に納税者の範囲、税の対象、その査定の基本原則は、法律で規定する。

2　税の種類により可能である場合には、課税の普遍性及び均等性の原則並びに経済的負担能力に応じた課税の原則に留意しなければならない。

3　州間における二重課税は、禁止される。連邦は、必要な措置をとる。

第一二八条（直接税）

1　連邦は、直接税を徴収することができる。

a　自然人の所得の最高一一・五%

b　法人の純益の最高八・五%

2　連邦は、税率を定めるに際しては、州及び自治体による直接税による負担を考慮する。

3　自然人の所得に対する課税に際しては、累進課税の機械的な適用による税負担の増加を補うために定期的な修正が行われなければならない。

4　税は、州によって査定され、徴収される。税による粗収入の少なくとも一七%が州に割り当てられる。この割合は、国と州との財政調整のために必要とされる場合には、一五%まで引き下げることができる。

第一二九条（税の調和）

1　連邦は、連邦、州及び自治体の直接税を調和させるための諸原則を定める。連邦は、州による調和のための努力を考慮に入れる。

2　調和は、納税義務、賦課対象及び納付期限、租税に関する手続法及び刑事法に及ぶ。税率、税の等級及び税の控除額は、調和の対象に含まれない。

3　連邦は、不当な税の優遇措置を防ぐための規則を定める。

第一三〇条（付加価値税）

1　連邦は、個人消費を含む物品及び役務の供給及び輸入に対して、最高六・五%の標準税率及び最低二%の軽減税率による付加価値税を課することができる。

2　法律は、宿泊料に対する課税について、通常税率と優遇税率との間で税率を決定する。

3　年齢構成の高まりによって、老齢年金、遺族年金及び障害者年金のための資金調達をもはや賄いきれないときは、連邦法律によって付加価値税の通常税率を一%、優遇税率を〇・三%引き上げることができる。

4　使途が特定されていない付加価値税の五%は、低所得者の負担軽減のための他の使途が法律で決められていない場合には、低所得者のための健康保険の保険料の値引きのために使用される。

第一三一条（特別消費税）

1　連邦は、次の品目に対して特別消費税を徴収する。

a　煙草及び煙草製品

b　蒸留酒

c　ビール

d　自動車及びその部品

e　石油その他の鉱油、天然ガス及びこれらを加工して得られる製品及びガソリン

2　連邦は、ガソリンに対する消費税に加算税を加えることができる。

3　州は、蒸留酒に対する酒税収入のうちの一〇%を得る。この資金は、アルコール中毒の原因と作用を防止するために使用される。

第一三二条（印紙税及び源泉徴収）

1　連邦は、有価証券及び保険料の領収書その他の商取引の証書に対して、印紙税を徴収することができる。ただし、不動産及び不動産担保に関する証書には、印紙税を課さない。

2　連邦は、流動資本からの収入、宝くじからの収入及び保険金給付金からの収入に対して源泉徴収税を徴収することができる。税収の一〇%は、州に割り当てられる。

第一三三条（関税）

関税その他の国境にまたがる商品流通に対する課税は、連邦の事務である。

第一三四条（州及び自治体による課税からの免除）

連邦の立法により、付加価値税、特別消費税、印紙税及び源泉徴収税の対象となり、又はこれらの課税を免除された品目に対して、州及び自治体は、同種の税を課してはならない。

第一三五条（財源及び負担の均等化）

1　連邦は、連邦及び州間並びに州相互間において財源及び負担を適切に調整するための規則を定める。

2　財源及び負担の調整により、特に

a　州間における財政的給付能力の相違を減少させる

b　州に、最小限の財源を保障する

c　地理地形的又は社会人口的条件による州の過重な財政的負担を均等化させる

d　負担を均等化するための州間の共同作業を促進する

e　国内及び国際関係における州の担税力を維持する

3　財源均等化のための資金は、富裕な州及び連邦が負担する。富裕な州による給付は、連邦の給付の少なくとも三分の二、最高八〇％とする。

第四編　国民と州

第一章　一般的規定

第一三六条（政治的権利）

1　一八歳以上で、精神病又は知的障害により禁治産宣告を受けていないすべてのスイス人は、連邦の事務に関して政治的権利を享有する。すべての者は、同じ政治的権利を有し、義務を負う。

2　スイス人は、国民議会議員の選挙及び連邦が行う国民投票に参加し、連邦の事務に関する国民発案及び国民投票を開始し、署名することができる。

第一三七条（政党）

政党は、国民の意見及び意思形成に参加する。

第二章　国民発案と国民投票

第一三八条（連邦憲法全面改正のための国民発案）

1　一〇万人の有権者は、国民発案が告示されてから一八ヶ月以内に憲法の全面改正を提案することができる。

2　この提案は、国民の投票に付されなければならない。

第一三九条（連邦憲法部分改正のための国民発案）

1　一〇万人の有権者は、国民発案の告示から一八ヶ月以内に連邦憲法の部分改正を提案することができる。

2　連邦憲法の部分改正は、一般的な提案の形式又は完成された草案の形式で提案することができる。

3　国民発案が、形式の統一性、内容の統一性又は国際法の強制規範に違反しているときは、連邦議会は、国民発案を全体として又は部分的に無効であると宣言する。

4　連邦議会が、一般的形式の国民発案を承認したときは、同議会は、国民発案の趣旨に沿った部分改正案を作成し、それを国民及び州に投票のために提示する。同議会がそれを拒否するときは、同議会は、それを投票のため国民に提示する。国民は、国民発案が提案されるべきか否かを決定する。同意が得られた場合には、連邦議会は、対応する草案を作成する。

5　完成された草案の形式による国民発案は、投票のため国民及び州に提示される。連邦議会は、国民発案が承認されるべきか拒否されるべきかについて勧告する。同議会は、国民発案に対する対案を呈示することができる。

第一三九b条（国民発案と対案の手続）

1　有権者は、国民発案とそれに対する対案に、同時に投票する。

2　有権者は、両草案に同意することができる。両草案に同意する場合に、この何れを採択するかの決定において、有権者は、どの草案を優先すべきであるかを指示することができる。

3　有権者によって採択された憲法改正案において、一草案は国民投票において優位を、他の草案は州の投票において優位を占めた場合には、国民投票において獲得した百分率による割合と州の投票において獲得した百分率による割合を合計して、より多くの支持が得られた草案が採択される。

第一四〇条（義務的国民投票）

1　次の事務は、国民と州による投票に付される。

a　連邦憲法の改正

b　集団的安全保障のための組織又は超国家的共同体組織への参加

c　緊急であるとの理由で制定された連邦法律

で、そのための憲法上の根拠を有せず、かつ、有効期間が一年を超える法律。この連邦法律は、連邦議会で採択された後一年以内に国民投票にかけられなければならない。

2　次の事案は、国民投票に付される。

a　連邦憲法の全面改正を求める国民発案

b　一般的な形式で提案された連邦憲法の部分改正の国民発案で、連邦議会で否決されたもの

c　連邦憲法の全面改正を行うべきか否かについて両議会の意思が不一致の場合

第一四一条（任意的国民投票）

五万人の有権者又は八州が、次の事務が告示されてから一〇〇日以内に要求したときは、次の事案は国民投票に付される。

a　連邦法律

b　緊急であるとの理由で制定された法律で、その有効期間が一年を超えるもの

c　憲法又は法律が任意的国民投票を予定している連邦決議

d　国際条約で

①　無期限で解約できないもの

②　国際組織への加入が予定されているもの

③　重要な立法義務を定めている規定を含み、又はその執行に連邦法律の制定が必要なもの

第一四一a条（国際条約執行のための国内法的措置）

1　国際条約の承認決議が義務的国民投票を必要とする場合、連邦議会は、条約執行のための国内法的措置をとるための憲法改正を承認決議に含めることができる。

2　国際条約の承認決議が任意的国民投票を必要とする場合、連邦議会は、条約執行のための国内法的措置をとるための法律改正を承認決議に含めることができる。

第一四二条（過半数の必要性）

1　国民投票に付された事案は、投票者の過半数が同意したときに、採択される。

2　国民投票において、国民と州の同意が求められている事案は、投票者の過半数と州の過半数が同意したときに、採択される。

3　州における国民投票の結果は、その州の意見とみなされる。

4　オプヴァルデン、ニートヴァルデン、バーゼル都市部、バーゼル農村部、外アッペンツェル及び内アッペンツェルの各州は、それぞれ二分の一の州票として計算する。

第五編　連邦官庁

第一章　一般的規定

第一四三条（被選挙権）

すべての有権者は、国民議会、連邦内閣及び連邦裁判所に選ばれる被選挙権を有する。

第一四四条（兼職禁止）

1　国民議会及び州議会の議員並びに連邦内閣の閣僚及び連邦裁判所の裁判官は、同時にこれらの官庁の職を兼ねることはできない。

2　連邦内閣の閣僚、連邦裁判所の裁判官は、同時に連邦及び州の他の職を兼職してはならず、他の職業活動を行ってはならない。

3　法律で、その他の兼職禁止についても定めることができる。

第一四五条（任期）

国民議会議員及び内閣の閣僚及び内閣官房長官は、四年の任期で選挙される。連邦裁判所の裁判官は、六年の任期で選挙される。

第一四六条（国家賠償）

連邦は、その機関が職務の遂行に際して違法に損害を与えたときは、その損害に対する責任を負う。

第一四七条（意見聴取）

州、政党及び利益団体は、多大な影響力を有する告示、計画の準備及び重要な国際条約の準備に際して、意見表明のために招かれる。

第二章　連邦議会

第一節　組織

第一四八条（地位）

1　連邦議会は、国民及び州の権利を留保した上で、連邦における最高の権力を行使する。

2　連邦議会は、国民議会と全州議会の二つの議会から構成される。両議会は、相互に平等である。

第一四九条（国民議会の構成と選挙）

1　国民議会は、国民から全権委任された二〇〇人の議員から構成される。

2　議員は、国民から比例代表制による直接選挙で選挙される。四年毎に全議席の改選が行われる。

3　州は、すべて選挙区となる。

4　議席は、州の人口に応じて州に配分される。すべての州は、少なくとも一議席を配分される。

第一五〇条（全州議会の選挙と構成）

1　全州議会は、州から選ばれた四六議員から構成される。

2　オブヴァルデン、ニートヴァルデン、バーゼル都市部、バーゼル農村部、外アッペンツェル、内アッペンツェルの各州は、一名の議員を選挙する。他の州は、それぞれ二名の議員を選挙する。

3　全州議会の議員の選出は、州の法律によって行われる。

第一五一条（会期）

1　両議会は、定期的に開催する。招集については、法律で定める。

2　議会の四分の一の議員又は連邦内閣は、臨時会の開催を求めることができる。

第一五二条（議長）

各議会は、その議員の中から一年の任期で、議長、第一副議長及び第二副議長を選挙する。翌年度における再選は認められない。

第一五三条（議会の委員会）

1　各議会は、それぞれの議員から構成される委員会を設置する。

2　法律で、合同の委員会を予定することができる。

3　法律で、立法的性質を有しない権能を委員会に付託することができる。

4　その任務を達成するために、委員会には、情報請求権、閲覧権、調査権が認められる。その権限の範囲は法律で定める。

第一五四条（会派）

連邦議会の議員は、会派を結成することができる。

第一五五条（議会事務局）

連邦議会は、議会事務局を設置する。連邦議会は、連邦行政職に支援を求めることができる。詳細は、法律で定める。

第二節　手続

第一五六条（個別審議）

1　国民議会と全州議会は、それぞれ独立して審議する。

2　連邦議会の議決には、両議会の一致が必要である。

3　法律は、次の場合において、両議会の議決が一致しない場合に、議決が成立することを確保するための規定を法律により定めることができる。

a　国民発案の有効又は部分的無効

b　一般的な提案の形式で国民によって採用された国民発案の草案作成

c　国民によって承認された連邦憲法の全面改正を開始する連邦決議による草案作成

d　提案又は追加

第一五七条（合同審議）

1　国民議会と全州議会は、次の事項について国民議会議長の司会の下で、合同連邦議会として合同で審議する。

a　選挙を施行するため

b　連邦最高官庁間における管轄に関する紛争を解決するため

c　恩赦を公示するため

2　合同連邦議会は、そのほか特別の理由がある場合及び内閣の説明を聴取するために開催する。

第一五八条（議事の公開）

両議会の議事は、公開される。法律で、例外を定めることができる。

第一五九条（定足数及び多数決）

1　両議会は、議員の過半数が出席したときに、議事は有効に成立する。

2　両議会及び合同連邦議会においては、投票の過半数により議決する。

3　ただし次の場合には、両議会のそれぞれの議会の議員の多数の同意を必要とする。

a　連邦法律が緊急を要する旨の宣言

b　一回の支出が二千万フランを超える新規支出又は二百万フランを超える反復支出を引き受ける補助金規定並びに信用保障及び支出限度額

c　第一二六条3項に規定する例外的財政需要による総支出の増額

4　連邦議会は、第3項bの金額を物価騰貴に応じて連邦令により変更することができる。

第一六〇条（法案発議権及び動議提出権）

1　両議会の議員、各会派、各委員会及び各州は、連邦議会に法案を発議する権利を有する。

2　連邦議会議員及び内閣は、審議の対象となっている議題に関して動議を提出する権利を有する。

第一六一条（指示の禁止）

1　連邦議会の議員は、投票に際し、他人の指図を受けない。

2　連邦議会の議員は、利益団体との関係を開示する。

第一六二条（免責特権）

1　連邦議会議員及び内閣閣僚並びに連邦官房長官は、議会及びその機関における発言に対して法的責任を問われることはない。
2　法律で、前項に規定した免責特権の種類及び対象を拡大することができる。

第三節　権限

第一六三条（連邦議会の法令の形式）
1　連邦議会は、法的規範を連邦法律又は連邦令の形式で発する。
2　その他の規範は、連邦決議の形式で発する。連邦決議のうち、国民投票の対象とはならないものは、単純連邦決議と称する。

第一六四条（立法）
1　すべての重要な法規範は、連邦法律の形式で制定されなければならない。それには、特に、次の事項に関する基本的規定が含まれる。
a　政治的権利の行使
b　憲法上の権利の制限
c　個人の権利と義務
d　納税義務者の範囲並びに査定の根拠及び税額の算定方法
e　連邦の職務及び役務
f　連邦法を管理又は執行する州の義務
g　連邦官庁の組織及び手続
2　法規範の制定は、連邦憲法によって禁じられていない限り、連邦法律により委任することができる。

第一六五条（緊急の場合における立法）
1　連邦法律で、即時の執行を猶予することができないときは、各議会の過半数の議決によって緊急である旨を宣言することによって、直ちに執行することができる。この議決には期限が付されなければならない。
2　緊急と宣言された連邦法律に対して国民投票が要求された場合には、一年以内に国民によって承認されない限り、その法律は連邦議会における採決後一年で効力を失う。
3　緊急と宣言された連邦法律がそのための憲法上の根拠を有しない場合は、一年以内に国民及び各州によって承認されない限り、連邦議会による採決後一年で効力を失う。この連邦法律の施行には期限が付されなければならない。
4　緊急と宣言された連邦法律が国民投票によって承認されなかった場合は、更新することはできない。

第一六六条（対外関係及び条約）
1　連邦議会は、対外政策の形成に参加し、外国との関係に関する事務を監督する。
2　連邦議会は、国際条約を承認する。法律又は国際条約に基づいてその締結が連邦内閣の権限に属する場合はこの限りでない。

第一六七条（財政）
連邦議会は、連邦の支出を議決し、予算を成立させ、決算を承認する。

第一六八条（選挙）
1　連邦議会は、連邦閣僚、連邦官房長官、連邦裁判所の裁判官及び将軍を選任する。
2　法律により、連邦議会にその他の役職の選任又は承認を行うことを授権することができる。

第一六九条（監督）
1　連邦議会は、連邦内閣及び連邦行政、連邦裁判所並びに連邦の職務を行うその他の機関を監督する。
2　法律によって設立された監視委員会の特別代表団に対しては、守秘義務を援用することはできない。

第一七〇条（有効性の審査）
連邦議会は、連邦の措置に対する実効性が審査されるように配慮する。

第一七一条（連邦内閣への委任）
連邦議会は、連邦内閣に任務を委託することができる。特に連邦議会が連邦内閣の権限分野に影響を及ぼすことができる手段については、法律で詳細を規定する。

第一七二条（連邦と州との関係）
1　連邦議会は、連邦と州との良好な関係に配慮する。
2　連邦議会は、州憲法を保障する。
3　連邦議会は、連邦内閣又は州が州間の協定又は州と外国との協定に異議を唱えたときは、その協定を承認するか否かについて決定する。

第一七三条（その他の任務及び権限）
1　連邦議会は、加えて、次の任務及び権限を有する。
a　連邦議会は、スイスの対外的安全保障、独立及び中立の確保のための措置をとる。
b　連邦議会は、国内の治安維持のための措置をとる。
c　異常な事態の発生によって必要となったときは、連邦議会は、a及びb号による任務を遂行するために、連邦令又は単純連邦決議を発することができる。
d　連邦議会は、軍隊への服務を命じ、そのために軍隊の全部又はその一部を招集する。
e　連邦議会は、連邦法律を執行するための措置をとる。
f　連邦議会は、成立した国民発案の有効性を判定する。
g　連邦議会は、重要な国家活動を計画するにあたって協力する。
h　連邦議会は、連邦法律が明文で規定している限り、個別的な処分についても決定する。
i　連邦議会は、最高の連邦官庁間の権限争いを裁定する。
k　連邦議会は、恩赦について発議し、大赦を決定する。
2　連邦議会は、その他連邦に属するが、どの官庁にも割り当てられていない事務を処理する。
3　法律により、連邦議会にその他の任務及び権限を付託することができる。

第三章　連邦内閣及び連邦行政

第一節　組織及び手続

第一七四条（連邦内閣）
連邦内閣は、連邦の最高の執政及び執行機関である。

第一七五条（構成及び選任）
1　連邦内閣は、七人の閣僚から構成される。
2　連邦内閣の閣僚は、国民議会の総選挙の後毎に連邦議会によって選任される。
3　連邦内閣の閣僚は、国民議会議員の被選挙資格を有するすべてのスイス市民から四年の任期で選任される。
4　その際、国の様々な地理的及び言語的地域が適切に代表されることを確保するための配慮がなされなければならない。

第一七六条（大統領）
1　連邦大統領が、連邦内閣の議長となる。
2　連邦内閣の大統領及び副大統領は、連邦閣僚の中から1年の任期で選任される。
3　翌年度における再任は、禁止される。連邦大統領を、翌年度に副大統領に選任することはできない。

第一七七条（合議制及び省制）
1　連邦内閣は、合議体として決定を行う。
2　連邦内閣の事務の準備及び執行のための職務は、省毎に個々の閣僚に割り当てられる。
3　職務は、自律的な処理のために、省自体に又はその下におかれる行政機関に委ねられる。その際、法に訴える権利は、保障される。

第一七八条（連邦行政）
1　連邦内閣は、連邦行政を指揮監督する。連邦内閣は、目的に適合した組織及び効率的な任務遂行を確保する。
2　連邦行政は、省毎に配分される。各省は、閣僚が統括する。
3　行政任務は、法律により、連邦行政に属さない公法上又は私法上の組織及び人員に委託することができる。

第一七九条（連邦官房）
連邦官房は、連邦内閣の事務局である。連邦官房は、連邦官房長官が指揮監督する。

第二節　権限

第一八〇条（執政）
1　連邦内閣は、政府の政策の目的と手段を決定する。連邦内閣は、国家活動を計画し、調整する。
2　連邦内閣は、優越する公益又は私益を害さない限り、適時にかつ包括的に国民に情報を与える。

第一八一条（提案権）
連邦内閣は、連邦議会に法案を提出する。

第一八二条（法令制定と執行）
1　連邦内閣は、憲法及び法律で授権されている限り、命令の形式で法令を制定する。
2　連邦内閣は、法律、連邦議会による連邦決議及び連邦裁判所の判決の執行を確保する。

第一八三条（財政）
1　連邦内閣は、財政計画を策定し、予算案を作成し、決算を用意する。
2　連邦内閣は、秩序ある財政管理を確保する。

第一八四条（外国との関係）
1　連邦内閣は、連邦議会の協力を得ながら外交を処理する。連邦内閣は、対外的にスイスを代表する。
2　連邦内閣は、条約に署名し、批准する。連邦内閣は、その承認を求めて連邦議会に提出する。
3　国益を維持するために必要がある場合には、連邦内閣は、命令を発し、処分を行う。命令には期限を付する。

第一八五条（対外的及び国内的安全保障）
1　連邦内閣は、スイスの対外的安全保障、独立及び中立の維持のための措置をとる。
2　連邦内閣は、国内の安全を保持するための措置をとる。
3　連邦内閣は、公共の秩序又は国内若しくは対外的安全保障に対する侵犯又は直接の脅威となる重大な騒乱に対処するために、直接本項に基づいて命令及び処分を行うことができる。その命令には、期限を付さなければならない。
4　緊急事態に際しては、連邦内閣は、軍隊を動員することができる。連邦内閣が、四〇〇〇人以上を軍務に動員し、又はこの出動が三週間以上継続する見込みがあるときは、内閣は、遅滞なく連邦議会を招集しなければならない。

第一八六条（連邦と州との関係）

1 連邦内閣は、連邦と州との関係に配慮し、州と協力する。

2 連邦内閣は、連邦法の執行のために必要があるときは、州による立法措置に同意する。

3 連邦内閣は、州相互間の又は州と外国との協定に対して、異議を申し立てることができる。

4 連邦内閣は、連邦法並びに州憲法及び州間の協定の遵守に注意し、必要な措置を講ずる。

第一八七条（その他の任務と権限）

1 連邦は、加えて次の任務及び権限を有する。

a 連邦内閣は、連邦行政その他の連邦の任務を遂行する者を監督する。

b 連邦内閣は、連邦議会に対して、定期的にその職務遂行及びスイスの状況について報告する。

c 連邦内閣は、他の諸官庁の権限に含まれない選任事務を行う。

d 連邦内閣は、法律が規定している限り、苦情を処理する。

2 法律により、連邦内閣に、その他の任務及び権限を付託することができる。

第四章　連邦裁判所及びその他の司法機関

第一八八条（連邦裁判所の地位）

1 連邦裁判所は、連邦における最高の司法官庁である。

2 その組織及び手続は、法律で定める。

3 裁判所は、自ら事務の管理を行う。

第一八九条（連邦裁判所の権限）

1 連邦裁判所は、次の事項に関する紛争に対する裁判を行う。

a 連邦法

b 国際法

c 州間の法

d 州の憲法上の権利

e 自治体の自治及びその他の公法上の団体に対する州の保障

f 政治的権利に関する連邦及び州の規定

2 連邦裁判所は、連邦と州又は州間の紛争について裁判を行う。

3 連邦裁判所のその他の権限については、法律で定めることができる。

4 連邦議会及び連邦内閣の行為についての、連邦裁判所への上告は、原則として認められない。ただし、法律で例外を定めることができる。

第一九〇条（準拠法）

連邦法及び国際法は、連邦裁判所及びその他の法適用官庁の準拠法である。

第一九一条（連邦裁判所への訴え）

1 連邦裁判所へ訴える権利は、法律で保障する。

2 基本的な重要性を有する法律問題ではない紛争に対しては、裁判所は、訴訟物の価格の最小限度を定めることができる。

3 特定の専門分野については、法律で連邦裁判所への訴えを排除することができる。

4 明らかに根拠のない不服に対しては、法律で、簡易な手続を定めることができる。

第一九一a条（連邦のその他の裁判機関）

1 連邦は、刑事裁判所を設立する。刑事裁判所は、法律で連邦に裁判権が指定されている刑事事件の第一審として判決する。法律で刑事裁判所のその他の権限についても定めることができる。

2 連邦は、連邦行政の権限範囲に属する公法上の紛争を裁くための裁判所を設置する。

3 法律により、連邦のその他の裁判所をおくことができる。

第一九一b条（州の裁判機関）

1 州は、民事及び公法上の紛争及び刑事事件を裁くための裁判機関を設置することができる。

2 州は、共同で裁判所を設置することができる。

第一九一c条（司法権の独立性）

裁判所は、その裁判活動に関しては独立であり、法にのみ拘束される。

第六編　連邦憲法の改正及び経過規定

第一章　改正

第一九二条（原則）

1 連邦憲法は、いつでも全部又は一部を改正することができる。

2 連邦憲法及び連邦憲法に基づく立法が別段の規定をおいていない場合には、改正は、立法により行う。

第一九三条（全部改正）

1 連邦憲法の全部改正は、国民により又は両議会の一により又は連邦議会による議決により、提案することができる。

2 国民発案が提案された場合又は両議会の議決が一致しないときは、国民が、全部改正すべきかどうかについての決定を行う。

3　国民が全部改正に同意したときは、新たに両議会の総選挙が行われる。

4　国際法の強制規範は、侵害してはならない。

第一九四条（部分改正）

1　連邦憲法の部分改正は、国民発案又は連邦議会による連邦決議により行うことができる。

2　部分改正は、内容の統一性を保持し、かつ、国際法の強制規範を侵害してはならない。

3　部分改正のための国民発案は、加えて形式の統一性が保持されなければならない。

第一九五条（施行）

全部又は一部改正された連邦憲法は、国民及び州によって承認されたときに効力を発する。

第二章　経過規定（省略）

8 スウェーデン

平松　毅

解説 186
スウェーデン憲法 191
統治法典 191
第一章 憲法の基本原則……一九一
第二章 基本的自由および権利……一九一
第三章 国会……一九四
第四章 国会の活動……一九五
第五章 元首……一九六
第六章 政府……一九七
第七章 政府の活動……一九八
第八章 法律その他の命令……一九八
第九章 財政権……二〇一
第一〇章 国際関係……二〇一
第一一章 司法……二〇三
第一二章 行政……二〇四
第一三章 国会による統制……二〇五
第一四章 地方自治体……二〇六
第一五章 戦争および戦争の危険……二〇六
王位継承法 208
出版の自由に関する法律 209
第一章 出版の自由について……二〇九
第二章 公文書の公共的性格について……二一〇
第三章 匿名権……二一三
第四章 印刷物の製作……二一四
第五章 定期刊行物の出版……二一四
第六章 印刷物の頒布……二一六
第七章 出版の自由に関する法律に違反する行為……二一七
第八章 刑事責任……二一九
第九章 監督と訴追……二二〇
第一〇章 特別の強制措置……二二〇
第一一章 私的損害賠償請求……二二三
第一二章 訴訟手続……二二三
第一三章 国外印刷物等……二二四
第一四章 一般規定……二二四
表現の自由に関する基本法 225
第一章 基本的規定……二二五
第二章 匿名権……二二八
第三章 放送、制作および頒布……二二九
第四章 編集責任者……二三〇
第五章 表現の自由に対する違反……二三一
第六章 刑事責任……二三二
第七章 監督、訴追および特別の強制措置……二三三
第八章 損害賠償……二三三
第九章 訴訟手続……二三四
第一〇章 外国等から発信された放送番組および技術的記録……二三四
第一一章 一般規定……二三四

解説

一　制定史

スウェーデンにおける最初の「統治法典」は、グスタフ二世（Gustaf Ⅱ. Adolf）が死亡した二年後に、新たに任命された摂政が政治を行うための制定法として、一六三四年に公布されたものであり、主として行政に関する規則から構成されていた。

一七一八年に、カール十二世（Charles Ⅻ）が死亡し、スウェーデンが北方戦争に敗れるとともに絶対王政も終息し、新しい「統治法典」が一七一九年に制定され、翌一七二〇年に全面的に改正された。この「統治法典」では権力分立が定められ、そのもとで政党政治が発達した。この時代には多くの革新的な制度が生まれ、一七六六年には「出版の自由に関する法律」が公布され、出版の自由と公文書の公開制が定められた。最初のオンブズマン（行政監察使）が任命されたのも、また、基本法の観念が生まれたのもこの年であった。基本法は、選挙を挟んで議会における二度の議決に拠らなければ改正することができないこととされ、基本法とされたのは、「統治法典」、「出版の自由に関する法律」および一七二三年に制定された「国会法」であった。

一七七二年に、グスタフ三世（Gustaf Ⅲ）のクーデタにより、新たな「統治法典」が制定され、議会主義の時代が終わった。一七八九年に同国王の二度目のクーデタが行われ、絶対王政が復活した。しかし、スウェーデンが絶対王政のもとでナポレオン戦争に巻き込まれ、ロシアに敗退すると、一八〇九年にクーデタが行われ、グスタフ四世（Gustaf Ⅳ）は退位し、新しい「統治法典」が制定された。

この「統治法典」の制定とともに三つの基本法が制定された。それは一八〇九年に制定された「王位継承法」、一八一〇年に制定された「出版の自由に関する法律」および「国会法」であった。

これらの基本法は、その後全面的に改正されあるいは部分改正された。一八〇九年には、現在の王朝の創設者であるフランスの将軍ベルナドッテ（Bernadotte）を迎えるにあたり、新たに「王位継承法」が制定された。一八一二年には「出版の自由に関する法律」が全面改正された。一八四〇年には現在の省庁の組織が形成された。一八六六年にはそれまでの四等族会議を二院制の議会（第一院が地方議会による選挙、第二院が直接選挙）に改める国会法の全面改正が行われた。一九〇九年には第二院の選挙において男子による普通選挙制が行われ、両院の選挙には比例代表制が採用された。一九二一年には男女平等な普通選挙制が施行された。一九四九年には新たに「出版の自由に関する法律」が全面改正された。一九六九年には両院制が廃止されて、一院制が採用され、国会の不信任決議の効力が明文で規定された。

この憲法は、アメリカ合衆国に次いで世界で二番目に古い憲法であったので、一九五〇年代からその全面改正が論議されていたが、その最初の試みは、一九一七年から行われている議院内閣制を明文化するために、一九五四年に設置された委員会であった。審議の結果、議院内閣制は、もはや憲法の部分改正によっては、その目的を十分に達成することができないとの結論に達し、憲法の全面改正が日程にのぼった。前述した一九六九年の二院制を廃止し一院制を採用した改正は、暫定的な改革と見なされていた。最初の委員会は、一九六三年に報告書を作成したが、二院制の廃止についての見解をまとめることができず、比例代表制の改正や市民の権利自由に関する提案に対しても厳しい批判を受けたので、結局、新たに委員会が設置されることになった。この委員会は、一九七二年に新しい「統治法典」と「国会法」の草案を作成し、政府による修正と国会によるわずかの修正を経て、一九七三年に議決され、選挙を挟んで一九七四年に再度議決され成立した。なお、国会法は、基本法には含めないこととされた。

二　成立後の変遷と展開

一九七四年二月二八日、スウェーデンの新しい統治法典が成立し、一九七五年一月一日から施行された。しかし、これで憲法の改革は終わったわけではなかった。一九七三年以前から行われていた市民の権利・自由を法典化するかどうかの論議がまだ終わっていなかったからである。というのは、これまでの憲法には、出版の自由を除いては、市民の権利に関する規定がなかったからである。このことは、表現の自由とこれを支える公文書公開制が保障されておれば、他の人権は、明文で保障されていなくても、確保することができたことを意味する。このようなスウェーデンにおける経験から、新しい統治法典では新たに基本権を規定するかどうか、するとすればどう定式化するかが重要な論点となったが、全体の憲法制定作業を停滞させないために、一九七五年の統治法典は暫定的な規定で済ませることになり、これらの問題は、さらに基本権委員会で検討されることになった。この委員会は、一九七五年に基本権を拡大強化する提案を行った。それは一九七六年春に採択され、一九七六年九月の選挙後再度採択され、成立した。その後も、改正をめぐる論議は、基本的権利および自由を国会が制限する際の手続をめぐって行われ、政党間の妥協の結果、一九七九年にも部分改正が行われた。その後、一九九二年に設置された委員会の提案に基づき、一九九四年にも公用収用に対する補償、職業の自由、無料の義務教育の権利、欧州人権条約をスウェーデン法に組み込む改正、選挙に関する規定の改正、スウェーデンのEU加盟による改正などがなされた。また、予てから、出版の自由に関する法律の規定をラジオやテレビに及ぼすための改正が検討されていたが、一九九一年に「表現の自由に関する基本法」が制定され、一九九二年一月から施行された。これにより、スウェーデンの基本法は、四つになった。

一九九四年に、欧州人権条約をスウェーデン法に取り込む提案が、国会で採択された。一九九五年にスウェーデンが欧州連合に加入すると、欧州議会の選挙に関する規定が一九九四年に統治法典に採択された。一九九八年には、国家と教会の分離に関する統治法典の改正が行われた。同年には、国会の機関である国立銀行の地位が変更され、統治法典は、通貨政策に関する銀行の独立の決定権を保障することとされた。スウェーデンには、国の会計検査に関して、国立の会計検査院と国会会計検査官の二つの機関があったが、二〇〇〇年に両者を統合し、国会から選出される任期七年の三人の会計検査官から構成される新会計検査院が設立され、二〇〇二年にその独立的地位を保障する規定が統治法典におかれた。一九九七年以来、欧州連合と同様、国の会計年度を暦の暦年と一致させる改革が行われた。

二〇世紀の世紀末に、憲法に関する論議が盛んになり、二〇〇四年に民間団体が「スウェーデンの新憲法」と題する報告書を公表した。これを受けて政府は、七つの政党の代表者から成る調査委員会を任命し、これに応えた。委員会の仕事は、統治法典の包括的な再検討を行うことであった。委員会は、二〇〇八年に「憲法改革」と題する報告書を発表した。委員会の提案は、すべての点において変更されることなく、政府及び国会によって承認された。委員会は、「行政と司法」の章を「司法」と「行政」の二つの章に分けた。「司法」においては、裁判官は、これまでどおり政府が任命するが、任命手続は、裁判官の独立的地位を強調するために、通常の立法措置によることとされた。法案の審査は、これまでどおり、立法審議会が行うが、これまでと違って審査が義務付けられることになった。加えて、政府に対する国会の地位を強化するという共通の目的のための幾つかの変更が加えられた。最も重要なのは、各選挙後に総理大臣に対する信任投票が義務付けられたことであった。加えて、憲法委員会による政府に対する調査権が強化され、委員会は政府から調査のために必要なすべての文書を得る権利が明文で認められた。地方自治体の財政基盤の平等化を推進するために、富裕な自治体は、貧窮自治体に対する財政援助をすることが、法律で定められた。

三　特　色

Ｉ　「統治法典」をめぐる主な特色は次のとおりである。

(1)　基本的権利および自由　新しい憲法なので、基本権のカタログにも、新しい権利や自由が盛り込まれている。例えば、情報の自由、個人情報に対する権利、体刑の禁止、盗聴の禁止などである。また、権利・自由の制限事由を列挙したのも、新しい試みである。

(2)　国会　国会に関しては、すべての議員に議員代理が設けられ、議員が大臣になったとき、あるいは休暇で不在のときには、議員代理がその議員の職務を行うこととしている。また、公務員と議員との兼職が明文で認められているのも目新しい。国会に関して注目されるのは、国会による統制という章が設けられていることである。ここでは、国会の憲法委員会は、閣議の議事録を審査し、大臣の法的責任を追及できることとしているほか、行政監察使（オンブズマン）、国会会計検査官、国政調査権などに関する規定が設けられ、その厳しい統制には驚かされる。

(3)　政府　スウェーデン政府は、以前から合議制を採用し、個々の大臣は、少数の例外を除いて固有の決定権を有しなかった。各省大臣は、その権限に属する案件を政府に決定してもらう準備をするためのスタッフにすぎない。したがって、各省は、きわめて少人数で構成され、事務官も含めておおむね一〇〇人以内で、すべての省は、同一の建物で執務している。このように、各省は、特定の行政部門を管轄する独立の官庁ではないから、各省大臣は、行政部門に対する指揮監督権を有する行政部門の長ではない。行政部門は、警察庁、保険庁、税関庁、労働市場庁など、重要な中央官庁だけでも、七〇～八〇にのぼるが、それらは、直接政府が所轄し、個々の大臣には服しないのである。

前項で述べたように、各行政官庁は、政府から独立して職務を行う。その点で、行政官庁は、裁判所と共通の独立性を有する。すなわち、法律が、各行政官庁に決定権を与えるとき、その権限は、独立に行使され、個別案件の処理について上司や上級官庁の介入を受けないのが原則であり、これによって個人は、官吏の恣意による権利利益の侵害を防ぐことができ、決定に対する官吏の責任を確保することができるというのであり、これが北欧における伝統的な「法的安全」の思想である。

この思想を具体化したものが、独立的地位を有する行政官庁による権力乱用を監視するための国会が任命するオンブズマンである。したがってこれは、公文書公開の原則と並んで「法的安全」を確保するための不可欠の機関なのである。

(4)　非常事態　第一五章には、戦争などの非常事態に対処するための詳しい規定がある。

Ⅱ　出版の自由に関する法律

第二次大戦中、出版の自由は、緊張を強いられた。政府は、出版の自由に対する法的規制を、ナチスに挑戦的と受け取られるかもしれない出版を抑制するために利用した。このため、戦争の末期には、当時施行されていた一八一二年の出版の自由法を再検討する調査委員会を任命した。委員会は、戦時中の政府の出版政策を批判し、その結果、一九四九年に新しい出版の自由法が制定され、一九五〇年から施行された。そこでは、多くの人が編集にかかわっていても、編集責任者一人が登録され、すべての犯罪に責任を負うこととされ、他の記者、寄稿者、情報源は、匿名で行動することができた。一九七六年に、情報を出版する際における、匿名で情報を提供する権利は、情報源を調査することの禁止にまで発展した。二〇一〇年には、この禁止は、出版の自由に関する法律及び表現の自由に関する基本法に規定された。

「出版の自由に関する法律」をめぐる主な特色は、次のとおりである。

(1)　公文書公開の原則　第二章では、公文書公開の原則を定め、適用除外項目、文書の定義、不服の申立てなどの細目が定められている。適用除外は、この基本法に基づいて、別に秘密保護法が、具体的な規定を置いている。

(2)　匿名権　第三章では、国民には印刷物の編集者に匿名で情報を提供する権利が与えられ、公務員は、秘密指定された情報であっても、編集者には、原則として情報提供することができる。それを出版することによる責任は、編集者が負うのである。

(3)　印刷物を頒布する者の責任　第五章では、定期刊行物を頒布する者の責任が、第六章および第七章では、印刷物を頒布する者の責任が規定され、出版の自由と公共の秩序との調整がなされている。

Ⅲ　表現の自由に関する基本法

ラジオ放送及びテレビ放送には、出版自由法のような情報提供者の責任を免責する規定も、匿名で情報提供する権利も、初めから存在しなかった。国の放送局は、事実上独占権を享受していた。一九六六年に放送法および放送責任法が制定されたが、基本法ではなかった。そこで、この事実上の独占に対し、放送会社に、客観性と公平性を保つ義務および出版の自由法と同様の義務を課することによって、出版の自由とバランスをとる措置がとられた。印刷物を利用しないメディアに基本法を適用する問題も一九七〇年以降検討された。当初の対象はラジオとテレビであったが、その後、映画や音声および画像の電子録画および録音などの技術を利用したメディアも注目されるようになった。議論されたのは、出版の自由法をこれらのメディアにも及ぼすか、別に基本法を制定するかであった。後者の見解が優位になり、一九九一年に「表現の自由に関する基本法」が制定された。情報およびメディアの分野における技術の発展により、この両基本法は、一九九八年、二〇〇二年および二〇一〇年に改正された。一九九〇年代に表現の自由に関して論争されたのは、児童ポルノであった。一九九八年に両基本法は、児童のポルノ画像には適用しないことが決定された。このことは、可罰的犯罪の範囲を児童ポルノに及ぼすことを可能にした。

四　出　典

スウェーデン憲法の翻訳は、インターネットの The Constitution of Sweden–Riksdagen（https://www/riksdagen. se/en/sysSiteAssets/07-dokument-lager/the constitution of Sweden-160628. pd）を参照した。翻訳に際しては、すでに、山岡規雄氏による二〇一〇年版のスウェーデン憲法典に基づく翻訳が、二〇一二年一月に、国立国会図書館立法考査局から公刊されていたので、これも参照させていただいたことを記し、ここに、訳者である山岡規雄氏に謝意を表する。

なお、本稿は二〇一二年における改正を含む、二〇一八年版に基づいて翻訳したものであることをお断わりする。

統治法典

第一章　憲法の基本原則

第一条〔国民主権〕

1　すべての公権力は、国民から発する。

2　スウェーデン民主主義は、言論の自由と普通平等選挙権に基づき、代表制議会主義と地方自治を通じて実現されなければならない。

3　公権力は、法律に基づいて行使されなければならない。

第二条〔個人の尊重、男女の平等および少数民族の保護〕

1　公権力は、すべての人間の平等ならびに個人の自由および人間の尊厳を尊重して行使しなければならない。

2　個人の個人的、経済的および文化的な福利は、共同体の活動の基本的な目標でなければならない。とくに、勤労、住宅および教育の権利を確保し、社会扶助および社会保障ならびに健康のための良好な環境を促進することは、公共機関の義務である。

3　公共機関は、現在および将来の世代のためによい環境を形成するための持続的発展を促進しなければならない。

4　公共機関は、社会のあらゆる分野における指針としての民主主義の理念を尊重し、国民の私生活および家族生活を保護しなければならない。

5　公共機関は、すべての人が、社会における参加と平等のための機会が得られ、そして子供の権利が守られるように努めなければならない。公共機関は、性、皮膚の色、国籍または人種、言語的または宗教的帰属、障害、性的指向、年齢その他個人的事由に基づく差別と闘わなければならない。

6　サーミ族および人種的、言語的および宗教的少数者が、自身の文化的社会的生活を保持し、発展させる可能性を促進しなければならない。

第三条〔基本法〕

統治法典、王位継承法、出版の自由に関する法律および表現の自由に関する基本法は、国の基本法である。

第四条〔国会の権限〕

1　国会は、人民の最も重要な代表者である。

2　国会は、法律を制定し、租税を確定し、公の資金の使途を決定する。国会は、この国の政府と行政を監視しなければならない。

第五条〔国王〕

王位継承法に従ってスウェーデンの王位を継承している国王または女王は、元首である。

第六条〔統治〕

政府はこの国を統治する。政府は、国会に対して説明責任を負う。

第七条〔自治体〕

スウェーデン王国に、基礎的自治体と広域的自治体をおく。

第八条〔官公署〕

司法を執行するために裁判所を、公行政を執行するために国および自治体に行政機関をおく。

第九条〔責務〕

裁判所および官公庁その他行政内部においてその職務を行う者は、その活動に際して、すべての人の法の下の平等を尊重し、客観性と公平性を保持しなければならない。

第一〇条〔国際協力〕

スウェーデンは欧州連合の加盟国である。スウェーデンは、国際連合および欧州評議会の枠内における国際的な協力ならびにその他の国際的な協力に参加する。

第二章　基本的自由および権利

第一条〔表現の自由〕

1　すべての市民は、公的機関により、次の権利および自由を保障される。

一　表現の自由——情報を伝達し、思想、意見および感情を、口頭、書面、画像的表現その他の方法で表現する自由

二　情報の自由——情報を入手し、受領し、その他他人の表現を知る自由

三　集会の自由——情報の伝達、意見の表明その他同様の目的のため、または芸術作品を発表するために集会を準備し、出席する自由

四　示威運動の自由——公共の場所において示威運動を企画し、参加する自由

五　結社の自由——公的または私的な目的のために他人と団結する自由

六　信教の自由——単独でまたは他人と共同して自己の宗教を実践する自由

2　出版の自由に関する法律および表現の自由に関する基本法の規定は、出版の自由およびラジオ、テレビその他同種の放送、データベースからの公演ならびにフィルム、ビデオ録画、録音およびその他の技術的記録による表現の自由に

適用される。

3　出版の自由には、公文書にアクセスする権利に関する規定も含まれる。

第二条〔表現の自由〕

すべての国民は、公的機関により、政治的、宗教的、文化的その他の意見の表明を強制されてはならない。何人も、公共機関により、意見形成のための集会もしくは示威運動その他の意見表明に参加すること、または政治結社、宗教団体その他第一段に掲げる意見のための団体に加入することを強制されてはならない。

第三条〔個人情報〕

スウェーデン国民に関する公の登録簿に、もっぱらその政治的意見に基づく記録をその同意を得ないで記録してはならない。

第四条〔死刑の廃止〕

死刑は行ってはならない。

第五条〔体刑の禁止〕

国民はすべて体罰を科せられない。国民は、陳述の強要または妨害のための拷問もしくは医学的処置から保護される。

第六条〔検査、捜索からの自由、通信の秘密〕

1　何人も、第四条および第五条に定められた場合以外においても、公共機関による身体に対するあらゆる強制から保護されなければならない。何人も、身体の検査、家屋の捜索その他のプライバシー侵害、書簡その他の私的な通信の検閲、盗聴、電話その他の私的な通信の録取からも保護されなければならない。

2　第1項の規定に加えて、プライバシーに対する重大な侵害がその同意なくして生じ、それが個人の私的状況に対する監視または組織的探知を伴うときは、何人も公共機関により保護されなければならない。

第七条〔国籍の取得および剥奪〕

1　スウェーデン国民は、国外に追放され、または入国を妨げられることはない。

2　国に住居を有し、もしくは有した市民は、その国籍を剥奪されない。ただし、一八歳未満の児童については、両親またはその一方と同じ国籍を有しなければならない旨の規定をおくことができる。

第八条〔一般的自由、移動の自由〕

何人も、公共機関による自由の剥奪から保護される。すべてのスウェーデン国民は、その他、王国内を移動し、および王国を離脱する自由を保障される。

第九条〔法的安全〕

1　裁判所以外の公の機関が、犯罪またはその嫌疑により、市民の自由を剥奪した場合には、その自由を剥奪された者は、遅滞なく自由を剥奪した機関を裁判所の審理に服させることができる。ただし、この規定は、他国が科した自由の剥奪を伴う刑罰の執行をこの国に委譲する事件には、適用されない。

2　前項に規定する理由以外の理由で、市民が強制的に抑留されている場合には、その者は、同様に、抑留事件を遅滞なく裁判所において審理することを要求する権利を有する。その場合において、参審員会による審理は、その参審員会が法律の規定に従って構成され、参審員会の議長が常勤の裁判官であったか現にそうである場合には、裁判所の審理と同等と見なされなければならない。

3　第1項または前項に規定する審理が、第1項または前項に規定する権限を有する機関に付託されなかったときには、審理は、一般的管轄権を有する裁判所によって行われなければならない。

第一〇条〔事後法の禁止・例外〕

1　行為の時に刑罰を科せられなかった行為に対し、刑罰または刑罰に相当する制裁を科してはならない。何人も、その行為に対し、行為の時に規定されていた刑罰よりも厳しい刑罰を科せられてはならない。刑罰に関して定めるこの条項は、没収その他犯罪に付加して科せられる特別の法的効果にも同様に適用される。

2　国に納入すべき税または公課は、税または公課を負担する責任が生じた時に施行されていた条項に規定されていた程度以上に課してはならない。ただし、国会は、そうする特別の理由があると認めたときは、当該事情が発生した時点にはまだ法律が執行されていなかった時でも、その時点において政府または国会の委員会が国会にその趣旨の提案を行っていた場合には、その税または公課を課する旨を法律で規定することができる。政府から国会に向けられたその提案を行う旨を発表する書面はその提案と同等の効力を有する。さらに、国会は、戦争、戦争の危険または重大な経済的危機に関連した特別の理由によってそうすることが必要であると認めるときには、第1項の規定に対する例外を設ける旨を規定することができる。

第一一条〔特別裁判所〕

1　すでになされた行為または特定の紛争またはその他特定の事件のために裁判所を設立するこ

とはできない。

2 訴訟手続は、公正にかつ合理的な期間内に行われなければならない。裁判所の審理は、一般に公開されなければならない。

第一二条〔差別からの保護〕

法律その他の規定において、人種、皮膚の色その他の事情または性的指向に基づいて少数派に属することを理由に不利な取り扱いを定めてはならない。

第一三条〔性差別〕

法律その他の規定には、何人に対しても性に基づく不利益な取り扱いを定めてはならない。ただし、その規定が、男女間の平等を促進するための努力の一環であるとき、または軍務への徴用その他同様の公務に関するときは、この限りではない。

第一四条〔争議行為〕

労働組合または雇用者もしくは被用者の団体は、法律または協約の規定に反しない限り、争議行為を行うことができる。

第一五条〔財産権の保護および公衆の立入権〕

1 すべての個人の財産は、緊急の公共の必要がある場合を除いて、収用その他の処分により、その財産を公共機関もしくは私人のために明け渡すこと、または公共機関が土地もしくは建物を使用することによる制限を強制されないことにより保護される。

2 公用収用その他の処分によって財産の明け渡しを強制される者は、その損失に対する完全な補償を受ける権利を保障される。補償は、その土地または建物の、公共機関により処分を受けた部分のその後の土地利用が実質的に損なわれる程度に制限されるとき、または財産の価値が著しく損なわれる程度の損害が発生した場合にも補償を受ける。補償は、法律に定められた原則に従って行われる。

3 土地または建物の利用に対する制限が、健康、環境または安全のために行われる場合には、法律に定められた規則が補償に対する権利に適用される。

4 何人も、上記の規定に関わりなく、国民の立入権に基づいて、自然環境を享受する権利を有するものとする。

第一六条〔著作権〕

作家、芸術家および写真家は、法律の定めるところに従い、その作品に対する権利を有する。

第一七条〔商取引の自由〕

1 商取引を行う権利または職業を遂行する権利に対する制限は、切迫した公共の利益を保護するためにのみ許され、特定の個人または企業の経済的利益を促進するためにのみ行うことは許されない。

2 サーメ族がトナカイを飼養する権利は、法律で規制する。

第一八条〔教育と研究〕

1 教育を受ける義務に服するすべての児童は、公立学校において無料で基礎教育を受ける権利を有する。公的機関は、より高いレベルの教育機関を設置することに対しても責任を負わなければならない。

2 研究の自由は、法律に定められた規則に従って保護される。

第一九条〔欧州人権条約〕

人権および基本的自由を保護するための欧州人権条約によるスウェーデンの義務と矛盾する法律その他の規則は、設けてはならない。

第二〇条〔権利および自由を制限するための条件〕

1 次の権利および自由は、第二一条から第二四条の規定により定められている限度で、法律で制限することができる。

一 表現の自由、情報の自由、集会の自由、示威運動の自由および結社の自由（第一条一号から五号）

二 第四条から第五条に規定されている場合以外の身体への侵害からの保護、身体の検査、家屋の捜索およびその他のプライバシー侵害からの保護、郵便または通信における秘密の侵害からの保護その他個人の私的事項の監視および傍受による侵害からの保護（第六条）

三 移動の自由（第八条）および

四 裁判所の審理の公開（第一一条2項二文）

2 第1項に規定された権利自由は、第八章第五条に規定されている場合または公共もしくは公の職務遂行により知ることとなった事項の開示の禁止は、他の制定法により制限することができる。集会の自由および示威運動の自由は、第二四条1項二文に規定されている場合には、同様に制限することができる。

第二一条〔制限の限界〕

第二〇条に規定されている制限は、民主主義社会において許容されている目的を達成するためにのみ課することができる。制限は、それを生じさせた目的のために必要な範囲を超えて課してはならないし、民主主義社会の基盤の一つである自由な意見形成の脅威となる程度にまで行われてはならない。単に、政治的・宗教的・文化的またはその他の同様の意見であることのみを理由に制限を課することは、許されない。

第二二条〔制限のための法案〕

1　第二〇条の規定に基づく法案は、少なくとも一〇人の議員からの要求があるときは、その法案に関する最初の委員会の報告が議院に提出された日から最小限一二カ月間、国会によって退けられない限り、国会によって停止されなければならない。ただし、国会は、少なくとも投票者の六分の五の支持があるときは、直ちに法案を採択することができる。

2　第1項の規定は、法律の有効期間を二年を超えない期間とする法案には、適用しない。また、次の事項のみに関する法案にも適用しない。

一　公共的または公的職務の遂行中に知った事項の開示の禁止で、出版の自由に関する基本法第二章第二条に掲げる利益に関して、秘密を守ることが必要とされている場合

二　家宅捜索および類似のプライバシー侵害

三　特定の行為に対する刑事制裁としての自由の剥奪。憲法委員会は、国会に代わって、特定の法案に第1項が適用されるか否かを決定する。

第二三条〔表現の自由と情報の自由の制限〕

1　表現の自由および情報の自由は、国の安全、公共のための物資の供給、公共の安全と秩序、個人の名誉、私生活の不可侵または犯罪の予防および訴追のために、制限することができる。さらに、事業活動に関して表現する自由は、制限することができる。表現の自由または情報の自由は、その他の場合にはその制限を正当化する特別の理由があるときにのみ制限することができる。

2　前項の規定により制限することができる場合を判断するに際しては、政治的、宗教的、専門職業的、科学的および文化的事項における表現の自由と情報の自由を最大限に保障することの重要性に特別の配慮をしなければならない。

3　情報の内容を考慮することなくして、情報を普及しまたは受領する特定の方法をより詳細に規制する法令の採択は、表現の自由または情報の自由の制限と見なしてはならない。

第二四条〔集会および示威運動の自由〕

1　集会の自由および示威運動の自由は、集会もしくは示威運動の際の公共の安全と秩序または交通の円滑化のために制限することができる。これらの自由は、その他の場合には、国の安全または伝染病予防のためにのみ制限することができる。

2　結社の自由は、その結社の活動が、軍事的もしくは準軍事的性質を有する組織または人種、皮膚の色その他の類似の条件に基づいて、民族集団の迫害をする組織に関してのみ制限することができる。

第二五条〔外国人〕

1　王国に居住する外国人に対しては、次の権利自由に対する特別の制限を課することができる。

一　表現の自由、情報の自由、集会の自由、示威運動の自由、結社の自由および礼拝の自由

二　意見の表明を強制されることからの保護

三　第四条および第五条に規定されている場合以外における身体への侵害からの保護、身体検査、家宅捜索およびその他のプライバシー侵害からの保護、郵便または通信における秘密の暴露からの保護、その他個人の私的事項の監視および調査を含む侵害からの保護。

四　自由の剥奪からの保護

五　犯罪による自由の剥奪または犯罪の嫌疑以外の理由による自由の剥奪について裁判所の審理を受ける権利

六　裁判所の審理の公開

七　著作家、芸術家および写真家の自己の作品に対する権利

八　商取引を行う権利または職業を遂行する権利

九　研究調査を行う自由

一〇　意見を理由とする侵害からの保護

2　第二二条1項、2項一文および3項は、第1項に規定されている特別の制限にも適用される。

第三章　国会

第一条〔国会の構成〕

1　国会は、自由・秘密および直接選挙により選出された議員から構成される。

2　その選挙において投票者は、特定の候補者に対する選択を表明する選択肢を与えられたうえで、政党に投票する。

3　選挙において特定の名称の下に活動する選挙人のすべての結社または集団は、政党と見なされる。

第二条〔議員〕

国会は、三四九議員からなる一院で構成する。議員は、議員代理を指名する。

第三条〔通常選挙〕

国会の通常選挙は、四年ごとに行う。

第四条〔選挙権と被選挙権〕

1　現にスウェーデンに居住するまたは居住していたすべてのスウェーデン国民で、選挙当日以前に一八歳に達した者は、国会の選挙において投票する権利を有する。

2　選挙権を有する者だけが、議員または議員代理になる資格を有する。

3　選挙権を有するか否かの問題は、選挙前に作成される選挙人名簿に基づいて決定する。

第五条〔選挙区〕

国会の選挙のために、王国を選挙区に区分する。

第六条〔選挙区への議席配分〕

1　国会の議席は、三一〇の固定選挙区議席と三九の調整議席から構成される。

2　固定選挙区議席は、各々の選挙区における有権者の数と全国の有権者の数との間の比率の計算に基づいて、各選挙区に配分される。この配分は、一度につき四年間固定する。

第七条〔政党間の議席配分〕

1　議席は、諸政党間に配分される。

2　全国で投票された票の少なくとも四％を獲得した政党だけが、議席の配分を受ける権利を有する。ただし、それ未満の票を獲得した政党が、いずれかの選挙区において投票された票の少なくとも一二％を獲得したときは、その選挙区における固定選挙区議席の配分に参加することができる。

第八条〔固定選挙区議席と調整議席〕

1　固定選挙区の議席は、それぞれの選挙区における選挙の結果に比例して、政党間に配分される。

2　調整議席は、全国の投票の四％以下しか得られなかった政党に割り当てられた固定議席を除いて、議席の配分に参加する政党が全国で得た投票数に比例して配分される。もし、ある政党が、固定選挙区の配分において、国会における比例的代表数と等しい数の議席を得た場合には、その政党およびその政党が得た固定議席数は、調整議席の配分に際しては無視される。調整議席は、議席が政党間に配分された後で、選挙区に割り当てられる。

3　政党への議席の配分に際しては、奇数法を使用するものとし、最初の除数は、一・四とする。

第九条〔議員代理〕

政党が獲得した各議席に対して、一名の国会議員と一名の議員代理が指名される。

第一〇条〔選挙期〕

1　各選挙は、新しく選挙された国会が開会された日から、その後に選挙された国会が開会する日まで有効である。

2　新たに選挙された国会は、選挙日から一五日目に開会するが、選挙結果が公表されてから四日以内には開会しない。

第一一条〔特別選挙〕

1　政府は、通常選挙の間に、国会の特別選挙を行う決定をすることができる。特別選挙は、決定から三カ月以内に行われる。

2　国会の選挙が行われた後、政府は、新しく選挙された国会が初めて開会してから三カ月を経過するまでは、新たな選挙を行うことはできない。同様に、政府は、大臣がすべて正式に解任された後、大臣がその地位にとどまり、新政府による就任を待っている間も、特別選挙を行ってはならない。

3　特定の場合に行われる特別選挙に関しては、第六章第五条で規定される。

第一二条〔選挙結果に対する不服審査〕

1　国会の選挙に対する不服の申立ては、国会が任命する選挙審査委員会に行うことができる。この委員会の決定に対して異議を申し立てることはできない。

2　国会議員に選出された者は、その選挙結果に対する異議が申し立てられても、その職務を遂行することができる。もし、選挙の結果が変更された場合には、変更結果が公表されると同時に新議員が、その議席を占める。この規定は、議員代理に対しても同様に適用される。

3　選挙審査委員会は、国会議員になることはできない現職の裁判官または以前に裁判官であった者および六人のその他の委員から構成される。この委員は、通常選挙の選挙結果が判明した後ごとに選挙され、新しい委員の選挙が行われるまでその職務を遂行する。委員長は、別に選出される。

第一三条〔国会法への委任〕

第一条3項および第三条から前条までに規定する事項および国会議員の議員代理の任命に関する事項の詳細は、国会法その他の法律で規定する。

第四章　国会の活動

第一条〔開会〕

国会は、毎年会期に開会する。会期は、国会または議長が、国会の安全または自由を考慮して別段の決定をしない限り、ストックホルムで開会される。

第二条〔議長の選出〕

国会は、議員のなかから、各選挙期毎に、議長および第一副議長、第二副議長および第三副議長を任命する。

第三条〔国会の委員会〕

国会は、国会法の定めに従って、議員のなかから委員会を選挙する。それには憲法に関する委員会および財政に関する委員会が含まれる。

第四条〔議案の提出〕

政府および国会議員は、国会法の定めに従って、国会が議決すべきあらゆる議題に関し、この統治法典に別段の定めがない限り、議案を発議することができる。

第五条〔議案の準備〕

政府または国会の議員が提出または発議したあらゆる議案は、この統治法典に別段の定めがない限り、決定される前に、委員会の審議を経なければならない。

第六条〔意見の陳述〕

1　本会議において議案を議決するときには、国会議員および大臣は、国会法の定めるところに従って意見を述べることができる。

2　欠格条項に関する規定も、国会法で定める。

第七条〔議案の議決〕

国会における投票において、投票に参加した者の半数以上が賛成した意見は、この統治法典に別段の定めがあるときまたは国会の手続に関しては国会法の主文に別段の定めがあるときを除いて、国会の議決となる。可否同数の場合の手続に関する規定は、国会法で規定する。

第八条〔調査および評価〕

各委員会は、委員会の所管事項に関する国会の決議を追跡調査し、評価する。

第九条〔議事の公開〕

本会議における議事は公開される。ただし、議事は、国会法の規定により非公開とすることができる。

第一〇条〔議員の法的地位〕

国会議員および議員代理は、公務その他類似の義務が課せられている場合であっても、議員としての職務を果たすことができる。

第一一条〔選挙審査委員会〕

1　国会議員または議員代理は、国会の承認がなければ辞任することができない。

2　選挙審査委員会は、理由があるときには、特定の議員または議員代理が、第三章第四条2項の規定に基づく資格を有するかどうかを職権で審査することができる。無資格と決定された者は、罷免される。

3　議員または議員代理は、前項に規定されているとき以外には、犯罪により明らかに任務遂行の適格性を有しないことが判明した場合にのみ罷免される。このための決定は、裁判所が行う。

第一二条〔議員の免責〕

1　投票した議員の六分の五以上の議決により国会が承認した場合を除いて、国会議員としての職務を遂行し、または遂行した者に対し、その職務の遂行に際して行った発言または行為に関し、訴訟を提起することはできない。

2　国会が同意を与えた場合でない限り、その者が職務遂行中に行った行為または発言を理由に、その者の自由を剥奪し、または国内の旅行を妨げてはならない。

3　その他国会議員が犯罪を犯した疑いがある場合には、その者が有罪であることを認めたとき、犯行の現場において逮捕されたとき、または当該犯罪に対する刑罰が二年以上の懲役であるときにのみ、逮捕、検挙もしくは抑留に関する法令の関連規定を適用する。

第一三条〔議員代理〕

1　国会議員が、国会の議長または政府の大臣である間は、国会議員としての職務は、議員代理が行う。国会は、国会法において、国会議員が休暇により欠席している間、議員代理がその議員を代行する旨を規定することができる。

2　国会議員としての職務の遂行に関するこの章の第一〇条および第一二条1項の規定は、議長としての職務に準用する。

3　国会議員に関する規定は、議員としての職務を遂行するすべての議員代理に適用する。

第一四条〔国会法への委任〕

国会の活動に関するその他の規定は、国会法の定めるところによる。

第五章　元首

第一条〔国の元首〕

第一章第五条は、王位継承法に従ってスウェーデン国王の地位に就任している国王または女王が国の元首であると定める。

第二条〔元首の資格〕

スウェーデン市民で一八歳に達した者のみが、元首としての職務を行うことができる。元首は、同時に政府の大臣となりまたは国会の議長もしくは議員としての職務を行うことはできない。

第三条〔元首の職務〕

1　元首は、総理大臣から国務について常時情報を与えられるものとする。政府は、必要なときにはいつでも元首を議長とする閣議を召集する。

2　元首は、国外へ旅行する前に、総理大臣と協議しなければならない。

第四条〔摂政〕

元首である国王または女王がその職務を遂行することができないときには、有効な王位継承の順序に従って、王位継承の資格を有し、職務を遂行することが可能な王族の一員が、元首の職務を遂行するために、暫定的に摂政の地位に就く。

第五条〔廃絶〕

1　王族が絶えるときには、国会は、暫定的に元首の職務を行う摂政を任命しなければならない。国会は、同時に摂政代理を任命する。

2　前項の規定は、国王または女王が死亡し、または退位し、王位継承者がまだ一八歳に達しないときにも、準用する。

第六条〔国王の退位〕

国の元首である国王または女王が、六カ月の間、継続して職務を行うことができず、または職務を行わなかったときは、政府は国会に報告しなければならない。国会は、国王または女王が退位したものと見なすべきかどうかを議決する。

第七条〔摂政の代行〕

1　第四条または第五条に基づいてその職務を行う資格を有する者がいないときは、国会は、政府の指名に基づいて、暫定的に摂政を代行する者を任命することができる。

2　他の資格ある者が職務を行うことができないときは、議長、議長が行うことができないときは副議長の一人が、政府の指名により、暫定的に摂政を代行する。

第八条〔不訴追〕

国王または女王は、その行為または不行為により、訴追されない。摂政は、元首としての行為または不行為により訴追されない。

第六章　政府

第一条〔政府の構成〕

1　政府は、総理大臣およびその他の国務大臣から構成される。

2　総理大臣は、第四条から第六条に定める方法で任命される。総理大臣は、他の国務大臣を任命する。

第二条〔兼職禁止〕

大臣は、スウェーデン国籍を有していなければならない。大臣は、他の職務を兼任してはならない。大臣は、国民の信頼を損なうおそれのある地位につき、または活動をすることはできない。

第三条〔総理大臣の表決〕

国会が開会されて二週間以内に、新たに選挙された国会は、総理大臣が国会において十分な信任を得ているかどうかを、表決により決定しなければならない。議員の過半数が反対を表明したときは、総理大臣は、解任されなければならない。総理大臣がすでに辞任しているときは、投票は行われてはならない。

第四条〔政府の形成〕

総理大臣を指名するときには、議長は、国会における協議のため、国会の各政党から一ないし数名の代表を招集しなければならない。議長は、国会に議案を提出する前に、副議長と協議しなければならない。国会は、議案提出後四日以内に、どの委員会にも諮ることなく投票を行わなければならない。国会の半数以上の議員がその議案に反対したときには、それは否決されたものとする。その他のときは、承認されたものとする。

第五条〔選挙後の再指名〕

議長が提出した議案を国会が否決したときは、第四条に規定する手続が再開される。議長が提出した議案を国会が四度否決したときは、総理大臣を任命する手続を中断し、国会の選挙を行った後に再開される。三カ月以内に通常選挙を行うことができないときは、同期間内に特別選挙を行わなければならない。

第六条〔総理大臣の任命〕

1　国会が新しい総理大臣に関する議案を承認したときは、総理大臣は、できるだけ速やかに大臣を任命し、国会に通知しなければならない。政府の交替は、元首が出席するその後の特別閣議で、もし元首が出席することができないときは、議長が出席する特別閣議において行わなければならない。議長は、つねに当該特別閣議に召集されなければならない。

2　議長は、国会に代わって総理大臣の任命書を交付する。

第七条〔総理大臣または大臣の解任〕

1　総理大臣またはその他の大臣が国会の信任を得ていないと国会が議決したときには、議長はその大臣を罷免しなければならない。ただし、政府が国会の特別選挙を命ずることができる場合で、不信任の議決から一週間以内に政府が特別選挙を命ずる命令を発するときには、大臣の罷免の決定をしてはならない。

2　選挙後における総理大臣に対する投票による罷免に関する規則は、第三条に定めるところによる。

第八条〔大臣の辞任〕

大臣は、自己の意思により辞任を求めることができる。その場合、総理大臣は議長によって、他の大臣は、総理大臣によって解任される。総理大臣は、その他の場合でも他の大臣を罷免することができる。

第九条〔総理大臣の辞任または死亡〕

総理大臣が辞任し、または死亡したときには、議長は、他の大臣を罷免しなければならない。

第一〇条〔総理大臣の代行〕

総理大臣は、他の大臣のなかから、自己が欠けたときに自己を代行する者を指名することができる。もし、代行者が指名されていないとき、または指名された者も総理大臣の職務を遂行することができないときは、その職務は、最も長期に大臣を経験した現職の大臣によって遂行される。二人またはそれ以上の大臣が同期間大臣であったときは、年長の者を優先する。

第一一条〔暫定政府〕

大臣がすべて罷免されたときでも、大臣は、新しい政府が職に就くまでその地位にとどまる。総理大臣以外の大臣が、自らの意思で辞任したときでも、総理大臣が要求したときは、後任が職に就くまでその地位に留まる。

第一二条〔議長の欠員〕

議長が出席することができないときは、副議長が、この章の規定に基づく議長の職務を引き受けなければならない。

第七章　政府の活動

第一条〔内閣官房〕

政府が処理しなければならない案件の準備をし、政府および大臣のその他の活動を補佐するために、内閣官房をおく。内閣官房は、異なる活動分野を管轄する各省から構成される。政府は、案件を各省に配分する。総理大臣は、大臣のなかから各省の長官を任命する。

第二条〔案件の準備〕

政府の案件の準備に際しては、関係する公的機関に必要な情報および意見を求めなければならない。情報および意見は、必要があれば地方自治体からも収集しなければならない。団体および私人にも、必要があれば、意見を述べる機会が与えられなければならない。

第三条〔国防軍の案件〕

政府の案件は、閣議において政府により決定される。ただし、国防軍の内部において法令または政府の特定の決定を執行する案件は、法律に定められた範囲において、総理大臣の監督のもとで、その案件を管轄する省の長が決定することができる。

第四条〔閣議〕

総理大臣は、他の大臣を閣議に召集し、閣議を主宰する。閣議には少なくとも五名以上の大臣が出席しなければならない。

第五条〔閣議における案件処理〕

各省の長は、その省が管轄する案件に関し、閣議に報告しなければならない。総理大臣は、特定の省が管轄する案件または一連の案件の報告の提出および説明を、当該省の長以外の大臣に命ずることもできる。

第六条〔閣議の議事録および反対意見〕

閣議においては、議事録を作成しなければならない。反対意見は、議事録に記録しなければならない。

第七条〔閣議決定への署名〕

外部に発送されるべき制定法、国会に提出する議案およびその他閣議の決定は、内閣総理大臣またはその他の大臣が政府に代わって署名することにより効力を発する。政府は、特定の場合には、命令において、発送されるべき政府の決定に公務員が署名することができる旨を定めることができる。

第八章　法律その他の命令

第一条〔法令の形式〕

法令は、法律の形式により国会によって採択され、および命令の形式により政府によって発せられる。国会および政府は、政府以外の他の機関および地方自治体にも法令の制定をする権限を与えることができる。法令を制定する権限は、常に法律または命令により規定されていなければならない。

第二条〔法律によって定められる規定〕

次の各号に掲げる規定は、法律により定めなければならない。

一　個人の私的な地位または個人相互間の私的および経済的関係

二　個人の義務に関するまたはその他個人的または経済的状況の侵害に関する個人と公的機

関との関係

三　地方自治体の組織と活動手続および課税、その他地方自治体の権限およびその責任を定める諸原則

四　宗教団体および宗教団体としてのスウェーデン教会の基盤となっている諸原則

五　王国における諮問的国民投票の手続および基本法に関する国民投票の手続

六　欧州議会の選挙

2　さらに、現在の統治法典およびその他の基本法に規定されている規則により、一定の内容を含む法令は、法律によって制定されなければならない。

第三条〔政府が発する命令〕

1　国会は、第二条1項二号および三号により、政府に法令の制定を委任することができる。ただし、その規定は、次の事項にかかるものであってはならない。

一　罰金以外の犯罪行為に対する法的効果

二　輸入貨物に対する関税以外の税

三　破産または強制執行

2　国会は、第1項に定める権限を委任する法律において、政府が定めた規則の違反に対して、罰金以外の法的効果を規定することができる。

第四条〔義務履行に関する規則〕

国会は、義務の履行を免除することに関する第二条1項一号から三号による規則の制定を政府に委ねることができる。

第五条〔法律の施行に関する規則〕

国会は、法律で、政府に次の事項に関する規則の制定を委任することができる。

一　法律が施行される時点

二　法律の一部がいつ施行され、いつ適用されなくなるのか

三　他の国または国際組織との関係における法律の適用

第六条〔規則に対する審査〕

この統治法典に基づく委任により政府が発する規則は、国会が要求したときには、審査のため国会に提出しなければならない。

第七条〔その他の規則の発令〕

1　第三条から第五条までの規定に加えて，政府は、次の規則を発令することができる。

一　法律の施行に関する規則、および

二　基本法によって国会によって制定されないこととされている規則

2　政府は、第一項の定めにより、国会または国会の機関に関する規則を定めることはできない。政府は、また、第一項二号により、地方自治体の課税に関する規則を定めることはできない。

第八条〔法律と規則との競合〕

特定の事項に関して規則を定める政府に与えられた権限は、国会が法律により、同一事項に関して規則を定めることを妨げるものではない。

第九条〔国会による権限の委任〕

国会は、第二条1項二号に従って、地方自治体に対して、次の事項に関する規則を定める権限を委任することができる。

一　公課

二　地方自治体における交通状況を規制することを目的とする税

第一〇条〔権限の再委任〕

この章において、国会が、政府に特定事項について規則を制定することを委任している場合、国会は、政府に、その事項に関する規則を定める権限を、行政機関または地方自治体に対しても再委任することができる。

第一一条〔権限の再委任〕

政府は、政府の下部機関または国会の下部機関に、第七条に規定されている規則を定める権限を委任することができる。ただし、国会に所属する機関への委任は、国会またはその機関の内部事項に関するものであってはならない。

第一二条〔規則の審査〕

第一〇条または第一一条に従った委任によって政府の下部機関が制定した規則は、政府が求めた場合には、審査のため政府に提出しなければならない。

第一三条〔国会の下部機関への委任〕

国会は、国立銀行に対し、法律で、第九章に定められた権限である、安全で効率的な支払システムを促進する義務に関する規則の制定を指示することができる。国会は、国会の下部機関に対し、国会またはその下部機関の内部事項に関する規則の制定を委任することができる。

第一四条〔基本法の制定〕

基本法は、同一の文言に基づく二回の決議により採択されなければならない。基本法制定の提案である第一回の決議は、未確定状態にあるものとして採択される。第二回の決議は、第一回の決議の後、全国にわたる国会の選挙が行われ、新たな国会が召集されるまでは行うことができない。さらに、提案が最初に国会の本会議に提出されてから選挙のときまでに、九カ月以上を経過していなければならない。ただし、憲法委員会が、草案の作成の時点以前に、委員の

六分の五以上の賛成により、この規定の例外を許容する決議を行ったときはこの限りではない。

第一五条〔他の基本法草案〕

国会は、基本法に関する未決の基本法草案と両立しない基本法に関する他の草案を、選挙をまたぐ未決の草案として採択することはできない。ただし、国会が、同時に、最初に採択した草案を否決するときはこの限りではない。

第一六条〔基本法草案に対する国民投票〕

1 基本法の改正に関する未決の草案に対する国民投票は、国会の議員の一〇分の一以上によるその趣旨の動議があり、その動議に議員の三分の一以上が賛成したときに行われなければならない。その動議は、国会が未決の草案を採択した日から一五日以内に行わなければならない。その動議に対しては、委員会の審議は行われない。

2 国民投票は、第一四条1項に規定する国会議員の選挙と同時に行わなければならない。選挙において投票する資格を有するすべての者は、国民投票において、未決の基本法草案を承認するか否かを表明することができる。草案は、国民投票において投票した者の多数が草案に反対し、その投票者の数が、選挙における有効投票の半数を超えるときは、否決されたものと見なされる。その他のときには、国会は、最終審議のために草案を上程しなければならない。

第一七条〔国会法の制定〕

1 国会法は、第一四条一文から三文および第一五条に規定する方法で制定されなければならない。それは、国会に出席し、投票した議員の四分の三以上で、かつ、全国会議員の半数以上が賛成したときは、一回の決議でも採択することができる。

2 ただし、国会法の補充規定は、通常の法律と同様の方法で制定することができる。第1項の規定は、第二条1項四号に規定する法律の改正にも適用する。

第一八条〔法律の改正または廃止〕

法律は、法律によらなければ、改正しまたは廃止することはできない。第一四条から第一七条は、基本法または国会法の改正または廃止に適用する。第一七条1項は、第二条1項四号に基づく法律の改正または廃止に適用される。

第一九条〔法令の公布〕

政府は、制定された法律を遅滞なく公布しなければならない。ただし、基本法または国会法に含まれない国会または国会の機関に関する条項を含む法令は、国会が公布する。法律は、できるだけ速やかに公刊されなければならない。これは、法律に別段の規定がない限り、命令にも適用する。

第二〇条〔法制審議会〕

法案に関する意見を表明するため、最高裁判所および最高行政裁判所の裁判官または必要があれば元裁判官を含む法制審議会を設ける。法制審議会の構成および職務に関するより詳細な規則は、法律で定められる。

第二一条〔法制審議会の意見〕

1 立法に関する法制審議会の意見は、政府から、または国会法に定められているより詳細な規則に従って、国会の委員会から徴することができる。

2 法制審議会の意見は、国会が次の決議を行う前に徴しなければならない。

一 出版の自由に関する基本法またはラジオ、テレビ、データベースおよび技術的記録からとられる類似の通信、公演に関する表現の自由に関する基本法

二 公文書へのアクセスの権利を制限する法律

三 第二章の第一四条から一六条、二〇条または二五条に基づく法律

四 完全なまたは部分的な個人情報の自動処理に関する法律

五 地方税に関する法律または地方自治体に義務を課する法律

六 第二条1項一号もしくは二号に基づく法律または第一一章もしくは第一二章に基づく法律

七 第一条から第六条に基づいて法律を改正しまたは廃止する法律

3 ただし、第2項の規定は、法制審議会の見解を得ることが、当該案件の性格上重要でないとき、または法案の処理を遅延させることにより重大な障害を生ずるときには、適用されない。

4 政府が第2項に規定する案件のいずれかに関して、法律を制定するために国会に議案を提出した場合で、法制審議会の見解がそれ以前に得られなかったときは、政府は、同時にその理由を国会に通知しなければならない。法案に関する法制審議会の見解が提出されなかったという事実は、それらの法律の適用を妨げるものではない。

第二二条〔法制審議会の審議〕

法制審議会は、次の事項を審議する。

一 法案と基本法および法制一般との関係

二　法案に含まれている諸条項相互の関係
三　法案と法の支配の要求との関連性
四　提案される法律が、その目的を達成すると見なすことができるように法案が構成されているか
五　法律の適用に際して生ずる問題

第九章　財政権

第一条〔歳入歳出に関する決定〕
国会は、国税および国の公課を決定し、予算を議決する。

第二条〔予算案〕
政府は、国会に予算案を提出する。

第三条〔予算に関する決定〕
1　国会は、次の予算年度のための予算、もし特別の理由による必要があるときには、他の年度の予算も承認しなければならない。国会は、それに関連して、国の歳入の見積額と特定の目的のための歳出予算を決定しなければならない。
2　国会は、特定の歳出予算を、予算年度以外の年度に割り当てる議決をすることができる。国会は、歳入を、歳出に関する議決とは異なる方法により、特定の目的のために支出することができることを決定することができる。

第四条〔歳入見積および歳出の変更〕
国会は、当該予算期における歳入見積りを変更する決定をすることができるし、すでに承認された歳出を変更し、または新たな歳出を承認することができる。

第五条〔暫定予算〕
1　予算が、予算期の開始前に承認されなかったときは、国会は、予算が承認されるまでの間の期間に必要な歳出を決定する。国会は、財政委員会に、国会に代わってその決定を行うことを授権することができる。
2　もし国会が、第1項に基づく歳出を特定の目的のために承認しなかったときは、国会によってなされる他の議決と調整する修正を経たうえで、最近年の予算を当該年度の歳出が承認されるまで適用するものとする。

第六条〔指針の議決〕
国会は、来るべき予算年度を越える期間における国の活動のための指針を決定することができる。

第七条〔歳出と歳入〕
歳出と歳入は、国会によって承認された使途以外のために支出することはできない。

第八条〔国の資産と債務〕
1　国の資産は、それらが国会の機関のもとにおくことが予定されているか、または法律で特定の行政のために留保されていない限り、政府によって処分され、管理される。
2　政府は、国会から委任されていない限り、国の債務を引き受け、その他国のために財政的負担を引き受けてはならない。

第九条〔資産の管理〕
国会は、国の資産の管理と処分のための諸原則を決定しなければならない。国会は、特定の措置は、国会の承認なくしてはとることができない旨を議決することができる。

第一〇条〔年次報告〕
政府は、予算年度の終了後に、国の年次報告を国会に提出する。

第一一条〔予算に関するその他の規定〕
予算に関する国会と政府の権限と責任に関するその他の規定は、国会法および個別法で定める。

第一二条〔通貨為替政策〕
政府は、通貨為替政策に関する一般的事項について責任を負う。通貨為替政策に関するその他の事項は、法律で定める。

第一三条〔国立銀行〕
1　国立銀行は、国の中央銀行であり、国会に所属する機関である。国立銀行は、貨幣金融政策に対する責任を負う。いかなる公的機関も国立銀行の貨幣金融政策に関する決定に介入することはできない。
2　国立銀行には、国会が選任する一一名の委員から成る評議会がおかれる。国立銀行は、評議会が任命する理事会の指揮監督に服する。
3　国会は、評議会の委員および理事会の理事がその責任を果たしているかどうかを審査する。国会は、評議会の委員が責任を果たしていないと判断したときは、その委員は任務を解かれる。評議会は、理事会の理事がその任務を果たしていないか、または重大な過失に対する責任が認められる場合に、その理事を解任することだけができる。
4　評議会の選挙および国立銀行の経営と運営に関する規則は、法律で定める。

第一四条〔通貨の発行〕
国立銀行だけが、鋳造硬貨および銀行券を発行する権限を有する。通貨および支払制度に関する詳細は、法律で定める。

第一〇章　国際関係

第一条〔条約〕
外国または国際組織との条約は、政府が締結する。

第二条〔行政機関への委任〕
政府は、国会または外交諮問委員会による何らの措置をも必要としない国際条約を締結する任務を、行政機関に委任することができる。

第三条〔国際条約の国会による承認〕
1 政府が国を拘束する国際条約を締結するには、事前に、国会による承認が必要である。
一 締結する条約が、法律の改正もしくは廃止または新しい法律の制定を予定しているとき
二 その他、国会が決定しなければならない案件に関するとき
2 第1項一号または二号の場合において、必要とされる国会の議決のために特別の手続が定められているときには、条約の承認に際しても同一の手続を踏まなければならない。
3 この条の第1項に規定する場合以外であっても、その条約が相当の重要性を有するときには、政府が、国を拘束する国際条約を締結する前に、国会の承認が必要である。ただし、政府は、国の利益のため必要であるときには、国会の承認を得る手続を省略することができる。その場合には、政府は、これに代えて条約を締結する前に、外交諮問委員会と協議しなければならない。

第四条〔欧州連合協力の枠組内の条約〕
国会は、欧州連合協力の枠組内において締結される条約は、その条約が最終的な形式で存在していなくても、第三条に基づいて条約を承認することができる。

第五条〔国際的義務および条約の破棄〕
第一条から第四条の規定は、条約の形式をとらない国際的義務への参加および国際条約または義務の破棄にも、同様に適用される。

第六条〔欧州連合協力の枠内における決定権限の委譲〕
1 国会は、欧州連合協力の枠内において、その決定権限を、政府の統治に関する基本的原則に影響を与えない範囲で、委譲することができる。この委譲は、この委譲の対象となる協力分野における自由と権利の保護が、統治法典およびヨーロッパ人権条約によって与えられている保護に対応するものであることを前提とする。
2 国会は、国会議員の投票者の四分の三以上および全議員の半数以上がこの決定に賛成している場合に、その委譲を承認する。国会の議決は、基本法の制定のための手続に従って行うこともできる。委譲の承認は、国会が第三条に基づいて条約を承認するまでは、行うことができない。

第七条〔欧州連合協力の枠外の決定権限の委譲〕
1 第六条に規定されている場合とは異なる場合において、直接この統治法典に基づいている決定権限で、規則の制定に関する決定権限、国の資産の利用、司法的もしくは行政的職務、国際条約もしくは義務の締結もしくは破棄は、一定限度において、スウェーデンも参加しているか参加しようとしている、平和協力のための国際組織または国際裁判所に委譲することができる。
2 基本法、国会法、国会の選挙に関する法律の制定、改正もしくは廃止または第二章に規定する権利および自由の制限に関する事項に関する決定権限は、第1項に基づいて委譲することはできない。
3 このような委譲に関する事項についての国会の議決は、第六条2項に規定されている手続に従って行われる。

第八条〔司法的行政的任務の委譲〕
1 国会の議決により、直接統治法典に規定されていないすべての司法的または行政的任務は、第六条に規定されている場合を除いて、他の国、国際組織、外国または国際組織の機関もしくは団体に委譲することができる。国会は、法律により、政府その他の公共団体に、特定の場合におけるこのような権限の委譲を承認することを法律により授権することができる。
2 当該権限が公権力の行使を伴う場合には、この委譲または授権に関する国会の決議は、第六条2項に規定されている手続に従って行われる。

第九条〔条約の将来の改正〕
もし、国際条約が、スウェーデンの法律として有効であると法律で定められた場合、国会は、国を拘束するあらゆる将来の改正も、スウェーデン法として有効であると議決することができる。このような議決は、限られた範囲の将来の改正にとどまる。議決は、第六条2項に規定された手続に従って行われる。

第一〇条〔欧州連合協力についての情報および協議に対する国会の権限〕
政府は、欧州連合協力の枠組みの内部における動きについて、国会から指名された機関に継続して情報を与え協議しなければならない。情報および協議の義務に関する詳細は、国会法で定める。

第一一条〔外交諮問委員会〕
政府は、外交諮問委員会に、王国にとって重

要でありうる外交関係に関して継続的に情報を与えなければならず、かつ、必要な都度これらの事項について委員会と協議しなければならない。すべての重要な外交政策について、政府は、可能な限り、決定を行う前に、委員会と協議しなければならない。

第一二条〔外交諮問委員会の構成〕

1　外交諮問委員会は、国会議長と、国会が議員のなかから選んだ九名のその他の委員から構成する。委員会の構成に関する詳細は、国会法で規定する。

2　外交諮問委員会は、政府が招集する。四名以上の委員が特定の案件を示して会議を要求したときには、政府は、委員会を招集する義務を負う。委員会の会議は、元首、もし元首が出席することができないときは、内閣総理大臣が主宰する。

3　外交諮問委員会の委員およびその他委員会に関係する者は、その資格において得た情報を他人に伝達することには、慎重でなければならない。委員会で議長を務める者は、無条件に守秘義務を負う旨の決定を行うことができる。

第一三条〔国家機関の情報提供義務〕

外交案件を処理する省庁の長は、外国または国際組織との関係に関する重要な問題が、他の国の国家機関の内部に生じたときには、いつでも状況を把握しておかなければならない。

第一四条〔国際刑事裁判所〕

第二章第七条、第四章第一二条、第五章第八条、第一一章第八条および第一三章第三条の規定は、スウェーデンが、国際刑事裁判所に関するローマ条約に基づく義務の履行、またはその他の国際的な刑事裁判所に関する職務の遂行を妨げない。

第一一章　司法

第一条〔裁判所〕

1　最高裁判所、高等裁判所および地方裁判所は、一般的管轄権を有する裁判所である。最高行政裁判所、高等行政裁判所および行政裁判所は、通常の行政裁判所である。最高裁判所、最高行政裁判所、高等裁判所または高等行政裁判所に訴えを提起する権利は、法律によって制限することができる。他の裁判所は、法律によって設立される。特定の事件に関する裁判所を設立することを禁止する規定は、第二章第一一条1項に定められている。

2　最高裁判所または最高行政裁判所の裁判官として勤務することができるのは、現在または以前に常勤の判事として任命された者だけである。常勤の判事は、他の裁判所においても勤務しなければならない。特定の事件または特定の種類の事件を審理するために設立された裁判所に関するこの例外は、法律で規定することができる。

第二条〔法律への委任〕

裁判所の司法的職務に関する規則、この統治法典に規定されているもの以外のその組織の主要な内容および訴訟手続は法律で規定する。

第三条〔司法権の独立〕

いかなる公的機関または国会も、裁判所が特定の事件にどのような判決を下し、その他特定の事件にどう法令を適用するかを決定することはできない。どの公的な機関も、司法権行使の責任を個々の裁判官にいかにして負わせるかを決定することはできない。

第四条〔司法的機能の独立〕

司法的機能は、基本法または国会法に規定されている限度を超えて国会により執行されてはならない。

第五条〔法的紛争処理の独占〕

私人間の法的紛争は、法律に規定されている場合を除いて、裁判所以外の機関によって処理されてはならない。

第六条〔常勤裁判官の任命〕

1　常勤裁判官は、政府によって任命される。

2　任命に際しては、功績または能力のような客観的な要素のみが考慮に入れられなければならない。常勤裁判官任命のための手続の原則に関する規定は、法律で定める。

第七条〔常勤裁判官の法的地位〕

1　常勤裁判官に任命された者は、次の場合を除いてはその地位を剥奪されない。

一　犯罪または重大もしくは度重なる公務怠慢により、明らかにその地位に不適任であることが示されたとき。

二　退職年齢に達したとき、またはその他永続的な職務遂行能力の欠如により、離職する法律上の義務を負うに至ったとき。

2　組織上の理由があるときには、常勤裁判官に任命された者を、同等の地位にある他の裁判所に異動することができる。

第八条〔最高裁または最高行政裁判所の裁判官の訴追〕

1　最高裁判所または最高行政裁判所の裁判官としての職務遂行の際に犯された犯罪に対する訴追は、最高裁判所に提起される。

2　最高行政裁判所は、最高裁判所の裁判官が罷免されるべきか、停職されるべきかまたは医学的診断を受けるべきかを審査する。もし、その訴訟手続が、最高行政裁判所の裁判官に関わるときは、事件は最高裁判所が審査する。第1項および第2項による訴追は、議会オンブズマンまたは法務長官が行う。

第九条〔常勤裁判官の訴追〕

もし、常勤の裁判官が、裁判所以外の公的機関の決定によって職務を解任されたときは、その裁判官は、その決定が裁判所によって審査されることを要求することができる。その審査を行う裁判所には、常勤の裁判官が含まれなければならない。常勤の裁判官の職務を停止し、医学的検査を求め、または懲戒処分を課するあらゆる処分に関しても同様とする。

第一〇条〔その他の事項〕

常勤の裁判官の法的地位に関するその他の基本的な定めは、法律で定める。

第一一条〔国籍要件〕

スウェーデン国籍を有する者だけが、常勤判事となることができる。その他、司法の任務を遂行することができる資格としてのスウェーデン国籍は、法律によってまたは法律が定める条件によってのみ規定することができる。

第一二条〔裁判所のその他の職員〕

第一二章第五条から第七条の規定は、裁判所のその他の職員に適用される。

第一三条〔再審および再受理〕

1　終結した事件の再審および期限の不遵守にかかる事件の再受理は、最高行政裁判所が決定し、それが、政府、行政裁判所または官公庁が最終審である事件に関する場合で、法律に規定がある場合は、下級行政裁判所が決定する。その他のすべての事件の場合においては、再審または期限の不遵守による再受理は最高裁判所が決定し、行政裁判所以外の裁判所も、その旨が法律に規定されている限度で決定する。

2　終結した事件の再審および期限の不遵守による事件の再受理に関するより詳細な規則は、法律で規定することができる。

第一四条〔司法審査〕

1　裁判所は、ある規定が、基本法の規定または優越的効力を有する制定法の規定と矛盾すると認定した場合には、その規定を適用してはならない。規則が制定された時点において、法律に規定されている手続が重要な点で無視されていると認めたときも、同様とする。

2　第一項に基づいて法律を審査する場合においては、国会が国民の最高の代表機関であることおよび基本法がその他の法律に優先することに、とくに留意しなければならない。

第一二章　行政

第一条〔国家行政組織〕

法務長官およびその他の国の行政機関は、この統治法典またはその他の法律によって国会の機関とされていない限り、政府に所属する。

第二条〔行政権の独立〕

国会を含めていかなる公的機関も、どの地方自治体の議決機関も、行政機関が、個人に対して、地方自治体に対して、または法律の適用に関して、公権力の行使に関する特定の事案においていかなる処分を行うかを決定することはできない。

第三条〔国会の権限の制限〕

行政の機能は、基本法または国会法によって承認されている範囲を超えて、国会によって執行されてはならない。

第四条〔行政機能の委任〕

1　行政権限は、地方自治体に付与することができる。

2　行政権限は、他の法人または私人に委託することができる。その権限が公権力の行使を伴うときには、委託は、法律により行わなければならない。

第五条〔国家公務員に関する規定〕

1　政府が所轄する行政機関の官職への任命は、政府または政府が指定した公的機関が行う。

2　国の行政内部の官職への任命は、業務の実績または能力のような客観的な要素のみが、考慮されなければならない。

第六条〔任命要件としての国籍〕

国会オンブズマンまたは会計検査官には、スウェーデン国籍を有する者だけが任命される資格を有する。法務長官も同様とする。その他、スウェーデン国籍は、法律の規定または法律に規定された条件に従ってのみ、国または地方自治体の官公職への任命の条件として規定することができる。

第七条〔法律への委任〕

この統治法典に規定されている以外の国家公務員の法的資格に関する基本的な規則は、法律で規定する。

第八条〔例外の承認〕

法律または予算の支出に関する決定に別段の

定めがない限り、政府は、命令の規定に対する例外を、または政府の決定に従って定められた規定の例外を承認することができる。

第九条〔恩赦〕

1 政府は、刑事罰その他犯罪による法的効果を恩赦、免除または軽減し、および公的機関による個人の人または財産に対する同様の処分を免除または軽減することができる。

2 例外的な事情による必要が生じたときは、政府は、犯罪を捜査し、訴追する措置をとらないことを決定することができる。

第一〇条〔法令審査〕

1 もし、公的機関が、ある規定が基本法またはその他の優越的効力を有する法令に抵触すること、または法令が制定されるときに、法律に規定されている重要な手続が無視されていることを発見したときは、その規定は、適用してはならない。

2 第1項による法律の審査に際しては、とくに、国会は国民の最高の代表機関であること、そして基本法はすべての法律に優越するという事実に、留意しなければならない。

第一三章 国会による統制

第一条〔憲法委員会の審査〕

1 憲法委員会は、大臣による職務の遂行、政府による案件の処理を審査しなければならない。委員会は、審査のために、政府の案件に関してなされた決定の記録およびそれらの案件に関する文書にアクセスし、および委員会が審査のために必要と見なした政府のその他の文書にアクセスする権限を有する。

2 国会のその他の委員会または国会議員は、憲法委員会に、大臣の職務遂行に関するまたは政府の案件の処理に関するあらゆる問題を、書面で提起する権限を有する。

第二条〔憲法委員会の職務〕

憲法委員会は、必要があるときはいつでも、少なくとも年に一回、同委員会がその審査に基づいて、注意を喚起するに値すると判断した意見を、国会に通知しなければならない。国会は、その意見に基づいて政府に対し公式見解を表明することができる。

第三条〔大臣の弾劾〕

現に大臣であり、または大臣であった者は、大臣としての職務遂行に際して行った犯罪行為に対してのみ責任を負い、犯罪行為をすることによってその公務を著しく怠ったときにのみ、刑事責任を問うことができる。訴追は、憲法委員会によって行われ、最高裁判所が審理する。

第四条〔不信任決議〕

1 国会は、特定の大臣が国会の信任を得ていないと議決することができる。不信任の議決のための動議は、国会議員の一〇分の一以上によって発議されたときにのみ、議題として取り上げることができる。不信任の議決は、国会議員の半数以上の賛同が必要である。

2 不信任の動議は、通常選挙が行われた日、または特別選挙の決定が告示された日から、その選挙により成立した国会が召集される日までの間は、議題として取り上げてはならない。解任された後に、第六章第八条の規定に基づいて職務を遂行している大臣に関する動議は、いかなる場合にも取り上げてはならない。

3 不信任の議決のための動議は、国会の委員会が起案してはならない。

第五条〔質疑・質問〕

国会議員はすべて、国会法に定められた規定に従って、大臣の職務の遂行に関するあらゆる事項について、大臣に質疑または質問を行うことができる。

第六条〔国会オンブズマン〕

1 国会は、国会から委託された権限に基づいて公的活動における法律その他の規則の適用を監視するため、一ないし数名のオンブズマンを選出する。オンブズマンは、委託事項に指示された事件が生じたときには、訴訟を提起することができる。

2 裁判所、行政機関および国または地方自治体の公務員は、オンブズマンに、要求された情報または意見を提供しなければならない。オンブズマンの監視のもとにある他の人々も同様の義務を負う。オンブズマンは、裁判所および行政機関の記録その他の文書にアクセスすることができる。検察官は、求められたときは、オンブズマンに協力しなければならない。オンブズマンに関する詳細は、国会法その他の法令で規定する。

第七条〔会計検査院〕

会計検査院は、国会のもとにおかれ、国の活動の会計検査を行う。会計検査院の検査は、国の活動以外の活動にも及ぶことができると定める規定の内容は、法律で定められる。

第八条〔会計検査官の職務〕

1 会計検査院は、国会が選挙した三名の検査官の指揮監督に服する。国会は、会計検査官がもはやその任務を遂行することができないとき、または重大な過失により有罪とされたときにのみ、会計検査官を解任することができる。

2　会計検査官は、法律で定められた規則に従い、検査の対象を独立して決定する。検査官は、会計検査の方法、検査結果に基づく結論を、各別にそして独立に決定する。

第九条〔その他の規定〕

会計検査院に関するその他の規定は、国会法およびその他の法令で規定する。

第一四章　地方自治体

第一条〔自治体の設置〕

スウェーデンは、地方自治体と県に議会をおく。これら地方自治体における決定権限は、選挙された議会によって行使される。

第二条〔自治の原則〕

地方自治体は、地方自治の原則に従って、公益に関わる地方および地域の問題に対して責任を負う。この問題についてのより詳細な規則は、法律で定める。地方自治体は、法律に定められたその他の事項に対しても、同じ原則に基づいて責任を負う。

第三条〔自治政府に対する制限〕

地方自治政府に対する制限は、制限の目的に照らして、必要な限度を超えてはならない。

第四条〔税の徴収〕

地方自治体は、その事務を遂行するために税を徴収することができる。

第五条〔財政基盤の平等〕

地方自治体は、平等な財政基盤を形成するために、他の自治体が必要とする費用を補填することを、法律により義務づけられることがありうる。

第六条〔区域の変更〕

国の地方自治体への区分を変更するための根拠を定める規則は、法律で定める。

第一五章　戦争および戦争の危険

第一条〔国会の召集〕

国が戦争状態に陥り、もしくは戦争の危険にさらされた場合、政府または議長は、国会を召集しなければならない。国会を召集する通知を発する者は、国会をストックホルム以外の場所で開会する決定を行うことができる。

第二条〔戦時代表団の発足〕

1　国が戦争または戦争の直接の危険にさらされている場合で、状況により必要が生じたときは、国会議員のなかから任命された戦時代表団が、国会を代替する。

2　国が戦争に突入した場合において、戦時代表団が国会に代替する旨の布告は、国会法が定める細則に従って、外交諮問委員会の委員によって発せられなければならない。可能なときには、その命令を発する前に、総理大臣と協議しなければならない。戦況により委員会を招集することができないときは、布告は、政府によって発せられる。国が戦争の危険にさらされているときは、その布告は、外交諮問委員会の委員と総理大臣が合同で発する。その布告が有効であるためには、総理大臣と、委員会の六名の委員が同意することが必要とされる。

3　戦時代表団および政府は、合同または個別の協議に基づき、国会がその権限を復活すべき旨の決定を行うことができる。決定は、事情が許す限りできるだけ早急に行われなければならない。

4　戦時代表団の構成に関する規則は、国会法で規定する。

第三条〔戦時代表団の権限〕

1　戦時代表団が国会を代替している間、代表団は、国会の権限を行使する。しかし、戦時代表団は、第一一条1項一文または2項もしくは4項に規定する決定を行うことはできない。

2　戦時代表団は、自らの活動手続を決定する。

第四条〔政府の機能不全〕

国が戦争状態に陥り、その結果、政府がその任務を果たすことができないときは、国会が政府の構成について決定し、その活動手続について定めることができる。

第五条〔国会および戦時代表団の機能不全〕

1　国が戦争状態にあり、この結果、国会も戦時代表団もその任務を遂行できないときは、政府は、国を守り、戦闘を終わらせるために必要な限度でその権限を行使しなければならない。

2　第1項は、政府に、基本法、国会法、または国会への選挙に関する法律を制定、改正または廃止する権限を与えるものではない。

第六条〔危機的状況における政令への委任〕

1　国が戦争状態もしくは戦争の危険にさらされており、またはもし戦争もしくは国がおかれている戦争の危険の結果、非常事態が発生している場合には、政府は、法律の授権に基づき、通常ならば、基本法の規定に基づき法律で規定されるべき特定の事項を政令で規定することができる。その他の場合においても、防衛に備えるために必要があるときは、政府は、法律の委任に基づいて政令により、徴発その他の法律で定められた規定の適用を開始し、または中止することができる。

2　そのような権限を与える法律において、その権限を行使する諸条件は、明確に規定されなければならない。その授権は、政府に基本法、国会法または国会の選挙に関する法律を制定し、改正し、または廃止する権限を与えるものではない。

第七条〔権利および自由の限界〕

国が戦争状態に陥り、または戦争の直接の危険にさらされているときは、第二章第二二条1項の規定は、適用しない。戦時代表団が国会に代わって活動しているその他の場合においても、同様とする。

第八条〔国会以外の公的機関の権限〕

国が戦争状態に陥り、または戦争の直接の危険にさらされているときは、政府は、国会の委任に基づき、基本法によって政府が執行すべき権限を他の公的機関が行使するものと決定することができる。その委任は、単に特定の案件に関する法律を施行しなければならないという決定のみに関するときを除いて、第五条または第六条に基づく権限に及ぼすことはできない。

第九条〔占領下における意思決定〕

1　国会も政府も、占領された地域においては、決定を行うことができない。国会議員の一員としての資格または大臣としての資格においてその人に与えられたいかなる権限も、その地域においては行使することはできない。

2　占領された地域におけるすべての公的機関は、防衛努力および抵抗運動に、民間人の保護およびスウェーデンの一般的利益に、最も適合する方法で活動しなければならない。すべての公的機関は、いかなる場合においても、国民に、国際法に違反し、国民に占領軍に援助を与えることを義務づける決定または行為を行うことはできない。

3　占領された地域においては、国会または地方自治体の議決機関の選挙は、行ってはならない。

第一〇条〔元首〕

王国が戦争状態にあるときには、元首は、政府と行動を共にしなければならない。元首が占領地域にいる場合または政府から離脱した場合には、元首としての職務を遂行することはできないと見なされなければならない。

第一一条〔国会の選挙〕

1　王国が戦争状態にあるときは、国会の選挙は、国会が決議したときにのみ行うことができる。通常選挙が行われるべきときに、国が戦争の危険にさらされているときは、国会は、選挙の延期を決定することができる。その決定は、一年以内に再検討し、その後は一年を超えない期間をおいて再検討しなければならない。この項の規定に基づく決定は、国会議員の四分の三以上が同意したときにのみ、有効である。

2　選挙が行われるべきときに、国の一部が外国の占領下にあるときは、国会は、第三章の規定に必要な修正を加えて承認しなければならない。ただし、第三章第一条、第四条、第五条、第七条から第九条または第一二条の規定に対する例外を設けることはできない。第三章第五条、第七条2項または第八条2項の規定にいう国とは、選挙が行われる国の地域と読み替えて適用されるものとする。調整議席は、全議席の少なくとも一〇分の一以上でなければならない。

3　第1項の事情により、通常選挙が定められた時期に行われないときは、戦争が終結し、または戦争の危険が去った後、できるだけ速やかに行わなければならない。政府と議長は、共同でまたは個別にこのために必要な措置をとるものとする。

4　この条の規定により、通常選挙が、通常ならば行われたであろう時期と異なった時期に行われたときは、国会は、国会法に従って本来、通常選挙が行われるべきであった年の四年目または五年目の間の該当月に、次の通常選挙の日取りを決定しなければならない。

第一二条〔自治体の議決権の制限〕

国が戦争もしくは戦争の危険にさらされ、または戦争もしくは戦争の危険によって非常事態が生じているときは、自治体の政策決定権は、法律に規定されている方法で行使されるものとする。

第一三条〔国土の防衛〕

1　政府は、国に対する武力の行使に対処するために、または領土への侵害を防ぐために、国際法に従って国土に軍隊を配置するものとする。

2　政府は、平時における領土の侵害または外国間における戦争によるスウェーデンの領土への侵害を防ぐために、国際法に従って軍隊に対する武力の行使を指示することができる。

第一四条〔宣戦布告〕

政府は、国土に対する武装攻撃が行われた場合を除き、国会の同意なくして宣戦布告することはできない。

第一五条〔休戦〕

政府は、休戦条約の延期が国土を危険にさらす場合には、国会の承認を求めることなく、および外交諮問委員会に諮ることなく、休戦条約を締結することができる。

第一六条〔軍隊の出動〕

政府は、国会によって承認された国際的な義務を履行するために、外国に軍隊を派遣しまたは軍隊を出動させることができる。スウェーデンの軍隊は、次の場合にも、他国に派遣し、または出動させることができる。

一　その措置のための条件を定めている法律により、許可されている場合

二　国会が、特別に許可した場合

経過規定　〔省略〕

王位継承法

上諭〔略〕

前文〔略〕

第一条〔王位継承権〕

スウェーデンの王位継承権は、皇太子Johan Baptist Julii、後の国王XIV Johan's の血統に属する直系の子孫である国王Carl XVI Gustaf の男子および女子の子孫に与えられる。年長の兄弟姉妹およびその子孫は、年少の兄弟姉妹およびその子孫に優先する。

第二条〔女王〕

国王に関する王位継承法の規定は、女王が国家元首となった場合には、女王に準用する。

第三条〔削除〕

第四条〔王子および王女の信仰〕

一八〇九年統治法典第二条の明文の規定に従い、国王は、不変のアウグスブルグ宗教和議および一五九三年のウプサラ会議の決議で採択され、解釈された純正福音主義の信仰を告白し、王族の王子および王女は、国内において同じ信仰のもとに養育しなければならない。

この信仰を奉じない王族の家族は王位継承のすべての権利を剥奪される。

第五条〔王子および王女の婚姻〕

王族の王子および王女は、国王の申請に基づいて政府が同意を与えない限り、婚姻することはできない。王子または王女が、同意なくして婚姻する場合には、王子および王女は、自身、その子およびその子孫は、王位継承権を失う。

第六条〔削除〕

第七条〔外国旅行〕

王位の継承者は、国王が理解し、同意を与えた場合でなければ、外国旅行することはできない。

第八条〔外国の主権者への就任〕

スウェーデン王族の王子または王女は、選挙、相続または結婚のいずれにしても国王と国会の同意なくして外国の君主になることはできない。外国の君主になった場合には、王子または王女またはその子孫は、スウェーデン王位を継承することはできない。

第九条〔削除〕

ここに記載されたことはすべて我々の意思と決定に合致する事実を証するため、スウェーデン王国のすべての身分を代表する我々は、キリスト歴一八一〇年、エレブル（Örebro）においてこの文書に署名捺印する。

出版の自由に関する法律

第一章　出版の自由について

第一条〔原則〕

1　出版の自由とは、すべてのスウェーデン国民が、当局またはその他の公的機関が事前に設けた障害に妨げられることなく、かつ、出版の内容のために、事後裁判所以外に訴追されることなく、または一般的な情報の流れを妨害することなく、一般的な秩序を守るために制定された法律の明文に反する場合を除いてはその内容の故に処罰されることなく、文書を出版する権利を意味する。

2　出版の自由に関する前項に規定する諸原則に従って、自由な意見交換と公衆の啓発を確保するために、すべてのスウェーデン国民は、個人の諸権利と公共の安全を保護するために定められたこの法律の規定に従い、いかなる事項に関しても、印刷の方法により、自己の思想と意見を表現し、公文書を公表し、知識および情報を伝達する権利を有する。

3　この法律に別段の定めがない限り、すべての者は、印刷して発行する目的で、著者その他の発行物における表現の創作者と見なされる者に、出版物の編集者もしくは編集局またはニュースその他の通信を定期刊行物に提供することを業とする企業に、いかなる事項に関しても、知識および情報を伝達する権利を有する。

4　この法律に別段の定めがない限り、すべての者は、前項に規定する方法で知識もしくは情報を伝達する目的または印刷して出版する目的で、いかなる事項に関しても、情報を入手する権利を有する。

第二条〔検閲の禁止〕

1　著作物を、印刷される前に検閲し、またはその印刷を禁止してはならない。

2　行政庁または公的機関は、印刷の内容を理由として、印刷もしくは発行を妨げ、または公衆への印刷物の流布を妨げるために、この基本法が授権していない処分を行ってはならない。

第三条〔その他の責任〕

何人も、この法律が特定している方法および場合を除いて、出版の自由の乱用またはその乱用の共謀を理由として、訴追され、刑法により有罪を宣告され、損害賠償の責任を負い、出版物を没収され、または差押えられることはない。

第四条〔無罪の推定〕

1　出版の自由の乱用に関し判決を下す者、その他この法律の遵守を確保することを職務とする者は、つねに、出版の自由が自由な社会の基盤であることに留意し、表現の形式における違法性よりも主題および思想の違法性に、表現の方法よりも目的により多くの注意を払い、疑わしい場合には、有罪よりも無罪を宣告しなければならない。

2　出版の自由の乱用による、この基本法に基づく制裁を決定するに際して、情報の訂正を命ずる判決においては、適切な方法でその訂正が公衆の注意を引いたかどうかについて、特別の注意を払わなければならない。

第五条〔適用対象〕

1　この法律は、印刷機により製作されたすべての物件に適用する。さらに、この法律は、次の各号に掲げる場合には、謄写印刷、写真複写その他同様の技術的方法により複数複写された文書にも、適用する。

一　出版のための有効な出版許可があること、または

二　出版物に、それが複数複写されたという趣旨の記載があり、それとともにその出版物の複数複写を行った人およびその場所と年についての明確な記載があること。

2　印刷機により製作された文書もしくは印刷物に適用されるこの基本法の規定は、別段の定めがない限り、前項の規定に従ってこの法律を適用することができる他のすべての刊行物またはそれらの刊行物の複写物に、必要な変更を加えて、準用する。

3　文書という用語には、文章が添付されていない図画を含む。

第六条〔印刷物〕

印刷物は、出版されない限り文書とは見なさない。印刷物は、販売のためまたはその他何らかの方法による流通のために国内で引渡されたときに、出版されたものと見なす。ただし、この定義は、公衆が利用することができない官公庁の印刷物には適用しない。

第七条〔定期刊行物〕

1　定期刊行物とは、出版計画に基づいて、一定の標題のもとに、年間の異なった時期に、少なくとも四回の異なった号もしくは分冊の出版物を発行する意図を有する新聞、雑誌その他の印

刷物ならびに付随する別冊および付録を指すものとする。印刷物は、出版許可が発行されてからその許可が撤回されるまでは、定期刊行物と見なす。

2　定期刊行物の所有者が、定期刊行物またはその一部の内容を、表現の自由に関する基本法が規制しているラジオ番組または技術的記録の形で流布し、または流布せしめたときには、番組または技術的記録は、その形式で流布されたものが、定期刊行物の内容を変更しないで再生し、その内容がどう使用されたかを示すものである限り、第一章から第一四章の適用に関しては、文書の付録と同等に扱われなければならない。その番組を記録し、技術的記録を保持し、それを利用できる状態に置く特別の義務については、法律で定める。放送の権利に関する規則は、表現の自由に関する基本法第三章で規定する。

第八条〔著作権〕

文学もしくは芸術作品の著作者または写真の製作者の有する著作権に関する規定、その著作権に隣接する権利に関する規定および文学または芸術作品をその文化的価値を侵害する方法で複製することを禁止する規定は、法律で定める。

第九条〔出版の自由の限界〕

この法律の規定にかかわらず、法律により次の事項を規律する規則を設けることができる。

一　アルコール飲料またはたばこ製品の販売促進のために利用されている限り、その商業広告の禁止

二　広告がたばこ製品に使用され、または商標に関する現行法によりたばこ製品として登録され、または慣習上たばこ製品のそれとして確立されている商品名を広告が含む場合に、その広告をたばこ製品およびそのサービス以外の商品の販売のための商業広告に使用することの禁止

三　欧州連合への加盟によって生じた義務に従い、健康または環境保護のための商業広告の禁止

四　信用情報を提供する営業活動において、個人の人格の尊厳を不当に侵害し、または不正確もしくは誤解を招きやすい記述を含む、信用評価の公表の禁止、その公表による損害賠償責任および不正確または誤解を招きやすい記述の訂正

五　情報を入手した方法から生ずる刑法上または民事上の責任

第一〇条〔児童ポルノへの不適用〕

この法律は、未成熟な思春期にある人または一八歳未満の人のわいせつ画像の描写には適用しない。

第二章　公文書の公共的性格について

第一条〔アクセス権〕

自由な意見交換と公衆の啓発を促進するために、すべてのスウェーデン国民は、公文書への自由なアクセス権を有する。

第二条〔アクセス権の制限〕

1　公文書へアクセスする権利は、その制限が次の事項を考慮して必要な場合に限り、制限することができる。

一　王国の安全または王国の外国もしくは国際組織との関係

二　王国の財政政策、通貨政策または外国為替政策

三　検査、統制またはその他監督のための公共機関の活動

四　犯罪の予防または訴追の利益

五　国または自治体の経済的利益

六　人格の不可侵性または個人の経済状態の保護

七　動物または植物の種の保護

2　公文書へアクセスする権利に対する制限は、特定の法律の規定において正確に規定し、もし特別の場合においてそうすることがより適切である場合には、その特定の法律が引用する他の法律において、正確に規定しなければならない。ただし、政府は、その委任に基づいて、命令によりその規定の適用に関するより詳細な規則を発することができる。

3　前項の規定にかかわらず、国会または政府は、事情に応じて、特定の公文書を利用に供する権限を、前項に規定する方法により授権することができる。

第三条〔文書の定義〕

1　文書という用語は、書面、図画による表現および技術的手段を利用することによってのみ読み、聞き、その他の方法で理解することができるすべての記録をいう。文書は、公の機関が保管し、かつ、第六条または第七条の規定により公の機関が受理し、または起草したと見なされる場合に、公文書と見なす。

2　前項にいう記録は、公共機関が読み、聞きその他の理解できる形式で伝達するために利用している技術的手段を使用することにより、当該

機関が利用することができる場合には、公共機関が保有しているものと見なされる。ただし、自動データ処理のために記録されている資料から編集された情報は、当該機関が日常的に使用する方法により利用することができる場合にのみ、当該機関が保有しているものと見なされる。
3　自動データ処理のために記録された資料から編集された情報は、その情報の中に個人情報が含まれており、公共機関が法律または命令によりそれらの情報を利用する権限を与えられていない場合には、公共機関が保有しているものとは見なされない。個人情報とは、直接または間接に個人に帰属させることができるすべての情報をいう。

第四条〔個人宛書簡〕
公の機関における職務担当者個人に宛てられた書簡その他の通信は、その文書がその機関の権限に属する案件その他の事項に関しており、かつ、その文書がもっぱら別の職務の保持者としての資格における名宛人に宛てられたのではない限り、公文書と見なされる。

第五条〔公の機関の定義〕
国会および議決権を有する地方公共団体の議会は、この章の適用に際しては公共機関と同等と見なすものとする。

第六条〔受理の定義〕
1　文書は、公の機関に到達し、または権限ある職員の手に渡った時に、その機関が受理したものと見なす。ただし、第三条1項に規定する記録は、その記録が第三条2項に規定する方法で当局において他の人が利用することができる状態になった時に、当局が受理したものと見なす。
2　公告に従い封をして交付しなければならない競売、入札その他公告に基づき封印して提出される文書は、定められた開封の時点までは、受理されたものとは見なされない。
3　公の機関が利用している文書の技術的な処理または技術的な蓄積の一環としてとられる措置は、当局がその文書を受理した効果をもつものと解釈してはならない。

第七条〔起草の時点〕
1　文書は、発送された時に、公の機関により起草されたものと見なす。発送されない文書は、その文書に関連する事項または事件が当局により最終的に解決された時、文書が特定の事項または案件に関連していない場合には、それらが最終的に当局により確認もしくは承認され、またはその他の方法で完成した時に、起草されたものと見なす。
2　前項の規定にかかわらず、次に規定する文書は、左の時点において起草されたものと見なす。
一　日記、日誌および継続的に起草される登録簿その他の目録は、その文書に記載または記入の用意が終了した時
二　関連する立法により宣言または送達しなければならない判決またはその他の決定およびその判決もしくは決定に関連する議事録その他の文書は、その判決または決定が宣告され、または送達された時
三　公共機関が保有しているその他の記録および同様の覚書については、当該文書が公共機関によって最終的に確認され、承認された場合または最終的な形式で受理された場合。ただし、国会の委員会、地方公共団体の監査委員、政府の公式の調査委員会または地方公共団体の記録が、もっぱら決定の準備をするための資料として作成されたときは、この限りではない。

第八条〔公の機関相互の連絡文書〕
行政機関もしくは同様の機関の一部を形成し、またはそれと結合している団体もしくは機関が、同じ行政組織内の他の団体もしくは機関に文書を交付し、またはその交付のために文書を作成した場合には、その文書は、当該団体または機関が相互の関係において独立の実体として行動しない限り、それにより受理もしくは起草されたものとは見なされない。

第九条〔覚書〕
1　公の機関において作成され、発送されなかった覚書は、第七条の規定により起草されたと見なされる時点以後も保管および登録するための措置がとられない限り、その機関における公文書とは見なされない。覚書とは、もっぱら下調べまたは事項の口頭発表のために用意した備忘録その他の記載もしくは記録で、当該事件もしくは事項に事実に関する情報を加えないものをいう。
2　公の機関の決定、公式通知の概要または草案およびその他の同様の文書で発送されなかったものも、保管および登録のための処理がなされない限り、公文書とは見なされない。

第一〇条〔他人のために保管する文書〕
公の機関が、もっぱら技術的な処理または技術的な蓄積をする目的で、他人のために保管する文書は、その機関が保管する公文書とは見なされない。公的機関の自動データ処理のための

システムにおいて失われた情報を再生する目的のためにのみ保管している文書（バックアップのための写し）は、公文書とは見なされない。

第一一条〔公文書の定義〕

1　次の文書は、公文書と見なされない。

一　もっぱら通信を伝達する目的のために公の機関に交付され、または公の機関が起草した書簡、電報その他の同種の文書

二　公の機関から発行される定期刊行物に発表するためにのみ、その機関に交付され、またはその機関が作成した通知その他の文書

三　図書館蔵書の一部を構成し、またはもっぱら保存および管理または調査および研究目的のため、私人により公文書館に寄託された印刷物、音声もしくは画像記録その他の文書、およびもっぱらこれらの目的のため、その他の公の機関に寄託された私信、文書もしくは記録

四　公の機関に保管されている記録で、その原本が公文書と見なされないと思われる場合における前号に規定する文書の内容の記録

2　図書館の蔵書の一部を構成する文書に関する1項三号の規定は、公の機関が他の公の機関との協定に基づいてアクセスすることができる記録として保存しており、その記録がその機関が保管する公文書である場合には適用されない。

第一二条〔アクセスの方法〕

1　国民の利用に供することのできる公文書は、その文書にアクセスしようと望んでいる者に、それが保管されている場所において、無料で、直ちにまたはできるだけ速やかに、その文書を読み、聞きその他その文書を理解することができる方法で利用させなければならない。文書は、複写し、再生し、または音声記録に転換させることもできるものとする。もし、文書が、公開できない部分とともでなければ利用させることができない場合には、その文書の残余の部分は、筆記録または複写の形式で請求者に利用させなければならない。

2　公の機関は、文書が保管されている場所で利用させることが、相当な困難をともなう場合には、その場所で利用させる義務を負わない。第三条1項に規定する記録に関しても、もし請求者が相当な不便なしに、その近くの公の機関においてその記録にアクセスすることができる場合には、そのような義務は生じない。

第一三条〔複写〕

1　公文書へアクセスすることを望む者は、一定の料金を支払うことにより、その文書の複写もしくは筆記録または利用することができる文書の一部の複写もしくは筆記録を得る権利を有する。ただし、公の機関は、電子データ処理のための記録を印字以外の方法で利用させる義務を負わない。同様に、これら以外の地図、図面、図画もしくは第三条1項に規定する記録以外の記録の複写を作成する義務も、そうすることが困難をともない、かつ、その文書が保管されている場所でそれらを閲覧することができる場合には、生じない。

2　公文書の筆写または複写の申請は、迅速に処理しなければならない。

第一四条〔アクセスの場所〕

1　公文書へのアクセスの請求は、その文書を保管している公の機関に対してなさなければならない。

2　請求は、前項の機関が審査し、決定しなければならない。ただし、特別の理由があるときには、第二条2項に基づいて定められる規定において、審査と決定は、他の機関が行う旨を規定することができる。王国の安全にとって特別の重要性を有する文書については、政令で、特定の機関だけが文書の利用に関する問題を判断し、決定する権限を有する旨を定めることができる。そこで指定された事件については、請求を直ちに権限機関に送付しなければならない。

3　公の機関は、文書を公開することに支障があるかどうかを当局が調査するために必要がある場合を除いて、公文書を閲覧する請求がなされたことを理由に、個人の身元を調査し、または請求の目的を調査することはできない。

第一五条〔不服の申立て〕

1　国会または政府以外の公の機関が公文書を利用する請求を退けた場合、または公文書の内容の公表を制限し、もしくはその他公文書を利用する請求者の権利を制限する留保を付した上でその公文書を利用させた場合には、請求者は、その決定に対し不服を申立てることができる。大臣の決定に対する不服は、政府に対し、他の機関の決定に対する不服は、裁判所に申し立てなければならない。

2　第二条に基づいて制定される法律において、前項に規定する決定に対して不服を申立てる方法を詳細に規定しなければならない。これらの不服は、つねに迅速に審理しなければならない。

3　国会の機関の決定に対し不服を申立てる権利は、別に規定する。

第一六条〔非公開の指示〕

公文書を利用させる権利を制限する表示は、第二条2項に基づいて定められた規定が適用される文書に対してのみ行うことができる。その表示には、該当条項を明示しなければならない。

第一七条〔私的団体が保有する文書〕

1　政府または決定権を付与されている地方議会は、私的団体に移されるべき当局の活動に関する公文書を、その団体が職務上その文書を必要とする場合には、その団体の管理下に置く決定を行うことができる旨を、法律で定めることができる。ただし、それにより文書が公文書としての性質を失うものではない。移管された文書に関しては、当該団体は、第一二条から第一六条の適用に際しては、公の機関と同等と見なされなければならない。

2　政府は、公文書をスウェーデン国教会またはその下部組織に、公文書としての性質を失うことなくその管理の下に移管することができる旨を法律で定めることができる。この規定は、一九九九年一二月三一日までに次の機関が作成し、または受理した文書に適用する。

一　スウェーデン国教会の業務を遂行し、既に廃止された公共機関

二　スウェーデン国教会の議決機関

3　第一二条から第一六条までの適用に関しては、スウェーデン国教会およびその下部組織は、移管された文書については、公共機関と同等と見なされる。

第一八条〔公文書の保管と処分〕

公文書の保管、廃棄その他の処分に関する基本的な規則は、法律で定める。

第三章　匿名権

第一条〔匿名権〕

印刷物の著者は、氏名、筆名または雅号をその印刷物に表示する義務を負わない。この規定は、第一章第一条3項に基づいて情報を提供したすべての者および定期刊行物以外の印刷物の出版者にも、同様に適用する。

第二条〔著者探索の禁止〕

1　出版の自由に違反する犯罪に関する訴訟手続においては、著者の身元または第一章第一条3項に基づいて情報を提供した者の身元は、探求してはならない。定期刊行物以外の印刷物の出版者の身元も、同様に探求してはならない。ただし、定期刊行物以外の印刷物に関して、著者または出版者が、氏名、雅号もしくは特定の人物を指示する一般的に知られている筆名をその出版物に明示し、その者が書面で自ら著者もしくは出版者であることを認め、または訴訟手続中に法廷において自主的に自認したときは、その者に責任を負わせるかどうかを、訴訟手続において審理することができる。

2　第七章第三条に規定する犯罪により有罪かどうかの問題は、前項の規定にかかわらず、出版の自由に違反する犯罪を審理する事件の訴訟手続において審理することができる。

第三条〔身元の開示〕

1　印刷物の製作もしくは出版または印刷物への掲載に関与していた者および印刷物を出版する企業もしくは定期刊行物にニュースその他の情報を提供することを職業として行っている企業に勤務していた者は、その関係により知った著者、第一章第一条3項に基づいて情報を提供した者の身元または定期刊行物以外の印刷物の出版者の身元を、開示してはならない。

2　前項の規定による守秘義務は、次の場合には適用しない。

一　当該人物が同意を与えたとき。

二　当該人物の身元を、第二条一項により探索することができるとき。

三　第七章第三条1項一号に定める犯罪が犯されたかどうかを探索する事情が生じたとき。

四　第七章第二条、第三条1項二号または三号に規定する犯罪に関し、被告人または犯罪を犯した合理的な理由により疑われている被疑者が、情報を提供したかまたは表現に寄与したかどうかについての訴訟手続において、情報を提供させることが必要であると裁判所が認めたとき。

五　裁判所が、他の事件において、公益もしくは私益を考慮した上で、宣誓に基づく証人または訴訟当事者による証言により、身元に関する情報を得ることがとくに重要であると認めたとき。

3　裁判所は、前項四号または五号に基づく証言において、特定の事件において許される限度を超えてそれぞれの守秘義務を侵害する質問がなされないように、細心の注意を払わなければならない。

第四条〔身元調査〕

1　官公庁または公の機関は、印刷された文書に挿入されたもしくは挿入することを予定した資料の著者、当該文書により資料を発行した者もしくは発行を意図していた者または第一章第一

条3項に従って情報を提供した者の身元について、この基本法の規定に反しない訴追その他の訴訟のために必要な限度を超えて、調査を行うことはできない。調査を行うときは、第三条に定める守秘義務を遵守しなければならない。

2　公的機関または公の機関は、その者が印刷物において出版の自由を行使したか協力したことを理由に介入してはならない。

第五条〔刑罰〕

1　故意または過失により、印刷物に、著者の同意を得ないで、著者の氏名、筆名もしくは雅号を記載し、または第一条の規定に該当する場合に、本人の同意を得ないで編集者もしくは情報提供者の氏名、筆名もしくは雅号を記載し、または第三条の規定に基づく守秘義務を遵守しなかったときには、その者を罰金もしくは一年以下の禁錮に処する。故意または過失により、実際に著者、編集者または情報提供者でない者の氏名、筆名または雅号を、著者、編集者または情報提供者として記載していたときも、同罪とする。

2　第四条1項一文の規定に故意に違反して調査を行ったときには、罰金または一年以下の禁錮に処する。

3　第四条2項に対する故意による違反が行われ、それが解雇、契約解除、懲戒処分その他の処分にあたるときは、一年以下の禁錮または罰金に処する。

4　この条の1項に規定する犯罪は、被害を受けた者が犯罪を告発したときでなければ、検察官は、捜査してはならない。

第六条〔著者の定義〕

この章において、印刷物に挿入された資料または挿入することを予定していた資料の創作者と見なされる者は、著者と同等に扱われる。

第四章　印刷物の製作

第一条〔印刷する権利〕

すべてのスウェーデンの自然人または法人は、単独でもしくは他人と共同して、印刷機を使用して印刷物を製作する権利を有する。

第二条〔出版許可〕

1　王国において印刷機により製作され、または謄写印刷、写真複写もしくはその他同様の技術によりこの国で複数複写され、有効な出版許可を有するすべての文書には、その文書を国内で出版することを予定し、かつ、その文書が画像もしくは端物印刷でない場合には、その文書を印刷し、もしくは複数複写した者の身元、複数複写の年および場所についての明確な情報を記載しなければならない。

2　謄写印刷、写真複写もしくは同様の技術により複数複写され、前項に定める情報を提供しながら有効な出版許可を有しない文書には、第一章第五条1項を適用する。

第三条〔絵画または端物印刷〕

この法の目的に関しては、画像または端物印刷とは、絵葉書および画集、名刺、通知、宛名カード、ラベル、書式、ちらし、包装その他の商業印刷物およびその他同様の印刷物で、その本文その他の点において、つねに出版の自由の乱用の余地がないと見なされるものを意味する。

第四条〔印刷物の保存および引渡〕

印刷物の一部を検査のため保存し、ならびに印刷物の一部を図書館および公文書館に引渡す義務は、法律の定めるところによる。

第五条〔罰則〕

文書を作成し、それにより第二条1項の規定に違反した者は、罰金または一年以下の禁錮に処す。

第五章　定期刊行物の出版

第一条〔定期刊行物の所有者〕

定期刊行物の所有者は、法律に別段の定めがあるときを除き、スウェーデンの自然人またはスウェーデン法人でなければならない。外国人または外国法人も、定期刊行物の所有者となることができる旨を法律で定めることができる。

第二条〔編集者〕

1　定期刊行物には、責任者である編集者を置かなければならない。

2　責任者たる編集者は、スウェーデン国民でなければならない。法律により、外国人も編集責任者になることができる旨の規定を置くことができる。

3　編集責任者は、スウェーデンに住居を有しなければならない。未成年者、破産者または法律の規定により後見人が任命されている者は、編集責任者になることはできない。

第三条〔編集者の権限〕

1　定期刊行物の編集者は、その所有者が任命しなければならない。

2　編集者は、定期刊行物の出版を監督し、編集者の意思に反しては何物もそのなかに印刷することができないように、その内容を決定する権限を有しなければならない。編集者に与えられたこれらの権限に対する制約は、効力をもたない。

第四条〔編集者の登録〕

　所有者は、編集者の任命を、法律で指定された公的機関に登録する義務を負う。登録には、編集者の氏名および住所を記載しなければならない。登録には、編集者が定められた資格を備えているという証処および編集者が編集者としての義務を引き受けたという陳述を添付しなければならない。

第五条〔許可書の発行〕

1　定期刊行物は、この基本法に基づいて、定期刊行物の出版のための何らかの障害が存在しないことを記載した許可書が発行されるまでは、出版してはならない。出版許可は、所有者の申請に基づき、第四条に定める官庁が発行する。申請には、定期刊行物の表題、印刷場所および出版計画を記載しなければならない。

2　出版許可は、第四条に定める編集者の登録がなされるまでは、発行してはならない。

3　定期刊行物の表題が、以前に出版許可が与えられた定期刊行物の表題と類似し、容易に混同が生じる程度であるときは、申請を拒否することができる。

4　出版に対する法的障害がない旨の証明書は、発せられた日から一〇年間有効とする。証明書は、以後失効する。証明書が、一〇年の期限を経過したことによって失効したかどうかの決定は、前条に規定された機関が行う。

5　証明書は、一〇年の期限が経過した時点において、所有者の申請により一〇年間毎に更新することができる。更新の申請は、失効する一年前から失効するまでの間に行うことができる。証明書の更新の申請には、最初の申請に適用される規則を準用する。

6　更新の申請が適時に受理された場合、申請に基づく決定が効力を有するまで、4項および5項の規定にかかわらず、証明書は有効とする。

第六条〔出版許可の撤回〕

1　出版許可は、次の場合には撤回することができる。

一　所有者が、定期刊行物の発行を中止したとの通知を行ったとき。

二　定期刊行物の所有権が定められた資格を有しない人物に移転したとき。

三　編集者が存在せず、または編集者が定められた資格を有せず、かつ、資格ある編集者が直ちに任命されないとき。

四　出版許可が発せられた日から六カ月を経過しても、定期刊行物が出版されなかったとき。

五　最後の二暦年のいずれの年にも、許可書に特定されている少なくとも四号の定期刊行物が異なった時期に出版されなかったとき。

六　最初の号が出版されてから六カ月以内に、前条3項に基づいて、許可が与えられるべきでなかったことが明らかとなったとき。

七　定期刊行物の表題が、以前に出版許可が発せられた他の定期刊行物の表題に容易に混同が起こりうる程度に類似した印刷上の外見を有しているときで、直ちに訂正がなされないとき。

2　撤回の決定は、第四条に定める機関が行わなければならない。前項二号から七号までに規定する事案においては、所有者と編集者に、可能な場合にはその見解を表明する機会が与えられる。

第七条〔許可を撤回された所有者の権利〕

　前条1項二号、三号、五号もしくは七号の規定により、出版許可が撤回された場合で、出版許可を撤回する決定がなされてから二年以内に、その定期刊行物と容易に混乱が起りうる程度に類似した表題を付した定期刊行物に出版許可を与えるときには、当該定期刊行物の所有者の同意を求めなければならない。

第八条〔編集者の交替〕

1　編集者が資格を有しないこととなったとき、またはその他編集者としての職務を行うことをやめたときには、所有者は、直ちに新しい編集者を任命し、その任命を第四条に規定する機関に登録する義務を負う。第四条の規定に基づく登録には、可能な場合には、前編集者が新任者の氏名の通知を受けた旨の証拠を添付しなければならない。

2　印刷場所または発行計画を変更する場合には、所有者は、直ちに第四条に規定する機関に通知しなければならない。

第九条〔編集代理〕

1　定期刊行物の編集者は、編集者が任命する一ないし数名の編集代理を置くことができる。その編集代理の任命は、第四条に規定する機関に登録しなければならない。その登録は、編集代理が編集者について定められた資格を備えているという証明、編集代理が任命を承諾したという編集代理の陳述および所有者が編集代理を承認したという陳述を添付しなければならない。

2　第二条2項および3項の規定は、編集代理にも同様に準用する。編集者の任用が終了したときは、編集代理の任命も同様に終了する。

第一〇条〔編集者の権限の委任〕

1　編集者は、編集代理の登録後、二名もしくはそれ以上の編集代理がいるときはそのいずれかに、第三条により編集者に与えられた権限を、代わって行使することを委任することができる。

2　病気その他の一時的な理由により、編集者が少なくとも一カ月間継続的に編集者としての権限を行使することができないと予想されるときは、できるだけ速やかに、その権限を編集代理に委任しなければならない。編集代理がいないとき、または編集代理として指名された者の任用が終了するであろうときは、編集者は、直ちに編集代理の任命および第九条に規定する登録の用意をしなければならない。

第一一条〔編集者の氏名の明示〕

1　定期刊行物のすべての分冊または号には、編集者の氏名を記載しなければならない。

2　編集者の権限が編集代理に委任されているときは、当該定期刊行物のすべての号に、編集代理が編集者としての職務を行っていることを記述しなければならない。これが履行されるときには、編集者の氏名は、付加することを要しない。

第一二条〔罰則〕

定期刊行物の所有者が、出版許可を得ないで、もしくは出版許可を得る資格を有しないまま定期刊行物を出版したとき、

または所有者が新たな編集者を任命し、もしくはその任命を登録するための、第八条に規定する手続をとらなかったとき、

または編集者が、第一〇条2項に規定されている場合に、その権限を編集代理に委任しなかったとき、

またはこの基本法により出版を禁止されていた定期刊行物もしくは明らかにその定期刊行物の復刊である定期刊行物を出版するとき、

または資格を有しないにもかかわらず、編集者もしくは編集代理として定期刊行物にその氏名を掲載させたときは、

その者を、罰金に処する。定期刊行物の内容が刑事犯に該当することが明白になったとき、またはその他犯情がとくに悪質であるときは、一年以下の禁錮に処する。

第一三条〔罰則の準用〕

第一二条に規定する刑罰は、この章に規定する申請もしくは登録またはその申請もしくは登録にともなう陳述において、故意に偽りの情報を提出した者にも適用する。

第一四条〔罰金の上下限〕

1　定期刊行物の所有者が、第八条に規定する印刷場所の変更または発行計画の変更の届出を怠った場合には、罰金に処す。

2　第一一条の規定に違反した編集責任者は、罰金に処す。この規定は、編集責任者の事務を処理する編集代理にも準用する。

第六章　印刷物の頒布

第一条〔印刷物の頒布〕

スウェーデンの自然人またはスウェーデン法人は、単独でもしくは他人と共同して、印刷物を販売し、発送し、またはその他の方法で頒布する権利を有する。

第二条〔法律の適用〕

1　次の場合には、この基本法の規定にかかわらず、法律に定められた諸規定を適用する。

一　ポルノ写真を、公共の場所の内外において誇示することにより、もしくは公衆に嫌悪の念を起こさせる方法で同様の所為を行うことにより、陳列し、またはそれらの写真を、事前に注文を受けることなく他人に郵送し、もしくはその他の方法で配布すること。

二　その内容において、子供および青少年から人間性を喪失させ、その他青少年の道徳的発達に重大な害悪をもたらしうる印刷物を頒布すること。

2　国の防衛にとって重要な情報を含むスウェーデンの地図またはその一部の配布および同様の性質を有する図面もしくは図画の配布は、法律により規律する。

第三条〔頒布者に対する罰則〕

1　第四章第二条1項に規定されている文書が同項に規定された記載を欠いているとき、または文書に記載された当該情報もしくは第一章第五条1項二号に基づく記載が不正確であり、かつ、その事実を頒布者が知っている場合には、罰金に処する。

2　頒布者が、押収または没収された印刷物であることを認識していながら頒布したとき、この法律による発行禁止に違反して発行したときまたは明らかに発行を禁止された印刷物の発行を継続したときは、頒布者を罰金または一年以下の禁錮に処する。

第四条〔郵便または運送による発送〕

1　郵便または運送業者の運送による印刷物の発

送委託は、その印刷の内容に基づく特別の制限に服しない。ただし、この規定は、第三条の規定の違反を構成する配布には適用しない。

2　印刷物を運送のために受領した運送業者は、頒布者とは見なしてはならない。

第七章　出版の自由に関する法律に違反する行為

第一条〔定義〕

この法律の目的に関しては、出版の自由に違反する行為とは、第四条または第五条に規定する行為をいう。

第二条〔広告、暗号による通信〕

広告その他の同様の通信は、通信の内容から出版の自由に対する責任が生じることが直ちに明白でないときは、出版の自由に対する犯罪とは見なさない。通信が、通信の内容から直ちに明らかにならない事情を考慮しても、処罰することができるときは、法律の該当する規定を適用する。前段の規定は、暗号その他公衆に秘密に行われる通信にも、必要な変更を加えて準用する。

第三条〔法律による罰則の適用〕

1　第一章第一条3項に規定する伝達を行った者または第八章の規定に基づいて責任を負わない者が、著者、その他創作者または編集者として、印刷物として出版するための表現に寄稿し、それにより次のいずれかの罪を犯すときは、その犯罪に対する責任に関する法律の規定を適用する。

一　大逆罪、スパイ罪、重スパイ罪もしくは秘密情報を権限なく取引する罪、扇動罪、反逆罪、背信罪またはこれらの罪の未遂、予備もしくは教唆

二　公衆がアクセスすることができない公文書を故意に交付し、またはその文書を交付するに際し当局が付した制限に違反してその文書にアクセスさせた場合で、その行為が故意になされたとき。

三　秘密を遵守する義務が特別法で規定されている場合に、それに故意に違反したとき。

2　第一章第一条4項に規定する目的のために情報を入手し、それによりこの条の1項第一号に定める犯罪を犯した者には、その犯罪に対する責任を定めた法律の規定を適用する。

3　統治法典第二章第二二条1項の規定は、この条1項三号に基づく情報提供の申出にも適用する。

第四条〔不法な陳述〕

第一章に規定する出版の自由の普遍的な目的に正当な考慮を払いつつ、次に掲げる行為が印刷物によって犯され、それが法律によって可罰的である場合には、出版の自由に対する違反と見なされなければならない。

一　国もしくは国の一部を、暴力その他の不法な手段もしくは外国の援助により、外国の軍事力に屈服させ、もしくは従属させ、または王国のその部分をこれらの手段により分離させ、または外国の援助により、元首、政府、国会、最高裁判所もしくは最高行政裁判所の行為もしくは決定を強制的に行わせ、もしくは妨げる意思によって実行する行為は、その意図が実現される危険をともなって行われる限り、大逆罪、大逆罪の未遂、予備もしくは教唆

二　国が戦争に巻き込まれ、またはその他の戦争行為が外国の援助により誘発される危険がある限り、戦争の誘発

三　外国の軍事力を援助するために、正当な権限なくして、防衛施設、武器、補給施設、輸入、輸出、製作様式、交渉、その他外国への漏洩が防衛力全体または国の安全に有害である情報を伝達し、発送し、漏洩した者は、その情報が正確であるか否かを問わず、スパイ罪、その未遂、予備、教唆

四　外国に協力する意図なくして、外国への漏洩が、国の防衛、戦時もしくは戦争による例外的な状況における国民への補給またはその他国の安全に有害でありうる、秘密の情報を権限なく伝達し、発送し、もしくは漏洩した者は、その情報が正確であるかどうかにかかわらず、秘密情報の不正取引、不正取引のための予備、未遂もしくは陰謀、陰謀であるか否かの判断に際しては、

犯罪が、外国の軍事力に協力する行為もしくは戦争が遂行されている事実に鑑みて非常に危険であることを格別に考慮した上で重大もしくは非常に重要な状況に関する場合であるか、または犯罪者が公務もしくは企業に雇用中に得られた情報を漏洩したかどうかを考慮しなければならない。

五　重大な不注意により四号に規定した行為を犯したときには、秘密情報の管理における過失

六　憲法を軍事力その他の暴力的手段により破棄し、またはそれらの手段により、元首、政

府、国会、最高裁判所もしくは最高行政裁判所に行為もしくは決定を行わせ、もしくは妨げる意図をもって行われる扇動で、その意図が実現される危険をともなうものおよびその扇動の未遂、予備、教唆

七　王国が戦争状態または反逆罪もしくは背信罪に関する法律が施行されているときに、国の防衛に従事している人々を混乱させ、密告し、暴動に誘因し、裏切り、絶望させ、防衛体制にとって重要な資産を密告し、または防衛全体に損害を与えるおそれもしくは外国への援助となる反逆的行為を行うときは、反逆罪、背信罪、反逆罪もしくは背信罪の予備、未遂または教唆

八　過失によって前号の罪を犯したときは、国の利益を害する過失

九　国が戦争状態またはその犯罪に関する法律が施行されているときに、国の安全を脅かすおそれのある虚偽の噂その他の虚偽の言説を流布し、外国にそのような噂その他の虚偽の言説の情報を伝達もしくは促進し、または軍隊に背信もしくは絶望をひきおこすおそれのある虚偽の噂その他の虚偽の言説を流布した者は、国の安全を危険に陥れる噂の流布

一〇　犯罪行為の扇動、国民の義務の懈怠、公の機関への不服従または勤務中の軍の隊員に課せられている義務の懈怠

一一　人種、皮膚の色、国籍、民族的起源、宗教的信条または性的指向に言及しつつ、住民階層その他の集団を脅迫または侮辱する住民階層への迫害

一二　世論の形成に影響を与える目的で不法に脅迫し、または政治組織、職業的もしくは産業的組織の内部における活動の自由を阻害し、もって表現、集会または結社の自由を侵食することによる市民的自由に対する犯罪およびその未遂

一三　性暴力画像を頒布する意図により性暴力画面を描写することは、その行為が状況を考慮した上で正当化されない場合には、暴力画像の不法な表現

一四　他人を犯罪人もしくはその生活態度が非難に値すると主張し、または他人を人々の嘲りの対象とする情報を伝達し、および中傷されている者が死者である場合、その行為が生存者に対する犯罪を構成し、またはその他墓地の神聖を汚す場合には、名誉毀損。ただし、状況に鑑みてその行為が正当である場合または当該事項に関する情報を与えるためであり、その情報が正確であるという証拠が示され、もしくはそう信ずるにつき合理的な理由がある場合はこの限りでない。

一五　不快な毒舌、非難またはその他の侮辱的態度により、他人を侮辱することは、侮辱的表現または行動

一六　脅迫された者が自己または他人の身体と財産に対する重大な恐怖を感ずる犯罪行為を示唆し、他人を脅すことは、不法な脅迫

一七　公権力の行使に関して、または公権力の行使と結びついているために同様の保護を受ける活動もしくはその行使に付随したその他の活動に関し、他人に一定の行動を強制しもしくは阻止するため、またはその行動に対する報復として、暴力的威嚇を行う場合、またはかつて公権力の行使にかかる活動に従事しもしくはその活動に付随する活動をしていた者に対し、ある行動をとったかとらなかったことを理由として同様の行動を行う場合は、公務員に対する脅迫。その犯罪がもし実行されたとしても軽微であると見なされる場合を除き、公務員を脅迫する行為の未遂または予備

一八　告訴、告発もしくは法廷もしくは公共機関における証言その他の陳述をすること、またはそれらをさせないために、暴力により威嚇し、もって司法権を侵害する行為、または公共機関における審理に際して証言その他の陳述をし、もしくはさせないために、苦痛、危害または不法な行為により攻撃し、もって司法権を侵害する行為

第五条〔開示による出版の自由の乱用〕

出版の自由に違反する罪は、印刷物を利用して法律によって処罰される次に掲げる行為をした場合も含まれる。

一　公務遂行中その他同様の状況において、公務遂行にかかる文書を入手し、公衆が利用することができない当該公文書を故意に出版した場合

二　情報を出版し、それにより第三条1項三号に規定されている特別の法律に基づく守秘義務に故意に違反した場合

三　王国が戦争状態または戦争の直接の危険に晒されているときに、開示することが第四条に該当する行為以外の王国の安全を脅かす事実に関する情報を出版した場合

第六条〔罰則の準用〕

1　第四条または第五条に該当する刑罰に関する法律の規定は、当該違反が出版の自由に違反する行為とみなされる場合にも適用する。

2　出版の自由に違反する行為に対する民事訴訟に関する規定は、第一一章に定める。被告人が第四条一四号または一五号の罪により起訴され、当該印刷物が定期刊行物である場合には、請求により当該判決をその定期刊行物に掲載する命令を発することができる。

第七条〔没収〕

1　出版の自由に違反する内容を含む印刷物は、没収することができる。

2　印刷物の没収がなされるときには、流通させる目的を有したすべての複製は、廃棄しなければならない。この措置は、もっぱらこれらを印刷するためにのみ用いる型、石版、鉛版、感光版その他同様のものにも、それらの乱用を阻止するためにとらなければならない。

第八条〔定期刊行物の出版の停止〕

1　定期刊行物の没収に関連して、第四条一号から三号に規定する犯罪の場合、四号に規定する場合はその犯罪が重大と見なされる場合ならびに六号および七号に規定されている場合には、定期刊行物の出版は、裁判所が決定する一定の期間、ただし、出版の自由事件の最終判決が下された日から六カ月を超えない期間、禁止することができる。その禁止は、国が戦争状態にある場合にのみ発せられる。

2　犯罪にともなう財産の没収に適用される法律の規定は、出版の禁止に違反して頒布された定期刊行物または明らかに禁止された定期刊行物の継続である定期刊行物の没収にも適用する。

第八章　刑事責任

第一条〔編集者の責任〕

1　定期刊行物による出版の自由に対する違反行為による刑事責任は、定期刊行物が出版されるときに編集者として届け出た者が負う。

2　編集代理の届出がなされており、編集代理が編集責任者としての職務を行った場合には、編集代理が責任を負う。

第二条〔所有者の責任〕

1　定期刊行物が出版されたときに、出版に法的な障害がない旨の出版許可証が発行されていない場合、第一条1項に基づく責任を負うべき編集者が資格を有しない場合または編集責任者としての任命がその他の理由で終了した場合には、所有者が責任を負う。

2　編集者の任命が名目だけである場合、その他編集責任者が定期刊行物が出版されたときに明らかに第五章第三条に規定された権限を有しない場合には、所有者が責任を負う。

3　編集責任者としての職務を行う編集代理が、定期刊行物が出版されたときに資格を有しない場合、任命がその他の理由で終了している場合、または前項に規定された事情が編集代理に該当する場合には、編集者が責任を負う。

第三条〔印刷者の責任〕

定期刊行物が出版された時点における所有者を特定することができない場合には、印刷者が所有者に代わって責任を負う。

第四条〔頒布者の責任〕

印刷者の氏名に関する情報を欠いている定期刊行物を頒布した場合、またはその情報が不正確であることを頒布者が知っており、印刷者の身元を確認できない場合には、頒布者が印刷者に代わって責任を負う。

第五条〔定期刊行物以外の印刷物に対する責任〕

定期刊行物以外の印刷物によってなされた出版の自由に対する違反行為による刑事責任は、第三章第二条で定められた方法により印刷物の著者を確認できる場合には、著者が責任を負う。ただし、出版物が著者の同意なくして出版された場合、またはその氏名、偽名または筆名がその意思に反して掲載された場合には、著者は責任を負わない。

第六条〔編集責任者の責任〕

1　数人の著者による寄稿を含み、または含むことを予定している印刷物に対して前条に規定する責任を著者が負わない場合で、編集者が第三章第二条に規定されている方法で特定できる場合には、編集者が責任を負う。

2　前項に規定する印刷物以外の印刷物に対しては、印刷物が出版された時点で著者が死亡していた場合にのみ編集者が責任を負う。

3　編集者の氏名、偽名または筆名がその意思に反して印刷物に掲載された場合には、編集者は、責任を負わない。

4　定期刊行物以外の印刷物の編集者とは、印刷物を印刷および出版のために交付する、著者以外の者をいう。

第七条〔出版者の責任〕

1　著者も編集者も第五条または第六条による責任を負わない場合、または出版物が出版されたときに著者または編集者が故人である場合には、出版者が責任を負う。

2　定期刊行物以外の印刷物の出版者とは、他人の著作物の印刷および出版を引き受けた者をいう。

第八条〔印刷者の責任〕

出版者がいないか、出版者の身元が確認できない場合には、印刷者が出版者に代わって責任を負う。

第九条〔頒布者の責任〕

定期刊行物以外の出版物を頒布する者の責任については、第四条の規定を準用する。

第一〇条〔印刷物に対する責任〕

1　印刷物が出版された時点で第二条、第五条、第六条または第七条に基づく責任を負うべき者が王国内に既知の住所を有せず、かつ、王国内における現在の所在を裁判においても確認できない場合には、責任は、次に責任を負う者に移行する。ただし、第六条1項に該当する場合以外の定期刊行物以外の編集者または頒布者は、この限りでない。

2　第一条、第二条、第五条、第六条または第七条に基づいて責任を負うべき者が法律により刑事責任を免除される事情にあり、かつ、次に責任を負う者がその事情を認識していたか、または認識すべきであった場合も前項と同様とする。

第一一条〔被告人以外の責任〕

この章に基づく責任が被告人以外の者に発生する事情は、その事情が主尋問に先立って示された場合にのみ、考慮に入れられる。

第一二条〔責任推定〕

この章に基づいて印刷物に対する責任を負う者を決定するに際しては、印刷物の内容は、該当者が認識しかつ同意した上で印刷されたものと見なす。

第九章　監督と訴追

第一条〔大法官の職責〕

大法官は、この出版の自由に関する法律によって定められた制限が侵害されないように注意する。

第二条〔大法官の訴追権〕

1　出版の自由に対する違反行為を訴追することができるのは、大法官のみである。大法官以外の何者も、出版の自由に対する違反行為を訴追するための捜査を開始することはできない。この法律に別段の定めがない限り、大法官と裁判所だけがこの犯罪の疑いによる強制措置を決定することができる。

2　政府は、出版の自由に対する違反行為を訴追するため、大法官に印刷物を通知する権限を有する。法律において、出版の自由に対する違反行為にかかる公訴は、政府の同意がなければ提起することができない旨を定めることができる。

3　出版の自由に関する法律に対する違反行為以外の出版の自由に関する事件その他この法律が定めている規則の違反に関する事件も、同様に大法官だけが訴追することができる。ただし、法律でこの項に定められた事件に対する訴追権を議会オンブズマンに与える旨を定めることができる。

第三条〔公訴提起の期限〕

1　出版の自由に対する違反行為にかかる公訴は、出版に際して何らの法的障害がない旨の証明書が存在する定期刊行物の場合には、出版から六カ月以内に、その他の印刷物の場合には出版から一年以内に提起しなければならず、その他の場合には訴追されない。ただし、訴追がこの期間内に提起された場合には、この行為に対する責任を負う他の者に対する新たな訴訟手続を開始することができる。

2　刑事制裁を科するための訴追期間を定める法律の規定は、出版の自由を侵害する行為に対しても適用する。

第四条〔私人による告訴〕

出版の自由に対する違反行為を告発し、またはその行為に対して告訴する私人の権利については法律の規定を適用する。

第五条〔印刷物の没収〕

第八章による責任を負う者がいない場合、または責任を負うべき者を王国内において召喚することができない場合には、検察官または原告は、刑事手続に代えて印刷物の没収を申し立てることができる。

第一〇章　特別の強制措置

第一条〔印刷物の押収または出版の禁止〕

1　出版の自由に対する違反行為により印刷物が没収される理由がある場合、当該印刷物は、没収が決定されるまで押収することができる。

2　第七章第八条に規定する事由がある場合、定期刊行物の出版を裁判所の決定があるまで禁止する命令を発することができる。

第二条〔大法官による命令〕

違反行為に対して公訴が提起される場合、出版の自由に対する違反行為による公訴が提起される前、または裁判所による印刷物没収処分がなされる前に、大法官は、前条の規定により印刷物を押収し、および出版を禁止する命令を発することができる。検察官にも、その管轄内において資料を押収する同様の権限を与える旨を法律で定めることができる。

第三条〔押収に対する異議〕

1 押収が裁判所の命令によらないで行われた場合、処分を受けた者は、裁判所による審理を求めることができる。

2 検察官が押収を命じた場合、速やかに大法官に通知しなければならない。大法官は、その命令を承認するかどうかを直ちに決定するものとする。

第四条〔押収命令の失効〕

大法官が押収を命じ、または検察官が発した命令を追認したときは、大法官の決定から二週間以内に刑事手続を開始し、または印刷物を没収する請求をしなければならない。これらの手続がとられない場合、押収命令およびこれに付随する出版禁止命令は、失効する。

第五条〔裁判所の権限〕

1 出版の自由に対する違反行為による刑事手続が開始され、または裁判所に印刷物を没収する請求がなされたときは、裁判所は、押収命令および出版禁止命令を発し、または既に発せられた押収命令もしくは出版禁止命令を取消す権限を有する。

2 裁判所は、その事件において、既に発せられた命令の効力を維持するべきかどうかを決定しなければならない。訴訟を、裁判所が管轄権を有しないとの理由で却下する場合その他印刷物が刑事事件に該当するか否かを決定することなく却下した場合で、他の事件において没収の請求がなされるであろうと信ずる理由がある場合には、裁判所は、裁判所が決定する一定の期間に限り命令を維持する決定をすることができる。この期間に訴訟が提起されない場合には、命令は失効する。

第六条〔押収命令〕

押収命令には命令が発せられる原因となった印刷物の部分を指示する記載を含まねばならず、かつ、命令は、この部分が含まれる巻、編、号または双書の冊子にのみ適用する。

第七条〔押収の執行〕

1 押収命令は、警察が直ちに執行しなければならない。

2 押収の対象となる印刷物の頒布の禁止に関する法律の規定は、第六章第三条で定める。

第八条〔押収の対象〕

1 印刷物の押収は、頒布を予定した冊子のみを対象として行わなければならない。

2 印刷物押収証書は、押収の対象となった者および印刷した者にできるだけ速やかに無料で発給しなければならない。その証書においては、押収命令を発する原因となった印刷物の句節を指示しなければならない。

第九条〔押収の取消〕

押収令状が取消され、または失効したときは、直ちに押収を撤回しなければならない。

第一〇条〔削除〕

第一一条〔軍における印刷物の保管〕

1 国が戦争状態または戦争の危険に晒されているときに部隊において印刷物が発見され、その内容が、軍の兵士に職務を怠ることを誘発するなど、明らかに第七章第四条に規定する扇動を構成する場合、その印刷物は、法律に基づいて懲戒責任を決定する権限を有する当該部隊の仕官の決定により、押収命令が発せられるまで保管することができる。

2 遅延のおそれがある場合、前項による決定がなされなくても、法律の規定に基づいて他の士官が同項に定められた措置をとることができる。その措置は、前項に規定する士官に速やかに報告しなければならない。この士官は、直ちに印刷物を保管するかどうかを審査しなければならない。

第一二条〔大法官への通知〕

前条の規定に基づいて印刷物を保管する決定がなされたときは、できるだけ速やかに大法官に通知しなければならない。大法官は、印刷物を押収するか否かを直ちに審査するものとする。

第一三条〔押収規定の準用〕

没収の対象となる物件の押収に適用される法律の一般的規定は、出版を禁止する命令に違反して頒布された定期刊行物または明らかに出版が禁止された定期刊行物の復刊である定期刊行物の押収に同様に適用する。

第一四条〔訴訟に関する印刷物の押収〕

出版の自由に関する事件の捜査にとって重要であると合理的に推測される印刷物は、押収することができる。この場合、第二条、第三条、第五条一項、第六条、第七条1項および第九条の規定を準用する。このほか押収に関する法律の一般的規定が、関連部分に適用される。ただし、刑事手続は、大法官からの申立てに応じて裁判所が延期を認めない限り、押収令状が発せられてから常に一カ月以内に開始しなければならない。

第一一章　私的損害賠償請求

第一条〔訴訟開始の要件〕

1　出版の自由の乱用による損害賠償の請求は、訴訟の対象となった印刷物に出版の自由に違反する行為が含まれているという理由に基づいてのみ提起することができる。この請求は、以下の規定において別段の定めがない限り、第八章に規定する行為により刑事責任を負う者に対してのみ提起することができる。第八章第一〇条に規定されている理由により、責任が次に責任を負う者に移行した場合には、請求を行う法律上の根拠が存在する限り、請求は、その者よりも先順位で責任を負う者にも提起することができる。

2　刑事責任に関する第八章第一二条の規定は、損害賠償請求にも準用する。

3　第七章第二条または第三条に定められた行為に対する損害賠償請求に関しては、関連する法律の規定を準用する。

第二条〔被告適格〕

定期刊行物の編集責任者またはその編集代理に対して提起することができる損害賠償請求は、所有者に対しても提起することができる。その他の印刷物に関しては、著者または編集者に対して提起することができる請求は、出版者に対しても提起することができる。

第三条〔法人等の責任〕

出版の自由に対する違反行為により、法人の代表者、後見人、受託者または管財人として個人が損害賠償の責任を負う場合には、損害賠償請求は、当該法人に対しても、または後見人、受託者もしくは管財人を任命した者に対しても、その請求に対する法律上の根拠が存在する限り、提起することができる。

第四条〔連帯責任〕

この章に基づく責任を他の者と共に負う場合には、該当する個人は連帯して責任を負う。当事者間の責任の配分は、関連する法律の規定によって決定される。

第五条〔独立性〕

出版の自由に対する違反行為による損害賠償請求は、刑法上の責任が消滅し、または刑法に基づく公訴が退けられた場合でも提起することができる。

第一二章　訴訟手続

第一条〔裁判管轄〕

1　出版の自由に関する事件は、各県の本庁を管轄する地方裁判所で審理する。出版の自由に関する事件を審理するために県内の他の地方裁判所を指定しなければならない事情が生じた場合には、政府は命令でその旨を定めるものとする。

2　出版の自由に関する事件とは、出版の自由に対する違反行為による刑法上の責任または損害賠償責任および第九章第五条に基づく（没収の）請求をいう。出版の自由に関する事件には、第七章第三条に規定する行為に関して生じた刑法上の責任および損害賠償責任も含まれる。事件が同条第二項にかかる行為であり、かつ、情報または知識を得た者が印刷物として出版しなかった場合、または他人に出版のために情報提供しなかった場合には、当該事件は、情報が印刷して出版する目的のために得られたことが明らかである場合にのみ、出版の自由に関する事件として審理されるものとする。

第二条〔陪審〕

1　出版の自由に関する事件による刑法上の責任について、犯罪が成立するかどうかは、両当事者が、事件を陪審ではなく、裁判所の決定に委ねると決定した場合を除き、九名の陪審員から成る陪審により評決しなければならない。ただし、被告人が第八章に基づく印刷物に対する責任を負うかどうかは、常に裁判官のみによって審理される。犯罪が成立するかどうかが陪審に付託された場合、少なくとも六名の陪審員が同意した場合には、有罪と見なされる。

2　陪審員が犯罪が成立しなかったと評決した場合には、被告人は釈放される。陪審員が犯罪が成立すると評決した場合、事件は、裁判所によっても審理される。裁判所の見解が陪審のそれと異なる場合、裁判所は、被告人を釈放するか陪審が適用したよりも軽い刑罰規定を適用する権限を有する。地方裁判所の判決に対して控訴された上級裁判所も、地方裁判所と同様陪審の評決を覆す権限を有しない。

第三条〔陪審員の任命〕

陪審員は、各県の行政区域毎に任命され、一六名から成る第一集団と八名から成る第二集団の二つに区分されなければならない。ストックホルム県の行政区域においては、第一集団は二四名の陪審員で、第二集団は一二名の陪審員で構成されなければならない。第二集団の陪審員は、通常裁判所または行政裁判所において、以前または現在裁判所の参審員に任命されたか任命されている者でなければならない。

第四条〔陪審員の任期と選挙〕

1　陪審員は、選挙により四年の任期で任命する。

2　陪審員は、県の行政区域を管轄する県議会によって、県の行政区域に県議会の管轄に含まれない市町村が存在する場合には、県議会と該当する市町村議会により選挙される。ゴットランド県の陪審員は、ゴットランド市議会によって選挙される。これらの規定により、陪審員が一以上の選挙母体から選挙される場合には、県議会は、それぞれの集団に属する陪審員の数を人口比例により選挙母体に配分しなければならない。

3　陪審員の選挙に際しては、地方裁判所は、前項の趣旨を選挙を管理する責任を有する機関に通知しなければならない。

第五条〔陪審員の被選挙資格〕

陪審員は、県の行政区域に居住しているスウェーデン国民から任命しなければならない。陪審員は、判断の健全性、独立性および公正性により知られている者でなければならない。陪審員の中にさまざまな社会集団、思想傾向および行政区域が代表されていなければならない。未成年者または法律の規定により後見人が任命されている者は、陪審員になることはできない。

第六条〔資格喪失〕

六〇歳に達した者は、陪審員を辞退することができる。その他の事情により陪審員を辞退することを希望する者に対しては、地方裁判所が、その職務を遂行することができない正当な理由があるかどうかを審査する。陪審員が、被選挙資格を失ったときは、任命も失効する。

第七条〔後任の選挙〕

陪審員が辞退するか被選挙資格を喪失したときは、その選挙期間の残余の期間を務めるために、その陪審員が属していた集団の中から、選挙母体である選挙人団が他の人を任命する。その陪審員は、県庁が県議会に代わって選挙することができる。ただし、その選挙は、県議会の次の会期までに限り有効とする。

第八条〔不服の申立て〕

1　陪審員の選挙に関する訴訟は、地方裁判所に提起しなければならない。裁判所は、訴訟の提起がなくても、選挙された者の資格を審査する。

2　下級裁判所の判決に対する控訴に関する法律の規定は、前項に規定する事項に関する地方裁判所の判決に対する控訴にも準用する。控訴裁判所の判決に対して上訴することはできない。

3　訴訟が提起されても、裁判所が取消さない限り選挙は有効とする。

第九条〔陪審員名簿〕

陪審員に任命された者の氏名は、陪審員名簿に登録しなければならない。それぞれの集団毎に、別個の名簿に登録するものとする。

第一〇条〔陪審団の構成〕

1　陪審によって審理される事件においては、裁判所は、陪審員の名簿を提出し、その名簿に不適格者がいないかどうかを審査する。裁判官の不適格性に関する法律の規定は、陪審員の不適格性についても準用する。

2　それぞれの訴訟当事者は、不適格でない陪審員のうち、第一集団から三名を第二集団から一名を忌避することができる。次いで裁判所は、残る陪審員の中から籤で第一集団の中からは六名を、第二集団の中からは二名を代理人として選出する。

3　ストックホルム県行政区域においては、それぞれの当事者は、第一集団から五名を第二集団からは二名を忌避することができる。

第一一条〔複数当事者による忌避〕

訴訟当事者の一方が複数の者から構成され、その内の一名だけが陪審員を忌避する権利を行使した場合には、その忌避はほかの当事者によっても行使されたものと見なされる。複数の当事者が異なった陪審員を忌避しようとして合意に達しない場合には、裁判所は、籤で忌避する者を決定する。

第一二条〔陪審員の指名〕

1　何人も法定の欠格事由がなければ陪審員となることを拒否できない。

2　不適格または法的な欠格事由により、一集団において必要とされる人数が揃わないときには、裁判所は、必要とされる陪審員毎に三名の資格ある当該集団の構成員を指名する。それぞれの当事者は、指名された陪審員の中から一名を忌避することができる。当該手続において既に忌避された者は、陪審員に指名されない。

第一三条〔複数の訴訟への参加〕

陪審が関与する複数の事件が同時に審理されるときには、裁判所は、当事者と協議し、同一の陪審がすべての訴訟に関与するものと決定することができる。二またはそれ以上の事件において共通の陪審が選ばれた場合、一方当事者が複数の者から構成されているときは、陪審員の忌避に関する第一一条の規定を準用する。

第一四条〔損害賠償請求への準用〕

1　刑法上の責任に関する訴訟において、被告人以外の者に対して損害賠償請求が提起された場合、（民事）被告によってとられるべき第二条1項、第一〇条2項および第一二条2項の措置は、（刑事）被告人が行使する。

2　印刷物の没収または損害賠償請求訴訟が、刑事訴訟とは別に提起された場合には、第二条、第一〇条から一三条までの規定を当該訴訟に準用する。ただし、犯罪が成立したかどうかが、既に刑事責任に関する出版の自由訴訟で審理されていた場合には、この問題を再度審理してはならない。この請求に関しては、通常は事件の当事者が行う陪審員の忌避は、裁判所が籤により行う。

第一五条〔損害賠償請求への準用〕

1　出版の自由訴訟に関する細則は、法律で定める。

2　同一の県の行政区域に出版の自由に関する訴訟を審理する権限を有する複数の地方裁判所が存在する場合には、第四条、第六条、第八条および第九条に定められた職務は、政府が指定した地方裁判所が行う。

第一六条〔非常事態における委任〕

国が戦争もしくは戦争の危険に晒され、または戦争の結果もしくは戦争の危険による非常事態にある場合、陪審員の選挙の延期または任命を辞退する陪審員の権利に対する例外を法律または政府が発する命令で定めることができる。

第一三章　国外印刷物等

第一条〔国外印刷物への準用〕

以下に別段の定めがない限り、第一章、第三章、第六章および第七章の規定、第八章第一条、第二条、第五条から第七条まで、および第一〇条から第一二条までの規定ならびに第九章から第一二章までの規定は、国外で印刷され、国内で出版された印刷物にも準用する。

第二条〔国外印刷物の頒布〕

国外で印刷された出版物は、それが第一章第六条に規定されている定義に従い、国内で頒布するために引き渡された場合には、国内において出版されたものと見なされる。

第三条〔国外定期刊行物〕

1　国外で印刷された定期刊行物が主として国内で頒布する目的を有する場合には、第五章の関連する規定を準用する。ただし、所有者の資格に関する規定は、準用しない。

2　国外で印刷されたその他の定期刊行物の国内における出版には、出版に法的障害がない旨の証明書を必要としない。その証明書が存在する場合には、その定期刊行物には前項の規定を準用する。

第四条〔頒布者の刑事責任〕

印刷物を製作した者の刑事責任に関するこの法律の規定は、国外で印刷されたものについては国内で頒布するために印刷物を引き渡した者に適用され、その者の身元を確認できないか、またはその者が出版時に国内に住所を有しないときには、第六章の規定に基づいて頒布者と見なされる者に適用される。

第五条〔国外印刷物の保持義務〕

国外で印刷された印刷物を審査のために保持しておく義務およびその印刷物を図書館または文書館に提供する義務に関しては、法律で定める。

第六条〔出版のための情報収集〕

1　国外で印刷され、国内で出版された印刷物で、国内における頒布を主たる目的としておらず、出版に法的障害がない旨の証明書がないものについては、次のいずれかに該当しない限り、出版のための情報および知識の収集に関しては第一章第一条3項および4項の規定を適用する。

一　情報提供または収集が国の安全に対する犯罪を構成する場合

二　情報提供が第七章第三条1項二号に規定する文書の提供または開示を含む場合

三　情報提供が、守秘義務に故意に違反する場合

2　前項の規定は、国内で印刷されたか国外で印刷されたかを問わず、スウェーデンで出版されなかった印刷物にも適用する。この条項の適用に関しては、定期刊行物に著者または制作者以外として資料を提供した者は、出版のために情報を提供した者と同様とする。

3　情報提供または収集が1項または前項の規定により処罰されうるものである場合には、関連する法律の規定を適用する。この条項の違反による刑法上または損害賠償の責任に関する事件は、第一二章第一条2項第三文が準用される場合を除き、出版の自由に関する事件として審理される。情報提供者の匿名権に関しては、第三章の規定を適用する。同第三条2項三号の規定は、同号に規定されているもの以外に王国の安全に対する犯罪にも適用する。

第一四章　一般規定

第一条〔再審〕

1　裁判の再審一般に関する規定は、犯罪が成立したかどうかが陪審によって審理された場合でも、出版の自由にかかわる事件の判決に対して適用する。

2　犯罪が成立したかどうかを陪審が審理した事件において再審が開始され、再審を開始するに至った事情が、陪審の評決に影響を与えたと推定される事情がある場合には、再審の開始と同時に、最初に判決をした裁判所の陪審に事件を再付託する旨の決定をしなければならない。被告人に有利な再審事由が認められ、かつ事実が明らかである場合には、再審を認容した裁判所が、直ちに新たな内容の判決をすることができる。

第二条〔再審の陪審〕

上級審における判決により、陪審が参加して行われた出版の自由にかかわる事件が、最初に判決を下した裁判所の陪審により再審理されるときには、陪審員を選挙する手続に第一二章第一〇条から一四条の規定を準用する。

第三条〔迅速な裁判〕

出版の自由にかかわる事件およびこの法律の規定に違反するその他の事件は、常に迅速に処理されなければならない。

第四条〔削除〕

第五条〔命令への委任〕

1　この法律またはこの法律に基づく特別法において規定されていないすべての事項については、法律または命令の一般規定を適用する。

2　この法律または法律に別段の規定がない限り、外国籍を有する者もスウェーデン国民と等しく扱われる。

表現の自由に関する基本法

第一章　基本的規定

第一条〔表現の自由の保障〕

1　すべてのスウェーデン国民は、この基本法に基づいて、自己の思想、意見および感情を公に表現し、ならびにどのような主題に関しても、ラジオ、テレビジョンその他の放送手段により、および映画、ビデオ、音声録音その他の技術的記録により、情報を提供する権利を、公共機関により一般的に保障される。

2　この基本法に基づいて表現の自由を定めた目的は、意見の自由な交換、自由で包括的な情報の確保および芸術的創造の自由を確保することにある。この自由に対する制限は、この基本法によるもののほかは認められない。

3　放送番組に関するこの基本法の規定は、ラジオ番組のほかテレビ番組および電磁波を使用してなされる音声、映像または文章の送信の内容およびデータベースから行われる公演にも適用する。

4　この基本法において技術的記録とは、単に技術的補助手段を使用することによってのみ、読み、聞きその他理解することができる文章、映像または音声を含む記録を意味するものとする。

5　この基本法においてデータベースとは、自動データ処理のために蓄積された情報の集積を意味する。

第二条〔情報を提供し、入手する権利〕

すべてのスウェーデン国民は、あらゆる主題に関して編集者、発行者、通信社および技術的記録を製作する企業ならびに著者その他の制作者に、放送番組またはその種の記録として発表するために、情報を提供する権利を保障される。市民は、これらの情報提供または発表のため、どのような主題についても情報を入手する権利を有する。これらの権利の制限は、この基本法に基づくもの以外は許されない。

第三条〔事前の審査の禁止〕

1　放送番組または技術的記録として発表するものを公共機関その他の公的団体が事前に強制的に審査することは許されない。また、公共機関または公的団体は、この基本法によるもののほか、放送番組または技術的記録の一般公衆への公表または頒布を、すでに知られている、または予想される内容を理由に禁止または妨害することは許されない。

2　前項の規定にもかかわらず、公衆に上演するための映画、ビデオその他の技術的記録である動画については、審査および承認に関する規定を法律で定めることができる。

3　この基本法が定める場合を除いて、公共機関または公的団体が、放送番組を受信するため、または技術的記録の内容を理解するために必要な技術的補助手段の所有または利用を、放送番組または技術的記録の内容に基づいて禁止または妨害することは許されない。この規定は、放送番組を送信するための有線放送網の建設の禁止にも適用する。

第四条〔基本法によらない規制の禁止〕

公共機関その他の公的団体は、この基本法の規定による場合を除いて、何人に対しても表現の自由を乱用したこと、または放送番組もしくは技術的記録の乱用に加担したことを理由に規制してはならない。公共機関その他の公的団体は、この基本法の規定による場合を除いて、同様の理由により番組または記録を規制してはならない。

第五条〔裁判官等の責任〕

表現の自由の乱用について判決を下すために任命されている者その他基本法の遵守を監視する者は、表現の自由が自由な社会の基本であることに留意しなければならない。それらの者は、常に表現の方法よりも目的に注意を向け、疑義があるときは、有罪とするのではなく、無罪にしなければならない。

第六条〔放送〕

1　この基本法は、一般公衆に向けられ、技術的補助手段により受信する放送番組の送信に適用する。開始時刻および内容が受信者により影響を受けない場合には、特別の請求に基づく、実況中継およびデータベースからとられた記録番組の提供も含むものとする。

2　人工衛星によって送信される、スウェーデンから送信する放送番組にも、放送番組一般に関するこの基本法の規定を適用する。

3　主として外国で受信される放送番組および有線放送によって受信され、広い範囲の聴衆に受信されることを予定していない放送番組については、法律でこの基本法に対する例外を定めることができる。この例外は、第二条および第三条の規定に対する例外であってはならない。

第七条〔外国からの放送〕

1　スウェーデンからではなく、外国または通信衛星から即時無修正にスウェーデンに送信される第六条に規定する放送番組については、次の規定だけを適用する。

事前の審査その他の制限を禁止する第三条1項

技術的補助手段の保有および有線放送網の建設に関する第三条3項

この基本法に基づいて行う場合以外の規制を禁止する第四条

この基本法を適用する場合における心構えを定めた第五条

有線放送により放送番組を送信する権利について定めた第三章第一条

国会における特別の手続および裁判所における審理について定めた第三章第三条および第五条

2　国会が放送番組に関する国際協定を承認した場合には、この協定に違反する放送番組の送信が第一二条2項の規定により妨げられてはならない。

3　外国から発信する放送番組において公表するために、情報提供する権利ならびに情報および知識を入手する権利については、第一〇章第二条で定める。

第八条〔放送番組に対する適用除外〕

放送番組を編成する者以外の者が制作する事件現場、宗教行事または公共事業の実況放送による放送番組またはその一部については、次の規定は適用しない。

公表するために情報を提供し、入手する権利

に関する第二条
　規制の禁止に関する第四条
　この基本法を適用する際の心構えに関する第五条
　匿名権に関する第二章
　表現の自由に違反する行為による責任に関する規則と監督、訴追および特別の強制措置に関する第五章から第七章まで
　表現の自由にかかわる事件における訴訟手続に関する第九章
　外国から発せられる放送番組において公表するために情報を入手し、収集する権利に関する第一〇章第二条

第九条〔放送番組の編成〕

1　放送番組に関するこの基本法の規定は、第六条1項二文に規定されている場合とは別の場合で、定期刊行物もしくは放送番組の編集局、印刷物もしくは出版の自由に関する基本法により印刷物と同等と見なされるものまたは技術的記録を専門的に製作する企業もしくは通信社が、電磁波を利用して行う次の各号に掲げる事業に適用する。

一　事業を行っている者だけがその内容を改変することができるデータベースから得られた情報を、特別の請求に応じて一般公衆に直接転送する事業または技術的記録を制作することにより文書もしくは映像を間接的に提供する事業

二　事前の合意に基づき前号に掲げたデータベースから直接公衆に情報を提供する事業

三　公演により一号に規定するデータベースからの情報を国民に提供する事業

2　前項の規定は、その事業を行うについての法的障害がない旨の有効な証明書を有する何人に対しても適用する。その証明書の発行には、次の要件を満たすことを必要とする。

一　事業が前項に規定する方法で組織化されており、送信がスウェーデンから発せられること

二　資格のある編集責任者が任命され、かつ、その者が任命を承認していること

三　事業がこの条に基づく別の事業と容易に混同されるおそれがない名称を有すること

3　発行することに法的障害がない旨の証明書は、発行の日から一〇年間有効とする。期間経過後は失効する。証明書は、一〇年間の期間経過後、証明書発行のための要件を満たしているときには、一〇年の期間について更新することができる。発行することに法的障害がない旨の証明書は、その証明書を発行するための要件にもはや適合しないとき、証明書が発行されてから六カ月以内に事業を開始しないとき、事業を遂行する者が事業の中断を通知したときには、取り消すことができる。証明書が失効し、または取り消されたときは、関係する法律その他の法令が適用される。

4　発行に対する法的障害がない旨の証明書の発行、失効、更新および取消に関する詳細は、法律で定める。

5　すべてのデータベースには名称を付さなければならない。名称についての詳細は、法律で定める。

6　4項または前項に違反した者に対する罰則は、法律で定める。

第一〇条〔技術的記録〕

1　基本法は、発行された技術的記録にも適用する。技術的記録は、公演、販売その他何らかの方法で、スウェーデンの一般公衆に頒布するため提供されたときに、発行されたものと見なされる。

2　この基本法を適用するかどうかは、個別的に頒布と推定されるかどうかに基づいて審査する。特別の事情が示されない限り、この基本法は、第三章第一三条および第四章第四条に規定する情報を含む技術的記録にも適用する。

第一一条〔放送番組〕

　一定の放送番組および技術的記録は、定期刊行物と同等に扱われるべきであることを出版の自由に関する法律第一章第七条2項において定める。

第一二条〔法律への委任〕

1　創作者の権利、一定の商業広告、信用情報の提供および情報収集の方法に関しては、法律で定めることができる旨の出版の自由に関する法律第一章第八条および第九条の規定は、この基本法の規定にかかわらず、放送番組および技術的記録にも準用する。

2　この基本法の規定は、法律その他の法令が、放送番組における商業広告の禁止またはその種の広告に適用される条件について定めることを排除するものではない。放送番組を経営する者以外の者により提供される資金に全面的もしくは部分的に依存するその他の広告および番組の送信の禁止または条件についても同様とする。

第一三条〔児童ポルノ〕

　この基本法は、思春期または一八歳未満の者

の猥褻な児童の描写には適用しない。

第二章　匿名権

第一条〔匿名権〕
放送番組または技術的記録の創作者は、自己の身元を明らかにすることを義務づけられない。その制作に参加した者および第一章第二条に規定により情報を提供した者についても同様とする。

第二条〔裁判における匿名権〕
1　放送番組または技術的記録に関して生じた表現の自由に対する違反行為による刑法上の責任、損害賠償または特別の法的措置に関する訴訟においては、何人もその企画の創作者の身元、それに参加した者、出版を可能にした者または第一章第二条の規定に基づいて情報を提供した者を調査してはならない。
2　企画の制作者であること、またはそれに参加したことが公表されている場合には、裁判所は、その者が責任を負うか否かを審理することができる。自身が創作者であることまたは参加者であることを認めた者についても、同様とする。
3　1項の規定は、表現の自由に対する違反行為と第五章第三条にかかる違反事件の両者を同一の訴訟手続で審理することを妨げるものではない。

第三条〔守秘義務〕
1　放送番組または技術的記録の一部を構成し、または構成するための企画の制作または頒布に関与した者および通信社における業務に従事していた者は、その活動に関連して知った、企画を発案した者、その出版を可能にした者、それに参加した者または第一章第一条に基づいて情報を提供した者の身元を開示してはならない。
2　前項の守秘義務は、次の場合には適用されない。
一　守秘義務による保護を受ける者が、身元を開示することに同意したとき
二　身元の開示を第二条2項に基づいて主張することができるとき
三　事件が第五章第三条1項一号に掲げられている犯罪にかかわるとき
四　事件が第五章第二条または第三条1項二号または三号に該当する行為である場合、訴訟手続において被告人または犯罪の合理的疑いをかけられている者が、1項の規定による守秘義務により保護されている者であるかどうかについて情報を提出することが必要であると裁判所が判断したとき
五　その他の事件において、公益または私益を保護するために、当事者が身元に関する情報を宣誓証言または宣誓に代わる確約の手続により提出することが特別に重要であると裁判所が判断したとき
3　裁判所は、前項四号または五号に基づく審理において、特定の事件において許容される限度を超えて守秘義務を侵す質問が行われないように細心の注意を払わなければならない。

第四条〔調査の禁止〕
1　公共機関または公的団体は、次に掲げる者の調査をしてはならない。
一　放送番組または技術的記録において公表され、または公表する予定の企画の創作者またはその企画に加わった者
二　放送番組または技術的記録として企画を公表できるようにしたか公表することを企てた者
三　第一章第二条に基づいて情報を提供した者
2　この条に基づく禁止は、この基本法が訴追その他の規制を許容している場合における調査を排除するものではない。その場合においても、第三条に基づく守秘義務は、尊重されなければならない。
3　公共機関その他公的団体は、人が放送番組または技術的記録において、表現の自由を利用し、またはその利用のために協力したことを理由に介入してはならない。

第五条〔罰則〕
1　故意または過失によって第三条に規定する守秘義務に違反した者は、罰金または一年以下の懲役に処する。放送番組または技術的記録において故意または過失によって企画を創作した者または出版させた者それに加わった者もしくはそれに関して情報を提供した者についての誤った情報を提供した者も、同罪とする。
2　第四条1項および2項の規定に違反して調査を行った者も、それが故意になされたときは、罰金または一年以下の懲役に処する。
3　第四条3項に違反した意図的介入は、その措置が解雇、契約解除、懲戒罰または同様の処分に該当するときは、罰金または一年以下の禁錮に処する。
4　1項に該当する行為に対する公訴は、被害を受けた者が告訴したときにのみ提起することができる。

第三章　放送、制作および頒布

第一条〔放送番組〕

1　すべてのスウェーデン国民およびスウェーデン法人は、有線放送設備を利用して放送番組を送信する権利を有する。

2　前項の規定に基づく自由は、法律で次の規定を置くことを妨げない。

一　総合的な情報を提供する公益を実現するために必要な限度で、一定の番組のために必要な時間を確保する放送網の所有者の義務

二　送信に関する放送網間の競争の利益を確保するため、またはその送信を受信する公衆の利益を確保するために必要な限度で、複数の送信のために利用しうる放送の余地を残しておく放送網の所有者の義務

三　視聴者に番組の選択に対する影響力を確保するために適切な措置をとる放送網所有者の義務

四　テレビ番組を放送する者が、字幕、通訳、読上げその他の技術的措置をとることにより、障害者が番組にアクセスできるように放送を計画する義務

五　暴力、猥褻画像または民族集団に対する扇動の描写に向けられた番組の送信に対する規制

第二条〔放送の権利〕

1　有線放送以外の方法により放送番組を送信する権利は、送信の免許および条件を定める法律において規制することができる。

2　公共機関は、表現の自由および情報の自由が最大限度に確保されるように無線周波数を利用することに努めなければならない。

3　地方における無線放送においては音声による放送番組を放送する免許が、無線周波数が許す限り組織された社団に与えられなければならない。詳細は、法律で定める。

第三条〔放送する権利の制限〕

第一条および第二条において予定されている放送する権利の制限については、基本的な権利および自由の制限に関する統治法典第二章第二一条から第二三条の規定を適用する。

第四条〔番組の自由〕

放送番組を送信する者は、番組の内容を独立して決定する自由を有する。

第五条〔紛争解決〕

1　放送番組を送信する権利に関する紛争は、裁判所または過去もしくは現在の常勤の裁判官が委員長を務めるように法律で構成を定められた委員会で審理されるものとする。政府の決定は、裁判所で審理されなければならず、その審理は決定の合法性に限られるものとする。

2　表現の自由の乱用に対する規制に関する事件は、法律で定められた細則に従い、陪審が参加する裁判所で審理しなければならない。ただし、この原則は、商業広告その他の広告もしくは第一章第一二条2項の規定に基づく放送番組の送信に対する規制または条件の違反に関する事件には適用しない。

第六条〔番組保存〕

放送番組の記録をその後の審査に備え保持し、および文書館に提供する義務については、法律で定めることができる。

第七条〔防衛情報〕

スウェーデンの全体または一部を表示する地図、描写または画像で、国の防衛にとって重要な情報を含むものの放送番組による頒布を阻止するための規定は、法律で定めることができる。

第八条〔技術的記録の作成頒布〕

すべてのスウェーデン国民およびスウェーデン法人は、技術的記録を作成し、頒布する権利を有する。ただし、映画、ビデオ記録その他の動画を含む技術的記録を公衆に上映する権利に関しては、第一章第三条2項による審査と承認を必要とする。

第九条〔技術的記録の保管〕

技術的記録の写しを保持し、審査のために利用しうるための措置を講ずる義務に関する規定は、法律で定めることができる。その記録の複製を公共機関に提出し、およびそれに関する情報を提出する義務に関する規定も法律で定めることができる。

第一〇条〔運送拒否の禁止〕

1　郵便業者その他の運送業者は、運送が第一三条3項または4項に違反する場合を除き、技術的記録の運送をその内容を理由に拒否することはできない。

2　運送のために技術的記録を受け入れた運送業者は、第六章に規定する記録の頒布者と見なされてはならない。

第一一条〔未成年者の保護〕

営利目的で一五歳未満の者に人または動物に対する暴力または脅迫の詳細な写実的表現による動画を含む映画、ビデオ記録その他の技術的記録を提供した場合に関する法律の規定は、この基本法の規定にかかわらず効力を有する。

第一二条〔猥褻、国の安全保障〕
1 この基本法の規定は、法律で次の者に対して刑罰を科し、および特別の法的措置を定めることを妨げない。
一 一般公衆に不快感を与える方法で公共の場所に接して、またはその場所において猥褻な画像を陳列するか、または同様の行為を行うこと
二 事前に注文した者以外の者に郵便その他の方法により猥褻画像を送付すること、または
三 子供または若者に残虐性を喚起するかその他若者に深刻な害悪を及ぼすおそれのある内容の技術的記録を頒布すること
2 公衆に展示するための動画を含む映画、ビデオ記録その他の技術的記録および第一章第九条1項三号に規定するデータベースからの再生公演における動画の審査と承認に関する規定に違反した者に対する刑罰と特別な法的措置にも前項の規定を準用する。
3 スウェーデンを全体的または部分的に表示する地図、描写または画像の技術的記録で、国の防衛にとって重要な情報を含むものの頒布を阻止するための規定は、法律で定めることができる。

第一三条〔技術的情報の制作〕
1 スウェーデンで制作された技術的記録の複製で、この国で頒布することを目的とするものは、記録を制作させた者ならびに複製を制作した場所、時および制作者を示す明確な情報を記載しなければならない。詳細は、法律で定めることができる。
2 技術的記録を制作することによって、故意または過失により前項の規定またはそれに基づく法令に違反した者は、罰金または一年以下の禁錮に処する。
3 故意または過失により1項に規定する情報のいずれかを欠いている技術的記録を頒布した者は、罰金に処する。その情報が不正確であり、頒布者がその事実を知っていた場合も同罪とする。
4 この基本法に基づいて押収または没収された後の技術的記録をその事実を知った上で頒布した者は、罰金または一年以下の禁錮に処する。

第一四条〔届出義務〕
映画、ビデオその他の動画を含む技術的記録を業として提供し、または賃貸する者が、その事実を登録するために公共機関に届出をする義務に関する規定は法律で定めることができ、その届出の内容または届出のための詳細な手続は、法律に基づく命令で定めることができる。

第一五条〔データベースの特定〕
1 データベースの名称、記録、文書および画像が制作された時、場所、方法に関する情報は、第一章第九条1項一号に基づく技術的記録、文書または画像から明らかにされなければならない。事業を運営する者は、記録、文書および画像がその情報を備えていることを確認しなければならない。詳細は、法律で定めることができる。
2 故意または過失によって前項の規定またはその規定に基づく法律に違反した者は、罰金または一年以下の懲役に処する。
3 故意または過失により、1項に規定されている情報を含まない第一章第九条1項一号に規定されている技術的記録、文書または画像を提供した者は、罰金に処する。記録、文書または画像を提供する者が、その情報が虚偽であることを知っていた場合も、同様とする。

第四章 編集責任者

第一条〔編集責任者の選任〕
1 放送番組および技術的記録には、編集責任者が置かれなければならない。番組編集者は、法律の細則に従い、各放送番組または番組制作部門の全体またはその一部ごとに任命しなければならない。
2 編集責任者は、放送事業を経営している者または技術的記録を作成させている者が任命する。

第二条〔資格〕
1 編集責任者は、スウェーデン国民でなければならない。法律により外国籍の者を編集責任者にすることができる旨を定めることができる。
2 編集責任者は、国内に居住しなければならない。未成年者、破産宣告を受けて復権を得ない者または法律の特別の規定により後見人が任命されている者は、編集責任者とすることはできない。編集責任者の身元は、公開される。

第三条〔権限〕
編集責任者は、出し物を公開するための企画を監督し、その意思に反しては何物も公開することはできないように、その内容を決定する権限を有する。その権限に加えられた制限は、無効とする。

第四条〔編集責任者の明示〕
1 技術的記録においては、編集責任者の身元を明示しなければならない。編集責任者は、すべ

ての複製にその情報が明示されていることを確認しなければならない。第一章第九条1項一号に基づく技術的記録、文書または画像においては、データベースの編集責任者の身元が明らかにされていなければならない。編集責任者は、すべての複製にその情報が含まれていることを確認しなければならない。

2　放送番組の編集責任者に関する情報は、法律の定めに従い公衆に公開しなければならない。

第五条〔編集代理〕

　音声放送番組の編集責任者は、一人またはそれ以上の編集代理を任命することができる。編集責任者に関する第二条から第四条の規定は、編集代理にも適用する。編集責任者の任命が終了した場合には、編集代理の任命も終了する。

第六条〔編集責任者の責任〕

1　故意または過失によって第一条の規定に違反した者は、罰金に処する。罪状が特別に重大であるときは、一年以下の懲役に処する。故意または過失によって第四条1項の規定に違反した者は、罰金に処する。

2　第四条または第五条の規定に基づいて定められた法律に違反した者に対し、法律で罰則を定めることができる。

第五章　表現の自由に対する違反

第一条〔違反行為〕

1　出版の自由に関する基本法第七章第四条および第五条に規定されている、出版の自由に違反する犯罪として列挙されている行為は、その行為が放送番組または技術的記録に関して行われ、法律により処罰しうるものである場合には、表現の自由に対する犯罪と見なす。

2　同様に動画により頒布する目的で人または動物に対する残酷な暴力行為を露骨または執拗に描写した不法な暴力描写は、その行為が特定の状況において正当化しうる場合でない限り表現の自由に関する犯罪と見なす。

第二条〔違反行為でない場合〕

　出版の自由に関する法律第七章第二条に規定する、犯罪となる行為が通信において隠されて行われるため、出版の自由に違反する行為とは見なされない行為は、表現の自由に対する犯罪とも見なされない。

第三条〔罰則〕

1　第一章第二条の規定に基づいて情報を提供し、または第六章による責任を負わない行為によって、放送番組または技術的記録に著者その他の作成者として、または放送番組に加わることによって発表のための制作に寄与し、それにより次の行為を行ったときは、それらの犯罪による責任に関する規定を適用する。

一　大逆罪、スパイ罪、重大スパイ罪、権限なくして秘密情報を違法に売買する行為、謀反、反逆、国家機密の密告またはそれらの犯罪の未遂、予備もしくは共謀

二　故意に一般には入手することができない公文書を不法に開示し、または開示の時点において公共機関によって課せられていた制限に違反してその公文書を開示した場合で、その行為が故意にまたは特別法に規定されている守秘義務に故意に違反して行われた場合

三　これらの犯罪による刑事責任に関する法律の規定

2　第一章第二条に規定されている目的のために情報または知識を入手し、それにより前項一号の罪を犯したときは、その犯罪に対する責任に関する法律の規定を適用する。

3　特別の立法手続に関する統治法典第二章第二二条1項の規定は、1項三号に基づく法案の発議にも適用する。

第四条〔表現の自由違反〕

1　第一条に規定する犯罪に対する罰則は、その行為が表現の自由に対する犯罪と見なされる場合にも適用する。

2　表現の自由に関する違反行為による損害賠償に関しては、第八章で定める。

3　名誉棄損または第一条1項に規定する侮辱的言語または行動によって有罪とされ、その犯罪が放送番組において行われたときは、裁判所は、他方当事者の申立てにより、裁判所の判決の全部または一部を、同じ放送事業者によって送信される放送番組において再生しなければならないと判決することができる。裁判所は、判決を再生する義務は、裁判所が用意した概略にとどめなければならないと判決することもできる。

第五条〔訂正の公表〕

　表現の自由にかかる犯罪に対する罰則を決定するに際して、裁判所は、訂正が公表されたかどうかに特別の注意を払わなければならない。

第六条〔技術的記録〕

1　表現の自由に対する犯罪を含む技術的記録は、没収することができる。犯罪行為が暴力の不法な描写である場合には、法律に定める特別の法的措置規定を適用する。

2　没収処分に際しては、頒布のためのすべての

複製は、破棄されなければならない。当該技術的記録を複製するために特定的に使用されうる資材は、複製のために使用することはできないようにするための措置がとられなければならない。

第六章　刑事責任

第一条〔編集責任者の責任〕
1　放送番組または技術的記録を使用して行われた表現の自由に対する犯罪による刑法上の責任は、編集責任者が負う。編集代理が編集責任者として行動していたときは、編集代理が負う。
2　第一章第八条に規定する番組以外の実況放送にかかる放送番組に関しては、法律で、番組に参加していた者が自己の発言に対して自己責任を負う旨を定めることができる。

第二条〔所有者および頒布者の責任〕
1　特別の事情がない限り編集責任者が負う表現の自由に対する犯罪による刑法上の責任は、次の場合には、編集責任者を任命する者が負う。
一　犯罪が行われた時点に資格を有する編集責任者がいなかったとき
二　編集責任者の任命が見せかけだけであるか、明らかに第四章第三条に規定されている権限を行使することができなかったとき
三　編集責任者に関する情報が、所定の方法で一般公衆に公開されていなかったとき
2　編集代理を務めていた者が、犯罪が犯された時点にはその資格を失っていたとき、その任命が終了していたときまたは1項二号もしくは三号に記されている状況が存在していたときには、表現の自由に対する犯罪は、責任ある編集者にある。
3　技術的記録が、それを作成させた者に関する第三章第一三条1項に規定する情報を欠いており、その身元を明らかにすることができないとき、またはその者が既知の住所をスウェーデン国内に有せず、訴訟手続中スウェーデン国内において連絡をとることができないときは、技術的記録に関する表現の自由に対する違反行為による責任は、前項に規定された者の代わり頒布者が負うものとする。
4　情報を欠いている場合に関する前項の規定は、提供された情報から技術的記録を作成させた者が外国に居住している場合、または情報が不正確であり、かつ、頒布者がこの事実を知っていた場合にも適用する。

第三条〔抗弁〕
表現の自由に関する犯罪に対する刑事訴訟が提起され、被告人が自己には責任がないと考える事情があると思量した場合には、被告人は主尋問に先立ってその事情について抗弁しなければならない。そうしなかった場合には、被告人は有責と見なされる。

第四条〔推定〕
この章の規定によりある制作により表現の自由に対する犯罪の責任を負う者は、その制作の内容を認識していたものと見なされる。その者は、また、その発行に同意していたものと見なされる。

第七章　監督、訴追および特別の強制措置

第一条〔訴追〕
1　監督および訴追に関する出版の自由に関する基本法第九章第一条から第四条までの規定は、放送番組、技術的記録および表現の自由に関する事件にも準用する。大法官は、技術的記録を利用してなされた暴力の不法な描写、特定民族団体に対する扇動、市民的自由に対する侵害、不法な脅迫、公務員に対する脅迫または技術的記録により実行された裁判の歪曲による責任もしくは没収に関する表現の自由にかかわる事件において、検察官に訴追者としての職務を委任することができる。ただし、事件が表現の自由に対する犯罪、特定住民集団に対する扇動または市民的自由に対する侵害である場合には、公訴を提起する権限を委任することはできない。
2　放送番組に関する事件において、表現の自由に対する違反行為に対して公訴を提起することができる期間は、番組が放送された日から、または第一章第九条1項一号および二号による情報の提供に関する事件の場合には、情報がもはや提供されなくなった日から六カ月とする。第九条1項三号に規定するデータベースから行われる公演については、当該公演から六カ月とする。技術的記録の場合には、記録が発行された日から一カ月とする。ただし、第三章第一三条に規定する情報を欠いている記録については、大法官が記録を認識した日から二年以上経過すると公訴を提起することができないという制限を留保した上で、公訴提起の期間に関する法律の規定を適用する。

第二条〔没収〕
技術的記録に関して表現の自由に対する違反行為がなされ、その犯罪に対して何者も第六章

に基づく責任を負わない場合、検察官または原告は、訴追する代わりに記録の没収を申し立てることができる。違反に対する責任を負う者をスウェーデン国内で召喚することができないときも、同様とする。

第三条〔押収に関する規定の準用〕

1　印刷物の押収についての出版の自由に関する基本法第一〇章の規定は、技術的記録の押収について準用する。第一章第九条1項一号に基づく記録、文書または画像で、表現の自由に対する違反行為の捜査のための押収に関する事件には、出版の自由に関する基本法第一〇章第一四条の規定を準用する。技術的記録については、出版の自由に関する法律第一〇章第六条、第八条2項に代えて、この条の2項および3項を準用する。出版の自由に関する法律第一〇章第四条に規定されている期間が、押収の範囲またはその他の理由により不十分であるときは、裁判所は、大法官の申立てにより期間を延長することができる。その延長は必要な限度を超えてはならず、全体として二週間を超えることはできない。出版の自由に関する基本法第一〇章第三条2項の規定は、大法官がこの章第一条1項に基づいて、表現の自由に関する事件に関し検察官に訴追官の任務を委ねた場合には適用しない。この場合には、大法官の職務に関する出版の自由に関する基本法第一〇章第二条、第四条および第一四条およびこの条の規定を検察官にも準用する。

2　押収命令は、制作物のどの部分が、資料の押収の原因となったのかを指示しなければならない。出版の自由に関する基本法第一〇章第一四条に基づく押収命令を執行するために、命令においてすべての部分を詳細に指示することができないときには、違反とされる部分は、押収の後できるだけ速やかに決定において特定しなければならない。押収は、単に特定のディスク、巻その他当該部分の記録が存在する箇所に限られる。

3　資料を押収する命令の証明書は、できるだけ早く無料で押収が執行された当事者および技術的記録を作成させた者に交付しなければならない。その証明書には、命令が発せられる原因となった記録の部分を指示しなければならない。

第四条〔放送番組の審査〕

有線放送以外の方法で送信される放送番組が、その送信に適用される規定その他の条件に適合しているか否かを、法律で構成が定められ、現在または過去において常勤の裁判官であったか、ある者を委員長とする委員会で審査する旨を、法律で定めることができる。その委員会は、単に意見を表明し、送信者に規定または条件を遵守すべきことを命ずることができるにとどまる。法律により委員会の命令不遵守に対して罰則を付する規定を設けることができる。表現の自由に対する違反行為の責任に関する問題および刑罰の賦課は、常に第三章第五条に基づいて裁判所が審理する。

第五条〔監督および特別の強制措置〕

映画、ビデオ記録または動画を含む技術的記録が不法な暴力を描写することにより表現の自由が乱用されないこと、および暴力および脅迫を含むこのような記録が営利目的で一五歳未満のものに頒布されないことを確保するために、法律で特別の監督措置を定めることができる。その際、監督機関に、不法な暴力描写を含むと推定されうる映画、ビデオ記録または動画を含む技術的記録の複製を一時的に保管する権限を与える規定を置くことができる。

第六条〔統治法典の準用〕

統治法典第二章第二一条から第二三条に含まれている基本的自由および権利の制限に関する規定は、第四条および第五条に基づく措置に適用する。

第八章　損害賠償

第一条〔根拠〕

1　表現の自由に対する犯罪を含んでいる制作物以外の放送番組および技術的記録に対してその内容を理由に損害賠償を請求することはできない。

2　第五章第二条および第三条の規定に基づく損害賠償については、法律で定める。

第二条〔損害賠償責任〕

1　第六章の規定に基づいて刑事責任を負う者は、損害賠償についても責任を負う。損害賠償の請求は、番組を編成している者または技術的記録を作成させた者に請求することもできる。

2　第一章第八条の規定が適用される場合、行為者は、放送の間に行った犯罪による損害に対する責任を負う。損害賠償は、番組を編成している者に請求することもできる。

第三条〔刑事責任の移転〕

刑法上の責任を負うべき者が、違法行為を行った時点にスウェーデン国内に既知の住居を有せず、訴訟手続中連絡をとることができず、その結果、責任が第六章第二条3項に基づいて他の者に移行した場合でも、法律上可能な限り前者に対しても損害の賠償を請求することができる。

第四条〔準用〕

この基本法第六章第四条の規定は、放送番組または技術的記録を利用して行われた表現の自由に対する違反行為による損害賠償にも準用する。この損害賠償に関しては、特定の場合における損害賠償請求に関する出版の自由に関する基本法第一一章第三条から五条の規定を準用する。

第九章　訴訟手続

第一条〔出版の自由に関する法律の準用〕

1　出版の自由に関する事件の訴訟手続に関する出版の自由に関する法律第一二章の規定は、放送番組および技術的記録に関するこれに該当する事件（表現の自由に関する事件）にも準用する。出版の自由に関する法律第一二章第二条による出版の自由に関する法律第八章の規定は、当該事件に関しては、この基本法の第六章に相当することとする。

2　出版の自由に関する事件のために陪審員に任命された者は、表現の自由に関する事件についても陪審員となるものとする。

第一〇章　外国等から発信された放送番組および技術的記録

第一条〔国内で頒布される技術的記録〕

1　第一章から九章および第一一章の規定は、外国で制作され、スウェーデンで頒布するために引き渡されたものにも準用する。記録を作成させた者に関して置かれている別段の規定は、この場合には、スウェーデンで頒布するために引き渡した者に準用する。

2　ただし、出版の自由に関する法律第一三章第六条の規定は、関連する部分を出版のために情報および知識を提供し、取得する権利および匿名の権利に準用する。この場合、出版の自由に関する法律第一章第一条3項および4項の規定は、この基本法第一章第二条に相当するものとする。出版の自由に関する法律第三章の規定は、この基本法第二章に相当するものとする。出版の自由に関する法律第三章第三条の規定は、この基本法第二章第三条に相当するものとする。出版の自由に関する法律第七章第三条1項二号の規定は、この基本法第五章第三条1項二号に相当するものとする。

第二条〔国内で頒布されない技術的記録〕

情報および知識を提供し、入手する権利およびそれを匿名で行う権利が第一条の規定に基づいて適用される場合には、スウェーデン以外の送信者から放送される放送番組およびスウェーデンで頒布されない技術的記録にも、その記録がスウェーデンまたは外国で制作されたか否かにかかわりなく、準用する。ただし、公海または公海の上空から送信される放送番組に関しては、情報を提供および入手する権利に対する例外規定を法律で定めることができる。

第一一章　一般規定

第一条〔出版の自由に関する法律の準用〕

1　再審、控訴審における出版の自由に関する事件の審理およびそれらの迅速な訴訟手続に関する出版の自由に関する法律第一四章第一条から第三条の規定は、この基本法における該当する事件に準用する。

2　この基本法またはこの基本法に基づいて制定された法令において特別の定めが置かれていない限り、法律その他の法令の規定は、完全に適用される。

3　外国人は、法律に特別の定めがない限り、この基本法に基づく表現の自由に関しては、スウェーデン人と同等に扱われる。

9　スペイン

百地　章

解説　236

スペイン憲法　240

前文 …………二四〇
序編 …………二四〇
第一編　基本的権利および義務 …………二四一
第一章　スペイン人および外国人 …………二四一
第二章　権利および自由 …………二四一
第一節　基本的権利および公的自由 …………二四一
第二節　市民の権利および義務 …………二四三
第三章　経済政策および社会政策の指導原則 …………二四四
第四章　基本的権利および自由 …………二四五
第五章　権利および自由の停止 …………二四五
第二編　国王 …………二四六
第三編　国会 …………二四七
第一章　議院 …………二四七
第二章　法律の制定 …………二四九
第三章　国際条約 …………二五〇
第四編　内閣および行政 …………二五一
第五編　内閣と国会の関係 …………二五二
第六編　司法権 …………二五三
第七編　経済および財政 …………二五四
第八編　国の地方組織 …………二五六
第一章　一般原則 …………二五六
第二章　地方行政 …………二五六
第三章　自治州 …………二五六
第九編　憲法裁判所 …………二六〇
第一〇編　憲法改正 …………二六一
付則〔略〕
経過規定〔略〕
廃止規定 …………二六一
最終規定 …………二六二

解説

一　スペイン憲法の制定

スペイン王国は、一四七九年に成立、初めはハプスブルク王家、一八世紀初頭からはブルボン王家によって統治されてきた。一八七三年、共和制に移行したが、翌年には王政復古が行われている。この間、一八一二年に初めて憲法が制定され、その後一八三七年、一八四五年、一八六九年および一八七六年にあいついで憲法が制定されている。

一九三一年四月、共和党および社会党を中心とする勢力によって革命が起こり、第二共和制が成立、同年一二月、憲法が制定された。しかし、一九三六年から三年間にわたって内戦が発生し、一九三九年、フランコ将軍が人民戦線内閣に勝利、これによって第二共和制憲法は事実上廃止されることになった。

フランコ政権下では、統一的な憲法典は存在しなかったが、労働憲章（一九三八年）、スペイン国会創設法（一九四二年）、スペイン人の憲章（一九四五年）、国民投票法（一九四五年）、国家指導者継承法（一九四七年）および国家組織法（一九六六年）などの法律が制定され、これらを総称してスペイン憲法と呼んでいた。

一九七五年、終身国家指導者フランコ総統の死去にともない、ファン・カルロス一世が即位、ここに「国王のいない王国」とよばれたスペインは、名実共に君主国となった。ファン・カルロス一世は、一九三一年の革命の際、国外に亡命したアルファンソ一三世の孫にあたるが、即位後、全体主義政党を除くすべての政党を合法化したり、政治犯の釈放を行うなど、次々と積極的な政治改革を進め、政治の近代化に努めた。そして一九七六年には政治改革法が制定され、上下両院からなる国会が創設され、スアレス首相のもと、さらに政治の民主化が推進されることになった。翌一九七七年の第一回総選挙では、スアレス首相の率いる民主中道連合が勝利、不況、インフレ、失業などの深刻な経済的、社会的危機を克服すべく挙国一致体制が成立し、新憲法が制定されることになった。

同年、憲法起草委員会が設置され、一九七八年四月、憲法草案が発表された。草案は立憲君主制を基調とするものであり、これまで君主制に反対していた共産党も国王の民主化推進政策等を積極的に評価し、草案を支持、社会労働党も草案審議の最終段階で君主制の支持に回った。憲法草案は、同年一〇月三一日、国会において圧倒的多数をもって可決され、一二月六日、国民投票により承認、一二月二七日、国王の裁可を経て、一二月二九日、公布、施行された。

本憲法は、前文および本文一六九カ条からなり、他に付則、経過規定、廃止規定、および最終規定が付されている。

なお、一九八一年二月、クーデタが発生、開会中の国会が占拠されたが、国王の毅然とした態度と行動によってクーデタは未遂に終わり、国王を中心とした国民的結束は一層強化されることになった。一方、翌年の総選挙の結果、社会労働党のゴンサレス内閣が成立、一九八六年の総選挙後も引き続き同内閣が政権を担当している。この間、一九八四年には、ゴンサレス内閣は注目されていたNATO問題につきNATO残留を決定、さらに一九八六年には念願のEC加盟を果たしている。

ちなみに、本憲法は一九九二年、EU条約（マーストリヒト条約）の批准にともない、第一回の改正が行われ、市町村選挙において、相互主義を前提に、外国人にも「被選挙権」が認められることになった（第一三条2項）。さらに、二〇一一年、健全財政条項の導入のため、第二回目の改正が行われ、第一三五条が全面的に書き改められることになった。

二　スペイン憲法の特色

スペイン憲法の特色は、第一に立憲君主制（議会君主制）の採用にあるといえよう。まず、国王の地位については、主権在民のもと（第一条2項）、国王は国家元首であり、「国の統一および永続性の象徴」であることが明記されている（第五六条1項）。また、国王の身体は不可侵であり、かつ国王は無答責である（同条3項）。次に、国王の権能はきわめて広範であり、対内的には㈠法律の裁可および公布、㈡国会の召集および解散、㈢内閣総理大臣および閣僚の任免、㈣文武官の任免、㈤栄典の授与、㈥軍隊の最高指揮権の行使、㈦恩赦などの権限（第六二条）、対外的には、㈠外交使節の任免および信任状の受理、㈡条約締結に対する同意、㈢宣戦講和の権限（第六三条1～3項）のほか、㈣一般的にスペイン国の最高代表権を有する（第五六条1項）など、他の西欧各国君主と比べて強力な権限を有する。ただし、国の政治形態は「議会君主制」であると明記されている（第一条3項）ほか、国王の行為についてはつねに内閣総理大臣または主務大臣の副書が必要とされている（第六四条）。

このように、国王は一方で強力な伝統的君主の装いをまとうとともに、他方では主権在民のもと、象徴とされ、かつ仲裁権および調整権の保持者とされるなど（第五六条1項）、現代的君主の色彩も多分に有しており、この点にスペインの君主制の特徴がうかがわれる。

憲法の第二の特色としては、国会の地位および権能をあげることができよう。まず、国会は二院制を採用し（第六六条1項）、このうち下院は人口に応じ、比例代表によって選出され（第六八条2、3項）、上院は地方代表をもって組織される（第六九条1項）。国会は不可侵とされ（第六六条3項）、国会の権能としては、立法権、予算承認権および内閣の監督権が認められている（第六六条2項）ほか、国家の緊急時（警戒事態、緊急事態）には、内閣の右布告に対する同意権およびコントロール権ならびに戒厳の宣言権を有する（第一一六条）。ちなみに、緊急事態ないし戒厳が内閣および国会によって布告されたときは、法定手続の保障、住居の不可侵、通信の秘密、居住、移転の自由、表現の自由、集会の自由、ストライキ権など広範な権利および自由が停止されうるとしている（第五五条1項）。また、下院は内閣の緊急命令に対する承認権を有し（第八六条2項）、下院の解散時や下院が召集されないときには二一名の議員からなる常設委員会が下院の権限を行使する（第七八条、一一六条5項）。この常設委員会は上院にも置かれているが、これは国家の緊急時にも可能な限り議会による執行権の民主主義的コントロールを確保しようとするものであって、ドイツの合同委員会と同様、一種の緊急議会ということができよう。

このほか、国会に関しては国民発案（第八七条3項）および国民投票（第九二条）が採用されており、注目される。

第三の特色は、憲法裁判所の採用である。同裁判所は一二名の裁判官で構成され（第一五九条1項）、同裁判所には法律の抽象的違憲審査権および憲法訴願の審理権などが認められている（第一六一条1項）。このうち、前者については内閣総理大臣、五〇名の上院議員および自治州議会などが提訴権者とされ、後者については、権利および自由を侵害されたすべての自然人が訴えを提起することができる（一六二条1項）。この憲法裁判所制度についても、ドイツ憲法の影響をうかがうことができよう。

第四に、人権保障については、同憲法は伝統的諸権利および自由のほかに新しい人権を積極的に採用するなど、際立った特色を有する。まず同憲法は「人間の尊厳」および「人格の自由な発展」の尊重を謳い（第一〇条1項）、基本的人権の本質的内容は不可侵であり、基本的人権がすべての公権力を拘束するとしている（第五三条1項）。次に、基本的人権の解釈基準としては世界人権宣言および国際人権規約をあげ（第一〇条2項）、新しい人権としては、プライバシー権および肖像権（第一八条1項）、知る権利（第二〇条）、健康権（第四三条）、文化へのアクセス権（第四四条1項）、環境権（第四五条1項）などきわめて多種多様な権利を保障している。しかしその多くは法律によって具体化されるものとされ、多分にプログラム規定的性格を有すると思われる。

基本的人権については、このほか、国とカトリック教会との協力関係を維持しつつ、宗教の自由を保障し（第一六条）、国防の権利および義務と同時に良心的兵役拒否を認め（第三〇条1、2項）、軍法会議による場合を除いて、平時における死刑制度を廃止する（第一五条）など、伝統的、保守的側面と同時に進歩的側面がうかがわれる。

最後に、同憲法の特色として、自治州制度の採用をあげることができよう。地方行政の単位とされるのは市町村および県であるが、このほかに、とくに歴史的、文化的および経済的に共通性を有する県は一体となって自治州を組織することができる（第一三七条、第一四三条）。これはスペインが多民族国家であり（第二条）、複数の公用語を採用する（第三条）など、伝統的に地方分権主義が根強いことに起因するものである。ちなみに、一九八三年現在、自治州の数は一七州である。

三　出　典

スペイン憲法のテキストとしては、資料の入手の関係から、主として “SPAIN, CONSTITUTION” Constitutional and Parliamentary Information No. 116, 1978を用い、あわせて “Text der Spanischen Verfassung vom 29. Dezember 1978” Jahrbuch des öffentlichen Rechts Bd. 29, 1980および “SPANISH CONSTITUTION” PRESIDENCIA DEL GOBIERNO, 1982を参照した。訳出に当たっては、中川和彦「スペイン憲法」（『レファレンス』昭和五四年五月号）、黒田清彦「新スペイン憲法試訳（上）（下）」（『南山法学』三巻一、二号、一九七九年）および吉川智「スペインの憲法」（『産大法

学』第一五巻第四号、昭和五七年三月）を参照させていただいた。

また、二〇一一年の改正については、“Spain's Constitution of 1978 with Amendments through 2011” CONSTITUTE constituteproject. org によったが、あわせて、三輪和宏「二〇一一年におけるスペイン憲法改正及び政党間合意の成立――財政健全化に向けた欧州連合加盟国の一つの試み」（『レファレンス』平成二四年五月号）を参考にさせていただいた。

スペイン憲法

前文

スペイン国民は、正義、自由および安全を確立し、国民全体の幸福を増進することを念願して、主権を行使し、左のとおり決意を宣言する。

憲法および法律の範囲内において、公正な社会的、経済的秩序に従い、民主的共同生活を保障すること、

国民の意思の表明として、法の支配を確保し、法治国家を強化すること、

すべてのスペイン人およびスペイン各地方住民の人権行使を保護し、ならびに文化、伝統、言語および制度を保護すること、

すべての者に価値ある生活内容を保障するべく、文化および経済の発展を促進すること、ならびに、

進んだ民主的社会を確立すること、

世界のすべての人々の間の、平和的関係および実効性のある援助の強化に協力すること、

それゆえ、国会は左の憲法を可決し、スペイン国民はこれを承認する。

憲法

序編

第一条〔法治国家、主権在民、議会君主制〕

1　スペインは、社会的かつ民主的国家として存立し、法の支配に服し、法秩序の至高の価値として自由、正義、平等および政治的多元主義を擁護する。

2　国家の主権は、スペイン国民に存し、すべての国家権力は国民に由来する。

3　スペイン国家の政治形態は、議会君主制である。

第二条〔国家の統一と自治権の保障〕

憲法は、スペイン国民の永続的統一、すなわちすべてのスペイン人の共通かつ不可分の国家に基礎を置き、これを構成する諸民族および諸地域の自治権、ならびにこれらすべての間の団結を承認し、かつ保障する。

第三条〔公用語〕

1　カスティリア語は、スペイン国の公用語である。すべてのスペイン人は、これに精通する義務を負い、かつこれを使用する権利を有する。

2　スペインのその他の言語もまた、条例に従い、各自治州の公用語とする。

3　スペインの言語的多様性は、文化的遺産であり、特別の尊重および保護の対象とする。

第四条〔国旗、州旗、州記章〕

1　スペイン国旗は、赤、黄、赤の三本の水平縞地から成り、黄の縞地は、赤の縞地の二倍幅とする。

2　条例により、各自治州は各々州旗および州記章を定めることができる。州旗および州記章は、公共建造物および公的儀式において、スペイン国旗とともにこれを用いる。

第五条〔首都〕

国の首都は、マドリード市である。

第六条〔政党結成の自由〕

複数政党の存在は、政治的多元主義の表明であり、政党は、国民意思の形成および表明に協力し、かつ政治参加の基本的手段となる。政党の結成および活動の遂行は、憲法および法律を尊重し、それらに反しない限り自由である。政党の内部組織および活動は民主的でなければならない。

第七条〔労働組合、使用者団体〕

労働組合および使用者団体は、各々固有の経済的、社会的利益の擁護および促進に貢献する。その結成および活動の遂行は、憲法および法律を尊重し、これらに反しない限り自由である。組合および使用者団体の内部組織および活動は、民主的でなければならない。

第八条〔軍隊〕

1　軍隊は、陸、海、空軍によって構成され、スペインの主権および独立を保障し、領土を保全し、憲法秩序を擁護することを使命とする。

2　軍事組織の基本原則については、憲法の諸原則に従い、組織法でこれを定める。

第九条〔公権力の役割と限界〕

1　市民および公権力は、憲法その他の法秩序に従う。

2　公権力は、個人および個人の所属する団体の自由および平等が、現実的かつ実効的なものとなるよう諸条件を整備し、自由および平等の享受を妨げる障害を除去し、かつすべての市民が政治的、経済的、文化的および社会的生活に参加することが容易となるように努めることを任務とする。

3　憲法は、合法性の原則、法規範の体系性、法規範の公示、個人の権利を害しまたは制限する

刑罰手段の不遡及、法的安定性、ならびに公権力の責任および専横的行使の禁止を保障する。

第一編　基本的権利および義務

第一〇条〔基本的人権の尊重〕

1　人間の尊厳、人間の侵すべからざる生来の権利、人格の自由な発展、ならびに法および他人の権利の尊重は、政治的秩序および社会平和の基礎である。

2　憲法が保障する基本的権利および自由に関する規定は、世界人権宣言ならびにスペインが批准した人権に関する国際条約および国際協定に従って、これを解釈する。

第一章　スペイン人および外国人

第一一条〔スペイン国籍、二重国籍〕

1　スペイン国籍は、法律の定めるところに従い、これを取得し、保持し、および喪失する。

2　生来のスペイン人は、何人もその国籍を奪われない。

3　国は、ラテン・アメリカ諸国または過去および現在においてスペインと特別の関係を有する国々と、二重国籍に関する条約を締結することができる。これらの国々においては、その市民に互恵的権利が認められていない場合にも、スペイン人は生来の国籍を失うことなく、帰化することができる。

第一二条〔成年〕

スペイン人は、一八歳をもって成年とする。

第一三条〔外国人、犯罪人引渡、亡命庇護権〕

1　外国人は、条約および法律の定める条件のもと、本編が保障する公的自由を享受する。

2　スペイン人のみが、第二三条で定める権利を有する。ただし、互恵主義の原則に従い、条約または法律によって市町村選挙における選挙権および被選挙権を認める場合は、この限りではない。

3　犯罪人の引渡は、互恵主義の原則に基づき、条約または法律に従ってのみ、これを認める。政治犯は犯罪人の引渡から除外されるが、テロ行為は、これを政治犯とは見なさない。

4　外国から来た市民および無国籍者が、スペイン国内で亡命庇護権を享受しうる条件は、法律でこれを定める。

第二章　権利および自由

第一四条〔法律の前の平等〕

スペイン人は、法律の前に平等であり、出生、人種、性別、宗教、信条、その他いかなる個人的または社会的状況によっても差別されない。

第一節　基本的権利および公的自由

第一五条〔生命権、拷問の禁止、死刑の廃止〕

何人も生命および身体的、精神的不可侵の権利を有し、いかなる場合も、拷問または非人道的もしくは屈辱的な刑罰もしくは取扱いを受けてはならない。死刑は、これを廃止する。ただし、戦時における軍事刑法が定める場合は、この限りではない。

第一六条〔思想および宗教の自由、国教の禁止〕

1　個人および団体の思想、宗教および礼拝の自由は、これを保障する。その表現については、法律で保護する公共の秩序の維持に必要な限りでのみ制限を受ける。

2　何人も、宗教、信仰または思想を表明するよう強制されない。

3　国教は存在しない。公権力は、スペイン社会の宗教的信条を考慮し、カソリック教会およびその他の宗派とのこれまでの協力関係を維持する。

第一七条〔法定手続の保障、逮捕に対する保障〕

1　何人も、自由および安全の権利を有する。いかなる者も、本条の定めるところに従い、かつ法律の定める場合および方法によるのでなければ、その自由を奪われない。

2　予防拘禁は、事実を立証する捜査のために必要な最小限度の期間を超えることはできず、いかなる場合にも、逮捕された者は、最高七二時間以内に釈放され、または司法官憲に引渡されなければならない。

3　逮捕された者は、直ちに、かつ理解可能な方法で、その権利および逮捕の理由を告げられなければならない。自白は、これを強制することはできない。逮捕された者は、法律の定める条件に従い、警察または裁判所の尋問の際、弁護士の立会いを求めることができる。

4　不法に逮捕された者を直ちに司法官憲に引渡すための「人身保護」手続は、法律でこれを定める。

第一八条〔名誉、プライバシー、肖像権、住居の不可侵、通信の秘密〕

1　名誉、個人および家族のプライバシーならびに個人の肖像権は、これを保障する。

2　住居は、不可侵である。いかなる立入りまたは捜査も、現行犯の場合を除いては、所有者の同意もしくは裁判所の決定なしに、これを行うことはできない。
3　通信の秘密、とりわけ郵便、電信および電話による通信の秘密は、これを保障する。ただし、裁判所の決定がある場合は、この限りではない。
4　市民の名誉、個人および家族のプライバシーならびにこれらの権利の完全な行使を保障するため、情報の利用については、法律でこれを制限する。

第一九条〔居住・移転の自由、出入国の自由〕
スペイン人は、自由にその住居を選定し、および国内を移動することができる。
同様に、スペイン人は、法律の定める条件のもと、スペインに自由に出入国する権利を有する。この権利は、政治的または思想的理由により、これを制限することはできない。

第二〇条〔表現の自由、知る権利、事前検閲の禁止〕
1　左に掲げる権利は、これを承認し、かつ保護する。
a　言語、文章その他の表現方法により、思想、観念および見解を自由に表明し、および普及させる権利。
b　文学的、芸術的、科学的および技術的作品ならびに創造の権利。
c　教授の自由。
d　あらゆる広報手段を用いて、真実の情報を自由に伝達し、または受け取る権利。これらの自由を行使する際、良心に訴え、および職業上の秘密を引合いに出す権利は、法律でこれを定める。
2　前項の権利は、いかなる種類のものであれ、事前検閲によって制限することはできない。
3　国またはその他の公共団体に属する社会的伝達手段の組織、および議会的統制については、法律でこれを定める。また、スペインの社会および言語の多元性を尊重し、重要な社会的、政治的集団に対しては、法律により、この伝達手段へのアクセスを保障する。
4　本条の自由は、本編で承認された権利の尊重、これらの権利を具体的に定める法律の規定、ならびにとりわけ名誉権、プライバシー権、個人の肖像権および青少年の保護の権利により制限される。
5　出版物、録音およびその他の情報手段の没収は、裁判所の決定によってのみ、これを認めることができる。

第二一条〔集会の自由〕
1　平穏に、かつ武器を持たずに集会する権利は、これを認める。この権利の行使は、事前の許可を必要としない。
2　公共の往来の場所での集会および示威行進については、官公署へ事前に届け出なければならない。当局は、個人または財産に対する危険をともなう、公共の秩序の侵害が明らかに予想される場合にのみ、これを禁止することができる。

第二二条〔結社の自由〕
1　結社の権利は、これを認める。
2　犯罪を目的とし、またはそれを手段として用いる結社は、違法である。
3　本条に基づいて設立された結社は、一般に公表することのみを目的とする登録簿に、これを登録しなければならない。
4　結社は、理由を付した裁判所の決定によってのみ、これを解散し、またはその活動を停止させることができる。
5　秘密結社および準軍事結社は、これを禁止する。

第二三条〔参政権〕
1　市民は、直接に、または定期的な普通選挙により、自由に選出された代表を通じて、国政に参加する権利を有する。
2　市民はまた、法律の定める要件に従い、等しく公務に就任する権利を有する。

第二四条〔裁判を受ける権利、不利益な供述の強要禁止〕
1　何人も、自己の正当な権利および利益を主張する際、裁判官および裁判所の実効的保護を受ける権利を有し、いかなる場合も弁護権を奪われてはならない。
2　同様に、すべての人は、法律であらかじめ定めた普通裁判官の裁判を受ける権利、弁護士の弁護および立会いを求める権利、告訴されたことを告げられる権利、不当に遅滞することのない、完全に保障された公開の裁判を求める権利、弁護のため適切な証拠を用いる権利、自己に不利益な供述をしない権利、有罪であることを自白させられない権利、および無罪の推定を受ける権利を有する。
血族関係または職業上の秘密を理由に、犯罪の疑いのある事実につき供述を義務づけられない場合については、法律でこれを定める。

第二五条〔遡及処罰の禁止、被拘禁者の権利〕
1　何人も、その当時効力を有した法律によれば、犯罪、過失または行政上の違反とはならない作為または不作為を理由として、有罪とされ、または処罰されない。

2　自由刑および保安処分は、再教育および社会復帰を目的とし、強制労働をともなってはならない。懲役刑に処せられた者は、服役中、本章に掲げる基本的権利を享受する。ただし、判決の内容、刑罰の目的、および監獄法により明らかに制限されている権利は、これを除く。いかなる場合にも、労働に対する報酬および社会保障に相当する利益を受け、ならびに文化に接し、人格の全体的発展をとげる権利を有する。

3　民事行政部は、直接または副次的に、自由の剥奪を意味する制裁を科することはできない。

第二六条〔名誉裁判所の禁止〕

民事行政部および職能組織内の名誉裁判所は、これを禁止する。

第二七条〔教育を受ける権利、教育の自由、教育監督権、大学の自治〕

1　何人も、教育を受ける権利を有する。教育の自由は、これを認める。

2　教育は、民主的共存の原則、ならびに基本的権利および自由を尊重し、人格の完全な発展をはかることを目的とする。

3　公権力は、親が子に対し、その信仰にふさわしい宗教的および道徳的教育を受けさせる権利を保障する。

4　基礎教育は義務であり、かつ無償とする。

5　公権力は、一般的教育計画を通じ、すべての関係部門の実効的参加と教育施設の設置により、何人に対しても教育を受ける権利を保障する。

6　自然人および法人は、憲法の諸原則を尊重する限り、教育施設を設置する権利を認められる。

7　教師、親および場合により生徒は、法律の定める条件のもと、政府により公金で維持されているあらゆる教育機関の管理および運営に参加することができる。

8　公権力は、法律の遵守を確保するべく、教育組織を監督し、および統制する。

9　公権力は、法律の定める条件を満たした教育施設を援助する。

10　大学の自治は、法律の定める条件のもと、これを認める。

第二八条〔労働組合の自由、ストライキ権〕

1　何人も、自由に労働組合を結成する権利を有する。軍隊または軍事施設その他軍事的規律に服する団体については、法律により、この権利の行使を制限または禁止することができ、公務員については、その行使につき、職務の特殊性に応じて、法律で制限を加える。労働組合の自由は、労働組合を結成し、自己の選択する組合に参加する権利、ならびに労働組合連合および国際労働組合組織を結成し、もしくはこれに加盟する権利を含む。何人も、労働組合に加入することを強制されない。

2　労働者が自己の利益を守るためストライキを行う権利は、これを認める。この権利の行使を規律する法律は、不可欠な社会的役務の維持を確保するために必要な保障を定める。

第二九条〔請願権〕

1　すべてのスペイン人は、書面により、法律の定める様式および方法に従って、個別的および集団的に請願する権利を有する。

2　軍隊または軍事施設、その他軍事的規律に服する団体の構成員は、個別的に、かつ特別法の定めるところに従ってのみ、請願権を行使することができる。

第二節　市民の権利および義務

第三〇条〔国防の権利および義務、良心的兵役拒否〕

1　市民は、スペインを防衛する権利および義務を有する。

2　法律は、スペイン人の兵役義務を定め、必要な保障を付したうえで、良心的兵役拒否、およびその他強制的兵役の免除の事由を規定する。その際、場合により、兵役に代わる社会的役務を課することができる。

3　一般的利益目標の達成のため、非軍事的役務は、これを定めることができる。

4　重大な危険、自然災害、または公的災厄の場合における市民の義務は、法律でこれを定めることができる。

第三一条〔納税の義務〕

1　何人も、平等および累進の原則に基づく公正な租税制度により、その経済能力に従って、公費の支出を負担するものとする。ただし、いかなる場合においても、租税制度は財産を没収する性質のものであってはならない。

2　公費の支出は、公の財産を公正に配分する方法で行い、その計画および執行は、効率と節約の基準に従うものとする。

3　公的性格の労役および財産の負担は、法律に従ってのみ、これを課することができる。

第三二条〔婚姻と両性の平等〕

1　男子および女子は、法律上完全に平等に、婚姻する権利を有する。

2　婚姻の形式、婚姻の年齢および能力、夫婦の権利および義務、別居および離婚の事由、ならびにその効果については、法律でこれを定める。

第三三条〔財産権〕

1　私有財産および相続権は、これを認める。

2　前項の権利の内容は、その社会的機能に照らし、法律で制限するものとする。

3　何人も、公共の利益または社会的利益のため正当な理由があり、かつ法律の定めるところにより正当な補償がなされる場合を除いて、その財産および権利を奪われない。

第三四条〔財団設立の権利〕

1　一般的利益を目的とし、財団を設立する権利は、法律に従い、これを認める。

2　第二二条2項および4項の規定は、財団にこれを準用する。

第三五条〔勤労の義務と権利、職業選択の自由〕

1　すべてのスペイン人は、勤労の義務を有し、かつ労働権、職業を自由に選択する権利、勤労を通して昇進する権利、ならびに自己および家族の必要を満たすのに十分な報酬を得る権利を有する。いかなる場合にも、性別による差別は、これをしてはならない。

2　労働者に関する規則は、法律でこれを定める。

第三六条〔職能団体〕

職能団体の法的地位、および資格を必要とする職業の遂行については、その特殊性に応じて、法律でこれを定める。職能団体の内部構造および活動は、民主的でなければならない。

第三七条〔団体交渉権、争議権〕

1　労働者および使用者の双方の代表による団体交渉権、ならびに労働協約の拘束力は、法律でこれを保障する。

2　労働者および使用者が集団的労働争議手段を採用する権利は、法律でこれを認める。この権利の行使を規律する法律は、権利の制限のほか、共同体の主要事業の活動を確保するために必要な措置を定める。

第三八条〔企業の自由〕

企業の自由は、市場経済の範囲内でこれを認める。公権力は、経済全体の必要、および場合によっては経済計画の必要に応じて、企業活動および生産性の保護を保障する。

第三章　経済政策および社会政策の指導原則

第三九条〔家庭、子供および母親の保護〕

1　公権力は、家庭の社会的、経済的および法的保護を保障する。

2　公権力はまた、子供の完全な保護を保障し、子供は、その出生にかかわりなく、法の前に平等である。公権力は、民法上の地位のいかんを問わず、母親の完全な保護を保障する。父親の調査は、法律でこれを認める。

3　親は、嫡出たると、非嫡出たるとを問わず、子供が未成年の間、およびその他法的に定められている場合、あらゆる種類の養育を行わなければならない。

4　子供は、その権利を保障する国際条約で定められた保護を享受する。

第四〇条〔所得配分の公平、完全雇傭政策、労働政策〕

1　公権力は、経済安定政策の範囲内で、社会および経済の進歩のため、ならびに個人的、地域的所得のより公平な配分のため、適切な条件を創出するものとする。公権力は、完全雇傭政策の実現のため、とくに配慮する。

2　公権力はまた、職業訓練および再雇傭を保障する政策を促進し、労働の安全および衛生を確保し、ならびに労働時間の制限、定期的有給休暇、および適切な施設の設置により、十分な休暇を保障する。

第四一条〔社会保障制度〕

公権力は、すべての市民に対し、困窮状態、とりわけ失業の場合において、十分な社会的援助および社会的給付を保障するため、公的社会保障制度を維持する。

第四二条〔在外スペイン人労働者の保護〕

国は、在外スペイン人労働者の経済的、社会的権利の保護のため、とくに留意し、かつその帰国政策を推進する。

第四三条〔健康権、公衆衛生の保護〕

1　健康保護に対する権利は、これを認める。

2　予防政策および必要な援助、事業により公衆衛生を組織し保護することは、公権力の責務である。この点に関するすべての人の権利および義務は、法律でこれを定める。

3　公権力は、保健衛生教育、体育およびスポーツを奨励する。公権力はまた、余暇の適切な利用を促進する。

第四四条〔文化へのアクセス権、学問、研究の奨励〕

1　公権力は、何人にも認められる文化へのアクセス権を促進し、およびこれを保護する。

2　公権力は、全体の利益のために、学問および科学的、技術的研究を奨励する。

第四五条〔環境権、環境保全の義務〕

1　何人も、人格の発展にふさわしい環境を享受する権利を有し、およびこれを保護する義務を負う。

2　公権力は、生活水準を維持、向上し、および環境を保護、回復するために、あらゆる自然資源の合理的利用に留意する。このため、公権力は、国民全体の連帯および支持を得なければならない。

3　前項の規定に違反した者については、法律の定める条件のもと、刑事罰、または場合により行政罰ならびに損害賠償義務を課する。

第四六条〔歴史的、文化的、芸術的財産の保護育成〕

公権力は、スペイン国民の歴史的、文化的および芸術的財産、ならびにその構成部分につき、法的地位および所有者のいかんにかかわらず、その保護をはかり、かつその育成を奨励する。

第四七条〔住居権、土地利用の規制〕

すべてのスペイン人は、相応の、適切な住居を享受する権利を有する。公権力は、この権利を実効的たらしめるため、必要な条件を整備し、適切な基準を定めるとともに、投機を防止するため、全体の利益に合致するよう、土地利用の規制を行う。

地域社会は、公共団体の都市計画により生ずる利益を享受する。

第四八条〔青少年の政治、社会、経済、文化への参加〕

公権力は、青少年の政治的、社会的、経済的および文化的発展への自由かつ実効的参加を確保するため、条件を整備する。

第四九条〔障害者の保護〕

公権力は、身体的、心理的および精神的障害者の予防、治療、更生および社会復帰政策を実施し、障害者に対し、必要な特別の看護を行う。また、公権力は、これらの障害者に対し、本編ですべての市民に保障されている権利が享受できるよう、特別の保護を与える。

第五〇条〔老齢者の保護〕

公権力は、適切な、かつ定期的に更新される年金により、老齢者のための十分な生計を保障する。公権力はまた、家族の義務とは別に、これらの者の健康、住居、教養および余暇に関する特別問題の解決のため、社会事業を通じ、その福祉を増進する。

第五一条〔消費者の保護〕

1　公権力は、消費者を保護し、および実効的手段を用いて、消費者の安全、健康および正当な経済的利益を擁護する。

2　公権力は、法律の定める条件のもと、消費者への情報提供および教育を促進し、消費者の組織化を奨励し、かつ、その構成員に影響を及ぼすあらゆる事項につき、その組織に対して意見の聴取を行う。

3　1、2項の範囲内で、法律により、国内取引および商品許可制度を定める。

第五二条〔同業者組織〕

組織独自の経済的利益の擁護を目的とする同業者組織については、法律でこれを定める。その内部構造および活動は、民主的でなければならない。

第四章　基本的権利および自由

第五三条〔基本的人権の権力拘束性と本質的内容の不可侵、司法的保護〕

1　本編第二章で定める権利および自由は、すべての公権力を拘束する。第一六一条1項a号に従い保護されるこれらの権利および自由の行使は、法律によってのみ規制され、いかなる場合にも、その本質的内容が尊重されなければならない。

2　すべての市民は、第一四条および第二章第一節で認められた自由および権利の保護のため、優先主義および略式手続により、通常裁判所に訴えることができる。また、場合により、憲法訴願の方法により、憲法裁判所に訴えることができる。憲法訴願は、第三〇条の認める良心的兵役拒否にも、これを適用することができる。

3　立法、司法および公権力の行使に当たっては、第三章で定める原則の承認、尊重および擁護が、その基準とされる。これらの原則は、具体的な法律の規定に従ってのみ、通常裁判所がこれを適用する。

第五四条〔オンブズマン制度〕

本編で定める権利を擁護するため、組織法により、国会の最高受任機関たる護民官制度を設置し、国会でこれを任命する。この目的のため、護民官は行政府の活動を監視し、国会にこれを報告する。

第五章　権利および自由の停止

第五五条〔非常事態および戒厳時ならびにテロリストに対する人権の停止〕

1　第一七条、第一八条2、3項、第一九条、第二〇条1項a、d号、5項、第二一条、第二八条2項および第三七条2項は、憲法の定める条件に従い、緊急事態ないし戒厳の布告がなされたときは、これを停止することができる。第一七条3項は、緊急事態の布告の場合には本項前段の規定から、これを除外する。

2　第一七条2項および第一八条2、3項で定める権利は、個別的に、かつ必要な司法の関与および適切な議会の統制のもと、武装集団またはテロリスト集団の行動調査と関連して、特定の人物に対し、これを停止することができる。その方法および場合については、組織法でこれを定める。

本項にいう組織法を不当に利用し、またはこれを濫用した場合は、法律で定める権利および自由の侵害として、刑事責任を負う。

第二編　国王

第五六条〔国王の地位、権能および称号、国王の無答責性〕

1　国王は、国家元首であり、国の統一および永続性の象徴である。国王は、諸制度の正常な機能を仲裁、調整し、国際関係、とりわけ歴史的にスペインと同一の共同体を形成してきた国々との関係において、スペイン国の最高代表権を有し、ならびに憲法および法律が明示的に付与する機能を行使する。

2　国王の称号は、スペイン国王であり、国王は王位にふさわしいその他の称号を用いることができる。

3　国王の身体は不可侵であり、かつ国王は無答責である。国王の行為は、常に第六四条で定める方式により副署され、副署を欠くときは、その行為は効力を有しない。ただし、第六五条二項に定める場合は、この限りではない。

第五七条〔王位の継承〕

1　スペイン王位は、歴史的王朝の正当な継承者であるブルボン家ドン・ホアン・カルロス一世陛下の後継者が、これを世襲する。王位継承は、長子相続および代襲相続の規則に従い、常に長系が他の家系に優先する。また、同一家系内では、最近親等が他の親等に、同一親等内では、男子が女子に、同性間では、年長者が年少者に、それぞれ優先する。

2　皇太子は、出生の時より、または任命の事実が発生した時より、アストリアス皇子の称号、およびその他スペイン国王の継承者が伝統的に保持する称号を有する。

3　法律で定めるすべての家系が消滅したときは、スペインの利益に最も合致する方法で、国会が王位継承者を任命する。

4　王位継承権を有する者が、国王および国会の明示的禁止に違反して婚姻をなしたときは、本人およびその子孫は、王位継承権を剥奪される。

5　退位、譲位および王位継承に関する、事実上または法律上の疑義については、組織法により、これを解決する。

第五八条〔国王の配偶者〕

配偶者たる王妃または女王の配偶者は、摂政となる場合を除き、憲法上の権限を行使することはできない。

第五九条〔摂政〕

1　国王が未成年の場合は、国王の父または母が、また両親がいないときは、憲法の定めるところに従い、王位継承順位の最も近い成年親族が、直ちに摂政に就任し、国王が未成年の間、摂政の職務を行う。

2　国王が、その権能の行使能力を失い、国会がこれを承認したときは、皇太子は、成年に達している場合、直ちに摂政の権能を行使する。皇太子が未成年のときは、成年に達するまで、前項で定める手続に従う。

3　摂政となるべき者がいないときは、国会がこれを任命する。摂政は一名、三名または五名とする。

4　摂政に就任するためには、スペイン人であること、および成年に達していることを必要とする。

5　摂政は、憲法の委任により、かつ常に国王の名において、これを行う。

第六〇条〔未成年国王の後見人〕

1　国王が未成年のときは、先代国王の遺言により指名された、成人の、出生によるスペイン人が、後見人となる。後見人の指名がないときは、国王の父または母が、それぞれ配偶者を有しない場合に限り、後見人となる。父または母がいないときは、後見人は、国会がこれを指名する。ただし、国王の父、母または直系尊属を除き、同一人が摂政および後見人を兼任することはできない。

2　後見人は、政治的職務または代表権を行使することはできない。

第六一条〔国王、皇太子および摂政の宣誓〕

1　国王は、国会における即位の宣言にあたり、その職務を誠実に執行すること、憲法および法律を遵守しかつ遵守せしめること、ならびに市民および自治州の権利を尊重することを宣誓する。

2　皇太子は、成人に達したとき、また摂政は、就任の際、前項の宣誓および国王に対する忠誠の宣誓を行う。

第六二条〔国王の権能〕

国王は左の権能を行う。

a　法律を裁可し、およびこれを公布すること。

b　国会を召集し、およびこれを解散すること、ならびに憲法の定める条件に従い、選挙を公示すること。

c　憲法の定める場合に、国民投票を公示すること。

d　内閣総理大臣の候補者を指名し、および場合により、憲法の定めるところに従い、内閣総理大臣を任命し、または罷免すること。

e　内閣総理大臣の提案に基づき、閣僚を任命し、および罷免すること。

f　閣議において承認された政令を公布すること、文官および武官を任命すること、ならびに法律に従い、栄典を授与すること。

g　国事に関する報告を受けること、このため、国王が適当と見なすときは、内閣総理大臣の要請に基づき、閣議を主宰すること。

h　軍隊の最高指揮権を行使すること。

i　法律に従い、恩赦を与えること。ただし、一般的恩赦を与えることはできない。

j　王立学士院の最高の保護者たること。

第六三条〔国王の対外的権能〕

1　国王は、大使その他の外交代表に信任状を与える。スペインに着任した外国の代表は、国王に信任状を奉呈する。

2　国王は、憲法および法律に従い、条約により国際的義務を負うことに対して、国の同意を表明する。

3　国王は、国会の承認のもと、宣戦を布告し、および講和を行う。

第六四条〔大臣の副署〕

1　国王の行為については、内閣総理大臣が副署し、場合により、主務大臣が副署する。内閣総理大臣の指名および任命、ならびに第九九条に定める解散については、下院議長が副署する。

2　国王の行為については、これに副署した者が責任を負う。

第六五条〔王室の会計、文武官の任免〕

1　国王は、王族および王室の維持のため、王の予算より一定の総額を受け、これを自由に配分する。

2　国王は、王室の文官および武官を自由に任命し、およびこれを罷免する。

第三編　国会

第一章　議院

第六六条〔国会の地位および権能、両院制、国会の不可侵性〕

1　国会は、スペイン国民を代表し、下院および上院でこれを構成する。

2　国会は、国の立法権を行使し、予算を承認し、内閣の行為を監督し、および憲法が付与するその他の権力を行使する。

3　国会は、不可侵である。

第六七条〔議員の兼職および命令的委任の禁止〕

1　何人も、同時に両議院の議員となることはできない。また、下院議員は、同時に自治州議会の議員となることはできない。

2　国会議員は、選挙民による命令的拘束を受けない。

3　法律の定める手続によらないで召集された国会の会議は、議員を拘束しない。また、この場合、国会議員はその職務を行使し、および特権を享受することはできない。

第六八条〔下院議員の定数、選挙、議員の任期、選挙権および被選挙権〕

1　下院は、最低三〇〇名、最高四〇〇名の議員で構成し、法律の定める条件に従い、普通、自由、平等、直接および秘密選挙で、これを選出する。

2　選挙区の単位は、県とする。セウタおよびメリラ市は、各々一名の下院議員をもって、これを代表する。下院議員の総数は、法律により、各々選挙区に同数の最低議員数を配分し、残余は、人口数に比例して配分する。

3　選挙は、各々の選挙区において、比例代表に基づき、これを行う。

4　下院は、四年ごとに選挙を行う。下院議員の任期は、選挙から四年であり、議院が解散されたときは、その日に終了する。

5　政治的権利を完全に行使する資格のあるスペイン人は、すべて選挙権者であり、被選挙資格を有する。

スペイン国外に在住する　スペイン人の選挙権行使については、法律でこれを定め、国は、そのための便宜をはかる。

6　選挙は、任期満了三〇日ないし六〇日以内にこれを行う。下院は、選挙終了後二五日以内に、召集されなければならない。

第六九条〔下院議員の選挙、自治州の特例、議員の任期〕

1　上院は、地方代表をもって組織する議院である。

2　上院議員は、各県ごとに、四名ずつこれを選出する。選挙は、各県の有権者による、普通、自由、平等、直接および秘密選挙とし、その条件は、組織法でこれを定める。

3　島嶼部の県においては、「カビルド」ないし島嶼議会を有する各島嶼、または島嶼グループをもって、上院議員選挙の選挙区とする。議員の定数は、三大島——グラン・カナリア島、マリョルカ島およびテネリフェ島——においては三名、左の島嶼ないし島嶼グループにおいては一名とする。

イビサ・フォルメンテーラ、メノルカ、フェルテベントゥーラ、ゴメラ、イエーロ、ランサローテおよびラ・パルマ

4　セウタおよびメリラ市は、各々二名の上院議員を選出する。

5　自治州は、さらに一名の上院議員を選出し、住民一〇〇万人を超すごとに、さらに一名ずつこれを選出する。この選出は、条例の定めるところに従い、立法議会が行い、立法議会を欠くときは、自治州最高会議機関がこれを行う。条例は、いかなる場合も、適切な比例代表制を保障する。

6　上院は、四年ごとに選挙を行う。上院議員の任期は、選挙から四年であり、議院が解散されたときは、その日に終了する。

第七〇条〔議員の資格〕

1　下院議員および上院議員の欠格事由、および兼職禁止については、選挙法でこれを定める。左に掲げる者は、議員資格を有しない。

a　憲法裁判所の裁判官。

b　法律で定める幹部国家公務員。ただし、内閣閣僚は、これを除く。

c　護民官。

d　現職の知事、裁判官および検察官。

e　現職の職業軍人、保安隊員および警察官。

f　選挙管理委員会の委員。

2　両議院議員の当選証明書および資格証明書の効力については、選挙法の定める条件のもとに、司法的統制に服する。

第七一条〔議員の発言の無答責、不逮捕特権および歳費〕

1　下院議員および上院議員は、職務遂行中に述べた意見に対し、責任を問われない。

2　下院議員および上院議員は、また、その任期中、不逮捕特権を有し、現行犯の場合を除いては、逮捕されない。議員は、各議院の事前の許可なしに、起訴され、または裁判を受けない。

3　下院議員および上院議員に対する裁判は、最高裁判所の刑事部が、管轄権を有する。

4　下院議員および上院議員は、各議院の定める歳費を受ける。

第七二条〔議院規則の制定、役員の選出、両議院合同会議、議長の権限〕

1　両議院は、各々議院規則を含め、予算を独立して承認し、両議院の一致により、国会人事規則を制定する。議院規則およびその改正は、すべて最終投票に付され、絶対多数の賛成を必要とする。

2　両議院は、各々議長および議院運営委員会の委員を選出する。両議院合同会議は、下院議長がこれを主宰し、両議院の各々絶対多数で可決した国会議事規則に従って、これを行う。

3　両議院の議長は、議院の名において、各議院内における行政権および警察権を行使する。

第七三条〔常会および臨時会〕

1　両議院は、毎年二回、常会を召集する。第一回常会は、九月から一二月まで、第二回常会は、二月から六月までとする。

2　両議院は、内閣、常設委員会、または各議院の議員の絶対多数の要求により、臨時会を召集することができる。臨時会は、議事日程を定めてこれを召集し、議事日程が終了したとき、閉会する。

第七四条〔両議院合同会議、合同委員会〕

1　両議院は、第二編で国会に明示的に付与された非立法的権限を行使するために、両議院合同会議を召集する。

2　第九四条1項、第一四五条2項および第一五八条2項で定める国会の決議は、両議院の各々多数決により、これを採択する。第一の場合には、下院でこれを先議し、第二および第三の場合には、上院でこれを先議する。いずれの場合も、上下両議院の間で合意が得られないときは、両議院の同数の議員によって構成する合同委員会で、合意を得るよう努めなければならない。合同委員会は、修正案を提出し、これを両議院の表決に付する。修正案が所定の方式で可決されないときは、下院が、絶対多数でこれを可決する。

第七五条〔本会議および委員会、常設立法委員会

への議決委任〕

1　両議院は、本会議および委員会において活動する。

2　両議院は、常設立法委員会に対し、政府提出の法律案または議院提出の法律案の議決を委任することができる。ただし、本会議は、この委任の対象とされた政府提出法案または議院提出法案の審議および表決を、いつでも要求することができる。

3　憲法改正、国際問題、組織法および基礎法ならびに国の一般予算は、前項の規定からこれを除外する。

第七六条〔議院の国政調査権〕

1　下院および上院、ならびに場合により、両議院は共同して、公共の利益にかかわる問題につき、調査委員会を設置することができる。委員会の結論は、裁判所を拘束せず、また判決に影響を及ぼさない。ただし、調査結果は、必要な場合、適切な措置が実施できるよう、これを検察庁に送付することを妨げない。

2　議院によって出頭を命ぜられた者は、出頭しなければならない。出頭義務に応じない者に対する罰則は、法律でこれを定める。

第七七条〔議院に対する請願〕

1　両議院は、常に書面により、個人的および集団的請願を受理することができる。市民の示威運動による直接の請願は、これを禁止する。

2　両議院は、受理した請願を内閣に送付することができる。内閣は、議院からの要請があるときは、請願内容について、見解を表明しなければならない。

第七八条〔常設委員会〕

1　各議院には、少なくとも二一名からなる常設委員会を置く。委員は、院内各会派を代表し、その議員数に比例して、これを選出する。

2　常設委員会は、各議院の議長がこれを主宰し、次の職務を行う。第七三条に定める職務を行うこと、両議院が解散され、または議員の任期が満了したときは、第八六条および第一一六条により、両議院の権限を行使すること、ならびに両議院が召集されないときは、両議院の権能を行使すること。

3　議員の任期が満了し、または国会が解散されたときは、常設委員会は、新国会が成立するまで、その職務を行う。

4　議院が召集されたときは、常設委員会は、その取扱事項および決定事項につき、報告を行う。

第七九条〔議院の定数および議決〕

1　決議を採択するために、両議院は法令に従い召集され、議員の過半数が出席することを必要とする。

2　決議が有効となるためには、出席議員の過半数の賛成を必要とする。ただし、憲法および組織法が定める場合、ならびに議院規則が定める場合には、特別多数とすることを妨げない。

3　上院議員および下院議員の投票は、議員本人が行い、代理投票は、これを認めない。

第八〇条〔会議の公開、秘密会〕

両議院の本会議は、公開とする。ただし、絶対多数により、または議院規則に従い、各議院において反対の決議がなされたときは、この限りではない。

第二章　法律の制定

第八一条〔組織法〕

1　基本的権利および自由の発展に関する法律、自治州条例および一般的選挙制度を承認する法律、ならびに憲法で定めるその他の法律は、これを組織法という。

2　組織法の承認、改正または廃止については、法律案全体に関する最終投票において、下院議員の絶対多数の賛成を必要とする。

第八二条〔立法の委任〕

1　国会は、前条に含まれない特別の事項につき、法律に代わる命令を発する権限を、内閣に委任することができる。

2　立法の委任は、その目的が条文化された法案の作成であるときは、基礎法により、多数の法案を一つの法案にとりまとめるときは、普通法により、これを行わなければならない。

3　立法の委任は、内閣に対し、目的および行使の期限を明確に定めたうえで、これを行わなければならない。立法の委任は、内閣がこれを行使し、当該命令を発したとき、消滅する。立法の委任は、黙示的に、または期限を定めずに承認されたものと解することはできない。また、内閣以外の機関に対する再委任は、これを認めない。

4　立法の委任の目的および範囲、ならびに立法の委任の行使の際の原則および基準は、基礎法でこれを明確に定める。

5　数個の法案をとりまとめるため委任するときは、委任の及ぶ規範的範囲を定めて、これを行う。ただし、委任の際には、単一法案の作成に限定するのか、とりまとめるべき数個の法案の整理、解説および相互調整も含むのかを、明らかにしなければならない。

6 授権法は、裁判所の固有の管轄権を侵害しない限り、いつでも特別の統制方法を定めることができる。

第八三条〔基礎法の限界〕

いかなる場合にも、基礎法により、左の事項を行うことはできない。

a 基礎法そのものの改正。

b 遡及効をともなう法令を発する権限を付与すること。

第八四条〔授権法に反する議院提出の法律案の取扱い〕

議院提出の法律案または修正案が、現行の立法委任に違反するときは、内閣はその可決に反対することができる。その際、授権法の全体または一部廃止のため、議院は法律案を提出することができる。

第八五条〔委任命令〕

立法委任に基づく政府の命令は、これを委任命令とよぶ。

第八六条〔緊急命令〕

1 特別かつ緊急の必要がある場合には、内閣は代行命令の形式をとる暫定法を発することができる。ただし、この命令は、国の基本的制度の秩序、第一編に定める市民の権利、義務および自由、自治州制度ならびに一般選挙法に影響を及ぼすものであってはならない。

2 代行命令はすべて、審議および表決に付するため、直ちにこれを下院に提出しなければならない。下院が閉会中のときは、右の目的のため、命令の公布後三〇日以内に、これを召集しなければならない。下院は、所定の期間内に、命令の承認または廃止につき、明確に意思を表明しなければならない。このため、議院規則により、特別の略式手続を定める。

3 前項で定める期間内に、下院は、緊急手続により、命令を政府提出の法律案として取り扱うことができる。

第八七条〔法律案の提出権、国民発案〕

1 内閣、下院および上院は、憲法および議院規則に従い、法律案の提出権を有する。

2 自治州議会は、内閣に対し、法律案を採択し、または議院提出の法律案を下院議院運営委員会に送付するよう要求することができる。自治州議会は、最高三名の議員を、その説明のため派遣することができる。

3 議院提出の法律案の提案を求める、国民発案の方法および要件については、組織法でこれを定める。国民発案には、最低五〇万名以上の正式な署名を必要とする。ただし、組織法、税制、国際関係および恩赦権に関するものは、これを認めない。

第八八条〔政府提出の法律案〕

政府提出の法律案は、閣議で決定し、議決に必要な立法趣意書および先例を添付の上、これを下院に送付する。

第八九条〔議院提出の法律案〕

1 議院提出の法律案の取扱い方法は、議院規則でこれを定める。ただし、政府提出の法律案の優先のため、第八七条で定める法律案提出権が妨げられてはならない。

2 第八七条により、上院で可決した議院提出の法律案は、審議のため、これを下院に送付する。

第九〇条〔法律案の議決、下院の優越、緊急立法〕

1 普通法または組織法の法律案が、下院で可決されたときは、下院議長は、直ちにこれを上院議長に報告し、上院議長は、これを上院の審議に付する。

2 法律案を受け取った後、三カ月以内に、上院は理由を付したうえ、これを否決し、または修正可決することができる。否決には、絶対多数の賛成を必要とする。上院が否決したときは、下院の絶対多数により、また、法律案が上院に提出されて後、二カ月以内に議決されないときは、下院の単純多数により、原案が可決されない限り、または上院が修正可決したときは、下院が単純多数により、これを採択するか否か決定しない限り、国王に対し法律案の裁可を求めることはできない。

3 法律案の否決ないし修正のため、上院に認められた二カ月の審議期間については、内閣または下院が法律案を緊急なものと宣言した場合、これを二〇日に短縮する。

第九一条〔国王の裁可、法律の公布〕

国王は、国会が可決した法律を、一五日以内に裁可し、公布し、および直ちにこれを公刊するよう命ずる。

第九二条〔国民投票〕

1 とくに重要な政治的決定は、これをすべての市民の諮問的国民投票に付することができる。

2 国民投票は、内閣総理大臣の提案に基づき、下院の承認を得た後、国王がこれを布告する。

3 本憲法で定める、種々の国民投票の条件および手続は、組織法でこれを定める。

第三章 国際条約

第九三条〔国際機関への権限移譲〕
憲法に由来する権限を、国際組織または国際機関に移譲する条約の締結は、組織法により、これを承認する。これらの条約、および権限を付与した国際組織または超国家的組織による決議の履行は、場合により、国会または内閣がこれを保持しなければならない。

第九四条〔条約の国会承認〕
1　左の場合には、条約または協定の締結により、国が義務を負う際、国会の事前の承認を得なければならない。
a　政治的性格を有する条約。
b　軍事的性格を有する条約または協定。
c　国の領土の保全、または第一編で定める基本的権利および義務に影響を及ぼす条約または協定。
d　国庫に対する財政的負担を含む条約または協定。
e　法律の改正または廃止をともなう、もしくは実施のため立法措置を必要とする条約または協定。
2　下院および上院は、その他の条約または協定の締結について、直ちに報告を受ける。

第九五条〔憲法と条約〕
1　憲法に違反する条項を含む国際条約を締結する際は、事前に、憲法の改正を必要とする。
2　内閣またはいずれかの議院は、条約が憲法に違反しないかどうかの宣言を、憲法裁判所に求めることができる。

第九六条〔条約の国内法的効力および廃棄〕
1　有効に締結された国際条約は、スペイン国内で公布された後は、国内法秩序の一部を構成する。その規定は、当該条約に定める方法または国際法の一般法原則に従ってのみ、これを廃止し、改正し、または停止することができる。
2　国際条約および国際協定を廃棄する際は、第九四条で定める、条約締結の際と同じ手続をとらなければならない。

第四編　内閣および行政

第九七条〔内閣の権能〕
内閣は、内政および外交、行政および軍事行政、ならびに国防を指揮する。内閣は、憲法および法律に従い、執行権および命令を発する権限を有する。

第九八条〔内閣の組織、内閣総理大臣および閣僚の権限〕
1　内閣は、内閣総理大臣、場合により副総理大臣、国務大臣およびその他の法律で定める閣僚によって、これを組織する。
2　内閣総理大臣は、内閣の行為を指揮し、その他の閣僚の職務権限を調整する。ただし、閣僚が職務権限を行使する際には、その権限を侵害してはならず、および直接その責任を負わされない。
3　閣僚は、議員に固有の権限以外の代議的権限、もしくは職務に由来しない公的権限を行使し、または専門職もしくは営利的活動を行うことはできない。
4　閣僚の身分および兼業禁止については、法律でこれを定める。

第九九条〔内閣総理大臣の任命〕
1　下院の改選の都度、および憲法の定めるその他の場合に、国王は議会に代表を有する政治的会派の指名する代表と事前に協議したうえ、下院議長を通じて、内閣総理大臣の候補者を推薦する。
2　前項の規定により推薦された候補者は、下院に対し、組閣しようとする内閣の政治方針を表明し、議院の信任を求める。
3　下院が、議員の絶対多数の投票により、前項の候補者に対し、信任を与えたときは、国王は、この候補者を内閣総理大臣に任命する。絶対多数の信任が得られないときは、投票後四八時間以内に、再投票を行い、単純多数の賛成があれば、信任が得られたものと見なす。
4　前項の投票により、任命のための信任が得られないときは、前の各項に定める方法により、新たに候補者を推薦し、信任投票を行う。
5　第一回の信任投票後、二カ月以内に、いずれの候補者も下院の信任を得ることができないときは、国王は下院を解散し、下院の副署のもと、新たに選挙を公示する。

第一〇〇条〔閣僚の任命および罷免〕
内閣のその他の閣僚は、内閣総理大臣の申し出に基づき、国王がこれを任命し、および罷免する。

第一〇一条〔内閣の辞職、辞職後の内閣〕
1　内閣は、一般選挙の施行後、もしくは憲法で定める議会の信任を失った場合、または内閣総理大臣が辞任し、もしくは死亡した場合、辞職する。
2　辞職した内閣は、新内閣が発足するまで、引き続き職務を行う。

第一〇二条〔閣僚の刑事訴追〕

1 内閣総理大臣およびその他の閣僚の刑事責任については、場合により、最高裁判所の刑事部で、これを審理する。

2 訴追が、反逆罪、または職務遂行中の国家の安全に対する犯罪によるものであるときは、下院議員の四分の一の発議に基づき、その絶対多数の承認があった場合のみ、これを提起することができる。

3 国王の恩赦大権は、本条のいかなる場合にも、これを行使することはできない。

第一〇三条〔公行政の原則、国の行政機関、公務員の地位〕

1 公行政機関は、客観的妥当性を保持しつつ、全体の利益に奉仕し、効率性、序列性、非中央集権化、非集中化および調整の原則に従い、正義および法律に完全に服しつつ、これを行う。

2 国の行政機関は、法律に従って、これを設置し、指揮し、および相互調整を行う。

3 公務員の地位、成績および能力に基づく公務への就任、労働組合権行使の特殊性、兼業禁止制度ならびに職務行使の際の政治的中立性の保障については、法律でこれを定める。

第一〇四条〔国防軍および保安隊の任務〕

1 国防軍および保安隊は、内閣の指揮に従い、権利および義務の自由な行使を保護し、ならびに市民の安全を保障することを任務とする。

2 組織法は、国防軍および保安隊の職務、活動の基本原則および規則を定める。

第一〇五条〔聴問手続の保障、情報公開〕

左の事項は、法律でこれを定める。

a 市民にかかわりのある行政法規を制定する際、直接に、または法律で認める組織および団体を通じて、市民に対する聴問を行うこと。

b 行政文書および記録を、市民に公開すること。ただし、国の安全および防衛、犯罪の捜査、ならびに個人のプライバシーに関するものは、これを除く。

c 行政行為を行う際の手続。この手続においては、適当な場合、利害関係者に対する聴問を保障する。

第一〇六条〔裁判所による行政統制、国家賠償請求権〕

1 裁判所は、行政規則の制定権、行政行為の法律適合性、および行政行為が正当な目的に従っているかどうか、を監督する。

2 私人は、法律の定める条件に従い、財産または権利の侵害に対して、不可抗力による場合を除き、損害賠償を求める権利を有する。ただし、侵害が、公務執行の結果によるものである場合に限る。

第一〇七条〔枢密院〕

枢密院は、内閣の最高諮問機関である。その構成および権限については、組織法でこれを定める。

第五編　内閣と国会の関係

第一〇八条〔国会に対する内閣の連帯責任〕

内閣は、政治的職務の執行につき、下院に対し、連帯して責任を負う。

第一〇九条〔内閣の報告および援助〕

両議院および各委員会は、議長を通じて、内閣および各省、ならびに国および自治州の各機関に対し、必要とする報告および援助を求めることができる。

第一一〇条〔閣僚の議院出席権および発言権〕

1 両議院および各委員会は、内閣閣僚の出席を求めることができる。

2 内閣閣僚は、両議院の会議および各委員会に出席し、発言する権利を有する。また、各省の役人に対し、両議院および各委員会で報告するよう求めることができる。

第一一一条〔議院における質疑〕

1 内閣および各閣僚は、各議院における質疑に応じなければならない。この討議のため、議院規則で、最低一週間の期間を設ける。

2 すべての質疑に際し、両議院はその見解を表明することができる。

第一一二条〔内閣信任の決議〕

内閣総理大臣は、閣議での審議の後、その政治的綱領または一般施政方針の表明につき、下院に対し、信任投票を求めることができる。不院議院の単純多数がこれに賛成したときは、信任が得られたものとみなす。

第一一三条〔内閣不信任の決議〕

1 下院は、議員の絶対多数の賛成により、不信任動議を可決し、内閣の政治責任を求めることができる。

2 不信任動議を提出するには、下院議員の少なくとも十分の一の賛成を必要とする。不信任動議は、内閣総理大臣の候補者を明示するものでなければならない。

3 不信任動議は、提出後五日間を経過するまでは、これを投票に付することはできない。この期間のうち、最初の二日間は、不信任動議に代わる動議を提出することができる。

4　不信任動議が下院で可決されなかったときは、その動議に署名した者は、同一会期中に再び不信任案を提出することはできない。

第一一四条〔内閣不信任決議の効果〕

1　下院が、内閣の信任を否決したときは、内閣は国王に辞表を提出する。この場合、引き続き、第九九条の定めるところに従い、内閣総理大臣の任命を行う。

2　下院が不信任動議を可決したときは、内閣は、国王に辞表を提出する。この場合、不信任動議に提案されている候補者は、第九九条で定める議院の信任を得たものと見なされ、国王は、この者を内閣総理大臣に任命する。

第一一五条〔各議院または国会の解散〕

1　内閣総理大臣は、閣議での審議の後、自らの責任において、下院、上院または国会の解散を申し出ることができる。解散は、国王によりこれを布告する。解散の布告には、選挙の期日を定める。

2　解散は、内閣不信任動議が提出されているときは、これを申し出ることができる。

3　第九九条五項で定める場合を除き、前回の解散後、一年を経過するまでは、新たに解散を行うことができない。

第一一六条〔警戒事態、緊急事態および戒厳〕

1　警戒事態、緊急事態および戒厳、ならびに各事態に応じて行使される権限およびその限界は、組織法でこれを定める。

2　警戒事態は、閣議決定に基づく布告により、内閣がこれを宣言し、期間は最大限一五日間とする。下院は、報告を受けたときは、直ちにこれを召集しなければならない。下院の承認が得られないときは、その期間を延長することはできない。この宣言の効果の及ぶ地域は、布告によりこれを定める。

3　緊急事態は、下院で事前の承認を得た後、閣議決定に基づく布告により、内閣がこれを宣言する。緊急事態の承認および宣言に際しては、効果、その及ぶ地域および期間を明確に定めなければならない。ただし、期間は三〇日を超えないものとし、本項で定める条件に従い、さらに三〇日間、これを延長することができる。

4　戒厳は、内閣のみ提案することができ、下院の絶対多数の賛成により、これを宣言する。下院は、戒厳の及ぶ地域、期間および条件を定める。

5　本条で定める、いずれかの事態が宣言されている間は、下院を解散することはできず、両議院が閉会中のときは、自動的に召集される。両議院の機能は、憲法上の他の国家権力の機能と同様、いずれかの事態が宣言されている間は、これを停止することはできない。

　下院の解散、または任期満了後、いずれかの事態を宣言する必要が生じたときは、常設委員会が、下院の権限を行使する。

6　警戒事態、緊急事態および戒厳の宣言により、内閣または憲法および法律で定めるその受託者の責任の原則は、これを変更してはならない。

第六編　司法権

第一一七条〔裁判官の身分保障、裁判所の権限、司法統一の原則、軍事裁判所、特別裁判所の禁止〕

1　司法は、国民に由来し、国王の名において、裁判所の裁判官がこれを行う。裁判官は独立であり、罷免されず、法律に対してのみ責任を負い、かつこれに従う。

2　裁判官は、法律の定める事由により、かつ法律で定める保障のない限り、解任、転職、転任させられ、または退職させられることはない。

3　判決の宣告および執行を含め、あらゆる訴訟における司法権の行使は、法律の定める裁判所が、もっぱらこれを行う。裁判所の権限および手続は、法律でこれを定める。

4　裁判官は、前項で定める職務権限、および権利の保障のため、法律により明示された職務権限のみを行使する。

5　司法統一の原則は、裁判所の組織および作用の基礎である。軍事裁判権の行使については、憲法の諸原則に従い、厳格に、軍事的領域内で、および戒厳の場合についてのみ、法律でこれを定める。

6　特別裁判所は、これを禁止する。

第一一八条〔判決の履行、裁判所への協力〕

　裁判官および裁判所の確定判決および最終的決定は、これを履行しなければならない。また、訴訟の過程および判決の執行に際して、裁判官および裁判所が協力を求めたときは、これに応じなければならない。

第一一九条〔裁判の無償〕

　裁判は、法律で定める場合、これを無償とする。訴訟を行うため十分な資力を持たない者についても、同様とする。

第一二〇条〔裁判の公開、口頭主義〕

1　裁判手続は、訴訟法で定める場合を除き、これを公開とする。

2 裁判手続は、とくに刑事事件の場合、原則として口頭によるものとする。

3 判決は、常に理由を付し、公開の法廷でこれを宣告する。

第一二一条〔誤審に対する国家賠償〕

誤審による損害、および司法運営の際の過誤により生じた損害については、法律に従い、国に損害賠償を求めることができる。

第一二二条〔裁判所の組織、裁判官および司法職員の地位、司法総評議会〕

1 裁判所の構成、権限の行使および管理、ならびに単独機関たる裁判官および司法事務職員の法的地位は、司法権に関する組織法で、これを定める。

2 司法総評議会は、司法管理機関である。司法総評議会の規則、その構成員の兼職禁止制度、ならびにその職務、とくに任命、昇進、監督および懲戒制度に関する職務については、組織法でこれを定める。

3 司法総評議会は、議長を務める最高裁判所長官、および国王の任命する、任期五年の評議員二〇名で、これを組織する。評議員のうち、一二名は、組織法の定める条件のもと、司法領域全体から選ばれる裁判官をあて、四名は下院、四名は上院でこれを指名する。指名は、広く能力の認められた、一五年以上の職歴を有する弁護士その他の法律家のなかから、各議院の議員の五分の三以上の多数決によって、これを行う。

第一二三条〔最高裁判所、最高裁判所長官の任命〕

1 スペイン全体に対する裁判権を有する最高裁判所は、全司法部門のうち、最高の司法機関である。ただし、憲法保障につき定める場合は、これを除く。

2 最高裁判所長官は、法律の定めるところにより、司法総評議会が提案し、国王がこれを任命する。

第一二四条〔検察庁〕

1 検察庁は、他の機関に委任された職務を妨げることなく、合法性、市民の権利および法律の保護する公共の利益を擁護するため、職権または利害関係者の要求に基づき、司法作用を促進すること、ならびに裁判官の独立を保護し、および裁判所を通じて社会的利益を確保することを使命とする。

2 検察庁は、行動の一体性および職階制的従属の原則に従い、かつ、つねに合法性および公正性の原則に従い、固有の機関を通じて、その職務を行う。

3 検察庁の組織規範は、法律でこれを定める。

4 検事総長は、内閣の提案に基づき、司法総評議会に諮問したうえ、国王がこれを任命する。

第一二五条〔陪審制度〕

市民は、法律の定める方法により、かつ法律の定める刑事訴訟につき、民衆訴訟を行うこと、および陪審制度を通じて裁判に参加すること、ならびに慣習的、伝統的裁判に参加することができる。

第一二六条〔司法警察〕

司法警察は、法律の定める条件のもと、犯罪の捜査ならびに犯罪人の発見および逮捕の職務を行う際、裁判官、裁判所および検察官に従う。

第一二七条〔裁判官および検察官の兼職禁止および政治的中立性〕

1 裁判官および検察官は、在職中、他の公職に就くこと、または政党もしくは労働組合に参加することができない。裁判官および検察官のための職能団体の制度および態様は、法律でこれを定める。

2 司法部構成員の完全な独立を確保するための兼職禁止制度は、法律でこれを定める。

第七編　経済および財政

第一二八条〔国富と全体の利益、経済活動における公共の主導、主要資源および事業の独占〕

1 種々の形態をとる国の富は、名義人のいかんを問わず、すべて全体の利益に従う。

2 経済活動における公共の主導は、これを認める。主要資源または事業を公共部門に留保するとき、とくにこれを独占するときは、法律でこれを定める。同様に、公共の利益による要求があるときは、企業への介入を決定することができる。

第一二九条〔社会保障および企業への参加〕

1 社会保障への参加、ならびに生活内容または一般福祉に直接影響を及ぼす公共団体の活動への利害関係人の参加の形式は、法律でこれを定める。

2 公権力は、種々の形式による企業への参加を、効果的に促進し、かつ適切な立法により、協同組合を助成する。また、労働者の生活手段の所有を促進するため、施策を講ずる。

第一三〇条〔経済部門の近代化および発展〕

1 公権力は、すべてのスペイン人の生活水準を均等化するため、すべての経済部門、とくに農業、牧畜業、漁業および手工業の近代化ならびに発展に留意する。

2　前項と同一の目的のため、山岳地域については、特別の措置をとる。

第一三一条〔国の経済活動計画〕

1　国は、社会的需要に留意し、地域および部門の発展の均衡および調和をはかり、所得および財産の増大とその公正な配分を促進するため、法律により、一般経済活動計画を立案することができる。

2　内閣は、自治州の提出した予測、ならびに労働組合およびその他の専門職団体、使用者団体および経済団体の助言および協力により、計画案を作成する。この目的のため審議会を設置し、構成および職務は、法律でこれを定める。

第一三二条〔公有財産、国および国民の財産〕

1　公有財産および共同体財産に関する法制度は、非譲渡性、非時効性、差押不能性および非転用性の原則に基づき、法律でこれを定める。

2　法律で定める財産、とくに海岸地帯、海浜、領海、ならびに経済水域および大陸棚の天然資源は、国の公有財産である。

3　国および国民の財産、ならびにその管理保護および維持は、法律でこれを定める。

第一三三条〔租税法律主義、歳出および債務負担行為〕

1　租税を課す権限は、法律により、本来的および排他的に、国に属する。

2　自治州および地方公共団体は、憲法および法律に従い、租税を設け、かつこれを徴収することができる。

3　国税に影響を及ぼす、いかなる財政上の特典も、法律でこれを定めなければならない。

4　公行政機関は、法律に従い、債務負担行為をなし、および歳出を行うことができる。

第一三四条〔国の一般予算、内閣の予算提出権、施行予算、予算の修正〕

1　国の一般予算は、内閣が作成し、国会がこれを審議、修正および承認する。

2　国の一般予算は、毎年これを作成し、国の公共部門の全歳出および全歳入をこれに含める。また、国税に影響を及ぼす財政上の特典の総額も、これに計上しなければならない。

3　内閣は、前年度予算の終了する少なくとも三カ月前に、国の一般予算を下院に提出しなければならない。

4　予算法が、当該会計年度の初日前に承認されないときは、新たに予算が承認されるまで、前会計年度の予算が、自動的に延長されたものと見なす。

5　国の一般予算が承認されたときは、内閣は、当該会計年度の公費支出の増額または歳入の減額を定めた法律案を提出することができる。

6　債権の増額または予算収入の減額をともなう議員提出の法律案、または修正案は、審議に先立ち、内閣の事前の承認を必要とする。

7　予算法により、租税を新設することはできない。予算法は、実質的租税法に規定があるときは、租税を変更することができる。

第一三五条〔予算の安定性、公債の発行〕

1　すべての公行政機関は、予算の安定性の原則に従う。

2　国および自治州は、欧州連合が各加盟国に対して定める限度を超えて、構造的な財政赤字を発生させてはならない。国および自治州が負担可能な構造的財政赤字の上限は、国内総生産との関係において、組織法律で決定しなければならない。地方自治体は、均衡予算に従わなければならない。

3　国および自治州が公債証書を発行し、または借り入れを引き受けるためには、法律を制定しなければならない。国債の利子および元金の支払いのための借り入れは、常に歳出予算に含まれるものとし、その返済には絶対的優位性が与えられなければならない。この政府支出金は、修正または変更の対象とすることができない。国内総生産を考慮して決められたすべての公行政機関の公債発行額は、欧州連合運営条約によって定められた基準を超えてはならない。

4　構造的な財政赤字および公債発行額は、大規模災害、景気の後退または特別な緊急事態であって、国の統制が及ばず、かつ国の財政的もしくは社会的な持続可能性を甚だしく損なう時に限り、その上限を超えることができる。その評価は、国会の下院議員の絶対多数による。

5　本条項で規定する原則、ならびに政府の財政政策および金融支援の制度的調整機関の各手続きへの参加については、組織法律で詳細を定めなければならない。以下の事項については、いかなる場合も組織法律で定める。

a　財政赤字と債務の上限を異なる公行政機関間で配分する場合、それらを超過する例外的な事項、ならびにその逸脱を相互に修正するための方式と期間。

b　構造的な財政赤字を計算するための方法論および手続き。

c　予算の安定目標を達成できなかった場合の各公行政機関の責任。

6　自治州は、各州の規則に従い、かつ本条で定める限度内で、その規則および予算の決定に際して、安定性の原則を効果的に実施するため、適切な手続きを定めなければならない。

第一三六条〔会計検査院、会計検査院の身分保障〕

1　会計検査院は、国および公共部門の会計および財政業務の最高検査機関である。

会計検査院は、直接国会に責任を負い、国の一般会計を検査するときは、国会の委任により、その職務を行う。

2　国および国の公共部門の会計は、会計検査院にこれを報告し、会計検査院の検査を受ける。

会計検査院は、その固有の権限を行使するほか、国会に年次報告書を送付する。報告書では、会計検査院が会計上、違反または責任があると判断したときは、これを国会に報告する。

3　会計検査院の検査官は、裁判官と同様に、独立であり、かつ罷免されず、兼職禁止の義務を負う。

4　会計検査院の構成、組織および職務は、組織法でこれを定める。

第八編　国の地方組織

第一章　一般原則

第一三七条〔市町村、県および自治州と自治権〕

国は、領域上、市町村、県および設置される自治州で、これを組織する。これらの団体は、すべて各々の利益につき、自治権を有する。

第一三八条〔地方組織の連帯と平等〕

1　国は、憲法第二条の定める連帯の原則の効果的実現を保障し、スペイン領土内の諸領域間で、適切かつ正当な経済的均衡を確立するよう監視し、および島嶼の問題につき、とくに配慮する。

2　各自治州の条例間に生ずる相違は、いかなる場合にも、経済的または社会的特権を意味するものではない。

第一三九条〔国土内におけるスペイン人の平等、人および財物の移転の自由〕

1　すべてのスペイン人は、国土のいかなる地域においても、同一の権利および義務を有する。

2　いかなる権力も、スペイン領土内での人の移転および居住の自由、ならびに財物の自由な流通を、直接または間接的に妨げる措置をとることはできない。

第二章　地方行政

第一四〇条〔市町村の自治、市町村長および市町村議会議員の選挙〕

憲法は、市町村の自治を保障し、また、市町村は完全な法人格を有する。その統治および行政は、市町村長および市町村議会議員によって構成される各市町村庁が、これを担当する。市町村議会議員は、法律の定めるところにより、普通、平等、自由、直接および秘密の選挙により、市町村の住民によってこれを選出する。市町村長は、市町村議会議員または住民によって、これを選出する。公開の市町村議会制度についての条件は、法律でこれを定める。

第一四一条〔県および島嶼の自治行政〕

1　県は、固有の法人格を有する地方団体であり、国の活動を遂行するため、市町村および区分された地域の集団によって形成される。県境のいかなる変更も、組織法により、国会によって承認されなければならない。

2　県の統治および自治行政は、県議会または他の代議制機関に、これを負託する。

3　県とは別に、市町村団体を形成することは、これを認める。

4　群島においては、島嶼は、島嶼議会の形式により、固有の行政を行う。

第一四二条〔地方財政〕

地方財政は、法律により自治体に認められた職務権限を遂行するために、十分な財産を確保しなければならず、原則として、独自の租税ならびに国および自治州の租税からの交付金を、これに当てる。

第三章　自治州

第一四三条〔自治州の設置〕

1　憲法第二条で定める自治権の行使については、共通の歴史的、文化的および経済的性格を有する隣接県、島嶼地域ならびに歴史的地域的一体性を有する県は、自治を要求し、本編および各自治体の条例の定めるところにより、自治州を構成することができる。

2　自治権獲得のための発議権は、関係するすべての県議会または島嶼間組織、およびその人口が各県または各島の有権者の少なくとも過半数を占める市町村の三分の二以上に属する。これらの要件は、関係する地方自治体のいずれかによって、自治権を求める最初の決議が採択されてから、六カ月以内に、これを満たさなければならない。

3　自治獲得のための発議が成立しなかったときは、五年を経過しなければ、再びこれを発議することはできない。

第一四四条〔特別自治州の設置〕

国会は、国家的利益に基づき、組織法によって、左のことを行うことができる。

a　地域的範囲が一県の範囲を超えず、第一四三条1項の条件を満たしていない自治州の設置を承認すること。

b　県組織に属さない地域につき、自治条例を承認し、または可決すること。

c　第一四三条2項にいう地方自治体の発議権を代行すること。

第一四五条〔自治州連合の禁止、自治州協定〕

1　いかなる場合にも、自治州連合は、これを認めない。

2　自治州独自の事業の執行および給付のため、自治州相互間で協定を結ぶことができる場合の要件および条件、ならびに当該協定につき、国会に提出する報告の様式および効果については、条例でこれを定める。その他の場合には、自治州間の協力協定は、国会の承認を必要とする。

第一四六条〔条例案の起草および国会への提出〕

条例案は、県議会または島嶼間組織の構成員、ならびに当該諸県から選出された下院議員および上院議員により構成される会議で、これを起草し、法律として可決するため、国会に提出する。

第一四七条〔自治州条例〕

1　本憲法の枠内で、条例は各自治州の根本的制度規範であり、国は、その法的秩序の一部として、これを承認しかつ保護する。

2　自治条例は、左の事項を含まなければならない。

a　歴史的にみて、最もふさわしい州の名称。

b　州の境界。

c　独自の自治機関の名称、組織および所在地。

d　憲法の枠内で州が行使する権限、およびこれに基づく事業の移管のための基礎。

3　条例の改正は、条例の定める手続に従い、かつ、組織法により国会の承認を必要とする。

第一四八条〔自治州の権限〕

1　自治州は、左の事項につき、権限を引き受けることができる。

一　自治機関の組織。

二　自治州内の市町村の、境界の変更、および一般に、地方自治体に関する国の行政で、その職務権限の移管が、地方自治法によって承認されたもの。

三　地域計画、都市計画および住宅整備。

四　州域内における、自治州の利益にかかわる公共事業。

五　路線が州域内にとどまる鉄道および道路、ならびに同じ条件のもとでの、鉄道、道路および回線を利用した輸送。

六　避難港、スポーツ用の港および空港、ならびに一般に、商業活動に利用しない港および空港。

七　一般経済計画に従った、農業および牧畜業。

八　林業。

九　環境保護に関する業務。

一〇　自治州の利益にかかわる水力、運河および潅漑ならびに鉱泉および温泉の利用に関する計画、建設および開発。

一一　内水漁業、貝類の採取および養殖業、狩猟および河川漁業。

一二　州内の定期市。

一三　国の経済政策の定める目的内での、自治州の経済発展の促進。

一四　手工業。

一五　自治州の利益にかかわる博物館、図書館および音楽学校。

一六　自治州の利益にかかわる記念物の保護。

一七　自治州の文化、研究、および場合により言語教育の促進。

一八　州域内における観光の促進および計画。

一九　スポーツおよび余暇の適切な利用の促進。

二〇　社会扶助。

二一　保健および衛生。

二二　自治州の建造物および設備の監視および保護。組織法の定める条件のもとでの、地方警察に関する調整およびその他の権限。

2　五年経過後、自治州は、条例の改正により、第一四九条の定める範囲内で、その権限を引き続き拡大することができる。

第一四九条〔国の専管事項〕

1　国は、左の事項につき、排他的な権限を有する。

一　憲法上の権利の行使および義務の履行に際して、すべてのスペイン人の平等を保障する、基本的条件を規制すること。

二　国籍、入国移住、出国移住、在留外国人、および亡命庇護権。

三　国際関係。
四　防衛および軍隊。
五　司法行政。
六　商法、刑法、監獄法および訴訟法の制定。ただし、訴訟法については、自治州の実体法の特殊性からくる、必要な特別規定の制定を妨げない。
七　労働法の制定。ただし、自治州の機関によるその執行を妨げない。
八　民法の制定。ただし、州の民法すなわち地方特別法が存するときは、その存続、改正および発展を妨げない。すべての場合における、法規範の適用および効力に関する規定。婚姻の形式、公的登録および公的文書の保持、契約債務の基礎、法的紛争の解決のための規範ならびに法源の決定に関する民事法典。法源の決定については、地方特別法の規範を尊重する。
九　知的所有権および工業所有権に関する立法。
一〇　税関および関税制度、外国貿易。
一一　貨幣制度。外貨、為替および兌換制。信用、銀行および保険制度の基礎。
一二　度量衡および標準時の決定に関する立法。
一三　経済活動の一般計画の基礎および調整。
一四　一般財政および国債。
一五　科学技術研究の促進および一般的調整。
一六　検疫。保健の基礎および一般的調整。薬品製造に関する立法。
一七　社会保障に関する基本的立法および財政制度。ただし自治州によるその役務の執行を妨げない。
一八　すべての場合に、住民に対し平等な取扱いを保障するための、公行政の法的制度および公務員の規律の基礎。共通の行政手続。ただし、自治州固有の組織による、特別の取扱いを妨げない。強制収用に関する立法。行政契約および許認可に関する基本的立法、および公行政の全体にわたる責任制度。
一九　海洋漁業。ただし、この分野の規制について、自治州に付与された権限を妨げない。
二〇　商船隊および船籍の登録。灯台および海上信号。一般港湾、一般空港。空域管制、航空交通、航空運輸、気象観測および航空機の登録。
二一　一自治州を超える地域にわたる鉄道および陸上運輸。一般通信制度。自動車交通。郵便事業および電信、電話。電線、海底ケーブルおよびラジオ通信。
二二　一自治州を超えて流れる川の水力資源および水力利用に関する立法、規制および許認可、ならびに水力利用が他の州に影響を及ぼし、または電力輸送が州域を超える場合の、水力発電所設置の承認。
二三　環境の保護に関する基本的立法。ただし、環境保護のため、自治州が追加的立法措置をとる権限を妨げない。森林地、林業および牧畜道路に関する基本的立法。
二四　全体の利益にかかわる、またはその実施が一自治州を超えて影響を及ぼす公共事業。
二五　鉱業およびエネルギー体制の基礎。
二六　武器および爆発物の製造、販売、保持ならびに使用に関する制度。
二七　新聞、ラジオおよびテレビ、ならびに社会的伝達手段のすべての制度に関する基本的規範。ただし、その発展および実施に関し、自治州に属する権限は、これを妨げない。
二八　輸出および略奪から、スペインの文化的、芸術的財産、および国家的記念建造物を保護すること。国立の博物館、図書館および公文書館。ただし、自治州による管理を妨げない。
二九　公共の安全。ただし、組織法の定める範囲内で、各条例の定めるところに従い、自治州によって警察を創設することを妨げない。
三〇　学位および専門的資格の取得、発行および認可の条件の規制、ならびに憲法二七条で定める事項の具体化につき、公権力の義務の履行を保障するための基本的規範。
三一　国家目的のための統計。
三二　国民投票の実施により、民意を問うことの承認。

2　自治州が引き受けることのできる権限とは別に、国は文化の促進を義務かつ本質的職務と見なし、および自治州との合意のもとに、自治州相互間の文化的交流を促進する。

3　本憲法により、明示的に国に権限が付与されていない事項は、条例により、自治州がこれを行うことができる。自治州の条例により権限が付与されていない事項は、国の権限に属し、紛争が生じたときは、自治州に排他的権限が認められていない事項に関しては、すべて国の規範が自治州の規範に優先する。国法は、すべての場合に、自治州の法を補充する。

第一五〇条〔自治州に対する国の権限の委任〕

1　国会は、国の権限に属する事項につき、すべての自治州または自治州のいずれかに対して、国法の定める原則、基礎および方針の範囲内で、自ら立法を行う権限を付与することができる。裁判所の権限を妨げることなく、各基本法律は、自治州の立法に対し、国会が監督する方法を定めることができる。

2　国は、組織法により、その性質上、委任に適した国の権限を、自治州に委任することができる。それぞれの場合、財政手段の適切な委任、および国に留保される監督の方式は、法律でこれを定める。

3　国は、自治州の権限とされる事項であっても、全体の利益のため必要なときは、各自治州の法規を調和させるため必要な原則を定める法律を制定することができる。

第一五一条〔自治州設置の特例〕

1　自治州設置のための発議が、第一四三条2項で定める期間内に、当該県議会または島嶼間協議会だけでなく、関係する各県の市町村の三分の二により、しかも各県の有権者の少なくとも過半数によって採択され、かつこの発議が、組織法の定める条件のもと、住民投票において各県の有権者の絶対多数により可決されたときは、第一四八条2項で定める五年の期間は、これを経過することを要しない。

2　前項で定める場合には、条例制定の手続は左の通りとする。

一　内閣は、自治を希望する地域内の選挙区において選出されたすべての下院議員および上院議員を召集し、これらの議員は、その絶対多数の決議により、自治条例草案を起草するためにのみ、会議を構成することができる。

二　条例草案は、国会議員の会議で可決したときは、これを下院の憲法委員会に付託し、同委員会は二カ月以内に、起草会議の代表者の協力と援助を得、合意のうえ、その最終条文を決定するため、この草案を審議する。

三　前号の合意が得られたときは、この草案は、起草された条例の及ぶ地域内にある各県の有権者の住民投票に、これを付す。

四　条例草案が、当該各県において、有効投票の過半数により承認されたときは、これを国会に提出する。両議院の本会議は、追認投票により、草案を議決する。草案が可決されたときは、国王はこれを裁可し、法律としてこれを公布する。

五　本項二号の合意が得られないときは、国会における条例の立法は、法律と同じ手続でこれを行う。国会が可決した草案は、条例の及ぶ地域内にある各県の有権者の住民投票に、これを付す。当該各県において、有効投票の過半数により承認されたときは、前号で定める方法により、これを公布する。

3　前項四号および五号で定める場合に、一または数県により条例草案が承認されなかったときは、本条1項の組織法の定める方式に従い、残りの各県で自治州を構成することを妨げない。

第一五二条〔自治州の組織、条例の改正〕

1　前条で定める手続により承認された条例においては、制度上の自治組織として、立法議会、執行権および行政権を有する行政評議会ならびに知事を設置する。立法議会は、地域の各々異なった土地の代表を確保する比例代表制により、普通選挙で議員を選出し、知事は立法議会がその構成員のなかから選出し、国王がこれを任命する。知事は、各自治体の最高代表権および各自治体における国の代表権を有する、行政評議会に対し、指揮権を有する。知事および行政評議会の構成員は、立法議会に対し責任を負う。

最高裁判所に属する管轄権を除き、高等裁判所は、自治州の領域内における司法組織の最高機関である。自治州が、領域内の司法的境界の決定に参加する条件および方法は、自治州の条例でこれを定め、それらはすべて、司法権に関する組織法の規定に従い、かつ司法権の統一と独立を侵害しないものでなくてはならない。

第一二三条の規定にかかわらず、訴訟上の審級は、第一審の裁判所が設置されている自治州の同一領域に存する司法組織において、終了する。

2　各条例は、裁可され、かつ公布された後は、条例で定める手続により、かつ有権者名簿に登録された有権者の住民投票によってのみ、これを改正することができる。

3　隣接する市町村をまとめて、条例により、完全な法人格を有する独自の選挙区を設置することができる。

第一五三条〔自治州の機関に対する統制〕

自治州の各機関に対する統制は、左の通り、これを行う。

a　法律としての効力を有する法規範の合憲性に関しては、憲法裁判所がこれを統制する。

b　第一五〇条2項で定める、国から委任された権限の行使に関しては、枢密院の意見を徴した上、内閣がこれを統制する。

c　自治行政およびその規範に関しては、行政訴訟裁判機関が、これを統制する。

d　財政および予算事項に関しては、会計検査院がこれを統制する。

第一五四条〔中央政府代表の、自治州への派遣〕

内閣が任命する代表は、各自治州の領域内において、国の行政を指揮し、必要のあるときは、自治州固有の行政との調整を行う。

第一五五条〔自治州に対する義務の履行の強制〕

1　自治州が、憲法もしくは他の法律により課せられた義務を履行せず、またはスペインの全体利益を甚しく侵害するときは、内閣は、自治州知事に苦情を申し立て、満足のいく回答が得られない場合には、上院の絶対多数の承認を得た後、自治州に対しその義務を強制的に履行させるため、または全体利益の保護のために、必要な措置をとることができる。

2　前項で定める措置を実施するため、内閣は自治州のすべての機関に対し、指令を発することができる。

第一五六条〔自治州の財政的自治権〕

1　自治州は、国家財政との調和、およびスペイン人全体の団結の原則に従い、その権力の発展および行使のため、財政的自治権を有する。

2　自治州は、法律および条例に従い、国の租税財源の徴収、管理および決算のため、国の受託者または協力者として行動する。

第一五七条〔自治州の財源〕

1　自治州の財源は、左に掲げるものにより、これを構成する。

a　国から全部または一部支給される交付税。国税の追徴金およびその他の国の財政交付金。

b　自治州独自の租税、地方税および特別税。

c　地域間補償基金の配分、および国の一般予算からの配分。

d　自治州の財産より生ずる収益および私法上の収入。

e　債権からの収益。

2　自治州は、いかなる場合といえども、その領域外に存する財産に課税し、または商品もしくは役務の自由な流通を阻止するための措置をとることはできない。

3　1項に列挙する財政上の権限の行使、生じうる紛争の解決のための規範、および自治州と国との間の財政的協力の可能な方式は、組織法でこれを定める。

第一五八条〔自治州に対する配分金および補償基金〕

1　国の一般予算においては、自治州が責任を負う国の事業および活動の量に応じて、また、スペイン領全域にわたり基本的公共事業を提供し、その最低水準を確保するために、自治州に対する配分金を定めることができる。

2　地域間の経済的不均衡を是正し、および団結の原則を実効的たらしめるため、投資費用を目的とする補償基金を設置する。この資金は、国会により、自治州および、場合により県の間で、これを配分する。

第九編　憲法裁判所

第一五九条〔憲法裁判所の構成、同裁判官の地位および身分保障〕

1　憲法裁判所は、国王の任命する一二名の裁判官で、これを構成する。このうち、四名は議員の五分の三以上の多数の議決により下院が指名し、四名は同じ多数の議決により上院が指名し、二名は内閣が指名し、二名は司法総評議会がこれを指名する。

2　憲法裁判所の裁判官は、裁判官、検察官、大学教授、公務員および弁護士のなかから、これを任命する。裁判官はすべて、十分な学識を有し、かつ専門職において一五年以上の経歴を有する法律家でなければならない。

3　憲法裁判所の裁判官の任期は、九年であり、三年ごとにその三分の一を改選する。

4　憲法裁判所の裁判官は、以下の職務を兼職することはできない。すべての代議的職務、政党もしくは労働組合の指導的職務またはすべての職務、裁判官または検察官の職務、およびその他すべての専門的もしくは商業的活動。

このほか、憲法裁判所の裁判官に対しては、司法部職員の兼職禁止規定を適用する。

5　憲法裁判所の裁判官は、独立であり、かつ在任中罷免されない。

第一六〇条〔憲法裁判所長官の任命および任期〕

憲法裁判所の長官は、同裁判所全体会議の推薦に基づき、同裁判官のなかから、国王が任命し、その任期は三年とする。

第一六一条〔憲法裁判所の権限〕

1　憲法裁判所は、スペイン全土に対し管轄権を有し、左の事項につき審理する権限を有する。

a　法律および法律の効力を有する規範に対する違憲の訴え。判決により示された、法律の効力を有する法規範の違憲の宣告は、既に下されている判決が既判力を失わない場合でも、その後の判決に対し、影響を及ぼす。

b　法律で定める場合の、法律で定める方式に基づく、本憲法第五三条2項の権利および自由の侵害に対する憲法訴願。

c　国と自治州の間、または自治州相互間の権限をめぐる争議。

d　憲法および組織法で定める、その他の事項。

2　内閣は、自治州の機関が採択した規定および決議につき、憲法裁判所に異議を申立てることができる。異議の申立てにより、当該規定または決議は停止されるが、裁判所は、五カ月以内にこの停止を追認し、または停止を解除しなければならない。

第一六二条〔憲法裁判所への提訴資格〕

1　左の者は、憲法裁判所に訴えを提起する資格を有する。

a　違憲の訴えについては、内閣総理大臣、護民官、五〇名の上院議員、自治州の執行機関、および場合により自治州議会。

b　憲法訴願については、正当な利益を有するすべての自然人または法人、ならびに護民官および検察官。

2　その他の場合については、すべて組織法により、資格を有する人および機関を定める。

第一六三条〔違憲事件の憲法裁判所への移送〕

司法機関が、訴訟手続において、当該事件に適用され、かつ判決がその効力のいかんにかかわる、法律の地位にある規範が、憲法に違反すると判断したときは、これを憲法裁判所に移送することができる。移送する場合、方法および効果は、法律で定め、いかなる場合といえども、これを停止してはならない。

第一六四条〔憲法裁判所の判決の効力〕

1　憲法裁判所の判決は、特別の意見があるときは、これを付したうえ、官報でこれを公示する。判決は、公示の翌日より確定力を有し、判決に対しては、いかなる抗告を行うこともできない。法律または法律の効力を有する規範を違憲とする判決、および個人的権利の侵害に限定されない判決は、すべて何人に対しても、完全な拘束力を有する。

2　判決に別段の定めのない限り、法律中、違憲とされなかった部分は、依然効力を有する。

第一六五条〔憲法裁判所の権限行使、裁判手続〕

憲法裁判所の権限の行使、裁判官についての規則、裁判手続および出訴の条件は、組織法でこれを定める。

第一〇編　憲法改正

第一六六条〔憲法改正の発議〕

憲法改正の発議は、第八七条1項および2項で定める条件に従い、これを行う。

第一六七条〔憲法改正の手続、国民投票〕

1　憲法改正案は、両議院議員のそれぞれ五分の三以上の多数の議決によって承認されなければならない。両議院の間で合意が得られないときは、下院議員および上院議員で構成する合同委員会を設置して、合意を得るように努め、同委員会は、下院および上院で表決を行うため、成案を提出する。

2　前項で定める手続により承認が得られない場合でも、成案が上院議員の絶対多数によって可決されたときは、下院は三分の二以上の賛成により、改正を議決することができる。

3　憲法改正が、国会により可決された場合、可決後一五日以内に、両議院のいずれかの議員の十分の一以上が要求するときは、承認を得るため、これを国民投票に付する。

第一六八条〔憲法の全面改正および特別の改正の手続〕

1　憲法の全面改正、または序編、第一編第二章第一節もしくは第二編に関する部分改正が発議されたときは、両議院の議員のそれぞれ三分の二以上の多数の議決により、この原則を承認し、直ちに、国会を解散する。

2　新たに選出された両議院は、前項の決議を承認し、新憲法草案の審議を開始しなければならない。新憲法草案は、両議院議員のそれぞれ三分の二以上の多数の議決により、これを承認しなければならない。

3　憲法改正が、国会により可決されたときは、承認を得るため、これを国民投票に付する。

第一六九条〔戦時または非常時の憲法改正の禁止〕

戦時または、第一一六条で定める事態のいずれかが継続中のときは、憲法改正の発議は、これを行うことができない。

附則　〔略〕

経過規定　〔略〕

廃止規定

1　一九七七年一月四日付政治改革法、同法により廃止されていない以下の法律、すなわち一九五八年五月一七日付国民運動基本原則法、一九四五年七月一七日付スペイン国民の憲章、一九三八年三月九日付労働憲章、一九四二年七月一七日付国会創設法、一九四七年七月二六日付国家元首継承法および一九六七年一月一〇日付国家組織法により改正されたすべての法律は、これを廃止する。国家組織法および一九四五年一〇月二二日付国民投票法は、同じくこれを廃止する。

2 いまだ効力を有する一八三九年一〇月二五日付国王命令は、アラバ、ギプスコアおよびヴィスカヤの各県に影響を及ぼす範囲で、これを廃止する。

同一の条件のもと、一八七六年七月二一日付法律は、これを廃止する。

3 本憲法で定めるところに違反する規定は、同じく、すべてこれを廃止する。

最終規定

本憲法は、官報に正文を公布した日から、これを施行する。本憲法は、スペインのその他の言語でも公布する。よって、個人であれ、国の機関であれ、すべてのスペイン人に対し、基本法を遵守し、かつ本憲法が国の基本法として遵守されるよう確保することを、ここに命ずる。

国会議事堂、一九七八年一二月二七日

ファン・カルロス

10　大韓民国

尹　龍澤

解　説　264

大韓民国憲法　271

前文……二七一
第一章　総綱……二七一
第二章　国民の権利および義務……二七一
第三章　国会……二七四
第四章　政府……二七六
第一節　大統領……二七六
第二節　行政府……二七七
第一款　国務総理および国務委員……二七七
第二款　国務会議……二七八
第三款　行政各部……二七八
第四款　監査院……二七九
第五章　法院……二七九
第六章　憲法裁判所……二八〇
第七章　選挙管理……二八〇
第八章　地方自治……二八〇
第九章　経済……二八〇
第一〇章　憲法改正……二八一
附則……二八一

解　説

一　制定史

　韓国の地で最初に制定された憲法は、一八九九年八月一七日に公布された「大韓国国制」であるといわれる。これは、大韓帝国（一八九七年に国号を朝鮮から大韓帝国に改称した）の国家統治の組織と統治権の行使を皇帝の命令で制定した国家の基本法であったが、一九一〇年の日本による韓国併合によって、大韓帝国そのものが終焉を迎えた。

　その後、日本植民地時代に起こった一九一九年の「三・一独立運動」の結果として樹立された上海の大韓民国臨時政府は、同年九月一一日に大韓民国臨時憲法を公布した。この臨時憲法は、前文および八章五八カ条で構成され、国民主権を宣言するとともに、権力分立と人民の権利を規定したものであり、条文の上からは近代立憲主義憲法の体裁を完備したものであった。

　現行の韓国憲法の前文の「我が大韓国民は、三・一運動によって建立された大韓民国臨時政府の法的伝統……を継承」するとの規定は、このような流れを思想的側面において確認したものといえる。

　もっとも、大韓国国制は皇帝の大権事項を定めただけの僅か九カ条の簡単なものであり、臨時政府もその実質は海外に中心をおいた独立運動のための組織的抵抗運動団体に過ぎないものであって、十全の意味においては「憲法」と呼ぶことはできない。

　日本植民地からの解放後、北緯三八度線を境に南にはアメリカ軍、北にはソ連軍が進駐して軍政を敷いていたために、南北の統一独立のための話し合いが米ソの間で幾度かもたれたが、意見の一致を見ることはできなかった。そこでアメリカは、この問題を国連に持ち込んだ。ソ連の反対はあったが、国連総会は、国連韓国臨時委員団の監視下で南北同時の総選挙を実施することを決議した。しかし、ソ連軍の支配下にあった北側が同委員団の活動を拒否したために、国連小総会では、可能な地域内でのみ総選挙を実施することを決議した。ここに、一九四八年五月一〇日、三八度線以南の地に限られはしたが、韓国で最初の総選挙が実施されたのである(1)。この総選挙によって構成された国会は韓国で最初の近代的な憲法を制定し、四八年七月一七日に公布、即日施行した。この憲法を韓国では、「制憲憲法」あるいは「建国憲法」と呼んでおり、この憲法の下での憲政を第一共和国と称している。

二　成立後の変遷と展開

　韓国の憲法は、その後の内外の激動の渦に巻き込まれて、実に九次に及ぶ改正を経ることになる。

　(1)　第一共和国憲法（制憲憲法）　この憲法は、政府形態として、大統領を政府首班でありかつ国家元首とする大統領制を採用しながらも、大統領と副大統領を国会で選出するという議院内閣制的な要素を併存させていた。国会は四年任期の一院制であり、大法院は命令・規則・処分の違憲・違法の審査権を有したが、違憲法律審査権は、副大統領を委員長とし、大法官五人と国会議員五人で構成される憲法委員会に与えられた。また、「営利を目的とする私企業においては、勤労者は、法律の定めるところにより利益の分配を等しく受ける（均霑）権利がある」（一八条二項）とする権利、天然資源の原則国有化、公共性を帯びた企業の国公営化など、社会国家を強く志向するものであった。

(2)　第一次改憲　第一次改憲は、一九五二年七月七日に公布・施行された。これは、五〇年五月の国会議員選挙で野党が多数を占めたことにより、自己の再選に危惧を抱いた李承晩が朝鮮戦争の最中である翌五一年一一月三〇日に、国会による大統領間接選挙制を国民による直接選挙制に、国会の一院制を両院制にする改憲案を提出したことに始まる。政府のこの改憲案は国会において圧倒的多数で否決され、これに勢いを得た野党は、五二年四月七日に議院内閣制を骨子とする改憲案を提出した。しかし、政府は、同年五月一四日にすでに否決されたものとほとんど同じ内容の改憲案を提出し、休戦の議論も始まり戒厳がほとんど全面的に解除されていたにもかかわらず、突然、同月二五日に、臨時首都の釜山一円に非常戒厳令を宣布したなか、七月四日の夜間、国会の本会議で、政府案の直接選挙制・両院制に、国会案の国務院不信任制を加味した改憲案を起立投票の方式で可決した。この改憲は「抜粋改憲」と称されている。これ以降、韓国の憲法史においては、その大きな転換点ごとに戒厳が宣布されるという悲劇が繰り返されることになるのである(2)。

(3)　第二次改憲　第二次改憲は、五四年の国会議員選挙で与党が絶対多数を占めるや、政府が李大統領の三選を可能とする改憲案を九月八日に提出したことに始まる。同年一一月二七日、国会在籍二〇三名中、賛成一三五名で、改憲に必要な在籍議員の三分の二には一票不足であるとして否決が宣言されたが、翌々日の二九日、四捨五入すれば三分の二になるとの強引な理由によって、与党議員のみで可決を宣言し、同日、改正憲法を公布・施行した。これが、いわゆる「四捨五入改憲」である。

(4)　第二共和国憲法（第三次改憲）　六〇年三月一五日の第四代大統領選挙の不正に抗議して蜂起した「四・一九革命」によって李承晩政権は崩壊し、独裁政権に対する反動から、議院内閣制への改憲が断行された。形式的には部分改正であったが、実質的には新憲法の制定であり、したがって、この第三次改憲は、韓国では第二共和国憲法と呼ばれており、六〇年六月一五日に公布・施行された。

(5)　第四次改憲　新政府は、前述した三月一五日の不正選挙の関係者を訴追して公判に付したが、これに対してソウル地方裁判所が、法律的根拠を欠くとの理由でこれらの一部を無罪とした。そこで、かつての民主反逆者の処罰を可能とする遡及立法に憲法的根拠を与えるための第四次改憲が行われ、六〇年一一月二九日に公布・施行されたのである。

(6)　第三共和国憲法（第五次改憲）　六一年五月一六日、朴正熙少将（当時）を中心とした軍事クーデターが起こった。六月六日には、国家再建非常措置法が制定公布され、国家権力は国家再建最高会議に掌握された。この非常措置法によって、第二共和国憲法は事実上停止された。最高会議は、憲法審議委員会を設置して、憲法制定作業に入った。委員会で起草された憲法案は、六二年一二月六日に最高会議の議決を経て、同月一七日に国民投票で確定され、同月二六日に公布、翌年の一二月一七日から施行された。この改憲は全面改正であり、第三共和国憲法と称された。その内容は、大統領中心制と国会の一院制を骨子とするものであった。

(7) 第六次改憲　この改憲は、野党と多くの国民の反対のなか、六九年九月一四日の夜間、与党だけの賛成で国会を通過し、同年一〇月一七日の国民投票で可決、同月二一日に公布・施行されたものである。その趣旨は、二期に限られていた大統領の重任を、「大統領の継続在任は三期に限る」と改めて、朴大統領の三選を可能とするものであった。

(8) 第四共和国憲法（第七次改憲）　七二年一〇月一七日、朴大統領は国会を解散して全国に非常戒厳令を敷き、憲政を一時中断した後、同月二七日に平和的統一と韓国的民主主義の土着化を二大目標とする憲法改正案を公告した。この改憲案は、同年一一月二一日に国民投票で確定され、一二月二七日に公布・施行された。これが第四共和国憲法であり、「維新憲法」とも称された。この憲法は、平和統一の推進体として設置された統一主体国民会議での大統領間接選挙制、大統領任期は六年で重任は無制限、大統領に巨大な非常大権を付与、国会機能の弱化、懲戒処分による法官（裁判官）の罷免など、大統領を三権の上に君臨するものとした点が大きな特色であった。

(9) 第五共和国憲法（第八次改憲）　七九年一〇月二六日に、朴大統領が中央情報部長の手によって暗殺されたことを契機として、第四共和国憲法の廃棄と民主化は既定のコースとなると思われたが、八〇年五月一七日に全国に非常戒厳令が宣布され、すべての政治活動が中止された。同年八月二七日に統一主体国民会議によって全斗煥が大統領に選ばれ、この政府の下で改憲案が作成され、改憲案は同年九月二七日に国民投票に付されて、同年一〇月二七日に公布、施行された。

この改憲は、全面改正であり、その前文で「第五民主共和国の出帆」と自ら謳うことで、前政権との決別を意識的に試みているが、大統領選挙人団によって大統領が選出される間接選挙制を採用した点や、国会の解散権を大統領が握っている点など、第四共和国憲法の残滓が随所に見られた。もっとも、大統領任期の七年単任制を規定し、さらに「大統領の任期延長又は重任変更のための憲法改正は、その憲法改正提案当時の大統領に対しては効力がない」との規定を置いた点は、永久執権を予防するための装置として評価できよう。

(10) 第六共和国憲法（第九次改憲）　この改憲の動きは、八五年の総選挙で、創党まもない政党が、大統領直接選挙制への改憲のみをスローガンに予想外の躍進を見せ、野党第一党になったことに始まる。大統領直接選挙制への改憲運動は、その後、一般市民の間にも共感を呼び、ついには全国的な示威運動が展開された。このような状況に直面して、当時、与党の代表であった盧泰愚は、八七年六月二九日に声明を発表して、大統領直接選挙制への改憲を受け入れることを明らかにした。ここに、韓国の歴史上はじめての与野党の協議による改憲が行われることになった。八七年九月二一日に公告された改憲案は、一〇月一二日に国会で議決され、同月二七日に国民投票で確定された。この憲法は同月二九日に公布され、翌八八年の二月二五日から施行された。この改憲は全面改正であり、第六共和国憲法と呼ばれる現行の憲法である。

三　特色(3)

(1)　国家目標　　まず第一に指摘すべき点は、南北分断という現状を反映して、韓国の憲法は平和的統一を指向し、そのために防御的民主国家の体制を採っている点である（四条、八条四項）。

第二は、「経済」と題した独立の一章を設けている点である。すなわち、国の経済秩序は、個人および企業の経済上の自由と創意を尊重することを基本とするとの原則の下、九カ条（一一九条～一二七条）を配置している。経済に関する独立した章を設けて、詳細な規定を置くことは、第一共和国憲法以来の韓国憲法の大きな特色である。

(2)　国民の基本権　　日本国憲法と比較するとき、第一に、「新しい人権」といわれる幾つかのものが規定されている点が注目される。すなわち、私生活の秘密と自由（一七条）、生涯教育権（三一条五項）、環境権（三五条一項）、快適な住居生活の権利（同条三項）などである。またこれと関連して、先に述べた「経済」の章で規定されているものではあるが、中小企業の保護育成・農漁民の利益保護（一二三条三、四項）や消費者の保護（一二四条）なども注目される。

第二の特色としては、日本国憲法以上に、刑事手続に関して詳細な規定を設けている点である。まず、刑事被疑者および被告人に対するものとしては、法官（裁判官）の発した令状に対する再審手続ともいえる拘束適否審査制（一二条六項）、刑事被告人の無罪推定権（二七条四項）、連座制の禁止（一三条三項）、刑事補償請求権（二八条）などがあり、一方、刑事被害者に対しては刑事被害者の陳述権（二七条五項）、犯罪被害者に対しては国家に給付金などの支給を求める国家救助請求権（三〇条）などが規定されている。これらの多くは、日本においても、学説・判例あるいは立法によってすでに認められているものであるが、しかし「不起訴処分」の場合にも刑事補償を受けられることを明記した点など、評価すべきものがある。

そして第三に、憲法で規定しているこれらの基本的人権の保障を実効あるものとする制度的装置として、憲法裁判所制度の採用に伴い、公権力によって憲法上保障された国民の基本権が侵害される場合に、国民が自らの基本権の救済を請求する制度である憲法訴願制度（一一一条一項五号）を導入した点にも注目すべきであろう。

(3)　統治構造　　まず、国会に関して日本国憲法との比較において注目される第一点は、国会の機能として、国政調査権のほかに、国政監査権を規定している点である（六一条）。前者は、特定事項だけを必要に応じて調査するものであり、日本のそれと同じであるが、後者は、毎年定期的に国政全般について監査するものである。第二に、国務総理の任命においては国会の同意を必要とし、さらに国務総理と国務委員に対して、国会が解任建議権を有していることである（六三条）。大統領制に議院内閣制的要素を加味したものであるといえよう。

次に、政府に関しては、大統領の任期が五年の単任制である点が目を引く。いわゆる任期の終盤に呈するレイムダック（lame

duck）現象を考えるとき、あまりに短すぎるように思われる。また、行政府の重要な政策を審議する最高審議機関として、大統領、国務総理、国務委員により構成されている国務会議を置いている。これは、日本の議院内閣制における議決機関としての内閣とも、アメリカ大統領制における単なる諮問機関としての内閣（大統領顧問団）とも異なる。韓国憲法は、必ず国務会議の議決を通さなければならない重要事項を列挙しているので、日米の中間形態ともいえる審議機関として位置づけられる。

最後に、司法であるが、まず第一に、法官の任命方式が注目される。すなわち、大法院長（最高裁判所長官）は、国会の同意を得て大統領が任命し、大法官（最高裁判所判事）は、大法院長の推薦に基づいて大統領が国会の同意を得て任命する。それ以外の一般の法官は、大法院長が大法官会議の同意を得て任命する（一〇四条）。この点、規定上では日本のそれよりも民主的なものということができる。第二に、これと関連して、憲法裁判所を新設したことが注目される。これはドイツに倣ったものであり、法院（裁判所）の提起による法律の違憲審査、国会が訴追した高級公職者の弾劾審判、違憲政党であるとして政府が提起した政党の解散の是非、国家機関相互間の権限争議に関する審判、法律で定める憲法訴願に関する審判を管掌している。

四　最近の動向

韓国憲法約七〇年（二〇一八年七月三一日現在）を数字で振り返ってみれば、九度にわたる憲法改正、三度の軍事クーデターによる民主憲政の中断、二度の市民革命の成功、七回の大統領間接選挙制と一二回の直接選挙制を通じた一二人の大統領の選出、一二人の大統領のうち、一人海外亡命、一人は暗殺、四人が起訴され二人は無期懲役等の宣告で刑務所に収監、二人は訴訟係属中、一人は自殺、一人は弾劾により失職、大統領不在時の混乱を治めるために五人の大統領権限代行者の登場、二度の弾劾訴追（憲法裁判所で一回は棄却、一回は罷免）、三度の議会の解散、一度の両院制議会の構成、一度の政党解散（二〇一四年の憲法裁判所の決定による統合進歩党解散）、一三回の戒厳令の布告と延べ一八二五日（五年一八八日）間の戒厳令の施行、三七〇件の違憲法律決定（憲法不合致、限定違憲を含む）があった。

このような激動の韓国憲法史を反映して、歴代の韓国憲法の平均寿命はわずか四年四カ月であったが、現行憲法はすでに約三〇年になる。この憲法の長寿の秘訣は、韓国の国民自らが一九八七年六月の闘争を通じて当時の全斗煥大統領から勝ち取った国民の憲法であること、そして、新たに設置された憲法裁判所の多くの判決を通じて憲法が最高規範として現実に機能していることを国民が肌で感じてきたことにある。

その典型的な事例が、二度の大統領弾劾訴追と、首都移転についての違憲判断である。一度目の大統領弾劾訴追は、盧武鉉大統領の与党支持呼びかけ発言、不正資金事件にからむ側近の不正腐敗、経済・国政の混乱の三点を理由として、二〇〇四年三月一二日に、可決された。これに伴い、憲法裁判所による弾劾審判が終わるまで盧大統領の職務権限は停止され、国務総理が大統領代行に就いた。しかし、同年五月一四日、憲法裁判所は議会が可決した盧大統領の弾劾訴追を、「大統領には法律違反があったが、罷免するほど重大なものとは認められない」として棄却した。

二度目は、いわゆる崔順実ゲート事件を機として、二〇一六年一二月九日に朴槿恵大統領に対しての弾劾訴追案が議会で可決された。翌年三月一〇日、憲法裁判所は、私人の利益のために大統領の地位と権限を濫用し、「代議民主制の原理と法治主義の精神を棄損するものである。……被請求人（朴大統領）の違憲・違法行為は、国民の信任を裏切るもので、憲法保護の観点から容認できない重大な法律違反行為であると見ざるをえない。被請求人の違法行為が憲法秩序に及ぼす否定的な影響と波及効果が大きいために、被請求人を罷免することで得られる憲法保障の利益は著しく大きいといえる」として、裁判官の全員一致で、韓国憲政史上はじめての罷免を宣告した。少なからぬ混乱はあったにせよ、大統領と議会という二つの政治勢力の争いは、憲法の守護者である憲法裁判所において、憲法に従って解決されたのである。

また、二〇〇四年一〇月二一日には、盧大統領が強力に推進した新行政首都建設特別法に対して、憲法裁判所は「憲法制定以前から慣習法として首都と認定されてきたソウルを別の地に移そうとするならば、憲法改正案に対する国民の賛否投票を経るなどの国民的合意に基づかなければならない」として、違憲決定を下した。これは国民的観念である慣習憲法も、成文憲法と同等の価値があり、慣習憲法を変えるためには成文憲法の改正が必要であるという論理である。

これらの事例は、その結論の当否はともあれ、少なくとも韓国の憲法が、かつてのように時の政治権力によってコントロールされる憲法ではなく、政治権力をコントロールする憲法であることを示したことだけは間違いないであろう。

権力者の権力強化と執権の延長のための憲法とはその装いを完全に変え、今や、国民に支持された憲法として生き続けているのである。しかし、現行憲法は、その制定過程で明らかなように、極論すれば、国民自らが選択した決断は大統領を国民の手で選ぶという「民主化」についてだけであり、その他の点においては、「一盧三金」（盧泰愚、金泳三、金大中、金鍾泌）といわれた、制定当時の政治勢力の間での妥協の産物でもあった。そこには、一盧三金のうちだれが大統領になっても、次の者にも機会を与えようとする政治的意図が隠されていた。その象徴的な規定こそが、五年単任という大統領の任期である(4)。

韓国の政界においては、以前から幾度も改憲の議論がなされてきた。また、韓国の憲法学界においても、情報化をはじめ現代的状況に対応した基本権の保障の充実・整備はもちろん、統治機構についても、大統領制・内閣責任制（議院内閣制）・二元政府制のいずれが適切か、大統領制を維持するとしても、大統領の選出方法・任期、国務総理制の廃止・改正、副大統領制の導入、大統領特権の縮小・廃止、大統領権限代行制度の整備、行政府の法律案提出権の廃止、予算の法律化（国会主導化）、国会議員の特権制限、大統領と国会議員のリコール制度の導入、選挙裁判と弾劾制度の整備、陪審制度の導入、経済条項の整備などが議論されている(5)。

確かに、一盧三金の政治が終焉を迎え、また、南北が対立と協調の間の振り幅をますます大きくしつつある今日、韓国においては、いわばポスト「民主化」とプレ「南北統一」という、新しい環境の変化を踏まえた対応が必要とされている。現行憲法がその寿命をさらに延ばし続けるのか、あるいは新しい憲法が制定されるのかは、究極的には、韓国国民が憲法というものをどのように理解するのかにかかっている問題であるので、ここで軽々しく予測することは控えたい。ただ、私見をいえば、現行憲法が新しい時代に相応しいグランドデザインを描いているか否かについては、総じて否定的に解さざるをえないが、その反面、韓国のこれまでの憲法史が、良い憲法典が必ずしも良い憲政を帰結せず、どちらかといえば欠点の多い現行憲法典が、少なくとも多くの国民に支持されて最長の寿命を得ているという意味では、良い憲政が実現しているという事実も決して軽視すべきではなかろうと思う。

（1） 南単独の政府樹立に反対する民族主義勢力と左派勢力は、この総選挙に参加しなかったし、住民の蜂起とそれに対する凄惨な鎮圧事件（四・三事件）が発生した済州島では、選挙は翌一九四九年に実施された。

（2） すなわち、六〇年四月一九日非常戒厳、六一年五月一六日非常戒厳、六四年六月三日非常戒厳及び六五年の衛戍令、七二年一〇月一七日非常戒厳、七九年一〇月一八日釜山に非常戒厳、一〇月二〇日馬山・昌原に衛戍令、一〇月二七日非常戒厳、八〇年五月一七日非常戒厳である。徐勝訳・宋石允「現代韓国憲政史における国家緊急権」『立命館法学』第二八七号、二〇〇三年、四二六頁。

（3） 現行憲法の内容について詳しくは、拙著『大韓民国憲法――概要及び翻訳』（衆議院憲法調査会事務局、二〇〇三年）参照。

（4） 現行憲法の制定経過について詳しくは、拙稿「韓国第六共和国憲法の制定経過について」『創大アジア研究』第九号、一九八八年、参照。

（5） 最近の改憲論議の詳細については、拙訳・韓国憲法学会編「憲法改正研究（要約版）（上）（下）」『創価法学』第三六巻第三号および第三七巻第一号、二〇〇七年、参照。

なお、韓国憲法の翻訳に際しては、法務大臣官房司法法制調査部職員監修『現行韓国六法』（ぎょうせい）、高橋和之編『新版世界憲法集〔第二版〕』（岩波書店、二〇〇七年）の國分典子訳および初宿正典・辻村みよ子編『新　解説世界憲法集〔第四版〕』（三省堂、二〇一七年）の岡克彦訳を参考にした。

大韓民国憲法

〔一九八七年一〇月二九日公布
一九八八年　二月二五日施行〕

前文

悠久なる歴史と伝統に輝く我が大韓国民は、三・一運動によって建立された大韓民国臨時政府の法的伝統と、不正に抵抗して立ち上がった四・一九民主理念を継承し、祖国の民主改革と平和的統一の使命に立脚して、正義、人道および同胞愛をもって民族の団結を強固にし、すべての社会的弊習と不正を打破し、自律と調和を基に自由民主的基本秩序を一層確固たるものとし、政治、経済、社会および文化のすべての領域において各人の機会を均等にし、能力を最高度に発揮させ、自由と権利に伴う責任と義務を完遂させ、内においては国民生活の均等なる向上を期し、外においては恒久的な世界平和と人類共栄に貢献することによって、我々と我々の子孫の安全と自由と幸福を永遠に確保することを誓いながら、一九四八年七月一二日に制定され、八次にわたって改正された憲法を、ここに国会の議決を経て、国民投票により改正する。

一九八七年一〇月二九日

第一章　総綱

第一条〔国号、政体、国民主権〕

1　大韓民国は、民主共和国である。

2　大韓民国の主権は、国民にあり、すべての権力は、国民から発する。

第二条〔国民の要件、在外国民の保護義務〕

1　大韓民国の国民たる要件は、法律で定める。

2　国家は、法律の定めるところにより、在外国民を保護する義務を負う。

第三条〔領土〕

大韓民国の領土は、韓半島およびその附属島嶼とする。

第四条〔平和統一政策〕

大韓民国は、統一を指向し、自由民主的基本秩序に立脚した平和的統一政策を樹立し、これを推進する。

第五条〔侵略戦争の否認、国軍の使命および政治的中立性〕

1　大韓民国は、国際平和の維持に努め、侵略的戦争を否認する。

2　国軍は、国家の安全保障および国土防衛の神聖なる義務を遂行することを使命とし、その政治的中立性は遵守される。

第六条〔条約および国際法規の効力、外国人の地位〕

1　憲法に基づいて締結し、公布された条約および一般的に承認された国際法規は、国内法と同等の効力を有する。

2　外国人は、国際法および条約の定めるところにより、その地位が保障される。

第七条〔公務員の地位・責任、政治的中立性〕

1　公務員は、国民全体に対する奉仕者であり、国民に対して責任を負う。

2　公務員の身分および政治的中立性は、法律の定めるところにより、保障される。

第八条〔政党〕

1　政党の設立は、自由であり、複数政党制は、保障される。

2　政党は、その目的、組織および活動が民主的でなければならず、国民の政治的意思形成に参与するのに必要な組織を有しなければならない。

3　政党は、法律の定めるところにより、国家の保護を受け、国家は、法律の定めるところにより、政党運営に必要な資金を補助することができる。

4　政党の目的および活動が民主的基本秩序に違背するときは、政府は、憲法裁判所にその解散を提訴することができ、政党は、憲法裁判所の審判により解散される。

第九条〔文化の継承・発展・暢達《ちょうたつ》〕

国家は、民族文化の継承、発展および民族文化の暢達に努めなければならない。

第二章　国民の権利および義務

第一〇条〔人間の尊厳性・幸福追求権、基本的人権の保障〕

すべて国民は、人間としての尊厳および価値を有し、幸福を追求する権利を有する。国家は、個人の有する不可侵の基本的人権を確認し、これを保障する義務を負う。

第一一条〔法の下の平等、特権階級制度の否認、栄典の効力〕

1　すべて国民は、法の下に平等である。何人も性別、宗教または社会的身分によって、政治的、経済的、社会的および文化的生活のすべての領域において差別されない。

2　社会的特殊階級の制度は、認められず、いかなる形態であれ、これを創設することはできない。
3　勲章等の栄典は、これを受けた者に限りその効力を有し、いかなる特権もこれに伴わない。
第一二条〔身体の自由、自白の証拠能力〕
1　すべて国民は、身体の自由を有する。何人も法律によらない限り、逮捕、拘束、押収、捜索または審問を受けず、法律および適法な手続によらない限り、処罰、保安処分または強制労役を科せられない。
2　すべて国民は、拷問を受けず、刑事上、自己に不利な供述を強要されない。
3　逮捕、拘束、押収または捜索をする場合は、適法な手続にしたがい、検事の申請により法官が発布した令状を提示しなければならない。ただし、現行犯の場合および長期三年以上の刑に該当する罪を犯し、逃亡または証拠隠滅のおそれがあるときは、事後に令状を請求することができる。
4　何人も、逮捕または拘束されたときは、直ちに弁護人の助力を受ける権利を有する。ただし、刑事被告人が自ら弁護人を求めることができないときは、法律の定めるところにより、国家が弁護人を付する。
5　何人も、逮捕または拘束の理由および弁護人の助力を受ける権利を有することを告知されない限り、逮捕または拘束されない。逮捕または拘束された者の家族等法律に定められた者には、その理由ならびに日時および場所が遅滞なく通知されなければならない。
6　何人も、逮捕または拘束されたときは、適否の審査を法院に請求する権利を有する。
7　被告人の自白が、拷問、暴行、脅迫、拘束の不当な長期化または欺罔その他の方法により、自己の意思に基づいて陳述されたものでないと認められるとき、または正式裁判において被告人の自白が本人に不利な唯一の証拠であるときは、これを有罪の証拠にし、またはこれを理由にして処罰することができない。
第一三条〔刑罰不遡及、一事不再理、遡及立法の禁止、連座制禁止〕
1　すべて国民は、行為当時の法律により犯罪を構成することのない行為により訴追されることはなく、同一犯罪に対して重ねて処罰されない。
2　すべて国民は、遡及立法により参政権の制限を受け、または財産権を剥奪されない。
3　すべて国民は、自己の行為でない親族の行為により、不利益な処遇を受けない。
第一四条〔居住・移転の自由〕
すべて国民は、居住および移転の自由を有する。
第一五条〔職業選択の自由〕
すべて国民は、職業選択の自由を有する。
第一六条〔住居の自由〕
すべて国民は、住居の自由を侵害されない。住居に対する押収または捜索をするときは、検事の申請により法官が発布した令状を提示しなければならない。
第一七条〔私生活の秘密と自由〕
すべて国民は、私生活の秘密および自由を侵害されない。
第一八条〔通信の秘密〕
すべて国民は、通信の秘密を侵害されない。
第一九条〔良心の自由〕
すべて国民は、良心の自由を有する。
第二〇条〔宗教の自由〕
1　すべて国民は、宗教の自由を有する。
2　国教は、認められず、宗教と政治は、分離される。
第二一条〔言論・出版・集会・結社の自由、言論・出版による被害賠償〕
1　すべて国民は、言論および出版の自由ならびに集会および結社の自由を有する。
2　言論および出版に対する許可または検閲ならびに集会および結社に対する許可は、認めない。
3　通信および放送の施設基準ならびに新聞の機能を保障するために必要な事項は、法律で定める。
4　言論および出版は、他人の名誉もしくは権利または公衆道徳もしくは社会倫理を侵害してはならない。言論および出版が、他人の名誉または権利を侵害したときは、被害者は、これに対する被害の賠償を請求することができる。
第二二条〔学問・芸術の自由、著作権等の保護〕
1　すべて国民は、学問および芸術の自由を有する。
2　著作者、発明家、科学技術者および芸術家の権利は、法律によって保護する。
第二三条〔財産権の保障〕
1　すべて国民の財産権は、保障される。その内容および限界は、法律で定める。
2　財産権の行使は、公共の福祉に適合するようにしなければならない。
3　公共の必要による財産権の収用、使用または制限およびこれに対する補償は、法律によって定めるが、正当な補償を支給しなければならない。

第二四条〔選挙権〕

すべて国民は、法律の定めるところにより、選挙権を有する。

第二五条〔公務担任権〕

すべて国民は、法律の定めるところにより、公務担任権を有する。

第二六条〔請願権〕

1　すべて国民は、法律の定めるところにより、国家機関に文書で請願する権利を有する。

2　国家は、請願に対して審査する義務を負う。

第二七条〔裁判を受ける権利、刑事被告人の無罪推定等〕

1　すべて国民は、憲法および法律の定める法官により、法律による裁判を受ける権利を有する。

2　軍人または軍務員以外の国民は、大韓民国の領域内においては、重大な軍事上の機密、哨兵、哨所、有毒飲食物供給、捕虜および軍用物に関する罪のうち、法律が定めた場合および非常戒厳が宣布された場合を除いては、軍事法院の裁判を受けない。

3　すべて国民は、迅速な裁判を受ける権利を有する。刑事被告人は、相当な理由がない限り、遅滞なく公開裁判を受ける権利を有する。

4　刑事被告人は、有罪の判決が確定されるときまでは、無罪と推定される。

5　刑事被害者は、法律の定めるところにより、当該事件の裁判手続において陳述することができる。

第二八条〔刑事補償〕

刑事被疑者または刑事被告人として拘禁された者が、法律の定める不起訴処分または無罪判決を受けたときは、法律の定めるところにより、国家に正当な補償を請求することができる。

第二九条〔国家および公共団体の賠償責任〕

1　公務員の職務上の不法行為により、損害を被った国民は、法律の定めるところにより、国家または公共団体に、正当な賠償を請求することができる。この場合、公務員自身の責任は、免除されない。

2　軍人、軍務員、警察公務員その他法律で定められた者が、戦闘、訓練等職務執行に関連して受けた損害に対しては、法律の定める補償のほかに、国家または公共団体に対して、公務員の職務上の不法行為による賠償は請求することができない。

第三〇条〔犯罪被害者への給付金支給等〕

他人の犯罪行為により、生命または身体に対する被害を受けた国民は、法律の定めるところにより、国家から救助を受けることができる。

第三一条〔教育を受ける権利および義務、生涯教育の振興〕

1　すべて国民は、能力に応じて等しく教育を受ける権利を有する。

2　すべて国民は、その保護する子女に、少なくとも初等教育および法律の定める教育を受けさせる義務を負う。

3　義務教育は、無償とする。

4　教育の自主性、専門性、政治的中立性および大学の自律性は、法律の定めるところにより、保障される。

5　国家は、生涯教育を振興しなければならない。

6　学校教育および生涯教育を含めた教育制度ならびにその運営、教育財政および教員の地位に関する基本的な事項は、法律で定める。

第三二条〔勤労の権利および義務、女子および年少者の保護、国家功労者の機会優先〕

1　すべて国民は、勤労の権利を有する。国家は、社会的および経済的方法で、勤労者の雇用の増進および適正賃金の保障に努めるとともに、法律の定めるところにより、最低賃金制を施行しなければならない。

2　すべて国民は、勤労の義務を負う。国家は、勤労の義務の内容および条件を、民主主義の原則にそって、法律で定める。

3　勤労条件の基準は、人間の尊厳性を保障するよう、法律で定める。

4　女子の勤労は、特別な保護を受けるとともに、雇用、賃金および勤労条件において、不当な差別を受けない。

5　年少者の勤労は、特別な保護を受ける。

6　国家功労者、傷痍した軍人および警察公務員ならびに戦没した軍人および警察公務員の遺族は、法律の定めるところにより、優先的に勤労の機会を与えられる。

第三三条〔勤労者の団結権等〕

1　勤労者は、勤労条件の向上のために、自主的な団結権、団体交渉権および団体行動権を有する。

2　公務員である勤労者は、法律で定められた者に限り、団結権、団体交渉権および団体行動権を有する。

3　法律の定める主要防衛産業体に従事する勤労者の団体行動権は、法律の定めるところにより、これを制限し、または認めないことができる。

第三四条〔人間としてふさわしい生活をする権利、社会保障等〕

1　すべて国民は、人間としてふさわしい生活をする権利を有する。

2　国家は、社会保障および社会福祉の増進に努める義務を負う。

3　国家は、女子の福祉および権益の向上に努めなければならない。

4　国家は、老人および青少年の福祉の向上のための政策を実施する義務を負う。

5　身体障害者および疾病または老齢その他の事由により、生活能力のない国民は、法律の定めるところにより、国家の保護を受ける。

6　国家は、災害を予防し、その危機から国民を保護するように努めなければならない。

第三五条〔環境権、住宅開発政策〕

1　すべて国民は、健康かつ快適な環境の下で生活する権利を有し、国家および国民は、環境保全に努めなければならない。

2　環境権の内容および行使に関しては、法律で定める。

3　国家は、住宅開発政策等を通じて、すべての国民が快適な住居生活をすることができるように努めなければならない。

第三六条〔婚姻および家族生活、母性保護、国民保健〕

1　婚姻および家族生活は、個人の尊厳と両性の平等を基礎として成立し、維持されなければならず、国家は、これを保障する。

2　国家は、母性の保護に努めなければならない。

3　すべて国民は、保健に関して、国家の保護を受ける。

第三七条〔国民の自由および権利の尊重、制限〕

1　国民の自由および権利は、憲法に列挙されていないという理由で軽視されることはない。

2　国民のすべての自由および権利は、国家の安全保障、秩序の維持または公共の福祉のために必要な場合に限り、法律によって制限することができるが、制限する場合においても、自由および権利の本質的な内容を侵害することはできない。

第三八条〔納税の義務〕

すべて国民は、法律の定めるところにより、納税の義務を負う。

第三九条〔国防の義務〕

1　すべて国民は、法律の定めるところにより、国防の義務を負う。

2　何人も、兵役の義務の履行により、不利益な処遇を受けない。

第三章　国会

第四〇条〔立法権〕

立法権は、国会に属する。

第四一条〔国会の構成〕

1　国会は、国民の普通、平等、直接および秘密選挙により選出された国会議員で構成する。

2　国会議員の定数は、法律で定めるが、二〇〇人以上とする。

3　国会議員の選挙区および比例代表制その他の選挙に関する事項は、法律で定める。

第四二条〔議員の任期〕

国会議員の任期は、四年とする。

第四三条〔議員の兼職制限〕

国会議員は、法律の定める職を兼ねることができない。

第四四条〔議員の不逮捕特権〕

1　国会議員は、現行犯人である場合を除いては、会期中、国会の同意なしに逮捕または拘禁されない。

2　国会議員が、会期前に逮捕または拘禁されたときは、現行犯人でない限り、国会の要求があれば、会期中釈放される。

第四五条〔議員の発言・表決の免責特権〕

国会議員は、国会において職務上行った発言および表決に関して、国会外で責任を問われない。

第四六条〔議員の清廉義務、地位の濫用禁止〕

1　国会議員は、清廉の義務を有する。

2　国会議員は、国家利益を優先し、良心に従い職務を行う。

3　国会議員は、その地位を濫用して、国家、公共団体または企業体との契約またはその処分により、財産上の権利、利益もしくは職位を取得し、または他人のためにその取得を斡旋することはできない。

第四七条〔定期会・臨時会〕

1　国会の定期会は、法律の定めるところにより、毎年一回集会され、国会の臨時会は、大統領または国会在籍議員の四分の一以上の要求により集会される。

2　定期会の会期は、一〇〇日を、臨時会の会期は、三〇日を超過することはできない。

3　大統領が臨時会の集会を要求するときは、期間および集会要求の理由を明示しなければならない。

第四八条〔議長・副議長〕

国会は、議長一人および副議長二人を選出する。

第四九条〔議決定足数および議決方法〕

国会は、憲法または法律に特別な規定がない限り、在籍議員の過半数が出席し、出席議員の過半数の賛成で議決する。可否が同数であるときは、否決されたものとみなす。

第五〇条〔議事公開の原則〕

1 国会の会議は、公開する。ただし、出席議員の過半数の賛成があるとき、または議長が国家の安全保障のために必要であると認めるときは、公開しないことができる。

2 公開しなかった会議内容の公表に関しては、法律の定めるところによる。

第五一条〔議案の次会期継続〕

国会に提出された法律案その他の議案は、会期中に議決され得なかったという理由で廃棄されることはない。ただし、国会議員の任期が満了したときは、この限りでない。

第五二条〔法律案の提出権〕

国会議員および政府は、法律案を提出することができる。

第五三条〔法律の公布、大統領の拒否権、法律の発効〕

1 国会で議決された法律案は、政府に移送され、一五日以内に大統領が公布する。

2 法律案に異議があるときは、大統領は、1項の期間内に異議書を添えて国会に還付し、その再議を要求することができる。国会の閉会中もまた同様である。

3 大統領は、法律案の一部に対して、または法律案を修正して、再議を要求することはできない。

4 再議の要求があるときは、国会は、再議に付し、在籍議員の過半数が出席し、出席議員の三分の二以上の賛成で前回と同様の議決を行えば、その法律案は、法律として確定される。

5 大統領が、1項の期間内に公布または再議の要求をしなかったときも、その法律案は、法律として確定される。

6 大統領は、4項および5項の規定により確定された法律を、遅滞なく公布しなければならない。5項により法律が確定された後、または4項による確定法律が政府に移送された後、五日以内に大統領が公布しないときは、国会議長が、これを公布する。

7 法律は、特別な規定がない限り、公布した日から二〇日を経過することによって、効力を発生する。

第五四条〔予算案の審議・確定権、準予算〕

1 国会は、国家の予算案を審議し、確定する。

2 政府は、会計年度ごとに予算案を編成して、会計年度開始九〇日前までに国会に提出し、国会は、会計年度開始三〇日前までに、これを議決しなければならない。

3 新しい会計年度が開始されるときまでに予算案が議決され得なかった場合は、政府は、国会で予算案が議決されるときまで、次の目的のための経費は、前年度予算に準じて執行することができる。

一 憲法または法律により設置された機関または施設の維持および運営

二 法律上の支出義務の履行

三 すでに予算として承認された事業の継続

第五五条〔継続費、予備費〕

1 一会計年度を超えて継続して支出する必要があるときは、政府は、年限を定めて、継続費として国会の議決を得なければならない。

2 予備費は、総額で国会の議決を得なければならない。予備費の支出は、次期国会の承認を得なければならない。

第五六条〔追加補正予算〕

政府は、予算に変更を加える必要があるときは、追加補正予算案を編成して、国会に提出することができる。

第五七条〔支出予算各項の増額および新しい費目の設置の禁止〕

国会は、政府の同意なしに、政府が提出した支出予算各項の金額を増額し、または新しい費目を設けることはできない。

第五八条〔国債募集等に対する議決権〕

国債を募集し、または予算外に国家の負担になる契約を締結しようとするときは、政府は、あらかじめ国会の議決を得なければならない。

第五九条〔租税の種目および税率〕

租税の種目および税率は、法律で定める。

第六〇条〔条約締結および宣戦布告等に関する同意〕

1 国会は、相互援助もしくは安全保障に関する条約、重要な国際組織に関する条約、友好通商航海条約、主権の制約に関する条約、講和条約、国家もしくは国民に重大な財政的負担を負わせる条約または立法事項に関する条約の締結および批准に対する同意権を有する。

2 国会は、宣戦布告、国軍の外国への派遣または外国軍隊の大韓民国領域内における駐留に対する同意権を有する。

第六一条〔国政監査権および調査権〕
1 国会は、国政を監査し、または特定の国政事案に対して調査することができ、これに必要な書類の提出または証人の出席および証言もしくは意見の陳述を要求することができる。
2 国政監査および調査に関する手続その他の必要な事項は、法律で定める。

第六二条〔国務総理等の国会出席〕
1 国務総理、国務委員または政府委員は、国会またはその委員会に出席して、国政の処理状況を報告し、意見を陳述し、または質問に応答することができる。
2 国会またはその委員会の要求があるときは、国務総理、国務委員または政府委員は、出席し、答弁しなければならず、国務総理または国務委員が出席要求を受けたときは、国務委員または政府委員をして、出席させ、答弁させることができる。

第六三条〔国務総理・国務委員の解任建議権〕
1 国会は、国務総理または国務委員の解任を大統領に建議することができる。
2 1項の解任の建議は、国会在籍議員の三分の一以上の発議に基づき、国会在籍議員の過半数の賛成がなければならない。

第六四条〔国会の自律権〕
1 国会は、法律に抵触しない範囲内において、議事および内部規律に関する規則を制定することができる。
2 国会は、議員の資格を審査し、議員を懲戒することができる。
3 議員を除名するには、国会在籍議員の三分の二以上の賛成がなければならない。
4 2項および3項の規定による処分に対しては、法院に提訴することができない。

第六五条〔弾劾訴追権およびその決定の効力〕
1 大統領、国務総理、国務委員、行政各部の長、憲法裁判所裁判官、法官、中央選挙管理委員会委員、監査院長、監査委員その他法律で定められた公務員が、その職務執行において、憲法または法律に違背したときは、国会は、弾劾の訴追を議決することができる。
2 1項の弾劾訴追は、国会在籍議員の三分の一以上の発議がなければならず、その議決は、国会在籍議員の過半数の賛成がなければならない。ただし、大統領に対する弾劾訴追は、国会在籍議員の過半数の発議に基づき、国会在籍議員の三分の二以上の賛成がなければならない。
3 弾劾訴追の議決を受けた者は、弾劾審判が終わるときまで、その権限の行使は停止される。
4 弾劾の決定は、公職から罷免されるにとどまる。ただし、これによって民事上または刑事上の責任が免除されるものではない。

第四章 政府

第一節 大統領

第六六条〔大統領の地位・責務〕
1 大統領は、国家の元首であり、外国に対して国家を代表する。
2 大統領は、国家の独立、領土の保全、国家の継続性および憲法を守護する責務を負う。
3 大統領は、祖国の平和的統一のための誠実な義務を負う。
4 行政権は、大統領を首班とする政府に属する。

第六七条〔大統領の選挙〕
1 大統領は、国民の普通、平等、直接および秘密の選挙により選出する。
2 1項の選挙において、最高得票者が二人以上のときは、国会の在籍議員の過半数が出席した公開会議において多数票を得た者を当選者とする。
3 大統領候補者が一人のときは、その得票数が選挙権者総数の三分の一以上でない限り、大統領として当選することはできない。
4 大統領として選挙されることのできる者は、国会議員の被選挙権を有し、選挙日現在四〇歳に達していなければならない。
5 大統領の選挙に関する事項は、法律で定める。

第六八条〔大統領の選挙の時期、補欠選挙〕
1 大統領の任期が満了するときは、任期満了七〇日ないし四〇日前に、後任者を選挙する。
2 大統領が欠位したときまたは大統領当選者が死亡し、もしくは判決その他の事由により、その資格を喪失したときは、六〇日以内に後任者を選挙する。

第六九条〔大統領の就任宣誓〕
大統領は、就任に際して、次の宣誓を行う。
「私は、憲法を遵守し、国家を保衛するとともに、祖国の平和的統一ならびに国民の自由および福祉の増進ならびに民族文化の暢達に努め、大統領としての職責を誠実に遂行することを、国民の前に厳粛に宣誓します。」

第七〇条〔大統領の任期〕
大統領の任期は、五年とし、重任することはできない。

第七一条〔大統領の権限代行〕
大統領が欠位し、または事故により職務を遂行することができないときは、国務総理、法律で定められた国務委員の順序で、その権限を代行する。

第七二条〔重要政策の国民投票〕
大統領は、必要であると認めるときは、外交、国防、統一その他国家の安危に関する重要政策を国民投票に付することができる。

第七三条〔外交に関する大統領の権限〕
大統領は、条約を締結し、批准し、外交使節を信任し、接受し、または派遣するとともに、宣戦布告および講和を行う。

第七四条〔国軍の統帥権等〕
1 大統領は、憲法および法律の定めるところにより、国軍を統帥する。
2 国軍の組織および編成は、法律で定める。

第七五条〔大統領令〕
大統領は、法律で具体的に範囲を定めて委任された事項および法律を執行するために必要な事項に関して、大統領令を発することができる。

第七六条〔緊急処分・命令権〕
1 大統領は、内憂、外患、天災、地変または重大な財政上および経済上の危機に際し、国家の安全保障または公共の安寧秩序を維持するために緊急の措置が必要となり、かつ、国会の集会を待つ余裕がないときに限り、最小限に必要な財政上および経済上の処分をなし、またはこれに関して法律の効力を有する命令を発することができる。
2 大統領は、国家の安危にかかわる重大な交戦状態に際し、国家を保衛するために緊急の措置が必要となり、かつ、国会の集会が不可能なときに限り、法律の効力を有する命令を発することができる。
3 大統領は、1項および2項の処分または命令をなしたときは、遅滞なく国会に報告し、その承認を得なければならない。
4 3項の承認を得られなかったときは、その処分または命令は、その時から効力を喪失する。この場合、その命令によって改正または廃止された法律は、その命令が承認を得られなかった時から、当然に効力を回復する。
5 大統領は、3項および4項の事由を、遅滞なく公布しなければならない。

第七七条〔戒厳の宣布等〕
1 大統領は、戦時、事変またはこれに準ずる国家非常事態に際し、兵力をもって軍事上の必要に応じ、または公共の安寧秩序を維持する必要があるときは、法律の定めるところにより、戒厳を宣布することができる。
2 戒厳は、非常戒厳および警備戒厳とする。
3 非常戒厳が宣布されたときは、法律の定めるところにより、令状制度ならびに言論、出版、集会、結社の自由および政府または法院の権限に関して、特別の措置を講ずることができる。
4 戒厳を宣布したときは、大統領は、遅滞なく国会に通告しなければならない。
5 国会が、在籍議員の過半数の賛成により、戒厳の解除を要求したときは、大統領は、これを解除しなければならない。

第七八条〔公務員の任免権〕
大統領は、憲法および法律の定めるところにより、公務員を任免する。

第七九条〔赦免権〕
1 大統領は、法律の定めるところにより、赦免、減刑または復権を命ずることができる。
2 一般赦免を命ずる場合は、国会の同意を得なければならない。
3 赦免、減刑および復権に関する事項は、法律で定める。

第八〇条〔栄典の授与権〕
大統領は、法律の定めるところにより、勲章その他の栄典を授与する。

第八一条〔大統領の国会に対する意見表示〕
大統領は、国会に出席して発言し、または書簡で意見を表示することができる。

第八二条〔大統領の国法上の行為〕
大統領の国法上の行為は、文書によって行い、この文書には、国務総理および関係国務委員が副署する。軍事に関する行為も同様である。

第八三条〔大統領の兼職禁止〕
大統領は、国務総理、国務委員、行政各部の長その他法律の定める公私の職を兼ねることはできない。

第八四条〔大統領の刑事上の特権〕
大統領は、内乱または外患の罪を犯した場合を除いては、在職中、刑事上の訴追を受けない。

第八五条〔前職大統領の身分・礼遇〕
前職大統領の身分および礼遇に関しては、法律で定める。

第二節 行政府

第一款 国務総理および国務委員

第八六条〔国務総理〕

1 国務総理は、国会の同意を得て、大統領が任命する。

2 国務総理は、大統領を補佐し、行政に関して大統領の命を受けて行政各部を統轄する。

3 軍人は、現役を免じた後でない限り、国務総理に任命されることはできない。

第八七条〔国務委員〕

1 国務委員は、国務総理の提請により、大統領が任命する。

2 国務委員は、国政に関して大統領を補佐し、国務会議の構成員として国政を審議する。

3 国務総理は、国務委員の解任を大統領に建議することができる。

4 軍人は、現役を免じた後でない限り、国務委員に任命されることはできない。

第二款 国務会議

第八八条〔国務会議の権限、構成〕

1 国務会議は、政府の権限に属する重要な政策を審議する。

2 国務会議は、大統領、国務総理および一五人以上三〇人以下の国務委員で構成する。

3 大統領は、国務会議の議長になり、国務総理は、副議長になる。

第八九条〔国務会議の審議事項〕

次の事項は、国務会議の審議を経なければならない。

一 国政の基本計画および政府の一般政策

二 宣戦、講和その他重要な対外政策

三 憲法改正案、国民投票案、条約案、法律案および大統領令案

四 予算案、決算、国有財産処分の基本計画、国家の負担となる契約その他財政に関する重要事項

五 大統領の緊急命令、緊急財政経済処分および命令または戒厳およびその解除

六 軍事に関する重要事項

七 国会の臨時会集会の要求

八 栄典の授与

九 赦免、減刑および復権

一〇 行政各部間の権限の画定

一一 政府内の権限の委任または配定に関する基本計画

一二 国政処理状況の評価および分析

一三 行政各部の重要政策の樹立および調整

一四 政党解散の提訴

一五 政府に提出または回付された政府の政策にかかる請願の審査

一六 検察総長、合同参謀議長、各軍参謀総長、国立大学総長、大使その他法律で定められた公務員および国営企業体管理者の任命

一七 その他、大統領、国務総理または国務委員が提出した事項

第九〇条〔国家元老諮問会議〕

1 国政の重要な事項に関する大統領の諮問に応ずるため、国家元老で構成される国家元老諮問会議を置くことができる。

2 国家元老諮問会議の議長は、直前大統領がなる。ただし、直前大統領がいないときは、大統領が指名する。

3 国家元老諮問会議の組織、職務範囲その他の必要な事項は、法律で定める。

第九一条〔国家安全保障会議〕

1 国家安全保障にかかる対外政策、軍事政策および国内政策の樹立に関して、国務会議の審理に先立って、大統領の諮問に応ずるため、国家安全保障会議を置く。

2 国家安全保障会議は、大統領が主宰する。

3 国家安全保障会議の組織、職務範囲その他の必要な事項は、法律で定める。

第九二条〔民主平和統一諮問会議〕

1 平和統一政策の樹立に関する大統領の諮問に応ずるため、民主平和統一諮問会議を置くことができる。

2 民主平和統一諮問会議の組織、職務範囲その他の必要な事項は、法律で定める。

第九三条〔国民経済諮問会議〕

1 国民経済の発展のための重要政策の樹立に関して大統領の諮問に応ずるため、国民経済諮問会議を置くことができる。

2 国民経済諮問会議の組織、職務範囲その他の必要な事項は、法律で定める。

第三款 行政各部

第九四条〔行政各部の長〕

行政各部の長は、国務委員の中から国務総理の提請により、大統領が任命する。

第九五条〔総理令、部令〕

国務総理または行政各部の長は、所管事務に関して、法律もしくは大統領令の委任または職権により、総理令または部令を発することができる。

第九六条〔行政各部の組織・職務〕

行政各部の設置ならびに組織および職務範囲は、法律で定める。

第四款　監査院

第九七条〔監査院の職務・所属〕
国家の歳入および歳出の決算、国家および法律で定められた団体の会計検査ならびに行政機関および公務員の職務に関する監察を行うため、大統領所属の下に監査院を置く。

第九八条〔監査院の構成〕
1　監査院は、院長を含め五人以上一一人以下の監査委員で構成する。
2　院長は、国会の同意を得て大統領が任命し、その任期は、四年とし、一回に限り重任することができる。
3　監査委員は、院長の提請により大統領が任命し、その任期は、四年とし、一回に限り重任することができる。

第九九条〔決算検査・報告〕
監査院は、歳入および歳出の決算を毎年検査して、大統領および次年度国会に、その結果を報告しなければならない。

第一〇〇条〔監査院の組織・職務範囲〕
監査院の組織、職務範囲、監査委員の資格、監査対象公務員の範囲その他の必要な事項は、法律で定める。

第五章　法院

第一〇一条〔司法権、法院の組織、法官の資格〕
1　司法権は、法官で構成される法院に属する。
2　法院は、最高法院である大法院および各級法院で組織される。
3　法官の資格は、法律で定める。

第一〇二条〔大法院の組織〕
1　大法院に、部を置くことができる。
2　大法院に、大法官を置く。ただし、法律の定めるところにより、大法官以外の法官を置くことができる。
3　大法院および各級法院の組織は、法律で定める。

第一〇三条〔法官の独立〕
法官は、憲法および法律に基づき、その良心に従い、独立して審判する。

第一〇四条〔大法院長・大法官等の任命〕
1　大法院長は、国会の同意を得て、大統領が任命する。
2　大法官は、大法院長の提請により、国会の同意を得て、大統領が任命する。
3　大法院長および大法官以外の法官は、大法官会議の同意を得て、大法院長が任命する。

第一〇五条〔法官の任期・定年〕
1　大法院長の任期は、六年とし、重任することはできない。
2　大法官の任期は、六年とし、法律の定めるところにより、連任することができる。
3　大法院長および大法官以外の法官の任期は、一〇年とし、法律の定めるところにより、連任することができる。
4　法官の定年は、法律で定める。

第一〇六条〔法官の身分保障〕
1　法官は、弾劾または禁錮以上の刑の宣告によらない限り、罷免されず、懲戒処分によらない限り、停職、減俸その他の不利な処分を受けない。
2　法官が、重大な心身上の障害により、職務を遂行することができないときは、法律の定めるところにより、退職させることができる。

第一〇七条〔法律等の違憲提請および審査権、行政審判の手続〕
1　法律が憲法に違反するかどうかが裁判の前提になった場合には、法院は、憲法裁判所に提請して、その審判により裁判する。
2　命令、規則または処分が、憲法または法律に違反するかどうかが裁判の前提になった場合には、大法院は、これを最終的に審査する権限を有する。
3　裁判の前審手続として、行政審判をすることができる。行政審判の手続は、法律で定めるが、司法手続が準用されなければならない。

第一〇八条〔大法院の規則制定権〕
大法院は、法律に抵触しない範囲内において、訴訟に関する手続、法院の内部規律および事務処理に関する規則を制定することができる。

第一〇九条〔裁判公開の原則〕
裁判の審理および判決は、これを公開する。ただし、審理は、国家の安全保障もしくは安寧秩序を妨げ、または善良な風俗を害するおそれがあるときは、法院の決定により、公開しないことができる。

第一一〇条〔軍事裁判〕
1　軍事裁判を管轄するため、特別法院として軍事法院を置くことができる。
2　軍事法院の上告審は、大法院で管轄する。
3　軍事法院の組織、権限および裁判官の資格は、法律で定める。
4　非常戒厳下の軍事裁判は、軍人および軍務員の犯罪、軍事に関する間諜罪ならびに哨兵、哨所、有毒飲食物供給および捕虜に関する罪のうち法律で定められた場合に限り、単審で行うことができる。ただし、死刑を宣告した場合は、この限りでない。

第六章　憲法裁判所

第一一一条〔憲法裁判所の権限、構成〕

1　憲法裁判所は、次の事項を管掌する。

一　法院の提請による法律の違憲可否の審判

二　弾劾の審判

三　政党の解散の審判

四　国家機関相互間、国家機関と地方自治団体間および地方自治団体相互間の権限争議に関する審判

五　法律の定める憲法訴願に関する審判

2　憲法裁判所は、法官の資格を有する九人の裁判官で構成し、裁判官は、大統領が任命する。

3　2項の裁判官のうち、三人は、国会で選出する者を、三人は、大法院長が指名する者を任命する。

4　憲法裁判所の長は、国会の同意を得て、裁判官の中から大統領が任命する。

第一一二条〔裁判官の任期、政治関与の禁止、身分保障〕

1　憲法裁判所裁判官の任期は、六年とし、法律の定めるところにより、連任することができる。

2　憲法裁判所裁判官は、政党に加入し、または政治に関与することはできない。

3　憲法裁判所裁判官は、弾劾または禁錮以上の刑の宣告によらない限り、罷免されない。

第一一三条〔違憲決定等の手続、憲法裁判所の組織・運営〕

1　憲法裁判所において、法律の違憲決定、弾劾の決定、政党解散の決定または憲法訴願に関する認容決定を行うときは、裁判官六人以上の賛成がなければならない。

2　憲法裁判所は、法律に抵触しない範囲内において、審判に関する手続、内部規律および事務処理に関する規則を制定することができる。

3　憲法裁判所の組織、運営その他の必要な事項は、法律で定める。

第七章　選挙管理

第一一四条〔選挙管理委員会〕

1　選挙および国民投票の公正な管理ならびに政党に関する事務を処理するため、選挙管理委員会を置く。

2　中央選挙管理委員会は、大統領が任命する三人、国会で選出する三人および大法院長が指名する三人の委員で構成する。委員長は、委員の中から互選する。

3　委員の任期は、六年とする。

4　委員は、政党に加入し、または政治に関与することはできない。

5　委員は、弾劾または禁錮以上の刑の宣告によらない限り、罷免されない。

6　中央選挙管理委員会は、法令の範囲内において、選挙管理、国民投票管理または政党事務に関する規則を制定することができ、法律に抵触しない範囲内において、内部規律に関する規則を制定することができる。

7　各級選挙管理委員会の組織、職務範囲その他の必要な事項は、法律で定める。

第一一五条〔選挙管理委員会の行政機関への指示権〕

1　各級選挙管理委員会は、選挙人名簿の作成等選挙事務および国民投票事務に関して、関係行政機関に必要な指示を行うことができる。

2　1項の指示を受けた当該行政機関は、これに応じなければならない。

第一一六条〔選挙運動、選挙費用〕

1　選挙運動は、各級選挙管理委員会の管理の下に、法律の定める範囲内において行うが、均等な機会が保障されなければならない。

2　選挙に関する経費は、法律の定める場合を除いては、政党または候補者に負担させることはできない。

第八章　地方自治

第一一七条〔自治権、自治団体の種類〕

1　地方自治団体は、住民の福祉に関する事務を処理し、財産を管理し、法令の範囲内において自治に関する規定を制定することができる。

2　地方自治団体の種類は、法律で定める。

第一一八条〔地方自治団体の組織、運営〕

1　地方自治団体に、議会を置く。

2　地方議会の組織、権限および議員選挙ならびに地方自治団体の長の選任方法、その他地方自治団体の組織および運営に関する事項は、法律で定める。

第九章　経済

第一一九条〔経済秩序の基本、経済の規制・調整〕

1　大韓民国の経済秩序は、個人および企業の経済上の自由および創意を尊重することを基本とする。

2　国家は、均衡ある国民経済の成長および安定

ならびに適正な所得の分配を維持し、市場の支配および経済力の濫用を防止するとともに、経済主体間の調和を通じた経済の民主化のため、経済に関する規制および調整を行うことができる。

第一二〇条〔天然資源の採取等の特許、保護〕

1　鉱物その他の重要な地下資源、水産資源および水力ならびに経済上利用することのできる自然力は、法律の定めるところにより、一定の期間、その採取、開発または利用を特許することができる。

2　国土および資源は、国家の保護を受け、国家は、その均衡ある開発および利用のため、必要な計画を樹立する。

第一二一条〔農地小作制度の禁止、賃貸借・委託経営〕

1　国家は、農地に関して、「耕す者が田畑を持つ」という原則が達成されることができるよう努めなければならず、農地の小作制度は、禁止される。

2　農業生産性の向上および農地の合理的な利用のため、または不可避な事情により発生する、農地の賃貸借および委託経営は、法律の定めるところにより、認められる。

第一二二条〔国土の利用・開発・保全〕

国家は、国民すべての生産および生活の基盤となる国土の効率的かつ均衡ある利用、開発および保全のため、法律の定めるところにより、これに関する必要な制限および義務を課することができる。

第一二三条〔農漁村の総合開発、中小企業の保護育成〕

1　国家は、農業および漁業を保護し、育成するため、農漁村総合開発およびその支援等必要な計画を樹立し、施行しなければならない。

2　国家は、地域間の均衡ある発展のため、地域経済を育成する義務を負う。

3　国家は、中小企業を保護し、育成しなければならない。

4　国家は、農水産物の需給均衡および流通構造の改善に努め、価格安定を図ることによって、農民および漁民の利益を保護する。

5　国家は、農民および漁民ならびに中小企業の自助組織を育成しなければならず、その自律的活動および発展を保障する。

第一二四条〔消費者保護〕

国家は、健全な消費行為を教え導き、生産品の品質向上を促すための消費者保護運動を、法律の定めるところにより、保障する。

第一二五条〔貿易の育成・規制・調整〕

国家は、対外貿易を育成し、これを規制および調整することができる。

第一二六条〔私企業の国・公有化または統制等の禁止〕

国防上または国民経済上の緊切な必要により法律の定める場合を除いては、私営企業を国有または公有に移転し、またはその経営を統制もしくは管理することはできない。

第一二七条〔科学技術の革新、時間・度量衡等の国家標準制度の確立〕

1　国家は、科学技術の革新ならびに情報および人力の開発を通じて、国民経済の発展に努めなければならない。

2　国家は、国家標準制度を確立する。

3　大統領は、1項の目的を達成するため、必要な諮問機構を置くことができる。

第一〇章　憲法改正

第一二八条〔憲法改正の提案権〕

1　憲法改正は、国会在籍議員の過半数または大統領の発議で提案される。

2　大統領の任期延長または重任変更のための憲法改正は、その憲法改正提案当時の大統領に対しては効力を有しない。

第一二九条〔憲法改正案の公告〕

提案された憲法改正案は、大統領が二〇日以上の期間、これを公告しなければならない。

第一三〇条〔憲法改正案の議決、国民投票、公布〕

1　国会は、憲法改正案が公告された日から六〇日以内に議決しなければならず、国会の議決は、在籍議員の三分の二以上の賛成を得なければならない。

2　憲法改正案は、国会が議決した後、三〇日以内に国民投票に付し、国会議員選挙権者の過半数の投票および投票者の過半数の賛成を得なければならない。

3　憲法改正案が、2項の賛成を得たときは、憲法改正は、確定され、大統領は、直ちにこれを公布しなければならない。

附則

第一条〔施行日〕

この憲法は、一九八八年二月二五日から施行する。ただし、この憲法を施行するために必要な法律の制定または改正ならびにこの憲法による大統領および国会議員の選挙その他この憲法施行に関する準備は、この憲法施行前に行うことができる。

第二条〔最初の大統領選挙日・任期〕

1　この憲法による最初の大統領選挙は、この憲法の施行日の四〇日前までに実施する。

2　この憲法による最初の大統領の任期は、この憲法の施行日から開始する。

第三条〔最初の国会議員選挙日・任期〕

1　この憲法による最初の国会議員選挙は、この憲法の公布日から六月以内に実施し、この憲法により選出された最初の国会議員の任期は、国会議員選挙後、この憲法による国会の最初の集会日から開始する。

2　この憲法公布当時の国会議員の任期は、1項による国会の最初の集会日の前日までとする。

第四条〔この憲法施行当時の公務員等の地位〕

1　この憲法施行当時の公務員および政府が任命した企業体役員は、この憲法により任命されたものとみなす。ただし、この憲法により選任方法または任命権者が変更された公務員ならびに大法院長および監査院長は、この憲法により後任者が選任されるときまでその職務を行うものの、この場合、前任者である公務員の任期は、後任者が選任される前日までとする。

2　この憲法施行当時の大法院長および大法院判事以外の法官は、1項ただし書の規定にかかわらず、この憲法により任命されたものとみなす。

3　この憲法のうち、公務員の任期または重任制限に関する規定は、この憲法によりその公務員が最初に選出または任命されたときから適用する。

第五条〔この憲法施行当時の法令・条約の効力〕

この憲法施行当時の法令および条約は、この憲法に違背しない限り、その効力を持続する。

第六条〔特設機関に関する経過措置〕

この憲法施行当時に、この憲法により新たに設置される機関の権限に属する職務を行っている機関は、この憲法により新たな機関が設置されるときまで存続し、その職務を行う。

11　中華人民共和国

杉田憲治
全理其

解説　284

中華人民共和国憲法　293

前文……二九三
第一章　総綱……二九四
第二章　公民の基本的権利および義務……二九七
第三章　国家機構……二九九
第一節　全国人民代表大会……二九九
第二節　中華人民共和国主席……三〇二
第三節　国務院……三〇二
第四節　中央軍事委員会……三〇三
第五節　地方各級人民代表大会および地方各級人民政府……三〇三
第六節　民族自治地域の自治機関……三〇五
第七節　監察委員会……三〇六
第八節　人民法院および人民検察院……三〇六
第四章　国旗、国歌、国章、首都……三〇七

解説

一　制定史

中国では、建国当初、臨時憲法としての役割を果たした「中国人民政治協商会議共同綱領」（一九四九年）のほか、今日までに四つの憲法が制定されている。第一番目の憲法は一九五四年に、第二番目の憲法は一九七五年に、第三番目の憲法は一九七八年に、そして第四番目の憲法は一九八二年に、それぞれ制定・公布されている（以下、順次に「五四年憲法」、「七五年憲法」、「七八年憲法」、「八二年憲法」という）。五四年憲法は、新民主主義から社会主義への移行を目指した点に、七五年憲法は、プロレタリア階級独裁のもとでの継続革命の堅持を目指した点に、七八年憲法は、国家活動の重点を農業、工業、国防、科学技術の四つの現代化建設へ移行することを目指した点に、そして八二年憲法は、社会主義的現代化推進を目指した点に、それぞれ、その基調をみることができる。なお、右の四つの憲法の制定・運用について、それぞれ指導的役割を果たした中心人物に着目して、五四年憲法は毛沢東の憲法、七五年憲法は文革派（江青、張春橋、王洪文、姚文元の「四人組」を中心とする）の憲法、七八年憲法は華国鋒の憲法、そして八二年憲法は鄧小平の憲法ということができよう。

八二年憲法制定の直接の契機となったのは、一九七八年一二月の「中国共産党第一一期中央委員会第三回総会」の決議である。その主な内容は、実事求是（事実に基づいて正しさを判断する）の立場から、文化大革命中に起きた重大な政治的事件と文化大革命以前から残されてきた歴史的問題について、中国共産党中央委員会（以下、「党中央」という）の発した誤った文書、人事を廃棄・是正し、全党の活動の重点と全国人民の注意を社会主義的現代化の建設に移す、というものであった。

五四年憲法と七五年憲法の改正の場合は、いずれも党中央が改正草案を作成し、直接全国人民代表大会（以下、「全人代」という）に提案するという方式がとられた。

七八年憲法は、憲法改正について、改正権が全人代に属することを規定するのみで（第二二条一号）、憲法改正の手続規定は存在しない。七八年憲法の改正草案は党中央による憲法改正の建議に基づき、全人代が設置した憲法改正委員会によって作成された。ついで、改正草案は全人代常務委員会を経て全国で四カ月間大衆の討論に託された。憲法改正委員会はその結果を踏まえて修正草案を作成し、一九八二年一二月四日、第五期全人代第五回会議に提案した。全人代は議事日程の冒頭に、憲法の表決手続を先議し、憲法の採択は無記名投票で全代表の三分の二以上の多数によることを定めた。修正草案は三〇四〇人の代表の無記名投票により、反対なし、棄権三で採決され、直ちに公布、即日施行された。

二　成立後の改正

一九八八年四月一二日、第七期全人代第一回会議は、次の二点について、憲法を改正した。第一は、土地の使用権は、法律の定めるところにより、譲渡することができる、とした（第一〇条4

項）。第二は、新たに私営経済に関する項目を設けた（第一一条3項）。

一九九三年三月二九日、第八期全人代第一回会議は、次の諸点について、憲法を改正した。前文では、第一に、「わが国はいま社会主義の初級段階にある。国家の根本的任務は、中国の特色をもつ社会主義建設の理論に基づき、全力をあげて社会主義現代化を進めることである」とし、各民族人民の堅持すべき原則として、従来の四原則（中国共産党の指導、マルクス・レーニン主義と毛沢東思想、人民民主主義独裁、社会主義の道）に加え新たに「改革・開放」をあげ、四つの現代化実現を通して構築する国家像に新たに「富強」を加え、「富強、民主、文明をそなえた社会主義国家」とした。第二に、「中国共産党の指導する多党協力および政治協商制度」について一項目を配した。総綱では、第一に、「国営経済」の呼び名を「国有経済」に改めた（第七条、第四二条3項）、第二に、「農村人民公社、農業生産会社」を削除し、「農村における各家庭生産量連動請負を主とする責任制」を規定した（第八条）。第三に、国家の「計画経済」に関する規定を「社会主義市場経済」に関する規定に改めた（第一五条）。第四に、「国営企業」に関する規定を「国有企業」に関する規定に改めた（第一六条1項）。第五に、「集団経済組織」の経済活動を行う自主権に関する規定を改めた（第一七条）。第六に、県、市（区を設けていると否とを問わない）、市管轄区の人民代表大会の毎期の任期を、省、直轄市と同様に五年に改めた（第九八条）。

一九九九年三月一五日、第九期全人代第二回会議は、次の諸点について、憲法を改正した。前文では、「わが国はいま社会主義初級段階にある」を「わが国は長期にわたり社会主義初級段階に置かれるであろう」に改め、鄧小平理論をマルクス・レーニン主義、毛沢東思想と同等の地位に置くことと「社会主義市場経済を発展させること」を明記した（第七段）。総綱では、第一に「社会主義法治国家の建設」を宣言した（第五条1項）。第二に、社会主義初級段階における基本的な経済制度と分配制度を規定した（第六条2項）。第三に、「農村集団経済組織は各戸の請負経営を基礎とし、統一と分散を結びつけた二重経営体制を実行する」とした（第八条1項）。第四に、「法律の定める範囲内の個人経営経済、私営経済などの非公有制経済は社会主義市場経済の重要な構成要素である」とした（第一一条）。第五に、国家が鎮圧の対象としていた「反革命活動」を「国家の安全に危害をもたらすその他の犯罪活動」に改めた（第二八条）。

二〇〇四年三月一四日、第一〇期全人代第二回会議は、憲法を改正した。今回の憲法改正の内容は一四カ所にも達した。また、改正内容に関しては、国の指導思想、物質文明、政治文明、精神文明の協調的な発展、非公有制経済および私有財産の保護、社会保障制度の確立、人権保障などが含まれており、今後における中国の市場経済の発展にとって大きな意義をもつものと思われる。

前文では、国の指導思想として、第七段の「マルクス・レーニン主義、毛沢東思想、鄧小平理論」の後に、「三つの代表の重要思想」を入れた。また、「工業、農業、国防および科学技術の現代化を逐次実現し」の後に「物質文明、政治文明、精神文明の協調的発展を推進し」を加えた。そのほかに、愛国統一戦線に社会主義事業の建設者を加えた。

総綱では、第一に、土地収用制度について、「国家は、公共の利益のために、法律の定めるところにより、土地を徴収または収用することができるとともに、補償を与える」に改めた（第一〇条3項）。第二に、私営経済など非公有制経済について、「国家は個人経営経済、私営経済など非公有制経済の合法的な権利および利益を保護する。国家は非公有制経済の発展を奨励、支持、指導するとともに、非公有制経済に対し法によって監督、管理を行う」ことを宣言した（第一一条2項）。第三に、公民の私有財産とその相続権について、「公民の合法的な私有財産は侵犯されない、国家は法律の規定に従って公民の私有財産権と相続権を保護する」と宣言した。また、私有財産の収用について、「国家は公共利益の必要のため、法律の定めるところにより、公民の私有財産を徴収または収用することができるとともに、補償を与える」と規定した（第一三条）。第四に、社会保障制度について、「国家は健全で経済発展水準に適応する社会保障制度を確立する」を追加した（第一四条4項）。

第二章の公民の基本的権利および義務について、「国家は人権を尊重、保護する」と宣言した（第三三条3項）。

第三章の国家機構について、第一に、香港とマカオの中国帰還と相応し、全人代の代表に特別行政区の代表を加えた（第五九条1項）。第二に、全人代常務委員会および国務院の職権などに関して、「戒厳」の表現を「非常事態」の表現に改めた（第六七条二〇号、第八〇条、第八九条一六号）。第三に、国家主席の職権について、「国事活動を行い」を追加した（第八一条）。第四に、省、直轄市、県、市、市管轄区および郷、民族郷、鎮など地方各級人民代表大会の任期について、すべて五年に統一した（第九八条）。

第四章の章名について、「国旗、国章、首都」を「国旗、国歌、国章、首都」に改正し、第一三六条に2項として「中華人民共和国国歌は『義勇軍進行曲』とする」を加えた。

改正された一四カ所の中で、最も重要なのは次の三点であり、これからの中国の発展に大きな影響を与えると思われる。

第一に、国の指導思想として、マルクス・レーニン主義、毛沢東思想、鄧小平理論に、「三つの代表」の思想を新たに盛り込んだ点である。「三つの代表」は江沢民前共産党総書記が二〇〇〇年二月の広東省視察の際、共産党創立から七〇余年を総括した重要な結論として発表した理論であった。その内容は、中国共産党が労働者階級の先鋒隊として、「⑴中国の先進的な社会生産力の発展の要求、⑵中国の先進文化の前進の方向、⑶中国の最も幅広い人民の根本的利益」の三つを代表すべきだとする考え方である。「三つの代表」という思想は中国共産党の思想整備面での重要な指導的思想であり、それを憲法に書き込むことで国の発展に大きな影響をもたらすものと考えられる。

第二に、個人経営経済、私営経済など非公有制経済に対して、奨励と支持を宣言した点である。一九九九年の憲法改正で、非公有制経済を「公有制経済の補完」から「社会主義市場経済の重要な要素」に格上げしたが、今回の改正では、さらに一歩を前進した。また、それと同時に、「私有財産の不可侵」を憲法に初めて明記し、公有財産と同じような強力な保護を、私有財産にも与えることになった。そのほかに、土地や私有財産の徴収・収用に対する国家補償も規定した。これらの改正によって、非公有制経済および私有財産の保護に関して、憲法上の地位をより明確にした。また、今回の改正では、「社会主義事業の建設者」についての表現を追加したが、これは民営企業家、個人の私営企業主などの人たちに対する社会の偏見を根本から改める目的であった。

第三に、「公民の基本的権利および義務」の章の下、「国家は人権を尊重、保護する」という方針が憲法に盛り込まれた点である。中国共産党の第一五回・第一六回全国代表大会では、「人権の尊重と保障」を明確に提起したが、人権の尊重と保障を憲法の中で宣言することは、中国が人権の法的保障という歴史的な発展の新しい時期に入ったことを示すものと思われる。

二〇一八年三月一一日、第一三期全人代第一回会議は、現行憲法の五回目の改正をした。今回の憲法改正の内容は二一カ所にも達した。その中に、国の指導思想として、科学的発展観、習近平新時代の中国の特色ある社会主義思想を追加した。国家の目標として、社会主義的強国の建設、中華民族の偉大な復興等を掲げた。国家主席・副主席の任期について、二期一〇年の任期制限を撤廃した。国の統治機関に関して、強力な監察機関として、新たに国家監察委員会を設置した。このような改正は、今後における中国の発展方向に大きな影響を与え、大いに注目すべきであると思われる。今回の憲法改正の詳細は、以下の通りである。

憲法の前文では、第一に、国の指導思想として、第七段の「マルクス・レーニン主義、毛沢東思想、鄧小平理論、三つの代表の重要思想」の後に、「科学的発展観」と「習近平新時代の中国の特色ある社会主義思想」を入れた。第二に、法治国家に関して、「社会主義法制を健全化」から「社会主義法治を健全化」へと変わり、中国は法治国家であることを強調した。第三に、「物質文明、政治文明、精神文明」に、社会文明、生態（エコ）文明、調和のとれた美しい社会主義強国を加え、中華民族の偉大な復興を明記した。第四に、愛国統一戦線に民族の偉大な復興に尽力する者を加えた。第五に、対外政策について、国策として、平和的発展の道を堅持し、互恵的開放戦略を堅持し、人類の運命共同体の構築を推進することを掲げた。

総綱では、第一条に、「中国共産党の指導は中国の特色ある社会主義の最も本質的特徴である」ことを追加し、中国共産党の指導的役割を強調した。また、第二七条に、公務員など公職者に対して、「公職に就く者は就任に際し、法律の定めるところにより、公に憲法への宣誓を行わなければならない」と規定し、公務員など公務に従事する者の憲法への遵守を要求した。

第三章の国家機構において、第七九条に、国家主席および副主席の任期制限について、「中華人民共和国主席、副主席は、全国人民代表大会の毎期の任期と同じであり、二期を超えて連続就任することはできない。」という規定を、「中華人民共和国主席、副主席は、全国人民代表大会の毎期の任期と同じである」と改めた。この改正により、国家主席は二期を超えて就任することができるようになった。

地方自治に関して、第一〇〇条に、地方的法規制定権において、「区をおく市の人民代表大会およびその常務委員会は、憲法、法律、行政法規および同じ省、自治区の地方的法規に抵触しないことを前提として、法律により地方的法規を制定することができ、これを同じ省、自治区の人民代表大会の常務委員会に報告し、その批准により施行する。」と規定し、一定の範囲内で地方の立法権限を拡大した。

国家機構の第七節として、国家監察委員会および地方各級監察委員会の設置について規定した（第一二三条〜第一二七条）。その中に、監察委員会の任務、監察委員会の構成、任期、国家および地方各級監察委員会、監察委員会の地位、監察委員会の監督、監察権の独立、他の司法機関との関係等を規定した。

以上のように、今回の憲法改正内容に関しては、国の指導思想、国の発展の目標、国の統制機構などが含まれるが、最も重要なのは次の三点であると思われる。

第一に、国の指導思想として、従来の「マルクス・レーニン主義、毛沢東思想、鄧小平理論、三つの代表の重要思想」の後に、「科学的発展観」および「習近平新時代の中国の特色ある社会主義思想」を新たに盛り込んだ点である。「科学的発展観」は胡錦濤前国家主席が二〇〇三年に初めて提唱した理念であり、経済と社会、環境などの調和をはかりつつ、持続可能な均衡発展を目指す路線を意味する。その中心は調和社会、即ち調和のとれた経済社会の発展を推進することである。「習近平新時代の中国の特色ある社会主義思想」においては、中国共産党の指導的役割を強調し、社会文明、生態（エコ）文明を重視し、美しい社会主義強国を建設し、中華民族の偉大な復興を実現することである。

第二に、国家主席・副主席の任期制限を撤廃した点である。中国の最高指導者の任期に関しては、中国共産党の規約によると、中国共産党総書記、中国共産党中央軍事委員会主席に任期制限はない。また、中国憲法によると、中華人民共和国軍事委員会主席にも任期制限はない。今回の憲法改正により、中国共産党総書記、中国共産党中央軍事委員会主席、中華人民共和国主席および中華人民共和国軍事委員会主席など四つの最高指導職の任期制限がすべてなくなり、事実上の終身制の復活である。

第三に、国家機構において、国家監察委員会を設置した点である。今回の憲法改正により新設された国および地方各級監察委員会は国の監察機関として、強い権限を有する。監察委員会は、憲法上の地位が高く、公務員などすべての公職者に対して、その職務違法または職務犯罪事件を処理することができる。まず、監察委員会は行政機関の性質を有し、違法行為をした公職者に対して、行政処分を処することができる（監察法第一一条）。また、監察委員会は司法機関の性質を有し、犯罪行為をした公職者に対して、刑事訴追もできる（監察法第一一条）。裁判機関の裁判権、検察機関の検察権と同じように、監察委員会は独立して監察権を行使し、他の行政機関、社会団体および個人による干渉を受けない。また、監察委員会は職務違法または職務犯罪事件を処理する場合、裁判機関、検察機関、警察機関など他の法の執行部門と相互に協力し、相互に制約する関係がある。

三　特　色

(1)　指導思想

現行憲法の指導思想は、中国共産党の指導、マルクス・レーニン主義、毛沢東思想、鄧小平理論と三つの代表の重要思想、人民民主主義独裁および社会主義の道の四つの原則である（前文）。鄧小平理論とは、中国は「社会主義の初級段階」にあるのだから、政策は、「社会主義的か資本主義的か」を問わず、①生産力、②総合国力、③国民の生活向上の「三つに有利か」どうか、で判断するというものである。従来、改革・開放路線の理論的根拠となってきたものであるが、九九年の憲法改正により前文に盛り込まれた。改革は経済体制の改革をいい、開放とは対外開放をいう。三つの代表とは、中国共産党の役割として、①先進的社会生産力、②先進的文化、③人民の根本的利益の三点を代表すべきだとする思想をいう。この指導思想は、これまで入党を認められなかった私営企業家を党内に取り込む理論的な根拠となる。

(2)　法治主義　　従来中国では、憲法に対する党の優位、法に対する政治の優位（法律は政治の手足を縛ってはならない）の思想が一般に根強く、法治主義の思想は希薄であった。八二年憲法は前文と総綱（第五条）で重複して詳細にこの原則を明記した。また、「中国共産党規約」（一九八二年九月）も「党は必ず憲法と法律の範囲内で活動しなければならない」と定め、「憲法と法律の枠内で行動する党」の原則を打ち出している。改革・開放以降、法治国家への取組みが緊急の重要課題となっている。

(3)　経済の活性化　　(イ)社会主義経済制度の構成――社会主義の初級段階にある中国の社会主義経済制度は、「公有制を主とした多様な所有制と、労働に応じた分配を主とした多様な分配制度」から構成される（第六条）。この規定は、民間企業の支柱となるものである。(ロ)農業生産組織の変更――農家の立ち遅れの決定的な要因が人民公社という集団農業のあり方にあるとして、人民公社を解体して、自由な個人農を創出し、各農家の請負経営を基礎とする新たな経営体制を樹立した（第八条）。農村における各戸請負経営制の成功は、郷鎮企業を発生させ、農村経済の活性化をもたらした。(ハ)非公有制経済の憲法による保障――従来、法律の定める範囲内の個人経営経済、私営経済等の非公有制経済は、社会主義的公有制経済を「補完するもの」とされてきたが、九九年の改正により「重要な構成要素である」とされ、憲法上その地位が格上げされた（第一一条一項）。さらに二〇〇四年の改正により「国家は非公有制経済の発展を奨励、支持、指導する」（第一一条二項）、「公民の合法的な私有財産は侵犯されない」（第一三条一項）と明記された。(ニ)社会主義市場経済の実施――政治体制は社会主義の枠を維持しつつ、統制的計画経済を改革し市場経済化への移行を推進するものである。実際には、共産党独裁のもとで市場経済を推進するものである（第一五条）。(ホ)国有企業の自主経営権の保障――かつての統制的計画経済の時代には、国有企業の経営は国有企業の政府主管部門の直接的な支配のもとにおかれ、国有企業の自主経営権は認められなかった。市場経済化への移行により国有企業における所有と経営の分離、企業の自主経営権が保障されるに至った（第一六条）。ただ、改革・開放政策により市場に参入してきた外資企業、郷鎮企業、私営企業との競争激化で経営難に陥っている国有企業が多く、その改革（転業、合併、分離、解散、破産、株式会社化、民営化など）が大きな課題となっている。なお、集団経済組織の自主経営権も拡大された（第一七条）。(ヘ)対外開放――先進諸国の豊富な資金と先進的な技術を導入することにより国内経済の活性化を目指した（第一八条）。因みに、沿海の都市が外国人に土地使用権を譲渡することにより大口の資金を一括して獲得し、この資金を活用して都市建設を短期に成功させたことは特筆に値する（第一〇条）。

(4)　社会主義的精神文明の強化　社会主義市場経済を発展させ、社会主義現代化建設を推進するためには、政治的・経済的制度を改革すると同時に、人民の精神面の刷新が肝要である。現行憲法は教育、科学・技術、医療衛生・体育、文化を振興し、人材を育成し（第一九条～第二三条）、社会主義的精神文明の強化を力説している（第二四条）。

(5)　中国共産党の指導的役割の強調　憲法第一条2項は、「社会主義制度は、中華人民共和国の根本制度である。」と規定したが、今回の改正でこれに、「中国共産党の指導は中国の特色ある社会主義の最も本質的特徴である」ことを追加し、中国の国家制度において、中国共産党の指導的役割を強調した。

(6)　計画出産　国家の政策と公民の義務の両方面から計画出産の必要を強調している（第二五条、第四九条）。

(7)　基本的権利の保障　憲法の構成において、従来は「公民の基本的権利および義務」の章は「国家機構」の章のあとに配置されていたが、八二年憲法では第一章「総綱」のあとにおかれた。八二年憲法の保障する公民の基本的権利は、その範囲・保障の仕方において従前のそれに比して一段と優っている。注目されるのは、「人格の尊厳の不可侵」（第三八条）の新設であるが、さらに二〇〇四年の改正により「国家は人権を尊重、保護する」（第三三条3項）と規定された。「内心の自由」「職業選択の自由」「移転の自由」が欠落している。公民は、権利行使に当たっては「国家、社会、集団」の利益に損害を与えてはならない（第五一条）とあるほか、「四つの基本原則」による制限に服する。なお、権利保障の任に当たる「人民法院は、法律の定めるところにより、独立して裁判権を行使」する（第一二六条）とあって、裁判権の独立の内容は、「法律による留保」を伴う形式をとる。これは、日本の制度と著しく異なる点である。

(8)　全人代常務委員会の職権の拡大　全人代常務委員会の職権の拡大は、主に刑事、民事、国家機構およびその他の基本的法律を全人代で制定・改正するほか、他の法律はすべて全人代常務委員会が制定・改正する、とした点に表れている（第六二条、第六七条）。立法二元主義採用の理由として、全人代は定数が膨大であり、一年に一回しか開かれず、会期も長くできないことがあげられる。

(9)　国家主席制の復活　文化大革命による劉少奇国家主席の失脚、国家主席の地位をねらった林彪の敗北等の経過を経て、七五年憲法と七八年憲法は国家主席制を廃止したが、八二年憲法はこれを復活した。新設の国家主席の職権はすべて形式的・儀礼的行為に限られ、政治的権能を有しない（第八〇条）。

(10)　中央軍事委員会　七五年憲法、七八年憲法は、党中央主席が全国の武装力を統帥すると規定したが、八二年憲法は中央軍事委員会を新設し、この委員会が全国の武装力を指導する権限をもつとした（第九三条）。中国共産党規約と憲法を総合して考察すれば、中国軍の最高統帥機構には共産党中央軍事委員会と国家中央軍事委員会とがあり、両者は一つの組織に二つの看板をかかげたもので、実際上は、党の中央軍事委員会が国家の中央軍事委員会を兼任する仕組みになっている。

(11)　指導職の終身制の廃止および部分復活　全人代常務委員

会委員長・副委員長、国家主席・副主席、国務総理・副総理・国務委員、国家監察委員会主任、最高人民法院院長、最高人民検察院検察長等の指導職は、二期を超えて連続就任することはできない（第六六条、第七九条、第八七条、第一二四条、第一二九条、第一三五条）。これにより従来の指導職の終身制は廃止され、指導職の若返りがはかられる。なお、広く党や国家機関の幹部に必要な条件として、革命化、若年化、知識化、専門化の四つがあげられている。しかし、第五回目の憲法改正により、国家主席および副主席の任期制限が撤廃され、指導職の終身制が部分的に復活された。

⑿　住民委員会、村民委員会　これらの委員会は基層の大衆的自治組織である。八二年憲法は、当委員会の従来の実績を高く評価し、憲法上にその地位と役割を明記して、憲法上の制度として確立した（第一一一条）。

⒀　一国二制度　一国二制度は香港・マカオの返還および台湾問題を解決するための中国の国策である。中国憲法第三一条（特別行政区の設置と制度）は、「国家は、必要ある場合、特別行政区を設けることができる。特別行政区において実施する制度は、具体的状況に応じて、全国人民代表大会が法律でこれを定める。」と規定している。一九九七年に香港が英国から中国に返還された際および一九九九年にマカオがポルトガルから中国に返還された際、一国二制度が適用された。この一国二制度により、外交および国防を除いて、特別行政区で中国本体と異なる政治・法律・経済制度を維持することが認められた。また、一国二制度の実行を保証するため、一九九〇年に香港特別行政区基本法、一九九九年にマカオ特別行政区基本法が施行された。

しかし、二〇一六年九月に行った香港の立法会（香港議会）選挙において、当選した二人の議員は、一〇月の議員就任の宣誓時に、「香港は中国ではない」と書かれた旗を議場で掲げ、中国を「支那」と読み上げた。これに関し、全国人民代表大会常務委員会は、香港特別行政区基本法第一〇四条に関する解釈を示し、香港の公職者が就任の宣誓を拒絶した場合、もしくは不正確、不誠実に行った場合は公職に就任する資格を失うとした。

香港特別行政区基本法第一〇四条は、「香港特別行政区行政長官、主要官員、行政会議組成員、立法会議員、各級裁判官およびその他の司法要員が就任する際、中華人民共和国香港特別行政区基本法を擁護し、中華人民共和国香港特別行政区に忠誠を尽くすと宣誓しなければならない」と規定した。また、香港特別行政区基本法第一五八条により、基本法の解釈権は全国人民代表大会常務委員会に属すると規定されている。

⒁　国家の統制機構の新設　今回の憲法改正により設置された国家監察委員会および地方各級監察委員会は、今までの国家機構にない監察機構である。憲法第一二三条から第一二七条まで五カ条を追加したことは、大きな意味があると思われる。これにより、中国の国家機構は、全国人民代表大会、中華人民共和国主席、国務院、中華人民共和国中央軍事委員会、地方各級人民代表大会および地方各級人民政府、民族自治地方の自治機関、監察委員会、人民法院および人民検察院により構成されることになった。

改正憲法により、監察委員会は人民法院および人民検察の前に規定しており、一段高い位置付けとなっている。また、人民検察院と同じように、国家監察委員会は全国人民代表大会および全国人民代表大会常務委員会に対して責任を負う。地方各級監察委員会はそれを組織した国家権力機関および上級監察委員会に対して責任を負う（第一二六条、第一二八条）。

さて、中国は社会主義市場経済の推進により、経済面では著しく発展したが、政治面では共産党独裁のもと政治の民主化は棚上げされたままである。党中央がこの体制を堅持するに当たっては、旧ソ連の解体から教訓を汲みとったものと思われる。政治的民主化を一挙に展開しようとしたゴルバチョフのペレストロイカ（建て直し）は、開始早々、経済改革の推進母体たる旧ソ連共産党を解体し、ついで旧ソ連自体をも解体してしまった。

中国の将来を展望するに当たって、きわめて注目に値することは、ＮＩＥＳ（新興工業経済群）の歩んだ道である。韓国、台湾、シンガポールは、「開発独裁」や「権威主義開発体制」と呼ばれる体制（経済成長という政策目的のために政治安定を保障する強権体制）をとった。その体制が経済発展をもたらし、その経済発展が開発独裁体制そのものを溶解させ、そして政治的民主主義を実現させたのである。中国が果たしてこのような経過を辿るか、大いに関心のもたれるところである。

参考

(1)「中華人民共和国憲法（一九八二年）」浅井敦訳　岩波文庫『世界憲法集』所収
(2)「一九八二年の憲法」向上寛夫著『新中国の憲法』所収
(3)「中華人民共和国」ポールチェン訳　樋口陽一・吉田善明編『解説　世界憲法集』所収

中華人民共和国憲法

〔一九八二年制定、一九八八年、一九九三年、一九九九年、二〇一八年改正〕

前文

中国は、世界でも最もふるい歴史をもつ国家の一つである。中国の各民族人民は、輝かしい文化を共同でつくりあげており、栄えある革命的伝統をもっている。

一八四〇年以来、封建的な中国は、しだいに半植民地・半封建の国家に変わった。中国人民は、国家の独立、民族の解放、民主と自由のために、つぎつぎと先人の屍を乗りこえて、英雄的な奮闘を続けてきた。

二〇世紀に入って、中国には、天地を覆すような偉大な歴史的変革が起こった。

一九一一年、孫中山先生の指導する辛亥革命は、封建帝制を廃止し、中華民国を創立した。しかし、中国人民の帝国主義と封建主義に反対する歴史的任務は、まだ達成されなかった。

一九四九年、毛沢東主席を領袖とする中国共産党の指導のもとに、中国の各民族人民は、長期にわたる困難で曲折にとむ武装闘争とその他の形態の闘争を経て、ついに帝国主義、封建主義および官僚資本主義の支配を覆して、新民主主義革命の偉大な勝利を収め、中華人民共和国を樹立した。それ以来、中国人民は国家の権力を掌握し、国家の主人公になった。

中華人民共和国の成立以後、わが国の社会は、新民主主義から社会主義への移行を逐次実現してきた。生産手段私有制の社会主義的改造は達成され、人が人を搾取する制度は消滅して、社会主義制度が確立した。労働者階級の指導する、労農同盟を基礎とした人民民主主義独裁、すなわち実質上のプロレタリアート独裁は、強固になり、発展した。中国人民と中国人民解放軍は、帝国主義、覇権主義の侵略、破壊と武力挑発に打ち勝ち、国家の独立と安全を守り、国防を強化した。経済建設では、大きな成果を収め、独立した、比較的整った社会主義の工業体系が基本的に形成され、農業生産も、著しく高められた。教育、科学、文化などの事業は、大きな発展を遂げ、社会主義の思想教育は、顕著な成果を収めた。広範な人民の生活は、かなり改善された。

中国における新民主主義革命の勝利と社会主義事業の成果は、中国の各民族人民が中国共産党の指導のもとに、マルクス・レーニン主義と毛沢東思想に導かれて、真理を堅持し、誤りを是正し、多くの困難と障害に打ち勝って獲得したものである。わが国は長期にわたり社会主義初級段階におかれるであろう。国家の根本的任務は、中国の特色ある社会主義を建設する道に沿って、全力をあげて社会主義現代化建設を進めることである。中国の各民族人民は引き続き中国共産党の指導のもとに、マルクス・レーニン主義、毛沢東思想、鄧小平理論、「三つの代表」の重要思想、科学的発展観と習近平新時代の中国の特色ある社会主義思想に導かれて、人民民主主義独裁を堅持し、社会主義の道を堅持し、改革、開放を堅持し、社会主義の諸制度を絶えず改善し、社会主義市場経済を発展させ、社会主義の民主を発展させ、社会主義法治を健全化し、自力更生、刻苦奮闘に努めて、工業、農業、国防および科学技術の現代化を逐次実現し、物質文明、政治文明、精神文明、社会文明、生態文明の協調的発展を推進し、わが国を富強、民主、文明をそなえ、調和された美しい社会主義強国に築き上げ、中華民族の偉大な復興を実現する。

わが国では、搾取階級は、階級としてはすでに消滅したが、階級闘争はまだ一定の範囲内で長期にわたり存在する。中国人民は、わが国の社会主義制度を敵視し破壊する国内外の敵対勢力および敵対分子と闘争しなければならない。

台湾は、中華人民共和国の神聖な領土の一部である。祖国統一の大業を成し遂げることは、台湾の同胞を含む全中国人民の神聖な責務である。

社会主義の建設事業は、労働者、農民および知識分子に依拠し、結集できるすべての力を結集しなければならない。長期にわたる革命、建設、改革の過程で、中国共産党が指導し、各民主党派と各人民団体の参加する、社会主義的勤労者、社会主義事業の建設者、社会主義を支持する愛国者、祖国の統一を支持するおよび中華民族の偉大な復興に尽力する愛国者のすべてを含む広範な愛国統一戦線が、すでに結成されている。この統一戦線は、引き続き強固となり、発展するであろう。中国人民政治協商会議は、広範な代表性をもつ統一戦線の組織であり、これまで重要な歴史的役割を果たしてきたが、今後、国家の政治生活、社会生活および対外友好活動において、また社会主義的現代化の建設を進め、国家の統一と団結を守る闘いの過程において、さらに重要な役割を果たすであろう。

中国共産党の指導する多党協力および政治協商

制度は長期にわたって存在し、発展するであろう。

中華人民共和国は、全国の各民族人民が共同でつくりあげた統一した多民族国家である。平等、団結、相互援助、調和された社会主義的民族関係はすでに確立しており、引き続き強化されるであろう。民族の団結を守る闘争のなかでは、大民族主義、とりわけ大漢族主義に反対し、また地方民族主義にも反対しなければならない。国家は、全力をあげて、全国各民族の共同の繁栄を促進する。

中国の革命と建設の成果は、世界人民の支持と切り離すことができない。中国の前途は、世界の前途と緊密につながっている。中国は、独立自主の対外政策を堅持し、主権と領土保全の相互尊重、相互不可侵、相互内政不干渉、平等互恵、平和共存という五原則を堅持し、平和的発展を堅持して、各国との外交関係と経済・文化交流を発展させ、人類の運命共同体の構築を推進する。また、反帝国主義、反覇権主義、反植民地主義を堅持し、世界各国人民との団結を強化し、被抑圧民族および発展途上国の民族独立の獲得と確保、民族経済発展のための正義の闘争を支持して、世界平和の擁護と人類の進歩的事業の促進のために努力する。

この憲法は、中国各民族人民の奮闘の成果を法の形式で確認し、国家の根本制度と根本任務を定めたものであり、国家の根本法であり、最高の法的効力をもつ。全国の各民族人民、すべての国家機関と武装力、各政党と各社会団体、各企業・事業体は、いずれも憲法を活動の根本準則とし、かつ憲法の尊厳を守り、憲法の実施を保証する責務を負わなければならない。

第一章　総綱

第一条〔社会主義国家、社会主義制度〕
1　中華人民共和国は、労働者階級の指導する、労農同盟を基礎とした人民民主主義独裁の社会主義国家である。
2　社会主義制度は、中華人民共和国の根本制度である。中国共産党の指導は中国の特色ある社会主義の最も本質的な特徴である。いかなる組織または個人であれ、社会主義制度を破壊することは、これを禁止する。

第二条〔人民主権〕
1　中華人民共和国のすべての権力は、人民に属する。
2　人民が国家権力を行使する機関は、全国人民代表大会および地方各級人民代表大会である。
3　人民は、法律の定めるところにより、各種の方途および形式を通じて、国家の事務を管理し、経済および文化事業を管理し、社会の事務を管理する。

第三条〔国家機構〕
1　中華人民共和国の国家機構は、民主集中制の原則を実行する。
2　全国人民代表大会および地方各級人民代表大会は、すべて民主的選挙によって選出され、人民に対して責任を負い、人民の監督を受ける。
3　国家の行政機関、監察機関、裁判機関、検察機関は、すべて人民代表大会によって組織され、それに対して責任を負い、その監督を受ける。
4　中央と地方の国家機構の職権の区分は、中央の統一的指導のもとに、地方の自主性と積極性を十分に発揮させる原則に従う。

第四条〔各民族の地位〕
1　中華人民共和国の各民族は、一律に平等である。国家は、各少数民族の合法的な権利および利益を保障し、各民族の平等、団結、相互援助、調和された関係を維持し、発展させる。いずれの民族に対する差別および抑圧をも禁止し、民族の団結を破壊し、または民族の分裂を引き起す行為は、これを禁止する。
2　国家は、各少数民族の特徴および必要に基づき、各少数民族地区の経済および文化の発展が速まるように援助する。
3　各少数民族の集居する地域では、区域自治を実施し、自治機関を設け、自治権を行使する。各民族自治地域は、すべて中華人民共和国の切り離すことのできない一部である。
4　各民族は、自己の言語・文字を使用し発展させる自由を有し、自己の風俗・習慣を保持または改革する自由を有する。

第五条〔社会主義的法治国家、社会主義的法秩序の統一・尊重、憲法の最高法規性〕
1　中華人民共和国は法律に基づいて国を治めることを実行し、社会主義的法治国家を建設する。
2　国家は、社会主義的法秩序の統一と尊厳を守る。
3　すべての法律、行政法規および地方的法規は、憲法に抵触してはならない。
4　すべての国家機関、武装力、各政党、各社会団体および各企業・事業体は、憲法および法律を遵守しなければならない。憲法および法律に違反するすべての行為に対しては、その責任を追及しなければならない。
5　いかなる組織または個人も、憲法および法律に優越する特権をもつことはできない。

第六条〔社会主義的公有制、社会主義初級段階に

おける多種の所有制経済、分配制度〕

1　中華人民共和国の社会主義経済制度の基礎は、生産手段の社会主義的公有制、すなわち全人民所有制および勤労大衆による集団所有制である。社会主義的公有制においては、人が人を搾取する制度は廃絶され、それぞれ能力に応じて働き、労働に応じて分配を受けるという原則が実行される。

2　国家は社会主義初級段階においては、公有制を主体とし、多種の所有制経済がともに発展するという基本的な経済制度を堅持し、労働に応じた分配を主体とし、多種の分配方式が併存するという分配制度を堅持する。

第七条〔国有経済〕

国有経済、すなわち社会主義的全人民所有制経済は、国民経済における主導的な力である。国家は国有経済の強化および発展を保障する。

第八条〔協同組合経済〕

1　農村集団経済組織は各戸の請負経営を基礎とし、統一と分散を結びつけた二重経営体制を実行する。農村における生産、購買・販売、信用、消費など各種形態の協同組合経済は、勤労大衆による社会主義的集団所有制経済である。農村の集団経済組織に参加する勤労者は、法律の定める範囲内で、自留地、自留山、家庭副業を営み、自留家畜を飼育する権利を有する。

2　都市や鎮の手工業、工業、建築業、運輸業、商業、サービス業など、各業種における各種形態の協同組合経済は、すべて社会主義の勤労大衆による集団所有制経済である。

3　国家は、都市と農村の集団経済組織の合法的な権利および利益を保護し、集団経済の発展を奨励、指導および援助する。

第九条〔自然資源〕

1　鉱物資源、水域、森林、山地、草原、荒蕪地、砂州などの自然資源は、すべて国家の所有、すなわち全人民の所有に属する。ただし、法律により集団所有に属すると定められた森林、山地、草原、荒蕪地、砂州は、この限りでない。

2　国家は、自然資源の合理的利用を保障し、貴重な動物および植物を保護する。いかなる組織または個人であれ、自然資源を不法占有しまたは破壊することは、その手段を問わず、これを禁止する。

第一〇条〔土地の帰属と利用〕

1　都市の土地は、国家の所有に属する。

2　農村および都市郊外地区の土地は、法律により国家の所有に属すると定められたものを除き、集団の所有に属する。宅地、自留地および自留山も、集団の所有に属する。

3　国家は、公共の利益のために、法律の定めるところにより、土地を徴収または収用することができるとともに、補償を与える。

4　いかなる組織または個人であれ、土地を不法占有し、売買し、またはその他の形式で不法に譲渡してはならない。土地の使用権は、法律の定めるところにより、譲渡することができる。

5　すべて土地を使用する組織または個人は、土地を合理的に利用しなければならない。

第一一条〔個人経営経済・私営経済〕

1　法律の定める範囲内の個人経営経済、私営経済などの非公有制経済は社会主義市場経済の重要な構成要素である。

2　国家は個人経営経済、私営経済など非公有制経済の合法的な権利および利益を保護する。国家は非公有制経済の発展を奨励、支持、指導するとともに、非公有制経済に対し法によって監督、管理を行う。

3　国家は、私営経済が法律の定める範囲内において存在し、発展することを認める。私営経済は、社会主義的公有制経済を補完するものである。国家は、私営経済の合法的な権利および利益を保護し、私営経済を指導、監督および管理する。

第一二条〔社会主義の公共財産〕

1　社会主義の公共財産は、神聖不可侵である。

2　国家は、社会主義の公共財産を保護する。いかなる組織または個人であれ、国家および集団の財産を侵害・占有しまたは破壊することは、その手段を問わず、これを禁止する。

第一三条〔公民の私有財産とその相続権〕

1　公民の合法的な私有財産は侵犯されない。国家は法律の規定に従って公民の私有財産権と相続権を保護する。

2　国家は公共利益の必要のため、法律の定めるところにより、公民の私有財産を徴収または収用することができるとともに、補償を与える。

第一四条〔社会的生産力の向上、人民生活の改善〕

1　国家は、勤労者の積極性および技術水準の向上、先進的な科学技術の普及、経済管理体制および企業経営管理制度の改善、各種形態の社会主義的責任制の実施、労働組織の改善を通じて、絶えず労働生産性および経済的効果を高め、社会的生産力を発展させる。

2　国家は、節約を励行し、浪費に反対する。

3　国家は、蓄積と消費を合理的に調整し、国家、集団および個人の利益をあわせて考慮し、生産の発展を基礎として、人民の物質生活および文化生活を逐次改善する。
4　国家は健全で経済発展水準に適応する社会保障制度を確立する。

第一五条〔社会主義市場経済〕
1　国家は社会主義市場経済を実施する。
2　国家は経済立法を強化し、マクロ調整を一層完全にする。
3　いかなる組織または個人であれ、社会の経済秩序を攪乱することを法に基づいて禁止する。

第一六条〔国有企業〕
1　国有企業は法律の定める範囲内で自主経営の権利を有する。
2　国有企業は法律の定めるところにより、従業員代表大会およびその他の形態を通じて民主的管理を実施する。

第一七条〔集団経済組織〕
1　集団経済組織は関係法律を遵守することを前提として、独自に経済活動を行う自主権を有する。
2　集団経済組織は、民主管理を実施し、法律の定めるところにより、管理者の選挙と罷免を行い、経営管理の重大問題を決定する。

第一八条〔外資系経済組織〕
1　中華人民共和国は、外国の企業その他の経済組織または個人が、中華人民共和国の法律の定めるところにより、中国で投資し、中国の企業またはその他の経済組織と各種形態の経済的協力を行うことを許可する。
2　中国領土内の外国企業その他の外国経済組織および中外合資経営企業は、すべて中華人民共和国の法律を遵守しなければならない。これらの合法的な権利および利益は、中華人民共和国の法律の保護を受ける。

第一九条〔教育事業〕
1　国家は、社会主義の教育事業を振興して、全国人民の科学・文化水準を高める。
2　国家は、各種の学校を開設して、初等義務教育を普及させ、中等教育、職業教育および高等教育を発展させるとともに、就学前の教育を発展させる。
3　国家は、各種の教育施設を拡充して、文盲を一掃し、労働者、農民、国家機関の職員およびその他の勤労者に対し、政治、文化、科学、技術、業務の教育を行い、独学で有用な人間になることを奨励する。
4　国家は、集団経済組織、国家の企業・事業体およびその他の社会の力が法律の定めるところにより、各種の教育事業を行うことを奨励する。
5　国家は、全国に通用する共通語を普及させる。

第二〇条〔科学・技術〕
国家は、自然科学および社会科学を発展させ、科学知識および技術知識を普及させ、科学研究の成果および技術の開発・創造を奨励する。

第二一条〔医療衛生事業、体育事業〕
1　国家は、医療衛生事業を振興して、現代的医薬およびわが国の伝統的医薬を発展させ、農村の集団経済組織、国家の企業・事業体および町内組織による各種医療衛生施設の設置を奨励、支持し、大衆的衛生活動を繰り広げて、人民の健康を保護する。
2　国家は、体育事業を振興して、大衆的体育活動を繰り広げ、人民の体位を向上させる。

第二二条〔文化事業、歴史的文化遺産〕
1　国家は、人民に奉仕し社会主義に奉仕する文学・芸術事業、報道・ラジオ・テレビ事業、出版・発行事業、図書館・博物館・文化館およびその他の文化事業を振興して、大衆的文化活動を繰り広げる。
2　国家は、名所・旧跡、貴重な文化財およびその他の重要な歴史的文化遺産を保護する。

第二三条〔人材の育成〕
国家は、社会主義に奉仕する各種の専門分野の人材を育成して、知識分子の隊列を拡大し、条件を整備して、社会主義的現代化建設における彼らの役割を十分に発揮させる。

第二四条〔社会主義的精神文明建設の強化〕
1　国家は、理想教育、道徳教育、文化教育、規律および法制教育の普及を通じ、都市と農村の各分野の大衆の間で各種の規則・公約を制定、実行することにより、社会主義的精神文明の建設を強化する。
2　国家は、社会主義の核心的な価値観を提唱し、祖国を愛し、人民を愛し、労働を愛し、科学を愛し、社会主義を愛する公共道徳を提唱し、人民の間で愛国主義、集団主義と国際主義、共産主義の教育をすすめ、弁証法的唯物論と史的唯物論の教育を行い、資本主義的、封建主義的およびその他の腐敗した思想に反対する。

第二五条〔計画出産〕
国家は、計画出産を推進して、人口の増加を経済および社会の発展計画に適応させる。

第二六条〔環境管理〕
1　国家は、生活環境と生態環境を保護および改善し、汚染その他の公害を防止する。

2　国家は、植樹・造林を組織および奨励し、森林・樹木を保護する。

第二七条〔反官僚主義、人民への奉仕〕

1　すべての国家機関は、精鋭・簡素化の原則を実行し、職務責任制を実施し、職員の研修および考課制度を実施して、絶えず執務の質および能率を高め、官僚主義に反対する。

2　すべての国家機関とその職員は、人民の支持に依拠して、常に人民との緊密なつながりを保ち、人民の意見および提案に耳を傾け、人民の監督を受け入れ、人民への奉仕に努めなければならない。

3　公職に就く者は就任に際し、法律の定めるところにより、公に憲法への宣誓を行わなければならない。

第二八条〔社会秩序の維持〕

国家は社会秩序を維持し、反逆活動および国家の安全に危害をもたらすその他の犯罪活動を鎮圧し、社会の治安を乱す活動、社会主義経済を破壊する活動およびその他の犯罪活動に制裁を加え、犯罪者を処罰し、思想教育する。

第二九条〔武装力の帰属・任務およびその強化〕

1　中華人民共和国の武装力は、人民に属する。その任務は、国防を強固にし、侵略に抵抗し、祖国を防衛し、人民の平和な労働を防衛し、国家の建設事業に参加し、人民への奉仕に努めることである。

2　国家は、武装力の革命化、現代化、正規化の建設を強め、国防力を増強する。

第三〇条〔行政区域の区分〕

1　中華人民共和国の行政区域の区分は、次のとおりである。

一　全国を省、自治区、直轄市に分ける。

二　省および自治区を自治州、県、自治県、市に分ける。

三　県および自治県を郷、民族郷、鎮に分ける。

2　直轄市および比較的大きな市を区および県に分ける。自治州を県、自治県、市に分ける。

3　自治区、自治州、自治県は、いずれも民族自治地域である。

第三一条〔特別行政区の設置と制度〕

国家は、必要ある場合、特別行政区を設けることができる。特別行政区において実施する制度は、具体的状況に応じて、全国人民代表大会が法律でこれを定める。

第三二条〔外国人の権益の保護・法律遵守義務・庇護を受ける権利〕

1　中華人民共和国は、中国の領土内にある外国人の合法的な権利および利益を保護する。中国の領土内にある外国人は、中華人民共和国の法律を遵守しなければならない。

2　中華人民共和国は、政治上の原因によって避難を求める外国人に対し、庇護を受ける権利を与えることができる。

第二章　公民の基本的権利および義務

第三三条〔公民の定義、法の前の平等、基本的権利の享有と義務の履行〕

1　すべて中華人民共和国の国籍を有する者は、中華人民共和国公民である。

2　中華人民共和国公民は、法律の前に一律に平等である。

3　国家は人権を尊重、保護する。

4　いかなる公民も、憲法および法律の定める権利を有し、また憲法および法律の定める義務を履行しなければならない。

第三四条〔選挙権と被選挙権〕

中華人民共和国の年齢満一八歳に達した公民は、民族、人種、性別、職業、出身家庭、宗教信仰、教育程度、財産状態、居住期間の別なく、すべて選挙権および被選挙権を有する。ただし、法律によって政治的権利を剥奪された者は、この限りではない。

第三五条〔言論・出版・集会・結社・行進・示威の自由〕

中華人民共和国公民は、言論、出版、集会、結社、行進、示威の自由を有する。

第三六条〔宗教信仰の自由〕

1　中華人民共和国公民は、宗教信仰の自由を有する。

2　いかなる国家機関、社会団体または個人も、公民に宗教の信仰または宗教の不信仰を強制してはならず、宗教を信仰する公民と宗教を信仰しない公民とを差別してはならない。

3　国家は、正常な宗教活動を保護する。何人も、宗教を利用して、社会秩序を破壊し、公民の身体・健康を損ない、あるいは国家の教育制度を妨害する活動を行ってはならない。

4　宗教団体および宗教事務は、外国勢力の支配を受けない。

第三七条〔人身の自由〕

1　中華人民共和国公民の人身の自由は、侵されない。

2　いかなる公民も、人民検察院の承認もしくは決定、または人民法院の決定を経て、公安機関が執行するのでなければ、逮捕されない。

3　不法拘禁その他の方法による公民の人身の自由に対する不法な剥奪または制限は、これを禁止し、公民の身体に対する不法な捜索は、これを禁止する。

第三八条〔人格の尊厳〕

中華人民共和国公民の人格の尊厳は、侵されない。いかなる方法にせよ、公民を侮辱、誹謗または誣告陥害することは、これを禁止する。

第三九条〔住居の不可侵〕

中華人民共和国公民の住居は、侵されない。公民の住居に対する不法な捜索または不法な侵入は、これを禁止する。

第四〇条〔通信の自由、通信の秘密〕

中華人民共和国公民の通信の自由および通信の秘密は、法律の保護を受ける。国家の安全または刑事犯罪捜査の必要上、公安機関または検察機関が法律の定める手続に従って通信の検査を行う場合を除き、いかなる組織または個人であれ、いかなる理由によっても、公民の通信の自由および通信の秘密を侵すことはできない。

第四一条〔批判・提案を行う権利、訴願・告訴・告発する権利、国の賠償責任〕

1　中華人民共和国公民は、いかなる国家機関またはその職員に対しても、批判および提案を行う権利を有し、いかなる国家機関またはその職員の違法行為および職務怠慢に対しても、関係の国家機関に訴願、告訴または告発する権利を有する。ただし、事実を捏造または歪曲して誣告陥害をしてはならない。

2　公民の訴願、告訴、または告発に対しては、関係の国家機関は事実を調査し、責任をもって処理しなければならない。何人も、それを抑圧しまたは報復を加えてはならない。

3　国家機関またはその職員によって公民の権利を侵害され、そのために損失を受けた者は、法律の定めるところにより、賠償を受ける権利を有する。

第四二条〔労働の権利と義務〕

1　中華人民共和国公民は、労働の権利および義務を有する。

2　国家は、各種の方途を通じて、就業の条件を作り出し、労働保護を強化し、労働条件を改善し、かつ、生産の発展を基礎として、労働報酬および福祉待遇を高めていく。

3　労働は、労働能力をもつすべての公民の光栄ある責務である。国有企業および都市・農村の集団経済組織の勤労者は、国家の主人公としての態度をもって自己の労働に取り組まなければならない。国家は、社会主義的労働競争を提唱し、労働模範および先進活動家を報奨する。国家は、公民が義務労働に従事することを提唱する。

4　国家は、就業前の公民に対し、必要な就業訓練を行う。

第四三条〔休息の権利〕

1　中華人民共和国の勤労者は、休息の権利を有する。

2　国家は、勤労者の休息および休養のための施設を拡充し、職員・労働者の就業時間および休暇制度を定める。

第四四条〔定年制〕

国家は、法律の定めるところにより、企業・事業体の従業員および国家機関の職員について定年制を実施する。定年退職者の生活は、国家および社会によって保障される。

第四五条〔物質的援助を受ける権利〕

1　中華人民共和国公民は、老齢、疾病または労働能力喪失の場合に、国家および社会から物質的援助を受ける権利を有する。国家は、公民がこれらの権利を享受するのに必要な社会保険、社会救済および医療衛生事業を発展させる。

2　国家および社会は、傷痍軍人の生活を保障し、殉難者の遺族を弔慰・扶助し、軍人の家族を優待する。

3　国家および社会は、盲、聾、唖その他身体障害を有する公民の労働、生活および教育について按配し、援助する。

第四六条〔教育を受ける権利と義務〕

1　中華人民共和国公民は、教育を受ける権利および義務を有する。

2　国家は、青年、少年、児童を育成して、品性、知力、体位などの全面的な発展をはかる。

第四七条〔文化活動を行う自由〕

中華人民共和国公民は、科学研究、文学・芸術創作およびその他の文化活動を行う自由を有する。国家は、教育、科学、技術、文学、芸術およびその他の文化事業に従事する公民の、人民に有益な創造的活動を奨励し、援助する。

第四八条〔両性の平等〕

1　中華人民共和国の婦人は、政治、経済、文化、社会および家庭などの各生活分野で、男子と平等の権利を享有する。

2　国家は、婦人の権利および利益を保護し、男女の同一労働同一報酬を実行し、婦人幹部を育成および登用する。

第四九条〔婚姻・家庭・老人・婦人・児童に対する配慮と保護〕

1　婚姻、家庭、母親および児童は、国家の保護を受ける。

2　夫婦は、双方ともに計画出産を実行する義務を負う。

3　父母は、未成年の子女を扶養・教育する義務を負い、成年の子女は、父母を扶養・扶助する義務を負う。

4　婚姻の自由に対する侵害を禁止し、老人、婦人および児童に対する虐待を禁止する。

第五〇条〔華僑・帰国華僑・華僑家族の合法的な権益の保護〕

中華人民共和国は、華僑の正当な権利および利益を保護し、帰国華僑および国内に居住する華僑の家族の合法的な権利および利益を保護する。

第五一条〔自由・権利の濫用の禁止〕

中華人民共和国公民は、自由および権利を行使するに当たって、国家、社会、集団の利益ならびにその他公民の合法的な自由および権利を損ねてはならない。

第五二条〔国家の統一と各民族の団結を維持する義務〕

中華人民共和国公民は、国家の統一および全国各民族の団結を維持する義務を負う。

第五三条〔憲法・法律・労働規律の遵守、国家機密の保守、公共財産・公序・公徳の尊重義務〕

中華人民共和国公民は、憲法および法律を遵守し、国家の機密を守り、公共の財産を大切にし、労働の規律を遵守し、公共の秩序を守り、社会の公徳を尊重しなければならない。

第五四条〔祖国の安全・栄誉および利益を擁護する義務〕

中華人民共和国公民は、祖国の安全、栄誉および利益を擁護する義務を負い、祖国の安全、栄誉および利益を損なう行為をしてはならない。

第五五条〔兵役に服する義務〕

1　祖国を防衛し、侵略に抵抗することは、中華人民共和国のすべての公民の神聖な責務である。

2　法律に従って兵役に服し、民兵組織に参加することは、中華人民共和国公民の光栄ある義務である。

第五六条〔納税の義務〕

中華人民共和国公民は、法律に従って納税する義務を負う。

第三章　国家機構

第一節　全国人民代表大会

第五七条〔全国人民代表大会の地位・常設機関〕

中華人民共和国全国人民代表大会は、最高の国家権力機関である。その常設機関は、全国人民代表大会常務委員会である。

第五八条〔国家の立法権〕

全国人民代表大会および全国人民代表大会常務委員会は、国家の立法権を行使する。

第五九条〔全国人民代表大会の構成・代表の選出〕

1　全国人民代表大会は、省、自治区、直轄市、特別行政区および軍隊の選出する代表によって構成される。各少数民族は、それぞれ適当数の代表をもつものとする。

2　全国人民代表大会代表の選挙は、全国人民代表大会常務委員会がこれを主宰する。

3　全国人民代表大会の代表の定数および代表の選出方法は、法律でこれを定める。

第六〇条〔全国人民代表大会代表の任期〕

1　全国人民代表大会の毎期の任期は、五年とする。

2　全国人民代表大会の任期満了二カ月以前に、全国人民代表大会常務委員会は、次期の全国人民代表大会代表の選挙を完了させなければならない。選挙を行うことのできない非常事態が生じた場合には、全国人民代表大会常務委員会は、全構成員の三分の二以上の多数決によって選挙を延期し、当期の全国人民代表大会の任期を延長することができる。非常事態の終息後一年以内に、次期の全国人民代表大会の選挙を完了させなければならない。

第六一条〔全国人民代表大会の会議〕

1　全国人民代表大会の会議は、毎年一回開かれ、全国人民代表大会常務委員会がこれを召集する。全国人民代表大会常務委員会が必要と認める場合、または五分の一以上の全国人民代表大会代表が提議する場合には、全国人民代表大会の会議を臨時に召集することができる。

2　全国人民代表大会の会議が開かれるときには、議長団が選挙されて、会議を主宰する。

第六二条〔全国人民代表大会の職権〕

全国人民代表大会は、次の職権を行使する。

一　憲法を改正すること

二　憲法の実施を監督すること

三　刑事、民事、国家機構およびその他の基本的法律を制定し、改正すること

四　中華人民共和国主席、副主席を選挙すること

五　中華人民共和国主席の指名に基づいて国務院総理の人選を決定し、国務院総理の指名に基づいて国務院副総理、国務委員、各部部長、各委員会主任、会計検査長、秘書長の人選を決定すること
六　中央軍事委員会主席を選挙し、中央軍事委員会主席の指名に基づいて中央軍事委員会のその他の構成員の人選を決定すること
七　国家監察委員会主任を選挙すること
八　最高人民法院院長を選挙すること
九　最高人民検察院検察長を選挙すること
一〇　国民経済・社会発展計画および計画執行状況の報告を審査し、承認すること
一一　国家の予算および予算執行状況の報告を審査し、承認すること
一二　全国人民代表大会常務委員会の不適当な決定を改め、または取り消すこと
一三　省、自治区および直轄市の設置を承認すること
一四　特別行政区の設置およびその制度を決定すること
一五　戦争および平和の問題を決定すること
一六　最高の国家権力機関が行使すべきその他の職権

第六三条〔全国人民代表大会の罷免権〕
全国人民代表大会は、次の人員を罷免する権限を有する。
一　中華人民共和国主席、副主席
二　国務院総理、副総理、国務委員、各部部長、各委員会主任、会計検査長、秘書長
三　中央軍事委員会主席および中央軍事委員会のその他の構成員
四　国家監察委員会主任
五　最高人民法院院長
六　最高人民検察院検察長

第六四条〔憲法の改正手続、議案の表決方法〕
1　憲法の改正は、全国人民代表大会常務委員会または五分の一以上の全国人民代表大会代表がこれを提議し、かつ、全国人民代表大会が全代表の三分の二以上の多数でこれを可決する。
2　法律およびその他の議案は、全国人民代表大会が全代表の過半数でこれを可決する。

第六五条〔全国人民代表大会常務委員会の構成、構成員の選挙・罷免、兼職の禁止〕
1　全国人民代表大会常務委員会は、次の人員で構成される。
委員長
副委員長　若干名
秘書長
委員　若干名
2　全国人民代表大会常務委員会の構成員には、適当数の少数民族代表を含まなければならない。
3　全国人民代表大会は、全国人民代表大会常務委員会の構成員を選挙し、かつ、罷免する権限を有する。
4　全国人民代表大会常務委員会の構成員は、国家の行政機関、監察機関、裁判機関および検察機関の職務につくことができない。

第六六条〔全国人民代表大会常務委員会の任期、委員長・副委員長の三期連続就任禁止〕
1　全国人民代表大会常務委員会の毎期の任期は、全国人民代表大会の毎期の任期と同じである。全国人民代表大会常務委員会は、次期の全国人民代表大会が新たな常務委員会を選出するまで、その職権を行使する。
2　委員長、副委員長は、二期を超えて連続就任することができない。

第六七条〔全国人民代表大会常務委員会の職権〕
全国人民代表大会常務委員会は、次の職権を行使する。
一　憲法を解釈し、憲法の実施を監督すること
二　全国人民代表大会が制定すべき法律を除くその他の法律を制定し、改正すること
三　全国人民代表大会の閉会中、全国人民代表大会の制定した法律に部分的な補足および改正を行うこと。ただし、その法律の基本原則に抵触してはならない
四　法律を解釈すること
五　全国人民代表大会の閉会中、国民経済・社会発展計画および国家予算の執行の過程で作成の必要を生じた部分的調整案を審査し、承認すること
六　国務院、中央軍事委員会、国家監察委員会、最高人民法院および最高人民検察院の活動を監督すること
七　国務院の制定した行政法規、決定および命令のうち、憲法、法律に抵触するものを取り消すこと
八　省、自治区、直轄市の国家権力機関が制定した地方的法規および決議のうち、憲法、法律および行政法規に抵触するものを取り消すこと
九　全国人民代表大会の閉会中、国務院総理の指名に基づいて、部長、委員会主任、会計検査長、秘書長の人選を決定すること
一〇　全国人民代表大会の閉会中、中央軍事委

員会主席の指名に基づいて、中央軍事委員会のその他の構成員の人選を決定すること
一一　国家監察委員会主任の指名により、国家監察委員会副主任、委員を任免すること
一二　最高人民法院院長の申請に基づいて、最高人民法院の副院長、裁判員、裁判委員会委員および軍事法院院長を任免すること
一三　最高人民検察院検察長の申請に基づいて、最高人民検察院の副検察長、検察員、検察委員会委員および軍事検察院検察長を任免し、また、省、自治区、直轄市の人民検察院検察長の任免を承認すること
一四　外国に駐在する全権代表の任免を決定すること
一五　外国と締結した条約および重要な協定の批准または廃棄を決定すること
一六　軍人および外交職員の職級制度その他の特別の職級制度を規定すること
一七　国家の勲章および栄誉称号を定め、およびその授与について決定すること
一八　特赦を決定すること
一九　全国人民代表大会の閉会中、国家が武力侵犯を受けるか、または侵略に対する共同防衛についての国際間の条約を履行しなければならない事態に立ち至った場合に、戦争状態の宣言を決定すること
二〇　全国の総動員または局部的動員を決定すること
二一　全国または個々の省、自治区、直轄市の非常事態を決定すること
二二　全国人民代表大会の授与するその他の職権

第六八条〔全国人民代表大会常務委員会構成員の職権、委員長会議〕
1　全国人民代表大会常務委員会委員長は、全国人民代表大会常務委員会の活動を主宰し、全国人民代表大会常務委員会の会議を召集する。副委員長、秘書長は、委員長の活動を補佐する。
2　委員長、副委員長、秘書長で委員長会議を構成し、全国人民代表大会常務委員会の重要な日常活動を処理する。

第六九条〔全国人民代表大会常務委員会の監督機関〕
全国人民代表大会常務委員会は、全国人民代表大会に対して責任を負い、かつ、その活動を報告する。

第七〇条〔全国人民代表大会の各種専門委員会〕
1　全国人民代表大会は、民族委員会、憲法と法律委員会、財政経済委員会、教育科学文化衛生委員会、外務委員会、華僑委員会およびその他の必要な専門委員会を設置する。全国人民代表大会の閉会中、各専門委員会は、全国人民代表大会常務委員会の指導を受ける。
2　各専門委員会は、全国人民代表大会および全国人民代表大会常務委員会の指導のもとに、関係の議案を研究し、審議し、起草する。

第七一条〔調査委員会〕
1　全国人民代表大会および全国人民代表大会常務委員会は、必要があると認める場合、特定の問題についての調査委員会を組織し、かつ、調査委員会の報告に基づいて、それに相応した決議を行うことができる。
2　調査委員会が調査を行う場合、関係のあるすべての国家機関、社会団体および公民は、これに対して必要な資料を提供する義務を負う。

第七二条〔議案提出権〕
全国人民代表大会代表および全国人民代表大会常務委員会構成員は、法律の定める手続に従って、それぞれ全国人民代表大会および全国人民代表大会常務委員会の権限に属する議案を提出する権利を有する。

第七三条〔質問書提出権〕
全国人民代表大会代表は全国人民代表大会の開会中に、また全国人民代表大会常務委員会構成員は常務委員会の開会中に、法律の定める手続に従って、国務院または国務院の各部、各委員会に対する質問書を提出する権利を有する。質問を受けた機関は、責任をもって回答しなければならない。

第七四条〔全国人民代表大会代表の不逮捕特権〕
全国人民代表大会代表は、全国人民代表大会会議議長団の許可がなければ、また全国人民代表大会の閉会中は全国人民代表大会常務委員会の許可がなければ、逮捕されず、または刑事裁判に付せられない。

第七五条〔全国人民代表大会代表の発言・表決の無責任〕
全国人民代表大会代表は、全国人民代表大会の各種会議における発言または表決について、法律上の責任を問われない。

第七六条〔全国人民代表大会代表の任務〕
1　全国人民代表大会代表は、模範的に憲法および法律を遵守し、国家の機密を守り、かつ、自己の参加する生産活動、業務活動および社会活動において、憲法および法律の実施に協力しなければならない。

2　全国人民代表大会代表は、選挙母体および人民と緊密な連係を保ち、人民の意見および要求を聴取および反映し、人民への奉仕に努めなければならない。

第七七条〔全国人民代表大会代表の監督機関〕
全国人民代表大会代表は、選挙母体の監督を受ける。選挙母体は、法律の定める手続により、その選出した代表を罷免する権利を有する。

第七八条〔全国人民代表大会と全国人民代表大会常務委員会の組織および活動手続〕
全国人民代表大会および全国人民代表大会常務委員会の組織および活動の手続は、法律でこれを定める。

第二節　中華人民共和国主席

第七九条〔中華人民共和国主席・副主席の選出と任期〕
1　中華人民共和国主席、副主席は、全国人民代表大会がこれを選挙する。
2　選挙権および被選挙権を有する年齢満四五歳に達した中華人民共和国公民は、中華人民共和国主席、副主席に選ばれることができる。
3　中華人民共和国主席、副主席の毎期の任期は、全国人民代表大会の毎期の任期と同じである。

第八〇条〔中華人民共和国主席の職権〕
中華人民共和国主席は、全国人民代表大会の決定または全国人民代表大会常務委員会の決定に基づいて、法律を公布し、国務院総理、副総理、国務委員、各部部長、各委員会主任、会計検査長、秘書長を任免し、国家の勲章および栄誉称号を授与し、特赦令を発布し、非常事態を宣言し、戦争状態を宣言し、動員令を発布する。

第八一条〔中華人民共和国主席の外国に関する国事行為〕
中華人民共和国主席は、中華人民共和国を代表して国事活動を行い、外国使節を接受する。また、全国人民代表大会常務委員会の決定に基づいて、外国に駐在する全権代表を派遣または召還し、外国と締結した条約および重要な協定を批准または廃棄する。

第八二条〔中華人民共和国副主席の職権〕
1　中華人民共和国副主席は、主席の活動を補佐する。
2　中華人民共和国副主席は、主席の委託を受けて、主席の職権の一部を代行することができる。

第八三条〔中華人民共和国主席・副主席の職権を行使する期限〕
中華人民共和国主席・副主席は、次期の全国人民代表大会の選出する主席、副主席が就任するまで、その職権を行使する。

第八四条〔中華人民共和国主席・副主席の欠缺〕
1　中華人民共和国主席が欠けた場合には、副主席が主席の職位を継ぐ。
2　中華人民共和国副主席が欠けた場合には、全国人民代表大会で補欠選挙を行う。
3　中華人民共和国主席、副主席がともに欠けた場合には、全国人民代表大会で補欠選挙を行う。補欠選挙の前は、全国人民代表大会常務委員会委員長が臨時に主席の職位を代理する。

第三節　国務院

第八五条〔中華人民共和国国務院の地位〕
中華人民共和国国務院、すなわち中央人民政府は、最高国家権力機関の執行機関であり、最高の国家行政機関である。

第八六条〔国務院の構成・責任制・組織〕
1　国務院は、次の人員で構成される。
総理
副総理　若干名
国務委員　若干名
各部部長
各委員会主任
会計検査長
秘書長
2　国務院は、総理責任制を実施する。各部、各委員会は、部長責任制、主任責任制を実施する。
3　国務院の組織は、法律でこれを定める。

第八七条〔国務院の任期、総理・副総理・国務委員の三期連続就任の禁止〕
1　国務院の毎期の任期は、全国人民代表大会の毎期の任期と同じである。
2　総理、副総理、国務委員は、二期を超えて連続就任することはできない。

第八八条〔国務院構成員の職権、国務院常務会議〕
1　総理は、国務院の活動を指導する。副総理、国務委員は、総理の活動を補佐する。
2　総理、副総理、国務委員、秘書長は、国務院常務会議を構成する。
3　総理は、国務院常務会議および国務院全体会議を召集、主宰する。

第八九条〔国務院の職権〕
国務院は、次の職権を行使する。
一　憲法および法律に基づいて、行政上の措置を定め、行政法規を制定し、決定および命令を発布すること
二　全国人民代表大会または全国人民代表大会

常務委員会に議案を提出すること
三　各部および各委員会の任務および職責を定め、各部および各委員会の活動を統一的に指導し、かつ、各部および各委員会に属しない全国的行政事務を指導すること
四　全国の地方各級国家行政機関の活動を統一的に指導し、中央および省、自治区、直轄市の国家行政機関の職権の具体的区分を定めること
五　国民経済・社会発展計画および国家予算を編成および執行すること
六　経済活動および都市・農村建設および生態文明建設を指導および管理すること
七　教育、科学、文化、衛生、体育および計画出産の活動を指導および管理すること
八　民政、公安、司法行政などの活動を指導および管理すること
九　対外事務を管理し、外国と条約および協定を締結すること
一〇　国防建設事業を指導および管理すること
一一　民族事務を指導および管理し、少数民族の平等の権利および民族自治地域の自治権を保障すること
一二　華僑の正当な権利および利益を保護し、帰国華僑および国内に居住する華僑の家族の合法的な権利および利益を保護すること
一三　各部、各委員会の発布した不適当な命令、指示および規程を改め、または取り消すこと
一四　地方各級国家行政機関の不適当な決定および命令を改め、または取り消すこと
一五　省、自治区、直轄市の行政区画を承認し、自治州、県、自治県、市の設置および行政区画を承認すること
一六　法律の規定に基づいて、省、自治区、直轄市範囲内の一部地区の非常事態入りを決定すること
一七　行政機構の編制を審議決定し、法律の定めるところにより、行政職員を任免、研修、考課および賞罰を行うこと
一八　全国人民代表大会および全国人民代表大会常務委員会の授けるその他の職権

第九〇条〔国務院各部部長・各委員会主任の職権、各部・各委員会の職権〕
1　国務院の各部部長、各委員会主任は、その部門の活動について責任を負い、部務会議または委員会会議、委務会議を召集および主宰して、その部門の活動上の重大問題を討議、決定する。
2　各部、各委員会は、法律および国務院の行政法規、決定、命令に基づき、その部門の権限内で命令、指示および規程を発布する。

第九一条〔会計検査機関〕
1　国務院は、会計検査機関を設置して、国務院各部門および地方各級政府の財政収支に対し、また国家の財政金融機構および企業・事業体の財政収支に対し、検査および監督を行う。
2　会計検査機関は、国務院総理の指導のもとに、法律の定めるところにより、独立して会計検査監督権を行使し、他の行政機関、社会団体および個人による干渉を受けない。

第九二条〔国務院の監督機関〕
国務院は、全国人民代表大会に対して責任を負い、かつ、その活動を報告する。また、全国人民代表大会の閉会中は、全国人民代表大会常務委員会に対して責任を負い、かつ、その活動を報告する。

第四節　中央軍事委員会

第九三条〔中華人民共和国中央軍事委員会の地位・構成・責任制・任期〕
1　中華人民共和国中央軍事委員会は、全国の武装力を指導する。
2　中央軍事委員会は、次の人員で構成される。
主席
副主席　若干名
委員　若干名
3　中央軍事委員会は、主席責任制を実施する。
4　中央軍事委員会の毎期の任期は、全国人民代表大会の毎期の任期と同じである。

第九四条〔中央軍事委員会の監督機関〕
中央軍事委員会主席は、全国人民代表大会および全国人民代表大会常務委員会に対して責任を負う。

第五節　地方各級人民代表大会および地方各級人民政府

第九五条〔地方各級人民代表大会、地方各級人民政府の設置・組織、自治機関の組織・活動〕
1　省、直轄市、県、市、市管轄区、郷、民族郷、鎮に人民代表大会および人民政府をおく。
2　地方各級人民代表大会および地方各級人民政府の組織は、法律でこれを定める。
3　自治区、自治州、自治県に、自治機関をおく。自治機関の組織および活動は、憲法第三章第五節、第六節の定める基本原則に基づき、法律でこれを定める。

第九六条〔地方各級人民代表大会の地位・常務委

員会〕

1　地方各級人民代表大会は、地方の国家権力機関である。

2　県級以上の地方各級人民代表大会に、常務委員会をおく。

第九七条〔地方各級人民代表大会代表の選挙・定数・選出法〕

1　省、直轄市、区を設けている市の人民代表大会の代表は、一級下の人民代表大会がこれを選挙する。県、区を設けていない市、市管轄区、郷、民族郷、鎮の人民代表大会の代表は、選挙民が直接にこれを選挙する。

2　地方各級人民代表大会の代表の定数および代表の選出法は、法律でこれを定める。

第九八条〔地方各級人民代表大会の任期〕

地方各級人民代表大会の各任期は五年とする。

第九九条〔地方各級人民代表大会の職権〕

1　地方各級人民代表大会は、その行政区域内で、憲法、法律、行政法規の遵守および執行を保証し、法律の定める権限に基づいて、決議を採択・発布し、地方の経済建設、文化建設および公共事業の建設についての計画を審査、決定する。

2　県級以上の地方各級人民代表大会は、その行政区域内の国民経済・社会発展計画、予算およびそれらの執行状況についての報告を審査、承認し、同級の人民代表大会常務委員会の不適当な決定を改め、または取り消す権限を有する。

3　民族郷の人民代表大会は、法律の定める権限に基づいて、民族の特徴にかなった具体的措置をとることができる。

第一〇〇条〔地方的法規制定権〕

1　省、直轄市の人民代表大会およびその常務委員会は、憲法、法律、行政法規に抵触しないことを前提として、地方的法規を制定することができ、これを全国人民代表大会常務委員会に報告して記録にとどめる。

2　区をおく市の人民代表大会およびその常務委員会は、憲法、法律、行政法規および同じ省、自治区の地方的法規に抵触しないことを前提として、法律により地方的法規を制定することができ、これを同じ省、自治区の人民代表大会の常務委員会に報告し、その批准により施行する。

第一〇一条〔地方各級人民政府の長・副長、地方各級人民法院院長・地方各級人民検察院検察長の選挙権・罷免権〕

1　地方各級人民代表大会は、それぞれ同級の人民政府の省長および副省長、市長および副市長、県長および副県長、区長および副区長、郷長および副郷長、鎮長および副鎮長を選挙し、かつ、これを罷免する権限を有する。

2　県級以上の地方各級人民代表大会は、同級の監察委員会主任、同級の人民法院院長および同級の人民検察院検察長を選挙し、かつ、これを罷免する権限を有する。人民検察院検察長の選出または罷免は、上級の人民検察院検察長に報告して、その級の人民代表大会常務委員会の承認を求めなければならない。

第一〇二条〔地方各級人民代表大会代表の監督機関〕

1　省、直轄市、区を設けている市の人民代表大会の代表は、選挙母体の監督を受ける。県、区を設けていない市、市管轄区、郷、民族郷、鎮の人民代表大会の代表は、選挙民の監督を受ける。

2　地方各級人民代表大会代表の選挙母体および選挙民は、法律の定める手続により、その選出した代表を罷免する権限を有する。

第一〇三条〔県級以上の地方各級人民代表大会常務委員会の構成・監督機関、常務委員会構成員の選挙・罷免、兼職の禁止〕

1　県級以上の地方各級人民代表大会常務委員会は、主任、副主任若干名および委員若干名で構成され、同級の人民代表大会に対して責任を負い、かつ、その活動を報告する。

2　県級以上の地方各級人民代表大会は、同級の人民代表大会常務委員会の構成員を選挙し、かつ、これを罷免する権限を有する。

3　県級以上の地方各級人民代表大会常務委員会の構成員は、国家の行政機関、監察機関、裁判機関および検察機関の職務につくことができない。

第一〇四条〔県級以上の地方各級人民代表大会常務委員会の職権〕

県級以上の地方各級人民代表大会常務委員会は、その行政区域の各分野の活動の重大事項を討議、決定し、同級の人民政府、監察委員会、人民法院および人民検察院の活動を監督し、同級の人民政府の不適当な決定および命令を取り消し、一級下の人民代表大会の不適当な決議を取り消し、法律の定める権限に基づいて国家機関の職員の任免を決定し、同級の人民代表大会の閉会中、一級上の人民代表大会の個々の代表を罷免し、および補欠選挙を行う。

第一〇五条〔地方各級人民政府の地位〕

1　地方各級人民政府は、地方の各級国家権力機関の執行機関であり、地方の各級国家行政機関である。

2　地方各級人民政府は、省長、市長、県長、区長、郷長、鎮長の各責任制を実施する。

第一〇六条〔地方各級人民政府の任期〕

地方各級人民政府の毎期の任期は、同級の人民代表大会の毎期の任期と同じである。

第一〇七条〔地方各級人民政府の職権〕

1　県級以上の地方各級人民政府は、法律の定める権限に基づいて、その行政区域内の経済、教育、科学、文化、衛生、体育、都市・農村建設の各事業および財政、民政、公安、民族事務、司法行政、計画出産などの行政活動を管理し、決定および命令を発布し、行政職員の任免、研修、考課および賞罰を行う。

2　郷、民族郷、鎮の人民政府は、同級の人民代表大会の決議ならびに上級の国家行政機関の決定および命令を執行し、その行政区域内の行政活動を管理する。

3　省、直轄市の人民政府は、郷、民族郷、鎮の設置およびその行政区画を決定する。

第一〇八条〔県級以上の地方各級人民政府の職権〕

県級以上の地方各級人民政府は、所属各部門および下級人民政府の活動を指導し、所属各部門および下級人民政府の不適当な決定を改め、または取り消す権限を有する。

第一〇九条〔地方各級会計検査機関〕

県級以上の地方各級人民政府に、会計検査機関をおく。地方の各級会計検査機関は、法律の定めるところにより、独立して会計検査監督権を行使し、同級の人民政府および一級上の会計検査機関に対して責任を負う。

第一一〇条〔地方各級人民政府の監督機関〕

1　地方各級人民政府は、同級の人民代表大会に対して責任を負い、かつ、その活動を報告する。県級以上の地方各級人民政府は、同級の人民代表大会の閉会中、同級の人民代表大会常務委員会に対して責任を負い、かつ、その活動を報告する。

2　地方各級人民政府は、一級上の国家行政機関に対して責任を負い、かつ、その活動を報告する。全国の地方各級人民政府は、いずれも国務院の統一的指導のもとにある国家行政機関であり、すべて国務院に服従する。

第一一一条〔住民委員会・村民委員会の地位・構成・職権〕

1　都市および農村で住民の居住区ごとに設けられた住民委員会または村民委員会は、基層の大衆的自治組織である。住民委員会、村民委員会の主任、副主任および委員は、住民がこれを選挙する。住民委員会、村民委員会と基層政権との相互関係は、法律でこれを定める。

2　住民委員会、村民委員会は、人民調停、治安防衛、公衆衛生などの各委員会をおき、その居住区の公共事務および公益事務を処理し、民間の紛争を調停し、社会治安の維持に協力し、かつ、人民政府に対して、大衆の意見および要求を反映し、建議する。

第六節　民族自治地域の自治機関

第一一二条〔民族自治機関の地位〕

民族自治地域の自治機関は、自治区、自治州、自治県の人民代表大会および人民政府である。

第一一三条〔民族自治機関の構成〕

1　自治区、自治州、自治県の人民代表大会には、区域自治を実施する民族の代表のほか、その行政区域内に居住するその他の民族も、適当数の代表をもつものとする。

2　自治区、自治州、自治県の人民代表大会常務委員会では、区域自治を実施する民族の公民が主任または副主任を担当する。

第一一四条〔自治区主席・自治州州長・自治県県長の資格〕

自治区主席、自治州州長、自治県県長は、区域自治を実施する民族の公民がこれを担当する。

第一一五条〔民族自治機関の職権〕

自治区、自治州、自治県の自治機関は、憲法第三章第五節の定める地方国家機関の職権を行使するとともに、憲法、民族区域自治法およびその他の法律の定める権限に基づいて自治権を行使し、その地域の実際の状況に即して国家の法律、政策を貫徹する。

第一一六条〔自治条例・単行条例制定権〕

民族自治地域の人民代表大会は、その地域の民族の政治、経済および文化の特徴に従って、自治条例および単行条例を制定する権限を有する。自治区の自治条例および単行条例は、全国人民代表大会常務委員会に報告して承認を経たのちに効力を生ずる。自治州、自治県の自治条例および単行条例は、省または自治区の人民代表大会常務委員会に報告して、その承認を経たのちに効力を生じ、かつ、これを全国人民代表大会常務委員会に報告して記録にとどめる。

第一一七条〔地域財政管理権〕

民族自治地域の自治機関は、地域財政を管理する自治権を有する。およそ国家の財政制度によって民族自治地域に属するものとされた財政収入は、すべて民族自治地域の自治機関が自主的に按配して、これを使用する。

第一一八条〔民族自治機関の地域的な経済建設事業〕

1　民族自治地域の自治機関は、国家計画を指針として、地域的な経済建設事業を自主的に按配および管理する。

2　国家は、民族自治地域で資源の開発および企業の建設を行う場合には、民族自治地域の利益を配慮しなければならない。

第一一九条〔各種事業の自主管理、民族的文化遺産の保護、民族文化の高揚〕

民族自治地域の自治機関は、その地域の教育、科学、文化、衛生、体育の各事業を自主的に管理し、民族的文化遺産を保護および整理し、民族文化を発展および繁栄させる。

第一二〇条〔公安部隊組織権〕

民族自治地域の自治機関は、国家の軍事制度およびその地域の実際の必要に基づき、国務院の承認を経て、その地域の社会治安を維持する公安部隊を組織することができる。

第一二一条〔民族自治機関の使用する言語・文字〕

民族自治地域の自治機関が職務を執行する場合には、その民族自治地域の自治条例の定めるところにより、その地域で通用する一種または数種の言語・文字を使用する。

第一二二条〔少数民族・民族自治地域に対する国家の援助〕

1　国家は、財政、物資、技術等各面から各少数民族を援助して、その経済建設および文化建設の事業を速やかに発展させる。

2　国家は、民族自治地域を援助し、その地域の民族のなかから各級幹部、各種の専門人材および技術労働者を大量に育成する。

第七節　監察委員会

第一二三条〔監察委員会の任務〕

中華人民共和国各級監察委員会は国家の監察機関である。

第一二四条〔監察委員会の構成、任期〕

1　中華人民共和国に、国家監察委員会および地方各級監察委員会をおく。

2　監察委員会は、次の人員で構成される。

主任

副主任　若干名

委員　若干名

3　監察委員会主任の毎期の任期は、全国人民代表大会の毎期の任期と同じである。国家監察委員会主任は、二期を超えて連続就任することはできない。

4　監察委員会の組織および職権は、法律でこれを定める。

第一二五条〔監察委員会の地位〕

1　中華人民共和国監察委員会は国家の最高監察機関である。

2　国家監察委員会は地方各級監察委員会の活動を指導し、上級監察委員会は下級監察委員会の活動を指導する。

第一二六条〔監察委員会の監督機関〕

国家監察委員会は全国人民代表大会および全国人民代表大会常務委員会に対して責任を負う。地方各級監察委員会はそれを組織した国家権力機関および上級監察委員会に対して責任を負う。

第一二七条〔監察権の独立、司法機関との関係〕

1　監察委員会は法律の定めるところにより、独立して監察権を行使し、行政機関、社会団体および個人による干渉を受けない。

2　監察委員会は職務違法または職務犯罪事件を処理する場合、裁判機関、検察機関、法の執行部門と相互に協力し、相互に制約しなければならない。

第八節　人民法院および人民検察院

第一二八条〔中華人民共和国人民法院の任務〕

中華人民共和国人民法院は、国家の裁判機関である。

第一二九条〔人民法院の種類、最高人民法院院長の任期、人民法院の組織〕

1　中華人民共和国に、最高人民法院、地方各級人民法院および軍事法院その他の専門人民法院をおく。

2　最高人民法院院長の毎期の任期は、全国人民代表大会の毎期の任期と同じであり、二期を超えて連続就任することはできない。

3　人民法院の組織は、法律でこれを定める。

第一三〇条〔公開裁判の原則、被告人の弁護を受ける権利〕

人民法院における事件の審理は、法律の定める特別の場合を除くほか、すべて公開で行う。被告人は、弁護を受ける権利を有する。

第一三一条〔裁判権の独立〕

人民法院は、法律の定めるところにより、独立して裁判権を行使し、行政機関、社会団体および個人による干渉を受けない。

第一三二条〔最高人民法院の地位〕

1　最高人民法院は、最高の裁判機関である。
2　最高人民法院は、地方各級人民法院および専門人民法院の裁判活動を監督し、上級の人民法院は、下級の人民法院の裁判活動を監督する。

第一三三条〔人民法院の監督機関〕
最高人民法院は、全国人民代表大会および全国人民代表大会常務委員会に対して責任を負う。地方各級人民法院は、それを組織した国家権力機関に対して責任を負う。

第一三四条〔中華人民共和国人民検察院の任務〕
中華人民共和国人民検察院は、国家の法律監督機関である。

第一三五条〔人民検察院の種類、最高人民検察院検察長の任期、人民検察院の組織〕
1　中華人民共和国に、最高人民検察院、地方各級人民検察院、および軍事検察院その他の専門人民検察院をおく。
2　最高人民検察院検察長の毎期の任期は、全国人民代表大会の毎期の任期と同じであり、二期を超えて連続就任することはできない。
3　人民検察院の組織は、法律でこれを定める。

第一三六条〔検察権の独立〕
人民検察院は、法律の定めるところにより、独立して検察権を行使し、行政機関、社会団体および個人による干渉を受けない。

第一三七条〔最高人民検察院の地位〕
1　最高人民検察院は、最高の検察機関である。
2　最高人民検察院は、地方各級人民検察院および専門人民検察院の活動を指導し、上級の人民検察院は、下級の人民検察院の活動を指導する。

第一三八条〔人民検察院の監督機関〕
最高人民検察院は、全国人民代表大会および全国人民代表大会常務委員会に対して責任を負う。地方各級人民検察院は、それを組織した国家権力機関および上級人民検察院に対して責任を負う。

第一三九条〔自民族の言語・文字を用いて訴訟を行う権利〕
1　各民族の公民は、その民族の言語・文字を用いて訴訟を行う権利を有する。人民法院および人民検察院は、その地域で通用する言語・文字に通じない訴訟関係人に対しては、かれらのために通訳をつけなければならない。
2　少数民族が集居するか、または多くの民族が共同で居住する地区では、その地域で通用する言語を用いて審理を行う。起訴状、判決書、布告およびその他の文書は、実際の必要に応じ、その地域で通用する一種または数種の文字を使用しなければならない。

第一四〇条〔人民法院・人民検察院・公安機関の相互関係〕
人民法院、人民検察院および公安機関は、刑事事件を処理する場合は、責任を分担し、相互に協力し、相互に制約して、法律の的確で効果的な保障をしなければならない。

第四章　国旗、国歌、国章、首都

第一四一条〔中華人民共和国の国旗、国歌〕
1　中華人民共和国の国旗は、五星紅旗である。
2　中華人民共和国国歌は「義勇軍進行曲」とする。

第一四二条〔中華人民共和国の国章〕
中華人民共和国の国章は、中央を五星の輝く天安門とし、周囲に穀物の穂と歯車を配する。

第一四三条〔中華人民共和国の首都〕
中華人民共和国の首都は、北京である。

12　デンマーク

畑　博行

解説　310

デンマーク王国憲法　313

第一部　総則……………………三一三
第二部　国王……………………三一三
第三部　行政権…………………三一三
第四部　立法権…………………三一五
第五部　立法手続………………三一六
第六部　司法権…………………三一八
第七部　宗教……………………三一八
第八部　国民の権利……………三一九
第九部　その他…………………三二〇
第一〇部　改正…………………三二〇
第一一部　施行…………………三二一

解説

一　制定史

デンマークは、はやくから（西暦八〇〇年頃より）王国である。もともと国王は選挙によって選ばれていた。しかし、一六六〇年、フランス型の絶対主義がとられて以来、王位は世襲となっている。統治をなすにあたっては、国王は国務会議および多数の統治機関の輔弼によった。しかしながら、一八三〇年代のいわゆるフランスの七月革命の影響がデンマークにも波及するや、当時の国王フレデリック六世は、事態の重大さを察知し、地主によって選挙された議員からなるプロイセン型の諮問的議会の設置を認めた。この議会は実質的な権力を有するものではなかったが、絶対主義体制を批判することのできるフォーラムとして大きな役割を果たした。

一八四八年二月、フランスに革命が勃発するや、自由主義思想はたちまちにしてデンマークにも伝播し、政治参加を要求していたデンマーク人に大きな影響を与えた。一八四八年三月、市議会に指導されたコペンハーゲン市民は、自由主義憲法の制定を要求して宮殿にデモを行った。ここにいたって、国王フレデリック七世（一八四八—六四年在位）は、ついに国務会議の解散と絶対主義の放棄を宣言すると同時に、自由主義憲法を制定することを約束した。国王は、直ちに国民に責任を負う内閣を任命し、かくして、デンマークは流血の惨事をみることなく立憲君主国となった。普通選挙によって選挙された制憲議会は、一八四九年六月五日に憲法を制定し、それは直ちに施行されることとなった。この憲法で謳われた諸原理がいぜんとして今日のデンマークの統治方式の基礎をなしている。

この憲法は、主として一八三一年のベルギー憲法を模範としており、国民の自由の保障については、当時のたいていの国々の憲法より一歩先んじていたといえる。それは、あらゆる特権の廃止、通商の自由および司法機関と行政機関の分立を規定し、かつ三〇歳以上の全男子により直接および間接的に選挙された二院制議会による民主政治のシステムを設けていた（ただし、上院議員六六人中の一二人は国王勅任の終身議員であった）。そして、この時期以降、責任内閣制が確立されていった。

二　憲法の変遷と展開

それ以後の憲法としては、一八五五年の連合憲法（本国およびシュレスヴィッヒ・ホルシュタイン）と一八六三年のデンマーク＝シュレスヴィッヒ連合憲法とがある。これらは、いずれもシュレスヴィッヒ・ホルシュタインにおける分離運動をめぐる諸事件に関連して、制定され、かつ廃止された。一八六六年からは、再び一八四九年の憲法が復活されていたが、第一次大戦中の一九一五年六月五日、新たな社会情勢に適応する憲法が制定されることとなった。

この憲法は、一九二〇年に、ついで一九五三年に抜本的に改正を加えられるが、その主要な特色は、従来特権的であった上院

（Landsting）が三五歳以上のすべての男子によって間接的に選挙されることとなり、かつ、議員の被選挙資格が四〇歳となった。もちろん、勅任議員の制度は廃止された。これと同時に、下院（Folketing）の選挙の年齢要件が二五歳に切り下げられ、女性も含まれることになった。いまや上院は、高年齢による影響力によってのみ、下院の行き過ぎを制止しうるにすぎないこととなった。次に、投票数に応じた公平な議席の配分を確保するため、比例代表制が採用された。この結果、政党化が進み、通常の政党政治がデンマーク政治におけるルールとなっていく。

第一次大戦において中立を堅持したデンマークの政治的、経済的および社会的条件は、その後いちじるしい進歩を遂げた。このような新たな情勢に対応するため、一九三九年三月、憲法改正案が議会（Rigsdag）において提案され、可決された。しかしながら、この改正案は、一九一五年憲法第九四条の定める人民投票において必要票数を確保できず、否決されてしまった。

第二次大戦におけるドイツ軍による占領、戦後の国家再建など相次ぐ難事により持ち越されていた憲法改正の問題は、これらの難問の解決と同時に、再び国家的関心事となり、一九五三年六月五日、ついにデンマーク王国憲法は改正された。この改正憲法が現行憲法である。

三　現行憲法の特色

現行憲法の特色の主なものを挙げてみると、第一に、女子による王位継承が認められた（第二条）。改正前の憲法の下においては、一八五三年七月三一日の王位継承法によって男子のみに王位継承権が認められていた。これが、このたびの改正によって女子にも認められることになった。これは、当時の国王フレデリック九世に男子がなかったためとられた措置である。第二に、上院が廃止され、一院制が採用された（第二八条）。もっとも、一九三六年、政府与党がこの院においても多数を占めて以来、その政治的重要性はほとんどとるに足らないものとなっていた。第三に、一九〇一年以来慣行として行われてきた議院内閣制が明文をもって定められた（第一五条）。第四に、人民投票の制度が大幅にとり入れられた（第二〇条、第四二条および第八八条）。この点は、一九五三年の改正中とくに異色となっている。例えば、第四二条によれば、予算案、課税法案、帰化法案、土地収用法案等を除く法律案が国会において可決された場合、一定の期間内に国会議員の三分の一の数をもってその法律案を人民投票に付すことができる。また、第二〇条は、憲法によって国の機関に付与されている権限を国際機関に委任する場合、それに必要な国会議員の定数は得られなくても、通常の議決に必要な定数を得られる限り、人民投票によって承認を得ることが可能であることを定めている。旧憲法下においては、憲法の改正を行う場合においてのみ、人民投票の制度が採用されていた。第五に、国会の選挙権のための年齢要件が切り下げられた（第二九条）。第六に、グリーンランドの植民地的地位を廃止し、国会に代表権を有するところの本国の一部となした（第二八条）。第七に、新たに文武の行政を監視するための行政監察委員（オンブズマン）の制度が設けられた（第五五条）。一般に知られている限りでは、同様の制度は以前においてはスウェーデンおよびフィンランドにのみみられた。委員は、議会によって任命され、法律が正しく執行されているかどうかを確かめるため文武の行政を監視する。これは、デンマークの法制度に加えられた重要な特色の一つといえよう。

以上にみられるように、一九五三年の改正（現行憲法）の主眼は、いうまでもなく民主主義の原則のより広範な導入であり、それはデンマークにおける現実の社会的・政治的進展に対応するためのものであったことはもちろんである。

訳文のテキストには、デンマーク政府訳出の *The Constitution of the Kingdom of Denmark Act*, June 5th, 1953を用いた。なお、邦訳に当たっては、衆議院法制局編『和訳各国憲法集』「(二〇)、デンマーク王国憲法」および土橋友四郎『世界各国憲法』「丁抹国憲法」を参照させて頂いた。

〔　〕印は見出し訳注または英訳語であり、（　）内は原注である。

デンマーク王国憲法

第一部　〔総則〕

第一条〔適用地域〕
　この憲法は、デンマーク王国のすべての部分にこれを適用する。

第二条〔政体・王位継承〕
　統治の形態は、立憲王制とする。王権は、一九五三年三月二七日の王位継承法の規定に従い、男子および女子によって世襲される。

第三条〔権力の分立および帰属〕
　立法権は、国王および国会に連帯して属する。行政権は、国王に属する。司法権は、司法裁判所に属する。

第四条〔国教教会〕
　福音ルーテル教会〔Evangelical Lutheran Church〕をもってデンマーク国教会とする。国家は、国教教会としてそれを維持しなければならない。

第二部　国王

第五条〔国王の他国統治の禁止〕
　国王は、国会〔Folketing〕の同意ある場合を除き、他国に君臨してはならない。

第六条〔国王の宗派〕
　国王は、福音ルーテル教会の会員でなければならない。

第七条〔国王の成年〕
　国王は、一八歳に達した時、成年となる。この規定は、王位継承者にもこれを適用する。

第八条〔国王の国務会議での宣誓〕
　国王は、即位に先立ち、国務会議〔Council of State〕において、憲法に忠実に従うことを文書によって厳粛に宣言しなければならない。その宣言書の同一の正文二通を作成し、うち一通は、国会に交付して、その書類保存所に保存し、もう一通は、記録局に収蔵するものとする。不在その他の理由により、国王が即位後、直ちに上記の宣言書に署名できない場合、制定法によって別段の規定がなされていない限り、統治は、この宣言書に署名がなされるまで、国務会議がこれを行う。王位継承者としてすでに上記の宣言書に署名を終えている場合には、国王は王位が空位となり次第、直ちに王位に即く。

第九条〔国王の主権行使の不能の場合および空位の場合の措置〕
　国王の未成年、疾病または不在の場合における主権の行使に関する規定は、制定法によってこれを定める。王位が欠けた場合において、王位継承者が存在しないとき、国会は、国王を選び、かつ将来における王位継承順位を確定する。

第一〇条〔国王の経費〕
1　国王の経費〔Civil List of the King〕は、国王の在位中、制定法によってこれを供与する。この制定法は、同時に、城、宮殿およびその他の国有財産で国王が任意に使用しうるものについても規定する。
2　王室経費には、いかなる債務もつけ加えることができない。

第一一条〔王室成員の経費〕
　王室の成員には、制定法によって歳費を与えることができる。かかる歳費は、国会の同意ある場合を除き、国外においてこれを受けることができない。

第三部　行政権

第一二条〔国王の権能〕
　国王は、この憲法に規定する制限に服するのほか、すべての国事に関し最高の権能を有する。かかる最高の権能は、大臣を通じてこれを行使する。

第一三条〔国王の無答責・大臣の責任〕
　国王は、自己の行為に対して責任を有せず、その人格は至聖である。大臣は、統治の実施に対して責任を負い、その責任は、制定法によりこれを定める。

第一四条〔大臣の任免・大臣の副書〕
　国王は、首相およびその他の大臣を任免する。国王は、大臣の数および大臣の間の職務の配分を決定する。立法および統治に関する決議は、国王の署名によって有効となる。ただし、国王の署名は、一人ないしそれ以上の大臣の副書をともなっていなければならない。決議に副書した大臣は、その決議に対して責任を負う。

第一五条〔大臣および内閣の不信任〕
1　大臣は、国会がその大臣に対して不信任を可決した後においては、その職に留まることができない。
2　首相に対する不信任案が国会において可決された場合において、総選挙の命令書が発せられなければ、首相は、内閣の解任を奏請しなければならない。内閣に対する非難決議案が可決された場合、または内閣の解任が奏請された場合、内閣は、新たな内閣が任命されるまで、引き続き職に留まっていなければならない。前記のような理由で引き続きその職に留まる大臣は、公務の運営が中断されないために必要なことのみを行う。

第一六条〔大臣の弾劾〕

大臣は、職務の執行の不良のために、国王または国会によって弾劾されうる。職務執行の不良を理由として大臣に対して提起された弾劾事件は、王国高等法院〔High Court of the Realm〕がこれを裁判する。

第一七条〔国務会議〕

1　大臣の全体をもって国務会議を構成する。王位継承者は、成年に達した時、それに列する。国王は、国務会議の議長となる。ただし、第八条に述べられた場合および第九条に従って立法府が統治行為を国務会議に委任した場合を除く。

2　すべての法律案および重要な統治上の措置は、国務会議においてこれを審議しなければならない。

第一八条〔閣議〕

国王は、国務会議を開催することができない場合、問題の審議を閣議〔Council of Ministers〕に委託することができる。この閣議は、すべての大臣によって構成され、首相が議長となる。各大臣の表決は、議事録にこれを記入する。いかなる問題も、多数決によってこれを決する。首相は、出席大臣によって署名された議事録を国王に提出する。国王は、閣議の勧告に直ちに同意するか、またはその案件を国務会議に提出し自己の面前において決裁させるかを決定する。

第一九条〔対外問題〕

1　国王は、国際問題については、王国を代表して行為する。ただし、国王は、国会の同意なしに、王国の領土の増減を来たすような行為をしてはならない。またその履行のために、国会の協賛を必要とする義務または非常な重要性をもつ義務を負ってはならない。また国王は、国会の同意なしに、国会の同意を得て締結された国際条約を終了せしめてはならない。

2　王国またはデンマーク軍に加えられた武力攻撃に対する防禦のためのほかは、国王は、国会の同意なしに、外国に対し武力を行使してはならない。この規定に従って国王がとる措置は、直ちに国会にこれを提出しなければならない。国会が閉会中の場合であれば、直ちにこれを召集しなければならない。

3　国会は、議員のなかから対外問題委員会を任命する。政府は、対外政策に関してひじょうに重要な決定をなす場合、あらかじめこれに諮らなければならない。対外問題委員会に適用される規定は、制定法によってこれを定める。

第二〇条〔国際機関への権限の委任〕

1　この憲法によって王国の諸機関に授権された権限は、制定法の定める限度において、国際法の支配および協力の促進のため、他国との相互協定によって設立された国際機関に委任することができる。

2　前項に関する法律案を可決するには、国会議員の六分の五の多数を必要とする。通常の法律案の可決に必要な多数は得られるが、右の多数が得られず、しかも政府がそれを撤回しない場合、その法律案は、第四二条に定める人民投票に関する規定に従って、承認または否認のため、選挙人にこれを付託しなければならない。

第二一条〔国王の議案提出権〕

国王は、法律案およびその他の措置を国会に提出することができる。

第二二条〔法律案の可決および裁可・制定法の公布および施行の監視〕

国会において可決された法律案は、それが最終的に可決された後、三〇日以内に裁可を受けたならば、法律〔law〕となる。国王は、制定法の公布を命じ、かつそれが執行されるよう配慮しなければならない。

第二三条〔緊急命令〕

緊急事態において、国会が集会できないときは、国王は、暫定命令〔provisional laws〕を発することができる。ただし、それは、憲法に違反してはならず、かつ、つねに国会が集会し次第、承認または否認を求めるため、直ちに提出されなければならない。

第二四条〔恩赦〕

国王は、特赦および大赦を付与する大権を有する。国王は、国会の同意ある場合においてのみ、王国高等法院によって大臣に下された刑の宣告を免除することができる。

第二五条〔恩典および法律の適用除外の付与〕

国王は、直接にまたは関係政府機関を通じ、一八四九年六月五日以前に存した規定によって許容されているか、もしくは、それ以後制定された制定法によって許容されている恩典および法律の適用除外を付与することができる。

第二六条〔貨幣の鋳造〕
国王は、制定法の定めるところに従って、貨幣を鋳造させることができる。

第二七条〔公務員の任免および転任〕
1　公務員の任命に関する事項は、制定法によってこれを定める。何人も、デンマーク王国臣民でなければ、公務員に任命されない。国王によって任命される公務員は、憲法を遵守する旨の厳粛な宣言をしなければならない。
2　公務員の罷免、転任および恩給の賜与に関する事項は、制定法によってこれを定める。
3　国王によって任命された公務員は、その部署または官職から生ずる報酬についていかなる損失も蒙らず、かつその転任かまたは一般的規則および規程による恩給受給をともなう退職のいずれか一つの選択権を与えられた場合においてのみ、その同意なくして転任させられる。

第四部　立法権

第二八条〔国会・国会議員の定数〕
国会は、一七九人を超えない数の議員をもつ一院よりなる。議員のうち二人は、フェレー諸島〔Faroe Islands〕から、また二人は、グリーンランドから選出されるものとする。

第二九条〔国会議員の選挙資格〕
1　王国内に住所を有し、かつ本条2項に規定する選挙権のための年齢要件をそなえたいかなるデンマーク臣民も、行為無能力の宣告を受けていない限り、国会選挙において投票する権利を有する。刑の宣告および法律上の貧民救済にあたる公的扶助が選挙権剥奪を生ぜしめる限度は、制定法によってこれを定める。
2　選挙権のための年齢要件は、一九五三年三月二五日付の法律に基づいて行われた人民投票の結果によるものとする。このような選挙権のための年齢要件は、制定法によって、いつでもこれを変更することができる。このような立法のために国会が可決した法律案は、選挙権のための年齢要件の変更に関する規定が第四二条5項に従って人民投票に付され、かつその結果否決されなかったときにおいてのみ、裁可を受けるものとする。

第三〇条〔国会議員の被選挙資格〕
1　国会選挙において投票権を有するいかなる人も、公衆の目から見て国会議員たるにふさわしくないとされる行為について有罪を宣告されたのでない限り、国会議員に選挙される資格を有する。
2　国会議員に選挙された公務員は、その当選を受諾するために政府から許可を求めることを必要としない。

第三一条〔国会議員の選挙方法〕
1　国会議員は、一般かつ直接の投票によって、これを選挙する。
2　選挙権行使に関する事項は、選挙法によってこれを定める。また選挙法は、選挙人の各種の意見の平等な代表を確保するために、選挙の方法を規定し、かつ比例代表制を小選挙区制選挙とともに採用するかそれ以外のものとともに採用するかを決定する。
3　各地域に割り当てられる議席の数を決定するにあたっては、住民の数、選挙人の数および人口密度を考慮しなければならない。
4　選挙法は、補欠議員の選挙および国会への加入に関する事項を定め、かつ新たな選挙が必要とされる場合においてとられる手続に関する事項についても規定する。
5　国会にグリーンランドを代表させるための特則は、制定法によってこれを定めることができる。

第三二条〔国会議員の任期・総選挙の命令および施行〕
1　国会議員は、四年の任期でこれを選挙する。
2　国王は、現存の議席が新たな選挙とともに空席となるという効果をともなった新たな選挙の命令書をいつでも発することができる。ただし、選挙の命令書は、新たな内閣の任命後は、首相が国会に出席するまで、これを発してはならない。
3　首相は、国会の任期が終了する前に、総選挙を実施させなければならない。
4　いかなる議席も、新たな選挙が行われるまで、空席としてはならない。
5　国会におけるフェレー諸島およびグリーンランドの代表の開始および決定のために、制定法によって特則を定めることができる。
6　国会議員が被選挙権を失った場合、その議員の議席は、空席となる。
7　各新議員は、当選の承認があり次第、憲法を遵守する旨の厳粛な宣言を行わなければならない。

第三三条〔国会議員の当選の効力および被選挙資格の存否の決定〕
国会は、自ら、議員の当選の効力を決定し、かつ議員が被選挙資格を失っているか否かを決定する。

第三四条〔国会の不可侵〕

国会は、不可侵である。いかなる者といえども、その安全または自由を攻撃し、もしくはそのような意図をもつ命令を発し、またはそれに従う者は、重反逆を犯したものと見なす。

第五部　立法手続

第三五条〔国会の業務の開始期日および自己組織〕

1　新たに選挙された国会は、国王が前もってその議員の会合を召集しない限り、選挙の日から週日一二日目の正午一二時に集会する。

2　国会は、代表授権の確認後、直ちに議長および副議長〔注、複数〕を選挙することによって自己組織をなす。

第三六条〔国会の会期年度〕

1　国会の会期年度は、一〇月の第一火曜日に始まり、翌年の一〇月の第一火曜日まで継続する。

2　会期年度の初日正午一二時、議員は、国会の新会期のために集合する。

第三七条〔国会の集会地〕

国会は、政府の所在地で集会する。ただし、非常事態においては、国会は、王国内のいずれの場所においても集会することができる。

第三八条〔国の一般状勢および政府の提案する措置の説明〕

1　首相は、会期年度の最初の会議において、国の一般状勢および政府が提案する措置の説明を行う。

2　この説明は、一般討議の議題とされる。

第三九条〔国会の招集〕

国会議長は、議事日程を定めて、国会を招集する。議長は、国会議員のうちの少なくとも五分の二の議員または首相により、文書でもって要求がなされた場合には、議事日程を定めて、国会を招集しなければならない。

第四〇条〔大臣の国会に出席し発言する権利〕

大臣は、職責上〔ex officio〕国会の議事に出席し、かつ討議中、希望に応じて発言する権利を有する。ただし、大臣は、国会の議事規則に従わなければならない。大臣は、国会議員である場合に限り、投票する権利を有する。

第四一条〔国会議員の議案提出権・読会〕

1　いずれの国会議員も、法律案およびその他の議案を提案する権利を有する。

2　いかなる法律案も、国会において三度読会を経るまでは、最後的に可決されない。

3　国会議員の五分の二をもって、法律案が第二読会を通過してから週日一二日目まで、第三読会が開かれないよう、議長に要求することができる。その要求は、文書によりなされ、かつその要求をなす議員によって署名されていなければならない。ただし、予算・追加予算・暫定予算・政府起債案・帰化法案・収用法案・間接税法案および、緊急事態に際し、その目的にてらして制定を延期することのできない法律案に関しては、前記のような延期をなしてはならない。

4　新たな選挙の場合および会期年度の終了に際しては、最終的に可決されなかった法律案およびその他の議案は、廃案となる。

第四二条〔人民投票〕

1　法律案が国会によって可決された場合、国会議員の三分の一をもって、その法律案の最終的可決から週日三〇日以内に、議長に対し、その法律案を人民投票に付するよう要求することができる。このような要求は、文書によりなされ、かつその要求をなす議員によって署名されていなければならない。

2　7項に掲げられた場合を除くのほか、人民投票に付すことのできるいかなる法律案も（6項参照）、1項に述べられた時間的制限の経過以前に、または前項によって要求された人民投票が行われる以前に、裁可を与えられない。

3　法律案に対し人民投票が要求された場合、国会は、その法律案の最終的な可決から週日五日の期間内に、その法律案を撤回することを決定することができる。

4　国会は、3項による決定をしない場合、首相に対し、その法律案が人民投票に付される旨を遅滞なく通告しなければならない。その場合、首相は、人民投票を行うという声明を付して、その法律案を公示させなければならない。人民投票は、首相の決定に従い、法律案の公示後、週日一二日以上一八日以内に行われるものとする。

5　人民投票においては、その法律案に対し賛成または反対の投票を行う。法律案を否決するには、投票をなす選挙人の過半数をしめ、かつ投票権を有するすべての人々の三〇パーセントを下らない者が、反対投票をしなければならない。

6　予算、追加予算、暫定予算、政府起債法案、公務員（改正）法案、給与および恩給法案、帰化法案、収用法案、（直接および間接）課税法案、ならびに既存の条約上の義務を履行することを目的として提案された法律案は、人民投票による決定に服さない。この規定は、また、第八条、第九条、第一〇条および第一一条に掲げる法律案、ならびに第一九条に定められているような議決が法律の形式で存在している場合には、その議決にも適用される。ただし、特別の法律によってこのような議決が人民投票に付されると規定されている場合は、この限りではない。憲法の改正は、第八八条に定められた規定に従って行われる。

7　緊急事態においては、人民投票に付することのできる法律案であっても、可決後直ちに裁可を得ることができる。ただし、そのような趣旨の規定を含んでいる場合に限る。1項の規定に基づき、国会議員の三分の一をもって、すでに裁可を得た法律案または法律に対し人民投票を要求する場合、このような人民投票は、前記の規定に従って行われる。人民投票によって法律が否決された場合、首相は、不当な遅滞なく、かつ人民投票が行われてから一四日以内に、その旨の公告をしなければならない。かかる公告がなされた日から、その法律は、効力を失う。

8　フェレー諸島およびグリーンランドにおいて人民投票が行われる程度を含む人民投票に関する事項は、制定法によってこれを定める。

第四三条〔課税・徴兵・起債〕

租税は、制定法によるのほか、これを賦課、変更または免除してはならない。制定法によるのほか、いかなる男子も徴兵されず、またいかなる公債も募集されない。

第四四条〔外国人の帰化および不動産所有権〕

1　いかなる外国人も、制定法によるのほか、帰化することができない。

2　外国人の不動産所有権の範囲は、制定法によってこれを定める。

第四五条〔予算および暫定予算の提出〕

1　次の会計年度のための予算は、その会計年度開始前四カ月以内に、これを国会に提出しなければならない。

2　次の会計年度のための予算の読会が、その会計年度の開始までに終了しないと思われる場合、暫定予算を国会に提出しなければならない。

第四六条〔予算外の課税および支出の禁止〕

1　予算または暫定予算が国会において可決されるまで、租税を課してはならない。

2　国会が可決した予算により、または国会が可決した追加予算もしくは暫定予算により規定されていない限り、いかなる経費もこれを支出してはならない。

第四七条〔決算・会計監査委員〕

1　決算は、会計年度の終了後六カ月以内に、これを国会に提出しなければならない。

2　国会は、一定数の会計監査委員を選任する。このような会計監査委員は、毎年度の決算を検査し、国の収入が正しく記入されたこと、ならびに予算およびその他の特別予算によって定められている場合を除き、いかなる経費も支出されなかったことを調べる。会計監査委員は、すべての必要な情報を要求することができ、またすべての必要な書類を閲覧する権利を有する。会計監査委員の数および職務に関する事項は、制定法によってこれを定める。

3　決算は、決定を得るため、会計監査委員の報告とともに、これを国会に提出しなければならない。

第四八条〔国会の規則制定権〕

国会は、その事務の処理および秩序の維持に関する規則を含む国会自体の議事規則を定める。

第四九条〔議事の公開の原則〕

国会の議事は、公開でなければならない。ただし、議長、または手続規則によって定められた一定数の議員または大臣は、許可をうけていないすべての人々の退席を要求することができる。かかる要求がなされた場合、その問題を公開で討議するか、または秘密会で討議するかを、討論を経ないで決定しなければならない。

第五〇条〔定足数〕

議決をなすには、国会議員の二分の一以上が出席し、かつ投票に参加しなければならない。

第五一条〔委員会の任命・委員会の権限〕

国会は、一般的に重要な問題を調査するため、議員の間から委員会を任命することができる。かかる委員会は、一般市民および公の機関のいずれに対しても、口頭または文書による情報を求めることができる。

第五二条〔国会の委員会の委員および特別の職務をもつ議員の選出方法〕

国会が委員会に列する議員および特別の職務を執行する議員を選出するには、比例代表によらなければならない。

第五三条〔国会議員の審議を請求し大臣の発言を求める権利〕

国会議員は、国会の同意を得て、公の利害にかかわるいかなる事項をも審議のために提出し、かつそれについて大臣の発言を求めることができる。

第五四条〔請願〕

請願は、議員の一人を通じてのみ、これを国会に提出することができる。

第五五条〔行政監察委員〕

国家の文武の行政を監督するための国会議員でない一人または二人の者の国会による任命については、制定法によってこれを定める。

第五六条〔国会議員の職務の独立〕

国会議員は、自己の良心によってのみ拘束され、選挙人によって与えられた指示には拘束されない。

第五七条〔国会議員の不逮捕特権および院内での発言の免責〕

国会議員は、現行犯として逮捕された場合を除いては、いかなる方法によろうと、国会の同意なくして、訴追、または拘禁されない。国会議員は、国会においてなした発言については、国会の同意がある場合を除いては、国会外において責任を問われない。

第五八条〔国会議員の報酬〕

国会議員は、選挙法に定められた報酬を支払われる。

第六部　司法権

第五九条〔王国高等法院の構成〕

1　王国高等法院〔High Court of the Realm〕は、王国最高司法裁判所〔highest court of justice〕の通常構成員のうち在職年数上の上位者一五人以内および比例代表により六年の任期をもって国会が選出した同数の構成員より成る。一人の選出された構成員に対し、一人または二人以上の補充員を選出しなければならない。国会議員は、王国高等法院の構成員に選出されてはならず、また、国会議員は、王国高等法院の構成員として行動してはならない。特定の場合において、王国最高司法裁判所構成員のうちのあるものが訴訟事件の裁判に参加することができない場合、国会によって最も後から選出された同数の王国高等法院構成員は、退席しなければならない。

2　王国高等法院は、その構成員の間から長を選出する。

3　訴訟事件が王国高等法院に提起されている場合、国会によって選出された構成員は、その任期が終了したあとも、その事件の継続中は、王国高等法院における職を保持する。

4　王国高等法院に関する事項は、制定法によってこれを定める。

第六〇条〔王国高等法院の権限〕

1　王国高等法院は、大臣に対して国王または国会が提起する争訟を裁判する。

2　国王は、国会の同意を得て、国家にとってとくに危険と見なす犯罪に関しては、それ以外の者をも王国高等法院において裁判を受けさせることができる。

第六一条〔司法権・特別裁判所の禁止〕

司法権の行使は、制定法によってのみこれを定める。司法権を有する特別裁判所を設けてはならない。

第六二条〔司法権の独立〕

司法は、つねに行政権から独立していなければならない。かかる趣旨の規定は、制定法によってこれを定める。

第六三条〔行政権の権限範囲に関する争訟の裁判権〕

1　司法裁判所は、行政権の権限範囲に関するいっさいの事件について裁判することができる。ただし、かかる権限について争おうとする者は、事件を司法裁判所に提起することによって、行政権が発する命令に暫定的に服従することを回避することはできない。

2　行政権の権限範囲に関する事件の裁判は、制定法によって、これを一またはそれ以上の行政裁判所に委託することができる。ただし、行政裁判所の裁決に対する上訴は、王国最高司法裁判所の管轄に属する。この手続に関する事項は、制定法によってこれを定める。

第六四条〔裁判官の職務の独立および身分保障〕

裁判官は、職務の執行にあたっては、法にのみ拘束される。裁判官は、裁判によるのほか、罷免されない。また、司法裁判所の再配置がなされる場合のほか、その意に反して転任させられない。しかしながら、満六五歳に達した裁判官は、これを退任させることができる。ただし、定年退職の予定されている日まで収入を失うことはない。

第六五条〔裁判の公開・口頭弁論・陪審〕

1　裁判にあたって、一切の訴訟手続は、可能な限り、公開かつ口頭によるものとする。

2　刑事手続には、一般人〔layman〕を参加させなければならない。かかる参加がなされる事件およびその形式は、いかなる事件が陪審によって裁判されるかを含め、制定法によってこれを定める。

第七部　宗教

第六六条〔国教教会の組織〕

国教教会の組織は、制定法によってこれを定める。

第六七条〔礼拝のための集会の自由〕

市民は、自己の信念に適った方法で神の礼拝を行うため、集会することができる。ただし、公の秩序または善良の風俗に反することを説いたり、あるいは行ってはならない。

第六八条〔寄附の強制の禁止〕

何人も、自己が属する宗派以外の宗派に対し、私的寄附をなす義務を負わない。

第六九条〔非国教的宗教団体〕

国教教会と教義を異にする宗教団体に関する事項は、制定法によってこれを定める。

第七〇条〔市民的および政治的権利の保障〕

何人も、自己の信条または門地の故に、市民的および政治的権利の完全な享受の機会を奪われない。また、そのような理由で、通常のいかなる市民的義務への服務を回避することはできない。

第八部　国民の権利

第七一条〔人身の自由〕

1　人身の自由は、侵すことができない。デンマーク王国臣民は、その政治的または宗教的信念もしくは門地の故に、いかなる方法においても自由を奪われることがない。

2　人身の自由は、法によって是認されている場合においてのみ、これを制約することができる。

3　拘引された人は、二四時間以内に、裁判官の面前に引致されなければならない。拘引された人を直ちに釈放することができない場合、裁判官は、可及的速かに、かつ遅くとも三日以内に発すべき命令のなかでその理由を述べ、拘引された人を拘置所に勾留するか否かを決定しなければならない。保釈保証に基づいて保釈することができる場合、裁判官は、かかる保釈保証の性質および金額を決めなければならない。この規定は、制定法によって、グリーンランドに関する限り、適用しないものとなすことができる。ただし、地方的考慮によってこのような適用除外が必要と見なされる場合に限る。

4　裁判官によってなされた決定は、当事者により、直ちに別々に上級司法裁判所に対して抗告することができる。

5　何人も、罰金または拘留〔haefte〕からなる刑罰のみを科しうる犯罪に対し、再勾留されることはない。

6　刑事手続以外で、司法機関の命令によらず、かつ外国人に関する立法によって認められていない自由剥奪の適法性は、自由を剥奪された人またはその代理人の要求に基づいて、決定を得るため、通常司法裁判所もしくはその他の司法機関に対し提起することができる。この手続に関する事項は、制定法によってこれを定める。

7　6項に述べられた人々は、国会によって設けられた委員会の管理下に置かれる。当事者は、その委員会に請求をなすことが許される。

第七二条〔住居の不可侵・通信の秘密〕

住居は、侵すことができない。家宅捜査、押収、手紙およびその他の文書の検閲、ならびに郵便物、電報および電話において守られるべき秘密の侵害は、制定法によって特別の例外が認められていない限り、裁判所の命令によってのみこれをなしうる。

第七三条〔財産権の不可侵・財産の収用〕

1　財産権は、侵すことができない。何人に対しても、公共の福祉のために必要とされる場合のほか、その財産を譲渡することを命じてはならない。それは、制定法の定めるところに従い、かつ、完全な補償を与えることによってのみ、なすことができる。

2　財産の収用に関する法律案が可決された場合、かかる法律案が最終的に可決されてから週日三日以内に、国会議員の三分の一をもって、国会の新選挙が行われ、かつそれに基づいて選挙された国会が再びその法律案を可決するまで、裁可を得るために、その法律案を提出しないよう要求することができる。

3　収用処分の適法性および補償額に関するいかなる問題も、これを司法裁判所に提起することができる。補償額に関する問題の審理は、制定法により、これをかかる目的のために設けられた司法裁判所に付託することができる。

第七四条〔営業の自由および平等〕

営業を自由かつ平等に行うことに対する公共の福祉に基づかない制限は、制定法によってこれを廃止しなければならない。

第七五条〔勤労権・生活の扶助を受ける権利〕

1　公共の福祉を増進するため、すべての可働な市民に対して、その生存を確保しうる条件で職を与えるよう努力しなければならない。

2　自己またはその扶養者の生活を維持することができない者は、他にその扶養に任ずる者がない場合、公的扶助を受けることができる。ただし、被扶助者は、かかる点に関して制定法が課する義務に従わなければならない。

第七六条〔教育を受ける権利〕
学齢期にあるすべての子供は、小学校において無料で教育を受ける権利を有する。自ら子供ないし被保護者のため一般小学校の標準に等しい教育を受けさせてやれる親ないし保護者は、その子供ないし被保護者を公立学校において教育させなくてもよい。

第七七条〔言論および出版の自由・検閲の提案の禁止〕
何人も、自己の思想を印刷物、文書および言論によって公表することができる。ただし、司法裁判所において責任を問われることは免れない。検閲およびその他の予防的措置を、再び提案してはならない。

第七八条〔結社の自由・不法団体の解散〕
1 市民は、事前の許可なく、合法的目的のために自由に団体を結成することができる。
2 暴力を用いたり、暴力または暴力への教唆によって、もしくは異なる意見をもつ人々に対し同じような可罰的な影響を及ぼすことによって目的を達成しようと意図する団体は、判決によってこれを解散させなければならない。
3 いかなる団体も、行政措置によって解散させられない。しかしながら、暫定的に団体を禁止することはできる。ただし、解散させるためには、直ちに訴訟手続をとらなければならない。
4 政治団体の解散に関する訴訟は、特別の許可なしに王国最高司法裁判所に提起することができる。
5 解散の法的効果は、制定法によってこれを定める。

第七九条〔集会の自由〕
市民は、事前の許可なしに、武器を持たずして集会することができる。屋外での集会は、それが公共の平和にとって危険であると思われる場合には、禁止することができる。

第八〇条〔暴徒の解散命令〕
暴動に際しては、軍隊は、攻撃を受けない限り、国王および法の名において群衆に三度解散するよう要請し、かかる警告が顧みられなかった場合においてのみ、措置をとることができる。

第八一条〔国家の防衛に貢献する義務〕
武器を携行できるすべての男子は、制定法の定めるところにより、自ら国家の防衛に貢献する義務を負う。

第八二条〔市町村〕
国家の監督のもとに独立してその固有の事務を処理する市町村の権利は、制定法によってこれを定める。

第八三条〔貴族の特権の廃止〕
貴族の身分、称号および階級に対し立法によって与えられたあらゆる特権は、これを廃止する。

第八四条〔封土および限嗣相続財産の創設の禁止〕
将来において、いかなる封土、土地における限嗣相続財産または動産における限嗣相続財産も、設けてはならない。

第八五条〔国防軍に適用される憲法規定〕
第七一条、第七八条および第七九条の規定は、軍事法規によって生ずる制限に服するという条件の下においてのみ、これを国防軍に適用する。

第九部　〔その他〕

第八六条〔地方自治政府および教会会議の選挙人の年齢要件〕
地方自治政府選挙人および教会会議選挙人の年齢要件は、常時国会選挙人に適用されるものとする。フェレー諸島およびグリーンランドに関しては、地方自治政府選挙人および教会会議選挙人の年齢要件は、制定法によって定められたもの、または制定法に基づいて定められたものとする。

第八七条〔アイスランド市民の権利〕
デンマーク・アイスランド連合（廃止）等に関する法律の下にデンマーク市民と同等の権利を享受しているアイスランド市民は、憲法の規定によって、デンマーク市民たる地位にともなう権利を享受し続けることができる。

第一〇部　改正

第八八条〔憲法改正〕
国会が新たな憲法規定を設けるため法律案を可決し、かつ政府がその件を継続したい場合、新たな国会議員選挙のために、命令書が発せられなければならない。その法律案が選挙後集会した国会によって無修正で可決された場合、法律案は、最終的に可決されてから六カ月以内に、直接投票による承認または否認を求めるため選挙人に付託されなければならない。この投票に関する事項は、制定法によって定められる。もし投票に参加した人々の過半数および全選挙人のうちの少なくとも四〇パーセントが、国会が可決したとおりに法律案に賛成投票をなし、かつその法律案が裁可を得たならば、その法律案は憲法の完全な一部となる。

第一一部　〔施行〕

第八九条〔本憲法の施行・総選挙の実施までの暫定措置〕

この憲法は、直ちにこれを実施する。ただし、一九二〇年九月一〇日に改正された一九一五年六月五日のデンマーク王国憲法の下に最近選挙された国会〔Rigsdag〕は、第四章に定められた規定に従って、総選挙が施行されるまでこれを存続させるものとする。総選挙が行われるまで、一九二〇年九月一〇日に改正された一九一五年六月五日のデンマーク王国憲法において国会に関して定められた規定は、引き続き効力を有する。

13　ドイツ連邦共和国

永田 秀樹

解説　324
ドイツ連邦共和国基本法　329
前文……三二九
第一章　基本権……三二九
第二章　連邦および州……三三二
第三章　連邦議会……三三六
第四章　連邦参議院……三三七
第四a章　合同委員会……三三八
第五章　連邦大統領……三三八
第六章　連邦政府……三三九
第七章　連邦の立法……三四〇
第八章　連邦法律の執行および連邦行政……三四三
第八a章　共同の任務、行政の協力……三四六
第九章　司法……三四七
第一〇章　財政……三四九
第一〇a章　防衛事態……三五四
第一一章　経過規定および終末規定……三五六

解説

一　基本法の成立

(1)　一九四五年五月七日から九日にかけてドイツ軍は無条件降伏し、ナチスの第三帝国は崩壊した。ドイツは、米英ソ仏の四国の統治に服することとなり、連合国管理委員会が設置された。しかし、実際には、ベルリンだけが四国の共同管理下に置かれ、他は、分割されて占領地区別に独自の軍政が敷かれた。一九四七年に入り、三月一〇日のモスクワ外相会談での東西の対立、三月一二日のトルーマン・ドクトリンそして六月五日のマーシャル・プランの発表と、冷戦が進行するにつれて、占領後の統一国家の再建は困難となっていった。また、戦後すぐに、各地区で政党が再建され、活発な活動を開始したが、西側地区の大政党の指導者は、社会民主党の指導者も含めて、当初から、全ドイツの統一に固執せず、むしろ西ヨーロッパの統合とそこへの参加に意欲を示していた。これらの事情を背景として、一九四八年六月二一日、西側占領地区で通貨改革が実施されて分裂は決定的となり、ソ連はこれに対抗してベルリン封鎖を断行した。

(2)　一九四八年七月一日、西側占領地区三国の軍事司令官は、西側州政府の首相に対して、西側の国家を創設するべく、憲法制定会議（Verfassungsgebende Nationalversammlung）の招集を要請した。州首相は、三大政党の指導者を招いてこれを検討した結果、基本的には受け入れつつも、分裂の固定化は避けるという意味で、憲法に代えて暫定的性格をもつ基本法を制定することとし、招集する会議も、憲法制定会議ではなく、基本法制定会議（Parlamentarischer Rat）という名称にすることで一致をみた。三国もこれに同意した。基本法制定会議に先立って、その準備のために、基本法の要綱を作成するための専門委員会が、ヘレンキームゼーで八月一〇日から開催された。これがヘレンキームゼー憲法会議である。委員会は、八月二四日、短期間に、重要問題については少数意見を併記しつつも、要綱にしては完成度の高い草案を作成した。この会議は、法律家中心の専門委員会であったが、結果的に、基本法制定会議の議論を大きく方向づけるところとなった。

一九四八年八月六日から三一日にかけて、各州で人口に応じて計六五名の基本法制定会議代議員を選ぶ選挙が行われた。それは、住民による直接選挙ではなく、州議会による間接選挙であった。また候補者の指名権が各政党に与えられた。そのため、九月一日からボンで開催された基本法制定会議には、政党間の対立がストレートに反映されることとなった。とくに、会議の議長をつとめたアデナウアー率いるキリスト教民主同盟・キリスト教社会同盟と、同数の勢力を誇る社会民主党の対立には厳しいものがあった。代議員数の内訳は、キリスト教民主同盟・キリスト教社会同盟二七、社会民主党二七、自由民主党五、ドイツ党二、中央党二、ドイツ共産党二である。ベルリンの代表は、オブザーバーとして参加した。ちょうど無条件降伏から四年たった一九四九年五月八日、基本法は五二対一二で採択され、五月一二日、三国の軍事司令官が、ベルリンに留保を付してこれに同意を与え、五月二三日に公布され、翌日から施行された。国民投票は行われなかった。ソ連は、五月一二日ベルリン封鎖を解除した。

(3)　基本法は、形式、名称において暫定的・過渡的性格が強調されながらも、もう一方で、前文の「憲法制定権力」という文言に示されるように、当初から正式の「憲法」としての性格を併せもっていた。統一前にすでに西ドイツでは、真正の憲法であるとの評価を受けており、（現行）憲法と基本法は、同義で用いられていた。

二　基本法の特色

(1)　人権　ワイマール憲法では、統治機構が第一編、基本権が第二編に規定されていたが、基本法では、憲法における人権の重要性を強調するために、基本権が第一章におかれている。基本権は、第一章のほかに、第三三条（公民権）や第三八条（選挙権）、さらには、第一〇一条から第一〇四条（裁判を受ける権利や刑事被告人に関する権利）にかけても規定されている。そして、第一条および第一九条にみられるように、旧来のドイツ的人権理解（個人的公権論）を排し、基本権の前国家的、自然権的性格が、前面に打ち出されている。第七九条3項は、人間の尊厳を否定する基本法改正を禁止している。「人間の尊厳」（第一条）は、ユダヤ人虐殺などナチスの暴政に対する痛苦の反省から生まれた。それは、ドイツがふたたびヨーロッパ社会で受け容れられるための証文としての意味をもっただけでなく、欧州統合を推進する理念ともなった。欧州連合基本権憲章（二〇〇〇年）（本書六一五頁）などにおいて「人間の尊厳」は、フランス革命由来の「自由」「平等」「連帯」と並ぶ普遍的な価値としての位置づけを与えられている。基本権は、一方で国家権力に対する主観的権利であるが、他方で（客観的）価値秩序としての側面をもつことが承認されており、ここから、第三者効力や、制度的保障、憲法委任等が導かれている。基本法は、経済体制については意図的に明確化を避けたため、ワイマール憲法にみられたような社会権についての規定は存在しないが、福祉政策の展開とともに、社会国家条項や平等原則から、給付・参与（配分）請求権を導くことが試みられている。

(2)　統治機構　統治機構についての基本原理は、第二〇条および第二八条1項に示されている。それは、民主制、社会国家、法治国家、連邦制、権力分立制の諸要素からなる。基本法の民主制の特徴は、両刃の剣といわれるその戦闘性にある。これは、ナチスの台頭に対してワイマール憲法が有効に対処しえなかった経験に基づくものであり、第二一条2項の政党禁止規定や第五条3項二段、第九条2項、第一八条等にみられる。「自由で民主的な基本秩序の擁護」は、実際の運用においては、アンチコミュニズムとしても機能したが、この方向は、基本法の改正によってさらに強化されていった。

ドイツの民主制を決定づけている政党は、第二〇条の基本原理においてではないが、第二一条において憲法上の意義づけを与えられている。学説のなかには、政党国家的民主制を統治機構の最大の原理として位置づけるものもある。

また、これもナチス時代の反省に基づくものであるが、基本法は、直接民主主義的制度の採用に否定的である。州憲法が国民投票を積極的に採用しているのに対して、基本法は、連邦領域の再編成（第二九条）の場合に限って、これを認めている。

これと関連して、連邦大統領の選出も国民の直接選挙ではなく、連邦会議（第五四条）を設けてその間接選挙によることとした。そして、大統領の権限も大幅に縮小されて大統領は、名目的な存在となった。逆に、執行権・行政権に関して、連邦政府とりわけ連邦首相の地位が強化された。また、政治的空白が生じないための工夫として、建設的不信任の制度（第六七条）が導入された。

人権その他の憲法規定の保障のために、連邦憲法裁判所が制度化されたのも基本法の大きな特色である。連邦憲法裁判所は、他の憲法機関と同等の地位を有する特別の裁判所であり、抽象的規範審査を含む、他国に例をみない広範な憲法裁判権を独占している。チェック機関であるとはいうものの、連邦憲法裁判所が民主的政治過程において果たす役割は非常に大きい。重要法律が違憲審査によって改廃を余儀なくされることは多いので、与党は法案を可決しても、相当程度において連邦憲法裁判所による事後審査が待っていることを覚悟しなければならない。司法権が違憲立法審査権をもった場合の政治の一つの典型を示している。

三　基本法の改正と展開

(1)　基本法は、統一前の四一年間に三五回、統一後に二七回、計六二回の改正（最新改正は二〇一七年七月一三日）が行われた。とくに、一九六八年から一九七二年までの五年間においては一六回もの改正が行われている。二〇〇年以上の歴史を誇るアメリカ合衆国憲法等に比べて極端に多いということがいえる。しかし、実質的改正と呼べる大きな改正は、四度にしぼることができる。再軍備に関するもの（一九五四／五六年）、緊急事態法に関するもの（一九六八年）、経済・財政に関するもの（一九六七／六九年）、統一後の整備（一九九〇／九四年）がそれである。再軍備に関する改正は、与党が三分の二の支持を得たことにより成立し、第二、第三の改革は、二大政党の大連合の時期に双方の歩みよりによって実現したものである。前二者は、基本法の平和主義と基本的人権の変質をもたらしたが、これを支持する立場からは、基本法に欠けていた部分が補充されて、これによって「憲法」としての実体を備えるようになったと評価された。

(2)　占領中、東西対立のなかで、西ドイツが再軍備して、当時構想されていたヨーロッパ軍に加わることが是か非かという問題が国論を二分する形で争われたが、一九五三年の選挙で与党が三分の二を超える議席を獲得し、翌年の第四次改正で、ヨーロッパ防衛共同体条約の合憲性が、基本法において明文で確認され（旧第一四二a条、第七九条1項二段）、また、一八歳以上の男子の国防義務（旧第七三条一号）が定められた。しかし、その後この条約は、フランスの不承認によって流産し、西ドイツは、ＮＡＴＯに加盟することになり、一九五五年五月五日、この軍事同盟への参加とひきかえに、ベルリンを除いて主権を回復した。そして一九五六年に大幅な改正（第七次改正）が行われて国防体制が整備された。しかし、国防の章は設けられず、各章にちりばめるという方法がとられた。

(3)　一九六八年六月の第一七次改正は、ＮＡＴＯ体制の強化を背景として、国内の緊急事態法制を確立するためのものであった。

改正の規模は一九五六年の改正を上回るものである。第一〇a章という新しい一章が追加され、さまざまな事態について詳細な規定がおかれたが、例外規定が多く複雑で、必ずしも要件は明確でない。内閣ではなく議会に主導権があるところにドイツの国家緊急権の特徴がある。この改正を踏まえて一連の法律が制定されたが、信書・通信の秘密制限法のように、違憲訴訟の対象となったものもある。国家緊急権との間でバランスをとるべく市民による抵抗権に関する規定（第二〇条4項）も設けられた。しかし、国家緊急権も抵抗権も現在まで発動された例はない。軍刑事裁判所（第九六条2項）も設置されていない。

(4)　一九六七年六月八日の第一五次改正は、連邦と州に経済全体の均衡を配慮するよう義務づけるもので（第一〇九条2項）、これと同時に経済安定法が制定された。そして、一九六九年五月二一日の第二一次改正で、第八a章が設けられ、連邦と州との共同任務が規定された。あわせて、州の任務遂行について連邦による国庫補助の権限が与えられ（第一〇四a条4項）これらによって、連邦と州との自立的で独立した財政運営の原則（第一〇九条1項）は、著しく相対化され、州および市町村の財政の連邦への依存が強まった。

四　東西ドイツの統一

(1)　一九八九年、東欧の激変によりベルリンの壁が崩壊し、東西ドイツの統一が実現することになった。統一の方法については、基本法上、第二三条による方式（東ドイツの諸州を編入して基本法の適用範囲を全ドイツに拡大する）と第一四六条による方式（西側地域に妥当してきた暫定法としての基本法に代えて全ドイツに妥当すべき新憲法を制定する）とが考えられた。与党のキリスト教民主同盟・社会同盟は前者を主張し、社会民主党は後者を主張したが、九〇年三月一八日の東独最初の自由選挙で統一を急ぐ保守派が圧勝し、これによって東が西に「吸収合併」される方向が固まった。五月一八日に通貨・経済・社会同盟条約が調印され、続いて八月三一日には統一条約が調印され、早くも一〇月三日には政治的統一が実現した。この結果、基本法は、第二三条に基づいて全ドイツ領域に適用されることになった。この間、実現しなかったが、市民の側から第一四六条方式による本格的な憲法草案（小林孝輔監訳『二一世紀の憲法』参照）が提案されたことが注目される。

(2)　九〇年の改正では、とりあえず、前文で、ドイツの統一と自由が旧東ドイツ諸州の加入により「完成した」ことが確認され、「この基本法は、全ドイツ国民に適用される」という一文が追加された。第二三条は削除された。第一四六条は、修正を施したうえで残された。これは、憲法制定権力はいつでも国民に留保されているという当然のことを規定したまでで、宣言的意味しかもたないという解釈に基づくものである。新たに追加された第一四三条、第一三五a条2項は、東独編入の経過措置に関するものである。

(3)　統一条約の第五条は、二年以内に統一に関して必要な改正・補充を行うことを提案していた。九二年に改正作業のために両院半数ずつ計六四名の議員からなる合同委員会が設置された。現代化による内容の刷新も期待されないではなかったが、一連の改正は、比較的小幅な改革にとどまったといえよう。九二年から九四年にかけて六回の改正が行われたが、主なものとしては、ヨーロッパの統合促進に向けての準備（第二三条）、庇護権の制限（第一六a条）、男女平等の徹底（第三条2項）、環境保護規定の新設（第二〇a条）、連邦と州との関係の見直しによる州の権限の強化（第七二条、第七四条、第七五条等）、鉄道・郵便の民営化（第一四三a条、第一四三b条）を挙げることができる。

このうち、環境権規定が注目されるが、「自然的な生活基盤」の保護についての国家の責任を明らかにしたにとどまり、個人の請求権を直接に保障する形にはなっていない。また、庇護権の制限は、統一後急激に増大した外国人の流入を防ぐためのものであるが、基本法のリベラルで開かれた人権保障という観点からすると、後退であるといえよう。統一条約の第五条には、基本法改正に際して国民投票を実施することも検討課題として挙げられていた。これを実施するためには、第七九条2項の改正も必要となるが、これは実現しなかった。

(4)　九五年以降の改正のなかで注目されるものとしては、九六年の第一三条の改正と二〇〇二年の第二〇a条への動物保護規定の挿入が挙げられる。一三条の改正は、犯罪捜査、刑事訴追を目的として国家による大がかりな盗聴工作を可能にするもので、住居の不可侵を後退させる内容を含んでいる。動物保護条項は、家畜を含む動物愛護運動の高まりを反映するものである。第二〇a条は人権条項でないとはいえ、日本でも自然の権利が主張されるなか、先進的な規定として注目に値する。

(5)　二〇〇六年の第五二次改正は、連邦と州の権限配分の見直しに関するものであり、大綱的法律などが整理された。

二〇〇九年の第五七次改正では、加盟国に収入と支出の均衡を厳しく求める欧州連合の財政政策に呼応して、連邦と州の赤字国債の解消に向けた計画が策定された。

連邦憲法裁判所の権限に関しては、二〇〇八年の第五三次改正で、抽象的規範統制の連邦議会議員による訴えの要件が、三分の一の議員から四分の一の議員に緩和されたこと（第九三条1項二号）、二〇一二年の第五九次改正で、連邦議会の選挙参加資格である政党の認否に関する訴訟が新たな類型として設けられたこと（第九三条1項四c号）、二〇一七年の第六一次改正で、第二一条が改正されたことにより、政党への国庫助成の排除の決定権が追加されたことが注目される。

基本法の邦訳のうち主なものを挙げれば以下の通りである。
初宿正典『ドイツ連邦共和国基本法』（信山社、二〇一八年）
初宿正典・辻村みよ子編『新解説　世界憲法集（第4版）』（三省堂、二〇一七年）
高田敏・初宿正典編訳『ドイツ憲法集（第7版）』（信山社、二〇一六年）
高橋和之編『新版　世界憲法集（第2版）』（岩波書店、二〇〇七年）

ドイツ連邦共和国基本法

前文

ドイツ国民は、神と人間に対する責任を自覚し、国民的および国家的統一を保持し、かつ、統合されたヨーロッパにおいて平等の権利を有する一員として世界平和に貢献しようとする決意に満ちて、その憲法制定権力によって、この基本法を制定した。バーデン＝ヴュルテンベルク、バイエルン、ベルリン、ブランデンブルク、ブレーメン、ハンブルク、ヘッセン、メクレンブルク＝フォアポンメルン、ニーダーザクセン、ノルトライン＝ヴェストファーレン、ラインラント＝プファルツ、ザールラント、ザクセン、ザクセン＝アンハルト、シュレスヴィヒ＝ホルシュタインおよびテューリンゲンの各州のドイツ国民は、自由な自己決定によってドイツの統一と自由を完成した。これによって、この基本法は全ドイツ国民に適用される。

第一章　基本権

第一条〔人間の尊厳〕

1　人間の尊厳は不可侵である。これを尊重し、および保護することは、すべての国家権力の義務である。

2　ドイツ国民は、それゆえに、侵すことのできない、かつ譲り渡すことのできない人権を、世界のあらゆる人間社会、平和および正義の基礎として認める。

3　以下の基本権は、直接に妥当する法として、立法、執行権および司法を拘束する。

第二条〔人格の自由、人身の自由〕

1　何人も、他人の権利を侵害せず、かつ憲法的秩序または道徳律に違反しない限り、自らの人格の自由な発展を求める権利を有する。

2　何人も、生命に対する権利および身体を害されない権利を有する。人身の自由は不可侵である。これらの権利は、ただ法律の根拠に基づいてのみ、侵すことができる。

第三条〔法律の前の平等〕

1　すべての人は、法律の前に平等である。

2　男女は、平等の権利を有する。国家は、男女の平等が実際に実現するように促進し、現在ある不平等の除去に向けて努力する。

3　何人も、その性別、血統、人種、言語、出身地および門地、信仰または宗教的もしくは政治的意見のために、差別され、または優遇されてはならない。何人も、障害を理由として差別されてはならない。

第四条〔宗教および良心の自由〕

1　信仰および良心の自由ならびに信仰告白および世界観の告白の自由は、不可侵である。

2　宗教的活動の自由は、保障される。

3　何人もその良心に反して、武器をもってする戦争の役務を強制されない。詳細は、連邦法律で定める。

第五条〔表現の自由〕

1　何人も、言語、文書および図画をもって、その意見を自由に発表し、および流布し、ならびに一般に入手できる情報源から妨げられることなく知る権利を有する。出版の自由ならびに放送および上映の自由は、保障する。検閲は、行わない。

2　これらの権利は、一般法律の規定、少年保護のための法律上の規定および個人的名誉権によって、制限される。

3　芸術および学問ならびに研究および教授は、自由である。教授の自由は、憲法に対する忠誠を免除しない。

第六条〔婚姻、家族、非嫡出子〕

1　婚姻および家族は、国家秩序の特別の保護を受ける。

2　子の監護および教育は、両親の自然的権利であり、かつ何よりも先に両親に課せられた義務である。その実行については、国家共同社会がこれを監視する。

3　子は、親権者に故障があるとき、またはその他の理由で放置されるおそれのあるとき、法律の根拠に基づいてのみ、親権者の意思に反して家族から分離することができる。

4　すべての母は、共同社会の保護と扶助を求める権利を有する。

5　婚外子に対しては、その肉体的および精神的発達ならびに社会におけるその地位について、立法により婚内子と同じ条件が与えられる。

第七条〔学校制度〕

1　すべての学校制度は、国家の監督のもとに置かれる。

2　親権者は、子に宗教教育を受けさせるかどうかを決定する権利を有する。

3　宗教教育は、公立学校においては、非宗教的学校を除き、正規の教科目とする。宗教教育は、国の監督権を妨げない限り、宗教団体の教義に従って行うが、いかなる教員も、その意思に反して宗教教育を行う義務を負わされてはならない。

4　私立学校を設置する権利は、これを保障する。公立学校の代用たる私立学校は、国の認可を要し、かつ州の法律に従うことを要する。この認可は、その私立学校の目的および設備ならびにその教員の学問的教養が公立学校に劣ることなく、かつ生徒を両親の資産によって差別するものでないときに、与えられる。教員の経済上、法律上の地位が十分に保障されないときは、この認可は与えられない。

5　私立の国民学校は、教育行政庁が特別の教育上の利益を認める場合、または、親権者が申請に基づいて、宗派混合学校または宗教的もしくは世界観的学校としてそれを設立しようとする場合で、かつ、当該市町村内にこの種の公立国民学校が設けられていない場合に限って、設置することができる。

6　予備学校は、引き続き廃止されたままとする。

第八条〔集会の自由〕

1　すべてのドイツ人は、届出または許可なしに、平穏かつ武器を持たないで集会する権利を有する。

2　屋外の集会については、法律によって、または法律の根拠に基づいて、これを制限することができる。

第九条〔結社の自由〕

1　すべてのドイツ人は、団体および組合を結成する権利を有する。

2　目的または活動において刑法律に違反している結社、または憲法的秩序もしくは国際協調の思想に反する結社は、禁止される。

3　労働条件および経済条件の維持および改善のために団体を結成する権利は、何人に対しても、またいかなる職業に対しても、保障する。この権利を制限し、または妨害しようとする取り決めは、無効であり、これを目的とする措置は、違法である。一段の意味における団体が、労働条件および経済条件を維持し改善するために行う労働争議に対しては、第一二a条、第三五条2項および3項、第八七a条4項および第九一条による措置をとることは許されない。

第一〇条〔通信の秘密〕

1　信書の秘密ならびに郵便および電気通信の秘密は、不可侵である。

2　制限は、法律に基づいてのみ行うことができる。その制限が、自由で民主的な基本秩序の擁護、または連邦および州の存立もしくは安全の擁護のためのものであるときは、法律により、その制限が当事者に通知されないこと、および裁判上の方法に代えて、議会の選任した機関および補助機関によって事後審査を行うことを定めることができる。

第一一条〔移転の自由〕

1　すべてのドイツ人は、連邦の全領域において移転の自由を有する。

2　この権利は、法律によってまたは法律の根拠に基づいてのみ、かつ、十分な生活の基礎がなく、そのために公衆に特別の負担が生ずる場合、連邦および州の存立もしくは自由で民主的な基本秩序に対する差し迫った危険を防止するために必要な場合、伝染病の危険、自然災害もしくは重大な災害事故に対処するために必要な場合、または、青少年を非行化から守り、もしくは犯罪行為を防止するために必要な場合にのみ、これを制限することができる。

第一二条〔職業の自由〕

1　すべてのドイツ人は、職業、職場および養成所を自由に選択する権利を有する。職業の行使は、法律により、または法律の根拠に基づいて規律することができる。

2　何人も、伝統的、一般的で、すべての者に平等に課せられる公共の役務の範囲内にある場合を除き、一定の労働を強制されてはならない。

3　強制労働は、裁判所で命ぜられる自由剥奪の場合に限り許される。

第一二a条〔兵役およびその他の役務〕

1　男性に対しては、満一八歳から軍隊、連邦国境警備隊または民間防衛団における役務を義務として課すことができる。

2　良心上の理由から武器をもってする兵役を拒否する者には、代替役務を義務づけることができる。代替役務の期間は、兵役の期間を超えてはならない。詳細は、法律でこれを規律するが、その法律は、良心の決定の自由を侵害してはならず、かつ、軍隊および連邦国境警備隊の諸部隊と無関係の代替役務の可能性をも規定しなければならない。

3　1項または2項による役務を課されていない国防義務者に対しては、防衛事態において、法律によってまたは法律の根拠に基づいて、一般住民の保護を含む防衛の目的のための非軍事的役務の義務を労働関係において課すことができるが、公法上の勤務関係における義務づけは、警察的任務の遂行、または公法上の勤務関係においてのみ履行しうるような、公行政の権力的任務の遂行に関するものに限って許される。一段による労働関係は、軍隊、軍隊への供給の分野および公行政において設定することができるが、一般住民への供給の分野において労働関係上の義務を課すことは、一般住民の生活に必須の需要を充足し、または一般住民の保護を確保するためにのみ許される。

4　防衛事態において、非軍事的衛生施設および治療施設ならびに場所を固定した衛戍病院における非軍事的役務給付の需要を志願に基づいて満たすことができないときは、満一八歳から満五五歳までの女性を、法律によってまたは法律の根拠に基づいて、この種の役務給付のために徴用することができる。女性は、いかなる場合にも武器をもってする役務に義務づけられてはならない。

5　防衛事態の発生前においては、3項の義務は、第八〇a条1項によってのみ課すことができる。3項の役務で特別の知識または熟練を必要とするものの準備のために、法律によってまたは法律の根拠に基づいて、養成訓練行事への参加を義務づけることができる。その限りで一段は適用されない。

6　防衛事態において、3項二段に掲げた分野における労働力の需要が志願に基づいては充足されないときは、この需要の充足のために、職業行使または職場を放棄するドイツ人の自由は、法律によってまたは法律の根拠に基づいて、制限することができる。防衛事態の発生前においては、5項一段を準用する。

第一三条〔住居の不可侵〕

1　住居は不可侵である。

2　捜索は、裁判官のみが、緊急の危険のときは法律で定める他の国家機関も、命ずることができ、かつ法律の定める形式によってのみ行うことができる。

3　誰かが、法律で個別に特定されている重大犯罪に着手した疑いを理由づける一定の事実があるときは、事態の究明が他の方法によっては著しく困難であるか、または成功する見込みがない場合、犯罪の訴追のために、裁判官の命令に基づいて、被疑者が滞在していると思われる住居を、聴覚的に監視するための技術的手段を投入することができる。措置には期限を付さなければならない。命令は、三人の裁判官からなる合議体によって発せられなければならない。緊急の危険のときは、単独の裁判官によって命令を発することができる。

4　公共の安全に対する差し迫った危険、とりわけ共同の危険または生命の危険の防止のために必要な場合、住居を監視する技術的手段を、裁判官の命令に基づいてのみ投入することができる。緊急の危険のときは、裁判官の決定を遅滞なく求めなければならない。

5　技術的手段が、住居で活動している人物の保護のためにのみ投入することが予定される場合は、その措置は、法律で定める機関によっても命じることができる。これによって得られた認識の他事利用は、刑事訴追または危険の防止を目的としてのみ、かつ、事前に措置の合理性が裁判官によって確認されている場合にのみ許され、緊急の危険のときは裁判官の決定を遅滞なく求めなければならない。

6　連邦政府は、毎年、連邦議会に対して、3項により、および連邦の権限領域に属するものについて4項により、ならびに裁判官の審査を必要とするものについて5項により行われた技術的手段の投入について報告しなければならない。連邦議会によって選出された合議制の機関がこの報告を基礎として議会統制を行う。州も同様の議会統制を保障する。

7　干渉および制限は、そのほか、共同の危険または個人の生命の危険の防止のために、または、法律の根拠に基づいて公共の安全と秩序に対する差し迫った危険を防止するために、とくに住宅の不足を解消し、伝染病の危険を除去し、もしくは要保護少年を保護するためにのみ、行うことができる。

第一四条〔財産権、相続権、公用収用〕

1　財産権および相続権は、これを保障する。内容および制限は、法律で定める。

2　財産権は、義務をともなう。その行使は、同時に公共の福祉に役立つべきものでなければならない。

3　公用収用は、公共の福祉のためにのみ許される。公用収用は、補償の方法と程度を規律する法律によって、または法律の根拠に基づいてのみ行うことが許される。補償は公共の利益と当事者の利益とを公正に衡量して決定しなければならない。補償の額に関して争いがあるときは、通常の裁判所への出訴が認められる。

第一五条〔社会化〕

土地、天然資源および生産手段は、社会化の目的のために、補償の種類および程度を規律する法律によって、公有財産または他の形態の公共経済に移すことができる。補償については、

第一四条3項三段および四段を準用する。

第一六条〔国籍、外国への引渡〕

1　ドイツ国籍は、剥奪してはならない。国籍の喪失は、法律の根拠に基づいてのみ、かつ、当事者の意思に反するときは、その者が無国籍とならない場合に限って認められる。

2　いかなるドイツ人も、外国に引き渡されてはならない。ただし、ヨーロッパ連合構成国または国際的な裁判所への引き渡しについては、法治国原則が維持される限り、法律により、別段の規律を定めることができる。

第一六a条〔庇護権〕

1　政治的に迫害されている者は、庇護権を有する。

2　欧州共同体の構成国から入国する者、または難民の法的地位に関する協定の適用もしくは人権および基本的自由の保護に関する規約の適用が保障されている、その他の第三国から入国する者は、1項を援用することはできない。欧州共同体の構成国以外の国で、一段の要件に該当する国は、連邦参議院の同意を必要とする法律によって規定される。一段に該当する場合、対抗措置としての法的救済とは関係なく、滞在終了措置を執ることができる。

3　連邦参議院の同意を必要とする法律は、その国の法状況、法の運用、一般的な政治状況に基づいて、政治的迫害も、非人間的もしくは人間の尊厳を損なうような科刑や取扱いも行われていないと思われる国家を決定することができる。その決定を受けた国から入国する外国人は、迫害されていないとの推定を受ける。ただし、その外国人が、このような推定に反して、政治的に迫害されているということを理由づける事実を提示する場合は、この限りではない。

4　滞在終了措置の執行は、3項の場合、および明らかに理由がないもしくは明らかに理由がないとみなされるその他の場合、措置の合法性について重大な疑いが存在する場合にのみ、裁判所は、停止することができる。すなわち、審査の範囲は限定することができ、また、申立てが遅延した場合は考慮しなくてよい。詳細は法律で定める。

5　1項から4項までの規定は、欧州共同体の構成国相互間の条約を妨げるものではなく、また、その適用が条約当事国において確保されなければならないところの難民の法的地位に関する協定上の義務ならびに人権および基本的自由の保護に関する規約上の義務を尊重して、庇護決定の相互承認を含む庇護申請の審査に関する権限の規則を定める第三国との間の条約を妨げるものではない。

第一七条〔請願権〕

何人も、個人で、または他人と共同して、書面で、管轄の機関および国民代表機関に対して、請願または苦情の申立てを行う権利を有する。

第一七a条〔軍人の基本権の制限〕

1　兵役および代替役務に関する法律は、軍隊または代替役務の所属員に対して、兵役または代替役務の期間中、言語、文書および図画によって意見を自由に表明・流布する基本権（第五条1項一段前半）、集会の自由の基本権（第八条）、ならびに他人と共同して請願や苦情を申し立てる権利を認める場合の請願権（第一七条）を制限する旨を定めることができる。

2　一般住民の保護を含む国防のための法律は、移転の自由（第一一条）および住居の不可侵（第一三条）に関する基本権を制限する旨を定めることができる。

第一八条〔基本権の喪失〕

意見表明の自由、とくに出版の自由（第五条1項）、教授の自由（第五条3項）、集会の自由（第八条）、結社の自由（第九条）、信書、郵便および電気通信の秘密（第一〇条）、財産権（第一四条）または庇護権（第一六a条）を、自由で民主的な基本秩序を攻撃するために濫用する者は、これらの基本権を喪失する。喪失とその程度は、連邦憲法裁判所によって宣告される。

第一九条〔基本権の制限〕

1　この基本法が法律によって、または法律の根拠に基づいて基本権を制限することを認めている場合、その法律は、一般的に適用されるものでなければならず、個々の場合にのみ適用されるものであってはならない。さらに、その法律は、条文を挙示して基本権の名称を示さなければならない。

2　いかなる場合にも、基本権は、その本質的内容を侵害されてはならない。

3　基本権は、内国法人に対しても、本質上適用可能な場合には、その限りでこれを適用する。

4　何人も、公権力によってその権利を侵害されたときは、出訴することができる。他の機関に管轄権がない限り、通常裁判所への出訴が認められる。第一〇条2項二段は、影響を受けない。

第二章　連邦および州

第二〇条〔国家秩序の基礎、抵抗権〕

1　ドイツ連邦共和国は、民主的かつ社会的連邦国家である。

2　すべての国家権力は、国民より発する。国家権力は、国民により、選挙および投票によって、ならびに立法、執行権および司法の特別の機関を通じて行使される。

3　立法は、憲法的秩序に拘束され、執行権および司法は、法律および法に拘束される。

4　すべてのドイツ人は、この秩序を除去しようと企てる何人に対しても、他の救済手段が存在しないときは、抵抗権を有する。

第二〇a条〔自然的な生活基盤〕

国は、将来の世代に対する責任からも憲法的秩序の枠内で、立法により、ならびに法律および法に基づく執行権および司法により、自然的な生活基盤および動物を保護する。

第二一条〔政党〕

1　政党は、国民の政治的意思形成に協力する。その設立は自由である。政党の内部秩序は、民主主義の諸原則に適合していなければならない。政党は、その資金の出所および使途について、ならびにその財産について、公的に報告しなければならない。

2　政党で、その目的または党員の行動が自由で民主的な基本秩序を侵害もしくは除去し、または、ドイツ連邦共和国の存立を危くすることを目指すものは、違憲である。違憲の問題については、連邦憲法裁判所が決定する。

3　政党で、その目的または党員の行動が自由で民主的な基本秩序を侵害もしくは除去し、または、ドイツ連邦共和国の存立を危うくすることを目指すものは、国庫助成が排除される。排除が確認されたときは、当該政党の租税上の優遇および当該政党への支援金も廃止される。

4　2項による違憲性の問題について、および3項による国庫助成の排除については、連邦憲法裁判所が決定する。

5　詳細は、連邦法律で定める。

第二二条〔連邦国旗〕

1　ドイツ連邦共和国の首都は、ベルリンとする。首都において国家全体を代表させることは連邦の任務である。詳細は、連邦法律で定める。

2　連邦国旗は、黒・赤・金色とする。

第二三条〔欧州連合〕

1　ドイツ連邦共和国は、統一ヨーロッパを実現するために、民主主義的、法治国家的、社会的、連邦制的原則および補充性の原則に従う義務を負い、この基本法と本質的に同様の基本権保護を保障する欧州連合の発展に協力する。連邦は、そのために、連邦参議院の同意を必要とする法律によって、主権的権利を委譲することができる。欧州連合の設立、ならびにその条約の基礎の変更およびそれに応じてこの基本法の内容を変更補充し、あるいは変更補充を可能にする規則の改正については、第七九条2項および3項が適用される。

1a　連邦議会および連邦参議院は、欧州連合の立法行為が補充性の原則に違反することを理由として、欧州連合司法裁判所に訴えを提起する権利を有する。連邦議会は、これについて、四分の一の議員の申立てがあるときは、提訴の義務を負う。連邦参議院の同意を必要とする法律により、欧州連合の条約上の根拠に基づいて連邦議会および連邦参議院に認められている権利を行使するために、第四二条2項一段および第五二条3項一段の例外が認められる。

2　欧州連合の事務については、連邦議会および連邦参議院を通じて州が協力する。連邦政府は、連邦議会と連邦参議院に対して包括的かつ迅速に情報を提供しなければならない。

3　連邦政府は、欧州連合の立法行為に協力する前に、連邦議会が態度表明をする機会を与える。連邦政府は、審議の際に連邦議会の態度を考慮する。詳細は法律で定める。

4　連邦参議院は、連邦参議院が国内措置に協力しなければならないような場合、または州が国内的に権限を有する場合に限り、連邦の意思形成に参加する。

5　連邦の専属的な権限領域において、州の利害が関係する場合、または連邦が専属的でない権限領域において立法権をもつ場合は、連邦政府は、連邦参議院の態度を考慮する。州の立法権限、州の官庁の設立またはその行政手続が中心的な問題となっているときは、連邦の意思形成において、連邦参議院の見解がもっとも重視されなければならない。ただし、その場合、連邦の全国家的責任は維持される。連邦の支出の増加または収入の減少をもたらす事項については、連邦政府の同意が必要である。

6　州の学校教育、文化、放送分野の専属的な立法権限が中心的な問題となっているときには、欧州連合の構成国としてのドイツ連邦共和国に属する諸権利の行使を、連邦から、連邦参議院の指名する州の代表者に移譲する。諸権利の行使は、連邦政府の参加および同一歩調の下に行われる。ただし、その場合、連邦の全国家的責任は維持される。

7　4項から6項までの詳細は、連邦参議院の同意を必要とする法律で定める。

第二四条〔国際機関〕

1　連邦は、法律によって主権的権利を国際機関に委譲することができる。

1a　州が国家的権限の行使および国家的任務の遂行の権限を有するときには、州は連邦政府の同意を得て、国境近隣関係の制度に関する主権的権利を委譲することができる。

2　連邦は、平和を維持するために、相互集団安全保障制度に加入することができる。その場合、連邦は、ヨーロッパおよび世界諸国民間に平和的で永続的な秩序をもたらし、かつ確保するような主権的権利の制限に同意する。

3　国際紛争を規律するために、連邦は、一般的、包括的、義務的、国際仲裁裁判に関する協定に加入する。

第二五条〔国際法と連邦法〕

国際法の一般原則は、連邦法の構成部分である。それは、法律に優先し、連邦領域の住民に対して直接、権利および義務を生じさせる。

第二六条〔侵略戦争の準備の禁止〕

1　諸国民の平和的共存を阻害するおそれがあり、かつこのような意図でなされた行為、とくに侵略戦争の遂行を準備する行為は、違憲である。これらの行為は処罰される。

2　戦争遂行のための武器は、連邦政府の許可があるときにのみ、製造し、運搬し、および取引することができる。詳細は、連邦法律で定める。

第二七条〔商船隊〕

すべてのドイツ商船は、統一したドイツ商船隊を構成する。

第二八条〔州の憲法、市町村の自治〕

1　州の憲法的秩序は、この基本法の意味における共和制的、民主的および社会的法治国家に適合しなければならない。州、郡および市町村においては、国民は、普通、直接、自由、平等、秘密の選挙に基づく代表機関を有しなければならない。郡および市町村の選挙においては、欧州共同体の構成国の国籍を有する者も、欧州共同体法に基づいて選挙権および被選挙権を有する。市町村においては、市町村集会が、選挙された団体に代わることができる。

2　市町村は、地域的共同体のすべての事項について、法律の範囲内で自らの責任において規律する権利を保障されなければならない。市町村連合も、法律の定める権限の範囲で、法律に基づいて自治を行う権利を有する。自治の保障には、財政の自己責任の基礎も含まれ、その基礎には、税率決定権をもつ市町村に属する、経済力と関係する税源も含まれる。

3　連邦は、州の憲法的秩序が基本権ならびに1項および2項の規定に適合するように保障する。

第二九条〔連邦領域の再編成〕

1　連邦領域は、州が規模および能力に応じて課せられた任務を有効に遂行することを保障するために、再編成することができる。その場合、郷土的結合、歴史的および文化的関連、経済的合目的性ならびに国土計画および地域開発計画の要請を考慮しなければならない。

2　連邦領域の再編成のための措置は、連邦法律によって行われ、かつその法律は、住民表決による承認を必要とする。関係する州の意見を聴かなければならない。

3　住民表決は、新しい州もしくは新しい境界をもつ州がつくられる地域または地域の一部を有する州（関係州）において行われる。表決は、関係州が従来通り存続すべきかまたは新しい州もしくは新しい境界をもつ州をつくるべきかという問題に関して行われる。新しい州または新しい境界をもつ州の設立に対する住民表決は、将来新州になる地域、および同様に所属する州が変更される関係州の地域または地域の一部の全体において、それぞれ多数が変更に同意したときに成立する。一つの関係州の領域において、多数が変更に反対したときは、住民表決は、成立しない。ただし、当該関係州の、所属が変更される部分の地域において、三分の二の多数が変更に賛成したときは、当該関係州の全領域で三分の二の多数が変更に反対する場合を除き、住民表決が成立する。

4　関連した、一団の開発・経済圏で、その地域が複数の州にまたがり、かつ一〇〇万人以上の人口を有するところにおいて、連邦議会の有権者の一〇分の一が、この地域の所属する州の統一を実現することを住民請願によって要求したときは、二年以内に連邦法律によって、州の所属を2項によって変更するか、または、関係州において住民アンケートを行うかについて決定しなければならない。

5　住民アンケートは、法律によって提案される所属州の変更に対する同意の存否の確認を目的として行われる。法律は、二つを超えない限りで異なった住民アンケートの提案を行うことができる。提案された所属州の変更に多数が同意したときは、二年以内に連邦法律によって、所属州を2項に従って変更すべきかどうかを決定しなければならない。住民アンケートに付された提案が、3項三段および四段の条件に相当する同意を得られたときは、住民アンケートの実施後二年以内に、提案されている州の設立のための連邦法律が制定されなければならないが、この法律に関して住民表決による承認は必要でない。

6　住民表決および住民アンケートにおける多数とは、連邦議会の有権者の四分の一以上の投票が行われたときの多数をいう。住民表決、住民請願および住民アンケートに関するその他の事項は、連邦法律で定める。この法律は、住民請願は、五年以内に繰り返すことができないことを定めることもできる。

7　その他、州の領域編成の変更で、所属州を変更しようとする地域の人口が五万人以下のときは、その変更は、関係諸州間の条約によって、または連邦参議院の同意を必要とする連邦法律によっても行うことができる。詳細は、連邦参議院の同意および連邦議会議員の過半数を必要とする連邦法律で定める。この法律は、関係する市町村および郡の意見を聴くことを規定しなければならない。

8　州は、それぞれの州地域または一部の地域の再編成を、2項から7項までの規定と異なり、州間条約によって規律することもできる。その場合、関係の市町村および郡の意見を聴かなければならない。州間条約は、すべての関係州の住民表決による承認を必要とする。州間条約が、州の一部の地域に限られるときは、住民表決の承認も当該地域に限定することができるが、この場合、五段の後半部分は適用されない。住民表決は、連邦議会の有権者の四分の一以上の投票があったときの多数決による。詳細は、連邦法律で定める。州間条約は、連邦議会の同意を必要とする。

第三〇条〔連邦と州の権限配分〕

国家の権限の行使および国家の任務の遂行は、この基本法が別段の定めをせず、または認めない限り、州の事務である。

第三一条〔連邦法の優位〕

連邦法は、州法に優越する。

第三二条〔対外関係〕

1　外交関係の処理は、連邦の事務である。

2　ある州の特別の事情に関係する条約を締結するときは、あらかじめ適当な時期に、当該州の意見を聴かなければならない。

3　州は、その立法の権限の範囲内において、連邦政府の同意を得て、外国と条約を締結することができる。

第三三条〔公民権、公務員〕

1　すべてのドイツ人は、各州において、公民として平等の権利および義務を有する。

2　すべてのドイツ人は、適性、能力および専門的技量に応じて、等しく、すべての公務に就くことができる。

3　市民および公民としての権利の享有、公務就任ならびに公務上取得した権利は、宗教上の信仰によって影響されない。何人も、ある宗派または世界観に属し、または属さないことによって、不利益を受けない。

4　公権力の行使は、原則として、公法上の勤務関係および忠誠関係にある公務員に、恒常的任務として委ねられる。

5　公務に関する法は、伝統的な職業官吏制度の諸原則を考慮して定め、かつ継続発展させなければならない。

第三四条〔公務に関する損害賠償〕

ある者が、自己に委託された公務の執行に際して、第三者に対して負う職務上の義務に違反したときは、原則として、この者を使用する国または団体がその責任を負う。故意または重大な過失があった場合は、求償を妨げない。損害賠償および求償の請求については、通常裁判所への出訴を禁止してはならない。

第三五条〔司法共助および職務共助〕

1　連邦および州のすべての官庁は、相互に司法共助および職務共助を行う。

2　州は、公共の安全または秩序の維持または回復のために、とくに重要な事件において、警察が連邦国境警備隊の支援がなければ任務を遂行できず、または著しく困難であるときは、警察の支援のために、連邦国境警備隊の力および施設を要請することができる。州は、自然災害またはとくに重大な災厄事故の場合に支援を受けるために、他州の警察力、他の行政官庁の力および施設、ならびに連邦国境警備隊および軍隊の力および施設を要請することができる。

3　自然災害または災厄事故が一つの州の領域を超えて危険を及ぼすときは、連邦政府は、その有効な対処のために必要な限りで、州政府に対し、他州の警察力を使用する指示を与え、ならびに警察力を補強するために、連邦国境警備隊および軍隊の部隊を出動させることができる。

一段による連邦政府の措置は、連邦参議院の要求があればいつでも、また、その他の場合も、危険の除去後速やかに解除しなければならない。

第三六条〔連邦官庁の職員〕

1 連邦最高官庁は、すべての州から適当な割合で、官吏を任用しなければならない。その他の連邦官庁に勤務する職員は、原則として、その勤務する州から採用されなければならない。

2 国防法は、連邦における州の編成および特別の郷土的人間関係をも考慮しなければならない。

第三七条〔連邦強制〕

1 ある州が基本法またはその他の連邦法律によって課せられている連邦義務を履行しないときは、連邦政府は、連邦参議院の同意を得て、連邦強制によって義務を履行させるために必要な措置をとることができる。

2 連邦強制を執行するために、連邦政府またはその受任者は、すべての州および州官庁に対して指示権を有する。

第三章　連邦議会

第三八条〔選挙〕

1 ドイツ連邦議会の議員は、普通、直接、自由、平等、秘密の選挙により選出される。議員は、国民全体の代表者であって、委任および指示に拘束されず、かつ自己の良心にのみ従う。

2 満一八歳に達した者は、選挙権を有し、成年に達した者は、被選挙権を有する。

3 詳細は、連邦法律で定める。

第三九条〔任期、集会、招集〕

1 連邦議会は、以下に規定する場合を除き、四年の期間について選挙される。その任期は、新連邦議会の集会をもって終了する。改選は、任期開始後早くとも四六カ月、遅くても四八カ月目に行われる。連邦議会が解散されたときは、六〇日以内に改選を行う。

2 連邦議会は、選挙後三〇日以内に集会する。

3 連邦議会は、会議の閉会と再開の期日を決定する。連邦議会の議長は、予定の期日より早く会議を招集することができる。三分の一の議員、連邦大統領または連邦首相が要求するときは、連邦議会議長は、会議を招集しなければならない。

第四〇条〔議長、議事規則〕

1 連邦議会は、議長、副議長および書記を選挙する。連邦議会は、議事規則を定める。

2 議長は、連邦議会の建物内における施設管理権および警察権を行使する。議長の許諾がなければ、連邦議会の構内において、いかなる捜索、押収もしてはならない。

第四一条〔選挙の審査〕

1 選挙の審査は、連邦議会の事務とする。連邦議会は、連邦議会議員がその資格を失ったか否かについても決定する。

2 連邦議会の決定に対しては、連邦憲法裁判所への訴願が認められる。

3 詳細は、連邦法律で定める。

第四二条〔審議、議決〕

1 連邦議会の審議は、公開する。一〇分の一の議員の申立てまたは連邦政府の申立てに基づいて、かつ三分の二の多数の賛成が得られれば、審議を公開しないことができる。申立てについての決定は非公開の会議で行う。

2 連邦議会の議決には、この基本法に別段の定めがない限り、投票の過半数を必要とする。連邦議会が行う選挙については、議事規則で例外を認めることができる。

3 連邦議会およびその委員会の公開の会議に関する真実の報告に対しては、いかなる責任も負わせることができない。

第四三条〔政府および連邦参議院の構成員の出席〕

1 連邦議会およびその委員会は、連邦政府のどの構成員に対しても、その出席を要求することができる。

2 連邦参議院および連邦政府の構成員ならびにその委任を受けた者は、連邦議会およびその委員会のすべての会議に出席することができる。これらの者は、いつでも発言することができる。

第四四条〔調査委員会〕

1 連邦議会は、公開の審議において必要な証拠を取調べる調査委員会を設ける権利を有し、また、四分の一の議員の申立てがあるときは、これを設ける義務を負う。審議は公開しないこともできる。

2 証拠調べには、刑事訴訟に関する規定を準用する。信書、郵便および電気通信の秘密は、影響を受けない。

3 裁判所および行政官庁は、司法共助および職務共助の義務を負う。

4 調査委員会の決定は、裁判官の審査を受けない。裁判所が調査の基礎となった事実を評価判断することは、自由である。

第四五条〔欧州連合の事務に関する委員会〕

連邦議会には、欧州連合の事務に関する委員会を置く。連邦議会は、第二三条に基づいて認められている連邦政府に対する連邦議会の権利を行使することを委員会に委任することができる。連邦議会は、また、欧州連合の条約上の根拠に基づいて連邦議会に認められている権利を行使することを委員会に委任することができる。

第四五a条〔外務および国防委員会〕

1　連邦議会は、外務に関する委員会および国防に関する委員会を設置する。

2　国防委員会は、調査委員会の権利も有する。四分の一の委員の申立てがあるときは、国防委員会は、ある事項をその調査の対象とする義務を負う。

3　第四四条1項は、国防の分野には適用されない。

第四五b条〔国防受託者〕

基本権の保護のために、また連邦議会が議会的統制を行う場合の補助機関として、連邦議会の国防受託者一名が任命される。詳細は、連邦法律で定める。

第四五c条〔請願委員会〕

1　連邦議会は、第一七条によって連邦議会に提出された請願および苦情申立てを処理する義務を負う請願委員会を設置する。

2　苦情申立てを審査する委員会の権限については、連邦法律で定める。

第四五d条〔情報機関統制委員会〕

1　連邦議会は、連邦の情報機関の活動の統制のために委員会を設置する。

2　詳細は連邦法律で定める。

第四六条〔免責特権および不逮捕特権〕

1　議員は、連邦議会または委員会で行った表決または発言に関して、いかなるときにおいても裁判上または職務上訴追されず、また、連邦議会の外において責任を問われない。ただし、これは誹謗的侮辱に対しては適用しない。

2　議員は、刑罰を科せられるべき行為に関して、現行犯で、またはその翌日中までに逮捕される場合を除き、連邦議会の許諾があった場合に限り、その責任を問い、または逮捕することができる。

3　連邦議会の許諾は、そのほか、議員の人身の自由を制限するとき、または、第一八条による手続を議員に対して開始するときにも必要である。

4　議員に対するすべての刑事訴訟手続、第一八条によるすべての手続、すべての拘禁、その他、議員の人身の自由についてのすべての制限は、連邦議会の要求があるときは、停止しなければならない。

第四七条〔証言拒否権〕

議員は、議員としての資格において他人から事実を知り、または他人に事実を漏らした場合において、その人および事実に関して証言を拒否する権利を有する。この証言拒否権の及ぶ限りで、書類の押収は許されない。

第四八条〔議員の請求権〕

1　連邦議会の議席を獲得しようとする者は、選挙の準備に必要な休暇を求める権利を有する。

2　何人に対しても、議員の職務を引き受け、およびこれを行使することを妨害してはならない。これを理由とする解雇通告または解雇は許されない。

3　議員は、その独立を保障するに足る相当の報酬を請求する権利を有する。議員は、国のすべての交通手段を無償で利用する権利を有する。詳細は、連邦法律で定める。

第四九条〔削除〕

第四章　連邦参議院

第五〇条〔任務〕

州は連邦参議院を通じて連邦の立法および行政ならびに欧州連合の事務に協力する。

第五一条〔構成〕

1　連邦参議院は、州政府が任免する州政府の構成員をもって組織する。これらの者については、州政府のその他の構成員が代理することができる。

2　各州は、少なくとも三票、人口二〇〇万以上を有する州は、四票、人口六〇〇万以上を有する州は、五票、人口七〇〇万以上を有する州は、六票の表決権を有する。

3　各州は、票数と同数の代議員を送ることができる。州の表決は、統一的にのみ、かつ、出席した代議員またはその代理人によってのみ、これを行うことができる。

第五二条〔議長、議事規則〕

1　連邦参議院は、一年の任期でその議長を選挙する。

2　議長は、連邦参議院を招集する。議長は、少なくとも二州の代表者または連邦政府が要求するときは、これを招集しなければならない。

3　連邦参議院は、表決数の過半数をもって議決する。連邦参議院は、議事規則を制定する。連邦参議院の審議は、公開とする。ただし、審議を公開しないこともできる。

3a　連邦参議院は、欧州連合の事務について、その決定が連邦参議院の決定としての効力を有する欧州室を設置し、一体として投ぜられる各州の票数は第五一条2項によって決定される。

4　州政府のその他の構成員またはその委任を受けた者は、連邦参議院の委員会に所属することができる。

第五三条〔大臣の出席〕

連邦政府の構成員は、連邦参議院および委員会の審議に参加する権利を有するとともに、要求があるときは、義務を負う。これらの者は、いつでも発言することができる。連邦参議院は、連邦政府から、その事務の処理について、常時報告を受けることができる。

第四 a 章　合同委員会

第五三 a 条〔構成、議事規則、情報取得権〕

1　合同委員会は、その三分の二を連邦議会議員、その三分の一を連邦参議院代議員をもって組織する。その連邦議会議員は、会派の議員数の割合に応じて、連邦議会が決定するが、その議員は、連邦政府の構成員であってはならない。各州は、自ら任命する一名の連邦参議院代議員をもって、その代表とするが、これらの代議員は、指示に拘束されない。合同委員会の組織および手続は、連邦議会が議決し、かつ、連邦参議院の同意を必要とする議事規則で、これを定める。

2　連邦政府は、防衛事態に対するその計画について、合同委員会に報告しなければならない。連邦議会および委員会の第四三条1項による権利は、影響を受けない。

第五章　連邦大統領

第五四条〔選挙〕

1　連邦大統領は、討論を経ずに、連邦会議によって選挙される。連邦議会の選挙権を有し、かつ、四〇歳に達したドイツ人は、誰でも被選挙権を有する。

2　連邦大統領の任期は、五年とする。連続しての再選は、一回に限り許される。

3　連邦会議は、連邦議会議員、および州の議会が比例代表の原則によって選挙した、これと同数の議員によって構成される。

4　連邦会議は、遅くとも連邦大統領の任期満了の三〇日以前に、また任期満了前に離職したときは、遅くともその後三〇日以内に集会する。連邦会議は、連邦議会議長が招集する。

5　議員の任期満了後は、4項一段の期間の始期は、連邦議会の第一回の集会の時とする。

6　連邦会議の構成員の過半数の票を得た者が連邦大統領に選出される。二回の選挙手続において、過半数の票を得た候補者がいないときは、その次の選挙手続において最多票を得た者が選出される。

7　詳細は、連邦法律で定める。

第五五条〔兼職禁止〕

1　連邦大統領は、連邦または州の政府にも立法機関にも属してはならない。

2　連邦大統領は、その他の有給の職に就き、営業し、職業活動を行ってはならず、また、営利を目的とする企業の理事または監事となることができない。

第五六条〔宣誓〕

連邦大統領は、その就任に際して、連邦議会および連邦参議院の構成員の集会している面前において、次の宣誓を行う。

「私は、私の力をドイツ国民の幸福に捧げ、その利益を増進し、損害を回避し、基本法および連邦の法律を守り、かつ擁護し、良心に従って私の義務を果たし、何人に対しても正義を行うことを誓う。神にかけて誓う。」

宣誓は、宗教上の誓約なしに行うこともできる。

第五七条〔代行〕

連邦大統領に故障があるとき、または任期満了前に欠けたときは、連邦参議院の議長が連邦大統領の権限を行使する。

第五八条〔副署〕

連邦大統領の命令および処分が有効であるためには、連邦首相または主任の連邦大臣の副署を必要とする。ただしこの規定は、連邦首相の任免、第六三条に基づく連邦議会の解散および第六九条3項に基づく要請には適用しない。

第五九条〔連邦の国際法上の代表〕

1　連邦大統領は、連邦を国際法上代表する。連邦大統領は、連邦の名において、外国と条約を締結する。連邦大統領は、使節に対して信任状を発し、および使節を接受する。

2　連邦の政治的関係を規律し、または連邦の立法事項に関する条約は、連邦法律の形式で、それぞれ連邦立法について権限を有する機関の同意または協力を必要とする。行政協定については、連邦行政に関する規定を準用する。

第五九 a 条〔削除〕

第六〇条〔官吏の任命、恩赦〕

1　連邦大統領は、法律に別段の定めがない限り、連邦裁判官、連邦官吏、士官および下士官を任命および罷免する。

2　連邦大統領は、個別の事件において、連邦を代表して、恩赦権を行使する。

3　連邦大統領は、これらの権能を他の官庁に委任することができる。

4　第四六条2項から4項までの規定は、連邦大統領に準用する。

第六一条〔連邦憲法裁判所への訴追〕

1　連邦議会または連邦参議院は、基本法またはその他の連邦法律に対する故意の違反を理由として、連邦憲法裁判所に連邦大統領の訴追を行うことができる。訴追の請求は、連邦議会議員の四分の一以上または連邦参議院の表決数の四分の一以上によって行わなければならない。訴追の議決は、連邦議会議員の三分の二の多数または連邦参議院の表決数の三分の二の多数を必要とする。訴追は、訴追する議院の委託を受けた者が代表して行う。

2　連邦憲法裁判所は、連邦大統領が基本法またはその他の連邦法律に故意に違反して有責であると確認したときは、連邦大統領に対し、その職の喪失を宣告することができる。連邦憲法裁判所は、訴追後仮命令によって連邦大統領の職務の執行を停止することができる。

第六章　連邦政府

第六二条〔構成〕

連邦政府は、連邦首相および連邦大臣をもって組織する。

第六三条〔連邦首相の選挙〕

1　連邦首相は、連邦大統領の推薦に基づき、討論を経ずに、連邦議会によって選挙される。

2　連邦議会議員の過半数の票を得た者が連邦首相に選出される。選出された者は、連邦大統領によって任命される。

3　推薦された者が選ばれなかったときは、連邦議会は、選挙手続後一四日以内に、議員の過半数をもって、連邦首相を選挙することができる。

4　選挙がこの期間内に成立しないときは、速やかに新たな選挙手続が行われ、最多得票をした者が選出される。選出された者が連邦議会議員の過半数の票を得ているときは、連邦大統領は、選挙後七日以内に、この者を任命しなければならない。選出された者が過半数の票を得ていないときは、連邦大統領は、七日以内に、この者を任命するか、または連邦議会を解散しなければならない。

第六四条〔連邦大臣の任免〕

1　連邦大臣は、連邦首相の推薦に基づき、連邦大統領によって任命および罷免される。

2　連邦首相および連邦大臣は、就任に際して、連邦議会において、第五六条に規定する宣誓を行う。

第六五条〔連邦政府の権限〕

連邦首相は、政治の方針を決定し、かつその責任を負う。この方針の範囲内において、各連邦大臣は、独立してかつ自己の責任において、所管の事務を指揮する。連邦大臣間の意見の相違については、連邦政府が決定する。連邦首相は、連邦政府によって決定されかつ連邦大統領によって認可される事務処理規則に従って、事務を指揮する。

第六五a条〔軍隊に対する指揮命令権〕

連邦国防大臣は、軍隊に対する命令権および指揮権を有する。

第六六条〔兼職禁止〕

連邦首相および連邦大臣は、その他の有給の職に就き、営業し、職業活動を行ってはならず、また、営利を目的とする企業の理事または、連邦議会の同意を得ないで、その監事となることができない。

第六七条〔建設的不信任決議〕

1　連邦議会は、その議員の過半数をもって連邦首相の後任者を選挙し、かつ、連邦大統領に連邦首相を罷免すべきことを要請することによってのみ、連邦首相に対する不信任を表明することができる。連邦大統領は、この要請に従い、選挙された者を任命しなければならない。

2　動議と選挙との間には、四八時間がおかれなければならない。

第六八条〔信任決議、連邦議会の解散〕

1　自己に信任を表明すべき旨の連邦首相の動議が、連邦議会議員の過半数の同意を得られなかったときは、連邦大統領は、連邦首相の申立てに基づいて、二一日以内に、連邦議会を解散することができる。解散権は、連邦議会が議員の過半数をもって、別の連邦首相を選挙したときは、直ちに消滅する。

2　動議と投票との間には、四八時間がおかれなければならない。

第六九条〔連邦首相の代理、連邦大臣の任期〕

1　連邦首相は、連邦大臣の一人を、その代理として任命する。

2　連邦首相または連邦大臣の職務は、どのような場合にも、新しい連邦議会の集会をもって終了し、連邦大臣の職務は、その他の理由で連邦首相が欠けた各場合にも終了する。

3　連邦首相は、連邦大統領の要請に基づいて、連邦大臣は、連邦首相または連邦大統領の要請に基づいて、その後任者が任命されるまで、引き続き職務を行う義務を有する。

第七章　連邦の立法

第七〇条〔連邦と州の間の立法権限の配分〕

1　州は、この基本法が連邦に立法権限を与えていない限りで、立法権を有する。

2　連邦と州との間の権限の境界画定は、この基本法が定める専属的および競合的立法に関する規定に従って、決定される。

第七一条〔連邦の専属的立法〕

連邦の専属的立法の分野では、州は、連邦法律でその授権が明示されている場合に、かつその範囲内において立法権を有する。

第七二条〔競合的立法〕

1　競合的立法の分野では、州は、連邦が立法権を行使しなかった範囲かつその限りで、立法権を有する。

2　連邦は、第七四条1項四号、七号、一一号、一三号、一五号、一九a号、二〇号、二二号、二五号および二六号の分野では、連邦領域内の均一な生活関係を創出するために、または国家全体の利益に関わる法的・経済的統一を保持するために、連邦法律による規律が必要である場合、その限りで立法権を有する。

3　連邦が、立法権を行使しなかったときは、州は、法律によって次に掲げる事項について連邦と異なる規律を定めることができる。

一　狩猟制度（狩猟免許権を除く）

二　自然保護および景観保持（自然保護についての一般原則、種保存、海洋自然保護に関する法を除く）

三　土地の分配

四　国土計画

五　水の管理（水資源または施設に関する規則を除く）

六　大学の入学許可および卒業認定

連邦法律は、この分野においては、連邦参議院の同意により、別段の定めがない限り、公布後少なくとも六カ月を経過しなければ施行されない。一段の分野においては連邦法と州法との関係において後法が優先する。

4　連邦法律は、2項の意味での必要性が存在しないときには、連邦法律に代えて州法によって規律することができるということを規定することができる。

第七三条〔連邦の専属的立法分野〕

1　連邦は、次の事項について専属的立法権を有する。

一　外務ならびに一般住民の保護を含む国防

二　連邦における国籍

三　移転の自由、旅券制度、住民登録および身分証明制度、出入国および犯罪人引渡

四　通貨、貨幣および造幣制度、度量衡ならびに日時制度の決定

五　関税および通商区域の統一、通商および航行条約、貨物取引の自由ならびに関税および国境の警備を含む外国との貨物取引および支払取引

五a　ドイツの文化財の外国への流出の防止

六　航空交通

六a　すべてまたは過半の部分を連邦が所有する鉄道（連邦鉄道）の交通、連邦鉄道の線路の建設、維持および運営ならびに利用料金の徴収

七　郵便および電気通信制度

八　連邦および連邦直轄の公法人に勤務する者の法律関係

九　産業上の権利保護、著作権および出版権

九a　連邦刑事警察局による国際的テロリズムの危険の防止で、州を超える危険が存在する場合、州の警察官庁の権限が認められない場合、または州の最高の官庁が引き継ぎを求めている場合

一〇　次の事項に関する連邦と州の協力

a　刑事警察

b　自由で民主的な基本秩序、連邦または州の存立および安全の擁護（憲法擁護）

c　暴力の行使またはそれを目的とする準備行為によってドイツ連邦共和国の対外的利益を危うくする連邦領域内の活動からの防護

ならびに連邦刑事警察機構の設立および国際犯罪の取締

一一　連邦のために利用する統計

一二　武器取締法および爆発物取締法

一三　戦傷病者、戦争遺族の援護および元捕虜の扶助

一四　平和目的のための原子力の生産と利用、平和目的に資する原子力施設の設置と運営、原子力の放出、電離放射線によって生じる危険に対する防護および放射性物質の廃棄処理

2　1項九a号による法律は連邦参議院の同意を

必要とする。

第七四条〔競合的立法分野〕

1　競合的立法は、次の分野に及ぶ。

一　民法、刑法および、裁判所構成法、裁判手続（未決勾留の執行権を除く）、弁護士制度、公証人制度ならびに法律相談

二　戸籍制度

三　結社法

四　外国人の滞在および居住の権利

五　〔削除〕

六　亡命者および難民に関する事項

七　公の扶助（施設介護権を含まず）

八　〔削除〕

九　戦争による損害および補償

一〇　戦死者の墓ならびにその他の戦争犠牲者および暴力支配の犠牲者の墓

一一　経済法（鉱業、工業、エネルギー産業、手工業、営業、商業、銀行および証券取引所制度、私法上の保険制度）で、閉店時間、飲食店、遊技場、興行、見本市、展示会および市場に関する法を除く

一二　経営参加規則、労働保護および職業紹介を含む労働法ならびに失業保険を含む社会保険

一三　奨学金の規律および科学研究の助成

一四　第七三条および第七四条の分野に関する公用収用法

一五　土地、天然資源、生産手段の公有化またはその他の形態の公共経済への移行

一六　経済的権力の濫用の防止

一七　農林業生産の振興（耕地整理を除く）、食糧の確保、農林業生産物の輸出入、遠洋漁業、沿岸漁業および沿岸保護

一八　都市計画による土地取引、土地法（開発負担金徴収の権利を除く）、住宅手当法、旧債務者援助法、住宅建設優遇法、鉱員住宅建設法、鉱員定住法

一九　公共の危険または伝染性のある人畜の病気に対する措置、医師その他の医療職および医療活動の許可、ならびに薬局制度、薬剤、治療剤、麻酔剤および毒物の取引に関する法

一九ａ　病院の経済的保障および入院補助基準の規律

二〇　自らの収益に役立つ動物を含む食料品に関する法、嗜好品、生活必需品、飼料に関する法、ならびに農林業の種苗の取引における保護、植物の病虫害からの保護ならびに動物保護

二一　遠洋航海および沿岸航海、航路標識、内水航行、気象業務、海洋航路ならびに一般交通に供する内水航路

二二　道路交通、自動車交通制度、遠距離交通用幹線道路の建設および維持ならびに自動車の公道利用の手数料または対価の徴収および配分

二三　連邦鉄道以外の線路、ただし山岳鉄道は除く

二四　廃棄物管理、大気汚染防止および騒音防止（人間の行動による騒音からの保護を除く）

二五　国家賠償

二六　医学的に支持される人間の生命の産出、遺伝子情報の研究、人工的な組み替えならびに臓器、組織および細胞の移植に関する規律

二七　州、市町村、その他の公法上の団体の官吏ならびに州の裁判官の身分上の権利義務で経歴、給与、恩給は除く

二八　狩猟制度

二九　自然保護および景観の保存

三〇　土地の分配

三一　国土計画

三二　水の管理

三三　大学の入学許可および卒業認定

2　1項二五号および二七号による法律は、連邦参議院の同意を必要とする。

第七四ａ条〔削除〕

第七五条〔削除〕

第七六条〔法律案〕

1　法律案は、連邦政府、連邦議会議員または連邦参議院により、連邦議会に提出される。

2　連邦政府提出の法律案は、まず連邦参議院に送付されなければならない。連邦参議院は、六週間以内に、この法律案について態度を決定する権利を有する。連邦参議院が重大な理由により、とくに法律案の適用範囲に関して、期間の延長を求めるときは、九週間まで延期することができる。連邦政府は、連邦参議院に送付するに際し、例外的にとくに急を要すると述べた法律案については、連邦参議院の態度決定が連邦政府に到達していなくとも、三週間を経過した後に、または三段に基づいて連邦参議院が延期を表明したときは六週間を経過した後に、連邦議会に送付することができ、その場合、連邦政府は、連邦参議院の態度決定を連邦議会の開始後速やかに連邦議会に追加提出しなければならない。基本法の改正および第二三条または第二

四条による主権的権利の委譲に関する法律案の場合の期間は、九週間とし、四段は適用しない。

3　連邦参議院提出の法律案は、六週間以内に、連邦政府によって連邦議会に送付されなければならない。連邦政府は、その際、自己の意見を述べなければならない。連邦政府が重大な理由により、とくに法律案の適用範囲に関して、期間の延長を求めるときは、九週間まで延期することができる。連邦参議院が、例外的にとくに急を要すると述べた法律案については、期間は三週間とし、連邦参議院が三段による要求を述べたときは、期間は六週間とする。基本法の改正および第二三条または第二四条による主権的権利の委譲に関する法律案の場合の期間は、九週間とし、四段は適用しない。連邦議会は法律案について適当な時期に審議し、決定しなければならない。

第七七条〔立法手続〕

1　連邦法律は、連邦議会によって議決される。連邦法律は、それが可決された後速やかに、連邦議会議長によって連邦参議院に送付される。

2　連邦参議院は、法律議決を受け取った後三週間以内に、法律案の合同審議のために、連邦議会および連邦参議院の構成員で組織される委員会の招集を要求することができる。この委員会の構成および手続は、連邦議会が議決し、かつ連邦参議院の同意を必要とする議事規則で定める。この委員会に派遣される連邦参議院の構成員は、命令に拘束されない。法律が連邦参議院の同意を必要とするときは、連邦議会または連邦政府も、招集を要求することができる。委員会が、法律議決の修正を提案したときは、連邦議会は、改めて議決を行わなければならない。

2a　法律が連邦参議院の同意を必要とする場合で、連邦参議院が2項一段の要求を行わないとき、または調整手続が法律議決の修正を提案することなく終了したときには、連邦参議院は、適当な期間内に同意についての議決を行わなければならない。

3　法律が連邦参議院の同意を必要としないときは、連邦参議院は、2項による手続が終了した後、連邦議会が議決した法律に対して、二週間以内に異議を提出することができる。異議の提出期間は、2項末段の場合には、連邦議会の再議決を受け取った時から始まり、その他の場合は、2項に定める委員会の議長による委員会手続終了の通知を受け取った時から始まる。

4　異議が連邦参議院の表決数の過半数をもって議決されたときは、連邦議会議員の過半数の議決によって、これを却下することができる。連邦参議院が表決数の三分の二以上の多数で異議を議決したときは、連邦議会による却下は、議員の過半数、かつ表決数の三分の二以上の多数を必要とする。

第七八条〔連邦法律の成立〕

連邦議会が議決した法律は、連邦参議院が同意したとき、第七七条2項による提案をしなかったとき、第七七条3項の期間内に異議を提出せず、もしくは異議を撤回したとき、または、異議が連邦議会によって否決されたときに、成立する。

第七九条〔基本法の改正〕

1　基本法は、基本法の文言を明文で改正または補充する法律によってのみ改正することができる。講和の規律、講和の規律の準備もしくは占領法秩序の解除を対象とする国際条約、または連邦共和国の国防に役立つことが確実な国際条約の場合には、基本法の規定が条約の締結および発効に反しないことを明らかにするには、そのことを明らかにするだけの基本法の文言の補充で足りる。

2　このような法律は、連邦議会議員の三分の二および連邦参議院の表決数の三分の二の賛成を必要とする。

3　連邦制による州の編成、立法における州の原則的協力、または第一条および第二〇条に定められている諸原則に抵触するような、この基本法の改正は、許されない。

第八〇条〔法規命令の制定〕

1　連邦政府、連邦大臣または州政府に対して、法律によって、法規命令を制定する権限を与えることができる。その場合、授権の内容、目的および限度は、法律において規定されなければならない。法的根拠が法規命令において挙示されなければならない。法律において、再授権することができると規定されている場合、再授権のためには法規命令が必要である。

2　郵便および電気通信の施設の利用に関する原則および料金に関する連邦政府または連邦大臣の法規命令、連邦鉄道の施設の利用料金の徴収、鉄道の建設および営業に関する法規命令ならびに、連邦参議院の同意を必要とする連邦法律、または、連邦の委任により、もしくは州固有の事務として州によって執行される連邦法律に基づく法規命令は、連邦法律に別段の定めがある場合を除き、連邦参議院の同意を必要とする。

3　連邦参議院は、連邦政府に対して、連邦参議院の同意を必要とする法規命令の制定についての提案を通知することができる。

4　連邦法律により、または連邦法律の根拠に基づいて、州政府に法規命令を制定することが授権されている場合には、州は、法律によっても規律を定める権限を有する。

第八〇a条〔緊急事態における法令の適用〕

1　この基本法において、または一般住民の保護を含む国防に関する法律において、本条の基準に従ってのみ法令を適用することができると規定されているときは、その適用は、防衛事態の場合を除いては、連邦議会が緊迫事態の発生を確認した場合、または、連邦議会がその適用に特別の同意を与えた場合にのみ、許される。緊迫事態の確認および第一二a条5項一段および6項二段の場合における特別の同意に関しては、表決数の三分の二の多数を必要とする。

2　1項による法令に基づく措置は、連邦議会の要求があれば、廃止しなければならない。

3　1項の規定にかかわらず、このような法令の適用は、同盟条約の範囲内で国際機関が連邦政府の同意を得て行った決議に基づいて、かつこれを基準として行うことも許される。本項の措置は、連邦議会が議員の過半数をもってその廃止を要求したときは、廃止しなければならない。

第八一条〔立法緊急事態〕

1　第六八条の場合において連邦議会が解散されないとき、連邦政府がある法律案が緊急を要すると表明したにもかかわらず、連邦議会がこれを否決したときは、連邦大統領は、連邦政府の申立てにより、連邦参議院の同意を得て、この法律案について立法緊急事態を宣告することができる。連邦首相がある法律案を第六八条の動議と結合したにもかかわらず、これが拒否された場合も同様とする。

2　連邦議会が、立法緊急事態の宣告後に再び法律案を否決しても、または、連邦議会が、連邦政府が受け入れられないと表明した案文でこれを採択しても、連邦参議院の同意がある限り、その法律は成立したものと見なされる。連邦議会が、法律案の再提出後四週間以内に可決しなかったときも、同様とする。

3　連邦首相の任期中においては、立法緊急事態の第一回の宣告後六カ月の期間内は、連邦議会によって否決された他の法律案も、すべて、1項および2項に従って成立させることができる。期間の経過後は、同一連邦首相の任期中に立法緊急事態の再宣告は許されない。

4　基本法は、2項によって成立した法律によって改正し、全部もしくは一部の効力を失わせ、または適用を停止してはならない。

第八二条〔法令の認証、公布、施行〕

1　この基本法の規定に従って成立した法律は、副署の後、連邦大統領が認証し、連邦法律官報で公布する。法規命令は、それを制定した官署によって認証され、かつ、法律に別段の定めがない限り、連邦法律官報で公布される。

2　すべての法律およびすべての法規命令は、施行の日を定めるべきである。その定めがないときは、連邦法律官報が発行された日の翌日から起算して、一四日目に、その効力を生ずる。

第八章　連邦法律の執行および連邦行政

第八三条〔連邦と邦の間の権限配分〕

州は、この基本法が別段のことを定め、または認めない限り、その固有の事務として、連邦法律を執行する。

第八四条〔州の固有事務としての執行、連邦監督〕

1　州が連邦法律を固有事務として執行するときは、州は、官庁の組織および行政手続を規律する。連邦法律が別段の定めを置く場合、州はそれと異なる規律を定めることができる。州が二段により、異なる規律を定めた場合は、それに関して後に定められた官庁の設置と行政手続に関する連邦法の規律は、連邦参議院の同意によって別段の規定が置かれない限り、公布後少なくとも六カ月後に施行される。第七二条3項三段を準用する。非常事態においては、連邦は、連邦の統一という特別の必要により、相違することを認めない行政手続の規律を定めることができる。この法律は、連邦参議院の同意を必要とする。連邦法律によって市町村、市町村連合に任務を委譲することはできない。

2　連邦政府は、連邦参議院の同意を得て、一般的訓令を制定することができる。

3　連邦政府は、州が連邦法律を現行法に従って執行するように、監督を行う。連邦政府は、この目的のために、受託者を州の最高官庁に派遣することができ、また、州の最高官庁の同意を得て、その同意が得られない場合は、連邦参議院の同意を得て、州の下級官庁にも派遣することができる。

4　連邦政府が州における連邦法律の執行に関して確認した瑕疵が除去されないときは、連邦参議院は、連邦政府または州の申立てに基づいて、州が法に違反したかどうかを決定する。連邦参議院の決定に対しては、連邦憲法裁判所に出訴することができる。

5　連邦政府は、連邦参議院の同意を必要とする連邦法律により、連邦法律の執行のため、個々の場合において個別の指示を与える権限を付与されることができる。指示は、連邦政府が急を要する事件であると認めた場合を除いて、州の最高官庁に対して与えなければならない。

第八五条〔連邦の委任による執行〕

1　州が連邦の委任により連邦法律を執行する場合は、連邦法律が連邦参議院の同意を得て別段の定めをしない限り、官庁の組織は、州の事務とする。連邦法律によって市町村、市町村連合に任務を委譲することはできない。

2　連邦政府は、連邦参議院の同意を得て、一般的訓令を制定することができる。連邦政府は、官吏および事務職員の統一的養成について規律することができる。中級官庁の長は、連邦政府の了解を得て任命しなければならない。

3　州の官庁は、所管の連邦最高官庁の指示に従う。指示は、連邦政府が急を要すると認めた場合を除き、州の最高官庁に対して行わなければならない。指示の執行は、州最高官庁によって確保されなければならない。

4　連邦監督は、執行の合法性および合目的性に及ぶ。連邦政府は、この目的のために、報告および記録の提出を求め、ならびに受託者をすべての官庁に派遣することができる。

第八六条〔連邦固有の行政〕

連邦が、連邦固有の行政権、連邦直轄の団体または公法上の営造物によって法律を執行する場合は、連邦政府は、法律に特段の定めがない限り、一般的訓令を制定する。連邦政府は、法律に別段の定めがない限り、官庁の組織を規律する。

第八七条〔連邦固有の行政の対象〕

1　外交事務、連邦財政ならびに第八九条による連邦水路および航行行政は、連邦固有の行政として、固有の行政下部機構によって行われる。連邦法律により、連邦国境警備官庁、警察情報の収集伝達のための中央機関、刑事警察のための中央機関ならびに、憲法擁護および、暴力の行使またはそれを目的とする準備行為によってドイツ連邦共和国の対外利益を危うくしようとする、連邦領域での活動の防止のための基礎資料を収集するための中央機関を設置することができる。

2　管轄区域が一つの州の領域を超える社会保険の保険者は、連邦直轄の公法上の団体とする。管轄区域が一州の領域を超えるが、しかし、三州を超えない社会保険の保険者については、一段の規定にかかわらず、監督州が関係州によって指名される限り、州直轄の公法上の団体とする。

3　その他、連邦が立法権を有する事項については、連邦法律によって、独立の連邦最高官庁、連邦直轄の新たな団体および公法上の営造物を設置することができる。連邦が立法権を有する分野で、新たな課題が生じた場合、緊急の必要があるときは、連邦参議院および連邦議会議員の過半数の同意を得て、連邦固有の中級および下級官庁を設置することができる。

第八七ａ条〔軍隊の設置と権限〕

1　連邦は、国防のために軍隊を設置する。軍隊の員数および組織の大綱は、予算によって明らかにしなければならない。

2　軍隊は、国防を除いては、この基本法が明文で認めている場合に限って出動することができる。

3　軍隊は、防衛事態および緊迫事態において、国防の任務を遂行するために必要な限度で、非軍事的物件を保護し、かつ交通規制の任務を遂行する権限を有する。その他、軍隊に対して、防衛事態および緊迫事態において、警察的措置の支援のために、非軍事的物件の保護を委任することができる。この場合、軍隊は、所管の官庁と協力する。

4　連邦および州の存立または自由で民主的な基本秩序の防衛のために、連邦政府は、第九一条2項の条件が存在し、かつ、警察力および連邦国境警備隊では不足するときは、警察および連邦国境警備隊が非軍事的物件を保護し、組織化され武装した反徒を鎮圧をするのを支援するために、軍隊を出動させることができる。軍隊の出動は、連邦議会または連邦参議院の要求があれば中止しなければならない。

第八七ｂ条〔連邦国防行政〕

1　連邦国防行政は、固有の行政下部機構をもつ連邦固有の行政として行われる。連邦国防行政は、軍隊の人員部門の仕事および物的需要の直接的充足を任務とする。傷害者扶助および土木建築部門の任務を連邦国防行政に行わせるには、連邦参議院の同意を必要とする連邦法律による授権がなければならない。その他、法律が連邦国防行政に対して第三者の権利の侵害を授権するときにも、連邦参議院の同意が必要である。ただし、これは、人員部門の分野の法律には適用しない。

2　その他、国防代役制度および一般住民の保護を含む国防のための連邦法律は、連邦参議院の同意を得て、法律の全部または一部が固有の行政下部機構を有する連邦固有の行政として執行され、または、州が連邦の委任によって執行することができる旨を規定することができる。このような法律が、連邦の委任に基づいて州によって執行されるときは、その連邦法律は、連邦参議院の同意を得て、第八五条に基づいて連邦政府および連邦最高官庁に属する権限の全部または一部を連邦上級官庁に委任する旨を規定することができる。その場合、連邦上級官庁は、第八九条2項一段による一般的訓令の制定について連邦参議院の同意を必要としない旨を定めることができる。

第八七c条〔原子力の分野における委任行政〕

第七三条1項一四号に基づいて制定される法律は、連邦参議院の同意を得て、連邦の委任により、州がこれを執行する旨を定めることができる。

第八七d条〔航空行政〕

1　航空行政は、連邦の行政として行われる。航空の安全は、欧州共同体法により認められている権利によって、外国の航空安全組織によっても確保することができる。詳細は、連邦法律で定める。

2　航空行政の任務は、連邦参議院の同意を必要とする連邦法律によって、委任行政として州に委任することができる。

第八七e条〔鉄道行政〕

1　連邦鉄道のための鉄道行政は、連邦固有の行政として行われる。鉄道行政の任務は、連邦法律により、州固有の事務として州に委譲することができる。

2　連邦は、連邦法律によって委任された、連邦鉄道の範囲を超える鉄道行政の任務を遂行する。

3　連邦鉄道は、私法形式の企業として運営される。その企業の活動が、線路の敷設、維持、営業を含むものである限り、連邦鉄道は、連邦が所有するものとする。二段に規定する企業への連邦の株式の譲渡は、法律の根拠に基づいて行われるが、この企業の株式の過半数は、連邦に留保される。詳細は、連邦法律で定める。

4　連邦は、連邦鉄道の線路網の構築および維持、ならびにこの線路網での輸送の提供に関して、近距離旅客輸送は別として、公共の福祉、とりわけ輸送需要が考慮されるように保障する。

5　1項から4項までの規定に基づく法律は、連邦参議院の同意を必要とする。さらに、連邦鉄道の企業の解散、合併、分割、連邦鉄道の線路の第三者への譲渡ならびに連邦鉄道の線路の廃止を規律する法律または旅客輸送に影響を及ぼす法律は、連邦参議院の同意を必要とする。

第八七f条〔郵便および電気通信制度〕

1　連邦は、連邦参議院の同意を必要とする連邦法律に従って、郵便および電気通信制度の分野において、すべての地域に適切かつ十分なサービスを保障する。

2　1項の意味でのサービスは、特別財産たるドイツ連邦郵便をもとに作られる企業、およびその他の私的提供者による私的経済活動として行われる。郵便および電気通信制度の分野における主権的任務は、連邦固有の行政において遂行される。

3　連邦は、2項二段の規定にもかかわらず、特別財産たるドイツ連邦郵便をもとに作られる企業に関するいくつかの任務を、連邦直轄の公法上の営造物の法形式において、連邦法律の基準に従って遂行する。

第八八条〔連邦銀行〕

連邦は、連邦銀行として、通貨維持・発券銀行を設置する。連邦銀行の任務と権限は、欧州連合の枠内において、独立し、かつ価格の安定を優先目的とすることを義務づけられた欧州中央銀行に委譲することができる。

第八九条〔連邦水路〕

1　連邦は、旧ライヒ水路を所有する。

2　連邦は、固有の官庁によって、連邦水路を管理する。連邦は、一州の領域を超える内水航行の国家的任務および法律によって授権された海洋航行の任務を行う。連邦は、一州の領域内の連邦水路行政を、申請に基づいて、委任行政として、当該州に委任することができる。水路が二以上の州の領域に及ぶときは、連邦は、関係州が申請した州に委任することができる。

3　水路管理、補修および新設に関しては、州と協力して、耕作および水利の需要に応えなければならない。

第九〇条〔連邦道路および連邦高速自動車道（アウトバーン）〕

1　連邦は、引き続き、連邦高速自動車道およびその他の遠距離連邦道路を所有する。その財産権は不可譲である。
2　連邦高速自動車道の行政は、連邦行政において行われる。連邦は、その任務の解決のために私法上の会社を利用することができる。この会社は、連邦の不可譲の財産権の一部をなす。会社および子会社への第三者の直接または間接の関与は、禁止される。公私協力の枠内での私人の関与は、連邦高速自動車道網全体または一州のその他の連邦遠距離道路網全体またはその重要部分を含む道路網に対しては禁止される。詳細は連邦法律が定める。
3　州または州法によって権限を有する自治体は、連邦の委任に基づいて、その他の遠距離交通用の連邦道路を管理する。
4　連邦は、州の申請により、当該州の領域内にあるその他の遠距離交通用の連邦道路の管理を、連邦行政として引き受けることができる。

第九一条〔内部的緊急事態〕

1　連邦および州の存立または自由で民主的な基本秩序に対する差し迫った危険を防止するために、州は、他州の警察力ならびに他の行政機関および連邦国境警備隊の力と施設を要請することができる。
2　危険が急迫している州が自ら危険に対処する用意がなく、または対処できないときは、連邦政府は、当該州の警察および他州の警察を指揮し、ならびに連邦国境警備隊の部隊を出動させることができる。この命令は、危険の除去後に、または、そうでなくても連邦参議院の要求があるときはいつでも、解除しなければならない。危険が二以上の州の領域に及ぶときは、連邦政府は、有効な対処のために必要な限度で、州政府に指示を与えることができる。この場合、一段および二段は、影響を受けない。

第八a章　共同の任務、行政の協力

第九一a条〔連邦法律に基づく連邦の協力〕

1　連邦は、以下の分野において、州の任務が全体にとって重要な意味をもち、かつ、連邦の協力が生活関係の改善のために必要なときは、州の任務の遂行に協力する（共同の任務）。
一　地域的経済構造の改善
二　農業構造および沿岸保護の改善
2　共同の任務および調整のための個別事項の詳細は、連邦法律が連邦参議院の同意を得て定める。
3　連邦は、1項一号の場合には、各州における支出の半額を負担する。1項二号の場合には、連邦は、少なくともその半額を負担するが、その際、分担の割合は、すべての州に対して均一に定めなければならない。詳細は、法律で定める。資金の提供は、連邦および州の予算における確定にまつものとする。

第九一b条〔研究・教育における連邦と州の協力〕

1　連邦および州は、超地域的な意義を有する場合、協定に基づいて、学問、研究、学説の奨励において協力することができる。大学の重要問題に関する協定は、すべての州の同意を必要とする。これは、大規模な装置を含む研究用建造物に関する協定については適用されない。
2　連邦および州は、協定に基づいて、教育制度の能力についての国際比較における確認のため、およびこれに関する報告および勧告について協力することができる。
3　費用の分担は協定で定める。

第九一c条〔情報技術システム〕

1　連邦および州は、課題遂行に必要な情報技術システムの計画、構築、運営において協力することができる。
2　連邦および州は、協定に基づいて、情報技術システムの交流に必要な水準と安全の要請を確定することができる。一段による共同作業の基礎についての協定は、内容および規模に応じて異なる個々の課題に対して、協定において規定される連邦および州の特別多数の同意があるときは、細則が有効であることを規定することができる。細則は、連邦議会および関係する州の国民代表との間の同意を必要とし、この協定を解約する権利は、排除されない。協定は費用の分担についても定める。
3　州は、そのほか、情報技術システムの共同の運営およびそのための制度の構築に関して協定することができる。
4　連邦は、連邦および州の情報技術網の連絡のために、連絡網を構築することができる。連絡網の構築および運営の詳細については、連邦参議院の同意を必要とする連邦法律で定める。
5　連邦および州の行政活動に対する包括的な情報技術的アクセスは、連邦参議院の同意を必要とする連邦法律によって規定される。

第九一d条〔比較調査〕

連邦および州は、行政の遂行能力の確立および促進のために比較調査研究を行い、その結果を公表することができる。

第九一e条〔求職者に対する保障〕

1　求職者の最低限度保障の分野における連邦法律の執行に際しては、連邦および州または州法によって権限を有する市町村および市町村連合が、通例は、共同の制度において協力する。

2　連邦は、限定された数の市町村および市町村連合が州最高官庁の委任および同意により、1項の任務を単独で遂行することを認めることができる。法律の執行においてその任務が1項により連邦により遂行されるべき場合に限って、行政支出を含む必要な支出は、連邦が負担する。

3　詳細は、連邦参議院の同意を必要とする連邦法律で定める。

第九章　司法

第九二条〔裁判所の組織〕

司法権は、裁判官に委ねられる。司法権は、連邦憲法裁判所、この基本法に定める連邦裁判所および州の裁判所によって行使される。

第九三条〔連邦憲法裁判所の権限〕

1　連邦憲法裁判所は、次の事項について裁判する。

一　連邦最高機関、またはこの基本法もしくは連邦最高機関の規則によって固有の権利を認められたその他の関係機関の権利および義務の範囲に関する争訟を契機とするこの基本法の解釈

二　連邦法もしくは州法がこの基本法に形式的および実質的に適合するかどうか、または、州法がその他の連邦法と適合するかどうかについての意見の相違または疑義で、連邦政府、州政府または、連邦議会議員の四分の一の提起によるもの

二a　法律が第七二条2項の条件に適合しているかどうかについての意見の相違で、連邦参議院、州政府または州議会の提起によるもの

三　連邦および州の権利義務、とくに州による連邦法の執行および連邦監督の遂行の場合の権利義務に関する意見の相違

四　他に出訴手段が存在しないときの、連邦と州との間、州と州との間、または一州内部におけるその他の公法上の争訟

四a　何人も、公権力によって自己の基本権または第二〇条4項、第三三条、第三八条、第一〇一条、第一〇三条および第一〇四条に含まれる自己の権利を侵害されたとの主張によって提起することができる憲法訴願

四b　法律による第二八条の自治権侵害を理由とする、市町村および市町村連合の憲法訴願ただし、州の法律に関しては、州の憲法裁判所に訴願を提起することができない場合に限る

四c　連邦議会の選挙に参加する政党としての否認に対する結社の訴願

五　この基本法に規定するその他の場合

2　連邦憲法裁判所は、そのほか、連邦参議院、州政府または州の議会の提起により、第七二条4項の場合に、第七二条2項による連邦法律による規律の必要性がもはや存在しないかどうか、あるいは、第一二五a条2項一段の場合に連邦法をもはや制定することができないかどうかについて裁判する。必要性が失われている、もしくは連邦法はもはや制定することはできないという確認は、第七二条4項による連邦法律もしくは第一二五a条2項二段による連邦法律を代替する。一段による提起は、第七二条4項もしくは第一二五a条2項二段による法律案が連邦議会で否決されたとき、一年以内に審議・議決が行われないとき、または、法律案が連邦参議院で否決されたときは、認められない

3　連邦憲法裁判所は、その他、連邦法律によって権限を与えられた場合に活動する。

第九四条〔連邦憲法裁判所の構成〕

1　連邦憲法裁判所は、連邦裁判官およびその他の構成員をもって組織する。連邦憲法裁判所の構成員は、連邦議会および連邦参議院によって、それぞれ半数ずつ選挙される。これらの構成員は、連邦議会、連邦参議院、連邦政府またはこれらに相当する州の機関に所属してはならない。

2　連邦法律は、連邦憲法裁判所の構成および手続を規律し、ならびに、いかなる場合にその裁判が法律的効力を有するかを規定する。連邦法律は、憲法訴願については、事前に出訴手段を尽くすことを条件とし、かつ、特別の受理手続を規定することができる。

第九五条〔連邦の最高裁判所、合同部〕

1　連邦は、通常裁判権、行政裁判権、財政裁判権、労働裁判権および社会裁判権の分野において、最高裁判所として、連邦通常裁判所、連邦行政裁判所、連邦財政裁判所、連邦労働裁判所、および連邦社会裁判所を設置する。

2　これらの裁判所の裁判官の任命については、各分野を所管する連邦大臣が、州の所管大臣および連邦議会で選出されるそれと同数の議員で構成される裁判官選出委員会と共同して決定す

る。

3　司法の統一を維持するために、1項に掲げた裁判所の合同部が設置される。詳細は、連邦法律で定める。

第九六条〔その他の連邦裁判所、州の裁判所による連邦裁判権の行使〕

1　連邦は、産業上の権利保護に関する事項について権限を有する連邦裁判所を設置することができる。

2　連邦は、軍隊に関する軍刑事裁判所を連邦裁判所として設置することができる。軍刑事裁判所は、防衛事態において、または、外国に派遣された、もしくは軍艦に乗船している軍隊の所属員に対してのみ刑事裁判権を行使することができる。詳細は、連邦法律で定める。これらの裁判所は、連邦司法大臣の所管に属する。その専任の裁判官は、裁判官資格を有しなければならない。

3　1項および2項に掲げた裁判所に関する最高の裁判所は、連邦通常裁判所とする。

4　連邦は、公法上の勤務関係に服する者に対して、懲戒手続および不服申立て手続において裁判するための連邦裁判所を設置することができる。

5　次に掲げる分野における刑事手続について、連邦法律は、連邦参議院の同意を得て、州の裁判所が連邦の裁判権を行使することを定めることができる。

一　ジェノサイド

二　人道に反する国際的犯罪

三　戦争犯罪

四　諸国民の平和的共存を阻害するおそれがあり、かつこのような意図をもって企てられたその他の行為（第二六条1項）

五　国事犯

第九七条〔裁判官の独立〕

1　裁判官は独立であって、法律にのみ従う。

2　専任としてかつ定員において最終的身分として任命された裁判官は、裁判官による裁判によらなければ、かつ法律の定める理由および形式によらなければ、その意に反して、任期満了前に罷免し、長期もしくは一時的に停職し、または転任もしくは退職させることができない。立法により、終身をもって任命されている裁判官を退職させる定年を定めることができる。裁判所の組織またはその管轄区域の変更の場合は、裁判官を他の裁判所に転所させ、または退職させることができるが、その際、俸給の全額を支給しなければならない。

第九八条〔連邦および州における裁判官の法的地位〕

1　連邦裁判官の法的地位は、特別の連邦法律によって規律する。

2　連邦裁判官が、その職務の内外において、基本法の原則または州の憲法的秩序に違反したときは、連邦憲法裁判所は、連邦議会の提起に基づき、三分の二の多数をもって、裁判官の転任または退職を命じることができる。故意の違反の場合には罷免を宣告することができる。

3　州における裁判官の法的地位は、第七四条1項二七号が別段の定めをしている場合を除き特別の州法律で規律する。

4　州は、州の裁判官の任命について、州司法大臣が裁判官選出委員会と共同して決定することを規定することができる。

5　州は、州の裁判官に対して、2項に相当する定めをおくことができる。ただし、現行の州憲法は、影響を受けない。裁判官の訴追に関する弾劾裁判は、連邦憲法裁判所の権限とする。

第九九条〔連邦憲法裁判所および連邦の最高裁判所による州法上の争訟の裁判〕

州の法律は、州の内部の憲法争訟の裁判について連邦憲法裁判所の権限とし、また、州法の適用が問題となる事件の裁判の終審としての権限を、第九五条1項に掲げた最高裁判所に与えることができる。

第一〇〇条〔具体的規範統制〕

1　裁判所が、裁判において、その効力が問題となる法律が違憲であると考えるときは、手続を中止し、州憲法違反に関しては、州の憲法争訟について権限を有する裁判所の裁判を求め、この基本法違反に関しては、連邦憲法裁判所の裁判を求めなければならない。州法によるこの基本法に対する違反および州法律の連邦法律との不一致が問題となるときも、同様とする。

2　法律上の争訟において、国際法の規則が連邦法の構成部分であるかどうか、ならびにそれが個人に対して直接権利および義務を生じさせる（第二五条）かどうかについて疑義があるときは、裁判所は、連邦憲法裁判所の裁判を求めなければならない。

3　州の憲法裁判所が、基本法の解釈について、連邦憲法裁判所または他州の憲法裁判所の裁判と異なる裁判をしようとするときは、当該憲法裁判所は、連邦憲法裁判所の裁判を求めなければならない。

第一〇一条〔例外裁判所の禁止〕

1　例外裁判所は、認められない。何人も、法律の定める裁判官の裁判を受ける権利を奪われない。

2　特別の専門分野に関する裁判所は、法律によってのみ設置することができる。

第一〇二条〔死刑の廃止〕

死刑は、廃止する。

第一〇三条〔法的審問、刑法の遡及および二重処罰の禁止〕

1　何人も、裁判所において、法的審問を請求する権利を有する。

2　いかなる行為も、行為が行われる前に、法律で処罰できると規定されているのでなければ、処罰することができない。

3　何人も、同一の行為について、一般刑法の根拠に基づいて、重ねて処罰されることはない。

第一〇四条〔自由剥奪における法的保障〕

1　人身の自由は、正規の法律の根拠に基づき、かつそこで規定された形式によってのみ、制限することができる。拘禁された者は、精神的にも肉体的にも、虐待されてはならない。

2　自由剥奪の許否および継続については、裁判官のみが決定するものとする。裁判官の命令に基づかない自由剥奪は、すべて遅滞なく裁判官の決定を求めなければならない。警察は、その固有の権限に基づいては、何人をも、逮捕の翌日の終わりまでより長く自己のところに留置することはできない。詳細は、法律で定める。

3　何人も、犯罪行為の嫌疑のために、一時逮捕された者は、遅くとも逮捕の翌日に裁判官のもとに引致されなければならず、裁判官は、この者に逮捕の理由を告げ、事情を聴取し、かつ異議申立ての機会を与えなければならない。裁判官は、遅滞なく、理由を付した書面による勾留命令を発するか、または釈放を命じるかしなければならない。

4　自由剥奪の命令または継続についての裁判官の決定はすべて、遅滞なく、被拘禁者の親族または被拘禁者の信頼している者に知らせなければならない。

第一〇章　財政

第一〇四a条〔連邦および州の支出負担、財政援助〕

1　連邦および州は、この基本法に別段の定めがない限り、その任務の遂行から生ずる支出を各別に負担する。

2　州が連邦の委任を受けて行動するときは、連邦はそれによって生ずる支出を負担する。

3　金銭給付をともない、かつ州によって執行される連邦法律は、金銭給付の全部または一部を連邦が負担することを定めることができる。連邦が支出の半額またはそれ以上を負担することを法律が定めるときは、法律は連邦の委任を受けて執行される。

4　連邦法律が、州に対して、第三者に対する金銭給付、金銭的価値を有する物品給付またはそれに相当する役務の提供を求めることを義務づけ、かつ、それを州が固有の事務として遂行し、または3項二段により、連邦の委任を受けて遂行する場合、それに伴って生じる支出を州が負担するときは、当該連邦法律は連邦参議院の同意を必要とする。

5　連邦および州は、それぞれの官庁において生ずる行政支出を負担し、および相互の関係において、秩序のある行政について責任を負う。詳細は、連邦参議院の同意を必要とする連邦法律で、定める。

6　連邦および州は、ドイツの超国家的ないし国際法的な義務違反によって生じた負担について国内法的権限配分および任務配分に従って分担する。欧州連合による州に関係する財政調整の場合には、連邦および州は、この負担を一五対八五で分担する。この場合、諸州全体が連帯して負担全体の三五パーセントを、一般的な基準に従って、分担し、負担全体の五〇パーセントは負担の原因を作った州が、保有する資産の価額に応じて分担する。詳細は、連邦参議院の同意を必要とする連邦法律で定める。

第一〇四b条〔連邦による財政援助〕

1　連邦は、この基本法が連邦に権限を与えている限り、州および市町村（市町村連合）のとくに重要な投資に対し、次に掲げる目的のために必要な場合、州に財政援助を与えることができる。連邦は、一段の規定に反して、国家が統制することができず、かつ国家財政に甚大な損害を与える大規模な自然災害または異常な緊急事態の場合には、立法権限を欠くときにも財政援助を与えることができる。

一　経済全体の均衡の撹乱を防止する目的

二　連邦領域内における経済力の格差を調整する目的

三　経済成長を促進する目的

2　詳細、とくに促進すべき投資の種類は、連邦参議院の同意を必要とする連邦法律によって、または連邦予算法律に基づき、行政上の取り決めを行うことによって、定める。連邦法律または行政上の取り決めは、財政援助の支出に関する州の計画を策定するための規律を規定することができる。州の計画を策定するための基準は、関係する州の了解を得て確定される。目的適合性の保証のために、連邦政府は、すべての官庁に報告と記録の提出を求めること、ならびに、調査を実施することができる。資金は期限を付けて支給され、その利用に関しては、定期的に審査される。財政援助は、時の経過とともに年額を下げていく。

3　連邦議会、連邦政府および連邦参議院は、要求に基づいて実施措置と改善結果についての報告を受ける。

第一〇四c条〔教育に対する州の投資の保障〕

連邦は、自治体の教育基盤の分野において、財政的に弱い市町村（市町村連合）に対する、全州的に重要な投資を行うことを、州に保障することができる。第一〇四b条2項および3項は、準用する。

第一〇五条〔租税に関する立法権限〕

1　連邦は、関税および財政専売に関する専属立法権を有する。

2　連邦は、その他の租税の収入の全部または一部が連邦に帰属する場合、または第七二条2項の要件が存在する場合には、これらの租税について、競合的立法権を有する。

2a　州は、連邦法律で定められた租税と同種のものではない限りにおいて、地域的消費税および地域的奢侈税に関する立法権を有する。州は、土地取得税に関して税率を規定する権限を有する。

3　全部または一部が州または市町村（市町村連合）の収入となる租税に関する連邦法律は、連邦参議院の同意を必要とする。

第一〇六条〔租税収入の配分〕

1　財政専売の収益および次に掲げる租税の収入は、連邦に帰属する。

一　関税

二　2項により州に帰属し、3項により連邦および州に共同に帰属し、ならびに6項により市町村に帰属するものを除く消費税

三　道路貨物運輸税、自動車税、その他のモーター付き交通手段に関する通行税

四　資本取引税、保険税および手形税

五　一回限りの財政税および負担調整実施のために徴収される調整税

六　所得税付加税および法人税付加税

七　欧州共同体による課税

2　次に掲げる租税の収入は、州に帰属する。

一　財産税

二　相続税

三　自動車税

四　1項により連邦に帰属し、ならびに3項により連邦および州に共同に帰属するものを除く取引税

五　ビール税

六　賭博場の課税

3　所得税、法人税および売上税の収入は、5項により所得税の収入が市町村に配分されず、また5a項により売上税の収入が市町村に配分されない限り、連邦と州に共同に帰属する（共同租税）。連邦および州は、所得税および法人税の収入を、それぞれ半分ずつ取得する。売上税に対する連邦および州の取得分は、連邦参議院の同意を必要とする連邦法律で確定する。確定に際しては、次に掲げる諸原則を踏まえなければならない。

一　経常収入の範囲内で、連邦および州はその必要支出の補填を求める同等の請求権を有する。その際、支出の範囲は多年にわたる財政計画を考慮しつつ認定しなければならない。

二　連邦および州の支出補填の要求は、公正な均衡が得られ、納税義務者の過重な負担が避けられ、かつ、連邦領域における生活関係の統一性が保持されるよう、相互に調整しなければならない。さらに、売上税に対する連邦および州の取得分の確定に際しては、所得税法において一九九六年一月一日から児童に対する配慮から生じる減収分が考慮される。詳細は、三段に基づいて連邦法律で定める。

4　売上税に対する連邦および州の取得分は、連邦および州の収支関係がいちじるしく変動したときは、改めて確定しなければならないが、この場合、3項、5項により売上税の取得分の確定に際して追加的に考慮される減収分は、考慮しないものとする。連邦法律によって州に対し付加的支出が課され、または州から収入が取り上げられる場合には、短期間に限定されているときの超過負担は、連邦参議院の同意を必要とする連邦法律により、連邦の財政交付金をもって調整することもできる。この法律は、この財政交付金の算定およびその州への配分に関する原則を定めるものとする。

5　市町村は、所得税収入につき、その市町村住

民の所得税納付の基礎資料に基づいて州が市町村に分与すべき分を取得する。詳細は、連邦参議院の同意を必要とする連邦法律で定める。その連邦法律では、市町村が市町村の取得分に対する税率を定める旨を規定することができる。

5a　市町村は、一九九八年一月一日より売上税に対する取得分を得る。これについては、州が地理的状況や経済的状況を判断の基準として決定する。詳細は、連邦参議院の同意を必要とする連邦法律で定める。

6　土地税および営業税の収入は市町村に帰属し、地域的消費税・奢侈税は市町村、または州の立法の定めるところに従って市町村連合に帰属する。市町村は、法律の範囲内において土地税および営業税の税率を確定する権利が与えられなければならない。州のなかに市町村が存在しないときは、土地税および営業税ならびに地域的消費税・奢侈税の収入は州に帰属する。連邦および州は、割当によって営業税の収入にあずかることができる。割当に関する詳細は、連邦参議院の同意を必要とする連邦法律で定める。州の立法の定めるところにより、土地税および営業税ならびに所得税収入に対する市町村の取得分を、割当の算定の基礎とすることができる。

7　共同租税の全収入に対する州の取得分のうち、市町村および市町村連合に対し、全体で、州の立法によって定められる百分率が与えられる。その他、州の立法は、州の租税の収入が市町村(市町村連合)の収入となるかどうか、またどの程度その収入となるかについて定める。

8　連邦が、個々の州または市町村(市町村連合)において、これらの州または市町村(市町村連合)に支出増または収入減(特別負担)の直接の原因となるような特別の設備を誘致するときは、連邦は、州または市町村(市町村連合)にその特別負担をかけることを要求できないとき、その限度において、必要な調整を行う。その設備の結果としてこれらの州または市町村(市町村連合)に生ずる第三者の補償給付および財政的利益は、調整に際して考慮される。

9　市町村(市町村連合)の収入および支出も、本条の意味における州の収入および支出とみなされる。

第一〇六a条〔旅客輸送における財政調整〕

公共旅客輸送に関して、連邦の税収の一部は、一九九六年一月一日以降、州に帰属する。詳細は、連邦参議院の同意を必要とする連邦法律で定める。一段による州の税収は、第一〇七条2項による財政力の評価に際しては考慮しない。

第一〇六b条〔自動車税の移行に伴う措置〕

二〇〇九年七月一日以降、自動車税が連邦に委譲されることにより、連邦の税収の一部が州に帰属する。詳細は、連邦参議院の同意を必要とする連邦法律で定める。

第一〇七条〔財政調整〕

1　州の租税の収入ならびに所得税および法人税の収入に対する州の取得分は、租税が税務官庁によって州の領域内で徴収される限度で、各州に帰属する(地域的収入)。連邦参議院の同意を必要とする連邦法律によって、法人税および賃金税につき、地域的収入の限度ならびに配分の方法および範囲に関する細則を定める。この法律は、その他の租税の地域的収入の限度および配分についても規定することができる。売上税の収入に対する州の取得分は、2項の規律するところを留保しつつ、人口に応じて配分される。

2　連邦参議院の同意を必要とする連邦法律によって、各州の異なる財政力が適切に調整されることが確保されなければならず、その際、市町村(市町村連合)の財政力と財政需要が考慮されなければならない。この目的のために、法律においては、売上税の収入の州の取得分の配分に際して、各州の財政力に応じた加減が規律されなければならない。追加の保障および減額の要件、ならびにこれらの加減の程度の基準が定められなければならない。財政力の測定のために、鉱業法上の採掘税は、州の収入の一部としてのみ考慮に入れることができる。法律は、連邦がその資金から、給付能力の弱い州に対し、その一般的財政需要を補充するための交付金(補充交付金)を与えることも定めることができる。交付金は、一段から三段までの基準とは別に、当該州の市町村(市町村連合)が特に税収力が小さいことが証明されたような給付能力の弱い州(市町村税収力交付金)、ならびに、第九一b条による奨励資金の配分が人口の割合を下回るような給付能力の弱い州に対しても保障される。

第一〇八条〔財務行政〕

1　関税、財政専売、連邦法律で規定された輸入売上税を含む消費税、および二〇〇九年七月一日以降の自動車税、その他のモーター付き交通手段に関する通行税ならびに欧州共同体の枠内での課税は、連邦税務官庁によって管理される。連邦税務官庁の組織は、連邦法律で定める。中級官庁を設置する場合は中級官庁の長は、州政府と協議して任命する。

2　その他の租税は、州税務官庁によって管理される。州税務官庁の組織および官吏の統一的養成は、連邦参議院の同意を必要とする連邦法律によって、規律することができる。中級官庁を設置する場合は中級官庁の長は、連邦政府の了解のもとに任命する。

3　州税務官庁が、全部または一部が連邦の収入となる租税を管理するときは、州税務官庁は、連邦の委任によって活動する。第八五条3項および4項は、連邦政府を連邦財政大臣と読み替えて、これを適用する。

4　租税法の執行がいちじるしく改善または簡易化される場合には、連邦参議院の同意を必要とする連邦法律により、租税を連邦税務官庁と州税務官庁が共同で管理すること、ならびに1項に定める租税を州税務官庁が管理すること、およびその他の租税を連邦税務官庁が管理することを規定することができる。市町村（市町村連合）のみの収入となる租税について、州は、州税務官庁に属する管理の全部または一部を市町村（市町村連合）に委任することができる。

4a　連邦参議院の同意を必要とする連邦法律により、2項に該当する租税の管理において、租税法の執行がそれによっていちじるしく改善または簡易化される場合は、その限りで、州の税務官庁間の共同、および一または複数の州の税務官庁に対して、当該州の了解を得て、州の権限を超える権限の移譲を規定することができる。費用の負担は連邦法律によって規律することができる。

5　連邦税務官庁によって適用される手続は、連邦法律で定める。州税務官庁によって適用される手続および4項二段の場合の市町村（市町村連合）によって適用される手続は、連邦参議院の同意を必要とする連邦法律で定めることができる。

6　財政裁判権は、連邦法律によって統一的に定める。

7　連邦政府は、一般的訓令を制定することができる。ただし、州税務官庁または市町村（市町村連合）が管理の義務を負う場合は、連邦参議院の同意を必要とする。

第一〇九条〔予算の運営〕

1　連邦および州は、予算の運営において独立し、相互に依存しない。

2　連邦および州は、欧州共同体設立条約第一〇四条に基づく欧州共同体の立法行為より生じる、財政規律を維持するためのドイツ連邦共和国の義務を共同して履行し、この限りで全体経済の均衡の要請に対して配慮しなければならない。

3　連邦および州の財政は、原則として起債による収入によらず、収支の均衡が維持されなければならない。連邦および州は、異常な景気の上昇および下降の影響を双方とも考慮するための規則ならびに国家の統制が及ばず、かつ国家財政に甚大な損害を与える大規模な自然災害または異常な緊急事態のための例外規則を規定することができる。例外規則のために、償還規則を定めることができる。その詳細に関しては、連邦の財政についていては、起債による収入が通常名目国内総生産の〇・三五パーセントを超えないときに一段が遵守されているという基準で、第一一五条の定めるところによる。州の財政に関する詳細な規定は、起債による収入が認められていない場合にのみ一段が遵守されているという基準で、憲法の規定する権限内で、州が定める。

4　連邦は、連邦参議院の同意を必要とする連邦法律により、予算法、景気に即応した予算運営および多年に及ぶ財政計画のための、連邦および州に共通する原則を、定めることができる。

5　欧州共同体条約第一〇四条の規定との関係で、財政規律を遵守させるための欧州共同体の制裁措置は、連邦および州が六五対三五の比率で分担する。州全体は、連帯して、州にかかる負担のうち三五パーセントを人口比に応じて分担し、州にかかる負担のうち六五パーセントは、各州が原因となった度合いに応じて分担する。詳細は、連邦参議院の同意を必要とする連邦法律で定める。

第一〇九a条〔安定化会議〕

1　連邦参議院の同意を必要とする連邦法律は、連邦の財政危機を回避するために、次の各号について定める。

一　合同の委員会（安定化会議）による連邦および州の財政運営の継続的な監視

二　差し迫った財政危機を確認する条件と手続

三　財政危機を回避するための健全化プログラムの策定および執行に関する原則

2　安定化会議は、二〇二〇年より、第一〇九条3項の基準の連邦および州による遵守の監視の義務を負う。監視は、財政規律を維持するための欧州連合の運営に関する条約に基づく法的行為による基準および手続に照準を定める。

3　安定化会議の議決およびそのもとになった審議資料は公表しなければならない。

第一一〇条〔予算および連邦の予算法律〕

1　連邦のすべての収入および支出は、予算に計上しなければならない。連邦企業および特別財産については、繰入れまたは引出しのみの計上をもって足りるものとする。予算は、収入と支出が均衡していなければならない。

2　予算は、一会計年度または年度別に区別された数会計年度について、最初の会計年度が始まる前に、予算法律によって確定される。予算法律は、予算が部分によって会計年度別に異なる期間執行されることを規定することができる。

3　2項一段による法律案ならびに予算法律および予算の修正案は、連邦参議院に送付するのと同時に連邦議会に提出される。連邦参議院は、六週間以内に、また修正案については三週間以内に、その提出案に対する態度を決定する権限を有する。

4　予算法律には、連邦の収入および支出ならびに、当該予算法律の時限に関する規定のみをおくことができる。予算法律は、次の予算法律の公布と同時に、または、第一一五条による授権があるときは、これより遅い時点で効力を失うことを規定することができる。

第一一一条〔暫定的予算運営〕

1　会計年度の終了までに、次年度の予算が法律によって確定されないときは、連邦政府は、当該法律が効力を発生するまで、次の目的のために必要な一切の支出を行う権限を有する。

a　法律に基づく施設を維持し、および法律で定められた措置を実施すること

b　連邦の法的義務を履行すること

c　前年度の予算によってすでに承認を得た金額の範囲内で、建築、調達およびその他の給付を継続し、またはこれらの目的に対して補助を継続すること

2　特別の法律に基づく租税収入、公課その他の財源からの収入または事業経営資金積立金が、1項の支出を充足できないときに限り、連邦政府は、財政の運営に必要な資金を、前年度予算の最終総額の四分の一を最高限度として、起債の方法によって調達することができる。

第一一二条〔予算の超過支出および予算外支出〕

予算の超過支出および予算外支出は、連邦財政大臣の同意を必要とする。この同意は、予見不可能かつ不可避の必要性がある場合に限り許される。詳細は、連邦法律で定めることができる。

第一一三条〔支出増額または収入減額についての連邦政府の同意〕

1　連邦政府が提案した予算の支出を増額し、または新たな支出を含みもしくは将来新たな支出を生じさせる法律は、連邦政府の同意を必要とする。収入の減額を含みまたは将来減額を生じさせる法律についても同様とする。連邦政府は、連邦議会がこのような法律について議決することを中止するように要求することができる。この場合、連邦政府は、六週間以内に、連邦議会に態度決定を送付しなければならない。

2　連邦政府は、連邦議会が法律を議決した後四週間以内に、連邦議会が議決し直すことを要求することができる。

3　法律が第七八条によって成立した場合は、連邦政府は、六週間以内に、かつ事前に1項三段および四段または2項による手続をとっていたときに限り、同意を拒否することができる。この期間の経過後は、同意は与えられたものとみなされる。

第一一四条〔決算の提出、会計検査〕

1　連邦財政大臣は、連邦政府の責任を解除するために、すべての収入および支出ならびに資産および負債についての決算書を、翌会計年度中に連邦議会および連邦参議院に提出しなければならない。

2　連邦会計検査院は、その構成員が裁判官的独立性を有し、連邦の決算ならびに予算執行および財政運営の経済性および適正性を審査する。連邦会計検査院は、一段による審査の目的のために、連邦行政の外の部署に対しても、調査を実施することができ、それは、連邦が州に対して、州の任務の遂行のために目的を限定した財政資金を支出するときにも実施することができる。連邦会計検査院は、連邦政府のほか、毎年直接に、連邦議会および連邦参議院に報告しなければならない。連邦会計検査院の権限に関するその他の事項は、連邦法律で定める。

第一一五条〔起債〕

1　将来の会計年度の支出をもたらす可能性のある起債ならびに人的および物的保証その他の保証の引き受けは、その額が特定されるかまたは特定されうるような、連邦法律による授権を必要とする。

2　収入および支出は、原則として起債による収入によらず、均衡が維持されなければならない。この原則は、起債による収入が通常の名目国内総生産の〇・三五パーセントを超えないときに

遵守されている。さらに、異常な景気変動の場合は、景気の上昇および下降における財政への影響を双方とも考慮しなければならない。一段ないし三段により許容される起債上限からの実際の起債の離反は、管理帳簿で把握しなければならず、通常の名目国内総生産に比して一・五パーセントを超える増加負担は、景気に応じて回復しなければならない。とりわけ、財政的業務行為に関する収支の清算、景気を調整する手続に基づく、景気状況を考慮しながらの年間の純起債額の上限を計算する手続ならびに規則上の上限からの実際の起債の離反の統制および調整についての詳細は、連邦法律で定める。国家の統制が及ばず、かつ国家財政に甚大な損害を与える大規模な自然災害または異常な緊急事態の場合には、連邦議会議員の多数の議決に基づいて、起債の上限を超えることができる。議決は償還計画と一体のものでなければならない。六段による起債の償還は適切な期間内に行わなければならない。

第一〇a章　防衛事態

第一一五a条〔概念および確認〕

1　連邦領域が武力で攻撃された、またはこのような攻撃が直接に切迫していること（防衛事態）の確認は、連邦議会が連邦参議院の同意を得て行う。確認は、連邦政府の申立てに基づいて行われ、連邦議会議員の過半数かつ投票の三分の二の多数を必要とする。

2　即時の行動が不可避とされる状況で、かつ、連邦議会の適時の集会に克服しがたい障害があり、または議決不能のときは、合同委員会が委員の過半数かつ投票の三分の二の多数をもって、この確認を行う。

3　確認は連邦大統領により、第八二条に従って連邦法律官報で公布される。これが適時に可能でないときは、他の方法によって公布されるが、可能な状況になったときは、直ちに連邦法律官報で追完しなければならない。

4　連邦領域が武力で攻撃され、かつ、権限を有する連邦機関が1項一段による確認を即時に行うことができる状況にないときは、この確認は行われたものとみなされ、かつ、攻撃が開始された時点で公布されたものとみなされる。

5　防衛事態の確認が公布され、かつ連邦領域が武力で攻撃されたときは、連邦大統領は、連邦議会の同意を得て、防衛事態の存在についての国際法上の宣言を発することができる。2項の条件のもとにおいては、合同委員会が連邦議会に代わるものとする。

第一一五b条〔命令・指揮権の連邦首相への移行〕

防衛事態の公布とともに、軍隊に対する命令権および指揮権は、連邦首相に移行する。

第一一五c条〔連邦の立法権限の拡張〕

1　連邦は、防衛事態に対処するために、州の立法権限に属する分野においても、競合的立法権を行使する。これらの法律は、連邦参議院の同意を必要とする。

2　連邦は、防衛事態の間、事情が必要とする限り、連邦法律により、防衛事態の対処のために次のことをすることができる。

一　公用収用の補償に関して、暫定的に第一四条3項二段と異なる措置を定めること

二　自由剥奪に関して、裁判官が、平時に適用される期間内では活動することができないとき、第一〇四条2項および3項一段とは異なる期間、ただし最高限四日の期間を定めること

3　連邦は、防衛事態において、現在の攻撃または直接切迫した攻撃を防御するために必要な限りで、連邦参議院の同意を必要とする連邦法律により、連邦および州の行政または財政制度について、第八章、第八a章および第一〇章と異なる規律を定めることができる。この場合、州、市町村および市町村連合の生存能力が、とくに財政的な観点からも保護されなければならない。

4　1項および2項一号による連邦法律は、その執行の準備のために、防衛事態の発生前であっても適用することができる。

第一一五d条〔緊急立法〕

1　連邦の立法について、防衛事態においては、第七六条2項、第七七条1項二段および2項ないし4項、第七八条ならびに第八二条1項にかかわらず、本条2項および3項の規定を適用する。

2　連邦政府が緊急なものと表明した連邦政府の法律案は、連邦議会に提出されるのと同時に連邦参議院に送付される。連邦議会と連邦参議院は、速やかに法律案を合同で審議する。法律が連邦参議院の同意を必要とするときは、その法律の成立には、連邦参議院の投票の過半数の同意を必要とする。詳細は、連邦議会が議決し、かつ連邦参議院の同意を必要とする議事規則で定める。

3　法律の公布については、第一一五a条3項二段を準用する。

第一一五e条〔合同委員会の権限〕

1　合同委員会が防衛事態において、委員の過半数かつ投票の三分の二の多数で、連邦議会の適時の集会に克服しがたい障害があり、または議決不能であることを確認したときは、合同委員会は、連邦議会および連邦参議院の地位を有し、両者の権利を統一して行使する。

2　合同委員会の法律によって基本法を改正し、基本法の全部もしくは一部の効力を失わせ、または適用を停止することは許されない。合同委員会は、第二三条1項二段、第二四条1項および第二九条による法律を制定する権限はもたない。

第一一五f条〔連邦政府の権限〕

1　連邦政府は、防衛事態において、事情が必要とする限りで、次のことをすることができる。

一　連邦国境警備隊を連邦の全領域に出動させること

二　連邦行政機関のほか州政府に対して、さらに、連邦政府が急を要すると認めるときは州官庁に対して、指示を与えること、ならびにこの権限を連邦政府の指名する州政府の構成員に委任すること

2　1項によってとられた措置は、遅滞なく、連邦議会、連邦参議院および合同委員会に報告しなければならない。

第一一五g条〔連邦憲法裁判所の地位〕

連邦憲法裁判所およびその裁判官の憲法上の地位または憲法上の任務の遂行は、侵害してはならない。連邦憲法裁判所法を合同委員会の法律によって改正することができるのは、それが連邦憲法裁判所の見解によっても連邦憲法裁判所の機能の維持のために必要であるとされる場合に限られる。このような法律が制定されるまでの間、連邦憲法裁判所は、裁判所の活動能力の維持のために必要な措置をとることができる。連邦憲法裁判所は、出席裁判官の過半数で、二段および三段の決定を行う。

第一一五h条〔憲法機関の機能〕

1　防衛事態中に満了する連邦議会または州国民代表機関の議員の任期は、防衛事態の終了後六カ月を経て終了する。防衛事態中に満了する連邦大統領の任期、ならびに、連邦大統領が任期満了前に欠けたときの連邦参議院議長による連邦大統領の権限の行使は、防衛事態の終了後九カ月を経て終了する。

2　合同委員会による連邦首相の改選が必要となったときは、合同委員会が委員の過半数をもって新連邦首相を選挙するものとし、この場合、連邦大統領が合同委員会に候補者を推薦する。合同委員会は、委員の三分の二の多数で後任者を選出することによってのみ、連邦首相に対し不信任を表明することができる。

3　防衛事態の期間中は、連邦議会の解散は禁止される。

第一一五i条〔州政府の権限〕

1　権限を有する連邦機関が、危険を防止するための必要な措置をとることができる状況になく、かつ、連邦領域の個別の部分における即時の自主的な行動が不可避的に必要であるときは、州政府または州政府の指定する官庁もしくは受任者が、第一一五f条1項の意味における措置を管轄の範囲でとる権限を有する。

2　1項による措置は、連邦政府により、また州官庁および下級の連邦官庁との関係では、州の首相によっても、いつでも廃止することができる。

第一一五k条〔非常事態における法令の効力〕

1　第一一五c条、第一一五e条および第一一五g条による法律、ならびにこれらの法律の根拠に基づいて制定された法規命令は、それが適用されている期間中は、これに反する法の適用を排除する。ただし、第一一五c条、第一一五e条および第一一五g条の根拠に基づいて以前に制定された法律については、この限りでない。

2　合同委員会が議決した法律およびこれらの法律に基づいて制定された法規命令は、遅くとも防衛事態の終了の六カ月後に効力を失う。

3　第九一a条、第九一b条、第一〇四a条、第一〇六条および第一〇七条と異なる規律を含む法律は、遅くとも防衛事態が終了した翌々年度末までしか効力を有しない。このような法律は、防衛事態の終了後、連邦参議院の同意を得た法律により改正し、第八a章および第一〇章による規律に移行させることができる。

第一一五l条〔防衛事態における法律および措置の廃止、防衛事態の終了、講和〕

1　連邦議会は、連邦参議院の同意を得て、いつでも合同委員会の法律を廃止することができる。連邦参議院は、連邦議会がこの議決を行うように要求することができる。その他、合同委員会または連邦政府が危険防止のためにとった措置は、連邦議会および連邦参議院の議決により廃止される。

2　連邦議会は、いつでも、連邦参議院の同意を得て、連邦大統領が公布する議決によって防衛事態の終了を宣言することができる。連邦参議

院は、連邦議会がこの議決を行うように要求することができる。防衛事態は、その確認の前提となった条件が存在しなくなったときは、その終了を宣言しなければならない。

3　講和については、連邦法律で決定する。

第一一章　経過規定および終末規定

第一一六条〔ドイツ人の概念、国籍の再取得〕

1　この基本法の意味におけるドイツ人とは、法律に別段の定めがある場合を除き、ドイツ国籍を有する者、または一九三七年一二月三一日現在のドイツ国の領域内に、ドイツ民族に属する亡命者もしくは難民またはその配偶者もしくは子孫として受け入れられている者をいう。

2　一九三三年一月三〇日と一九四五年五月八日との間において、政治的、人種的、または宗教的理由によって国籍を剥奪された旧ドイツ国民およびその子孫は、申請に基づいて国籍を回復することができる。一九四五年五月八日の翌日以後、ドイツ国内に住所を有し、かつ反対の意思を表明していない者は、国籍を喪失しなかった者とみなされる。

第一一七条〔第三条2項および第一一条の経過規定〕

1　第三条2項に反する法は、基本法のこの規定に適合するまでの間、効力を継続する。ただし、遅くとも一九五三年三月三一日までとする。

2　現在の住宅不足を考慮して移転の自由を制限している法律は、連邦法律によるその廃止までの間、効力を継続する。

第一一八条〔南ドイツ諸州の再編成〕

バーデン、ヴュルテンベルク＝バーデンおよびヴュルテンベルク＝ホーエンツォレルンの諸州を含む地域の再編成は、第二九条の規定にかかわらず、関係諸州の協定によって行うことができる。協定が成立しないときは、連邦法律によって再編成を規律するが、この法律は住民アンケートについて規定しなければならない。

第一一八a条〔ベルリン州およびブランデンブルク州の再編成〕

ベルリン州およびブランデンブルク州を含む地域の再編成は、第二九条の規定にもかかわらず、有権者も参加する両州の合意によって行うことができる。

第一一九条〔亡命者および難民事項についての法律に代わる命令〕

ドイツ人亡命者および難民に関する事項、とくに各州への配属に関しては、連邦法律が規律するまでの間、連邦政府は、連邦参議院の同意を得て、法律的効力を有する命令を制定することができる。この場合、連邦政府に対して、特別の場合に個別の指示を与えることを授権することができる。指示は緊急な場合を除き、州最高官庁に対して与えなければならない。

第一二〇条〔占領費用および戦後処理費用〕

1　連邦は、連邦法律で詳しく定めるところに従い、占領費用の支出およびその他の、戦後処理に要する内外の費用を負担する。この戦後処理に要する費用が、一九六九年一〇月一日までに、連邦法律で規律されたときは、この連邦法律の基準に従い、連邦と州が比例配分によってこれを負担する。連邦法律でこれまでに規律されたことがなく、現在も規律されていない戦後処理費用の支出を、一九六五年一〇月一日までに、州、市町村（市町村連合）または、州もしくは市町村の任務を遂行するその他の担当機関が提供してきた場合は、連邦は、この時点以後も、この種の支出を負担する義務を負わない。連邦は、失業保険を含む社会保険および失業救済の負担に対する補助金を負担する。本項で規定する戦後処理費用の連邦および州の配分は、戦争結果に対する賠償請求権に関する法律の規定には影響を及ぼさない。

2　収入は、連邦が支出を引き受けるのと同時に連邦に移行する。

第一二〇a条〔負担調整の実施〕

1　負担調整を実施するための法律は、連邦参議院の同意を得て、調整給付の領域においては、一部は連邦が、一部は連邦の委任によって州が執行すること、ならびに、第八五条に基づいてかつその限りで連邦政府および所管の連邦最高官庁に属する権限の全部または一部を連邦調整官庁に委任することを規定することができる。連邦調整官庁は、この権限の行使について、連邦参議院の同意を必要としない。連邦調整官庁の指示は、緊急の場合を除き、州最高官庁（州調整官庁）に対して与えなければならない。

2　第八七条3項二段は、影響を受けない。

第一二一条〔「構成員の多数」の概念〕

この基本法の意味における連邦議会および連邦会議の構成員の多数とは、法律に定める構成員数の多数をいう。

第一二二条〔従来の立法権限の移行〕

1　連邦議会の集会以後は、法律は、もっぱらこの基本法で承認された立法権によって議決される。

2　1項によって権限が消滅する立法機関および立法の審議に協力する機関は、この時点で解散する。

第一二三条〔旧法および旧条約の効力継続〕

1　連邦議会集会前の法は、この基本法と抵触しない限り、効力を継続する。

2　旧ドイツ国が締結した条約で、この基本法によって州の立法権限に属する事項を対象としているものは、それが一般的法原則にてらして有効であり、かつ効力を継続する場合には、新条約がこの基本法において権限を有する機関によって締結されるか、または、条約に含まれている規定に基づいて、条約が効力を失うまでの間、関係当事者の一切の権利および異議を留保して、なおその効力を有する。

第一二四条〔専属的立法分野における連邦法の効力継続〕

連邦の専属的立法事項に関する法は、その適用範囲において、連邦法となる。

第一二五条〔競合的立法分野における連邦法の効力継続〕

連邦の競合的立法事項に関する法は、その適用範囲において、次の場合、連邦法となる。

一　一または二以上の占領地区内において統一的に適用されるとき

二　一九四五年五月八日より後に、旧ライヒ法を改正した法に関するとき

第一二五a条〔一九九四年一一月一五日前に公布された連邦法の効力の継続〕

1　連邦法として公布されながら、第七四条1項の改正、第八四条1項七段、第八五条1項二段もしくは第一〇五条2a項二段の挿入または第七四a条、第七五条もしくは第九八条3項二段の削除により、その後は、連邦法として公布することができなくなる法は、引き続き連邦法としての効力を有する。この法は、州法によって代替することもできる。

2　第七二条2項の根拠に基づいて、一九九四年一一月一五日までに有効に公布されながら、第七二条2項の改正により、その後は、連邦法として公布することができなくなる法は、引き続き連邦法としての効力を有する。この法は、州法によって代替することができるということを、連邦法律で規定することができる。

3　州法として公布されながら、第七三条の改正により、その後は、州法として公布することができなくなる法は、引き続き州法としての効力を有する。この法は、連邦法によって代替することもできる。

第一二五b条〔旧七五条に基づく大綱的法律の効力〕

1　第七五条の根拠に基づいて、二〇〇六年九月一日までに有効に公布された法およびその後も連邦法として公布されうる法は、引き続き連邦法としての効力を有する。州の立法に関する権限と義務はその限りで存続する。州は、第七二条3項一段に挙げられている領域においては、この法と相違する規律を行うことができるが、第七二条3項一段二号、五号および六号の領域においては、連邦が二〇〇六年九月一日以後に立法権限を行使した場合にのみこの法と相違する規律を行うことができ、かつ、二号および五号の場合には遅くとも二〇一〇年一月一日以後に連邦が立法権を行使した場合に限られ、六号の場合には遅くとも二〇〇八年八月一日以後に連邦が立法権を行使した場合に限られる。

2　州は、第八四条の根拠に基づいて、二〇〇六年九月一日より前に有効に公布された連邦法律による規律と相違する規律を行うことができ、行政手続に関する規律については、二〇〇六年九月一日以後、各連邦法律の行政手続の規律が変更された場合にのみ、二〇〇八年一二月三一日まで、連邦法律と相違する規律を行うことができる。

第一二五c条〔共同の任務の変更に伴う法律の効力〕

1　第九一a条2項および関連規定の1項一号の根拠に基づいて、二〇〇六年九月一日まで有効なものとして公布された法は、二〇〇六年一二月三一日まで効力を持続する。

2　第一〇四a条4項により、市町村の交通助成および社会的な居住計画促進の分野において、二〇〇六年九月一日まで有効なものとして成立した規律は、二〇〇六年一二月三一日まで効力を持続する。市町村交通助成法第六条1項による特別の計画のために市町村交通助成の領域において創造された規律、ならびに、基本法第一〇四a条4項によりブレーメン、ハンブルク、メクレンブルク＝フォアポンメルン、ニーダーザクセンおよび、シュレスヴィヒ＝ホルシュタインの海港のための連邦の財政援助に関する法律により、第一〇四a条4項により二〇〇一年一二月二〇日から二〇〇六年九月一日まで効力を有するものとして創造された規律は、それが廃止されるまで効力を持続する。連邦法

律による市町村交通助成法の改正は、二〇二五年一月一日まで許されない。第一〇四a条4項により、二〇〇六年九月一日まで効力を有するものとして創造されたその他の規律は、それより早い時点の失効が規定されているか、または予定されない限り、二〇一九年一二月三一日まで効力を持続する。

第一二六条〔旧法の連邦法としての効力継続についての意見の相違〕

法の連邦法としての効力継続についての意見の相違に関しては、連邦憲法裁判所が裁判する。

第一二七条〔統合経済地域の法〕

連邦政府は、関係諸州の政府の同意を得て、統合経済地域を管理する法を、それが第一二四条または第一二五条によって連邦法として効力を継続するときは、この基本法の公布後一年以内に、バーデン、大ベルリン、ラインラント＝プファルツおよびヴュルテンベルク＝ホーエンツォレルンの諸州に施行することができる。

第一二八条〔指示権の効力継続〕

継続して効力を有する法が、第八四条5項の意味での指示権を規定しているときは、その限りで、法律で別段の定めをするまで当該指示権は効力を維持する。

第一二九条〔授権の効力継続〕

1 連邦法として継続して効力を有する法令において、法規命令もしくは一般的訓令の制定に対する授権または行政行為に対する授権が含まれているときは、この権限は、以後、当該事項を所管する機関に移行する。疑義のある場合は、連邦政府が連邦参議院の了解を得て決定し、その決定は公表する。

2 州法として継続して効力を有する法令において、同様の授権が含まれているときは、この権限は、州法上管轄権を有する機関によって行使される。

3 1項および2項の意味における法令が、その改正もしくは補充または法令の制定を、法律に代わって授権されているときは、この授権は消滅する。

4 法令において、もはや有効でない規定、またはもはや存在しない施設が指示されているときは、1項および2項の規定を準用する。

第一三〇条〔現在ある施設の管轄〕

1 行政機関および公行政または司法のためのその他の施設で、州法または、州間の条約に基づかないもの、ならびに、西南ドイツ鉄道の合同経営機関およびフランス占領地区の郵便、電気通信制度管理委員会は、連邦政府の所管とする。連邦政府は、連邦参議院の同意を得て、移譲、解散または清算を規律する。

2 これらの行政機関および施設の職員の最高の監督者は、所管の連邦大臣である。

3 州の直轄でなく、また州間の条約にも基づかない公法上の団体および営造物は、所管の連邦最高官庁の監督のもとに置かれる。

第一三一条〔旧公務員の法律関係〕

一九四五年五月八日に公職にありながら、官吏法上または賃金法上の理由以外の理由で職を離れ、かつ今日まで使用されず、または従前の地位に相当する地位において使用されていないドイツ人亡命者および難民を含む者の法律関係は、連邦法律で定めるものとする。一九四五年五月八日に扶助を受ける資格を有していながら、官吏法上または賃金法上の理由以外の理由で現在扶助を受けず、または相当する扶助を受けていない、ドイツ人亡命者および難民を含む者についても同様とする。連邦法律が施行されるまでは、州法に別段の定めがある場合を除き、法的請求権を行使することはできない。

第一三二条〔官吏の権利の取消〕

1 この基本法施行の時に終身官として任命された官吏および裁判官が、人格的または専門的に職務に対する適性を欠いているときは、連邦議会の第一回の集会後六カ月以内に、退職もしくは休職させ、または低い俸給の官職に転任させることができる。この規定は、解職することができない事務員に対しても準用する。解職予告可能な事務員の場合には、賃金法上の規律を超える予告期間は、同じ期間以内に廃止することができる。

2 この規定は、「ナチズムおよび軍国主義からの解放」に関する規定に該当しない公務員またはナチズム被迫害者と認められた者に対しては、本人に重大な理由がある場合を除き、適用しない。

3 該当者は、第一九条4項によって出訴することができる。

4 詳細は、連邦参議院の同意を必要とする連邦政府の法規命令で定める。

第一三三条〔統合経済地域の行政権の継承〕

連邦は統合経済地域の行政の権利および義務を継承する。

第一三四条〔旧ドイツ国の財産の継承〕

1 旧ドイツ国の財産は、原則として、連邦の財産となる。

2　旧ドイツ国の財産は、それが本来の目的規定上、主として、この基本法では連邦の行政任務とされていない行政任務のためのものであった場合は、今後それを所管する機関に無償で移管し、この基本法によれば今後州が履行することになる行政任務のための財産で、一時的でなく現在利用されている場合は、州に移管する。連邦は、その他の財産も州に移管することができる。

3　州および市町村（市町村連合）が無償で旧ドイツ国に提供した財産は、連邦が固有の行政任務として必要としない限り、再び州および市町村（市町村連合）の財産とする。

4　詳細は、連邦参議院の同意を必要とする連邦法律で定める。

第一三五条〔旧州および旧団体の財産の継承〕

1　一九四五年五月八日の翌日以後この基本法の施行までの間に、ある地域の所属州が変更されたときは、その地域が所属していた州の財産は、この地域において、現在の所属州に帰属する。

2　現存しない州ならびに現存しないその他の公法上の団体および営造物の財産は、それが本来の目的規定上、主として行政任務のためのものであったか、または、行政任務のために一時的でなく現在利用されている限り、今後この任務を履行することになる州または公法上の団体もしくは営造物に移管する。

3　現存しない州の土地財産は、それがすでに1項の意味における財産に属しない限り、従物とともに、それが存在する州に移管する。

4　連邦の重要な利益またはある地域の特別な利益が必要とする限り、連邦法律によって、1項ないし3項と異なる規定を定めることができる。

5　その他、権利の継承および清算については、それが一九五二年一月一日までに関係諸州または公法上の団体もしくは営造物の間の規定によって行われない限り、連邦参議院の同意を必要とする連邦法律で定める。

6　旧プロセイン州の私法上の企業に対する参加関係は、連邦に移す。詳細は、連邦法律で定める。ただし連邦法律は、これと異なることを規定することもできる。

7　1項ないし3項によって、州または公法上の団体もしくは営造物に属すべき財産について、その権利を取得する者が、基本法の施行以前に州法律により、州法律の根拠に基づき、またはその他の方法で、処分してしまったときは、財産の移管は処分前に行われたものとみなす。

第一三五a条〔旧ドイツ国の債務〕

1　連邦は、第一三四条4項および第一三五条5項によって留保されている連邦の立法によって、次に掲げる債務は履行しない、または完全には履行しない旨を定めることもできる。

一　旧ドイツ国の債務ならびに旧プロイセン州およびその他の現存しない公法上の団体および営造物の債務

二　第八九条、第九〇条、第一三四条および第一三五条による財産の移転に関連する連邦または他の公法上の団体および営造物の債務、ならびに一号に掲げた権利主体の措置に基づくその債務

三　州および市町村（市町村連合）の債務で、一九四五年八月一日前に、占領軍の命令を実施するために、または戦争による困窮状態を除去するために、旧ドイツ国に課せられた、または旧ドイツ国から委ねられた行政任務の範囲内で、これらの権利主体がとった措置から生じたもの

2　1項は、ドイツ民主共和国またはその権利主体の債務、ならびにドイツ民主共和国の連邦、州および市町村への財産の移転に関連する連邦またはその他の公法上の団体および営造物の債務、ならびにドイツ民主共和国またはその権利主体の措置に基づく債務に準用する。

第一三六条〔連邦参議院の第一回集会〕

1　連邦参議院は、連邦議会の第一回の集会の日に、第一回の集会をする。

2　最初の連邦大統領が選挙されるまでは、大統領の権限は、連邦参議院議長が行使する。連邦参議院議長は連邦議会の解散権は有しない。

第一三七条〔公務員の被選挙権〕

1　連邦、州および市町村における官吏、公務に従事する事務職員、職業軍人、任期のある志願兵および裁判官の被選挙権は、法律で制限することができる。

2　連邦共和国の最初の連邦会議および最初の連邦大統領の選挙に関しては、基本法制定会議の議決する選挙法が適用される。

3　第四一条2項によって連邦憲法裁判所に属する権限は、それが設置されるまでは、統合経済地域のドイツ高等裁判所が行使し、自らの手続規則に従って裁判する。

第一三八条〔南ドイツの公証人制度〕

バーデン、バイエルン、ヴュルテンベルク＝バーデンおよびヴュルテンベルク＝ホーエンツォレルンの諸州における現行の公証人制度の

変更は、州政府の同意を必要とする。

第一三九条〔脱ナチ化規定の効力継続〕

「ドイツ国民のナチズムおよび軍国主義からの解放」のために制定された法令は、この基本法の規定によって影響を受けない。

第一四〇条〔宗教団体の権利〕

一九一九年八月一一日のドイツ国憲法（ワイマール憲法）第一三六条、第一三七条、第一三八条、第一三九条および第一四一条の規定は、この基本法の構成部分とする。

ワイマール憲法（ドイツ国憲法）

第一三六条〔宗教、公民の地位〕

1　市民および公民の権利および義務は、宗教の自由の行使によって制約または制限を受けない。

2　市民および公民の権利の享有、ならびに公職の付与は、当人の信仰とは関係なく認められる。

3　何人も、宗教的な確信を告白することを義務づけられない。官庁は、宗教団体の所属について、権利および義務がそれに基づくものであるとき、または法律で指示されている統計調査に必要なときに限り、質問する権利を有する。

4　何人も、教会の儀式もしくは祝典または、宗教的行事への参加もしくは宗教的誓約形式の使用を強制されない。

第一三七条〔宗教団体〕

1　国教会は、存在しない。

2　宗教団体の結成の自由は保障される。ライヒ領域内の宗教団体の結合は、いかなる制約にも服さない。

3　すべての宗教団体は、すべての人に適用される法律の制限内で、自立的に、自らの事項を決定し管理する。

4　すべての宗教団体は、国家または市町村の協力なしに聖職者を叙任する。宗教団体は、民法の一般的規定により、権利能力を取得する。

5　宗教団体は、それが従前、公法上の法人であったならば、今後もその地位を保持する。その他の宗教団体は、組織および構成員数により団体の持続性が保障されるならば、申請に基づいて、同様の権利を認められる。複数の公法上の宗教団体が結合する場合は、結合によってできた団体も公法人となる。

6　公法人の宗教団体は、住民税台帳に基づき、州法の規定に従って、税を徴収する権能が与えられる。

7　世界観を共同で保護育成することを課題としている結社は、宗教団体と同等の地位を与えられる。

8　本条の規定の執行のために、詳細な規律が必要なときは、州の立法による。

第一三八条〔国家の給付、財産〕

1　法律、契約または特別の法的権原に基づく宗教団体への国家の給付は、州の立法によって支払われる。これに関する原則は、ライヒが策定する。

2　宗教団体および宗教的結社に対しては、文化・教育・福祉目的のための営造物、財団およびその他の財産に対する財産権、ならびにその他の権利が、保障される。

第一三九条〔日曜日、祝日〕

日曜日および国家的に承認された祝日は、休息および精神の高揚の日として、法律で保障される。

第一四一条〔軍隊および施設における司牧〕

軍隊、病院、刑事施設、その他の公の営造物において、礼拝式または司牧の需要があるときは、宗教団体は、宗教的儀式を執り行うことを認められる。ただし、その場合、いかなる強制も伴ってはならない。

第一四一条〔ブレーメン条項〕

第七条3項一段は、一九四九年一月一日時点で、州法に別段の定めをおいている州には、適用しない。

第一四二条〔州憲法の基本権〕

第三一条の規定にかかわらず、州の憲法規定は、この基本法の第一条から第一八条までの規定に適合して基本権を保障する限り、効力を有する。

第一四二a条〔削除〕

第一四三条〔旧東ドイツ地域における経過措置〕

1　統一条約第三条に掲げる地域の法が、異なる事情のために基本法の秩序に完全に適合させることができないときは、その限りで、遅くとも一九九二年一二月三一日までは、この基本法の規定と相違することができる。ただし、相違は第一九条2項に違反してはならず、かつ、第七九条3項に掲げる原則と一致しなければならない。

2　第二章、第八章、第八a章、第九章、第一〇章および第一一章との相違は、遅くとも一九九五年一二月三一日まで許される。

3　1項、2項にかかわらず、統一条約の第四一条および施行規則は、統一条約第三条に掲げる地域における財産の侵害に対して補償が行われないことを規定している限りにおいて、効力を継続する。

第一四三ａ条〔連邦鉄道の連邦の専属的立法権〕

1　連邦は、連邦固有の行政において運営してきた連邦鉄道が、民営化することに伴うすべての事務に関して、専属的立法権を有する。第八七ｅ条5項の規定は、準用する。連邦鉄道の官吏に対しては、法律により、法的地位を維持しながら、私法的に組織される連邦鉄道の上司の責任のもとに、サービス的職務を割り当てることができる。

2　1項による法律は、連邦が執行する。

3　従前の連邦鉄道の旅客輸送の分野における任務の遂行は、一九九五年一二月三一日までは、連邦の事務とする。これは、対応する鉄道輸送行政の任務についても同様とする。詳細は、連邦参議院の同意を必要とする連邦法律で定める。

第一四三ｂ条〔ドイツ連邦郵便の民営化〕

1　特別財産のドイツ連邦郵便は、連邦法律の基準に従い、私法形式の企業に移行する。連邦は、これに伴うすべての事務に関して、専属的立法権を有する。

2　移行前に存する連邦の専属的権利は、連邦法律により、過渡期の間、ドイツ連邦郵便「郵便事業」およびドイツ連邦郵便「テレコム」をもとに作られる企業に付与することができる。連邦は、少なくとも法律施行後五年間は、ドイツ連邦郵便「郵便事業」の後継企業の資本の過半を手放すことはできない。これについては、連邦参議院の同意を伴う連邦法律を必要とする。

3　ドイツ連邦郵便に勤務する連邦官吏は、法的地位を維持しながら、上司の責任のもとに、私企業に従事する。当該私企業は、職務上の命令権を行使する。詳細は、連邦法律で定める。

第一四三ｃ条〔共同の任務の廃止に伴う財政負担〕

1　二〇〇七年一月一日から二〇一九年一二月三一日まで、共同の任務の廃止による大学附属病院を含む大学の拡充および新設、教育計画に対して、ならびに、市町村の交通事情改善および社会的な居住計画促進のための財政援助の廃止による連邦の助成部分の減少に対して、毎年、連邦の予算から支出される金額は、州に帰属する。この金額は、二〇一三年一二月三一日までは、二〇〇〇年から二〇〇八年までの参考期間における連邦の助成分担金の平均額をもとにして算出される。

2　1項による金額は、二〇一三年一二月三一日までは、州に対して以下のように分配される。

一　各州の二〇〇〇年から二〇〇三年までの配分額の平均の金額を毎年の固定額とする

二　これまでの共同助成の任務領域の目的に応じて個別に決定する

3　連邦および州は、二〇一三年末までに、1項によって配分された助成金が、州の任務遂行にとって、どの程度、適合的かつ必要であるかを審査する。二〇一四年一月一日以降は、1項により配分される補助金に加えられる2項二号に規定する目的別の補助金は廃止される。ただし、投資目的と結びついた資金は従前通りとする。連帯規約Ⅱに基づく協定には、影響を及ぼさない。

4　詳細は、連邦参議院の同意を必要とする連邦法律によって定める。

一四三ｄ条〔州に対する財政援助〕

1　二〇〇九年七月三一日まで効力を有する第一〇九条および第一一五条の適用は、二〇一〇年の会計年度が最終年度となる。二〇〇九年八月一日から有効となる第一〇九条および第一一五条の適用は、二〇一一年の会計年度が初年度となり、二〇一〇年一二月三一日時点で、すでに設定された特別財産のための起債の授権は、影響を受けない。州は、二〇一一年一月一日から二〇一九年一二月三一日までの期間、現行の州法の規則に従い、第一〇九条3項の基準から離反することが許される。州の予算は、二〇二〇年の会計年度に第一〇九条3項五段の基準が履行されるように計画を立てなければならない。連邦は、二〇一一年一月一日から二〇一五年一二月三一日までの期間、第一一五条2項二段の基準から離反することが許される。現在の赤字解消は、二〇一一年の会計年度に開始されるべきである。二〇一六年の会計年度に、第一一五条2項二段の基準が履行されるように予算の年次計画を立てなければならず、その詳細は連邦法律で定める。

2　二〇二〇年一月一日以降の第一〇九条3項の基準の遵守を援助するために、ベルリン、ブレーメン、ザールラント、ザクセン＝アンハルト、シュレスヴィヒ＝ホルシュタインの各州に対して、二〇一一年から二〇一九年までの期間、連邦の予算から毎年、合計で八億ユーロの強化支援金が支給される。その内訳は、ブレーメンが三億ユーロ、ザールラントが二億六千万ユーロ、ベルリン、ザクセン＝アンハルト、シュレスヴィヒ＝ホルシュタインの各州が八千万ユーロとする。援助は、連邦参議院の同意を必要とする連邦法律の基準に従った行政協定に基づいて行われる。支援金の支給は、二〇二〇年までに財政赤字を完全に解消することを前提条件としている。とくに、財政赤字の年次別の解消段階、安定化会議による財政赤字解消の監視、ならびに解消段階が遵守されなかった場合の結果についての詳細は、連邦参議院の同意を必要とする連邦法律および行政協定によって定める。極端な財政危機を理由として、強化支援金と健全化支援金を同時に支給することは、認められない。

3　強化支援金の支給によって生じる財政負担は、連邦および州が半分ずつ負い、州は売上税の取得分をもってこれに充てる。詳細は、連邦参議院の同意を必要とする連邦法律によって定める。

4　第一〇九条3項の基準を将来的に独自に維持するための援助として、ブレーメン州およびザールラント州に対して、二〇二〇年一月一日以降、連邦予算から年八億ユーロの健全化援助金を認可することができる。両州は、これに関して、過度の負債の解消および経済・財政力の強化のための措置を講じる。詳細は、連邦参議院の同意を必要とする連邦法律が定める。健全化援助および極端な財政危機に基づく健全化援助の同時の認可は禁止される。

第一四三e条〔連邦高速自動車道（アウトバーン）等の特例〕

1　連邦高速自動車道は、第九〇条2項に反して、遅くとも二〇二〇年一二月三一日まで委任行政により州によって、または、州法により権限を認められた自治体によって、運営される。連邦は、第九〇条2項および4項により、連邦参議院の同意を必要とする連邦法律により、委任行政の連邦行政への変更を規律することができる。

2　連邦は、二〇一八年一二月三一日までに行われる州の申請により、第九〇条4項に反して、当該州の領域にある、その他の遠距離交通の連邦道路の管理を、二〇二一年一月一日までの効力をもって連邦行政として引き受ける。

第一四三f条〔財政調整の特例〕

連邦および州間の財政調整に関する法律、ならびに第一〇七条2項を根拠として二〇二〇年一月一日以降も効力を有するものとして制定された法律は、二〇三〇年一二月三一日より後に、連邦政府、連邦議会または三州以上が共同して、連邦国家の財政関係の新秩序の審議を要求し、連邦政府、連邦議会または当該州の審議要求の通告の後、五年を経過しても連邦国家の財政関係の新秩序を定める法律が施行されないときは、失効する。失効の日は、連邦法律官報で告示される。

第一四三g条〔財政調整等の経過規定〕

二〇一九年一二月三一日までの租税負担の配分、州間の財政調整および連邦の補充交付金の規律に関しては、二〇一七年七月一三日の基本法改正法律が施行されるまで効力を有していた第一〇七条が、継続して適用される。

第一四四条〔基本法の採択、ベルリン法〕

1　この基本法は、最初に適用されるべきドイツの諸州の三分の二の国民代表機関によって採択されることを必要とする。

2　この基本法の適用が、第二三条に掲げる諸州のうちの一州またはその一部において制限を受けるときは、当該州またはその一部は、第三八条により連邦議会に、および第五〇条により連邦参議院に、単に代表者を派遣する権利を有する。

第一四五条〔基本法の公布〕

1　基本法制定会議は、公開の会議において、大ベルリンの代議員の協力を得て、この基本法の採択を確定し、これを認証し、およびこれを公布する。

2　この基本法は、公布の日の翌日から施行する。

3　この基本法は、連邦法律官報によって公布する。

第一四六条〔基本法の有効期限〕

ドイツの統一と自由の完成によって、全ドイツ国民に適用されるこの基本法は、ドイツ国民が自由な決定によって決議する憲法が施行される日に、その効力を失う。

14　フィリピン共和国

萩野芳夫

解　説　364
フィリピン共和国憲法　369
前文……三六九
第一条　国土……三六九
第二条　諸原理と国策の宣言（諸原理・国策）……三六九
第三条　権利章典……三七〇
第四条　市民権……三七二
第五条　選挙権……三七二
第六条　立法府……三七二
第七条　行政府……三七六
第八条　司法府……三七九
第九条　憲法委員会……三八一
A　一般規定……三八一
B　公務員委員会……三八二
C　選挙管理委員会……三八三
D　会計検査委員会……三八四
第一〇条　地方自治（一般規定・自治区）……三八五
第一一条　公務員の責任……三八六
第一二条　国家経済と国有財産……三八八
第一三条　社会的正義と人権（労働・農地改革と資源改革・都市部土地改革および住宅計画・健康・女性・市民団体の権利と役割・人権）……三九〇
第一四条　教育・科学技術・芸術・文化・体育（教育・言語・科学技術・芸術・文化・スポーツ）……三九三
第一五条　家族……三九五
第一六条　一般規定……三九五
第一七条　憲法の修正または改正……三九六
第一八条　経過規定……三九六

解説

フィリピン憲法は、本書旧版でも取り上げられ、比較法的説明が簡潔に書かれている。参考にされたい。旧版の故中川剛教授は、フィリピン研究の先達である。私は彼に連れられフィリピンの官庁回りをしたり、セブ島にある拙宅で何日も議論を続けて楽しく過ごした仲である。憲法の私の訳文にもそれが現れている。

この憲法は、「人民革命」の中で作り出された。にもかかわらず、三〇年以上の間改正されていない。私は、人民革命憲法が活動を始めたころからフィリピンで仕事をする生活をしてきたので、この憲法のもとで起きた憲法問題に、大いに興味をひかれている。いくつかの事例を書き留めたい。

一　憲法の歴史

一五二一年に、航海王マゼランが、大西洋を越え、太平洋を乗り越えて、初めてアジアに進攻してきたところがセブ島にくっついているマクタン島である。マゼランは、マクタン島の長《おさ》たちの反撃を受けて、命を落とした。これがスペインによる植民地支配の始まりになった。フィリピン人民の植民地支配への抵抗は、やっと一八九〇年代になって始まった。独立革命運動が高揚した。革命軍は、一八九七年一一月二日に憲法を宣言し、共和国政府を樹立した。しかし、革命軍の支配領域はルソン島の山中を中心とする一部に過ぎなかったので、この憲法及びその政府は実効性をもたなかった。一八九八年六月までには、ルソン島の全域が革命軍の手に落ちた。一八九九年一月二一日に、フィリピン共和国の成立が宣言され、憲法（マロロス憲法）が制定された（第一共和国）。しかし、この憲法が公布された日の前年の一二月一〇日に、アメリカが、スペインに二千万ドルを支払って、フィリピンを領有するという秘密協定を締結し、軍事的支配を始めていた。フィリピンは、兵器、装備、組織、訓練、戦術、戦略のいずれにおいても優れているアメリカ軍と戦わなければならなかった。フィリピン人民軍の抵抗は、長くはつづかなかった。一九〇一年四月一九日には、フィリピン人自身が初めて作った憲法及び国家は、押しつぶされた。

アメリカの属領になってからも、フィリピン人民は、粘り強く独立を求めて闘いつづけていく。一九三四年に、憲法制定会議の設置にまでこぎつけ、翌年に、アメリカ合衆国憲法の思想を採り入れた憲法を採択した。この憲法は、一九三五年いらいアメリカ合衆国支配のもとにおける自治共和国の基本法として機能し、さらに、一九八六年の「人民革命」によって勝ち取られた現憲法に強い影響を与えた。

一九四一年一二月八日の真珠湾攻撃直後に、日本軍はフィリピンへの攻撃を始め、一二月一〇日にはルソン島に上陸、翌年一月にはマニラ占領、ただちに傀儡《カイライ》政権を樹立した。一九四三年九月四日に新憲法を制定、一〇月一四日に第二共和国誕生の式典を催した。この憲法は、一九三五年憲法を踏襲するものではあったが、日本の敗北によって廃止され、フィリピン国民の手によって、あらためて一九三五年憲法が復活した。太平洋戦争終了後、一九四六年にアメリカから独立、民主的選挙によって第三共和国が誕生した。

一九六〇年代の後半になると、一九三五年憲法は時代遅れで、国内に満ちている深刻な諸問題に対応できなくなっているとして、改正要求が強く叫ばれるようになった。一九七〇年一一月一〇日に、憲法制定会議が招集され、七二年一一月三〇日に新憲法草案が確定され、翌年一月に行われた国民投票によって承認された。一月一七日に、マルコス大統領は、この憲法が即日効力を発する旨を布告した。

一九七三年憲法は、議院内閣制、儀礼的権力のみをもつ大統領制、正規の国会開会の諸規定などを置いていたが、頻繁な改正によって強大な大統領権限を認めるものになっていった。マルコスは、一九八一年に憲法改正、選挙によりまたも大統領になって第四共和国の誕生を宣言した。

民衆は、マルコスの独裁と汚職によって打ちのめされたが、ついに、一九八六年二月に人民革命が実現して、コラソン・アキノ（八三年にマルコスに暗殺された元大統領ニノイ・アキノの夫人）大統領を出現させた（第五共和国）。新大統領のもと、八七年二月二日に新憲法が制定され、三十年間改正されることなく、国民の支持を得ている。

二　憲法の構成

前文
第一条　国土
第二条　諸原理と国策の宣言（諸原理・国策）
第三条　権利宣言
第四条　市民権
第五条　選挙権
第六条　立法府
第七条　行政府
第八条　司法府
第九条　憲法委員会（A一般規定・B公務員委員会・C選挙管理委員会・D会計検査委員会）
第一〇条　地方政府（一般規定・自治区）
第一一条　公務員の責任
第一二条　国家経済と国有財産
第一三条　社会的正義と人権（労働・農地改革と資源改革・都市部土地改革及び住宅計画・健康・女性・市民団体の権利と役割・人権）
第一四条　教育・科学技術・芸術・文化・体育（言語・科学技術・芸術・文化・スポーツ）
第一五条　家族
第一六条　一般規定
第一七条　修正または改正
第一八条　経過規定
布告（Ordinance）

三　憲法の原理・理想

憲法は、第二条において重要な原理・理想を謳っている。

⑴フィリピンは、民主主義国であり、共和国である。主権は、人民にあり、国家のすべての権力は、人民から発する（一節）。⑵国家の政策の手段としての戦争を放棄する（二節）。⑶文民の権威は、どのような場合にも、軍人に優越する（三節）。⑷政府の第一の任務は、人民への奉仕とその保護にある（四、五節）。⑸政治と宗教の分離（六節）。⑹一般的に確立している国際法の諸原則を、国法の一部として位置付ける（二、七節）。⑺核兵器からの自由（八節：憲法制定当時は、アメリカ軍の空、海の基地が存在した。本条の意味は、米軍の核兵器持ち込みを拒否するという意味である）。⑻国家は、個人の尊厳を尊重し、人権の完全な尊重を保障する（一一節）。⑽地方自治の保障（二五節）。⑾公共の利益にかんする国家のすべての行為の情報公開（二八節）。

一九八七年憲法は、統治の組織と権力の行使、人民の権利の保障の基本的な規定を定めるという、通常の憲法典のありかたをはるかに超えて、国家の理想、政治思想や願望のほか、過去のプラス遺産を継承発展させ、マイナス遺産を清算し、発展途上にある国として、さまざまな具体的行動の指針にいたるまで書きつらねたものになっている。

この憲法は「人民革命憲法」と呼ばれる。右記のように、通常の憲法典を越えて、人間が理想とするものを可能な限り取り入れている。翻訳にあたっても、その意図を表現することを考慮したつもりである。

四　生起した憲法問題

① 新憲法の制定から数年の間は、しばしば軍によるクーデターが発生した。高い理想を掲げて登場した憲法だけれども、長くは続かぬかと思わせることもあったが、次第に人民の心の中に深く根づいていき、軍も新憲法のもとにおける政治に納得した状況になった。

② 第一〇条に基づくムスリム・ミンダナオ、コルディリェラス自治区が発足（一九九〇年）。

③ スービック米海軍基地、クラーク米空軍基地が撤収された（一九九一年）。

④ ラモス大統領の時代に、その支持者が、憲法七条四節一項の大統領の任期六年限りという規定を改正して、任期を倍にするための運動を起こした。この規定はマルコス独裁のごときを許さぬための重要な規定であると認識するものが圧倒的に多く、間もなく運動は静まった。

⑤ 国籍と市民権　市民権は、国籍を基礎にしていることは言うまでもない。しかし憲法上保障されている様々な自由や権利は、フィリピン国籍を持つだけでは不十分とされることが多い。市民権概念が、重要な位置を占めている。日本では、「国民」が論じられることが多く、市民権概念が論じられることは少ない。憲法・法令の体系が、フィリピンと大変異なっていることに注意すべきだ。フィリピン憲法の訳書や解説書などを見ると、日本の法制を論じるのと同じように、国籍の用語を使っているものも多い。

フィリピンには、例えばこんな例がある。大統領の資格は「生来的フィリピン市民」を要件としている（七条二節）。持っている国籍が「生来的国籍」、すなわち出生の時に取得したものでなければならない。国籍を取得できるケースは四つある。(A)帰化した者（四条一節(d)）。(B)憲法制定の時にフィリピン国籍を持っていた者（同節(a)例えば、フィリピンがアメリカから独立したときに、一定のアメリカ人は、フィリピン国籍を認められた。それを継続している人がいる）。(C)一九七三年一月一七日以前にフィリピン国籍を持つ母から生まれ、成人になったときにフィリピン国籍を選択した者（同節(c)例えばアメリカは生地主義だから、生まれた人はアメリカ国籍を持つ。この人はフィリピンに帰ってきて成人になったとき、アメリカ国籍とフィリピン国籍のどちらかを選ばねばならない）。生来的フィリピン市民でない者は、たくさんいる。しかも生来的フィリピン市民の要件が課せられるのは副大統領、人権委員会委員長及び委員など憲法の規定によって差別されているものが、一〇例をこえる。憲法を改正すべきという主張もあり、法廷に持ち出した例もある。判例は、平等原則上の問題なしとしている（**Ichong, etc., et al. vs. Hernanndez, etc., and Sarmiento**）。二〇〇七年五月の一斉選挙で、上下両院の立候補者の各院一人ずつが憲法訴訟を提起し、最高裁まで持ち込んだが、憲法上の問題ありとはされなかった。

⑥　人権保障と外国人　この憲法は、ナショナリズムを強く謳っている。外国人の権利を規制して、その上でフィリピン市民の権利保護を定める例もいくつかある。

第二条「諸原理と国策の宣言」は、経済について、フィリピン市民が運営する国家経済を基本原理とした。フィリピン市民による私企業への援助権（一二条一節）、天然資源開発関与資格は、フィリピン市民起業家あるいはフィリピン市民が六〇パーセント以上権利を保有する法人・団体のみに認められる。外国人の土地取得権の否定、公的施設に対する市民優先など数多い。

教育に関しても、フィリピン市民もしくは、資本の六〇パーセント以上が市民に保有されている法人・団体でなければ、所有、管理、運営できない（一四条）。外国人学校は、一時居住者用以外には、原則として設立が許されない。マスメディアの所有、管理、運営は、市民が保有する法人などにのみ認められる。広告産業は、市民もしくは市民が資本の七〇パーセント以上を保有する法人などにのみ許可される。

以上の諸規定を実施するための法令が制定され、いくつかの憲法訴訟が提起されたが、判例は問題なしとしている（**Krivenko vs. Register, 79 Phil. 461; Ng Tingvs. vs, Fugoso（C. A）. 45 O. G. 2545.; Talan vs. People, 169 SCRA 586（1989）**）。

⑦　アロヨ大統領は、憲法の大統領制を議院内閣制に改正することを提案した。この案は、間もなく始まった一斉選挙（二〇〇七年五月）でも争点にならず、改正の動きには程遠い状況だが、後に見るように、注目される問題であり続けている。

⑧　二〇一六年に大統領になったデュテルテ氏の下で起こっている憲法問題が、注目されている。

A　デュテルテ氏に近い人たちが考えていることに、現憲法の地方自治制度を改めて、連邦制国家にする案があると言われる。いくつかの自治体を結合して、邦を作り、議会を置き、議会において首相を選び（議院内閣制）、大統領が任命する。首相は、自治体の長に比べて、独自の強力な権力をもち行使することができる。大統領は行政権を持ち（七条一節）、国軍の最高司令官である（同条一八節）が、現状は、軍隊はもちろん警察、課税などを含め多面に渡り諸権限を中央政府が行使するものが多い。大統領といえども、長年の間に作り上げられた中央政府の権力行使を、短期間の間に左右することは難しい。連邦制になれば、大統領は、権力を握った邦の長と連携することによって、これまで及ばなかった様々な事項について権力の行使ができるようになる。デュテルテ大統領は、多数のフィリピン市民によって支持されているが、一方では人の生命・人権の尊重を軽んじているとか、より強い権力の把握を考えていると疑われている。デュテルテ氏側のいう連邦主義は、つぎのことも含んでいると危惧する。長い間独裁的権力行使・巨額収賄などで批判され、「人民革命」によってアメリカに逃げ、逃げた先で死去したマルコス大統領の息子ボン・ボン・マルコスとデュテルテ氏は交際がある。連邦制にすれば、ボン・ボンを一つの邦の首相にして密接に連携し、大きな権力を行使することができる。一種の独裁体制を狙うものだというのである。

B　デュテルテ大統領が、憲法の認める範囲を超えて権力を行使しているという批判がいろいろある。国際的にも注目されているのは、大統領によって促進されている麻薬撲滅のための麻薬取締官・警察官・軍人等に、犯人逮捕のさい超法的殺害を許していることである。メディアや法律職にある者まで、共通に言っているのが、麻薬犯逮捕の際にすでに（二〇一七年四月までに）七千人以上の犯人を殺害したということである。同じ頃、国際的人権擁護の会が、国連人権委員会に報告書を提出した。それには「政治的殺人」が五〇カ所で行われたと書かれている（フィリピン Inquirer 紙二〇一七年四月一二日）。

C　デュテルテ大統領を取り巻く人々は、超法規的殺害とか政治的殺人などと言われることを避けるため、アロヨ大統領から アキノ大統領時代の後、デュテルテ大統領の時代まで、法制度上否定されてきた死刑を復活しようと考えている。政治家たちの間では、法案が作成され、かなりの人たちの賛成を得ているようである。しかし、一般市民の間では、反対が強く、しばしば一九八六年の「人民革命」を彷彿させる集会・行列が行われている。第三条一九節1項は、「残虐、品位を汚す非人道的刑罰を科してはならない。国会の定める凶悪犯罪によるやむを得ない場合のほか、死刑は科せられない。」と定めている。死刑を定める法律を制定するかどうかについて、全国で論争されているのである。

フィリピン共和国憲法

（一九八七年二月一一日発効）

前文

主権を有するフィリピン国民は、全能の神の助力を念じながら、正義と人道に基づく社会を建設し理想と希望とを体現すべき政府を樹立し国民の幸福を増進し、伝統的遺産を継承発展させ、われわれとわれわれの子孫のために、法の支配と、真実・公正・自由・愛情・平等および平和の体制下における独立と民主主義の恵福を、確かなものにするために、ここにこの憲法を確定し、公布する。

第一条　国土

（領土の範囲）

わが国の領土は、フィリピン群島におけるすべての島ならびにそれをとり囲む海域を包摂し、フィリピン国の主権もしくは管轄権が及ぶ他のすべての領域をあわせて領土とする。これは領地・領水・領空をもって構成され、領海には海底・底土・島嶼棚その他の海面下が含まれる。フィリピン群島の諸島周辺の領水は、規模の大小にかかわらず、フィリピン国の内海に属するものとする。

第二条　諸原理と国策の宣言

諸原理

第一節（政体と国民主権）

フィリピン国は民主主義と共和制の国家である。主権は国民に存し、統治の権能は、すべて国民から発する。

第二節（戦争放棄）

フィリピン国は、国策の手段としての戦争を放棄し、一般的に確立された国際法規を国法の一部として認め、すべての国ぐにとの平和・平等・公正・自由・協調および友好を政治原理とする。

第三節（文民支配）

軍隊はつねに文民支配のもとに置かれる。フィリピン国軍は国民と国家の擁護者である。その目的は、国家主権の保持と国土の保全にある。

第四節（政府および国民の責任）

国家政府の主要任務は、国民への奉仕と国民を保護することにある。政府は、国民に、国家の防衛への参加を要求することができ、すべてのフィリピン市民は法の定める基準に従い、それぞれ文武の公務に服することを求められる。

第五節（政治目標）

平和と秩序の保持、生命・自由・財産の保護および公共の福祉の発展は、民主主義のもたらす成果を全国民に及ぼすために欠くことのできないものである。

第六節（政教分離）

政教分離の原則は、侵してはならない。

国策

第七節（対外政策の基調）

国の対外政策は、独立を旨として行われなくてはならない。他の諸国との関係においては、国家主権・領土の尊重・国家利益および自決の権利に最大の考慮が払われなくてはならない。

第八節（核兵器からの自由）

フィリピン国は、国益として、領土内における核兵器からの自由を政策として採択し、その政策を追求するものとする〔解説の三を参照されたい・萩野〕。

第九節（生活配慮）

国は、正義に適合し、かつ活力ある社会秩序の構築につとめ、国家の繁栄と独立、国民の貧困からの解放をはからなくてはならない。このために国家は、適切な社会的役務を整え、完全雇用を目指し、生活水準の向上およびすべての国民の生活の質を向上させる政策を採用しなければならない。

第一〇節（社会的正義）

国は、国家発展のあらゆる局面で、社会的正義の実現につとめなければならない。

第一一節（人間の尊厳）

国は、すべての人間の尊厳を価値として認め、人間としての権利に最大の敬意が払われることを保障する。

第一二節（家族生活の尊重）

国は、家族生活の尊厳を認め、家族を社会の基本的かつ自治的制度として保護し、強化する。妊娠における母胎と胎児の生命は、平等な保護が与えられる。青少年の市民としての能力の育成および徳育に関する両親の自然にして本来の権利および義務は、国家政府により援助される。

第一三節（青少年の重要性）

国は、国家建設における青少年の枢要な役割を認め、その身体的・道徳的・精神的・知能的かつ社会的福利の保護・増進につとめるものとする。国は、青少年に愛国主義と国家独立の思想を教え、公共的および市民的行事への参加を奨励する。

第一四節（女性の地位）

国は、国家建設における女性の役割を認識し、法の下における男女の基本的平等を保障する。

第一五節（健康権）

国は、国民の健康に対する権利を保護・増進し、国民のあいだに、健康に関する知識を普及しなくてはならない。

第一六節（生態環境権）

国は、自然のリズムと運行に調和して均衡のとれた、健康的生態環境に対する国民の権利を保護・増進する。

第一七節（文化国家の構想）

国は、愛国と国家独立の思想を涵養するため、教育・科学技術・芸術文化・体育を重視し、社会的進歩を促進し、全面的解放発展を増進しなければならない。

第一八節（労働政策）

国は、労働が社会的経済的活力の基本であることを確認する。国は、労働者の諸権利を保障すると同時に、その福利を増進させなくてはならない。

第一九節（国家経済の基本原理）

国は、自主独立の国家経済を発展させ、フィリピン市民による運営をはからなくてはならない。

第二〇節（自由主義経済の基本線）

国は、私的経済部門の不可欠な役割を認め、私企業活動を奨励し、必要な投資を誘因する措置を講じなければならない。

第二一節（農地改革）

国は、総合的な地方開発と農地改革を進めなければならない。

第二二節（文化の多様性）

国家の統一と発展を損わないかぎり、固有の文化共同体の諸権利は保障される。

第二三節（任意的公益団体）

国は、国民全体の利益に資するものとして、非政府的かつコミュニティもしくは地域を単位とする諸団体の設置と活動を奨励する。

第二四節（情報・伝達）

国は、国家建設における情報およびその伝達の重要な機能を認識する。

第二五節（地方自治）

国は、地方政府における自治を保障する。

第二六節（公務の公正）

国は、公共のサービスを受ける機会を平等に保障する。法律の定めるところにより政治的閥族は禁止される。

第二七節（汚職腐敗の禁止）

国は、公務の廉直を期し、汚職腐敗に対しては断固たる処置を取る。

第二八節（情報公開）

法律に定められた合理的基準に基づき、国は公益に関わりのある一切の業務を公開する政策を追求する。

第三条　権利章典

第一節（適正手続の保障・法の下の平等保護）

何人も、法の適正な手続によることなしには、生命・自由・財産を奪われない。また何人も、法の平等の保護を拒まれない。

第二節（捜査逮捕押収に対する保障・令状主義）

身体・住居・書類その他の動産につき、性質・目的の如何を問わず不当に捜査・逮捕・押収を受けることのない国民の権利は侵されない。裁判官が、告訴・告発者の宣誓もしくは証言に基づいて取調べたのち、個々に決定される正当の理由によるのでなければ、捜査令状も逮捕・押収令状も発せられない。

令状には、捜査される場所、逮捕または押収される人や物が明記されていなくてはならない。

第三節（通信の秘密）

信書および通信の秘密は、裁判所の適法な命令によるか、法律の定めるところにより公共の安全秩序の維持のために必要とされる場合でなければ、侵されない。

前節および本節の第一項に違反して収集された証拠は、いかなる目的のためにも、いかなる手続においても用いてはならない。

第四節（表現・出版・集会・請願の権利自由）

言論・表現・出版の自由、または国民が平穏に集会し、苦情の救済に関し政府に請願する権利を侵害する法律を通過させてはならない。

第五節（宗教活動の自由）

国教を定め、あるいは宗教活動の自由を奪う法律は、制定されてはならない。信仰の告白や礼拝の自由は、なんらの差別・優劣を設けられることなく、永久に認められる。市民的権利または政治的権利の行使について、宗教上の基準が必要とされてはならない。

第六節（居住・移転・旅行の自由）

法律の定める範囲内での居住・移転の自由は、

裁判所の適法な命令によるほかは侵されない。法律の規定により定められた国家の安全・人民の保護・衛生上の必要の場合のほかは、旅行の権利は侵されない。

第七節（政府情報の公開）

公的関心の対象となる情報に対する国民の権利は尊重される。政策形成の基礎となった公の記録、事務書類、公の行為に関する見解を述べたもの、措置、決定に関わるもの、および政策を展開する基礎として用いられた政府による研究資料は、法律による制限のもとに国民の閲覧に供せられなくてはならない。

第八節（結社の権利）

法律に違反しない目的をもつかぎり、公共団体および私企業に雇用された者の権利、団結権、結社および集会の権利は奪われない。

第九節（正当な補償）

私有財産は、正当な補償なしに公共のために用いられることはない。

第一〇節（モラトリアムの禁止）

契約上の義務を停止する法律を通過させてはならない。

第一一節（裁判・法的扶助を受ける権利）

何人も、貧困のゆえに裁判所および準司法機関に救済を求め、適切な法的扶助を得る権利を害されることはない。

第一二節（黙秘権・国選弁護人）

1　何人も、犯罪の捜査を受けるに際しては、黙秘しうること、自己のために能力のあるかつ中立・公正な弁護人を依頼しうることを知らされる権利を有する。弁護人を依頼する能力を欠くときは、国がこれを供する。これらの諸権利は、書面により、かつ弁護人の立会いなくして放棄させられることはない。

（拷問・監禁等の禁止）

2　自由意思を損なう拷問・強制・暴行・脅迫・威嚇その他いかなる手段も用いられてはならない。監禁のための隠し牢、独房、隔離房等その他これらに類する拘禁の仕方は禁じられる。

（意に反する陳述の証拠力）

3　本節もしくは第一七節に違反して得られた自白もしくは承認は、証拠として採用されない。

（制裁と補償）

4　本節の違反に対する刑事的・民事的制裁および拷問等の被害者や家族に対する補償と復権については、法律で定めるものとする。

第一三節（保釈の権利）

終身刑に相当する罪の有罪の証拠が明白な場合を除き、何人も、有罪判決の前に、法律の定めるところによる充分な保証もしくは保釈金により釈放される。保釈の権利は、人身保護令状請求の権利が停止されているあいだも損なわれない。保釈金は過剰にわたってはならない。

第一四節（迅問における適正手続）

1　何人も、法の適正な手続によらないで刑事犯罪につき迅問されることはない。

（刑事被告人の権利）

2　刑事的訴追を受けた者は、有罪が証明されるまでは無罪を推定され、自己もしくは弁護人を通じて意見を述べ、自己にたいする訴追の性質・原因について知らされ、迅速公平かつ公開の裁判を受け、みずから証人に会い、強制的手続によって自己のために証人を求め、証拠を提出する諸権利を有する。罪状認否の手続が取られたのちは、被告人が、正当に告知されたにもかかわらず出頭せず、その不出頭に理由がないときは、欠席のまま裁判を続行することができる。

第一五節（人身保護令状）

人身保護令状を請求する権利は、侵略や反乱のような公共の安全にとって必要とされるとき以外は、停止されてはならない。

第一六節（迅速な裁判等を受ける権利）

何人も、司法機関、準司法機関、行政機関による事件の迅速な処理を受ける権利を有する。

第一七節（証言の自由）

何人も、自己に不利益な証人になることを強制されない。

第一八節

（政治的信条の自由）

1　何人も、自己の政治的信条や政治的希求によってのみ拘禁されることはない。

（意に反する苦役の禁止）

2　正当に有罪とされたときの犯罪処罰の場合のほかは、いかなる意に反する苦役も禁じられる。

第一九節

（不当、残虐な刑罰の禁止）

1　不当に多額の罰金を科することは禁じられる。残虐、品位をけがす非人道的な刑罰を科してはならない。国会の定める凶悪犯罪によるやむをえない場合のほか、死刑は科せられない。

（在監者への配慮）

2　受刑者、被拘禁者にたいする肉体的精神的苦痛を目的としたもしくは品位を傷つける刑罰の採用、および非人道的状況をつくりだしている、基準を下まわる劣悪な刑罰施設は法によって矯正される。

第二〇節（債務監獄の禁止）

何人も、債務もしくは人頭税滞納のために投獄されることはない。

第二一節（二重処罰の禁止）

何人も、同一の犯罪によって重ねて刑罰を科せられることはない。ひとつの法令によって処罰される行為が、有罪または無罪の判決を受けたときは、その行為に対する他の法令に基づく有罪・無罪の決定やその後の訴追は禁止される。

第二二節（遡及処罰の禁止）

事後法または権利剥奪法は制定してはならない。

第四条　市民権

第一節（市民の要件）

つぎの各号に定める者は、フィリピン市民である。

(a)　この憲法制定のときにフィリピン国籍を有する者

(b)　父または母がフィリピン国籍を有する者

(c)　一九七三年一月一七日以前に、フィリピン国籍を有する母から生まれ、成人に達したときにフィリピン国籍を選択した者、および

(d)　法律の定めるところにより帰化した者

第二節（出生による国籍取得）

出生によるフィリピン市民とは、出生の事実だけにより、国籍取得の手続・その他追完のいかなる行為も要することなく、フィリピン国籍を有する者をいう。第一節（c）号によりフィリピン国籍を取得した者は、出生による国籍取得者とみなされる。

第三節（国籍離脱の自由）

フィリピン国籍は、法律の定めるところにより離脱または再取得することができる。

第四節（国際結婚による国籍の得喪）

外国人と結婚したフィリピン市民は、法律の定める自己の行為もしくは不行為によって放棄したものとみなされないかぎり、フィリピン国籍を有する。

第五節（二重国籍）

二重国籍者は国家利益を害するものであり、法律によって処分される。

第五条　選挙権

第一節（選挙権者の資格）

選挙権をもつのは、年齢一八歳以上で、一年以上フィリピンに居住し、選挙の少くとも六カ月前に投票することを申請した選挙区に居住するフィリピン国籍を有する者である。読み書きの能力、財産資格その他の要件は、選挙権の行使について課されてはならない。

第二節（投票の秘密・不在者投票・身体障害者等への配慮）

投票の秘密の不可侵、資格を有する在外フィリピン市民の不在者投票制度については、国会がこれを定める。また国会は、身体障害者、読み書きの能力を持たない者が、他者の援助なしに投票できるよう手続を定める。それまでは、現存の法律および投票の秘密を保護するために選挙管理委員会が発する規則に従って投票が行われる。

第六条　立法府

第一節（立法権）

立法権は、フィリピン国会に存する。国会は上院および下院をもって構成される。ただし、国民発案・国民投票の権利が国民に留保される。

第二節（上院の構成）

上院は、法律の定めるところによって、フィリピン市民有権者全体により公選された二四名の議員で構成される。

第三節（上院議員の資格）

出生によるフィリピン市民で、選挙のとき三五歳以上で読み書きの能力がある有権者であって、選挙のときまで引き続き二年以上フィリピンに居住し選挙登録した者でなければ、上院議員となることができない。

第四節（上院議員の任期）

上院議員の任期は六年とし、法律の特別の定めがないかぎり、選挙に続く六月三〇日正午から起算する。上院議員は連続二期を超えて在職することはできない。辞職は、その任期中の時期を問わず、その任期を中断する効果を有しない。

第五節（下院議員の選出方法）

1　法律により別の定めがされないかぎり、下院は二五〇名を超えない議員で構成する。下院議員は、県、市、マニラ都市圏の全領域を、それぞれの住民数に応じて、統一形態の、かつ、累進比率形態の選挙区から選出される議員、および、登録された国、州、地方の政党もしくは団体の政党名簿方式によって選出される議員とで

構成される。

（代表制多様化への措置）

2 政党名簿制による議員は、全下院議員数の二〇パーセントとする。この憲法の制定に続く三期のあいだ、政党名簿による議員に割当てられた議席の半分は、法律の定めるところにより、労働者、農民、都市貧困者、先住者、文化団体、女性、青年その他宗教団体を除く法律の定める諸領域から、選任または選挙によって選出される者により構成する。

（選挙区の適正）

3 選挙区は、できるだけ実用的で、飛び地でなく、かつまとまりのある整った地域により構成される。各県および二万五千以上の人口を有する市は、少くとも一名の議員を割当てられる。

（議員定数配分）

4 国会は、国政調査の結果により、三年以内に、本節の定める基準によって議員選挙区再配分を行わなければならない。

第六節（下院議員の資格）

出生によるフィリピン市民で、選挙のとき二五歳以上で読み書きの能力を有し、政党名簿制議員の場合を除き、立候補する選挙区の有権者であって、選挙のときまで引続き一年以上その選挙区に在住した者でなければ下院議員となることができない。

第七節（下院議員の任期）

下院議員の任期は三年とし、法律による特別の定めがないかぎり、選挙のあとの六月三〇日正午から起算される。下院議員は連続三期を超えて在職できない。辞職は、その時期にかかわらず、選挙によって得た任期を中断する効力を有しない。

第八節（国会議員の通常選挙）

法律による特別な定めがある場合を除いて、上院議員・下院議員の選挙は、五月の第二月曜日に行われる。

第九節（国会議員の特別選挙）

上院もしくは下院に欠員を生じたときは、法律の定めるところにより、欠員補充のための特別選挙が行われる。ただし、選出された上院議員もしくは下院議員は残任期間のみ在職する。

第一〇節（議員の歳費）

両院の議員は、法律の定めるところにより歳費を受ける。歳費の増額は、これを可決した両院の議員全員の任期が満了しなければ発効しない。

第一一節（不逮捕特権・演説討論の無答責）

両院の議員は、国会の会期中、六年を超える刑期に相当する犯罪の場合を除いては、逮捕されない特権を有する。また両院の議員は、国会もしくはその委員会で行ったいかなる演説討論についても、院外で責任を追及されない。

第一二節（議員の個人的利害と法案）

両院の議員は、就任に際して、その経済上・職業上の利害を完全に公開しなくてはならない。また、自分が提案者のひとりである議員提出法案より生じる利害については、それぞれの議員に通知しなくてはならない。

第一三節（兼職禁止）

両院の議員は、政府、もしくはその部局、下部機関または、代理機関、政府所有または政府の支配に服する法人あるいはその子会社等の職を兼ねてはならない。もしもそれらのいずれかの職に就いたときは、議席を喪失する。また在任中に創設され、もしくは報酬が増額されたいかなる職にも就いてはならない。

第一四節（私的利益からの隔離）

両院の議員は、通常裁判所、選挙裁判所、準司法機関その他の行政機関に弁護人として出頭することができない。在任中は、直接間接を問わず、政府、その部局、下部機関または代理機関、政府所有または政府の支配に服する法人あるいはその子会社等との契約や政府が与えた特典ないし特権に関して金銭的関わりを持つことができない。また、金銭上の利益を求めて、政府の機関が扱う事項に介入することはできず、職務上その行為を要求されるときも同様とする。

第一五節（国会の会期）

国会は、法律によって特に指定されないかぎり、毎年一回、七月の第四月曜日に通常国会を招集する。会期は、土曜、日曜、法定祝日を除き次期通常国会開始の三〇日前まで継続する。大統領はいつでも特別国会を招集することができる。

第一六節

（役員の選定）

1 上院および下院は、それぞれの全議員の過半数をもって議長を選出する。両院はそれぞれ他の必要な役員を選任する。

（議事定足数）

2 両院はそれぞれの議員の過半数をもって議事定足数とする。出席議員が定足数に達しないときは一日単位で延期することができる。また、各院が定める手続および懲罰により、欠席議員の出席を強制することができる。

3 （懲罰）

両院はそれぞれの議事規則を定め、秩序を乱す行為のあった議員を処罰し、それぞれ総議員の三分の二以上の賛成により議員を登院停止もしくは除名することができる。登院停止については、六〇日を超えることができない。

4 （議事録）

両院はそれぞれ議事録を保存し、国家の安全に関わると判断される部分以外は、適時公表しなければならない。また出席議員の五分の一以上の要求があれば、議題のいかんを問わず賛否の表決を議事録に記録しなくてはならない。両院は、議事録原本を保管しなくてはならない。

5 （各院の休会）

国会の会期中は、いずれの議院も他院の同意なく三日を超えて休会することはできず、会議場を他の場所へ変更することもできない。

第一七節（選挙裁判所）

上院および下院は、それぞれの議員の選挙、当選および資格に関する一切の争訟を専属的に裁判する選挙裁判所を設ける。各院の選挙裁判所は、九人の裁判官をもって組織する。そのうち三人の裁判官は、最高裁判所長官が指名する最高裁判所判事とし、残り六人の裁判官は、それぞれ上院議員もしくは下院議員とする。場合によっては、議員裁判官は、政党もしくは政党名簿制のもとに登録されている政党会派の議員から比例代表を基礎として選ばれる。選挙裁判所の裁判長は、最年長者の最高裁判事とする。

第一八節（任命委員会）

公務員任命委員会が設けられる。委員会は、上院議長を委員長とし、各院における政党からその議員数に応じて、および、会派政党名簿制により登録されている政党会派の議員から比例代表を基礎として選ばれた一二名の上院議員、一二名の下院議員によって組織される。委員長は、可否同数の場合を除き、投票しない。委員会は、そこに提出されたすべての任命事案につき、提出の日から国会会期中の三〇日以内に事案を処理する。

第一九節（選挙裁判所・任命委員会の成立）

選挙裁判所および任命委員会は、両院が成立してそれぞれの議長が選出された後三〇日以内に組織される。任命委員会は、委員長または委員の過半数の要求により、国会の会期中にかぎり開催され、この憲法により付与された権限を行使する。

第二〇節（経理の公開）

国会の会計帳簿および記帳録は保存され、法律の定めるところにより公開される。会計および記帳録は会計検査委員会の検査を受け、同委員会により毎年、各議員に支払われた歳費および諸経費の項目別一覧表が公表される。

第二一節（国政調査）

両院もしくはそれぞれの各委員会は、適正に制定された手続・規則に従って、立法の補助となる国政調査を行う。国政調査のため召喚されもしくは影響を受ける個人の権利は、尊重されなくてはならない。

第二二節（各省長官の出席と意見陳述）

各省長官は、大統領の同意に基づく自己の発意により、または各院の規則に基づくいずれかの院の要求によって出席し、その省の所管事項について意見を述べることができる。質問事項は、長官が出席する日の少くとも三日前に、上院議長または下院議長に書面にして提出しなくてはならない。質問事項に限定されないが、これに関連したものでなくてはならない。ただし、国家の安全や公共の利益に関わるものであり、かつ大統領が書面で通告したときは、長官の出席発言は秘密会で行わせることができる。

第二三節

1 （宣戦）

国会は、両院の合同会議における、それぞれの投票の三分の二の賛成によって、戦争状態の存在を宣言する権限を有する唯一の機関である。

2 （国家緊急権）

戦時もしくは国家緊急事態に際して、国会は、法律の定めるところにより、大統領に対し、一定期間をかぎり、かつ法律の制約のもとに、宣言された国策遂行のための必要適切な権限を付与することができる。この権限は、国会の決議によって取消されないかぎり有効であるが、休会によって効力を失う。

第二四節（下院先議の原則）

すべての政府特別支出金法案、歳入法案、関税法案、公債増額授権法案、地方債法案および個別適用法案については、下院が先議する。上院は修正を提案し、または修正に賛同することができる。

第二五節

1 （増額修正の禁止）

国会は、大統領により施政上必要であるとして要求され、予算に明記された政府特別支出金を増額することはできない。予算の形式、内容、および説明資料の様式は法律で定める。

2　（歳出法案中の規則・法規）

一般政府特別支出金法案中には、特定の政府特別支出金と関係が特に明白でないかぎり、規則もしくは法規がこれに包含されてはならない。このような規則もしくは法規の効力は、特定の政府特別支出金にかぎられるものとする。

3　（国会のための歳出法案）

国会のための特別支出金の承認手続は、政府各省およびその他の機関にたいする特別支出金の承認手続と同一でなくてはならない。

4　（特別歳出のための財源）

特別支出金法案は、その目的が個別化されていなければならず、財務長官によって承認され、実際に使用可能な財源によって、担保されていなければならず、もしくは、支出に対応する歳入が、充当されていなければならない。

5　（歳出の変更）

特別支出金の流用を認める法律を制定してはならない。

ただし、大統領、上院議長、下院議長、最高裁判所長官、各憲法委員会の委員長は、法律の定めるところにより、自己の職掌にかかる一般歳出法の任意の項目を、自己の支出金の他の項目のいずれかを削減することにより、増額することができる。

6　（任意費の支出）

特定の官職に充てられた任意費は、公益目的のもとにのみ支出されなくてはならない。ただし、支払いを証明する書類を必要とし、法律によって示された基準に従うものでなくてはならない。

7　（一般歳出法案の不成立）

会計年度が終了するまでに、国会による次年度一般政府支出金法案が成立しなかったときは、それが成立するまで、前の会計年度の一般政府支出金法が再び制定され、効力をもつものとみなされる。

第二六節

1　（法律案の内容）

国会を通過すべき法律案はすべて、その法律案の名称に示された事項のみを定めるものとする。

2　（読会）

法律案は、別々の日に設定された三回の読会を通過したのち、最終案が、可決の三日前に印刷され、それぞれの議員に配布されていなければ、各院でこれを可決することができない。ただし、大統領が公衆の災害や緊急事態に基づく緊急に制定する必要があることを立証した場合は、このかぎりでない。法律案の最終読会では、修正は許されず、投票が直ちに行われ、賛否は議事録に記載される。

第二七節

1　（大統領の拒否権）

議会を通過した法律案は、法律として成立するに先だち、大統領に提出されなくてはならない。大統領は、それを承認するときは署名をし、承認しないときは拒否権を行使し、反対理由を付してその法律案を先議した議院に差戻す。法律案が差戻された議院は、反対理由の全文を議事録に記載して、法律案を再議に付さなければならない。再議ののち、当該議院の総議員の三分の二以上の多数で法律案を可決したときは、これを大統領の反対理由とともに他の議院に送付し、そこでも同様に再議したのち総議員の三分の二以上の多数をもって可決したとき、法律案は法律として成立する。いずれの場合も、各院の投票は賛否によって決定されなければならず、議員の氏名が賛否とともに議事録に記載されなければならない。大統領は、拒否権を行使するときは、法律案を受け取った日から三〇日以内に先議した院に通知しなければならない。これが行われなかったときは、大統領が署名をしたと同様の扱いになって、法律案は法律として成立する。

2　（財政法案への拒否権）

大統領は、歳出法案、歳入法案、関税法案の特定項目もしくは複数の項目に対し拒否権を有する。ただし、拒否は大統領が反対しない項目には及ばない。

第二八節

1　（課税の原則）

課税は画一公平の原則に拠らなければならない。国会は累進課税制度を採用発展させる。

2　（財政権の授権）

国会は、政府の国家発展計画に適合するよう、法律により、明確な制限の範囲および態様を定めて、大統領に対し、関税率、輸入輸出の割当、噸税、埠頭税その他の税を定める権限を付与することができる。

3　（非営利活動への免税）

慈善団体、教会および付属の牧師館・尼僧院、モスク、非営利的墓地、ならびに宗教上、慈善上、教育上の目的のために、具体的、直接的、かつ専一に使用される一切の土地、建物、および設備は、非課税とする。

4　国会の総議員の過半数の同意によらなければ、税を免除する法律は制定できない。

（免税法律の制約）

第二九節（支出の手続）

1　法律によって定められた歳出による場合のほかは、国庫からのいかなる支出も許されない。

（公金支出の制限）

2　公金または公の財産は、いかなる宗派、教会、教団、宗派的組織もしくは宗教上の組織に属する聖職者の使用、便益、維持のために、直接間接を問わず、支出、使用、支払いまたはその他の用に供してはならない。ただし、これらの聖職者が、軍隊、刑罰施設、孤児院もしくは癩療養所に配属されたときは、このかぎりでない。

（特別基金）

3　特別の目的のために賦課徴収された一切の税収は、特別資金として扱われ、その目的のためにのみ支出される。特別資金設定の目的が達成もしくは放棄された場合において、残額があるときは、政府の一般資金に繰り入れる。

第三〇節（最高裁判所の管轄に関する法律）

この憲法に規定された最高裁判所の上告審管轄権は、最高裁判所の助言と同意なくしては、法律によって拡大されてはならない。

第三一節（王族貴族の称号の禁止）

王族・貴族の称号を認める法律を制定してはならない。

第三二節（人民発案・人民投票）

国会は、できるだけ早い時期において、人民発案および人民投票、すなわち人民が直接に法律を提案もしくは制定するか、国会や地方議会によって制定された法令の全部もしくは一部を承認ないし否認する制度に関する特例を定めなければならない。ただし、そのためには有権者総数の一〇分の一以上の署名があり、選挙区ごとに有権者の百分の三以上によって代表される請願が提出されなくてはならない。

第七条　行政府

第一節（行政権の帰属）

行政権は、フィリピン大統領に属する。

第二節（大統領の資格）

生来的フィリピン市民であって、選挙権を有し、読み書きの能力があり、選挙の日に四〇歳以上で、選挙の直前に一〇年以上フィリピンに住所を有した者でなければ、大統領に選ばれる資格を有しない。

第三節（副大統領の地位）

副大統領の被選挙資格、任期、選出の時期・手続は、大統領と同一とする。また、副大統領は大統領と進退をともにする。

副大統領は、閣僚として任命される。この任命には承認を要しない。

第四節（大統領・副大統領の選挙）

大統領および副大統領は人民の直接選挙によって選ばれ、任期は六年とする。任期は、選挙の後のはじめての六月三〇日正午に始まり、六年後の同じ日の正午に終了する。大統領はいかなる場合にも再選されることがない。大統領の任期中にその職を継いで四年以上在職した者は、再び大統領に選ばれる資格を有しない。

副大統領は、連続二期在職することができない。辞職は、選挙された職の任期の連続性を中断する効力を有しない。法律に特別の定めがないかぎり、大統領・副大統領の通常選挙は、五月の第二月曜日に行われる。

大統領・副大統領選挙の得票報告は、各県・市の開票委員会によって正式に認証されたあと、上院議長宛で国会に送付される。開票委員会によって認証された得票報告を受理したあと、上院議長は選挙後三〇日以内に、上院下院の公開合同会議において、すべての認証された得票報告を開示する。国会は法律に定められた手続に従って、得票報告の真実性と公正性を決定したのち、投票計算を行う。

投票の、最多数を得た者が選挙されたものとする。ただし、二名以上の同数、最多得票がある場合には、ただちに国会両院の総議員の投票の過半数をもってそのうちの一名が選任される。

国会は、認証済得票報告に基づく投票の計算に関する規則を定める。

最高裁判所大法廷は、大統領・副大統領の選挙・得票・資格に関する一切の紛争について判断する専権を有する。最高裁判所は、このための規則を制定する。

第五節（宣誓・誓約の義務）

その就任に先だち、大統領、副大統領または大統領代行は、つぎのような宣誓もしくは誓約をしなければならない。「私は誠実に、かつ良心に従い、フィリピン大統領（または副大統領、または大統領代行）としての義務を果たし、憲法を保持かつ擁護し、法律を実施し、すべての人に正義を行い、自己を国民への奉仕に捧げることを、ここに厳粛に宣誓（誓約）する。神の援助あらんことを。」（誓約の場合には、最後の文は省略される）。

第六節（報酬）

大統領は公邸を有する。大統領および副大統領の俸給は法律によって定められ、在任中は減額されない。俸給の増額は、これが承認されたときの任期が終了したあとで効力を生じる。大統領・副大統領は、その任期中、政府もしくは他のいかなる方面からも、俸給以外の報酬を得てはならない。

第七節（職務の代行）

選挙された大統領および副大統領は、任期の開始と同時に就任しなくてはならない。

選挙された大統領が資格を有しないとき、選挙による副大統領が、大統領が資格を有するにいたるまで、大統領として職務を行う。

選挙による副大統領は、大統領が選定されその資格を取得するまでのあいだ、大統領として職務を行う。

大統領の任期の当初において、選挙された大統領が死亡もしくは恒久的執務不能にいたったときは、副大統領が大統領となる。

大統領・副大統領がいずれも選定されないか資格を有しないとき、または両者が死亡または執務不能となったときは、上院議長もしくはやむをえない事情があるときは下院議長が、大統領あるいは副大統領が選定されもしくは資格を取得するにいたるまでのあいだ、大統領として職務を行う。

国会は、法律により、大統領もしくは副大統領が死亡、恒久的身体障害、執務不能に陥った場合に、大統領・副大統領が資格を有するに至るまでのあいだ、大統領として職務を行う者について定めを置かなければならない。

第八節（大統領職務代行）

大統領の死亡、恒久的身体障害、免職、もしくは辞職があったときは、副大統領が残任期間につき大統領となる。大統領・副大統領がともに、死亡、恒久的身体障害による免職、もしくは辞職の場合には、上院議長が、上院議長に事故あるときは下院議長が、大統領・副大統領が選出され資格を有するまでのあいだ、大統領として職務を行う。

国会は、法律により、大統領代行が死亡、恒久的身体障害による執務不能、辞職の場合、誰が大統領として職務を行うかにつき定める。この場合、上院議長が、上院議長に事故あるときは下院議長が、大統領もしくは副大統領が選出され資格があるとされるまでのあいだ職務を行うものとし、大統領代行の場合と同様の権限の制約、欠格事由に服する。

第九節（副大統領の補充）

副大統領職が任期満了前に空席となったとき、大統領は、上院議員・下院議員のなかから副大統領を指名する。指名された副大統領は、国会両院総議員の各議院別投票による多数決によって承認された場合に、その職に就く。

第一〇節（特別選挙の実施）

国会は、大統領職・副大統領職に空席が生じたとき、その第三日目の午前一〇時に、定められた規則に従い召集の必要なく集会する。集会後七日以内に、大統領・副大統領の選出のための特別選挙を、四五日から六〇日のあいだに施行するための法律を制定する。この特別選挙を施行する法案は、この憲法の第六条第二六節第二項のもとに認証されたものとみなされ、国会における第三読会で承認されて法律となる。特別選挙のための予算は、一般歳出予算に特別の項目がなくても支出でき、また、この憲法の第六条第二五節第四項の条件を満たさなくてもよい。国会の集会は停会されてはならず、特別選挙は延期されてはならない。欠員が、つぎの大統領選挙前の一八カ月以内に生じたときは、特別選挙は行われない。

第一一節（大統領の職務遂行障害）

大統領が、上院議長および下院議長に対し、その権限を行使し義務を果たすことができない旨書面によって通告したときは、権限を行使し義務を果たすことができる旨を書面によって通告するまでは、副大統領が大統領代行として職務を行う。

閣僚総員の過半数が、上院議長と下院議長にたいし、大統領が権限を行使し義務を果たすことができない旨を書面によって通告したとき、副大統領は直ちに大統領代行として権限を行使し義務を果たすものとする。

その後、大統領が、上院議長と下院議長にたいし執務不能の状態が存在しないことを書面によって通告したときは、職務上の権利義務を回復する。ただし、全閣僚の過半数が五日以内に、上院議長および下院議長にたいし、大統領が権限を行使し義務を果たしえない旨書面によって通告したときは、国会が決定するところによる。このため国会は、会期中でないときは、四八時間以内に、規則に従い、召集の手続は省略して、集会する。

国会が、最後の書面通告を受け取った後一〇日以内に、または、会期中でないときは、集会を必要とされた後の一二日以内に、大統領が職務を行いえない旨の決議を両院各別の三分の二以上の多数の投票で行ったときは、副大統領が大統領としての職務を行う。そのほかの場合は、大統領がその職務を遂行することが認められる。

第一二節（大統領の重病）

大統領が重病のとき、市民はその健康状態について知らされなければならない。国家の安全と外交関係に従事する閣僚および国軍参謀総長は、大統領の重病にかかわらず接見を拒まれない。

第一三節（兼職禁止・親族の就職制限）

大統領、副大統領、閣僚、およびその代理・補佐は、この憲法に特別の定めがないかぎり、在任中他の職を兼ね、または雇用されてはならない。また在任中は、直接間接を問わず、他のいかなる職業に従事することも、いかなる実業活動に参画することも禁じられ、政府もしくはその部局、代理機関、政府有または政府の管理に服する法人あるいはその下部団体等との契約や特典によって経済的利益を得、または、特権を付与されてはならない。職務上の行為における利害の衝突は、絶対に避けなければならない。

大統領の配偶者および四親等以内の血族または姻族は、大統領の在任中は、憲法上の諸委員会の委員、オンブズマンの職、大臣、次官、政府の部局その他の官署もしくは政府有または政府の管理に服する法人あるいはその下部団体等の長や上席者の職に就いてはならない。

第一四節（大統領代行による任命の効力）

大統領代行による任命は、選出された大統領の就任もしくは再就任ののち、大統領により九〇日以内に取消されないかぎり有効なものとする。

第一五節（任期終了前の任命制限）

次期大統領選挙の二カ月前から、任期の終了までのあいだには、大統領もしくは大統領代行は、任命行為を行うことができない。ただし、空席の継続が公益を損い、公共の安全を害する場合には、執行機関の職を一時的に任命することができる。

第一六節（公務員の任命）

大統領は、各省長官、大使、その他の使節、領事、陸海軍大佐以上の武官、艦長、およびこの憲法によって任命しうるその他の職員を指名し、任命委員会の同意のもとに任命する。また大統領は、法律に特別の定めがないか、法律によって特に任命権が与えられたすべての政府職員を任命する。ただし、国会は法律によって、下級公務員の任命権を大統領のみに付与し、もしくは裁判所、各部局、独立行政委員会、審議会等の長に付与することができる。

大統領は、国会の休会中であっても、その任命が任意的なものであれ、義務的なものであれ、その任命権を行使することができる。ただしこの場合の任命は、任命委員会による否認、または国会の会期の終了によって失効する。

第一七節（大統領の行政統轄権限）

大統領は各省、部局、官署のすべてを統轄する。

また、法律が誠実に執行されるように最大の努力をする。

第一八節（大統領の非常事態処理権限）

大統領は、フィリピン国軍の最高司令官であり、不法な暴力行為、侵略、内乱を防止もしくは鎮圧するため、必要あるときは軍隊を召集することができる。侵略、内乱が発生し、公共の安全のため必要があるときは、大統領は、六〇日を超えない期間にかぎり、人身保護令状の特権を停止し、またはフィリピン全国もしくはその一部に戒厳令を布告することができる。戒厳令布告もしくは人身保護令状特権停止ののち四八時間以内に、大統領は国会に出席するかまたは文書によって、国会に報告しなければならない。国会は、総議員の過半数による合同の投票により、通常会期であると特別会期であるとを問わず、この布告もしくは停止を無効とすることができる。大統領はこの決議を拒否することができない。大統領の発意により、国会は、同様の手続に従って、侵略もしくは内乱が収拾されず公共の安全が脅かされているときは、戒厳令の布告もしくは人身保護令状の停止の期間をみずからの意思で延長することができる。

国会は、休会中の場合は、戒厳令の布告もしくは人身保護令状の停止ののち二四時間以内に、召集の必要なく規則に従って集会する。

最高裁判所は、市民によって争訟が提起された場合には、戒厳令布告あるいは人身保護令状の特権の停止、ないしはそれらの延長が、充分な事実に基づくものであるかどうかにつき、審理・決定を行う。その決定は、争訟提起から三〇日以内に公表されなくてはならない。

戒厳令の実施は、憲法の適用を停止するものではない。また、通常裁判所や立法機関の機能が奪われることはない。通常裁判所が活動している場合に、軍法会議や軍事機関の管轄を民間人に及ぼすことは認められない。また、人身保護令状の特権が当然に停止されることはない。

人身保護令状の特権の停止は、内乱もしくは侵略に直接不可分の関係を有する犯罪のために訴追を受けた者にたいしてのみ適用される。

人身保護令状の特権が停止されているあいだに、逮捕拘禁された者は、三日以内に起訴されなくてはならない。起訴が行われないときは保釈される。

第一九節（恩赦・大赦等の権限）

大統領は、弾劾もしくはこの憲法に別段の定めがある場合を除き、恩赦の権限を有する。すなわち、有罪判決が確定した者にたいして、刑の執行を猶予・減刑・赦免を行い、罰金もしくは没収を免除する権限を有する。

大統領は、国会の総議員の過半数の賛成により、大赦を行う権限を有する。

第二〇節（国際借款の締結と保証）

大統領は、法律の定める制限の範囲内において、財政委員会の事前の同意のもとに、フィリピン共和国のために国際借款を締結し保証することができる。財政委員会は、毎年、各四半期の最終日から三〇日以内に、国会に対し、外国からの借款の増大その他法律に定める諸問題を含む、政府もしくは政府有の法人および政府の管理の下にある法人により締結され保証される借款の受入れに関する財政委員会の決定につき、完全な報告を提出しなければならない。

第二一節（条約の効力）

条約もしくは国際協定は、上院の総議員の三分の二以上の同意がなければ効力を発しない。

第二二節（予算の提出）

大統領は、通常国会の開始後三〇日以内に、国会に対し、一般歳出法案の基礎となるものとして、歳出および、既存の税制による歳入と新たに提案されている税制による歳入を含む財源の予算を提出しなければならない。

第二三節（大統領の国会出席）

大統領は、通常国会の開会に際して国会で演説を行わなければならない。大統領は、随時国会に出席することができる。

第八条　司法府

第一節（司法権の帰属）

司法権は、最高裁判所および法律に基づいて設置される下級裁判所に属する。

司法権には、法的に正当とされ執行可能な諸権利にかかわる現実の争訟を解決し、政府のあらゆる部門ないしは機関の管轄権の欠如もしくは踰越の結果となる権限の乱用にあたる重大な裁量の誤りの存否を、判断する司法裁判所の職務が含まれるものとする。

第二節（裁判所の管轄）

国会は、各種裁判所の管轄権を定め、これに関する規定を設け、配分する権限を有する。ただし、本条の第五節に列挙された事件に関する最高裁判所の管轄権を奪うことはできない。

裁判官の身分保障を害する司法改革法が制定されてはならない。

第三節（司法部の財政自律権）

司法部は、財政自律権を有する。立法部は、司法部の歳出予算を、前年度以下とすることはできない。承認を受けた予算は、自動的かつ定型的に支出される。

第四節

1　（最高裁判所の構成）

最高裁判所は、長官と一四人の判事で構成される。開廷は、全員の大法廷、もしくは最高裁自体の定めるところにより三名、五名、または七名の小法廷に分かれて行われる。欠員は、それを生じた日から九〇日以内に補充されねばならない。

2　（最高裁判所の審理）

条約、国際協定、行政協定、もしくは法律の合憲性に関わる事件は、最高裁判所裁判官全員の大法廷で審理されなければならない。また、裁判所規則により大法廷による審理が必要とされる事件、すなわち、大統領の命令、布令、指令、指示、布告、その他の規則の合憲性、もしくは適用・運用の妥当性に関わる事件も大法廷で審理すべきものとする。大法廷による裁判は、当該事件の争点の審理に直接加わった裁判官による投票の過半数によって決定される。

3　（最高裁判所における審理に関する投票）

部に分かれた法廷で審理される事件は、その争点の審理に直接加わった裁判官による投票の過半数によって決定または解決される。ただし、いずれの場合にあっても、三名以上の裁判官の合意がなければならない。必要な数の合意が得られないときは、事件は、全員出席の大法廷で決せられる。大法廷もしくは小法廷で下された決定のなかで、法に関する原理や原則が示されていなかった場合には、小法廷で下された決定にたいしては、大法廷が修正または取消すことができる。

第五節（最高裁判所の権限）

最高裁判所は、以下の権限を有する。

1　大使、その他の使節および領事に関する事件、ならびに移送令状、禁止令状、職務執行令状、権限開示令状および人身保護令状の請求に対する原審管轄権の行使。

2　法律または裁判所規則の定めるところにより、つぎの事件に関する下級裁判所の判決および命令について、上訴もしくは移送令状に基づき、再審理、修正、破棄、変更もしくは確認を行うこと。

(a)　条約、国際協定もしくは行政協定、法律、大統領命令、布令、指令、指示、布告、または規則の合憲性ないし有効性が問われている一切の事件。

(b)　租税、賦課金、負担金もしくは通行税、またはこれらに関して科せられた刑罰の適法性が問題となる一切の事件。

(c)　下級裁判所の管轄が争われている一切の事件。

(d)　終身刑もしくはそれ以上の刑罰が科せられる一切の刑事事件。

(e)　法律の妥当性もしくは疑義のみが問題となる一切の事件。

3　公益上の必要があるとき、下級裁判所の裁判官を他の職に臨時に就けること。この臨時の任命の期間は、当該裁判官の同意なく六カ月を超えることはできない。

4　裁判の円滑な遂行のため、裁判地もしくは審理の場所の変更を命じること。

5　すべての裁判所における憲法上の権利、弁論、訴訟実務と手続、弁護士開業の許可、法曹団体、および困窮者への法律扶助などの保障とその実現に関する規則を制定すること。この規則は、事件の迅速な処理のための簡易かつ低廉な手続を定め、同一審級のすべての裁判所に対しては同一内容を規定するものとし、実体的権利を縮小、増大、または修正するものであってはならない。特別裁判所および準司法機関の手続に関する規則は、最高裁判所によって否認されないかぎり、その効力を有する。

6　公務員法に従って、司法機関のすべての官吏および雇員を任命すること。

第六節（最高裁判所の行政監督権）

最高裁判所は、すべての裁判所とその一切の職員に対し、行政監督権をもつ。

第七節（裁判官の任用資格）

1　出生によるフィリピン市民権を取得した者にかぎり、最高裁判所もしくは他の下級裁判所の裁判官に任命されることができる。最高裁判所裁判官は、四〇歳以上で、フィリピンにおいて一五年以上、下級裁判所の裁判官の職にあったか、弁護士の業務に従事した者でなければならない。

2　国会は、下級裁判所の裁判官の任用資格を定める。ただし、フィリピン市民権を有し、フィリピン法曹協会の会員でなければ、裁判官に任用されない。

3　司法府の職員は、立証された能力があり、廉直かつ良心にのみ忠実でなければならない。

第八節（法曹委員会）

1　最高裁判所の統轄のもとに、司法・法曹委員会が設立される。司法・法曹委員会は、最高裁判所長官を職務上委員長とし、法務長官および一名の国会議員を職務上委員とし、その他各一名の法曹団体代表、法律学教授、退職最高裁判所裁判官、および民間代表によって構成される。

2　この委員会の選出による委員は、国会の任命委員会の同意のもとに、四年の任期をもって大統領により任命される。第一回の任命による委員のうち、法曹団体の代表は四年、法律学教授は三年、退職した最高裁判所裁判官は二年、民間代表は一年の、それぞれの期間在職する。

3　最高裁判所事務総長は、職務上委員会の事務局長となり、委員会の審議を記録し、保管する。

4　委員会の選出による委員は、最高裁判所の定める報酬を受ける。最高裁判所は、年間予算に委員会への支出を計上する。

5　委員会は司法機関への被任命者を推薦することを主たる職務とする。また、委員会は最高裁判所により定められたその他の職務と責任を果たすものとする。

第九節（裁判官の任命）

最高裁判所の裁判官および下級裁判所の裁判官は、欠員がありしだい、司法・法曹委員会が提出する少くとも三名の被指名者の名簿から、大統領によって任命される。この任命には承認を要しない。

下級裁判所については、名簿の提出から九〇日以内に大統領による任命が行われなければならない。

第一〇節（報酬の保障）

最高裁判所長官、最高裁判所判事、および下級裁判所の裁判官は、法律に定められた報酬を受け、この報酬は在任中減額されることがない。

第一一節（身分の保障）

最高裁判所の裁判官および下級裁判所の裁判官は、品位を汚す行為がないかぎり、七〇歳に達するか執務に耐えなくなるまで、在任することができる。最高裁判所大法廷は、下級裁判所裁判官を懲罰し、罷免する権限を有する。その権限は、裁判官の懲罰または罷免の事件の審議に加わった最高裁判官の過半数の投票によって行使する。

第一二節（兼任の禁止）

最高裁判所その他法律によって設置される裁判所の裁判官は、準司法的もしくは行政的権限を行使する機関に選任されてはならない。

第一三節（法廷意見のための手続）

全員出席の大法廷であると部に分かれた小法廷であるとを問わず、最高裁判所の判決が求められる事件では、合議に付せられたのちに一人の判事が法廷意見を書くことを委任され、判決が下される。この委任は、最高裁判所長官の署名によって証明されなくてはならない。また、その復写文書が訴訟記録に載せられ、当事者に送達されなくてはならない。判決もしくは決定に加わらなかった場合、法廷意見に反対の場合、態度を保留した場合、裁判官はその理由を述べなくてはならない。同じことは、すべての合議体の下級裁判所によって遵守されなければならない。

第一四節（判決の公正）

いかなる裁判所も、事実と法律の根拠を疑問の余地なく明瞭に示さなければ、判決を下すことは、認められない。判決の再審理のための審査もしくは裁定申請の申立ては、法的根拠を知らされることなしに、申立ての進行を妨げられず、また、却下されることはない。

第一五節（迅速な審理）

1　この憲法実施ののちに提起されたすべての事件または係争問題については、最高裁判所に提起された日から二四カ月以内、また、最高裁判所によって短縮されないかぎり、合議体の下級裁判所の場合は一二カ月以内、その他の下級裁判所の場合は三カ月以内に、判決もしくは決定が下されなければならない。

2　裁判所規則もしくは裁判所自体によって要求された最終陳述、準備書面、事件記録が提出されたうえで、事件は、判決もしくは決定に付されたものとみなされる。

3　所定の期間が経過したとき、最高裁判所長官もしくは下級裁判所の首席判事は、このことを証明する文書に署名し、複写を事件または係争問題の記録に添付して、当事者に送達しなければならない。右の証明文書には、判決もしくは決定が所定の期間内に与えられ、または公表されなかった理由が記載されなければならない。

4　所定の期間の経過にもかかわらず、裁判所は、課せられた責任を回避することなく、できるだけ速やかに未決の事件または係争問題に判決ないし決定を下さなければならない。

第一六節（報告書の提出）

最高裁判所は、国会の通常会期の開始後三〇日以内に、大統領および国会に対し、司法部の運営・活動に関する年次報告書を提出しなければならない。

第九条　憲法委員会

A　一般規定

第一節（憲法委員会の種別）

憲法委員会は独立の機関であり、公務員委員会、選挙管理委員会、会計検査委員会に分かれる。

第二節（兼職禁止）

憲法委員会の委員は、在任中他の職を兼ねることも雇用されることも禁じられる。また、いかなる職業活動に従事することも、自己の職務となんらかの関わりある事業の経営ないし監督にあたることも禁じられる。なおまた、政府もしくはその部局、政府有または政府の管理に服する法人あるいはその下部団体等との契約や特典ないし特権に、直接間接を問わず金銭的関わりを持つことはできない。

第三節（報酬の保障）

委員長および委員の報酬は、法律によって定められ、在任中減額されない。

第四節（職員の任命）

各憲法委員会は、法律の定めるところにより、その職員および雇員を任命する。

第五節（財政自律権）

委員会は財政自律権を有する。委員会は、承認を受けた歳出法案を、自動的かつ定型的に執行することができる。

第六節（規則制定権）

それぞれの委員会は合議により、委員会もしくはその機関にたいする不服申立や事務処理の規則を制定する。ただし規則は、権利の実質を増減修正してはならない。

第七節（裁決等の期日）

それぞれの委員会は、委員会にもちこまれたすべての事件または係争問題にたいし、決定もしくは裁決が求められた日から六〇日以内に、全委員の多数決による投票で決定しなければならない。事件もしくは係争問題事実は、国会の定める憲法委員会規則または委員会自体が定める規則によって要件とされている最終の申立て、要領書、覚書きの提出によって、決定または裁決に付されたものとみなされる。この憲法または法律に特別の定めがないかぎり、委員会の決定、命令、裁定については、不服のある当事者が、その写しの受領後三〇日以内に不服の申立てを提起でき、事件移送命令により最高裁に移送される。

第八節（その他の権限）

それぞれの委員会は、法律に規定するその他の権限を行使する。

B　公務員委員会

第一節（任命資格と手続）

1　公務員制度は、公務員委員会によって運用される。委員会は委員長と二名の委員から成り、いずれも出生によるフィリピン市民であり、任命のときに三五歳以上であることを要し、行政管理能力が充分であって、任命に直接先行する選挙において候補者でなかった者でなければならない。

2　委員長および委員は、任命委員会の同意を得て大統領が七年の任期をもって任命する。再任は禁じられる。第一回の任命においては、委員長は七年、委員の一人は五年、他の委員は三年の任期を認められ、再任は認められない。欠員充足のための任命は、前任者の残任期間についてのみ認められる。委員長ならびに委員は、臨時の職もしくは代行として任命・選任されることはない。

第二節（公務員の範囲と地位）

1　公務員制度は、政府のすべての部門、部局、課、室等の諸機関ならびに政府有もしくは政府の管理に服し自分の定款を有する法人に及ぶものとする。

2　公務員の任命は、政策決定・機密事項・高度技術に関わる職の場合を別として、できるかぎり競争試験による成績と適性をもととして行われなければならない。

3　公務員制度の適用を受ける職員・雇員は、法律の定める事由によらなければ罷免もしくは停職に処せられることはない。

4　公務員制度の適用を受ける職員・雇員は、直接間接を問わず、選挙もしくは政党の運動に加わってはならない。

5　政府の被雇用者は、団結権を奪われない。

6　政府の臨時雇員は、法律の定めるところにより保護される。

第三節（人事行政の基本政策）

政府の中央人事機関として、公務員委員会は、職業的公務員制を確立し、公務遂行における倫理、能率、誠実、対応性、創意工夫、および礼節を高める措置をとる。また同委員会は、成績応報制を強化し、人的資源開発計画を全階層に及ぼし、公共の責務の実現に資する執務の慣行を確立する。同委員会は、人事計画の年次報告書を大統領と国会に提出する。

第四節（宣誓の義務）

公務に携わる職員・雇員は、すべて、この憲法を保持し擁護する宣誓もしくは誓約をしなければならない。

第五節（報酬の規格化）

国会は、政府職員および雇員、政府有もしくは政府の管理に服し、自己の定款を有する法人の従業員の報酬につき、職務の性質や地位にともなう資格を配慮した規格を規定しなければならない。

第六節（落選者の任命制限）

選挙に落選した候補者は、当該選挙の後一年以内は、政府もしくは政府有、政府管理の法人またはその子会社等の職に任命されてはならない。

第七節（兼職の禁止）

選挙によって公職に就いた者は、在任中いかなる資格においても他の公の職務または地位に任命もしくは選定されてはならない。

法律もしくは職責の性質上認められるものでないかぎり、任命によって職に就く官吏は、政府、もしくはその部局、もしくは官署、施設、政府有、政府管理の法人またはその子会社等の職を兼ね、雇用されてはならない。

第八節（報酬の制限）

選挙によると任命によるとを問わず、公務にあたる職員・雇員は、法律によって明定されないかぎり、追加報酬、二重報酬、間接報酬を受けてはならない。また、国会の同意なしに、外国政府から贈与、収入、官職、称号を受けてはならない。

年金および慰労金は、追加報酬、二重報酬、間接報酬のいずれにも該当しない。

C　選挙管理委員会

第一節（資格と任命）

1　選挙管理委員会は委員長と六名の委員によって組織され、いずれも出生によるフィリピン市民であって、任命のときに三五歳以上であり、学士号を有し、直近のいずれかの選挙において候補者でなかった者でなければならない。また、委員長および半数以上の委員は、フィリピン法曹協会の会員であって、一〇年以上法律実務に従事した者でなければならない。

2　委員長および委員は、任命委員会の同意のもとに七年の任期をもって大統領により任命される。ただし、再任は認められない。第一回の被任命者のうち、三名は七年の任期をもって任命され、二名は五年、残りは三年とし、いずれも再任は認められない。欠員補充のための任命は、前任者の残任期間についてのみ行われる。委員長および委員は、一次的に公務でない職に任命されたり、臨時的に公務でない職の代行者に指名されることは認められない。

第二節（選挙管理委員会の職務）

選挙管理委員会は、以下の権限を有し職務を執行する。

1　選挙、国民投票、人民発案、承認投票、および解職請求の実施に関わる法律その他の規則を執行し管理すること。

2　州・県・市の選挙された公務員の選挙、当選決定、資格に関わる一切の争訟に唯一のかつ始審的管轄権を行使すること。一般的管轄権を有する裁判所によって決定された町村の選挙された公務員に関する一切の争訟についての上訴管轄権を行使すること。管轄のかぎられた裁判所によって決定された、バランガイ〔自治体の一つ・萩野〕の選挙された役員についても同様とする。

委員会の、町村およびバランガイの選挙された役員に関する争訟についての決定、最終命令、裁定は終審的であり、執行力を有し、上訴が許されない。

3　投票の権利に関する問題を除き、投票所の数や位置の決定、選挙のための職員や監視員の任命、投票人の登録など、選挙に関係ある一切の問題につき決定すること。

4　自由にして秩序ある、公正で平和的かつ信頼の置ける選挙を確保することを唯一の目的として、大統領の同意のもとに、政府および国軍の法執行の代表機関および下部機関を代理すること。

5　周知がはかられたのちに、政党、団体、会派の登録を行うこと。これらの団体は、自己の綱領もしくは政策を提出する等の義務を負い、また、選挙管理委員会の民間協力組織を認定しなければならない。宗教団体や宗派組織は登録の対象とならない。暴力等非合法の手段で目的を達しようとする団体、この憲法の保持と遵守を拒む団体、外国政府に支援されている団体は、いかなる団体も登録の対象とはならない。

外国政府もしくはその機関から、政党、組織、会派もしくは個々の候補者に対し、選挙に関連して経済的援助があったときは、国内干渉を構成するものとする。このような援助の授受があったときは、委員会によって登録が取消され、法律に定める刑罰が科せられる。

6　理由ありとされた不服に基づき、または職権によって、特定の選挙権者のグループを選挙に包摂するか排除するかの判断を求めて、裁判所に請願を提起すること。選挙詐偽、犯罪、不正行為を構成する行為・不行為等の選挙法違反事件を調査し、必要に応じて告発すること。

7　掲示場の制限など、選挙費用を軽減する施策を国会に勧告し、選挙、詐偽、犯罪、不正行為、および立候補者にいやがらせをする一切の行為を阻止し処罰するための効果的な政策を国会に勧告すること。

8　委員会が任命した職員・雇員が、委員会の指令、命令、決定にたいして侵犯、無視、または服従しなかったときは、責めを負うべき職員・雇員の罷免もしくはその他の懲戒処分を大統領に進言すること。

9　大統領および国会に、各選挙、承認投票、人民発案、国民投票もしくは解職請求の実施につき、全体にわたる報告書を提出すること。

第三節（審議・決定の手続）

選挙管理委員会は、全員の会議もしくは二つの部会で職務を行う。選挙事件の迅速な処理のための手続規則を制定する。規則制定以前の紛争も迅速な処理の対象とされる。選挙事件はすべて部会で審議・決定され、決定の再審査申立てについては、全員会議で裁決される。

第四節（公平な選挙のための規制）

選挙管理委員会は、選挙期間中、政府もしくはその部局、官署その下部機関のほか政府有またはその管理に服する法人もしくはその下部団体等により認められた、輸送機関その他の公共施設や通信・情報機関の利用、補助金、特権・

利権の容認ないし許可によって得られる一切の便益を監視し規制する。この監視または規制は、自由、秩序、公正、平和、および信頼性を旨とする選挙を目的として、候補者間における広報活動および討論会に平等の機会、時間、場所、応答の権利ならびに広報のための適切・公平な資金を保障するものでなければならない。

第五節（選挙違反への刑罰減免）

選挙法規違反に対しては、大統領による大赦、特赦、宣誓釈放、刑の宣告中止のいずれも、委員会の勧告に基づいてのみ行われる。

第六節（政党制度の発展）

本条の規定のもとに、自由にして開放的な政党が、国民の自由な選択によって発展することが求められる。

第七節（政党登録制）

この憲法の定める政党名簿制に基づき登録されたもの以外の政党、団体、その他の会派に投ぜられた票は無効とする。

第八節（政党の選挙事務からの隔離）

政党名簿に登録された政党、団体その他の会派は、選挙人登録会議、選挙監視会議、投票集計会議等に代表を送ることができない。ただし、法律の定めるところにより、投票立会人を選任することが認められる。

第九節（選挙期間）

委員会が特例を設けた場合を別として、選挙期間は、投票日の九〇日前に開始し、投票日の三〇日後に終了する。

第一〇節（立候補者の処遇）

公職への誠実な立候補者は、いかなる形の妨害も差別も受けない。

第一一節（選挙経費の支弁）

通常選挙、特別選挙、承認投票、人民発案、国民投票、解職請求を実施するための経費支弁を委員会によって承認されたときは、これに相当する資金は、通常もしくは特別歳出予算に含められ、承認されたのちは、委員長の責任において、定められた通りに支出される。

D　会計検査委員会

第一節（資格と任命）

1　会計検査委員会は、委員長と二名の委員によって組織され、出生によるフィリピン市民であって、任命のときに三五歳以上でなければならないほか、一〇年以上専門的経験を有する公認会計士もしくは一〇年以上の法律実務の経験を有するフィリピン法曹協会員で、任命前の直近の選挙に立候補しなかった者でなければならない。

委員長ならびに委員の全員が、同一職業であってはならない。

2　委員長ならびに委員は、任命委員会の同意を条件として、大統領により、七年の任期をもって任命される。ただし、再任を禁じられる。第一回の任命において、委員長は七年の任期を有し、委員は一名が五年、他が三年の任期を有するものとする。ただし、再任は認められない。欠員補充のための任命は、前任者の残任期間についてのみ行われる。委員長および委員は、一次的に公務でない職に任命されたり、臨時的に公務でない職の代行者に指名されることは認められない。

第二節（会計検査委員会の職務）

1　会計検査委員会は、政府もしくはその部局、官署、施設、および政府有または政府の管理の下にあって自分の定款を有する法人により所有され、もしくは信託によって保持され、あるいは帰属する資金または財産の収入、受領、支出もしくは使用に関する一切の会計事務を、調査・監査・処置する権限を有する。会計検査の権限は、事後検査の原則に基づいて、(a)この憲法によって財政自律権を認められている憲法上の機関、委員会および特定の職、(b)自治を認められた国立の単科および総合大学、(c)政府有もしくは政府の管理に服する法人およびその下部団体等、(d)直接・間接を問わず、政府によって、または、政府を通じて補助金または交付金を受けており、補助金または交付金を受ける条件として、付与規定または法律によって、会計検査を受けることが義務づけられている非政府団体にも及ぶ。ただし、委員会は会計検査の対象となる機関の会計処理機構が適正を欠き、欠陥の補正を必要かつ適当と認めるときは、臨時のもしくは特別の事前会計処理等の手段を講じるものとする。委員会は、政府の一般会計記録を法律に定められた期間保存し、その裏付けとなる受領証等を保管する。

2　委員会は、本条の制限のもとに、以下の事項につき専決する。会計検査および調査の範囲を明定する。このために必要とされる手段を定める。非常識、不必要、過剰、浪費、もしくは不法とされる支出あるいは公金・公物の使用の防止、および禁止等のための会計検査規則を制定する。

第三節（会計検査の範囲）

政府の特定の部局もしくは関係機構が、会計検査委員会の検査を免れるような法律は、いかなる場合にも制定されてはならない。公金の一切の投資についても同様とする。

第四節（報告書の提出）

委員会は、大統領と国会に対し、法律の定める期間内に、政府、その部局、官署、施設、政府有もしくは政府の管理に服する法人、および会計検査に服する非政府の団体について、財政状態と運営とを記載した年次報告書を提出しなければならない。また、上記諸機関・団体の効果的かつ能率的な会計処理を促進する措置を勧告する。委員会は、法律の定めるところにより、上記の事項以外の報告書を提出しなければならない。

第一〇条　地方自治

一般規定

第一節（自治体の種別）

フィリピン共和国の領域的・政治的自治体は、県、市、町、村、およびバランガイである。モスリム・ミンダナオおよびコルディリェラスの自治区については、以下に規定するところによる。

第二節（地方自治権）

領域的・政治的自治体は、地方自治の権能を有する。

第三節（地方自治法）

国会は、地方自治法を制定し、分権制と解職請求、人民発案、国民投票の効果的な機構を備えた分権制を確立した、対応性と責任性のある地方政府につき規定を置かなければならない。また同法により、それぞれの地方政府単位に、権限、責任および手段を配分し、地方公務員の資格、選挙、任免、任期、報酬、権能、および職務と義務、ならびに地方団体の組織と運営に関する他の一切の事項につき規定を置くものとする。

第四節（地方政府の監督）

大統領は、地方政府に対し一般監督権を行使する。県は、県を構成する市町村の活動が、市町村は、その下にあるバランガイの活動が、与えられた権能と職分の範囲を越えないよう注意を払わなければならない。

第五節（財政自主権）

地方政府は、地方自治の基本政策に合致するかぎり、国会の規定する趣旨と制約のもとに、自己の財源として歳入を講じ、租税、使用料、料金を徴収する権限を有する。この租税、使用料、料金は、当該地方政府に排他的に帰属することが認められる。

第六節（国税の交付）

地方政府は、法律の定めるところにより、国税の公平な割合を自動的に交付されるものとする。

第七節（国家利益の配分）

地方政府は、法律の定めるところにより、個々の地域における国の資源の利用および開発によって得られた利益につき、公平な配分を認められる。住民と直接的利益を分かちあう場合にも同様の配分が認められる。

第八節（地方被選挙職の任期）

バランガイの役員を除く地方被選挙職の任期は、法律によって定められるところにより三年とし、連続三期を超えてはならない。辞職は、すでに経過した任期の長さにかかわらず、任期を中断するものとはみなされない。

第九節（地方議会の選挙区）

地方政府の立法部は、法律の定めるところにより地域的選挙区を設定され、各選挙区から選出された代表で構成される。

第一〇節（地方団体の自立）

地方自治法によって規定された基準に適合し、かつ、直接利害関係を有する地方団体の住民投票で過半数により認められた場合を別として、県、市、町村、バランガイは、創設、分割、合併、廃止、もしくは境界変更の措置を受けない。

第一一節（大都市圏特別地方自治体の設置）

国会は、法律の制定により、第一〇節に規定された住民投票の結果に基づき、大都市圏特別地方自治体を設けることができる。大都市圏を構成する市町村は、基本的な自治権を有し、執行機関および議会をもつ権利を有する。大都市圏に官庁が設置されたときは、その権限は調整のために必要とされる事務の範囲に限られる。

第一二節（県と市の関係）

法律により高度化都市に指定された市、および、市の憲章によって県の被選挙職への投票を禁じている市は、県から独立の地位を有するものとする。このような禁止事項を憲章に規定しない、県に従属する市の選挙人は、県の公務員を選挙する権利を奪われない。

第一三節（地方政府の相互協力）

地方政府は、法律の定めるところに従い、共同の利益のために、事業、事務処理、資源の利用において、連合し、合併し、協同することができる。

第一四節（地域開発会議）

大統領は、地域開発会議もしくはこれに類する機関を設置し、県市町村の職員、行政各部その他の政府機関の地域における長、および地域における非政府団体代表でこれを組織する。この会議の目的は、行政における地方分権の促進にあり、地域の自治体の自治能力を強化し、経済的・社会的成長と発達を増進させるにある。

自治区

第一五節（構成）

モスリム・ミンダナオおよびコルディリェラスに、自治区が設置される。自治区は、県、市、町村、および歴史的・文化的特色を明確に共有し、経済的・社会的構造その他の特色において共通な地理的単位をもって構成される。ただし、この憲法および国家主権に反せず、フィリピン共和国領土の一体性を損わないものでなければならない。

第一六節（大統領による監督）

大統領は、法律の誠実な執行のため、自治区に対し一般監督権を行使する。

第一七節（中央政府への権限留保）

この憲法もしくは法律によって自治区に認められた権能・職分および責任に属さないものは、国家政府に留保される。

第一八節（組織法の制定および住民投票）

国会は、各自治区につき、自治区諮問委員会の助言と参加を得て、組織法を制定する。委員会は、多数の地域を代表する被指定者の名簿から大統領によって任命された代表で組織される。組織法は、執行部および立法部からなる自治区の基本的統治構造について定める。自治体を構成する執行部・立法部はともに、選挙によって選出された代表者によって運営される。執行部及び立法部は、自治体を代表するものである。これらの機関によって制定される組織法は、この憲法および国の法律の規定の範囲内で、個人的諸権利、家族関係を考慮したものでなければならない。財産問題を処理する特別裁判所の設置につき規定しなければならない。

自治区の設置は、そのための当該区域内の住民投票における過半数によって承認されたとき、発効する。ただし、住民投票において賛成の結果が得られた県、市、および地理的単位のみが自治区に含められる。

第一九節（組織法の制定期限）

この憲法のもとに選出された第一国会は、両院発足のときから一八カ月以内に、モスリム・ミンダナオおよびコルディリェラス自治区のための組織法を制定しなければならない。

第二〇節（自治区の立法事項）

各自治区の地域的管轄権とこの憲法および国の法律の範囲内で、各自治区の組織法は、つぎの事項について条例制定権を行使することを定めるものとする。

(a) 行政組織
(b) 歳入財源の創設
(c) 伝来の土地および天然資源
(d) 個人的権利関係、家族関係、財産関係
(e) 自治区内の都市および地方の地域開発計画
(f) 経済的・社会的発展と観光開発
(g) 教育政策
(h) 文化遺産の保護と発展、および
(i) 自治区住民の一般福祉の増進のため条例で定めるのにふさわしいその他の事項

第二一節（治安と秩序の保持）

自治区における治安と秩序の保持は、法律に従って組織され、管理・監督されて活動する地方警察の責務とする。自治区の防衛と安全は、国家政府の責務とする。

第一一条　公務員の責任

第一節（公務員の奉仕義務）

公職は、国民から信託されたものである。公務を遂行する職員・雇員は、つねに国民に信頼され、厳しく責任を自覚し、正直かつ誠意をもって義務を果たし、しかも能率に欠けるところのない事務処理を行い、愛国心と正義に基づいて行動し、控えめな生活を営まなければならない。

第二節（公務員の罷免）

大統領、副大統領、最高裁判所裁判官、各憲法委員会の委員、オンブズマンは、弾劾、憲法違反、反逆、贈収賄、汚職、その他の重罪もしくは国民に対する背任があったとき、罷免される。他のすべての公務員は、法律の定めるところにより罷免され、弾劾には処せられない。

第三節（弾劾手続）

1　下院は、弾劾を発議することのできる唯一の機関である。

2　弾劾を求める適法な申立ては、一人の下院議員または一人の下院議員の承認に基づく一人の国民によって提起することができる。弾劾の申

立ては、会期中の六日以内に議事日程に含められ、その後の会期中の三日以内に下院の関係委員会に回付されなければならない。回付を受けた委員会は、会期中の六〇日以内に審理を行い、全委員の投票の過半数による議決の後、当該決議と報告書を下院に提出しなければならない。この決議は、下院による審査のため、受理ののち会期中の一〇日以内に議事日程が組まれなければならない。

3　下院が、委員会の弾劾条項適用決議、もしくは不適用決議にたいする同意議決または反対議決をするには、総議員の三分の一以上の票が必要である。

4　下院の総議員の三分の一以上の票による弾劾の申立て、または弾劾議決が上院に提出されたときは、弾劾条項の手続が開始されたことを意味する。上院は、ただちに、手続を開始しなければならない。

5　一年以内に同一の官吏に対し、二回以上弾劾手続が開始されてはならない。

6　上院は、弾劾裁判を行い判決をする唯一の機関である。上院議員がこの目的のために議席につくときは、宣誓もしくは誓約をしなければならない。フィリピン大統領が弾劾裁判を受けるときは、最高裁判所長官が議長となる。ただし、投票に参加することはできない。上院の総議員の三分の二以上の同意によるのでなければ、有罪の裁判を受けない。

7　弾劾事件にたいする裁判は、罷免、およびフィリピン共和国の公職を保持する資格の喪失以上に及ぶことはない。ただし、有罪の裁判を受けた者は、法律に従い司法裁判所において訴追され、裁判に付され、処罰を加えられる。

8　国会は、本節の効果的な実施のために弾劾規則を制定する。

第四節（国政浄化裁判所）

サンディガンバヤンと称せられている汚職処断のための裁判所は、存続を認められ、現行のまたは将来制定される法律に定める管轄権の行使を継続することができる。

第五節（国政監察庁の組織）

タノドバヤンと称せられているオンブズマン、および、全国から選ばれる一人の代表者、ルソン、ビサヤ、ミンダナオから選ばれるそれぞれ一名以上の代表者によって構成される独立の国政監察庁を設置する。軍関係のオンブズマンとして、別個に一名が代表者として任命される。

第六節（職員等の任命）

国政監察庁の代表者を除く職員・雇員は、公務員法の定めるところにより、オンブズマンによって任命される。

第七節（国政監察庁とタノドバヤン）

従来のタノドバヤンは、特別検察庁と改称される。その職務および権限は、この憲法により設置される国政監察庁に与えられるものを除き、法律の定めるところに従って存続し行使される。

第八節（国政監察官の資格）

オンブズマンおよび代表者は、出生によるフィリピン市民でなければならず、任命のときに四〇歳以上で、廉直公平であり、フィリピン法曹協会会員であるとともに、任命時に最も近い選挙で立候補しなかった者でなければならない。オンブズマンはさらに、一〇年もしくはそれ以上、フィリピンにおいて裁判官または弁護士の経験を有するものでなければならない。

その任期中、オンブズマンと代表は、この憲法の第九条A第2節の資格制限および禁止事項の適用を受ける。

第九節（国政監察官の任命）

オンブズマンと代表者は、法曹委員会によって提出される六名以上の被指名者名簿の中から、大統領によって任命される。その後欠員を生じるごとに三名の被指名者名簿から、大統領によって任命される。この任命には他の機関の承認を必要としない。欠員補充は、三カ月以内に行われなくてはならない。

第一〇節（報酬）

オンブズマンと代表者は、それぞれ憲法委員会の議長とその他の委員に相当する格付けを与えられ、報酬についても同様とし、在任中減額されることはない。

第一一節（国政監察官の任期）

オンブズマンと代表者は、七年の任期をもって在任し、再選されない。また退職後はじめての公職選挙には立候補を認められない。

第一二節（国政監察の職務）

オンブズマンおよび代表者は、護民官として、政府もしくはその部局、下部機関、補助機関、政府有または政府の管理に服する法人の職員・雇員について提起される不服申立に対しては、その様式・手続のいかんを問わず迅速に行動を起こし、適当と認めるときは、申立人に対し措置と結果について通知しなくてはならない。

第一三節（権限と義務）

国政監察庁は、以下の権限を行使し、職務を果たし、義務を負う。

1　職権もしくは申立てに基づいて、公務遂行にあたる職員・雇員、部局または機関の行為ないし不行為が、違法、不正、不当、もしくは非能率であると思料するときに、調査を行う。

2　申立てまたは職権により、政府もしくはその部局、官署補助機関、政府有または政府の支配に服し自己の定款を有する法人の職員・雇員につき、法律に定められた行為もしくは義務の遂行と促進、あるいは義務の遂行にあたっての権限乱用や不適正を抑止し、防止し、矯正するために指揮命令を行う。

3　非違のあった職員・雇員に対し適切な措置を講ずべきことを関係公務員に命じ、罷免、停職、降格、金銭罰、譴責、起訴のいずれかが行われるように指示し、その実効性確保につとめる。

4　必要と認めるときは、法律の定めるところに従って、関係公務員に対し、その部署における公金公物の支出もしくは使用にかかる契約等の処理に関する文書の写しを提出することを命じ、会計検査委員会に適切な措置を講じるよう一切の非違を報告する。

5　政府のあらゆる機関に対し、職責の遂行に必要な援助と情報の提供、及び、関係記録・文書の調査を命じる。

6　調査によって得られた結果を、状況に応じ、慎重を期して公表する。

7　非能率、官僚主義、管理不良、背任、腐敗が政府内にはびこる原因を究明し、その除去と公務員倫理の高揚につとめるべきことを勧告する。

8　手続規則を制定し、法律によって規定された権限を行使し職務を遂行し、義務を果たす。

第一四節（財政自律権）

国政監察庁は財政自律権を有する。承認を受けたその歳出予算は自動的、定形的に執行される。

第一五節（国の財産回復請求権）

職員・雇員によって不法に取得された財産を、彼ら自身から、もしくはその名義人や、譲受人からとり戻す国の権利は、時効、懈怠、禁反言のいずれにも服さない。

第一六節（経済的便益供与の禁止）

政府有または政府の支配に服する銀行その他の金融機関は、大統領、副大統領、閣僚、国会議員、最高裁判所裁判官、憲法委員会委員、国政監察官、もしくはこれらの公務員が重大な利害を有する会社等に対し、直接間接を問わず、借入れ、保証その他営業目的からする経済的便益の供与を行ってはならない。

第一七節（資産公開）

公務の遂行にあたる職員・雇員は、就任に際し、またその後法律が制定されたときには、その定めに従い、宣言のもとに、自己の資産および負債、ならびに評価額の明細を提出しなければならない。大統領、副大統領、閣僚、国会議員、最高裁判所裁判官、憲法委員会委員、その他の憲法に規定のある職にある者、ならびに軍の元帥または将官位にある者の資産明細は、法律の定めるところにより公開される。

第一八節（国家と憲法への忠誠）

公務員は、つねに国家と憲法を尊重擁護しなければならない。職員・雇員であって在任中、国籍を変更しようとする者、外国の移民の資格を得ようとする者については、法律の定めるところに従って処理される。

第一二条　国家経済と国有財産

第一節（国家経済の基本目標）

国家経済の基本目標は、機会と収入と富の公平な配分、国民の福利のために国家全体によって生産供与される財貨と役務の着実な増加、全国民、特に恵まれない者の生活の質の向上のための生産性拡大の三点にわたる。

国は産業振興をはかり、健全な農業の振興と農地改革に立脚した完全雇用を推進する。このための産業は、人的物的資源の完全有効利用に資すると同時に、国内的・国際的競争力を備えるものでなければならない。ただし、国は外国の不当な競争および不当な取引慣行からフィリピン企業を保護する責任を有する。

この目標達成のため、協同体、組合等の私的企業体は、経済の全領域および国の全地域の開発に関して、最善の機会が与えられる。私的企業体は、その経営基盤の強化を援助される。

第二節（国有財産としての天然資源保護）

公有の領土に属するすべての陸地、海洋、河川、金属、石炭、石油その他の鉱油、すべての可能エネルギー、海産物、森林、野生生物、動植物その他の天然資源は国有とする。

農地を除き、他の一切の天然資源は譲渡を禁じられる。天然資源の開発、改良、ならびに利用については国が管理し監督する。国は、直接開発等を行うほか、フィリピン市民の企業家もしくは資本の六〇パーセント以上がフィリピン人によって保有されている法人ないし団体との、共同生産、合併事業、利益分与協定を実施することができる。協定は二五年を超えて設定することは許されず、更新によっても二五年を超えることはできない。また、法律の定める期間と条件に服さなければならない。灌概、給水、漁業、工業用等の水利権は、水力開発を除き、有益利用をもって許可条件とする。

国は、国民の海産資源を、多島海、領海、排他的経済水域において保護し、フィリピン市民にのみ利用と受益を認める。

国会は、法律により、フィリピン市民による天然資源の小規模利用および共同養魚業を認める。ただし、河川、入江、潟および、珊瑚礁（さんごしょう）における自営漁業者および漁業労働者に優先権が与えられる。

大統領は、国家の経済発展と一般福祉に具体的に寄与すると認められるとき、法律に定められた期間と条件に従って、金属、石油その他の鉱油の大規模探査、開発および利用のため、技術的もしくは経済的援助等の協定を、外国企業と締結することができる。国は、かかる協定により、地方の科学技術水準の向上と利用につとめなくてはならない。

大統領は、国会に対し、この規定に従って締結されたすべての契約につき、発効の日から三〇日以内に通知しなければならない。

第三節（国土にかかる制約）

国有地は、農地、林野、鉱区、および国立公園とする。国有の農地は、法律により、用途に従って分類される。分譲可能の国有地は、農地にかぎられる。私法人、私的団体は、分譲可能な国有地の保有を禁じられる。ただし、一千ヘクタールを超えず、二五年を超えない貸与で、更新によっても二五年を限度とする場合は、このかぎりでない。フィリピン市民は、五百ヘクタールを超えない貸与を認められ、一二ヘクタール以下の土地を、売買、自作農創設、もしくは譲渡によって取得することができる。

国会は、法律により、環境・生態の保全、開発の影響を考慮し、農地改革の必要に従って、取得、開発、保管、貸与の対象となる国有地の規模および規制について定めるものとする。

第四節（林野・国立公園の保全）

国会は、早急に、法律によって、林野および国立公園の範囲を定め、境界を明確に定めなくてはならない。その後は、林野および国立公園は、法律によるほかは、増減することなく、保全がはかられる。国会は、その定める期間、危険になった森林、流域での木材伐採搬出を禁じる諸規則を定める。

第五節（先住民の権利）

国は、この憲法および開発に関する国策ないしは計画に従い、先住民の経済的・社会的・文化的恵福を確保するために、先住民の父祖の土地に対する権利をその文化的共同体に保障する。

国会は、先住民の父祖伝来の土地に対する所有およびその範囲を定めるにつき、財産権もしくは親族関係に関する慣習法の適用に関する定めを置かなくてはならない。

第六節（経済活動の公益性）

財産の利用は、社会に貢献するものでなくてはならない。また、すべての経済機構は、全体の利益に資するものであることを要する。個人もしくは法人、協同組合その他の団体を含む私的集団は、企業を所有し、創設し、運営する権利を有する。ただし、配分的正義を実現し、公益目的のために調整を行う国の方針に従わなくてはならない。

第七節（私有地取引の制限）

相続の場合を除いて、私有地は、国有地を取得し保持する資格のある個人、法人、協会による場合にのみ、譲渡・移転が認められる。

第八節（元フィリピン市民の特例）

本条の第七節の規定にかかわらず、出生によるフィリピン市民であった者でのちにフィリピン市民権を失った者は、法律の定める制限のもとに、私有地を取得することができる。

第九節（経済企画庁）

国会は、大統領が主宰する独立機関としての経済企画庁を設置する。この機関は、他の官庁、各種民間団体、および地方団体に諮問したのち、国の開発政策および計画につき、国会に勧告し、また政策ないし計画の統合性・整合性をはかるものとする。

国会が別段の定めをするまでは、経済企画庁が、独立の企画機関として権限を行使する。

第一〇節（フィリピン市民の投資優先）

国会は、経済企画庁の勧告に基づき、国益上必要と認められるときは、フィリピン市民、もしくは六〇パーセント以上ないし国会の定めるところにより下限がさらに高い率で資本がフィリピン市民に保有されている法人もしくは協会のために、投資枠を確保しなければならない。また国会は、フィリピン市民によりすべての資本が保有される企業の創設・運営を促進する方策を講じなければならない。国家経済および国有財産に関し、権利を認め、特許を行い、許認可を下すに際しては、国はフィリピン市民を優先させなくてはならない。
国は、その管轄の範囲内で、国の定める重点目標に従い、外国人の投資を規制し、管理する権限を行使しなければならない。

第一一節（公の施設におけるフィリピン市民の優先）
公の施設の利用についての特権、認可その他一切の権利付与は、フィリピン市民もしくは、六〇パーセント以上の資本がフィリピン市民に保有され、フィリピン国法に基づいて設立された法人もしくは協会にのみ認められる。また、このような特権、認可等は、独占を許すものであってはならず、五〇年以上の期間にわたってはならない。公共の利益のために必要とされるときに、国会が修正、変更、廃止を行うことを条件としてのみ、特権等が認められる。国は、公の施設の一般人民による公平な利用をはかるものとする。公企業の管理における外国人投資家の関与は、資本の比率に見合うよう制限される。また、このような法人もしくは協会の管理職は、すべて、フィリピン市民でなければならない。

第一二節（国内労働力・国産品の優先）
国は、フィリピン人労働力、国産品、地方特産物の使用を奨励し、健全な自由競争をはかるものとする。

第一三節（貿易振興）
国は、全体の福祉に資する貿易振興策を推進し、平等と互恵に立脚したあらゆる取引協定を締結する。

第一四節（人材の確保）
フィリピンの科学者、企業家、各分野の専門家、管理者、高度技術者、熟練工、および美術家、工芸職人等の国家的人材の確保を、国はあらゆる方面で奨励し促進させる。
法律に定められた場合を除くほか、フィリピンにおける専門職は、フィリピン市民にのみ認められる。

第一五節（協同組合への助成）
国会は、社会的正義と経済発展のための協同組合の生成・発展を援助する機関を設置する。

第一六節（国による法人の設立）
国会は一般法によらないかぎり、私法人の設立、組織、もしくは規制を行いえない。政府有または政府管理の法人は、公共の利益のため、また経済的実効性を有する場合にのみ、特別許可書によって設立される。

第一七節（緊急事態における私有の公共的施設）
国家緊急時において、公共の利益のために必要があるときは、緊急事態が継続するあいだ、かつ、予め定めた期間内、国は、公共の利益に関わる私有の公共的施設もしくは業務を一時的に自己の支配下に置き、または指揮監督することができる。

第一八節（重要産業への国家関与）
国家的福祉もしくは防衛を目的として、国は、重要産業体を設置運営し、正当な補償のもとに、施設その他の私企業体を公有とし、または、政府管理の下に置くことができる。

第一九節（独占および不当競争の禁止）
国は、公共の利益のため必要があるときは、独占を規制し、禁止することができる。取引を阻害するための企業連合および不公正な競争は禁じられる。

第二〇節（中央銀行）
国会は、独立の中央金融機関を設立する。その理事会構成員は、正直、誠実でかつ愛国者として知られた、出生によるフィリピン市民でなければならない。理事の過半数は、民間人であることを要する。その資格および欠格については、法律で定めるところによる。中央金融機関は、通貨、金融、および信用について政策の方向を定める。また、銀行の業務を監督し、各種金融機関に対し法律に規定された規制権限を行使する。
国会が特別の定めをするまで、フィリピン中央銀行が現行法制のもとで中央金融機関として業務を行う。

第二一節（外国からの借入れの公開）
外国からの借入れは、法律に従い、中央金融機関の規則に従って行われる。政府の外国からの借入れもしくは借入れの保証に関する情報は、公開されなければならない。

第二二節（脱法行為の処罰）
本条各規定に対する脱法行為は、国益にとって有害とされ、法律の規定するところにより、刑事上・民事上の制裁が加えられる。

第一三条　社会的正義と人権

第一節（国会と国の責務）
国会は、すべての国民が人間として尊重される権利を擁護・強化し、社会的、経済的、政治的不平等を追放し、文化的不平等をとり除き、共通の利益のために財貨と政治権力とを公平に分配することによって、労働に対して充分な保護を与えなければならない。

この目的を達成するために、国は、財産や利益の取得、所有、使用及び配分について規則を定めなければならない。

第二節（社会正義の促進）
社会正義の促進は、自由な創意と独立独行に基づいて、経済的機会を創りだすための方策を含む。

労働

第三節（労働の保護）
国は、国内のあらゆる地域における労働はもちろん国外における労働も、また組合に加盟しているといないとにかかわらず、すべての労働に対して十分な保護を与えなければならない。また、すべての人に対する完全雇用と雇用機会の平等の実現につとめなければならない。

また、国は法律の定めるところにより、罷業権、団結権、団体交渉権および協約権を含む、平和的手段による団体行動権を、すべての労働者に保障する。労働者は、身分の保持、人道的な勤労条件、および生活に必要な賃金を得る権利を有する。労働者はまた、法律の定めるところに従い、自己の権利利益に関わる方針の設定や意思決定に参加することができる。

また、国は、労働者と使用者のあいだの責任分担の原理を促進し、紛争解決においては調停等の任意的手段によるべきことを勧め、産業の平和の増進のため、労使の協調を目指すものとする。

国は、労使の関係を調整し、利潤にたいする労働者の正当な権利、および、投資による正当な報酬と成長・発展にたいする企業の権利を保障する。

農地改革と資源改革

第四節（農地改革の基本方針）
国は、農業者および農地労働者であって農地を持たない者の権利を承認し、法律により、農地改革計画によって、直接もしくは集団で自己の耕作する土地の所有、または他の農業労働者の場合は正当な利益の分与が行われるようにしなければならない。この目的のため、国は、すべての農地を、国会が規定する順序と制限に従って、適正に配分するようつとめなければならない。この場合、環境問題、開発との関連、公平な実施に留意しなければならず、配分にあたっては正当な補償が必要とされる。農地保有の限度を設定するにあたって、国は、小土地所有者の権利を尊重しなければならない。国はまた、共同土地所有を推進する施策を講じなければならない。

第五節（参加による計画の実施）
国は、農業者、農地労働者、地主、および協同組合、その他農民の自治団体が、農地計画の策定、実行組織の設定、管理の方式のいずれにも参加することを認め、技術と研究を通じて農業を振興し、財政、生産、市場その他の面で援助を与えるものとする。

第六節（農地以外への適用）
国は、農地改革もしくはその管理の諸原則を、法律の定めに適合し、可能と認められるかぎり、農地以外の天然資源の利用・処分に適用しなくてはならない。これには、農業に適した国土で貸与もしくは使用許可が行われているものが含まれる。ただし、既存の諸権利、小開拓民の諸権利、および父祖の地にたいする先住民共同体の権利は尊重される。

国は、法律の定めるところにより、農地を持たない農業者、農地労働者に国有農地を配分し、再定住させる。

第七節（専業漁民の保護）
国は、内海、外海を問わず、地域の魚介海産資源の優先利用に関し、特に地方の専業漁民の権利を保護する。国はまた、そのような漁民にたいし、技術と研究、財政、生産、市場等への当を得た助成により、援助を行う。海産資源の保護、開発、維持は、国の責務である。専業漁業者の沖合漁場は外国の侵入から保護される。漁場労働者は、魚介海産資源の有効利用における自己の正当な労働報酬を受けることができる。

第八節（土地所有者の計画参加）
国は、土地所有者に農地改革計画の進展に向けて投資を行うよう施策を講じ、産業振興、雇用機会の増大、公営企業の民営化をはかるものとする。土地にたいして支払われた補償は、自己の選定する企業の持分とすることができる。

都市部土地改革および住宅計画

第九節（計画の目的）
国は、法律により、公共の利益のために、民間との協力関係を保ちながら、住居に恵まれない都心部および再定住圏の低所得者およびホームレスに対し、低廉な価格で文化的な住宅および必需設備を提供するため、都市部土地改革および住宅計画を推進する。同時に、低所得者のための雇用機会が確保されるよう努力する。計画の遂行にあたって、国は、小資産所有者の権利を尊重しなければならない。

第一〇節（再定住政策への制約）

都市部・郡部を問わず、低所得住民は、立ち退きを強制されることなく、住居を取壊されることもない。ただし、法律に定められ正義と人道的な方法で執行されるときは、このかぎりでない。

都市部・郡部を問わず、往民の移転は、その意見を聞くことなしに強制されてはならず、移転が予定されている地域の意見も聴取されなければならない。

健康

第一一節（低所得者等への施策）

国は、健康増進のために広汎かつ総合的な施策を講じなければならない。特に必需品のほか健康等に役立つ便益を、一般に利用可能な価格で、すべての人に提供しなければならない。低所得疾病者、老人、身体障害者、女性、子供は特に保護される。国は、生活扶助受給者に対しては、無料医療につとめなければならない。

第一二節（国の実施手段）

国は、健康問題解決のため、実効の期待される食品・薬品規制の制度を確立・維持し、健康管理のための人員確保と研究につとめなければならない。

第一三節（専門機関の設置）

国は、身体障害者のために、機能回復訓練、自立自助、社会復帰を目的とした特別の機関を設置しなくてはならない。

女性

第一四節（女性労働の保護）

国は、女性労働にたいし、安全かつ健康な労働条件を保障し、母性保護に配慮しなければならない。また、女性の福祉を増進し、女性の能力を残りなく展開するように国の助成によって施設を提供し、活動の機会を用意する。

市民団体の権利と役割

第一五節（市民団体のあり方）

国は、国民が、正当かつ共同の利益と希望を追求し保護することを目的とした、独立の組織をもって活動することを尊重する。ただし、平和的・合法的な手段により、民主主義に合致するものでなければならない。

市民団体は、一般市民による善意に基づく団体であることを要し、公共の利益を増進し、独自の指導理念をもつ、会員、構成が明白なものでなければならない。

第一六節（参加の権利）

社会的・政治的・経済的意思決定のあらゆる段階に、人民およびその組織が有効かつ合理的な範囲で参加する権利は制限されない。国家は、法律によって実効性ある参加の制度が活用されるようつとめるものとする。

人権

第一七節（人権委員会の設置）

1　独立機関としての人権委員会が設置される。

2　この委員会は、委員長と四人の委員で組織される。ただし、いずれも出生によるフィリピン市民であり、過半数は法曹協会員でなければならない。任期および資格ないし欠格事由については、法律で定める。

3　この委員会が組織されるまで、既存の大統領直属の人権委員会が権限を行使する。

4　委員会に関する承認を受けた歳出は、委員会が自己の権限に基づき定めたところに従い支出できる。

第一八節（人権委員会の権限）

人権委員会は、以下の権限を有する。

1　職権または当事者の申立てにより、市民的・政治的権利にたいする一切の侵犯を調査する。

2　運営基準と手続規則を定め、裁判所規則にならい、その違反につき、委員会侮辱として召喚する。

3　フィリピンにおけるすべての人および在外フィリピン市民の人権保護に必要な法的手段を定め、人権を侵害されもしくは保護を必要とする低所得者層に、侵害にたいする予防手段と侵害された者にたいする法律扶助を与える。

4　監獄、拘置所、その他の拘禁施設に立入検査を行う。

5　人権の尊重に役立つ研究、教育、および啓蒙の計画を確立し継続させる。

6　人権拡大の実効性ある施策を国会に提言し、人権を侵犯された被害者もしくはその家族への補償を制度化する。

7　フィリピン政府の人権に関する条約上の義務が、果たされているかどうかを監視する。

8　委員会が、直接にもしくは、その指揮のもとで行う調査審理において、証言もしくは書証その他の証拠物が事実の確定に必要ないし有用と認められるかぎり、その証言者、証拠物提供者にたいする起訴を免ずるものとする。

9　委員会は、その職務を執行するにつき、他の省、部局、機関もしくは代理機関の援助を要請することができる。

10　法律に従って、職員・雇員を任命する。

11　法律に定められたその他の権限を行使する。

第一九節（国会による権限拡大）

国会は、委員会の勧告に基づき、同委員会の権限に属する人権侵害の前述以外の場合につき定める。

第一四条　教育・科学技術・芸術・文化・体育

教育

第一節（教育を受ける権利と機会）

国は、市民がひとしく、全段階にわたって良質の教育を受ける権利を保護・増進し、すべての市民にとって接触が可能な教育を実現するための適切な措置をとらねばならない。

第二節（国の権能）

国は、以下の権能を行使する。

1　国民と社会の必要に応える教育体系の完成と適正化、ならびに総合化を実現し、維持・援護する。

2　小学校・中高等学校教育の無償を実現し維持する。ただし、児童の教育に関する両親の自然権を侵してはならない。小学校教育は、学齢に達した児童への義務教育とする。

3　公立学校、私立学校を問わず、能力ある学生、生徒、特に低所得者にたいする給費、貸与、補助金その他の奨学制度を確立し、運営しなければならない。

4　特に、地域社会の需要に応えるため、自由で独創的な、地方色のある学習制度、および独学者のための充実した校外学習計画を推進する。

5　成人、身体障害者、非就学青少年に、市民教育および職業訓練その他の研修の機会を提供する。

第三節（教育の内容）

1　すべての教育施設は、憲法教育を課程のなかに加えなければならない。

2　教育においては、愛国心と国家の自立が教えられ、人間愛と人権の尊重が涵養され、国の歴史的発展における国民的英雄の役割が認識され、国民の権利と義務が知らされ、倫理的・精神的価値が強化され、人格の形成と訓練が行われ、批判的・創造的思考が助成され、科学技術の知識が拡大され、さらには職業的技能が進展させられなくてはならない。

3　親または後見人の文書による選択に基づいて、公立の小学校・中高等学校における正規の授業時間内で、自分の子どももしくは被後見人に、宗教教育を行うことが認められる。その宗教教育は、児童もしくは被後見人の属する宗教団体から公認され、派遣された教師により、政府によって特別の費用を徴収されることなく実施される。

第四節（教育施設への規制と優遇）

1　国は、教育制度における公私の諸団体の補完的役割を認め、合理的な範囲で一切の教育施設の監督と規制を行う。

2　宗教的集団および伝道会議によって設立される場合を除き、教育施設は、フィリピン市民もしくは、資本の六〇パーセント以上がフィリピン市民に所有される法人もしくは協会に属するものでなくてはならない。国会は、一切の教育施設に、公平の観点からフィリピン人の参画を要求することができるものとする。

教育施設の規制と管理は、フィリピン市民に属するものとする。

外国人専用の学校を設立することは許されない。また、学校において外国人が在学者の三分の一を超えることがあってはならない。ただし本項は、外国の外交官職員およびその子弟のために設立されたもの、および法律に別段の定めがないかぎり、外国人の一時居住者のために設立された教育施設には適用されない。

3　直接、具体的な教育目的にのみ利用される非営利的教育施設の収入および財産は税を免除される。そのような教育施設が法人としての存在を失うとき、財産は法律に従って処分される。

財産としての教育施設は、共有の場合を含めて、配当にたいする規制や再投資の規制など法律による制限のもとで税を免除される。

4　直接に具体的な教育目的にのみ使用される一切の賞金・拠出金・寄付金は、法律による条件のもとに、税を免除される。

第五節（国の責務）

1　国は、教育政策および教育計画を展開し、地方で作定された計画を助成するに際して地域的・部分的な需要と諸条件を考慮しなければならない。

2　学問の自由は、一切の高等教育機関において保障される。

3　公正かつ合理的で平等な入学許可および成績評価のもとで、すべての市民は、専門教育または教育コースを選択する権利を有する。
4　国は、教師の専門的発展への権利を尊重する。教育職にない研究者および研究職にない教育者も同様に国により保護される。
5　国は、教育予算に第一順位を与え、充分な報酬と職業的満足を確保することによって、教職にすぐれた人材を集めることにつとめる。

言語

第六節（国語）
フィリピンの国語は、フィリピノとする。これは、フィリピン語といわれてきたものとその他の言語を基礎として、さらに発展させられなければならない。
法律の規定に従い、かつ、国会が適当と考えるときは、政府は、フィリピノの使用を、公用語および学校教育用語とするための施策を創設しなければならない。

第七節（併用言語）
意思の伝達および表現のための、フィリピンの公用語はフィリピノであるが、法律によって特に定めるまでのあいだは、英語も公用語とする。
地域の言語は、地域における準公用語であり、表現のための補助手段として認められる。
スペイン語およびアラビア語は、自発的な選択を基本として助成される。

第八節（憲法に使用される言語）
この憲法は、フィリピノ語および英語で制定され、主要な地域言語およびアラビア語、スペイン語に翻訳される。

第九節（国語委員会）
国会は、各地域および各分野の代表からなる国語委員会を設立する。委員会は、フィリピノ語およびその他の言語の改良、普及、および保持のための研究を行い、調整・推進をはかるものとする。

科学技術

第一〇節（科学技術の振興）
科学技術は、国家の進歩発展の核心をなすものである。国は、研究開発、発明工夫、およびその結果の実用化を重点施策とし、科学技術教育、訓練、利用に関しても同様とする。その目的とするところは、独創的かつ妥当性を有し、みずから発展を遂げうる科学技術能力を高め、国家の生産組織と国民生活に生かすことにある。

第一一節（人材開発）
国会は、基礎および応用科学研究計画において、減税等の優遇措置により、民間の協力を推進するものとする。奨学金、補助金その他の優遇措置が、能力ある自然科学の学生、研究者、学者、発明家、技術者および、特に才能ある市民に適用される。

第一二節（国の活動）
国は、あらゆる方面の技術を国益のために集中する施策を定め、実用化を推進する。また、科学技術の生成・利用に、民間団体、地方政府、および地域組織が広く参加することを促進する。

第一三節（知的財産の保護）
国は、特に、人々の福祉に役立つ科学者・発明家・芸術家その他才能ある市民の知的営為の財産的価値および作品に対する排他的権利を法律の定める期間、保護し、保全する。

芸術・文化

第一四節（一般目標）
国は、芸術的・文化的表現のために、多様性の中の統合の原理を基本として、フィリピン文化の保全、振興、および活力ある発展を助成する。

第一五節（国の施策）
芸術および文芸は、国の支援を受ける。国はまた、国民の歴史的・文化的伝統と資源および芸術作品の保存、助成、普及をはかるものとする。

第一六節（文化財保護）
すべての芸術的・歴史的遺産は、国民の文化財である。国は、これを保護し、処分に制限を加える。

第一七節（固有文化圏）
国は、固有文化を有する地域団体にたいし、自己の文化・伝統・制度を維持・発展させる権利を承認し、かつ尊重し保護する。国は、政策および計画の作成にあたって、右の諸権利を配慮しなければならない。

第一八節（文化へのアクセスと研究援助）
1　国は、教育制度、公私の文化施設、奨学金、給付金その他の優遇措置、地域文化センターその他の公けの施設により、文化に接することのできる機会の平等を保護しなければならない。
2　国は、芸術・文化の研究・調査を奨励し、援助する。

スポーツ

第一九節（体育振興の目的と参加）

1　国は、体育を振興し、スポーツ行事、試合、アマチュア・スポーツ、国際試合のための練習を奨励する。このことによって、自己錬成、チームワーク、健全な市民性の展開が助長されなくてはならない。

2　すべての教育施設は、全国規模で、体育クラブその他の団体の協力を得て定期的に体育活動を行うものとする。

第一五条　家族

第一節（家族と国家）

フィリピン市民の家族は、国家の基礎である。国は、フィリピン市民の家族の結合を強化し、その総合的な発展策を講じる。

第二節（結婚）

結婚は、不可侵の社会制度であり、家族の基礎をなすものとして国により保護される。

第三節（家族の権利の保障）

国は以下の権利を保障する。

1　宗教的信条と、親としての責任に合致する、家族を形成する夫婦の権利。

2　適切な監護と養育および、一切の遺棄、虐待、残虐行為、搾取、その他発育を妨げる諸条件から特別保護等の援助にたいする子供の権利。

3　家族生活をするに足りる賃金および、収入にたいする家族の権利。

4　家族および家族の共同体が、利害を有する政策および計画に参加する権利。

第四節（家族のなかの老人）

家族は、高齢者を扶助しなければならない。ただし、国も社会保障計画によって適切な老人福祉を行う。

第一六条　一般規定

第一節（国旗）

フィリピン国旗は、太陽と三個の星を配した赤・白・青の三色旗とし、法律によって承認され、国民によって神聖視され、敬意を払われるものとする。

第二節（国名・国歌・国璽）

国会は、法律により、国の新名称、国歌、もしくは国璽を採用することができる。これらは、国民の理想と歴史と伝統とを正しく反映し、象徴するものでなければならない。

このための法律は、国民投票により国民の承認が得られたときに発効する。

第三節（訴訟当事者としての国）

国は、その同意なしに訴訟における被告となることがない。

第四節（国軍の構成）

フィリピン国軍は、法律の定めるところにより、軍事訓練を受けて兵役に就く市民をもって組織される。国軍は、国家安全のために必要な常備軍を保有する。

第五節（国軍の管理）

1　国軍の軍人は、この憲法を支持し、援護することを宣誓もしくは宣言しなければならない。

2　国は、軍人の愛国心と国家意識を強化し、義務の遂行にあたって人民の権利を尊重するよう教化する。

3　国軍軍人の専門技術、適正な給与および福祉は、国家の基礎的な関心事である。軍隊は、政治から隔離されなければならない。軍人は、投票を除くいかなる直接間接を問わず、政治活動も行ってはならない。

4　軍務に就いている軍人は、政府、政府有または政府管理の法人もしくはその子会社等の民間の職に、いかなるときも、いかなる資格においても、任命もしくは選任されてはならない。

第六節（国家警察）

国は、警察を設置、運営する。警察は、国家全体を管轄し、文民機構としての性格を有し、国家公安委員会により管理・運営される。管轄警察署にたいする地方執行機関の権限は、法律によって定められる。

第七節（退役軍人と遺族への配慮）

国は、復員・退役軍人および未亡人、遺児にたいして、迅速かつ適切な手当、特典、その他の援助を行わなければならない。このための基金が準備されなければならない。また、国有農地の処分にあたっては、これらの者に適切な配慮がなされ、事態に応じて天然資源の利用が考慮されることを要する。

第八節（年金の調査）

国は、時に応じて、政府および民間の退職者に支払われるべき年金その他の特典をひき上げるよう調査を行う。

第九節（消費者保護）

国は、消費者を不当取引や粗悪製品・危険製品から保護する。

第一〇節（情報流通）

国は、言論出版の自由に合致するものとして、フィリピン市民の能力を十分に発展させる環境をつくる政策、国民の必要と要望に適う通信伝達網の実現をはかる政策、国内における、また、国の外からと内から外への情報の円滑な流通をはかる政策を整えねばならない。

第一一節（マスメディアの所有と運営）

1　マスメディアの所有と管理運営は、フィリピン市民、もしくはフィリピン市民によって所有され管理運営される法人、組合もしくは協会にのみ認められる。

国会は、公益上必要と認めるときは、商業マスメディアにおける独占を規制し禁止する。取引の阻害もしくは不当競争のための合同は許されない。

2　広告産業は、公益に合致することを要し、法律によって、消費者保護と一般福祉の増進のために規制される。フィリピン市民もしくはフィリピン市民により七〇パーセント以上の資本が所有される法人もしくは協会のみが、広告業を許可される。

広告産業における団体の管理機関への外国人投資家の参加は、資本の割合に比例するものでなければならない。

それらの団体の管理職および役員は、フィリピン市民に限られる。

第一二節（固有文化地域共同体への政策諮問機関）

国会は、固有文化地域共同体に関する政策につき、大統領にたいする諮問機関を設置することができる。その構成員の過半数は、固有文化地域共同体から選ばれなければならない。

第一七条　憲法の修正または改正

第一節（発議）

この憲法の修正もしくは改正は、以下の機関によって発議される。

(a)　国会、ただし総議員の四分の三以上の賛成投票による。

(b)　憲法会議

第二節（人民発案に基づく修正）

この憲法の修正は、登録された有権者の一二パーセント以上の請願による人民発案で、直接発議することが認められる。この場合、それぞれの国会議員選挙区の登録有権者の三パーセント以上の選挙権者が含まれていなければならない。本節の手続で行われる修正は、この憲法の制定後五年間は禁じられる。また、五年に一度以上の修正は認められない。

国会は、この権利の行使につき詳細を定める。

第三節（憲法会議の召集）

国会は、総議員の三分の二以上の賛成投票により、憲法会議を召集することができる。また、総議員の過半数の賛成投票により、選挙民にたいし、そのような会議を召集するかどうかを問うことができる。

第四節（国民投票）

第一節によるこの憲法の修正もしくは改正は、国民投票で過半数の承認が得られたとき発効する。国民投票は、修正もしくは改正が発議されてから、六〇日ないし九〇日のあいだに行われる。

第二節による修正は、国民投票で過半数の同意が得られたときに発効する。この場合の国民投票は、選挙管理委員会が請願を有効として受理したのち六〇日から九〇日のあいだに行われる。

第一八条　経過規定

第一節（第一回国会選挙）

この憲法のもとでの第一回国会議員選挙は、一九八七年五月の第二月曜日に行われる。

第一回地方選挙は、大統領の定める日に行われる。これは国会議員選挙と同時に実施することができる。また、この選挙で、マニラ首都圏の一切の地方議員も選出される。

第二節（第一回被選出者の任期）

この憲法により最初に選出された上院議員、下院議員、および地方議員、首長等は、一九九二年六月三〇日正午まで在任する。

第三節（現行法令の効力）

この憲法に反しない現行の法律、命令、執行命令、布告、教書、その他の執行部の措置は、修正、廃止、もしくは取消しがあるまでその効力を有するものとする。

第四節（条約等の効力）

批准が得られなかった現行の条約もしくは国際協定は、上院の総議員の三分の二以上の同意によってのみ、批准手続の更新もしくは延長が行われる。

第五節（現職大統領・副大統領の任期）

一九八六年二月七日の選挙で選出された現職大統領および副大統領の六年の任期は、選挙の同時化のため、一九九二年六月三〇日正午まで延長される。

この憲法のもとで行われる大統領・副大統領の第一回通常選挙は、一九九二年五月の第二月曜日に行われる。

第六節（現職大統領の立法権）
現職の大統領は、第一国会が開かれるまで、立法権を行使する。

第七節（各種団体代表の任命）
法律が制定されるまでのあいだ、大統領は、この憲法の第六条第五節二項の各種団体代表のために留保された議席を、被指名者名簿から任命する。

第八節（大都市圏庁の設置）
国会により特別の定めが置かれないかぎり、大統領は、マニラ都市圏を構成する地域のすべての地方政府の長で組織される、首都圏庁を設置することができる。

第九節（郡の存続）
郡は、県に昇格するか、構成部分である町村がもとの県に復帰するまでの間存続する。

第一〇節（裁判所の存続）
この憲法制定のときに存在する一切の裁判所は、法律に特別の定めがなされないかぎり、従前どおり権限を行使する。現行の裁判所規則、裁判所法、および手続法は、この憲法に反せず、最高裁判所もしくは国会によって修正ないし廃止されないかぎり、効力を認められる。

第一一節（現職裁判官の在任）
現職の裁判官は、七〇歳に達するか、職務を果たしえなくなったとき、または罷免されるまで、在職を認められる。

第一二節（訴訟遅延への対策）
この憲法の承認後一年以内に、最高裁判所は、憲法発効前から最高裁もしくは下級裁判所に係属中の事件につき、判決または決定を迅速にするる計画を検討・採用しなければならない。すべての特別裁判所および準司法機関についても、同様な計画が採用されなければならない。

第一三節（期間経過への措置）
この憲法の承認以前において、裁判所の審理を求めて提起された事件にたいする判決または決定のための所定の期間経過にともなう不利益の法的取扱いは、最高裁判所によって、すみやかに決定されねばならない。

第一四節（期間制限の準用）
この憲法の第八条第一五節三項・四項の規定は、この憲法の承認以前に提起された事件で、憲法承認ののちに所定の期間を経過したものに適用される。

第一五節（憲法委員会構成員の任期）
公務員委員会、選挙管理委員会、および会計検査委員会の現職構成員は、この憲法が承認されたのち一年、在職することができる。ただし、その間に罷免され、職務に耐えないと認められ、もしくは新たに任命されたときはこのかぎりでない。憲法委員会の構成員は、この憲法の承認前の在任期間も含めて、七年以上在任することはできない。

第一六節（政策的解職公務員の扱い）（省略）

第一七節（主要公務員の報酬）
国会が別段の定めをするまで、大統領は、三〇万ペソの年俸を給せられる。副大統領、上院議長、下院議長、最高裁判所長官はいずれも二四万ペソ、上院議員、下院議員、最高裁判所判事、憲法委員会委員長はいずれも二〇万四千ペソ、憲法委員会委員は一八万ペソを、それぞれ給せられる。

第一八節（その他の公務員の給与）（省略）

第一九節（行政財産の引きつぎ）（省略）

第二〇節（無償中等教育政策の優先）（省略）

第二一節（土地物権の国家還付）（省略）

第二二節（遊休農地の収用）（省略）

第二三節（広告産業にたいする猶予期間）（省略）

第二四節（私兵、非正規軍の禁止）
権限ある当局の承認を受けていない私設軍隊その他の軍団は、解体される。この憲法により認められた国民軍と相容れない民間国防軍等の非正規軍は、解散され、または適宜正規軍に編入される。

第二五節（基地問題）
軍事基地に関するフィリピン共和国とアメリカ合衆国間の協定が一九九一年に失効した後は、外国の軍事基地、軍隊、施設はフィリピン国内では認められない。ただし、上院で承認され、国会の提案により行われた国民投票で、過半数により承認され、かつ相手国でも条約として承認した条約に基づく場合はこの限りでない。

第二六節（不法入手財産の差押えと凍結）（省略）

第二七節（この憲法の効力）
この憲法は、国民投票で過半数により承認されたとき直ちに発効し、先に制定されたすべての憲法は廃止される。

以上のフィリピン共和国憲法は、一九八六年に設けられた憲法会議により、一九八六年一〇月一二日に承認され、ついで一九八六年一〇月一五日に、ケソン市国政センターのプレナリー・ホールにおいて、つぎに掲げる委員によって署名されたものである。（以下省略）
以上採択する。

15　ブラジル連邦共和国

二宮正人
永井康之

解説　400
一九八八年ブラジル連邦共和国憲法　408
前文 …… 四〇八
第一編　基本原則 …… 四〇八
第二編　基本的権利及び保障 …… 四〇八
第一章　個人及び集団の権利と義務 …… 四〇八
第二章　社会権 …… 四一一
第三章　国籍 …… 四一三
第四章　参政権 …… 四一四
第五章　政党 …… 四一五
第三編　国家組織 …… 四一五
第一章　政治行政組織 …… 四一五
第二章　連邦 …… 四一五
第三章　連邦諸州 …… 四一八
第四章　市郡 …… 四一八
第五章　連邦区及び直轄領 …… 四一九
第六章　干渉 …… 四二〇
第七章　行政 …… 四二〇
第四編　権力組織 …… 四二五
第一章　立法権 …… 四二五
第二章　行政権 …… 四三三
第三章　司法権 …… 四三五
第四章　司法に不可欠な職務 …… 四四六
第五編　国家及び民主主義制度の擁護 …… 四四九
第一章　国防事態及び戒厳事態 …… 四四九
第二章　国軍 …… 四五〇
第三章　公共の治安 …… 四五一
第六編　租税及び予算〔略〕…… 四五二
第七編　経済及び金融の秩序 …… 四五二
第一章　経済活動の一般原則 …… 四五二
第二章　都市政策〔略〕…… 四五二
第三章　農業及び農地政策並びに農地改革〔略〕…… 四五二
第四章　国家金融制度 …… 四五二
第八編　社会秩序 …… 四五二
第一章　一般規定 …… 四五二
第二章　社会保障 …… 四五二
第三章　教育、文化及びスポーツ …… 四五四
第四章　科学、技術及び革新 …… 四五五
第五章　ソーシャルコミュニケーション …… 四五五
第六章　環境 …… 四五六
第七章　家族、児童、少年、青年及び老人 …… 四五六
第八章　先住民 …… 四五七
第九編　憲法一般規定〔略〕…… 四五七

解説

一　ブラジル国憲法の沿革

ブラジルが一五〇〇年から一八二二年までポルトガルの植民地であったことはあまねく知られている。ポルトガル王室はナポレオンの英国に対する経済封鎖への参加を拒否したことから、一八〇八年に本国を追われてブラジルに王侯貴族、公務員、召使等、約一万五千人が移動した。ブラジルはそれまでは単なる植民地として鎖国を強いられてきたが、ポルトガル王室の動座によって、ポルトガル・ブラジル・アルガルヴェ連合王国となり、開港宣言を行って諸外国との交易を開始、ブラジル銀行を設立、殖産業を促進、首都リオデジャネイロを中心とした都市整備等を行った。

ナポレオンは英国をはじめとする連合軍との戦いに敗れ、一八一五年のウイーン会議の結果、最初はエルバ島、ついでサンタヘレナ島に流され、そこで死亡するが、ポルトガル王室は一八二一年までブラジルにとどまっていた。ポルトガル本国で王室の帰国を望む声が高まることによって帰国するが、ブラジル総督として、王太子兼執政ペドロに後事を託した。しかしながら、ペドロが政務を熱心に行ったとは言えず、ブラジル生まれの独立運動の志士たちを側近に迎え入れた結果、父君たるポルトガル王ジョアン六世の意思に背いて一八二二年九月七日にブラジルの独立を宣言する。

ペドロは初代ブラジル帝国皇帝となり、独立当初、立憲君主制を敷くべく制憲議会を召集して憲法草案の作成を命じたが、議論の方向が自らの意思にそぐわなかったことから、軍隊を派遣して解散させ、欽定憲法を公布した。

二　一八二四年三月二五日付ブラジル帝国欽定憲法について

同憲法は前文・一七九条からなり、一七九一年フランス憲法、一八一二年スペイン憲法、一八二二年ポルトガル憲法の影響を受けたと言われている。

世界で最初に人民主権を謳い、表面的には立憲君主制を採用していたことから、皇帝の権限を制限していたように見えるが、実際には行政、立法、司法の三権とは別途独立した第四番目の調整権（PODER MODERADOR）を設けており、それは皇帝に専制権に近い権限を与えるものであった。すなわち、調整権は議会解散権、立法裁可権、国家評議会の構成員・国務大臣・上院議員・最高裁判所判事の任免権、県議会命令の承認・停止権をその内容としていた。

欽定憲法は、皇帝に調整権を通じて非常に広範囲な権限を与えていたが、ペドロ一世は、個人的な諸問題のほか、シスプラチナ県（現在のウルグアイ東方共和国）に関わる領土問題解決の失敗等で国民の人気を次第に失い、ポルトガルにおける王位継承に関わる政変の解決を名目として、ブラジル皇帝の地位を息子に譲位して一八三一年に帰国した。首都リスボンは王位をうかがう弟のドン・ミゲルが抑えていたことから、ペドロは北部の都市ポルトから上陸して、いわゆるリベラル革命を成功させた。その結果として、ポルトガル王ペドロ四世を襲位した。その間、ブラジルでは僅か五歳の長男ペドロ・デ・アルカンタラが帝位を継ぐことになったものの、一四歳で成人式を行うまで、複数の執政が政務を行った。成人後にペドロ二世として帝位を継いだ後は、一八四〇年に議院内閣制を導入することによって民主的な政治を行い、現在でも名君としての誉れが高い。

帝国憲法は欽定憲法であったものの、個人の広範囲な自由と法の下の平等が規定される一方、債権国としての英国等の圧力による奴隷解放に備えて移民導入制度を採用した。

その後、一八五五年の還暦奴隷解放法、一八七一年の新生児自由法を経て、一八八八年五月一三日のアウレア法によって、奴隷の全面解放が実現したが、当時のエスタブリッシュメントであった農園主の不満が高じて、一年半後の一八八九年一一月一五日には軍部クーデターによって共和制が樹立された。

一八二四年帝国欽定憲法は六五年間継続して行われ、ブラジル憲政史上最長記録を現在においても保持している。

三　一八九一年三月二五日付初代ブラジル合衆国憲法について

一八八九年に共和制が敷かれると、直ちに制憲議会が召集され、喧々諤々の議論の末、正規の手続を経て一八九一年三月二五日付初代ブラジル合衆国憲法が公布された。帝国憲法の調整権がまず廃止され、大統領を首班とする連邦制が採用された。自治単位は名目的な「県」から「州」に移行したが、アメリカ合衆国憲法を範とした制度であったため、中央政権方式でありながら連邦制を導入したこと、リオ・グランデ・ド・スール州の事例を除いて既存の独立国が自らの主権を放棄して連邦に参加するシステムではなかったことによる様々な無理が生じた。しかし、州の自治権が広範囲に認められたことによって、徐々に連邦制が定着していった。国名も米国に倣い「ブラジル合衆国」と称した。

共和制運動の志士たちは、サンパウロ州を中心にフランスの哲学者オーギュスト・コントの実証主義（POSITIVISMO）の影響を受けた人々であり、ブラジルにおける新政体においても、その思想の実現を図った。国旗にORDEM E PROGRESSO（秩序と進歩）と書かれているのもその表れである。

具体的には、帝政時代において皇帝が国家元首と教会の長を兼任していたことから、政教分離を徹底するため、国家とカトリック教会を分離させ、信仰の自由を認めた。選挙権は、それまで一定の額を納める納税者に限定されていたが、二一歳以上のすべての男性に拡大し、公職の大部分は直接投票によって選出されることになった。

司法権においては、最高裁判所の名称を一八九〇年以降SUPREMO TRIBUNAL FEDERALに改め、全面的な実現は後のことになるが、連邦・州の二元的裁判所制度がこの段階で採用された。

四　一九三四年七月一六日付ブラジル合衆国憲法について

ブラジルでは一九世紀末から第一次世界大戦までの間にサンパウロ市を中心に工業化が進行したものの、欧米諸国と同様に一九二〇年代末の世界大恐慌の影響を受けた。ただし、コーヒー栽培が輸出のほぼ一〇〇パーセントを占めていたため、影響は最小限にとどまった。

共和制が敷かれた後、初代及び第二代大統領はクーデター直後のため軍人が就任したが、第三代以降はサンパウロ州とミナス・ジェライス州が交互に大統領を選出するという協定が両州の政党によって成立し、いわゆるカフェ（コーヒー生産のサンパウロ州）・ラッテ（酪農のミナス・ジェライス州）体制が確立された。

一九三〇年の大統領選挙では、ミナス・ジェライス州から大統領が選出されるべきだったところ、サンパウロ州は一方的に次期大統領候補を指名した。それに対してミナス・ジェライス州が不満を唱え、東北部のパライバ州及び南部のリオ・グランデ・ド・スール州と協議してリベラル連合を形成し、ジェツリオ・ドルネーレス・ヴァルガスを大統領に指名した。選挙結果は、サンパウロ州が推した候補のジュリオ・プレステスが勝利を収めたものの、ヴァルガスは選挙に不正があったとして、州兵を引き連れてリオデジャネイロを占領し、選挙に勝利したジュリオ・プレステスの大統領就任を許さず、自らが臨時政府の首班に就任した。これがその後一五年間続くヴァルガス政権の始まりであった。サンパウロ州はこれを違憲行為として、一九三二年にサンパウロ州州兵を中心に義勇兵部隊を召集し、いわゆる護憲革命を起こすが、参加を約束していた他州がこれに続かず、装備、人数ともに圧倒的に有利で、さらに海軍及び陸軍航空隊も有していた連邦政府軍との戦闘に僅か三ヵ月で敗北した。首謀者は逮捕されたが、国外亡命を許可され、数年後には恩赦令に浴して帰国し、政治活動を続けた。サンパウロ州は戦闘では敗北したが、憲法擁護の精神では勝利を収めたとして毎年七月九日を護憲革命の祝日としている。

ヴァルガス政権はサンパウロ州を武力で破ったものの、違憲のそしりを免れるために、一九三三年に制憲議会を召集して、初代ブラジル合衆国憲法に代わる新たな憲法の審議を行った。比較法的にはドイツの一九一九年ワイマール憲法とスペインの一九三一年憲法の影響を受け、自由民主主義と社会民主主義、経済の分野では個人主義と社会主義、政治の分野では連邦主義と単一主義、政治形態として大統領制と議会制の調和が標榜された。

また、選挙で不正が行われることを防ぐために、司法権による選挙管理を行うべく選挙裁判所が設置された。投票は国民の義務とされ、それを怠った者に対して、過料を含めた一連の罰則が設けられ、今日に至っている。なお、女性の参政権獲得運動は一九三〇年代当時の世界的風潮であったが、ブラジルも他の米州諸国の例に倣って、女性に投票権を付与した。このほか、経済社会秩序、家族、教育、文化秩序の規定が置かれたが、移民導入規定についていえば、日本を名指しすることはなかったものの、米国一九二四年移民法に倣って、過去五〇年に入国した外国からの移民について、その実績に基づいて、一九三五年以降に年間二%とする、所謂移民二分制限規定が憲法に導入された。諸外国からの移民は、それぞれ一世紀ほど前から始まっていたことから、影響は少なかったが、一九〇八年から開始された日本移民は、一九二〇年代末から一九三〇年代初頭にかけて年間二万人台に達していたところ、一九三六年以降、年間二五〇〇人に減少することになった。

ヴァルガスは、一九三四年憲法公布と同時に制憲議会による間接選挙で大統領に選出された。

五　一九三七年一一月一〇日付ブラジル合衆国憲法について

一応は民主的な制憲議会の審議を経て公布された一九三四年憲法であったが、全体主義及び保守主義の色濃いヴァルガス政権は、これを不満として一九三七年に官製クーデターを起こし、「新国家体制」と称する政治体制を樹立し、行政府において作成した新たな憲法を公布した。

この憲法の下では、あらゆる権限が大統領を長とする行政府に集中され、司法府の人事権も大統領の専権事項とされた。立法府についても、国会が閉鎖された結果、立法は行政府に委ねられ、あらゆる法律は国会を経ることなく大統領令（DECRETO-LEI）によって公布されることになった。

また、全体主義国家特有の秘密警察や言論統制機関としての国家宣伝局等も設置され、逮捕状なしの拘束も行われることによって、基本的人権は無視されるに至った。何らかの国民的行事にかこつけて、マスプレーによる官製体育祭が大々的に行われ、中等学校生徒や右翼団体、軍隊等の分列行進が頻繁に行われて、愛国心を鼓舞した。ただし、第二次世界大戦が勃発すると、ブラジル国内に軍事基地を設ける必要のあった米国の積極的な働きかけが効を奏して、最終的には枢軸国ではなく、連合国側に与して参戦した点が注目される。

この時代から現代まで継続して行われている法律として著名なものに一九四〇年刑法、一九四三年労働法集成がある。後者では、民衆の意見を聴取するにあたり、選挙で選ばれた選良を通すことなく、職能組合の代表者によって形成された諮問機関を通じて行っていたが、その方式は一九六四年から一九八五年まで継続した軍事政権においても部分的に踏襲された。労働法集成はかねてから労働者に圧倒的な有利な法律として、雇用主側からも学界からもフレキシビリゼーションの必要性が唱えられてきていたが、二〇一七年七月一三日付法律第一三四六七号（同年一一月一一日施行）によって、一〇〇を超える条文が改正された。ただし、直ちに違憲訴訟が提起されるなど、安定した施行には若干の時間を要するものと思われる。

一九三七年憲法は行政府によって公布されたが、憲法規定の法律による補足・細則化は国会が閉鎖されていたために実現しなかった。そのため同憲法は厳密には発効しなかったとする学説もある。

六　一九四六年九月一八日付ブラジル合衆国憲法について

一五年間にわたってブラジルに君臨したヴァルガスは、ヨーロッパ戦線に派遣され、民主主義の擁護のために戦ったブラジル遠征軍が凱旋した後、佐官級将校たちを首謀者として行われた一九四五年一〇月二九日の軍事クーデターによって辞職を余儀なくされた。民主主義のために戦った彼らが帰国した後、祖国を独裁者が統治していることに矛盾を感じたことが直接の理由であった。ただし、ヴァルガスは一旦追放されたものの、後に上院議員に選出され、一九五〇年の選挙において大統領に返り咲くが、最終的には政敵暗殺を命じたとのそしりを受け、一九五四年八月二五日に自殺することによって、潔白を主張し、名を後世に残した。

いずれにしても、第二次世界大戦終結後の世界は民主主義の勝利に沸き立ち、ブラジルでも民主化が一気に進行した。一九四六年には改めて制憲議会が召集され、綿密な議論が行われた後に、新憲法が制定された。
行政・立法・司法の三権の独立・調和が復活し、個人の基本的人権も回復した。一八歳以上の国民すべてに選挙権が拡大され、戦時中の対敵協力罪等への処罰として予見されていた死刑も廃止された。また、政府機関の専制的行動を封じるために、個人並びに集団的手段としての権利保障令及び民衆訴訟の制度が新設された。一九四六年憲法を、歴代憲法中最も民主的な憲法と評価する学者もいる。

七 一九六七年一月二四日付ブラジル連邦共和国憲法について
一九六〇年初頭に就任したジャニオ・クワドロス大統領がわずか八ヵ月で辞任した際、左翼的な言動で知られていたジョン・グラール副大統領の昇格に軍部が難色を示し、就任の条件として、大統領制を有名無実にする議院内閣制が採用された。グラールは就任後、一定時期を経て国民投票を行い、大統領制を復活させたが、左傾化による経済危機、労働組合による争議等によって治安が悪化した結果、一九六四年三月三一日軍事クーデターが勃発して、大統領は国外へ亡命、軍人による臨時政権がスタートし、その後国会による間接選挙で軍人大統領が選出された。これは一九八五年まで二一年間継続する権威主義的政権の始まりとなった。
軍事政権とはいっても、表面的には軍を退役して民間人となっての就任であったが、初めての大統領カステロ・ブランコは、一九六四年三月クーデターの後に公布された軍政令に基づいて統治を試みた。しかし、民主的な一九四六年憲法の下での政権運営は困難を極めた。一九六五年から一九六六年までの間に軍政令を三本、憲法補足法を三六本、大統領令を三一二本下したほか、三七四六人の左翼的分子の公職追放等の処罰措置をせざるを得ず、新体制に見合った新たな憲法の公布が急務とされた。御用法学者による委員会が任命され、草案が作成されたものの、最終的には法務大臣が直接作成した草案が採用されることになった。
軍政令により憲法制定特別権限が国会に与えられ、新草案が承認された後に公布され、後継大統領コスタ・エ・シルヴァの就任日である一九六七年三月一五日に発効した。主な点は、大統領を間接選挙で選出することを定め、これに憲法改正の発議権を付与したことである。同時に戒厳令の布告、連邦の州・市郡への干渉発令権を付与することによって、大統領の権限を強化した。その後、権威主義政権への批判が野党のみならず、知識人、学生に対する弾圧に反対して生じたことに対し、特別権限をさらに強化する軍政令第五号が一九六八年一二月一三日に公布された。コスタ・エ・シルヴァ大統領は発病して政務を行うことができなくなったが、軍部は形式的に置かれていた文民副大統領の昇格を許さず、同軍政令に基づいて新たな憲法補足法を下し、一九六九年八月三一日付で三軍の大臣からなる臨時政府を発足させ、二ヵ月後にメジシ陸軍大将を国会による間接選挙によって大統領に当選させた。それを可能にしたのは一九六九年一〇月一四日付軍政令第一六号に基づく悪名高い一九六九年一〇月一七日付憲法改正第一号であった。軍政時代の御用憲法学者の中には、一九六七年憲法が一九六九年憲法改正第一号によって全面的に改定され、新たな憲法が公布されたと唱える者もいたが、今日では、一九六七年憲法のみが認知され、一九六九年憲法改正第一号は二年の間の軍政令、補足法をはじめとする、司法権及び租税体系、選挙登録制度の改革を含む、あらゆる超法規的措置を取り入れたものに過ぎないと解釈されている。また、これは軍事政権の申し子である一九六七年憲法がその改正のために定めていた手続規定自体も無視して公布されたものであったため、一九六九年憲法改正第一号そのものを違憲であったとするのが今日の多数説である。

一九六七年憲法、一九六八年軍政令第五号、一九六九年憲法改正第一号といった法的措置を用いた軍部は、軍事裁判所を国内政治犯の裁判に適用して不当な判決を下したほか、思想犯に対する弾圧を合法、非合法に行った。一九六八年から一九七三年までの五年間は軍政時代の暗黒期として歴史に悪名を残すことになった。先ごろ議会における弾劾を受けて職を追われたジルマ・ルーセフ前大統領も、その時期に政治犯としての非合法活動によって逮捕され、軍事法廷で有罪判決を受けて懲役刑に服した。

八　一九八八年一〇月五日付現行ブラジル連邦共和国憲法について

軍政による権威主義的政権は五期二一年間継続したが、最後の二年間において直接選挙を要求する民衆運動の高まりが見られた。一九八四年一月二四日にサンパウロ市中心部のセー広場において約三〇万人が集まって開催された集会を嚆矢として、全国的に広がっていった。

間接的選挙としては最後となる国会における投票において、タンクレード・ネーヴェスが大統領に選出されたが、就任日の一九八五年三月一五日には病気のため出席できず、副大統領に選出されていたジョゼー・サルネイが、超法規的に繰り上げ当選して就任した。

新大統領は就任後、直ちに新憲法作成の準備を始めるため、国会に教書を送り、憲法制定議会の選挙を一九八六年一一月一五日に定める旨の一九八五年一一月二七日憲法改正第二六号を下し、同日に四八七名の下院議員及び七二名の上院議員が全国民の直接投票によって選出された。

憲法草案は紆余曲折を経て作成され、弁護士会、法科大学、農・工・商各代表団体、各職能労働組合をはじめとする様々な団体、又は制憲議会議員を通じて広く民衆からも改正案が寄せられていた。最終的には、一九八八年一月二七日に第一回投票、同年九月二二日には第二回投票が行われて、全二四五条、経過措置七〇条の憲法が四七四票対一五票、棄権六票で可決された。反対票は、憲法草案を「エリートが作成した保守的」なものとした労働者の党（ＰＴ）が投じた。

一九八八年憲法は、軍政時代において基本的人権が遵守されなかった反省を踏まえて、第五条に基本的人権に関する規定を置き、内国人、外国人の差別なく、すべての法の前に平等であることを謳ったうえで、全七七項に及ぶ権利義務が規定されている点も注目される。

なお、行政府、立法府、司法府を含む国家組織に関する規定、連邦、州、市郡に分けられた租税制度、経済及び金融秩序の規定ほか、社会保険、健康保険制度に関する詳細な規定を社会秩序に関する編に置いている。経済秩序に関する編においては、現在は、外国企業とブラジル企業は全く平等とされているが、当初はその差異に関する規定も置かれていた。また、外国からの投資奨励、利潤送金についても規定している。

さらに注目すべきは憲法改正手続である。日本においても憲法第九六条はその改正手続に関する規定を置いているが、ブラジルでも憲法第六〇条は、憲法改正は国会の両議院において二回の読会を行って審議及び表決され、両院それぞれの五分の三の票が得られたときに承認されることになっている。

ただし、両国間の根本的な違いは、日本において憲法は「不磨の大典」的な考え方が強いように思えるが、ブラジルにおいては、過去七回にわたって新たな憲法が作成されてきたことに見られるように、社会情勢に大きな変化があった場合、憲法も改正して新たな状況に臨む、というものである。その意味では、日本も敗戦時には進駐軍の命令により、明治憲法を現行憲法に改正せざるを得なかったが、ブラジルでは上記のごとく、頻繁に変わってきている。

現行一九八八年憲法も経過規定に基づいて、施行五年後の一九九三年には上記手続を経ず、絶対多数決で改正するための規定が織り込まれていた。実際には一九九二年の憲法改正第一号が州議会議員及び市議員の報酬の規定を置いたことから始まり、二〇一七年一〇月四日現在までに、九七本の憲法改正が可決されている。主な改正を取り上げてみると、一九九八年一二月一五日付憲法改正第二〇号は、それまでの社会保障制度を全面的に改革し、退職年限に大きな変化が生じた。また、一九九九年九月二三日付憲法改正第二三号は、それまでの陸軍、海軍、空軍の三省を防衛省に統合して文民統制とし、それぞれの大臣職を廃して各軍総司令官とした。

なお、一九九九年一二月九日付憲法改正第二四号は、それまでのＩＬＯ方式を導入した労働裁判における第一審裁判が職業裁判官一名、労使代表裁判官それぞれ一名の計三名であったが、職能代表の審議、投票が有名無実となっていたことから、その制度を廃止して、職業裁判官一名に軽減した。

その後、二〇〇七年七月一三日付憲法改正第六六号は、それまでの離婚裁判において、事前に裁判上の別居判決を得てから一年、または事実上の別居が二年以上継続していることを条件としていたのを撤廃した。その結果、分割財産、未成年の子女の不存在を前提とした離婚は裁判所ではなく、登記所においても行えることになった。在外においては、当初ブラジル公館はこの手続を行うことに対して消極的であったが、最終的には裁判所の決定によって行うようになった。これは一九七七年に、それまでの懸念であった離婚法が成立して以来の大改革であると言ってよい。

また、二〇一五年五月七日付憲法改正第八八号は、最高裁判所、連邦司法高等裁判所をはじめとする各高等裁判所、連邦会計検査院検査官の定年を七〇歳から七五歳に引き上げたところ、その規定はすべての公職に敷衍されることになった。その後、二〇一五年九月一五日付憲法改正第九〇号は憲法第六条を改正し、これまで国民の社会的権利として教育、保健、食事、労働、住居、余暇、安全、社会福祉、母性と幼児への保護が謳われていたが、さらに「交通」が付加された。なお、これまで公的債務と支払いは、年度予算の可能性に応じて徐々に支払われることになっていたが、場合によっては、何年も引き伸ばされていたことがかねてより問題とされていたことから、二〇一六年一二月五日付憲法改正第九四号は、公的債務の支払期限に法律が定める上限を設けることにした。

本来ならば、さらなる解説を行うところであるが、紙幅の都合もあり、次の機会に譲ることにしたい。最後に、本稿のベースとなった一九八八年ブラジル憲法の矢谷編訳を入力した二宮法律事務所の研修生であった広島大学大学院生神代貴志君、ブラジル日系二世初の司法研修生照屋レナン・エイジ君に記して感謝の意を表する。

結びに代えて

「世界の憲法集」第四版において、岡山大学山口和秀名誉教授がブラジル連邦共和国憲法を訳されたところ、第五版の出版にあたって翻訳の改訂を辞退されたことにより、有信堂よりその作業に関する打診をいただいた。

私は故矢谷道朗氏が、一九九一年にアジア経済研究所の経済協力シリーズ（法律）154「ブラジル連邦共和国憲法　一九八八年」を上梓された際に若干お手伝いをしたこと、また一九九四年には「ブラジル開発法の諸相」の共同編者を務めたり、一九九五年から一九九七年にかけてサンパウロ大学法学部に客員研究員として赴任された際には、当時大学から徒歩数分の場所にあった、私が主催する法律事務所を研究室代わりに使用していただいたり、他の論文の共同執筆を行ったこともあった。矢谷氏は法律家としても、人格の上でも優れた方であったが、残念ながら一九九九年に四七歳の若さで亡くなられた。ご存命であれば、日伯比較法の分野において、より多くの業績を残されたであろうことは疑いない。このたびの作業をお引き受けするにあたって、矢谷氏へのオマージュの意味も込めて、同氏の編訳書をベースにして全面改訂を行うことにした。

幸い、愛知県弁護士会所属の永井康之氏が、サンパウロにおいて私が理事長を務めるＣＩＡＴＥ国外就労者情報援護センター専務理事として赴任中だったこともあり、同氏の協力を仰ぐことにした。

一九八八年ブラジル連邦共和国憲法は、施行当時、二四五条と五年後に見直しを可能にするための経過規定七〇条で構成されていた。現在では二五〇条であるが、これは二〇一八年二月現在で九九本に及ぶ憲法改正によって部分的改正がなされた結果である。より正確に言えば、現行憲法は条、補項、号、段の合計が二二五二項目からなっているところ、このうち新設及び文言変更の条文数が七一六項目あり、施行されてから約三〇年の間に約三分の一が改定されたことになる。

一九八八年ブラジル連邦共和国憲法

前文

われら、ブラジル人民の代表者は、民主国家を建設するため憲法制定議会に参集し、社会及び個人の権利の行使、自由、安全、福祉、発展、平等並びに正義を保障するため、これらの価値を友愛的、多元的かつ偏見なき社会の至高のものとし、社会的調和に立脚し、国内及び国際秩序における紛争の平和的解決を誓約し、神の加護の下、以下のブラジル連邦共和国憲法を公布する。

第一編　基本原則

第一条〔連邦の構成及び基礎〕
ブラジル連邦共和国は、州、市郡及び連邦区の不可分の連合によって形成され、民主的法治国家を構成し、以下のものを基礎とする。
一　主権。
二　公民権。
三　個人の尊厳。
四　労働及び営業の自由の社会的価値。
五　政治的多元主義。
補項　すべて権力は人民に由来し、選挙された代表者を通じ又は直接に、この憲法の規定に従って、人民がこれを行使する。

第二条〔国権〕
連邦の国権は、互いに独立かつ調和した立法権、行政権及び司法権からなる。

第三条〔連邦の基本目的〕
ブラジル連邦共和国の基本目的は以下の通りとする。
一　自由で公正かつ連帯した社会を建設すること。
二　国家の発展を保障すること。
三　貧困と疎外を根絶し、社会と地域の不平等を縮小すること。
四　出自、人種、性別、皮膚の色、年齢による偏見及び他のあらゆる形態の差別なしに、あまねく人に幸福をもたらすこと。

第四条〔国際関係に関する諸原則〕
ブラジル連邦共和国はその国際関係に関し以下の諸原則に従う。
一　国家の独立。
二　人権の優越。
三　民族自決。
四　内政不干渉。
五　国家間の平等。
六　平和の擁護。
七　紛争の平和的解決。
八　テロリズムと人種差別の拒否。
九　人類の進歩のための諸国民の協力。
一〇　政治亡命の受入れ。
補項　ブラジル連邦共和国は、ラテンアメリカの諸国民の経済的、政治的、社会的及び文化的統合を追求し、ラテンアメリカ諸国共同体の形成を目的とする。

第二編　基本的権利及び保障

第一章　個人及び集団の権利と義務

第五条〔権利の保障〕
何人も、法の前に平等であって、いかなる性質の差別もなく、ブラジル人及びブラジル国内に居住する外国人に対し、以下の規定に基づき、生命、自由、平等、安全及び財産の権利の不可侵を保障する。
一　この憲法の規定に基づき、両性は権利及び義務において平等である。
二　何人も、法律によらなければ、作為又は不作為の義務を負わない。
三　何人も、拷問及び非人道的又は非人格的な取扱いを受けない。
四　思想の表現は自由である。ただし、匿名による表現はこの限りでない。
五　財産的損害、精神的損害あるいは人格権侵害に対する賠償の他、損害に応じた反論の権利が保障される。
六　良心及び信教の自由は、これを侵してはならない。宗教上の礼拝の自由は保障され、法律の定めるところにより、礼拝の場所とその儀式が保護される。
七　法律の定めるところにより、民間及び軍隊の集団収容施設における宗教上の援助の供与は保障される。
八　何人も、信教又は哲学上若しくは政治上の信条によって権利を妨げられない。ただし、すべての者に課された法律上の義務を免れるために援用される場合において、法律の定めた代替役務の履行を拒絶するときはこの限りでない。
九　知的、芸術的、学術的活動及び報道における表現は自由である。検閲を受けることはなく、許可を必要としない。
一〇　プライバシー、個人情報、名誉及び個人の肖像は、これを侵してはならず、その侵害によって生じた財産的又は精神的損害に対する賠償を請求する権利が保障される。
一一　住居は個人の侵すべからざる庇護の場所であり、何人も居住者の同意なくそこに立ち入ることはできない。ただし、現に犯罪又は事故が起きている場合、救助を行う場合、裁判所の決定によって日中に立ち入る場合はこの限りでない。
一二　郵便、電信、データ及び電話による通話の秘密は、これを侵してはならない。ただし、電話による通話の場合においては、裁判所の命令によって、法律の定める場合に、法律の定める態様で、犯罪捜査又は刑事予審手続のために実施されるときはこの限りでない。
一三　法律の定める資格を備えたあらゆる労働、職業又は専門職は自由に行うことができる。
一四　情報に対するアクセスは、何人に対しても保障され、職務の行使に必要なときは、情報源の秘匿が保護される。
一五　平時における国内移動は自由である。何人も、法律の定めるところにより、自己の財産を携えてブラジルに入国し、滞在し又はブラジルから出国することができる。
一六　何人も、平和的集会を、武器を携えず、公に開かれた場所で、許可を受けることなく、権限ある官公署に事前に届け出るだけで開催できる。ただし、同じ場所で先に始まった他の集会を妨げてはならない。
一七　適法な目的のための結社の自由は広範囲に保障する。ただし、準軍事的な性格を有するものについてはこの限りでない。
一八　結社及び法律の定める形式の協同組合の結成は、許可を必要としない。その活動に対する国家の介入は禁止される。
一九　団体は裁判所の判断によってのみ、強制的に解散し、その活動が停止される。団体の強制的な解散は確定判決によらなければならない。
二〇　何人も、団体への加入又は加入の継続を強要されない。
二一　団体は、明示の許可を得た場合には、裁判上又は裁判外において、その加入者を適法に代表する。
二二　財産権は、これを保障する。
二三　所有権は公共の福祉に適合する。
二四　公共の必要若しくは利用のため、又は社会的利益のため、事前かつ公正な金銭賠償による収用の手続を法律によって定める。ただし、この憲法に定めがある場合には、この限りでない。
二五　差し迫った公共の危険がある場合、権限ある官公署は私有財産を使用でき、損害が生じた場合には、事後に適正な補償を受ける権利が保障される。
二六　法律によって定められた小規模農地所有権は、家族労働に用いられている場合、生産活動に起因する債務の支払いのための差押えの対象とならない。小規模農地開発のための融資の措置を法律によって定める。
二七　著作者に対し、法律の定める期間、その作品の利用、公表又は複製の排他的権利が帰属し、この権利は相続人に承継できる。
二八　法律の定めるところにより、以下の権利が保障される。
(a)　共同著作における個人の寄与及びスポーツ活動におけるものを含め、人の肖像及び音声の複製に対する保護。
(b)　自己の創作し、又は創作に寄与した作品の経済的利用について監視する著作者、実演家並びに組合及び団体の代表の権利。
二九　社会的利益並びにブラジルの技術及び経済の発展のため、工業発明者の特許権、意匠権、商標権、商号及び識別力を有するその他の記号が法律によって保障される。
三〇　相続の権利は、これを保障する。
三一　ブラジル国内の外国人の財産の相続は、被相続人の属人法がより有利でないときはブラジル人たる配偶者又は子の利益のためブラジル法による。
三二　国家は、法律の定めるところにより、消費者保護を推進する。
三三　何人も、公共機関から個人の利益又は団体若しくは一般の利益についての情報を受ける権利を有する。これらの情報は、その秘匿が社会及び国家の安全にとって不可欠である場合を除き、法律の定める期間内に提供されなければならない。
三四　何人も、公租公課の支払いにかかわらず、以下の権利が保障される。

(a) 権利の擁護のため又は権力の違法な行使若しくは濫用に対抗するため、公権力に請願する権利。
(b) 権利の擁護のため及び個人的利益の置かれた状況の理解のために官公署において証明書を取得すること。

三五 権利侵害又は権利に対する脅威に関する司法判断を法律によって排除することはできない。

三六 既存の権利、すでに完了した法律行為及び裁判所の既判事項を法律によって覆すことはできない。

三七 例外的な裁判官又は裁判所は、これを設置してはならない。

三八 陪審制度は認められ、その組織は法律によって定める。以下の事項を保障する。
(a) 充実した弁護。
(b) 表決の秘密。
(c) 陪審員の評決の優越的地位。
(d) 生命に対する故意の犯罪に関する裁判管轄権。

三九 事前に犯罪を定義した法律がなければ犯罪は成立しない。事前に法律に定められた刑罰による威嚇がなければ処罰を受けない。

四〇 刑法は遡及効を有しない。ただし、被告人の利益のために遡及する場合はこの限りでない。

四一 基本的権利及び自由を侵害するいかなる差別も法律によって処罰される。

四二 人種差別行為は、保釈及び時効の適用を受けない犯罪を構成し、法律の定めるところにより、重禁固刑に処する。

四三 拷問の実行、麻薬又は類似の薬物の違法な運搬、テロリズム及び凶悪犯として定義される犯罪行為は、法律の定めるところにより、保釈の適用を受けず、恩赦又は特赦となることのない犯罪とみなし、当該犯罪の指示をした者、実行犯及び回避できたにもかかわらず怠った者は、これを罰する。

四四 憲法秩序及び民主主義国家に反する民間人又は軍人の武装集団の行為は保釈及び時効の適用を受けない犯罪を構成する。

四五 いかなる刑罰も有罪の宣告を受けた者以外には及ばない。ただし、損害賠償義務及び財産没収の宣告は、法律の定めるところにより、相続人に及び、相続された遺産の額を限度として相続人に対して執行される。

四六 個別の刑罰は法律の定めるところによる。ただし、特に以下の刑を定める。
(a) 自由の剥奪又は制限。
(b) 財産の没収。
(c) 罰金。
(d) 代替社会的役務の提供。
(e) 権利の停止又は剥奪。

四七 以下の刑は定めない。
(a) 死刑。ただし、第八四条一九号に定める宣戦布告が行われた場合はこの限りでない。
(b) 終身刑。
(c) 強制労働。
(d) 国外追放。
(e) 残虐な刑罰。

四八 刑罰は犯罪の性質、受刑者の年齢及び性別に応じ、異なる施設で執行される。

四九 受刑者の肉体及び精神の健康は、これを保障する。

五〇 女性の受刑者は、授乳期において、その子と共に生活することが許される。

五一 いかなるブラジル人も外国政府に引き渡されることはない。ただし、帰化ブラジル人について、法律の定めるところにより、帰化の前に加担した普通犯罪の場合又は麻薬若しくは類似の薬品の違法な運搬に関与していることが証明された場合はこの限りでない。

五二 政治犯罪又は言論上の犯罪を理由として外国人を外国政府に引き渡すことは許されない。

五三 何人も、権限ある官憲によらなければ訴追を受けず、刑の宣告を受けることもない。

五四 何人も、法の定める適正な手続によらなければ、自由又は財産を奪われない。

五五 司法又は行政手続上の係争当事者及び刑事被告人一般に対し、対審並びに固有の手段及び不服申立権を伴う広範な弁護が保障される。

五六 紛争処理手続において違法な手段によって獲得された証拠は採用できない。

五七 何人も、有罪判決が確定するまで、有罪とみなされない。

五八 民事上の身分が確認された者は、刑事上の身分確認の対象とならない。ただし、法律に別の定めがある場合はこの限りでない。

五九 法律の定める期間内に犯罪の公訴が提起されない場合、私訴が許される。

六〇 プライバシーの保護又は社会的利益のために必要な場合に限って、法律により訴訟行為の公開を制限することができる。

六一　何人も、現行犯又は権限を有する司法官憲が発し、かつ理由を明示した令状によるほか拘禁されない。ただし、軍規違反の場合又は軍事犯罪で法律に規定がある場合はこの限りでない。
六二　いかなる者の拘禁及びその場所も、権限ある裁判官及び被拘禁者の家族又は被拘禁者が指定する者に、直ちに通告される。
六三　被拘禁者は黙秘権を含む権利の告知を受け、家族及び弁護人の援助が保障される。
六四　被拘禁者は拘禁又は警察の尋問の責任者を確認する権利を有する。
六五　違法な拘禁は司法官憲によって直ちに取り消される。
六六　何人も、法律が釈放を認める場合には、保釈金の有無にかかわらず、拘禁されず又は拘禁が維持されない。
六七　債務を理由とする民事拘禁は行わない。ただし、扶養義務の任意かつ正当な理由のない不履行を原因とする債務及び不誠実な保管者の債務についてはこの限りでない。
六八　何人も、権力の違法な行使又は濫用によって、移動の自由に対して、暴力若しくは強制を受け又は受ける恐れがあるときは、何時でも人身保護令状が与えられる。
六九　権力の違法な行使又は濫用の責任者が官憲又は公権力の権限を行使する法人の機関であるときは、人身保護令状又は情報開示令状によって保護されない明白かつ確実な権利を保護するため権利保護令状が与えられる。
七〇　集団的権利保護令状は以下の者によって請求される。
(a)　国会に代表を有する政党。
(b)　構成員又は組合員の利益を守るため、適法に設立され、一年以上活動する労働組合、職能団体又は社団。
七一　規制の欠如によって憲法上の権利及び自由並びに国籍、主権及び公民権に伴う諸特権の行使ができない場合には、差止令状が与えられる。
七二　以下の目的のために情報開示令状が与えられる。
(a)　政府機関又は公的機関の記録並びにデータバンクに存在する請求人に関する情報を知ることを保障するため。
(b)　請求人が司法上又は行政上の非公開手続を用いて訂正することを望まない情報を訂正するため。
七三　すべて市民は公共財産又は国が持分を有する団体の財産、行政上の道義、環境並びに歴史及び文化遺産に対する有害な行為を取り消すための民衆訴訟の当事者適格を有する。原告は、悪意が立証された場合を除き、訴訟費用及び敗訴の負担を免除される。
七四　国家は十分な資力を持たないことを証明した者に対し、完全かつ無償の司法扶助を提供する。
七五　国家は誤判によって有罪の宣告を受けた者、判決において確定した期間を超えて拘禁されている者に対し、賠償を行う。
七六　法律の定めるところにより困窮者と認定された者に対し、以下の事項を無償とする。
(a)　出生の民事登記。
(b)　死亡証明書。
七七　人身保護令状及び情報開示令状の訴訟並びに法律の定めた形式による公民権行使に必要な行為は無償とする。
七八　何人も、司法及び行政分野において、合理的な手続期間と迅速な手続の完了を担保するための手段が保障される。
1　基本的権利及び保障を定める規定は直ちに適用される。
2　本憲法に明記された権利及び保障は、本憲法が採用する制度及び原則、又はブラジル連邦共和国が当事者となる国際条約に由来する他の権利及び保障を排除するものではない。
3　人権に関する二国間条約及び多国間条約のうち、国会の両院において、各院で順次、出席議員の四分の三の多数による投票で承認されたものは、憲法改正と等しい効力を有する。
4　ブラジルはその創設に同意した国際刑事裁判所の司法権に服する。

第二章　社会権

第六条〔社会的権利〕
この憲法の定めるところにより、教育、健康、食事、労働、住居、交通、余暇、安全、社会福祉、母性と児童の保護、貧困者への扶助は、社会的権利である。

第七条〔労働者の権利〕
労働者の社会的条件の改善を目的とする他の権利に加え、以下を都市及び農村の労働者の権利とする。
一　他の諸権利と共に解雇補償金の支払を予定する補足法の定めるところにより、恣意的又は正当な理由のない解雇から保護される雇用関係。
二　意図せず失業した場合の失業保険。
三　勤続期間保証基金。
四　法律で定めた全国一律の最低賃金。住居、食事、教育、健康、余暇、被服、衛生、交通及び社会福祉について本人及びその家族の基本的な生活上の必要性を満たすに足り、購買力を維持するために定期的に調整され、いかなる目的であっても最低賃金を指数として用いることは禁止される。
五　労働の範囲及び複雑性に比例した水準の賃金。
六　賃金の減額不可。ただし、労働協約又は労使協定の規定によるものはこの限りでない。
七　不安定な報酬を受ける者に対する最低賃金を下回らない賃金の保障。
八　賃金総額又は年金額を基礎とする一三ヵ月目の賃金。
九　昼間の労働報酬を上回る夜間労働報酬。
一〇　法律の定めによる賃金の保護。故意の賃金支払遅滞は犯罪を構成する。
一一　報酬額に対応しない粗利、又は純益の分配。及び、例外的に、法律の定めによる企業経営への参加。
一二　法律の定めるところにより、低賃金の労働者の被扶養者に対して支払われる家族手当。
一三　通常の労働時間は一日八時間、週四四時間を上回らない。労使協定又は労働協約によって労働時間を補正し、労働日数を減少させることができる。
一四　連続の交代制で勤務する一日あたり六時間の労働。ただし、団体交渉によって確定した場合はこの限りでない。
一五　日曜日を優先する有給の週間休暇。
一六　通常の報酬額を最低五〇パーセント上回る特別勤務手当。
一七　通常賃金の少なくとも三分の一の割増賃金を有する年次有給休暇の享受。
一八　雇用及び賃金の保障を伴う一二〇日間の妊産婦休業の許可。
一九　法律の定めるところによる出産時父親休業の許可。
二〇　法律の定める特別の助成による女性労働市場の保護。
二一　法律の定めるところによる勤続期間に応じた最低三〇日前の解雇予告。
二二　保健、衛生及び安全に関する法規による労働に伴う危険の低減。
二三　法律の定めるところによる苛酷、不健康又は危険な活動に対する割増報酬。
二四　退職年金。
二五　出生から五歳までの実子及び被扶養者に対する保育園及び幼稚園における無償援助。
二六　労働協約及び労使協定の承認。
二七　法律の定めるところによる機械化に伴う保護。
二八　雇用主の責任に対する労働災害保険。故意又は過失によって事故が生じた場合にも、雇用主が負担すべき損害賠償金を保険の支払金から除外しない。
二九　労働関係から生じた債権に対する訴訟。都市及び農村労働者に対しては時効期間を五年とし、労働契約終了後は二年を限度とする。
三〇　性別、年齢、肌の色又は身上を理由とした賃金、職務内容及び採用基準の格差の禁止。
三一　身体障がい者の賃金及び採用基準に関する一切の差別の禁止。
三二　手工、技術者及び知的労働者間又は各職業間の別扱いの禁止。
三三　一八歳未満の夜間、危険又は不健康労働の禁止及び一六歳未満の一切の労働禁止。ただし、一四歳以上の者が見習いのために就労する場合はこの限りでない。
三四　終身雇用と臨時雇用の間の権利の平等。
補項　家庭内労働者に分類される者に対し、本条四、六、七、八、一〇、一三、一五、一六、一七、一八、一九、二一、二二、二四、二六、三〇、三一及び三三の各号に規定された権利並びに社会福祉制度への統合が保障される。法律の定める要件を満たす場合には、納税義務の簡易化、主要及び付随する職務内容、労働関係が生じた経緯並びにその特殊性を踏まえ、本条一、二、三、九、一二、二五及び二八の各号に規定された権利が保障される。

第八条〔組合の結社の自由〕

職業組合及び労働組合の結社は自由であり、以下の各号に従う。
一　労働組合の設立に対し、法律によって国家の許可を要件とすることはできない。ただし、権限ある組織への登録を求めることはできる。公権力の組合組織に対する干渉及び介入は禁止する。
二　同一地域を基礎とした職業又は業種を代表する労働組合は、どのような段階においても、一を超えて設立することが禁止される。この地域は利害関係を有する労働者又は使用者によって確定されるが、一市郡よりも小さな地域であってはならない。

三　労働組合は裁判上又は行政上の事項を含め当該業種の団体又は個人の権利及び利益を擁護する。

四　総会は分担金を決定する。職種別の分担金については、法律に定める分担金とは別に組合連合組織の費用のために給与から差し引かれる。

五　何人も、労働組合に加入し、加入を継続する義務を有しない。

六　団体交渉には労働組合の参加が義務づけられる。

七　退職した組合員は労働組合組織における選挙権及び被選挙権を有する。

八　組合員たる従業員の解雇は労働組合の役員又は代表の職の候補者登録のときから、そして当選した場合には補欠であっても任期終了の一年後まで禁止される。ただし、法律に定める重大な職務違背行為があった場合はこの限りでない。

補項　本条の諸規定は法律に定める条件を満たす農業組合組織及び漁業組合組織に適用される。

第九条〔ストライキの権利〕

ストライキの権利は保障される。ストライキ実施の時期及びそれによって保護すべき利益の決定権は労働者に属する。

1　必要不可欠の役務又は事業は法律でこれを定義し、充足されるべき共同体の基本的要求は法律でこれを定める。

2　濫用がなされた場合には、責任者には法律で定めた刑罰が課される。

第一〇条〔公共機関への参加権〕

労働者及び経営者に対し、その職業及び社会福祉上の利益が討論及び決議の対象となる公共機関の合議体への参加が保障される。

第一一条〔従業員代表選出権〕

従業員が二〇〇人を超える企業においては、一人の従業員代表を選出することが保障され、その排他的な目的は労使の直接の理解を深めることにある。

第三章　国籍

第一二条〔国籍の得喪〕

以下の者はブラジル人である。

一　生来のブラジル人。

(a)　ブラジル連邦共和国で出生した者。両親が外国人である場合も同様である。ただし、外国人である両親が母国の公務に服している場合はこの限りでない。

(b)　ブラジル人を父又は母として外国で出生した者。ただし、両親のいずれかがブラジル連邦共和国の公務に服している場合に限る。

(c)　ブラジル人を父又は母として外国で出生した者。ただし、ブラジルの在外公館に登録した者又はブラジルに居住するに至り、成人に達した後に時期を問わずブラジル国籍を選択した者。

二　帰化ブラジル人。

(a)　法律の定めるところにより、ブラジル国籍を取得した者。ポルトガル語国出身の者に対しては一年以上引き続き居住していること及び素行善良要件のみが要求される。

(b)　国籍のいかんを問わず、ブラジル連邦共和国内に引き続き一五年居住し、有罪判決を受けていない外国人。ただし、当該外国人がブラジル国籍を申請した場合に限る。

1　ブラジルに永住するポルトガル人に対しては、ブラジル人のために同等の恩恵が与えられている場合は、ブラジル人に固有の権利が与えられる。ただし、この憲法に別の定めがある場合はこの限りでない。

2　法律は、生来のブラジル人と帰化ブラジル人との間に異なる取扱いを定めてはならない。ただし、この憲法に別の定めのある場合はこの限りでない。

3　以下の職務は生来のブラジル人に限る。

一　共和国大統領及び副大統領。

二　下院議長。

三　連邦上院議長。

四　連邦最高裁判所判事。

五　職業外交官。

六　国軍士官。

七　防衛大臣。

4　以下の場合はブラジル国籍の喪失が宣告される。

一　国益に有害な活動のために裁判所の判決によって帰化が取り消された場合。

二　外国籍を取得した場合。ただし、以下の場合はこの限りでない。

(a)　外国法によって、原国籍が認められる場合。

(b)　外国の規範によって、在留ブラジル人に対し、領域内に居住し又は市民権を行使するために、帰化が強制される場合。

第一三条〔公用語及び象徴〕

ポルトガル語はブラジル連邦共和国の公用語である。

1　ブラジル連邦共和国の象徴は、国旗、国歌、国章及び国璽とする。

2　州、連邦区及び市郡は、独自の象徴を持つことができる。

第四章　参政権

第一四条〔参政権〕

人民の主権は、すべての者が等しく価値を有する普通選挙、直接及び秘密投票並びに以下の手段を通じて行使される。

一　プレビシット（訳註・権力の正当性に関する国民投票）。

二　レファレンダム（訳註・通常の国民投票）。

三　人民発議。

1　選挙人登録及び投票は、以下の通りとする。

一　一八歳以上の者に対する義務とする。

二　以下の者に対しては任意とする。

(a)　非識字者。

(b)　七〇歳以上の者。

(c)　一六歳以上一八歳未満の者。

2　外国人及び兵役義務に服している者は選挙人として登録できない。

3　法律の定めるところにより、被選挙権の要件を以下の通り定める。

一　ブラジル国籍。

二　参政権の完全な行使。

三　選挙人登録。

四　選挙区内の選挙人住所。

五　政党への所属。

六　以下の年齢の下限。

(a)　共和国大統領、副大統領及び上院議員については三五歳。

(b)　州及び連邦区の知事及び副知事については三〇歳。

(c)　連邦下院議員、州及び連邦区議会議員、市長、副市長及び婚姻認証官については二一歳。

(d)　市議会議員については一八歳。

4　選挙人登録をなし得ない者及び非識字者は被選挙権を有しない。

5　共和国大統領、州知事、連邦区知事、市長及び任期内にこれらの職を継承し又は代行した者は、次の一任期に限って再選が認められる。

6　共和国大統領、州知事、連邦区知事及び市長が他の職に立候補するためには、各自の職を選挙の六ヵ月前までに辞任しなければならない。

7　共和国大統領、州知事、連邦直轄領知事、連邦区知事、市長又は選挙前六ヵ月以内にこれらの地位を代行した者の配偶者並びに二親等内の血族及び姻族並びに養子縁組による二親等内の親族は、本人の管轄区域内において、被選挙権を有しない。ただし、本人が現にこれらの職務にあって、かつ再選候補者である場合はこの限りでない。

8　選挙人登録をなし得る軍人は、以下の条件を満たす場合には、被選挙権を有する。

一　在役期間が一〇年に満たない場合は軍務から離脱しなければならない。

二　在役期間が一〇年以上の場合は、上官によって軍務を一時的に解除され、当選したときは、当選証書の授与にあたって自動的に予備役に編入される。

9　行政の廉潔性、候補者の従前の生活を考慮した職務の遂行に対する道徳的規律、そして経済力の影響及び行政機関又は行政法人の公職、臨時公務又は一般職員の職権濫用から選挙の正常性及び適法性を保護するため、補足法において選挙権を有しない他の場合及びその停止期間を定める。

10　選挙によって選ばれる公職については当選証書の授与から一五日以内に選挙裁判所に対し異議を申し立てることができる。その異議の審理は経済力の濫用、汚職又は詐欺の証拠に基づいて行われる。

11　公職に対する異議の訴えは非公開で審理され、事実無根又は明白な悪意による場合には、法律の定めるところにより、原告は責任を負う。

第一五条〔参政権の喪失及び停止〕

参政権のはく奪は禁止される。その喪失又は停止は次の場合にのみ許される。

一　確定判決による帰化の取消し。

二　民事上の完全無能力。

三　刑事上の有罪の確定判決を受け、その効力が続いている場合。

四　第五条八の定めるすべての人に課される義務又は代替役務の履行の拒否。

五　第三七条補項4の定める行政上の不誠実な行為。

第一六条〔選挙手続の変更〕

選挙手続を変更する法律は公布の日に施行され、施行の日から一年以内に行われる選挙には適用されない。

第五章　政党

第一七条〔政党〕
国家主権、民主主義体制、複数政党制、基本的人権及び以下の各規定を尊重して行われる政党の創設、合併、吸収及び解散は自由である。
一　国民的性格。
二　外国の団体、外国政府又はそれらに従属する者から資金を受け取ることの禁止。
三　選挙裁判所に対する会計報告の提出。
四　適法な議会活動。
1　政党には、内部機構、組織及び運営を決定し、判断の基準及び選挙における政党間の連携の制度を選択するため、その自治権が保障される。国、州、連邦区又は市郡の各段階における候補者間の連携は義務づけられない。また、基本原則及び党員の忠誠を規律する綱領を定めなければならない。
2　政党は、民法の定めるところにより、法人格を取得した後、その綱領を選挙高等裁判所に登記する。
3　政党は、法律の定めるところにより、政党交付金に対する権利並びにラジオ及びテレビを無償で利用する権利を有する。
一、二　〔略〕
4　政党による準軍事的組織の利用は禁止される。
5　〔略〕

第三編　国家組織

第一章　政治行政組織

第一八条〔政治行政組織〕
ブラジル連邦共和国の政治行政組織は、本憲法の規定により、それぞれ自治権を有する連邦、州、連邦区及び市郡からなる。
1　ブラジリアは連邦の首都である。
2　連邦直轄領は、連邦の一部をなし、その創設、州への昇格又は州への再統合は補足法で定める。
3　州は、補足法の定めるところにより、直接に利害関係を有する住民のプレビシットによる承認及び国会の承認を経て、他の州に併合し、新州を形成し又は新連邦直轄領を形成するために、互いに吸収し、分割し、又は分離できる。
4　市郡の創設、合併、吸収及び分離は、連邦補足法によって定められた期間内に、州法に基づいて、法律の定めるところにより提出及び公表される市郡実現性調査の公表後に、関係する市郡の住民のプレビシットを通した事前の意見照会によって行われる。

第一九条〔禁止事項〕
連邦、州、連邦区及び市郡に対し、以下を禁止する。
一　宗教的儀式を制定し、又は教会を設立すること。これらに対して助成金を支給すること。これらの活動を妨害し、又はこれら若しくはこれらの代表者と従属関係若しくは同盟関係を保つこと。ただし、法律の定める方法によって、公共の利益のために協力することはこの限りでない。
二　公文書の認証を拒むこと。
三　ブラジル人の間に差別又は特権を設けること。

第二章　連邦

第二〇条〔連邦の財産〕
以下のものを連邦の財産とする。
一　現に連邦が所有するもの及び連邦に帰属するに至ったもの。
二　法律に定められた国境、軍事要塞、軍事建造物及び連邦通信網の防衛並びに環境保全に必要不可欠な未利用地。
三　湖水、河川及び水流のうち連邦の領域内にあるもの、一州以上の流域を有し他国との境界をなすもの、外国領土に達するもの又は外国領土から生じたもの、並びに河川周辺地域及び河川浜。
四　他国との境界地域における河川内又は湖水内の島嶼、海浜、市郡の庁舎が置かれていない海上及び沿岸の島嶼。ただし、公共役務及び連邦の環境地区に関連するもの並びに第二六条二に定める地域は除く。
五　大陸棚及び排他的経済水域の天然資源。
六　領海。
七　干潟及び隣接地域。
八　水力発電の潜在力。
九　地下のものを含む鉱物資源。
一〇　地下にある自然洞窟並びに考古学的及び先史学的区域。
一一　伝統的に先住民に占有されている土地。
1　州、連邦区及び市郡並びに連邦の行政機関に対して、法律の定めるところにより、それぞれの領土、大陸棚、領海又は排他的経済水域における石油又は天然ガス、発電のための水力資源、並びに他の公物資源の開発利益への参加、又は当該開発に対する補償金が保障される。

2　国境沿いの幅一五〇キロメートルまでの地帯は、国境地帯に指定され、国土防衛に必要なものとみなされ、その占有及び利用は法律によって定める。

第二一条〔連邦の権限〕

連邦は以下の権限を有する。

一　外国との関係を維持し、国際機関に加入すること。

二　宣戦を布告し及び講和すること。

三　国の防衛を保障すること。

四　補足法に規定がある場合に、外国軍隊の国内通過及び一時的な国内滞在を許可すること。

五　戒厳事態、国防事態及び連邦の干渉を布告すること。

六　軍需品の生産及び売買を認可し、監督すること。

七　通貨を発行すること。

八　国の外貨準備高を管理し、金融取引、特に融資、為替及び貯蓄並びに保険取引及び私的年金取引を監督すること。

九　国土の整備、経済及び社会開発に関する国家計画及び地域計画を策定し、実施すること。

一〇　郵便事業及び国内航空郵便を維持すること。

一一　事業組織、規制機関の創設及びその他の制度を定める法律に基づき、直接に又は認可、免許若しくは許可を通じて電気通信事業を運営すること。

一二　直接に又は認可、免許若しくは許可を通じて以下の事業を運営すること。

(a)　音声放送事業及び音声・映像放送事業。

(b)　潜在的水力発電力を有する州との協力による電力事業、電力施設設置及び水流の発電利用。

(c)　航空、宇宙飛行及び空港施設。

(d)　内国港と国境とを結ぶ又は州若しくは連邦直轄領の境界を通過する鉄道及び水運事業。

(e)　州間又は国際間道路旅客事業。

(f)　海港、河川港及び湖上港。

一三　司法権、連邦区及び連邦直轄領の検察庁、並びに連邦直轄領の公共弁護庁を組織し、維持すること。

一四　連邦区の文民警察、軍警察及び軍消防隊を組織及び維持し、連邦の基金を通じて連邦区の公共役務の資金援助をすること。

一五　全国規模の統計、地理、地質調査及び地図作成事業を組織し、維持すること。

一六　分類表示のために、公共娯楽並びにラジオ及びテレビ番組の分類を行うこと。

一七　恩赦を行うこと。

一八　公共災害、特に干ばつと洪水に対し、恒久的防止策を策定し、推進すること。

一九　水資源の管理のための国家システムを構築し、その使用目的の許可基準を定めること。

二〇　住宅、下水設備及び都市交通を含む都市開発の指針を策定すること。

二一　全国の交通システム網の原則及び指針を定めること。

二二　海上警察、空港警察及び国境警備隊の業務を行うこと。

二三　以下の原則と条件に従って、あらゆる性質の核事業及び核施設の運営並びに核資源及びその副産物の研究、採掘、濃縮、再処理、産業化及び売買の国家による独占を行うこと。

(a)　国内のあらゆる核利用は、平和利用を目的とし、国会の承認を経ることによってのみ認められる。

(b)　許可制のもとで、調査並びに医学、農業及び産業利用を目的とした放射性同位体の商品化及び利用が認可される。

(c)　許可制のもとで、半減期二時間以内の放射性同位体の商品化及び利用が認可される。

(d)　核による損害の民事無過失責任。

二四　労働条件の監査を組織し、維持し、実施すること。

二五　組合の形態で、鉱物採掘活動を行うための地域及び条件を定めること。

第二二条〔連邦の立法権〕

以下の事項に関する立法は連邦の専権とする。

一　民法、商法、刑法、訴訟法、選挙法、農地法、海事法、航空法、宇宙法及び労働法。

二　公用収用。

三　緊急時及び戦時の民事及び軍事の徴用。

四　水、エネルギー、情報、通信及び放送。

五　郵便事業。

六　通貨及び度量衡制度、金属の名称及び純度保証。

七　信用、為替、保険及び有価証券の名義変更に関する政策。

八　貿易及び州際取引。

九　国の運輸政策の指針。

一〇　港湾制度並びに湖水、河川、海上、航空及び宇宙の航行制度。

一一　交通及び輸送。

一二　鉱床、鉱山、その他の鉱物資源及び冶金。
一三　国籍、公民権及び帰化。
一四　先住民。
一五　外国への移民及び国内への移民。外国人の入国、犯罪人引渡及び退去強制。
一六　国の雇用制度及び専門職に従事するための資格要件の整備。
一七　連邦区及び連邦直轄領の検察庁並びに連邦直轄領の公共弁護庁の司法機関及びこれらの行政機関。
一八　国の統計制度、地図作成制度及び地質調査制度。
一九　定期預金並びに一般の定期預金の募集及び保障の制度。
二〇　無尽（コンソルシオ）及び宝くじの制度。
二一　軍警察及び軍消防隊の組織、定員、軍需品、保障、招集及び動員の一般規則。
二二　連邦警察、道路警察及び鉄道警察の権限。
二三　社会保障。
二四　国民教育の指針及び基準。
二五　登記。
二六　あらゆる性質の核利用。
二七　連邦、州、連邦区及び市郡の行政機関、独立行政法人及び財団に対する第三七条二一号に従ったあらゆる種類の入札及び契約の一般規則並びに公社及び官民合同企業に対する第一七三条補項1三号の定めによるあらゆる種類の入札及び契約の一般規則。
二八　領土の防衛、領空の防衛、領海の防衛、市民の防衛及び国家動員。
二九　商業広告。
補項　補足法は、本条関連事項の特定の問題に関する立法権を州に授権することができる。

第二三条〔共管事項〕
以下の事項は連邦、州、連邦区及び市郡の共同の権限とする。
一　憲法、法律及び民主主義制度の擁護に配慮し、公共財産を維持すること。
二　保健及び公的扶助並びに身体障がい者の保護及び保障に留意すること。
三　歴史的、芸術的及び文化的価値を有する文書、作品並びにその他の財産、記念物、著名な自然風景及び考古学的区域を保護すること。
四　美術作品及びその他の歴史的、美術的又は文化的価値を有する他の財産の散逸、破壊及び属性の棄損を防ぐこと。
五　文化、教育、科学、技術、研究及び革新に対するアクセスの手段を提供すること。
六　環境を保護し、あらゆる形態の汚染と闘うこと。
七　森林、棲息動物及び植物を保存すること。
八　農畜産を助成し、食料供給を組織化すること。
九　住宅の建設並びに居住条件及び基礎衛生状態の改善計画を推進すること。
一〇　貧困の原因及び周辺化の要因と闘い、恵まれない部門の社会的統合を促進すること。
一一　領域内の水資源及び鉱物資源の調査並びに開発の権利に関する免許を登録し、監督し、検査すること。
一二　交通安全のための教育政策を確立し、実施すること。
補項　補足法は国内の開発と福祉の均衡を目的として、連邦、州、連邦区及び市郡の間の協力のための規範を定める。

第二四条〔競合的立法事項〕
以下の事項は連邦、州及び連邦区の競合的立法権限とする。
一　租税、財政、刑事収容施設、経済及び都市計画に関する法。
二　予算。
三　商業登記。
四　裁判所の事務費用。
五　生産及び消費。
六　森林、狩猟、漁撈、棲息動物、自然保存、土壌及び天然資源の保護、環境保護及び汚染の統制。
七　歴史的、文化的、芸術的、観光上及び景観上の財産の保護。
八　環境、消費者並びに芸術的、美術的、歴史的、観光上及び景観上価値を有する財産及び権利に対する損害賠償責任。
九　教育、文化、学習、スポーツ、科学、技術、研究、開発及び革新。
一〇　少額裁判所の設置、運営及び手続。
一一　訴訟手続。
一二　社会福祉。保健の支援及び保護。
一三　法律扶助及び公共弁護業務。
一四　身体障がい者の保護及び社会的統合。
一五　児童及び青少年の保護。
一六　文民警察の組織、保障、権利及び義務。
1　競合する立法分野において、連邦の権限は一般的規範の制定に限定される。
2　一般的規範に関する連邦の立法権限は、州の補足的な立法権限を排除しない。
3　一般的規範に関する連邦法が存在しない場合

には、州は特有の問題に対処するため、完全な立法権限を行使する。

4　一般的規範に関する連邦の後法は、これに反する限り、州法の効力を停止する。

第三章　連邦諸州

第二五条〔州の組織〕

州は本憲法の原則を遵守して、州の採択する憲法及び法律により組織され、かつ統治される。

1　本憲法により州に対して禁止されていない権限は、州に留保される。

2　州は、法律の定めるところにより、直接又は免許によって地方の送管ガス供給業務を営むことができる。ただし、その統制のために暫定措置を発することは禁じられる。

3　州は、補足法によって、共通の利益をもつ公共の事務の組織、計画及び執行を統合するため、隣接の市郡の結合により形成される諸都市と零細地域から成る大都市圏を設定することができる。

第二六条〔州の財産〕

州の財産は以下ものを含む。

一　地上又は地下の流水、湧水及び貯留水。ただし、法律の定めた形式によって連邦が工事した貯留水についてはこの限りでない。

二　州の領域内にある海上及び沿岸の島嶼に所在する地域。ただし、連邦、市郡又は第三者が所有するものは除く。

三　連邦に帰属していない河川内及び湖水内の島嶼。

四　連邦の未使用地に含まれない未開地。

第二七条〔州議会〕

州議会の議員数は下院における州の議員定数の三倍に相当する数とし、その数が三六人に達した場合には、下院における州の議員定数の一二人を超える部分に相当する数を加算する。

1　州議会議員の任期は四年であり、これには本憲法の選挙制度、議員の身分の不可侵権、免責特権、報酬、議員資格の喪失、休業、欠格事由及び国軍への編入に関する規則が適用される。

2　州議会議員の歳費は、本憲法第三九条補項4、第五七条補項7、第一五〇条二号、第一五三条三号、第一五三条補項2一号の規定に従って、下院議員のために法定通貨で定められた金額の七五パーセントを上限として州議会の発意による法律で定める。

3　州議会は、その内規、警務及び事務局の管理業務について定め、各公職を任命する権限を有する。

4　法律は州の立法手続における人民発議を定める。

第二八条〔州知事及び副知事〕

四年を任期とする州知事及び副知事の選挙は、第一回投票を前任者の任期終了の前年の一〇月の最初の日曜日に、第二回投票を一〇月の最後の日曜日に行う。また、就任式は翌年一月一日に第七七条の規定に従って行う。

1　行政機関又は行政法人における他の公職又は臨時公務に就任する知事は職務を喪失する。ただし、公開選抜試験による就任で、第三八条一、四及び五の各号に従う場合はこの限りでない。

2　州知事、副知事及び各局長の歳費は、第三七条一一号、第三九条補項4、第一五〇条二号、第一五三条三号及び第一五三条補項2一号の規定に従って、州議会の発意による法律で定める。

第四章　市郡

第二九条〔市郡の組織〕

市郡は、最低一〇日の期間を置く二回の投票に基づき、かつ市議会議員の三分の二により承認された市郡組織法により統治される。市議会は、本憲法、当該州の憲法において確立された原則及び以下の規定に留意して、市郡組織法を公布する。

一　市長、副市長及び市議会議員の任期は四年で、その選挙は、直接投票により、全国一斉に行う。

二　市長と副市長の選挙は、二〇万人以上の選挙人を有する市郡の場合、第七七条の規定が適用され、前任者の任期終了の前年の一〇月の最初の日曜日に行う。

三　市長及び副市長は、選挙の翌年の一月一日に就任する。

四　市議会の構成にあたっては、以下の上限に従う。

(a)～(x)〔略〕

五　市長、副市長及び市郡の各局長の歳費は、第三七条六号、第三九補項4、第一五〇条二号、第一五三条三号及び一五三条補項2一号の規定に従って、市議会の発意による条例で定める。

六　市議会議員の歳費は、この憲法の規定及び各組織法において定められた基準及び以下の上限に従って、各市議会が各会期に次の会期のために定める。

(a)～(f)〔略〕

七　市議会議員の報酬の総支払額は市郡の歳入の五パーセントを超えることができない。
八　任務の遂行中及び市郡管内における市議会議員の意見、発言及び評決についての不可侵。
九　本憲法における国会議員の構成員及び各州憲法における州議会の構成員に対する規定と同様の、市議会の構成員に対する議員職務遂行中の禁止行為及び兼職禁止。
一〇　州高等裁判所における市長の裁判。
一一　市議会の立法及び監査機能の組織。
一二　市の計画における職能代表団体の協力。
一三　市郡、都市又は地区に固有の利益についての法律案に関する少なくとも選挙人の五パーセントの意思表示による人民発議。
一四　第二八条補項の規定に従う市長の資格喪失。

第二九条A〔市議会議員歳費〕

市議会議員歳費を含み、退職者に対する支払いを除いた市議会の支出の総額は、前の会計年度に実際に実現した税収及び第一五三条補項5、第一五八条及び第一五九条の税額移転の合計額との関係で以下の割合を超えることはできない。

一～六〔略〕

1　市議会は議員歳費に対する支出を含む給与に歳入の七〇パーセント以上を支出できない。

2　以下の事項は市長の背任罪を構成する。
一　本条の規定する限度を超えた支出の実施。
二　毎月二〇日までに支出を行わないこと。又は、
三　予算法において定められた割合に比べて少ない額の送金を行うこと。

3　本条補項1に対する違反は市議会の議長の背任罪を構成する。

第三〇条〔市郡の権限〕

以下の権限は市郡に属する
一　地域的利益にかかる事項に関して立法すること。
二　連邦法及びその属する州の州法を補足すること。
三　市郡の権限に属する租税を設定し、徴収し、その収入を使用すること。ただし、法律が定めた期間に会計報告をなし、収支決算書を公示する義務を免ずることはできない。
四　州法に従い、管区を創設し、組織し、かつ廃止すること。
五　直接又は免許若しくは許可制の下に、公共輸送を含む地域的利益に関して基本的性格を有する公役務を、組織し、かつ提供すること。
六　連邦及び州の技術的、財政的協力を得て、学齢前の教育及び基礎教育の計画を維持すること。
七　連邦及び州の技術的、財政的協力を得て、住民の保健に関する役務を提供すること。
八　都市の土地の使用、分割及び占拠に対する計画と統制を通じて、可能な限り適切な土地整備を促進すること。
九　連邦及び州の法律又は監督行為に従い、地域の歴史的・文化的財産の保護を促進すること。

第三一条〔市郡の監査〕

市郡の監査は、法律の定めるところにより、市郡立法府の行う外部統制と市郡行政府が行う内部統制をもって実施される。

1　市議会の外部統制は、州の会計検査院又は市郡の助力の下に、また、市郡に会計検査院又は会計審議会があるところでは、その助力の下に行われる。

2　市長が毎年提出すべき会計報告に関して、権限ある機関が発した事前の意見書は、市議会議員の三分の二の表決をもってのみその効力を停止することができる。

3　市郡の会計報告は、検査及び評価のため、毎年、六〇日間すべての納税者の利用に供せられ、納税者は、法律の規定に従い、その合法性を質疑できる。

4　市郡による会計検査院、会計審議会又は会計監査機関の創設は禁止される。

第五章　連邦区及び直轄領

第一節　連邦区

第三二条〔連邦区〕

連邦区は、市郡に分割することを禁じられ、最低一〇日の期間を置く二回の投票に基づき、かつ連邦区議会の三分の二により承認された連邦区組織法により統治される。連邦区議会は、本憲法において確立された原則に留意して、連邦区組織法を公布する。

1　州及び市郡に留保された立法権限は、連邦区に帰属する。

2　第七七条の規則に従う知事及び副知事の選挙並びに連邦区議会議員の選挙は、同一の任期を有する州知事及び州議会議員と同時に行われる。

3　連邦区議員及び連邦区議会に対して、第二七条の規定が適用される。

4　連邦法は、連邦区行政府による文民警察、軍

警察及び軍消防隊の使用について定める。

第二節　直轄領

第三三条〔直轄領〕

法律は直轄領の行政機関及び司法機関について定める。

1〜3〔略〕

第六章　干渉

第三四条〔州及び連邦区に対する干渉〕

連邦は、州及び連邦区に干渉しない。ただし、次の場合を除く。

一　国の統合を維持するため。

二　外国の侵入又は連邦の一構成単位の他の構成単位への侵入を撃退するため。

三　公の秩序の重大な危険を終結するため。

四　連邦構成単位の権限の自由な執行を保障するため。

五　以下の場合、連邦構成単位の財政再建のため。

(a)　公債の支払いを連続二年以上にわたって停止した場合。ただし、不可抗力の場合はこの限りでない。

(b)　法律に定められた期間内に、本憲法に定めた徴収税の市郡への引渡しを怠った場合。

六　連邦法、裁判所の命令又は決定を執行するため。

七　以下の原則の遵守を保障するため。

(a)　共和国政体、代表制及び民主主義制度。

(b)　人権。

(c)　市郡の自治。

(d)　行政機関及び行政法人の会計報告の提出。

(e)　税額移転によるものを含む州の税収による歳入から要求される最低額の教育の維持及び発展並びに公衆保健衛生活動及び役務における執行。

第三五条〔市郡に対する干渉〕

州は管内の市郡に干渉せず、また、連邦も連邦直轄領内の市郡に干渉しない。ただし、以下の場合を除く。

一　不可抗力の理由による場合を除いて、市郡債の支払いを連続して二年にわたって停止した場合。

二　法律の形式に従って義務とされる会計報告が提出されない場合。

三　市郡の歳入から要求される最低額の教育の維持及び発展並びに公衆衛生活動及び役務における執行がなされなかった場合。

四　州憲法に示された諸原則の遵守を保障する、又は法律、裁判所の命令若しくは決定の執行を請求する申立てを、州高等裁判所が受理する場合。

第三六条〔干渉の手続〕

干渉の布告は、以下に基づいて行われる。

一　第三四条四号の場合には、強制若しくは妨害を受けた立法府又は行政府の要請。また、強制が司法府に対して行われたときは、連邦最高裁判所の要請。

二　裁判所の命令又は決定に従わない場合には、連邦最高裁判所、連邦司法高等裁判所又は選挙高等裁判所の要請。

三　第三四条七号に定められた場合及び連邦法の執行が拒否された場合には、連邦最高裁判所による共和国検事総長の申立ての受理。

1　干渉命令は、範囲、期間及び執行の条件を明記し、かつ該当する場合には、執政官を任命し、二四時間以内に国会又は州議会の審理に付される。

2　国会又は州議会が会期中でない場合は、同じく二四時間以内に臨時に招集される。

3　第三四条六号及び七号又は第三五条四号の場合には、国会又は州議会の審理は免除され、命令に基づく措置が正常な状態を回復するに十分であれば、その効果は干渉の対象となった行為の執行の停止に限定される。

4　干渉の事由が終始したときには、離職させられた官憲は、法的欠格事由のない限り、その職務に復帰する。

第七章　行政

第一節　一般規定

第三七条〔行政の諸原則〕

連邦、州、連邦区及び市郡のいずれの権力のものであるかを問わず、行政機関及び行政法人は、適法性、普遍性、品位、公開及び効率性の諸原則並びに以下の事項に従う。

一　公職、一般職員及び臨時公務には法律に定める要件を備えるブラジル人並びに法律の定めるところにより外国人が就くことができる。

二　公職又は一般職員への任命は、法律の定めるところにより、公職又は一般職員の職務の性質及び難度に従って公開選抜試験又は試験と資格審査による事前審査に基づいて行う。ただし、法律において自由任免と定められた委嘱公職はこの限りでない。

三 公開選抜試験の有効期限は二年までとする。一回に限り、同一期間の延長が可能である。
四 招集公告に定める延長不能な期間において、公開選抜試験又は試験と資格審査によって承認された者は、新規に承認された応募者に優先して、公職又は一般職員に就任するように招集される。
五 正規の公務員によって排他的に職務執行される信任職並びに法律で定められた場合、条件及び最低割合で専従公務員が就任する委嘱公職は、局長、課長及び補佐官の権限にのみ割り当てることができる。
六 公務員に対し自由な組合結成の権利が保障される。
七 ストライキの権利は、個別の法律において定めた範囲及び制限において行使される。
八 法律は、身体障がい者に対する公職及び一般職員の一定率を保障し、その採用基準を定める。
九 法律は、例外的な公共利益の一時的必要性を満たすため、限定された期間人を雇用する場合を定める。
一〇 公務員の報酬及び第三九条補項4の歳費は、各場合に個別の発意に従って、個別の法律によってのみ定め、変更することができる。毎年の一般的な見直しが保証され、改定は常に同一の日に同一の指標を用いて行われる。
一一 連邦、州、連邦区及び市郡のいずれかの公権力を構成する行政機関、独立行政法人及び財団の公職、臨時公務及び一般職員の地位にある者、選挙によって選ばれた任にある者及び政務の職にある者の歳費、恩給又はその他の種類の報酬は、積算して受領するものであるか否かにかかわらず、属人的な又は他のいかなる性質の特権を含め、連邦最高裁判所判事が法定通貨で受け取る月額歳費を上回ることができない。行政府については、市郡においては市長の歳費を、州及び連邦区においては知事の歳費を、立法府については州及び連邦区下院議員の歳費を上限として用いる。また、州高等裁判所判事の歳費は連邦最高裁判所判事が現金で受け取る月額歳費の九〇・二五パーセントを上限とし、司法府における当該上限は検察庁の構成員、法務官、公共弁護官に適用される。
一二 立法府及び司法府の公職の俸給は、行政府によって支払われる俸給を超えてはならない。
一三 公務員に対して報酬を与えるためのあらゆる種類の俸給を何らかの種類の指数と連結し、また均一化することは禁止される。
一四 公務員が受け取る金銭の追加は、後の追加を認めるにあたって考慮も積算もされない。
一五 公職及び一般職員の地位にある者の歳費及び俸給は減額できない。ただし、本条一一号及び一四号、第三九条補項4、第一五〇条二号、第一五三条三号及び第一五三条補項2一号の規定に抵触する場合はこの限りでない。
一六 勤務時間が両立する以下の場合を除き、公職の報酬の積算は禁止される。いかなる場合においても一一号の規定に従う。
(a) 二つの教授職の報酬。
(b) 教授と他の技術職又は学術職の報酬。
(c) 医療専門職の二つの公職及び民間の職と通常の職務報酬。
一七 積算の禁止は一般職員及び臨時公務に適用され、独立行政法人、財団、公社、官民合同企業、それらの従属会社並びに公権力によって直接又は間接の支配を受ける組織に及ぶ。
一八 国庫行政及びその監督職員は、法律の規定に従い、その権限と管轄内において、他の行政部門に対し優位を有する。
一九 個別の法律によってのみ、独立行政法人の創設並びに公社、官民合同企業及び財団の設立の許可を行うことができ、財団に関してはその活動分野を定めた補足法がなければならない。
二〇 前号の法人の関連団体の創設及びそのいずれかの団体の私企業に対する参加は、各々の場合、法律による許可を要する。
二一 法律に特定する場合を除いて、工事、役務、買付け、及び譲渡は、法律の規定に従い、公共の入札手続を経て契約され、これは、支払義務を定める条項の下に、入札の有効条件が維持されるとき、すべての参加者に条件の平等を保障し、債務履行の保障に不可欠の技術的及び経済的資格の要求のみが容認される。
二二 連邦、州、連邦区及び市郡の税務行政は国家が機能するための本質的な活動である。特別な経歴の公務員によって行われ、その活動を実現するための優先的な手段を有し、一体として行動し、法律又は協定に定められた方法によって、納税者登録及び税務情報を共有する。

1 公共の行政機関の行為、計画、工事、役務、運動の宣伝は、教育、情報供与又は社会的指導の性格を有するものでなくてはならず、いずれも官憲又は公務員の個人的宣伝の性格をもつ名称、象徴又は肖像を使用してはならない。

2　二号及び三号の規定に従わない場合、法律の規定により、責任ある官憲の行為の無効及び処罰をもたらす。

3　行政機関及び行政法人における利用者としての関与のあり方は法律によって定め、特に以下の事項を定める。

一　一般的な公共役務の提供に対する苦情、利用者に対する業務の維持及び役務の品質に関する内部及び外部の定期的な評価の保証。

二　第五条五号及び三三号の規定に従った行政記録及び政府の活動についての情報に対するアクセス。

三　行政の公職、一般職員又は臨時公務の職務執行の怠慢又は権限の濫用に対する苦情申立てに関する規律。

4　行政上の不誠実な行為は、法律に定める形式と分類に従い、参政権の停止、公務の喪失、財産の譲渡不能及び国庫に対する損害賠償を生ずる。ただし、該当する刑事訴訟を妨げない。

5　法律は、公務員であると否とを問わず、国庫に損害を与えた何れかの機関の不法行為に対し、時効の期間を定める。ただし、該当する損害賠償の訴訟は除く。

6　公役務を提供する公法上及び私法上の法人は、その機関が、その資格において、第三者に与えた損害について責任を負う。ただし、故意又は過失による場合には、責任者に対し求償権が保障される。

7　特権的な情報にアクセスできる行政機関及び行政法人の公職又は一般職員の地位に就くための要件及び制約については法律で定める。

8　行政機関及び行政法人の組織及び団体の運営、予算及び財政の独立は契約を通じて拡張され、その管理者及び公権力によって組織又は団体の達成すべき目標を決める対象の合意がなされる。以下の事項については法律で定めなければならない。

一　契約の有効期限。

二　達成の評価の監査及び評価基準、運営管理の権限、義務及び責任。

三　個人の報酬。

9　一一号の規定は人件費又は全般的な費用の支払いのために連邦、州、連邦区又は市郡の資金を受領する公社、官民合同企業及びその従属会社に適用される。

10　第四〇条又は第四二条及び第一四二条の定める年金の支払と公職、一般職員又は臨時公務の報酬とを同時に受領することは禁じられる。ただし、本憲法の定めるところによりその報酬を積算可能な公職、選挙によって選出される公職及び法律によって自由任免と定められた委嘱公職についてはこの限りでない。

11　本条本文一一号の報酬制限のために、法律に定められた補償金の性質を有する部分は積算されない。

12　本条本文一一号の規定のために、州及び連邦区に対し、それぞれの管内において、それぞれの憲法及び組織法の修正を通じて、連邦最高裁判所判事の月額歳費の九〇・二五パーセントを上限とする各州高等裁判所判事の月額報酬を共通の制約とし、州及び連邦区の下院議員及び市議会議員の歳費について定めた補項の規定を適用しない権限が与えられる。

第三八条〔選挙職への就任〕

行政機関、独立行政法人及び財団の公務員に対し、選挙で選出された任務に就任する際に、以下の規定が適用される。

一　連邦、州又は連邦区の選挙職の場合、公職、一般職員又は臨時公務から離職する。

二　市長職への就任の場合、公職、一般職員又は臨時公務から離職する。ただし、その報酬についての選択権が認められる。

三　市議会議員の地位に就任する場合、勤務時間が両立するのであれば、選挙職の報酬を妨げず、公職、一般職員及び臨時公務の利益を享受する。また、勤務時間が両立しないときは、前号に定める基準が適用される。

四　選挙職に就くため離職が要請されるいかなる場合にも、その勤務期間は、業務成績による昇任の場合を除き、あらゆる法的効果のために算入される。

五　離職の場合、社会福祉上の利益のために、額は在職していたものとして決定される。

第二節　公務員

第三九条〔公務員の任用及び報酬〕

連邦、州、連邦区及び市郡は、各権力府によって任命された公務員によって構成される人事管理政策・報酬審議会を制定する。

1　俸給及び報酬制度の他の要素は以下の基準に基づいて定められる。

一　性質、責任の程度及び各職務を構成する公職の複雑性。
二　就任のための要件。
三　公職の特徴。
2　連邦、州、連邦区は公務員の教育及び研鑽のため政府の教育機関を維持し、講座への参加を昇任の要件の一つとし、そのために連邦各州間の協定又は契約の締結を推進する。
3　公職を占める公務員に対し、第七条四、七、八、九、一二、一三、一五、一六、一七、一八、一九、二〇、二二及び三〇の各号の規定を適用し、公職の性質がそれを求める場合には、これと異なる要件を許容する法律を制定することができる。
4　三権の構成員、選挙で選ばれた職にある者、国務大臣、州及び市の局長は、一回の金額が固定された歳費によって排他的に報酬を受け取る。賞与、特別手当、手当金、報奨金、交際費又はその他の俸給などあらゆる増額は禁止される。あらゆる場合に、第三七条一〇号及び一一号の規定に従う。
5　連邦、州、連邦区及び市郡の法律及び条例は、あらゆる場合に第三七条一一号に従って、公務員の報酬を上限と下限の間の比率によって定めることができる。
6　行政府、立法府及び司法府は公職及び公務員の歳費及び報酬の年額を公表する。
7　連邦、州、連邦区及び市郡の法律及び条例は各組織、独立行政法人及び財団の運営のための支払いについて、生産性に関する付加金及び奨励金の形態を含む品質及び生産性プログラムの開発、訓練及び研鑽、近代化、設備更新及び公共役務の合理化に利用するために予め定めた予算を資金として使わせる。
8　経歴による公務員の報酬体系は補項4に従って決められる。

第四〇条〔公務員の社会福祉制度〕

独立行政法人及び財団を含む連邦、州、連邦区及び市郡の現に公職の地位にある公務員に対し、財政及び保険計理の均衡を保つ基準と本条の定めに従って、公人、現役又は退職した公務員及び恩給生活者の負担によって、分担金及び連帯の性格を有する社会福祉制度を保証する。
1　本条の扱う社会福祉制度に含まれる公務員は以下の場合に退職し、その受取金は補項3及び補項17の方法で決まる金額から算出される。
一　恒久的な障害による場合は、業務中の事故、職業病並びに法律で定められた重篤、伝染性又は不治の病によるときを例外とし、支払期間に比例した金額で開始する。
二　年齢が七〇歳に達したとき、又は補足法の定めるところにより七五歳に達したとき、支払期間に比例した額で強制的に開始する。
三　最低限公務員は一〇年、公職は五年勤めてから退職した場合には、以下の条件に従って任意で開始する。
(a)　男性については年齢六〇歳及び三五年間の支払い、女性については年齢五五歳及び三〇年間の支払い。
(b)　男性については年齢六五歳、女性については年齢六〇歳、支払期間に比例した額で開始する。
2　年金の支払い及び恩給は、裁定に際して、現に公職にあって年金の支払いをしている又は恩給の裁定のために参照された業務にある職員の報酬を上回ることはできない。
3　年金の給付額を算定するため、裁定に際して、報酬が考慮され、法律の定めるところにより、本条及び第二〇一条で扱う社会福祉制度に対する職員の納付額の基礎として用いられる。
4　本条で扱う制度に含まれる者に対し、年金の裁定において、異なる要件や基準を用いることは禁止される。ただし、補足法の定めるところに従って、以下の職員の場合はこの限りでない。
一　身体障がい者。
二　危険な活動に従事する者。
三　健康又は身体の完全性を害する特別な状況下で活動する者。
5　補項1三号(a)に規定された年齢又は支払期間の要件は、もっぱら幼児教育並びに初等又は中等教育における教職の臨時公務に現に従事した期間を証明した教員に対して、五年に減じることができる。
6　本憲法に定められた重畳的な公職による年金を例外として、本条に定められた社会福祉制度の口座に一以上の年金を受け取ることは禁止である。
7　死亡恩給の給付の裁定については法律で以下と同様に定める。
一　死亡した職員の収入の総額は、第二〇一条で定める一般社会福祉制度の受給者のために設けられた上限までとし、死亡日に退職者であった場合には、当該上限の一回当たりの受給額を七〇パーセント増額する。又は、
二　死亡したとき現に公職にあった職員の報酬の総額は、第二〇一条で定める一般社会福祉制度の受給者のために設けられた上限までと

し、死亡日に現職であった場合には、当該上限の一回当たりの受給額を七〇パーセント増額する。

8　法に定められた基準に従って、永続的な性質における実質的な価値を保つため、給付の再調整が保障される。

9　連邦、州又は市郡の納付期間は退職年金の納付期間として数えられ、これに対応する勤務期間は休職期間として考慮される。

10　いかなる形式であっても納付期間を擬制して計算する法律を制定することはできない。

11　退職者の収入の総額に第三七条一一号に定めた制限を適用する。この制限には公職又は一般職員の積算給付額並びに一般社会福祉制度に納付をする他の活動に由来する収入を含む。また、本憲法の定めるところにより報酬を積算することが認められた公職、法律によって自由任免と定められた委嘱公職、及び選挙による公職の報酬と退職者の収入の積算の総額についても同様とする。

12　本条に定めるところのほか、公職にある公務員の社会福祉制度は、必要に応じ、一般社会福祉制度について定めた要件及び基準に従う。

13　法律で自由任免と定められた委嘱公職並びに他の一時的な公職又は一般職員を専属的に務める職員に対しては一般社会福祉制度を適用する。

14　連邦、州、連邦区及び市郡は、公職にある各職員のために社会福祉制度を設立して以降は、本条で定めた制度で認められる退職年金及び恩給に対し、第二〇一条で定めた一般社会福祉制度の給付のために設けられた上限を決めることができる。

15　補項14の定める補完的な社会福祉制度は、各行政府の発意による法律によって設けられ、第二〇二条及びその各補項に従い、必要な場合には、補完的な公的社会福祉制度の閉鎖的なシステムによって、決められた納付の方式によってのみ、各参加者に対してプラン及び給付が与えられる。

16　事前かつ明示の選択によってのみ、補項14及び15は、補完的社会福祉制度を担う組織の法令で定められた日まで公共役務にあって、関心を有する職員に適用される。

17　補項3において定められた給付の計算のために考慮される報酬のすべての金額は、法律によって、適切に引き直される。

18　本条が定める制度によって認められる年金及び恩給の収入が、現に公職にある職員のために設けられた制度との差額の割合で、第二〇一条の定める一般社会福祉制度の給付のために設けられた上限を超えることは、納付においても反映される。

19　本条が定める職員が補項1三号(a)において定めた任意の退職年金のための要件を満たした場合、職務を続けることで、補項1二号の要件を満たすまで、社会福祉の納付金額に匹敵する報酬を受ける権利を選択できる。

20　現に公職にある職員のために固有の社会福祉制度が一つ以上存在することは禁止され、各機関に各制度の管理者が一つ以上存在することも同様である。ただし、第一四二条補項3一〇号の場合はこの限りでない。

21　本条補項18に規定された納付は、給付を受ける者が法律で定められた傷病によって就労能力を喪失した者であるときは、本憲法二〇一条で定めた一般社会福祉制度の給付のために設けられた上限の二倍を超えた一回当たりの年金及び恩給収入に反映される。

第四一条〔公務員の身分保障〕

公開選抜試験によって公職に任命された職員は三年の勤続年限の後、身分が安定する。

1　身分が安定した公務員は以下の場合にのみ公職を失う。

一　裁判所の確定判決のため。

二　広範な弁護が保障された行政手続のため。

三　補足法で定められた広範な弁護が保障された定期的な職務履行の評価手続のため。

2　身分が安定した職員の解雇の裁判所の判決による無効は、当該職員を復職させ、当該職員の公職を占めていた者は、身分が安定した者であれば、補償の権利なく元の公職に復任し、他の公職に起用され、又は勤続年限に比例した報酬を受け取って待命となる。

3　公職の廃止又は不必要の宣言によって、身分が安定した職員は他の公職に適切に起用されるまで、勤務年限に比例した報酬を受け取って待命となる。

4　身分の安定を得るための条件として、特に設置された委員会による職務履行の特別評価を受ける義務がある。

第三節　州、連邦区及び直轄領の軍人

第四二条〔州、連邦区及び直轄領の軍人〕

軍警察及び軍消防隊の構成員は、上下関係と規律を基礎とする組織として設立された、州、連邦区及び直轄領の軍人とする。

1　州、連邦区、直轄領の軍人に対し、法律で定められたことの他、本憲法第一四条補項8、第四〇条補項九号、第一四二条補項2及び補項3の規定が適用され、特別の州法が第一四二条補項3一〇号の中身を定めなければならない。将校の階級はそれぞれの知事によって授与される。

2　州、連邦区及び直轄領の軍人の恩給受給者に対しては、それぞれの自治体の特別な法律が設けられ、適用される。

第四節　地域

第四三条〔地域〕

行政上の効果のために、連邦は、開発と地域格差の縮小を目的として、同じ経済地理的及び社会的複合体においてその活動を結合することができる。

1〜3〔略〕

第四編　権力組織

第一章　立法権

第一節　国会

第四四条〔国会〕

立法権は、下院及び連邦上院により構成される国会がこれを行使する。

補項　各議院は四年継続する。

第四五条〔下院〕

下院は、各州、各直轄領及び連邦区において、比例方式により選挙された国民の代表者をもって構成される。

1　下院議員の総数並びに州及び連邦区の代表の定数は、人口に比例して、補足法で定められ、連邦のいずれかの州・連邦区も八人を下回らず、又は七〇人を超えないよう、選挙の前年に必要な調整が行われる。

2　各直轄領は、四人の下院議員を選挙する。

第四六条〔連邦上院〕

連邦上院は、多数代表制の原則に従って選挙された州及び連邦区の代表者をもって構成される。

1　州及び連邦区は、任期八年の上院議員三人を選出する。

2　州及び連邦区の代表は、四年ごとに、交互に、三分の一及び三分の二が改選される。

3　上院議員各々は、補欠議員二人と共に選出される。

第四七条〔議決の方法〕

各院とその委員会の議決は、憲法上の別段の規定のある場合を除いて、その議員の絶対多数が出席し、投票の過半数により行われる。

第二節　国会の権能

第四八条〔国会の権能〕

国会は、第四九条、第五一条及び第五二条に特定したものを除いて、共和国大統領の裁可の下に、連邦のすべての管轄事項、特に、以下の事項について定めることができる。

一　租税制度、徴収及び収入の配分。

二　多年度計画、予算編成方針、年次予算、信用の供与及び享受、公債及び法定通貨の発行。

三　国軍の兵力の確定と変更。

四　国家、地域及び部門別開発計画と実行計画。

五　国の領土、領空及び領海並びに連邦所有財産。

六　当該地域の立法議会に聴聞して行う直轄領又は州の領域の吸収、分割又は分離。

七　連邦政府の所在地の一時的移転。

八　恩赦の決定。

九　連邦及び直轄領の検察庁及び公共弁護庁の行政、司法組織並びに連邦区の検察庁の司法組織。

一〇　第八四条六号(b)の規定に従った公職、一般職員、臨時公務の創設、変更及び廃止。

一一　省及び行政組織の創設及び廃止。

一二　電気通信及び放送。

一三　金融、為替及び通貨に関する事柄、金融機関及びその取引。

一四　通貨、その発行限度及び連邦流動債務の額。

一五　第三九条補項4、第一五〇条二号、第一五三条三号、第一五三条補項2一号の規定に従った連邦最高裁判所判事の歳費の決定。

第四九条〔国会の排他的権限〕

次の事項は国会の排他的権限である。

一　国の財産に対し、重大な負担又は拘束をもたらす国際条約、協定又は行為を最終決定すること。

二　補足法に規定する場合を除いて、共和国大統領が、宣戦を布告し、講和をなし、外国軍隊が領土内を通過し又は一時的に滞在することの許可。

三　共和国大統領及び副大統領の国外旅行で、一五日を超える不在の場合、これを許可すること。

四　国防事態及び連邦の干渉を許可し、戒厳事態を承認し、又はこれらの措置のいずれかを停止すること。
五　規則制定権又は法律の委任の制限を超える行政府の規範行為を停止すること。
六　国会の所在地を一時的に移転すること。
七　第三七条一一号、第三九条補項4、第一五〇条二号、第一五三条三号及び第一五三条補項2一号の規定を遵守し、下院議員及び連邦上院議員のため、同額の歳費を決定すること。
八　第三七条一一号、第三九条補項4、第一五〇条二号、第一五三条三号及び第一五三条補項2一号に定めるところに従って、共和国大統領、副大統領及び国務大臣の歳費を決定すること。
九　共和国大統領が提出する会計報告を毎年審査し、政府計画の執行に関する報告を評定すること。
一〇　直接に、又は両院のいずれかが、行政法人の行為を含む行政府の行為を監督し、統制すること。
一一　他の権力府の規範的権限に対して国会の立法権限の保持に努力すること。
一二　ラジオ及びテレビ放送の免許及びその更新の行為を評定すること。
一三　連邦会計検査院の構成員の三分の二を選出すること。
一四　核活動に関する行政府の発議を承認すること。
一五　レファレンダムを承認し、プレビシットを召集すること。
一六　先住民の土地における水資源の開発及び利用並びに鉱物資源の調査及び採掘を認可すること。
一七　二五〇〇ヘクタールを超える公有地の譲渡又は免許による使用を事前に承認すること。

第五〇条〔国務大臣等の召喚及び出席〕

下院及び連邦上院又はそのいずれかの委員会は、国務大臣又は共和国大統領に直接従属するいずれかの組織の長を、予め定めた案件について自ら報告するために召喚できる。正当な理由なく欠席したときは背任罪を構成する。

1　国務大臣は、自己の発意又は各執行部との了解に基づいて、その所管省の関係事項を報告するため、連邦上院、下院又はその委員会のいずれかに出席することができる。

2　下院及び連邦上院の執行部は、国務大臣又は本条本文で定められたいずれかの人に対して、情報の提供を文書により請求することができる。これらの者がこれを拒否し、三〇日以内に応じず、また虚偽の情報を提供した場合には背任罪を構成する。

第三節　下院

第五一条〔下院の権限〕

以下の事項は下院の固有の権限に属する。
一　議員数の三分の二をもって、共和国大統領及び副大統領並びに国務大臣に対する弾劾の手続の開始を認可すること。
二　立法会期の開会後六〇日以内に、大統領の会計報告が国会に提出されないときは、その引渡しを請求すること。
三　院内規則を起草すること。
四　予算編成方針に関する法律において定められた基準に従って、その組織、運営、警務を行い並びにその役務に関する公職、一般職員及び臨時公務を創設、変更又は廃止し、さらに各報酬を定める法律を発議すること。
五　第八九条七の規定に従い、共和国顧問会議の構成員を選出すること。

第四節　連邦上院

第五二条〔連邦上院の権限〕

以下の事項は連邦上院の固有の権限に属する。
一　背任罪について共和国大統領及び副大統領を、また、この罪と関連する同種の罪について国務大臣及び海、陸、空軍の各総司令官を起訴し、かつ、裁判すること。
二　背任罪について連邦最高裁判所判事、国家司法審議会及び国家検察審議会の構成員、共和国検事総長及び連邦総弁護庁長官を起訴し、かつ、裁判すること。
三　事前に、公聴会を経て、秘密投票により、以下の者の人選を承認すること。
(a)　本憲法に定められた場合における司法官。
(b)　共和国大統領によって指名された連邦会計検査院検査官。
(c)　直轄領の知事。
(d)　ブラジル中央銀行総裁及び理事。
(e)　共和国検事総長。
(f)　法律で定めるその他の公職にある者。
四　秘密会議の論議の後、秘密投票により、常任の外交使節の長の人選を事前に承認すること。
五　連邦、州、連邦区、直轄領及び市郡の利害に関わる金融的性格の対外取引を認可すること。

六　共和国大統領の提案に基づき、連邦、州、連邦区及び市郡の固定負債額の総枠の限度を決定すること。

七　連邦、州、連邦区及び市郡、これらの独立行政法人並びに連邦行政府によって統制されるその他の団体の対外及び国内信用取引の総枠の限度及び諸条件を定めること。

八　対外及び国内信用取引に関する連邦の保証許与に対する限度及び諸条件を定めること。

九　州、連邦区及び市郡の流動的負債額の総枠の限度及び諸条件を設定すること。

一〇　連邦最高裁判所の確定判決により、憲法違反と宣告された法律の全部又は一部の執行を停止すること。

一一　任期終了前の共和国検事総長の大統領権限による罷免を絶対多数の秘密投票によって承認すること。

一二　院内規則を起草すること。

一三　予算編成方針に関する法律に定めた基準に従い、その組織、運営、警務、役務に関する公職、一般職員及び臨時公務を創設、変更又は廃止し及び各報酬について定める法律を発議すること。

一四　第八九条七号の規定に従い、共和国顧問会議の構成員を選出すること。

一五　国家租税制度の運用状況の組織、構成並びに連邦、州、連邦区及び市郡の税務行政の履行と定期的評価。

補項　一及び二号に定める場合には、連邦最高裁判所長官が連邦上院議長としてその職務を行う。ただし有罪判決は、連邦上院議員の三分の二の投票によってのみ下され、これは、適用可能な他の司法上の制裁を妨げることなく、公務執行の資格の八年間の停止を伴う解職に限定される。

第五節　下院議員及び上院議員

第五三条〔議員特権〕

下院議員及び上院議員は、そのいかなる意見、発言及び表決についても、民事及び刑事において、不可侵である。

1　下院議員及び上院議員は、当選証書授与のときから、連邦最高裁判所の裁判管轄に属する。

2　当選証書授与のときから、国会の構成員は収監されない。ただし、保釈が許されない犯罪の現行犯についてはこの限りでない。この場合においては、事件記録が二四時間以内にその所属する議院に回付され、当該院の議員総数の過半数の投票によって、収監の可否を決する。

3　当選証書授与の後に生じた犯罪を原因として、上院議員又は下院議員に対する起訴を受理した場合には、最高裁判所はその所属する議院に通知し、当該院で活動する政党の発意と当該院の議員総数の過半数の投票によって、判決までの間、訴追の進行停止につき判断できる。

4　訴追の進行停止の申立ては、その所属する議院において、執行部の受領から四五日の不変期間内に判断される。

5　手続の停止は、その任期が続く間、時効の進行を停止する。

6　下院議員及び上院議員は、職務を果たすために受領し、又は提供を受けた情報に関して証言する義務を負わない。当該情報を裏付けした人物又は情報提供者に関しても同様とする。

7　下院議員及び上院議員の国軍への編入は、例え当該議員が軍籍にあって、かつ戦時中であっても、その所属する議院の事前の許諾を要する。

8　下院議員又は上院議員の免責特権は、戒厳事態の間も継続する。国会の構外で戒厳事態と相容れない行為が行われた場合には、当該議院の議員総数の三分の二の評決によってのみ免責特権を停止できる。

第五四条〔禁止事項〕

下院議員及び上院議員は、以下の行為を行ってはならない。

一　当選証書の授与後において、

(a)　公法人、独立行政法人、公社、官民合同企業若しくは公役務の免許会社と契約を締結し又は維持すること。ただし、その契約が約款に従う場合はこの限りでない。

(b)　前記一号(a)の団体において、任意に罷免可能な職を含む有給の公職、一般職員若しくは臨時公務を受託し又は執行すること。

二　議員就任後において、

(a)　公法人との契約から生ずる特典を受ける企業の所有者、管理者若しくは取締役となり、又はその会社の有給職を執行すること。

(b)　一号(a)の団体において、任意に罷免可能な公職又は臨時公務に就くこと。

(c)　一号(a)のいずれかの団体の利益を擁護すること。

(d)　一以上の公職又は公の選挙職の正規の資格者となること。

第五五条〔議員資格の喪失〕

下院議員又は上院議員は、次の場合、議員資格を喪失する。

一　前条に定める禁止事項のいずれかに違反した場合。
二　その行為が議員の品位と両立しないと宣告された場合。
三　各立法会期において、その所属する院の通常会期の三分の一を出席しない場合。ただし、欠席が承認されたものであるとき又は任務のときを除く。
四　参政権を失い又は停止された場合。
五　本憲法に定めた場合において、選挙裁判所が命ずる場合。
六　刑事の確定判決において、有罪判決を受けた場合。

1　院内規則に定められた場合の他、国会議員に保障された特権の乱用又は反道徳的な利益の享受は議員の品格と両立しない。

2　一、二及び六の各号の場合には、議員資格の喪失は、執行部又は国会において活動する政党の動議によって、広範な弁護が保障された上で、下院又は連邦上院の絶対多数によって決せられる。

3　三号から五号の場合には、議員資格の喪失は、職務上又はいずれかの議員若しくは国会において活動する政党の動議を経て、広範な弁護が保障された上で、各議院の執行部により宣告される。

4　議員辞職は、本条の議員資格喪失を目的又は結果とする手続に従って行われ、本条補項2及び補項3のための審議が終わるまで停止する。

第五六条〔議員資格喪失の例外〕

下院議員又は上院議員は、以下の場合、資格を喪失しない。

一　国務大臣、直轄領知事、州、連邦区又は直轄領の局長、首都市長並びに常任の外交使節の長の職務に就任したとき。
二　病気により、又は個人的利害を処理するため、無報酬で、所属する議院から休職が認められたとき。ただし、後者の場合、職務から離れる期間は立法会期につき一二〇日間を超えないものとする。

1　本条に定める職務に就任する場合又は一二〇日間を超える離職によって欠員が生じた場合には、補欠議員が招集される。

2　欠員が生じかつ補欠議員がいないとき、任期終了まで一五ヵ月以上ある場合には、欠員を満たすため選挙が行われる。

3　一号の場合、下院議員又は上院議員は、職務上の報酬を受けることができる。

第六節　会議

第五七条〔会期〕

国会は、毎年、連邦の首都において、二月二日から七月一七日まで及び八月一日から一二月二二日まで開催される。

1　この予定された会議は、その日付が土曜日、日曜日又は祭日に当たる場合には、直後の最初の平日に変更される。

2　立法会期は、予算編成方針に関する法律案が承認されないうちは、中断されない。

3　この憲法に定める他の場合の他、下院及び連邦上院は、次の目的のために、合同会議を開催する。

一　立法会期の開会のため。
二　両院共通の内部規則を起草し、共通の役務を創設するため。
三　共和国大統領及び副大統領の宣誓を受理するため。
四　拒否権を受け、これについて審議するため。

4　両院はそれぞれ、会期の初年度の二月一日から、その議員の就任と二年を任期とする各執行部の選挙のため、準備会議を開催する。執行部が任期終了直後の選挙で同一の地位に再任されることは禁止される。

5　国会の執行部は、連邦上院議長により統轄され、またその他の職は、下院と連邦上院において同種の職に就くものによって、交互に、執務される。

6　国会の臨時招集は以下のように行われる。

一　国防事態又は連邦の干渉の布告、戒厳事態の布告並びに共和国大統領及び副大統領の宣誓及び就任のための承認の請求がある場合には、上院議長による。
二　緊急又は重大な公共の利害に関わる場合に、共和国大統領並びに下院及び連邦上院の議長、両院の議員総数の過半数の要求による。本号の規定による承認はすべて両院の絶対多数とする。

7　臨時会期中、国会は招集の目的である事項のみを決議する。ただし、本条補項8の規定に当たる場合はこの限りでない。招集を理由とした手当の支払いは禁止される。

8　国会の臨時招集の日に施行された暫定措置が存在する場合、当該暫定措置は自動的に召集の目的である決議事項に含まれる。

第七節　委員会

第五八条〔委員会〕

国会とその議院は、各院の内規及びその設置をもたらした文書に定める形式と権限に従って構成される常設及び臨時の委員会を有する。

1　執行部及び各委員会の構成においては、各院に参加する政党又は議員団に比例する代表を、可能な限り保障する。

2　委員会には、その管轄事項を理由として、次の権限が属する。

一　各院の議員の一〇分の一の不服申立てがある場合を除き、規則に従って、本会議の議決を必要としない法律案を討議し、表決すること。

二　市民社会の諸団体と公聴会を開催すること。

三　国務大臣を召喚して、その職務権限に属する事項について報告を提供させること。

四　官公署若しくは公共団体の行為又は懈怠に対して何人かが行う請願、請求、陳述又は告訴を受理すること。

五　何人かを問わず、官公署又は市民に供述を要請すること。

六　事業実施計画、国家、地域及び部門別開発計画を審査し、これらについて意見書を送付すること。

3　国会調査委員会は、各議院の規則に定められているものの他、司法官憲に対し固有の調査権を有し、特定事項につきかつ一定期間において審査するため、下院及び連邦上院の議員の三分の一の要求によって、合同又は単独で設置され、必要な場合に、違反者の民事及び刑事責任を追及するため、その結論を検察庁に送付する。

4　国会休会中は、立法期間の最後の通常会期において、両院によって選挙され、共通の内部規則に定められた権限を有する国会の代表委員会を置く。その代表の構成は、可能な限り政党の比率を反映させる。

第八節　立法手続

第一分節　一般規定

第五九条〔立法手続〕

立法手続は以下の編纂を含む。

一　憲法の改正。

二　補足法。

三　通常の法律。

四　委任法。

五　暫定措置。

六　立法府命令。

七　決議。

補項　補足法は、法律の編纂、法文作成、変更及び統合について定める。

第二分節　憲法の改正

第六〇条〔憲法の改正〕

憲法は以下の者の発議により改正することができる。

一　下院又は連邦上院の議員の、少なくとも三分の一により。

二　共和国大統領により。

三　連邦構成単位の議会の半数以上により、かつ議会それぞれが、その議院の相対多数により意思表示を行うとき。

1　連邦の干渉、国防事態又は戒厳事態の布告中は、憲法を改正することができない。

2　発議は、国会の各議院で、二回にわたって審議及び表決され、いずれにおいても、両院それぞれの議員の五分の三の票が得られたとき、承認されたものとみなされる。

3　憲法の改正は、下院及び連邦上院の執行部により、各々番号を付して公布される。

4　以下の事項を廃止しようとする改正の発議は、審議の対象とはならない。

一　国家の連邦形態。

二　直接、秘密、普通及び定期の投票。

三　権力の分立。

四　個人の権利及び保障。

5　否決され又は失効したとみなされた改正提案の内容は、同一会期中において、新たな発議の対象とはならない。

第三分節　法律

第六一条〔法律の発議権〕

補足法及び通常の法律の発議権は、本憲法に定める形式及び場合において、下院、連邦上院又は国会のすべての議員又は委員会、共和国大統領、連邦最高裁判所、各高等裁判所、共和国検事総長及び市民に属する。

1　以下の事項に関する法律の発議は、共和国大統領の固有の権限である。

一　国軍の兵力を決定し又は変更すること

二　以下の事項について定めること。

(a)　行政機関及び独立行政法人の公職、臨時公務若しくは一般職員の創設又はその報酬の増額。

(b)　直轄領の行政及び司法組織、租税及び予算事項、公役務及び行政職員。

(c) 連邦及び直轄領の公務員、その司法制度、公職の任用、身分保障及び年金。
(d) 連邦の検察庁及び公共弁護庁の組織並びに州、連邦区及び直轄領の検察庁及び公共弁護庁の組織に関する一般規範。
(e) 八四条の規定に従った省及び行政組織の創設及び廃止。
(f) 国軍の軍人、その法制度、公職の任命、昇任、身分保障、報酬、予備役のための退役及び転任。

2 人民発議は、少なくとも五州に分布し、かつ各州の選挙民の三〇パーセントを下まわらずに、全国の選挙民の最低一パーセントにより署名された法律案を下院に提出することによって行うことができる。

第六二条〔暫定措置〕

重大かつ緊急の場合には、共和国大統領は法律の効力を有する暫定措置をとることができる。この措置は直ちに国会に送付されなければならない。

1 以下の事項に関する暫定措置の公布は禁止される。

一 以下に関連すること。
(a) 国籍、公民権、被選挙権、政党及び選挙権。
(b) 刑法、刑事訴訟法及び民事訴訟法。
(c) 司法府及び検察庁の組織、その構成員の職務及び身分保証。
(d) 多年度計画、予算編成方針並びに予算、追加予算及び補正予算。ただし、一六七条補項3で定められた場合はこの限りでない。

二 財産又は普通定期預金の停止又は押収、あるいは他の何らかの財政活動を目的とすること。

三 補足法で規定することが予定されていること。

四 国会で成立した法律案にすでに定められ、共和国大統領の裁可又は拒否権にかかること。

2 一五三条一、二、四、五の各号及び一五四条二号に定められた場合を除き、新たな税制又は増税を必要とする暫定措置は発令の日から最終日までの間に法律に転換された後、次の会計年度からのみ効果を有する。

3 暫定措置は、補項11、補項12に定められた場合を除き、発令から六〇日の期限内に法律に転換されなければ効力を失う。この期限は、補項7の定めるところにより、一回のみ同一の期間延長できる。国会は立法府命令によって派生した法律関係を調整しなければならない。

4 補項3の期限は暫定措置の公布から数えられ、国会の休会中は停止する。

5 暫定措置案についての国会のそれぞれの院における審議は、憲法上の前提についての検討に関する先行判断を踏まえて行う。

6 暫定措置についてその公布から四五日以内に判断されない場合、国会のそれぞれの院は順次緊急体制に入り、議院で手続が行われているすべての他の法案審議は最終的な投票まで停止する。

7 暫定措置に関する公布から六〇日間の有効期限の同一期間一度のみの延長は、国会の両院における投票を終了させせない。

8 暫定措置は下院から先に投票を行う。

9 国会の両院の本会議で、それぞれ、判断がなされる前に、暫定措置及びその発布について審理する両院合同委員会を開催しなければならない。

10 同一会期に拒否された暫定措置又は有効期間が経過して効力を失った暫定措置を再度発令することは禁止される。

11 補項3の立法府命令は暫定措置が拒絶され又は効力を失って後六〇日間は行わない。暫定措置が効力を有する間に確立し及び行われた行動に由来する法律関係はその効力を保つ。

12 暫定措置の文言を変更する法律案の承認に際し、当該法律案が成立し、又は廃案になるまで、暫定措置は完全な効力を有する。

第六三条〔法案修正の制限〕

以下に定めた費用の増額は認められない。

一 共和国大統領の排他的発議による法律案において。ただし、第一六六条補項3及び補項4で規定する場合を除く。

二 下院、連邦上院、連邦裁判所及び検察庁の行政役務の組織に関する法律案において。

第六四条〔下院の先議〕

共和国大統領、連邦最高裁判所及び連邦の各高等裁判所により発議された法律案の審議及び評決は、下院で開始される。

1 共和国大統領は、その発議する法律案の緊急審議を要請することができる。

2 補項1の場合において、四五日以内に、下院及び連邦上院の各院が、連続して四五日以内に、その提案に対して意思表示をしない場合には、憲法に最終投票までの期限が定められたものを除き、各院におけるその他のすべての法案審議が停止される。

3 下院による連邦上院の修正の議決は、前項の規定を十分に厳守して一〇日の期間内に行われる。

4　補項2の期間は、国会の休会中は算入されず、法典の法律案に対しても適用されない。

第六五条〔再審議〕

一院で可決された法律案は、他院の一回のみの討議と評決により再審議される。再審議した議院が可決したときは、法律案は裁可又は公布のために送付され、否決したときは保管処分となる。

補項　法律案が修正されたときは、先に審議した議院に回付する。

第六六条〔大統領の裁可及び拒否権〕

表決を終了した議院は、法律案を共和国大統領に送付し、大統領が同意するときは、これを裁可する。

1　共和国大統領が、法律案の全部又は一部を違憲若しくは公共の利益に反すると判断するときは、その法律案を受理した日から平日一五日以内に、その全部又は一部を拒否し、かつ四八時間以内に拒否の理由を連邦上院議長に通告する。

2　部分的拒否は、条、項、号又は段の全文を含む。

3　一五日を経過しても共和国大統領が沈黙しているときは、裁可されたものとする。

4　拒否権は受理の日から三〇日以内に合同会議で検討され、下院議院及び上院議員の絶対多数の評決によってのみ否決できる。

5　拒否権が是認されない場合には、法律案は公布のため、共和国大統領に送付される。

6　補項4に定められた期間が審議を行うことなく終了した場合には、拒否権は直ちに議事日程に組み込まれ、最終的な評決が行われるまでの間、他の案件の審議は停止する。

7　補項3及び補項5の場合において、法律が四八時間以内に大統領によって公布されないときは、上院議長が公布する。また、上院議長が同一期間内に公布しないときは、上院副議長に公布の権限が属する。

第六七条〔一事不再議の例外〕

否決された法律案の内容事項は、国会の両院のいずれかの一院の議員の絶対多数の発議によってのみ、同一会期中の新たな法律案の対象となり得る。

第六八条〔委任法の立法手続〕

委任法は、共和国大統領によって編纂され、大統領は国会に対し委任を要請しなければならない。

1　国会の排他的権限に属する行為、下院又は連邦上院の排他的権限に属する行為、補足法に留保された事項、及び以下の事項に関する立法は、委任の目的とはならない。

一　司法府及び検察庁の組織、その構成員の経歴及び身分保障。

二　国籍、公民権、個人の権利、被選挙権及び選挙権。

三　多年度計画、予算編成方針及び予算。

2　共和国大統領への委任は、国会の決議の形式を有し、この決議には、その内容及び行使の方法を明記する。

3　決議が国会による法律案の審理を求める場合には、国会は単一投票を行い、いかなる修正も行ってはならない。

第六九条〔補足法の立法手続〕

補足法は、絶対多数により、承認される。

第四分節　会計、財政及び予算の監査

第七〇条〔国会の監査権〕

連邦並びに行政機関及び行政法人の会計、財政、予算、業務及び財産の合法性、適法性、経済性並びに補助金の使用及び収入の放棄に関する監査は、外部統制の下で、及び各権力府の内部統制制度を通じて、国会がこれを行使する。

補項　公金、公共財産及び公の有価証券又は連邦が責任を負う若しくは連邦の名の下に金銭上の責任を引き受けた金銭、財産及び有価証券を使用、徴収、保管、管理又は運営するいかなる公私の法人又は自然人も会計報告を行う。

第七一条〔外部統制制度〕

国会の責務である外部統制は、連邦会計検査院の助力の下で行われ、以下の事項がこの機関の権限に属する。

一　共和国大統領が毎年提出する会計報告に関し、その受理の日から起算して六〇日以内に作成される予備的意見書をもって審査すること。

二　連邦の公権力によって設立され、かつ維持される財団及び会社を含む行政機関又は行政法人の公金、公有財産及び有価証券に対する管理者並びにその他の責任者の会計報告、及び国庫の損害に帰する損失、紛失又は他の不正をもたらした者の会計報告を、審査すること。

三　委嘱公職の任用の場合を除いて、名目のいかんを問わず公権力により設立され、かつ維持される財団を含む行政機関又は行政法人に

おける職員採用の行為並びに年金付き退職、退役及び恩給の認可の適法性を、登録のため、審査すること。ただし、年金付退職、退役及び恩給の認可については、認可行為の法的根拠を変更しない爾後の更正は除外する。

四　下院、連邦上院、専門又は調査委員会の固有の発議に基づいて、立法府、行政府及び司法府、並びに二号にいうその他の団体の管理機関における会計、財産、予算、運営及び財産の性質に関して検査及び査問を行うこと。

五　設立契約に定めるところに従い、連邦が直接又は間接に会社資本に参加する国際的な企業の国内会計を監査すること。

六　協定、合意、取決め又はその他同種の文書をもって、連邦から州、連邦区又は市郡に対して移転された資金の運用を監査すること。

七　国会、そのいずれかの議院、又はそれらの委員会により、会計、財政、予算、運営及び財産に関し、又は実施された監査及び検査の結果について、要請された報告を提出すること。

八　違法な支出又は会計報告の不正の場合において、法律に定める制裁を責任者に適用すること。この法律は、特に、国庫に与えた損害に相当する罰金を定める。

九　違法が証明された場合に、期間を指定し、機関又は団体に法律の正確な履行に必要な措置をとらせること。

一〇　必要な措置が講じられない場合不正と申し立てられた行為の執行を停止し、その決定を下院及び連邦上院に通知すること。

一一　審査された不正及び濫用に関して、権限ある権力府に対し、告発すること。

1　契約の場合には、その停止の決定は、国会によって直接行われ、かつ直ちに、行政府に対し適当とする措置を要請する。

2　国会又は行政府が、九〇日以内に前項に定めた措置を実行しないときは、会計検査院がこれに関して決定する。

3　債務又は罰金の責めを生ずる会計検査院の決定は、債務名義の効力を有する。

4　会計検査院は、三ヵ月ごと及び毎年、国会にその活動報告書を提出する。

第七二条〔合同委員会〕

第一六六条補項1にいう常設合同委員会は、許可を得ていない支出の兆候があるとき、たとえそれが計画されていない投資又は承認されていない補助金の形態のものであっても、責任ある政府機関に対して、五日以内に、必要な報告を提出するよう要請できる。

1　報告が提出されないとき又は説明が不十分であるとみなされるとき、合同委員会は会計検査院に対し、三〇日以内に問題に関する最終的声明を要求する。

2　会計検査院が、支出を不正とみなし、合同委員会が、支出を公共経済にとり回復不能又は重大な損害をもたらすものと判断したとき、合同委員会は、国会に対し支出の停止を提案する。

第七三条〔連邦会計検査院〕

連邦会計検査院は、九人の検査官により構成され、連邦区に本拠、固有の職員、全国土に管轄権を有し、適合する限り、第九六条に定める権限を行使する。

1　連邦会計検査院の検査官は、以下の資格要件を満たすブラジル人の中から任命される。

一　三五歳以上、六五歳以下の年齢

二　道徳的適正及び廉潔の名声

三　法律、会計、経済及び財政又は公行政の著名な学識者

四　前号で述べた学識を要する職務又は職業活動での一〇年以上の実務経験

2　連邦会計検査院の検査官は、以下によって人選される。

一　三分の一は、連邦上院の承認に基づき、共和国大統領により。このうち、二人は、先任順と勤務成績の基準に従い、会計検査院が作成した三倍の名簿に基づき、会計検査院付きの会計士及び検察庁の構成員の中から交互に選ばれる。

二　三分の二は、国会により選出される。

3　連邦会計検査院の検査官は、連邦司法高等裁判所判事と同一の保証、特権、欠格事由、俸給及び恩典を有し、四〇条本文の定めにより、年金及び恩給の対象となる。

4　会計士が検査官を代行するとき、同一の保証と欠格事由を有し、他に裁判官の権限を行使するときは、連邦地域裁判所裁判官の保障と欠格事由を有する。

第七四条〔内部統制制度〕

立法府、行政府及び司法府は、下記を目的として、総合的な形態に基づき、内部統制制度を維持する。

一　多年度計画に定めた目標の達成、政府計画及び連邦予算の執行を評価するため。

二　連邦政府の機関及び団体の予算、財政及び財産の管理並びに私法人による公金運用の能

率性と効果に関し、その適法性を証明し、成果を評価するため。
三　連邦の信用取引、手形保証及び権利及び資産の統制を行うため。
四　制度的任務の執行における外部統制を支援するため。
1　内部統制の責任者は、いかなる不正又は違法を知るに至ったときにおいても、連帯責任の罰則の下に、連邦会計検査院に通知する。
2　市民、政党、団体又は組合はいずれも、法律の定めるところに従い、連邦会計検査院に対し、不正又は違法を告発する適法な当事者である。

第七五条〔州、連邦区及び市郡の監査〕
本節に定めた規範は、適合する場合、州、連邦区の会計検査院、並びに市郡の会計検査院及び会計審議会の組織、構成及び監査に適用される。
補項　州憲法は、七人の検査官によって構成される当該州の会計検査院について定める。

第二章　行政権

第一節　共和国大統領及び副大統領

第七六条〔共和国大統領の職務〕
行政権は、国務大臣の補佐を受けて、共和国大統領により行使される。

第七七条〔共和国大統領選挙〕
共和国大統領及び副大統領の選挙は、現職大統領の任期満了の前年一〇月の第一日曜日に第一回投票が、一〇月の最終日曜日に第二回投票が、同時に行われる。
1　共和国大統領の選出は、大統領と共に登録された副大統領の選出を意味する。
2　政党に登録され、白票及び無効票を算入することなく、絶対多数の投票を得た候補者が大統領に選出されたものとみなされる。
3　第一回投票において絶対多数の投票を得た候補者がいない場合、その結果の告示から二〇日以内に、上位二人の候補者の間で新たな選挙が行われ、有効票の多数を獲得した候補者が当選者とみなされる。
4　第二回投票が行われる前に、候補者の死亡、取下げ又は法律上の障害が発生した場合、残りの候補者の中から最多得票を得たものが招集される。
5　前項の場合において、第二位に二人以上の同一得票の候補者が残る場合、最年長の者がその資格を有する。

第七八条〔共和国大統領の就任〕
共和国大統領及び副大統領は国会の会期において就任し、憲法を維持、擁護及び履行し、法律を遵守し、ブラジル国民の一般福祉を増進し、並びにブラジル国の結合、統一及び独立を維持することを誓約する。
補項　不可抗力による場合を除いて、大統領又は副大統領が定められた就任日より一〇日経過しても就任しない場合は、その空位が宣言される。

第七九条〔副大統領による代行〕
共和国大統領に支障がある場合には、副大統領がこれを代行し、空位の場合にはこれを継承する。
補項　副大統領は、補足法により与えられた権限の他、大統領より特別使命のために要請を受けたときは、常にこれを補佐する。

第八〇条〔下院議長等による職務執行〕
共和国大統領及び副大統領に支障がある場合、又はこれらの職が空位の場合には、下院議長、連邦上院議長及び連邦最高裁判所長官が、順次に大統領職の執行を求められる。

第八一条〔空位の場合の選挙手続〕
共和国大統領及び副大統領の職が空位のときは、最後に空位になった日から九〇日以後に選挙が行われる。
1　空位が大統領の任期の最後の二年間において発生したときは、正副大統領の選挙は、法律に定めるところに従い、最後の空位の日から三〇日以後に国会によって行われる。
2　いずれの場合にも、当選者は前任者の残存任期を完了しなくてはならない。

第八二条〔共和国大統領の任期〕
共和国大統領の任期は四年とし、選挙の翌年の一月一日から開始する。

第八三条〔国を離れる場合の国会の許可〕
共和国大統領及び副大統領は、国会の許可なしに、一五日を超える期間国を不在にすることはできない。これに反するときはその職を失う。

第二節　共和国大統領の権限

第八四条〔共和国大統領の権限〕
以下の事項は共和国大統領の固有の権限に属する。
一　国務大臣を任免すること。
二　国務大臣の輔弼を得て、連邦行政を統理すること。
三　本憲法の規定する場合及び形式により、立法手続を開始すること。

四　法律を裁可、公布及び施行せしめ、法律を誠実に実施するために命令又は規則を発すること。
五　法律案の全部又は一部を拒否すること。
六　命令によって以下の事項を規定すること。
(a)　支出の増大及び公共組織の改廃を含まない場合の連邦行政の組織及び機能。
(b)　空席の場合の臨時公務又は公職の廃止。
七　外国との関係を維持し、外国の外交代表から信任状を受け取ること。
八　国会の事後承認に従う二国間条約、多国間条約及び国際行為を締結すること。
九　国防事態及び戒厳事態を布告すること。
一〇　連邦の干渉を布告し、これを執行すること。
一一　国会の立法会期開会に際し政府の教書及び計画を送り、国情を説明し、かつ必要と認められる措置を要請すること。
一二　必要な場合、法律により設立された機関の聴聞を経て、恩赦及び減刑を行うこと。
一三　国軍の最高指揮権を行使し、海軍総司令官、陸軍総司令官及び空軍総司令官を任命し、その将官を昇任させ及びこれらの者を専権とされる職に任命すること。
一四　連邦上院の承認を経た後、連邦最高裁判所判事、連邦の高等裁判所判事、直轄領知事、共和国検事総長、中央銀行総裁及び理事並びに法律に定めるその他の公務員を任命すること。
一五　第七三条の規定を遵守し、連邦会計検査院の検査官を任命すること。
一六　本憲法に定める場合、司法官及び連邦総弁護庁長官を任命すること。
一七　第八九条七号の規定に従い、共和国顧問会議の構成員を任命すること。
一八　共和国顧問会議及び国家防衛審議会を招集し、統轄すること。
一九　外国からの侵略の場合、国会の承認を経て又は国会閉会中に発生したときは、その事後承認の下で宣戦を布告すること。また、同じ条件で、全面的に又は部分的に国家動員を布告すること。
二〇　国会の承認を経て又は事後承認の下で講和を締結すること。
二一　叙勲及び栄典を授与すること。
二二　補足法で定める場合、外国軍隊が国内を通過し又は一時的に滞在することを許可すること。
二三　本憲法に定める多年度計画、予算編成方針に関する法律案及び予算案を国会に提出すること。
二四　毎年、前年度の会計報告を立法会期の開会後六〇日以内に、国会に提出すること。
二五　法律の定めるところに従い連邦の公職を充当、及び廃止すること。
二六　第六二条の規定に従い、法律の効力を有する暫定措置を公示すること。
二七　本憲法に定めたその他の権限を行使すること。
補項　共和国大統領は六号、七号及び二五号前段に定める権限を国務大臣、共和国検事総長又は連邦総弁護庁長官に委譲することができる。これらの者は、当該の委譲において定められた制限を遵守するものとする。

第三節　共和国大統領の責任

第八五条〔背任罪に該当する行為〕

連邦憲法、特に、以下の事項に反する共和国大統領の行為は背任罪とする。
一　連邦の存在。
二　立法権、司法権、検察庁及び連邦構成単位の憲法上の諸権力の自由な行使。
三　参政権、個人的及び社会的権利の行使。
四　国内治安。
五　行政の誠実性。
六　予算法。
七　法律及び裁判所の決定の履行。
補項　これらの犯罪は、その訴追手続及び裁判の規範を定める特別法により規定される。

第八六条〔罷免手続〕

共和国大統領に対する告発が、下院議員の三分の二により認められるとき、大統領は、普通犯罪については連邦最高裁判所において、背任罪については連邦上院において、裁判に付される。
1　以下の場合、大統領は、その職務を停止される。
一　普通犯罪において、連邦最高裁判所によって告訴又は告発が受理されるとき。
二　背任罪において、連邦上院により手続が開始された後。
2　一八〇日の期間が経過した後、審理が終結しないとき、大統領の離職は停止する。ただし、審理の通常の進行を妨げないものとする。
3　普通犯罪において、有罪の判決が下されない限り、共和国大統領は拘禁されない。

4　共和国大統領は、任期中、その職務行使と無関係な行為について責任を問われることはない。

第四節　国務大臣

第八七条〔国務大臣〕
国務大臣は、参政権を享受する二一歳以上のブラジル人から選ばれる。
補項　本憲法及び法律に定めた権限の他、以下の事項が国務大臣の権限に属する。
一　権限の範囲で、連邦行政の機関及び団体の指導、配置及び監督を行い、並びに共和国大統領により署名された行為及び命令に副署すること。
二　法律、命令及び規則の実施のため、訓令を発すること。
三　当該省の業務の年次報告書を共和国大統領に提出すること。
四　共和国大統領から授与あるいは委譲された権限に属する行為を行うこと。

第八八条〔省及び行政組織〕
法律は省及び行政組織の創設、構成及び権限を定める。

第五節　共和国顧問会議及び国家防衛審議会

第一分節　共和国顧問会議

第八九条〔共和国顧問会議の構成〕
共和国顧問会議は、共和国大統領の最高諮問機関であり、以下の者がこれに参加する。
一　共和国副大統領。
二　下院議長。
三　連邦上院議長。
四　下院における多数党及び少数党のリーダー。
五　連邦上院における多数党及び少数党のリーダー。
六　法務大臣。
七　三五歳以上の六人の生来のブラジル人市民。このうち二人は共和国大統領が任命し、二人は連邦上院が選出し及び二人は下院が選出するものとし、すべて三年の任期で、再任は禁止される。

第九〇条〔共和国顧問会議の権限〕
以下の事項に関し意見を述べる権限は、共和国顧問会議に属する。
一　連邦の干渉、国防事態及び戒厳事態。
二　民主主義制度の安定にとり重大な諸問題。
1　共和国大統領は、議事日程表に各省に関係する事項が含まれているときは、顧問会議の集会に参加させるために当該国務大臣を召喚することができる。
2　法律は、共和国顧問会議の組織及び職務を規律する。

第二分節　国家防衛審議会

第九一条〔国家防衛審議会〕
国家防衛審議会は、国の主権及び民主主義国家の擁護に関する問題における共和国大統領の諮問機関であり、次の者が固有の構成員として参加する。
一　共和国副大統領。
二　下院議長。
三　連邦上院議長。
四　法務大臣。
五　国防大臣。
六　外務大臣。
七　企画大臣。
八　海軍総司令官、陸軍総司令官、空軍総司令官。
1　以下の事項は、国家防衛審議会の権限に属する。
一　本憲法の規定に従い、宣戦と講和の締結の場合に意見を述べること。
二　国防事態、戒厳事態及び連邦の干渉の布告に関して意見を述べること。
三　国の領土の安全に不可欠な地域の利用基準と条件を提案し、また、特に国境地帯及び各種の天然資源の保存と開発に関連する地域におけるその有効な利用について意見を述べること。
四　国の独立及び民主主義国家の擁護を保障するため必要な立案の推進を研究、提案及び監視すること。
2　法律は、国家防衛審議会の組織と職務を規律する。

第三章　司法権

第一節　一般規定

第九二条〔司法機関〕
以下のものは司法権の機関である。
一　連邦最高裁判所。
一A　国家司法審議会。
二　連邦司法高等裁判所。
二A　労働高等裁判所。
三　連邦地域裁判所及び連邦裁判官。

四　労働裁判所及び労働裁判官。
五　選挙裁判所及び選挙裁判官。
六　軍事裁判所及び軍事裁判官。
七　州、連邦区及び直轄領の裁判所及び裁判官。
1　連邦最高裁判所、国家司法審議会及び各高等裁判所は連邦首都に本部を置く。
2　連邦最高裁判所及び各高等裁判所は全国土に裁判権を有する。

第九三条〔裁判所法〕

連邦最高裁判所の発議による補足法は、以下の原則に従い、裁判所法について規定する。
一　登用は判事補を最初の官職とし、公開選抜試験と資格審査を通じ、ブラジル弁護士会の全面的な参加の下で、法学士、最低三年間の法律実務及び任命においては合格順位に従うことを要する。
二　以下の規範に従い、一つの等級から他の等級に、先任順と勤務成績により、交互に、行われる裁判官の昇任。
(a)　功科表に連続して三回、又は交互に五回記載された裁判官の昇任は義務的とする。
(b)　勤務成績による昇任は、各階級において二年の勤続を前提とし、該等級の裁判官は先任順の名簿の上位五分の一の一員とする。ただし、所定の要件を備えて、空席を満たす者がない場合はこの限りでない。
(c)　能力に合致し、生産性及び裁判権行使の迅速性の基準による並びに研修への出席及び利用又は修了認定による勤務成績評価。
(d)　先任順の検討において、裁判所はその手続に従って行われる構成員の三分の二の基礎表決によってのみ最先任の裁判官を拒否することができる。その際広範な弁護が保障され、表決は氏名が確定するまで繰り返される。
(e)　訴訟記録を合理的な期間を超えて不正義に保持している裁判官を昇任させてはならず、しかるべき決済又は決定なく訟廷事務室に当該記録を送ることもできない。
三　第二審裁判所への昇任は最終又は唯一の職務における先任順及び成績評価によって交互に行われる。
四　終身司法官に任命されるための過程で参加が義務付けられ、及び司法官の研鑽からなる、司法官の養成、研修及び昇任の正規の講座又は国立研修所によって承認された講座の設置。
五　連邦の高等裁判所判事の歳費は連邦最高裁判所判事に定められた月額歳費の九五パーセントに相当する額で、他の司法官の歳費は法律によって定められ、連邦及び州の水準で、国家司法制度の分類に応じて段階が設けられる。歳費の額は他の歳費を一〇パーセント上回り、五パーセント下回ることは許されず、連邦の高等裁判所判事の歳費の九五パーセントを超えることもできず、いかなる場合においても、三七条一一号、三九条補項4の規定に従う。
六　裁判官の年金及びその被扶養者の恩給は四〇条の規定に従う。
七　正判事はそれぞれの州司法区に居住する。ただし、第二審裁判所の許可を得た場合にはこの限りでない。
八　公共の利益のための司法官の転所、休職及び退職措置は、各第二審裁判所又は国家司法審議会の絶対多数による表決によって決められ、広範な弁護が保障される。
八A　申請又は相互配置交換による同一級の州司法区の司法官の移動には、必要な場合には、二号(a)(b)(c)及び(e)の規定を適用する。
九　司法府の組織のすべての法廷は公開とし、すべての決定は、無効の制裁の下、正当な根拠を有するものでなくてはならない。法律は、プライバシー権の保護によって、情報に対する公共の利益が害されない場合には、一定の訴訟行為について、当事者とその弁護士又は弁護士のみに出廷を限定することができる。
一〇　司法行政処分は理由を付し、公開手続によって行われる。懲戒は構成員の絶対多数の表決によって行われる。
一一　二五人を超える裁判官を擁する裁判所は、司法行政権及び裁判権を行使するため、半数は年功によって、他の半数は全裁判官による選挙によって選出された全裁判所の権限代表である最低一一人、最高二五人の構成員を有する特別機関を設置することができる。
一二　裁判所の活動は中断されない。裁判官及び第二審裁判所の集団休暇は通常の裁判所の執務時間については禁止され、当番の裁判官が常駐する。
一三　司法管轄内の裁判官の人数は司法に対する実際の需要及び各管轄内の人口に比例する。
一四　職員は管理行為及び判断の要素を伴わない純然たる事務行為の実行について任される。
一五　すべての審級において、事件の配点は直ちに行う。

第九四条〔弁護士及び検察官の裁判官任用〕

連邦地域裁判所並びに州、連邦区及び直轄領の裁判所の定員の五分の一は、一〇年以上の経験を有する検察庁の構成員、及び卓越した法律知識と廉潔の名声をもち、一〇年以上の実務の職業経験を有する弁護士から構成される。これらの者は、各所属階級の代表機関によって作成された六倍の名簿の中から指名される。

補項　指名を受けた後、裁判所は三倍の名簿を作成し、これを行政府に送付する。行政府は、引き続く二〇日以内に、任命のためその中の一人を選抜する。

第九五条〔裁判官の身分保障〕

裁判官は以下の保障を享有する。

一　終身身分保障。これは第一審級において二年の勤続ののちに得られ、この期間における解職は、裁判官が属する裁判所の決定によるものとし、また、その他の場合には、確定判決による。

二　転所の不可能性。ただし、第九三条八号に従い、公共の利益に関する事由による場合は除く。

三　歳費の減額不可能性。ただし、第三七条一〇号、一一号、第三九条補項4、第一五〇条二号、一五三条三号及び一五三条補項2一号の規定にあたる場合はこの限りでない。

補項　裁判官に対し、以下の行為を禁止する。

一　教職を除き、待命中といえども、他の公職又は臨時公務に従事すること。

二　いかなる名目又は口実によっても、訴訟手続において費用又は利益配分を受け取ること。

三　政党活動に従事すること。

四　いかなる名目又は口実によっても自然人及び公私の団体から、援助又は支援を受け取ること。ただし、法律の規定に基づいて行われたものはこの限りでない。

五　職を辞し又は罷免されてから三年を経る前に、離任した第一審裁判所又は第二審裁判所において弁護士業務を行うこと。

第九六条〔裁判所固有の権限〕

以下の事項は次のものの固有の権限に属する。

一　第二審裁判所に属する。

(a)　訴訟手続の規範及び当事者の訴訟手続上の保障に従い、指揮管理機関を選挙し、内部規則を作成し、当該裁判機関及び行政機関の権限と機能について定めること。

(b)　裁判所の事務室、補佐及びそこに属する第一審裁判所のそれらを整備し、業務監察を行うことによって監督すること。

(c)　本憲法に定める形式において、各管轄の職業裁判官の職務を充足すること。

(d)　新規の法廷の設置を提案すること。

(e)　第一六九条補項の規定に従い、公開選抜試験、又は試験と資格審査を経て、司法行政に必要な職を充足すること。ただし、法律に定めるところの信任職は除く。

(f)　裁判所構成員並びにこれに直属する裁判官及び司法公務員に休暇、休日及び他の離任の機会を与えること。

二　連邦最高裁判所、連邦の各高等裁判所及び州高等裁判所は、第一六九条の規定を遵守し、それぞれの立法府に対し、以下の提案を行うこと。

(a)　下級審裁判所の構成員の数の変更。

(b)　関係する補助職員及び裁判官の公職の創設及び廃止並びに報酬、下級裁判所がある場合にはそれを含む構成員及び裁判官の歳費の決定。

(c)　下級審裁判所の新設又は廃止。

(d)　司法組織及び管轄区割の変更。

三　州高等裁判所は、州、連邦区及び直轄領の裁判官及び検察庁の構成員を、普通犯罪及び背任罪において裁判する。ただし、選挙裁判所の管轄権は除く。

第九七条〔違憲宣言の表決方法〕

裁判所は、その構成員又は各特別機関の絶対多数による表決によってのみ、法律又は公権力の規範行為の違憲を宣言できる。

第九八条〔州の裁判機関の設置〕

連邦区及び直轄領においては連邦、並びに州は、以下のものを設置する。

一　口頭かつ略式手続を経て、複雑性の乏しい民事事件及び犯罪の蓋然性の少ない刑事事件の調停、裁判及び執行の権限を有する法服裁判官、又は法服裁判官と一般市民をもって充当される特別裁判所。ただし、法律に定める場合には、第一審裁判官の小法廷による和解と控訴審が認められる。

二　直接、普通かつ秘密投票により選挙された市民からなる有給の婚姻認証官。その任期は四年で、法律で定める他の権限の他、法律に定める形式に従い、婚姻の挙式を行い、職権又は請求により資格証明の手続を行い、かつ裁判の性格を欠く調停の職務を行う権限を有する。

1　連邦法は連邦裁判所の管轄内の特別裁判所を創設する。

2　費用及び手数料は司法に固有な活動についての役務費用に排他的に割り当てられる。

第九九条〔司法権の自治〕

司法権に対しては行政上及び財政上の自治権が保障される。

1　裁判所は、予算編成方針に関する法律に基づき、他の権力府と共に定められた範囲内でその予算案を作成する。

2　他の関係裁判所の聴聞を経て行う予算案の提出は、以下の権限に属する。

一　連邦の管轄では、連邦最高裁判所と連邦の高等裁判所の各々の承認に基づき、それぞれの長官に属する。

二　州、連邦区及び直轄領の管轄では、州高等裁判所の承認に基づき、それぞれの長官に属する。

3　補項2の機関がそれぞれの予算案を予算編成方針に関する法律に定められた期限までに示さない場合、行政府は年次予算案を確定するため、現行の予算法の金額を本条補項1に定められた限界に合致するように調整したものを当該年度の予算案とみなす。

4　本条の予算案が補項1に定められた限界に合致しない場合、行政府は年次予算案を確定するため、必要な調整を行う。

5　年度予算の執行の間、予算編成方針に関する法律に定められた限界を超える支出の実施及び債務の引受けはできない。ただし、補足又は特別予算を設けることによって事前の承認がある場合はこの限りでない。

第一〇〇条〔支払要求書〕

判決によって連邦、州又は市郡の財務当局の債務となった支払は、厳格に裁判所の発行した支払要求書の提出順に従って支払われ、当該支払いを行うために、人又は案件を指定して予算を割り当て、追加予算を設けることは禁止される。

1　扶養手当の性質を有する債務は給与、報酬、謝金、恩給及び補助金に由来する債務、社会福祉の給付、民事責任に立脚する確定判決を経た死亡又は傷病手当の給付から構成される。そして、本条補項2の定めるものを除き、他のすべての債務については、優先的に支払いがなされる。

2　扶養手当の性質を有する債務は、その名義人が原債権者であれ相続承継人であれ、六〇歳以上であるか、又は重篤な疾病に罹患しているか、又は障がい者のような、法律に定められた者である場合、本条補項3の規定に基づいて法律に定められた三倍相当の金額まで優先的に支払いを受け、そのために支払いを分割することが認められ、残余の部分は裁判所の発行した支払要求書の提出順によって支払いがなされる。

3　本条本文の裁判所が発行した支払要求書に関する規定は、国庫が確定判決に基づいて支払わなければならない少額のものとして法律に定められた支払債務に対しては適用されない。

4　補項3の規定のために、適切な法律によって、公権力の組織に対し、様々な経済力に応じて、最低でも一般社会福祉制度の給付の最大額に等しい、明確な金額が定められる。

5　公権力の組織の予算には、確定判決によって生じ、七月一日までに提示された裁判所の発行した支払要求書の債務の支払いに必要な金額を含まなければならず、その金額は次の会計年度の終わりまでに引き直して実際に支払わなければならない金額とする。

6　予算上の引当金及び割り当てられた予算は直接司法権に委ねられ、完全な支払いを命じる判決を宣告し、優先権を超え又は債務を満足させるのに必要な金額として予算に割り当てられていない部分を除いて債権者の請求を承認し、それぞれの額を押収することは高等裁判所の長官の権限とする。

7　作為又は不作為によって、支払要求書の通常の清算を延期し、失敗させようとした、権限ある高等裁判所の長官は、背任罪に問われ、国家司法審議会においてもその責任を問われる。

8　支払金額を補足又は補充する裁判所の支払要求書の発行は禁止である。本条補項3に定められた一回当たりの支払総額に合致させるために、支払いを細分化し、分割し、割引くことも同様とする。

9　支払要求書を発行する際に、相殺権を有する場合には、不確定債務であれ確定債務であれ、登録されているものであれ登録のないものであれ、それが有効な債務であり、元の債権者に対する債務者である財務当局によるものであるときは、規律とは独立して、これに相応する額が値引きされなければならない。この債務には分割払いの場合の満期の近い分割分も含まれる。ただし、行政又は司法上の不服手続のために執行停止となっている債務についてはこの限りでない。

10　支払要求書の発行の前に、高等裁判所は、債務者たる財務当局に対し、補項9の規定のために、補項9で定められた条件を満たす債務についての情報を、債務の減額を求める権利を喪失する制裁の下で、三〇日以内に回答するように求める。

11　債務者である連邦の団体に関する法律において定められるところにより、債権者が連邦各州の公有地を購入するために裁判所の支払要求書中の債権を引き渡すことが許される。

12　本憲法改正の公布以後、請求額の引直しは、その発行から、有効な支払いまで、その性質とは独立に、定期預金通帳の公定利率指標によって行われる。また、遅延による損害を補償するため、補償金利の発生を排し、定期預金通帳の利率指標と同率の単利を用いる。

13　債権者は補項2及び補項3の権利承継に該当しない場合であっても、債務者の同意の有無にかかわらず、支払要求書中の債権の全部又は一部を第三者に譲渡できる。

14　支払要求書の譲渡は当該支払要求書を発行した裁判所と債務者に対する申請文書による通知の後にのみ効果を生じる。

15　本条の規定に反しない限り、本憲法の補足法は、州、連邦区及び市郡の支払要求書債務の支払いのために現実に得る収入に対する結びつきと清算期限のあり方に関する特別な制度を定めることができる。

16　連邦は、特に設けられた基準と法律の定めるところにより、州、連邦区及び市郡に対し、直接再融資を行うことで、支払要求書による債務を引き受けることができる。

17　連邦、州、連邦区及び市郡は、毎月、一年を基準として、それぞれの現実に得る収入と支払要求書の支払い及び少額債務の金額を算定する。

18　補項17の算定のため、所得税収、資産課税、製造業税収、農牧税収、保険料収入及び役務収入、取引税収及び本憲法第二〇条補項1によるものを含む他の現実の収入の合計を現実の収入とし、対象となる月の直近二ヵ月及び前一一ヵ月を調査し、以下に定めた二重計算及び推定計算は行わない。

一　連邦において、本憲法の定めによって、州、連邦区及び市郡に対して引き渡される部分

二　州において、本憲法の定めによって市郡に対して引き渡される部分

三　連邦、州、連邦区及び市郡において、社会福祉及び社会扶助の制度の支出のための公務員の保険料及び本憲法二〇一条補項9の財政補償による収入

19　支払要求書における判決宣告及び少額債務の債務の総額が、一二ヵ月で、直近五年間の現実の収入に占める割合の平均を上回る場合には、当該割合を上回る部分は、本憲法第五二条六号及び七号の債務の制限及び定められた債務の何らかの上限を例外として、融資を受ける。この融資に対しては本憲法第一六七条四号に定められた収入に対する支出との紐帯の禁止は適用されない。

20　本条補項5の規定における提示された支払要求書の合計の一五パーセントを上回る支払要求書が存在する場合、この支払要求書の金額の一五パーセントは翌会計年度の末までに支払われ、残りはその後の五会計年度に同額の分割によって支払われる。この分割金は、債務が上訴又は法律上の抗弁にかかわらず、また、各州によって作られた規則に定められた要件を遵守する限り、遅延利息及び価値修正によって増額され、又は裁判所の和解及び支払要求書関連支援部の面前における示談を通して、引直し額の最大四〇パーセント減額される。

第二節　連邦最高裁判所

第一〇一条〔連邦最高裁判所判事〕

連邦最高裁判所は、三五歳以上かつ六五歳以下で、卓越した法律知識と廉潔の名声を有する市民の中から選抜された一一人の判事をもって構成される。

補項　連邦最高裁判所の判事は、連邦上院の絶対多数により選考が承認されたのち、共和国大統領が任命する。

第一〇二条〔連邦最高裁判所の権限〕

連邦最高裁判所は、主として、憲法を擁護する責務を負い、以下の権限がこれに属する。

一　原審として以下を審理し、判決すること。

(a)　法律又は連邦若しくは州の規範的行為の直接違憲訴訟及び法律又は連邦の規範的行為の合憲性に関する確認訴訟。

(b)　共和国大統領、副大統領、国会議員、連邦最高裁判所判事及び共和国検事総長の刑事の普通犯罪において。

(c)　第五二条一に定める場合を除く国務大臣及び海、陸、空軍総司令官並びに高等裁判所及び連邦会計検査院の構成員、常任の外交使節の長の刑事の普通犯罪及び背任罪において。

(d)　前各段にいういずれかの者が被拘束人の場合の人身保護令状、並びに共和国大統領、

下院及び連邦上院の執行部、連邦会計検査院、共和国検事総長及び連邦最高裁判所自体の行為に対する権利保護令状及び情報開示令状。

(e) 外国又は国際機関と連邦、州、連邦区又は直轄領との間の訴訟。

(f) 連邦と州、連邦と連邦区との間、又はこれらの行政法人の各機関を含む、それら相互間の訴訟及び紛争。

(g) 外国政府より請求された犯罪人引渡し。

(h) (削除)

(i) 拘束者が連邦の高等裁判所である場合又は拘束者若しくは被拘束者が官公署若しくは公務員であってその行為が連邦最高裁判所の管轄権に直属する場合、又は単一審として同様に連邦最高裁判所の管轄権に属する犯罪にかかる人身保護令状。

(j) 最高裁判所自体が判断した刑事事件の再審及び判決の破棄を求める訴え。

(l) 官公署の管轄権の保全とその決定についての保障に対する請求。

(m) 最高裁判所の原審としての管轄権に属する訴訟の判決の執行。ただし、その手続の実行のために権限を委任することができる。

(n) 裁判官職にあるすべての者が、直接若しくは間接的に利害関係人である訴訟、及び原審の裁判所の裁判官の過半数が忌避している又は直接若しくは間接的に利害関係人である訴訟。

(o) 連邦司法高等裁判所とその他の裁判所の間、連邦の高等裁判所相互の間、又は、連邦の高等裁判所とその他のいずれかの裁判所の間に生じた管轄権に関する紛争。

(p) 直接違憲訴訟の保全処分の請求。

(q) 規則規範の作成が、共和国大統領、国会、下院及び連邦上院、これら立法議院のいずれかの執行部、連邦会計検査院、連邦の高等裁判所の一つ、又は連邦最高裁判所自体の権限であるときの差止令状。

(r) 国家司法審議会及び国家検察審議会に対する訴訟。

二 普通上告審として、以下の事項の裁判を行うこと。

(a) 連邦の高等裁判所による単一審又は最終審において拒否された人身保護令状、権利保護令状、情報開示令状及び差止令状。

(b) 政治犯罪。

三 上告審の決定が下記をもたらしたとき、単一審又は最終審において判決した訴訟を、特別抗告として裁判すること。

(a) この憲法の規定に違反するとき。

(b) 条約又は連邦法の違憲性を宣告するとき。

(c) この憲法に照らし、争われた地方政府の法律又は行為を有効とするとき。

(d) 連邦法に反する地域法の適法性の裁判

1 本憲法に由来する根本規範の不履行に関する異議の申立ては、法律の形式に従い、連邦最高裁判所が審理する。

2 直接違憲訴訟及び合憲性確認訴訟における連邦最高裁判所によって宣告される本案についての終局判断はすべてに対して効力を生じ、連邦、州及び市郡における司法権の他の組織並びに行政機関及び行政法人に対し拘束力を有する。

3 特別上告において、上告人は、法律の定める方法によって、当該案件で論じられている憲法問題の一般的な影響を示さなければならない。これによって高等裁判所は上告受理を検討し、その構成員の三分の二の意思表明によって上告を却下できる。

第一〇三条 〔違憲訴訟及び合憲性確認訴訟〕

直接違憲訴訟及び合憲性確認訴訟は以下の者が提起できる。

一 共和国大統領。

二 連邦上院の執行部。

三 下院の執行部。

四 州及び連邦区議会の執行部。

五 州及び連邦区知事。

六 共和国検事総長。

七 ブラジル弁護士会執行部。

八 国会に代表を有する政党。

九 組合総連合又は全国的範囲の階級団体。

1 共和国検事総長は、違憲訴訟及び連邦最高裁判所の管轄権にあるすべての訴訟において、予め、聴聞されなくてはならない。

2 憲法規範を有効ならしめるための措置の欠如によって、違憲性が宣告せられたときは、必要な措置の採択に関し権限ある権力府に通知され、また、これが行政機関の場合には、三〇日以内に当該措置をとるものとする。

3 連邦最高裁判所が、対象として法規範又は規範的行為の違憲性を審査するときは、予め連邦総弁護庁長官を召喚し、異議申立ての対象とされる行為又は法文を弁護させる。

第一〇三条A 〔先例要旨〕

連邦最高裁判所は、職権又は申立てにより、その構成員の三分の一の判断を経て、憲法事件について再度の判断の後、先例要旨を承認し、裁判所公報に公表することができる。先例要旨は、連邦、州及び市郡の司法府の他の組織、行政機関及び行政法人に対する拘束力を有し、その改定及び取消しは法律に定められた方法で行う。

1　先例要旨は、司法組織の間に又は司法組織と行政との間に現に議論があって、法の不安定と類似の案件に関する争訟の目立った増加を引き起こすような事柄について、規範の有効性、解釈及び効力を決定することを目的として存在する。

2　法律として定められることを妨げない限り、先例要旨の承認、変更又は取消しは直接違憲訴訟を提起できる者によって申し立てることができる。

3　該当する先例要旨に抵触し又はその適用を誤った行政行為又は司法判断によって、連邦最高裁判所に対し不服を申し立て、行政行為の取消し又は司法判断の破棄の裁判及び当該事案に先例要旨が適用されるか否かの判断を求めることができる。

第一〇三条B〔国家司法審議会〕

国家司法審議会は任期二年の一五人の構成員で構成され、一回の再任が認められる。以下の者が構成員となる。

一　連邦最高裁判所長官。

二　所属する裁判所から指名を受けた連邦司法高等裁判所の判事一人。

三　所属する裁判所から指名を受けた労働高等裁判所の判事一人。

四　連邦最高裁判所から指名を受けた州高等裁判所の判事一人。

五　連邦最高裁判所から指名を受けた州裁判官一人。

六　連邦司法高等裁判所から指名を受けた連邦地域裁判所の裁判官一人。

七　連邦司法高等裁判所から指名を受けた連邦裁判官一人。

八　労働高等裁判所から指名を受けた労働地域裁判所の裁判官一人。

九　労働高等裁判所から指名を受けた労働裁判官一人。

一〇　共和国検事総長から指名を受けた連邦検察庁の構成員一人。

一一　各州機関の管轄組織によって指名を受けた者の中から共和国検事総長によって選ばれた州検察庁の構成員一人。

一二　ブラジル弁護士会執行部から指名を受けた弁護士二人。

一三　一人は下院から、他の一人は連邦上院から指名を受けた卓越した法律知識と廉潔の名声を有する市民二人。

1　国家司法審議会は連邦最高裁判所長官が議長を務め、不在及び忌避の場合には、連邦最高裁判所副長官が議長を務める。

2　国家司法審議会の他の構成員は、連邦上院の絶対多数によってその選択が承認された後に共和国大統領によって任命される。

3　本条に定められた指名が適法な期間内に行われない場合、その選択は連邦最高裁判所がこれを行う。

4　司法府の司法行政及び司法財政の実施及び裁判官の職務上の義務の監督は、国家司法審議会の権限に属する。以下の裁判所法によって付与されるその他の権限も同様である。

一　司法府の独立及び裁判所法の履行を監督し、その管轄において、規範行為を公布し、又は措置を委ねること。

二　第三七条の遵守を監督し、職権又は申立てにより、司法府の構成員又は組織によって行われた行政行為の適法性を評価すること。これらの行政行為を破棄し、改定し、又は法律を正確に履行するために、連邦会計検査院の権限を害することなく、必要な措置をとるための期限を設けることができる。

三　事務業務、事務職員及び公権力の委任又は官庁の指導の下に稼働する公証業務及び登記を行う組織に対するものを含む司法府の構成員又は組織に対する不服申立てを受理し、審理すること。裁判所の規律及び処罰の管轄を害することなく、広範な弁護を保障した上で、進行中の規律のための手続を移送し、異動、休職又は奨励金若しくは業務に従事した期間に応じた退職金付きの退職を決定し、他の行政罰を適用することができる。

四　行政に対する犯罪又は職権濫用の場合に検察に対して告発すること。

五　その判断から一年を経過していない裁判官及び裁判所の構成員の規律違反の訴えは、職権又は申立てにより、再審することができる。

六　連邦の構成単位ごとに、司法権の様々な組織における訴訟及び宣告された判決について の半期ごとの統計報告書を作成すること。

七　年次報告書を作成し、国の司法権の状況と国家司法審議会の活動について必要と判断された事項に言及すること。この報告書は国会の会期の開会の際に最高裁判所長官の所感と共に国会に送付されなければならない。

5　連邦司法高等裁判所の判事は裁判所監察官を行い、その間裁判所の訴訟の配点から離れる。裁判所法によって与えられた権限の他、以下の権限が裁判所監察官に属する。

一　あらゆる利害関係人からの司法官及び司法事務に対する不服申立て及び告発を受理すること。

二　国家司法審議会の執行作用、検査及び査察を行うこと。

三　司法官を召喚及び指名し、権限を委任し並びに州、連邦区及び直轄領を含む裁判官又は裁判所の職員を召喚すること。

6　検事総長とブラジル弁護士会会長は国家司法審議会に協力する。

7　連邦区及び直轄領を含む連邦政府は、司法府の構成員若しくは組織に対し又はその事務業務に対し、何らかの利害関係を有する者から、不服申立て又は告発を受理し、国家司法審議会に直接告発する権限を有する裁判所オンブズマンを設ける。

第三節　連邦司法高等裁判所

第一〇四条〔連邦司法高等裁判所判事〕

連邦司法高等裁判所は、最低三三人の判事によって構成される。

補項　連邦司法高等裁判所の判事は、三五歳以上かつ六五歳以下で、卓越した法律知識と廉潔の名声を有するブラジル人の中から、連邦上院の絶対多数による選考に対する承認を得た後、共和国大統領が任命し、下記の通りとする。

一　裁判所自体が作成した三倍の名簿から、三分の一は連邦地域裁判所裁判官の中より、三分の一は州高等裁判所判事の中より。

二　三分の一は、第九四条の規定に従い、交互に、指名された弁護士並びに連邦、州、連邦区及び直轄領の検察庁の構成員の中から同数で。

第一〇五条〔連邦司法高等裁判所の権限〕

連邦司法高等裁判所には、以下の権限が属する。

一　原審として、以下を審理し、かつ判決すること。

(a)　州及び連邦区の知事の普通犯罪において、並びに州及び連邦区の高等裁判所の判事、州及び連邦区の会計検査院検査官、連邦地域裁判所、選挙地域裁判所及び労働地域裁判所の裁判官、市郡の会計審議会及び会計検査院の検査官及び裁判所において職務を行う連邦検察庁の構成員の普通犯罪及び背任罪において。

(b)　国務大臣並びに海軍総司令官、陸軍総司令官及び空軍総司令官又は連邦司法高等裁判所自体の行為に対する権利保障令及び情報開示令状。

(c)　拘束者又は被害者が(a)段のいずれかの者又は拘束者が当該管轄の属する裁判所、国務大臣並びに海軍総司令官、陸軍総司令官及び空軍総司令官であるときの人身保護令状。ただし、選挙裁判所の管轄権を除く。

(d)　第一〇二条一号(o)に規定する場合を除いて、いずれかの裁判所の間、並びに裁判所とこれに直属しない裁判官の間の及び異種の裁判所に直属する裁判官相互の間の管轄権に関する紛争。

(e)　連邦司法高等裁判所自身の刑事再審及び民事再審の訴え。

(f)　管轄権の保全とその決定に対する官公署の保障に対する請求。

(g)　連邦の行政官公署と司法官公署との間、又は州の司法官公署と他の州若しくは連邦区の行政官公署との間、又は州連邦区と連邦の上記官公署との間の権限の紛争。

(h)　規則規範の作成が、連邦の行政機関又は行政法人、団体若しくは官公署の権限に属するときの差止令状。ただし、連邦最高裁判所及び軍事裁判所、選挙裁判所、労働裁判所及び連邦裁判所の各機関の管轄権に属する場合を除く。

(i)　外国判決の承認及び司法共助嘱託書の受託の認可。

二　普通控訴審として以下の事項を裁判すること。

(a)　連邦地域裁判所又は州、連邦区及び直轄領の裁判所による単一審又は最終審において拒否された人身保護令状。

(b)　連邦地域裁判所又は州、連邦区及び直轄領の裁判所による単一審又は最終審において拒否された権利保障令状。

(c)　外国又は国際機関が一方の当事者で、市郡又はブラジル居住者が他方の当事者である訴訟。

三　控訴審の決定が以下をもたらしたとき、連邦地域裁判所、州、連邦区及び直轄領の裁判所による単一審又は最終審において判決した訴訟を特別上告として裁判すること。

(a)　条約又は連邦法に反し、又はそれらの効力を否定するとき。

(b)　連邦法に照らして争われた地方政府の行為を有効とするとき。

(c)　連邦法の解釈が、他の裁判所によってなされた解釈と異なるとき。

補項　以下は連邦司法高等裁判所と共に活動を行う。

一　国立司法官養成研修所。特に公式講座の受講を司法官の職歴における昇進要件とし、その奨励を規則化する。

二　連邦裁判所審議会。法律の定めるところにより、連邦裁判所制度の中心を占める組織として、その判断が拘束力を有する監察権を持ち、第一審及び第二審の連邦裁判所の司法行政及び予算の監督を行う。

第四節　連邦地域裁判所及び連邦裁判官

第一〇六条〔連邦裁判所の機関〕

連邦裁判所の機関は以下である。

一　連邦地域裁判所。

二　連邦裁判官。

第一〇七条〔連邦地域裁判所裁判官〕

連邦地域裁判所は、可能な限り当該地域で採用される最低七人の裁判官をもって構成され、三〇歳以上かつ六五歳以下のブラジル人の中から、共和国大統領が任命し、以下の通りとする。

一　五分の一は、一〇年以上の実務の職業経験を有する弁護士及び一〇年以上の経歴を有する連邦検察の構成員の中から。

二　残りの者は、先任順と勤務成績により、交互に、五年以上の職務経験を有する連邦裁判官の昇任により。

1　法律は連邦地域裁判所の裁判官の転所又は交替を規律し、その管轄と所在地を決定する。

2　連邦地域裁判所はそれぞれの裁判管轄の範囲内に公又は共同体の備品を使用して巡回裁判所を設置し、弁論その他の裁判活動を行う。

3　連邦地域裁判所は手続のすべての段階における裁判に対する完全なアクセスを保障するため、地域小法廷を構成し、分権的に機能することができる。

第一〇八条〔連邦地域裁判所の権限〕

連邦地域裁判所には以下の権限が属する。

一　原審として、以下を審理し、かつ判決すること。

(a)　軍事裁判所及び労働裁判所を含む当該管轄内の連邦裁判官並びに連邦検察庁の構成員の普通犯罪及び背任罪。ただし、選挙裁判所の管轄に属するものは除く。

(b)　連邦地域裁判所又は当該地域の連邦裁判官の刑事再審及び判決の破棄を求める訴え。

(c)　連邦地域裁判所又は連邦裁判官の行為に対する権利保障令状及び情報開示令状。

(d)　連邦裁判官が拘束者であるときの人身保護令状。

(e)　連邦地域裁判所に直属する連邦裁判官の間の管轄権の紛争。

二　その管轄内の連邦の権限を行使する連邦裁判官及び州裁判官が判決した訴えを控訴審として裁判すること。

第一〇九条〔連邦裁判官の権限〕

連邦裁判官は、以下の事項を審理し、かつ判決する権限を有する。

一　連邦、独立行政法人又は連邦公社が原告、被告、補佐人又は抗告人として関与する訴訟。ただし、破産、労働災害、選挙裁判所及び労働裁判所に属する訴訟は除く。

二　外国又は国際機関との条約又は契約に基づく訴訟。

三　連邦と外国又は国際機関との条約又は契約に基づく訴え。

四　政治犯罪並びに連邦又はその独立行政法人若しくは公社の財産、役務若しくは利益に損害を加えた犯罪。ただし、軽犯罪並びに軍事裁判所及び選挙裁判所の管轄に属するものは除く。

五　国内において犯罪が着手され、その結果が外国で発生したもの若しくは発生したに違いないもの、又はその逆の場合で、二国間条約又は多国間条約に規定された犯罪。

五A　本条補項5の人権に関する訴え。

六　労働組織に対する犯罪並びに法律で定められた場合における金融制度及び経済・金融秩序に対する犯罪。

七　その管轄の刑事事件に関する人身保護令状、又は他の裁判所の管轄に直接属していない官憲の強制行為に基づく場合の人身保護令状。

八　連邦裁判所の管轄に属する場合を除いて、連邦の官公署の行為に対する権利保障令状及び情報開示令状。

九　船舶又は航空機上で行われた犯罪。ただし、軍事裁判所の管轄に属するものは除く。

一〇　外国人の不法な入国又は滞在に関する犯

罪、認可状の付与後の依頼書の執行、及び確認の後の外国判決の執行、国籍の選択及び帰化を含む国籍に関する訴訟。

一一　先住民の権利に関する争い。

1　連邦が原告となる訴訟は、被告が住所を置く連邦司法区において審理される。

2　連邦に対して提起された訴訟は、原告が住所を置く連邦司法区において審理することができ、請求の原因となった行為若しくは事実が発生した又は物件が所在する連邦司法区、さらにまた連邦区においても審理することができる。

3　社会福祉団体及び被保険者が一方の当事者である訴訟は、州司法区が連邦裁判所の部の所在地でないときは常に、被保険者又は受益者の住所管轄内の州裁判所において審理され、かつ判決し、また、この状況が確認された場合、法律は、他の訴訟についても州裁判所が審理し、かつ判決することを許可することができる。

4　前項の場合において、適合する上訴は、常に第一審裁判官の管轄地域における連邦地域裁判所に対して行われる。

5　人権に対する重大な侵害がある場合、検事総長はブラジルが加盟する人権に関する国際条約から生じる義務の履行を保障するため、連邦司法高等裁判所に対して、調査又は審理のいかなる段階においても、連邦裁判所に対する管轄の移送を求めることができる。

第一一〇条〔連邦司法区〕

各州及び連邦区は一つの連邦司法区を形成し、法律に定めるところに従い、それぞれの首都に本部及び部が設置される。

補項　連邦直轄領においては、連邦裁判官に対して委任された管轄権及び権限は、法律に定める形式により、直轄領の裁判所の裁判官に属する。

第五節　労働高等裁判所、労働地域裁判所及び労働裁判官

第一一一条〔労働裁判所の機関〕

労働裁判所の機関は以下の通りである。

一　労働高等裁判所。

二　労働地域裁判所。

三　労働裁判官。

第一一一条A〔労働高等裁判所〕

労働高等裁判所は、三五歳以上かつ六五歳以下の卓越した法律知識と廉潔の名声のブラジル人の中から選ばれ、連邦上院の絶対多数による承認の後、共和国大統領が任命する二七人の判事をもって構成され、以下の通りとする。

一　九四条の規定に従って、五分の一は一〇年以上の実務経験を有する弁護士及び一〇年以上の職務経験を有する労働検察の構成員から。

二　他は裁判官職の職歴を有する労働地域裁判所の裁判官の中から労働高等裁判所自体の指名による。

1　法律は労働高等裁判所の管轄について定める。

2　以下は労働高等裁判所と共に機能する。

一　国立労働司法官養成研修所。特に公式講座の受講を司法官の職歴における昇進要件とし、その奨励を規則化する権限を有する。

二　労働高等裁判所審議会。法律の定めるところにより、その判断が拘束力を有する労働裁判所制度の中心を占める組織として、第一審及び第二審の労働裁判所の司法行政及び、予算、財政及び財産の監督を行う権限を有する。

3　管轄を保持し、その判断の権威を保証するため、不服申立てについて原審として審理及び判断する権限は労働高等裁判所に属する。

第一一二条〔州裁判官に対する委託〕

法律は、その管区に含まれない州司法区に労働裁判所の部を設置し、そこを州の裁判官に委託して、当該部の判断に対する上訴は労働地域裁判所に対して行う。

第一一三条〔労働裁判所の組織〕

法律は、労働裁判所の組織の構成、任命、権限、管轄及び執行条件を定める。

第一一四条〔労働裁判所の権限〕

以下の審理及び判決は労働裁判所に属する。

一　国際法に基づいて設立された法人並びに連邦、州、連邦区及び市郡の行政機関及び行政法人に関するものを含む労働関係から生じた訴え。

二　ストライキの権利の行使を含む訴え。

三　組合間の、組合と労働者との、組合と使用者との代表に関する訴え。

四　その裁判権に属する事項が議論になっている行為に含まれる場合の権利保護令状、人身保護令状及び情報開示令状。

五　組織間の労働裁判権の管轄紛争。ただし、第一〇二条一号(o)に定められた場合はこの限りでない。

六　労使関係から生じた精神的損害及び財産的損害の賠償の訴え。

七　労使関係の監査組織による使用者に対する過料に関する訴え。

八　第一九五条一号(a)及び二号に規定された社会負担金及びその法律上の付加金の宣告され

た判決に基づく職権による執行。

九　法律の定めるところにより、労使関係に基づくその他の紛争。

1　団体交渉が失敗した場合には、当事者は仲裁人を選任することができる。

2　当事者の一方が団体交渉又は仲裁を拒む場合には、共通の合意に基づいて、経済的性質の団体訴訟を提起することができ、労働裁判所は、労働者の保護についての最低限の規定及び従前の取決めに配慮し、紛争について判断することができる。

3　公共の利益を害する恐れがある本質的活動においてストライキが行われた場合、労働検察は団体訴訟を提起することができ、紛争について判断する管轄は労働裁判所に属する。

第一一五条〔労働地域裁判所〕

労働地域裁判所は、最低七人の裁判官から構成され、可能な場合には、それぞれの地域で採用され、共和国大統領によって、三〇歳以上六五歳以下のブラジル人の中から任命される。以下の通りである。

一　五分の一は実務経験を一〇年以上有する弁護士及び職務経験を一〇年以上有する労働検察の中から、第九四条に従って。

二　残りは、先任及び勤務成績によって交互に労働裁判官の昇任によって。

1　労働地域裁判所は、それぞれの管轄範囲において、弁論及び他の法廷活動を行う巡回裁判所を設置し、公共及び共同体の施設を利用する。

2　労働地域裁判所は、手続のすべての段階において裁判権に対する完全なアクセスを保障するため地域小法廷を構成し、分権的に運用することができる。

第一一六条〔第一審労働裁判所の構成〕

第一審労働裁判所の部においては、裁判は単独裁判官が行う。

第一一七条（削除）

第六節　選挙裁判所及び選挙裁判官

第一一八条〔選挙裁判所の機関〕

選挙裁判所の機関は、以下の通りである。

一　選挙高等裁判所。

二　選挙地域裁判所。

三　選挙裁判官。

四　選挙委員会。

第一一九条〔選挙高等裁判所〕

選挙高等裁判所は、最低七人の判事をもって構成され、以下により選出される。

一　秘密投票による選挙により。

(a)　連邦最高裁判所判事の中から、三人の判事。

(b)　連邦司法高等裁判所判事の中から、二人の判事。

二　連邦最高裁判所により指名され、卓越した法律知識を有し、かつ人格高潔な六人の弁護士の中から二人の判事を、共和国大統領の任命によって。

補項　選挙高等裁判所は、その長官及び副長官を連邦最高裁判所判事の中から選び、また選挙監察官を連邦司法高等裁判所判事の中から選出する。

第一二〇条〔選挙地域裁判所〕

各州の首都及び連邦区には、一つの選挙地域裁判所を置く。

1　選挙地域裁判所は、以下により構成される。

一　秘密投票による選挙により。

(a)　州高等裁判所判事の中から、二人の裁判官。

(b)　州高等裁判所が人選した州第一審裁判所裁判官の中から、二人の裁判官。

二　州都又は連邦区に所在地を有する連邦地域裁判所の裁判官中から二人、又は、これを欠くとき、場合のいかんを問わず、当該連邦地域裁判所により選出された一人の連邦裁判官。

三　州高等裁判所により指名され、卓越した法律知識を有し、かつ人格高潔な六人の弁護士の中から二人の裁判官を、共和国の任命により。

2　選挙地域裁判所は、その長官及び副長官を、州高等裁判所判事の中から選出する。

第一二一条〔選挙裁判所の権限〕

補足法は、選挙裁判所、第一審裁判官並びに選挙委員会の組織及び管轄について定める。

1　裁判所の構成員、第一審裁判官及び選挙委員会の構成員は、その職務の行使において、またこれらの者に適用できる範囲において、完全な身分保障を享受し、また転所不可能とする。

2　選挙裁判所の裁判官は、正当な理由による場合を除いて、最低二年間の義務を有し、引き続き二期を超えて留任することができない。補欠裁判官は、同時にかつ同一手続により、各種類に対して同数を選出する。

3　選挙高等裁判所の判決に対しては、本憲法に違反する判決、及び人身保護令又は権利保障令を拒否した判決の場合を除いて、上告することができない。

4 選挙地域裁判所の判決に対して、以下の場合に限り、上訴することができる。
一 本憲法又は法律の明示の規定に反して下された場合。
二 二つ又はそれ以上の選挙裁判所の間に、法律上の解釈において相違が生じた場合。
三 連邦又は州の選挙における被選挙権の喪失、及び当選証書の授与に関係する場合。
四 当選証書を無効とする場合又は連邦若しくは州の選挙職の資格喪失を宣告する場合。
五 人身保護令状、権利保障令状、情報開示令状又は差止令状を拒否する場合。

第七節 軍事裁判所及び軍事裁判官

第一二二条〔軍事裁判所の機関〕
軍事裁判所の機関は、以下の通りである。
一 軍事高等裁判所。
二 法律により設置された軍事裁判所及び軍事裁判官。

第一二三条〔軍事高等裁判所〕
軍事高等裁判所は、連邦上院が選考を承認した後、共和国大統領が任命する一五人の終身判事をもって構成され、うち三人は海軍将官から、四人は陸軍将官から、三人は空軍将官から選ばれ、すべては現役で、かつ最上級の職務階級の者とし、五人は文民とする。
補項 文民判事は、三五歳以上のブラジル人の中から、共和国大統領によって選ばれ、以下の通りとする。
一 三人は卓越した法律知識と廉潔の名声を有し、実務経験が一〇年以上ある弁護士の中から。
二 二人は軍事裁判所の査問裁判官及び軍事検察の構成員の中から、均等の選出により。

第一二四条〔軍事裁判所の権限〕
軍事裁判所は、法律に定める軍事犯罪を審理し、かつ裁判する権限を有する。
補項 法律は、軍事裁判所の組織、機能及び管轄について定める。

第八節 州裁判所及び州裁判官

第一二五条〔州裁判所〕
州は、本憲法に定める諸原則を遵守し、その司法を組織する。
1 州裁判所の管轄は、州憲法で定められ、かつ裁判所組織法は、州高等裁判所の発議とする。
2 州憲法に照らし、州又は市郡の法律若しくは規範的行為の違憲性を申し立てる権限は州に属する。ただし、唯一の機関にその申立てを行うための当事者適格を付与することは禁止される。
3 州法は、合計二万人を超える現役の軍人が存在する州においては、州高等裁判所の発議によって、第一審においては裁判官及び司法審議会によって構成され、第二審においては、州高等裁判所自身及び州軍事高等裁判所によって構成される州軍事裁判所を設置できる。
4 法律で定めた軍事犯罪について州の軍人を起訴及び裁判し、軍規違反を訴える権限は州軍事裁判所に属する。ただし、被害者が市民の場合の陪審員の裁判権についてはこの限りでない。地位並びに士官の階級及び下士官の階級の喪失に関する判断は裁判権を有する裁判所の権限である。
5 特に市民に対して犯された軍事犯罪を審理及び裁判し、軍規違反に対する訴えは軍事裁判所の裁判官の権限であり、他の戦争犯罪の審理及び裁判は、裁判官の統括の下で司法審議会の権限である。
6 州高等裁判所は、すべての裁判の段階における司法に対する裁判の権利の完全なアクセスを保障するため地域小法廷を構成し、分権的に活動できる。
7 州高等裁判所は、公共及び共同体の施設を利用して、それぞれの管轄地の範囲内で弁論及び他の訴訟行為を運営する巡回裁判所を設置する。

第一二六条〔農地紛争に関する特別法廷〕
農地に関する紛争を解決するため、州高等裁判所は、農業問題に排他的管轄を有する特別法廷の創設について定める。
補項 実効的な裁判役務に必要とされるときは何時でも、裁判官は訴訟地に赴く。

第四章 司法に不可欠な職務

第一節 検察庁

第一二七条〔検察庁の役割〕
検察庁は、国の司法機能にとり不可欠な常設の機関であり、法秩序、民主主義制度並びに放棄することのできない社会的及び個人的利益の擁護を任務とする。
1 職務の一体性、不可分性及び独立性を検察庁の制度的原則とする。
2 検察庁は職務及び運営の自治が保障され、第一六九条の規定に従って、公開選抜試験又は試験と資格審査によって任命されるその公職及び補助的役務の創設及び廃止、報酬政策及びキャリアプランを立法府に提案し、法律はその組織及び機能について定める。

3　検察庁は、予算編成方針に関する法律に定めた制限内で、その予算案を作成する。

4　検察庁がそれぞれの予算案を予算編成方針に関する法律に定められた期間内に示さない場合には、行政府は年次予算案を確定するため現行の予算法で承認された金額を補項3で決められた限度額に合致するように調整したものを予算案とみなす。

5　本条で扱う予算案が補項3で定められた限度に合致しない場合、行政権は年次予算案を確定するために必要な調整を行う。

6　会計年度の予算を執行する間、予算編成方針に関する法律に定められた限度を超える支出の実行又は債務の引受けをすることはできない。ただし、事前に補正又は特別予算の開設によって予め許可されている場合はこの限りでない。

第一二八条〔検察庁の組織〕

検察庁は以下を包含する。

一　次のものを含む連邦検察庁。

(a)　連邦検察。

(b)　労働検察。

(c)　軍事検察。

(d)　連邦区及び直轄領の検察庁。

二　州検察庁

1　連邦検察庁は共和国検事総長を長官とする。検事総長は、三五歳以上の職業検察官の構成員の中から、連邦上院が絶対多数によりその指名を承認した後、共和国大統領が任命し、任期は二年で、再任が許される。

2　共和国検事総長の罷免は、共和国大統領の発議に基づき、連邦上院の絶対多数による承認を事前に得なければならない。

3　州、連邦区及び直轄領の検察庁は、当該法律の形式に従い、各々の検事総長を選出するため、職業検察官の構成員の中から三倍の名簿を作成する。検事総長は、任期は二年で、行政府の首長により任命され、再任が許される。

4　州、連邦区及び直轄領の検事総長は、それぞれの補足法の形式に従い、立法府の絶対多数の議決に基づいて罷免される。

5　発議がそれぞれの検事総長の権限に属する連邦及び州の補足法は、各検察庁の組織、権限及び規約を定め、その構成員に関しては、以下の事項が遵守される。

一　下記の保障。

(a)　二年の勤続の後に得られる終身身分保障。その場合、裁判における確定による他、その職を失うことはない。

(b)　転所の不可能性。ただし、公共の利益のために、検察庁の権限ある合同機関のその構成員の絶対多数の評決による広範な弁護を保障してなされた決定による場合はこの限りでない。

(c)　三九条補項4によって定められた歳費の減額不可能性。ただし、第三七条一〇号及び一一号、第一五〇条二号、第一五三条三号、第一五三条補項2一号の定めによる場合はこの限りでない。

二　以下の禁止。

(a)　いかなる名目又は口実によっても、訴訟手続の報酬、歩合又は費用を受け取ること。

(b)　弁護士業務を行うこと。

(c)　法律の形式において、商事会社に参加すること。

(d)　教職を除いて、待命中といえども、他のいずれかの公務に就くこと。

(e)　政党活動に従事すること。

(f)　名目又は口実のいかんにかかわらず個人、公私の団体の援助又は寄付を受けること。ただし、法律の定めに基づいて行われた場合はこの限りでない。

6　検察庁の構成員に対し第九五条補項5の規定を適用する。

第一二九条〔検察庁の職務〕

検察庁の制度的職務は以下の通りである。

一　法律に定めるところに従い、刑事の公訴を固有の権限として提訴すること。

二　本憲法において保障された権利に対する公権力及び公共の重要な役務の実効的尊重を監視し、この権利の保障に必要な措置をとること。

三　公共及び社会の財産、環境並びにその他の一般的かつ集団的利益を保護するため、民事上の捜索を請求し、公共民事訴訟を提起すること。

四　本憲法に定める場合において、違憲訴訟を提起し又は連邦及び州の干渉のために告発すること。

五　先住民の権利と利益を裁判上、擁護すること。

六　当該補足法の形式に従い、管轄の行政手続において、通知を発し、手続開始に必要な報告及び文書を請求すること。

七　前条にいう補足法の形式に従い、警察活動の外部統制を行うこと。
八　訴訟手続上の意思表示に関する法的根拠を示し、捜索手続及び警察捜査の開始を請求すること。
九　授与されたその他の職務を行うこと。ただし、検察庁の目的と両立することを条件とし、公共団体の裁判上の代理及び法律顧問を行うことは禁止される。

1　本条に定める民事訴訟を提起する検察庁の当事者適格は、本憲法及び法律の規定に従い、同じ条件における第三者の当事者適格を妨げない。

2　検察庁の職務は、職業検察官によってのみ行使されることができ、検察官はそれぞれの担当する州司法区に居住しなければならない。ただし、所属機関の長による許可を得た場合はこの限りでない。

3　職業検察官の採用は公開選抜試験と資格審査を経て行われ、その実施においてはブラジル弁護士会の参加が保障され、法学士、最低三年の法律実務が求められ、任命は合格順位に従わなければならない。

4　検察庁には、該当する限り、第九三条の規定が適用される。

5　検察庁における事件配点は速やかに行われる。

第一三〇条〔会計検査院付検察官〕

会計検査院付の検察庁の構成員には、権利、禁止及び任用の形態に関し、本節の規定が適用される。

第一三〇条A〔国家検察審議会〕

国家検察審議会は連邦上院の絶対多数による選任の承認の後に大統領によって任命された一四人の構成員によって構成され、その任期は二年で、一度の再任が認められる。その構成員は以下の通りである。
一　共和国検事総長。議長を務める。
二　連邦検察庁の四人の構成員。それぞれの経歴を代表することが保障される。
三　州検察庁の三人の構成員。
四　二人の判事。一人は連邦最高裁判所から、もう一人は連邦司法高等裁判所から指名される。
五　ブラジル弁護士会から指名された二人の弁護士。
六　卓越した法律知識と廉潔の名声を有する二人の市民。一人は下院から、もう一人は連邦上院から指名される。

1　検察庁出身の審議会の構成員は法律に従ってそれぞれの検察から指名される。

2　検察庁の行政、財政活動及びその構成員の責務の履行の管理は国家検察審議会の権限である。以下が含まれる。
一　検察庁の機能的及び行政的自治を管理し、その権能の範囲で規範行為を行い又は措置を勧告すること。
二　第三七条に従うよう配慮し、職権又は申立てによって、構成員又は連邦検察庁及び州検察庁の組織によって行われる行政行為の適法性を評価し、それらを解体、改定又は期限を定めて必要な措置を定立し、会計検査院の権限を害することなく、正確に法律を実施すること。
三　組織の規律及び監査権限を害することなく、その補助役務に対するものも含め連邦検察庁及び州検察庁の構成員及び組織に対する不服申立てを受理及び審理し、広範な弁護を保障した上で、進行中の規律のための手続を移送し、異動、休職又は奨励金若しくは勤務期間に応じた退職金付退職を判断し、他の行政罰を適用すること。
四　その判断から一年を経過していない連邦検察庁又は州検察庁の構成員の規律違反の訴えは、職権又は申立てにより、再審することができる。
五　年次報告書を作成し、国の検察の状況と国家検察審議会の活動について必要と判断された措置に言及すること。この報告書は第八四条一一号に定められた共和国大統領の教書に統合されなければならない。

3　審議会は秘密投票で検察庁の構成員の中から審議会を代表する全国レベルの監察官を選任する。監察官は再任禁止で、法律によって与えられる権限の他、以下の権限を有する。
一　何らかの利害関係を有する者から検察庁の構成員及びその補助役務に関する不服申立て及び告発を受理すること。
二　調査及び査察に関する審議会の執行機能を行うこと。
三　検察庁の構成員を召喚及び指名し、当該構成員に権限を委任し、検察組織の職員を召喚すること。

4　ブラジル弁護士会長は国家検察審議会に協力する。

5　連邦法及び州法は何らかの利害関係を有する者からその補助的役務を含む検察庁の構成員又は組織に対する不服申立て及び告発を受理し、国家検察審議会に直接告発する権限を有する複数の検察オンブズマンを設ける。

第二節　公共訟務

第一三一条〔連邦総弁護庁〕

連邦総弁護庁は、直接に又は直属の機関を通じて、裁判上又は裁判外で連邦を代理する制度であり、その組織と機能について定める補足法に従い、行政府の法律顧問及び補佐の活動を行う権限を有する。

1　連邦総弁護庁長官は、三五歳以上で、卓越した法律知識と廉潔の名声を有する市民の中から、共和国大統領が自由に任命する。

2　本条にいう連邦総弁護庁の職の最初の等級への採用は、公開選抜試験と資格審査を経て行われる。

3　税法上の貸付金の執行において、連邦の代理は、法律の規定を遵守して、大蔵省訟務総局に権限が属する。

第一三二条〔州及び連邦区の法務官〕

州及び連邦区の法務官は、その職歴が組織され、任用は公開選抜試験及び資格審査によって行い、そのすべての段階にブラジル弁護士会が関与し、各連邦構成単位の訴訟上の代理と法律顧問を行う。

補項　本条の法務官に対し、三年の職務の後、監察官の詳細な報告の後に行われるそれぞれの機関での詳細な評価を通じて、その身分の安定が保障される。

第三節　弁護士職務

第一三三条〔弁護士の職務〕

弁護士は、司法行政に不可欠のものであり、その職務行使における行為及び意思表示は、法律の範囲内において不可侵とする。

第四節　公共弁護庁

第一三四条〔公共弁護庁〕

公共弁護庁は、常設の機関であり、国の司法機能に必要不可欠である。民主主義体制を体現し、また媒介するものとして、原則として、本憲法第五条七四号の形式によって、困窮者に対し、すべての審級において、裁判上及び裁判外の、個人及び集団の権利についての、完全な形式でかつ無料の、法律指導、人権擁護及び弁護をその権限とする。

1　補足法は、連邦、連邦区及び直轄領の公共弁護庁を組織し、州におけるその組織の一般規則を定める。その公職のキャリアは、最初の等級において公開選抜試験と資格審査を通じて充当され、構成員には転所の不可能性が保障され、機関の権限外で弁護士業務を行うことが禁止される。

2　州公共弁護庁は機能及び運営の自治及び予算編成方針に関する法律に定められた期限内の予算案の発議が保障され、第九九条補項2の規定に従う。

3　補項2の規定は連邦公共弁護庁及び直轄領の公共弁護庁に適用する。

4　公共弁護庁の組織原則は、一体性、独任性及び機能の独立で、適用可能な場合には、本憲法第九三条及び第九六条二の規定も適用される。

第一三五条〔構成員の報酬〕

本章第二節及び第三節で規律されるキャリアの構成員は三九条補項4の方式で報酬が支払われる。

第五編　国家及び民主主義制度の擁護

第一章　国防事態及び戒厳事態

第一節　国防事態

第一三六条〔国防事態〕

共和国大統領は、制度上の重大かつ著しい不安定により脅威を受け又は大規模な自然災害によって影響を受けた公共の秩序若しくは社会平和を、特定かつ限定された地域において保全し、又は速やかに回復するため、共和国顧問会議及び国家防衛審議会に聴聞して、国防事態を布告する。

1　国防事態を制定する布告は、その継続期間を決定し、適用を受ける地域を明示し、かつ法律の規定と制限内で、次の中から、効力を有する強制措置を指示する。

一　下記の権利の制限。

(a)　集会。たとえ結社の内部で行われる場合であっても、これをも含む。

(b)　信書の秘密。

(c)　電信及び電話通信の秘密。

二　公共災害の場合には、公共財産並びに役務の占有及び一時的使用。ただし、連邦は、生じ得べき損害及び費用に対して責任を負う。

2　国防事態の継続期間は三〇日を超えてはならず、布告の根拠となった事由が継続している場合には、一回に限り同じ期間延長できる。

3　国防事態の有効期間において、

一　本措置の執行官によって決定された国家に対する犯罪による拘禁は、当該執行官を通じて直ちに管轄の裁判官に通知され、裁判官は、措置が適法でなければ、被拘禁者を釈放する。ただし、被拘禁者には、警察当局に対して身体に暴行の痕跡がないか検査を要求する権利が与えられる。

二　上記の通知は、官憲の口述書作成時における被拘禁者の心身状態に関する申告書を添付する。

三　何人の拘禁又は禁固も、一〇日を超えることはできない。ただし、司法府が許可したときはこの限りでない。

四　被拘禁者の通信は禁止してはならない。

4　国防事態又はその延長が布告されたとき、共和国大統領は、二四時間以内に、布告に理由を添付してこれを国会に送付し、国会は絶対多数でこれを決定する。

5　国会が休会中の場合、五日以内に臨時に招集される。

6　国会は、布告の受理の日から起算して一〇日以内にこれを審議し、国防事態が有効である限り、機能を継続しなければならない。

7　布告が拒否されたとき、直ちに国防事態は終結する。

第二節　戒厳事態

第一三七条〔戒厳事態の許可の要請〕

共和国大統領は、下記の場合、共和国顧問会議及び国家防衛審議会に聴聞し、国会に対して戒厳を布告するための許可を要請する。

一　国家的影響を有する重大な騒乱又は国防事態の期間中にとられた措置の無効力を証明する事実の発生。

二　戦争状態にあることの宣言又は外国軍隊の侵略に対する反撃。

補項　共和国大統領は、戒厳事態の布告又はその延長の許可を要請する際、要請の決定理由を報告し、国会は絶対多数によりこれを決定しなければならない。

第一三八条〔戒厳事態の布告〕

戒厳事態の布告は、その継続期間、実施に必要な規範及び停止される憲法上の保障を指示し、また、公示の後、共和国大統領は、明示された措置の執行官と適用される地域を指定する。

1　第一三七条一号の場合において、戒厳事態は、三〇日を超えて布告し、又は各回三〇日を超えてこれを延長することはできない。また二号の場合においては、戦争又は外国軍隊の侵略が継続する全期間に対し布告することができる。

2　国会の休会中に戒厳事態を布告するための許可が要請されたとき、連邦上院議長は、その布告を審議する目的で、五日以内に集会するため臨時に国会を招集する。

3　国会は強制措置の終了まで、機能を続ける。

第一三九条〔戒厳事態中の措置〕

第一三七条一号を根拠として布告された戒厳事態の有効期間中、個人に対し次の措置に限り行うことができる。

一　定められた場所に滞在する義務。

二　普通犯罪によって禁固若しくは有罪とされた者に対し予定されていない建物での拘禁。

三　法律の形式に従い、信書の不可侵、通信の秘密、情報の提供並びに新聞、ラジオ放送及びテレビ放送の自由に対する制限。

四　集会の自由の停止。

五　家宅捜索及び押収。

六　公役務の企業に対する干渉。

七　財産の徴用。

補項　各立法議会で行われた議員の発言の公開は、その執行部が免除することを条件に、三号の制限に含まれない。

第三節　一般規定

第一四〇条〔監視のための委員会の指定〕

国会の執行部は、政党指導者を聴聞して、国防事態及び戒厳事態に関連する措置の実施を監視しかつ検査するために、国会の構成員の中の五人から成る委員会を指定する。

第一四一条〔終了後の効力〕

国防事態又は戒厳事態が止むとき、その効力もまた止む。ただし、その執行官又は代理人が行った違法行為の責任の追及は妨げない。

補項　国防事態又は戒厳事態が止むと直ちに、共和国大統領はその実施期間中に適用した措置を、その明細と理由を付して、かつ影響を受けた者の名簿と適用された制限の指定をもって、国会宛の教書において報告する。

第二章　国軍

第一四二条〔国軍の編成〕

国軍は、海軍、陸軍及び空軍をもって構成され、共和国大統領の最高権威の下に、階級制と規律制を基礎として組織される恒久かつ正規の国家制度であって、祖国の防衛、憲法上の権力の保障、及びこれらの権力のいずれかの発議により、法と秩序の保障にあたる。

1　補足法は、国軍の組織、教練及び使用において採用される一般規範を定める。

2　軍の規律上の処罰に対して人身保護令状は容認されない。

3　国軍の構成員は軍人と呼ばれ、法律で定められた事項の他、以下の規定に従う。

一　権利及び義務を内包し、特権を伴う階級は、共和国大統領によって授与され、現役、予備役又は退役将校に対し、個人としての称号及び軍人としての地位にあり、他の構成員と共に、国軍の制服を用いることが完全に保障される。

二　公職に就任し、又は常勤の文民一般公務員になった現役の軍人は、第三七条一六号(c)に定められた場合を除き、法律の定めるところにより、予備役となる。

三　法律を遵守して、文民、非常勤かつ非選挙職の公職、一般職員又は臨時公務及び行政法人のこれらの職に就任した現役の軍人は、第三七条一六号(c)の定める場合を除き、それぞれの階級に留まる。また、この状況が継続する間、先任順による昇進のみが可能で、この勤務期間は当該昇進のため及び予備役への編入のみに算入されることができる。継続的に又は断続的に、二年間任務を離れた後は、法律の定めるところにより、予備役に送られる。

四　軍人に対し、組合の結成及びストライキは禁止される。

五　軍人は、現役の間、政党の党員になることができない。

六　将校は平時には常設の軍事裁判所の判断によって、戦時には特別裁判所の判断によって、当該地位にふさわしくない又は階級に不適合であると裁判された場合にのみ、その地位及び階級を失う。

七　普通又は軍事の裁判所において、確定判決によって、二年を超える自由刑の宣告を受けた将校は前号の裁判に従う。

八　軍人に対し、第七条八、一二、一七、一八、一九及び二五の各号、第三七条一一、一三、一四及び一五の各号並びに、法律の定めるところにより、第三七条一六号(c)の場合における軍人としての活動の優越を適用する。

九　（削除）

一〇　法律は、国軍への入隊について、年齢制限、身分の安定性及び軍人が退役に移行する他の条件、権利、義務、報酬、特典及び軍人のその他の特別な状況、国際合意及び戦争の軍隊による遂行を含むその活動の特殊性への配慮を定める。

第一四三条〔兵役〕

兵役は、法律の規定に従い、義務付けられる。

1　国軍は、法律の定めるところに従い、平時において、入隊の後、良心を理由として、本質的に軍事的活動から免除されることを申し立てる者に対し、代替の役務に就かせる権限を有する。この良心に従う理由とは、宗教的信条及び哲学的若しくは政治的信念に由来するものと解する。

2　女性及び聖職者は平時において兵役の義務を免除される。ただし、法律が課す他の任務に服する。

第三章　公共の治安

第一四四条〔治安機関〕

国の義務で、すべての者の権利かつ責任である公共の治安は、以下の機関を通じて、公共の秩序並びに個人及び財産の安全を維持するために行使される。

一　連邦警察。

二　連邦道路警察。

三　連邦鉄道警察。

四　文民警察。

五　軍警察及び軍消防隊。

1　連邦警察は、法律によって常設の機関として設立され、連邦によって組織及び維持され、職業警官によって構成され、以下の任務にあたる。

一　政治的及び社会的秩序に反する、又は連邦の財産、役務及び利益又はその独立行政法人及び公社に損害を加えた犯罪、並びに実行が州際又は国際的影響を有し、かつ法律に規定するところに従い、一斉の制圧を必要とする他の犯罪の摘発。

二　麻薬又は類似の薬品の不法な運搬、密輸出入を予防し、かつ制圧すること。ただし、財政当局及びその他の公的機関がそれぞれの管轄範囲で行う活動は妨げない。

三　海上、空港及び国境警察の職務を行うこと。

四　連邦の司法警察の職務を排他的に行うこと。

2　連邦道路警察は、常設の機関で、連邦によって組織及び維持され、職業警官によって構成され、法律の定めるところにより、連邦の道路の示威的警邏にあたる。

3　連邦鉄道警察は、常設の機関で、連邦によって組織及び維持され、職業警官によって構成され、法律の定めるところにより、連邦の鉄道の示威的警邏にあたる。
4　文民警察は、職業警察幹部によって指揮され、連邦の管轄を除いて、司法警察の職務及び犯罪の摘発を任務とする。ただし、軍事のものは除外する。
5　軍警察は、示威的警邏と公共の秩序の維持の権限を有する。軍消防隊は、法律に定める権限の他、民間防衛組織の活動を行うことを任務とする。
6　軍警察及び軍消防隊は、陸軍の補助兵力及び予備兵力であり、文民警察と共に、州、連邦区、直轄領の知事に直属する。
7　法律は、公共の治安に責任を有する機関の組織及び機能を、これらの活動の効率を保障する形態で規律する。
8　市郡は、法律の定めるところに従い、その財産、役務及び施設を保護する市郡警備隊を設置できる。
9　本条に関する組織の構成員の警察活動に従事する者の報酬は第三九条補項4によって定められる。
10　道路の安全は公共道路における公共の秩序並びに人及び財産の無事を保つために以下のように果たされる。
一　交通工学及び交通管理の教育訓練を理解し、法律に定められた他の活動だけでなく、市民に対し、効率的な都市交通の権利を保障すること。また、
二　州、連邦区、市郡において、それぞれの組織又は行政団体及び、法律の定めるところにより、専従職員によって構成されたそれぞれの交通職員に権限が属すること。

第六編　租税及び予算〔略〕

第七編　経済及び金融の秩序

第一章　経済活動の一般原則

第一七〇条〔経済秩序の諸原則〕
経済の秩序は、人間の労働の尊重と創業の自由に基づき、以下の諸原則を遵守して、社会正義の規範に従い、すべての者に尊厳に値する生活を保障することを目的とする。
一　国家主権。
二　私的所有権。
三　所有権の社会的機能。
四　自由競争。
五　消費者の保護。
六　製品及び役務並びにその製造及び提供の環境への影響に応じた取扱方法を含む環境保護。
七　地域的及び社会的不平等の是正。
八　完全雇用の達成。
九　ブラジル法のもとで設立され本社及び経営部門を国内に置く小規模企業に対する優遇措置。
補項　法律に定める場合を除いて、公共機関の許可とは関係なく、すべてのものに対し一切の経済活動の自由な行使を保障する。

第一七一条〜第一八一条〔略〕

第二章　都市政策〔略〕

第三章　農業及び農地政策並びに農地改革〔略〕

第四章　国家金融制度

第一九二条〔国家金融制度〕
国家金融制度は、その構成のすべての部分において、国の均衡のとれた開発を促進し、集団の利益に奉仕する形態で組織される。国家金融制度には、規定される補足法によって規律される信用協同組合を含む。補足法は国家金融制度に統合される諸機関における外国資本の参加についての規律を含む。

第八編　社会秩序

第一章　一般規定

第一九三条〔社会秩序の目的〕
社会秩序は、労働の優位性を基礎とし、福祉と社会正義を目的とする。

第二章　社会保障

第一節　一般規定

第一九四条〔社会保障の目的〕
社会保障は、公権力及び社会の主導する諸活動から統合された集合体を包含し、保健、社会福祉及び社会扶助に関する権利を保障することを目的とする。
補項　法律の規定に従い、次の目的に基づいて、社会保障を組織する権限は、公権力に属する。

一　適用範囲及び奉仕の普遍性。
二　都市及び農村住民に対する利益と役務の均一性と等価。
三　利益及び役務の給付における選択性と分配性。
四　利益の価額の減額不可能性。
五　費用分担の形態における公平性。
六　財政基盤の多様化。
七　合議体組織における労働者、使用者、退職者及び政府の四者の運営を通じた管理の民主的かつ分権的性格。

第一九五条〔社会保障負担金〕

社会保障は、法律の規定に従い、直接又は間接の形態で、連邦、州、連邦区及び市郡の予算並びに以下の社会負担金から支弁される資金をもって、社会全体から調達される。

一　使用者、企業及び法律の定めるところにより同等の団体から、以下に付随して。
(a)　給与及び他の労働に関する収入、支払い又は貸付。いずれの名目であっても役務を提供した個人に対するもの。仕事との結びつきがなくても同様とする。
(b)　受領証又はインボイス。
(c)　利益。
二　労働者及び他の被保険者から、二〇一条の一般社会福祉制度によって与えられる年金及び恩給に関する負担金は課さない。
三　予想される保険料の収入に関して。
四　外国からの財又は役務の輸入者又は法律が輸入者と同様に扱う者から。

1　社会保障に充てられる州、連邦区及び市郡からの収入は、各々の予算に計上され、連邦予算の一部をなさない。

2　社会保障の予算案は、保健、社会福祉及び社会扶助に責任を有する機関により統合された形態で、予算編成方針に関する法律に定められた目標と優先順位を考慮し、各部門に対する資金の管理を保障して作成される。

3　社会保障制度に債務を有する法人は、法律に定めるように、公権力と契約を締結することができず、公権力から利益又は税制上若しくは金融上の奨励を受けることができない。

4　法律は、第一五四条一号の規定に従い、社会保障の維持又は拡張を保障するための他の資金源を設定することができる。

5　社会保障のいかなる利益又は役務も、全経費に対応する資金源を欠いて、これを新設し、増大し又は拡張することはできない。

6　本条にいう社会負担金は、これを制定又は変更した法律の公布の日から九〇日が経過した後でなければ要求することができない。社会負担金の制定又は変更には第一五〇条三号(b)の規定は適用しない。

7　法律に定める要件を満たす社会扶助の慈善団体は、社会保障の負担金が免除される。

8　農業生産者、分益農業者、分益小作人、借地農業者及び小規模漁師並びにこれらの配偶者で、家族経済制の下でその活動に従事し、常雇の被用者を持たない者は、生産物の売上高に一定率を乗じて、社会保障の負担金を支払い、かつ法律に定める利益に対して当然の権利を有する。

9　本条本文一号に定められた社会負担金は経済活動、労働力の集中的利用、企業の保有又は労働市場の構造上の条件のために負担率又は別の計算の基礎を持つことができる。

10　法律は、それぞれの資金についての同額負担原則に従って、連邦から州、連邦区及び市郡に対する、並びに州から市郡に対する統一健康保険制度及び社会扶助活動のための資金の移転に関する基準を定める。

11　補足法で定められた総額を超える負債に対し、本条一号(a)及び二号で扱う社会負担金の免除の許可又は赦免を行うことは禁じる。

12　法律は本文一号(b)及び四号の定めに付随する負担金が生じる経済活動の部門を定める。この負担金は累積的なものとはしない。

13　受領証又はインボイスに添付することによって一号(a)の定めに付随する負担金の全部又は一部について累進的な代替手段を用いる場合、12条の定めを適用する。

第二節　保健

第一九六条〔健康の保障〕

健康はすべての者の権利及び国の義務であり、疾病及び他の障がいの危険負担の軽減並びに健康の増進、保護及び回復のための活動と役務に対する普遍的かつ平等な利用を目指す社会的、経済的政策により保障される。

第一九七条〜第二〇〇条〔略〕

第三節　社会福祉

第二〇一条〔一般社会福祉制度〕

社会福祉は負担金を特徴とし、加入義務を有する一般制度の方式のもと組織され、財務の均衡と更新を保持し、法律の定めるところにより、以下の事項に応じる。

一　疾病、就労不能障がい、死亡及び高齢の事項の補償。
二　母性、特に妊婦の保護。
三　望まぬ失業状態にある労働者の保護。
四　収入の低い被保険者の扶養家族に対する家族給与及び重禁固扶助。
五　補項2の規定に従い、男性又は女性の被保険者の死による配偶者又は内縁者及び被扶養者に対する恩給。

1　一般社会福祉制度の受給者に対し、年金裁定において、異なる要件又は基準を適用することは禁止される。ただし、健康又は身体の完全性を害する特殊な状況において行われた活動の場合及び補足法において定められた身体障がいを有する被保険者である場合はこの限りでない。

2　負担基準賃金又は被保険者の労働所得に代わるいかなる給付も、最低賃金の月額価値以下であってはならない。

3　給付の算定のために考慮されるあらゆる負担基準賃金は法律の規定に従って然るべく引き直されなければならない。

4　法律の定める基準に従って、恒常的に実質価値を維持するため、給付の再調整が保障される。

5　固有の社会福祉制度の加入者が任意加入者の資格で一般社会福祉制度に加入することは禁止される。

6　年金受給者及び恩給受給者のクリスマス賞与は毎年一二月の収入額を基礎とする。

7　一般社会福祉制度の年金受給者は、法律の定めるところにより、以下の条件に従う。
一　男性は三五年の負担金支払い、女性は三〇年の負担金支払い。
二　男性は六五歳、女性は六〇歳。両性とも農業労働者については五年を減じる。また、農村生産者、鉱物採掘者及び小規模漁師を含む家族経営体制の中で活動してきた者も同様とする。

8　前項一号の要件はもっぱら幼児教育並びに基礎及び中等教育の教職の臨時公務に現に従事した期間を証明した教師に対しては五年を減じる。

9　法律に定められた基準に従って、異なる年金制度間で財政的な求償がなされる場合には、年金受給において、行政における負担金支払期間並びに民間、農業及び都市活動における負担金支払期間の通算が保障される。

10　法律は労災事故の危険の負担を定め、一般社会福祉制度及び私的部門によって、競合的に対応させる。

11　被用者の慣行的な収入は、いかなる名目であれ、年金負担金の結果に対し、給与として算入される。結果として、法律の定める場合と方法によって、給付に反映される。

12　法律は低収入労働者及び住居内で家事労働に専従しているために自身の収入がない労働者に対応するための社会福祉を含む特別な制度を設ける。低収入の家族に属している場合には、最低賃金と同額の給付へのアクセスを保障する。

13　補項12の社会福祉を含む特別な制度は一般社会福祉制度の他の被保険者のために有効なものよりも低い負担率及び給付の限られたプランを有する。

第二〇二条〔私的社会福祉制度〕
私的社会福祉制度は、一般社会福祉制度とは独立して組織され、これを補完する性質を有し、任意加入とする。契約上の給付の保障を定める補足法によって規律され、それを保障する準備金が形成される。
1～6〔略〕

第四節　社会扶助

第二〇三条〔社会扶助の目的〕
社会扶助は、社会保障の負担金とは無関係に、必要とする者に提供され、以下を目的とする。
一　家族、母性、幼児、青年及び老人の保護。
二　貧困児童及び青年の保護。
三　労働市場への統合の促進。
四　身体障がい者の能力付与及び機能回復並びに社会生活へのその統合の促進。
五　法律に定めるところに従い、自己の生計を維持する手段を有しない、又は家族から支給がないことを証明する身体障がい者と老人に対する一最低給料の月額手当の保障。

第二〇四条〔社会扶助実施の指針〕
社会扶助の分野における政府活動は、他の資金源のほか、第一九五条に定める社会保障予算の資金をもって実施され、かつ次の指針を基礎に組織される。
一、二、補項〔略〕

第三章　教育、文化及びスポーツ

第一節　教育

第二〇五条〔教育の目的〕
教育は、すべての者の権利で、かつ国家及び家族の義務であり、人間の完全な発育、公民権の行使の準備及び労働に対する資格付与を目的として、社会の協力をもって推進され、かつ助成される。

第二〇六条～第二一四条〔略〕

第二節　文化

第二一五条〔文化の奨励〕

国家は、すべての者に文化的諸権利の完全な行使と国の文化財の利用を保障し、また文化的表現の尊重と普及を支援し、かつ、奨励する。

1　国家は、民衆文化、先住民文化及びアフロ・ブラジル文化並びに国の文明形成に参加するその他の集団の文化表現を保護する。

2　法律は、国の各種民族の部門にとって重要な意義を有する記念日の決定に関して規定する。

3　法律は、国の文化の発展と以下の事項を目指す公権力の活動の統合を目的とする多年度の国家文化計画を確立する。

一　ブラジルの文化遺産の価値の保護。

二　文化財の生産、促進及び普及。

三　多元的な文化の管理のために適切な人材の養成。

四　文化財に対するアクセスの民主化。

五　民族的及び地域的多様性の重視。

第二一六条～第二一六条A〔略〕

第三節　スポーツ

第二一七条〔スポーツの振興〕

次の事項を遵守し、各人の権利として、公式及び非公式のスポーツの実行を振興することは、国家の義務である。

一　組織と活動に関するスポーツの指導団体及び協会の自主権。

二　教育スポーツの優先的振興のため及び特殊な場合における高収益のスポーツのための公的資金の充当。

三　職業的スポーツと非職業的スポーツに対する異なる取扱い。

四　国が創設したスポーツ事業に対する保護と奨励。

1　司法府は、法律で規律するスポーツ審判の審理が終了した後にのみ、スポーツの規律と競技に関する訴訟を受理する。

2　スポーツ審判は、最終決定を下すまで、手続の開始の日から起算して最高六〇日の期間を有する。

3　公権力は、社会振興の形態として余暇を奨励する。

第四章　科学、技術及び革新

第二一八条〔科学技術の促進〕

国家は、科学の発展、研究及び科学技術の能力並びに革新を促進及び奨励する。

1　基礎科学研究は、公共の福祉並びに科学、技術及び革新の進歩を考慮し、国の優先的取扱いを受ける。

2　技術研究はブラジルの問題解決並びに全国及び地域の生産制度の発展のために優先的に向けられる。

3　国家は技術転用活動の支援によるものを含め、科学、研究、技術及び革新分野における人的資源の育成を支援し、これらの活動に従事する者に対し、労働の特別な方法及び条件を供与する。

4　法律は、国にとり適切な技術の研究、創造、その人的資源の形成と向上に投資する企業及び給与とは別個に、労働の生産性から生ずる経済的収益への参加をその使用者に保障する報奨制度を実施している企業を支援し、かつ奨励する。

5　州及び連邦区は、その予算歳入の一部を、教育及び科学技術研究を振興する公共団体に充てる権限を有する。

6　国家は、本文に定められた活動を行うにあたって、政府の様々な領域における公私の団体間の連携を振興する。

7　国家は、本文に定められた活動を行うために、科学、技術及び革新に関する公の機関の外国における活動を促進及び奨励する。

第二一九条～第二一九条B〔略〕

第五章　マスコミュニケーション

第二二〇条〔マスコミュニケーション〕

形式のいずれかを問わず、思想、創造、表現及び情報の発表、その方法又は媒体は、本憲法の規定を遵守し、いかなる制限も加えられない。

1　いかなる法律も、第五条四、五、一〇、一三及び一四の各号の規定を遵守し、マスコミュニケーションの媒体のいずれにおいても、報道の完全な自由に対して障害を形成することになる条項を含んではならない。

2　政治的、思想的及び芸術的性質の検閲はすべてこれを禁止する。

3　以下の事項は、連邦の権限に属する。

一　公衆の娯楽及び観覧を規制すること。これらのものの性格、勧められない年齢層、興行が不適当とみなされる場所と時間に関して通知する権限は、公権力に属する。

二　第二二一条の規定に反するラジオ及びテレ

ビ番組又は番組編成並びに健康及び環境に有害となる製品、活動及び役務の宣伝広告から防御する可能性を、人及び家族に保障する法的手段を設定すること。

4 煙草、アルコール飲料、農薬、医薬品及び治療法の商業広告は、前項二号の規定に従い、法律の制限に服し、また必要なときは常に、その使用から生ずる害についての警告を含む。

5 マスコミュニケーションの手段は、直接又は間接的に、独占又は寡占の目的となってはならない。

6 広報を目的とする印刷物の出版は官公署の許可を必要としない。

第二二一条～二二四条〔略〕

第六章　環境

第二二五条〔環境に対する権利〕

すべての者は、国民の公用物で、健康な生活を営む上で不可欠の、均衡のとれた生態的環境に対する権利を有し、公権力と社会には、現在及び将来の世代のためにこれを擁護し、かつ保全する義務が課せられる。

1 この権利の実現を保障するため、公権力は以下の任務を負う。

一 必須の生態的過程を保全しかつ回復し、及び種と生態系の生態学的管理を施すこと。

二 国の遺伝学的財産の多様性と統一を保全し、及び遺伝物質の研究及び処理を行う機関を監督すること。

三 すべての連邦構成単位において、特別に保護される地域及びその構成要素を決定すること。ただし、その変更及び廃止は、法律によってのみ許可され、保護を正当化する属性の統合に悪影響を与えるいかなる使用もこれを禁止する。

四 環境の重大な劣悪化を潜在的に生ぜしめる工事又は活動の実施に対して、法律の規定に従い、環境効果の事前調査を要求し、これを公表すること。

五 生命、生活の質並びに環境に対して危険な技術、製法及び物質の生産、商業化及び使用を統制すること。

六 教育の全段階における環境教育及び公衆の環境保護に対する意識を促進すること。

七 動植物を保護すること。ただし、これらの生態機能を危うくし、種の絶滅を惹起し、かつ動物を残酷に取り扱う行為は、法律に定めるところに従い、禁止される。

2 鉱物資源の採掘を行う者は、法律の規定に従い、権限ある公共機関が要求する技術的解決に基づき、劣悪化した環境を回復する義務がある。

3 環境を侵害したとみなされる行為及び活動に対し、自然人又は法人の違反者は、生ぜしめた損害の賠償義務とは別個に、刑事上及び行政上の制裁に処せられる。

4 ブラジルのアマゾン森林、大西洋森林、海岸山脈、マット・グロッソのパンタナール及び海岸地域は国有財産であり、その利用は、法律の規定に従い、天然資源の利用に関するものも含め、環境保全を保障する条件の下で行わなくてはならない。

5 未使用地又は自然の生態系の保護のため必要な区画措置によって州が接収した土地は、利用不可能とする。

6 原子炉を運転する発電所の立地は、連邦法で決定された場所でなければならず、連邦法を欠いては設置できない。

7 本条補項1七号後段の規定のため、動物を利用したスポーツを行うことは残虐とはみなさない。本連邦憲法第二一五条補項1に合致する文化の実践については、ブラジル文化遺産の非物質的な性質の構成要素である財産として登録され、関与する動物の福祉を保障する特別法によって規律されなければならない。

第七章　家族、児童、少年、青年及び老人

第二二六条〔家族〕

家族は社会の基礎であり、国家から特別の保護を受ける。

1 婚姻は民事であり、かつ挙式は無償とする。

2 宗教婚は、法律の規定に従い、民事の効力を有する。

3 国家の保護の効力に関して、両性の安定した結合は家族団体として認められ、法律はその婚姻への転換に便宜を与えなければならない。

4 両親のいずれかとその卑属をもって形成する共同体も、家族団体とみなされる。

5 夫婦共同体に関連する権利及び義務は、男性及び女性により平等に行使される。

6 民事婚は離婚によって解消することができる。

7 人間の尊厳及び責任ある親権の原則に基づいて、家族計画は、夫婦の自由な決定によるものとし、国家にこの権利行使のための教育的及び科学的施策を供与する権限が属し、かつ公的又は私的機関の側におけるいかなる強制も禁止さ

れる。

8　国家は、家族を構成する各構成員に代表される家族に対し援助を保障し、家族関係の中での暴力を抑制する機構を設ける。

第二二七条〔児童、少年及び青年〕

児童、少年及び青年に対し、絶対的な優位をもって、生活、健康、食物、教育、余暇、職業教育、文化、尊厳、敬意、自由及び家屋及び共同体との共生を保障し、またすべての形態の無視、差別、搾取、暴力、残虐及び抑圧からこれらの者を保護することは、家族、社会及び国家の義務である。

1～8〔略〕

第二二八条～第二三〇条〔略〕

第八章　先住民

第二三一条〔先住民の権利〕

先住民に対しては、その社会組織、習慣、言語、信仰及び伝統、並びに伝統的に占拠している土地に対する原始的権利が認められ、この土地の境界画定及びその一切の財産の保護と尊重は連邦の権限に属する。

1　伝統的に先住民によって占拠されている土地とは、風俗、習慣及び伝統に従い、先住民が永続的に居住し、生産活動のために利用し、その福祉に必要な環境資源の保全に不可欠であり、かつその物的及び文化的再生産に必要な土地である。

2　先住民によって占拠されている土地は、その永続的占有に供せられ、現地の土地、河川及び湖の富の排他的用益権は先住民に帰属する。

3　先住民の土地における潜在エネルギーを含む水資源の利用、鉱物資源の調査及び採掘は、影響を受ける共同体に聴聞した後、国会の認可を得てのみ行うことができ、法律の規定に従い、先住民に採掘の成果に対する参加が保障される。

4　本条にいう土地は譲渡不可能で、かつ処分不能であり、及びその土地に対する権利は、時効により消滅しない。

5　先住民集団のその土地からの移動は、先住民を危険に陥らせた災害若しくは伝染病の場合において国会の事後承認を得て行うとき、又は国会の決議の後国の主権の利益が関わる場合を除いて禁止される。ただし、上記のいずれの場合にも、危険が止んだ後は直ちに復帰することが保障される。

6　本条にいう土地の占拠、所有及び占有又は現地の土地、河川及び湖の天然資源の採掘を目的とする行為は、補足法の規定に従い、連邦の重大な公共の利益がある場合を除いて、無効でありかつ消滅し、法的効果をもたらさない。この無効及び消滅は、法律に従い善意の占拠に由来する改良に関する場合を除いて、連邦に対して賠償を要求し又は訴訟を提起する権利を発生しない。

7　第一七四条補項3及び補項4の規定は、先住民の土地には適用されない。

第二三二条〔先住民共同体の当事者適格〕

先住民、その共同体及び組織は、その権利又は利益の擁護のため訴えを請求する当事者適格を有し、検察庁はすべての訴訟手続に参加する。

第九編　憲法一般規定〔略〕

ブラジリア、一九八八年一〇月五日

（以下、憲法制定議会議員名列記）〔略〕

16　フランス共和国

光信 一宏

解　説　460

フランス共和国憲法　465

前文……四六五
第一章　主権……四六五
第二章　大統領……四六五
第三章　政府……四六七
第四章　国会……四六八
第五章　国会と政府の関係……四六九
第六章　条約および国際協定……四七二
第七章　憲法院……四七三
第八章　司法権……四七四
第九章　高等院……四七四
第一〇章　政府閣僚の刑事責任……四七五
第一一章　経済社会環境評議会……四七五
第一一章の二　権利擁護官……四七五
第一二章　地方公共団体……四七六
第一三章　ニューカレドニアに関する経過規定……四七八
第一四章　フランス語圏および提携協定……四七八
第一五章　欧州連合……四七八
第一六章　改正……四七九

人および市民の権利宣言……四七九

第四共和国憲法〔抄〕……四八一

二〇〇四年の環境憲章……四八二

解説

一　第五共和国憲法の制定

第二次大戦後の一九四六年に発足した第四共和制は、その一二年間に二五の内閣が交替したことにみられるように、政府の不安定状況が恒常化していたが、アルジェリア独立戦争を契機とする軍部反乱、内乱の危機により崩壊した。

政界に復帰した「解放の英雄」ド・ゴール将軍は、一九五八年六月一日国民議会によりその内閣の信任を得、六月三日の法律により政府が新しい憲法草案を作成し、国民投票に付する権限が認められた。司法大臣ミッシェル・ドブレを中心として作成された政府の憲法草案は、憲法諮問委員会により承認され、コンセイユ・デタの議を経て、閣議で採択された。九月四日、ド・ゴール政府はこれを国民に公表し、九月二八日、国民投票に付され、圧倒的多数で承認された（フランス本国で投票率八四・九％、このうち賛成が七八・二％）。そして一〇月四日大統領により審署され、翌五日官報に公示されて、第五共和国憲法が施行されることになった。

二　第五共和国憲法の特徴

この憲法は、ド・ゴールとドブレの思想を強く反映するものであったが、その基本的特徴は、次の点にある。

(1)　議会中心の統治体制であった第四共和制とは対照的に、大統領を中心とする行政権優位の統治体制がとられている。任期七年（現在は五年）の大統領は、「憲法の尊重を監視」し、「その裁定により、公権力の適正な運営および国家の継続性を確保」し、「国の独立、領土の保全および条約の尊重の保障者」（第五条）としての地位を有し、そのため、内閣総理大臣の任命権、一定の内容の法律の国民投票付託権、国民議会の解散権、非常事態の場合の緊急措置権などに代表される強力な権限を独自の判断で行使しうるものとされている。

しかし、フランスの大統領制は、アメリカのような端的な大統領制と異なり、国民議会の信任を必要とする政府を持つ。政府閣僚は国会議員との兼職が禁止されている。大統領は首相を任命し、首相の提案に基づき他の閣僚を任免しうる権限を有するなど、政府は、大統領に従属しているが、同時に国民議会の信任を必要としている点では二元型議院内閣制の構造を有している。すなわち第五共和制は、大統領制に傾斜した、議院内閣制と大統領制との中間形態にあるといえる。

(2)　国会は国民議会と元老院から成る二院制であり、いくつかの点で国民議会に優位が認められているが、第五共和制下の国会は「合理化された議会制」としてその権限が大きく制限され、行政権の安定がはかられている。すなわち、国会は当然に立法権を有するが、法律の管轄事項は第三四条により明示的に限定され、それ以外の事項は「命令事項」として、行政立法により規律されることになった。さらに法律事項についても政府による委任立法の制度化が規定されている。また、国会の会期も限定され、国会議員提出の法律案および修正案には制限が課せられ、議事日程の編成権を原則として政府が有し、国会は限定された事項に関する政府提出法律案を審議する場となっている。さらにこうした国会の権限の限定を確保するため、憲法院が設置されている。

こうして「法律は一般意思の表明である」として、主権者国民の意思は議会を通じて表明されるとするフランスの伝統的考えを大きく変更し、国会の権限を限定するとともに、行政権が主権者国民と直接に結びつくことにより（国民投票制、六二年の大統領直接選挙の採用）、行政権の議会に対する優位を確立したのである。

(3)　近代憲法の基本要素である基本的人権に関する固有の保障規定が存在しないことも一つの特徴である。ただし、この点は、フランス憲法の伝統では、憲法本文に人権規定をおく例は少ないことにも留意する必要がある。第五共和国憲法も人権について、その前文と第六六条などでふれているにすぎないが、フランスにおける人権の法的保障は行政裁判所などの裁判所による判例を通じて確立されており、また後述するように憲法院の人権保障機関への進展も注目されている。

三　第五共和国憲法の改正

五八年に施行された第五共和国憲法は、その後二四回にわたり改正された（①、②、⑮を除き、第八九条3項の手続による）。

(1)　①六〇年六月四日……第八五条2項、第八六条3・4・5項追加（第八五条1項の手続による）、②六二年一一月六日……第六条、第七条の改正（第一一条の国民投票による）、③六三年一二月三〇日……第二八条2・3項改正、4項追加、④七四年一〇月二九日……第六一条改正、⑤七六年六月一八日……第七条6項から10項追加、⑥九二年六月二五日……第二条2項（現行第二条1項）追加、第五四条、第七四条の改正、第一四章（現行第一五章）新設、⑦九三年七月二七日……第六五条、第六八条の改正、第一〇章新設、第九三条追加、⑧九三年一一月二五日……第五三条の一追加、⑨九五年八月四日……旧第一条の廃止および第二条1項の第一条への移動、第五条2項、第一一条、第一二条3項、第二六条2・3・4項、第二八条、第四八条、第四九条2項、第五一条、第七〇条、第八八条の改正、第四八条3項、第六八条の三の追加、第七六条、第一三章、第一七章の廃止、⑩九六年二月二二日……第三九条2項改正、第三四条6項、第四七条の一の追加、⑪九八年七月二〇日……第一三章新設、⑫九九年一月二五日……第八八条の二、第八八条の四の改正、第八八条の二2項追加、⑬九九年七月八日……第三条5項、第四条2項の追加、⑭九九年七月八日……第五三条の二追加、⑮二〇〇〇年一〇月二日……第六条1項改正（第八九条2項の手続による）、⑯〇三年三月二五日……第八八条の二3項追加、⑰〇三年三月二八日……第一条、第七条1項、第一三条3項、第三四条4項2号、第三九条2項、第六〇条、第七二条、第七三条、第七四条の改正、第三七条の一、第七二条の一、第七二条の二、第七二条の三、第七二条の四、第七四条の一の追加。⑱〇五年三月一日……第六〇条、第一五章の改正、第八八条の一2項、第八八条の五の追加。⑲〇五年三月一日……前文1項改正、二〇〇四年の環境憲章の新設、第三四条4項四号追加。⑳〇七年二月二三日……第七七条1項の改正、同3項の追加。㉑〇七年二月二三日……第九章の改正。

㉒〇七年二月二三日……第六六条の一の追加。㉓〇八年二月四日……第一五章の改正。㉔〇八年七月二三日……第一条2項、第四条3項、第六条2項、第一一条3〜6項、第一三条5項、第一六条6項、第一八条2項、第二四条1項、第二五条3項、第三四条6・7項、第三四条の一、第三五条2〜4項、第三九条3〜5項、第四七条の二、第五〇条の一、第五一条の一、第五一条の二、第六一条の一、第六二条2項、第六九条3項、第七五条の一、第一一章の一、第八七条、第八八条の五2項の追加、第三条5項、第三四条1項、第四七条6項、第四七条の一5項の廃止、第四条2項、第一一条1・3項、第一七条、第一八条2項、第二四条2・3項、第二五条2項、第三四条2・3項、第三八条2項、第三九条2項、第四一条1項、第四二条、第四三条、第四四条1項、第四五条1・2項、第四六条2項、第四八条、第四九条3項、第五六条1項、第六一条1項、第六二条1項、第六五条、第六九条1・2項、第一一章の表題、第七〇条、第七一条、第七二条の三2・4項、第七三条2・3項、第七四条の一1項、第一四章の表題、第八八条の四、第一五章、第八九条2項の改正。

(2)　とくに注目される改正は②、④、⑥、⑨、⑭、⑮、⑰、⑱および㉔である。

②の改正は、大統領の選出方法をそれまでの間接選挙（国会議員と県会議員の全員および市町村会、海外領土、共同体構成国の代表者を選挙人として行われる）から直接選挙に変更した。この結果、大統領は主権者国民から直接に選出されることになり、その権威の基盤を「人民の代表者」としての民主的正統性によって基礎づけられることになり、国民議会および政府に対する大統領の優位を強固に確立することになった。これは、「五八年憲法」から「六二年憲法」への転換ともいわれる重大な改正であった。また、この改正は、憲法改正条項である第八九条によらずに第一一条により直接国民投票に付託されたため、この改正の合憲性に関して激しい論議を引き起こした。元老院議長の提訴を受けた憲法院は自らに審査権限がないと判示したため、憲法改正案を国会の審議を経ずに、直接国民投票に付託する権限が大統領に認められることとなった。

④の改正は、それまで法律の合憲性審査を憲法院に提訴し得るものを、大統領、首相および両院議長に限定していたのに対し、これらに加えてそれぞれ六〇名の国民議会議員および元老院議員にも憲法院への提訴権を認めるものであった。この改正は、これまで政治的多数派だけが有していた憲法院への提訴権を議会内少数派にも拡大するものであった。憲法院は、七一年に結社の自由を制限する法律を違憲と判示し、七三年には一七八九年の人権宣言に憲法的効力を認めるなど、人権保障機関へと進展してきていたが、この提訴権者の拡大は、憲法院の役割を大きく変える転換点を画するものであった。憲法院はその後、七五年には、第四共和国憲法前文に規定された人権宣言の補充にも憲法的効力を認めている。こうして憲法院への提訴件数が飛躍的に増大するなかで、憲法院の「権限肥大」を指摘する声も出てきている。

⑥の改正は、欧州連合設立のためのマーストリヒト条約を違憲とする九二年四月九日の憲法院判決を受け、憲法第五四条に従い、同条約の批准に先立って行われたものである。最も重要な改正点は第一四章（現行第一五章）の新設であり、これにより、一定範

囲の権限の移譲、欧州連合市民への市町村会選挙権の保障および国会の権限の強化が認められることになった。これに反対する七〇名の元老院議員が、改正後の憲法第五四条に基づき憲法院に提訴したが、九月二日、憲法院はマーストリヒト条約を合憲とする判決を下した。

⑨の改正は、国民投票の対象事項の拡大（第一一条）、国会の二会期制から一会期制への変更（第二八条）、議員の不逮捕特権に関する改正（第二六条）および共同体に関する規定の全面削除等が主な内容だが、とくに第一一条の改正は大統領の地位・権限の強化をはかるという重要な意味を有する。

⑭は女性の政治参加が不十分な現状を是正するため、パリテ（男女同数）の原則を導入するものである。憲法院は、選挙の分野における男女間の区別の禁止を理由にいわゆるクォータ制を憲法違反と断じているが（八二年一一月一八日判決）、今回の改正によりこうした憲法上の障壁が取り除かれることとなった。

⑮の改正は大統領の任期七年を国民議会と同じ五年に短縮するものであり、主権者国民による意思表明の機会を増やすという目的以外に、大統領選挙日と国民議会選挙日を接近させることで大統領多数派と議会多数派の不一致（コアビタシオン）を回避しようとするねらいがある。憲法改正の是非を問う国民投票では投票者の六一％が改正に賛成したが、棄権率は七〇％近くにのぼった。

⑰は共和国の地方分権化に関するものである。改正の内容は、地方分権の原則の宣言、補完性の原則の採用、実験への権利および財政自主権の承認、直接民主制の導入、および海外自治体の地位の改善など、多岐にわたっており、従来の「単一不可分の共和国」原則との関係が問われている。

⑱は、二〇〇四年一〇月二九日に調印された欧州憲法制定条約を違憲とする同年一一月一九日の憲法院判決を受け、憲法第五四条に従い、同条約の批准に先立って行われたものである。同条約の発効を想定した第一五章の大幅改正などが主な内容である。なお〇五年五月二九日に同条約の批准を許可する法律案の是非を問う国民投票が実施され、賛成四五％、反対五五％で法律案は否決された。

㉔は「第五共和制の諸制度の現代化」を目的としており、政府が改正案の作成にあたり直接依拠したバラデュール委員会の報告書の言葉を借りると、「よりよく統制された執行権」、「強化された国会」、「市民のための新しい諸権利」の三つの柱からなる。憲法法律は全四七カ条にのぼり、第五共和制憲法の改正としては最大規模のものである。改正案は、両院合同会議において承認に必要な票数より一票多い五三九票で承認されている。

四　第五共和制下での大統領

第五共和国憲法の運用の中心をなす大統領は、六九年、元老院と地方制度改革のための憲法改正の国民投票に敗れたド・ゴールが辞職し、六月、同じド・ゴール派のポンピドゥが就任したが、七四年に急死し、五月、保守の非ド・ゴール派（独立共和派）のジスカール・デスタンが就任した。

八一年の大統領選挙で、社会党のミッテランがジスカール・デスタンを破って大統領に就任し、第五共和制下で初めて革新の大統領が出現した。ミッテランは国民議会を解散して、社会党が地滑り的大勝利を収めるが、八六年の国民議会選挙では保守派が過半数を制した（共和国連合のシラクが首相に就任）。

八八年の大統領選挙でミッテランが再選され、ミッテランは国民議会を解散したが、当初の予想に反して、社会党は議席数を伸ばしたものの過半数を占めることができず、ミッテランは社会党内閣のもと、中道との連携による「大統領多数派」の道を目指すことになった。しかし九三年の国民議会選挙で社会党は歴史的敗北を喫し、共和国連合のバラデュールが新しい首相に就任した。

九五年の大統領選挙ではシラクが社会党のジョスパンを破り、一四年ぶりに保守派が大統領の座を奪還した（共和国連合のジュペが首相に就任）。九七年、政権の立直しをはかるため、シラクは国民議会を任期満了の一年前に解散するという賭に出たものの、革新勢力が議席の過半数を制したことにより、ジョスパンを首相に任命することを余儀なくされた。

二〇〇二年の大統領選挙では、一回目の投票でジョスパンが落選するという大波乱があり、決選投票はシラクと極右のルペンの対決となったが、シラクが得票率八二％という大差で再選された（任期は五年）。選挙の翌日にジョスパンは敗北の責任をとって首相を辞任し、元老院議員出身のラファランが率いる保守中道の少数派内閣が誕生した。続く六月の国民議会選挙では大統領与党連合が圧勝し、第二次ラファラン内閣が誕生した。〇四年、統一地方選挙における与党の大敗の責任をとってラファランは首相を辞任したが、すぐ再任された。〇五年に行われた国民投票により欧州憲法制定条約の批准が否決されたことを受け、ラファラン首相が辞任し、ドビルパンが首相に任命された。

〇七年の大統領選挙では、民衆運動連合のサルコジと社会党のロワイヤルの間で決選投票が行われ、サルコジが勝利した。大統領に就任したサルコジは側近のフィヨンを首相に任命した。同年六月に行われた国民議会選挙では民衆運動連合が単独過半数を獲得し、第二次フィヨン内閣が誕生した。

一二年の大統領選挙では、サルコジと社会党のオランドの間で決選投票が行われ、オランドが当選した（社会党のエローが首相に就任）。同年六月の国民議会選挙によって社会党を中心とする左派勢力が単独過半数を占め、第二次エロー内閣が誕生した。一四年、統一地方選挙での社会党の惨敗を受けてエロー首相が辞任し、ヴァルスが首相に任命された。一六年一二月、大統領選への出馬を表明して辞任したヴァルスに代わってカズヌーヴが首相となった。

一七年の大統領選挙では、中道派のマクロンと国民戦線のルペンの間で決戦投票が行われ、マクロンが当選した（共和党のフィリップが首相に就任）。

＊翻訳にあたり主として以下のものを参照した。

『事典　現代のフランス〔増補版〕』（大修館書店、一九九七年）所収、稲本洋之助訳

『新版　世界憲法集（第二版）』（岩波書店、二〇一二年）所収、高橋和之訳

『新解説　世界憲法集（第四版）』（三省堂、二〇一七年）所収、辻村みよ子訳

フランス共和国憲法（一九五八年）

前文

フランス人民は、一七八九年の権利宣言により定められ、一九四六年憲法の前文により確認され補完された人の権利と国民主権の原理への愛着、および二〇〇四年の環境憲章において定められた権利と義務への愛着を厳粛に宣言する。

これらの諸原理および諸人民の自由な決定の原理に従い、共和国は、共和国に結合する意思を表明する海外領土に対し、自由、平等、友愛の共通の理想を基礎とし、かつ、その民主的進展を目指して構想される新たな諸制度を提供する。

第一条〔共和国、法律の前の平等〕

1　フランスは、不可分の非宗教的、民主的かつ社会的な共和国である。フランスは、出生、人種または宗教の差別なく、すべての市民に対し法律の前の平等を保障する。フランスは、すべての信条を尊重する。その組織は地方分権化される。

2　法律は、選挙により選ばれる議員職と選挙により任じられる公職ならびに職業的および社会的要職への女性と男性の平等な就任を促進する。

第一章　主権

第二条〔共和国の言語、国旗・国歌、標語、原理〕

1　共和国の言語はフランス語である。

2　国家の標章は、青、白、赤の三色旗である。

3　国歌は、《ラ・マルセイエーズ》である。

4　共和国の標語は、《自由、平等、友愛》である。

5　共和国の原理は、人民の、人民による、人民のための政治である。

第三条〔国民主権とその行使〕

1　国民の主権は人民に属する。人民は、その代表者を通じておよび国民投票により主権を行使する。

2　人民のいかなる部分もまたいかなる個人も主権の行使を僭取することができない。

3　選挙は憲法の定める要件に従い、直接または間接選挙として行われる。選挙はつねに普通、平等、秘密選挙である。

4　フランスの国民で民事上および政治上の権利を享有する成年の男女はすべて、法律の定める要件に従い、選挙人である。

第四条〔政党〕

1　政党および政治団体は、選挙における意思表明に協力する。政党および政治団体は自由に結成され、かつ自由に活動を行う。政党および政治団体は、国民主権と民主主義の原理を尊重しなければならない。

2　政党および政治団体は、法律の定める要件に従い、第一条2項に表明された原則の実施に貢献する。

3　法律は、意見の多元的な表明ならびに国民の民主的生活への政党および政治団体の公正な参加を保障する。

第二章　大統領

第五条〔大統領の地位〕

1　大統領は憲法の尊重を監視する。大統領は、その裁定により、公権力の適正な運営および国家の継続性を確保する。

2　大統領は国の独立、領土の保全および条約の尊重の保障者である。

第六条〔大統領の選出、任期〕

1　大統領は直接普通選挙により選出され、任期は五年とする。

2　何人も連続して二期を超えて任期を務めることができない。

3　本条の施行の態様は組織法によりこれを定める。

第七条〔大統領の選挙手続、職務の代行〕

1　大統領は有効投票の絶対多数により選出される。第一回の投票において絶対多数が得られない場合、それに続く一四日目に第二回投票が行われる。第二回投票には、場合によっては、より上位の者の立候補の辞退の後に、第一回投票において最多数の票を得たことになる二名だけが立候補できる。

2　投票は政府の招集に基づいて行われる。

3　新しい大統領の選挙は、現職の大統領の任期が満了する日の二〇日以前三五日以内に行われる。

4　なんらかの理由により大統領が欠けた場合、または、政府の申立てを受けた憲法院がその委員の絶対多数により大統領に障害があると認定した場合、大統領の職務は、第一一条および第一二条に定める職務を除いて、元老院議長により臨時に行使され、元老院議長にもこれらの職務の行使に障害がある場合には、政府により臨時に行使される。

5　大統領が欠けた場合、または、憲法院により その障害が確定的に宣言された場合、新大統領選出のための投票は、憲法院により認定される不可抗力の場合を除き、大統領の欠けた日または憲法院による障害の確定的性格の宣言の日から二〇日以降三五日以内に行われる。

6　立候補の届出の締切日の前三〇日以内に立候補の意思を公表した者の一名が、締切日の前七日以内に死亡するか、またはその者に障害が生じた場合、憲法院は選挙の延期を決定することができる。

7　第一回投票前に候補者の一名が死亡するか、またはその者に障害が生じた場合、憲法院は選挙の延期を宣告する。

8　第一回投票において、辞退がある場合にはそれ以前に最多数の票を得た二名の候補者のうち、一名が死亡するか、またはその者に障害が生じた場合、憲法院は選挙全体が新たに行われるべきことを宣告する。第二回投票にむけて立候補している二名の候補者のうち、一名の死亡または障害の場合も同様とする。

9　いずれの場合にも、憲法院は、第六一条2項に定める要件、または第六条に定める組織法により候補者の推薦について規定される要件に従って申立てを受ける。

10　憲法院は、3項および5項に定める期間を延長することができる。ただし、投票は、憲法院が延長を決定した日から三五日より後に行うことができない。本項の規定の適用の結果、現職大統領の任期満了後に選挙期日が延期される場合、大統領は後任者の宣告まで引き続きその職務にとどまる。

11　大統領の欠けている期間、または大統領の障害の確定的性格の宣言からその後任者の選出までの期間は、憲法第四九条、第五〇条および第八九条はこれを適用することができない。

第八条〔首相、閣僚の任免〕

1　大統領は首相を任命する。大統領は首相による政府の辞表提出に基づきその職を免ずる。

2　大統領は、首相の提案に基づき、他の閣僚を任命し、また、その職を免ずる。

第九条〔閣議の主宰〕

大統領は閣議を主宰する。

第一〇条〔法律の審署、再議要求〕

1　大統領は、最終的に採択された法律が政府に送付された後一五日以内に、これを審署する。

2　大統領は右の期間の満了前に、国会に対し、この法律またはその一定の条項の新たな審議を要求することができる。この新たな審議はこれを拒否することはできない。

第一一条〔法律案の国民投票への付託〕

1　大統領は、官報に登載された会期中の政府の提案または両議院の共同の提案に基づき、公権力の組織に関する法律案、国の経済的、社会的または環境的政策およびそれに貢献する公役務に関わる改革に関する法律案あるいは憲法に違反しないが諸制度の運営に影響を及ぼすであろう条約の批准を承認することを目的とする法律案を、すべて国民投票に付することができる。

2　国民投票が政府の提案に基づき組織される場合、政府は各議院においてその意思を表明し、それに続いて討議が行われる。

3　1項に掲げる対象に関する国民投票は、選挙人名簿に登載された選挙人の一〇分の一により支持された国会議員の五分の一の発議に基づき、これを組織することができる。この発議は議員提出の法律案という形式をとるが、過去一年以内に審署された法律の規定の廃止を目的とすることができない。

4　発議の提出の要件および憲法院が前項の規定の遵守を統制するための要件については、組織法によりこれを定める。

5　議員提出の法律案が組織法の定める期間内に両議院により審理されなかった場合、大統領はこれを国民投票に付する。

6　議員提出の法律案がフランス人民により採択されないとき、同一の事項に関するいかなる新たな国民投票案も投票日後二年の期間の満了前に提出することができない。

7　国民投票により政府提出または議員提出の法律案の採択が決せられたとき、大統領は国民投票への付託の結果が公表された後一五日以内にこれを審署する。

第一二条〔国民議会の解散〕

1　大統領は、首相および両院議長に諮問した後、国民議会の解散を宣することができる。

2　総選挙は解散の日から二〇日以降四〇日以内に行われる。

3　国民議会は総選挙後の第二木曜日に当然に集会する。この集会が通常会期として定められる期間外に行われる場合、会期は一五日の期間につき当然に開かれる。

4　この総選挙後一年以内には再び解散を行うことはできない。

第一三条〔オルドナンスおよびデクレの署名、文武官の任命〕

1　大統領は閣議において議決されたオルドナンスおよびデクレに署名する。
2　大統領は国の文官および武官を任命する。
3　コンセイユ・デタ評議官、賞勲局総裁、大使および特使、会計検査院主任評議官、知事、第七四条の規律する海外の公共団体およびニューカレドニアにおける国の代表者、将官、大学区総長、中央行政官庁の長官は閣議において任命される。
4　閣議において任命される他の官職、および大統領がその任命権を大統領の名において行使させるために委任することができる要件については、組織法によりこれを定める。
5　3項に掲げるもの以外の官職または職務で、権利および自由の保障または国民の経済社会生活にとっての重要性の故に大統領の任命権が各議院の権限を有する常任委員会の公開意見の後に行使されるものについては、組織法によりこれを定める。各委員会における否定票の合計が両委員会における有効投票の少なくとも五分の三であるとき、大統領は任命を行うことができない。権限を有する常任委員会については、当該官職または職務に応じて法律によりこれを定める。

第一四条〔信任状の授受〕
大統領は外国政府への大使および特使に信任状を授与する。外国の大使および特使は大統領に信任状を呈する。

第一五条〔軍隊の首長〕
大統領は軍隊の首長である。大統領は国防高等評議会、国防高等委員会を主宰する。

第一六条〔緊急措置権〕
1　共和国の制度、国の独立、領土の保全または国際的取極めの執行が、重大かつ直接に脅かされ、かつ、憲法上の公権力の正常な運営が阻害される場合、大統領は、首相、両院議長ならびに憲法院への公式の諮問の後、状況により必要とされる措置をとる。
2　大統領は教書によりこれらの措置を国民に知らせる。
3　これらの措置には、憲法上の公権力に、最少の期間内に、その任務を遂行する手段を確保させる意思が貫かれなければならない。憲法院はこの事項につき諮問される。
4　国会は当然に集会する。
5　国民議会は、この非常権限の行使期間中、解散されることはできない。
6　非常権限の行使の三〇日後に、憲法院は1項に表明された要件が満たされているかを審査する目的で、国民議会議長、元老院議長、六〇名の国民議会議員または六〇名の元老院議員により申立てを受けることができる。憲法院は最短の期間内に、公開意見により意見を表明する。憲法院は、非常権限の行使の六〇日後に、および、この期間を超えるといつでも、当然にこの審査を行い、同一の要件に従い意見を表明する。

第一七条〔恩赦〕
大統領は個別に恩赦を行う権限を有する。

第一八条〔教書〕
1　大統領は教書により国会の両議院と連絡をとる。教書は朗読されるが、いかなる討議も行われない。
2　大統領はこのために両院合同会議として集会する国会において発言することができる。大統領の声明については大統領の臨席なしに討議を行うことができるが、討議はいかなる表決の対象にもならない。
3　会期外においては、両議院はこのために特別に集会する。

第一九条〔大統領の行為への副署〕
第八条（1項）、第一一条、第一二条、第一六条、第一八条、第五四条、第五六条および第六一条に定める行為以外の大統領の行為は、首相により、および、場合により責任ある大臣により副署される。

第三章　政府

第二〇条〔政府の任務〕
1　政府は国政を決定し指揮する。
2　政府は行政および軍事力を掌握する。
3　政府は第四九条および第五〇条に定める要件および手続に従って、国会に対し責任を負う。

第二一条〔首相の権限〕
1　首相は政府の活動を統率する。首相は国防について責任を負う。首相は法律の執行を確保する。第一三条の規定の留保のもとに、首相は規則制定権を行使し、文官および武官を任命する。
2　首相はその権限のいくつかを大臣に委任することができる。
3　首相は、場合により、第一五条に定める評議会および委員会の主宰について大統領の職務を代行する。
4　首相は、明示の委任により、かつ特定の議事日程に関して、閣議の主宰につき、臨時に大統領の職務を代行することができる。

第二二条〔首相の行為への副署〕

首相の行為は、場合により、その執行の任を負う大臣により副署される。

第二三条〔閣僚の兼職禁止〕

1 政府閣僚の職務は、国会議員の職務、全国的性格を持つ職能代表の職務および公職または他の職業活動の行使すべてと両立しえない。

2 前項に該当する国会議員、職能代表または公職の補充のための任用の要件は、組織法によりこれを定める。

3 国会議員の補充は第二五条の規定に従い行われる。

第四章 国会

第二四条〔国会の任務・構成〕

1 国会は法律を表決する。国会は政府の行動を統制する。国会は公的政策を評価する。

2 国会は国民議会と元老院を含む。

3 国民議会の議員は直接選挙により選出される。その数は五七七を超えることができない。

4 元老院は間接選挙により選出される。議員の数は三四八を超えることができない。元老院は共和国の地方公共団体の代表を確保する。

5 フランス国外に居住するフランス人は国民議会および元老院に代表される。

第二五条〔国会に関する組織法、独立委員会〕

1 各議院の権限の期間、議員定数、歳費、被選挙資格の要件、被選挙欠格および兼職禁止の制度については組織法でこれを定める。

2 組織法はまた、議席が欠員の場合は、その議席が属する国民議会の総選挙または元老院の通常選挙による改選が行われるまで、その欠員補充のための選出要件を定め、あるいは、議員が政府の職務を承諾した場合はその臨時代理のための選出要件を定める。

3 独立委員会は、国民議会議員の選挙区を定めまたは国民議会議員もしくは元老院議員の議席の配分を変更する政府提出の法令案および議員提出の法律案について、公開意見により意見を表明する。委員会の構成および組織と運営の規則については、法律でこれを定める。

第二六条〔議員の発言・表決の無責任、不逮捕特権〕

1 国会議員は、その職務の行使においてなした意見または表決に関して、訴追、捜索、逮捕、拘禁または裁判されることができない。

2 国会議員は、その属する議院の理事部の許諾ある場合のほか、重罪または軽罪に関し、逮捕または自由を剥奪もしくは制限する他のいかなる措置の対象にもなることができない。この許諾は、重罪もしくは軽罪の現行犯または確定した有罪判決の場合には要求されない。

3 国会議員の拘禁、自由を剥奪もしくは制限する措置または訴追は、その属する議院が要求する場合には、会期の期間中、停止される。

4 関係する議院は、場合により、前項の適用を可能とするため補充会議として当然に集会する。

第二七条〔命令的委任の禁止、投票の委任〕

1 命令的委任はすべて無効である。

2 国会議員の表決権は一身専属的である。

3 組織法は、投票の委任を例外的に認めることができる。この場合、何人も一を超える委任を受けることができない。

第二八条〔通常会期〕

1 国会は一〇月の最初の平日に始まり六月の最後の平日に終わる一度の通常会期として当然に集会する。

2 各議院が通常会期中に開くことができる会議の日数は、一二〇日を超えることができない。会議の週間については各議院によりこれを定める。

3 首相は関係議院の議長に諮問した後に、または各議院はその構成員の過半数により、会議補充日の開催を決定することができる。

4 会議の日時については各議院の議院規則によりこれを定める。

第二九条〔臨時会期〕

1 国会は、特定の議事日程に関し、首相または国民議会議員の過半数の請求に基づき、臨時会期として集会する。

2 臨時会期が国民議会議員の請求に基づき開かれる場合、国会がその召集の理由となった議事日程を終了した後直ちに、かつ遅くとも集会の日から起算して一二日以内に閉会のデクレが発せられる。

3 首相のみが、閉会のデクレに続く一カ月の期間満了前に、新たな会期を請求することができる。

第三〇条〔臨時会期の開閉〕

国会が当然に集会する場合のほか、臨時会期は、大統領のデクレにより開会され閉会される。

第三一条〔閣僚の出席、発言〕

1 政府閣僚は両議院に出席する。閣僚はその希望するときに発言する。

2 閣僚は政府委員に補佐させることができる。

第三二条〔両議院の議長〕

国民議会議長は、立法期の期間を任期として選出される。元老院議長は、各通常選挙の後に選出される。

第三三条〔会議の公開、会議録、秘密会〕

1　両議院の会議は公開とする。完全な会議録が官報に登載される。

2　各議院は、首相またはその構成員の一〇分の一の請求により、秘密会として開くことができる。

第五章　国会と政府の関係

第三四条〔法律事項〕

1　法律は次の事項に関する規則を定める。

――公民権、および公的自由の行使のために市民に認められる基本的保障。メディアの自由、多元性および独立性。国防のために市民に対してその身体および財産に課せられる義務。

――国籍、人の身分および能力、夫婦財産制、相続および無償譲与。

――重罪および軽罪の決定ならびにそれらに科せられる刑罰。刑事訴訟手続。大赦。新しい裁判制度の創設および司法官の身分。

――あらゆる性質の租税の基礎、税率および徴収の態様。通貨発行制度。

2　法律は同じく次の事項に関する規則を定める。

――国会、地方議会およびフランス国外に居住するフランス人の代表機関の選挙制度、ならびに地方公共団体の議会の構成員の選挙に基づく委任および職務の行使の要件。

――公施設の類型の創設。

――国の文官および武官に認められる基本的保障。

――企業の国有化および公的部門から私的部門への企業所有権の移転。

3　法律は次の事項の基本原則を定める。

――国防の一般組織。

――地方公共団体の自由な行政、その権限および財源。

――教育。

――環境の保護。

――所有制度、物権ならびに民事および商事上の債務。

――労働の権利、労働組合の権利および社会保障。

4　組織法により定める要件においてかつその留保のもとに、予算法は国の歳入と歳出を決定する。

5　組織法により定める要件においてかつその留保のもとに、社会保障財政法はその財政的均衡の一般的条件を決定し、収入の見通しを考慮してその支出目標を定める。

6　計画策定法は国の活動目標を定める。

7　公財政の多年度の方針は計画策定法によりこれを定める。この方針は公行政の会計の均衡という目標の中に組み込まれる。

8　本条の規定は組織法によりこれを明確にし、補完することができる。

第三四条の一〔決議〕

1　両議院は組織法の定める要件に従い決議を表決することができる。

2　政府がその可決もしくは否決により自身の責任が問題になりうるか、または自身に対する命令を含んでいると考える決議案については、これを受理することができず、また議事日程に登録することができない。

第三五条〔宣戦〕

1　宣戦は国会により承認される。

2　政府は外国への軍事力介入の決定を、介入の開始後遅くとも三日以内に国会に報告する。政府は追求される目的を明確にする。この報告について討議を行うことができるが、それに続いて表決は行わない。

3　介入の期間が四カ月を超える場合、政府は期間の延長を国会の承認に付する。政府は国民議会に最終的な決定を要求することができる。

4　四カ月の期間の満了時に国会が会期中でない場合、国会は次の会期の開始を決定する。

第三六条〔戒厳令〕

1　戒厳令は閣議により布告される。

2　一二日を超える戒厳令の延長は国会によるのでなければ承認されることができない。

第三七条〔命令事項〕

1　法律の所管以外の事項は命令の性格を持つ。

2　これらの事項について制定された法律形式の条文は、コンセイユ・デタの意見を徴した後に定められるデクレによりこれを改正することができる。こうした条文のうち、この憲法の施行の後に制定されるものは、憲法院が前項によりその命令の性格を持つと宣言した場合のほか、これをデクレにより改正することはできない。

第三七条の一〔実験的規定〕

法律および命令は、限定された対象および期間につき、実験的性格を持つ規定を含むことができる。

第三八条〔立法の授権〕

1　政府は、その綱領の実施のために、限定された期間につき、通常は法律の所管に属する措置をオルドナンスにより定めることの承認を国会に求めることができる。

2　オルドナンスは、コンセイユ・デタの意見を徴した後、閣議において定められる。オルドナンスはその公布後直ちに施行される。ただし、追認の政府提出法律案が授権法に定める期日以前に国会に提出されない場合、その効力を失う。オルドナンスは明示的にのみ追認することができる。

3　本条1項に掲げる期間の満了後は、オルドナンスは、法律の所管に属する事項については、法律によるほかはもはやこれを改正することができない。

第三九条〔法律の発議権〕

1　法律の発議権は、首相および国会議員に競合して属する。

2　政府提出の法律案は、コンセイユ・デタの意見を徴した後、閣議で審議され、両議院のいずれかの議院の理事部に提出される。予算法案および社会保障財政法案は先に国民議会に付託される。第四四条1項を妨げることなく、地方公共団体の組織を主な対象とする法案は先に元老院に付託される。

3　国民議会または元老院への政府提出の法律案の提出は組織法の定める要件に応える。

4　政府提出の法律案は、最初に受理した議院の議長会議が組織法の定める規則が無視されていると認定した場合、これを議事日程に登録することができない。議長会議と政府の意見が一致しない場合、当該議院の議長または首相は憲法院に付託することができる。憲法院は八日の期間内に裁決する。

5　法律の定める要件に従い、議院の議長は当該議院の議員一名により提出された法律案を、当人が反対する場合を除き、委員会における審理の前に意見を徴するためにコンセイユ・デタに付託することができる。

第四〇条〔議員提出法案の制限〕

議員提出の法律案および修正案は、その採択の結果として、歳入の減少または歳出の創設もしくは増加を生ずるものである場合、これを受理することができない。

第四一条〔議員提出法案の管轄に関する争い〕

1　議員提出の法律案または修正案が法律の所管に属さず、または第三八条により認められた委任に反することが立法手続の過程で明らかとなった場合、政府または提出された議院の議長は不受理をもって対抗することができる。

2　政府と当該議院の議長の意見が一致しない場合、憲法院はそのいずれかの請求に基づき、八日の期間内に裁決する。

第四二条〔法案の審議〕

1　政府提出および議員提出の法律案の討議は、第四三条に従い付託された委員会により可決された法案、そうでなければ議院が受理した法案につき、会議において行われる。

2　ただし、憲法改正案、予算法案および社会保障財政法案の会議における討議は、最初に受理した議院の第一読会では、政府により提出された法案につき、また、その他の読会では他の議院により送付された法案につき行われる。

3　政府提出または議員提出の法律案の第一読会の会議における討議は、提出後六週間の期間が満了しなければ、最初に受理した議院においてこれを行うことができない。二番目に受理した議院における討議は、法案の送付後四週間の期間が満了しなければこれを行うことができない。

4　前項は、第四五条に定める要件に従い迅速手続が開始されたときは適用されない。前項は、予算法案、社会保障財政法案および危機状態に関する法案にも適用されない。

第四三条〔委員会への付託〕

1　政府提出および議員提出の法律案は審理のために常任委員会の一に送付される。常任委員会の数は各議院において八を限度とする。

2　政府提出または議員提出の法律案は、政府またはそれを受理した議院の請求に基づき、そのためにとくに指定された委員会に審理のために送付される。

第四四条〔修正権、一括投票〕

1　国会議員と政府は修正権を有する。この権利は、組織法の定める枠内において議院規則の定める要件に従い、会議または委員会において行使される。

2　討議の開始後、政府は、それまでに委員会に付託されなかったすべての修正案の審理に反対することができる。

3　政府が請求する場合、受理した議院は、討議中の法案の全部または一部について、政府により提案されまたは受け容れられた修正案のみを残して、一回の表決によりその意思を表明する。

第四五条〔合同委員会〕

1　すべての法律案は同一条文の採択を目的とし

て、国会の両議院において相次いで審理される。第四〇条および第四一条の適用を妨げることなく、すべての修正案は、それが提出されまたは送付された法案と間接的にでも関連があるときは、第一読会において受理することができる。

2　両議院の意見の不一致の結果、各議院による二回の読会の後に法律案が採択され得ない場合、または、政府が迅速手続の開始を決定し議長会議が共同でこれに反対しないときは各議院による一回の読会の後に法律案が採択され得ない場合、首相は、または議員提出法案について両議院の議長は共同で、討議中の規定に関し一の条文を提案する任にあたる各議院同数からなる合同委員会の開催を求める権能を有する。

3　合同委員会により起草される条文は、政府により、両議院に対しその承認を求めて付託されることができる。いかなる修正案も、政府の同意なくしては受理されることができない。

4　合同委員会が共通の条文の採択にいたらない場合、またはこの条文が前項に定める要件に従って採択されない場合、政府は、国民議会および元老院による新たな一読会の後、国民議会に対して最終的な裁決を要求することができる。この場合、国民議会は、合同委員会により起草された条文、あるいは国民議会により可決された最後の条文、場合によってはそれに元老院により採択された一または数個の修正案により変更を加えた条文を、再びとりあげることができる。

第四六条〔組織法〕

1　憲法により組織法の性格を付与された法律は、以下の要件に従って、表決され、また改正される。

2　法律案は第四二条3項に定める期間の満了後でなければ、第一読会において議院の審理および表決に付されることができない。ただし、第四五条に定める要件に従い迅速手続が開始された場合、法律案はその提出から一五日の期間の満了前に、最初に受理した議院の審理に付されることができない。

3　第四五条の手続はこれを適用することができる。ただし、両議院の意見が一致しない場合、法案は、国民議会の最終読会において、その構成員の絶対多数でなければ採択されることができない。

4　元老院に関する組織法は、両議院により同一の文言で可決されなければならない。

5　組織法は、その合憲性についての憲法院の宣言の後でなければこれに審署することができない。

第四七条〔予算法〕

1　国会は、組織法の定める要件に従い予算法案を表決する。

2　予算法案の提出後四〇日の期間内に、国民議会が最初の読会においてその意思を表明しない場合、政府はこれを元老院に付託する。元老院は一五日の期間内に裁決しなければならない。次いで、第四五条に定める要件に従い手続が行われる。

3　国会が七〇日の期間内にその意思を表明しない場合、予算法案の規定はオルドナンスによりこれを実施することができる。

4　一会計年度の歳入および歳出を定める予算法が、その会計年度の開始前に審署されるために十分な期間内に提出されなかった場合、政府は、租税を徴収することの許可を国会に対し緊急に要求し、かつ、議決された役務に関する支払いをデクレにより開始する。

5　本条に定める期間は、国会が会期中でない場合、停止される。

第四七条の一〔社会保障財政法〕

1　国会は、組織法の定める要件に従い社会保障財政法案を表決する。

2　社会保障財政法案の提出後二〇日の期間内に、国民議会が最初の読会においてその意思を表明しない場合、政府はこれを元老院に付託する。元老院は一五日の期間内に裁決しなければならない。次いで、第四五条に定める要件に従い手続が行われる。

3　国会が五〇日の期間内にその意思を表明しない場合、社会保障財政法案の規定はオルドナンスによりこれを実施することができる。

4　本条に定める期間は、国会が会期中でない場合で、かつ、各議院について第二八条2項に従い会議を開かないことが決定された週の期間中は、停止される。

第四七条の二〔会計検査院〕

1　会計検査院は政府の行動の統制について国会を補佐する。会計検査院は、予算法の執行および社会保障財政法の適用の監督ならびに公的政策の評価について国会および政府を補佐する。会計検査院は公開報告により市民への情報提供に貢献する。

2　公行政の会計は適正かつ厳正なものとする。会計は公行政の管理の成果、資産および財政状況を正確に表すものとする。

第四八条〔議事日程〕

1　第二八条末尾の三項の適用を妨げることなく、議事日程は各議院がこれを定める。

2　四のうち二の会議週間が、優先的に、かつ政府が定めた順序において、政府が議事日程への登録を要求する法案の審理および討議に留保される。

3　さらに、予算法案、社会保障財政法案、ならびに次項の規定の留保のもとに、少なくとも六週間前に他の議院により送付された法案、危機状態に関する法案および第三五条で対象とされている承認の要求に関する審理は、政府の請求に基づき議事日程に優先的に登録される。

4　四のうち一の会議週間が、優先的にかつ各議院の定める順序において、政府の行動の統制および公的政策の評価に留保される。

5　月に一の会議日が、当該議院の反対会派および少数会派の発議に基づき各議院が決めた議事日程に留保される。

6　第二九条に定める臨時会期の期間を含め、少なくとも週に一の会議が優先的に、国会議員の質問および政府の答弁に留保される。

第四九条〔信任・不信任の手続〕

1　首相は、閣議の審議の後、国民議会に対し、その綱領または時により一般政策の表明に関し、政府の責任をかける。

2　国民議会は、不信任案の表決により政府の責任を追及する。この不信任案は、国民議会議員の少なくとも一〇分の一により署名される場合でなければ、これを受理することができない。表決は不信任案の提出の四八時間後でなければ、行うことができない。不信任案に賛成する投票のみが数えられ、国民議会の構成員の過半数によらなければ採択されることができない。次項に定める場合を除き、国民議会議員は、同一の通常会期中は三を超える不信任案の、同一の臨時会期中は一を超える不信任案の署名者となることはできない。

3　首相は、閣議の審議の後、予算法案または社会保障財政法案の表決に関し国民議会に対して政府の責任をかけることができる。この場合、それに続く二四時間内に提出される不信任案が前項に定める要件に従って可決される場合を除き、この法案は採択されたものとみなされる。さらに、首相は一会期につき他の一の政府提出または議員提出の法律案についてこの手続に訴えることができる。

4　首相は、元老院に対し一般政策の表明の承認を求める権能を有する。

第五〇条〔不信任の効果〕

国民議会が不信任案を採択するとき、または国民議会が政府の綱領もしくは一般政策の表明を承認しないときは、首相は大統領に政府の辞表を提出しなければならない。

第五〇条の一〔政府の声明〕

いずれかの議院において、政府は、自らの発議または第五一条の一の意味における会派の要求に基づき、特定の事項に関しその意思を表明することができ、それについて討議が行われる。政府が決定する場合、意思表明は政府の責任をかけることなく表決の対象となることができる。

第五一条〔不信任手続と会期の延長〕

通常会期または臨時会期の閉会は、場合により、第四九条の規定の適用を可能とするために当然に延期される。これと同様な目的で、補充会議は当然に延期される。

第五一条の一〔会派の権利〕

各議院の議院規則は議院の内部において組織される会派の権利を定める。議院規則は当該議院の反対会派および少数会派に特別の権利を承認する。

第五一条の二〔調査委員会〕

1　第二四条1項に定める統制および評価の任務の遂行のため、法律の定める要件に従い情報データを収集する目的で各議院の内部に調査委員会を設置することができる。

2　調査委員会の組織および運営の規則については法律がこれを定める。委員会の設置の要件は各議院の議院規則により定める。

第六章　条約および国際協定

第五二条〔条約の交渉・批准〕

1　大統領は条約の交渉を行い、かつ批准する。

2　大統領は批准に付されない国際協定の締結を目的とするすべての交渉について報告を受ける。

第五三条〔条約の法律による批准〕

1　平和条約、通商条約、国際組織に関する条約または協定、国の財産を拘束する条約または協定、法律の性格を持つ規定を改正する条約または協定、人の身分に関する条約または協定、領土の割譲、交換または併合を内容とする条約または協定は、法律によるのでなければ批准され、または承認されることはできない。

2　前項の条約または協定は、批准または承認された後でなければ効力を生じない。

3　領土のいかなる割譲、いかなる交換、いかなる併合も、関係する住民の同意なしには有効でない。

第五三条の一〔庇護権〕

1　共和国は、庇護ならびに人権および基本的自由の保護に関し共和国の義務と同一の義務を負う欧州諸国と、提出された庇護の申請を審査する各国の権限を定める協定を締結することができる。

2　ただし、共和国の諸機関は、協定によれば申請がその管轄外にある場合においても、自由のための活動を理由に迫害され、または他の理由でフランスの保護を求めるすべての外国人に対し、庇護を付与する権能を常に有する。

第五三条の二〔国際刑事裁判所〕

共和国は、一九九八年七月一八日に調印された条約の定める要件に従い、国際刑事裁判所の権限を承認することができる。

第五四条〔違憲の国際的取極めの批准・承認〕

大統領、首相、いずれかの議院の議長、または六〇名の国民議会議員もしくは六〇名の元老院議員の提訴により、憲法院が、国際的取極めが憲法に反する条項を含むと宣言した場合、これを批准または承認することの許可は、憲法改正の後でなければ行うことができない。

第五五条〔条約・協定の効力〕

適正に批准または承認された条約または協定は、それぞれの協定または条約についての他方の当事国によるその適用の留保のもとに、その公布後直ちに法律の権威に優越する権威を有する。

第七章　憲法院

第五六条〔憲法院の構成、任期〕

1　憲法院は九名の委員を含み、その任期は九年で、再任されることはできない。憲法院は三年ごとに三分の一ずつ更新される。委員の三名は大統領により、三名は国民議会議長により、三名は元老院議長により任命される。第一三条の末尾の項に定める手続はこれらの任命に適用される。各議院の議長により行われる任命は当該議院の権限を有する常任委員会の意見のみに従う。

2　前項に定める九名の委員に加えて、元大統領は当然に終身的に憲法院に属する。

3　憲法院院長は大統領により任命される。院長は同数の場合に裁決権を有する。

第五七条〔委員の兼職禁止〕

憲法院委員の職務は、大臣または国会議員の職務と両立しない。その他の兼職禁止については組織法によりこれを定める。

第五八条〔大統領選挙に関する権限〕

1　憲法院は大統領選挙の適法性を監視する。

2　憲法院は異議申立てを審理し、投票の結果を公表する。

第五九条〔国会議員選挙に関する権限〕

憲法院は、争訟の場合、国民議会議員および元老院議員の選挙の適法性について裁決する。

第六〇条〔国民投票に関する権限〕

憲法院は第一一条、第八九条および第一五章に定める国民投票の実施の適法性を監視し、その結果を公表する。

第六一条〔法律の合憲性審査〕

1　組織法はその審署の前に、第一一条に掲げる法律案は国民投票に委ねられる前に、両議院の議院規則はその施行前に、憲法院に付託されなければならず、憲法院はその合憲性について意見を表明する。

2　同様な目的で、法律は、その審署の前に、大統領、首相、国民議会議長、元老院議長または六〇名の国民議会議員もしくは六〇名の元老院議員により、憲法院に付託されることができる。

3　前二項に定める場合、憲法院は一カ月の期間内に裁決しなければならない。ただし、緊急の場合、政府の請求に基づき、この期間は八日に短縮される。

4　以上の場合において、憲法院への提訴は審署の期間を停止する。

第六一条の一〔違憲の抗弁〕

1　裁判所において進行中の手続の際に、法律の規定が憲法の保障する権利および自由を侵害しているとの主張がなされた場合、憲法院は、定められた期間内に意見を表明するコンセイユ・デタまたは破毀院からの移送に基づきこの問題について付託されることができる。

2　本条の適用の要件については組織法によりこれを定める。

第六二条〔憲法院の裁決の効果〕

1　第六一条に基づき違憲と宣言された規定は、審署されることも、施行されることもできない。

2　第六一条の一に基づき違憲と宣言された規定は、憲法院の裁決の公表のときから、またはこの裁決の定める後日から廃止される。憲法院は規定により生じた効力が再検討されうるための要件および範囲を定める。

3　憲法院の裁決に対してはいかなる不服申立ても行うことはできない。憲法院の裁決は、公権力、すべての行政および裁判の機関を拘束する。

第六三条〔憲法院に関する組織法〕
憲法院の組織と運営の規則、憲法院への提訴手続、とくに争訟について提訴するために認められる期間については組織法によりこれを定める。

第八章　司法権

第六四条〔司法権の独立、裁判官の身分保障〕
1　大統領は司法権の独立を保障する。
2　大統領は司法官職高等評議会により補佐される。
3　司法官の身分については組織法によりこれを定める。
4　裁判官は罷免されない。

第六五条〔司法官職高等評議会の構成、権限〕
1　司法官職高等評議会は、裁判官について権限を有する部会と検察官について権限を有する部会を含む。
2　裁判官について権限を有する部会は破毀院院長により主宰される。部会はさらに、五名の裁判官、一名の検察官、コンセイユ・デタにより指名される一名のコンセイユ・デタ評議官、一名の弁護士、および国会にも司法界にも行政界にも属さない六名の有識者を含む。大統領、国民議会議長および元老院議長はそれぞれ二名の有識者を任命する。第一三条の末尾の項に定める手続は有識者の任命に適用される。各議院の議長により行われる任命は当該議院の権限を有する常任委員会の意見のみに従う。
3　検察官について権限を有する部会は破毀院検事長により主宰される。部会はさらに、五名の検察官、一名の裁判官、一名のコンセイユ・デタ評議官、一名の弁護士および2項に掲げる六名の有識者を含む。
4　裁判官について権限を有する部会は破毀院の裁判官の任命、控訴院院長の任命および大審裁判所所長の任命について提案を行う。その他の裁判官は裁判官について権限を有する部会の拘束的意見に基づき任命される。
5　検察官について権限を有する部会は検察官の任命についてその意見を述べる。
6　裁判官について権限を有する部会は裁判官の懲戒評議会として裁決を行う。この場合、部会は2項で対象とされている委員のほか、検察官について権限を有する部会に属する裁判官を含む。
7　検察官について権限を有する部会は検察官の懲戒罰についてその意見を述べる。この場合、部会は3項で対象とされている委員のほか、裁判官について権限を有する部会に属する検察官を含む。
8　司法官職高等評議会は大統領が第六四条の資格で行う意見表明の要求に応えるため総会として集会する。評議会は、総会において司法大臣が付託する司法官の職業倫理に関する問題および司法の運営に関するすべての問題について意見を表明する。総会は2項に掲げる五名の裁判官の内の三名の裁判官、3項に掲げる五名の検察官の内の三名の検察官、ならびに2項に掲げるコンセイユ・デタ評議官、弁護士および六名の有識者を含む。総会は破毀院院長により主宰されるが、破毀院検事長は院長を代行することができる。
9　司法大臣は、懲戒の場合を除き司法官職高等評議会の部会の会議に参加することができる。
10　司法官職高等評議会は組織法の定める要件に従い一名の当事者により付託されることができる。
11　本条の適用の要件については組織法によりこれを定める。

第六六条〔恣意的拘禁の禁止〕
1　何人も恣意的に拘禁されることができない。
2　司法権は、個人的自由の守護者であり、法律の定める要件に従い、この原理の尊重を確保する。

第六六条の一〔死刑の廃止〕
何人も死刑を宣告されることはできない。

第九章　高等院

第六七条〔大統領の無答責〕
1　大統領は、第五三条の二および第六八条の規定の留保のもとに、その資格において行った行為について責任を負わない。
2　大統領はその任期中、フランスのいかなる裁判所または行政機関においても、証言を要請されることはできず、訴訟、予審、事前手続または追及の対象となることもできない。時効または失権の期間はすべて停止される。
3　このように妨げられた審理および手続は、職務の停止から一カ月の期間の満了後にこれを再開し、または開始することができる。

第六八条〔罷免の手続〕
1　大統領はその権限の行使と明らかに両立しない義務違反の場合を除いて罷免されることができない。罷免は高等院として組織される国会により宣告される。

2　一の議院により可決された高等院の集会の提案は直ちに他の議院に送付され、他の議院は一五日以内にその意思を表明する。

3　高等院は国民議会議長により主宰される。高等院は罷免について一カ月の期間内に秘密投票で裁決を行う。その決定は即時効力を持つ。

4　本条を適用して行われる決定は当該議院または高等院を構成する議員の三分の二の多数により行われる。投票の委任はすべて禁止される。高等院の集会の提案または罷免に賛成する投票のみが数えられる。

5　本条の適用の要件については組織法によりこれを定める。

第一〇章　政府閣僚の刑事責任

第六八条の一〔閣僚の刑事責任、共和国法院〕

1　政府閣僚は、その職務の行使において行った行為で、それがなされたときに重罪または軽罪に該当した行為について刑事責任を負う。

2　政府閣僚は共和国法院により裁判される。

3　共和国法院は、法律から生ずる重罪および軽罪の定義ならびに刑罰の決定に拘束される。

第六八条の二〔共和国法院の構成、手続〕

1　共和国法院は、国民議会の総選挙または元老院の通常選挙後、それぞれの議院によりその内部から同数で選出される一二名の議員と、三名の破毀院の裁判官の、一五名の裁判官を含む。破毀院の裁判官の内の一名が共和国法院を主宰する。

2　政府閣僚がその職務の行使において犯した重罪または軽罪により損害を受けたと主張する者はすべて、予審委員会に告訴することができる。

3　予審委員会は、手続の終了、または共和国法院への訴追のための破毀院検事長への移送を命ずる。

4　同様に破毀院検事長は、予審委員会の拘束的意見に基づき、職権により共和国法院に訴追することができる。

5　本条の施行の要件については組織法によりこれを定める。

第六八条の三〔遡及的適用〕

本章の規定は、その施行前になされた行為にこれを適用する。

第一一章　経済社会環境評議会

第六九条〔法律案への意見〕

1　経済社会環境評議会は、政府の申立てにより、付託された政府提出の法律案、オルドナンスまたはデクレの案ならびに議員提出の法律案についてその意見を述べる。

2　経済社会環境評議会に付託されたそれらの案について評議会の意見を両議院に対して説明するために、評議会はその構成員の一人を指名することができる。

3　経済社会環境評議会は組織法の定める要件に従い請願により付託されることができる。請願の審査の後、評議会はその結果を政府および国会に通知する。

第七〇条〔政府および国会による諮問〕

経済社会環境評議会は、すべての経済的、社会的または環境的性格の問題について、政府および国会により諮問を受けることができる。政府は同様に、公財政の多年度の方針を定める計画策定法案について諮問することができる。経済的、社会的または環境的性格を持つすべての計画または計画策定法案は、意見を徴するため経済社会環境評議会に付託される。

第七一条〔構成、運営〕

経済社会環境評議会の構成およびその運営の規則については組織法によりこれを定める。委員の数は二三三を超えることができない。

第一一章の二　権利擁護官

第七一条の一〔権利擁護官の任命・権限〕

1　権利擁護官は、国家行政、地方公共団体、公施設、および公役務の任務を与えられたすべての組織、または組織法が権利擁護官に権限を付与するすべての組織による権利および自由の尊重を監視する。

2　権利擁護官は、組織法の定める要件に従い、1項で対象とされている公役務または組織の活動により損害を受けたと考えるすべての人によって付託されることができる。権利擁護官は職権により自ら付託することができる。

3　権利擁護官の権限および関与の態様については組織法がこれを定める。組織法は、権利擁護官が一定の権限の行使について機関により補佐されることができる要件を定める。

4　権利擁護官は、第一三条末尾の項に定める手続の実施後に大統領により六年の任期で任命される。任期は更新できない。権利擁護官の職務は政府閣僚および国会議員の職務と両立しない。その他の兼職禁止は組織法によりこれを定める。

5　権利擁護官は大統領および国会にその活動を報告する。

第一二章　地方公共団体

第七二条〔地方公共団体の種類、権限〕

1　共和国の地方公共団体は市町村、県、州、特別公共団体および第七四条の規律する海外公共団体である。その他のすべての地方公共団体は、場合により本項に掲げる一または数個の公共団体に代わり、法律により設けられる。

2　地方公共団体は、その段階において最も良く行使することができる権限の全体につき決定を行う資格を有する。

3　法律の定める要件に従い、これらの公共団体は選出される議会により自由に行政を行い、その権限の行使のために命令制定権を有する。

4　組織法の定める要件に従い、また、公的自由または憲法上保障された権利の行使の本質的条件に関わる場合を除いて、地方公共団体またはその連合は、場合に応じ法律または命令の定めがあるときは、実験的にかつ限定された対象および期間につき、その権限行使を規律する法律または命令の規定に違反することができる。

5　いかなる地方公共団体も他の地方公共団体に対して後見監督を行うことはできない。ただし権限の行使が複数の地方公共団体の協力を必要とする場合、法律は一の地方公共団体または一の連合に対し共同行動の方式を編成することを許可することができる。

6　共和国の地方公共団体において、国の代表者、すなわち各政府閣僚の代表者は、国家的利益、行政上の監督および法律の尊重の任にあたる。

第七二条の一〔住民投票〕

1　各地方公共団体の選挙人が請願権の行使により、その公共団体の権限に属する問題を議会の議事日程に登録するよう請求することができる要件については、法律によりこれを定める。

2　組織法の定める要件に従い、地方公共団体の権限に属する審議または行為の提案はこれを、公共団体の発議に基づき、その公共団体の選挙人の住民投票による決定に付託することができる。

3　特別地方公共団体を設置し、またはその組織を変更しようとする場合、法律により、関係する公共団体において登録された選挙人の意見を問うことを決定することができる。また地方公共団体の境界を変更する場合も、法律の定める要件に従い選挙人の意見を問うことができる。

第七二条の二〔財政自主権〕

1　地方公共団体は法律の定める要件に従い自由に利用することができる財源を有する。

2　地方公共団体はあらゆる性質の税収の全部または一部を徴収することができる。法律は地方公共団体に対し、その定める限度内で租税の基礎および税率を定めることを許可することができる。

3　地方公共団体の税収およびその他の固有の収入は、公共団体の各類型において、その財源全体の決定的な比率を占める。この規則が実施される要件は組織法によりこれを定める。

4　国と地方公共団体の間の権限委譲はすべて、その権限の行使に割り当てられていた財源と等価の財源の付与を伴う。地方公共団体の支出の増加をもたらす権限の創設または拡大はすべて、法律の定める財源を伴う。

5　法律は地方公共団体間の平等を促進するための調整策を定める。

第七二条の三〔海外の地方公共団体のリスト〕

1　共和国は、自由、平等、友愛という共通の理想の中で、フランス人民の内部に海外の住民を承認する。

2　グアドループ、ギアナ、マルチニック、レユニオン、マイヨット、サン・バルテルミー、サン・マルタン、サン・ピエール・エ・ミクロン、ワリス・エ・フツナ諸島およびフランス領ポリネシアは、海外県、海外州、および第七三条末尾の項に従い設置される地方公共団体についてし第七三条により、その他の公共団体については第七四条により規律される。

3　ニューカレドニアの地位は第一三章により規律される。

4　フランスが領有する南極周辺の諸島、南極大陸およびクリッパートンの立法制度と特別な組織は法律によりこれを定める。

第七二条の四〔制度の変更〕

1　第七二条の三２項に掲げる一の公共団体の全部または一部につき、第七三条と第七四条の定める制度の一方から他方へのいかなる変更も、次項に定める要件に従い関係する公共団体の選挙人またはその関係する部分の選挙人の同意が事前に得られるのでなければ、これを行うことができない。この制度の変更は組織法により決定する。

2　大統領は、官報に登載された会期中の政府の提案または両議院の共同の提案に基づき、海外の地方公共団体の組織、権限または立法制度に関する問題について当該団体の選挙人の意見を問うことを決定することができる。住民投票が前項に定める変更に関わるものであり、かつそれが政府の提案に基づき組織される場合、政府は各議院においてその意思を表明し、それに続いて討議が行われる。

第七三条〔海外の県および州〕

1 海外の県および州においては、法律と命令が当然に適用される。法律と命令は、これらの公共団体の特別な性格と制約を根拠とする調整の対象とすることができる。

2 この調整は、これらの公共団体が、その権限に属する事項について、かつ、場合に応じて法律または命令による授権がある場合に決定することができる。

3 1項にもかかわらず、その特殊性を考慮して、本条の規律する公共団体は、法律または命令の所管に属する限定された事項について、その区域に適用される規則を自ら定めることを場合に応じて法律または命令により授権されることができる。

4 この規則は国籍、公民権、公的自由の保障、人の身分および能力、司法組織、刑法、刑事訴訟手続、外交政策、防衛、公の安全および秩序、通貨、貸付および為替、ならびに選挙法を対象とすることはできない。この列挙は組織法によりこれを明確にし、補完することができる。

5 前二項に定める規定はレユニオンの県および州に適用されない。

6 2項および3項に定める授権は、関係する公共団体の請求に基づき、組織法の定める要件および留保のもとに決定する。授権は、公的自由または憲法上保障された権利の行使の本質的条件が関わる場合はこれを行うことができない。

7 法律による海外県および海外州に代わる一の公共団体の設置またはこれら二個の公共団体を対象とする一の議会の設置は、第七二条の四2項に定める手続に従い、当該公共団体の管轄区域に登録された選挙人の同意が得られるのでなければ、これを行うことができない。

第七四条〔海外の公共団体の特別な地位〕

1 本条により規律される海外の公共団体は、共和国の内部において各公共団体の固有の利益を考慮した地位を持つ。

2 この地位は、議会の意見を徴した後に採択される組織法によりこれを定める。組織法は次の事項を定める。

――法律および命令が海外の公共団体に適用されるための要件。

――公共団体の権限。ただし、公共団体により既に行使されている権限を除き、国の権限の委譲は、第七三条4項において列挙され、場合により組織法により明確にされ補完された事項を対象とすることができない。

――公共団体の諸制度の組織と運営の規則および議会の選挙制度。

――公共団体に特別な規定を含む法律案、オルドナンス案またはデクレ案について、また公共団体の権限に属する事項に関し締結された国際的取極めの批准または承認について、公共団体の諸機関が意見を求められるための要件。

3 組織法は同じく、自治権を付与された海外の公共団体の諸制度について、次の要件を定めることができる。

――権限の行使により法律の所管に介入する議会の一定の類型の行為に対して、コンセイユ・デタが行う特別な裁判的統制の要件。

――公共団体の法令の発効後に審署された法律について、とくに公共団体の諸機関の申立てを受けて、憲法院が法律がその公共団体の権限の領域に介入したことを認定した場合、議会がこの法律を改正するための要件。

――公共団体が、就職、就業活動のための営業権、または不動産の保護に関して、住民のために、地方の必要性により正当化される措置をとるための要件。

――公共団体が、公的自由の行使のために国土全体において認められる保障を尊重して、国の監督のもとに、国が保持する権限の行使に関与するための要件。

4 本条に属する公共団体の特別な組織のその他の態様は、議会の意見を徴した後、法律により定められ、また改正される。

第七四条の一〔本国法の適用〕

1 政府は、第七四条で対象とされている海外の公共団体およびニューカレドニアにおいて、国の権限に属する事項に関し、オルドナンスにより、本国で施行されている法律の性格を持つ規定を必要な調整を行ったうえで拡大適用することができ、または、施行されている法律の性格を持つ規定を当該公共団体の特別な組織に適合させることができる。ただし、法律が当該規定についてこの手続の実施を明示的にしりぞけた場合はこのかぎりではない。

2　オルドナンスは、関係する議会およびコンセイユ・デタの意見を徴した後、閣議において定められる。オルドナンスはその公布後直ちに施行される。オルドナンスは公布後一八ヵ月の期間内に国会が追認しない場合、その効力を失う。

第七五条〔共和国市民の身分〕

第三四条で唯一対象とされている普通法による民事上の身分を持たない共和国の市民は、その属人的身分を、それを放棄しないかぎり、保持する。

第七五条の一〔地域言語〕

地域の言語はフランスの財産に属する。

第一三章　ニューカレドニアに関する経過規定

第七六条〔ヌメア協定に関する住民投票〕

1　ニューカレドニアの住民は、一九九八年五月五日にヌメアにおいて調印され、一九九八年五月二七日にフランス共和国の官報に登載された協定の諸規定について、一九九八年一二月三一日までに意見を表明する。

2　一九八八年一一月九日の法律第一〇二八号第二条に定める要件を満たす者は、投票への参加を認められる。

3　投票の組織化に必要な措置については、コンセイユ・デタの議を経て閣議において議決されたデクレによりこれを定める。

第七七条〔ニューカレドニアの特別な組織〕

1　第七六条に定める住民投票による協定の承認の後、ニューカレドニア議会の意見を徴した後に採択される組織法が、ニューカレドニアの発展を確保するため、協定により定める方針を尊重して、かつ協定の実施に必要な方式に従い、次の事項を定める。

――ニューカレドニアの諸機関に最終的に移譲される国の権限、移譲の工程および方式ならびに移譲により生ずる経済的負担の分配。

――ニューカレドニアの諸機関の組織および運営の規則、とくにニューカレドニア議会の一定の類型の行為が公布前に憲法院の統制に服するための要件。

――市民資格、選挙制度、雇用および慣習による民事上の身分に関する規則。

――ニューカレドニアの関係住民が完全な主権の達成について意見を表明するための要件および期間。

2　第七六条に掲げる協定の実施に必要なその他の措置については、法律によりこれを定める。

3　ニューカレドニア議会および州議会の議員を選出する選挙人団の定義については、第七六条に掲げる協定ならびにニューカレドニアに関する一九九九年三月一九日の組織法第二〇九号第一八八条および一八九条が参照する名簿は、前記の第七六条に定める投票の際に作成され、投票への参加が認められない者を含む名簿のことである。

第一四章　フランス語圏および提携協定

第八七条〔フランス語圏〕

共和国はフランス語を共有する国家および人民の間の連帯および協力の発展に関与する。

第八八条〔提携協定の締結〕

共和国は、その文明を発展させるために共和国と提携することを希望する国家と協定を締結することができる。

第一五章　欧州連合

第八八条の一〔欧州連合への加盟〕

共和国は、二〇〇七年一二月一三日にリスボンで調印された条約に由来する欧州連合条約および欧州連合運営条約に従い一定の権限を共同行使することを自由に選択した国家により構成される欧州連合に加盟する。

第八八条の二〔欧州逮捕状〕

欧州逮捕状に関する規則については、欧州連合の諸機関により行われる行為に従い、法律によりこれを定める。

第八八条の三〔欧州連合市民の市町村会選挙権〕

相互主義の留保のもとに、かつ、一九九二年二月七日に調印された欧州連合条約の定める方式に従い、市町村会選挙の選挙権および被選挙権は、これをフランスに居住する欧州連合市民にのみ付与することができる。これらの市民は市町村長または助役の職務を行使することも、元老院議員選挙の選挙人の指名および元老院議員の選出に関与することもできない。本条の施行の要件については、両議院が同一の文言で可決する組織法によりこれを定める。

第八八条の四〔議院の権限〕

1　政府は欧州の立法行為案および欧州連合のその他の行為案が欧州連合理事会に送付された後直ちに、これを国民議会および元老院に付託する。

2　欧州に関する決議は、各議院の議院規則の定める方式に従い、場合により会期外において、1項に掲げる提案および欧州連合の機関から発せられるすべての文書についてこれを採択することができる。

3　各議院の内部に欧州問題を担当する委員会が設置される。

第八八条の五〔国民投票への付託〕

1　欧州連合への国家の加盟に関する条約の批准を承認するすべての法律案は、大統領により国民投票に付される。

2　ただし、各議院により五分の三の多数で同一の文言で採択される動議の表決により、国会は第八九条3項に定める手続に従い法律案の採択を承認することができる。

第八八条の六〔補完性の原則の統制〕

1　国民議会または元老院は、補完性の原則への欧州立法行為案の適合性について、理由を付した意見を表明することができる。意見は当該議院の議長により、欧州議会議長、理事会議長および欧州委員会委員長に送付される。政府はこのことについて報告を受ける。

2　各議院は、欧州立法行為について、補完性の原則違反を理由に欧州連合司法裁判所に訴えを提起することができる。この訴えは政府により欧州連合司法裁判所に伝達される。

3　この目的のため、決議は、場合により会期外において、各議院の議院規則の定める発議および討議の方式に従い、これを採択することができる。六〇名の国民議会議員または六〇名の元老院議員の請求に基づき、訴えが当然に行われる。

第八八条の七〔国会の権限〕

二〇〇七年一二月一三日にリスボンで調印された条約に由来する欧州連合条約および欧州連合運営条約が条約の簡略化された改正または民事司法協力について定める場合において、国会は、国民議会および元老院により同一の文言で採択される動議の表決により、欧州連合の行為の採択規則の改正に反対することができる。

第一六章　改正

第八九条〔改正の発議、手続、制限〕

1　憲法の改正の発議は、首相の提案に基づく大統領、および国会議員に競合して属する。

2　政府提出または議員提出の改正案は、第四二条3項に定める期間の要件に従い審理され、両議院により同一の文言で可決されなければならない。改正は、国民投票により承認された後に、確定的となる。

3　ただし、政府提出改正案は、大統領が両院合同会議として召集される国会に付託することを決定するときは、国民投票に付されない。この場合、改正案は有効投票の五分の三の多数を集めなければ承認されない。両院合同会議の理事部は国民議会の理事部とする。

4　領土の一体性が侵害されているときは、いかなる改正手続も、着手され、または継続されることができない。

5　共和政体はこれを改正の対象とすることができない。

人および市民の権利宣言
（一七八九年）

国民議会として組織されたフランス人民の代表者たちは、人の権利についての無知、忘却または軽視が公衆の不幸と政府の腐敗の唯一の原因であることにかんがみて、人の譲渡不可能かつ神聖な自然権を、一つの厳粛な宣言において提示することを決意した。この宣言が社会体の全構成員の心に常に残り、彼らの権利と義務を不断に想起させるために。立法権および執行権の行為が、あらゆる政治制度の目的と絶えず比較されうることで、よりいっそう尊重されるために。市民の要求が、今後、簡潔かつ確実な諸原理に立脚することで、憲法の維持および万人の幸福へと不断に向かうために。

したがって国民議会は、最高存在の面前において、かつ、その庇護のもとに、以下の人および市民の権利を承認し宣言する。

第一条〔自由および権利の平等〕

人は自由かつ権利において平等なものとして出生し、かつ生存する。社会的差別は、共同の利益に基づくのでなければ、設けることができない。

第二条〔政治的結合の目的〕

あらゆる政治的結合の目的は、人の時効によって消滅することのない自然権の保全である。これらの権利は、自由、所有、安全、および圧制への抵抗である。

第三条〔国民主権〕

あらゆる主権の根源は本質的に国民に存する。いかなる団体も、またいかなる個人も、国民から明示的に発していない権力を行使することはできない。

第四条〔自由の意味、権利行使の限界〕

自由は、他人を害しないすべてのことをなしうることに存する。したがって各人の自然権の行使は、社会の他の構成員にこれらと同一の権利の享有を確保すること以外の限界を持たない。これらの限界は、法律によらなければ定めることができない。

第五条〔法律による禁止〕

法律は、社会に有害な行為でなければ、禁止する権利を持たない。法律により禁止されていないすべてのことは妨げることができず、また、何人も法律が命じていないことをなすように強制されえない。

第六条〔一般意思の表明としての法律、立法協力権、公務就任権〕

法律は一般意思の表明である。すべての市民は、自らまたはその代表者により、法律の形成に協力する権利を有する。法律は、保護する場合であれ、処罰する場合であれ、万人に対して同一でなければならない。すべての市民は法律の目からは平等であるから、その能力に従い、かつ、徳性および才能以外の差別なく、平等にあらゆる公の顕職、地位および職務に就任することができる。

第七条〔身体の自由と適法手続〕

何人も、法律の定めた場合で、かつ、法律の命じた手続によるのでなければ、訴追され、逮捕され、または拘禁されえない。恣意的な命令を請願し、発令し、執行しまたは執行させる者は、処罰されなければならない。ただし、法律により召喚され、または逮捕されたすべての市民は、直ちに従わなければならない。その者は、抵抗により有罪となる。

第八条〔罪刑法定主義〕

法律は、厳格かつ明白に必要な刑罰でなければ、定めてはならず、何人も、犯罪行為に先立って制定され、公布され、かつ、適法に適用された法律によらなければ、処罰されえない。

第九条〔無罪の推定〕

何人も、有罪を宣告されるまでは無罪と推定されるから、逮捕が不可欠と判断される場合でも、その身柄の確保にとって必要でないような苛酷な措置はすべて、法律により厳しく抑制されなければならない。

第一〇条〔意見の自由〕

何人も、その意見について、たとえそれが宗教的なものでも、その表明が法律により定められた公序を乱さないかぎり、不安を与えられてはならない。

第一一条〔言論・出版の自由〕

思想および意見の自由な伝達は、人のもっとも貴重な権利の一つである。したがってすべての市民は、法律により定められた場合にこの自由の濫用について責任を負うことを除き、自由に発言し、記述し、印刷することができる。

第一二条〔公的力〕

人および市民の権利の保障は、一つの公的力を必要とする。したがってこの力は、万人の利益のために設けられるのであり、それが委託される者の個人的利益のために設けられるのではない。

第一三条〔共同の租税〕

公的力の維持および行政的支出のため、共同の租税が不可欠である。共同の租税は、すべての市民の間で、その能力に応じて平等に分担されなければならない。

第一四条〔租税に関する権利〕

すべての市民は、自らまたはその代表者により、公的租税の必要性を確認し、これを自由に承認し、その使途を注視し、かつ、その税額、基礎、徴収および期間を決定する権利を有する。

第一五条〔行政の報告を求める権利〕

社会は、すべての公務員に対し、その行政について報告を求める権利を有する。

第一六条〔権利の保障、権力分立〕

権利の保障が確保されておらず、また、権力の分立が定められていないすべての社会は、憲法を持たない。

第一七条〔所有、正当かつ事前の補償〕

所有は神聖かつ不可侵の権利であるから、何人も、適法に確認された公的必要性が明白にそれを要請する場合で、かつ、正当かつ事前の補償という要件のもとでなければ、これを奪われえない。

第四共和国憲法〔抄〕（一九四六年）

前文

人を隷属させ堕落させることを企てた体制に対し自由な人民が獲得した勝利の直後において、フランス人民は、すべての人が人種、宗教、信条の差別なく譲渡不可能かつ神聖な権利を保持することを、改めて宣言する。フランス人民は、一七八九年の権利宣言により認められた人および市民の権利と自由、ならびに共和国の諸法律により承認された基本原則を、厳粛に再確認する。

フランス人民はさらに、現代にとくに必要なものとして、以下の政治的、経済的および社会的諸原則を宣言する。

法律は、女性に対し、すべての分野において、男性の権利と同等の権利を保障する。

自由のための活動を理由に迫害されたすべての者は、共和国の領土において庇護を受ける権利を有する。

各人は、労働する義務および雇用される権利を有する。何人も、労働または雇用において、その出生、意見または信条を理由に不利益を受けることがあってはならない。

何人も、組合活動により自己の権利および利益を守り、またその選択する組合に加入することができる。

同盟罷業の権利は、これを規律する法律の枠内において行使される。

すべての労働者は、その代表者を介して、労働条件の集団的決定および企業の管理に参加する。

その運用が全国的な公役務または事実上の独占の性格を有し、または獲得するすべての財産、すべての企業は、公的団体の所有物とならなければならない。

国は、個人および家族に対し、その発達に必要な条件を確保する。

国は万人、とくに子ども、母親および高齢の労働者に対し、健康の保護、物質的安定、休息および余暇を保障する。年令、肉体的または精神的状態、経済的状況のために労働できない者はすべて、公的団体からそれ相応の生活手段を得る権利を有する。

国は、国家的災禍から生じた負担におけるすべてのフランス人の連帯と平等を宣言する。

国は、子どもおよび大人の、教育、職業訓練および教養への平等なアクセスを保障する。あらゆる段階での無償かつ非宗教的な公教育の組織化は、国家の義務である。

フランス共和国は、その伝統に忠実であるものとして、国際公法の規則に従う。フランス共和国は、征服を目的とするいかなる戦争も企てず、また、いかなる人民の自由に対しても武力を一切行使しない。

相互主義の留保のもとに、フランスは、平和の組織化と擁護に必要な主権の制限に同意する。

フランスは、海外の諸人民とともに、人種、宗教の差別なく、権利および義務の平等に立脚する連合を形成する。

フランス連合は、各々の文明を発達させ、幸福を増大させ、かつ、安全を確保するためその資源および努力を共同のものとし、あるいはこれらを調整する諸国および諸人民により構成される。

その伝統的使命に忠実であるものとして、フランスは、自らが引き受けた諸人民を、自治を行う自由、およびその固有の事務を民主的に管理する自由へと導くことを欲する。フランスは、恣意に立脚する植民体制を一切排除し、万人に対し、公職への平等な就任、および、上に宣言されまたは確認された権利と自由の個人的または集団的行使を保障する。

二〇〇四年の環境憲章

フランス人民は、
自然界の資源と均衡が人類の出現を条件づけたことを考慮し、
人類の未来と存続そのものが人類を取り巻く自然環境と不可分であることを考慮し、
環境が人類共通の財産であることを考慮し、
人間が生命存続の条件と自身の進化に対する影響力を増大させていることを考慮し、
生物の多様性、人間の開花および人間社会の進歩が、一定の消費様式または生産様式により、また、天然資源の過度の開発により影響を受けることを考慮し、
環境の保護が国の他の基本的利益と同様に追求されなければならないことを考慮し、
持続可能な発展を確保するため、現在の欲求に応えるための選択が、将来の世代および他の人民が有している自己の欲求を充足する能力を侵してはならないことを考慮し、
宣言する。

第一条〔環境に対する権利〕
各人は、均衡がとれ、かつ健康が大切にされる環境の中で生きる権利を有する。

第二条〔保護・改善の義務〕
何人も、環境の保護と改善に参加する義務を有する。

第三条〔損害防止の義務〕
何人も、法律の定める要件に従い、環境に与え得る被害を防止し、もしくは、それができない場合は被害の影響を抑えなければならない。

第四条〔賠償の義務〕
何人も、法律の定める要件に従い、環境に与える損害の賠償に貢献しなければならない。

第五条〔予防の原則〕
科学的知識の現段階では損害の発生が不確実であっても、環境に重大かつ不可逆的な影響を与える可能性がある場合、公の機関は、予防の原則に基づきその権限の範囲内で、危険評価手続の実施と、損害発生の回避のための一時的かつ均衡のとれた措置の採択に留意する。

第六条〔持続可能な発展の促進〕
公的政策は持続可能な発展を促進しなければならない。このため公的政策は、環境の保護と利用、経済の発展および社会の進歩を調和させる。

第七条〔情報および参加への権利〕
何人も、法律の定める要件および限度内において、公の機関の保有する環境に関する情報を入手する権利、および環境に影響を与える公的決定の策定に参加する権利を有する。

第八条〔環境教育〕
環境に関する教育および育成は、本憲章の定める権利と義務の行使に貢献しなければならない。

第九条〔研究・イノベーションの協力〕
研究およびイノベーションは環境の保護と利用に協力しなければならない。

第一〇条〔欧州および国際社会におけるフランスの行動〕
本憲章は欧州および国際社会におけるフランスの行動指針となる。

17　ベルギー王国

武居一正

解説　484

ベルギー国憲法　493

第Ⅰ編　ベルギー連邦、その構成および領土……四九三
第Ⅰ編の二　ベルギー連邦、共同体および地域圏の一般政策の目標……四九三
第Ⅱ編　ベルギー国民およびその権利……四九三
第Ⅲ編　権力……四九五
第一章　連邦議会……四九七
第一節　下院……四九九
第二節　上院……四九九
第二章　連邦立法権……五〇一
第三章　国王および連邦政府……五〇二
第一節　国王……五〇二
第二節　連邦政府……五〇三
第三節　権能……五〇四
第四章　共同体および地域圏……五〇五
第一節　機関……五〇五
§1　共同体および地域圏議会……五〇五
§2　共同体および地域圏政府……五〇六
第二節　権能……五〇六
§1　共同体の権能……五〇七
§2　地域圏の権能……五〇八
§3　特別規定……五〇八
第五章　憲法裁判所、権能抵触の予防および解決……五〇八
第一節　権能抵触の予防……五〇八
第二節　憲法裁判所……五〇九
第三節　利害対立の予防および解決……五〇九
第六章　司法権……五〇九
第七章　コンセイユ・デタおよび行政裁判所……五一一
第八章　州および市町村制度……五一二
第Ⅳ編　国際関係……五一三
第Ⅴ編　財政……五一四
第Ⅵ編　公的な力……五一五
第Ⅶ編　一般規定……五一五
第Ⅷ編　憲法改正……五一五
第Ⅸ編　発効および経過規定……五一七

解説

一　独立への歩み

現在のベルギーの地は、九世紀（シャルルマーニュ大帝以後）から一八世紀末まで、いくつかの領邦に分かれ、戦争や結婚、相続によりつねに強国（ブルゴーニュ公家、オーストリア、スペイン、フランス）の支配下にあった。フランス革命後、とくに帝政（一八〇四年―一八一五年）下、ようやく一つの政府のもとに統合されたのである。この時期に、一七八九年のフランス革命の偉大な思想（自由、平等、国民代表、権力分立等）や諸改革が、ベルギーのものともなり、ナポレオン失脚後も存続したのである。とくに行政や司法の領域で、幾多の制度（後に州となる県への国土の分割、民法の基になるナポレオン法典　裁判制度等）が、生き長らえたのである。

ウィーン会議の結果、主にフランスの膨張主義とその革命思想に対する防壁としてベルギーをあてるために、オランダへの併合が行われた。これは、ベルギーの人々にとっては列強によって押しつけられたものであった。その上、オランダ国王は、南部（現在のベルギー）の人々の神経を逆なでするような政策をとった。例えば、カトリックを支配下におこうとしたり、自由主義者の要求（プレスの自由など）を無視したり、さまざまの分野でオランダ人を優遇し、オランダ語使用を普及しようとしたのである。これが本来犬猿の仲の自由主義者とカトリック派を結びつけ、王の圧政に反対する「統一同盟」が生まれた。王への不満は、まず中流階級の人々（プチ・ブルジョワ、インテリ、教師、ジャーナリスト、公務員、商人など）のなかに、ついで一八二〇年代後半には不況、不作、物価上昇などから大衆のなかにも浸透していった。

一八三〇年のフランス七月革命は、直ちにベルギーにも影響を与えた。八月二五日、圧制者に対し民衆がついに立ち上がるという筋のオペラを観ていた人々が、興奮し暴動を起こしたのである。これこそ、ベルギー誕生にいたる〝革命〟の始まりであった。

二　憲法制定史

オランダ軍との戦いに勝利した後、九月二六日に九名からなる臨時政府が樹立された。一〇月四日、独立が宣明され（これはウィーン体制に亀裂を生じさせるものであったため、ロンドン会議〔一八三〇年一一月―一八三九年六月〕での列強の承認〔一八三〇年一二月二〇日〕を必要とした。尚、他方当事者オランダが独立を承認したのは軍事的にも外交的にも挽回の望みのなくなった一八三九年四月であった）、憲法制定議会となる国民議会召集が決定された。同月六日、憲法起草委員会が設置された。一四名の委員からなり、一名を除き全員が法律家であった。政治的には自由主義者がカトリック派よりも多数を占めていた。同月一二日から一六日までの五日間で起草作業は完了、ノトムとドゥブォーが条文化し、委員会による承認（二五日）後、二七日、草案は政府に提出された。

起草がこれほど短期間で行われたのは、革命がギヨーム一世の専制政治に対する反動であったために、政治的動機（議会制民主主義、権力分立、直接選挙制、議会の前の大臣責任等の確立および全市民への自由の付与）があり、これらの制度的問題について委員たちが以前から思いを巡らせていたこと、および以下に言及する既存の憲法法文に基づいて起草を行ったこと、その当時はいまだやっかいな言語問題が生じていなかったこと、による。

憲法のモデルとして、まずフランスの一七九一年九月三日憲法が「編」や「章」、「節」の句切り方の参考とされた。ついで同じくフランスの一八三〇年八月一四日憲法が大いに参照され、着想源となった。つまり、同時期の革命のイデオロギー的関心に一致するものがあったのである。例えば、自由主義者を妥協に導く配慮、国民代表の方法および王権の維持によって示される《ひじょうに賢明ながらも保守的で君主を戴く共和制》（デルペレ）の創始がそれである。さらにオランダの一八一五年八月二四日基本法から、同法の原則に対する拒絶にもかかわらず、技術的な条文が取り入れられた。実を言えば、本当にオリジナルな条文は十数カ条に過ぎなかった。しかし、ベルギー憲法は単なる法文の寄せ集めではなく、疑いのない独自性を示している。というのは、後述するように新たな議会制君主制の概念をつくり上げただけではなく、他国に模範とされた完成度をも有するからである。

一二月四日、一一月一〇日に成立した国民議会が憲法案の審議を開始し、一八三一年二月七日、歓呼によって憲法が採択された。

全一三九カ条のうち百カ条以上が修正なしに可決された。長い議論の対象になったのは、①体制の形態（大多数は代表立憲君主制〔la monarchie constitutionnelle représentative〕に賛成したが、共和制の創設に与する者もいた。当時の欧州はそのほとんどが君主制であったから、君主制の選択は、ベルギー人を危険な革命分子と見る隣人達を安心させ、慎重に選出される君主がその家族関係から彼の新しい国への支援を得ることを期待しえたから、賢明なものであったといえよう。国民議会は、最終的に、ドイツ領邦の君主で、英国に帰化したレオポルド・ドゥ・サクス・コブール・ゴータ公を選んだ。彼はロシア皇帝の将官としてナポレオンと戦い、英女王ヴィクトリアの叔父であり、後にフランス王女〔ルイ・フィリップの娘〕と結婚するのである）、②上院の構成（起草委員会で一致にいたらなかった問題で、国民代表からなる第二院に賛成する意見が多数を占めたのは激論の後であった）、③宗教と教育の自由（国と教会の関係を暗黙のうちに規律することになるからである）、④結社の自由、であった。後三者は、修正の対象となった。

三　成立後の変遷と展開

ベルギー憲法は、これまでに七次にわたる改正を受けた。

第一次（一八九二―一八九三年）および第二次（一九一九―一九二一年）の改正は、主として普通選挙を段階的に導入して民主主義を徹底する点に目的がおかれていた。

第二次大戦後、超国家的制度の組織と運営に参加するための改正が二度（一九五三年、一九五八年）試みられたが、いずれも失敗に終わった。

ところで、異なる民族が共存する多くの国の例に漏れず、ベルギーでも二つの大きな言語共同体、ワロン（ラテン系でフランス語を話す人々からなる）とフラマン（ゲルマン系でフラマン語〔オランダ語の一種〕を話す人々からなる）、の対立が生じて来た。この対立は根深く、単に言語・文化的（かねてより圧倒的なフランス語およびフランス文化に対するフラマン語およびフラマン文化の復権運動を契機とする）にとどまらず、政治・経済的（普通選挙の導入以来フラマン人の数的優位が覆い隠せなくなったこと、かつて発展を遂げたワロン経済はエネルギー転換に伴い不振となり、これに反してフラマン経済が戦後盛んとなって、両者の優劣関係が逆転したことを契機とする）な色彩をも帯び、両者のナショナリズムもからんでさまざまの分野での利害の対立には著しいものがある。かくして国民的一体感の欠如という事態が生じたのである。そこで、この対立を和らげ解消するための試み、一方で一つの国家内でワロン・フラマン両社会の結合を保ち、他方で各共同体に固有の特徴を尊重しつつ両者の調和をはかる妥協案の模索がとくに五〇年代から行われ、たいへんな努力の結果、第三次（一九六七—一九七一年）・第四次（一九八〇—一九八五年）の改正をみた。これはベルギーの容貌を一新させた根本的改革である。単一国家から〝連邦構造〟への国家改革を指向するものだからである。

両次の憲法改正による第一次・第二次国家改革から、「共同体」と「地域圏」という自治体が生まれ、両者とも固有の執行部と議会を持ち、両者はそれぞれ制限列挙された排他的権限を有し、その枠内で〝法律の効力を有するデクレ〟を定めることができることになった。ここにいたって、およそ単一国家においては伝統的な法段階と相容れない権能分担が現実のものとなった。そこで、各立法者間に生じうる抵触を解決する「仲裁院」という憲法裁判所が設置された。権力の適切な配分確保のための統制は、対立を解消する仕組みの中で最も直截かつ有効であるから、この統制の設けられた意味はこの国の将来にとって大きい。このほか、一方の共同体が他方を不当に支配することのないよう、例えば、内閣の言語同数性や国会の警鐘手続が採用され、またイデオロギー的・哲学的少数者保護も念頭に置かれた。

第五次改正（一九八八—一九九一年）では、一連の憲法改正（とくに八八年）および制度改革法の制定・改正（八八—八九年）によって、従来の連邦化のプロセスがさらに一層推し進められた。すなわち、共同体および地域圏への新権限の移転および新たな財政制度の確立、ブリュッセル地域圏の制度の設置、仲裁院の権限および提訴権者の拡大（憲法裁判所への名称変更は二〇〇七年）、などを挙げることができる。また、女性も王位に就くことが可能となった。

第六次改正（一九九三年）は、七〇年以来の三回の重要な憲法改正の延長線上にあり、遂に「連邦制」を実現した（第四次国家改革）。この憲法改正の要点は、①連邦制の導入、②二院制の改革、③各議会の直接選挙制の採用、④残余権限の国から共同体および地域圏への移転、⑤共同体および地域圏への条約締結権付与などにあるが、忘れてならないのは建国以来初めて人権のカタログが補充されたという点である。すなわち、私的および家族的生活の尊重（第二二条）、人間の尊厳に値する生活を送る権利（第二三条）および公文書の閲覧・複写入手権（第三二条）がそれである。

九九年六月の連邦選挙後成立したヒー・フェルホフスタット（VLD）内閣の下で、第五次国家改革（二〇〇〇—二〇〇一年）が憲法改正によらずに行われた。その理由は、前政権末にフラマン議会がこれまでにない大規模な制度改革を要求する五つの決議（九九年三月三日）をしたことから、現在の連邦制の根幹に触れる改革には絶対反対のフランス語系与党（PS・PSC）が制度改革に係わる条文を憲法改正宣言から除外したので、そもそも改正に限界があったこと、および連立与党が両院で安定した特別多数を擁していなかったこと（内閣は制度改革を元々予定していなかった）にあった。この改革では、教育経費の負担が原因で財政破綻に瀕したフランス共同体の懇請により同共同体の構造的財政再建が行われ、交付金の増額が認められたが、その代償としてフラマン人達の要求、コミューンおよび州に関する法律の地域圏権限化および税務領域での一層の自治など、を容れざるを得なくなった。

さて、九九年六月の連邦選挙で惨敗を喫したキリスト教社会党（CD&V）は、五八年以来初めて下野し、結果的に八年間野党に留まることになった。〇三年五月の連邦選挙でも敗北した同党は、共同体問題で急進的な立場を取り、フランドルの分離・独立を主張する右翼政党N-VAと選挙カルテルを組むにまでに至った。〇四年の地域選挙で退勢を挽回し始めたCD&Vのイヴ・ルテルムは、フラマン政府首相（ministre-président）となり、与党復帰を目指して〇七年の連邦選挙を戦うことになった。

この間、〇三年五月の連邦選挙後成立したフェルホフスタット第二次内閣の下で、新たな国家改革を話し合うための「制度フォーラム」が設けられたが（〇四年一〇月）、何の進展もなかったのでフラマン世論は先鋭化していった。また、第一次内閣の選挙制度改革により、ブリュッセルとその周辺コミューンの言語的少数派住民保護のために特別のBHV選挙区が設けられたが、差別を理由とする野党の訴えを受けた仲裁院が、問題のBHV選挙区に関する規定を執行停止し、旧法に基づき行われた連邦選挙後に当該規定を取消し、四年の期限内に是正を求めたため（〇三年五月）、その解決方法を巡って新たな対立が生じた。フラマン側はBHV選挙区の速やかな分割を主張し、ワロニー側は周辺コミューンのフランス語系住民の確実な保護を先ず要求して、議論は紛糾した。首相の努力にも拘わらず交渉は最終段階で決裂し（〇五年五月）、問題の解決は〇七年の連邦選挙まで先送りされることになった。

二〇〇七年六月一〇日の連邦選挙で、大規模な国家改革と自治の明確な深化を公約したルテルムは、八〇万票の個人票を獲得して勝利し、選挙公約を実現しようとしたが、フランス語系諸政党、特にcdHの徹底的な反対に遭い交渉は頓挫した。遅々として改革が進まない状況に苛立ったフラマン語系政党は下院内務委員会でBHV分割法案を一方的に可決するという実力行使に出るなど対立はエスカレートした。この間にルテルムは組閣者を二度辞任する羽目になった。国王は事務管理中のフェルホフスタットに暫定政権樹立を求め、ルテルムによる制度改革交渉の成功を待つことになった（一二月二一日）。その後、三度目の正直で漸く成立した（〇八年三月）ルテルム内閣であったが、交渉方法と何を議論の対象とするかで対立してしまい、四ヵ月で国王に辞職を奏請した。辞職を認めなかった国王と首相は、政府内での合意形成を諦め、制度改革の議論を「共同体間の直接対話」に委ねることになった。ところが、リーマンショックに端を発するベルギー・オランダ系の金融グループFortis救済にかかわる訴訟で、解決を焦った政府が裁判官に圧力をかけたとの疑惑が報道され、これによりルテルム首相が辞職した（一二月一九日）。後を継いだヘルマン・ヴァン・ロンプイ首相は、共同体間対話の即時再開を説いたが効果がなく、欧州理事会議長に指名されたため、一年も経たないうちに首相を辞任した。これを受けて、ルテルムが第二次内閣を成立させた（〇九年一一月二五日）。国王は、元首相ジャン・リュック・ドゥハーヌに、制度改革問題、特にBHV選挙区分割のデリケートな問題、を如何に解決するかの検討をさせた。私案をまとめたが、フランス語系が一致して不十分と判断したので、ドゥハーヌは匙を投げてしまった。この失敗が危機を早め、Open VLD党首のドゥ・クローがBHV選挙区分割問題について合意がなされなければ政権を離脱すると表明した。対立の激しい問題を短期間に合意に導くなど不可能であり、ルテルム首相には再びそして最後の辞職をする以外に選択肢がなかった。国王は、これを承認し、事務管理を行うよう指示した（一〇年四月二六日）。

この立法期は、最初から最後まで混沌としていた。三年間政治は安定せず、四人の首相が相継いだ。ルテルムは組閣者および首相として国王に辞職を何と五回も奏請した。この間に共同体問題解決の糸口さえ掴めず、有権者に約束した国家改革は手付かずのままとなった。九三年から〇七年までの四立法期、つまり一六年間、解散総選挙はなかったが、〇七年以降は共同体の激しい対立がベルギーを消耗させてしまったのである。

憲法改正宣言（M.B., 7 mai 2010）による連邦選挙（一〇年六月一三日）の結果、下院では、北部フランドルでフランドルの分離・独立を主張する右翼政党N-VAが大勝し、二二議席増の二七議席を獲得し（ベルギー史上初めて分離独立主義政党が第一党となった）、南部ワロニーでは社会党PSが六議席増の二六議席を得た。こうして、他党と比べて圧倒的優勢で、右翼と左翼で政策が正反対の二つの勝者が、連立交渉をすることになった。ところが、第一党のN-VAは首相のポストを要求せずに連立交渉の前に制度改革に関する合意が必要との条件を突き付けた。これを受けたPSのエリオ・ディ・ルポが組閣前交渉者としてN-VAとの交渉に取り組んだが、元々制度改革についての考え方の隔たりが大きく難航の果てにディ・ルポは辞任した（九月）。その後、何人もの調停者、論点整理者、仲裁者、情報提供者、交渉者がフランス語系およびオランダ語系各政党間の信頼回復に努め、交渉の舞台を整えるべく努力したが、徒労に終わった。選挙から一年経って、やっとディ・ルポが組閣者に任命され（一一年五月）、彼は連立交渉のたたき台として大幅な国家改革や財政特別法の改正など五大改革を内容とする覚書を提出し、これに基づく交渉を受け入れた政党と話し合うことにした。N-VAはBHV分割への見返りが多すぎるとして拒否したが、その他の八党が受け入れたので、遂に譲歩しようとしない第一党のN-VA抜きで交渉することになった（七月二〇日）。交渉開始後、かなりスムーズにBHV選挙区分割などの合意に至り、ルテルム首相の辞職奏請・国王の承認から始まった世界史上最長の政治危機五八九日を経て、最終的に国家改革に関する合意が発表された（二〇一一年一〇月）。制度改革実施委員会が設置され（一二月二三日）、協議の結果、国家改革は二段階で行われることになった。

第六次国家改革（二〇一二―二〇一四年）は、一九七〇年以来の五次に亘る国家改革による連邦化のプロセスの延長線上にあり、またそれを深化させるものとなった（憲法改正としては第七次、全47カ条に及んだ。改革合意実現のためにまず改正規定に経過規定を便宜的に加えるという手法がとられた）。この新たな改革は、国の重心を連邦構成自治体である共同体および地域圏へ移すものであったが、実を言うと、今回の改革は技術的なものが主であった。国家改革の第一段階（二〇一二年七月一九日、**M. B., 22 août** 2012）は、最優先課題のＢＨＶ選挙区分割、ブリュッセル周辺コミューンの市長任命問題、ブリュッセル地域圏の財政再建、在外投票手続きの改良などが主な内容であった。第二段階（二〇一四年一月六日、**M. B.,** 31 janvier 2014）では、国家改革を具体化する憲法や特別法などの改正は一〇〇〇頁以上の法文となった。これらの法文は、共同体および地域圏への権限の委譲および財政特別法の重要な改正を内容とするものであった。この他に、上院改革が行われ、上院は〝非常設〟となり、〝連邦構成自治体を代表する議院〟となった。関連して下院の役割が強化された。また、憲法裁判所の審査権が拡大され、取消訴訟において連邦への忠誠原則（憲法一四三条）に照らして審査することが可能になった。各連邦構成自治体は、その固有の権能行使において、全体としての連邦構造の均衡を崩さない義務がある。つまり、立法権行使により他の共同体や地域圏の権限行使を不可能または著しく困難にしないように注意しなければならないのである。この連邦制を維持し、機能させるための裁判統制の持つ意味は、大変大きいと言える。

二〇一四年五月二五日連邦選挙後、南部の勝者フランス語系自由党**MR**のシャルル・ミッシェル首相（就任時三八歳）が、北部の勝者**N-VA**および**CD&V**、**Open VLD**と中道右派連立（八八年以降常に連立与党であった**PS**が排除された）を組んだ（一五〇議席中八五議席）。分離主義の**N-VA**との連立は、危惧する声もあったが、同党がこの立法期においては制度改革を要求せず、社会・経済問題への対処に専念すると約束したことから実現した。

二〇一六年一二月以降次々と暴露されたフランス語系政治家に関する金銭スキャンダル（**Publifin**〔リエージュ地域の通信、エネルギー等の管理組合〕、**Samusocial**〔ブリュッセルのホームレスの支援組織〕等を舞台とする）を切っ掛けに、**cdH**党首リュジェンが、ワロニーで三〇年来政権にあった**PS**に愛想を尽かし、連立解消を宣言したが（二〇一七年六月一九日）、結局ワロン地域圏でのみ**PS**排除に成功し、**MR**と**cdH**が連立を組んだ。一連のスキャンダルでは伝統的三党の政治家の関与が明らかとなり、政治への信頼が大きく損なわれた。

二〇一八年一〇月一四日には市町村および州議会の統一地方選が、二〇一九年五月二六日には連邦、共同体、地域圏、欧州、各議会の同日選挙が予定されている。統一地方選は同日選の前哨戦の色合いが濃く、ベルギーはすでに熱い選挙戦の渦中にある。雇用創出、年金改革、エネルギー確保、通過移民対策など内政の課題は山積みである。連邦化により過度の権限分割が生じたとし効率などを理由に再連邦化 refédéralisation の声も上がっているが、優先順位は高くない。すべては一九年五月末の選挙結果次第である。

以下に掲げるのは、最終改正二〇一七年一〇月二四日時点の憲法の翻訳である。

四　特　色

ベルギー憲法の目的は、何よりも民主制を実現するにあった。そして民主主義をより具体化するためにいくつかの基本原則を採用した。すなわち、市民の自由の保障、国民主権、代表制、権力分立、法治主義等である。オランダの体制下、権威的中央権力の実態を目の当りにしたので、すべての領域におけるすべての者の自由の原則をとり、市民に保障される自由および権利のリストの念入りな作成が行われた。その当時、この分野でこれほど進んだ国は稀であった。また、議会制も徹底しており、立法領域においてだけでなく政府に対する統制機関としても国会の決定的役割が確認されている。国王は憲法または法律で付与される以外の権能を持たず、しかも実際は政治の実権を持たないという、いわば装飾としての君主制が採用された。こうして、国民主権と権力分立の結合した議会制君主制が成立したのである。

このような意味で、「一九世紀自由主義の典型的な産物」（清宮四郎）とも評されるのである。

欧州での五〇年にわたる憲法史の経験の果実としてのベルギー憲法は、最もリベラルなものの典型と見なされ、その精神や文言において、その他のリベラルな国々のそれのモデルとなった。実際、多くの憲法が模範としている。例えば、一八三七年スペイン、一八四四年と一八六四年のギリシャ、一八四八年の数多くの国々（オーストリア、オランダ、ピエモンテ・サルディニア、プロシア、ルクセンブルグ）、一八六六年ルーマニア（これが最も忠実なコピーである）、一九〇六年イラン等。

こうして、ベルギー憲法は世界を巡り、一八三一年に初めて明快な表現において、徹底した自由主義をとり、立憲君主制の性質を決定し、議会制君主制の典型を示したのである。これこそ、一九〇年近くの長きにわたるベルギー憲法の長寿を証明する理由である。

解説のための参考文献

COPPIETERS(F.), *Les origines de l'Etat belge*, Fiche Documentaire, I. N. B. E. L., 1981.

DELPÉRÉE(F.), *Droit constitutionnel*, t. 1, Larcier, 1980.

HASQUIN(H.), *Dictionnaire d'histoire de Belgique*, Didier Hatier, 1988.

PARRY(C.), *The Consolidated Treaty Series*, volume 82 and 88, Oceana, 1969.

SENELLE(R.), *La Constitution belge commentée*, Ministère des Affaires étrangers, du Commerce extérieur et la Coopération au développement, 1974.

VELU(J.), *Notes de Droit public*, vol. 1, P. U. B., 1985-1986.

WITTE(E.), et CRAEYBECKX(J.) *La Belgique politique de 1830 à nos jours*, Les tensions d'une démocratie bourgeoise, Labor,

1987.
九三年の憲法改正については、以下のものを参考にした。
CEREXHE(E.), *La Réforme de l'Etat belge*, Story-Scientia, 1993.
CENTRE D'ETUDES CONSTITUTIONNELLES ET ADMINISTRATIVES, *LA CONSTITUTION FÉDÉRALE DU 5 MAI 1993*, Bruylant, 1993.
CLEMENT(J.) et les autres, *Les accords de la Saint-Michel*, Bruylant, 1994.
BRASSINNE(J.), *La Belgique fédérale*, Dossier du CRISP 40, CRISP, 1994.
COLLECTION DE LA FACULTE DE DROIT UNIVERSITE LIBRE DE BRUXELLES, *LES RÉFORMES INSTITUTIONNELLES DE 1993 VERS UN FÉDÉRALISME ACHEVÉ?*, Bruylant, 1994.
LEROY(M.), *DE LA BELGIQUE UNITAIRE À L'ÉTAT FÉDÉRALE*, Bruylant, 1996.
FRANCOIS(A.), *De l'État unitaire à l'État fédéral*, Diffusion Universitaire Ciaco, 1997.
JAUMUAIN(S.) (sous l'édition de), *La réforme de l'Etat...et après?*, Editions de l'Universite de Bruxelles, 1997.
九七年以降の政治の動きについては、以下のものを参考にした。
MABILLE(X.), *Nouvelle histoire politique de la Belgique*, CRISP, 2011.
POUVOIR no. 136, *La Belgique*, Seuil, 2011.
UYTTENDAELE(M.), *PRÉCIS DE DROIT CONSTITUTIONNEL BELGE*, 3e éd, BRUYLANT, 2005.
第六次国家改革については、以下のものを参考にした。
DUMONT(H.) et EL BERHOUMI(M.), HACHEZ(I.), *LA SIXIÈME RÉFORME DE L'ÉTAT: L'ART DE NE PAS CHOISIR OU L'ART DU COMPROMIS?*, Les Dossiers du Journal des Tribunaux no. 98, Larcier, 2015.
UYTTENDAELE(M.) et VERDUSSEN (M.), *Dictionnaire de la Sixième Réforme de l'Etat*, Larcier, 2015.
神川彦松全集二巻「近代国際政治史（中）――欧州協調時代史」勁草書房、一九六七年。
清宮四郎解説・訳『ベルギー憲法』有斐閣、一九五五年。
ベルギーの国家改革とその結果等について詳しくは、武居一正「ベルギーの国家改革と仲裁院の創設」『法と政治』三七巻三号、一九八六年、三七頁以下および「ベルギー仲裁院」『法と政治』三八巻一号、一九八七年、二三頁以下、「ベルギー仲裁院に関する諸法令」同一九九頁以下、「第五次ベルギー憲法改正の背景（一）（二）」『福岡大学法学論叢』三四巻二・三・四号、一九九〇年、二六一頁以下、三五巻一・二・三号、一九九〇年、一〇一頁以下、「ベルギーの議会制度改革」立命館大学『政策科学』三巻三号、一九九六年、六九頁以下、「ベルギー仲裁院の権限拡大――個人提訴制度はなぜ導入されたか?」『福岡大学法学論叢』四四巻一号、一九九九年、七七頁以下、「ベルギーにおける言語的少数者保護」『福岡大学法学論叢』四七巻一号、二〇〇二年、三九頁以下、「ＢＨＶ選挙区分割の憲法的問題点――ベルギーにおける言語的少数者保護の一側面」

『立命館大学政策科学』一三巻三号、二〇〇六年三月、九三頁以下、「ベルギー首相辞任の影響――今何が起きているのか?」『福岡大学法学論叢』五三巻四号、二〇〇九年三月、二一九頁以下を参照されたい。

第六次国家改革については、「ベルギーの政変crise politique(二〇一〇年―二〇一一年)について―その憲法的問題点を中心に―」『福大法学論叢』五六巻四号、二〇一二年三月、三六三頁以下、「ベルギーの第六次国家改革(二〇一二―一四)と連邦化のゆくえ」憲理研編『対話的憲法理論の展開』憲法理論叢書㉔、敬文堂、二〇一六年一〇月、二一七頁以下、「ベルギーの第六次国家改革と周辺コミューン市長任命拒否問題の解決」『福大法学論叢』六〇巻四号、二〇一六年三月、四九一頁以下、「ベルギー憲法裁判所の新権限:〝連邦への忠誠〟統制について」『福大法学論叢』六一巻四号、二〇一七年三月、一〇七一頁以下を参照されたい。

ベルギー国憲法

第Ⅰ編　ベルギー連邦、その構成および領土

第一条〔ベルギー連邦〕
ベルギーは、共同体と地域圏から成る連邦国である。

第二条〔共同体〕
ベルギー国は、三つの共同体、すなわち、フランス共同体、フラマン共同体およびドイツ語共同体、から成る。

第三条〔地域圏〕
ベルギー国は、三つの地域圏、すなわち、ワロン地域圏、フラマン地域圏およびブリュッセル地域圏、から成る。

第四条〔言語地域、共同体法〕
1　ベルギー国は、四つの言語地域、すなわち、フランス語地域、オランダ語地域、ブリュッセル首都二言語地域およびドイツ語地域、から成る。
2　王国の各市町村は、この言語地域の一つに所属する。
3　四つの言語地域の境界は、各議院の各言語グループ構成員の過半数が出席し、かつ二つの言語グループでの賛成投票総数が投票の三分の二に達することを条件として、各議院の各言語グループにおける過半数で可決された法律によらなければ、変更または訂正することができない。

第五条〔州〕
1　ワロン地域圏は以下の州から成る。すなわち、ブラバン・ワロン、エノー、リエージュ、リュクサンブール、ナミュールである。フラマン地域圏は以下の州から成る。すなわち、アンヴェール、ブラバン・フラマン、西フランドル、東フランドル、ランブールである。
2　〔削除〕
3　法律をもって、法律が境界を定めるいくつかの領土を州に区分せず、連邦執行権の直接管轄とし、固有の地位に置くことができる。この法律は第四条最終項に定められた多数で可決されなければならない。

第六条〔州の細分〕
州の細分は、法律によらなければ、これを行うことができない。

第七条〔国、州、市町村の境界〕
国、州および市町村の境界は、法律に基づかなければ、変更または訂正することができない。

第Ⅰ編の二　ベルギー連邦、共同体および地域圏の一般政策の目標

第七条の二〔連邦、共同体、地域圏の政策目標〕
それぞれの権能の行使において、連邦国、共同体および地域圏は、世代間の連帯を考慮しつつ、社会的、経済的および環境的領域で、永続する発展の目標を追求するものとする。

第Ⅱ編　ベルギー国民およびその権利

第八条〔国籍、政治的権利行使の条件、外国人参政権〕
1　ベルギー国民の資格は、民法の定める規定に従い、取得し、保持し、喪失する。
2　憲法および政治的権利に関するその他の法律をもって、この資格の他に、政治的権利の行使に必要な条件を定める。
3　2項に拘わらず、法律をもって、ベルギーの国際的および超国家的義務に従い、ベルギー国籍を有しない欧州連合市民の投票権を組織することができる。
4　前項の投票権は、法律をもって定められた条件および態様に従い、欧州連合構成国の所属民でない〔外国人の〕ベルギー在住者に対し拡大されることができる。
経過規定
4項の法律は、二〇〇一年一月一日以前に採択されることができない。

第九条〔帰化〕
帰化は、連邦立法権により承認される。

第一〇条〔法の前の平等、公務就任権、両性の平等〕
1　国内に、いかなる身分の区分も存しない。
2　ベルギー国民は法の前に平等である。特定の場合について法律をもって定められうる例外を除き、ベルギー国民のみが文武の職に就くことができる。
3　女性と男性の平等は保障される。

第一一条〔差別の禁止〕
ベルギー国民に認められた権利および自由の享有は、差別なしに確保されなければならない。このために、法律およびデクレをもって、特に

イデオロギー的および哲学的少数者の権利および自由を保障する。

第一一条の二〔両性の平等な公職就任〕

1　法律、デクレまたは第一三四条の規定は、女性および男性に対し、その権利および自由の平等な行使を保障し、とくに公選による公職への平等な就任を奨励するものとする。

2　内閣および共同体ならびに地域圏政府は、異なる性の者から成るものとする。

3　法律、デクレおよび第一三四条の規定は、州議会、市町村長並びに助役会、社会扶助会議、社会扶助公共センター常設事務所の常任構成員および州間、超市町村、市町村間または市町村内の他のすべての地方機関執行部の中に、異なる性の者の存在を確保するものとする。

4　前項の規定は、法律、デクレまたは第一三四条の規定が、州議会常任議員、助役、社会扶助会議委員、社会扶助公共センター常設事務所員または州間、超市町村、市町村間または市町村内の他のすべての地方機関執行部員の直接選挙を組織しているときには、適用されない。

第一二条〔個人の自由、訴追および逮捕に対する保障〕

1　個人の自由は保障される。

2　何人も、法律をもって定められた場合に、かつ法律の規定する形式においてでなければ、訴追されることがない。

3　現行犯の場合を除いては、何人も、裁判官の発する理由を付した令状に基づかなければ、逮捕されることがない。令状は、遅くとも四八時間以内に提示されなければならず、勾留を許可することしかできない。

第一三条〔裁判を受ける権利〕

何人も、その意に反して、法律の認める裁判を受ける権利を奪われない。

第一四条〔罪刑法定主義〕

いかなる刑罰も、法律に基づかなければ、設けられ、科されることができない。

第一四条の二〔死刑廃止〕

死刑は、廃止される。

第一五条〔住居の不可侵〕

住居は不可侵である。いかなる家宅捜索も、法律をもって定められた場合に、かつ法律の規定する形式においてでなければ、行うことができない。

第一六条〔財産権の保障〕

何人も、法律をもって定められた場合および方法により、かつ正当な事前の補償の下でなければ、公益のためにその財産を奪われることがない。

第一七条〔財産没収刑の禁止〕

財産没収刑は、これを設けることができない。

第一八条〔民事死亡の廃止〕

民事死亡は、これを廃止し、再び設けることができない。

第一九条〔信仰の自由、意見表明の自由〕

信仰の自由、その公共の場での行使の自由およびあらゆる事項に関する意見表明の自由は保障される。ただし、これらの自由行使時になされた犯罪の処罰を除く。

第二〇条〔宗教上の強制の禁止〕

何人も、宗教の活動および儀式にどのような形式であろうと参加することおよびその安息日を守ることを強制されない。

第二一条〔国の宗教への不干渉、民事婚〕

1　国は、どのような宗教の聖職者の任命にも就任にも干渉する権利を持たず、聖職者が上位の者と通信することおよびその文書を公にすることを妨げる権利を有しない。ただし、後者について、出版および刊行に関して通常の責任ある場合を除く。

2　民事婚は、必要に応じて法律をもって設けられる例外を除き、教会での婚姻に常に先立つものでなければならない。

第二二条〔私生活の尊重〕

1　何人も、法律の定める場合および条件を除き、私的および家族的生活の尊重に対する権利を有する。

2　法律、デクレまたは第一三四条の規定は、この権利の保障を確保するものとする。

第二二条の二〔子供の権利〕

1　子供は誰でも、道徳的および身体的、精神的、性的無辱性の尊重に対する権利を有する。

2　どの子供も、自らに係わるすべての問題について意見を表明する権利を有する。その意見は、子供の年齢と判断能力に応じて考慮されるものとする。

3　どの子供も、その成長を助ける措置および役務を受ける権利を有する。

4　すべての決定において、子供の利益が最大限考慮されるものとする。

5　法律、デクレおよび第一三四条の規定は、これらの子供の権利の保障を確保するものとする。

第二三条〔人間の尊厳、社会権〕

1　何人も、人間の尊厳に値する生活を送る権利を有する。

2　この為に、法律、デクレ、第一三四条の規定は、相応する義務を考慮に入れて、経済的、社会的、文化的権利を保障し、その行使の条件を決定する。

3　これらの権利はとくに以下のものを含む。

一　雇用の一般政策の枠内での労働および職業の自由選択に対する権利、これは何よりも、できるだけ安定した高度の雇用水準、労働条件および公平な賃金に対する権利ならびに情報を付与され、諮問を受けおよび団体交渉をする権利の確保を目指すものである。

二　社会保障、健康の保護ならびに社会、医療および法律援助に対する権利

三　相応の住居に対する権利

四　良好な環境保護に対する権利

五　文化的、社会的発展に対する権利

六　家族手当に対する権利

第二四条〔教育の自由・教育に対する権利〕

§1　1　教育は自由である。すべての抑制措置は禁止される。犯罪の処罰は法律またはデクレによらなければ定めることができない。

2　共同体は、両親の自由選択を確保する。

3　共同体は、中立教育を組織する。中立とは、とくに、両親および生徒の哲学的、イデオロギー的または宗教的見解の尊重を意味する。

4　公権力の設置する学校は、義務教育の終了まで、公認宗教の一つについての教育と非宗教的道徳教育との選択を提供する。

§2　組織権力としての共同体がその権能を一つまたは複数の自治機関に委任するときには、投票の三分の二の多数で可決されたデクレによらなければ、これを行うことができない。

§3　1　何人も、自由および基本権の尊重において、教育に対する権利を有する。教育は、義務教育の終了まで無料である。

2　義務教育に服するすべての生徒は、共同体の負担により、精神的または宗教的教育に対する権利を有する。

§4　すべての生徒または学生、両親、教職員、教育機関は、法律またはデクレの前に平等である。法律およびデクレは、場合に応じた取扱いを正当化する客観的相違、とくに各組織権者に固有の特徴、を考慮するものとする。

§5　共同体による教育の組織、承認または助成金付与は、法律またはデクレをもって定める。

第二五条〔出版の自由〕

1　出版は自由である。検閲は決して設けられてはならない。著者、出版者または印刷者の保証金は求められることがない。

2　著者が明らかでベルギー国内に居住するときは、出版者、印刷者または頒布者は訴追されることがない。

第二六条〔集会の権利〕

1　ベルギー国民は、平穏にかつ武器を携帯しないで、集会する権利を有する。ただし、この権利行使を規律することができる法律に従うものとする。なお、法律は事前の許可制を設けてはならない。

2　この規定は、屋外集会には適用されない。屋外集会は警察法に完全に服するものとする。

第二七条〔結社の権利〕

ベルギー国民は、結社の権利を有する。この権利はいかなる抑制措置にも服することがない。

第二八条〔請願権〕

1　何人も、一名または複数名により署名された請願を公権力に提出する権利を有する。

2　設置された権力は、その団体の名前で請願を提出する権利のみを有する。

第二九条〔信書の秘密〕

1　信書の秘密は不可侵である。

2　法律をもって、郵便局に委ねられた信書の秘密の侵害について責任を有する官吏を決定する。

第三〇条〔言語の使用〕

ベルギー国内で用いられている言語の使用は任意である。言語の使用は、公権力の活動および訴訟についてのみ、しかも法律によらなければ規律されることができない。

第三一条〔公務員に対する訴追〕

いかなる事前の許可も、公務員をその行政上の行為を理由に訴追するために、必要ではない。ただし、大臣ならびに共同体および地域圏政府構成員について定めのある場合を除く。

第三二条〔公文書へのアクセス権〕

何人もあらゆる公文書を閲覧し、複写を入手する権利を有する。ただし、法律、デクレまたは第一三四条の規定により定められた場合および条件を除く。

第Ⅲ編　権力

第三三条〔国民主権、立憲主義〕

1　すべての権力は国民に由来する。

2　権力は憲法で定められた方法により行使され

る。

第三四条〔主権の制限〕
特定の権力行使は、条約または法律をもって、国際公法の機関に授権されることができる。

第三五条〔権限配分、残余権限〕
1 連邦権力は、憲法または憲法に基づいて定められた法律が正式に授権する事項においてしか権能を有しない。
2 共同体または地域圏は、それぞれ自らに関して、法律の定める条件および態様に従い、その他の事項に権限を有する。この法律は、第四条最終項で定められた多数で可決されなければならない。

経過規定
2項の法律をもって、本条発効日を決定する。この日は、憲法第Ⅲ編に加えられる、連邦権力の排他的権能を決定する新条文の発効前であってはならない。

第三六条〔連邦立法権〕
連邦立法権は、国王、下院および上院により、共同して行使される。

第三七条〔連邦執行権〕
連邦執行権は、憲法の定めるとおり、国王に属する。

第三八条〔共同体の権限〕
各共同体は、憲法または憲法に基づき定められた法律により承認された権限を有する。

第三九条〔地域圏の権限〕
法律をもって、法律が設ける管轄および方法に従い、第三〇条および第一二七条から第一二九条のそれを除き、法律が決定する事項について規律する権能を、法律が設けかつ選挙された議員で構成される地域圏機関に対し、付与するものとする。この法律は、第四条最終項に定められた多数で可決されなければならない。

第三九条の二〔地域圏における住民投票〕
1 財政若しくは予算に関する事項または投票の三分の二の多数で規律される事項を除き、地域圏機関に排他的に割り当てられた事項について当該地域圏において住民投票にかけることができる。
2 第一三四条の規定をもって、住民投票の態様と組織について定める。同規定は、当該地域圏議会議員の過半数が出席し、かつ投票の三分の二の多数によらなければ可決されることができない。第四条最終項に定められた多数で可決される法律をもって、ブリュッセル首都地域圏議会に関する追加の多数条件を定める。

第三九条の三〔下院、共同体・地域圏議会選挙に関する規定の審署・発行日〕
下院または共同体若しくは地域圏議会の選挙について定める法律、デクレまたは第一三四条の規定は、立法期終了日前一年以内に審署され、審署後早くとも一年後に発効する。

経過規定
本条は、官報への登載後、最初の欧州議会選挙の日に発効する。

第四〇条〔司法権〕
1 司法権は、法院および裁判所により行使される。
2 判決は、国王の名により執行される。

第四一条〔市町村または州の利益、市町村内地区機関、住民投票〕
1 専ら市町村または州の利益は、憲法に定められた原則に従い、市町村または州の議会により規律される。ただし、第四条最終項に定められた多数で可決される法律の執行のために、第一三四条の規定をもって州の制度を廃止することができる。この場合に、第一三四条の規定をもって超市町村自治体に置換することができる。その議会は、憲法に定められた原則に従い、専ら市町村を越える利益について規律する。第一三四条の規定は、関係議会の議員の過半数が出席し、かつ投票の三分の二の多数で可決されなければならない。
2 第一三四条の規定をもって、市町村の利益に関する事項を規律することのできる市町村内地区機関の権能および運営原則、選挙方法を定める。
3 この市町村内地区機関は、市町村議会の発議により、一〇万人以上の人口を有する市町村において設けることができる。その構成員は、直接選挙される。第四条最終項に定められた多数で可決された法律の執行のために、デクレまたは第一三四条の規定をもって、市町村内地区機関が設置されるその他の条件および方法を規律するものとする。
4 このデクレおよび第一三四条の規定は、関係議会の議員の過半数が出席し、かつ投票の三分の二の多数でなければ、採択されることができない。
5 市町村、超市町村または州の利益事項は、関係の市町村、超市町村または州において住民投票にかけることができる。
6 第一三四条の規定をもって、住民投票の態様および組織を定める。

第一章　連邦議会

第四二条〔代表民主制〕
両議院の議員は、国民の代表であって、選出をなした者のみを代表するものではない。

第四三条〔言語グループ〕
§1　憲法に定められた場合のために、下院の選出された議員は、法律に定められた方法により、フランス語言語グループとオランダ語言語グループに分割される。
§2　憲法に定められた場合のために、上院議員は、ドイツ語共同体議会により指名された上院議員を除き、フランス語言語グループとオランダ語言語グループに分割される。
　第六七条§1二号から四号および七号所定の上院議員は、上院のフランス語言語グループを構成する。第六七条§1一号および六号所定の上院議員は、上院のオランダ語言語グループを構成する。

経過規定
本条は、二〇一四年の共同体および地域圏議会総選挙の日に発効する。

この日まで、以下の規定が適用される。

§1　憲法に定められた場合のために、各議院の選出された議員は、法律に定められた方法により、フランス語言語グループとオランダ語言語グループに分割される。

§2　第六七条§1二号、四号および七号所定の上院議員は、上院のフランス語言語グループを構成する。第六七条§1一号、三号および六号の上院議員は、上院のオランダ語言語グループを構成する。

第四四条〔常会および臨時会〕
1　両議院は、当然に、毎年、一〇月第二火曜に集会する。ただし、国王によりそれ以前に召集された場合を除く。
2　両議院は、毎年少なくとも四〇日間開会されなければならない。上院は、非常設の機関とする。
3　国王は、閉会を宣言する。
4　国王は、両議院を臨時召集する権利を有する。
経過規定
2項後段は、二〇一四年の共同体および地域圏議会総選挙の日に発効する。

第四五条〔休会〕
国王は、両議院を休会することができる。ただし、休会は一カ月を越えることができず、両議院の同意なくして同一会期中に延長されることができない。

第四六条〔解散〕
1　国王は、下院が議員の過半数で以下の決定をするときでなければ、下院解散権を持たない。
一　連邦政府の信任決議案を否決し、かつ、否決日から三日の期間内に、首相後継者の任命を国王に提案しないとき
二　連邦政府の不信任決議案を可決し、かつ、首相後継者の任命を国王に同時に提案しないとき
2　信任および不信任の決議案は、決議案提出の四八時間後でなければ、票決に付されることができない。
3　この他に、国王は、連邦政府辞職の場合、下院議員の過半数の同意を得た後、下院を解散することができる。
4　解散詔書には、四〇日以内の選挙人の招集および二カ月以内の下院の招集が記載される。
5　第一九五条による両議院の解散の場合、両議院は三カ月以内に招集される。
6　解散の場合、新たな連邦立法期は、解散後に最初に行われる欧州議会選挙の日を超えることができない。
経過規定
第四条最終項に定められた多数で可決される法律をもって、二〇一四年の欧州議会選挙後、6項の発効日を定める。この日は、第六五条3項および第一一八条§2、4項の発効日と同一とする。

4項および5項は、二〇一四年の共同体および地域圏議会総選挙の日に発効する。この日まで、以下の規定が4項および5項に代わって適用される。

下院の解散は、上院の解散を伴う。

解散詔書には、四〇日以内の選挙人の招集および二カ月以内の両議院の招集が記載される。

二〇一四年の共同体および地域圏議会総選挙と同じ日に連邦議会選挙を行うための下院の解散は、上院の解散を伴う。下院の選挙人は四〇日以内に招集される。両議院は三カ月以内に招集される。

第四七条〔会議の公開〕
1　両議院の会議は、公開とする。
2　ただし、各議院は、議長または一〇名の議員の請求に基づき、秘密会を開く。
3　ついで、各議院は、同一議題につき会議を再公開するかどうか過半数で決定する。

第四八条〔議員の資格争訟〕

各議院は、所属議員の資格を審査し、これに関する争訟を裁判する。

第四九条〔兼職禁止〕

同時に両議院の議員となることはできない。

第五〇条〔大臣との兼職禁止〕

国王により大臣に任命されこれを受けた両議院の一つの議員は、議員職を中断し、大臣の職務を国王から解かれたとき、議員職を回復する。法律をもって、関係議院の議員補充の態様を定める。

第五一条〔有給職との兼職禁止〕

連邦政府により大臣以外のすべての報酬を受ける職務に任命されこれを受けた両議院の一つの議員は、直ちに議席を失い、新たな選挙に基づくのでなければ議員職を回復しない。

第五二条〔役員の選任〕

各会期毎に、各議院は、議長、副議長を任命し、事務局を設ける。

第五三条〔議決方法、定足数〕

1　すべての議決は、投票の過半数で行われる。ただし、選挙および推薦に関し議院規則をもって定められている場合を除く。

2　可否同数の場合、採決に付された議案は否決されたものとする。

3　両議院のいずれも、議員の過半数が出席しない限り、議決を行うことができない。

第五四条〔警鐘手続〕

1　予算および特別多数を必要とする法律の場合を除き、一つの言語グループの少なくとも四分の三の議員により署名され、かつ報告書の提出から公開会議での最終投票までに提出された、理由を付した動議をもって、それが指摘する政府提出または議員提出の法案の規定が共同体間の関係を重大に損なう性質のものであると宣言することができる。

2　この場合に、議事手続は停止され、動議は内閣に付託される。内閣は、三〇日以内に、動議について理由を付した意見を述べ、関係議院に対しこの意見または場合によっては修正される政府提出または議員提出の法案について判断を下すよう要請する。

3　この手続は、政府提出または議員提出の同一法案に対し、ある言語グループの議員により一度しか用いられることができない。

第五五条〔票決〕

票決は、起立または指名による口頭で行われる。法律の全体については、つねに指名による口頭で投票が行われる。候補者の選挙および推薦は秘密投票による。

第五六条〔国政調査権〕

1　下院は国政調査権を有する。

2　上院は、一五名の議員、下院、共同体若しくは地域圏議会または国王の請求により、各言語グループの少なくとも三分の一が採決に加わり、投票の過半数で、調査報告書の対象であり共同体または地域圏の権能にも影響を及ぼしうる問題について決定することができる。調査報告書は、各言語グループの少なくとも三分の一が採決に加わり、投票の過半数で、承認される。

経過規定

本条は、二〇一四年の共同体および地域圏議会総選挙の日に発効する。この日まで以下の規定が適用される。

各議院は国政調査権を有する。

第五七条〔議院に対する請願〕

1　請願者が自ら議院に請願することは禁止される。

2　下院は、受けた請願を大臣に回付する権利を有する。大臣は、下院が要求する度に、その内容について説明する義務を負う。

経過規定

2項は、二〇一四年の共同体および地域圏議会総選挙の日に発効する。この日まで、以下の規定が2項に代わって適用される。

各議院は、受理した請願を大臣に回付する権利を有する。大臣は、議院が要求する度に、その内容について説明する義務を負う。

第五八条〔議員の発言・票決の無責任〕

両議院のいかなる議員も、その職務の行使においてなした発言および票決について訴追されまたは捜査されることがない。

第五九条〔議員に対する刑事手続〕

1　現行犯の場合を除き、両議院のいかなる議員も、会期中、所属議院の許諾がなければ、刑事事件に関して、法院または裁判所の前に直接送られまたは召喚されることも、逮捕されることもない。

2　現行犯の場合を除き、裁判官の介入を要する強制措置は、権限ある裁判官の請求に基づいて控訴院第一院長によらなければ、会期中、刑事事件に関して、両議院の議員に対して命じられることがない。この決定は関係議院議長に通知される。

3　前項に基づくすべての家宅捜査または押収は、関係議院議長または議長の指名する議員の立ち会いの下でなければ行われることがない。

4　会期中、検察官および権限ある官吏のみが、両議院の議員に対して刑事事件に関して訴追を行うことができる。

5　両議院の関係議員は、会期中かつ刑事事件に関し、予審のあらゆる段階で、訴追の中断を所属議院に要請することができる。

6　所属議院は、これに関し投票総数の三分の二の多数で決定しなければならない。

7　両議院の議員の勾留または法院もしくは裁判所の前での訴追は、所属議院が要求するとき、会期中停止される。

第六〇条〔議院規則〕

各議院は、その規則をもって、その権限を行使する方法を定める。

第一節　下院

第六一条〔選挙権〕

1　下院議員は、満一八歳に達し、法律の定める排除事由の一つに該当しない市民により、直接選挙される。

2　各選挙人は一票の権利しか有しない。

第六二条〔比例代表制〕

1　選挙人団の編成は、法律をもって規律される。

2　選挙は、法律の定める比例代表制により行われる。

3　投票は、義務であり、秘密である。投票は、法律で定める例外を除き、市町村で行われる。

第六三条〔議員定数、議席の配分方法〕

§1　下院は一五〇名の議員からなる。

§2　1　各選挙区は、その人口数が王国の人口数を一五〇で割って得られた連邦数値の整数倍を有するとき、それと同数の議席を有する。

2　残余の議席は、まだ代表されていない人口の最大剰数を有する選挙区に配分される。

§3　1　選挙区間の下院議員の配分は、国王により人口比例で行われる。

2　各選挙区の人口数は、一〇年毎に、人口調査または法律の定めるその他の方法により、決定される。国王は、六カ月の期間内にその結果を公表する。

3　この公表から三カ月以内に、国王は、各選挙区に割り当てられる議席数を決定する。

4　新議席配分は次回の総選挙から適用される。

§4　法律をもって、選挙区を決定する。また法律をもって選挙人に必要な条件および選挙手続を定める。

ただし、旧ブラバン州のオランダ語系およびフランス語系住民の正当な利益を保障するために、特別の方法が法律をもって定められる。

この特別の方法を定める規定の改正は、第四条最終項に定められた多数で可決される法律によらなければ、これを行うことができない。

第六四条〔被選挙権〕

1　選出されるためには、以下の条件を満たさねばならない。

一　ベルギー人であること
二　私権および公民権を有すること
三　満一八歳以上であること
四　ベルギーに居住していること

2　他のいかなる被選挙資格も必要ではない。

経過規定

1項三号は、共同体および地域圏議会総選挙の日に発効する。この日まで、二号および四号に加えて、満二一歳以上でなければならない。

第六五条〔任期〕

1　下院議員は五年の任期で選出される。

2　下院は五年毎に改選される。

3　下院選挙は欧州議会選挙と同日に行われる。

経過規定

第四条最終項に定められた多数で可決される法律をもって、二〇一四年の欧州議会選挙後、3項の発効日を定める。この日は、第四六条6項および第一一八条§2、4項の発効日と同一とする。

いずれにせよ、連邦議会選挙は、本条の官報への登載後、最初の欧州議会選挙と同日に行われる。

第六六条〔歳費〕

1　各下院議員は、一二〇〇〇フランの歳費を受ける。

2　国境内において、下院議員は、公権力により経営されまたは認可されたすべての交通手段で自由に通行する権利を有する。

3　下院の経費基金に繰り入れられる年間経費は、下院議長に対して支出されることができる。

4　下院は、設置を適当と判断する退職金または年金の財源の分担金として歳費から控除される金額を決定する。

第二節　上院

第六七条〔上院の構成〕

§1　上院は、以下の六〇名の議員から成る。

一　フラマン議会により、その中からまたはブリュッセル首都地域圏議会オランダ語言語グループの中から、指名される二九名の上院議員

二　フランス共同体議会により、その中から指名される一〇名の上院議員

三　ワロン地域圏議会により、その中から指名される八名の上院議員

四　ブリュッセル首都地域圏議会フランス語言語グループにより、その中から指名される二名の上院議員

五　ドイツ語共同体議会により、その中から指名される一名の上院議員

六　一号の上院議員により指名される六名の上院議員

七　二号および四号の上院議員により指名される四名の上院議員

§2　1　§1一号の上院議員の内少なくとも一名は、その選挙日に、ブリュッセル首都二言語地域に居住しているものとする。

2　§1二号の上院議員の内三名は、ブリュッセル首都地域圏議会フランス語言語グループの構成員であるものとする。§1二号の例外として、この三名の上院議員の内一名は、フランス共同体議会の構成員であってはならないものとする。

§3　上院には、同一種類の上院議員が三分の二以上いてはならない。

§4　第六八条§2に定められた名簿が、§1一号または§1二号、三号若しくは四号の上院議員により代表されないとき、§1六号または§1七号の上院議員の指名は、上記名簿から選出された下院議員によりなされることができる。

経過規定

本条は、二〇一四年の共同体および地域圏議会総選挙の日に発効する。この日まで、以下の規定〔旧第六七条〕が適用される。

第六八条〔上院議員の選出方法〕

§1　1　第六七条§1一号所定の上院の議席は、法律により定められた態様に従い、かつ法律の決定する比例代表制により、フラマン議会選挙の異なる選挙区で獲得された名簿の得票総数に基づき、名簿間で配分される。

2　1項に基づき得票数が合算される名簿は、フラマン議会選挙で少なくとも一議席を得ていなければ、第六七条§1一号所定の上院の議席配分に加わることはできない。

3　第六七条§1二号から四号所定の上院議員の議席は、法律により定められた態様に従い、かつ法律の決定する比例代表制により、ワロン地域圏議会選挙の異なる選挙区で獲得された名簿の得票数およびブリュッセル首都地域圏議会選挙で獲得されたフランス語言語グループの名簿の得票数の合算に基づき、名簿間で配分される。

4　3項に基づき得票数が合算される名簿は、フランス共同体議会、ワロン議会、ブリュッセル首都地域圏議会フランス語言語グループのそれぞれで少なくとも一議席を得ていなければ、第六七条§1二号から四号所定の上院議員の議席の配分に加わることはできない。

5　法律をもって第六七条§1一号から四号の上院議員の指名について定める。ただし、第四条最終項に定められた多数で可決される法律により指定され、共同体議会が各々自らについて定めるデクレにより規律される態様を除く。このデクレは、当該議会の議員の過半数が出席し、投票の三分の二の多数で可決されなければならない。

6　第六七条§1五号の上院議員は、ドイツ語共同体議会により投票の過半数で指名される。

§2　1　第六七条§1六号および七号の上院の議席は、法律により定められた態様に従い、かつ法律の決定する比例代表制により、下院選挙で獲得された名簿の得票総数に基づき名簿間で配分される。この方法は第六三条§2で用いられるそれと同一である。第四条最終項に定められた多数で可決される法律をもって、上院のオランダ語言語グループおよびフランス語言語グループそれぞれについて第六七条§1六号および七号の上院議員の議席配分につき、得票が考慮される選挙区を決定する。

2　一つの名簿は、一つの言語グループのみでの議席配分について考慮に入れられる。

3　法律をもって第六七条§1六号および七号の上院議員の指名について定める。

経過規定

本条は、第2節第1項最終段を除き、二〇一四年の共同体および地域圏議会総選挙の日に発効する。この日まで、以下の規定〔旧第六八条〕が適用される。

第六九条〔被選挙権〕

上院議員に選出されまたは指名されるためには、以下の条件を満たさなければならない。

一　ベルギー人であること
二　私権および公民権を有すること
三　満一八歳以上であること
四　ベルギーに居住していること

経過規定

本条は、二〇一四年の共同体および地域圏議会総選挙の日に発効する。この日まで、以下の規定〔旧第六九条〕が適用される。

第七〇条〔任期〕

1　第六七条§1一号から五号までの上院議員の任期は、上院での宣誓日に始まり、指名した議会の総選挙後の最初の会期開始日に終了する。

2　第六七条§1六号および七号の上院議員の任期は、上院での宣誓日に始まり、総選挙後の下院の最初の会期開始日に終了する。

経過規定

本条は、二〇一四年の共同体および地域圏議会総選挙の日に発効する。この日まで、以下の規定が適用される。

第六七条§1一号および二号の上院議員は、四年の任期で選出される。第六七条§1六号および七号の上院議員は、四年の任期で選出される。

いずれにせよ、上院は、二〇一四年の共同体および地域圏選挙の際に、総改選される。

第七一条〔待遇〕

1　上院議員は報酬を受けることがない。

2　ただし、上院議員は必要経費の弁済を受ける権利を有する。

3　第六七条§1一号から四号までの上院議員の費用弁済は、指名した共同体または地域圏議会により決定される。費用弁済は当該議会の負担とする。

4　第六七条§1五号の上院議員の費用弁済は、第六七条§1三号の上院議員のそれと同額とし、ドイツ語共同体議会の負担とする。

5　第六七条§1六号および七号の上院議員の費用弁済は、上院経費から支出する。

6　国境内において、上院議員は公権力により経営されまたは認可されたすべての交通手段で自由に通行する権利を有する。

経過規定

本条3項から5項までの規定は、二〇一四年の共同体および地域圏議会総選挙の日に発効する。

この日まで、上院議員は年四〇〇〇フランの費用弁済を受ける。

第七二条〔当然の上院議員〕　削除

第七三条〔単独会議の無効〕

下院の会期外に開催されたすべての上院の会議は当然に無効である。

第二章　連邦立法権

第七四条〔下院の排他的権限〕

第三六条の例外として、連邦立法権は、第七七条および第七八条に定められた事項以外について、国王および下院により共同して行使される。

経過規定

本条は、二〇一四年の共同体および地域圏議会総選挙の日に発効する。この日まで、以下の規定が適用される。

第三六条の例外として、連邦立法権は、以下の事項について、国王と下院により共同して行使される。

一　帰化の許可
二　国王の大臣の民事および刑事責任に関する法律
三　国の予算および決算、ただし、第一七四条1項後段を除く。
四　軍の徴兵数の決定

第七五条〔議案発議権〕

1　議案発議権は、連邦立法権の各部門が有する。ただし、上院の発議権は、第七七条に定められた事項に限定される。

2　第七八条に定められた事項について、国王の発議で両議院に提出される法案は、下院に付託され、次いで上院へ送付される。

経過規定

本条は、二〇一四年の共同体および地域圏議会総選挙の日に発効する。この日まで、以下の規定〔旧第七五条〕が適用される。

第七六条〔法案の議決方法、修正・分割権〕

1　法案は、条文毎に投票された後でなければ、一つの議院により可決されることができない。

2　両議院は、提出された条文および修正案を修正し分割する権利を有する。

3　下院規則をもって第二読会の手続きを定める。

経過規定

3項は、二〇一四年の共同体および地域圏議会総選挙の日に発効する。

第七七条〔上・下両院の対等な権限〕

1　下院および上院は、以下の事項において対等な権限を有する。

一　憲法改正宣言および憲法改正並びに調整
二　憲法に基づき両議院により規律されなけれ

ばならない事項
三　第四条最終項に定められた多数で可決される法律
四　ドイツ語共同体の制度に関する法律および財政
五　政党の財政および選挙費用の統制に関する法律
六　上院の組織および上院議長の身分に関する法律
2　第四条最終項に定められた多数で可決される法律をもって、下院および上院が対等に権限を有するその他の事項を指定することができる。
　本条は、二〇一四年の共同体および地域圏議会総選挙の日に発効する。この日まで、以下の規定〔旧第七七条〕が適用される。

第七八条〔法案の審議手続〕
§1　1　第七七条を留保して、下院で可決された法案は、以下の事項について上院に送付される。
一　第四条最終項に定められた多数で可決された法律の執行のために定められる法律
二　第五条、第三九条、第一一五条、第一一七条、第一一八条、第一二一条、第一二三条、第一二七条から第一二九条、第一三一条、第一三五条から第一三七条、第一四一条から第一四三条、第一六三条、第一六五条、第一六六条、第一六七条§1、3項、第一六九条、第一七〇条§2、2項、§3、2項、3項、§4、2項、第一七五条から第一七七条に予定された法律、ならびに自動投票を組織する法律を除き、上記の法律および条文の執行のために定められた法律
三　国際的または超国家的義務の遵守を保証するために第一六九条に従い可決された法律
四　コンセイユ・デタおよび連邦行政裁判所に関する法律
2　第四条最終項に定められた多数で可決される法律をもって、上院が本条所定の手続きに従い審議することのできるその他の事項を指定することができる。
§2　1　各言語グループの少なくとも三分の一を含む上院議員の過半数の請求により、上院は法案を審議する。この請求は、法案の受領から一五日以内になされるものとする。
2　上院は、三〇日を超えない期間内に、以下のことをなし得る。
一　法案修正の余地がないと決定すること
二　修正後、法案を可決すること
3　上院が期間内に決定をしなかったとき、または法案を修正しないとの議決を下院に通知したとき、法案は下院により国王に送付される。
4　法案が修正されたとき、上院は議案を下院に回付する。下院は、修正された法案を可決することにより、または更に修正を加えることにより、最終的に可決する。
　経過規定
　本条は、二〇一四年の共同体および地域圏議会総選挙の日に発効する。この日まで、以下の規定〔旧第七八条〕が適用される。

第七九条〔審議手続〕　削除
第八〇条〔緊急手続〕　削除
第八一条〔上院議員発議の審議手続〕　削除

第八二条〔両院協議会〕
1　下院および上院の同数の委員から成る両院協議会は、両院間に生じた権能抵触を解決し、第七八条に定められた審議期間を合意により、いつでも延長することができる。
2　協議会の二つの構成要素において多数を得られないとき、協議会は委員の三分の二の多数で決定を下す。
3　法律をもって、同委員会の構成および運営ならびに第七八条に定められた期間の計算方法を定める。
　経過規定
　本条は、二〇一四年の共同体および地域圏議会総選挙の日に発効する。この日まで、以下の規定〔旧第八二条〕が適用される。

第八三条〔法律案の対象事項明示〕
　すべての議員提出法案および政府提出法案は、第七四条、第七七条または第七八条のどの事項に係わるのか明示するものとする。

第八四条〔法律の有権解釈〕
法律の有権解釈は、法律のみをもって行う。

第三章　国王および連邦政府

第一節　国王

第八五条〔王位継承〕
1　国王の憲法上の権限は、レオポルド・ジョルジュ・クレティアン・フレデリック・ドゥ・サクス・コブール陛下の直系、実系および嫡出の子孫において、長を先に、これを継承する。
2　国王または、これを欠くとき、憲法に定められた場合に国王の権限を行使している者の同意

なくして婚姻をした1項の子孫は、王位継承権を失う。

3　ただし、国王または、これを欠くとき、憲法に定められた国王の権限を行使している者により、この失権を回復されることができる。これには両議院の同意を必要とする。

第八六条〔後継者の指名、空位〕

1　レオポルド・ジョルジュ・クレティアン・フレデリック・ドゥ・サクス・コブール陛下の子孫のないとき、国王は、第八七条に定められた方法でなされる両議院の同意を得て、その後継者を指名することができる。

2　上述の方法による指名のなされなかったとき、王位は空位となる。

第八七条〔他国の元首を兼ねる場合〕

1　国王は、両議院の同意なくして、同時に他国の元首になることはできない。

2　いずれの議院も、議員の少なくとも三分の二が出席していなければ、この点について審議することができず、議案は少なくとも投票の三分の二の賛成がなければ可決されない。

第八八条〔国王の不可侵〕

国王は不可侵である。大臣がその責任を負う。

第八九条〔王室費〕

法律をもって、各治世期間について王室費を定める。

第九〇条〔死亡時の手続〕

1　国王死亡の場合、両議院は、召集なしに死亡の日から遅くとも一〇日以内に集会する。両議院がそれ以前に解散されており、解散詔書において一〇日目以降に召集されているときは、前議院が、これに代わる議院の集会まで、その職務を果たす。

2　国王の死亡から王位継承者または摂政の宣誓まで、国王の憲法上の権限は、ベルギー国民の名で、内閣により、その責任の下に、行使される。

第九一条〔成年、即位の宣誓〕

1　国王は、満一八歳で成人する。

2　国王は、両議院の合同集会において、以下の宣誓を行うまでは、王位に就くことがない。

「私は、ベルギー人民の憲法と法律を遵守し、国家の独立と領土の保全を維持することを誓う。」

第九二条〔後継者未成年時の手続、摂政および太傅〕

国王死亡時に、後継者が未成年であるとき、両議院は、摂政および太傅を置くために合同集会を開く。

第九三条〔君臨不能時の手続、後見および摂政〕

国王が君臨不能であるとき、内閣は、これを確認した後、両議院を直ちに召集する。両議院の合同集会により後見および摂政が置かれる。

第九四条〔摂政〕

1　摂政職は一名の人物にしか委ねられることができない。

2　摂政は、第九一条の宣誓をした後でなければ、職務に就くことがない。

第九五条〔空位時の手続〕

王位が空位の場合、合同で審議する両議院は、総改選された両議院の集会まで、仮に摂政を置く。この集会は遅くとも二カ月以内に開かれる。合同で審議する新たな両議院は、空位を最終的に補充する。

第二節　連邦政府

第九六条〔建設的不信任動議〕

1　国王は、大臣を任免する。

2　下院が、議員の過半数で、首相の後継者の任命を国王に提案する不信任動議を可決し、または信任動議の否決から三日以内に首相の後継者の任命を国王に提案するとき、連邦政府は国王に辞職を願い出るものとする。国王は提案された後継者を首相に任命し、首相は新連邦政府が宣誓したときから職務を行使する。

第九七条〔大臣の資格〕

ベルギー人のみが大臣になることができる。

第九八条〔王族の無資格〕

いかなる王族も大臣になることはできない。

第九九条〔内閣の構成および言語同数制〕

1　内閣は最大一五名から成る。

2　首相を場合によっては除いて、内閣は同数のフランス語系大臣およびオランダ語系大臣から成る。

第一〇〇条〔大臣の議院出席・発言権〕

1　大臣はいずれの議院にも出席し、望むときには発言することができる。

2　下院は大臣の出席を要求できる。上院は第七七条または第七八条の事項に関して大臣の出席を要求することができる。その他の事項については、上院は出席を要請できるものとする。

経過規定

2項後段は、二〇一四年の共同体および地域圏議会総選挙の日に発効する。この日まで、1項前段および後段、2項最終段の他に、以下の規定が適用される。
上院は、第七七条の法案若しくは第七八条の法案の審議または第五六条の調査権行使のために大臣の出席を要求することができる。

第一〇一条〔大臣の政治責任〕
1 大臣は、下院の前に責任がある。
2 いかなる大臣も、職務の行使においてなした発言について訴追されまたは捜査されることがない。

第一〇二条〔大臣責任の不可免除〕
いかなる場合でも、国王の口頭または書面の勅令により大臣の責任を免除することはできない。

第一〇三条〔大臣の訴追〕
1 大臣は、その職務の行使において犯した犯罪につき控訴院でのみ裁判される。その職務行使外で大臣により犯された犯罪についても、職務行使期間中に裁かれる場合は、同様とする。場合によっては、第五九条および第一二〇条は適用されない。
2 法律をもって、訴追および判決の際の、大臣に対する手続を定める。
3 法律をもって、総会で審理する、権限ある控訴院を指名し、その構成を精確にする。控訴院の判決は、破棄院合同部へ上告することができる。破棄院は事実審理を行わない。
4 権限ある控訴院付き検事のみが、大臣に対する刑事訴追を行い、指揮することができる。
5 手続処理のためのすべての請求、控訴院への直接召喚および、現行犯の場合を除く、すべての逮捕は、下院の許可を必要とする。
6 法律をもって、第一〇三条および第一二五条が共に適用可能なときの手続を決定する。
7 いかなる恩赦も、下院の請求によらなければ、1項に従い有罪を宣告された大臣に対しなされえない。
8 法律をもって、どの場合にかつどの規定に従い、被害者が民事訴訟を提起するかにつき決定する。

経過規定
1 本条は、本条執行法の施行前に捜査の対象となった事実および行われた訴追には適用されない。
2 この場合には、以下の規定が適用される。すなわち、下院は、大臣を告発し、破棄院へ召喚する権利を有する。破棄院は、刑法に定められた場合にかつ刑法の定める刑罰の適用により、合同部で大臣を裁判する権利を唯一有する。憲法第一〇三条の仮の部分的執行のための一九九六年一二月一七日法は、この事項に適用される。

第一〇四条〔連邦政務次官〕
1 国王は、連邦政務次官を任免する。
2 連邦政務次官は政府の構成員であるが、内閣の一員ではない。次官は大臣を補佐する。
3 国王は、その権限および主任大臣の副署を受けることができる限界を決定する。
4 大臣に関する憲法規定は、第九〇条2項、第九三条および第九九条を除き、連邦政務次官に適用される。

第三節　権能

第一〇五条〔王権の本質、立憲君主制〕
国王は、憲法および憲法自体に基づき定められた個別の法律が正式に付与する以外の権限を有しない。

第一〇六条〔大臣の副署〕
いかなる国王の行為も、大臣の副署がなければ、効力を有しない。大臣は副署によってのみ責任を負う。

第一〇七条〔国王の任命権〕
1 国王は、軍隊の階級を授与する。
2 国王は、法律の定める例外を除き、一般行政および外交関係の職務の任命をする。
3 国王は、法律の明示規定に基づくのでなければ、その他の職務の任命を行わない。

第一〇八条〔国王の命令制定権〕
国王は、法律の執行に必要なレグルマンおよびアレテを定める。ただし、法律そのものを停止したり、その執行を免除する権限はない。

第一〇九条〔国王の法律裁可・公布権〕
国王は、法律を裁可し、公布する。

第一一〇条〔国王の恩赦権〕
国王は、裁判官により宣告された刑を特赦しまたは減刑する権利を有する。ただし、大臣ならびに共同体および地域圏政府構成員に対し言い渡されたものを除く。

第一一一条〔国王の恩赦権の限界〕
国王は、下院または関係議会の請求に基づかずに、破棄院による刑の宣告を受けた大臣または共同体もしくは地域圏政府の構成員に、恩赦を行うことができない。

第一一二条〔国王の貨幣鋳造権〕
国王は、法律の執行において、貨幣を鋳造する権利を有する。

第一一三条〔国王の叙爵権〕
国王は、貴族の称号を授ける権利を有する。

ただし、いかなる特権も与えることができない。

第一一四条〔国王の勲章授与権〕
国王は、この点に関する法律の定めに従い、軍事勲章を授ける。

第四章　共同体および地域圏

第一節　機関

§1　共同体および地域圏議会

第一一五条〔議会の種類〕
§1　1　フランス共同体議会およびフラマン議会と呼ばれるフラマン共同体議会を置く。その構成および運営は、第四条最終項に定められた多数で可決された法律をもって決定する。
2　ドイツ語共同体議会を置く。その構成と運営は法律をもって決定する。
§2　第一三七条適用の場合を除き、第三九条の地域圏機関には、各地域圏につき、議会を含むものとする。

第一一六条〔直接選挙による議会〕
§1　議会は、選挙された議員で構成される。
§2　1　各共同体議会は、当該共同体議会構成員の資格または地域圏議会構成員の資格で直接選挙された構成員により構成される。
2　第一三七条の適用の場合を除き、各地域圏議会は、当該地域圏議会構成員の資格または共同体議会構成員の資格で直接選挙された構成員により構成される。

第一一七条〔任期、選挙日程〕
1　共同体および地域圏議会の議員は、五年の任期で選挙される。共同体および地域圏議会は、五年毎に総改選される。
2　共同体および地域圏議会の選挙は同日に行われ、欧州議会選挙日と一致するものとする。
3　第一一八条§2、4項の法律の執行において、デクレまたは第一一八条§2、4項に従い定められた第一三四条の規定をもって、1項および2項の例外を設けることができる。

第一一八条〔議会の構成と運営、建設的自律〕
§1　法律をもって、第一一六条§2の選挙ならびに共同体および地域圏議会の構成および運営を規律する。ドイツ語共同体議会に関する場合を除き、この法律は第四条最終項に定められた多数で可決される。
§2　1　第四条最終項に定められた多数で可決される法律をもって、ブリュッセル首都地域圏議会、フランス共同体議会、ワロン地域圏議会、フラマン共同体議会の選挙、構成および運営に関する事項を指定する。この事項は、共同体および地域圏議会により、それぞれ自らに関して、場合に応じて、第一三四条の規定により規律される。このデクレおよび第一三四条の規定は、関係議会の議員の過半数が出席し、投票の三分の二の多数で可決される。
2　1項の法律は、ブリュッセル首都地域圏議会に関して追加の多数条件を定める。
3　法律をもって、ドイツ語共同体議会によりデクレで規律される同議会の選挙、構成および運営に関する事項を指定する。このデクレは、同議会議員の過半数が出席し、投票の三分の二の多数で可決される。
4　1項および3項の法律をもって、それぞれ自らに関して、場合に応じてデクレまたは第一三四条の規定により決定する共同体および地域圏議会に対し、立法期の期間および選挙日を決定する権能を、場合に応じて委任することができる。このデクレおよび第一三四条の規定は、1項および3項に定められた多数で可決される。
経過規定
第四条最終項に定められた多数で可決される法律をもって、二〇一四年欧州議会選挙後、§2、4項の発効日を決定する。この日は、第四六条6項および第六五条3項の発効日と一致するものとする。

第一一八条の二〔議員の待遇〕
国境内において、第二条および第三条の共同体および地域圏の議会構成員は、公権力により経営されまたは認可されたすべての交通手段で自由に通行する権利を有する。

第一一九条〔兼職禁止〕
共同体または地域圏議会の議員職は、下院議員のそれと両立しない。この他に、第六七条§1六号および七号の上院議員の職と両立しない。
経過規定
本条は、二〇一四年の共同体および地域圏議会総選挙の日に発効する。この日まで、以下の規定が適用される。
共同体または地域圏議会の議員職は、下院議員のそれと両立しない。この他に、第六七条§1一号、二号、六号および七号の上院議員の職と両立しない。

第一二〇条〔議員の無答責〕

議会のすべての構成員は、第五八条および第五九条の無答責を認められる。

§2　共同体および地域圏政府

第一二一条〔政府の種類〕

§1　1　フランス共同体政府、フラマン共同体政府を置く。その構成および運営は、第四条最終項に定められた多数で可決された法律をもって決定する。

2　ドイツ語共同体政府を置く。その構成および運営は法律をもって決定する。

§2　第一三七条適用の場合を除き、第三九条の地域圏機関には、各地域圏につき、政府を含むものとする。

第一二二条〔政府構成員の選出〕

各共同体または地域圏政府の構成員は、その議会によって選挙される。

第一二三条〔政府の構成および運営、建設的自律〕

§1　法律をもって、共同体および地域圏政府の構成および運営を規律する。ドイツ語共同体政府に関する場合を除き、この法律は第四条最終項に定められた多数で可決される。

§2　1　第四条最終項に定められた多数で可決される法律をもって、議会により、それぞれ自らに関して、場合に応じてデクレまたは第一三四条の規定により規律される、ブリュッセル首都地域圏政府、フランス共同体政府、ワロン地域圏政府およびフラマン共同体政府の構成および運営に関する事項を指定する。このデクレまたは第一三四条の規定は、関係議会の議員の過半数が出席し、投票の三分の二の多数で可決される。

2　1項の法律をもって、ブリュッセル首都地域圏議会に関して追加の多数条件を定める。

3　法律をもって、ドイツ語共同体議会によりデクレによって規律される同政府の構成および運営に関する事項を指定する。このデクレは、議会の議員の過半数が出席し、投票の三分の二の多数で可決される。

第一二四条〔政府構成員の発言・表決の無責任〕

共同体または地域圏政府のいかなる構成員も、その職務の行使においてなした発言および投票について訴追されまたは捜査されることがない。

第一二五条〔共同体・地域圏政府構成員の訴追〕

1　共同体または地域圏政府の構成員は、その職務の行使中に犯した犯罪につき、控訴院でのみ裁判される。その職務の行使外で共同体または地域圏政府構成員により犯された犯罪についても、職務行使期間中に裁かれる場合は、同様とする。場合によっては、第一二〇条および第五九条は適用されない。

2　法律をもって、訴追および判決の際の、政府構成員に対する手続を定める。

3　法律をもって、総会で審理する、権限ある控訴院を指名し、その構成を精確にする。控訴院の判決は、破棄院合同部へ上告することができる。破棄院は、事実審理を行わない。

4　権限ある控訴院付き検事のみが、共同体または地域圏政府構成員に対する刑事訴追を行い、指揮することができる。

5　手続処理のためのすべての請求、控訴院への直接召喚および、現行犯の場合を除く、すべての逮捕は、それぞれ自らに関して共同体または地域圏議会の許可を必要とする。

6　法律をもって、第一〇三条および第一二五条が共に適用可能なときおよび第一二五条の重複適用あるときの手続を決定する。

7　いかなる恩赦も、関係共同体または地域圏議会の請求によらなければ、1項に従い有罪を宣告された共同体または地域圏政府構成員に対しなされえない。

8　法律をもって、どの場合にかつどの規定に従い、被害者が民事訴訟を提起するかにつき決定する。

9　本条に予定された法律は、第四条最終項に定められた多数で可決されなければならない。

経過規定

1　本条は、本条執行法施行前に捜査の対象となった事実および行われた訴追には適用されない。

2　この場合には、以下の規定が適用される。すなわち、共同体および地域圏議会は、その政府構成員を告発し、破棄院へ召喚する権利を有する。破棄院は、刑法に定められた場合にかつ刑法の定める刑罰の適用により、合同部で政府構成員を裁判する権利を唯一有する。憲法第一二五条の仮の部分的執行のための一九九七年二月二八日特別法は、この事項に適用される。

第一二六条〔地方政務次官〕

共同体および地域圏政府構成員に関する憲法規定ならびに第一二五条最終項の執行のための法律は、地方政務次官に適用される。

第二節　権能

§1　共同体の権能

第一二七条〔フランスおよびフラマン共同体の権能〕

§1　1　フランス共同体およびフラマン共同体議会は、それぞれ自らに関して、デクレをもって、以下について規律する。

一　文化事項

二　教育、ただし次のものを除く。

a　義務教育の開始と終了の決定

b　学位授与の最低条件

c　〔教員の〕年金制度

三　一号および二号の事項のための共同体間協力および国際協力、これには条約の締結を含む。

2　第四条最終項に定められた多数で可決された法律をもって、一号の文化事項、三号の協力の形態および三号の条約締結の態様を決定する。

§2　このデクレは、それぞれフランス語地域およびオランダ語地域において、ならびにその活動によりどちらか一方の共同体に専属すると見なされねばならないブリュッセル首都二言語地域に設置された機関に対し、法律の効力を有する。

第一二八条〔人間らしい生活の事項〕

§1　1　フランス共同体およびフラマン共同体議会は、それぞれ自らに関して、デクレをもって、人間らしい生活の事項ならびにこの事項における共同体間協力および条約締結を含む国際協力を、規律する。

2　第四条最終項に定められた多数で可決された法律をもって、この人間らしい生活の事項ならびに協力の形態および条約締結の態様を決定する。

§2　このデクレは、それぞれフランス語地域およびオランダ語地域において、ならびに、第四条最終項に定められた多数で可決された法律が異なる定めをしていない限り、その組織によりどちらか一方の共同体に専属すると見なされねばならないブリュッセル首都二言語地域に設置された機関に対し、法律の効力を有する。

第一二九条〔言語の使用〕

§1　フランス共同体およびフラマン共同体議会は、それぞれ自らに関して、デクレにより、連邦立法者を除く以下のための言語の使用を規律する。

一　行政事項

二　公権力により設置され、助成されまたは認可された施設における教育

三　使用者と労働者の社会的関係ならびに法律およびレグルマンをもって規律された企業の証書および文書

§2　このデクレは、それぞれフランス語地域およびオランダ語地域において、以下に関する場合を除き、法律の効力を有する。

―他の言語地域に隣接し、法律がその属する地域のそれとは異なる言語の使用を命じまたは認めている市町村または市町村のグループ。この市町村にとって、§1の事項における言語の使用に関する規定の修正は、第四条最終項に定められた多数で可決された法律によらなければ、行うことができない。

―その活動が設置された言語地域外に及ぶ事業

―その活動が一つの共同体を越えて共通である法律をもって指定する連邦または国際機関

第一三〇条〔ドイツ語共同体の権能〕

§1　1　ドイツ語共同体議会は、デクレをもって、以下について規律する。

一　文化事項

二　人間らしい生活の事項

三　教育、ただし、第一二七条§1、1項二号の制限内にあるものとする。

四　一号、二号および三号のための共同体間協力ならびに国際協力、これには条約締結を含む。

五　公権力により設置され、助成されまたは認可された施設における教育のための言語の使用

2　法律をもって、一号および二号の文化および人間らしい生活の事項ならびに四号の協力の形態および条約締結の方法を定める。

§2　このデクレは、ドイツ語地域において法律の効力を有する。

第一三一条〔イデオロギー的・哲学的差別防止措置〕

法律をもって、イデオロギー的および哲学的理由によるすべての差別を防止するための措置を定める。

第一三二条〔発議権〕

発議権は、共同体政府および共同体議会構成員にある。

第一三三条〔デクレ解釈権〕
デクレの有権解釈は、デクレのみをもって行う。

§2　地域圏の権能

第一三四条〔地域圏の権能〕
1　第三九条を執行する法律をもって、法律が設ける機関が法律の決定する事項において定めた規定の法的効力を決定する。
2　法律をもって、この機関に、法律が設ける管轄においておよび方法に従い、法律の効力を有するデクレを定める権限を授与することができる。

§3　特別規定

第一三五条〔ブリュッセル首都での権能、人間らしい生活の事項〕
第四条最終項に定められた多数で可決された法律をもって、ブリュッセル首都二言語地域について、第一二八条§1の事項において共同体に割り当てられていない権能を行使する機関を指名する。

第一三五条の二〔ブリュッセル首都地域圏の追加権限〕
第四条最終項に定められた多数で可決される法律をもって、ブリュッセル首都二言語地域のために、ブリュッセル首都地域圏に対し、第一二七条§1、1項一号の事項およびこの事項に関して同項三号において共同体に割り当てられていない権能を付与することができる。

第一三六条〔言語グループおよび執行部〕
1　共同体事項に権限があるブリュッセル首都地域圏議会の言語グループおよびその執行部を置く。その構成、運営、権能および、第一七五条を除くその財政は、第四条最終項に定められた多数で可決された法律をもって規律する。
2　執行部は、二つの共同体間の協議および調整機関の役割を果たす合同執行部を共に組織する。

第一三七条〔共同体による地域圏権能兼担〕
第三九条の適用のために、フランス共同体議会およびフラマン共同体議会ならびにその政府は、法律の定める条件および態様に従い、それぞれワロン地域圏およびフラマン地域圏の権能を行使することができる。この法律は、第四条最終項に定められた多数で可決されなければならない。

第一三八条〔フランス共同体の権能の移転〕
1　フランス共同体議会を一方とし、ワロン地域圏議会およびブリュッセル首都地域圏議会フランス語言語グループを他方として、両者は、共通の合意によりかつそれぞれがデクレをもって、ワロン地域圏議会および政府がフランス語地域においてならびにブリュッセル首都地域圏議会フランス語言語グループおよびその執行部がブリュッセル首都二言語地域において、フランス共同体の権能の全部または一部を行使すると決定することができる。
2　このデクレは、関係議会または言語グループ構成員の過半数が出席し、フランス共同体議会では投票の三分の二の多数で、ワロン地域圏議会およびブリュッセル首都地域圏議会フランス語言語グループでは投票の過半数で、可決されるものとする。デクレをもって、デクレが指定する権能の財政ならびにそれに係わる人員、財産、権利および義務の移転を規律することができる。
3　この権能は、場合に応じて、デクレ、アレテまたはレグルマンにより行使される。

第一三九条〔ワロン地域圏の権能の移転〕
1　それぞれの政府の提案に基づき、ドイツ語共同体議会およびワロン地域圏議会は、それぞれデクレによって、ドイツ語共同体議会および政府がドイツ語地域でワロン地域圏の権能の全部または一部を行使すると、合意により決定することができる。
2　この権能は、場合に応じて、デクレ、アレテまたはレグルマンにより行使される。

第一四〇条〔ドイツ語共同体議会・政府のその他の権能〕
ドイツ語共同体議会および政府は、法律により授けられるその他すべての権能をアレテおよびレグルマンをもって行使する。
第一五九条は、このアレテおよびレグルマンに適用される。

第五章　憲法裁判所、権能抵触の予防および解決

第一節　権能抵触の予防

第一四一条〔抵触の予防〕
法律をもって、法律、デクレおよび第一三四条の規定間ならびにデクレ相互間および第一三四条の規定相互間の抵触を予防する手続を組織する。

第二節　憲法裁判所

第一四二条〔憲法裁判所〕
1　ベルギー全国のために、憲法裁判所を設置する。その構成、権能および運営は、法律をもって決定する。
2　憲法裁判所は、判決をもって、以下について判断を下す。
一　第一四一条の抵触
二　法律、デクレまたは第一三四条の規定による第一〇条、第一一条および第二四条違反
三　法律、デクレまたは第一三四条の規定による法律の決定する憲法条文違反
3　憲法裁判所は、法律の指名するすべての機関、利害を証明するすべての者または、前提問題として、すべての裁判機関により提訴されることができる。
4　憲法裁判所は、決定をもって、第三九条の二の各住民投票について、その実施前に、法律により定められた条件および態様に従い、判断を下す。
5　法律をもって、法律が決定する場合かつ条件および態様に従い、憲法裁判所に対し、下院選挙費用の統制に関して議院またはその機関の決定に対しなされた訴えについて、判決の方法により、判断を下す権限を付与することができる。
6　1項、2項三号および3項から5項の法律は、第四条最終項に定められた多数で可決される。

第三節　利害対立の予防および解決

第一四三条〔連邦への忠誠〕
§1　それぞれの権能行使において、連邦国、共同体、地域圏および合同共同体委員会は、利害対立を避けるために、連邦への忠誠を遵守して行動するものとする。
§2　上院は、法律、デクレまたは第一三四条の規定をもって立法を行う議会間の利害対立に関して、第四条最終項に定められた多数で可決された法律が定める条件および態様に従い、理由を付した意見をもって、決定を下す。
§3　第四条最終項に定められた多数で可決される法律をもって、連邦政府、共同体および地域圏政府ならびに合同共同体委員会合同執行部の間の利害対立を予防し、解決する手続を設ける。
§4　§2および§3の手続は、法人税額算出の課税要件、課税率、課税除外またはその他の要素に関する連邦国の法律、アレテ、規則、行為および決定には適用されない。
経過規定
利害対立の予防および解決に関して、一九八〇年八月九日制度改革普通法が適用される。ただし、同法は、§2および§3の法律によらなければ、廃止され、補完され、修正されまたは代替されることができない。

第六章　司法権

第一四四条〔司法権の権限〕
1　私権を対象とする争訟は、裁判所の専属管轄とする。
2　ただし、法律をもって、法律が決定する態様に従い、コンセイユ・デタまたは連邦行政裁判所に対し、その判決の私法上の効力について判断する権限を付与することができる。

第一四五条〔司法権の権限〕
政治的権利を対象とする争訟は、法律の定める例外を除き、裁判所の管轄とする。

第一四六条〔裁判所設置等法定主義、特別裁判所の禁止〕
いかなる裁判所も、いかなる裁判管轄も、法律によらなければ設置されることができない。いかなる名称であれ委員会も特別裁判所も設けられることができない。

第一四七条〔破棄院〕
1　ベルギー全国を管轄として、破棄院を置く。
2　破棄院は、事件の事実審理を行うことがない。

第一四八条〔裁判の公開〕
1　裁判所の審理は公開とする。ただし、この公開が公の秩序または善良の風俗を害するときはこの限りではない。この場合には、裁判所は判決をもってその旨を宣言する。
2　政治的犯罪および出版に関する事件については、非公開は裁判官の全員一致でなければ宣告されることができない。

第一四九条〔判決理由付記・裁判の公開〕
すべての判決は理由を付記される。判決は公開法廷で宣告される。

第一五〇条〔陪審、プレスによる人種差別の裁判手続上の軽罪としての処理〕
陪審は、全ての刑事事件ならびに政治犯罪およびプレスに関する事件について設けられる。ただし、人種差別または外国人排斥に因るプレスの犯罪を除く。

第一五一条〔裁判官および検察官の独立、司法高等評議会〕
§1　1　裁判官は、その裁判権行使において

独立している。検察官は、個人の捜査および訴追の行使において独立している。ただし、政策について強制力ある指令を発する権限を有する大臣の権利を損なってはならない。

2　1項の大臣を通じて、共同体および地域圏政府は、これに加えて、それぞれ自らに関して、その権能に属する事項において訴追する権限を有する。第四条最終項に定められた多数で可決される法律をもって、この権限行使の態様を定める。

第四条最終項に定められた多数で可決される法律をもって、共同体および地域圏の、その権能に属する事項において、1項の指令の発出および安全政策の策定への参加ならびに、これらの事項について、その代表の検事長会議への出席を定める。

§2　1　ベルギー全国を管轄として司法高等評議会を置く。その権能の行使において、司法高等評議会は§1の独立性を尊重する。

2　司法高等評議会は、フランス語系委員団およびオランダ語系委員団により構成される。各委員団は、同数の委員からなり、一方で、法律をもって決定された条件および方法に従い、同僚によって直接に選挙された裁判官および検察官により、他方で、法律をもって定められた条件に従い、投票の三分の二の多数で上院により任命された委員により、同数代表で構成される。

3　各委員団内に、任命および指名委員会ならびに意見および調査委員会を置く。これらは前項の規定に従い同数代表で構成されるものとする。

4　法律をもって、司法高等評議会および委員団、委員会の構成ならびにそれらがその権限を行使する条件および方法を精確にするものとする。

§3　1　司法高等評議会は、以下の事項においてその権限を行使する。

一　§4、1項に定められた裁判官または検事の任命への候補者の推薦

二　§5、1項の職務および検察庁付司法官長職の指名への候補者の推薦

三　裁判官または検事への任官

四　裁判官および検事の養成

五　二の指名のための一般的人物観察の作成

六　司法府の一般的運営および組織に関する意見および提案

七　内部統制手段の一般的監視および利用の促進

八　全ての懲戒および刑事的権能を除き、
—司法府の運営に関する不服申し立てを受理し、その調査を確保すること
—司法府の運営に関する査察を行うこと

2　法律をもって定められた条件および方法に従い、一ないし四の権能は権限ある任命および指名委員会に分与され、五ないし八の権能は権限ある意見および調査委員会に分与される。法律をもって、一方で任命および指名委員会、他方で意見および調査委員会が、その権限を共同して行使する場合および方法を決定する。

3　第四条最終項に定められた多数で可決された法律をもって、本評議会のその他の権限を定める。

§4　1　治安判事および裁判所判事、法院および破棄院裁判官は、法律をもって定められた条件および方法に従い、国王により任命される。

2　この任命は、法律をもって定められた態様に従い三分の二の多数で決定され、かつ能力および適性の評価の後に、権限ある任命および指名委員会の理由を付した推薦に基づき、行われる。この推薦は、法律をもって定められた方法に従いかつ理由を示さなければ、拒絶されることができない。

3　法院および破棄院裁判官任命の場合、当該法院の総会は、前項の推薦に先行して、法律をもって定められた方法に従い理由を付した意見を述べる。

§5　1　破棄院主席院長および法院主席院長、裁判所所長は、法律をもって定められた条件および方法に従い、これらの職務に国王により指名される。

2　この指名は、法律をもって定められた態様に従い三分の二の多数で決定され、かつ能力および適性の評価の後に、権限ある任命および指名委員会の理由を付した推薦に基づいて、行われる。この推薦は、法律をもって定められた方法に従いかつ理由を示さなければ、拒絶されることができない。

3　破棄院主席院長または法院主席院長職への指名の場合、当該法院の総会は、前項の推薦に先行して、法律をもって定められた方法に従い理由を付した意見を述べる。

4　破棄院の院長および部長、法院の部長、裁

判所副所長は、法律をもって定められた条件および方法に従い、法院および裁判所によりその内部からこれらの職務に指名される。

5　第一五二条の規定にかかわらず、法律をもって、これらの職務への指名期間を決定する。

§6　法律をもって定められた方法により、裁判官および§5、4項の職務保持者、検事は、評価に付される。

経過規定

1　§3ないし§6の規定は、§2の司法官高等評議会の設置後、発効する。

2　この〔発効〕日に、破棄院の主席院長、院長、部長、法院の主席院長、部長、裁判所の所長、副所長は、法律をもって定められた期間および条件において、これらの職務に指名され、同時にそれぞれが破棄院および控訴院または労働法院、対応する裁判所へ任命されたものと見なされる。

3　それまで、以下の規定が適用される。

治安判事および裁判所裁判官は国王により直接任命される。

控訴院裁判官ならびにその管轄下の第一審裁判所の所長および副所長は、一つは控訴院により、もう一つは、場合により、州議会およびブリュッセル首都地域圏議会により、提出された二つの二重名簿に基づいて、国王により任命される。

破棄院裁判官は、一つは破棄院により、もう一つは上院および下院により交互に、提出された二つの二重名簿に基づいて、国王により任命される。

この二つの場合に、一つの名簿の候補者はもう一つの名簿にも登載されることができる。

すべての推薦は、任命の少なくとも一五日前に公開される。

法院は、その内部で院長および副院長の選任を行う。

第一五二条〔裁判官の身分保障〕

1　裁判官は、終身で任命される。裁判官は、法律をもって決定された年齢で定年退職し、法律をもって定められた年金を受ける。

2　いかなる裁判官も、判決によらなければ、その地位を奪われ、停止されることがない。

3　裁判官の異動は、新たな任命およびその同意によらなければ行うことができない。

第一五三条〔検察官の任免〕

国王は、法院および裁判所付検察官を任免する。

第一五四条〔裁判官の給与〕

司法権構成員の給与は、法律をもってこれを定める。

第一五五条〔裁判官の兼職禁止〕

いかなる裁判官も、報酬を受ける職務を政府から受任することはできない。ただし、無報酬でそれを行使し、かつ法律をもって決定された兼職禁止に該当しないときは、この限りではない。

第一五六条〔控訴院〕

ベルギーに五つの控訴院を置く。

一　ブリュッセル控訴院、ブラバン・ワロン州、ブラバン・フラマン州、ブリュッセル首都二言語地域を管轄

二　ガン控訴院、東・西フランドル州を管轄

三　アンヴェール控訴院、アンヴェール州、ランブール州を管轄

四　リエージュ控訴院、リエージュ州、ナミュール州、リュクサンブール州を管轄

五　モンス控訴院、エノー州を管轄

第一五七条〔その他の裁判所〕

1　第一六七条§1、2項の戦争状態が確認されたとき、軍事裁判所を置く。法律をもって、軍事裁判所の組織、権限、同裁判所構成員の権利および義務ならびに任期を定める。

2　法律をもって決定された場所に、商事裁判所を置く。法律をもって、その組織、権限、構成員の任命方法および任期を定める。

3　法律をもってまた、労働裁判所の組織、権限、構成員の任命方法および任期を定める。

4　法律をもって決定された場所に行刑裁判所を置く。法律をもって、その組織、権限、構成員の任命方法および任期を定める。

経過規定

1　1項は、軍事刑事手続法典第Ⅰ編および第Ⅱ編を含む一八九九年六月一五日法廃止の日に発効する。

2　この日まで、次の規定を適用する。すなわち、個別の法律をもって、軍事裁判所の組織、権限、同裁判所構成員の権利および義務ならびに任期を定める。

第一五七条の二〔ブリュッセル司法区の特例〕

ブリュッセル司法区内での裁判に関する言語使用に係わる改革の本質的要素ならびに検察局、その所在地、管轄に関する付随的側面は、第四条最終項に定められた多数で可決される法律に

よらなければ改正されることができない。

経過規定

法律をもって、本条の発効日を定める。この日は、ブリュッセル司法区改革を定める二〇一二年七月一九日法の発効日と同一とする。

第一五八条〔権限争議〕

破棄院は、法律に定められた方法により、権限争議について判断を下す。

第一五九条〔適法性の統制〕

法院および裁判所は、法律に適合する限りで、一般〔連邦、共同体、地域圏〕、州および地方〔市町村〕のアレテおよびレグルマンを適用する。

第七章　コンセイユ・デタ　および行政裁判所

第一六〇条〔コンセイユ・デタ〕

1　ベルギー全国のために、コンセイユ・デタを設置する。その構成、権能および運営は、法律をもって決定する。ただし、法律をもって、法律が定める原則に従い手続を規律する権限を国王に付与することができる。

2　コンセイユ・デタは、行政裁判所として判決をもって判断を下し、法律により決定された場合に意見を述べる。

3　本項と同一日に発効するコンセイユ・デタ行政訴訟部総会に関する規定の改正は、第四条最終項に定められた多数で可決される法律によらなければ、これを行うことができない。

経過規定

本条は、二〇一二年一〇月一四日に発効する。

第一六一条〔行政裁判所設置法定主義〕

いかなる行政裁判所も、法律によらなければ設置されることができない。

第八章　州および市町村制度

第一六二条〔州および市町村制度〕

1　州および市町村の制度は、法律をもって規律する。

2　法律をもって、以下の原則の適用を確立する。

一　州および市町村議会議員の直接選挙

二　州および市町村議会への州および市町村の利益となるすべてを処理する権限の付与。ただし、法律が決定する場合および方法に従い、その行為への〔監督機関の〕承認を必要とする場合を除く。

三　州および市町村機関への分権化

四　法律の定める枠内での州および市町村議会の審議の公開

五　予算および決算の公開

六　法律違反または一般利益阻害を防止するための監督権または連邦立法権の介入

3　超市町村団体は、第一三四条の規定により規律される。この規定をもって第二項の原則の適用を確立する。第一三四条の規定をもって、欠かせないと思われるその他の原則を定めることができる。この場合に、関係議会の議員の過半数が出席し、投票の三分の二の多数で可決との条件を付すことができる。第一五九条および第一九〇条は、超市町村団体のアレテおよび規則に適用される。

4　第四条最終項に定められた多数で可決される法律の執行において、デクレまたは第一三四条の規定をもって、いくつかの州、超市町村団体または市町村が友好関係を結びまたは連合する条件および方法を規律する。ただし、いくつかの州議会、超市町村団体議会または市町村議会が合同で審議することは許されない。

第一六三条〔ブリュッセルに関する例外、共同体委員会〕

1　選挙された州機関によりワロンおよびフラマン地域圏において行使される権能は、ブリュッセル首都二言語地域においては、フランスおよびフラマン共同体によりならびに合同共同体委員会により、それぞれ第一二七条および第一二八条に基づく権能に属する事項について、その他の事項についてはブリュッセル首都地域圏により、行使される。

2　ただし、第四条最終項に定められた多数で可決された法律をもって、ブリュッセル首都地域圏またはその構成員が同地域圏により指名されるすべての機関が、第三九条の事項に属さない1項の権能を行使する態様を規律する。同じ多数で可決された法律をもって、第一二七条および第一二八条の事項に属する1項の権能の全部または一部の第一三六条の機関への付与を規律する。

第一六四条〔身分証明〕

身分証明の作成および記録簿の保管は、市町村機関の専属権限とする。

第一六五条〔市町村集団・連合〕

§1　1　法律をもって、市町村の集団および連合を設ける。法律をもって、第一六二条の原則の適用を確立しつつ、その組織および権限を決定する。

2　各集団および各連合に議会および執行会議

を置く。

3 執行会議議長は議会によりその中から選出される。その選挙は国王により認証される。法律をもってその地位を規律する。

4 第一五九条および第一九〇条は、市町村の集団および連合のアレテおよびレグルマンに適用される。

5 市町村の集団および連合の境界は、法律に基づかなければ変更されまたは訂正されることができない。

§2 法律をもって、各集団および近隣市町村の連合が、それぞれの権限に属する技術的な共通問題検討のために、法律の定める条件と方法に従い、協議する機関を設ける。

§3 いくつかの市町村連合は、その権限に属する事務を共同して規律し、管理するために、法律の定める条件と方法に従い、連合間でまたは一つないし数個の集団と協同しまたは協力することができる。ただし、議会が合同で審議することは許されない。

第一六六条〔首都圏集団〕

§1 第一六五条は、王国の首都が属する集団にも、以下の留保の下に、適用される。

§2 王国の首都が属する集団の権能は、第四条最終項に定められた多数で可決された法律をもって決定される方法で、第三九条に基づいて設置されるブリュッセル首都地域圏の機関により行使される。

§3 第一二六条の機関は、

一 それぞれの共同体のために、文化・教育・人間らしい生活の事項についてその他の組織権力と同一の権能を有する。

二 それぞれの共同体のために、フランス共同体およびフラマン共同体議会から委任された権能を行使する。

三 共通の利益がある一号の事項を共同して規律する。

第Ⅳ編 国際関係

第一六七条〔国際関係の指揮、条約締結権〕

§1 1 国王は国際関係を指導する。ただし、憲法または憲法に基づき定められた法律によりその権能に属する事項のために、条約の締結を含む国際協力を行う共同体および地域圏の権能を阻害してはならない。

2 国王は、軍隊を指揮し、戦争状態および交戦終了を確認する。国王は、国家の利益と安全が許す限り直ちに、適当な書面を付して、その旨を両議院に通知する。

3 いかなる領土の割譲、交換、併合も法律によらなければ行うことができない。

§2 国王は、条約を締結する。ただし、§3の事項に関するものを除く。この条約は、下院の承認を経た後でなければ効力を有しない。

§3 第一二一条の共同体および地域圏政府は、それぞれ自らに関して、その議会の権能に属する事項に関する条約を締結する。この条約は、議会の承認を経た後でなければ効力を有しない。

§4 第四条最終項に定められた多数で可決された法律をもって、§3の条約および憲法または憲法によって定められた法律に基づき共同体または地域圏の権能に属する事項に専属しない条約の締結の態様を定める。

§5 1 国王は、一九九三年五月一八日以前に締結されかつ§3の事項に関する条約を、関係共同体および地域圏政府との合意により、破棄することができる。

2 国王は、関係共同体および地域圏政府が望むとき、この条約を破棄する。第四条最終項に定められた多数で可決された法律をもって、関係共同体および地域圏政府間の合意が得られない場合の手続を規律する。

経過規定

§2後段は、二〇一四年の共同体および地域圏議会総選挙の日に発効する。この日まで、§2の条約は、両議院の承認を経た後でなければ効力を有しない。

第一六八条〔欧州共同体設立条約に関する特例〕

欧州共同体を設立する条約およびそれを改正しまたは補完した条約および宣言のすべての改正交渉の開始後直ちに、両議院はその旨通知を受ける。両議院は署名前に条約案の報告を受けるものとする。

第一六八条の二〔旧ブラバン州住民の利益保障〕

1 欧州議会選挙のために、法律をもって、旧ブラバン州のオランダ語系住民およびフランス語系住民の正当な利益を保障するための特別の態様を定める。

2 この特別の態様を定める規定の改正は、第四条最終項に定められた多数で可決される法律によらなければ、これを行うことができない。

第一六九条〔超国家的義務への対応〕

国際的または超国家的義務の尊重を保証するため、第三六条および第三七条の権力は、法律の定める条件を尊重して、第一一五条および第一二一条の機関に一時的に代位することができる。この法律は、第四条最終項に定められた多数で可決されなければならない。

第Ⅴ編　財政

第一七〇条〔租税民主主義〕
§1　国のためのいかなる租税も、法律によらなければ課されることができない。
§2　1　共同体または地域圏のためのいかなる租税も、デクレまたは第一三四条の規定によらなければ課されることができない。
2　法律をもって、1項の課税に関して、必要性が証明された例外を定める。
§3　1　いかなる負担、いかなる課税も、その議会の議決によらなければ、州または超市町村団体により課されることができない。
2　法律をもって、1項の課税に関して、必要性が証明された例外を定める。
3　法律をもって、1項の課税の全部または一部を廃止することができる。
§4　1　いかなる負担、いかなる課税も、その議会の議決によらなければ、集団、市町村連合および市町村により、課されることができない。
2　法律をもって、1項の課税に関して、必要性が証明された例外を定める。

第一七一条〔租税単年度原則〕
1　国、共同体および地域圏のための租税は、毎年議決を経るものとする。
2　租税を課す規定は、更新のない限り、一年間しかその効力を有しない。

第一七二条〔租税特権の廃止〕
1　租税に関して特権を設けることはできない。
2　租税に関するいかなる免除または軽減も、法律によらなければ設けることができない。

第一七三条〔課徴金〕
州、干拓地、海面下の低地ならびに法律、デクレおよび第一三四条の規定をもって正式に例外とされた場合を除き、いかなる課徴金も、国、共同体、地域圏、集団、市町村連合または市町村のための租税としてでなければ市民に要求されることができない。

第一七四条〔決算、予算〕
1　毎年、下院は決算法を定め、予算を採択する。ただし、下院および上院は、それぞれ自らに関して、運営経費を毎年定めるものとする。
2　国の全ての収入および支出は、予算および決算に計上されなければならない。

第一七五条〔フランス・フラマン共同体の財政〕
1　第四条最終項に定められた多数で可決された法律をもって、フランス共同体およびフラマン共同体の財政制度を定める。
2　フランス共同体およびフラマン共同体の議会は、それぞれ自らに関して、収入の配分をデクレをもって定める。

第一七六条〔ドイツ語共同体の財政〕
1　法律をもって、ドイツ語共同体の財政制度を定める。
2　ドイツ語共同体議会は、デクレをもって収入の配分を規律する。

第一七七条〔地域圏の財政〕
1　第四条最終項に定められた多数で可決された法律をもって、地域圏の財政制度を定める。
2　地域圏議会は、それぞれ自らに関して、第一三四条の規定をもって収入の配分を決定する。

第一七八条〔共同体委員会の財政〕
第四条最終項に定められた多数で可決された法律をもって定められた条件および態様に従い、ブリュッセル首都地域圏議会は、第一三四条の規定をもって、合同共同体委員会ならびにフランスおよびフラマン共同体委員会に財政手段を移転する。

第一七九条〔年金、特別手当〕
国庫の負担となるいかなる年金も、いかなる特別手当も、法律によらなければ支給されることができない。

第一八〇条〔会計検査院〕
1　会計検査院の構成員は、下院により、法律の定める任期で任命される。
2　本院は、一般行政および国庫に対し責任のあるすべてについて会計検査および支出確定の任にある。同院は、予算のいかなる支出条項も超過されず、いかなる流用も行われないように監視する。会計検査院はまた、国による課金の賦課および徴収に関する作業に一般的統制を行使する。なお、この徴収には租税徴収を含むものとする。同院は、国のさまざまな行政の決算を確定し、このためにすべての情報および必要なすべての会計書類を収集する任にある。国の総決算は、会計検査院の見解を付して下院に提出される。
3　本院は、法律をもって組織される。
4　法律をもって、会計検査院に対し、共同体および地域圏並びにこれに従属する公益組織の予算または会計の統制を委ねることができる。同法はまた、デクレまたは第一三四条の規定がこの統制を規律することを認めることができる。ドイツ語共同体に関するものを除き、この法律は第四条最終項に定められた多数で可決される。

5　追加任務が、法律、デクレまたは第一三四条の規定により、会計検査院に付与されることができる。同院の同意に基づき、デクレまたは第一三四条の規定をもって、この任務行使に係わる同院の報酬を決定する。いかなる報酬も、本項の発効前に、共同体または地域圏のために会計検査院によってなされた任務について、請求されることがない。

第一八一条〔聖職者等への給与・年金〕

§1　聖職者の給与および年金は、国が負担する。このために必要な額は、毎年予算に計上される。

§2　非宗教的哲学に基づく精神的援助を提供する、法律をもって承認された、組織の代表の給与および年金は、国が負担する。このために必要な額は、毎年予算に計上される。

第Ⅵ編　公的な力

第一八二条〔軍隊の採用方法等〕

軍隊の採用方法は、法律をもって定める。法律をもってまた、兵士の昇進、権利および義務を定める。

第一八三条〔徴兵数の単年度原則〕

軍隊の徴兵数は毎年採択される。これを定める法律は、更新のない限り、一年間しかその効力を有しない。

第一八四条〔統一警察〕

二層構造の統一警察の業務の組織および権限は、法律をもって定める。二層構造の統一警察の職員の身分の本質的要素は、法律をもって定める。

経過規定

国王は、二層構造の統一警察の職員の身分の本質的要素を定め、執行することができる。ただし、この国王のアレテは、二〇〇二年四月三〇日以前に定められる法律をもって、これらの要素について確認されるものとする。

第一八五条〔外国軍〕

いかなる外国の軍隊も、法律に基づかなければ、ベルギー国の兵役に就き、領土を占拠し、または通行することができない。

第一八六条〔兵士の身分保障〕

兵士は、法律をもって決定された方法によらなければ、その階級、栄誉および年金を剥奪されることができない。

第Ⅶ編　一般規定

第一八七条〔憲法停止の禁止〕

憲法は、全部または一部を停止されることができない。

第一八八条〔憲法の優位〕

憲法施行の日から、憲法に反するすべての法律、デクレ、アレテ、レグルマンおよびその他の法令は廃止される。

第一八九条〔憲法の正文〕

憲法の法文は、フランス語、オランダ語およびドイツ語で作成される。

第一九〇条〔法令発効の条件〕

いかなる法律も、いかなる一般、州または市町村行政のアレテまたはレグルマンも、法律をもって決定された形式により公布された後でなければ拘束力を有しない。

第一九一条〔外国人の権利〕

ベルギーの領土にあるすべての外国人は、法律をもって設けられた例外を除き、その身体および財産に与えられた保障を享有する。

第一九二条〔宣誓からの自由〕

いかなる宣誓も、法律によらなければ、強制されることができない。法律をもって、その形式を定める。

第一九三条〔ベルギー国の象徴〕

ベルギー国民は、赤、黄、黒の国旗および王国の紋章として「団結は力なり」との銘の付されたベルギー・ライオンを採用する。

第一九四条〔首都〕

ブリュッセル市は、ベルギーの首都であり、連邦政府の所在地である。

第Ⅷ編　憲法改正

第一九五条〔改正手続〕

1　連邦立法権は、ある憲法規定を示して改正の余地があると宣言する権利を有する。

2　この宣言後、両議院は当然解散される。

3　第四六条に従い、新たな両議院の召集が行われる。

4　この両議院は、国王との合意により、改正に付された点について判断を下す。

5　この場合に、両議院はおのおのその総議員の少なくとも三分の二が出席していなければ、審議を行うことができない。また、いかなる改正も少なくとも投票の三分の二の多数によらなければ可決されることができない。

経過規定

1　ただし、二〇一〇年六月一三日の両議院総選挙後に成立する両議院は、国王との合意により、専ら下記に示された意味において、以下の規定、条文および条文の集合の改正について判断を下すことができる。

一　第五条2項、第一一条の二、第四一条5項、第一五九条および第一九〇条。市町村法、市町村選挙法、社会保障公共センター組織法、州法、選挙法典、州選挙組織法および両議院並びに州議会同日選挙組織法、知事職に関する法の改正を定める一九八八年八月九日法の現行特別規定を損なうことなく、州に対する地域圏の自治の完全な行使を確保し、また憲法で用いられている「州」という用語の意味を制度的意味以外では管轄地的意味に限定するため。

二　第二三条。家族手当に対する権利を保障するため。

三　第Ⅲ編。選挙予定日から一年未満の選挙法改正を禁じる規定を挿入するため。

四　第四三条§1、第四四条2項、第四六条5項、第六九条、第七一条、第七四条、第七五条、第七六条、第七七条、第七八条、第七九条、第八〇条、第八一条、第八二条、第八三条および第一六八条。二院制改革を実行し、下院に残余立法権を委ねるため。

五　第四六条および第一一七条。連邦議会選挙が欧州議会選挙と同日に行われることならびに解散の場合に、新たな連邦立法期の期間がこの解散後に行われる欧州議会選挙日を超えないことを定めるため、および第四条最終項に定められた多数で可決される法律をもって、共同体および地域圏に、特別デクレまたは特別オルドナンスにより、その議会の立法期の期間を定めならびにその議会の選挙日を決定する権限を委ねること、および第四条最終項に定められた多数で可決される法律をもって、選挙に関する本号の新たな規定の発効日を決定することを定めるため。

六　第六三条§4。下院選挙について、法律をもって、旧ブラバン州のオランダ語系住民およびフランス語系住民の正当な利益を保障するための特別な態様を定めること、ならびにこの特別の態様を定める規定の改正は第四条最終項に定められた多数で可決される法律をもってしか行われないことを定める項を加えるため。

七　第Ⅲ編、第四章、第二節§3。第四条最終項に定められた多数で可決される法律をもって、ブリュッセル首都二言語地域のために、ブリュッセル首都地域圏に、第一二七条§1、1項一号の事項および一号の事項に関して三号において共同体に割り当てられていない権能を付与することを可能にするための条文を挿入するため。

八　第Ⅲ編、第四章、第二節§3。第4条最終項に定められた多数で可決される法律をもって、自治体間の協力手続きの簡略化を可能にするため。

九　第一四三条。法人税額算定の課税要件、課税率、課税除外もしくはその他の要素を変更する法律または連邦権力の決定に対する利害対立手続を除外する節を加えるため。

十　第Ⅲ編、第六章。ブリュッセル司法区内での裁判に関する言語使用に係わる改革の本質的要素および検察局、所在地、管理に関する要素の改正は、第四条最終項に定められた多数で可決される法律によらなければ行われないとする規定を挿入するため。

十一　第一四四条。コンセイユ・デタ、および万一の場合には、連邦行政裁判所が、その判決の私法上の効力について判断を示すことができることを定めるため。

十二　第一五一条§1。共同体および地域圏が、その権能に属する事項において、訴追を命じる権限を、その即時執行を確保する連邦法務大臣を通じて、有すること、ならびに第四条最終項に定められた多数で可決される法律をもって、共同体および地域圏が、その権能に属する事項において、検事の捜査および訴追政策ならびに刑事政策の強制的指令、検事長会議、統合安全および国家治安計画の基本評価に係わることを可能にするため。

十三　第一六〇条。コンセイユ・デタ行政訴訟部総会の新たな権能および審議方法の変更は、第四条最終項に定められた多数で可決される法律によらなければ行われることができないと定める項を加えるため。

十四　第Ⅳ編。欧州議会選挙について、旧ブラバン州のオランダ語系住民およびフランス語系住民の正当な利益を保証するため特別の態様を定めること、ならびにこの特別の態様を定める規定の変更は、第4条最終項に定められた多数で可決される法律をもってしか行われることができないと定める条文を加えるため。

十五　第一八〇条。デクレまたは第一三四条の規定により立法を行う議会が、会計検査院に、場合によっては報酬を支払って、任務を委ねることができると定めるため。

2　議院は、これを構成する議員の少なくとも三分の二が出席しない限り、1項の諸号について審議することができず、いかなる変更も投票の少なくとも三分の二の多数によらなければ可決されることがない。

3　本経過規定は、第一九五条2項の意味での宣言ではない。

第一九六条〔改正のできない場合〕

いかなる憲法改正も、戦争中または連邦の領土で両議院が自由に集会することが妨げられているときには、開始され続行されることができない。

第一九七条〔改正の制限〕

摂政が置かれている間、いかなる修正も、国王の憲法上の権限および第八五条ないし第八八条、第九一条ないし第九五条、第一〇六条および第一九七条に関して、行うことができない。

第一九八条〔憲法の文言等の変更〕

1　国王との合意により、憲法制定議院は、憲法条文の順序変更および細分ならびに憲法の編、章、節の細分を可決し、新規定の文言と一致させるために改正に付されていない条文の文言を変更しおよび憲法のフランス語、オランダ語、ドイツ語正文の一致を確保することができる。

2　この場合に、両議院は各院を構成する議員の少なくとも三分の二が出席していなければ審議を行うことができない。また、変更は、修正全体について少なくとも投票の三分の二の賛成がなければ可決されることができない。

第Ⅸ編　発効および経過規定

Ⅰ―1　第八五条の規定は、アルベール・フェリックス・ウンベール・テオドール・クリスティアン・ウージェーヌ・マリー王子殿下、リエージュ公爵、ベルギー王子の子孫に初めて適用される。勿論、アストリッド・ジョゼフィーヌ・シャルロット・ファブリジア・エリザベート・パオラ・マリー王女殿下、ベルギー王女とロレンツ東オーストリア大公との婚姻は、第八五条2項の同意を得たものと見なされる。

2　その時まで、次の規定が適用される。

3　国王の憲法上の権限は、レオポルド・ジョルジュ・クレティアン・フレデリック・ドゥ・サクス・コブール陛下の直系、実系および嫡出の子孫の中から、男系の長男子の順に、これを継承し、永久に女子およびその子孫の継承を排除する。

4　国王または、これを欠く場合に、憲法に定められた場合に国王の権限を行使している者の同意なくして婚姻をなした王子は、王位継承権を失う。

5　ただし、国王または、これを欠く場合に、憲法に定められた場合に国王の権限を行使している者により、この失権を回復されることができる。これには両議院の同意を必要とする。

Ⅱ―廃止

Ⅲ―第一二五条は、一九九三年五月八日以降の行為について適用される。

Ⅳ―廃止

Ⅴ―廃止

Ⅵ―**§1**　廃止

§2　廃止

§3　1　ブラバン州の人員および財産は、第四条最終項に定められた多数で可決された法律をもって規律された態様に従い、ブラバン・ワロン州、ブラバン・フラマン州、ブリュッセル首都地域圏、第一三五条および第一三六条の権力および機関ならびに連邦権力の間で配分される。

2　州議会の次回改選からその配分まで、共通に留まる人員および財産は、ブラバン・ワロン州、ブラバン・フラマン州およびブリュッセル首都二言語地域で権限ある権力により協同して管理される。

§4　廃止

§5　廃止

18　ポーランド共和国

小森田秋夫

解説　520
ポーランド共和国憲法　525
第一章　共和国……五二五
第二章　人および市民の自由、権利および義務……五二七
第三章　法源……五三二
第四章　国会および元老院……五三三
第五章　ポーランド共和国大統領……五三七
第六章　閣僚会議および政府行政……五三九
第七章　地方自治……五四一
第八章　裁判所および法廷……五四二
第九章　国家監察および法保護の機関……五四五
第一〇章　財政……五四六
第一一章　緊急事態……五四七
第一二章　憲法改正……五四八
第一三章　経過規定および付則……五四九

解説

一　制定の経過

一九八九年を画期とする体制転換を表現する新しいポーランド憲法は、九七年四月二日、国民議会（上下両院合同会議）によって採択され、五月二五日のレフェレンダムによって承認されたあと、七月一六日に大統領による署名を得て、一〇月一七日から施行された（**Dziennik Ustaw RP, Nr 7, poz. 483**）。通常、九七年四月二日が憲法制定の日付と見なされている。九七年憲法の成立によって、五二年七月に制定されたポーランド人民共和国憲法（岩波文庫『世界憲法集』に訳文がある。七六年の大改正以後については、その第四版を参照）の残滓は最終的に一掃された。

八九年二月から四月にかけて開かれた政権側と反対派側との「円卓会議」は、国会議席の三五％に限定した部分的な自由選挙を軸とする漸進的な民主化のプログラムについての合意をもたらした。この合意を受けて、四月には大統領職と元老院（上院）とが憲法に盛り込まれ、六月に議会選挙が実施された。この選挙において「連帯」市民委員会が大勝することによって、「円卓会議」合意を乗りこえる政治的な転換が「連帯」主導のマゾヴィェツキ政府の成立という形で実現された。マゾヴィェツキ政府は、経済的にも「円卓会議」合意の漸進的路線を飛び越え、短期間のあいだに西側に存在するのと同様な経済システム（つまりは資本主義システム）に移行するという目標を掲げることになる。このことを前提として、同年一二月に、「ポーランド人民共和国」という国名を「ポーランド共和国」という戦間期のそれに戻し、「社会主義国家」という国家規定を「社会的公正の原則を実現する民主的法治国家」に改め、統一労働者党の指導的地位を軸とする政党条項を削除して実質的な複数政党制に道を拓き、「社会主義的経済制度」を表現する諸規定に代えて「所有形態のいかんを問わない経済活動の自由」を謳い、「ソ連その他の社会主義国家との友好と協力の強化」という規定も削除するという憲法改正が、議会の圧倒的多数の賛成によって行われた。体制転換への意思が、憲法上も確認されたのである。

五二年憲法にはその後も部分改正が加えられてゆくが、焦点は五二年憲法に全面的に取って代わるべき新憲法の制定問題に移り、上下両院それぞれに憲法委員会が設置された。しかし、限定的な自由選挙に立脚した国会（下院）の憲法制定議会としての正統性がやがて疑問視されるようになり、新憲法の制定は完全自由選挙に基づいて選ばれるべき次の議会に委ねられることになった。

ところが、九一年一〇月に比例代表制で実施された国会選挙の結果は、絵に描いたような小党分立状態であった。新議会は、民主的正統性については申し分ないものの、憲法制定に必要な多数派を形成する能力についてはきわめて疑わしいことが明らかとなったのである。そこで議会は、これまで不明確であった憲法制定手続についての法律を採択する一方（九二年四月）、「立法権と執行権との相互関係および地方自治についての法律」を制定した（同年一〇月）。ポーランド憲法史の伝統に則って「小憲法」と通称される後者は、その名のとおり、統治機構に規制対象を限定して、不透明さを孕む転換期の統治機構に暫定的な整理を与えたものであった。

九三年九月に行われた議会選挙の結果、旧体制以来の流れをくむ民主左翼同盟とポーランド農民党の上位二党が国会議席の約三分の二を占め、八九年以来四代続いた「連帯」系政府に代わって「中道左派」連立政府が成立した。議会に議席をもつ政党は、これら二党を含めて六党に整理された。少なくとも法的には民主的正統性に瑕疵がないだけでなく、議会内で三分の二の多数派が形成される可能性も生まれ、上下両院の議員五六名からなる憲法委員会による憲法起草作業は順調に進むかのように見えた。

しかし、右のような選挙結果は、多分に、小党分立を克服すべく新たに導入された阻止条項（一般には五％）と右翼諸政党の乱立とによって得票率から議席率への歪曲効果がいちじるしく働いた結果であった。ポーランド社会に少なからぬ基盤をもつ右翼的有権者の票の多くは死票化し、組織された有力な社会勢力である「連帯」労組とカトリック教会は、議会内に直接的な足場を失ったのである。

このようなことから、新しい議会もまた新憲法を制定する主体としての政治的正統性を疑問視される立場に立たされることになった。そこで議会は、憲法制定手続法に二つの改正を加えることによってこれに対応した。ひとつは、前議会において提出された憲法草案を新議会に改めて提出することを認めたことである。その結果、四つの政党草案と元老院草案、大統領草案の六つが、事実上前議会から引き継がれた。もうひとつは、有権者五〇万人の支持を集めることによって議会の外から草案を提出する道を拓いたことである。この可能性を生かして提出されたのが、「連帯」労組が推進した「市民草案」であった。

こうして、九七年四月に国民議会が採択した憲法は、議会内の主要四党（「憲法連立」と呼ばれた民主左翼同盟・ポーランド農民党・自由同盟・労働同盟）による、「連帯」労組やカトリック教会の立場をも考慮した妥協の結果にほかならなかった。これに対して、「中道左派」政権の打倒という政治戦略を優先した「連帯」労組が拒否の態度をとっただけではなく、その主張のかなりの部分を憲法に盛り込ませることに成功したカトリック教会も、レフェレンダムでの反対投票を示唆する見解を明らかにした。五月二五日に実施されたレフェレンダムが、賛成五二・七％、反対四五・九％という予想以上に賛否の接近した結果になったのは、これらの反対勢力の動員がかなりの効果を発揮したためであった（なお、投票率は四二・九％にとどまったが、憲法制定手続法は成立に必要な投票率を定めていないので、最高裁判所によってレフェレンダムの成立が確認された）。

二　制定過程における論点

ポーランドの九七年憲法は、脱社会主義という体制転換を表現するものであるというかぎりで、ロシアを含む他の旧社会主義諸国の新憲法と共通する特徴を備えている。(1)国家の階級性を直接・間接に表現する規定の一掃、(2)政党結成の自由を含む政治的・イデオロギー的多元性の承認、(3)私的所有と経済活動の自由の保障、(4)大統領職をともなう権力分立原理の採用、(5)国際的規範に適合的な人権の保障、個人的権利・自由権的権利を中心とした人権カタログ、裁判所をつうずる人権の保護、(6) 憲法法廷（憲法裁判所）を担い手とする違憲審査制、などがそれである。同時に、主要な政治勢力のあいだで大きな異論のないこれらの点に加えて、八九年という体制転換の画期から時間的に遠ざかれば遠ざかるほど、新憲法をめぐる論点は多様化していった。

第一の論点群は統治機構にかんするもので、ここでの最大の争点は、「円卓会議」合意に基づいて当初は国民議会による選出の形で導入され、九〇年から直接選挙制に移行した大統領職の位置づけである。議会によって選出されるハンガリーやチェコ（当時）の大統領よりは強いが、執行権の実質的な中心であるロシアの大統領よりは弱いという大枠のなかで、ヴァウェンサ（ワレサ）元大統領に代表される「より強い」大統領への志向と、議院内閣制的に機能する統治システムのなかで調停者的な大統領像を描く多くの政党の立場とが対立した。結果的には、ヴァウェンサ時代の経験が「反面教師」として働き、総じて言えば小憲法と比べてむしろ弱められた大統領モデルが選択された。議会の制定した法律に対して拒否権の行使と憲法法廷への提訴とを重ねて行うことはできなくなったこと、国会が大統領の拒否権を覆すための要件が三分の二から五分の三に引き下げられたこと、組閣にあたって外務・国防・内務の三大臣の人事について発言する大統領の特別な権限が否定され、首相を中心とする政府の一体性が強められたことなどが、その指標である。

また、憲法法廷の判決の最終的拘束力が認められ、憲法訴願の制度も盛り込まれた。ポーランドの憲法法廷は八二年の憲法改正と八五年の法律によって（ユーゴスラヴィアを除く）社会主義諸国のなかでは先駆的に導入されたものであったが、国会の最高機関性という当時のドクトリンとの調和をはかるために、法律に対する違憲判決については国会に最終判断権が留保されていた（三分の二の特別多数で覆すことが可能）。八九年以降、ドクトリンの転換が生じたあとも議会の多数派によって有用なこの制度には手が付けられないでいたが、予算法において予定されていない財政支出をともなう判決を想定しつつ、発効まで最高一八カ月の猶予を設けることができるという留保を付けたうえで、憲法法廷の判決は最終的な拘束力をもつという原則が遂に確立されたのである。

第二は、ポーランドの政界を貫くイデオロギー的対立を反映した論点群である。ポーランドの各政治勢力は、市場経済を前提としながらも、国家介入を重視する（左翼）かより自由な市場をめざす（リベラル派）かという経済路線の軸と、キリスト教的伝統を重視する（右翼）か個人の価値選択に対する国家の寛容を重視する（世俗派）かという価値観の軸とによって構成される四つの象限のいずれかにおおむね位置づけることが可能である。新憲法の起草過程にも、このようなイデオロギー的対立が反映した。

経済路線をめぐっては、左翼は国家の性格規定に「社会的公正の原則」という表現を残しつつ充実した社会権規定を盛り込むことを望み、自由な市場を重視するリベラル派は、放漫な国家財政に陥ることを抑止するための財政原則を掲げることを重視した。結論的には、両者の主張をそれぞれ取り入れる形で決着がつけられ、一義的に自由国家的とも社会国家的とも言いがたい内容となっている。両者の衝突と妥協は、租税について「所有権の本質に従って所得または財産を利用することを不可能にする程度において、所得または財産を何びとからも奪うものであってはならない」というリベラルな規定と、「納税者およびその家族から最低限度の生活水準を保証する手段を奪うものであってはならない」という左翼的な規定とが相打ちとなり、いずれも採用されなかったことに象徴されている。

いっそう鋭い対立は、もうひとつの価値観軸をめぐって現われた。ここでは、カトリック教会が、⑴国家と教会との関係について、政教分離ではなく、相互の自律性と独立性という定式を採用すること、⑵カトリック教会の地位はローマ教皇庁との政教条約によって規律する旨を明記すること、⑶前文において至高な価値の源泉としての神に言及すること、⑷生命に対する権利の範囲を「受胎から自然死まで」と明記することを強く主張し、元老院草案と「市民草案」もおおむねこれに沿った立場をとっていた。このうち、⑴⑵についてはそのまま受け入れられ、⑶については、キリスト教的信仰の立場とそれ以外の立場とを併記した定式が模索され、妥協が成立するに至った。しかし、妊娠中絶の違憲性を明確にする⑷だけは、民主左翼同盟や労働同盟のような国家の世界観的中立性を主張する政党にとっては受け入れることができず、玉虫色の定式が採用された。このほか、「共同善〔dobro wspólne, the common good〕」という概念の採用、補完性の原則への言及などを含め、カトリック的伝統に対する配慮のあとを随所に読みとることができる。

第三に、八九年以前の旧体制に対してどのような態度をとるかにかかわる問題がある。この点では、共産主義をナチズム・ファシズムと同列に置いたうえで、その「活動の全体主義的方法および実践」に訴える政党が禁止され、政治的理由によって追及されなかった公務員犯罪についての時効の中断も盛り込まれた。また、前文において、ポーランド国民が「その運命について主権的かつ民主的に決定する可能性を回復した」年として一九八九年に言及しただけでなく、ポーランド共和国を戦間期の「第二共和国」に接続する「第三共和国」と規定したことは、象徴的な次元においてであるとは言え、第二次大戦後の「人民ポーランド」の正統性を否認するという響きをもつ。これらはおおむね、「人民ポーランド」をどう見るかは歴史の評価に委ねるとしてきた民主左翼同盟の譲歩のもとに、「市民草案」の立場を取り入れたものにほかならない。

こうして九七年憲法は、国民的伝統への回帰という思考を色濃くにじませる一方、国家権力機関の若干の権限の国際組織・国際機関への委譲とその手続について定めることによって、ヨーロッパ統合の過程への参入にも備えるものとなっている。

三　憲法改正

憲法制定後、さまざまな憲法改正が提案され、そのいくつかは議会審議の対象となった。しかし、二〇一七年末までの二〇年のあいだに実際に改正にまで至ったのは、二度にとどまっている。

憲法改正論の対象となった領域のひとつは、欧州連合加盟と関連する事項である。加盟そのものについては九〇条が準備されており、その3項に基づくレフェレンダムが二〇〇三年六月に実施された。また、国内法に対するＥＵ法優位の原則についても第九一条3項の定めがある。しかし、加盟国となるのにともなって、地方自治機関への選挙を含め選挙権の主体を「ポーランド市民」と規定した六二条1項などの改正が不可欠とされ、通貨同盟への加盟によって影響を受けざるをえない国立銀行と通貨政策評議会の権限を定めた二二七条などはいずれ改正が必要となる、と論じられた。結局、憲法改正を日程にのせることのないままに二〇〇四年五月に加盟が実現されると、憲法改正なしに済ますことのできない事態がただちに出現した。欧州連合が二〇〇二年六月に採択した欧州逮捕状および加盟国間における人の引渡手続についての枠組決定を受けて改正された刑事訴訟法典が、ポーランド市民の国外への引渡を留保なしに禁じている憲法五五条1項に違反するとの判決が、憲法法廷によって下されたのである（二〇〇五年四月）。これを受けて、憲法五五条を書き改める初めての憲法改正が、二〇〇六年九月に行われた。その後、リスボン条約の発効を経た二〇一〇年には、「欧州連合加盟国としてのポーランド共和国」と題する章を新設し、ここに欧州連合関連条項を集中する憲法改正案が大統領によって提出されたが、審議未了に終わった。

もうひとつは、統治機構に関連する領域である。ここには、大統領権限の強化か議院内閣制的性格の強化かのいずれかの方向で、現行憲法の定める中間的なモデルを改変するという大きなテーマからはじまって、元老院の廃止、小選挙区制の導入、議員定数の削減、憲法法廷の権限の変更、さらには議員の不逮捕特権の制限にまで至る大小の論点がある。このうち、世論の政治不信への対応を迫られた与野党によって繰り返し提案された議員の不逮捕特権の制限が、二〇〇九年五月の九九条改正によって実現したにとどまっている。

このほか、二〇〇七年には、妊娠中絶の禁止を憲法上強化するという狙いから三八条の改正も試みられたが、否決に終わった。

注目されるのは、九七年憲法を共産主義的過去の痕跡を引きずったものとして全面的に否定しつつ、過去を清算し、強い大統領によって率いられた主権的国民国家としての「第四共和国」の構築を掲げて、新しく憲法を書き直すことを主張する政党「法と公正」が、二〇〇五年～〇七年の連立政権に続いて二〇一五年に単独政権を形成したことである。「法と公正」は、憲法改正を可能にする国会の三分の二をもたないため、憲法法廷を無力化しつつ憲法上の疑義のある法律を次々に制定するという手段をとっており、九七年憲法体制を実質的に大きく揺さぶっている。

第五版においては、これまでの訳語をいくつか変更した。「上院」と訳してきたSenatがそのひとつである。上院は下院に対応する言葉であって「国会」とは非対称であり、また上院を直接に表わす言葉が（下院とともに）憲法上の用語とは別に存在する。そこで、フランスの上院Sénatが「元老院」と訳されることが多いことをも考慮して、この古典的な響きのある訳語を採用することとした。ポーランドの元老院は、一五世紀末に遡る歴史をもっている。

なお、各条文に付した見出しは、訳者によるものである。

ポーランド共和国憲法

われらが祖国の存在と未来に対して配慮しつつ、一九八九年にその運命について主権的かつ民主的に決定する可能性を回復したわれわれポーランド国民、すなわち共和国のすべての市民は、

真理と正義と善と美の源泉たる神を信ずる者も、

この信仰を共にはしないが、他の源泉に由来するところの普遍的価値を認める者も、

権利および共同善たるポーランドに対する責務において平等であり、

われらが祖先に、その労働、巨大な犠牲によって贖われた独立のためのたたかい、国民のキリスト教的遺産と全人類的価値に根ざした文化に対して感謝し、

第一、第二共和国の最良の伝統に留意し、

千年を超える成果のうちの価値あるものすべてを未来の世代に伝える義務を担い、

世界に散らばるわれらが同胞との共同体の絆によって結ばれ、

人類家族の福利のためにすべての諸国と協力する必要性を自覚し、

人の基本的自由と権利がわれらが祖国において侵されていた時代の苦い経験を想起し、

市民的権利を永久に保証し、公的制度の活動に誠実さと円滑さとを保障することを希求し、

神または自らの良心に対する責任を感じつつ、自由と公正の尊重、諸権力の共働、社会的対話に立脚し、市民およびその共同体の権能を強化する補完性の原則に基づいた、国家にとっての基本法として、

ポーランド共和国憲法を定める。

第三共和国の福利のためにこの憲法を適用するすべての者に、

人の生まれながらの尊厳、自由に対するその権利および他の者と連帯する義務を保持することに配慮しつつこれを適用し、これらの原則の尊重をポーランド共和国の揺るぎない基礎とするよう呼びかける。

第一章　共和国

第一条〔共同善としての国家〕

ポーランド共和国は、すべての市民の共同善である。

第二条〔民主的法治国家〕

ポーランド共和国は、社会的公正の原則を実現する民主的法治国家である。

第三条〔単一国家〕

ポーランド共和国は、単一国家である。

第四条〔国民主権〕

1　ポーランド共和国における最高権力は、国民に属する。

2　国民は、自らの代表者をつうじて、または直接に権力を行使する。

第五条〔国家の任務〕

ポーランド共和国は、独立および自己の領土の不可侵を守り、人および市民の自由と権利ならびに市民の安全を保障し、国民的遺産を守り、均衡のとれた発展の原則によって導かれながら環境の保護を保障する。

第六条〔文化財〕

1　ポーランド共和国は、ポーランド国民のアイデンティティ、その持続と発展の源泉である文化財の普及とそれへの平等なアクセスのための条件を作りだす。

2　ポーランド共和国は、国民的文化遺産との結びつきを保つうえで、国外に居住するポーランド人に援助を与える。

第七条〔法に基づく活動〕

公的権力の機関は、法に基づき、かつその範囲内において活動する。

第八条〔憲法の最高規範性〕

1　憲法は、ポーランド共和国の最高の法である。

2　憲法の規定は、憲法が別の定めをしているのでない限り、直接に適用される。

第九条〔国際法の遵守〕

ポーランド共和国は、それを拘束する国際法を遵守する。

第一〇条〔権力分立〕

1　ポーランド共和国の統治形態は、立法権、執行権および裁判権の分割と均衡に立脚する。

2　立法権は国会および元老院が、執行権はポーランド共和国大統領および閣僚会議が、裁判権は裁判所および法廷がこれを行使する。

第一一条〔政党の自由〕

1　ポーランド共和国は、政党の結成および活動の自由を保障する。政党は、国家の政策の形成に民主的方法で影響を及ぼす目的で、自発性と平等の原則に基づいてポーランド市民を結集する。

2　政党財政は公開される。

第一二条〔社会団体の自由〕

ポーランド共和国は、労働組合、農民の社会＝職業団体、社団、市民運動、その他の自発的結社および財団の結成と活動の自由を保障する。

第一三条〔全体主義的団体等の禁止〕
自らの綱領においてナチズム、ファシズムおよび共産主義の活動の全体主義的方法および実践に訴える政党その他の団体、ならびにその綱領または活動が人種的・民族的敵意、権力を獲得しもしくは国家の政策に影響を及ぼすための暴力の使用を想定しもしくは許容し、または組織構造もしくは構成員を秘密にすることを予定している政党その他の団体の存在は禁じられる。

第一四条〔マスメディアの自由〕
ポーランド共和国は、プレスその他のマスメディアの自由を保障する。

第一五条〔分権化〕
1　ポーランド共和国の領域的構造は、公的権力の分権化を保障する。
2　社会的、経済的または文化的結びつきを考慮し、公的事務を遂行する能力を領域的単位に保障するような国家の基礎的領域区分は、法律がこれを定める。

第一六条〔地方自治〕
1　基礎的領域区分の住民総体は、法に基づいて自治共同体を構成する。
2　地方自治体は、公的権力の行使に参加する。自治体は、法律の枠内においてそれに属する公的事務の本質的部分を、自己の名により、かつ自己の責任において遂行する。

第一七条〔職業自治〕
1　法律により、公共的信頼を必要とする職業を遂行する者を代表し、公共的利益の枠内で、またその保護のためにこれらの職業を適切に遂行するよう監督する職業自治団体を設けることができる。
2　法律により、その他の種類の自治団体を設けることもできる。これらの自治団体は、職業遂行の自由を侵害するものであっても、経済活動を起こす自由を制限するものであってもならない。

第一八条〔婚姻等の保護〕
女性と男性との結合としての婚姻、家族、母性および親としての立場は、ポーランド共和国の保護と配慮のもとに置かれる。

第一九条〔闘争経験者への配慮〕
ポーランド共和国は、独立のためのたたかいの経験者、とりわけ傷痍軍人に特別な配慮を示す。

第二〇条〔社会的市場経済〕
経済活動の自由、私的所有ならびに社会的パートナーの連帯、対話および協力に立脚した社会的市場経済は、ポーランド共和国の経済体制の基礎をなす。

第二一条〔所有権の保護〕
1　ポーランド共和国は、所有権および相続権を保護する。
2　収用は、もっぱら公共的目的のために、かつ正当な補償をともなって行われる場合にのみ許される。

第二二条〔経済活動の自由〕
経済活動の自由の制限は、もっぱら法律によって、かつ重要な公共的利益のためにのみ許される。

第二三条〔農業制度の基礎〕
国家の農業制度の基礎は、家族経営である。この原則は、第二一条および第二二条の定めを侵すものではない。

第二四条〔労働の保護〕
労働は、ポーランド共和国の保護のもとに置かれる。国家は、労働の遂行の条件に対する監督を行う。

第二五条〔国家と教会〕
1　諸教会およびその他の諸信仰団体は、同権である。
2　ポーランド共和国における公的権力は、宗教的・世界観的・哲学的信念を公的生活において表現する自由を保障しつつ、これらの問題における公平さを保持する。
3　国家と諸教会およびその他の諸信仰団体との関係は、自らの領域におけるそれらの自律性およびそれぞれの相互的独立性の尊重、ならびに人間の福利および共同善のための協力の原則に基づいて形づくられる。
4　ポーランド共和国とカトリック教会との関係は、教皇庁とのあいだで締結される国際条約および法律がこれを定める。
5　ポーランド共和国とその他の諸教会および諸信仰団体との関係は、閣僚会議がそれらのしかるべき代表者とのあいだで締結する協約に基づいて制定される法律が、これを定める。

第二六条〔軍〕
1　ポーランド共和国軍は、国家の独立および領土の不可分性を擁護し、その国境の安全および不可侵を保障することに奉仕する。
2　軍は、政治的問題における中立性を保持し、文民による民主的な統制に服する。

第二七条〔公用語〕

ポーランド共和国における公用語は、ポーランド語である。この規定は、批准された条約より生ずる民族的少数者の権利を侵害するものではない。

第二八条〔国章・国旗・国歌〕

1　ポーランド共和国の国章は、赤地に王冠をかぶった白い鷲の像である。

2　ポーランド共和国の国旗は、白と赤の色である。

3　ポーランド共和国の国歌は、ドンブロフスキのマズレクである。

4　ポーランド共和国の国章、国旗および国歌は、法的保護を受ける。

5　国章、国旗および国歌についての詳細は、法律がこれを定める。

第二九条〔首都〕

ポーランド共和国の首都は、ワルシャワである。

第二章　人および市民の自由、権利および義務

一般原則

第三〇条〔人間の尊厳〕

人の生まれながらの、奪うことのできない尊厳は、人および市民の自由と権利の源泉をなす。それは不可侵であり、その尊重と保護は公的権力の義務である。

第三一条〔人間の自由〕

1　人の自由は法的保護を受ける。

2　各人は、他の者の自由と権利を尊重する義務を負う。何びとにも、法がその者に命じていないことをなすよう強いてはならない。

3　憲法上の自由と権利の行使の範囲の制限は、もっぱら法律において、民主的国家においてその安全もしくは公共の秩序のために、または環境、健康もしくは公共の道徳、または他の者の自由と権利を保護するために必要な場合にのみ、これを定めることができる。この制限は、自由と権利の本質を侵害するものであってはならない。

第三二条〔法の前の平等〕

1　すべての者は法の前に平等である。すべての者は、公的権力によって平等に扱われる権利をもつ。

2　何びとも、いかなる理由によっても、政治的、社会的または経済的生活において差別されてはならない。

第三三条〔男女平等〕

1　ポーランド共和国における女性と男性は、家族生活、政治生活、社会生活および経済生活において平等な権利をもつ。

2　女性と男性は、とりわけ、教育、雇用および昇進、同一の価値をもつ労働に対する同一の報酬、社会保障、ならびに官職への従事、職務の遂行および公的栄誉と栄典の獲得に対する平等の権利をもつ。

第三四条〔ポーランド国籍〕

1　ポーランド国籍は、ポーランド市民たる両親からの出生によって取得される。ポーランド国籍取得のその他の場合は、法律がこれを定める。

2　ポーランド市民は、自らそれを放棄するのでない限り、ポーランド国籍を失うことはない。

第三五条〔民族的少数者〕

1　ポーランド共和国は、民族的少数者およびエスニックな少数者に属するポーランド市民に、自らの言語を保持し発展させ、慣習および伝統を保持し、自らの文化を発展させる自由を保障する。

2　民族的少数者およびエスニックな少数者は、自らの教育施設、文化施設、宗教的アイデンティティの保護に資する施設を設立する権利、ならびに彼らの文化的アイデンティティにかかわる問題の解決に参加する権利をもつ。

第三六条〔国外におけるポーランド市民の保護〕

国外に滞在しているあいだ、ポーランド市民はポーランド共和国による保護を受ける権利をもつ。

第三七条〔外国人〕

1　ポーランド共和国の権力のもとにある者は、憲法において保障された自由および権利を享有する。

2　この原則の外国人についての例外は、法律がこれを定める。

個人的自由および権利

第三八条〔生命の保護〕

ポーランド共和国は、すべての人に生命の法的保護を保障する。

第三九条〔同意なき科学的実験の禁止〕

何びとも、任意に表明された同意なくして、医学的実験を含め、科学的実験の対象とされてはならない。

第四〇条〔拷問等の禁止〕

何びとも、拷問をも、残酷な、非人間的なま

たは侮辱的な扱いおよび処罰をも受けることがあってはならない。体罰の適用は禁じられる。

第四一条〔人身の自由〕

1　各人には、人身の不可侵および人身の自由が保障される。自由の剥奪または制限は、法律において定められた原則および手続に基づいてのみこれを行うことができる。

2　裁判所の判決に基づくことなく自由を剥奪された者はすべて、その剥奪の合法性を遅滞なく確認するために裁判所に訴える権利をもつ。自由剥奪については、家族または自由を剥奪された者によって指定された者に遅滞なく通知される。

3　逮捕された者はすべて、遅滞なく、かつその者が理解できる仕方で、逮捕の理由を知らされなければならない。その者は、逮捕の時から四八時間以内に、裁判所の処分に委ねられなければならない。裁判所の処分に委ねられた時から二四時間以内に、提起された非難を示した勾留についての裁判所の決定がその者に手交されないとき、被逮捕者は釈放されなければならない。

4　自由を剥奪された者はすべて、人道的に扱われなければならない。

5　不法に自由を奪われた者はすべて、損害賠償を受ける権利をもつ。

第四二条〔刑事責任の原則〕

1　刑事責任を負うのは、それを実行した時点で効力をもっている法律により刑罰の威嚇をもって禁じられた行為をなした者のみである。この原則は、それを実行した時点で国際法上の犯罪をなした行為に対する処罰を妨げるものではない。

2　刑事手続の対象となっている者はすべて、手続のあらゆる段階において防御権をもつ。そのような者は、とりわけ弁護人を選任し、または法律において定められた原則に基づいて国選弁護人を利用することができる。

3　各人は、裁判所の確定判決によってその有責性が確認されないあいだは、無罪と見なされる。

第四三条〔時効の適用除外〕

戦争犯罪および人道に対する犯罪は、時効の対象とはならない。

第四四条〔時効の中断〕

公務員によって、またはその指示に基づいて実行され、政治的理由で追及されていない犯罪に対する時効の進行は、その理由が消滅する時まで中断される。

第四五条〔裁判を受ける権利〕

1　各人は、権限をもち公平で独立した裁判所によって、根拠なしに遅滞することなく、事件の公正で公開の審理を受ける権利をもつ。

2　公判の公開性の例外は、道徳、国家の安全および公共の秩序を理由に、ならびに当事者の私生活の保護またはその他の重要な私的利益を理由に、これを設けることができる。判決は、公開で言い渡される。

第四六条〔没収〕

物の没収は、もっぱら法律において定められた場合に、裁判所の確定判決に基づいてのみこれを行うことができる。

第四七条〔プライヴァシーの保護と自己決定権〕

各人は、私生活、家族生活、名誉および名声の法的保護を受ける権利、ならびに自らの個人的生活について決定する権利をもつ。

第四八条〔親の権利〕

1　親は、自己の信条に従って子を養育する権利をもつ。この養育は、子の成熟の程度ならびにその良心と信仰の自由およびその信条を考慮したものでなければならない。

2　親権の制限または剥奪は、もっぱら法律において定められた場合に、裁判所の確定判決に基づいてのみこれを行うことができる。

第四九条〔通信の自由〕

通信の自由および通信の秘密の保護は保障される。それらの制限は、もっぱら法律において定められた場合に、かつ法律において定められた方法によってのみ、これを行うことができる。

第五〇条〔住居の不可侵〕

住居の不可侵は保障される。住居、宿泊場所または乗り物の捜索は、もっぱら法律において定められた場合に、かつ法律において定められた方法によってのみ、これを行うことができる。

第五一条〔個人情報の秘密〕

1　何びとも、法律に基づくのでなければ、自己についての情報の開示を義務づけられてはならない。

2　公的権力は、民主的法治国家において不可欠なもの以外の市民についての情報を入手し、蒐集し、これにアクセスさせてはならない。

3　各人は、自己にかかわる公文書およびデータ＝セットにアクセスする権利をもつ。この権利の制限は、法律がこれを定める。

4　各人は、正しくない情報、不完全な情報または法律に反する方法で集められた情報の訂正および削除を求める権利をもつ。

5　情報の蒐集および情報へのアクセスの原則お

よび手続は、法律がこれを定める。

第五二条〔移動の自由〕

1　各人には、ポーランド共和国の領土内を移動し、住所および居所を選択する自由が保障される。

2　各人は、ポーランド共和国の領土を自由に離れることができる。

3　1項および2項にいう自由は、法律において定められた制限を受けることがありうる。

4　ポーランド市民は、これを国外に追放することも帰国を禁ずることもできない。

5　そのポーランド出自が法律に従って確認された者は、ポーランド共和国の領土内で定住することができる。

第五三条〔良心・宗教の自由〕

1　各人には、良心および宗教の自由が保障される。

2　宗教の自由は、自らの選択に従って宗教を信仰しまたは受け入れる自由、および個人的にまたは他の者とともに、おおやけにまたは私的に、礼拝の挙行、祈祷、儀式への参加、宗教的実践および教授をつうじて、自らの宗教を外的に表現する自由を含む。宗教の自由はまた、信者の必要に応じた聖堂その他の礼拝の場所の保有、およびその者のいる場所で宗教的援助を受ける諸個人の権利をも含む。

3　親は、自己の信条に従って、子に道徳的および宗教的な養育および教育を保障する権利をもつ。〔そのさい〕第四八条1項の規定が準用される。

4　法的に規律された地位をもつ教会またはその他の信仰団体の宗教は、これを学校における教授の対象とすることができる。そのさい、他の者の良心および宗教の自由が侵害されてはならない。

5　宗教を外的に表現する自由は、もっぱら法律によって、かつ国家の安全、公共の秩序、健康、道徳または他の者の自由および権利を保護するために不可欠な場合にのみ、これを制限することができる。

6　何びとも、宗教的実践に参加することも参加しないことも強制されてはならない。

7　何びとも、公的権力の機関によって自らの世界観、宗教的信条または信仰を明らかにすることを義務づけられてはならない。

第五四条〔表現の自由〕

1　各人には、自己の見解を表現する自由、および情報を入手し流布する自由が保障される。

2　マスメディアの事前検閲およびプレスに対する免許制は禁じられる。法律は、ラジオ局またはテレビ局の運営に対する免許を事前に得る義務を導入することができる。

第五五条〔国外への引渡の禁止〕

1　ポーランド市民の国外への引渡は、2項および3項において定められた場合を除き、禁じられる。

2　ポーランド市民の国外への引渡は、ポーランド共和国によって批准された国際条約またはポーランド共和国が加盟国である国際組織によって定められた法令を執行する法律に基づいてそのような可能性が生ずる場合に、国外への引渡についての申立ての対象となる行為が次のようなものであることを条件に、他の国家または国際裁判機関の申立てに基づいてこれを行うことができる。

一　ポーランド共和国の領土外でなされ、かつその実行の時にも申立てが行われた時にも、ポーランド共和国の法によれば犯罪であったこと、またはポーランド共和国の領土内においてなされた場合はポーランド共和国の法によれば犯罪となったであろうこと

二　ポーランド共和国の領土外でなされ、かつその実行の時にも申立てが行われた時にも、ポーランド共和国の法によれば犯罪であったこと、またはポーランド共和国の領土内においてなされた場合はポーランド共和国の法によれば犯罪となったであろうこと

3　ポーランド共和国によって批准された国際条約に基づいて設置された国際裁判機関の管轄に属するジェノサイド罪、人道に対する犯罪、戦争犯罪または侵略罪と関連した、その機関の申立てに基づいて行われるべき国外への引渡は、2項一、二号に定められた条件を満たすことを要しない。

4　引渡が政治的理由による犯罪を暴力を用いることなく実行したとされる被疑者にかかわる場合、または引渡の実行が人および市民の自由および権利を侵害する場合、国外への引渡は禁じられる。

5　国外への引渡を許すかどうかは、裁判所がこれを決定する。

第五六条〔避難権〕

1　外国人は、法律において定められた原則に基づき、ポーランド共和国において避難権を行使することができる。

2　ポーランド共和国において迫害からの保護を求める外国人には、ポーランド共和国を拘束する国際条約に従って、難民としての地位を認めることができる。

政治的自由および権利

第五七条〔集会の自由〕

各人には、平和的集会を組織し、それに参加する自由が保障される。この自由の制限は、法律がこれを定めることができる。

第五八条〔結社の自由〕

1　各人には、結社の自由が保障される。

2　その目的または活動が、憲法または法律に違反する結社は禁じられる。このような結社の登録の拒否または活動の禁止については、裁判所がこれを決定する。

3　法律は、裁判所に登録されるべき結社の種類、その登録の手続およびこれらの結社に対する監督の形態を定める。

第五九条〔団結権〕

1　労働組合、農民の社会＝職業団体および使用者団体に結集する自由は保障される。

2　労働組合ならびに使用者およびその団体は、とりわけ集団的紛争を解決する目的で交渉する権利、および労働協約その他の協定を締結する権利をもつ。

3　労働組合は、法律において定められた範囲内において、労働者のストライキおよびその他の形態の抗議を組織する権利をもつ。法律は、公共の福祉を理由に、一定の種類の労働者について、または一定の分野において、ストライキの実施を制限し、またはそれを禁ずることができる。

4　労働組合および使用者団体に結集する自由ならびにその他の組合の自由の範囲は、ポーランド共和国を拘束する国際条約によって許されるような法律的制限のみを受けることがありうる。

第六〇条〔公務へのアクセス権〕

完全な公的権利を享有するポーランド市民は、同一の原則に基づいて公務にアクセスする権利をもつ。

第六一条〔情報を得る権利〕

1　市民は、公的権力の機関および公的職務を遂行する者の活動についての情報を得る権利をもつ。この権利は、経済的および職業的自治の機関、ならびにその他の個人および組織単位が、公的権力の事務を遂行し、自治体財産または国庫の財産を管理する限度において、それらの活動についての情報を得ることをも含む。

2　情報を得る権利は、文書にアクセスすること、および普通選挙によって選出された公的権力の合議制機関の会議に音声または画像に記録する可能性をもって立ち入ることを含む。

3　1項および2項にいう権利の制限は、もっぱら法律において定められた他の個人および経済主体の自由および権利の保護、公共の秩序、国家の安全または重要な経済的利益の保護のためにのみこれを行うことができる。

4　1項および2項にいう情報を与える手続は法律が、国会および元老院についてはそれらの規則がこれを定める。

第六二条〔選挙権〕

1　遅くとも投票の日に一八歳に達するポーランド市民は、レフェレンダムに参加する権利ならびにポーランド共和国大統領、国会議員、元老院議員および地方自治機関への代表者を選挙する権利をもつ。

2　レフェレンダムへの参加権および選挙権は、裁判所の確定判決によって禁治産者とされた者、または公的権利もしくは選挙権を剥奪された者は、これをもたない。

第六三条〔請願権等〕

各人は、公的権力の機関に対して、また社会的団体および組織によって遂行される行政分野の委任事務と関連してこれらの団体および組織に対して、公共の利益、自己の利益または他の者の同意を得てその利益のために、請願、申請および訴願を行う権利をもつ。請願、申請および訴願を審理する手続は、法律がこれを定める。

経済的、社会的、文化的自由および権利

第六四条〔財産権〕

1　各人は、所有権、その他の財産権および相続権をもつ。

2　所有権、その他の財産権および相続権は、万人にとって平等な法的保護を受ける。

3　所有権は、もっぱら法律によってのみ、かつその法律が所有権の本質を侵害しない範囲においてのみ、これを制限することができる。

第六五条〔職業選択の自由〕

1　各人には、職業を選択し遂行する自由および職場を選択する自由が保障される。例外は、法律がこれを定める。

2　労働の義務は、もっぱら法律によってのみこれを課すことができる。

3　一六歳未満の子どもの恒常的な雇用は禁じられる。許される雇用の形態および性格は、法律がこれを定める。

4　労働に対する報酬の最低額またはその額を定める方法は、法律がこれを定める。

5　公的権力は、職業相談および職業訓練ならびに公共事業および仲介労働の組織および支援を含む失業防止プログラムの実現をつうじて、完全な生産的雇用をめざす政策を実施する。

第六六条〔安全な労働条件に対する権利〕

1　各人は、安全で衛生的な労働条件に対する権利をもつ。この権利を実現する方法および使用者の義務は、法律がこれを定める。

2　労働者は、法定の休日および年次有給休暇に対する権利をもつ。労働時間の最長基準は、法律がこれを定める。

第六七条〔社会保障を受ける権利〕

1　市民は、病気または労働能力喪失のための労働不能のさいに、また年金年齢に達したさいに社会保障を受ける権利をもつ。社会保障の範囲および形態は、法律がこれを定める。

2　自らの意思によらずして労働の機会がなく、その他の生計手段をもたない市民は、社会保障を受ける権利をもつ。その範囲および形態は、法律がこれを定める。

第六八条〔健康保護に対する権利〕

1　各人は、健康保護に対する権利をもつ。

2　市民には、その物質的状態のいかんにかかわらず、公的資金によって賄われる保健給付への平等なアクセスを公的権力が保障する。給付提供の条件および範囲は、法律がこれを定める。

3　公的権力は、子ども、妊婦、障害者および高齢者に特別な健康上の配慮を保障する義務を負う。

4　公的権力は、伝染病を予防し、環境の悪化の健康への否定的な効果を防止する義務を負う。

5　公的権力は、体育の発展、とりわけ子どもおよび青年のあいだでの発展を支援する。

第六九条〔障害者に対する援助〕

公的権力は、障害者に、生存を確保し、労働に適応し、社会的なコミュニケーションを行ううえでの援助を、法律に従って与える。

第七〇条〔教育を受ける権利〕

1　各人は、教育を受ける権利をもつ。一八歳未満の教育は、義務的である。学校教育を受ける義務を履行する方法は、法律がこれを定める。

2　公立学校における教育は、無償である。法律は、公立の高等教育機関が若干の教育サービスを有償で提供することを許すことができる。

3　親は、自らの子のために、公立学校以外の学校を選択する自由をもつ。市民および団体は、基礎学校、中等学校、高等教育機関および保育施設を設立する権利をもつ。非公立学校の設立および活動ならびにそれに対する資金供給への公的権力の関与の条件、ならびに学校および保育施設に対する教育内容上の監督の原則は、法律がこれを定める。

4　公的権力は、教育への普遍的で平等なアクセスを市民に保障する。公的権力は、この目的のために、生徒および学生のための個別的な財政的および組織的な援助の制度を作りだし、支援する。援助を与える条件は、法律がこれを定める。

5　法律において定められた原則に基づいて、高等教育機関の自治が保障される。

第七一条〔家族の福祉〕

1　国家は、自らの社会政策および経済政策において、家族の福祉を考慮する。困難な物質的および社会的条件のもとにある家族、とりわけ子どもの多い家族および単親家族は、公的権力からの特別な援助を受ける権利をもつ。

2　子を出産する前と後の母親は、公的権力の特別な援助を受ける権利をもつ。援助の範囲は、法律がこれを定める。

第七二条〔子どもの権利〕

1　ポーランド共和国は、子どもの権利の保護を保障する。各人は、暴力、虐待、搾取および退廃から子どもを保護するよう、公的権力の機関に求める権利をもつ。

2　親の監護を奪われた子は、公的権力の監護と援助を受ける権利をもつ。

3　公的権力の機関および子どもに対して責任を負う者は、子どもの権利を確定する過程で、子どもの意見を聴取し、できる限りそれを考慮する義務を負う。

4　法律は、子どもの権利弁務官〔オンブズマン〕の権限および選任方法を定める。

第七三条〔創造の自由〕

各人には、芸術的創造、学術研究およびそれらの成果の公表の自由、教授の自由ならびに文化財を享受する自由が保障される。

第七四条〔環境の保護〕

1　公的権力は、現在および将来の世代にエコロジー的安全を保障する政策を実施する。

2　環境の保護は、公的権力の義務である。

3　各人は、環境の状態およびその保護についての情報を得る権利をもつ。

4　公的権力は、環境を保護しその状態を改善するための市民の行動を支援する。

第七五条〔住宅政策〕

1　公的権力は、市民の住宅上の必要の充足に資する政策を実施する。とりわけ、ホームレスを予防し、低所得者向け住宅建設の発展を支援し、自分の住居を得ることをめざす市民の行動を支持する。

2　住居賃借人の権利の保護は、法律がこれを定める。

第七六条〔消費者等の保護〕

公的権力は、消費者、利用者および賃借人を、その健康、プライヴァシーおよび安全を脅かす行為ならびに不公正な市場実務から保護する。この保護の範囲は、法律がこれを定める。

自由および権利の保護手段

第七七条〔損害賠償と裁判による保護〕

1　各人は、法に適合しない公的権力の機関の行為によって被った損害の賠償を受ける権利をもつ。

2　法律は、侵害された自由または権利を主張するための裁判的手段を、何びとに対しても閉ざすことはできない。

第七八条〔上訴の権利〕

当事者の双方は、第一審において下された判決および決定について上訴する権利をもつ。この原則の例外および上訴の手続は、法律がこれを定める。

第七九条〔憲法訴願〕

1　その憲法上の自由または権利が侵害された者はすべて、法律において定められた原則に基づいて、裁判所または行政機関が憲法において定められたその者の自由もしくは権利または義務について最終的に決定する根拠となった法律またはその他の規範的アクトの憲法への適合性について、憲法法廷に訴願を行う権利をもつ。

2　1項の規定は、第五六条において定められた権利には適用されない。

第八〇条〔市民の権利弁務官による保護〕

各人は、法律において定められた原則に基づいて、公的権力の機関によって侵害された自らの自由または権利を保護するうえでの援助を求める申立てを、市民の権利弁務官〔オンブズマン〕に行う権利をもつ。

第八一条〔裁判による保護の制限〕

第六五条4項および5項、第六六条、第六九条、第七一条および第七四～七六条において定められた権利は、法律において定められた範囲内において、これを主張することができる。

義務

第八二条〔国家への忠誠義務〕

ポーランド共和国に対する忠誠および共同善についての配慮は、ポーランド市民の義務である。

第八三条〔法を遵守する義務〕

各人は、ポーランド共和国の法を遵守する義務を負う。

第八四条〔公的負担を担う義務〕

各人は、法律において定められた、租税を含む公的負担および公課を担う義務を負う。

第八五条〔祖国防衛義務〕

1　祖国の防衛は、ポーランド市民の義務である。

2　兵役義務の範囲は、法律がこれを定める。

3　その宗教的信条または信ずる道徳的原則が兵役に服することを許さない市民には、法律において定められた原則に基づいて代替役務を義務づけることができる。

第八六条〔環境に対する配慮義務〕

各人は、環境の状態に配慮する義務を負い、自らのひき起こしたその悪化に対する責任を負う。この責任の原則は、法律がこれを定める。

第三章　法源

第八七条〔法源の種類〕

1　ポーランド共和国の一般的に拘束力をもつ法の源泉は、憲法、法律、批准された国際条約および決定である。

2　地方法規は、それを定めた機関の活動地域においては、ポーランド共和国の一般的に拘束力をもつ法の源泉である。

第八八条〔法令の公布〕

1　法律、決定および地方法規が施行されるための要件は、それらの公布である。

2　規範的アクトの公布の原則および手続は、法律がこれを定める。

3　法律において表明された事前の同意を得て批准された国際条約は、法律に対して要求される手続で公布される。その他の国際条約の公布の原則は、法律がこれを定める。

第八九条〔国際条約の批准〕

1　ポーランド共和国による国際条約の批准およびその破棄は、条約が次の事項にかかわるときは、法律において表明された事前の同意を必要とする。

一　講和、同盟、政治協定または軍事協定

二　憲法において定められた市民の自由、権利または義務

三　ポーランド共和国の国際組織における加盟国としての地位

四　財政的観点からみた国家のいちじるしい負担

五　法律において規制されている事項または憲法がそれについて法律を要求している事項

2　閣僚会議議長は、その批准が法律において表明された同意を必要としない条約を、批准のために共和国大統領に提出する意思があることについて、国会に通知する。

3　条約の締結、批准および破棄の原則および手続は、法律がこれを定める。

第九〇条〔国際組織等への権限委譲〕

1　ポーランド共和国は、国際条約に基づいて、若干の事項につき国家権力機関の権限を国際組織または国際機関に委譲することができる。

2　1項にいう国際条約の批准に対して同意を表明する法律は、国会により法定議員総数の少なくとも半数の出席のもとで三分の二の多数の票によって、かつ元老院により法定議員総数の少なくとも半数の出席のもとで三分の二の多数の票によって議決される。

3　このような条約の批准に対する同意の表明は、第一二五条の規定に従い、全国レフェレンダムにおいてこれを議決することができる。

4　批准に対する同意を表明する手続の選択についての決議は、国会が、法定議員総数の少なくとも半数の出席のもとで絶対多数の票によってこれを採択する。

第九一条〔国際条約の効力〕

1　批准された国際条約は、『ポーランド共和国法律公報』において公布されたのち、国内法秩序の一部となり、その適用が法律の制定に依存しているのでないかぎり、直接に適用される。

2　法律において表明された事前の同意を得て批准された国際条約は、法律を条約に調和させることができないとき、その法律に優先される。

3　ポーランド共和国によって批准された国際組織設立条約が定めるときは、その組織によって制定された法は直接に適用され、法律に抵触するときは〔それに〕優先される。

第九二条〔決定〕

1　決定は、法律に含まれた詳細な授権に基づき、かつ法律を執行する目的で、憲法において示された機関によって制定される。授権は、決定を制定する権限ある機関および規制が委ねられる事項の範囲、ならびにアクトの内容についての指針を定めるものでなければならない。

2　決定の制定を授権された機関は、1項にいう自らの権限を他の機関に委譲することはできない。

第九三条〔決議と命令〕

1　閣僚会議の決議ならびに閣僚会議議長および大臣の命令は内部的な性格をもち、これらのアクトを制定する機関に組織的に従属する単位のみを拘束する。

2　命令は、法律に基づいてのみ制定される。それは、市民、法人およびその他の主体に対する決定の根拠となることはできない。

3　決議および命令は、一般的に拘束力をもつ法への それらの適合性についての統制に服する。

第九四条〔地方法規〕

地方自治機関および政府行政の地方機関は、法律に含まれた授権に基づき、かつその範囲内において、これらの機関の活動地域において拘束力をもつ地方法規を定める。地方法規制定の原則および手続は、法律がこれを定める。

第四章　国会および元老院

第九五条〔立法権〕

1　ポーランド共和国における立法権は、国会および元老院がこれを行使する。

2　国会は、憲法および法律の規定によって定められた範囲内において、閣僚会議の活動に対する統制を行う。

選挙および任期

第九六条〔国会の定数と選挙制度〕

1　国会は、四六〇名の国会議員によって構成される。

2　国会の選挙は、普通、平等、直接および比例代表選挙であり、秘密投票で行われる。

第九七条〔元老院の定数と選挙制度〕

1　元老院は、一〇〇名の元老院議員によって構成される。

2　元老院の選挙は、普通、直接選挙であり、秘密投票で行われる。

第九八条〔任期〕

1　国会および元老院は、四年の任期で選ばれる。国会および元老院の任期は、国会が最初の会議に集まる日に始まり、次の任期の国会が集まる日の前日まで継続する。

2　国会および元老院の選挙は、国会および元老院の任期の開始から四年を経過する遅くとも九〇日前に、国会および元老院の任期の開始から四年を経過する前の三〇日のあいだの休日における選挙を指定して、共和国大統領がこれを命ずる。

3　国会は、法定議員総数の少なくとも三分の二の多数の票によって採択された決議によって、自らの任期を短縮することができる。国会の任期の短縮は、元老院の任期の同時的短縮を意味する。〔そのさい〕5項の規定が準用される。

4　共和国大統領は、国会議長および元老院議長の意見を聴取したのち、憲法において定められた場合に国会の任期の短縮を命ずることができる。国会の任期の短縮にともなって、元老院の任期もまた短縮される。

5　共和国大統領は、国会の任期の短縮を命ずるさい、同時に国会および元老院の選挙を命じ、国会の任期の短縮を命じた日から遅くとも四五日以内の日を選挙期日として指定する。共和国大統領は、選挙が実施された日のあと遅くとも一五日以内に、新しく選ばれた国会の最初の会議を招集する。

6　国会の任期が短縮された場合、1項の規定が準用される。

第九九条〔被選挙権〕

1　国会に選挙されることができるのは、遅くとも選挙の日に二一歳に達する、選挙権をもつポーランド市民である。

2　元老院に選挙されることができるのは、遅くとも選挙の日に三〇歳に達する、選挙権をもつポーランド市民である。

3　公訴によって追及された故意の犯罪のゆえに自由剥奪刑の確定判決を受けた者は、国会または元老院に選挙されることができない。

第一〇〇条〔議員候補者の推薦〕

1　国会議員および元老院議員の候補者を推薦することができるのは、政党および有権者である。

2　国会および元老院に同時に立候補することはできない。

3　候補者の推薦および選挙実施の原則および手続、ならびに選挙が有効であるための要件は、法律がこれを定める。

第一〇一条〔選挙の有効性の確認〕

1　国会および元老院の選挙の有効性は、最高裁判所がこれを確認する。

2　有権者は、法律において定められた原則に基づいて、選挙の有効性についての異議申立てを最高裁判所に対して行う権利をもつ。

国会議員および元老院議員

第一〇二条〔両院議員の兼任の禁止〕

同時に国会議員および元老院議員となることはできない。

第一〇三条〔兼職の禁止〕

1　国会の議席は、ポーランド国立銀行総裁、最高監察院総裁、市民の権利弁務官、子どもの権利弁務官およびそれらの代理、通貨政策評議会員、全国ラジオ＝テレビ評議会員および大使の職務、ならびに国会事務局、元老院事務局、共和国大統領府における雇用または政府行政における雇用とこれを兼ねることはできない。この禁止は、閣僚会議の構成員および政府行政における次官には適用されない。

2　裁判官、検察官、文官、現役の軍人、警察職員および国家擁護機関職員は、国会議員としての職務を遂行することはできない。

3　国会議員の議席と公的職務との兼職、および議員としての職務遂行の禁止されるその他の場合は、法律によってこれを定めることができる。

第一〇四条〔自由委任と宣誓〕

1　国会議員は、国民の代表である。有権者の訓令は、国会議員を拘束しない。

2　職務の遂行を開始するに先だち、国会議員は国会の前で次のような宣誓を行う。

「国民に対する義務を誠実かつ良心的に遂行し、国家の主権および利益を守り、祖国の繁栄と市民の福利のためにあらゆることをなし、ポーランド共和国の憲法およびその他の法を遵守することを厳粛に誓う」。

宣誓は、「神のご加護のあらんことを」という文言をつけ加えてこれを行うことができる。

3　宣誓の拒否は、議席の放棄を意味する。

第一〇五条〔議員特権〕

1　国会議員は、議席の継続中もその消滅後も、議員としての職務の遂行の範囲に属する自己の活動に対して責任を追及されてはならない。国会議員は、このような活動に対してもっぱら国会にのみ責任を負い、第三者の権利を侵害したときは、国会の同意のある場合にのみその裁判上の責任を追及することができる。

2　選挙の結果が公布された日から議席が消滅する日まで、国会議員は、国会の同意なくしてその刑事責任を追及することはできない。

3　国会議員に選出された日以前にその者に対して開始された刑事手続は、国会の請求に基づき、議席が消滅する時まで停止される。このような場合、この期間は刑事手続における時効の進行も停止される。

4　国会議員は、自らの刑事責任を追及することに対して同意を表明することができる。このような場合、2項および3項の規定は適用されない。

5　国会議員は、犯罪実行の現行犯として捕まり、その逮捕が手続の正しい進行を確保するために不可欠であるときを除いて、国会の同意なくしてこれを逮捕しまたは勾留することはできない。逮捕については遅滞なく国会議長に通知され、国会議長は被逮捕者の即時釈放を命ずることができる。

6　国会議員の刑事責任の追及の詳細な原則および手続の方式は、法律がこれを定める。

第一〇六条〔活動条件〕

国会議員としての義務を効果的に遂行するために不可欠な条件および議員としての職務の遂行より生ずる権利の保護は、法律がこれを定める。

第一〇七条〔経済活動の制限〕

1　国会議員は、法律によって定められた範囲内において、国庫または地方自治体の財産からの利益の獲得をともなう経済活動を遂行することも、その財産を取得することもできない。

2　国会議員は、1項にいう禁止の違反に対して、国会議長の提案に基づいて採択された国会の決議によって、国事法廷の前でその責任を追及することができ、国事法廷は議席の剥奪について判決を行う。

第一〇八条〔元老院議員への準用〕

第一〇三条～第一〇七条の規定は、元老院議員に準用される。

組織および活動

第一〇九条〔会議〕

1　国会および元老院は、会議において議事を行う。

2　国会および元老院の最初の会議は、第九八条3項および5項において定められた場合を除き、選挙の日から三〇日以内の日に、共和国大統領がこれを招集する。

第一一〇条〔議長と委員会〕

1　国会は、国会議長および副議長〔複数〕を互選する。

2　国会議長は国会の議事において議長を務め、国会の権利を守り、国会を対外的に代表する。

3　国会は、常任委員会を選出する。また、特別委員会を選出することができる。

第一一一条〔調査委員会〕

1　国会は、一定の問題を調査するために調査委員会を選出することができる。

2　調査委員会の活動手続は、法律がこれを定める。

第一一二条〔国会規則〕

国会の内部組織と活動方法およびその機関の選出と活動の手続、ならびに国会に対する国家機関の憲法上および法律上の義務の履行の方法は、国会によって議決される国会規則がこれを定める。

第一一三条〔会議の公開〕

国会の会議は公開される。国家の利益が議事の秘密を必要とするとき、国会は法定議員総数の少なくとも半数の出席のもとで、絶対多数の票によりそれを決議することができる。

第一一四条〔国民議会〕

1　国会および元老院は、憲法において定められた場合に、国会議長またはその代理として元老院議長を議長として合同で議事を行い、国民議会として活動する。

2　国民議会は、自らの規則を議決する。

第一一五条〔質問への答弁義務〕

1　閣僚会議議長および閣僚会議のその他の構成員は、質問書および議員質問に二一日以内に答弁する義務を負う。

2　閣僚会議議長および閣僚会議のその他の構成員は、国会の各会議において、当面の問題について答弁する義務を負う。

第一一六条〔戦争状態と講和〕

1　国会は、ポーランド共和国の名において、戦争状態および講和の締結について決定する。

2　国会は、もっぱらポーランド共和国領土に対する武力攻撃の場合、または国際条約により侵略に対する共同防衛の義務が生ずる場合にのみ、戦争状態についての決議を採択することができる。国会が会議に集まることのできないとき、戦争状態については共和国大統領がこれを決定する。

第一一七条〔国外における軍の使用〕

ポーランド共和国の国外における軍の使用の原則は、批准された国際条約または法律がこれを定める。ポーランド共和国の領土内における外国軍隊の駐留の原則およびその領土を通過する外国軍隊の移動の原則は、批准された国際条約または法律がこれを定める。

第一一八条〔立法発議権〕

1　立法発議権は、国会議員、元老院、共和国大統領および閣僚会議に属する。

2　立法発議権はまた、国会への選挙権をもつ少なくとも一〇万名の市民のグループにも属する。この件についての手続の方式は、法律がこれを定める。

3　提案者は、国会に法律案を提出するさい、その執行の財政的結果を提示する。

第一一九条〔国会における審議手続〕

1　国会は、三読会において法律案を審議する。

2　国会が法律案を審議するとき、それに対する修正を提案する権利は、法律案の提案者、国会議員および閣僚会議に属する。

3　国会議長は、事前に委員会に提出されなかった修正を採決に付すことを拒否することができる。

4　提案者は、法律案の第二読会の終了時までの国会における立法手続の進行中は、法律案を撤回することができる。

第一二〇条〔国会における議決〕

国会は、憲法が異なる多数を定めているのでない限り、法定議員総数の少なくとも半数の出席のもとで、通常多数の票により法律を議決する。法律または国会決議が異なる定めをしているのでない限り、国会は、同じ手続で決議を採択する。

第一二一条〔元老院における議決〕

1　国会によって議決された法律は、国会議長がこれを元老院に付託する。

2　元老院は、法律が付託された日から三〇日以内に、それを無修正で採択するか、修正を議決するか、またはそれを全体として退けることを議決することができる。法律が付託された日から三〇日以内に元老院がしかるべき決議を採択しないとき、法律は国会によって採択された内容で議決されたものと見なされる。

3　法律を退ける元老院の決議または元老院決議において提案された修正は、国会が法定議員総数の少なくとも半数の出席のもとで絶対多数の票によりそれを退けないときは、採択されたものと見なされる。

第一二二条〔大統領による法律への署名と拒否権〕

1　第一二一条において定められた手続の終了後、国会議長は、議決された法律を署名を求めて共和国大統領に提出する。

2　共和国大統領は、提出された日から二一日以内に法律に署名し、『ポーランド共和国法律公報』においてそれを公布するよう命ずる。

3　法律への署名に先だち、共和国大統領は、法律の憲法への適合性について憲法法廷に申立てることができる。共和国大統領は、憲法法廷が合憲と認めた法律への署名を拒否することはできない。

4　共和国大統領は、憲法法廷が違憲と認めた法律への署名を拒否する。ただし、違憲性が法律の個々の規定にかかわり、それらの規定が法律全体と不可分に結びついているとの判決を憲法法廷が行わないとき、共和国大統領は、国会議長の意見を聴取したうえで、違憲と認められた規定を除外して法律に署名するか、または違憲性を取り除くために法律を国会に差し戻す。

5　3項の手続で憲法法廷に申立てなかったとき、共和国大統領は、理由を示して再審理のために法律を国会に付託することができる。法定議員総数の少なくとも半数の出席のもとで、五分の三の多数の票により国会が法律をふたたび議決したとき、共和国大統領は七日以内に法律に署名し、『ポーランド共和国法律公報』においてそれを公布するよう命ずる。国会が法律をふたたび議決したとき、共和国大統領は3項の手続で憲法法廷に申立てる権利をもたない。

6　法律の憲法への適合性についての憲法法廷への大統領の申立てまたは法律の再審理を求める国会への大統領の申立ては、2項において定められた法律への署名のための期間の進行を停止させる。

第一二三条〔緊急法律案〕

1　閣僚会議は、租税法、共和国大統領、国会、元老院および地方自治機関の選挙関係法、公的権力の構造および権限を規制する法律ならびに法典の草案を除き、自らが採択した法律案を緊急法律案と認めることができる。

2　国会規則および元老院規則は、緊急法律案についての立法手続の特例を定める。

3　その草案が緊急と認められた法律についての手続において、元老院によるその審議の期間は一四日、共和国大統領による法律への署名の期間は七日とする。

第一二四条〔元老院への準用〕

第一一〇条、第一一二条、第一一三条および第一二〇条の規定は、元老院に準用される。

レフェレンダム

第一二五条〔全国レフェレンダム〕

1　国家にとって特別な意義をもつ事項について、全国レフェレンダムを実施することができる。

2　全国レフェレンダムは、法定議員総数の少なくとも半数の出席のもとで絶対多数の票により国会が、または法定議員総数の少なくとも半数の出席のもとで絶対多数の票により表明された元老院の同意を得て共和国大統領が、これを命ずる権利をもつ。

3 投票権をもつ者の過半数が全国レフェレンダムに参加したとき、レフェレンダムの結果は拘束力をもつ。

4 全国レフェレンダムおよび第一二五条6項にいうレフェレンダムの有効性は、最高裁判所がこれを確認する。

5 レフェレンダム実施の原則および手続は、法律がこれを定める。

第五章 ポーランド共和国大統領

第一二六条〔大統領の地位〕

1 ポーランド共和国大統領は、ポーランド共和国の最高の代表者であり、国家権力の継続性の保証者である。

2 共和国大統領は、憲法の遵守を監督し、国家の主権および安全ならびにその領土の不可侵性および不可分性を擁護する。

3 共和国大統領は、憲法および法律において定められた範囲内において、かつそれらによって定められた原則に基づいて、自らの任務を遂行する。

第一二七条〔大統領の選挙〕

1 共和国大統領は、国民により、普通、平等、直接選挙において秘密投票で選出される。

2 共和国大統領は、五年の任期で選出され、一度だけ再選されうる。

3 共和国大統領に選出されうるのは、遅くとも選挙の日に三五歳に達し、国会への選挙についての完全な権利をもつポーランド市民である。候補者は、国会への選挙権をもつ少なくとも一〇万人の市民がこれを推薦する。

4 共和国大統領に選出されるのは、有効投票の過半数を得た候補者である。いかなる候補者も必要な過半数を得ないときは、最初の投票から一四日目に決選投票が行われる。

5 決選投票においては、最初の投票においてもっとも多くの票を得た上位二名の候補者のなかから選出される。これらの候補者のうちのいずれかが候補者となることに対する同意を撤回し、選挙上の権利を失い、または死亡したとき、その者に代わって、最初の投票において次に多い票を得た候補者が決選投票における選挙に出ることを認められる。このような場合、決選投票の日は、さらに一四日延期される。

6 共和国大統領に選出されるのは、再投票においてより多くの票を得た候補者である。

7 候補者の推薦および選挙の実施の原則および手続ならびに共和国大統領の選出が有効であるための要件は、法律がこれを定める。

第一二八条〔大統領の任期〕

1 共和国大統領の任期は、大統領が職務に就いた日から始まる。

2 共和国大統領の選挙は、在任中の共和国大統領の任期満了前一〇〇日より早くなく七五日より遅くない日に、共和国大統領職が空席のときは、空席となった日から遅くとも一四日以内に、選挙を命じた日から六〇日以内の休日を選挙日として指定して、国会議長がこれを命ずる。

第一二九条〔大統領の選出の有効性の確認〕

1 共和国大統領の選出の有効性は、最高裁判所がこれを確認する。

2 有権者は、法律において定められた原則に基づき、共和国大統領の選出の有効性について、最高裁判所に異議申立てを行う権利をもつ。

3 共和国大統領の選出が無効であると確認されたときは、共和国大統領職が空席の場合について第一二八条2項において定められた原則に基づいて、新たな選挙が実施される。

第一三〇条〔大統領による宣誓〕

共和国大統領は、国民議会に対して次のような宣誓を行ったのちに職務に就く。

「国民の意思によりポーランド共和国大統領の職務に就くにあたり、憲法の規定に対する忠誠を保ち、国民の尊厳、国家の独立と安全を不屈に守り、祖国の福利と市民の幸福が私にとって常に最高の命令であることを厳粛に誓う」。

宣誓は、「神のご加護のあらんことを」という文言をつけ加えてこれを行うことができる。

第一三一条〔大統領職の代行〕

1 大統領は、一時的に職務を遂行することができないとき、そのことについて国会議長に通知し、国会議長は臨時に共和国大統領の職務を引き継ぐ。共和国大統領が職務執行の不可能であることを国会議長に通知することができないとき、共和国大統領による職務の執行に障害があるか否かは、国会議長の提案に基づき憲法法廷がこれを確認する。共和国大統領による職務の遂行が一時的に不可能であることを認めたとき、憲法法廷は、共和国大統領の職務の臨時の執行を国会議長に委ねる。

2 国会議長は、次の場合、新しい共和国大統領が選出されるときまで共和国大統領の職務を臨時に執行する。

一 共和国大統領の死亡

二　共和国大統領の辞職
三　共和国大統領の選出が無効であるとの確認またはその他の理由による選挙後における職務への不就任
四　国民議会の法定構成員総数の少なくとも三分の二の多数の票によって採択された決議による、健康状態を理由とする共和国大統領の恒常的な職務遂行不能の国民議会による認定
五　国事法廷の判決による共和国大統領の免職
3　国会議長が共和国大統領の職務を遂行することができないとき、その職務は元老院議長がこれを引き継ぐ。
4　共和国大統領の職務を遂行する者は、国会の任期の短縮について決定することはできない。

第一三二条〔大統領の兼職禁止〕
共和国大統領は、遂行する職務と関連したものを除き、他のいかなる職務に就くことも、いかなる公的任務を遂行することもできない。

第一三三条〔対外関係における大統領権限〕
1　対外関係における国家の代表者としての共和国大統領は、次のことを行う。
一　国際条約の批准および破棄を行い、それについて国会および元老院に通知する。
二　外国および国際組織におけるポーランド共和国全権代表を任命し、解任する。
三　外国および国際組織の外交代表の信任状および召還状を受理する。
2　共和国大統領は、国際条約の批准に先だって、その憲法への適合性について憲法法廷に申立てることができる。
3　共和国大統領は、対外政策の分野において、閣僚会議議長および所管大臣と協力する。

第一三四条〔軍についての大統領権限〕
1　共和国大統領は、ポーランド共和国軍の最高の指揮官である。
2　共和国大統領は、平時においては、国防大臣をつうじて軍に対する指揮権を行使する。
3　共和国大統領は、期間を定めて参謀総長および各軍の司令官を任命する。任期の長さ、任期満了前の解任の手続および要件は、法律がこれを定める。
4　共和国大統領は、戦時においては、閣僚会議議長の提案に基づいて軍最高司令官を任命する。同様の手続で、共和国大統領は軍最高司令官を解任することができる。軍最高司令官の権限およびポーランド共和国の憲法上の機関に対するその服属の原則は、法律がこれを定める。
5　共和国大統領は、国防大臣の提案に基づき、法律において定められた軍の階級を授ける。
6　軍に対する指揮権と関連した共和国大統領の権限は、法律がこれを詳細に定める。

第一三五条〔安全保障評議会〕
国家の対内的および対外的安全の分野における共和国大統領の諮問機関は、国家安全保障評議会である。

第一三六条〔動員についての大統領権限〕
国家に対する直接的な対外的脅威が生じたとき、共和国大統領は、閣僚会議議長の提案に基づき、全般的または部分的な動員およびポーランド共和国の防衛のための軍の使用を命ずる。

第一三七条〔国籍についての大統領権限〕
共和国大統領は、ポーランド国籍を付与し、ポーランド国籍の放棄に対して同意を表明する。

第一三八条〔叙勲についての大統領権限〕
共和国大統領は、勲章および栄典を授与する。

第一三九条〔特赦についての大統領権限〕
共和国大統領は、特赦を適用する。特赦は、国事法廷によって有罪とされた者には適用されない。

第一四〇条〔大統領教書〕
共和国大統領は、国会、元老院または国民議会に教書を提出することができる。教書は、討論の対象とはされない。

第一四一条〔内閣評議会〕
1　共和国大統領は、とくに重要な問題について、内閣評議会を招集することができる。内閣評議会は、共和国大統領を議長として議事を行う閣僚会議がこれを形づくる。
2　内閣評議会は、閣僚会議の権限はもたない。

第一四二条〔大統領の決定と命令〕
1　共和国大統領は、第九二条および第九三条において定められた原則に基づいて、決定および命令を制定する。
2　共和国大統領は、自らのその他の権限を行使する範囲内において、決定を定める。

第一四三条〔大統領府〕
共和国大統領の補助機関は、共和国大統領府である。共和国大統領は、大統領府規則を定め、共和国大統領府長官を任命し解任する。

第一四四条〔大統領の公式アクトと副署〕
1　共和国大統領は、自己の憲法上および法律上の権限を行使するさい、職務上のアクトを発する。
2　共和国大統領の職務上のアクトは、それが有効であるためには閣僚会議議長の署名を必要と

し、閣僚会議議長は、アクトに署名することをつうじて国会に対し責任を負う。
3　2項の規定は、次の事項には適用されない。
一　国会および元老院の選挙の命令
二　新しく選出された国会および元老院の最初の会議の招集
三　憲法において定められた場合における国会の任期の短縮
四　立法発議
五　全国レフェレンダムの命令
六　法律への署名または署名の拒否
七　『ポーランド共和国法律公報』における法律および国際条約の公布の命令
八　国会、元老院または国民議会への教書の提出
九　憲法法廷への中立て
一〇　最高監察院による監察実施の中立て
一一　閣僚会議議長の指名および任命
一二　閣僚会議の辞表の受理およびそれに対する臨時の職務執行の委任
一三　閣僚会議構成員の国事法廷の前における責任の追及についての国会への中立て
一四　国会が不信任を表明した大臣の解任
一五　内閣評議会の招集
一六　勲章および栄典の授与
一七　裁判官の任命
一八　特赦の適用
一九　ポーランド国籍の付与およびポーランド国籍の放棄に対する同意の表明
二〇　最高裁判所長官の任命
二一　憲法法廷長官および副長官の任命
二二　最高行政裁判所長官の任命
二三　最高裁判所院長および最高行政裁判所副長官の任命
二四　ポーランド国立銀行総裁の任命についての国会への提案
二五　通貨政策評議会員の任命
二六　国家安全保障評議会員の任命および解任
二七　全国ラジオ＝テレビ評議会員の任命
二八　共和国大統領府規則の制定ならびに共和国大統領府長官の任命および解任
二九　第九三条において定められた原則に基づく命令の制定
三〇　共和国大統領の辞職

第一四五条〔大統領の弾劾〕
1　共和国大統領は、憲法、法律の違反に対し、または犯罪の実行に対し、国事法廷の前でその責任を追及することができる。
2　共和国大統領の訴追は、国民議会の構成員の少なくとも一四〇名の提案に基づき、国民議会の構成員の法定総数の少なくとも三分の二の多数の票によって採択された国民議会の決議によって、これを行うことができる。
3　国事法廷に対する共和国大統領の訴追についての決議が採択された日に、共和国大統領による職務の遂行は停止される。〔そのさい〕第一三一条の規定が準用される。

第六章　閣僚会議および政府行政

第一四六条〔閣僚会議の権限〕
1　閣僚会議は、ポーランド共和国の対内政策および対外政策を実施する。
2　閣僚会議には、他の国家機関および地方自治に対して留保されていない国家政策の事項が属する。
3　閣僚会議は、政府行政を指導する。
4　憲法および法律において定められた範囲内において、かつそれらによって定められた原則に基づいて、閣僚会議はとりわけ次のことを行う。
一　法律の執行を保障する。
二　決定を制定する。
三　政府行政機関の活動を調整し、統制する。
四　国庫の利益を守る。
五　国家予算案を採択する。
六　国家予算の執行を指導し、決算および予算執行報告書を議決する。
七　国家の対内的安全および公共の秩序を保障する。
八　国家の対外的安全を保障する。
九　外国および国際組織との関係の分野における一般的指導を行う。
一〇　批准を必要とする国際条約を締結し、その他の国際条約を承認し破棄する。
一一　国の防衛の分野における一般的指導を行い、現役の兵役に召集される市民の人数を毎年定める。
一二　自らの活動の組織および手続を定める。

第一四七条〔閣僚会議の構成〕
1　閣僚会議は、閣僚会議議長および大臣によって構成される。
2　閣僚会議の構成員として、閣僚会議副議長〔複数〕を任命することができる。
3　閣僚会議議長および副議長は、大臣の職務を遂行することもできる。
4　閣僚会議の構成員として、そのほかに、法律によって定められた委員会の議長を任命するこ

とができる。

第一四八条〔閣僚会議議長〕

閣僚会議議長は、次のことを行う。

一　閣僚会議を代表する。

二　閣僚会議の活動を指導する。

三　決定を制定する。

四　閣僚会議の政策の遂行を保障し、その遂行の方法を定める。

五　閣僚会議の構成員の活動を調整し、統制する。

六　憲法および法律において定められた範囲および形態において、地方自治に対する監督を行う。

七　政府行政の職員の職務上の上司となる。

第一四九条〔大臣〕

1　大臣は、政府行政の一定の部門を指導し、または閣僚会議議長によって指定された事務を遂行する。政府行政の部門を指導する大臣の活動の範囲は、法律がこれを定める。

2　政府行政の部門を指導する大臣は、決定を制定する。閣僚会議は、閣僚会議議長の提案に基づいて、大臣の決定または命令を取り消すことができる。

3　第一四七条4項にいう委員会の議長には、政府行政の部門を指導する大臣についての規定が準用される。

第一五〇条〔閣僚会議構成員の活動制限〕

閣僚会議の構成員は、その公的職務と相反する活動を行うことはできない。

第一五一条〔閣僚会議構成員の宣誓〕

閣僚会議議長、閣僚会議副議長および大臣は、共和国大統領に対して、次のような宣誓を行う。

「閣僚会議議長（閣僚会議副議長、大臣）の職務に就くにあたり、ポーランド共和国の憲法の規定およびその他の法に対する忠誠を保ち、祖国の福利と市民の幸福が私にとって常に最高の命令であることを厳粛に誓う」。

宣誓は、「神のご加護のあらんことを」という文言をつけ加えてこれを行うことができる。

第一五二条〔県知事〕

1　県における閣僚会議の代表者は、県知事である。

2　県知事の任命および解任の手続ならびに活動の範囲は、法律がこれを定める。

第一五三条〔文官団〕

1　国家の事務の職業的で誠実で公平で政治的に中立な遂行を保障するために、政府行政の官庁において文官団が活動する。

2　閣僚会議議長は、文官団の上司である。

第一五四条〔閣僚会議の形成手続1〕

1　共和国大統領は閣僚会議議長を指名し、閣僚会議議長は閣僚会議の構成を提案する。共和国大統領は、国会の最初の会議の日または前の閣僚会議の辞表を受理した日から一四日以内に、閣僚会議のその他の構成員とともに閣僚会議議長を任命し、新たに任命された閣僚会議の構成員から宣誓を受ける。

2　閣僚会議議長は、共和国大統領によって任命された日から一四日以内に、閣僚会議に信任を与える提案と併せて、閣僚会議の活動プログラムを国会に提出する。国会は、法定議員総数の少なくとも半数の出席のもとで、絶対多数の票により信任を決議する。

3　1項の手続で閣僚会議が任命されないとき、または2項の手続でそれに信任が与えられないとき、国会は、1項または2項に定められた期間の経過後一四日以内に、法定議員総数の少なくとも半数の出席のもとで、絶対多数の票により閣僚会議議長およびそれによって提案された閣僚会議の構成員を選出する。共和国大統領は、このようにして選出された閣僚会議を任命し、その構成員から宣誓を受ける。

第一五五条〔閣僚会議の形成手続2〕

1　第一五四条3項の手続で閣僚会議が任命されないとき、共和国大統領は、一四日以内に、閣僚会議議長およびその提案に基づき閣僚会議のその他の構成員を任命し、それらから宣誓を受ける。国会は、共和国大統領によって閣僚会議が任命された日から一四日以内に、法定議員総数の少なくとも半数の出席のもとで、〔相対〕多数の票により閣僚会議に信任を与える。

2　1項において定められた手続で閣僚会議に信任が与えられないとき、共和国大統領は国会の任期を短縮し、選挙を命ずる。

第一五六条〔閣僚会議構成員の弾劾〕

1　閣僚会議の構成員は、憲法または法律の違反に対し、また従事している官職と関連して実行した犯罪に対し、国事法廷の前で責任を負う。

2　閣僚会議の構成員の責任を国事法廷の前で追及する決議は、共和国大統領または少なくとも一一五名の国会議員の提案に基づき、法定議員総数の五分の三の多数により国会がこれを採択する。

第一五七条〔閣僚会議構成員の連帯責任〕

1　閣僚会議の構成員は、閣僚会議の活動について国会に対して連帯責任を負う。

2　閣僚会議の構成員はまた、その権限に属する事項または閣僚会議議長によって委任された事項について、国会に対して個別的責任を負う。

第一五八条〔閣僚会議の不信任〕

1　国会は、少なくとも四六名の国会議員によって提出され、閣僚会議議長候補者の氏名を示した提案に基づき、法定議員総数の過半数により閣僚会議に対する不信任を表明する。決議が国会によって採択されたとき、共和国大統領は、閣僚会議の辞表を受理し、国会によって選出された新しい閣僚会議議長を、またその提案に基づいてその他の閣僚会議構成員を任命し、それらから宣誓を受ける。

2　1項にいう決議の採択についての提案は、それが提出された日から少なくとも七日を経過したのちにこれを採決に付すことができる。再度の提案は、前の提案の提出の日から少なくとも三カ月を経過したのちにこれを提出することができる。再度の提案は、少なくとも一一五名の国会議員がこのような提案を行う場合には、三カ月を経過する以前にこれを提出することができる。

第一五九条〔大臣の不信任〕

1　国会は、大臣に対する不信任を表明することができる。不信任の表明についての提案は、少なくとも六九名の国会議員によってこれを提出することができる。〔そのさい〕第一五八条2項の規定が準用される。

2　共和国大統領は、国会が法定議員総数の過半数の票により不信任を表明した大臣を解任する。

第一六〇条〔閣僚会議の信任〕

閣僚会議議長は、閣僚会議に対する信任を表明するよう国会に求めることができる。閣僚会議に対する信任は、法定議員総数の少なくとも半数の出席のもとで、〔相対〕多数の票により行われる。

第一六一条〔閣僚会議構成員の変更〕

共和国大統領は、閣僚会議議長の提案に基づき、閣僚会議の構成の変更を行うことができる。

第一六二条〔閣僚会議の辞表〕

1　閣僚会議議長は、新たに選出された国会の最初の会議において閣僚会議の辞表を提出する。

2　閣僚会議議長は、次の場合にも閣僚会議の辞表を提出する。

一　国会が閣僚会議に対する信任を決議しなかったとき

二　閣僚会議に対する不信任が表明されたとき

三　閣僚会議議長が辞職したとき

3　共和国大統領は、閣僚会議の辞表を受理するさい、新しい閣僚会議が任命されるときまで職務をさらに遂行するよう閣僚会議に委ねる。

4　共和国大統領は、2項三号に定められた場合には、閣僚会議の辞表の受理を拒否することができる。

第七章　地方自治

第一六三条〔地方自治の原則〕

地方自治は、憲法または法律によって他の公的権力の機関に対して留保されていない公的事務を遂行する。

第一六四条〔地方自治の単位〕

1　地方自治の基礎的単位は、グミナである。

2　地域的《リージョナル》自治または地方的《ローカル》および地域的自治のその他の単位は、法律がこれを定める。

3　グミナは、地方自治のその他の単位に対して留保されていない地方自治のあらゆる事務を遂行する。

第一六五条〔地方自治の単位の法人格〕

1　地方自治の単位は、法人格をもつ。それらは、所有権およびその他の財産権を享有する。

2　地方自治の単位の自主性は、裁判上の保護を受ける。

第一六六条〔固有事務と委任事務〕

1　自治共同体の必要の充足に資する公的事務は、地方自治の単位によって固有事務として遂行される。

2　根拠のある国家の必要が存在するとき、法律はその他の公的事務の遂行を地方自治の単位に委任することができる。法律は、委任事務の委譲の手続および遂行の方法を定める。

3　地方自治機関と政府行政機関とのあいだの権限紛争は、行政裁判所がこれを解決する。

第一六七条〔地方財政〕

1　地方自治の単位には、それに振り当てられた事務に応じて公的収入における取り分が保障される。

2　地方自治の単位の収入となるのは、その固有の収入ならびに国家予算からの一般交付金および目的補助金である。

3　地方自治の単位の収入源は、法律において定められる。

4　地方自治の単位の事務および権限の範囲の変更は、公的収入の割り当てにおけるしかるべき変更をともなって行われる。

第一六八条〔地方税〕
地方自治の単位は、法律において定められた範囲内において、地方税および地方手数料の額を定める権利をもつ。

第一六九条〔地方自治の機関〕
1　地方自治の単位は、決定機関および執行機関をつうじて自己の事務を遂行する。
2　決定機関の選挙は、普通、平等、直接選挙であり、秘密投票で行われる。候補者の推薦および選挙実施の原則および手続、ならびに選挙が有効であるための要件は、法律がこれを定める。
3　地方自治の単位の執行機関の選挙および解任の原則および手続は、法律がこれを定める。
4　地方自治の単位の内部構造は、法律の枠内においてその決定機関がこれを定める。

第一七〇条〔地方レフェレンダム〕
自治共同体の構成員は、直接選挙に基づく地方自治機関の解任を含め、その共同体にかかわる事項についてレフェレンダムにより決定することができる。地方レフェレンダムの実施の原則および手続は、法律がこれを定める。

第一七一条〔地方自治に対する監督〕
1　地方自治の活動は、合法性の観点からの監督に服する。
2　地方自治の単位の活動に対する監督機関は、閣僚会議議長および県知事であり、財政問題の領域においては、地域決算院である。
3　国会は、地方自治の決定機関が憲法または法律にいちじるしく違反したとき、閣僚会議議長の提案に基づいてこれを解散させることができる。

第一七二条〔地方自治単位の結社の権利〕
1　地方自治の単位は、結社の権利をもつ。
2　地方自治の単位は、地方的および地域的コミュニティーの国際的結社に加わり、外国の地方的および地域的コミュニティーと協力する権利をもつ。
3　地方自治の単位が1項および2項にいう権利を行使することのできる原則は、法律がこれを定める。

第八章　裁判所および法廷

第一七三条〔裁判所および法廷の独立〕
裁判所および法廷は、他の権力から区別され、それらから独立した権力である。

第一七四条〔ポーランド共和国の名による判決〕
裁判所および法廷は、ポーランド共和国の名において判決を下す。

裁判所

第一七五条〔司法機関〕
1　ポーランド共和国における司法は、最高裁判所、通常裁判所、行政裁判所および軍事裁判所がこれを遂行する。
2　非常裁判所または即決手続は、戦時においてのみこれを定めることができる。

第一七六条〔裁判手続〕
1　裁判手続は、少なくとも二審制である。
2　裁判所の構成および管轄ならびに裁判所における手続は、法律がこれを定める。

第一七七条〔通常裁判所〕
通常裁判所は、法律上他の裁判所の管轄に留保されている事件を除いて、すべての事件において司法を遂行する。

第一七八条〔裁判官の独立〕
1　裁判官は、自己の職務の遂行において独立であり、憲法および法律にのみ従う。
2　裁判官には、職務の尊厳および裁判官としての義務の範囲にふさわしい仕事の条件および報酬が保障される。
3　裁判官は、政党、労働組合に所属することも、裁判所の独立および裁判官の独立の原則と調和させることのできない公的活動を行うこともできない。

第一七九条〔裁判官の任命〕
裁判官は、全国裁判評議会の提案に基づき、期間の定めなく共和国大統領によって任命される。

第一八〇条〔裁判官の身分保障〕
1　裁判官は、罷免されない。
2　裁判官のその意思に反する免職、停職、他の勤務地または他の官職への異動は、もっぱら裁判所の判決により、法律において定められた場合においてのみ、これを行うことができる。
3　裁判官は、その職務を遂行することを不可能にするような病気または力の喪失の結果として、これを退任させることができる。〔退任させる〕手続および裁判所への不服申立ての方法は、法律がこれを定める。
4　法律は、それに達することによって裁判官が退任となる年齢を定める。
5　裁判所構成の変更または裁判管区の境界の変更の場合には、裁判官を他の裁判所に異動させ、または完全な俸給を維持したまま退任させることができる。

第一八一条〔裁判官の不逮捕特権〕

裁判官は、法律において定められた裁判所の事前の同意なく、その刑事責任を追及することも自由を剥奪することもできない。裁判官は、犯罪実行の現行犯として捕まり、その逮捕が手続の正しい進行を確保するために不可欠であるときを除いて、これを逮捕しまたは勾留することはできない。逮捕については遅滞なく地域的に管轄する裁判所の所長に通知され、所長は被逮捕者の即時釈放を命ずることができる。

第一八二条〔司法への市民参加〕

司法の遂行への市民の参加は、法律がこれを定める。

第一八三条〔最高裁判所〕

1　最高裁判所は、判決の領域における通常裁判所および軍事裁判所の活動に対する監督を行う。

2　最高裁判所は、憲法および法律において定められたその他の行為をも行う。

3　最高裁判所長官は、最高裁判所裁判官総会によって提案された候補者のなかから、六年の任期で共和国大統領がこれを任命する。

第一八四条〔最高行政裁判所〕

最高行政裁判所およびその他の行政裁判所は、法律において定められた範囲内において、行政の活動の統制を行う。この統制は、地方自治機関の決議および政府行政の地方機関の規範的アクトの法律への適合性について判決を行うことをも含む。

第一八五条〔最高行政裁判所長官〕

最高行政裁判所長官は、最高行政裁判所裁判官総会によって提案された候補者のなかから、六年の任期で共和国大統領がこれを任命する。

第一八六条〔全国裁判評議会の任務〕

1　全国裁判評議会は、裁判所の独立および裁判官の独立を擁護する。

2　全国裁判評議会は、規範的アクトが裁判所の独立および裁判官の独立にかかわる範囲において、その憲法への適合性について憲法法廷に申立てることができる。

第一八七条〔全国裁判評議会の構成〕

1　全国裁判評議会は、次の者によって構成される。

一　最高裁判所長官、司法大臣、最高行政裁判所長官、および共和国大統領によって任命された者〔単数〕

二　最高裁判所、通常裁判所、行政裁判所および軍事裁判所の裁判官のなかから選出された一五名の構成員

三　国会議員のなかから国会によって選出された四名の構成員および元老院議員のなかから元老院によって選出された二名の構成員

2　全国裁判評議会は、議長および二名の副議長を互選する。

3　全国裁判評議会の被選出構成員の任期は、四年である。

4　全国裁判評議会の組織構造、活動範囲および活動手続ならびにその構成員の選出方法は、法律がこれを定める。

憲法法廷

第一八八条〔憲法法廷の権限〕

憲法法廷は、次の事項について判決する。

一　法律および国際条約の憲法への適合性

二　法律の、その批准が法律において表明された事前の同意を必要とする批准された国際条約への適合性

三　中央国家機関によって制定された法規の、憲法、批准された国際条約および法律への適合性

四　政党の目的または活動の憲法への適合性

五　第七九条1項にいう憲法訴願

第一八九条〔憲法法廷による権限紛争の解決〕

憲法法廷は、憲法上の中央国家機関のあいだの権限紛争を解決する。

第一九〇条〔憲法法廷の判決の拘束力〕

1　憲法法廷の判決は一般的な拘束力をもち、最終的なものである。

2　第一八八条に列挙された事項についての憲法法廷の判決は、規範的アクトが公布された官庁刊行物において遅滞なく公布される。アクトが公布されていなかったとき、判決はポーランド共和国官報『モニトル＝ポルスキ』において公布される。

3　憲法法廷の判決は、公布の日から施行される。ただし、憲法法廷は、規範的アクトのそれ以外の失効時期を定めることができる。この時期は、法律については一八カ月、その他の規範的アクトについては一二カ月を超えることはできない。予算法において定められていない財政支出をともなう判決の場合、憲法法廷は閣僚会議の意見を聴取したのちに、規範的アクトの失効時期を定める。

4　裁判所の確定判決、最終的な行政決定またはその他の事件における裁定の根拠となった規範的アクトが、憲法、国際条約または法律に適合しないとの憲法法廷の判決は、当該手続のためのしかるべき規定において定められた原則およ

び手続に基づく手続の再開、決定またはその他の裁定の取り消しの根拠となる。

5　憲法法廷の判決は、多数決によって下される。

第一九一条〔憲法法廷への申立権者1〕

1　第一八八条にいう事項について憲法法廷に申立てることができるのは、次の者である。

一　共和国大統領、国会議長、元老院議長、閣僚会議議長、五〇名の国会議員、三〇名の元老院議員、最高裁判所長官、最高行政裁判所長官、検事総長、最高監察院総裁、市民の権利弁務官

二　第一八六条2項にいう範囲において全国裁判評議会

三　地方自治単位の決定機関

四　労働組合の全国機関ならびに使用者団体および職業団体の全国執行部

五　教会およびその他の信仰団体

六　第七九条に示された範囲において、そこで定められた主体

2　1項三号から五号にいう主体は、規範的アクトがそれらの活動範囲に含まれる事項にかかわるとき、このような申立てを行うことができる。

第一九二条〔憲法法廷への申立権者2〕

第一八九条にいう事項について憲法法廷に申立てることができるのは、共和国大統領、国会議長、元老院議長、閣僚会議議長、最高裁判所長官、最高行政裁判所長官および最高監察院総裁である。

第一九三条〔憲法法廷への法的質問〕

すべての裁判所は、裁判所に係属中の事件の解決が、規範的アクトの憲法、批准された条約または法律への適合性についての法的質問に対する回答に依存しているとき、そのような法的質問を憲法法廷に提出することができる。

第一九四条〔憲法法廷の構成〕

1　憲法法廷は、法律家としての知識に秀でた者のなかから、九年の任期で国会によって個別的に選出される一五名の裁判官によって構成される。憲法法廷の構成員への再選は許されない。

2　憲法法廷の長官および副長官は、憲法法廷裁判官総会によって提案された候補者のなかから、共和国大統領がこれを任命する。

第一九五条〔憲法法廷裁判官の独立〕

1　憲法法廷の裁判官は、自らの職務の遂行において独立であり、憲法にのみ従う。

2　憲法法廷の裁判官には、職務の尊厳と裁判官としての義務の範囲にふさわしい仕事の条件および報酬が保障される。

3　憲法法廷の裁判官は、その在職中、政党、労働組合に所属することも、裁判所の独立および裁判官の独立の原則と調和させることのできない公的活動を行うこともできない。

第一九六条〔憲法法廷裁判官の不逮捕特権〕

憲法法廷の裁判官は、憲法法廷の事前の同意なくして、その刑事責任を追及することも自由を剥奪することもできない。裁判官は、犯罪実行の現行犯として捕まり、その逮捕が手続の正しい進行を確保するために不可欠であるときを除いて、これを逮捕しまたは勾留することはできない。逮捕については憲法法廷長官に遅滞なく通知され、憲法法廷長官は被逮捕者の即時釈放を命ずることができる。

第一九七条〔憲法法廷における手続〕

憲法法廷の組織および憲法法廷における手続の方式は、法律がこれを定める。

国事法廷

第一九八条〔憲法責任〕

1　共和国大統領、閣僚会議議長および閣僚会議の構成員、ポーランド国立銀行総裁、最高監察院総裁、全国ラジオ＝テレビ評議会員、閣僚会議議長が省の指導を委ねた者および軍最高司令官は、従事している官職と関連した、または自らの執務の範囲における憲法または法律の違反に対して、国事法廷の前で憲法責任を負う。

2　国会議員および元老院議員もまた、第一〇七条において定められた範囲において、国事法廷の前で憲法責任を負う。

3　国事法廷によって言い渡される罰の種類は、法律がこれを定める。

第一九九条〔国事法廷の構成〕

1　国事法廷は、国会議員および元老院議員以外の者のなかから、国会によって、国会の任期の期間選出される議長、二名の議長代理および一六名の構成員によって構成される。法廷の議長代理および構成員の少なくとも半数は、裁判官職に従事するのに必要とされる資格をもつ者でなければならない。

2　国事法廷議長となるのは、最高裁判所長官である。

3　国事法廷の構成員は、国事法廷の裁判官としての職務の遂行において独立であり、憲法および法律にのみ従う。

第二〇〇条〔国事法廷構成員の不逮捕特権〕

国事法廷の構成員は、国事法廷の事前の同意なくして、その刑事責任を追及することも自由

を剥奪することもできない。国事法廷の構成員は、犯罪実行の現行犯として捕まり、その逮捕が手続の正しい進行を確保するために不可欠であるときを除いて、これを逮捕しまたは勾留することはできない。逮捕については国事法廷議長に遅滞なく通知され、国事法廷議長は被逮捕者の即時釈放を命ずることができる。

第二〇一条〔国事法廷における手続〕

国事法廷の組織および国事法廷における手続の方式は、法律がこれを定める。

第九章　国家監察および法保護の機関

最高監察院

第二〇二条〔最高監察院の地位〕

1　最高監察院は、最高の国家監察機関である。

2　最高監察院は、国会に服属する。

3　最高監察院は、合議制の原則に基づいて活動する。

第二〇三条〔最高監察院の権限〕

1　最高監察院は、合法性、経済性、合目的性および誠実性の観点から、政府行政の機関、ポーランド国立銀行、国家法人およびその他の国家的組織単位の活動の監察を行う。

2　最高監察院は、合法性、経済性および誠実性の観点から、地方自治機関、自治体法人およびその他の自治体組織単位の活動の監察を行うことができる。

3　最高監察院はまた、その他の組織単位および経済主体が国家または自治体の財産または資金を利用し、国家に対する財政的債務を履行する範囲において、合法性および経済性の観点からそれらの主体の活動の監察を行うこともできる。

第二〇四条〔国会に対する最高監察院の役割〕

1　最高監察院は、国会に次のものを提出する。

一　国家予算および通貨政策要綱の執行の分析

二　閣僚会議に対する決算承認についての意見

三　監察結果についての情報、法律において定められた提案および意見書

2　最高監察院は、自らの活動についての年次報告書を国会に提出する。

第二〇五条〔最高監察院総裁〕

1　最高監察院総裁は、元老院の同意を得て、国会により六年の任期で任命され、一度だけ再任されることができる。

2　最高監察院総裁は、高等教育機関の教授職を除いて他の官職に従事することも他の職業活動を行うこともできない。

3　最高監察院総裁は、政党、労働組合に所属することも、その職務の尊厳と調和させることのできない公的活動を行うこともできない。

第二〇六条〔最高監察院総裁の不逮捕特権〕

最高監察院総裁は、国会の事前の同意なくして、その刑事責任を追及することも自由を剥奪することもできない。最高監察院総裁は、犯罪実行の現行犯として捕まり、その逮捕が手続の正しい進行を確保するために不可欠であるときを除いて、これを逮捕しまたは勾留することはできない。逮捕については国会議長に遅滞なく通知され、国会議長は被逮捕者の即時釈放を命ずることができる。

第二〇七条〔最高監察院の組織および活動手続〕

最高監察院の組織および活動手続は、法律がこれを定める。

市民の権利弁務官

第二〇八条〔市民の権利弁務官（オンブズマン）の任務〕

1　市民の権利弁務官は、憲法およびその他の規範的アクトにおいて定められた人および市民の自由と権利を擁護する。

2　市民の権利弁務官の活動の範囲および方法は、法律がこれを定める。

第二〇九条〔市民の権利弁務官の任命〕

1　市民の権利弁務官は、元老院の同意を得て、国会により五年の任期で任命される。

2　市民の権利弁務官は、高等教育機関の教授職を除いて、他の官職に従事することも他の職業活動を行うこともできない。

3　市民の権利弁務官は、政党、労働組合に所属することも、その職務の尊厳と調和させることのできない公的活動を行うこともできない。

第二一〇条〔市民の権利弁務官の独立〕

市民の権利弁務官は、自らの活動において独立であって他の国家機関に依存せず、法律において定められた原則に基づいて国会に対してのみ責任を負う。

第二一一条〔市民の権利弁務官の不逮捕特権〕

市民の権利弁務官は、国会の事前の同意なくして、その刑事責任を追及することも自由を剥奪することもできない。市民の権利弁務官は、犯罪実行の現行犯として捕まり、その逮捕が手続の正しい進行を確保するために不可欠であるときを除いて、これを逮捕しまたは勾留することはできない。逮捕については国会議長に遅滞

なく通知され、国会議長は被逮捕者の即時釈放を命ずることができる。

第二一二条〔議会に対する市民の権利弁務官の役割〕

市民の権利弁務官は、自らの活動ならびに人および市民の自由と権利の遵守の状態について、毎年、国会および元老院に情報を提供する。

全国ラジオ＝テレビ評議会

第二一三条〔全国ラジオ＝テレビ評議会の任務〕

1 全国ラジオ＝テレビ評議会は、ラジオおよびテレビ放送における言論の自由、情報に対する権利および公共の利益を擁護する。

2 全国ラジオ＝テレビ評議会は、決定を制定し、個別的事項について決議を採択する。

第二一四条〔全国ラジオ＝テレビ評議会の構成員〕

1 全国ラジオ＝テレビ評議会員は、国会、元老院および共和国大統領によって任命される。

2 全国ラジオ＝テレビ評議会員は、政党、労働組合に所属することも、遂行する職務の尊厳と調和させることのできない公的活動を行うこともできない。

第二一五条〔全国ラジオ＝テレビ評議会の活動〕

全国ラジオ＝テレビ評議会の活動の原則および手続、その組織ならびにその構成員の任命の詳細な原則は、法律がこれを定める。

第一〇章　財政

第二一六条〔財政の原則〕

1 公的目的のための財政資金は、法律において定められた方法で集められ、支出される。

2 国庫、ポーランド国立銀行またはその他の国家法人による不動産、持分または株式の購入、売却および〔財産権上の〕負担ならびに有価証券の発行は、法律において定められた原則および手続に基づいて行われる。

3 独占の設定は、法律によって行われる。

4 国家による借入および金融的保証の供与は、法律において定められた原則および手続に基づいて行われる。

5 その結果として国家の公的債務が年間国内総生産額の五分の三を超えるような借入または金融的保証の供与は許されない。年間国内総生産および国家の公的債務の額の計算方法は、法律がこれを定める。

第二一七条〔租税法律主義〕

租税その他の公的負担の賦課、課税の主体、客体および税率、ならびに優遇と免除の認定の原則および租税を免除される主体の種類の設定は、法律によって行われる。

第二一八条〔国庫〕

国庫の組織および国庫財産を管理する方法は、法律がこれを定める。

第二一九条〔国家予算〕

1 国会は、予算法の形式で予算年度における国家予算を議決する。

2 国家予算案の策定の原則および手続、その詳細さの程度および予算法案が満たさなければならない要件、ならびに予算法執行の原則および手続は、法律がこれを定める。

3 例外的な場合、暫定予算法によって、一年より短い期間における国家の収入および支出を定めることができる。予算法案にかかわる規定は、暫定予算法案に準用される。

4 予算法または暫定予算法が予算年度の始まる日に施行されなかったとき、閣僚会議は提出された法律案に基づいて財政運営を行う。

第二二〇条〔予算赤字についての制限〕

1 閣僚会議によって計画されている支出を増加させ、または収入を制限することは、予算法案において予定されたものをうわまわる予算赤字の国会による設定をもたらすものであってはならない。

2 予算法は、国家の中央銀行からの債務によって予算赤字を補填することを予定してはならない。

第二二一条〔予算法等の立法発議権〕

予算法、暫定予算法、予算法の改正、公的債務を負うことについての法律および国家による金融的保証の供与についての法律の立法発議権は、もっぱら閣僚会議に属する。

第二二二条〔予算法案の提出〕

閣僚会議は、予算年度が始まる遅くとも三カ月前に、次年度の予算法案を国会に提出する。例外的な場合には、より遅い法案提出が許される。

第二二三条〔予算法についての元老院の権限〕

元老院は、予算法が元老院に付託された日から二〇日以内に、それに対する修正を議決することができる。

第二二四条〔大統領による予算法への署名〕

1 共和国大統領は、国会議長によって提出された予算法または暫定予算法に七日以内に署名する。予算法および暫定予算法には、第一二二条5項の規定は適用されない。

2　共和国大統領が、署名に先だって予算法または暫定予算法の憲法への適合性について憲法法廷に提訴したとき、憲法法廷は、憲法法廷への提訴が行われた日から遅くとも二カ月以内にこの件についての判決を行う。

第二二五条〔予算法不成立による国会任期の短縮〕

予算法案が国会に提出された日から四カ月以内に予算法が署名を求めて共和国大統領に提出されないとき、共和国大統領は一四日以内に、国会の任期の短縮を命ずることができる。

第二二六条〔決算報告〕

1　閣僚会議は、予算年度の終了後五カ月以内に、国家の負債の状態についての情報と併せて、予算法の執行についての報告書を国会に提出する。

2　国会は、提出された報告書を審議し、最高監察院の意見を聴取したうえで、報告書が国会に提出された日から九〇日以内に、閣僚会議に対し決算を承認するか承認を拒否するかについての決議を採択する。

第二二七条〔ポーランド国立銀行〕

1　国家の中央銀行は、ポーランド国立銀行である。ポーランド国立銀行は、通貨の発行ならびに通貨政策の策定および実施の専属的権利をもつ。ポーランド国立銀行は、ポーランド通貨の価値に対する責任を負う。

2　ポーランド国立銀行の機関は、ポーランド国立銀行総裁、通貨政策評議会およびポーランド国立銀行理事会である。

3　ポーランド国立銀行総裁は、共和国大統領の提案に基づき、国会によって六年の任期で任命される。

4　ポーランド国立銀行総裁は、政党、労働組合に所属することも、その職務の尊厳と調和させることのできない公的活動を行うこともできない。

5　通貨政策評議会は、議長としてのポーランド国立銀行総裁、ならびに共和国大統領、国会および元老院によって同数ずつ六年の任期で任命される、財政分野の知識に秀でた者によって構成される。

6　通貨政策評議会は、毎年、通貨政策要綱を策定し、閣僚会議による予算法案の提出と同時に、国会にそれを通知する。通貨政策評議会は、予算年度の終了後五カ月以内に、通貨政策要綱の執行についての報告書を国会に提出する。

7　ポーランド国立銀行の組織および活動原則ならびにその機関の任命および解任の詳細な原則は、法律がこれを定める。

第一一章　緊急事態

第二二八条〔緊急事態〕

1　特別な脅威のある状況において、憲法上の通常の手段が十分でないとき、しかるべき緊急事態、すなわち戒厳事態〔戒厳令〕、非常事態および自然災害事態を導入することができる。

2　緊急事態は、もっぱら法律に基づき、追加的に公知させられる決定によってのみ、これを導入することができる。

3　それぞれの緊急事態のさいの公的権力の機関の活動原則ならびに人および市民の自由と権利を制限することのできる範囲は、法律がこれを定める。

4　法律は、緊急事態のさいの人および市民の自由と権利の制限によって生ずる財産的損失の補償の根拠、範囲および手続を定めることができる。

5　緊急事態の導入の結果としてとられる行動は、脅威の程度に相応したものでなければならず、できる限り速やかに国家の平常な機能を回復することをめざすものでなければならない。

6　緊急事態のさいには、憲法、国会、元老院および地方自治機関の選挙法、共和国大統領選挙法ならびに緊急事態についての法律は、これを改正することができない。

7　緊急事態のさい、およびその終了後九〇日以内は、国会の任期を短縮し、全国的レフェレンダムを実施し、国会、元老院、地方自治機関の選挙、共和国大統領の選挙を実施することはできず、これらの機関の任期はしかるべく延長される。地方自治機関の選挙は、緊急事態の導入されなかったところにおいてのみ、これを行うことができる。

第二二九条〔戒厳事態〕

国家に対する対外的脅威、ポーランド共和国の領土に対する武力攻撃があるとき、または国際条約によって侵略に対する共同防衛の義務が生じるとき、共和国大統領は、閣僚会議の提案に基づき、国家の領土の一部または全部に戒厳事態を導入することができる。

第二三〇条〔非常事態〕

1　国家の憲法体制、市民の安全または公共の秩序に対する脅威があるとき、共和国大統領は、閣僚会議の案に基づき、九〇日を超えない期間を定めて、国家の領土の一部または全部に非常事態を導入することができる。

2　非常事態の延長は、一度だけ、国会の同意を得て、六〇日を超えない期間を定めてこれを行うことができる。

第二三一条〔戒厳事態・非常事態についての国会審議〕

戒厳事態または非常事態の導入についての決定は、決定に署名してから四八時間以内に共和国大統領がこれを国会に提出する。国会は、共和国大統領の決定を遅滞なく審議する。国会は、法定議員総数の少なくとも半数の出席のもとで、絶対多数の票により、それを取り消すことができる。

第二三二条〔自然災害事態〕

自然災害の特徴を帯びた天然の大惨事または技術的事故の結果を防止するため、およびそれらの結果を除去するために、閣僚会議は、三〇日を超えない期間を定めて、国家の領土の一部または全部に自然災害事態を導入することができる。自然災害事態の延長は、国会の同意を得てこれを行うことができる。

第二三三条〔緊急事態のさいの自由と権利の制限〕

1　戒厳事態または非常事態のさいの人および市民の自由と権利の制限の範囲を定める法律は、第三〇条（人間の尊厳）、第三四条および第三六条（国籍）、第三八条（生命の保護）、第三九条、第四〇条および第四一条4項（人道的扱い）、第四二条（刑事責任）、第四五条（裁判所へのアクセス）、第四七条（個人的福利）、第五三条（良心および宗教）、第六三条（請願）ならびに第四八条および第七二条（家族および子ども）において定められた自由および権利を制限することはできない。

2　もっぱら人種、性、言語、信仰またはその欠如、社会的出自、出生および財産を理由とする人および市民の自由と権利の制限は、許されない。

3　自然災害事態における人および市民の自由と権利の制限の範囲を定める法律は、第二二条（経済活動の自由）、第四一条1項、3項および5項（個人的自由）、第五〇条（住居の不可侵）、第五二条1項（ポーランド共和国領内における移動および滞在の自由）、第五九条3項（ストライキの権利）、第六四条（所有権）、第六五条1項（労働の自由）、第六六条1項（安全で衛生的な労働条件に対する権利）ならびに第六六条2項（休息の権利）において定められた自由および権利を制限することができる。

第二三四条〔戒厳事態のさいの大統領決定〕

1　戒厳事態のさいに国会が会議に集まることができないとき、共和国大統領は、閣僚会議議長の提案に基づき、第二二八条3～5項において定められた範囲および限界内において、法律の効力をもつ決定を採択する。これらの決定は、国会により直近の会議において承認を受ける。

2　1項にいう決定は、一般的に拘束力をもつ法の源泉としての性格をもつ。

第一二章　憲法改正

第二三五条〔憲法改正〕

1　憲法改正についての法律案は、法定議員総数の少なくとも五分の一の国会議員、元老院または共和国大統領が、これを提出することができる。

2　憲法改正は、国会によって、次いで六〇日を超えない期間内に元老院によって同一の内容で議決された法律によって行われる。

3　憲法改正についての法律案の第一読会は、法律案が国会に提出された日から少なくとも三〇日を経過したのちに、これを行うことができる。

4　憲法改正についての法律は、国会が法定議員総数の少なくとも半数の出席のもとで少なくとも三分の二の多数の票によって、かつ元老院が法定議員総数の少なくとも半数の出席のもとで絶対多数の票によってこれを議決する。

5　憲法第一章、第二章または第一二章の規定を改正する法律の国会による議決は、この法律の草案の第一読会の終了後少なくとも六〇日を経過したのちに、これを行うことができる。

6　憲法改正についての法律が、第一章、第二章または第一二章にかかわるとき、1項において定められた主体は、元老院によって法律が議決された日から四五日以内に、承認のためのレフェレンダムの実施を求めることができる。これらの主体は、この件について国会議長に提案し、国会議長は、提案が提出された日から六〇日以内にレフェレンダムを実施することを遅滞なく命ずる。憲法改正は、この改正に投票者の過半数が賛成したとき、採択される。

7　4項および6項において定められた手続が終了したのち、国会議長は、議決された法律を、署名を求めて共和国大統領に提出する。共和国大統領は、提出の日から二一日以内に法律に署名し、それを『ポーランド共和国法律公報』において公布するよう命ずる。

第一三章　経過規定および付則

第二三六条〔憲法適用のための法律〕

1　憲法施行の日から二年のあいだに、閣僚会議は、憲法を適用するのに不可欠な法律の案を国会に提出する。

2　行政裁判所における手続にかかわる範囲において第一七六条1項を実施に移す法律は、憲法施行の日から五年が経過する以前に議決される。これらの法律が施行される時までは、最高行政裁判所の判決に対する非常上告についての規定が適用される。

第二三七条〔秩序違反事件についての経過規定〕

1　憲法施行の日から四年のあいだ、秩序違反事件においては、地区裁判所付置秩序違反事件委員会が裁決を行い、そのさい、拘留罰については裁判所が判決を行う。

2　秩序違反事件委員会の裁決に対する上訴は、裁判所がこれを審理する。

第二三八条〔憲法上の機関についての経過規定〕

1　憲法施行前に選出または任命された公的権力の憲法上の機関またはその構成員の任期は、憲法施行の日以前に効力をもっている規定において定められた期間の満了にともなって終了する。

2　憲法施行の日以前に効力をもっている規定がこの任期を定めておらず、選出または任命の日から憲法によって定められたものより長い期間が経過しているとき、公的権力の憲法上の機関またはその構成員の任期は、憲法施行の日の一年後に終了する。

3　憲法施行の日以前に効力をもっている規定がこの任期を定めておらず、選出または任命の日から、憲法によって公的権力の憲法上の機関またはその構成員に対して定められたものより短い期間しか経過していないとき、これらの機関または構成員が従来の規定に従って職務を遂行した期間は、憲法において定められた任期に算入される。

第二三九条〔憲法法廷についての経過規定〕

1　憲法施行の日から二年のあいだ、その施行の日以前に議決された法律を違憲とする憲法法廷の判決は最終的なものではなく、国会による審理に服する。国会は、法定議員総数の少なくとも半数の出席のもとで三分の二の多数の票によって憲法法廷の判決を覆すことができる。これは、憲法法廷に対する法的質問の結果として下された判決には適用されない。

2　憲法施行前に開始された、一般的に拘束力をもつ法律解釈の憲法法廷による制定に関する件についての手続は、打ち切られる。

3　憲法施行の日から、法律解釈を制定する件についての憲法法廷の決議は、一般的な拘束力を失う。一般的に拘束力をもつ法律解釈により憲法法廷によって定められた規定の意味を考慮して下された裁判所の確定判決および公的権力の機関のその他の確定した決定は、効力が維持される。

第二四〇条〔予算法についての経過規定〕

憲法施行の日から一年のあいだ、予算法は、国家の中央銀行からの債務によって予算赤字を補填することを予定することができる。

第二四一条〔その他の経過規定〕

1　その批准の時に効力をもっている憲法的規定に基づいてポーランド共和国によりこれまでに批准され、『法律公報』において公布された国際条約は、国際条約の内容から、それが憲法第八九条1項に列挙された種類の事項にかかわるものであることが明らかであるときは、法律において表明された事前の同意を得て批准された条約と見なされ、憲法第九一条の規定がそれに適用される。

2　閣僚会議は、憲法施行から二年以内に、憲法に適合しない規定を含む国際条約の一覧表を国会に提出する。

3　憲法施行の日以前に選出された元老院議員で三〇歳に達しない者は、選出された任期が終了するまで、自らの議席を維持する。

4　国会議員または元老院議員の議席と第一〇三条において定められた禁止に触れる職務または雇用との兼任は、国会議員または元老院議員が事前に辞職しまたは雇用を終了しない限り、憲法施行の日から一カ月を経過したのちに議席の消滅をもたらす。

5　立法手続または憲法法廷もしくは国事法廷における手続の客体である案件で、憲法施行の前に開始されたものは、案件の開始の日に効力をもっている憲法的規定に従って行われる。

6　憲法施行の日から二年のあいだに、閣僚会議は、憲法施行の日以前に採択または制定された閣僚会議決議および大臣または政府行政のその他の機関の命令のうちのいずれが、憲法第八七条1項および第九二条において定められた条件によれば、法律の授権に基づいて制定される決定によって代えられる必要があるかを定め、閣僚会議は、そのような法律の案をしかるべき時に国会に提出する。同じ期間に、閣僚会議は、憲法施行の日以前に制定された政府行政の機関のいずれの規範的アクトが憲法第九三条の意味における決議または命令となるかを定める法律の案を国会に提出する。

7　憲法施行の日において効力をもっている地方法規およびグミナの規定は、憲法第八七条2項の意味における地方法規となる。

第二四二条〔法律の失効〕

次の法律は、効力を失う。

一　一九九二年一〇月一七日づけのポーランド共和国の立法権と執行権との相互関係および地方自治についての憲法的法律（『法律公報』第八四号四二六番、一九九五年第三八号一八四番、第一五〇号七二九番および一九九六年第一〇六号四八八番）

二　一九九二年四月二三日づけのポーランド共和国憲法の起草および議決の手続についての憲法的法律（『法律公報』第六七号三三六番および一九九四年第六一号二五一番）

第二四三条〔憲法の施行〕

ポーランド共和国憲法は、その公布の日から三カ月を経過したのちに施行される。

19 ロシア連邦

佐藤 史人

解説 552
ロシア連邦憲法 558
前文……五五八
第一編……五五八
第一章 憲法体制の原則……五五八
第二章 人および市民の権利および自由……五五九
第三章 連邦構造……五六三
第四章 ロシア連邦大統領……五六六
第五章 連邦議会……五六八
第六章 ロシア連邦政府……五七〇
第七章 司法権および検察庁……五七一
第八章 地方自治……五七三
第九章 憲法の修正および改正……五七三
第二編 末則および経過規定……五七三

解説

一　九三年憲法の成立過程

ロシア連邦憲法は、九〇年代初頭のロシアにおける体制転換を総括する文書として、一九九三年一二月一二日の国民投票によって採択された。

かつてのソビエト憲法は、私的所有を否定し、経済活動の広範な領域を国家的所有の対象とする一方、政治の領域では、ソビエトを通じた民主主義の実現という建前のもとで政治的複数主義と権力分立を否定し、自然権思想を基礎とする人権観念もまた、ブルジョア的なものとして退けられていた。

このような近代立憲主義とは異なる憲法体制が見直しの対象となるのは、一九八〇年代半ばに始まるペレストロイカにおいてであった。行き詰まったソビエト型社会＝政治体制からの転換を企図したソ連社会の「立て直し」は、経済改革から出発し、その対象はやがて政治改革へと及んだ。一九八八年から一九九〇年にかけての四次にわたるソ連憲法改正により、実効的な代表機関の創出を目指した人民代議員大会の設置と最高会議の改組、憲法監督委員会の設置、一党制の放棄、大統領制の導入、私的所有の承認といった一連の改革が進み、ソビエト憲法はその相貌を変容させた。

ソ連邦構成共和国として、一九七七年ソ連憲法のコピーである一九七八年憲法を有していたロシアもまた、九〇年三月の民主的選挙によって成立した新たなロシア議会のもとで、九〇年六月一二日の主権宣言を皮切りに、自立したアクターとして社会の前面に立ち現れた。同年一二月には憲法裁判所、九一年五月には大統領制を導入する憲法改正が行われ、六月の大統領選挙では、エリツィンが初代ロシア大統領に選出された。

一九九一年一二月にソ連邦が消滅し、一九九二年に入ると、ロシアでは、価格自由化や私有化などの大統領主導の急進的な市場経済化が進む一方で、急激なインフレの進行が市民生活の安定を脅かした。この時期、社会主義憲法からのさらなる離脱が数多くの憲法改正を通じて実現される一方、新憲法の制定をめぐって大統領とロシア議会（人民代議員大会および最高会議）の対立が深刻化した。両者は、強い大統領をもつ共和国か、議会主導の共和国かをめぐる国家の将来構想、経済改革のテンポなどの問題をめぐって争っていたが、大統領には、議会解散権やレファレンダム告示権がなく、新憲法の採択には議会の協力が欠かせない一方、議会もまた大統領に比して国民的支持を欠いていた。こうした袋小路は、最終的に大統領の強い腕によって解決された。一九九三年九月二一日、エリツィン大統領は、「ロシア連邦における段階的憲法改革に関する」大統領令を布告。議会の機能停止を命じ、一二月に新議会の選挙を実施することを宣言した。これに対し、憲法裁判所は職権で大統領令を違憲とする結論を示し、多くの議員が大統領に反発して議会ビルに立て籠もったが、大統領は憲法裁判所の活動を停止させ、一〇月には戦車によって議会ビルに砲撃することで、両者の対立に決着をつけた。エリツィン大統領は一二月一二日にかねてより準備していた新憲法草案を国民投票にかけ、ここに現行のロシア連邦憲法が採択されるに至った。

二　九三年憲法体制の基本的特質

九三年憲法の成立は、旧憲法に反して新権力を樹立する事実上のクーデタによるものであった。それゆえ、ロシアは現代ヨーロッパのスタンダードからほど遠いとして、憲法の正当性への批判が投げかけられる一方、大統領を西欧タイプの民主主義の擁護者として、ロシア議会を時代遅れのソビエト的合法性の擁護者として位置づけ、憲法危機を正当性と合法性の争いとみなす九三年憲法擁護論がこれに対置された。ただ、一九九三年憲法が歴史的所与となった現在においては、九三年憲法の成立過程に批判的であった者も、おおむね九三年憲法に立脚して現状を批判するに至っており、九三年憲法は基本的な社会的承認を勝ち得たといって良いだろう。

このような九三年憲法体制を規定する要因としては、潜在的に矛盾する以下の二つの要素に着目することが重要である。第一に、九三年憲法は、現代立憲主義の成果を反映した文書であるという点である。憲法は、ロシア連邦を「法治国家」と自己規定し、権力分立、とりわけ司法権の独立を定め、憲法保障の装置として大陸型の憲法裁判所を設置した。憲法一五条は、憲法が直接的効力を有すると定め、憲法を政治的文書であるとみなしたソビエト的伝統と断絶している。また、個人の尊厳が謳われ、イデオロギーの多様性を認め、現代憲法の水準にみあった権利章典を置いている。国際人権機関への申立てについて定めた憲法四六条三項にみられるように、国際的な人権保護機構への参加も当初より予定さ一九九八年にはヨーロッパ人権条約を批准している。このように、九三年憲法は、ペレストロイカ以来のヨーロッパ文明への「合流」というモチーフを維持している。

第二に、九三年憲法は、新自由主義的市場経済化の産物であるという意味でも、現代的な憲法である。モスクワ大のアヴァキヤン教授は、九三年一〇月クーデタの直後に、大統領と議会の対立を単なるヘゲモニー争いとみるべきではなく、「日々深刻化する経済の低迷」によるものであることを強調している。九三年憲法の定める統治機構は、新自由主義的な市場経済化を権威主義的な統治によって乗り切るという課題に対応したものであり、そのことは何より強力な大統領制に反映している。九三年憲法の定める「強い国家」のなかに、モスクワ大公国以来のロシア法文化の伝統を読み取ることも可能ではあるが、同時に、九三年憲法がロシアと「西側」との共著作品であることを見逃してはならない。体制転換期に、西側は、ロシアに指針を示すだけでなく、一連の過程を財政的に支援し続けた。九三年憲法体制は、ロシアの新自由主義的改革を支持する国際社会、とりわけ「西側」の関与なくしては成立しなかったのであり、このような九三年憲法の原点は、現在なお屈折した形で、ロシアの憲法体制を規定し続けている。

三　九三年憲法の内容と運用

(1)　憲法の基本原則　九三年憲法は、ロシアで初めて近代立憲主義思想に基礎を置く憲法である。憲法体制の原則を定めた第一章では、人権が憲法上最高の価値とされ、経済活動の自由と私的所有の保護が謳われ、権力分立が定められ、国際法の一般原則およびロシアが締結した条約は、国内法秩序の一部を構成するとされるなど、この憲法が旧社会主義憲法とは異なる原理に立脚することを明らかにしている。その一方で、憲法三条の人民主権規定には、ソビエト的な人民権力論の残滓もみられる。人民主権を絶対化することなく、権力分立などの自由主義的な契機との調和を図ることは、ロシア憲法の課題の一つである。

(2)　人権　人権については、九三年憲法は、自由権から環境権に至る広範な権利カタログを擁し、憲法裁判所が人権保障において重要な役割を担っている。憲法裁判所は、例えば九〇年代には刑事手続を西欧的なスタンダードに引き上げるうえで多大な貢献をした。二〇〇〇年代に入ってからも、死刑制度復活を容認しない判断を示し、年間三〇件程度の判決の約半数で違憲判断を示すなど、市民の権利保護の領域において一定の積極的役割を果たしている。もっとも、その審査手法については批判もある。家族や性的指向が問題となる領域では、伝統的な価値観に依拠する傾向が強い。手段審査についても比例原則がしかるべく適用されておらず、憲法裁判所は「目分量」で審査をしているなどとも評されている。

人権に関して、あわせて注目すべきは、ヨーロッパ人権裁判所の果たす役割である。二〇〇二年のロシアを被告国とする最初の判決以降、人権裁判所は、ロシアにおける制度的な人権侵害のメカニズムを明らかにするうえで重要な役割を果たしている。同時に、近年では、人権裁判所の判決が時としてロシアの政治部門の利害に触れることから、人権裁判所とロシアの「対立」がクローズアップされている。憲法に照らして人権裁判所判決がロシアにおいて執行可能かを審査する権限が憲法裁判所に付与されるなど、ロシアとヨーロッパの関係は、非常に先鋭化している。

(3)　連邦の統治機構　統治機構に関しては、九三年憲法はその制定過程を反映し、超大統領制とも評される強い大統領制を採用した。憲法に列挙された大統領権限は広範かつ強力である。フランス型の半大統領制のもと、大統領は実質的には執行権力の頭として振る舞っているが、憲法上、水平的権力分立における大統領の位置は必ずしも明確ではない。憲法は、立法権を連邦議会に、執行権を連邦政府に、司法権を裁判所に帰属させる一方、旧憲法のように大統領を執行権の長と規定していない。大統領のこのような位置づけは、現行憲法の起草者たちの明確な意図によるものである。彼らは、急進的経済改革が国民にもたらした痛みから大統領を免責すべく、経済・社会政策を所管する政府から大統領を引き離すとともに、純粋大統領制よりも半大統領制のほうが大統領権限は強大になると考え、大統領を、三権を統合する仲裁者として位置づけた。このような大統領の位置づけを端的に示すのが、憲法八〇条二項の定める大統領の職務である。大統領は、講学上「暗示的権限」と呼ばれる不文の権限を有しているとされるが、その根拠として援用されるのが、上記の職務規定である。暗示的権限に関するリーディングケースは、大統領令によるチェチェンへの連邦軍投入の合憲性が争われた一九九五年のチェチェン事件判決である。憲法裁判所は、国内への連邦軍の投入という「不文の権限」を正当化する根拠として、「ロシア連邦の主権、独立および国家的一体性の保全」という八〇条二項の文言を挙げている。

この事件を契機に、大統領令による法律事項の規制を含む大統領の種々の行為が、大統領の地位および職務規定を根拠に合憲とされ、こうした傾向はプーチン政権のもとでも続いている（その際に、憲法八〇条二項とならんで、同条一項および五条三項などがしばしば援用される）。もっとも、エリツィンが三権を統合する強力な機関として振る舞ったのは、体制移行期に議会の多数が反大統領派によって占められていたからでもあった。現在では、大統領にそのような障害はなく、権力は、外見的には権力分立の枠組みを前提として運用されている。いずれにせよ、現行憲法の制定過程を反映して、憲法裁判所は対政治部門との関係で常に及び腰であり、政治部門に対する立憲的統制は、九三年憲法体制における宿痾とも言うべき課題となっている。

憲法によれば、執行権は連邦政府によって行使されるが、大統領と連邦政府の間にはある種の役割分担がある。軍事や外交、連邦制に関する問題は大統領の所掌するところであり、司法省や外務省、あるいは内務省や国防省、連邦保安庁などのいわゆる武力省庁は大統領直轄である。これに対し、連邦政府は、大統領の示す国政の基本方針に従いつつ、主に社会・経済政策を遂行する。大統領の所掌事務を監督するのは、連邦議会上院にあたる連邦会議の役割であり、連邦政府は、下院の国家会議が監督する。大統領は首相を任命する際に国家会議の同意を得なければならず、国家会議は、連邦政府に対して不信任決議をすることができる。もっとも、九三年憲法は、首相候補者に対する同意および不信任決議を、大統領による国家会議の解散権限と関連づけており、解散の圧力に抗して国家会議が政府に影響を及ぼすことは容易ではない。また、二〇〇五年制定の議会調査法により、連邦議会による国政調査の対象も著しく限定されるなど、執行権力に対する立法府の監督の余地はかなり狭いものになっている。

(4)　連邦構造　九三年憲法は、連邦制を採用している。かつてのソビエト連邦は、独立した主権国家の締結した条約によって創出された同盟であり、連邦構成共和国は、建前上は連邦からの自由な離脱権を有していた（条約的連邦制）。これに対し、現在のロシアは、「多民族からなるロシア連邦の人民」が制定した憲法によって創出された連邦であり、その構成単位に自由な離脱は認められない（憲法的連邦制）。ロシア連邦の構成単位は、ロシア連邦構成主体と呼ばれ、非ロシア系民族が多く住む共和国、自治州、自治管区と、ロシア系住民が多く住む州、地方、市とから成っている。憲法は、共和国を国家と呼び、自らの憲法と国語をもつことを認めているが、ソ連邦と異なり、共和国に主権は認められない。これに対し、他の連邦構成主体は、憲法や国語をもつことができないことなどから、ロシアの連邦制は非対称的連邦制とも呼ばれるが、連邦との関係においては、共和国を含むすべての連邦構成主体は同権とされている。

連邦制において重要なのは、連邦と連邦構成主体の管轄および権限の区分である。憲法は、連邦管轄事項および共同管轄事項を除くすべての事項を連邦構成主体の管轄に委ねているが、実際には前二者の範囲が極めて広く、地方に委ねられた権限は少ない。もっとも、憲法の定める管轄および権限は固定的なものではなく、憲法一一条三項に基づき、連邦と連邦構成主体が条約を締結することによって、ある程度変更することができる。中央からの遠心的な傾向の強かった九〇年代には、個々の有力な連邦構成主体が、連邦と条約を結び、共同管轄事項や連邦管轄事項の一部を自らの管轄としていた。しかし、このような跛行的な連邦制のあり方は、二〇〇〇年代にプーチン大統領のもと、集権的な方向で修正された。

管轄および権限の区分で特に問題となるのが、共同管轄事項である。共同管轄事項は、非常に広範な事項におよび、中央と地方の力関係を占ううえでの試金石とも言える。九〇年代には、共同管轄に属する権限の帰属先を、連邦法律によって決定できるかどうかが争点となった。憲法一一条三項によれば、共同管轄事項に属する権限を配分するためには、権限区分条約を締結しなければならないようにも読める。しかし、一九九八年の森林法典判決において、憲法裁判所は憲法七六条五項を根拠に、共同管轄事項の権限を連邦法律によって配分できると判示した。

(5) 憲法改正手続　九三年憲法は、憲法改正手続として以下の三つの形態を定める。①憲法の基本原則、人権規定、憲法の改正規定を対象とする「改正」、②統治機構に関する条文の「修正」、③連邦構成主体の名称等の「変更」である。九三年憲法の改正は頻繁であると指摘されることがあるが、そのほとんどが③である。もっとも、近年は権威主義的な方向で②の統治機構に関する修正も行われている。二〇〇八年に最初の憲法修正が行われ、大統領および下院の任期（四年）が、前者は六年、後者は五年に延長された。また、主な修正点に限れば、二〇一四年にも二度の憲法修正があり、判例法の形成に積極的な姿勢を示していた最高仲裁裁判所が廃止され、大統領には一定数の上院議員を任命する権限が付与された。これに対し、憲法の基本的性格を改めるためには、憲法会議を開催しなければならないが、その構成や手続を定めた憲法的法律はいまだ存在しない。①の手続の煩雑さは、結果として、九三年憲法の基本的性格の一つである〈権力を縛る法〉としての側面を維持する役割を果たしているとも評されている。

四　ロシア憲法体制の動向

九三年憲法体制は、これまでその大枠を維持しながらも、実質的には種々の変容を被ってきた。二〇〇〇年にプーチン大統領のもとで進められた連邦制改革は、それまで遠心的で、中央の法令を無視した連邦構成主体に、中央の立場から枠をはめるものであり、連邦干渉制度や連邦管区の導入など、実質的な憲法改正と言えるものをそのなかに含んでいた。また、二〇〇四年の北オセチアにおける学校占拠事件を契機とする連邦垂直軸の強化の流れは、連邦構成主体首長の選出手続を事実上の大統領任命制に変え、政党の結成要件を著しく高めるなど、単なる集権化の枠を超えて、憲法体制の権威主義化を促すものであった。これに対し、二〇一一年一二月の国家会議選挙時の不正に対する市民の大規模な抗議を受け、二〇一〇年代には首長公選制の復活や、小選挙区制の再導入などの部分的な手直しが行われたが、こうした改革は集会や結社の自由など市民社会の領域における当局の締め付けを伴っていた（集会法の厳罰化や「外国のエージェント」法など）。また、二〇〇〇年代半ばまでは、明文改憲がないまま憲法体制が事実上修正されていたが（いわゆる「ほふく前進的憲法改革」）、前述の通り近年では部分的な明文改憲も行われている。しかし、その内容には問題も多い。さらに、二〇一四年には、クリミアがロシアに「編入」され、憲法裁判所が「ヨーロッパ」からロシアの主権と憲法を守る防壁として位置づけられるなどの問題も生じている。このように社会主義憲法からの離脱を掲げ、法による権力の制約という試みを担った九三年憲法体制は、体制転換から四半世紀以上が経った現在においてなお、困難な課題に直面しているのである。

参考文献

森下敏男『現代ロシア憲法体制の展開』（信山社、二〇〇一年）
小森田秋夫編『現代ロシア法』（東京大学出版会、二〇〇三年）
高橋和之編『［新版］世界憲法集』（岩波書店、二〇〇七年）
初宿正典・辻村みよ子編『新解説世界憲法集〔第四版〕』（三省堂、二〇一七年）

ロシア連邦憲法

前文

われわれ、多民族からなるロシア連邦の人民は、その大地における共通の運命によって結び付けられ、
人の権利および自由、ならびに市民の平和と合意を確認し、
歴史的に形成された国家的統一を保持し、
一般に承認された諸民族の同権および自己決定の原則に立脚し、
祖国への愛および尊敬、善および正義への信念をわれわれに与えた祖先を偲び、

主権国家としてロシアを復興し、その民主的基礎を揺るぎないものとし、

ロシアの安寧と繁栄の保障を希求し、

現在および将来の世代に対する自らの祖国への責任に立脚し、
国際社会の一員であることを自覚して、
ここにロシア連邦憲法を採択する。

第一編

第一章　憲法体制の原則

第一条〔統治形態〕

1　ロシア連邦―ロシアは、共和制の統治形態をとる連邦制の民主的法治国家である。

2　ロシア連邦とロシアの名称は、同義である。

第二条〔最高の価値としての人権〕

人、その権利および自由は、最高の価値である。人および市民の権利および自由を承認し、遵守し、擁護することは、国家の義務である。

第三条〔人民主権〕

1　ロシア連邦における主権の担い手にして権力の唯一の源泉は、その多民族からなる人民である。

2　人民は、直接に、ならびに国家権力機関および地方自治機関を通じて、その権力を行使する。

3　レファレンダムおよび自由選挙は、人民の権力の最高かつ直接の表現である。

4　何人も、ロシア連邦における権力を簒奪することはできない。権力の収奪または権限の簒奪は、連邦法律に従いこれを訴追する。

第四条〔国家主権〕

1　ロシア連邦の主権は、その全領土に及ぶ。

2　ロシア連邦憲法および連邦法律は、ロシア連邦の全領土において優越的地位を有する。

3　ロシア連邦は、その領土の一体性および不可侵性を保障する。

第五条〔連邦制の基本原則〕

1　ロシア連邦は、同権のロシア連邦構成主体である共和国、地方、州、連邦的意義を有する市、自治州、自治管区によって構成される。

2　共和国（国家）は、自らの憲法および法令を有する。地方、州、連邦的意義を有する市、自治州、自治管区は、自らの憲章および法令を有する。

3　ロシア連邦の連邦構造は、その国家的一体性、国家権力体系の統一、ロシア連邦の国家権力機関とロシア連邦構成主体の国家権力機関の管轄および権限の区分、ならびにロシア連邦における諸民族の同権および自己決定に基づく。

4　連邦の国家権力機関との相互関係において、すべてのロシア連邦構成主体は、互いに同権である。

第六条〔国籍〕

1　ロシア連邦国籍は、連邦法律に従って取得および喪失し、取得事由を問わず単一かつ平等である。

2　すべてのロシア連邦市民は、その領土においてロシア連邦憲法の定めるすべての権利および自由を保持し、平等の義務を負う。

3　ロシア連邦市民は、その国籍または国籍を変更する権利を奪われない。

第七条〔社会国家〕

1　ロシア連邦は、社会国家であり、その政策の目的は、人の尊厳ある生活および自由な発展を保障する条件を創出することにある。

2　ロシア連邦においては、労働および人の健康が保護され、賃金の最低保障額が定められ、家族、母性、父性、児童、障害者および老齢市民に対する国家の支援が保障され、社会福祉制度が展開され、国家年金、国家的扶助およびその他の社会的保護を保証する制度が設立される。

第八条〔経済活動の自由、私的所有の保護〕

1　ロシア連邦においては、単一の経済空間、商品、サービスおよび資本の自由移動、競争の促進、ならびに経済活動の自由が保障される。

2　ロシア連邦においては、私的、国家的、自治体的およびその他の所有形態が、等しく承認され、保護される。

第九条〔土地および天然資源〕

1　土地およびその他の天然資源は、ロシア連邦において、当該地域に居住する諸民族の生活および活動の基礎として、利用され、保護される。

2　土地およびその他の天然資源は、私的、国家的、自治体的およびその他の所有形態をとることができる。

第一〇条〔権力分立〕

ロシア連邦における国家権力は、立法権、執行権および司法権への分立に基づいてこれを行使する。立法権、執行権および司法権の諸機関は、独立である。

第一一条〔国家権力機関〕

1　ロシア連邦における国家権力は、ロシア連邦大統領、連邦議会（連邦会議および国家会議）、ロシア連邦政府、ならびにロシア連邦の裁判所がこれを行使する。

2　ロシア連邦構成主体における国家権力は、ロシア連邦構成主体により設置された国家権力機関がこれを行使する。

3　ロシア連邦の国家権力機関とロシア連邦構成主体の国家権力機関の間の管轄および権限は、本憲法、連邦条約ならびに管轄および権限の区分に関するその他の条約によって区分される。

第一二条〔地方自治〕

ロシア連邦においては、地方自治が承認され、保証される。地方自治は、その権限の範囲で独立である。地方自治機関は、国家権力機関の体系に属さない。

第一三条〔イデオロギーの多様性〕

1　ロシア連邦においては、イデオロギーの多様性が承認される。

2　いかなるイデオロギーも、これを国定イデオロギーとし、または義務的なものとしてはならない。

3　ロシア連邦においては、政治的多様性および複数政党制が承認される。

4　社会団体は、法律の前に平等である。

5　その目的または活動が、憲法体制の原則を暴力的に変更し、ロシア連邦の一体性を侵害し、国家の安全を破壊し、武装組織を設立し、社会的、人種的、民族的および宗教的憎悪を煽動することを志向する社会団体の設置および活動は、これを禁止する。

第一四条〔世俗国家〕

1　ロシア連邦は、世俗国家である。いかなる宗教も、これを国教とし、または義務的なものとしてはならない。

2　宗教団体は、国家から分離され、法律の前に平等である。

第一五条〔最高法規〕

1　ロシア連邦憲法は、最高の法的効力および直接的効力を有し、ロシア連邦の全領土において適用される。ロシア連邦において採択される法律およびその他の法令は、ロシア連邦憲法に違反してはならない。

2　国家権力機関、地方自治機関、役職者、市民およびその団体は、ロシア連邦憲法および法律を遵守する義務を負う。

3　法律は、公布される。公布されない法律は、適用されない。人および市民の権利、自由および義務に関係する法令は、すべて、一般に周知するために公表されない限り、これを適用することはできない。

4　国際法の一般原則および規範ならびにロシア連邦の国際条約は、ロシア連邦の法体系の構成要素である。ロシア連邦の国際条約が、法律の定めと異なる規則を定めているときは、国際条約の規則が適用される。

第一六条〔憲法第一章の意義〕

1　本章の条文は、ロシア連邦憲法体制の原則を構成し、本憲法の定める手続によらずにこれを変更することはできない。

2　本憲法の他のいかなる条文も、ロシア連邦憲法体制の原則に違反してはならない。

第二章　人および市民の権利および自由

第一七条〔人権の不可侵性〕

1　ロシア連邦においては、本憲法に従い、国際法の一般原則および規範に基づき、人および市民の権利および自由が承認され、保障される。

2　人の基本的権利および自由は、不可譲であり、その出生時から各人に帰属する。

3　人および市民の権利および自由の行使は、他人の権利および自由を侵害するものであってはならない。

第一八条〔権利の直接の効力〕

人および市民の権利および自由は、直接的効力を有する。人および市民の権利および自由は、法律の意味、内容および適用、ならびに立法権、執行権、地方自治体の活動を規定し、司法により保障される。

第一九条〔法の前の平等〕

1　何人も、法律および裁判所の前に平等である。

2　国家は、性別、人種、民族、言語、出自、財産上および役職上の地位、住所、宗教に対する態度、信条、社会団体への所属、ならびにその他の事由を問わず、人および市民の権利および自由の平等を保障する。社会的、人種的、民族的、言語的または宗教的帰属に基づく市民の権利のいかなる形態の制限も、これを禁止する。

3 男性と女性は、平等な権利および自由ならびにその実現のための平等の機会を有する。

第二〇条〔生命権〕

1 何人も、生命への権利を有する。

2 死刑は、それが廃止されるまでは、生命に対する特に重大な罪に対する例外的刑罰として、陪審員の参加する裁判によって事件が審理される権利が被告人に提供される場合に、連邦法律によってこれを定めることができる。

第二一条〔個人の尊厳〕

1 個人の尊厳は、国家により保護される。いかなることも、個人の尊厳を軽視する根拠とはならない。

2 何人も、拷問、強制、その他の残酷な、もしくは人の尊厳を傷つける取扱い、または刑罰を科されない。何人も、自発的同意なしに、医学的、学術的およびその他の実験の対象とされない。

第二二条〔人身の自由〕

1 何人も、自由および人身の不可侵への権利を有する。

2 逮捕および勾留は、裁判所の決定に基づく場合にのみ、これを認める。裁判所が決定するまでは、四八時間を超えて逮捕されない。

第二三条〔名誉権、通信の秘密〕

1 何人も、私生活の不可侵、個人および家族の秘密、その名誉および名声の保護への権利を有する。

2 何人も、信書、通話、ならびに郵便、電信およびその他の通信の秘密への権利を有する。この権利は、裁判所の決定に基づく場合にのみこれを制限することができる。

第二四条〔プライバシー権〕

1 人の私生活に関する情報は、本人の同意がない限り、これを収集、保管、利用および流布してはならない。

2 国家権力機関および地方自治機関、その役職者は、法律に別段の定めのある場合を除き、何人に対しても、その権利および自由に直接関係する文書および資料にアクセスする可能性を保障する義務を負う。

第二五条〔住居の不可侵〕

住居は、不可侵である。何人も、連邦法律に別段の定めがある場合、または裁判所の決定に基づく場合を除いて、そこに居住する者の意思に反して住居に侵入することはできない。

第二六条〔民族的帰属に関する権利〕

1 何人も、自らの民族的帰属を決定し、表明することができる。何人も、その民族的帰属を決定し、表明することを強制されない。

2 何人も、母語を使用する権利、ならびに交流、養育、教育および創作のための言語を自由に選択する権利を有する。

第二七条〔移動の自由〕

1 ロシア連邦領土に合法的に滞在する者はすべて、自由に移動し、居所および住所を選択する権利を有する。

2 何人も、ロシア連邦から自由に出国することができる。ロシア連邦市民は、支障なくロシア連邦に帰国する権利を有する。

第二八条〔信教の自由〕

何人にも、個人でもしくは他人と共同して任意の宗教を信仰し、もしくはいかなる宗教も信仰しない権利、または宗教的およびその他の信条を自由に選択し、保持し、宣伝し、それに従って行動する権利その他の良心の自由および信仰の自由が保障される。

第二九条〔思想および言論の自由〕

1 何人にも、思想および言論の自由が保障される。

2 社会的、人種的、民族的または宗教的憎悪および敵意を引き起こす宣伝または煽動は、これを認めない。社会的、人種的、民族的、宗教的または言語的優越性の宣伝は、これを禁止する。

3 何人も、その意見および信条を表明し、またはそれを放棄することを強制されない。

4 何人も、任意の合法的な手段により、情報を自由に探し、受け取り、伝達し、作成し、流布する権利を有する。国家機密となる情報のリストは、連邦法律によりこれを定める。

5 マスメディアの自由は、これを保障する。検閲は、これを禁止する。

第三〇条〔結社の自由〕

1 何人も、自己の利益を擁護するために労働組合を結成する権利その他の結社への権利を有する。社会団体の活動の自由は、これを保障する。

2 何人も、任意の社会団体への加入または所属を強制されない。

第三一条〔集会の自由〕

ロシア連邦市民は、武器を伴わず平穏に集まり、会合、集会、示威運動、集団行進およびピケッティングをする権利を有する。

第三二条〔参政権〕

1　ロシア連邦市民は、直接に、または自らの代表を通じて国務に参加する権利を有する。

2　ロシア連邦市民は、国家権力機関および地方自治機関の選挙権および被選挙権、ならびにレファレンダム参加権を有する。

3　裁判所により行為無能力者とされ、または裁判所の判決に基づき自由剥奪地に収容されている市民は、選挙権および被選挙権を有しない。

4　ロシア連邦市民は、公務に就く平等の資格を有する。

5　ロシア連邦市民は、裁判に参加する権利を有する。

第三三条〔訴願の権利〕

ロシア連邦市民は、国家機関および地方自治機関に対し、直接に、または個人もしくは集団の書面を通じて申立てをする権利を有する。

第三四条〔経済活動の自由〕

1　何人も、企業活動およびその他の法律により禁止されていない経済活動のために自己の能力および財産を自由に利用する権利を有する。

2　独占および不公正な競争を志向する経済活動は、これを認めない。

第三五条〔私的所有権〕

1　私的所有権は、法律によりこれを保護する。

2　何人も、個人で、または他人と共同して財産を所有し、占有し、使用し、処分することができる。

3　何人も、裁判所の決定によらずに自己の財産を奪われない。財産は、事前に等価の補償がなされる場合にのみ、国家のためにこれを収用することができる。

4　相続権は、これを保障する。

第三六条〔土地所有権〕

1　市民およびその団体は、土地を私的に所有することができる。

2　土地およびその他天然資源は、自然を害し、または他人の権利および法益を侵害しない限り、その所有者により自由に占有され、使用され、処分される。

3　土地利用の要件および手続は、連邦法律によりこれを定める。

第三七条〔職業選択の自由、労働基本権〕

1　労働は、自由である。何人も、自由にその労働能力を処分し、職種および職業を選択する権利を有する。

2　強制労働は、これを禁止する。

3　何人も、安全および衛生基準に適合する条件の下で労働し、いかなる差別も受けることなく、かつ連邦法律の定める最低賃金額を下回ることなく、労働報酬を得、失業から保護される権利を有する。

4　ストライキへの権利その他の連邦法律の定める解決手段を用いて個別的および集団的に労働争議を行う権利は、これを認める。

5　何人も、休息への権利を有する。労働契約に基づく労働者には、連邦法律の定める労働時間、休日、祝日および年次有給休暇が保障される。

第三八条〔母性、児童、家族の保護〕

1　母性、児童および家族は、国家により保護される。

2　子の監護および養育は、両親の平等の権利であり、義務である。

3　一八歳に達した労働能力を有する子は、労働能力を有さない両親に配慮しなければならない。

第三九条〔社会保障の権利〕

1　何人にも、老齢、疾病、傷害、扶養者の喪失、子の養育および法律の定めるその他の場合に、社会保障が与えられる。

2　国家年金および社会扶助は、法律によりこれを定める。

3　任意の社会保険、追加的な社会保障の形態の設立および慈善事業は、これを奨励する。

第四〇条〔居住の権利〕

1　何人も、居住の権利を有する。何人も、住居を恣意的に奪われない。

2　国家権力機関および地方自治機関は、住宅建設を奨励し、居住の権利を実現するための条件を創出する。

3　貧困者および住居を必要とする法律の定めるその他の市民には、法律の定める規範に従い、国家、自治体およびその他の住宅基金により、無償または利用可能な賃料で住居が提供される。

第四一条〔医療を受ける権利〕

1　何人も、健康保護および医療を受ける権利を有する。国家および自治体の保健施設における医療は、関係する予算、保険料およびその他の収入により、これを無償で市民に提供する。

2　ロシア連邦においては、住民の健康の保護および増進に関する連邦プログラムへの予算が措置され、国家、自治体および民間の保健制度の発展に関する措置が講じられ、人の健康の増進、体育およびスポーツの振興、ならびに生態系および衛生・疫学における安全を促進する活動が奨励される。

3　人の生命および健康の脅威となる事実および状況を役職者が隠蔽した場合は、連邦法律に従い責任が生じる。

第四二条〔環境権〕

何人も、良好な環境への権利、環境状況に関する確かな情報を得る権利、および生態系に関わる違法行為によって健康または財産に生じた損害を補償される権利を有する。

第四三条〔教育権〕

1　何人も、教育への権利を有する。

2　国家または自治体の教育施設および企業における就学前教育、初等普通教育および中等職業教育は、すべての者に無償で提供される。

3　何人も、競争に基づき、国家または自治体の教育施設および企業における高等教育を無償で受けることができる。

4　初等普通教育は、義務である。両親またはその代理人は、子が初等普通教育を受けることを保障する。

5　ロシア連邦は、連邦の国家教育基準を定め、様々な形態の教育および自主学習を支援する。

第四四条〔学問の自由〕

1　何人にも、文学、芸術、学術、技術およびその他の創作、ならびに教授の自由が保障される。知的財産は、法律によりこれを保護する。

2　何人も、文化活動に参加し、文化施設を利用し、文化財にアクセスする権利を有する。

3　何人も、歴史・文化遺産の保護に配慮し、歴史的および文化的記念物を維持する義務を負う。

第四五条〔権利の保護〕

1　ロシア連邦において人および市民の権利および自由は、国家により保護される。

2　何人も、法律によって禁止されていないあらゆる手段を用いて自らの権利および自由を保護することができる。

第四六条〔裁判を受ける権利〕

1　何人にも、自己の権利および自由の裁判による保護が保障される。

2　国家権力機関、地方自治機関、社会団体および役職者の決定および行為（または不作為）は、裁判所に訴えることができる。

3　何人も、ロシア連邦の国際条約に従い、国内に存在するすべての法的保護手段を尽くした場合に、人権および人の自由の保護に関する国際機関に申し立てることができる。

第四七条〔法律の定める裁判官への権利〕

1　何人も、法律の定める管轄裁判所および裁判官によって事件が審理される権利を奪われない。

2　犯罪を実行したとされる被告人は、連邦法律の定める場合に、陪審員の参加する裁判所によって事件を審理される権利を有する。

第四八条〔弁護人依頼権〕

1　何人にも、有資格者による法律扶助を受ける権利が保障される。法律の定める場合に、法律扶助は、無償で提供される。

2　すべて被逮捕者、被勾留者または犯罪を実行したとされる被告人は、それぞれ逮捕、勾留または公訴の提起のときから、弁護士（弁護人）の援助を受ける権利を有する。

第四九条〔無罪推定原則〕

1　すべて犯罪を実行したとされる被告人は、有罪であることが連邦法律の定める手続に従って立証され、法的効力を生じた裁判所の判決によって認定されるまでは、無罪とみなされる。

2　被告人は、自分が無罪であることを立証する義務を負わない。

3　有罪の疑いが残る場合は、被告人に有利なように解釈される。

第五〇条〔二重処罰の禁止、違法収集証拠の排除〕

1　何人も、同一の犯罪について重ねて有罪とされない。

2　連邦法律に違反して収集された証拠は、裁判の際にこれを用いてはならない。

3　すべて有罪とされた者は、連邦法律の定める手続に従い、上級の裁判所によって判決を見直され、または特赦もしくは減刑を求める権利を有する。

第五一条〔不利益供述の強要禁止〕

1　何人も、自分、配偶者および連邦法律の定める範囲の近親者に不利益な供述を義務づけられない。

2　連邦法律により、供述義務が免除されるその他の場合について定めることができる。

第五二条〔犯罪被害者の保護〕

犯罪および権力濫用の被害者の権利は、法律により保護される。国家は、被害者に対し、司法へのアクセスおよび損害賠償を保障する。

第五三条〔国家賠償〕

何人も、国家権力機関またはその役職者の違法な行為（または不作為）によって生じた損害を国家により賠償される権利を有する。

第五四条〔遡及処罰の禁止〕

1　責任を定め、または加重する法律は、遡及効を有さない。

2　何人も、実行の時に違法とされていなかった行為について責任を問われない。違法な行為が行われた後に、その責任が廃止され、または軽減された場合には、新しい法律が適用される。

第五五条〔権利の制限〕

1　ロシア連邦憲法に列挙された基本的権利および自由は、その他の一般に承認された人および市民の権利および自由を否定し、または軽視するものとして、これを解釈してはならない。

2　ロシア連邦においては、人および市民の権利および自由を否定し、または軽視する法律は、これを公布してはならない。

3　人および市民の権利および自由は、憲法体制の原則、道徳、健康、他人の権利および法益の保護、ならびに国防および国家の安全の保障という目的に必要な限度においてのみ、連邦法律によりこれを制限することができる。

第五六条〔非常事態における権利の制限〕

1　非常事態において、市民の安全を保障し、憲法体制を擁護するために、連邦の憲法的法律に従いその効力の限界および期限を定めた上で、権利および自由を個別に制限することができる。

2　ロシア連邦の全領土およびその個別の地域における非常事態は、連邦の憲法的法律の定める事由がある場合に、その手続に従って、これを導入することができる。

3　ロシア連邦憲法第二〇条、第二一条、第二三条（第1項）、第二四条、第二八条、第三四条（第1項）、第四〇条（第1項）、第四六条ないし第五四条の定める権利および自由は、これを制限してはならない。

第五七条〔納税の義務〕

何人も、法律の定める租税公課を納める義務を負う。新しい租税を定め、または納税者の負担を重くする法律は、遡及効を有さない。

第五八条〔環境保護義務〕

何人も、自然および環境を保護し、天然資源を大切にする義務を負う。

第五九条〔国防の義務〕

1　祖国防衛は、ロシア連邦市民の責務であり義務である。

2　ロシア連邦市民は、連邦法律に従い兵役に従事する。

3　ロシア連邦市民は、その信条または信仰が兵役への従事に反する場合、および連邦法律の定めるその他の場合に、兵役を市民的代替役務に変更する権利を有する。

第六〇条〔成人年齢〕

ロシア連邦市民は、一八歳から、その権利義務を自ら完全に行使することができる。

第六一条〔退去強制、引渡の禁止〕

1　ロシア連邦市民は、ロシア連邦の領土外に退去させられ、または他の国家に引き渡されない。

2　ロシア連邦は、国外においてその市民に対し保護および庇護を与える。

第六二条〔二重国籍〕

1　ロシア連邦市民は、連邦法律またはロシア連邦の国際条約に従い、外国籍（二重国籍）を有することができる。

2　ロシア連邦市民は、連邦法律またはロシア連邦の国際条約に別段の定めのある場合を除き、外国籍を有することにより、その権利および自由を軽視されず、またロシア国籍から生じる義務を免れない。

3　外国人および無国籍者は、連邦法律またはロシア連邦の国際条約に別段の定めのある場合を除き、ロシア連邦においてロシア連邦市民と等しく権利を享受し、義務を負う。

第六三条〔政治的庇護〕

1　ロシア連邦は、国際法の一般に承認された規範に従い、外国人および無国籍者に対し、政治的庇護を与える。

2　ロシア連邦においては、政治的信条およびロシア連邦において犯罪とされていない行為（または不作為）により訴追された者は、これを他国に引渡してはならない。犯罪を実行したとされる被告人の引渡しおよび他国における行刑のための既決囚の移送は、連邦法律またはロシア連邦の国際条約に基づいて行われる。

第六四条〔憲法第二章の意義〕

本章の条文は、ロシア連邦における個人の法的地位の原則をなし、本憲法の定める手続によらずに、これを改正することはできない。

第三章　連邦構造

第六五条〔連邦構成主体〕

1　ロシア連邦は、以下のロシア連邦構成主体によって構成される。

アディゲ共和国（アディゲア）、アルタイ共和国、バシコルトスタン共和国、ブリヤート共和国、ダゲスタン共和国、イングーシ共和国、カバルディノ・バルカル共和国、カルムィク共和国、カラチャイ・チェルケス共和国、カレリア共和国、コミ共和国、クリミア共和国、マリ・エル共和国、モルドヴィア共和国、サハ共和国（ヤクーチア）、北オセチア・アラニア共和国、タタルスタン共和国（タタルスタン）、トゥヴァ共和

国、ウドムルト共和国、ハカシア共和国、チェチェン共和国、チュヴァシ共和国―チュバシア、
アルタイ地方、ザバイカル地方、カムチャッカ地方、クラスノダール地方、クラスノヤルスク地方、ペルミ地方、沿海地方、スタヴロポリ地方、ハバロフスク地方、
アムール州、アルハンゲリスク州、アストラハン州、ベルゴロド州、ブリャンスク州、ウラジーミル州、ヴォルゴグラード州、ヴォログダ州、ヴォロネジ州、イワノヴォ州、イルクーツク州、カリーニングラード州、カルーガ州、ケメロヴォ州、キーロフ州、コストロマ州、クルガン州、クルスク州、レニングラード州、リペツク州、マガダン州、モスクワ州、ムルマンスク州、ニジェゴロド州、ノヴゴロド州、ノヴォシビルスク州、オムスク州、オレンブルク州、オリョール州、ペンザ州、プスコフ州、ロストフ州、リャザン州、サマラ州、サラトフ州、サハリン州、スヴェルドロフスク州、スモレンスク州、タンボフ州、トヴェリ州、トムスク州、トゥーラ州、チュメニ州、ウリヤノフスク州、チェリャビンスク州、ヤロスラヴリ州、
モスクワ、サンクト・ペテルブルク、セヴァストーポリ―連邦的意義を有する市、
ユダヤ自治州、
ネネツ自治管区、ハンティ・マンシ自治管区―ユグラ、チュクチ自治管区、ヤマロ・ネネツ自治管区。

2　新しい連邦構成主体のロシア連邦への編入および設置は、連邦の憲法的法律の定める手続に従って行われる。

第六六条〔連邦構成主体の地位〕

1　共和国の地位は、ロシア連邦憲法および共和国憲法によってこれを定める。

2　地方、州、連邦的意義を有する市、自治州、自治管区の地位は、ロシア連邦憲法および関係するロシア連邦構成主体の立法機関（代表機関）の定める地方、州、連邦的意義を有する市、自治州、自治管区の憲章によってこれを定める。

3　自治州および自治管区の立法機関および執行機関の提案に基づき、自治州および自治管区に関する連邦法律を定めることができる。

4　地方または州に属する自治管区に関する事項は、連邦法律および自治管区の国家権力機関と地方または州の国家権力機関の間の条約によってこれを規制する。

5　連邦構成主体の地位は、連邦の憲法的法律に従いロシア連邦とロシア連邦構成主体の相互の合意に基づいて、これを変更することができる。

第六七条〔領土〕

1　ロシア連邦の領土は、その連邦構成主体の領土、内水、領海および領空を含む。

2　ロシア連邦は、連邦法律および国際条約の規範の定める手続に従い、大陸棚およびロシア連邦の排他的経済水域に対して主権的権限を保持し、管轄権を行使する。

3　ロシア連邦構成主体の間の境界は、その相互の合意に基づきこれを変更することができる。

第六八条〔言語〕

1　ロシア連邦の全領土におけるロシア連邦の国語となるのは、ロシア語である。

2　共和国は、自らの国語を定めることができる。共和国の国家権力機関、地方自治機関、国家施設において、共和国の国語は、ロシア連邦の国語と並んで用いられる。

3　ロシア連邦は、すべての諸民族に対し、母語の保護ならびにその研究および発展の条件の創出への権利を保障する。

第六九条〔先住少数民族の権利〕

ロシア連邦は、国際法の一般原則および規範ならびにロシア連邦の国際条約に従い、先住少数民族の権利を保障する。

第七〇条〔国家の象徴〕

1　ロシア連邦の国旗、国章および国歌、その内容ならびに公の利用手続は、連邦の憲法的法律によりこれを定める。

2　ロシア連邦の首都は、モスクワ市である。首都の地位は、連邦法律によりこれを定める。

第七一条〔連邦管轄事項〕

ロシア連邦の管轄には、以下の事項が属する。

一　ロシア連邦憲法および連邦法律の制定および改正、その遵守の監督

二　ロシア連邦の連邦構造および領土

三　人および市民の権利および自由の規制および擁護、ロシア連邦における国籍、ならびに民族的少数者の権利の規制および擁護

四　連邦の立法権、執行権および司法権の機関の体系、その組織および活動の手続の制定、ならびに連邦の国家権力機関の形成

五　連邦の国有財産およびその管理

六　ロシア連邦の国家的、経済的、環境的、社会的、文化的および民族的発展に関する連邦政策の原則の制定および連邦プログラム

七　単一市場の法的原則の制定、金融、通貨、信用および関税に関する規制、通貨発行、価格政策の原則、連邦銀行その他の連邦の経済

的業務
八　連邦予算、連邦税および公課、連邦の地域発展基金
九　連邦のエネルギーシステム、核エネルギー、核分裂物質、連邦の運輸、交通、情報および通信、宇宙事業
一〇　ロシア連邦の外交政策および国際関係、ロシア連邦の国際条約、戦争および平和に関する問題
一一　ロシア連邦の対外経済関係
一二　国防および安全保障、国防産業、武器・弾薬軍事技術およびその他の軍事財産の売買手続の決定、核物質・麻薬の生産およびその利用手続
一三　ロシア連邦の国境、領海、領空、排他的経済水域および大陸棚の地位の決定および保護、
一四　裁判制度、検察制度、刑事法および行刑法、大赦および特赦、民事法、手続法、知的財産の法的規制
一五　連邦抵触法
一六　気象業務、標準規格、度量衡、メートル法および時刻系、測量および地図作成、地名、公式統計および簿記
一七　ロシア連邦の国家賞および名誉称号
一八　連邦の公務員制度

第七二条〔共同管轄事項〕

1　ロシア連邦とロシア連邦構成主体の共同管轄には、以下の事項が属する。
一　共和国の憲法および法律、ならびに地方、州、連邦的意義を有する市、自治州、自治管区の憲章、法律およびその他の法令の、ロシア連邦憲法および連邦法律に対する適合性の保障
二　人および市民の権利および自由の保護、民族的少数者の権利保護、適法性・法秩序・社会的安全の保障、国境地帯の管理規則
三　土地、埋蔵物、水産資源およびその他の天然資源の占有、利用および処分に関する問題
四　国有財産の区分
五　自然利用、環境保護および生態系の安全保障、特別自然保護地域、歴史・文化遺産の保護
六　養育、教育、学術、文化、体育およびスポーツに関する一般的問題
七　保健に関する問題の調整、家族・母性・父性および児童の保護、社会保障その他の社会的保護
八　大事故、自然災害および感染症の流行に対する対策の実施、ならびに復旧活動
九　ロシア連邦における租税公課の納入に関する一般原則の制定
一〇　行政法、行政訴訟法、労働法、家族法、住宅法、土地法、水法、森林法、天然資源法、環境保護法
一一　裁判機関および法秩序維持機関の人事、弁護士制度、公証人制度
一二　少数エスニック集団の古来の生活環境および伝統的生活様式の保護
一三　国家権力機関および地方自治体機関の体系の組織に関する一般原則の制定
一四　ロシア連邦構成主体の国際的および対外経済的関係の調整、ロシア連邦の国際条約の実施

2　本条の条文は、共和国、地方、州、連邦的意義を有する市、自治州および自治管区に等しく及ぶ。

第七三条〔連邦構成主体の管轄事項〕

ロシア連邦の管轄およびロシア連邦とロシア連邦構成主体の共同管轄におけるロシア連邦の権限を除くすべての国家権力を保持する。

第七四条〔単一の経済空間〕

1　ロシア連邦領土において、関税境界、関税、公課、ならびに商品、サービスおよび資本の自由移動に対するその他のいかなる障壁も、これを設けてはならない。

2　商品およびサービスの移動は、安全保障、人の生命および健康の保護、環境および文化遺産の保全に必要な場合に、連邦法律に従ってこれを制限することができる。

第七五条〔通貨、中央銀行、租税〕

1　ロシア連邦における通貨単位は、ルーブルである。通貨は、もっぱらロシア連邦中央銀行によって発行される。ロシア連邦におけるその他の通貨は、これを導入および発行してはならない。

2　ルーブルの安定の維持および保障は、ロシア連邦中央銀行の基本的職務であり、ロシア連邦中央銀行は他の国家権力機関から独立して当該職務を行う。

3　連邦予算に納入される租税の体系およびロシア連邦における租税公課の納入に関する一般原則は、連邦法律によってこれを定める。

4　国債は、連邦法律の定める手続に従って発行され、自発性の原則に基づいて配布される。

第七六条〔法令の秩序〕

1　ロシア連邦の管轄事項については、ロシア連邦の全領土において直接の効力を有する連邦の憲法的法律および連邦法律が定められる。

2　ロシア連邦とロシア連邦構成主体の共同管轄事項については、連邦法律、ならびに連邦法律に従って定められたロシア連邦構成主体の法律およびその他の法令が公布される。

3　連邦法律は、連邦の憲法的法律に違反してはならない。

4　ロシア連邦の管轄およびロシア連邦とロシア連邦構成主体の共同管轄を除き、共和国、地方、州、連邦的意義を有する市、自治州および自治管区は、法律およびその他の法令の制定その他の独自の法規制を行う。

5　ロシア連邦構成主体の法律およびその他法令は、本条第1項および第2項に従って定められた連邦法律に違反してはならない。連邦法律とロシア連邦において公布された他の法令が抵触する場合、連邦法律が効力を有する。

6　連邦法律と本条第4項に従って公布されたロシア連邦構成主体の法令が抵触する場合、ロシア連邦構成主体の法令が効力を有する。

第七七条〔連邦構成主体の国家権力機関の体系〕

1　共和国、地方、州、連邦的意義を有する市、自治州および自治管区の国家権力機関の体系は、ロシア連邦の憲法体制の原則ならびに連邦法律の定める国家権力の代表機関および執行機関の組織に関する一般原則に従い、ロシア連邦構成主体が自らこれを定める。

2　ロシア連邦の管轄およびロシア連邦とロシア連邦構成主体の共同管轄におけるロシア連邦の権限の範囲で、連邦の執行権力機関とロシア連邦構成主体の執行権力機関は、ロシア連邦における執行権の統一的体系を構成する。

第七八条〔権限の移譲〕

1　連邦の執行権力機関は、その権限を行使するために地方機関を設置し、その役職者を任命することができる。

2　連邦の執行権力機関は、ロシア連邦構成主体の執行権力機関との合意に基づき、ロシア連邦憲法および連邦法律に違反しない限りで、自らの権限の一部の行使をロシア連邦構成主体の執行権力機関に委ねることができる。

3　ロシア連邦構成主体の執行権力機関は、連邦の執行権力機関との合意に基づき、自らの権限の一部の行使を連邦の執行権力機関に委ねることができる。

4　ロシア連邦大統領およびロシア連邦政府は、ロシア連邦憲法に従い、ロシア連邦の全領土における連邦の国家権力に属する権限の行使を保障する。

第七九条〔国際組織への加盟〕

ロシア連邦は、人および市民の権利および自由が制限されず、ロシア連邦の憲法体制の原則に違反しない限りにおいて、国際条約に従い、国際組織に参加し、自らの権限の一部を当該団体に委ねることができる。

第四章　ロシア連邦大統領

第八〇条〔大統領の地位および職務〕

1　ロシア連邦大統領は、国家元首である。

2　ロシア連邦大統領は、ロシア連邦憲法ならびに人および市民の権利および自由の保証人である。ロシア連邦憲法の定める手続に従い、ロシア連邦大統領は、ロシア連邦の主権、独立および国家的一体性の保全に関する措置を講じ、国家権力諸機関の調整された活動および共同行動を保障する。

3　ロシア連邦大統領は、ロシア連邦憲法および連邦法律に従い、国家の内政および外政の基本方針を決定する。

4　ロシア連邦大統領は、国家元首として、国内および国際関係においてロシア連邦を代表する。

第八一条〔大統領選挙〕

1　ロシア連邦大統領は、普通、平等、直接の選挙権に基づき、秘密投票により、ロシア連邦市民によって六年の任期で選出される。

2　ロシア連邦大統領の被選挙資格を有するのは、三五歳以上でロシア連邦に一〇年以上恒常的に居住するロシア連邦市民である。

3　同一の人物が、連続して二期を超えてロシア連邦大統領の職務に就くことはできない。

4　ロシア連邦大統領の選挙手続は、連邦法律によりこれを定める。

第八二条〔宣誓〕

1　職務に就く際に、ロシア連邦大統領は、人民に対し以下の通り宣誓する。

「ロシア連邦大統領の権限を行使するにあたり、人および市民の権利および自由を尊重し、保護し、ロシア連邦憲法を遵守し、擁護し、国家の主権、独立、安全および一体性を擁護し、人民に忠実に奉仕することを誓う。」

2　宣誓は、連邦会議議員、国家会議議員およびロシア連邦憲法裁判所裁判官が出席する式典において行われる。

第八三条〔人事に関する権限〕ロシア連邦大統領は、以下の事務を行う。
一　国家会議の同意を得てロシア連邦首相を任命する。
二　ロシア連邦政府の会議を主宰する権利を有する。
三　ロシア連邦政府の総辞職を決定する。
四　ロシア連邦中央銀行総裁を任命するために国家会議に候補者を提案し、ロシア連邦中央銀行総裁の罷免に関する問題を国家会議に提起する。
五　ロシア連邦首相の提案に基づき、ロシア連邦副首相および連邦大臣を任免する。
六　ロシア連邦憲法裁判所およびロシア連邦最高裁判所の裁判官を任命するために連邦会議に候補者を提案する。他の連邦裁判所の裁判官を任命する。
六の一　ロシア連邦検事総長およびロシア連邦副検事総長を任命するために連邦会議に候補者を提案する。ロシア連邦検事総長およびロシア連邦副検事総長の罷免について連邦会議に提案する。ロシア連邦構成主体の検事、ならびに市、地区および地区と同級の検事を除くその他の検事を任免する。
六の二　連邦会議におけるロシア連邦代表を任免する。
七　ロシア連邦安全保障会議を設置および指揮し、ロシア連邦安全保障会議の地位は、連邦法律によりこれを定める。
八　ロシア連邦軍事ドクトリンを承認する。
九　ロシア連邦大統領府を設置する。
一〇　ロシア連邦大統領全権代表を任免する。
一一　ロシア連邦軍最高司令部を任免する。
一二　連邦議会両議院の関係する常任委員会および特別委員会との協議の後に外国および国際組織におけるロシア連邦の外交使節を任命し、召還する。

第八四条〔議会に対する権限〕ロシア連邦大統領は、以下の事務を行う。
一　ロシア連邦憲法および連邦法律に従い国家会議選挙を告示する。
二　ロシア連邦憲法の定める場合に、その手続に従い、国家会議を解散する。
三　連邦の憲法的法律の定める手続に従いレファレンダムを告示する。
四　国家会議に法案を提出する。
五　連邦法律に署名し、公布する。
六　連邦議会に対し、国の情勢、国家の対内的および対外的政策の基本方針に関する年次教書演説を行う。

第八五条〔連邦制に関する権限〕
1　ロシア連邦大統領は、ロシア連邦の国家権力機関とロシア連邦構成主体の国家権力機関の間、およびロシア連邦構成主体の国家権力機関の間の対立を解決するために協議手続を利用することができる。協議が整わなかった場合、ロシア連邦大統領は、紛争の解決を関係する裁判所の審理に委ねることができる。
2　ロシア連邦大統領は、ロシア連邦構成主体の執行権力機関のアクトがロシア連邦憲法および連邦法律、ロシア連邦の国際条約に違反し、またはこの問題が関係する裁判所によって解決される前に人および市民の権利および自由が侵害される場合、当該アクトの効力を停止することができる。

第八六条〔外交に関する権限〕ロシア連邦大統領は、以下の事務を行う。
一　ロシア連邦の対外政策を指揮する。
二　ロシア連邦の国際条約について交渉し、署名する。
三　批准書に署名する。
四　外交使節に授与された信任状および召還状を受け取る。

第八七条〔軍事に関する権限〕
1　ロシア連邦大統領は、ロシア連邦軍最高司令官である。
2　ロシア連邦が攻撃され、または攻撃される直接の虞のある場合、ロシア連邦大統領は、ロシア連邦の領土またはその個別の地域に、戒厳令を布告し、これを連邦会議および国家会議に直ちに通知する。
3　戒厳令に関する規則は、連邦の憲法的法律によりこれを定める。

第八八条〔非常事態〕ロシア連邦大統領は、連邦の憲法的法律の定める事由および手続に従い、ロシア連邦の領土またはその個別の地域に、非常事態を導入し、これを連邦会議および国家会議に直ちに通知する。

第八九条〔国籍の付与等〕ロシア連邦大統領は、以下の事務を行う。
一　ロシア連邦国籍および政治的庇護の提供に関する問題を解決する。
二　ロシア連邦国家賞を与え、ロシア連邦の名誉称号、高位の軍階級および特別称号を授ける。

三　特赦を行う。

第九〇条〔大統領令〕

1　ロシア連邦大統領は、大統領令および命令を公布する。

2　ロシア連邦大統領令および命令は、ロシア連邦の全領土において執行を義務づけられる。

3　ロシア連邦大統領令および命令は、ロシア連邦憲法および連邦法律に違反してはならない。

第九一条〔不可侵特権〕

ロシア連邦大統領は、不可侵特権を保持する。

第九二条〔大統領の任期の終了〕

1　ロシア連邦大統領は、宣誓のときから権限の行使を始め、新たに選出されたロシア連邦大統領が宣誓したときに任期満了により権限を行使し終える。

2　ロシア連邦大統領は、辞職の場合、健康状態によりその権限の行使が長期にわたって不可能な場合、または、罷免された場合に、任期前に権限を行使し終える。その際に、ロシア連邦大統領選挙は、権限の行使が任期前に終了したときから三ヶ月以内に行われなければならない。

3　ロシア連邦大統領がその職務を遂行できないときは常に、ロシア連邦首相が一時的に職務を代行する。ロシア連邦大統領代行は、国家会議を解散し、レファレンダムを告示し、ロシア連邦憲法の修正および改正を提案する権限を有さない。

第九三条〔弾劾手続〕

1　ロシア連邦大統領は、国家会議によって提起された国家反逆またはその他の重大な罪の実行に対する弾劾に基づき、ロシア連邦大統領の行為に当該犯罪の構成要件要素が存在することがロシア連邦最高裁判所の結論により確認され、所定の弾劾手続が遵守されていることがロシア連邦憲法裁判所の結論によって確認された場合にのみ、連邦会議により罷免される。

2　弾劾の提起に関する国家会議の決定および大統領の罷免に関する連邦会議の決定は、国家会議の議員の三分の一以上の多数の発議に基づき、国家会議の設置する特別委員会の結論を得て、各議院の総議員の三分の二の多数によりこれを採択しなければならない。

3　ロシア連邦大統領の罷免に関する連邦会議の決定は、大統領に対する国家会議による弾劾の提起後三ヶ月以内にこれを採択しなければならない。この期間内に連邦会議の決定が採択されない場合、大統領に対する弾劾は、否決されたものとみなされる。

第五章　連邦議会

第九四条〔立法機関〕

連邦議会すなわちロシア連邦のパーラメントは、ロシア連邦の代表制の立法機関である。

第九五条〔二院制〕

1　連邦議会は、連邦会議および国家会議の二院によって構成される。

2　連邦会議は、以下の議員によって構成される。各ロシア連邦構成主体からの代表は二名であり、国家権力の立法機関（代表機関）および執行機関から各一名とする。ロシア連邦大統領により任命されるロシア連邦の代表は、ロシア連邦構成主体の国家権力の立法機関（代表機関）および執行機関の代表によって構成される連邦会議の議員数の一〇％以内の数とする。

3　ロシア連邦構成主体の国家権力の立法機関（代表機関）および執行機関を代表する連邦会議議員は、関係するロシア連邦構成主体の国家権力機関の任期の間、その権限を付与される。

4　ロシア連邦大統領は、連邦法律に別段の定めのある場合を除き、その最初の任期の間、自分が大統領に就任する前に任命されたロシア連邦代表の連邦会議議員を罷免することができない。

5　国家会議は、四五〇名の議員によって構成される。

第九六条〔国家会議議員の任期〕

1　国家会議は、五年の任期で選出される。

2　連邦会議の組織手続および国家会議議員の選挙手続は、連邦法律によりこれを定める。

第九七条〔議員資格〕

1　国家会議議員の被選挙資格を有するのは、二一歳に達し、選挙に参加する権利を有するロシア連邦市民である。

2　同一の人物が、同時に連邦会議議員と国家会議議員となることはできない。国家会議議員は、他の国家権力の代表機関および地方自治機関の議員となることはできない。

3　国家会議議員は、専門の常勤職として活動する。国家会議議員は、公務に就き、または教育、学術およびその他の創作活動を除くその他の有償の活動に従事することはできない。

第九八条〔不逮捕特権〕

1　連邦会議議員および国家会議議員は、任期中、不可侵特権を保持する。連邦会議議員および国家会議議員は、現行犯として逮捕される場合を除いて、逮捕、勾留、捜索をされず、他人の安全を保障するために連邦法律に定めがある場合を除いて、身体検査をされない。

2　不可侵特権の剥奪に関する問題は、ロシア連邦検事総長の提案に基づき、連邦議会の関係する議院によってこれを決定する。

第九九条〔連邦議会の活動期間〕

1　連邦議会は、常設の機関である。

2　国家会議は、選挙後三〇日目に第一回目の会議が招集される。ロシア連邦大統領は、この期間よりも早く国家会議を招集することができる。

3　国家会議の第一回目の会議は、最長老の議員が開会する。

4　新選挙期の国家会議が活動を開始したときに、旧選挙期の国家会議の権限が終了する。

第一〇〇条〔会議〕

1　連邦会議および国家会議は、個別に会議を開く。

2　連邦会議および国家会議の会議は、公開とする。議院規則に定めがある場合、議院は、秘密会を開くことができる。

3　両議院は、ロシア連邦大統領の教書、ロシア連邦憲法裁判所の教書、外国の指導者の演説を聴くために合同で集まることができる。

第一〇一条〔議院の内部事項〕

1　連邦会議は、その議員の中から連邦会議議長および副議長を選出する。国家会議は、その議員の中から国家会議議長および副議長を選出する。

2　連邦会議議長および副議長、国家会議議長および副議長は、会議の議長を務め、議院の院内秩序を統轄する。

3　連邦会議および国家会議は、常任委員会および特別委員会を設置し、その管轄する問題について公聴会を開く。

4　各議院は、議院規則を定め、その活動の院内秩序に関する問題を決定する。

5　連邦予算の執行を監督するために、連邦会議および国家会議は、会計検査院を設置し、その構成および活動手続を連邦法律により定める。

第一〇二条〔連邦会議の管轄〕

1　連邦会議の管轄には、以下の事項が属する。

一　ロシア連邦構成主体の間の境界の変更の承認

二　戒厳令の布告に関するロシア連邦大統領令の承認

三　非常事態の導入に関するロシア連邦大統領令の承認

四　ロシア連邦領土外におけるロシア連邦軍の利用に関する問題の決定

五　ロシア連邦大統領選挙の告示

六　ロシア連邦大統領の罷免

七　ロシア連邦憲法裁判所およびロシア連邦最高裁判所の裁判官の任命

八　ロシア連邦検事総長およびロシア連邦副検事総長の任免

九　会計検査院副院長および半数の検査官の任免

2　連邦会議は、ロシア連邦憲法によりその管轄に属する問題について決定を採択する。

3　連邦会議の決定は、ロシア連邦憲法に異なる議決手続の定めがある場合を除き、連邦会議の総議員数の過半数によりこれを採択する。

第一〇三条〔国家会議の管轄〕

1　国家会議の管轄には、以下の事項が属する。

一　ロシア連邦首相の任命に対するロシア連邦大統領への同意の付与

二　ロシア連邦政府に対する信任問題の決定

三　国家会議が提起した問題その他のロシア連邦政府の活動結果に関するロシア連邦政府の年次報告の聴取

四　ロシア連邦中央銀行総裁の任免

五　会計検査院長および半数の検査官の任免

六　連邦の憲法的法律に従って活動する人権全権の任免

七　大赦の宣言

八　ロシア連邦大統領に対する弾劾の提起

2　国家会議は、ロシア連邦憲法によりその管轄に属する問題について決定を採択する。

3　国家会議の決定は、ロシア連邦憲法に異なる議決手続の定めのある場合を除き、連邦会議の総議員数の過半数によりこれを採択する。

第一〇四条〔法案発議権〕

1　法案発議権は、ロシア連邦大統領、連邦会議、連邦会議の議員、国家会議の議員、ロシア連邦政府、ロシア連邦構成主体の立法機関（代表機関）に属する。ロシア連邦憲法裁判所およびロシア連邦最高裁判所も、その管轄に属する問題について法案発議権を有する。

2　法案は、国家会議に提出される。

3　租税を定め、廃止し、その支払いを免除し、国債を発行し、国家財政における債務を変更する法案、および連邦予算による支出を定めるその他の法案は、ロシア連邦政府の意見を付した場合にのみ、これを提出することができる。

第一〇五条〔連邦法律の採択手続〕

1　連邦法律は、国家会議がこれを採択する。

2　連邦法律は、ロシア連邦憲法に別段の定めのある場合を除き、国家会議の総議員数の過半数によりこれを採択する。

3　国家会議によって採択された連邦法律は、連邦会議の審理のために五日以内に送付される。

4　連邦法律は、連邦会議の総議員の過半数が当該法律に賛成した場合、または一四日以内に当該法律が連邦会議により審理されない場合には、連邦会議によって承認されたものとみなされる。連邦会議により連邦法律が否決された場合、両議員は、発生した対立を克服するために協議委員会を設置することができ、その後に連邦法律は、国家会議による再審議に付される。

5　国家会議が連邦会議の議決に同意しない場合、連邦法律は、再投票の際に国家会議の総議員の三分の二以上の多数が当該法律に賛成した場合に、採択されたものとみなされる。

第一〇六条〔連邦会議の義務的審議事項〕

国家会議によって採択された以下の事項に関する連邦法律は、連邦会議における審議が義務づけられる。

一　連邦予算
二　連邦の租税および公課
三　財政、通貨、信用および関税の規制、ならびに通貨の発行
四　ロシア連邦の国際条約の批准および破棄
五　ロシア連邦国境の地位および保護
六　戦争および平和

第一〇七条〔大統領の拒否権〕

1　採択された連邦法律は、五日以内に署名および公布のためにロシア連邦大統領に送付される。

2　ロシア連邦大統領は、一四日以内に連邦法律に署名し、公布する。

3　ロシア連邦大統領が連邦法律の到達日から一四日以内にそれを拒否した場合、国家会議および連邦会議は、ロシア連邦憲法の定める手続に従いこの法律を再審議する。再審議の際に連邦法律が連邦会議および国家会議の各総議員の三分の二の多数により、以前に採択されたものと同一の議案が承認された場合、連邦法律はロシア連邦大統領により七日以内に署名され、公布される。

第一〇八条〔憲法的法律〕

1　連邦の憲法的法律は、ロシア連邦憲法の定める問題について採択される。

2　連邦の憲法的法律は、連邦会議の総議員の四分の三の多数および国家会議の総議員の三分の二の多数により承認された場合に、採択されたものとみなされる。採択された連邦の憲法的法律は、一四日以内にロシア連邦大統領により署名され、公布される。

第一〇九条〔国家会議の解散〕

1　国家会議は、ロシア連邦憲法第一一一条および第一一七条の定める場合に、ロシア連邦大統領により、これを解散することができる。

2　国家会議を解散する場合、ロシア連邦大統領は、新たに選出された国家会議が解散から四ヶ月以内に招集されるよう選挙期日を告示する。

3　国家会議は、選出後一年以内は、ロシア連邦憲法第一一七条の定める根拠に基づき、これを解散することはできない。

4　国家会議は、ロシア連邦大統領に対する弾劾が国家会議により提起されたときから、連邦会議が関係する決定を採択するまでの間、これを解散することはできない。

5　国家会議は、ロシア連邦の全領土に戒厳令が布告され、もしくは非常事態が導入されている間、またはロシア連邦大統領の任期満了前の六ヶ月の間は、これを解散することはできない。

第六章　ロシア連邦政府

第一一〇条〔政府の地位および構成〕

1　ロシア連邦の執行権は、ロシア連邦政府がこれを行使する。

2　ロシア連邦政府は、ロシア連邦首相、ロシア連邦副首相および連邦大臣によって構成される。

第一一一条〔首相任命手続〕

1　ロシア連邦首相は、国家会議の同意を得てロシア連邦大統領により任命される。

2　ロシア連邦首相候補者の提案は、ロシア連邦大統領が新たに選出され、もしくはロシア連邦政府が総辞職してから二週間以内に、または候補者が国家会議により拒否された日から一週間以内に提出される。

3　国家会議は、ロシア連邦大統領によって提案されたロシア連邦首相候補者を、候補者が提案された日から一週間以内に審議する。

4　提案されたロシア連邦首相候補者が国家会議により三回拒否された後、ロシア連邦大統領は、ロシア連邦首相を任命し、国家会議を解散し、新選挙を告示する。

第一一二条〔政府の組織手続〕

1　ロシア連邦首相は、任命後一週間以内にロシア連邦大統領に対し連邦の執行権力機関の構成について提案する。

2　ロシア連邦首相は、ロシア連邦大統領に対しロシア連邦副首相および連邦大臣の候補者を提

案する。

第一一三条〔首相の職務〕

ロシア連邦首相は、ロシア連邦憲法、連邦法律およびロシア連邦大統領令に従い、ロシア連邦政府の活動の基本方針を定め、その活動を組織する。

第一一四条〔政府の職務〕

1 ロシア連邦政府は、以下の事務を行う。

一 連邦予算を作成し、国家会議に提出し、その執行を保障する。国家会議に連邦予算の決算報告を提出する。国家会議に国家会議が提起した問題その他のロシア連邦政府の活動結果に関する年次報告を提出する。

二 ロシア連邦において、統一的な財政、信用、通貨政策の実施を保障する。

三 ロシア連邦において、芸術、学術、教育、健康、社会保障および環境保護の領域における統一的な国家政策の実施を保障する。

四 連邦財産を管理する。

五 国防、国家的安全、ロシア連邦の外交政策の実施を保障する措置を講じる。

六 適法性、市民の権利および自由、財産および社会秩序の保護、ならびに犯罪との闘争を保障する措置を講じる。

七 ロシア連邦憲法、連邦法律およびロシア連邦大統領令によってロシア連邦政府に委ねられたその他の権限を行使する。

2 ロシア連邦政府の活動手続は、連邦の憲法的法律により、これを定める。

第一一五条〔政府の法令〕

1 ロシア連邦憲法、連邦法律、ならびに規範的性格をもつロシア連邦大統領令に基づき、かつそれを執行するために、ロシア連邦政府は、決定および命令を公布し、その執行を保障する。

2 ロシア連邦政府の決定および命令は、ロシア連邦において執行が義務づけられる。

3 ロシア連邦政府の決定および命令は、ロシア連邦憲法、連邦法律およびロシア連邦大統領令に違反する場合、ロシア連邦大統領によりこれを取り消すことができる。

第一一六条〔権限の終了〕

新たに選出されたロシア連邦大統領に対して、ロシア連邦政府は、その権限を返上する。

第一一七条〔総辞職および政府不信任〕

1 ロシア連邦政府は、辞職願を提出することができ、ロシア連邦大統領はこれを受理し、または拒否する。

2 ロシア連邦大統領は、ロシア連邦政府の総辞職について決定することができる。

3 国家会議は、ロシア連邦政府に対し不信任を表明することができる。ロシア連邦政府に対する不信任決議は、国家会議の総議員数の過半数によりこれを採択する。ロシア連邦政府に対する不信任が国家会議によって表明された後、ロシア連邦大統領は、ロシア連邦政府の総辞職を宣言するか、または国家会議の議決を拒むことができる。国家会議が三ヶ月以内にロシア連邦政府に対し不信任を再び表明したときは、ロシア連邦大統領は、政府の総辞職を宣言するか、または国家会議を解散する。

4 ロシア連邦政府首相は、国家会議に対し、ロシア連邦政府の信認問題を提起することができる。国家会議が信認を拒否した場合、ロシア連邦大統領は、七日以内にロシア連邦政府の総辞職を決定するか、または国家会議を解散し、新選挙を告示する。

5 ロシア連邦政府は、総辞職し、または権限を返上する場合、ロシア連邦大統領の委任に基づき、新たなロシア連邦政府が組織されるまで活動を続ける。

第七章 司法権および検察庁

第一一八条〔裁判所による司法権の行使〕

1 ロシア連邦における裁判は、裁判所のみがこれを行う。

2 司法権は、憲法裁判、民事裁判、行政裁判および刑事裁判によりこれを行使する。

3 ロシア連邦の裁判制度は、ロシア連邦憲法および連邦の憲法的法律によりこれを定める。特別裁判所は、これを設置してはならない。

第一一九条〔裁判官資格〕

裁判官となることができるのは、二五歳に達し、高等法学教育を修め、五年以上法律専門職の職歴を有するロシア連邦市民である。連邦法律により、ロシア連邦裁判所の裁判官に対する追加の要件を定めることができる。

第一二〇条〔裁判官の独立〕

1 裁判官は、独立であり、ロシア連邦憲法および連邦法律にのみ従う。

2 裁判所は、事件の審理の際に国家機関またはその他の機関の法令が法律に適合しないことを確認したときは、法律に従って裁判する。

第一二一条〔裁判官の身分保障〕

1 裁判官の身分は、これを保障する。

2 裁判官は、連邦法律の定める手続および根拠によらずに、これを罷免し、または停職とすることはできない。

第一二二条〔裁判官の不可侵性〕

1　裁判官は、不可侵である。

2　裁判官は、連邦法律の定める手続によらずに刑事責任を問われない。

第一二三条〔裁判の公開、陪審裁判〕

1　すべての裁判所における事件の審理は、公開である。非公開による事件の審理は、連邦法律の定める場合に、これ行うことができる。

2　刑事事件は、連邦法律の定める場合を除き、当事者が裁判所に不在のままこれを審理してはならない。

3　裁判手続は、当事者主義および両当事者の同権に基づいてこれを行う。

4　連邦法律の定める場合、裁判手続は、陪審員の参加のもとにこれを行う。

第一二四条〔裁判所の財政〕

裁判所の財政は、連邦予算のみによって運営され、連邦法律に従い、裁判が完全かつ独立して運営される可能性が保障されなければならない。

第一二五条〔憲法裁判所〕

1　ロシア連邦憲法裁判所は、一九人の裁判官によって構成される。

2　ロシア連邦憲法裁判所は、ロシア連邦大統領、連邦会議、国家会議、連邦会議または国家会議の議員の五分の一、ロシア連邦政府、ロシア連邦最高裁判所、ならびにロシア連邦構成主体の立法権力機関および執行権力機関の質問に基づき、以下の法令のロシア連邦憲法との適合性に関する事件を解決する。

一　連邦法律、ならびにロシア連邦大統領、連邦会議、国家会議およびロシア連邦政府の法令

二　ロシア連邦の国家権力機関の管轄およびロシア連邦の国家権力機関とロシア連邦構成主体の国家権力機関の共同管轄に属する問題に関して公布された共和国の憲法、ロシア連邦構成主体の憲章、法律およびその他の法令

三　ロシア連邦の国家権力機関とロシア連邦構成主体の国家権力機関の間、およびロシア連邦構成主体の間の条約

四　ロシア連邦の未発効の国際条約

3　ロシア連邦憲法裁判所は、以下の権限争議を解決する。

一　連邦の国家権力機関の間

二　ロシア連邦の国家権力機関とロシア連邦構成主体の国家権力機関の間

三　ロシア連邦構成主体の最高国家機関の間

4　ロシア連邦憲法裁判所は、市民の憲法上の権利および自由の侵害に対する訴願ならびに裁判所の質問に基づき、連邦法律の定める手続に従い、具体的な事件において適用され、または適用されるべき法律の憲法適合性を審査する。

5　ロシア連邦憲法裁判所は、ロシア連邦大統領、連邦会議、国家会議、ロシア連邦政府、ロシア連邦構成主体の立法権力機関の質問に基づき、ロシア連邦憲法の解釈を示す。

6　違憲と認定された法令またはその個別の条文は、その効力を失い、ロシア連邦憲法に適合しないロシア連邦の条約は、発効せず、適用されない。

7　ロシア連邦憲法裁判所は、連邦会議の質問に基づき、国家反逆またはその他の重大な罪の実行に対するロシア連邦大統領の弾劾手続の遵守に関する結論を示す。

第一二六条〔最高裁判所〕

ロシア連邦最高裁判所は、連邦の憲法的法律に従って設置された、民事事件、経済紛争の解決、刑事事件、行政事件および裁判所の管轄に属するその他の事件に関する最高の司法機関であり、連邦法律の定める訴訟形態により、裁判所の活動に対する裁判監督を行い、裁判実務の問題について説明する。

第一二七条

〔削除〕

第一二八条〔裁判官の任命手続〕

1　ロシア連邦憲法裁判所およびロシア連邦最高裁判所の裁判官は、ロシア連邦大統領の提案に基づき、連邦会議によって任命される。

2　他の連邦裁判所の裁判官は、ロシア連邦大統領により、連邦法律の定める手続に従って任命される。

3　ロシア連邦憲法裁判所、ロシア連邦最高裁判所およびその他の連邦裁判所の権限ならびに構成および活動の手続は、連邦の憲法的法律によりこれを定める。

第一二九条〔検察庁〕

1　ロシア連邦検察庁の権限、組織および活動手続は、連邦法律によりこれを定める。

2　ロシア連邦検事総長およびロシア連邦副検事総長は、ロシア連邦大統領の提案に基づき、連邦会議によって任免される。

3　ロシア連邦構成主体の検事は、ロシア連邦構成主体の同意を得たロシア連邦検事総長の提案に基づき、ロシア連邦大統領によって任命され

る。ロシア連邦構成主体の検事は、ロシア連邦大統領により罷免される。
4　市、地区および地区と同級の検事を除くその他の検事は、ロシア連邦大統領により任免される。
5　市、地区および地区と同級の検事は、ロシア連邦検事総長により任免される。

第八章　地方自治

第一三〇条〔地方自治の基本原則〕
1　ロシア連邦における地方自治は、地方の問題を住民が自ら決定し、自治体の財産を占有し、利用し、処分することを保障する。
2　地方自治は、市民により、レファレンダム、選挙およびその他の直接の意思表明の形態、ならびに地方自治の選挙制機関およびその他の機関を通じて行われる。

第一三一条〔地方自治の単位〕
1　地方自治は、市、村およびその他の地域において歴史的およびその他の地域的伝統を考慮して行われる。地方自治機関の構成は、住民がこれを自ら決定する。
2　地方自治が行われる地域の境界は、関係する地域の住民の意見を考慮した場合に、これを変更することができる。

第一三二条〔地方自治体の職務〕
1　地方自治機関は、自ら、自治体の財産を管理し、地方予算を編成し、承認し、執行し、地方の租税および公課を定め、社会秩序を維持し、地方のその他の問題を解決する。
2　地方自治機関には、法律により、その行使に必要な物資および資金を提供して、個別の国家的権限を付与することができる。移譲された権限の実現は、国家の監督に服する。

第一三三条〔地方自治の保障〕
ロシア連邦における地方自治は、裁判により保護される権利、国家権力機関の採択した決定によって生じた追加的支出を補償される権利、ならびにロシア連邦憲法および連邦法律の定める地方自治の権利の制限の禁止によって保障される。

第九章　憲法の修正および改正

第一三四条〔憲法修正および改正の発議〕
ロシア連邦憲法の条文の修正および改正の提案を提起することができるのは、ロシア連邦大統領、連邦会議、国家会議、ロシア連邦政府、ロシア連邦構成主体の立法機関（代表機関）、ならびに連邦会議または国家会議の五分の一以上の議員集団である。

第一三五条〔憲法第一章、第二章および第九章の改正〕
1　ロシア連邦憲法第一章、第二章および第九章の条文は、連邦議会によって改正することはできない。
2　ロシア連邦憲法第一章、第二章および第九章の条文の改正に関する提案が、連邦会議および国家会議の各総議員数の五分の三の多数によって支持された場合、連邦の憲法的法律に従い、憲法会議が招集される。
3　憲法会議は、ロシア連邦憲法を変更しない旨を確認するか、または、新ロシア連邦憲法案を起草し、憲法会議の総議員の三分の二の多数により採択するか、もしくは、全人民投票に付託する。人民投票を行う際に、選挙人の過半数が参加し、投票した選挙人の過半数が賛成した場合に、ロシア連邦憲法は、採択されたものとみなされる。

第一三六条〔憲法第三章ないし第八章の修正〕
ロシア連邦憲法第三章ないし第八章に対する修正は、連邦の憲法的法律を定める手続に従って採択され、三分の二以上のロシア連邦構成主体の立法権力機関によって承認された後に、発効する。

第一三七条〔憲法第六五条の変更〕
1　ロシア連邦の構成について定めるロシア連邦憲法第六五条の変更は、新しいロシア連邦構成主体のロシア連邦への編入および設置、ならびにロシア連邦構成主体の憲法上の地位の変更に関する連邦の憲法的法律に基づいて行われる。
2　共和国、地方、州、連邦的意義を有する市、自治州、自治管区の名称を変更する場合、ロシア連邦構成主体の新しい名称は、ロシア連邦憲法第六五条に挿入される。

第二編　末則および経過規定

1　ロシア連邦憲法は、全人民投票の結果に基づき公布された日に、これを施行する。
一九九三年一二月一二日の全人民投票の日は、ロシア連邦憲法の制定日とみなされる。
同時に、一九七八年四月一二日に採択され、その後に改正および増補されたロシア連邦―ロシア憲法（基本法）は、失効する。
連邦条約、すなわち、ロシア連邦の連邦国家権力機関とロシア連邦を構成する主権共和国の国家権力機関の間の管轄および権限の区分に関する条約、ロシア連邦の連邦国家権力機関とロシア連邦の地方、州、モスクワ市およびサンクト・ペテルブルク市の国家権力機関の間の管轄および権限の区分に関する条約、ロシア連邦の連邦国家権力機関とロシア連邦を構成する自治州および自治管区の国家権力機関の間の管轄および権限の区分に関する条約、ロシア連邦の連邦国家権力機関とロシア連邦構成主体の国家権力機関の間のその他の条約、ならびにロシア連邦構成主体の国家権力機関の間の条約の条文が、ロシア連邦憲法の条文に適合しない場合、ロシア連邦憲法の条文が効力を有する。

2　本憲法の施行前にロシア連邦領土において施行されていた法律およびその他法令は、ロシア連邦憲法に違反しない部分が適用される。

3　ロシア連邦—ロシア憲法（基本法）に従って選出されたロシア連邦大統領は、本憲法の施行日から、ロシア連邦大統領として選出された任期が満了するまで、本憲法の定める権限を行使する。

4　閣僚会議—ロシア連邦政府は、本憲法の施行日から、ロシア連邦憲法の定めるロシア連邦政府の権限を有し、義務および責任を負い、以後の名称は、ロシア連邦政府となる。

5　ロシア連邦における裁判所は、本憲法の定める権限に従って裁判する。

憲法施行後、ロシア連邦のすべての裁判所の裁判官は、裁判官として選出された任期が満了するまで、その権限を維持する。空席は、本憲法の定める手続に従って補充する。

6　陪審員の参加する裁判所による事件の審理手続を定める連邦法律が施行されるまで、関係する事件の審理に関する従前の手続が維持される。

本憲法の条文にロシア連邦の刑事訴訟法が適合するまでは、犯罪を実行したとされる被疑者の逮捕、勾留および拘禁に関する従前の手続が維持される。

7　第一期連邦会議および第一期国家会議は、二年任期で選出される。

8　連邦会議の第一回目の会議は、選挙後三〇日目に招集される。連邦会議の第一回目の会議は、ロシア連邦大統領が開会する。

9　第一期国家会議の議員は、ロシア連邦政府閣僚を兼職することができる。国家会議議員とロシア連邦政府閣僚を兼職する者には、職務の遂行に関わる行為（または不作為）に対する責任についての議員の不可侵特権を定めた本憲法の条文は及ばない。

第一期連邦会議の議員は、非常勤でその権限を行使する。

20　欧州連合（EU）

新井 信之

解説 576

欧州連合（EU）条約 581

前文……五八一
第一編　共通規定……五八一
第二編　民主主義の諸原則に関する規定……五八三
第三編　諸機関に関する規定……五八四
第四編　協力推進の規定……五八七
第五編　連合の対外行動に関する一般規定及び共通外交安全保障政策に関する特別規定……五八七
第六編　最終規定……五九二

欧州連合（EU）運営条約 594

前文……五九四
第一部　原則……五九四
第一編　連合権限の範疇と分野……五九四
第二編　一般規定……五九五
第二部　差別禁止と連合市民権……五九五
第三部　連合の政策及び域内活動……五九六
第一編　域内市場……五九六
第二編　財貨の移動の自由……五九六
第三編　農業と漁業……五九七
第四編　人、役務、及び資本の移動の自由……五九七
第五編　自由、安全及び司法の分野……五九八
第六編　運輸……六〇一
第七編　競争、租税及び法の近接に関する共通法規……六〇一
第八編　経済及び通貨政策……六〇二
第九編　雇用……六〇三
第一〇編　社会政策……六〇三
第一一編　欧州社会基金……六〇三
第一二編　教育、職業訓練、青年及びスポーツ……六〇三
第一三編　文化……六〇三
第一四編　公衆衛生……六〇三
第一五編　消費者保護……六〇三
第一六編　欧州横断ネットワーク……六〇三
第一七編　産業……六〇三
第一八編　経済的、社会的及び地域的結合……六〇三
第一九編　研究、技術開発及び宇宙……六〇四
第二〇編　環境……六〇四
第二一編　エネルギー……六〇四
第二二編　観光……六〇四
第二三編　市民の保護……六〇四
第二四編　行政の協力……六〇四
第四部　海外の国及び領域との連携……六〇四
第五部　連合の対外行動……六〇四
第一編　連合の対外活動に関する一般規定……六〇四
第二編　共通の通商政策……六〇四
第三編　第三国との協力及び人道援助……六〇四
第四編　制限措置……六〇五
第五編　国際協定……六〇五
第六編　連合の国際組織、第三国との関係及び連合の代表団……六〇五
第七編　連帯条項……六〇五
第六部　機構及び財政規定……六〇五
第一編　機関に関する規定……六〇六
第二編　財政に関する規定……六一三
第三編　緊密な協力……六一四
第七部　一般及び最終規定……六一四

欧州連合（EU）基本権憲章 615

前文……六一五
第一編　尊厳……六一五
第二編　自由……六一六
第三編　平等……六一七
第四編　連帯……六一七
第五編　市民の権利……六一八
第六編　司法……六一九
第七編　本憲章の解釈及び適用に関する一般規定……六一九

解説

一　欧州連合（EU）の誕生と基本諸条約の締結

欧州連合（EU）は、第二次大戦後の混乱が収まり領域内の経済活動の発展を支えるために一九五一年にフランスのパリで調印された欧州石炭鉄鋼共同体条約を嚆矢として、一九九二年二月二七日に調印され、一九九三年一一月一日に発効したマーストリヒト条約によって誕生した。

そもそもヨーロッパ統合の歴史はカール大帝（七四二―八一四）にまで遡り、その思想はカントの著書『永遠平和のために』（一七九五）に行き着くといわれるが、現在の欧州連合（EU）に直接結び付くのは、一九五〇年五月九日にフランスのロベール・シューマン外相とジャン・モネが策定した計画（シューマン・プラン）で、これは、長年にわたるドイツとフランスの対立に終止符を打つために、戦争の武器・弾薬の原料となる石炭・鉄鋼を共同で管理する機関を設立するというものであった。フランスおよびドイツ（旧西ドイツ）に加えて、イタリア、ベルギー、オランダおよびルクセンブルクの六か国がこれに賛同して欧州石炭鉄鋼共同体（ECSC）が設立されたのである。

一九五七年には、イタリアのローマにおいて、石炭・鉄鋼以外の一般的経済分野での共同市場の創設を目的とする欧州経済共同体（EEC）設立条約および原子力産業の確立を目指す欧州原子力共同体（EURATOM）設立条約が前述の六か国によって調印され、一九五八年一月一日に発効した（この二つの条約を「ローマ条約」という）。欧州経済共同体（EEC）の誕生を契機として共同体（構成国）の領域内のすべての労働者が「移動の自由」を享受することになったのである。

一九六五年に調印されたブリュッセル条約（合併条約）に基づいて、欧州石炭鉄鋼共同体（ECSC）、欧州経済共同体（EEC）、欧州原子力共同体（EURATOM）の三つにそれぞれあった理事会と欧州委員会が共通のものとなり、一九六七年に欧州諸共同体（ECs：European Communities）となった。

一九八〇年代に入るとヨーロッパにおける国家間の相互協力について二つの大きな動きがあった。その一つは、一九八五年に、加盟国の領域内における人の自由な移動を実現するために、国境における審査の段階的撤廃に関する第一次シェンゲン協定が調印された。もう一つは、一九九〇年に一二か国のECs加盟国で締結されたダブリン条約で、それは難民（庇護）申請について、最初に入国した加盟国でのみ申請を行うことができると定めたものであった。

一九九〇年代になると、一九九二年、これまでの欧州諸共同体（ECs）、共通外交安全保障政策、司法・内務協力を三つの柱（三本柱構造）とする欧州連合（EU）を創設する条約（TEU）がオランダのマーストリヒトで調印された。これにより、既存の欧州経済共同体（EEC）は欧州共同体（EC）に改称され、ECは経済以外の分野でも統合を目指すことになり、単一通貨ユーロ導入のための三段階行程表が定められ、最終的に二〇〇二年一月に単一通貨が市場に出回ることになった。そして、欧州連合（EU）の発足によって構成国国民のEU市民権が創設された。EU構成国のいずれかの国籍を有する者はすべてEU市民となったのである。EU市民には、市民権（citizenship）が与えられ、欧州議会および地方選挙での被選挙権・選挙権が認められることになった。このようなEU市民権の創設は、EU構成国の国民にEU市民としての意識を醸成することに寄与するものと考えられた。

一九九七年には、オランダのアムステルダムにおいて、既存の欧州連合（EU）条約（TEU）および欧州共同体（EC）条約（TEC）を改正する条約が調印され、一九九九年に発効した。このアムステルダム条約は、シェンゲン協定をEU条約に組み入れ、刑事司法の協力に関する規定の多くが新しく法的根拠を持ったのである。その後、二〇〇一年に欧州議会の権限強化と機構改革を中心としたニース条約が調印されたが、欧州連合（EU）の将来がどうあるべきかという課題が積み残され、そのため二〇〇四年に「基本条約」「基本権憲章」「連合の政策と機能」「一般・最終規定」の四つの柱から成る欧州憲法条約が調印された。ところが、欧州憲法条約は、その内容からも欧州連合（EU）が連邦国家で構成国が州であるといったような誤解を生じさせ、既存の主権国家の枠組みを崩してしまうかの懸念が広がり、その結果、本条約はフランスおよびオランダで実施された国民投票で否決され、未発効のままとなった。そのため、二〇〇七年に欧州憲法条約の改革条約（リスボン条約）が調印されたのである。

二〇〇九年に発効したリスボン条約は、再び既存のEU条約およびEC条約を改正し、前者は新しいEU条約に、後者についてはEU運営条約（TFEU）として名称を変更した。リスボン条約は、基本的には未発効の欧州憲法条約の内容を踏襲したものであり、欧州連合（EU）および欧州共同体（EC）の組織自体に抜本的な改正をもたらした。それは、マーストリヒト条約の三本柱構造を廃止し、欧州共同体（EC）と残りの二つの柱は統合され、これにより欧州共同体（EC）は法人格を持つ共同体としても消滅し、原子力政策を除くすべての政策分野は欧州連合（EU）に編入された。

EU条約とEU運営条約との関係は、基本的に前者が総則を、後者が細則を定めるもので、それとともに、EU条約六条一項で、欧州連合（EU）基本権憲章（CFR）は「諸条約と同様の法的価値を有する」とされ、条約上の法的拘束力が付与された。かくして、欧州連合（EU）の基本法（European Union fundamental law）たる諸条約は、その最高位には二〇〇九年に発効したリスボン条約と呼ばれるEU条約があり、これに続くものとしてEU運営条約が挙げられる。また、EU基本権憲章はこれらと同等の法的価値を有するものである。

二　欧州連合（EU）の統治機構と法体系

人間の尊厳、自由、民主主義、平等、法の支配、および弱者・少数者に属する人々の権利を含む人権の尊重といった普遍的な諸価値の下にヨーロッパ統合の過程を新たな段階へ促進することを基本理念とする欧州連合（EU）は、現在、フランス、ドイツ、イタリア、オランダ、ベルギー、ルクセンブルク、イギリス、アイルランド、デンマーク、ギリシャ、スペイン、ポルトガル、スウェーデン、フィンランド、オーストリア、ポーランド、チェコ、スロバキア、ハンガリー、スロベニア、エストニア、ラトビア、リトアニア、キプロス、マルタ、ルーマニア、ブルガリア、クロアチアの二八か国が加盟し、以下のような主要な機関を設置して統治のための制度的枠組みとしている。

ＥＵ条約一三条一項が欧州連合（ＥＵ）の主要機関として列挙しているのは、①欧州議会（European Parliament）、②欧州理事会（European Council）、③理事会（Council）、④欧州委員会（European Commission）、⑤欧州司法裁判所（Court of Justice of the European Union）、⑥欧州中央銀行（European Central Bank）、⑦会計検査院（Court of Auditors）である。これらの各機関は、基本諸条約によって与えられている権限の範囲内で行動し、相互間で誠実に協力することとされている。これらのほかにも、補助機関として欧州経済社会委員会と地域委員会（諮問的任務を有する）がある。同じ理事会（Council）の呼称をもつ②と③の違いは、欧州理事会は各国の首脳級が構成員となり、理事会は閣僚級から構成される機関である。これらは欧州連合（ＥＵ）の機関として機能するとともに、他方において加盟国のそれぞれの国益を欧州連合（ＥＵ）の意思形成に反映させる上での媒介役となっている。また、一九四九年に設立されたヨーロッパの統合に取り組む国際機関でロシア等を含む四七の国が加盟（ＥＵの構成国すべてが加入）している欧州評議会（the Council of Europe: ＣＯＥ）は、欧州連合（ＥＵ）とは別の国際機構である。

現在の欧州連合（ＥＵ）は、ＥＵ条約およびＥＵ運営条約を基礎として形成され、その中で独自の機関により意思決定がなされ、法行為の履行が組織としてのＥＵ自身によって確保されるものとなっている。欧州連合（ＥＵ）の法（ＥＵ法）は、国際法でもなく、国内法でもない、独自の法秩序を形成しているといわれ、国際社会で影響力を有する独自の存在感を示しているといえる。そして、その法源ないし存在形式としては、大きく分けて、①欧州連合（ＥＵ）の基本法たる諸条約、②理事会と共同して欧州議会が定める法令とともに同理事会および委員会のそれぞれが定める法令（「規則」「指令」「決定」「勧告」「意見」）、③構成国に共通する法の一般原則、④欧州人権裁判所（ＥＣＨＲ）および欧州司法裁判所（ＣＪＥＵ）の判例の四つが挙げられる。

三　欧州連合（ＥＵ）における人権保障と裁判所の役割

欧州連合（ＥＵ）の法は、それ自身の法秩序を有しており、構成国を拘束し、それぞれの国内法に優先するものである。個人は国内裁判所にＥＵ法を根拠として訴えることができ、これについて国内裁判所はＥＵ法を適用しなくてはならないことになる。国内裁判所がＥＵ法の解釈について困難な問題を抱えた場合、ルクセンブルグに設置される欧州司法裁判所に拘束力のある解釈を予備的に求めることができる。これについては、欧州連合（ＥＵ）の欧州委員会（European Commission）や他の機関も同裁判所に申し立てることができる。欧州司法裁判所には控訴審はなく、国内裁判所の判決を取り消すことはできないのであるが、その判断は判例法としての権威を有し統一的な拘束力を有するものである。欧州司法裁判所〔広義〕は、欧州連合（ＥＵ）の統治機構制度における共通の司法機関としての役割を有するもので、司法裁判所〔狭義〕、一般裁判所、専門裁判所によって構成される。

人権保障については、リスボン条約が効力を発揮するようになり、EU基本権憲章が欧州連合（EU）に加盟する各国の法体系に対して拘束力をもって適用されることになった。欧州連合（EU）においては、欧州人権条約、難民条約、児童の権利条約等の重要な国際人権条約が、それぞれの法益のみならず基本権憲章の解釈にとっても重要な役割を果たしている。それとともに、私生活および家族生活を尊重する権利を強く保障する欧州人権裁判所の判例等も重要な役割を果たすのである。

欧州人権裁判所は、現在すべてのEU構成国（二八か国）が構成国となっている欧州評議会が一九五〇年に採択した欧州人権条約によって、フランスのストラスブールに設置された。欧州評議会および国連が主導する人権諸条約は、ともにEU構成国の領土内および司法管轄権に従属するすべての者に対して権利を保障し、欧州連合（EU）の司法管轄権は、欧州評議会および国連の双方と重なるものとなっている。また、欧州人権条約の解釈については、欧州人権裁判所によって判断が下される。

個人の側からいうと、国内の法的手段によって人権侵害に対する救済が実現されないような場合、欧州人権裁判所に訴えを提起できる。だが、欧州連合（EU）が設置する欧州司法裁判所については、個人は直接提訴することができず、同裁判所は各国の国内裁判所が予備的に判断を求めることができるだけとなっている。欧州人権条約に関して両裁判所にはこのような相違が存在しているが、判例においても、また欧州人権条約の解釈においても、欧州司法裁判所と欧州人権裁判所の判断との間で競合することを回避するべく、両裁判所の関係は友好的に保たれているといわれる。

四　イギリスの欧州連合（EU）からの脱退と今後のゆくえ

現在の欧州連合（EU）には二八か国が加盟しているが、二〇一六年六月二三日、イギリスは欧州連合（EU）からの脱退の是非を問う国民投票を実施し、その結果、僅差でEU離脱への投票が残留への投票を上回り、EU条約五〇条の規定によって脱退のための手続を行うことになった。二〇一七年三月二九日、イギリスは国民投票から約九か月を経て脱退の意思を欧州理事会に通知し、この通知を受けて、欧州連合（EU）とイギリスとの間で、脱退に関する取決めを定める協定を締結する交渉が始まった。そして、期間の延長が決定されない限り、イギリスが脱退の意思を欧州理事会に通知した日から二年後に、EU条約およびEU運営条約が適用されなくなる。ヨーロッパ統合の過程を促進する欧州連合（EU）は、加盟国のさらなる脱退の懸念を鎮めるためにもイギリスとの離脱交渉に際しては厳しい姿勢をもって臨もうとするものとみられている。移民・難民の大量流入による経済や治安の悪化を懸念するイギリスとしては、欧州連合（EU）との円滑な協議を望んでいるが、他の加盟国の離脱を阻止しようとするEU首脳から厳しい条件を突きつけられている。それとともに、EU離脱の最終協定はEU加盟国の特別多数決による承認を必要としており、欧州議会で否決される可能性もあるため、今後の動向がたいへん注目されるところである。

＊〔原典〕CONSOLIDATED VERSIONS OF THE TREATY ON

EUROPEAN UNION AND THE TREATY ON THE FUNCTIONING OF THE EUROPEAN UNION（2016/C 202/01）http://eur-lex.europa.eu/legal-content/EN/TXT/?uri=uriserv:OJ.C_.2016.202.01.0001.01.ENG&toc=OJ:C:2016:202:FULL/最終検索二〇一八年一月二八日

CHARTER OF FUNDAMENTAL RIGHTS OF THE EUROPEAN UNION（2016/C 202/02）http://eur-lex.europa.eu/legal-content/EN/TXT/HTML/?uri=CELEX:12016P/TXT&from=EN/最終検索二〇一八年一月二八日

＊＊〔参考文献〕

中西優美子『法学叢書17　ＥＵ法』（新生社、二〇一二年）

岡村堯『新ヨーロッパ法―リスボン条約体制下の法構造』（三省堂、二〇一〇年）

Ｍ・ヘルデーゲン著／中村匡志訳『ＥＵ法』（ミネルヴァ書房、二〇一三年）

庄司克宏『新ＥＵ法　基礎篇』（岩波書店、二〇一三年）

ジャン＝ポール・コスタ（建石真公子訳）「ヨーロッパ人権裁判所の新たな挑戦と課題」比較法学四八巻二号（二〇一四年）。

中村民雄「2　ＥＣ法の国内法に対する優位性」中村民雄・須網隆夫編『ＥＵ法基本判例集〔第二版〕』（日本評論社、二〇一〇年）

松井芳郎編集代表『ベーシック条約集二〇一〇』（東信堂、二〇一〇年）

岩沢雄司編集代表『国際条約集二〇一七』（有斐閣、二〇一七年）

Paul Minderhoud & Nicos Trimikliniotis, eds., RETHINKING THE FREE MOVEMENT OF WORKERS: the European challenges ahead,（Wolf Legal Publishers, 2009）.

欧州連合（ＥＵ）条約

（Treaty on European Union）

署　　名　一九九二年二月七日（マーストリヒト）
効力発生　一九九三年一一月一日
改　　正　二〇〇九年一二月一日発効〔二〇〇七年一二月一三日署名（リスボン）〕
最終改正　二〇一三年七月一日発効〔二〇一一年一一月七日署名〕
当 事 国　二八

前文

ベルギー国王陛下、デンマーク女王陛下、ドイツ連邦共和国大統領、アイルランド国大統領、ギリシャ共和国大統領、スペイン国王陛下、フランス共和国大統領、イタリア共和国大統領、ルクセンブルク大公殿下、オランダ女王陛下、ポルトガル共和国大統領、ならびにグレート・ブリテンおよび北部アイルランド連合王国女王陛下は、

欧州諸共同体の設立により着手されたヨーロッパ統合の過程を新たな段階へ進めることを決意し、

人間の不可侵かつ不可譲の権利、自由、民主主義、平等、及び、法の支配という普遍的な価値を発展させてきたヨーロッパの文化的、宗教的、並びに人道主義的な遺産から示唆を導き、

ヨーロッパ大陸分断の終焉の歴史的重要性と将来のヨーロッパ建設のために確固たる基盤を構築する必要性を想起し、

自由、民主主義、人権及び基本的自由の尊重、並びに法の支配という諸原則への愛着を確認し、

一九六一年一〇月一八日ツーリン（トリノ）で署名された欧州社会憲章及び労働者の基本的社会権に関する一九八九年共同体憲章において定められた基本的社会権への愛着を確認し、

諸国民がそれぞれの歴史、文化および伝統を尊重しつつ連帯を深めることを希求し、

諸機関がそれらに委託された任務を単一の組織的な枠組の中でより良く遂行できるようにするために、それら諸機関の民主的かつ効率的な運営機能がさらに高められることを希求し、

各国経済の強化及び収斂を達成し、並びに、本条約及び欧州連合運営条約の規定に従い、単一かつ安定した通貨を含む経済通貨連合を設立することを決意し、

持続可能な発展の原則を考慮し、かつ域内市場の完成、強化された結束及び環境保護という脈絡の中で、それぞれの国民のために経済的及び社会的進歩を促進すること、並びに、経済統合の進展が他の領域と並行して達成されることを確保する政策を履行していくことを決定し、

各国の国民に対して共通する市民権を創設することを決意し、

第四二条の規定に従って共同防衛を導きうる共同防衛政策の漸次的形成を含む共通外交安全保障政策を遂行し、それによって、欧州及び世界における平和、安全及び発展を促進するために欧州の一体性及び独立性を強化することを決意し、

この条約及び欧州連合運営条約の規定に従い、自由、安全及び正義の分野を確立することによって、それらの諸国民の安全および安全保障を確保する一方、人の移動の自由を促進することを決意し、

諸決定が、補完性の原則に従い、可能な限り市民に近いところで行われるような、ヨーロッパ諸国民の間のより一層緊密な連合を創設する過程を継続することを決意し、

ヨーロッパの統合を促進させるためにさらなる措置がとられることを視野に入れて、

欧州連合を設立することを決議し、次の全権委員を任命した。〔全権委員名　略〕

全権委員は、互いにその全権委任状を提示し、それが良好妥当であると認められたのち、次の通り合意した。

第一編　共通規定

第一条（連合の設立）〈旧ＴＥＵ一条〉

本条約により、締約国は、相互間において欧州連合（以下、「連合」という。）を設立し、その構成国は共通の目的を達成するため、連合に諸権限を付与する。

本条約は、ヨーロッパ諸国民の間におけるより一層緊密な連合を創設する新たな段階を示すものであり、そこでは、諸決定が可能な限り開かれかつ市民に近いところで行われる。

連合は、本条約及び欧州連合運営条約を基礎とする（以下、「両条約」という）。これら二つの条約は、同一の法的価値を有する。連合は、欧州共同体に置き換わるものであり、かつ、これを継承する。

第二条（連合の諸価値）

連合は、人間の尊厳、自由、民主主義、平等、法の支配の尊重、及び、弱者・少数者に属する人たちの権利を含む人権の尊重という諸価値を設立の基礎とする。これらの諸価値は、多様性、非差別、寛容、正義、連帯及び男女平等が行き渡っている社会をもつ構成国に共通するものである。

第三条（連合の目的）〈旧TEU二条〉

1 連合の目的は、平和、連合の諸価値及び連合の諸国民の福祉を促進することである。

2 連合は、連合市民に域内において境界のない自由、安全及び正義の領域を提供する。そこでは、人の移動の自由が、域外の国境管理、庇護、移民及び犯罪の防止と撲滅に関する適切な措置と結びついて確保される。

3 連合は、域内市場を設立する。連合は、均衡のとれた経済成長及び価格の安定、完全雇用及び社会的進歩を目的とする高度に競争的な社会市場経済、並びに高い水準での環境の質の保護及び改善を基礎として、ヨーロッパの持続的発展のために活動する。連合は、科学的及び技術的進歩を促進する。

連合は、社会的排除及び差別を撲滅し、かつ社会的正義及び保護、男女平等、世代間の連帯並びに子どもの権利の保護を促進する。

連合は、経済的、社会的及び領域的結束、並びに構成国間の連帯を促進する。

連合は、その豊かな文化的及び言語的多様性を尊重し、かつヨーロッパの文化遺産の保護及び発展を確保する。

4 連合は、その通貨をユーロとする経済通貨同盟を設立する。

5 連合は、幅広い世界との関係において、連合の諸価値及び諸利益を保持しかつ促進し、連合市民の保護に寄与する。連合は、国際連合憲章の諸原則の尊重を含む国際法の厳格な遵守及び発展と同様に、平和、安全保障、地球の持続可能な発展、諸国民の連帯及び相互の尊重、自由かつ公正な貿易、貧困の根絶、並びに人権とりわけ子どもの権利の尊重に寄与する。

6 連合は、両条約によって自らに付与された権限にふさわしい適切な手段により、その目的を追求する。

第四条（連合と構成国の関係）

1 両条約によって連合に付与されていない権限は、第五条に従い、構成国に存する。

2 連合は、地方自治体を含め、構成国の基本的、政治的および憲法的構造に固有な国家的一体性と同様に、諸条約においては、構成国の平等を尊重する。連合は、当該国の地域的統一性、法と秩序の維持及び国家安全保障を守ることを含めた本質的な機能を尊重する。とりわけ、国家の安全保障は、各構成国の単独の責任に存する。

3 誠実な協力の原則に従い、連合とその構成国は、両条約から生じる任務の遂行に際しては、相互に十分尊重し合いながら、それぞれを援助する。

構成国は、両条約又は連合の諸機関の行為に起因して生じる義務の履行を確保するために、一般的又は個別的なあらゆる適切な措置をとる。

構成国は、連合の任務の達成を促進するものであり、連合の目標への到達を危うくするいかなる措置もとってはならない。

第五条（連合の権限に関する原則）〈旧TEC五条〉

1 連合の権限の限界は、権限付与の原則により規律される。連合の権限行使は、補完性及び比例性の原則により規律される。

2 連合は、権限付与の原則に基づき、両条約に定められた目的を達成するために、両条約において構成国によって付与された権限の範囲内においてのみ行動する。両条約において連合に付与されていない権限は、構成国に存する。

3 連合は、補完性の原則に基づき、自らの排他的権限が及ばない分野においては、提案された行動の目的が、中央レベル又は地域ないし地方レベルのいずれにおいても構成国により十分に達成されず、提案された行動の規模又は効果の点からみて連合レベルのほうがより良く達成できる場合にのみ、かつその限りにおいて行動する。

連合の諸機関は、補完性及び比例性原則の適用に関して議定書に定められている補完性の原則を適用する。構成国の国内議会は、同議定書に規定された手続に従って、補完性原則の遵守を確保する。

4 連合の行動の内容及び形式は、両条約の目的の達成に必要な範囲を超えてはならない。

連合の諸機関は、補完性及び比例性原則の適用に関する議定書に定められる比例性原則を適用する。

第六条（基本権の尊重）〈旧TEU六条〉

1 連合は、二〇〇七年一二月一二日にストラスブールで採択された二〇〇〇年一二月七日の欧州連合基本権憲章に規定される権利、自由及び諸原則を承認する。同憲章は、両条約と同等の法的価値を有する。

同憲章の規定は、両条約に定められる連合の権限をいかなる意味においても拡大するものではない。

同憲章にいう権利、自由及び諸原則は、同憲章の解釈と適用について規律する同憲章第七編の一般規定に従い、かつ、これらの規定の法源を定める同憲章において言及される注釈を適正に考慮して解釈される。

2 連合は、人権及び基本的自由の保護のための欧州人権条約に加入する。かかる加入は、両条約に定める連合の権限に影響を与えるものではない。

3 欧州人権条約によって保障され、かつ構成国に共通な憲法上の伝統に由来する基本権は、欧州連合の法の一般原則を構成する。

第七条（構成国に対する制裁）〈旧TEU七条〉

1 理事会は、構成国の三分の一、欧州議会又は欧州委員会による理由を付した提案に関して、欧州議会の同意を得た後、理事会の構成員の五分の四の多数決により、当該構成国による、第二条に定める諸価値に対する重大な違反が生じる明白な危険があることを認定することができる。理事会は、このような認定を行う前に、当該構成国の意見を聴取し、同じ手続に従って、同国に対して勧告を行うことができる。

理事会は、このような認定がなされた理由が引き続き適用されるかについて定期的に検証する。

2 欧州理事会は、構成国の三分の一又は欧州委員会による提案に関して、欧州議会の同意を得た後、当該構成国に意見の提出を求めたのちに、全会一致により、当該構成国による第二条に定める諸価値に対する重大かつ継続的な違反が存在することを認定することができる。

3 理事会は、2項に定める認定が行われた場合、特別多数決により、当該構成国に対して、理事会において当該構成国の政府を代表する投票権を含めて、両条約の適用から生じる一定の権利の停止を決定することができる。その際、理事会は、かかる停止が自然人及び法人の権利義務に及ぼしうるかについて考慮する。

両条約に基づく当該構成国の義務は、いかなる場合においても当該国を引き続き拘束する。

4 理事会は、特別多数決により、当該措置が課せられていた状況の変化に応じて、3項に基づいてとられた措置を事後的に変更又は取り消すことができる。

5 〔略〕

第八条（近隣諸国との平和的関係）

1 連合は、繁栄及び良き善隣関係の地域を創設することを目的として、連合の諸価値に基礎を置き、協力に基づく密接かつ平和的関係の性格をもつ近隣諸国との特別な関係を発展させる。

2 1項の目的のために、連合は、関連諸国と特別協定を締結することができる。〔以下、略〕

第二編　民主主義の諸原則に関する規定

第九条（連合市民及び連合市民権）

連合は、そのすべての行動において、連合の機関、団体、部局、及び庁から等しく配慮を受けるものとされる連合市民の平等原則を遵守する。構成国のすべての国民は、連合の市民である。連合の市民権は、各国の市民権に付加されるものであり、それに取って代わるものではない。

第一〇条（代表民主制）

1 連合の運営は、代表民主制に基礎を置く。

2 市民は、欧州議会においては連合レベルで直接に代表される。

構成国は、欧州理事会においては国家元首又は政府の長により、また理事会においては政府により代表され、その政府自身は、構成国の国内議会又はその市民に対して民主的に責任を負う。

3 すべての市民は、連合の民主的活動に参加する権利を有する。諸々の決定は、可能な限り市民に対して開かれ、かつ可能な限り市民に近いところで行われる。

4 欧州規模の政党は、欧州の政治的意識の形成及び連合市民の意思の表明に寄与する。

第一一条（連合の活動の公開）

1 連合の諸機関は、適切な手段により、連合の活動のすべての分野において、市民及び代表団体にその見解を知らしめ、かつ公に意見を交換する機会を提供する。

2 連合の諸機関は、代表団体及び市民社会と公開による透明かつ定期的な対話を維持する。

3 欧州委員会は、連合の行動が一貫性と透明性を確保するため、関係する当事者らと広範な協議を行う。

4 連合市民は、その数が構成国の相当数の国民を含みかつ百万人を超える場合には、連合市民が連合による法行為が両条約を履行する目的のために要求されていると思料する事柄に関して、欧州委員会にその権限の枠内において適切な提案を行うように発議することができる。〔以下、略〕

かかる市民の発議に求められる手続及び条件は、欧州連合運営条約第二四条1項に従って決定される。

第一二条（構成国の国内議会）

構成国の国内議会は、次のことを通じて、連合の健全な運営のために積極的に寄与する。すなわち、

(a) 欧州連合における構成国の国内議会の役割に関する議定書に従って、連合の諸機関による情報提供を受け、また連合の立法行為についての草案の送付を受けること

(b) 補完性及び比例性原則の適用に関する議定書に定める手続に従い、補完性の原則が尊重されることに注意を払うこと

(c) 欧州連合運営条約第七〇条に従い、自由、安全及び司法の分野の枠内において、これらの分野における連合の政策履行に関する評価制度に参加すること、並びに、同条約第八八条及び第八五条に従い、欧州刑事警察機構（ユーロポール）の政治的監視及び欧州司法機構（ユーロジャスト）の活動評価に関わること

(d) 本条約第四八条に従い、両条約の改正手続に参加すること

(e) 本条約第四九条に従い、連合への加盟申請を通知されること

(f) 欧州連合における構成国の国内議会の役割に関する議定書に従い、各国議会間の協力及び欧州議会との議会間協力に参加すること

第三編　諸機関に関する規定

第一三条（連合の機関）

1 連合は、連合の諸価値を促進し、目的を前進させ、その利益すなわち連合市民及び構成国の利益に仕え、かつ連合の政策及び活動の一貫性、実効性及び継続性を確保することを目的とした組織的な枠組を有する。

連合の機関は、次のものである。

—欧州議会
—欧州理事会
—理事会
—欧州委員会（以下「委員会」という。）
—欧州司法裁判所
—欧州中央銀行
—会計検査院

2 各機関は、両条約により付与される権限の範囲内でかつそれらに定める手続、条件及び目的に従って行動する。これらの機関は、相互に誠実な協力を実践する。

3 欧州中央銀行及び会計検査院に関する規定並びに他の機関に関する詳細な規定は、欧州連合運営条約に定める。

4 欧州議会、理事会及び委員会は、勧告的な立場で行動する場合、経済社会評議会及び地域評議会に補佐される。

第一四条（欧州議会）

1 欧州議会は、理事会と共同して、立法機能及び財政予算に関する機能を遂行する。欧州議会は、両条約に定めるように政治的監督及び諮問的機能を遂行する。欧州議会は、委員会の長を選出する。

2 欧州議会は、連合市民の代表により構成される。欧州議会の代表の定数は、七五〇名を超えないものとし、別に議長を加える。連合市民の代表は、一構成国あたり六名を最低基準数として、漸次その数を減らしていく比例方式によるものとする。いかなる構成国も九六議席を超えて配分されることはない。

欧州理事会は、欧州議会の発議によりかつその同意を得て、本項前段に定める諸原則を尊重して、欧州議会の構成を確定する決定を全会一致により採択する。

3 欧州議会の議員は、五年の任期で、自由かつ秘密投票による直接普通選挙により選出される。

4 欧州議会は、その議員の中から議長および役員を選出する。

第一五条（欧州理事会）

1 欧州理事会は、連合の発展のために必要な起動力を準備し、そのための一般的な政治指針及び優先順位を定める。欧州理事会は、立法的機能を遂行しない。

2 欧州理事会は、構成国の元首又は政府の長、並びに、欧州理事会議長及び委員会の長により構成する。連合外交安全保障政策上級代表は、その任務に参加する。

3 欧州理事会は、議長の招集により六か月に二回開催される。欧州理事会の構成員は、議事により必要な場合には、各々閣僚一名によって、委員会の長については委員会の委員一名による補佐を決定することができる。欧州理事会の議長は、状況により必要な場合には、欧州理事会

の特別会合を招集する。

4　両条約が別に定める場合を除き、欧州理事会の決定は、合意に基づいて行われる。

5　欧州理事会は、特別多数決により、二年半の任期で、欧州理事会の議長を選出する。一回の再選が可能である。欧州理事会の議長に能力の欠如又は重大な違反行為がある場合、欧州理事会は、同じ手続に従ってその者の任期を終了させることができる。

6　欧州理事会の議長は、

(a)　欧州理事会の議長を務め、その任務を遂行する。

(b)　委員会の長と協力し、かつ総務担当理事会の任務を基礎として、欧州理事会の任務の準備及び継続性を確保する。

(c)　欧州理事会内部における結束及び合意形成の促進に努める。

(d)　欧州理事会の各会合の後に、欧州議会へ報告書を提出する。

欧州理事会の議長は、その地位と資格において、連合外交安全保障政策上級代表の権限を害することなく、共通外交安全保障政策に関する事柄について、連合の対外的な代表を務める。

欧州理事会の議長は、国内に職務を有してはならない。

第一六条（理事会）

1　理事会は、欧州議会と共同して、立法機能及び予算に関する機能を遂行する。理事会は両条約に定める政策形成及び調整機能を遂行する。

2　理事会は、各構成国の閣僚級の代表一名から構成され、各代表は審議される問題について構成国政府の見解を述べ、かつ投票権を行使することができる。

3　理事会は、両条約が別に定める場合を除き、特別多数決により決定する。

4　二〇一四年一一月一日より特別多数決は、理事会構成員の少なくとも五五％の賛成により構成国を代表するものと定める。それには理事会構成員の少なくとも一五名を含みかつ連合の総人口の少なくとも六五％を含むものとする。

特別多数決を阻止するためには、少なくとも四名の理事会構成員が含まれなくてはならず、これに達しない場合には、特別多数決は成立したものとみなされる。

特別多数決を規律するその他の取決めは、欧州連合運営条約第二三八条2項で定める。

5　二〇一四年一〇月三一日まで適用される経過規定及び二〇一四年一一月一日から二〇一七年三月三一日まで適用される特別多数決の定義に関する経過規定は、経過規定に関する議定書で定める。

6　理事会は、異なる形式で開催され、その一覧リストは、欧州連合運営条約第二三六条に従って採択される。

総務担当理事会は、異なる形式の任務について一貫性を確保する。理事会は、欧州理事会議長及び委員会の長と連携して、欧州理事会の会合を準備し、かつその継続管理を行う。

外務担当理事会は、欧州理事会の定める戦略的指針に基づき連合の対外行動を策定し、連合の行動が一貫することを確保する。

7　構成国政府の常設代表委員会は、理事会の任務の準備について責任を負う。

8　理事会が立法行為の草案を審議及び表決するときは、理事会は公開で行われる。このため、各理事会の会合は、適宜、連合の立法行為について審議する場合及び非立法行為について審議する場合との二つの部会に分けて開催される。

9　外務担当理事会以外の担当理事会の議長は、欧州連合運営条約第二三六条に従って設定された条件に従い、平等な輪番制に基づき理事会における構成国の代表がこれを務める。

第一七条（委員会）

1　委員会は、連合の一般的利益を推進し、この目的のために適切な発議を行う。両条約及び両条約に従って諸機関で採択された措置の適用を確保する。委員会は、欧州司法裁判所の監督の下で、連合の法の適用を監視する。委員会は、予算を執行しかつ計画を遂行する。委員会は、両条約に定める調整、執行及び監督機能を遂行する。共通外交安全保障政策の例外と両条約に定めるその他の場合を除き、委員会は、連合の対外的な代表を務める。委員会は、連合の機関間の合意を達成するために、連合の年次及び多年次計画を発議する。

2　連合の立法行為は、両条約が別に定める場合を除き、委員会提案に基づいてのみ採択することができる。その他の法行為は、両条約が定めるところの委員会提案に基づき採択される。

3　委員会の任期は、五年とする。

委員会の委員は、その独立性に疑いがない者の中からその全般的能力及び欧州への献身に基づいて選ばれる。

委員会は、その責任の遂行において、完全に独立する。第一八条2項に反することなく、委員会の委員は、いかなる政府若しくは他の機関、団体、部局又は統一体から指示を求めず、また、それを受けてはならない。委員会の委員は、自らの職務又は任務の遂行と両立しないいかなる行動もとってはならない。

4　リスボン条約の発効の日から二〇一四年一〇月三一日の間に任命される委員会は、委員長及び副委員長の一人となる連合外交安全保障政策上級代表を含め、各構成国から一名ずつ選出される国民から構成される。

5　二〇一四年一一月一日以降、委員会は、欧州理事会が全会一致によりその数の変更を決定しない限り、委員長および連合外交安全保障政策上級代表を含め、構成国数の三分の二に相当する数の委員により構成される。

委員会の委員は、すべての構成国の人口的及び地理的範囲を考慮して、構成国間における厳格かつ平等な輪番制に基づいて、構成国国民から選出される。この輪番制は、欧州連合運営条約第二四四条に従って、欧州理事会により全会一致で設定される。

6　委員会の委員長は、

(a)　委員会が任務を遂行する際の指針を策定し、

(b)　委員会の内部組織を決定し、委員会が首尾一貫して、効率的に、かつ合議体として行動することを確保し、

(c)　委員会の委員の中から、連合外交安全保障政策上級代表以外の副委員長を任命する。

委員会の委員は、委員長が求めた場合には、辞任する。

連合外交安全保障政策上級代表は、委員長が求めた場合には、第一八条1項に定める手続に従って辞任する。

7　欧州理事会は、欧州議会選挙を考慮に入れ、かつ適切な協議の後に、特別多数決により欧州議会に対して委員会の委員長候補者を提案する。委員長候補者は、欧州議会の総議員の過半数により選出される。同候補者が要求されるところの過半数を得られない場合には、欧州理事会は、特別多数決により、一か月以内に同じ手続に従って新たな候補者をする。

理事会は、選出された委員長との合意により、委員会の委員として任命されるその他の者を提案するための名簿を採択する。委員会の委員は、構成国の提案に基づき、本条3項後段及び同5項後段に定める基準に従って選出される。

委員長、連合外交安全保障政策上級代表及びその他の委員は、一体として欧州議会による同意投票に付される。委員会は、この同意に基づき欧州理事会の特別多数決により任命される。

8　委員会は、一体として、欧州議会に対し責任を負う。欧州議会は、欧州連合運営条約第二三四条に従って、委員会に対する不信任決議案について表決することができる。不信任決議案が可決されたときは、委員会の委員は、一体として総辞職し、また、連合外交安全保障政策上級代表は、委員会において負っている職務を辞任する。

第一八条（連合外交安全保障政策上級代表）

1　欧州理事会は、委員会の委員長の同意を得て、特別多数決により連合外交安全保障政策上級代表を任命する。欧州理事会は、同じ手続により、連合外交安全保障政策上級代表の任期を終了させることができる。

2　上級代表は、連合の共通外交安全保障政策を遂行する。上級代表は、同政策の発展に対する提案を行うことにより、自らが理事会により命ぜられた職務の遂行に寄与する。同じことが共通安全保障防衛政策について適用される。

3　上級代表は、外務担当理事会を主宰する。

4　上級代表は、委員会の副委員長の一人である。上級代表は、連合の対外的な行動の一貫性を確保する。上級代表は、対外的な関係において委員会に課せられた責務及び連合の対外的な行動のその他の面の調整に関して、委員会内において責任を負う。上級代表は、委員会内でこれらの責任を果たすにあたって、かつこれらの責任に関してのみ、このことが本条2項及び3項と矛盾しない範囲において委員会の手続に拘束される。

第一九条（欧州司法裁判所）

1　欧州司法裁判所は、司法裁判所、一般裁判所及び専門裁判所を含む。欧州司法裁判所は、両条約の解釈及び適用において、法が遵守されることを確保する。

構成国は、連合の法が適用される領域において、効果的な法的保護を確保するために十分な救済手段を定める。

2　司法裁判所は、各構成国から一名ずつ選出される裁判官で構成される。司法裁判所は、法務官による補佐を受ける。

一般裁判所は、一構成国あたり少なくとも一名の裁判官を含む。

司法裁判所の裁判官及び法務官並びに一般裁判所の裁判官は、独立性に疑いがなく、かつ、欧州連合運営条約第二五三条及び第二五四条に定める条件を満たす者の中から選出される。こ

れらの者は、六年の任期で、構成国政府の合意により任命される。退任する裁判官及び法務官は、再任されることができる。

3　欧州連合の司法裁判所は、両条約に従い、

(a)　構成国、機関又は自然人若しくは法人による提訴に対する判決を下す。

(b)　連合法の解釈又は諸機関により採択された行為の有効性に関して、構成国の裁判所又は審判所の要請に基づき、予備的裁定を下す。先決的判決を与える。

(c)　両条約に定めるその他の事件について判決を下す。

第四編　協力推進の規定

第二〇条（協力の推進）〔略〕

第五編　連合の対外行動に関する一般規定及び共通外交安全保障政策に関する特別規定

第一章　連合の対外行動に関する一般規定

第二一条（対外行動の原則と目標）

1　国際的な場面における連合の行動は、連合自らの創設、発展及び拡大を駆り立て、かつ連合がより広い世界においてそれらの進展を求める諸原則によって導かれる。すなわち、それらの諸原則とは、民主主義、法の支配、人権及び基本的自由の普遍性と不可分性、人間の尊厳の尊重、平等及び連帯の原則、並びに国際連合憲章及び国際法の諸原則に対する尊重である。

連合は、本項前段で定める諸原則を共有する第三国及び国際的、地域的、又は世界規模の組織との関係を発展させかつ協力関係の構築を目指す。連合は、とりわけ国際連合の枠組において、共通の問題に対する多国間での解決を促進する。

2　連合は、共通の政策及び措置を策定しかつ実施し、次の目的のために国際関係のすべての領域における高度な協力に向けて尽力する。

(a)　連合の価値、基本的利益、安全保障、独立及び統一性を擁護すること

(b)　民主主義、法の支配、人権及び国際法の諸原則を強固なものにし、支援すること

(c)　対外的な国境に関する事柄を含む国際連合憲章の目的及び諸原則、ヘルシンキ最終議定書の諸原則、並びにパリ憲章の目的に従って、平和を維持し、紛争を防止し、及び国際安全保障を強化すること

(d)　貧困の撲滅を主たる目的として、発展途上国の持続可能な経済的、社会的及び環境的発展を促進すること

(e)　国際貿易における制限の漸次的撤廃を含めて、世界経済へのすべての国の統合を奨励すること

(f)　持続可能な発展を確保するために、環境の質と世界規模の天然資源の持続可能な管理を保全しかつ改善する国際的な措置の開発を援助すること

(g)　自然災害又は人為的災害に直面する人々、国及び地域を支援すること、並びに

(h)　より強固な多国間協力及び健全な世界規模の統治を基盤とした国際的な制度を促進すること

3　連合は、本編及び欧州連合運営条約第五部が対象とする連合の対外行動のさまざまな分野並びに連合の他の政策の対外的側面の発展及び履行において、1項および2項に定める諸原則を尊重しかつ諸目的を追求する。

連合は、対外行動のさまざまな分野間及び他の政策間における一貫性を確保する。理事会及び委員会は、連合外交安全保障政策上級代表によって補佐され、その一貫性を確保するとともに、その実効に向けて協力する。

第二二条（連合の戦略的利益・目的）〔略〕

第二章　共通外交安全保障政策に関する特別規定

第一節　共通規定

第二三条（共通規定）

国際的な場面における連合の行動は、本章に従い、諸原則により導かれ、第一章に定める一般規定の目的を追求し、かつ同規定に従って遂行される。

第二四条（共通外交安全保障政策）〈旧ＴＥＵ一一条〉

1　連合の共通外交安全保障政策に関する権限は、外交政策のすべての分野及び連合の安全保障政策に関するすべての問題を対象とし、それは、共同防衛を導きうる共通防衛政策の漸進的な策定を含む。

共通外交安全保障政策は、特別の規則及び手

続に従う。それは、両条約が別に定める場合を除き、欧州理事会及び理事会の全会一致により定められ、かつ履行される。立法行為の採択は行うことができない。共通外交安全保障政策は、両条約に従い、連合外交安全保障政策上級代表及び構成国により実行される。この分野における欧州議会および委員会の特定の役割は、両条約により定められる。欧州司法裁判所は、本条約第四〇条の遵守を監視する管轄権及び欧州連合運営条約第二七五条第二段に定められる決定の合法性を審査する場合を除き、これらの規定に関する管轄権を有しない。

2～3 〔略〕

第二五条（共通外交安全保障政策の手段）〈旧TEU一二条〉〔略〕

第二六条（共通外交安全保障政策の形成手続）〈旧TEU一三条〉

1 欧州理事会は、防衛に関する事項を含んだ連合の戦略的利益を確認し、共通外交安全保障政策の目的を決定し、かつ共通外交安全保障政策の一般的指針を定める。欧州理事会は、必要な決定を採択する。

国際的な展開の必要が生じた場合、欧州理事会の議長は、このような展開に直面する連合の政策の戦略的方針を定めるために欧州理事会の臨時会合を招集する。

2 理事会は、欧州理事会が定めた一般的指針及び戦略的方針に基づき共通外交安全保障政策を立案し、それを定めかつ履行するために必要な決定を行う。

理事会および連合外交安全保障政策上級代表は、連合による行動の統一性、一貫性及び有効性を確保する。

3 共通外交安全保障政策は、構成国及び連合の資源を用いて、上級代表及び構成国が実施する。

第二七条（連合外交安全保障政策上級代表の任務）

1 連合外交安全保障政策上級代表は、外務担当理事会の議長を務め、共通外交安全保障政策の進展に向けての提案を通じて寄与し、かつ欧州理事会及び理事会によって採択された決定の履行を確保する。

2 上級代表は、共通外交安全保障政策に関する事項に関して連合を代表する。上級代表は、連合を代表して第三者と政治的対話を行い、かつ国際組織及び国際会議において連合の立場を表明する。

3 〔略〕

第二八条（理事会の役割）〈旧TEU一四条〉

1 国際情勢が連合による実施行動を必要とする場合、理事会は、必要な決定を採択する。それらは、目的、範囲、連合にとっての実行可能な手段、必要な場合にはその期間、及び履行条件を定める。

当該決定に服する問題に関して重大な影響を及ぼす事情の変化が生じた場合、理事会は、かかる決定原則及び目的について再検討し、かつ必要な決定を行う。

2～5 〔略〕

第二九条（理事会と構成国の立場）〈旧TEU一五条〉

理事会は、地理的又は主題別の性質をもつ特定の事柄に対する連合の取組みを定める決定を採択する。構成国は、自国の政策が連合の立場に適合することを確保する。

第三〇条（理事会の招集）〈旧TEU二二条〉

1 構成国、連合外交安全保障政策上級代表、又は委員会の支援を受けた上級代表は、共通外交安全保障政策に関するいかなる問題も理事会に付託することができ、かつ、適宜、理事会に発議又は提案を行うことができる。

2 迅速な決定が必要とされる場合、上級代表は、自らの動議により又は構成国の要請に基づき、四八時間以内に、又は、緊急の場合には、さらに短時間内のうちに臨時の理事会会合を招集する。

第三一条（表決手続）〈旧TEU二三条〉

1 本章に基づく決定は、本章で別に定める場合を除き、欧州議会及び理事会が全会一致により行う。立法行為の採択は行うことができない。

理事会のいかなる構成員も、投票を棄権する場合、本段に基づき公式の宣言をすることにより棄権が有効なものと認められる。その場合、当該構成国は、決定を適用する義務を免れるが、その決定が連合を拘束することを承認する当該構成国は、相互連帯の精神にのっとり、同決定に基づく連合の行動に対して、それに抵触するような行動又はそれを妨げるいかなる行動もとってはならず、また、他の構成国は、当該構成国の立場を尊重する。この方法で棄権が認められた理事会の構成員が、連合の人口の少なくとも三分の一を含む構成国の少なくとも三分の一を代表する場合、決定は採択されない。

2 1項の規定にかかわらず、理事会は、次の場合、特別多数決により議決する。

—第二二条1項に定めるところに従い、連合

の戦略的利益及び目的に関する欧州議会の決定に基づいて連合の行動又は立場を定める決定を採択する場合

―欧州理事会自らの発議又は連合外交安全保障政策上級代表の発議による欧州理事会からの特別な要請を連合外交安全保障政策上級代表が代表する提案に関して、連合の行動又は立場を定める決定を採択する場合

―連合の行動又は立場を定める決定を履行するための決定を採択する場合

―第三三条に従って特別代表を任命する場合

理事会の構成員が、国内政策のきわめて重要かつ明らかな理由により、特別多数決で行う決定の採択に反対する意向を宣言する場合には、投票は行われない。上級代表は、関係する構成国と密接に協議することによって、関係構成国に受け入れられる解決策を模索する。上級代表がこれに成功しなかった場合、理事会は、特別多数決により当該事項について欧州理事会に付託し、全会一致でこれを決定するよう要請することができる。

3　欧州理事会は、2項で付託される事柄以外の事案において、理事会が特別多数決で議決することを定める決定を、全会一致により採択することができる。

4　2項および3項は、軍事又は防衛に関する事項を有する決定には適用されない。

5　手続的な問題に関しては、理事会がその構成員の多数決により決定する。

第三二条（構成国の協力義務）〈旧TEU一六条〉

構成国は、共通の取組みを決定するために、一般的利益を有する外交安全保障政策のいかなる事柄に関して、欧州理事会及び理事会において相互に協議する。各構成国は、国際的な場面においていかなる行動をとる前に、又は、連合の利益に影響を及ぼしうる義務を負う前に、欧州理事会又は理事会において相互に協議する。構成国は、それぞれの行動の収斂を通じて、連合が国際的な場面における自らの利益と価値を主張できるよう確保する。構成国は、相互の連帯を示す。

欧州理事会又は理事会が前段の意味する範囲内で連合の共通の取組みを定めた場合、連合外交安全保障政策上級代表及び構成国の外務大臣は、理事会において、それぞれの行動を調整する。

第三国及び国際組織における構成国の外交使節団並びに連合の代表部は協力し、かつ共通の取組みの形成及び履行に寄与する。

第三三条（特別代表の任命）〈旧TEU一八条〉

理事会は、連合外交安全保障政策上級代表の提案に基づき、特定の政策課題に関する任務を担う特別代表を任命する。特別代表は、上級代表の権限の下で、自らの任務を遂行する。

第三四条（国際舞台における協力義務）〈旧TEU一九条〉

1　構成国は、国際組織及び国際会議における自らの行動を調整する。構成国は、このような場において連合の立場を堅持する。連合外交安全保障政策上級代表は、この調整をとりまとめる。

すべての構成国が参加しているのではない国際組織及び国際会議において、参加している構成国は、連合の立場を堅持する。

2　〔略〕

第三五条（外交使節団等の相互協力）〈旧TEU二〇条〉

第三国及び国際会議における構成国の外交使節団及び領事派遣団並びに連合の代表部は、連合の立場を定める決定及び本章に従って採択された行動が遵守されかつ履行されることを確保するために協力する。

これらの代表は、情報交換及び共同評価を行うことにより協力を強化する。

これらの代表は、欧州連合運営条約第二〇条2項(c)に定める第三国の領域において保護を受ける連合市民の権利及び同条約第二三条に従って採択された措置の履行に寄与する。

第三六条（欧州議会の役割）〈旧TEU二一条〉

連合外交安全保障政策上級代表は、共通外交安全保障政策及び共通安全保障防衛政策の主要な側面と基本的な選択に関して、欧州議会と定期的に協議し、これらの政策をいかに発展させるかについて、同議会に通知する。同代表は、欧州議会の見解が正当に考慮されることを確保する。特別代表は、欧州議会への説明に関わることができる。

欧州議会は、理事会又は上級代表に質問し、若しくは勧告を行うことができる。欧州議会は、一年に二回、共通安全保障防衛政策を含めて、共通外交安全保障政策の履行の進捗状況について討議する。

第三七条（連合の協定締結権）〈旧TEU二四条〉

連合は、本章が対象とする分野において、一又はそれ以上の国又若しくは国際組織と協定を締結することができる。

第三八条（政治安全保障委員会）〈旧TEU二五

条〉
　政治安全保障委員会は、欧州連合運営条約第二四〇条に反することなく、共通外交安全保障政策が対象とする分野における国際情勢を監視し、かつ理事会又は連合外交安全保障政策上級代表の要請若しくは自らの発議に基づき理事会に意見を述べることにより政策の策定に寄与する。同委員会は、また、上級代表の権限を害することなく、合意された政策の履行を監視する。
　政治安全保障委員会は、本章の範囲内において、理事会及び上級代表の責任の下で、第四三条に定める危機管理活動の政治的統制及び戦略的指揮を行う。
　理事会は、理事会により定められた危機管理活動の目的及びその活動の期間中、政治安全保障委員会に政治的統制及び戦略的指揮に関連する決定を行う権限を付与することができる。

第三九条（個人情報の保護）
　理事会は、欧州連合運営条約第一六条に従い、かつ同条2項にかかわらず、本章の範囲内の活動を遂行する場合、構成国による個人情報の処理に関して個人の保護に関する規則及びこのような情報の自由な流通に関する規則を定める決定を採択する。これらの規則の遵守は、独立した機関の監督に服する。

第四〇条（政策の履行）〈旧TEU四七条〉
　共通外交安全保障政策の履行は、欧州連合運営条約第三条から第六条に規定される連合の権限の行使に関して、両条約に定める諸機関の手続の適用及び権限の範囲に影響を与えるものではない。
　同様に、これらの規定が列挙する諸政策の履行については、本章に基づく連合の権限行使に関して、両条約に定める諸機関の手続の適用及び権限の範囲に影響を与えるものではない。

第四一条（連合の財政負担）〈旧TEU二八条〉
1　本章の履行により諸機関に生じる行政的支出は、連合予算の負担とする。
2　本章の履行から生じる活動の支出は、軍事又は防衛に関する活動から生じた支出及び理事会が全会一致により別に定める場合を除き、連合予算の負担とする。
　支出が連合予算の負担とならない場合、理事会が全会一致により別に定めるのでなければ、その支出は、国民総生産の規模に応じて構成国の負担とする。軍事又は防衛に関する活動から生じた支出について、理事会における代表が第三一条1項後段に基づく公式の宣言を行った構成国は、当該財政支出に寄与する義務を負わない。
3　〔略〕

第二節　共通安全保障防衛政策に関する規定

第四二条（共通安全保障防衛政策）〈旧TEU一七条〉
1　共通安全保障防衛政策は、共通外交安全保障政策と一体化した部分をなす。共通安全保障防衛政策は、文民的及び軍事的な利点を引き出す活動能力を連合に提供する。連合は、国際連合憲章の諸原則に従って、平和維持、紛争防止及び国際安全保障を強化するために、連合の領域外の任務に関して、これらの能力を使用することができる。これらの任務の遂行には、構成国が提供する能力が用いられる。
2　共通安全保障防衛政策は、連合の共通防衛政策の漸次的な策定を含む。これは、欧州理事会が全会一致により決定した場合、共同防衛を導くものとなる。その場合、欧州理事会は、構成国に対し各国の憲法上の要件に従って当該決定の採択を勧告する。
　本節に従った連合の政策は、特定の構成国の安全保障及び防衛政策に関する特別な地位を害するものではなく、北大西洋条約に基づく北大西洋条約機構（NATO）において実現される共同防衛をみすえ、かつその枠内において確立された共通安全保障防衛政策と両立させなくてはならない特定の構成国の義務を尊重する。
3　構成国は、理事会が定める目的に寄与するために、共通安全保障防衛政策の履行に関して、連合が文民的及び軍事的能力を遂行できるようにする。また、多国籍軍を共同で結成したこれらの構成国は、それらを共通安全保障防衛政策のために使用可能なものにすることができる。
　構成国は、自らの軍事的能力の改善を漸進的に行う。防衛能力開発、研究、調達及び軍備の分野における機関（以下、「欧州防衛庁」という。）は、作戦上の必要性を確認し、これらの必要性を満たす措置を促進し、防衛部門の産業的及び技術的基盤を強化するために必要とされる措置を確認し、適当と思われる場合は、それらの履行に寄与し、欧州の軍事的能力及び軍備的政策の決定に参加し、かつ軍事的能力の改善の評価にあたり理事会を補佐する。
4　共通安全保障防衛政策に関する決定は、本条に定める任務の開始についての決定を含め、連合外交安全保障政策上級代表からの提案又は構成国の発議に基づき理事会が全会一致により採択する。上級代表は、各国の国内資源及び連合の手段の使用について、適当と思われる場合には委員会と共同で提案することができる。

5　理事会は、連合の枠内において、連合の諸価値を保護しかつその諸利益に仕えるために、一連の構成国のグループに対し、任務の遂行を委ねることができる。かかる任務の遂行は、第四四条により規律される。

6　軍事的能力をより高い基準で達成しかつ最も困難な任務を視野に入れてこの分野において相互により多くの拘束力のある義務を負ってきた構成国は、連合の枠内において、常設の組織的な協力を確立する。かかる協力は、第四六条により規律される。そのことは、第四三条の規定に影響を与えるものではない。

7　構成国が自国内において武力攻撃の犠牲となった場合、他の構成国は、国際連合憲章第五一条に従い、武力攻撃に対して自らの権限内のあらゆる手段によってこれを援助しかつ支援する義務を負う。このことは、特定の構成国の安全保障防衛政策に関する特別な地位を害するものではない。

この分野における義務及び協力は、北大西洋条約機構に基づく義務と一致し、同機構は、その構成員である連合の構成国にとって、集団的防衛の基礎をなし、かつその履行のための場となる。

第四三条（任務の内容）

1　第四二条1項に定める任務とは、連合が文民的及び軍事的手段を用いることが可能であり、それは共同武装解除活動、人道救助活動、軍事的助言及び支援活動、紛争防止及び平和維持活動、平和創設及び紛争終結後の安定化を含めた危機管理における戦闘部隊の任務を含む。これらの任務はすべて、自国の領域内においてテロリズムと闘う第三国を支援することを含めて、テロリズムとの闘いに寄与することができる。

2　理事会は、1項に規定する任務に関する決定を採択し、任務の目的及び範囲並びに履行のための一般的条件を定める。連合外交安全保障政策上級代表は、理事会の権限の下に行動し、政治安全保障委員会と密接かつ定期的に接触しながら、かかる任務の文民的及び軍事的側面の調整を確保する。

第四四条（任務の遂行）

1　理事会は、第四三条に従って採択された決定の枠内において、任務の遂行を自ら望みかつかかる任務に必要な能力を有する一連の構成国のグループに任務の履行を委任することができる。これらの構成国は、連合外交安全保障政策上級代表と共同して、任務の運営に関して構成国間で合意する。

2　任務に参加している構成国は、自らの発議又は他の構成国の要請に基づき、その進捗状況について定期的に理事会に報告する。これらの構成国は、任務の完了が重大な結果を生じさせるか、又は、1項で定める決定で任務のために規定された目的、範囲及び条件の修正を必要とする場合、直ちに理事会にこれを報告する。その場合、理事会は必要な決定を採択する。

第四五条（欧州防衛庁）

1　第四二条3項に定める欧州防衛庁は、理事会の権限に属し、次の任務を有する。

(a)　構成国が提出した軍事能力の目的を確認し、かつ構成国が提出した軍事的能力の遵守義務の評価に寄与すること

(b)　活動遂行の必要性の調整及び実効的かつ両立しうる調達方法の採択を促進すること

(c)　軍事的能力に関する目的を達成するための多国間事業を提案し、構成国により履行される計画の調整及び特別協力計画の管理運営を確保すること

(d)　防衛技術の研究を支援し、かつ共同研究活動、将来の活動の必要性に対応する技術的解決の研究を調整し、計画すること

(e)　防衛部門の産業的及び技術的基盤の強化及び軍事支出の効果を改善するための有効な措置を確認し、必要な場合、これを履行すること

2　欧州防衛庁は、参加を希望するすべての構成国に開かれている。理事会は、特別多数決により、同庁の規程、所在地及び活動規則を定める決定を採択する。この決定は、同庁の活動へ効果的に参加する度合いを考慮する。特別のグループが同庁内に設立され、共同事業に従事する構成国をまとめる。同庁は、必要に応じて委員会と連携して自らの任務を遂行する。

第四六条（永続的構造的協力）

1　第四二条6項に定める常設の組織的な協力に参加を希望し、その基準を満たし、かつ常設の組織的な協力に関する議定書に規定される軍事的能力の義務を果たしてきた構成国は、その意思を理事会及び連合外交安全保障政策上級代表に通知する。

2～6　〔略〕

第六編　最終規定

第四七条（法人格）

連合は、法人格を有する。

第四八条（基本条約の改正手続）〈旧ＴＥＵ四八条〉

〈通常改正手続〉

1　両条約は、通常改正手続に従って改正することができる。両条約はまた、簡易改正手続に従って改正することもできる。

2　構成国政府、欧州議会又は委員会は、理事会に対し、両条約の改正を提案することができる。これらの提案は、特に、両条約において連合に付与されている権限を拡大又は縮小するかについて供するものである。これらの提案は、理事会により欧州理事会に付託され、構成国の国内議会はこれを通知される。

3　欧州理事会が、欧州議会及び委員会と協議した後、付託された改正案を審議することの決定を単純多数決により採択した場合、欧州理事会の議長は、構成国の国内議会、構成国の国家元首又は政府の長、欧州議会及び委員長の代表で構成される諮問会議を招集する。欧州中央銀行もまた、金融分野における制度的変更のある場合に招集される。諮問会議は、改正案を審議し、4項で定める構成国政府の代表者会議への勧告を合意により採択する。

欧州理事会は、提出された改正案の範囲によって妥当とされない場合、欧州議会の同意を得た後、諮問会議を招集しないことを単純多数決により決定することができる。諮問会議が招集されない場合、欧州理事会は、構成国政府の代表者会議への付託事項を定める。

4　構成国政府の代表者会議は、両条約の改正を合意により決定することを目的として、理事会の議長により招集される。

改正は、各構成国の憲法上の要件に従って、すべての構成国が批准した後に発効する。

5　両条約を改正する条約への署名の二年の後、構成国の五分の四が批准し、かつ一又はそれ以上の構成国が批准作業の過程で困難に直面する場合、その問題は、欧州理事会に付託される。

〈単純改正手続〉

6　構成国政府、欧州議会又は委員会は、連合の域内政策及び域内活動に関する欧州連合運営条約第三部の規定の全部又はその一部の改正案を欧州理事会に提出することができる。

欧州理事会は、欧州連合運営条約第三部の規定の全部又はその一部を改正する決定を採択することができる。欧州理事会は、欧州議会及び委員会との協議の後、金融分野における制度的変更の場合には欧州中央銀行と協議した後、全会一致によりこれを採択する。この決定は、各国の憲法上の要件に従ってすべての構成国が承認するまで発効しない。

本項第二段に定める決定は、両条約において連合に付与された権限を拡大するものではない。

7　欧州連合運営条約又は本条約第五編が、特定の分野又は特定の事案について理事会が全会一致により決定することを定めている場合、欧州理事会は、かかる特定の分野又は特定の事案について、理事会が特別多数決により議決することを認める決定を採択することができる。本段の規定は、軍事に関連する事柄の決定又は防衛分野における事柄の決定に適用されない。

欧州連合運営条約が、特別立法手続に従って理事会により採択される立法行為について定める場合、欧州理事会は、通常立法手続に従ってかかる議決が採択されるのを認める決定を採択することができる。

本項第一段及び第二段に基づく欧州理事会のいかなる発議も、構成国の国内議会に通知される。構成国の国内議会の一つがかかる通報の日から六か月以内に反対の意思を表明した場合、本項第一段及び第二段に定める決定は採択されない。反対がない場合、欧州理事会はその決定を採択することができる。

本項第一段及び第二段に定める決定の採択に関して、欧州理事会は、欧州議会総議員の過半数による同意を得た後、全会一致によりこれを決定する。

第四九条（連合への加盟）

第二条に定める諸価値を尊重し、かつそれを促進することを約束するヨーロッパのいかなる国も連合への加盟を申請することができる。欧州議会及び構成国の国内議会は、この加盟申請について通知される。加盟申請国は、理事会に申請を行い、理事会は、委員会と協議した後、かつ欧州議会総議員の過半数による同意が得られた後、全会一致によりこれを決定する。欧州理事会によって合意された加盟のための適格条件は考慮に入れられる。

かかる加盟に必然的に伴う加盟のための条件及び連合が基礎を置く両条約への調整は、構成国と申請国との間の合意協定の対象事項となる。この協定は、各構成国の憲法上の要件に従ってすべての締約国による批准を必要とする。

第五〇条（連合からの脱退）

1　いかなる構成国も、自国の憲法上の要件に従って、連合からの脱退を決定することができる。

2　脱退を決定した構成国は、その意思を欧州理事会に通知する。連合は、欧州理事会が定める指針に照らして、脱退の取決めを提示し、連合との将来的な関係の枠組を考慮に入れる当該構成国と交渉し、協定を締結する。その協定では、脱退に関する調整を行い、連合との将来の関係に関する枠を考慮するのである。この協定は、欧州連合運営条約第二一八条3項に従って交渉する。この協定は、欧州議会の同意を得た後、特別多数決により連合の代表として理事会によって締結される。

3　両条約は、脱退協定の発効の日から、又は、それがない場合には、欧州理事会が当該国と合意して、この期間の延長を全会一致により決定しない限り、2項に定める通知の二年後に当該構成国への適用を終了する。

4　2項及び3項に関して、脱退しようとする構成国を代表する欧州理事会又は理事会の構成員は、欧州理事会又は理事会における討議若しくはそれに関する決定に参加しない。

特別多数決は、欧州連合運営条約第二三八条3項(b)に従って定める。

5　連合を脱退した国が再加盟を求める場合、その請求は、第四九条に定める手続に従う。

第五一条（議定書及び附属書）

両条約の議定書及び附属書は、同条約と一体をなす。

第五二条（連合の構成国及び地理的範囲）

1　両条約は、ベルギー王国、ブルガリア共和国、チェコ共和国、デンマーク王国、ドイツ連邦共和国、エストニア共和国、アイルランド、ギリシャ共和国、スペイン王国、フランス共和国、クロアチア共和国、イタリア共和国、キプロス共和国、ラトビア共和国、リトアニア共和国、ルクセンブルク大公国、ハンガリー共和国、マルタ共和国、オランダ王国、オーストリア共和国、ポーランド共和国、ポルトガル共和国、ルーマニア、スロベニア共和国、スロバキア共和国、フィンランド共和国、スウェーデン王国並びにグレート・ブリテン及び北部アイルランド連合王国に適用する。

2　両条約の地理的範囲は、欧州連合運営条約第三五五条に明記する。

第五三条（条約の有効期間）〈旧TEU五一条〉

本条約は、無期限のものとして締結する。

第五四条（批准手続及び効力の発生）〈旧TEU五四条〉

1　本条約は、各構成国の憲法上の要件に従って、締約国により批准される。批准書は、イタリア共和国政府に寄託される。

2　本条約は、すべての批准書が寄託された場合には、一九九三年一月一日に発効し、又は、それまでにすべての批准書が寄託されなかった場合には、最後の署名国による批准書の寄託がなされた月の翌月の最初の日に発効する。

第五五条（正文）〈旧TEU五五条〉

1　本条約は、ブルガリア語、クロアチア語、チェコ語、デンマーク語、オランダ語、英語、エストニア語、フィンランド語、フランス語、ドイツ語、ギリシャ語、ハンガリー語、アイルランド語、イタリア語、ラトビア語、リトアニア語、マルタ語、ポーランド語、ポルトガル語、ルーマニア語、スロバキア語、スロベニア語、スペイン語およびスウェーデン語により原本一通が作成され、これらの各言語における原文は、いずれも等しく真正なものであり、イタリア共和国政府の公文書館に寄託され、他の署名国政府のそれぞれに認証謄本一通が送られる。

2　本条約はまた、各構成国の憲法秩序に従い、域内領域の全部又は一部において公の地位を享受する言語の中で、構成国が定めたいかなる他の言語にも翻訳することができる。かかる翻訳の認証謄本は、当該構成国により備えられ、理事会の公文書館に寄託される。

上記の証拠として、以下の全権委員は、本条約の末尾に署名した。

一九九二年二月七日にマーストリヒトで作成した。

〔署名者名簿　略〕

欧州連合（EU）運営条約

(Treaty on the Functioning of the European Union)

署　名　一九五七年三月二五日（ローマ：欧州経済共同体設立条約として）
効力発生　一九五八年一月一日
最終改正　二〇一三年七月一日発効〔二〇一一年一一月七日署名〕
当 事 国　二八

前文

ベルギー国王陛下、ドイツ連邦共和国大統領、フランス共和国大統領、イタリア共和国大統領、ルクセンブルク大公殿下及び、オランダ女王陛下は、

ヨーロッパ諸国民の間における緊密な連合の礎を確立することを決意し、

共同の行動を通じてヨーロッパを分断する障壁を取り除くことによって、これらの諸国の経済的、社会的進歩を確保すること決意し、

これらの諸国民の生活及び労働条件の絶えざる改善をその努力の主要な目的とをすることを確信し、

安定的発展、均衡のとれた貿易及び公正な競争を保証するためには、現存する障害を除去するべく一致した行動が必要であることを認識し、

様々な地域と開発の遅れた後進地域との間の格差を解消することにより、経済の統合を強化しかつ調和した発展を確保することを念願し、

共通通商政策の手段を通じて、国際貿易における制限の漸次的撤廃に寄与することを希求し、

国際連合憲章の諸原則に従い、ヨーロッパと海外諸国を結ぶ連帯を固めることを意図し、かつ相互の繁栄の発展を確保することを希求し、

資源を結集することにより平和と自由を保全しかつ強化することを決意し、その理想を共有するヨーロッパの他の人々に呼びかけることを決意し、

教育への幅広いアクセス及び絶え間ない改善を通して諸国民のために可能な限り最高水準の知識の開発を促進させることを決議し、

この目的のため、次の全権委員を任命した。

〔全権委員名略〕

第一部　原則

第一条（目的）

1　本条約は、連合の運営について規定し、連合の権限行使の分野、範囲及び取決めについて定める。

2　本条約及び欧州連合条約は、連合設立の礎となる基本的な条約を構成する。これら二つの条約は、同一の法的価値を有し、以下「両条約」と呼ぶ。

第一編　連合権限の範疇と分野

第二条（連合の権限）

1　両条約が特定の分野において連合に排他的権限を付与する場合には、連合のみが立法を行い、法的拘束力のある行為を採択することができる。構成国は、連合により授権される場合にのみ、又は、連合の法的行為を実施する場合にのみ、自ら立法を行い、法的拘束力を有する行為を採択することができる。

2　両条約が特定の分野において構成国と共有する権限を連合に付与する場合に、連合と構成国はその分野において立法を行い、法的拘束力のある行為を採択することができる。構成国は、連合が自らの権限を行使しない限りにおいて、その権限を行使することができる。構成国は、連合が自らの権限行使の停止を決定した限りにおいて、その権限を再び行使することができる。

3　構成国は、本条約により定められた取決めの範囲内において、経済及び雇用政策の調整を行い、連合はその取決めを定める権限を有する。

4　連合は、欧州連合条約の規定に従って、共通防衛政策の漸進的な枠組を含む、共通外交安全保障政策を定め、かつ実施する権限を有する。

5　連合は、両条約に規定される特定の分野及び条件の下で、当該分野における構成国の権限を奪うことなく、構成国の行動を支援、調整、又は補完するために活動する権限を有する。

これらの分野に関する両条約の規定に基づいて採択された連合の法的拘束力を有する行為は、構成国の法令との調和を必然的に伴うものではない。

6　連合の権限行使の範囲及びそのための取決めは、それぞれの分野に関する両条約の規定によって定められる。

第三条（連合の排他的権限）

1　連合は、次の分野において排他的権限を有す

る。
(a) 関税同盟
(b) 域内市場の運営に必要な競争法規の確立
(c) ユーロを通貨とする構成国の金融政策
(d) 共通漁業政策に基づく海洋生物資源の保護
(e) 共通通商政策

2 連合は、国際協定の締結が連合の立法行為の中に定められている場合、その締結が連合の域内での権限行使を可能にするために必要である場合、又は、その締結が共通の規則に影響を与え若しくはその範囲を変更する場合には、当該協定を締結する排他的権限を有する。

第四条（連合と構成国の共有権限）

1 連合は、両条約が第三条及び第六条に定める分野に関係しない権限を連合に付与する場合には、構成国と権限を共有する。

2 連合と構成国間で共有される権限は、次の主要な分野に適用される。
(a) 域内市場
(b) 本条約で定めるところの社会政策
(c) 経済的、社会的及び地域的結合
(d) 海洋生物資源の保護を除く、農業及び漁業
(e) 環境
(f) 消費者保護
(g) 運輸
(h) ヨーロッパ横断ネットワーク
(i) エネルギー
(j) 自由、安全保障及び司法の分野
(k) 本条約に規定されるところの公衆衛生問題における安全上の共通の関心事項

3〜4 〔略〕

第五条（構成国の政策調整）

1 構成国は、連合内における自らの経済政策を調整する。この目的のため、理事会は、これらの政策のための措置、特に幅広い指針を採択する。
ユーロを通貨とする構成国には、特別の規定が適用される。

2 連合は、特に雇用政策の指針を定めることにより、構成国の雇用政策の調整を確保するための措置を実施する。

3 連合は、構成国の社会政策の調整を確保するために発議することができる。

第六条（調整の範囲） 〔略〕

第二編 一般規定

第七条（活動の一貫性）〜**第一七条**（宗教団体の尊重） 〔略〕

第二部 差別禁止と連合市民権

第一八条（国籍による差別の禁止）〈旧TEC一二条〉

両条約の適用の範囲内において、かつ両条約に特別の定めがある場合を除くほか、国籍に基づく差別を禁止する。

欧州議会及び理事会は、通常立法手続に従い、かかる差別を禁止するための法規を採択することができる。

第一九条（性別、人種又は民族的出身、宗教又は信条、障がい、年齢、性的指向による差別の禁止）〈旧TEC一三条〉

1 両条約の他の規定を妨げることなく、かつ両条約によって連合に付与された権限の範囲内において、理事会は、特別立法手続に従いかつ欧州議会の同意を得た後に、全会一致により、性別、人種又は民族的出身、宗教又は信条、障がい、年齢若しくは性的指向に基づく差別と闘うために、適切な行動をとることができる。

2 1項とは別に、欧州議会及び理事会は、通常立法手続に従い、1項に定める目的の実現に寄与するために、構成国における法令の調整を除き、構成国によってとられる行動を支援するための連合の奨励措置に関する基本原則を採択することができる。

第二〇条（連合市民権）〈旧TEC一七条〉

1 連合市民権をここに創設する。構成国の国籍を有するすべての者は、連合市民となる。連合市民権は、追加的なものであって、構成国の市民権に取って代わるものではない。

2 連合市民は、両条約に定められた権利を享受し、かつ義務を負う。連合市民は、特に次の権利を有する。
(a) 構成国の領域内を自由に移動し、かつ居住する権利
(b) 居住する構成国における国民と同一の条件の下で、欧州議会の選挙及び国内選挙において投票及び立候補する権利
(c) 国籍を有する構成国が代表を置いていない第三国の領域において、代表を置く他のいずれかの構成国の国民と同一の条件の下で、当該構成国の外交及び領事権限上の保護を受ける権利
(d) 欧州議会への請願権、欧州オンブズマンへの請求権、条約のすべての公用語で連合の機

関及び諮問機関に文書を送付し、同じ言葉で返答を得る権利

これらの権利は、両条約及びその下で採択される措置によって定める条件及び制限に従って行使される。

第二一条〈移動・居住の権利〉〈旧TEC一八条〉

1　すべて連合市民は、両条約並びにその実施のために採択された措置に規定される制限及び条件に従い、構成国の領域内において自由に移動し、かつ居住する権利を有する。

2　連合の行動がこの目的達成のために必要であることが証明され、かつ両条約がその必要な権限を規定していない場合には、欧州議会及び理事会は、通常立法手続に従い、1項に定める権利の行使を容易にするための規定を採択することができる。

3　〔略〕

第二二条〈選挙権・被選挙権〉〈旧TEC一九条〉

1　構成国の国民でなくともその構成国内に居住するすべての連合市民は、自らが居住する構成国の地方選挙において、その国の国民と同一の条件の下で、投票し、かつ候補者として立候補する権利を有する。この権利は、理事会が特別立法手続に従い、かつ欧州議会と協議した後、全会一致により採択する実施細目に従って行使される。これらの細目は、構成国に特有な事情により適用を制限することができる。

2　第二二三条1項及びその実施のために採択される規定を妨げることなく、構成国の国民でなくともその構成国内に居住するすべての連合市民は、自らが居住する構成国の欧州議会の選挙において、その国の国民と同一の条件の下で、投票し、かつ候補者として立候補する権利を有する。この権利は、理事会が特別立法手続に従い、かつ欧州議会と協議した後、全会一致により採択する実施細目に従って行使される。これらの細目は、構成国に特有な事情により適用を制限することができる。

第二三条〈第三国における外交・領事保護〉〈旧TEC二〇条〉

すべて連合市民は、国籍を有する構成国が代表を置いていない第三国の領域において、代表を置く他のいずれかの構成国の国民と同一の条件の下で、当該構成国の外交及び領事権限上の保護を受ける権利を有する。

構成国は、必要な規定を採択し、この保護を確保するのに必要な国際交渉を開始する。

理事会は、特別立法手続に従い、かつ欧州議会と協議した後、このような保護を容易にするのに必要な調整及び協力的措置を確立する指令を採択することができる。

第二四条〈請願権〉〜**第二五条**〈報告・権利の強化・付加〉〔略〕

第三部　連合の政策及び域内活動

第一編　域内市場

第二六条〈域内市場の確立〉〈旧TEC一四条〉

1　連合は、両条約の関連規定に従って、域内市場の運営を確立し、又は確保するための措置を採択する。

2〜3　〔略〕

第二七条〈委員会の措置〉〔略〕

第二編　財貨の移動の自由

第二八条〈関税同盟〉〈旧TEC二三条〉

1　連合は、関税同盟を構成する。この関税同盟は、物品の取引全般にわたって適用され、かつ構成国間における輸出入に対する関税及びこれと同等の効果を有するすべての課徴金の禁止並びに第三国に対する共通関税率の採用をその内容とする。

2　〔略〕

第二九条〈共通関税の設定〉〔略〕

第一章　関税同盟

第三〇条〈関税・課徴金の新設禁止〉〈旧TEC二五条〉

輸出入に対する関税及びそれと同等の効果を有する課徴金は、構成国間において禁止される。この禁止は、財政的性質を有する関税にも適用される。

第三一条〈共通関税率の決定〉〈旧TEC二六条〉

共通関税の税率は、委員会の提案に基づき、理事会が決定する。

第三二条〈委員会の留意事項〉〔略〕

第二章　関税協力

第三三条〈関税協力の強化〉〈旧TEC一三五条〉

両条約の適用の範囲内において、欧州議会及び理事会は、通常立法手続に従い、構成国間及び構成国と委員会との間における関税協力を強化するための措置をとる。

第三章　構成国間の数量制限の禁止

第三四条（輸入数量制限の禁止）～**第三七条**（国営独占の調整）〔略〕

第三編　農業と漁業

第三八条（農業・漁業の域内市場）～**第四四条**（相殺課徴金）〔略〕

第四編　人、役務、及び資本の移動の自由

第一章　労働者

第四五条（労働者の移動の自由）〈旧ＴＥＣ三九条〉

1　労働者の移動の自由は、連合内において保障される。

2　この移動の自由は、雇用、報酬その他の労働及び雇用条件に関して、構成国の労働者間の国籍に基づくいかなる差別をも撤廃することを必然的に伴う。

3　移動の自由は、公の秩序、公共の安全又は公衆衛生を理由として正当化される制限を留保して、次の権利を含む。

(a)　実際になされた雇用の申出に応ずる権利

(b)　この目的のために構成国の領域内を自由に移動する権利

(c)　法律、規則又は行政行為によって定められた構成国の国民の雇用を規律する規定に従い、雇用される目的で構成国内に滞在する権利

(d)　構成国の領域内で雇用についた後、委員会が定める規則に規定される条件に従い、その領域内に在留する権利

4　本条の規定は、公務員としての職務の雇用については、適用しない。

第四六条（移動の自由のための措置）〈旧ＴＥＣ四〇条〉

欧州議会及び理事会は、通常立法手続に従い、かつ経済社会評議会と協議した後、特に第四五条に規定される労働者の移動の自由を促進するために必要な指令を発し、又は基準を定める規則を採択する。〔以下省略〕

第四七条（若年労働者の交流）〔略〕

第四八条（移住労働者の社会保障）〈旧ＴＥＣ四二条〉

欧州議会及び理事会は、通常立法手続に従い、労働者の移動の自由を確保するために必要な社会保障の分野において、次のような基準を採択する。この目的のために、欧州議会及び理事会は、移住労働者及び自営の移住労働者並びにその扶養家族を守るべく取決めを行う。

(a)　給付を受ける権利の取得及びその維持並びにその給付の算定のために、各国の国内法に従って考慮されるすべての期間を合算すること

(b)　構成国の領域内に居住する者に対して給付を支払うこと〔以下、略〕

第二章　開業の権利

第四九条（開業の自由）〈旧ＴＥＣ四三条〉

以下に定める規定の枠内において、いずれかの構成国の国民の他の構成国の領域における開業の自由に対する制限は禁止される。この禁止は、いずれかの構成国の国民が他の構成国の領域内で設立する代理店、支店又は子会社の設立に対する制限にも適用される。

開業の自由は、資本に関する本章の規定に従い、開業しようとする構成国の法律によって同国民に適用される条件の下で、自営業者として開業しかつ活動する権利、及び、特に第五四条第二段にいうところの会社又は事務所を設立しかつ経営する権利を含む。

第五〇条（開業の自由に対する制限の撤廃）〈旧ＴＥＣ四四条〉

1　特定の活動に関する開業の自由を確立するために、欧州議会及び理事会は、通常立法手続に従い、かつ経済社会評議会と協議した後、指令を定める。

2　〔略〕

第五一条（公権力活動の適用除外）〔略〕

第五二条（外国人の処遇）〈旧ＴＥＣ四六条〉

1　本章の規定及びその規定に基づいてとられる措置は、公の秩序、公共の安全又は公衆衛生を理由として外国人に対する特別の取扱いを正当化する法律、規則又は行政行為によって定められる規定の適用を妨げるものではない。

2　欧州議会及び理事会は、通常立法手続に従い、右の規定を調整するための指令を定める。

第五三条（自由業の活動容易化）〔略〕

第五四条（会社・企業の地位）〈旧ＴＥＣ四八条〉

構成国の法律に基づいて設立され、かつ定款上の本拠、経営管理の中心又は主たる営業所を連合内に有する会社若しくは企業は、この章の規定の適用上、構成国の国民たる自然人と同等

の待遇を受ける。

会社又は企業とは、協同組合を含む民法又は商法に基づく会社、及び公法又は私法に基づくその他の法人をいい、非営利的な団体を除く。

第五五条（内国民待遇）〈旧TEC二九四条〉

構成国は、両条約の他の規定の適用を妨げることなしに、第五四条の意味における会社又は企業の資本参加に関して、他の構成国の国民に対し、自国民と同等の取扱いを認めなければならない。

第三章　役務

第五六条（役務提供の自由）〈旧TEC四九条〉

以下の規定の枠内において、連合内における役務提供の自由に対する制限は、役務が提供されようとしている人が属するのとは異なる構成国で役務を提供する構成国の国民について禁止される。

欧州議会及び理事会は、通常立法手続に従い、本章が規定する利益を連合内に居住しかつ役務を提供する第三国国民にも及ぼすことができる。

第五七条（役務の定義）〈旧TEC五〇条〉

商品、資本及び人の移動の自由に関する規定によって規制されない限り、通常報酬を対価として提供される役務を両条約にいう役務とみなす。役務は、特に次のものを含む。

(a)　工業的性格の活動

(b)　商業的性格の活動

(c)　職人的な活動

(d)　自由業の活動

開業の権利に関する章の規定を妨げることなく、役務の提供者は、役務を提供するため、役務の提供が行われる構成国において、その国が自国の国民に対して課すのと同一の条件の下で、一時的に活動を行うことができる。

第五八条（輸送・金融・保険の自由化）～**第六二条**（適用範囲）〔略〕

第四章　資本及び支払

第六三条（資本の移動の自由に対する制限の禁止）〈旧TEC五六条〉

1　本章に定める規定の枠内において、構成国間及び構成国と第三国との間の資本の移動に関するすべての制限は禁止される。

2　本章に定める規定の枠内において、構成国間及び構成国と第三国との間の支払に関するすべての制限は禁止される。

第六四条（第三国への制限の禁止）～**第六六条**（セーフガード）〔略〕

第五編　自由、安全及び司法の分野

第一章　一般規定

第六七条（自由、安全及び司法の分野の確立）〈旧TEC六一条及び旧TEU二九条〉

1　連合は、基本権及び構成国の相異なる法制度並びに伝統を尊重しつつ、自由、安全及び司法の分野を確立する。

2　連合は、人に対する域内国境管理の廃止を確保し、構成国間の連帯に基づいて難民の庇護、移住及び対外国境管理に関する共通政策の枠組を構築し、第三国国民に対し公平に接するものとする。本編の目的に関して、無国籍者は第三国国民として扱われる。

3　連合は、犯罪、人種差別主義及び外国人排斥主義を抑止しかつ制圧する措置、警察及び司法機関並びに他の権限ある機関間の調整及び協力のための措置、及び刑事事件に関する判決の相互承認、必要な場合には、刑事法の近似化の措置を通して、高い水準の安全の確保に努める。

4　連合は、特に民事分野における裁判上又は裁判外の決定の相互承認の原則を通じて、司法制度へのアクセスを促進する。

第六八条（戦略的指針の策定）

欧州理事会は、自由、安全及び司法の分野における立法及び運営計画に関する戦略的指針を定める。

第六九条（補完性の原則）～**第七一条**（常設委員会の設置）〔略〕

第七二条（構成国の措置への影響）

本編は、法と秩序の維持及び域内の安全保障について、構成国が負う責任の遂行に影響を及ぼすものではない。

第七三条（構成国間の協力調整）～**第七四条**（理事会による行政協力の確保）〔略〕

第七五条（テロリズム等への防止措置）〈旧TEC六〇条〉

テロリズム及びそれに関連する活動の防止及びそれらとの闘いに関して、第六七条に定める目的を達成するのに必要な場合、欧州議会及び理事会は、通常立法手続に従って規則を制定することにより、自然人又は法人、団体又は非国家団体によって所有されるか若しくは保持される資金、金融資産又は経済的利得の凍結のような資本移動及び支払についての行政的措置の枠組を定める。

理事会は、委員会の提案に基づき、1項に規定する枠組を履行するための措置を採択する。

本条に定める法行為は、法的保護に関する必要な規定を含む。

第七六条（行政的協力の採択方法）〔略〕

第二章　国境管理、難民庇護及び移住に関する政策

第七七条（国境管理）〈旧TEC六二条〉

1　連合は、次の目的のために政策を発展させる。

(a)　域内の国境を通過する場合、国籍にかかわらず、人に対するいかなる管理も行わないことの確保

(b)　対外国境を通過する人に対する審査及び効率的な監視の実施

(c)　対外国境の統一された管理システムの漸次的な導入

2　第1項の目的のために、欧州議会及び理事会は、通常立法手続に従って、次の措置をとる。

(a)　査証及び他の短期在住許可に関する共通政策

(b)　対外国境を越えて入国する者が受けなければならない検査

(c)　第三国国民が、短期間、連合域内を自由に旅行するための条件

(d)　対外国境の統一された管理システムの漸次的な導入に必要な措置

(e)　域内の国境に入った際、国籍に関わりなく、その者に対しいかなるコントロールも行わない

3　連合による行動が第二〇条2項(a)に規定される権利の行使を促進するのに必要で、かつ両条約が必要な権限を規定していない場合には、理事会は、特別立法手続に従い、旅券、身分証明書、在住許可あるいはその他のかかる文書に関する規定を採択できる。理事会は、欧州議会と協議後、全会一致により採択する。

4　この規定は、国際法に従って、地理的国境に関する構成国の権限に影響を与えるものではない。

第七八条（難民庇護の措置）〈旧TEC六三条(1)、(2)及び六四条二項〉

1　連合は、国際的保護を求める第三国国民に対して適当な地位を付与し、かつノン・ルフールマン原則の遵守を保証するという視点から難民庇護、補完的保護及び一時的保護に関する共通の政策を発展させる。この政策は、一九五一年七月二八日のジュネーブ条約及び難民の地位に関する一九六七年一月三一日の議定書並びにその他の関連する条約に従うものでなければならない。

2　第1項の目的のために、欧州議会及び理事会は、通常立法手続に従い、次のことを含む共通の欧州庇護制度に関する措置を採択する。

(a)　連合全域において有効な、第三国国民に対する統一的な庇護の地位

(b)　ヨーロッパで庇護を受けていないが、国際的保護を必要とする第三国国民に対する統一的な補完的保護の地位

(c)　大量の避難民の流入に対する一時的保護のための共通の制度

(d)　統一的な難民庇護又は補完的保護の付与及び取消しに関する共通の手続

(e)　個々の難民庇護又は補完的保護申請の審査に関して、どの構成国が責任を負うかについて決定するための基準と方法

(f)　難民庇護又は補完的保護申請を受け入れるための条件に関する基準

(g)　難民庇護、補完的保護又は一時的保護申請者の流入を管理する目的のための第三国との連携及び協力

3　一又はそれ以上の構成国が第三国国民の突然の流入によって特徴づけられるような緊急事態に直面した場合には、理事会は、委員会の提案に基づき、当該構成国の利益のために暫定的な措置を採択することができる。その場合、理事会は、欧州議会と協議した後にこれを行う。

第七九条（共通の移民政策）〈旧TEC六三条(3)及び(4)〉

1　連合は、移民流入の効果的な管理、構成国に合法的に居住している第三国国民の公正な処遇、及び不法入国及び人身売買を防ぎ、かつそれらと闘うための措置を確保することを目的として、あらゆる場面における共通の移民政策を発展させる。

2　第1項の目的のために、欧州議会及び理事会は、通常立法手続に従い、次の分野における措置を採択する。

(a)　入国及び居住の要件、家族の再会のための要件も含む長期滞在査証及び在留許可を構成国が発給する基準

(b)　他の構成国における移動及び居住の自由を管理する条件を含め、当該構成国に合法的に居住する第三国国民の権利の定義

(c)　許可なく居住する者の国外退去及び本国送

還を含む不法入国及び不法滞在
(d) 特に女性及び子どもを含む人身売買取引に対する闘い

3 連合は、構成国の領域への入国、滞在又は居住の条件を満たさないか若しくは満たさなくなった第三国国民について、その者の出生国又は出身国への再入国について、当該第三国と協定を締結することができる。

4 欧州議会及び理事会は、通常立法手続に従い、構成国の法令との調和を考慮することなく、合法的に構成国域内に居住する第三国国民の統合を推進するために、構成国の行動に刺激を与えかつ支援する措置をとることができる。

5 本条は、雇用としてであれ又は自営であれ、求職のため第三国から構成国の域内へやってくる第三国国民の入国許可の人数を決める当該構成国の権利に影響を与えるものではない。

第八〇条（連帯及び公平な分担の原則）

本章に述べられた連合の政策及びその実施は、財政的な実施を含めて、連帯及び責任の公平な分担の原則によって行われる。必要に応じて、本章に従って採択される連合の法行為は、この原則の結果を導く適切な措置を含む。

第三章　民事事件における司法的協力

第八一条（民事分野における司法協力）〈旧TEC六五条〉

1 連合は、判決及び裁判外の決定の相互承認の原則に基づき、国境を越えた民事事件における司法協力を発展させる。この協力は、構成国の法令の近似化のための措置の採択を含む。

2〜3 〔略〕

第四章　刑事事件における司法協力

第八二条（刑事分野における司法協力）〈旧TEU三一条〉

1 連合内の刑事事件についての司法協力は、判決及び裁判所の決定の相互承認の原則に基づき、本条第2項及び第八三条に定める分野における構成国の法令の近似化を含む。

欧州議会及び理事会は、通常立法手続に従い、次の措置を採択する。

(a) 連合全体を通じてあらゆる形態の判決及び裁判所の決定の承認を確保するための法規と手続を定めること

(b) 構成国間における管轄権の抵触を防止し、解決すること

(c) 裁判官及び司法職員の研修を支援すること

(d) 刑事事件の審理及び決定の執行に関して、構成国の司法当局又はこれと同等の機関の間における協力を促進すること

2 国境を越えた刑事事件における判決及び裁判所の決定並びに警察及び司法協力を促進するのに必要な範囲で、欧州議会及び理事会は、通常立法手続に従って採択された指令により、最小限の法規を制定することができる。これらの法規は、構成国間の法的伝統及び制度の相違を考慮する。

これらの法規は、次の分野に関連する。

(a) 構成国間における証拠の相互承認

(b) 刑事手続における個人の権利

(c) 犯罪被害者の権利

(d) 理事会が決定によって事前に明確にした刑事手続に関するその他のあらゆる特有な状況。決定の採択に際して、理事会は、欧州議会の同意を得た後、全会一致によってこれを決議する。

本項にいう最小限の法規の採択は、構成国が個人のより高い水準の保護を維持し、又は導入することを妨げるものではない。

3 〔略〕

第八三条（犯罪及び刑罰の定義に関する法規）〈旧TEU三一条〉

1 欧州議会及び理事会は、通常立法手続に従って採択された指令により、刑事犯罪の性質若しくはその影響、又は共通の基盤に基づいて犯罪に対処する特別な必要性から国境を越えた特に重大な犯罪の分野における刑事犯罪及び刑罰の定義に関する最小限の法規を定めることができる。

これらの犯罪の分野は次の事柄である。テロリズム、人身売買、女性及び子どもの性的搾取、麻薬の違法取引、武器の違法取引、資金洗浄、汚職、支払手段の偽造、コンピューター犯罪並びに組織犯罪。

犯罪の広がりに鑑みて、理事会は、本項で定める基準を満たすところの他の犯罪分野を特定する決定を採択することができる。理事会は、欧州議会の同意を得た後、全会一致により議決する。

2〜3 〔略〕

第八四条（行動の促進、支援措置）〔略〕

第八五条（欧州司法機構〈ユーロジャスト〉）〈旧TEU三一条〉

1 欧州司法機構の任務は、構成国の機関当局及び欧州刑事警察機構（ユーロポール）の指揮に

基づく行動並びに提供される情報に基づき、二か国又はそれ以上の構成国に影響を与えるか、若しくは共通の基盤に基づいて訴追を求める重大な犯罪に関して、構成国の捜査及び訴追機関相互間の調整と協力を支援し、かつ強化することにある。

　これに関連して、欧州議会及び理事会は、通常立法手続に従い採択される規則によって、欧州司法機構の組織、運営、活動及び任務の範囲を定める。これらの任務は、次のものを含むことができる。

(a)　犯罪捜査、特に連合の財政的利益に対する犯罪捜査の開始、同様に構成国の国内当局による訴追開始の提案

(b)　(a)に定める捜査及び訴追の調整

(c)　管轄の抵触の解決及び欧州司法ネットワークとの密接な協力を含む司法協力の強化

　これらの規則は、欧州司法機構の活動の評価において欧州議会及び構成国の国内議会を関与させることの取決めについても定める。

2　第1項にいう訴追について、第八六条を妨げることなく、正式な司法手続は、構成国の権限を有する公務員により遂行される。

第八六条（欧州検察局）

1　連合の財政上の利益に影響を与える犯罪に対処するために、理事会は、特別立法手続に従って採択される規則により、欧州司法機構に欧州検察局を設置することができる。理事会は、欧州議会の同意を得た後、全会一致によりこれを議決する。〔以下、略〕

2　欧州検察局は、1項で規定される規則で定められるように、適当な場合には欧州司法機構と連携し、連合の財政上の利益に対する犯罪者及び共犯者の捜査、訴追及び判決を受けさせることに責任を負う。欧州検察局は、当該犯罪に関して、構成国の権限を有する裁判所において検察官の役目を果たす。

3～4　〔略〕

第五章　警察協力

第八七条（警察協力の構築）〈旧TEU三〇条〉

1　連合は、刑事犯罪の防止、探知及び捜査に関係する警察、税関及びその他の専門的な法執行機関を含む、構成国のすべての権限ある機関当局との警察協力を構築する。

2～3　〔略〕

第八八条（欧州刑事警察機構〈ユーロポール〉）〈旧TEU三〇条〉

1　欧州刑事警察機構の任務は、構成国の警察機関及び他の法執行機関による活動、並びに、二あるいはそれ以上の構成国に影響を及ぼす重大犯罪、テロリズム及び連合の政策によって保護される共通の利益に影響を及ぼす犯罪を防止し、除去するためのそれらの相互協力を支援しかつ強化することにある。

2　欧州議会及び理事会は、通常立法手続に従って採択される規則により、欧州刑事警察機構の組織、運営、活動及び任務の範囲を定める。これらの任務は、次の事柄を含むことができる。

(a)　情報、特に構成国又は第三国の当局若しくは機関から提供される情報の収集、保管、処理、分析及び交換

(b)　欧州司法機構と適宜連携し、構成国の権限ある機関との共同で、又は合同捜査チームによって行われる捜査及び実践活動の調整、組織化及び実施

　これらの規則は、構成国の国内議会と共同で行われる欧州議会による欧州刑事警察機構の活動に対する審査手続をも定める。

3　欧州刑事警察機構によるいかなる活動も、構成国の当局又は当該領域国との連携及び同意により実施されなければならない。強制措置の適用は、権限を有する国内当局の排他的責任に属する。

第八九条（当該国との連携）〔略〕

第六編　運輸

第九〇条（共通運輸政策）～**第一〇〇条**（適用対象の範囲）〔略〕

第七編　競争、租税及び法の近接に関する共通法規

第一章　競争に関する法規

第一〇一条（競争阻害行為の禁止）～**第一〇九条**（理事会の規則）〔略〕

第二章　租税に関する規定

第一一〇条（内国税に対する規制）〈旧TEC九〇条〉

　構成国は、直接又は間接であるとを問わず、他の構成国の産品に対して、同種の国内産品に直接又は間接に課せられる内国税よりも高いいかなる種類の内国税も課してはならない。

さらに、構成国は、他の産品を間接的に保護するような性質の内国税を他の構成国の産品に対して課してはならない。

第一一一条（課税払戻しの禁止）～**第一一三条**（間接税の調和）〔略〕

第三章　法の近似化

第一一四条（構成国国内法制の近似化）～**第一一八条**（欧州知的財産権の創設権限）〔略〕

第八編　経済及び通貨政策

第一一九条（経済・通貨政策）〈旧TEC四条〉

1　欧州連合条約第三条に定める目的のために、構成国及び連合の活動は、両条約に定めるところにより、構成国の経済政策の緊密な調整、域内市場及び共通目標の決定に基づき、かつ自由競争を伴う開放市場経済の原則に従って行われる経済政策の採択を含む。

2　前項とともに、両条約の規定及びそれらに定められる手続に従い、これらの活動は、単一通貨ユーロ並びに単一通貨政策及び為替相場政策の策定と実施を含むものである。また、これら二つの措置の主要な目的は、物価の安定を維持し、かつこの目的を妨げることなく、自由競争を伴う開放市場経済の原則に従って、連合における一般経済政策を支援することにある。

3　構成国及び連合によるこれらの活動は、価格の安定、健全な公共財政及び通貨状況、並びに持続可能な国際収支の均衡という諸原則を遵守して行われる。

第一章　経済政策

第一二〇条（構成国の経済政策）～**第一二六条**（過剰な財政赤字の是正）〔略〕

第二章　通貨政策

第一二七条（通貨政策の調整）〈旧TEC一〇五条〉

1　欧州中央銀行制度（以下「ESCB」という）の主要な目的は、物価安定の維持にある。物価安定という目的を妨げることなく、ESCBは、連合の一般経済政策を支援する。ESCBは欧州連合条約第三条に定める連合の目的の達成に寄与するために、資源の効果的な配分を促進する自由競争を伴った市場開放経済の原則に従い、また第一一九条に定められる原則を遵守して活動する。

2～6　〔略〕

第一二八条（ユーロ銀行券、硬貨の発行）〈旧TEC一〇六条〉

1　欧州中央銀行は、連合におけるユーロ銀行券の発行を許可する排他的権限を有する。欧州中央銀行及び各国中央銀行は、この銀行券を発行することができる。欧州中央銀行及び各国中央銀行が発行する銀行券は、連合内において法的通貨の地位を有する唯一の銀行券である。

2　構成国は、その発行量について欧州中央銀行の承認を得て、ユーロ硬貨を発行することができる。理事会は、委員会の提案に基づき、かつ欧州議会及び欧州中央銀行との協議の後、連合内における円滑な流通を可能にするのに必要な範囲で、流通のために意図されたすべての硬貨の単位名称及び技術的仕様を調和させるための措置を採択することができる。

第一二九条（欧州中央銀行制度の運営）～**第一三一条**（国内中央銀行とESCB及びECB規程の合致）〔略〕

第一三二条（欧州中央銀行）〈旧TEC一一〇条〉

1　欧州中央銀行は、ESCBに委ねられた職務を遂行するために、両条約の規定に従い、かつESCB及びECBの定める条件の下で、次のことを行う。〔以下、略〕

2　欧州中央銀行は、決定、勧告及び意見の公表を決定することができる。

3　欧州中央銀行は、理事会が第一二九条4項に定められる手続に従って採択する限度の範囲内及び条件の下で、その規則及び決定により生じる義務を履行しない企業に対して、罰金又は定期的な過料の支払いを科す権限を有する。

第一三三条（ユーロの使用措置）

欧州中央銀行の権限を妨げることなく、欧州議会及び理事会は、通常立法手続に従い、単一通貨としてのユーロの使用に必要な措置を定める。このような措置は、欧州中央銀行との協議の後、採択される。

第三章　制度に関する規定

第一三四条（経済金融評議会）～**第一三五条**（勧告又は提案の要求）〔略〕

第四章　ユーロを通貨とする構成国への特別規定

第一三六条（経済通貨同盟についての特別措置）～**第一三八条**（共通の立場の確立）〔略〕

第五章　経過規定

第一三九条（適用除外構成国への措置）〜**第一四四条**（保護措置）〔略〕

第九編　雇用

第一四五条（目的）〈旧TEC一二五条〉
構成国及び連合は、本編に従い、欧州連合条約第三条に定められる目的を達成するために、雇用、並びに、特に経済変化に対応し得る熟練の訓練を受けた適応能力のある労働力及び労働市場を促進するための協力的戦略の発展を目指して行動する。

第一四六条（目的の達成）〈旧TEC一二六条〉
1　構成国は、自らの雇用政策全般を通じて、構成国及び第一二一条2項に従って採択された連合の経済政策の幅広い指針に合致する方法で、第一四五条に定める目的の達成に貢献する。
2　構成国は、第一四八条の規定に従って労使の責任に関する国内における慣行を考慮しつつ、雇用の促進を共通の関心事項として捉え、かつ、理事会内において、このような視点から自らの行動を調整する。

第一四七条（協力の奨励、支援）〜**第一五〇条**（雇用評議会）〔略〕

第一〇編　社会政策

第一五一条（連合の社会政策）〈旧TEC一三六条〉
連合及び構成国は、一九六一年一〇月一八日ツーリン〔トリノ〕で調印された欧州社会憲章及び労働者の基本的社会権に関する一九八九年共同体憲章において定められた基本的社会権に留意し、改善を維持しながらの均質化、適正な社会的保護、労使の対話を可能にするために、雇用の促進すなわち生活及び労働条件の改善、高い水準の雇用を継続するための人的資源の開発、及び社会的排除との闘いを自らの目的とする。
このため、連合及び構成国は、特に契約関係の分野における国内慣行の多様な形態、及び連合経済の競争力を維持することの必要性を考慮した措置を実施する。
両者は、このような発展が社会制度の調和を好む域内市場の運営からだけでなく、両条約により定められる手続、及び、法律、規則又は行政行為により定められる規定の近似化からも確保されるものと確信する。

第一五二条（労使の役割）〜**第一五七条**（男女同一賃金）〔略〕

第一五八条（有給休暇制度の維持）〈旧TEC一四二条〉
構成国は、有給休暇制度について現在存するのと同等の価値を維持するよう努める。

第一五九条（報告書の作成）〜**第一六一条**（社会情勢の報告）〔略〕

第一一編　欧州社会基金

第一六二条（欧州社会基金の創設）〜**第一六四条**（実施規則の採択）〔略〕

第一二編　教育、職業訓練、青年及びスポーツ

第一六五条（連合の教育政策）〜**第一六六条**（職業訓練）〔略〕

第一三編　文化

第一六七条（連合の文化政策）〔略〕

第一四編　公衆衛生

第一六八条（連合の公衆衛生政策）〔略〕

第一五編　消費者保護

第一六九条（連合の消費者保護政策）〔略〕

第一六編　欧州横断ネットワーク

第一七〇条（欧州横断ネットワークの構築）〜**第一七二条**（指針の採択）〔略〕

第一七編　産業

第一七三条（連合の産業政策）〔略〕

第一八編　経済的、社会的及び地域的結合

第一七四条（結合の強化）〜**第一七八条**（実施措置）〔略〕

第一九編　研究、技術開発及び宇宙

第一七九条（連合の競争力の強化）～第一九〇条（報告書の提出）〔略〕

第二〇編　環境

第一九一条（連合の環境政策）～第一九三条（構成国のより厳格な措置）〔略〕

第二一編　エネルギー

第一九四条（連合のエネルギー政策）〔略〕

第二二編　観光

第一九五条（連合の観光政策）〔略〕

第二三編　市民の保護

第一九六条（災害の防止・救護活動）〔略〕

第二四編　行政の協力

第一九七条（行政協力）〔略〕

第四部　海外の国及び領域との連携

第一九八条（連携の構築）～第二〇四条（グリーンランドに関する規定）〔略〕

第五部　連合の対外行動

第一編　連合の対外活動に関する一般規定

第二〇五条（連合の対外行動）

国際的な場面における連合の活動は、この部に従い、諸原則に導かれ、諸目的を追求し、かつ、欧州連合条約第五編第一章に定める一般規定に従って実施される。

第二編　共通の通商政策

第二〇六条（共通通商政策）

連合は、第二八条乃至第三二条に従って関税同盟を設立することにより、共通の利益の中で、世界的な貿易の調和的発展、国際取引及び海外からの直接投資に対する制限の段階的廃止、並びに関税及び他の障壁の引き下げに寄与する。

第二〇七条（履行措置）〔略〕

第三編　第三国との協力及び人道援助

第一章　開発協力

第二〇八条（連合の開発協力政策）～第二一一条（国際組織との協力）〔略〕

第二章　第三国との経済、財政及び技術協力

第二一二条（第三国との協力）～第二一三条（緊急の財政援助）〔略〕

第三章　人道援助

第二一四条（人道援助）

1　人道援助の分野における連合の活動は、連合の対外的行動の原則及び目的の枠内で実施される。このような活動は、異なる状況から生ずる人道上の必要に応えるため、自然災害又は人為的災害の犠牲者となっている第三国国民の臨時的支援、救助、及び保護を目的とする。連合の措置と構成国の措置は、相互に補完し合い、かつ強化するものである。

2　人道援助活動は、国際法の諸原則、並びに、公平、中立及び無差別の諸原則に従って行われる。

3　欧州議会及び理事会は、通常立法手続に従い、連合の人道援助活動が実施される枠組を定める措置をとる。

4　連合は、第三国及び権限を有する国際組織との間で、1項及び欧州連合条約第二一条に定める目的を達成するための助けとなる協定を締結することができる。

1項は、国際機関と交渉しかつ協定を締結する構成国の権限を妨げるものではない。

5　欧州の青少年たちが連合の人道援助活動へ共同で貢献するための枠組を確立するために、欧州ボランティア人道援助隊を設立する。欧州議会及び理事会は、通常立法手続に従い、同援助隊の活動に関する規則及び手続を定める。

6　委員会は、連合と国内の人道援助措置の効率性及び補完性を向上させるために、連合の活動及び構成国の活動と間の調整を促進するのに有

用ないかなる発議をも行うことができる。

7　連合は、自らの人道援助活動が特に国際連合体制の一部を形成する国際組織及び機関の活動と調和し、かつ整合することを確保する。

第四編　制限措置

第二一五条（理事会の緊急措置）〔略〕

第五編　国際協定

第二一六条（国際協定の締結）

1　連合は、両条約がそのように規定する場合、若しくは、協定の締結が、連合の政策の枠内において、両条約に規定される目的の一つを達成するために必要である場合、法的拘束力を有する連合の法令に規定されている場合、共通の法規に影響を及ぼす場合、又はその範囲を変更する場合において、一又はそれ以上の第三国若しくは国際組織との間で協定を締結することができる。

2　連合が締結した協定は、連合の機関及び構成国を拘束する。

第二一七条（協定締結権）〈旧ＴＥＣ三一〇条〉

連合は、一又はそれ以上の第三国若しくは国際組織との間で、相互的権利義務、共同行動及び特別手続を含む提携関係を創設する協定を締結することができる。

第二一八条（協定の締結手続）～**第二一九条**（為替相場の協定）〔略〕

第六編　連合の国際組織、第三国との関係及び連合の代表団

第二二〇条（国際組織との関係）〈旧ＴＥＣ三〇二～三〇四条〉

1　連合は、国際連合及びその専門機関、欧州評議会、欧州安全保障協力機構、並びに経済協力開発機構との間において、あらゆる適当な形態の協力関係を確立する。

連合は、同様に他の国際組織とも適当な関係を維持する。

2　連合外交安全保障政策上級代表及び委員会は、本条を履行する。

第二二一条（連合の代表団）

1　第三国及び国際組織における連合の代表団は、連合を代表する。

2　連合の代表団は、連合外交安全保障政策上級代表の権限の下に置かれる。連合の代表団は、構成国の外交使節団及び領事使節団と密接に協力して行動する。

第七編　連帯条項

第二二二条（連帯条項）

1　連合及び構成国は、構成国がテロ攻撃の対象となり、若しくは自然災害又は人為的災害の犠牲となった場合には、連帯の精神によって共同して行動する。連合は、構成国によって使用可能となる軍事的資源も含め、次の事柄に対し、あらゆる手段を用いる。

(a)　―構成国の領域内におけるテロリストの脅威の防止

―テロ攻撃からの民主的制度及び文民の保護

―テロ攻撃が発生した場合において、当該構成国の政府機関の要請に基づき、同地域において構成国を支援すること

(b)　自然災害又は人為的災害が発生した場合において、当該構成国の政府機関の要請に基づき、同地域において構成国を支援すること

2　構成国がテロ攻撃の対象となり、若しくは自然災害又は人為的災害の犠牲となった場合、他の構成国は当該構成国の政府機関の要請に基づき支援する。この目的のため、構成国は、理事会において相互間で調整を行う。

3　連合による連帯条項の実施のための取決めは、委員会及び連合外交安全保障政 策上級代表による共同提案に基づき、理事会によって採決された決定により定められる。理事会は、この決定が防衛的措置を伴う場合には、欧州連合条約第三一条1項に従って行動する。欧州議会は情報の提供を受ける。

理事会は、本項の目的のために、また第二四〇条を妨げることなく、共通安全保障防衛政策の関係で設置された組織の支えを持つ政治安全保障委員会及び第七一条に定められた委員会の支援を受ける。二つの委員会は、必要な場合、共同で意見を提出する。

4　欧州理事会は、連合及び構成国が効果的な行動をとることを可能にするために、連合が直面する脅威についての評価を定期的に行う。

第六部　機構及び財政規定

第一編　機関に関する規定

第一章　諸機関

第一節　欧州議会

第二二三条（欧州議会）〈旧TEC一九〇条四項及び五項〉

1　欧州議会は、すべての構成国における統一された手続又はすべての構成国に共通の原則に従い、直接普通選挙による欧州議会の議員選挙に必要な規定の議案を策定する。

理事会は、特別立法手続に従い、かつ欧州議会議員の過半数による欧州議会の同意を得た後、全会一致により必要な規定を定める。これらの規定は、各構成国の憲法上の要件に従って構成国による承認を得た後に、効力を生ずる。

2　欧州議会は、委員会の意見を求め、かつ理事会の承認を得た後、特別立法手続に従い、自らの発議に基づき、規則により、欧州議会議員の義務の履行に関する規則及び一般的条件を定める。現職の議員又は前議員の課税に関するすべての法規又は条件は、理事会の全会一致を必要とする。

第二二四条（欧州規模の政党）〈旧TEC一九一条第二段〉

欧州議会及び理事会は、通常立法手続に従い、規則により、欧州連合条約の第一〇条4項に定める欧州規模での政党に関する規則、特に政党の資金に関する規定を定める。

第二二五条（法案提出請求権）～**第二二六条**（臨時調査委員会の設置）〔略〕

第二二七条（請願権）〈旧TEC一九四条〉

すべての連合市民、及び構成国内に居住する自然人又は法人、若しくは登記上の事務所を有する法人は、連合の活動分野に属しかつ自らに直接影響を及ぼす事柄について、個人で、又は他の市民若しくは法人と共同して、欧州議会に請願を行う権利を有する。

第二二八条（欧州オンブズマン）〈旧TEC一九五条〉

1　欧州議会により選ばれた欧州オンブズマンは、欧州司法裁判所が司法的役割を担う場合を除いて、連合の機関、団体、部局又は庁の活動における不当な行政行為について、すべての連合市民、及び、構成国内に居住する自然人又は法人、若しくは登記上の事務所を有する法人からの不服申立てを受け付ける権限を有する。

欧州オンブズマンは、自らの職責に従い、申し立てられた事実が司法手続の対象であるか、又はすでに司法手続に服している場合を除いて、自らの発議によって、若しくは、自らに直接又は欧州議会の議員を通じて提出された不服申立てに基づいて、それに理由があると認めたものについて調査を行う。欧州オンブズマンが不当な行政行為を確認した場合には、欧州オンブズマンは当該案件に関係する機関、団体、部局又は庁にこれを通知し、当該関係機関は三か月以内に自らの見解を回答する。欧州オンブズマンは、その後、欧州議会及び当該関係機関に報告書を送付する。不服申立人は、審査の結果について通知される。

欧州オンブズマンは、審査の結果について欧州議会に年次報告書を提出する。

2～4〔略〕

第二二九条（会期）〈旧TEC一九六条〉

欧州議会は、毎年一回、常会を開催する。それは、招集の求めなしに、三月の第二火曜日に開催される。

欧州議会は、欧州議会議員の過半数による要請、又は理事会若しくは委員会の要請があった場合には、臨時会を招集することができる。

第二三〇条（委員会、欧州理事会、理事会の関与）〈旧TEC一九七条二、三及び四段〉

委員会は、欧州議会のすべての会議に出席することができ、かつ、自らの要請により、意見を聴取される。

委員会は、欧州議会又はその議員による質問に対し、口頭又は書面により回答する。

欧州議会及び理事会は、欧州理事会の手続規則及び理事会の手続規則の定める条件に従い、欧州議会により意見を聴取される。

第二三一条（表決、定足数）〈旧TEC一九八条〉

欧州議会は、両条約に別段の定めがない限り、投票数の過半数により議決を行う。

定足数は、手続規則により定める。

第二三二条（手続規則）～**第二三四条**（委員会の総辞職）〔略〕

第二節　欧州理事会

第二三五条（欧州理事会）

1　投票が行われる場合、欧州理事会のいずれの構成員も一人を超えない他の構成員のために投票することができる。

欧州理事会が特別多数決により議決するときには、欧州連合条約第一六条4項及び本条約の

第二三八条2項が適用される。欧州理事会が投票により決定する場合は、議長及び委員会委員長は投票に参加しない。

出席した構成員又はその代理による棄権は、欧州理事会による全会一致を必要とする議決の採択を妨げない。

2 欧州理事会は、意見聴取のために欧州議会の議長を招くことができる。

3 欧州理事会は、手続事項及びその手続規則の採択について、単純多数決でこれを決定する。

4 欧州理事会は、理事会事務局による補佐を受ける。

第二三六条（理事会編成の方式）〔略〕

第三節 理事会

第二三七条（理事会の開催）〈旧TEC二〇四条〉

理事会は、議長自らの発議、又は理事会の構成員若しくは委員会の要請に基づき、議長が招集したときに開催する。

第二三八条（表決）〈旧TEC二〇五条〉

1 理事会は、単純多数決による決定が求められている場合、理事会は、その構成員の過半数により議決する。

2～3 〔略〕

4 出席した構成員又はその代理による棄権は、理事会による全会一致を必要とする議決の採択を妨げない。

第二三九条（代理投票）～**第二四三条**（報酬の決定）〔略〕

第四節 委員会

第二四四条（委員の選出）

委員会の委員は、欧州連合条約第一七条5項に従い、欧州理事会が全会一致により確立した輪番制度及び次の原則に基づいて選出される。

(a) 構成国は、自国民が委員会の委員となる順番及びその任期の決定に関して、厳格に平等な立場で扱われる。したがって、いずれの二つの構成国の国民による在任期間の合計の差も、一期を超えてはならないものとする。

(b) (a)に従い、それぞれの次期後継委員会は、すべての構成国の人口及び地理的範囲を十分に反映して構成される。

第二四五条（委員の義務）～**第二四九条**（手続規則の制定）〔略〕

第二五〇条（表決、定足数）〈旧TEC二一九条〉

委員会は、委員の多数決により議決する。定足数は、委員会の手続規則によって定める。

第五節 欧州連合司法裁判所

第二五一条（司法裁判所の構成）〈旧TEC二二一条〉

司法裁判所は、欧州司法裁判所規程の目的を定めた規定に従い、小法廷又は大法廷を開廷する。

同規程に定めのある場合、司法裁判所は、同様に全員法廷として開廷することができる。

第二五二条（法務官）〈旧TEC二二二条〉

司法裁判所は、八名の法務官の補佐を受ける。司法裁判所の要求がある場合、理事会は、全会一致の決定により法務官の数を増員することができる。

法務官の職務は、欧州司法裁判所規程に従ってその関与が求められている事案に関し、完全に公平かつ独立した立場から、理由を付した意見を公開の法廷において提出することにある。

第二五三条（裁判官・法務官の資格、任期）〈旧TEC二二三条〉

司法裁判所の裁判官及び法務官は、その独立性に疑いがなく、かつそれぞれの国において最高の司法上の職務に任ぜられるのに必要な資格を有する者、又は有能な法学者として認められる者のうちから選ばれる。これらの者は、第二五五条に定める資格審査委員会の協議の後、構成国政府の合意により、任期を六年とし、任命される。

欧州司法裁判所規程に定める条件に従い、三年ごとに一部の裁判官及び法務官が交代する。

司法裁判所の裁判官は、その中の裁判官のうちから、任期を三年とし、司法裁判所長官を選出する。司法裁判所長官は再選されることができる。

退任する裁判官及び法務官は、再任されることができる。

司法裁判所は、裁判所書記を任命し、かつその職務規則を定める。

司法裁判所は、自らの手続規則を制定する。この手続規則は、理事会の承認を必要とする。

第二五四条（一般裁判所の構成）〈旧TEC二二四条〉

一般裁判所の裁判官の数は、欧州司法裁判所規程により定められる。同規程は、一般裁判所が法務官の補佐を受けることを定めることができる。

一般裁判所の構成員は、その独立性に疑いがなく、かつ、上級の司法官に任ぜられるのに必要な能力を有する者から選任される。構成員は、第二五五条に定める資格審査委員会の協議の後、構成国政府間の共通の合意により任期を六年とし、任命される。構成員は、三年ごとにその一部が交代する。退任する裁判官は、再任されることができる。

一般裁判所の裁判官は、その中の裁判官のうちから、任期を三年とし、一般裁判所長官を選出する。一般裁判所長官は再選されることができる。

一般裁判所は、裁判所書記官を任命し、かつその職務規則を定める。

一般裁判所は、司法裁判所との合意により、手続規則を制定する。これらの規則は、理事会の承認を必要とする。

欧州司法裁判所規程に別段の定めがない限り、司法裁判所に関する両条約の規定は、一般裁判所に適用される。

第二五五条（裁判官の資格審査委員会）

構成国の政府が第二五三条及び第二五四条に定める任命を行う前に、司法裁判所及び一般裁判所の裁判官及び法務官の任務を遂行する候補者の適性に関する意見を提出するために、資格審査委員会が設置される。

資格審査委員会は、司法裁判所及び一般裁判所の元構成員、国内の最高裁判所の構成員並びに有能な法律家として認められる者の中から選出される七名によって構成され、そのうちの一名は欧州議会が提案する。理事会は、資格審査委員会の運営規則を定める決定及びその構成員を任命する決定を採択する。このことは、司法裁判所長官の発議に基づいて行われる。

第二五六条（一般裁判所の設置）〈旧ＴＥＣ二二五条〉

1　一般裁判所は、第二六三条、第二六五条、第二六八条、第二七〇条及び第二七二条に定める第一審訴訟又は手続に関して、第二五七条に基づき設置された専門裁判所に委任される訴訟又は手続及び司法裁判所規程に留保される訴訟又は手続を除き、第一審裁判所として審理しかつ決定を下す管轄権を有する。同規程は、一般裁判所が他の種類の訴訟又は手続に関して管轄権を有することを定めることができる。

本項に基づき一般裁判所が下した決定は、司法裁判所規程に定められる条件に従いかつその範囲内において、法律的争点に関してのみ司法裁判所に対する上訴権の対象とすることができる。

2　一般裁判所は、専門裁判所の決定に対して提起される訴訟又は手続を審理しかつ判決を下す管轄権を有する。

本項に基づき一般裁判所が下した決定は、連合法の統一性又は一貫性に影響を与える重大な危険が存在する場合には、司法裁判所規程に定める条件に従いかつその範囲内において、例外的に司法裁判所による審査の対象とすることができる。

3　一般裁判所は、司法裁判所規程が定める特定の分野において、第二六七条に基づく予備的裁定を求めて送付された問題を審理しかつ判決を下す管轄権を有する。

一般裁判所は、事案が連合の法の統一性又は一貫性に影響を与えるような基本原則についての決定を必要とすると判断した場合、当該事案の判決を求めて事案を裁判所に付託することができる。

予備的裁定を求めて送付された問題に関して一般裁判所により下された決定は、連合法の統一性又は一貫性に影響を与える重大な危険が存在する場合には、司法裁判所規程に定める条件に従いかつその範囲内において、例外的に司法裁判所による審査の対象とすることができる。

第二五七条（専門裁判所の設立）〈旧ＴＥＣ二二五ａ条〉

欧州議会及び理事会は、通常立法手続に従い、特別な分野において提起される特定の種類の訴訟又は手続を第一審として審理しかつ判決を下すために、一般裁判所に付属する専門裁判所を設置することができる。欧州議会及び理事会は、司法裁判所と協議した後の委員会の提案に基づくか、又は、委員会と協議した後の司法裁判所の要請に基づいて、規則の形式によってこれを決定する。

専門裁判所を設立する規則は、同裁判所の組織及びそれに付与される管轄権の範囲に関する規定を定める。

専門裁判所によって下される決定は、法律的争点に関してのみ、又は、専門裁判所を設立する規定に定めがある場合には事実問題に関しても、一般裁判所に対する上訴権の対象とすることができる。

専門裁判所の構成員は、その独立性に疑いがなく、かつ、司法官に任ぜられるのに必要な能力を有する者から選任される。専門裁判所の構成員は、理事会により全会一致で任命される。

専門裁判所は、司法裁判所との合意により、自らの手続規則を定める。これらの規則は、理事会による承認を必要とする。

専門裁判所を設立する規則に定めがある場合を除いて、欧州司法裁判所に関する両条約の規定及び欧州司法裁判所規程の規定は、専門裁判所に適用される。同規程第一編及び同条約第六四条は、いかなる場合も専門裁判所に適用される。

第二五八条（委員会による提訴）〈旧ＴＥＣ二二六条〉

委員会は、構成国が両条約に基づく義務を履行していないと思料するときは、当該構成国に意見を提出する機会を与えた後、その事案について理由を付した意見を発表する。

当該構成国が、委員会の定める期間内にこの意見に従わないときは、委員会は、その事案を欧州司法裁判所に付託することができる。

第二五九条（構成国間の訴訟手続）〈旧ＴＥＣ二二七条〉

構成国は、他の構成国が両条約に基づく義務を履行していないと思料するときは、その事案を欧州司法裁判所に付託することができる。

構成国は、他の構成国が両条約に基づく義務に違反していると主張して当該構成国に対する訴訟手続を提起する前に、その事案を委員会に付託する。

委員会は、当該構成国がそれぞれ、口頭及び文書により、自らの立場及び相手方当事国の立場に対する所見を表明する機会を与えられた後、理由を付した意見を発表する。

事案が付託された日から三か月以内に委員会が意見を発表しない場合、そのことは、構成国が当該事案を司法裁判所に提訴することの妨げとならない。

第二六〇条（構成国の判決履行義務）〈旧ＴＥＣ二二八条〉

1　欧州司法裁判所が、構成国が両条約に基づく義務に違反していると判断した場合には、当該構成国は、司法裁判所の判決に従うために必要な措置をとることが要求される。

2　委員会は、当該構成国が司法裁判所の判決に従うための必要な措置をとっていないと認める場合、委員会は、当該構成国に所見を表明する機会を与えた後、司法裁判所にその事案を提訴することができる。委員会は、このような状況の中で当該構成国が支払うべき一括違約金又は制裁金について適当と考えられる額を提示する。

司法裁判所は、当該構成国が判決に従っていないと判断するときは、一括違約金又は制裁金を科すことができる。

この手続は、第二五九条の適用を妨げるものではない。

3　委員会は、当該構成国が立法手続に基づき採択された指令を実施する措置を通知する義務を履行しなかったことを理由に、委員会が第二五八条に従って司法裁判所にその事案を提訴するとき、自らが適当と判断する場合には、このような状況の中で当該構成国が支払うべき一括違約金又は制裁金について適当と考えられる額を提示することができる。

司法裁判所は、違反を認定したときには、当該構成国に対し、委員会が示した額を超えない範囲で一括違約金又は制裁金を科すことができる。その支払義務は、同裁判所が判決において定めた日に生じる。

第二六一条（罰則に関する管轄権）〈旧ＴＥＣ二二九条〉

両条約の規程に従って欧州議会及び理事会が共同で採択した規則並びに理事会が採択した規則は、その規則に定められる制裁に関して、欧州司法裁判所に無制限の管轄権を与える。

第二六二条（欧州知的財産権の管轄権）

両条約の他の規定を妨げることなく、理事会は、特別立法手続に従いかつ欧州議会と協議した後、全会一致により、欧州知的財産権を創設する両条約に基づいて採択された法行為の適用に関する紛争について、理事会が決定する範囲で欧州司法裁判所に管轄権を付与するための規定を採択することができる。これらの規定は、各構成国が憲法上の要件に従って承認した後、効力を生じる。

第二六三条（法行為に対する審査権、提訴手続）〈旧ＴＥＣ二三〇条〉

欧州司法裁判所は、勧告及び意見を除く立法行為、理事会、委員会及び欧州中央銀行の法行為、並びに第三者に対して法的効果を生じさせることを意図した欧州議会及び欧州理事会の法行為についての合法性を審査する。欧州司法裁判所は、同様に、第三者に対して法的効果を生じさせることを意図した連合の各組織、部局及び機関の法行為の合法性を審査する。

この目的のため、欧州司法裁判所は、権限の欠如、重要な手続的要件の違反、両条約又はその適用に関する法的規則の違反、若しくは権限の濫用を理由として構成国、欧州議会、理事会、又は、委員会が提起する訴訟について管轄権を有する。

欧州司法裁判所は、会計検査院、欧州中央銀行及び地域評議会が自らの特権を守る目的で提起する訴訟に対し、同じ条件の下で管轄権を有する。

いかなる自然人又は法人も、第一段及び第二段に定める条件の下で、自らに宛てられるか又は直接かつ個別にその条件に関係する法行為、及びその条件に直接に関係しかつ履行措置を伴っていない規制行為に対し提訴することができる。

連合の組織、部局及び機関を設置する法行為は、自然人又は法人について法的効果を生じさせることを意図するこれらの連合の組織、部局及び機関の法行為に対して、自然人又は法人が提起する訴訟に関する特別な条件及び取決めを定めることができる。

本条に定める訴訟手続は、場合に応じて、措置の公表又は原告への通知、若しくは通知がない場合には、原告がその通知について知った日から二か月以内に開始される。

第二六四条（無効の宣言）〈旧ＴＥＣ二三一条〉

欧州司法裁判所は、訴えに理由があると認める場合には、当該法行為の無効を宣言する。

ただし、裁判所は、必要であると思料するときは、無効と宣言された法行為の効力のうち有効と認めるべきものを明示する。

第二六五条（不作為に対する訴訟）〈旧ＴＥＣ二三二条〉

欧州議会、欧州理事会、理事会、委員会又は欧州中央銀行が、両条約に違反して作為を怠った場合には、構成国及び連合の他の機関は、条約違反を確認させるため、欧州司法裁判所に訴訟を提訴することができる。本条は、作為を怠った連合の団体、部局、又は庁について、同一の条件の下で適用される。

この訴訟は、当該機関、団体、部局、又は庁が、最初に作為を要求される場合に限り、認められる。当該機関、団体、部局、又は庁が作為を要求されてから二か月以内にその態度を明らかにしなかった場合には、その後二か月以内に訴訟を提訴することができる。

いかなる自然人又は法人も、前段に定められる条件に従って、連合の機関、団体、部局、又は庁が勧告及び意見を除く何らの行為をその者に対してとることを怠ったとして、欧州司法裁判所に不服を申し立てることができる。

第二六六条（判決の履行義務）〈旧ＴＥＣ二三三条〉

当該行為が無効と宣言されたか又は両条約に違反すると宣言された機関、団体、部局若しくは統一体は、欧州司法裁判所の判決に従うのに必要な措置をとることが要求される。

この義務は、第三四〇条二段の適用から生ずることのある義務に影響を及ぼすものではない。

第二六七条（予備的裁定）〈旧ＴＥＣ二三四条〉

欧州司法裁判所は、次の事柄に関し、予備的裁定を下す管轄権を有する。

(a) 両条約の解釈

(b) 連合の機関、団体、部局、又は庁の行為の効力と解釈

このような問題が構成国のいずれかの裁判所又は審判所で提起された場合、その裁判所が判決を下すために当該問題に対する決定が必要であると判断するときには、当該裁判所又は審判所は欧州司法裁判所に対し予備的裁定を求めることができる。

このようないかなる問題もその決定に対して国内法上の司法的救済が存在しない構成国の裁判所又は審判所に係属している事案の中で提起された場合には、当該裁判所又は審判所は、その事案を欧州司法裁判所に付託する。

このような問題が、拘留中の者に関する構成国の裁判所又は審判所に係属している事案の中で提起された場合には、欧州司法裁判所は、遅滞なく迅速に行動する。

第二六八条（損害賠償に関する管轄権）〜**第二七三条**（付託合意に基づく管轄権）［略］

第二七四条（国内裁判管轄権）〈旧ＴＥＣ二四〇条〉

両条約により管轄権が欧州司法裁判所に与えられる場合を除いて、連合が当事者である紛争は、この理由により構成国の裁判所又は審判所の管轄権から排除されることはない。

第二七五条（共通外交安全保障政策分野に関する管轄権）

欧州司法裁判所は、共通外交安全保障政策に関する規定及び同規定に基づいて採択された法行為に関して管轄権を有さない。

ただし、欧州司法裁判所は、欧州連合条約第四〇条の遵守を監視し、かつ、本条約の第二六三条第四段に定められる条件に従って提起された手続を裁決する管轄権を有しており、欧州連合条約第五編第二章に基づき理事会が採択した自然人又は法人に対する制限措置を定める決定の合法性を審査する。

第二七六条（法と秩序維持等の管轄外）
欧州司法裁判所は、自由、安全及び司法の分野に関する第三部第五編第四章及び第五章の規定に関する権限の行使に際し、構成国の警察又は他の法執行機関による行動に関しての合法性若しくは妥当性、及び、法令の維持並びに国内の治安維持に関して構成国に課される責任の行使について、審査する管轄権を有しない。

第二七七条（提訴期限の例外）～**第二七九条**（暫定措置）〔略〕

第二八〇条（判決の執行力）〈旧TEC二四四条〉
欧州司法裁判所の判決は、第二九九条に定める条件に基づいて、執行力を有する。

第二八一条（裁判所規程、手続規則）〈旧TEC二四五条〉
欧州司法裁判所規程は、別個の議定書によりこれを定める。〔以下、略〕

第六節　欧州中央銀行

第二八二条（欧州中央銀行）
1　欧州中央銀行（ECB）は、構成国の中央銀行とともに、欧州中央銀行制度（以下「ESCB」という）を構成する。欧州中央銀行は、ユーロを通貨とする構成国の中央銀行とともに、ユーロ通貨制度を構成し、連合の通貨政策を行う。
2　ESCBは、欧州中央銀行の意思決定機関により運営される。ESCBの主要な目的は、物価の安定を維持することにある。この目的を妨げることなく、ESCBは、連合の目的の達成に寄与するために、連合における一般経済政策を支える。
3　欧州中央銀行は、法人格を有する。欧州中央銀行のみがユーロの発行を認可することができる。欧州中央銀行は、自らの権限の行使及び財政の運営において独立性を有する。連合の機関、団体、部局及び庁、並びに構成国の政府は、その独立性を尊重する。
4～5　〔略〕

第二八三条（運営評議会）～**第二八四条**（年次報告書）〔略〕

第七節　会計検査院

第二八五条（会計検査院の構成）〈旧TEC二四六条〉
会計検査院は、連合の会計検査を行う。
会計検査院は、各構成国の国民一名から構成される。会計検査院の構成員は、連合の一般的利益のため完全に独立してその職務を遂行する。

第二八六条（会計検査院の長、構成員）〈旧TEC二四七条〉
1　会計検査院の構成員は、各自の国において、外部監査機関に属するか若しくは属していたか、又は、この職務に関して特別の資格を有する者の中から選任される。その構成員の独立性は、疑いのないものでなくてはならない。
2　会計検査院の構成員は、任期を六年とし、任命される。理事会は、欧州議会との協議の後、各構成国による提案に従って作成された構成員の名簿を採択する。会計検査院の構成員の職務の任期は、更新されることができる。
会計検査院の構成員は、その構成員の中から、任期を三年とし、会計検査院の長を選出する。会計検査院の長は、再選されることができる。
3　会計検査院の構成員は、これらの職務の遂行に際し、いかなる政府又は他の機関にも指示を求め、若しくは指示を受けてはならない。会計検査院の構成員は、自らの職務と両立しないいかなる行動も慎む。
4～8　〔略〕

第二八七条（会計検査院の任務）
1　会計検査院は、連合のすべての収入及び支出の会計処理について、検査を行う。会計検査院は、同様に、連合が設置したすべての組織、部局又は機関のすべての収入及び支出の会計処理について、これに関連する基本文書がこのような検査を排除していない限りにおいて、検査を行う。
会計検査院は、欧州議会及び理事会に対し、会計処理の信頼性及びその基礎となる取引の合法性並びに規則適合性に関する確認の報告書を提出する。この報告書は欧州連合官報に公表される。この報告書は、連合の活動の各主要分野に関する特別評価によって追補することができる。
2～4　〔略〕

第二章　連合の法行為、採択手続及びその他の規定

第一節　連合の法行為

第二八八条（規則、命令、決定、勧告、意見）〈旧TEC二四九条〉
連合の権限を行使するために、連合の機関は、規則、命令、決定、勧告及び意見を採択する。規則は、一般的な適用性を有する。規則は、

その全部が拘束力を有し、すべての構成国において直接適用が可能である。

指令は、達成されるべき結果について、それが名宛人となる構成国を拘束するが、形式及び方法の選択に関しては構成国の当局に委ねられる。

決定は、その全部が拘束力を有する。名宛人が特定されている決定は、その名宛人のみを拘束する。

勧告及び意見は、拘束力を有しない。

第二八九条（通常立法手続、特別立法手続）

1　通常立法手続とは、欧州議会及び理事会が、委員会の提案に基づき、規則、指令又は決定を共同で採択することをいう。この手続は、第二九四条において定める。

2　両条約に定める特定の場合において、理事会の参加した欧州議会による又は欧州議会の参加した理事会による規則、指令又は決定の採択を、特別立法手続という。

3　立法手続により採択された法行為を、立法行為とする。

4　両条約に定める特定の場合において、立法行為は、一連の構成国若しくは欧州議会の発議、欧州中央銀行の勧告、又は欧州司法裁判所又は欧州投資銀行の請求に基づいて、採択されることができる。

第二九〇条（法行為の委任要件）〔略〕

第二九一条（法行為実施のための国内的措置）

1　構成国は、法的拘束力を有する連合の法行為を実施するために必要な国内法上のあらゆる措置を採択する。

2　法的拘束力を有する連合の法行為を実施するために統一的条件が必要とされる場合、連合の法行為は、委員会に実施権限を付与し、又は、十分に正当化できる特定の場合及び欧州連合条約第二四条及び第二六条に定める場合には、理事会にこれを付与する。

3　第2項の目的のために、欧州議会及び理事会は、委員会の実施権限の行使に対する構成国による監督方法についての規範及び一般原則を、通常立法手続に従って規則により事前にこれを定める。

4　〔略〕

第二九二条（理事会の勧告）〔略〕

第二節　法行為及びその他の規定の採択手続

第二九三条（委員会意見の修正と変更）〈旧TEC二五〇条〉

1　両条約に従って、理事会が委員会の提案に基づいて法行為を行う場合、理事会は、第二九四条10項及び13項、第三一〇条、第三一二条、第三一四条及び第三一五条2項に定められる場合を除いて、全会一致によってのみその提案を修正することができる。

2　理事会が法行為を行わない限り、委員会は、連合の法令採択に至る手続の中で、いつでも自らの提案を変更することができる。

第二九四条（通常立法手続）〈旧TEC二五一条〉

1　法行為の採択に関して、両条約が通常立法手続によることを規定する場合には、次の手続を適用する。

2　委員会は、欧州議会及び理事会に提案を提出する。

〈第一読会〉

3　欧州議会は、第一読会において自らの立場を採択し、それを理事会に通知する。

4　理事会が欧州議会の立場を承認する場合、その法行為は、欧州議会の立場に一致する文言に従って採択される。

5　理事会は、欧州議会の立場を承認しない場合、第一読会において自らの立場を採択し、それを欧州議会に通知する。

6　理事会は、第一読会において自らの立場を採択するに至った理由について、欧州議会に対して十分に伝達する。委員会は、自らの立場を欧州議会に対して十分に伝達する。

〈第二読会〉

7　このような通知がなされて三か月以内に、欧州議会が、

(a)　理事会の第一読会における立場を承認するか又は決定しない場合、当該法行為は、理事会の立場に一致する文言に従って採択されたものとみなされる。

(b)　その構成員の多数決により理事会の第一読会における立場を否決した場合、提案された法行為は採択されなかったものとみなされる。

(c)　その構成員の多数決により理事会の第一読会における立場の修正を提案した場合、修正された条文は理事会及び委員会に送付され、理事会及び委員会は、当該修正案について意見を表明する。

8　欧州議会の修正案を受け取ってから三か月以内に、理事会が、特別多数決により、

(a)　これら修正のすべてを承認する場合、当該修正案は採択されたものとみなされる。

(b) これら修正のすべてを承認するものではない場合、理事会の議長は、欧州議会の議長との合意により、六週間以内に調停委員会を招集する。

9 理事会は、委員会が否定的意見を述べたところの修正について全会一致によりこれを決定する。

〈調停〉

10 調停委員会は、理事会の構成員又はその代理及びそれと同数の欧州議会を代表する議員によって構成される。調停委員会は、第二読会における欧州議会及び理事会の立場を基礎として、招集から六週間以内に、理事会の構成員又はその代理の特別多数決及び欧州議会を代表する議員の多数決によって、共同調停案に関する合意を達成することを任務とする。

11 委員会は、調停委員会の手続に参加し、かつ、欧州議会及び理事会の立場を一致させるために必要なすべての発議を行う。

12 調停委員会の招集から六週間以内に、調停委員会が共同調停案を承認しない場合、提案された法行為は採択されなかったものとみなされる。

〈第三読会〉

13 この期間内に調停委員会が共同調停案を承認する場合、欧州議会は投票者の多数決によって、及び、理事会は特定多数決によって、それぞれ承認から六週間以内に、共同調停案に従って当該法行為を採択する。欧州議会及び理事会が採択に失敗した場合、提案された法行為は採択されなかったものとみなされる。

14 本条に定める三か月及び六週間という期間は、欧州議会又は理事会の発議によって、それぞれ最長一か月及び二週間の延長が認められる。

〈特別規定〉

15 両条約に定めがある場合において、立法行為が、一連の構成国グループの発議、欧州中央銀行による勧告、又は裁判所の請求に基づき、通常立法手続に従って行われる場合、2項、6項二段及び9項は適用されない。

この場合、欧州議会及び理事会は、第一及び第二読会におけるそれぞれの立場とともに、委員会に対して提案された法行為を通知する。欧州議会又は理事会は、この手続を通じて委員会の意見を求めることができ、委員会もまた自らの発議により意見を表明することができる。委員会は、自らが必要と判断した場合には、11項に従って調停委員会に参加することができる。

第二九五条（欧州議会、理事会、委員会の相互協議）

欧州議会、理事会及び委員会は、それぞれ相互に協議し、共通の合意により協力のための取決めを策定する。この目的のため、欧州議会、理事会及び委員会は、両条約を遵守し、拘束力を有する機関相互間の協定を締結することができる。

第二九六条（法令の種類の選択手続、理由添付）～**第二九九条**（理事会・委員会の決定の執行力）〔略〕

第三章　連合の諮問機関

第三〇〇条（諮問機関）〔略〕

第一節　経済社会評議会

第三〇一条（構成員）～**第三〇四条**（任務）〔略〕

第二節　地域評議会

第三〇五条（構成員）～**第三〇七条**（任務）〔略〕

第四章　欧州投資銀行

第三〇八条（設立）～**第三〇九条**（任務）〔略〕

第二編　財政に関する規定

第三一〇条（予算）〈旧TEC二六八条〉

1 連合の収入及び支出に関するすべての費目は、会計年度ごとに作成される予算案に含まれ、予算に計上される。

連合の年度予算は、第三一四条に従い、欧州議会及び理事会により編成される。

予算に計上される収入及び支出は、均衡を保つ。

2 予算に計上される支出は、第三二二条に定める規則に従い、当該会計年度について認められる。

3～6 〔略〕

第一章　連合固有の財源

第三一一条（連合固有の財源）〈旧TEC二六九条〉

連合は、自らの目的の達成及び政策の遂行に必要な手段を自ら備えなければならない。

予算は、他の収入を妨げることなく、連合固有の財源からすべて賄われる。

理事会は、特別立法手続に従い、欧州議会と協議の後、全会一致により、連合の固有財源制度に関する規定を定める決定を採択する。理事会は、このことに関し、固有財源の新たな項目を設け、又は既存の項目を廃止することができる。この決定は、構成国のそれぞれの憲法上の要件に従い、構成国によって承認されるまで効力を生じない。

理事会は、特別立法手続に従って規則により、第三段に基づき採択された決定に定められる限りにおいて、連合の固有財源制度の実施措置を規定する。理事会は、欧州議会の同意を得た後に、これを行う。

第二章　多年度財政の枠組

第三一二条（多年度財政）〔略〕

第三章　連合の年度予算

第三一三条（会計年度）～**第三一六条**（予算の計上）〔略〕

第四章　予算の執行及び執行責任の解除

第三一七条（予算の執行）～**第三一九条**（予算執行責任の解除）〔略〕

第五章　共通規定

第三二〇条（ユーロ建てによる予算編成）～**第三二四条**（定例会議）〔略〕

第六章　不正行為への対処

第三二五条（不正行為に対する措置）〔略〕

第三編　緊密な協力

第三二六条（構成国間の強化された協力）～**第三三四条**（活動の一貫性）〔略〕

第七部　一般及び最終規定

第三三五条（連合の法律上の能力）〈旧TEC二八二条〉

連合は、各構成国において、その国の法律に基づいて法人に与えられる最も広範な法律上の能力を享有する。連合は、特に、動産及び不動産を取得し又は譲渡することができ、かつ、訴訟の当事者となることができる。この目的のため、連合は、委員会によって代表される。ただし、連合は、諸機関のそれぞれの活動に関する事柄については、運営上の自律性に基づいて、各機関によって代表される。

第三三六条（連合公務員の職員規則）～**第三四三条**（特権・免除）〔略〕

第三四四条（両条約の解釈、適用に関する紛争の解決）〈旧TEC二九二条〉

構成国は、両条約の解釈又は適用に関する紛争について、両条約に定める以外のいかなる解決方法にも訴えないことを約束する。

第三四五条（構成国の財産所有制度）〈旧TEC二九五条〉

両条約は、財産所有制度を規律する構成国の規則を何ら妨げるものではない。

第三四六条（安全保障上の適用除外）〈旧TEC二九六条〉

1　両条約の規定は、次の規則の適用を妨げるものではない。

(a)　いかなる構成国も、その公表が自国の安全保障の重大な利益に反すると思料する情報の提供を義務づけられるものではない。

(b)　いかなる構成国も、武器、弾薬及び軍事資材の生産又は取引に関連して、自国の安全保障上の重大な利益を保護するために必要と認める措置をとることができる。このような措置は、特に軍事上の目的を意図するのではない生産品の域内市場における競争条件に不利な影響を及ぼすものであってはならない。

2　理事会は、委員会の提案に基づき、一九五八年四月一五日に作成された1項(b)の規定が適用される生産品の一覧表を、全会一致により変更することができる。

第三四七条（戦争等の際の相互協議）〈旧TEC二九七条〉

構成国は、法と秩序の維持に影響を及ぼす重大な国内的騒乱に際し、戦争若しくは戦争の脅威を構成する重大な国際的緊張に際し、又は、平和及び国際安全保障の維持を目的として負った義務を履行するに際して一つの構成国が行うことを要求される措置によって自国の国内市場の運営が影響を及ぼされるのを防ぐために、必要な手段を共同でとることを目的として相互に協議を行う。

第三四八条（例外規定の濫用防止）～**第三五五条**（海外の国及び領域との関係）〔略〕

第三五六条（条約の期限）〈旧TEC三一二条〉

本条約は、無期限のものとして締結する。

第三五七条（批准、効力発生）〈旧TEC三一三条〉

本条約は、それぞれの憲法上の要件に従い、締約国によって批准される。批准書は、イタリア共和国政府に寄託される。

本条約は、前記の手続を最後に行った署名国が批准書を寄託した翌月の最初の日に効力を生じる。ただし、寄託が翌月の最初の日から一五日前までに行われない場合には、本条約は寄託の日から翌々月の最初の日まで発効しない。

第三五八条（正文）

欧州連合条約第五五条の規定は、本条約に適用される。

右の証拠として、署名者である全権委員は、本条約に署名した。

一九五七年三月二五日にローマで作成した。

〔署名者名簿　略〕

欧州連合（ＥＵ）基本権憲章

(Charter of Fundamental Rights of the European Union)

署名・宣言　二〇〇〇年一二月七日
改　　正　二〇〇九年一二月一日

欧州議会、理事会、及び委員会は、次の文書を欧州基本権憲章として、厳粛に宣言する。

前文

欧州の諸国民は、相互によりいっそう緊密な連合を創設する中で、共通の諸価値を基礎とする平和な未来を分かち合うことを決意する。

連合は、その精神的及び道徳的遺産を認識し、人間の尊厳、自由、平等及び連帯という不可分かつ普遍的な諸価値に基づいて創設される。連合は、民主主義原理及び法の支配に基礎づけられる。連合は、連合市民権の確立、並びに自由、安全、及び正義の領域を創設することによって、諸活動の中心に個人を据える。

連合は、構成国国民の帰属性、並びに、国家、地域及び地方レベルにおける公の組織と同様に、欧州の諸国民の文化及び伝統の多様性を尊重しつつ、共通の諸価値の維持及び発展に寄与する。連合は、均衡のとれた持続可能な発展の促進を求め、かつ、人、役務、商品、及び資本の自由な移動並びに事業創設の自由を保障する。

この目的のために、社会における諸変化、社会の進歩、及び科学技術の発達に照らして基本的権利の保障を強化する必要があり、それは、憲章という形でこれらの諸権利をさらに目に見えるものとすることによる。

この憲章は、連合の権限及び任務、並びに補完性の原則を適正に考慮しつつ、特に構成国に共通の憲法的伝統及び国際的義務、欧州人権条約、連合及び欧州評議会によって採択された社会憲章、並びに、欧州連合（ＥＵ）司法裁判所及び欧州人権裁判所の判例法から導かれる諸権利を再確認する。その際、本憲章は、これを起草した最高会議の権威の下で準備され、かつ、同会議の責任の下で更新された評釈を適正に考慮しつつ、連合及び構成国の裁判所によって解釈される。

これらの権利の享受は、他の人びと、人類共同体、及び将来の世代に対する責任及び義務を伴う。

それゆえに、連合は、次に掲げる権利、自由、及び諸原則を承認する。

第一編　尊厳

第一条（人間の尊厳）

人間の尊厳は不可侵である。それは尊重かつ保護されなくてはならない。

第二条（生命に対する権利）

1　何人も、生命に対する権利を有する。

2　何人も、死刑の宣告又は執行をされない。

第三条（人の保全に対する権利）

1　何人も、自己の身体及び精神の保全を尊重される権利を有する。

2　医学及び生物学の分野においては、特に次のことが尊重されなければならない。
(a)　法律によって定められた手続に従った当該者の自由かつ説明を受けた上での同意
(b)　優生学的医療処置の禁止、特に人の選別を目的とした処置の禁止
(c)　人の身体及びその一部を金銭的利益獲得の手段とすることの禁止
(d)　人間のクローン再生の禁止

第四条（拷問の禁止、非人道的若しくは屈辱的な取扱い又は処罰の禁止）
何人も、拷問又は非人道的若しくは屈辱的な取扱い又は処罰を受けない。

第五条（奴隷及び強制労働の禁止）
1　何人も、奴隷又は隷属状態におかれない。
2　何人も、強制的又は義務的な労働を要求されない。
3　人身売買は禁止される。

第二編　自由

第六条（人身の自由及び安全に対する権利）
何人も、身体の自由及び安全に対する権利を有する。

第七条（私生活及び家族生活の尊重）
何人も、自己の私生活及び家族生活、家庭、並びに意思疎通の尊重に対する権利を有する。

第八条（個人情報の保護）
1　何人も、自己に関する個人情報の保護に対する権利を有する。
2　個人情報は、特定の目的及び当事者の同意又は法律によって定められたその他の正当な理由に基づいて、公正に扱われなくてはならない。何人も、自己に関して収集された情報にアクセスする権利及び情報の誤りを正す権利を有する。
3　これらの規則の遵守は、独立した機関の監督に服する。

第九条（婚姻の権利、家族形成の権利）
婚姻する権利及び家族を形成する権利は、これらの権利の行使について定める各国の国内法に従って保障される。

第一〇条（思想・良心・信教の自由）
1　何人も、思想、良心及び信教の自由に対する権利を有する。この権利は、自己の宗教又は信条を変更する自由、及び、単独であれ又は他の者との共同であれ、かつ公においてであれ又は私的においてであれ、礼拝、教導、慣習、及び儀式によって自己の宗教又は信条を告白する自由を含む。
2　良心的兵役拒否の権利は、この権利の行使について定める各国の国内法に従って承認される。

第一一条（表現及び情報の自由）
1　何人も、表現の自由に対する権利を有する。この権利は、公権力に干渉されることなくまた国境を問わず、意見を持ち、情報及び知識を受領し、かつ伝達する自由を含む。
2　マスメディアの自由及び多元性は尊重される。

第一二条（集会の自由、結社の自由）
1　何人も、特に政治、労働組合、及び市民生活上の事柄のあらゆる段階において、平和的に集会する自由及び結社の自由に対する権利を有する。この権利は、自己の利益を守るために労働組合を結成し、加入するすべての者の権利を含む。
2　連合レベルにおける政党は、連合市民の政治的意思の表明に寄与する。

第一三条（芸術及び科学の自由）
芸術及び科学の研究は、制約のないものである。学問の自由は、これを尊重する。

第一四条（教育に対する権利）
1　何人も、教育に対する権利、並びに職業訓練及び継続的訓練へのアクセスの権利を有する。
2　この権利は、無償で義務教育を受ける可能性を含む。
3　民主主義の諸原則を尊重しつつ学校を創設する自由、並びに、自己の宗教的、思想的及び教育的信念に従って子どもの教育と教える機会を確保する親の権利は、このような自由及び権利の行使について定める各国の国内法に従って尊重される。

第一五条（職業選択の自由、勤労の権利）
1　何人も、勤労の権利、及び、自由に職業を選択し又は受諾する権利を有する。
2　すべての連合市民は、いかなる構成国においても、雇用を求め、就労し、事業創設の権利を行使し、かつ労務を提供する自由を有する。
3　構成国の領域内で労働することを許可された第三国国民は、連合市民の労働条件と同等の労働条件を享受する権利を付与される。

第一六条（事業を営む自由）
事業を営む自由は、連合の法並びに各国の国内法令及び慣行に従って、これを認める。

第一七条（財産に対する権利）
1　何人も、自己の合法的に取得した財産を所有し、利用し、処分し、かつ遺贈する権利を有する。何人も、公の利益があり、法律が予定して

いる場合で、損失に対する時価による正当な補償の条件によらない限り、自己の財産を奪われない。財産の利用は、一般の利益に必要な限りにおいて、法律によって規制を加えることが許される。

2　知的財産は、これを保護する。

第一八条（庇護に対する権利）

庇護に対する権利は、一九五一年七月二八日のジュネーヴ協定及び一九六七年一月三一日の難民の地位に関する議定書の諸規則を十分に尊重し、かつ、欧州連合条約及び欧州連合運営条約（以下「両条約」という）に従って保障される。

第一九条（国外退去、追放、又は引渡しの場合における保護）

1　集団的追放は、禁止される。

2　何人も、死刑、拷問、その他の非人間的又は屈辱的な取扱い若しくは処罰を受ける重大な恐れのある国家へ国外退去させられ、追放され又は引き渡されてはならない。

第三編　平等

第二〇条（法の前の平等）

何人も、法の前において平等である。

第二一条（非差別）

1　性別、人種、皮膚の色、民族的又は社会的出身、遺伝的特徴、言語、宗教又は信条、政治的又はその他の意見、国内における少数派集団に属すること、財産、出生、障がい、年齢若しくは性的指向に基づくいかなる差別も禁止される。

2　両条約の適用の範囲内及び両条約のいかなる特定の条項の妥当性を妨げることのない範囲において、国籍を理由とするいかなる差別も禁止される。

第二二条（文化的、宗教的及び言語的多様性）

連合は、文化的、宗教的及び言語的多様性を尊重する。

第二三条（女性と男性との間の平等）

女性と男性との間の平等は、雇用、労働及び報酬を含むすべての分野において保障されなくてはならない。

平等原則は、十分には代表されていない一方の性のためにとられる特定の優遇措置の維持又は採択を妨げるものではない。

第二四条（子どもの権利）

1　子どもは、自己の成長に必要な保護及び援助を受ける権利を有する。子どもは、自己の意見を自由に表明することができる。子どもの意見は、年齢及び成熟度に応じて、その子に関係する事柄において考慮される。

2　子どもに関するすべての措置は、公的機関によるものであれ、私的機関によるものであれ、子どもの最善の利益が第一に考慮されなくてはならない。

3　すべての子どもは、自己の利益に反するものでない限り、自己のいずれの両親とも個人的な関係及び直接の接触を定期的に維持する権利を有する。

第二五条（高齢者の権利）

連合は、尊厳ある自立した生活を営み、社会的及び文化的生活に参加する高齢者の権利を承認しかつ尊重する。

第二六条（障がいを持つ者の統合）

連合は、自らの自立、社会的及び職業的統合、地域社会の生活への参加を保障するための措置から得られる利益に対する障がいを持つ者の権利を承認し、かつ尊重する。

第四編　連帯

第二七条（業務情報及び協議に対する労働者の権利）

労働者又はその代理人には、適当な段階において、連合の法並びに各国の国内法令及び慣行が予定する場合と条件の下で、適宜業務情報の提供及び協議の実施が保障されなければならない。

第二八条（団体交渉及び団体行動の権利）

労働者及び使用者、又はそれぞれの組織は、連合の法並びに各国の国内法令及び慣行に従って、適当な段階において、労働協約の交渉及び締結を行い、かつ利害の衝突する場合には、自己の利益を守るためにストライキを含む団体行動を行う権利を有する。

第二九条（職業紹介へのアクセスの権利）

何人も、無料の職業紹介へアクセスする権利を有する。

第三〇条（不当解雇の場合における保護）

すべての労働者は、連合の法並びに各国の国内法令及び慣行に従って、不当解雇に対する保護の権利を有する。

第三一条（公平及び適正な労働条件）

1　すべての労働者は、自己の健康、安全及び尊厳に配慮する労働条件に対する権利を有する。

2　すべての労働者は、最大労働時間の制限、一日及び一週間の休息時間並びに年間の有給休暇期間に対する権利を有する。

第三二条（児童労働の禁止、職場における若年者の保護）

児童の雇用は禁止される。雇用を許可される最低年齢は、若年者にとってより有利となる規則を妨げるものではなく、また限定的な例外は除いて、義務教育の終了年齢を下回ってはならない。

労働を許可された若年者は、自己の年齢に適合した労働条件を獲得し、経済的搾取から保護され、かつ自己の安全、健康又は肉体的、精神的、道徳的若しくは社会的発展を阻害し、又は自己の教育を妨げる恐れのあるいかなる労働からも保護される。

第三三条（家庭生活及び職業生活）

1　家族は法的、経済的及び社会的保護を享受する。

2　何人も、家庭生活と職業生活を互いに調和させるために、出産を理由とする解雇からの保護に対する権利、並びに有給の出産休暇及び出産又は養子縁組後の育児休暇に対する権利を有する。

第三四条（社会保障及び社会的援助）

1　連合は、出産、疾病、労働災害、要介護又は高齢の場合及び失業した場合において、連合の法並びに各国の国内法令及び慣行の定める規則に従って、社会保障の給付及び保護を提供する社会援助の受給資格を承認し、かつ尊重する。

2　すべて欧州連合内に合法的に居住し移動する者は、連合の法並びに各国の国内法令及び慣行に従って、社会保障の給付及び社会的優遇措置に対する資格を与えられる。

3　連合は、社会的排除及び貧困を克服するために、連合の法並びに各国の国内法令及び慣行に従って、十分な資力を持たないすべての者が相応の生存を確保するように社会的援助及び住宅援助に対する権利を承認し、かつ尊重する。

第三五条（衛生看護）

何人も、各国の国内法令及び慣行によって確立された条件の下に、予防衛生看護へのアクセスの権利及び医療措置による利益を享受する権利を有する。人の高水準の衛生看護は、連合のすべての政策及び活動の決定並びにその実施において確保される。

第三六条（一般的経済利益サービスへのアクセス）

連合は、連合の社会的及び領域的結束を促進するために、両条約に従い、各国の国内法令及び慣行によって規定されている一般的経済利益サービスへのアクセスを承認し、かつ尊重する。

第三七条（環境保護）

高水準の環境保護及び環境の質的向上は、連合の政策に組み込まれ、かつ持続可能な発展の原則に従って確保されなくてはならない。

第三八条（消費者保護）

連合の政策は、高水準の消費者保護を確保する。

第五編　市民の権利

第三九条（欧州議会選挙における選挙権及び被選挙権）

1　すべての連合市民は、自己の居住する構成国において、当該構成国の国民と同一の条件の下に、欧州議会選挙における選挙権及び被選挙権を有する。

2　欧州議会議員は、自由かつ秘密の投票における直接普通選挙によって選出される。

第四〇条（地方選挙における選挙権及び被選挙権）

すべての連合市民は、自己の居住する構成国において、当該構成国の国民と同一の条件の下に、地方選挙における選挙権及び被選挙権を有する。

第四一条（質の高い行政に対する権利）

1　何人も、自己に関する事柄が、連合の機関、団体、部局及び庁によって、公平、公正、かつ適切な期間内に処理される権利を有する。

2　この権利は、次のものを含む。

(a)　自己に不利益を及ぼす恐れのある個別的措置がとられる前に聴聞を受けるすべての者の権利

(b)　機密性並びに職業上及び企業秘密上の正当な利益を尊重しつつ、自己に関係する記録にアクセスするすべての者の権利

(c)　その決定理由を提示する行政機関の義務

3　何人も、連合の機関又はその職員が職務を行う上で発生した損害について、構成諸国の国内法令に共通する一般原則に従って、連合に対して賠償を求める権利を有する。

4　何人も、両条約の公用語の一つによって連合の機関に文書を提出することができ、かつ同一の言語で回答を得るものとする。

第四二条（公文書へアクセスする権利）

連合市民及び構成国に居住又は登記された事

業所を有する自然人若しくは法人は、連合の機関、団体、部局及び庁の保有する文書にアクセスする権利を有する。

第四三条（欧州オンブズマン）

連合市民及び構成国に居住又は登記された事業所を有する自然人若しくは法人は、欧州司法裁判所が司法的役割を担う場合を例外として、連合の機関、団体、部局及び庁の諸活動における不適正な問題を欧州オンブズマンに付託する権利を有する。

第四四条（請願権）

連合市民及び構成国に居住又は登記された事業所を有する自然人若しくは法人は、欧州議会に請願する権利を有する。

第四五条（移動及び居住の自由）

1　すべての連合市民は、構成国の領域内を自由に移動しかつ居住する権利を有する。

2　移動及び居住の自由は、両条約に従って、構成国の領域内に適法に居住する第三国国民に対して付与することができる。

第四六条（外交及び領事的保護）

すべて連合市民は、国籍を有する構成国が代表を置いていない第三国の領域において、代表を置く他のいずれかの構成国の国民と同一の条件の下で、当該構成国の外交及び領事権限上の保護を受ける権利を有する。

第六編　司法

第四七条（効果的な救済及び公正な裁判に対する権利）

何人も、連合の法によって保障された自己の権利自由を侵害された者は、本条に定められた条件に従って、裁判所の前で効果的な救済を受ける権利を有する。

何人も、適切な期間内に、予め法律で設置された独立かつ公平な裁判所による公正かつ公開の審理を受ける権利を有する。何人も、助言、弁護及び代理される可能性を有する。

十分な資力を欠く者は、司法への効果的なアクセスを確保するのに必要な限りにおいて、法律扶助を利用することが可能である。

第四八条（無罪の推定及び弁護権）

1　何人も、訴追され、法に従って有罪が確定するまで、無罪の推定を受ける。

2　訴追されたいかなる者も、弁護権の尊重が保障される。

第四九条（適法性の原則、犯罪行為と刑罰の比例原則）

1　何人も、実行の時に各国の国内法若しくは国際法の下で犯罪を構成していなかった行為又は不作為を理由として、有罪判決を受けない。また、犯行時に適用される可能性のある刑罰よりも重い刑罰を科せられない。犯行後に、法律がより軽い刑罰を定めた場合、この刑罰を適用することができる。

2　本条は、実行の時に各国の社会が承認していた一般原則に合致して犯罪となる行為又は不作為について、いかなる者の裁判及び処罰を妨げるものではない。

3　量刑は、犯罪行為に対して不均衡であってはならない。

第五〇条（一時不再理に対する権利）

何人も、連合内において、すでに法律に従って無罪又は有罪の確定判決を受けている行為について、刑事上の手続をもって重ねて訴追され又は刑罰を科せられない。

第七編　本憲章の解釈及び適用に関する一般規定

第五一条（適用の分野）

1　本憲章の規定は、補完性の原則を適正に考慮しつつ連合の機関、団体、部局及び庁に適用され、構成国については、構成国が連合の法を実施する際にのみ適用される。それゆえに、連合及び構成国は、それぞれの権限に従いかつ両条約において付与された連合の権限の限界を尊重しつつ、諸権利を尊重し、諸原則を遵守し、かつそれらの適用を促進する。

2　本憲章は、連合の権限を越えて連合の法の適用分野を拡張、連合の新たな権限又は任務を創設、若しくは両条約に定められた権限及び任務を変更するものではない。

第五二条（権利及び原則の範囲と解釈）

1　本憲章によって承認される権利及び自由の行使についてのいかなる制限も、法律によって定められたものでなければならず、又、これらの権利及び自由の本質を尊重するものでなければならない。比例原則に従って制限がなされるのは、それらが必要であり、かつ連合によって承認される一般的利益の目的又は他者の権利及び自由を保護する必要性に真に合致する場合に限られる。

2　本憲章のために両条約において策定された規定で、本憲章によって承認される権利は、これらの条約の定める条件及び制限内において行使される。

3　本憲章が欧州人権条約によって保障される権利に合致する権利を含む限りにおいて、それらの権利の効力及び範囲は、同条約によって定められたものと同一のものである。本条は、連合の法がより広範囲にわたる保護を規定することを妨げるものではない。

4　本憲章が構成国に共通する憲法的伝統から導かれる基本権を承認する限りにおいて、それらの権利はこれらの伝統と調和して解釈される。

5　諸原則を含む本憲章の規定は、それぞれの権限の行使において、連合の機関、団体、部局、又は庁によってなされる立法及び行政行為によって実施することができ、又、構成国が連合の法を実施するときに構成国によってなされる行為によって実施することができる。本憲章の規定は、このような行為の解釈及びそれらの合法性を決定する場合においてのみ、裁判上審理される。

6　各国の国内法令及び慣行は、本憲章において明記されているように、十分にこれを考慮する。

7　本憲章を解釈する際に指針を提供する方法として作成された説明は、連合及び構成国の裁判所によって適正な考慮がなされる。

第五三条（保護の水準）

本憲章のいかなる規定も、連合の法及び国際法、欧州人権条約を含む連合又は構成国が当事者となっている国際協定、並びに各構成国の憲法によってそれぞれの適用分野において承認されている人権及び基本的自由について、それを制限し、又は不利に作用するものと解釈してはならない。

第五四条（権利濫用の禁止）

本憲章のいかなる規定も、本憲章において承認されている権利及び自由を破壊すること、若しくはそこに定められている権利の制限をさらに拡張することを目的とした活動に従事し又は行動する権利を含むと解釈してはならない。

資料　日本国憲法

日本国憲法

朕は、日本国民の総意に基いて、新日本建設の礎が、定まるに至つたことを、深くよろこび、枢密顧問の諮詢及び帝国憲法第七十三条による帝国議会の議決を経た帝国憲法の改正を裁可し、ここにこれを公布せしめる。

御名御璽

昭和二十一年十一月三日

内閣総理大臣兼
外務大臣　吉田茂
国務大臣　男爵　幣原喜重郎
司法大臣　木村篤太郎
内務大臣　大村清一
文部大臣　田中耕太郎
農林大臣　和田博雄
国務大臣　斎藤隆夫
通信大臣　一松定吉
商工大臣　星島二郎
厚生大臣　河合良成
国務大臣　植原悦二郎
運輸大臣　平塚常次郎
大蔵大臣　石橋湛山
国務大臣　金森徳次郎
国務大臣　膳桂之助

日本国憲法

日本国民は、正当に選挙された国会における代表者を通じて行動し、われらとわれらの子孫のために、諸国民との協和による成果と、わが国全土にわたつて自由のもたらす恵沢を確保し、政府の行為によつて再び戦争の惨禍が起ることのないやうにすることを決意し、ここに主権が国民に存することを宣言し、この憲法を確定する。そもそも国政は、国民の厳粛な信託によるものであつて、その権威は国民に由来し、その権力は国民の代表者がこれを行使し、その福利は国民がこれを享受する。これは人類普遍の原理であり、この憲法は、かかる原理に基くものである。われらは、これに反する一切の憲法、法令及び詔勅を排除する。

日本国民は、恒久の平和を念願し、人間相互の関係を支配する崇高な理想を深く自覚するのであつて、平和を愛する諸国民の公正と信義に信頼して、われらの安全と生存を保持しようと決意した。われらは、平和を維持し、専制と隷従、圧迫と偏狭を地上から永遠に除去しようと努めてゐる国際社会において、名誉ある地位を占めたいと思ふ。われらは、全世界の国民が、ひとしく恐怖と欠乏から免かれ、平和のうちに生存する権利を有することを確認する。

われらは、いづれの国家も、自国のことのみに専念して他国を無視してはならないのであつて、政治道徳の法則は、普遍的なものであり、この法則に従ふことは、自国の主権を維持し、他国と対等関係に立たうとする各国の責務であると信ずる。

日本国民は、国家の名誉にかけ、全力をあげてこの崇高な理想と目的を達成することを誓ふ。

第一章　天皇

第一条　天皇は、日本国の象徴であり日本国民統合の象徴であつて、この地位は、主権の存する日本国民の総意に基く。

第二条　皇位は、世襲のものであつて、国会の議決した皇室典範の定めるところにより、これを継承する。

第三条　天皇の国事に関するすべての行為には、内閣の助言と承認を必要とし、内閣が、その責任を負ふ。

第四条　1　天皇は、この憲法の定める国事に関する行為のみを行ひ、国政に関する権能を有しない。

2　天皇は、法律の定めるところにより、その国事に関する行為を委任することができる。

第五条　皇室典範の定めるところにより摂政を置くときは、摂政は、天皇の名でその国事に関する行為を行ふ。この場合には、前条第一項の規定を準用する。

第六条　1　天皇は、国会の指名に基いて、内閣総理大臣を任命する。

2　天皇は、内閣の指名に基いて、最高裁判所の長たる裁判官を任命する。

第七条　天皇は、内閣の助言と承認により、国民のために、左の国事に関する行為を行ふ。

一　憲法改正、法律、政令及び条約を公布すること。
二　国会を召集すること。
三　衆議院を解散すること。
四　国会議員の総選挙の施行を公示すること。
五　国務大臣及び法律の定めるその他の官吏の任免並びに全権委任状及び大使及び公使の信任状を認証すること。

六　大赦、特赦、減刑、刑の執行の免除及び復権を認証すること。
七　栄典を授与すること。
八　批准書及び法律の定めるその他の外交文書を認証すること。
九　外国の大使及び公使を接受すること。
十　儀式を行ふこと。

第八条　皇室に財産を譲り渡し、又は皇室が、財産を譲り受け、若しくは賜与することは、国会の議決に基かなければならない。

第二章　戦争の放棄

第九条　1　日本国民は、正義と秩序を基調とする国際平和を誠実に希求し、国権の発動たる戦争と、武力による威嚇又は武力の行使は、国際紛争を解決する手段としては、永久にこれを放棄する。

2　前項の目的を達するため、陸海空軍その他の戦力は、これを保持しない。国の交戦権は、これを認めない。

第三章　国民の権利及び義務

第一〇条　日本国民たる要件は、法律でこれを定める。

第一一条　国民は、すべての基本的人権の享有を妨げられない。この憲法が国民に保障する基本的人権は、侵すことのできない永久の権利として、現在及び将来の国民に与へられる。

第一二条　この憲法が国民に保障する自由及び権利は、国民の不断の努力によつて、これを保持しなければならない。又、国民は、これを濫用してはならないのであつて、常に公共の福祉のためにこれを利用する責任を負ふ。

第一三条　すべて国民は、個人として尊重される。生命、自由及び幸福追求に対する国民の権利については、公共の福祉に反しない限り、立法その他の国政の上で、最大の尊重を必要とする。

第一四条　1　すべて国民は、法の下に平等であつて、人種、信条、性別、社会的身分又は門地により、政治的、経済的又は社会的関係において、差別されない。

2　華族その他の貴族の制度は、これを認めない。

3　栄誉、勲章その他の栄典の授与は、いかなる特権も伴はない。栄典の授与は、現にこれを有し、又は将来これを受ける者の一代に限り、その効力を有する。

第一五条　1　公務員を選定し、及びこれを罷免することは、国民固有の権利である。

2　すべて公務員は、全体の奉仕者であつて、一部の奉仕者ではない。

3　公務員の選挙については、成年者による普通選挙を保障する。

4　すべて選挙における投票の秘密は、これを侵してはならない。選挙人は、その選択に関し公的にも私的にも責任を問はれない。

第一六条　何人も、損害の救済、公務員の罷免、法律、命令又は規則の制定、廃止又は改正その他の事項に関し、平穏に請願する権利を有し、何人も、かかる請願をしたためにいかなる差別待遇も受けない。

第一七条　何人も、公務員の不法行為により、損害を受けたときは、法律の定めるところにより、国又は公共団体に、その賠償を求めることができる。

第一八条　何人も、いかなる奴隷的拘束も受けない。又、犯罪に因る処罰の場合を除いては、その意に反する苦役に服させられない。

第一九条　思想及び良心の自由は、これを侵してはならない。

第二〇条　1　信教の自由は、何人に対してもこれを保障する。いかなる宗教団体も、国から特権を受け、又は政治上の権力を行使してはならない。

2　何人も、宗教上の行為、祝典、儀式又は行事に参加することを強制されない。

3　国及びその機関は、宗教教育その他のいかなる宗教的活動もしてはならない。

第二一条　1　集会、結社及び言論、出版その他一切の表現の自由は、これを保障する。

2　検閲は、これをしてはならない。通信の秘密は、これを侵してはならない。

第二二条　1　何人も、公共の福祉に反しない限り、居住、移転及び職業選択の自由を有する。

2　何人も、外国に移住し、又は国籍を離脱する自由を侵されない。

第二三条　学問の自由は、これを保障する。

第二四条　1　婚姻は、両性の合意のみに基いて成立し、夫婦が同等の権利を有することを基本として、相互の協力により、維持されなければならない。

2　配偶者の選択、財産権、相続、住居の選定、離婚並びに婚姻及び家族に関するその他の事項に関しては、法律は、個人の尊厳と両性の本質的平等に立脚して、制定されなければならない。

第二五条　1　すべて国民は、健康で文化的な最低限度の生活を営む権利を有する。

2　国は、すべての生活部面について、社会福祉、社会保障及び公衆衛生の向上及び増進に努めなければならない。

第二六条　1　すべて国民は、法律の定めるところにより、その能力に応じて、ひとしく教育を受ける権利を有する。

2　すべて国民は、法律の定めるところにより、その保護する子女に普通教育を受けさせる義務を負ふ。義務教育は、これを無償とする。

第二七条　1　すべて国民は、勤労の権利を有し、義務を負ふ。

2　賃金、就業時間、休息その他の勤労条件に関する基準は、法律でこれを定める。

3　児童は、これを酷使してはならない。

第二八条　勤労者の団結する権利及び団体交渉その他の団体行動をする権利は、これを保障する。

第二九条　1　財産権は、これを侵してはならない。

2　財産権の内容は、公共の福祉に適合するやうに、法律でこれを定める。

3　私有財産は、正当な補償の下に、これを公共のために用ひることができる。

第三〇条　国民は、法律の定めるところにより、納税の義務を負ふ。

第三一条　何人も、法律の定める手続によらなければ、その生命若しくは自由を奪はれ、又はその他の刑罰を科せられない。

第三二条　何人も、裁判所において裁判を受ける権利を奪はれない。

第三三条　何人も、現行犯として逮捕される場合を除いては、権限を有する司法官憲が発し、且つ理由となつてゐる犯罪を明示する令状によらなければ、逮捕されない。

第三四条　何人も、理由を直ちに告げられ、且つ、直ちに弁護人に依頼する権利を与へられなければ、抑留又は拘禁されない。又、何人も、正当な理由がなければ、拘禁されず、要求があれば、その理由は、直ちに本人及びその弁護人の出席する公開の法廷で示されなければならない。

第三五条　1　何人も、その住居、書類及び所持品について、侵入、捜索及び押収を受けることのない権利は、第三三条の場合を除いては、正当な理由に基いて発せられ、且つ捜索する場所及び押収する物を明示する令状がなければ、侵されない。

2　捜索又は押収は、権限を有する司法官憲が発する各別の令状により、これを行ふ。

第三六条　公務員による拷問及び残虐な刑罰は、絶対にこれを禁ずる。

第三七条　1　すべて刑事事件においては、被告人は、公平な裁判所の迅速な公開裁判を受ける権利を有する。

2　刑事被告人は、すべての証人に対して審問する機会を充分に与へられ、又、公費で自己のために強制的手続により証人を求める権利を有する。

3　刑事被告人は、いかなる場合にも、資格を有する弁護人を依頼することができる。被告人が自らこれを依頼することができないときは、国でこれを附する。

第三八条　1　何人も、自己に不利益な供述を強要されない。

2　強制、拷問若しくは脅迫による自白又は不当に長く抑留若しくは拘禁された後の自白は、これを証拠とすることができない。

3　何人も、自己に不利益な唯一の証拠が本人の自白である場合には、有罪とされ、又は刑罰を科せられない。

第三九条　何人も、実行の時に適法であつた行為又は既に無罪とされた行為については、刑事上の責任を問はれない。又、同一の犯罪について、重ねて刑事上の責任を問はれない。

第四〇条　何人も、抑留又は拘禁された後、無罪の裁判を受けたときは、法律の定めるところにより、国にその補償を求めることができる。

第四章　国会

第四一条　国会は、国権の最高機関であつて、国の唯一の立法機関である。

第四二条　国会は、衆議院及び参議院の両議院でこれを構成する。

第四三条　1　両議院は、全国民を代表する選挙された議員でこれを組織する。

2　両議院の議員の定数は、法律でこれを定める。

第四四条　両議院の議員及びその選挙人の資格は、法律でこれを定める。但し、人種、信条、性別、社会的身分、門地、教育、財産又は収入によつて差別してはならない。

第四五条　衆議院議員の任期は、四年とする。但し、衆議院解散の場合には、その期間満了前に終了する。

第四六条　参議院議員の任期は、六年とし、三年ごとに議員の半数を改選する。

第四七条　選挙区、投票の方法その他両議院の議員の選挙に関する事項は、法律でこれを定める。

第四八条　何人も、同時に両議院の議員たることはできない。

第四九条　両議院の議員は、法律の定めるところにより、国庫から相当額の歳費を受ける。

第五〇条　両議院の議員は、法律の定める場合を除いては、国会の会期中逮捕されず、会期前に逮捕された議員は、その議院の要求があれば、会期中これを釈放しなければならない。

第五一条　両議院の議員は、議院で行つた演説、討論又は表決について、院外で責任を問はれない。

第五二条　国会の常会は、毎年一回これを召集する。

第五三条　内閣は、国会の臨時会の召集を決定することができる。いづれかの議院の総議員の四分の一以上の要求があれば、内閣は、その召集を決定しなければならない。

第五四条　1　衆議院が解散されたときは、解散の日から四十日以内に、衆議院議員の総選挙を行ひ、その選挙の日から三十日以内に、国会を召集しなければならない。

2　衆議院が解散されたときは、参議院は、同時に閉会となる。但し、内閣は、国に緊急の必要があるときは、参議院の緊急集会を求めることができる。

3　前項但書の緊急集会において採られた措置は、臨時のものであつて、次の国会開会の後十日以内に、衆議院の同意がない場合には、その効力を失ふ。

第五五条　両議院は、各々その議員の資格に関する争訟を裁判する。但し、議員の議席を失はせるには、出席議員の三分の二以上の多数による議決を必要とする。

第五六条　1　両議院は、各々その総議員の三分の一以上の出席がなければ、議事を開き議決することができない。

2　両議院の議事は、この憲法に特別の定のある場合を除いては、出席議員の過半数でこれを決し、可否同数のときは、議長の決するところによる。

第五七条　1　両議院の会議は、公開とする。但し、出席議員の三分の二以上の多数で議決したときは、秘密会を開くことができる。

2　両議院は、各々その会議の記録を保存し、秘密会の記録の中で特に秘密を要すると認められるもの以外は、これを公表し、且つ一般に頒布しなければならない。

3　出席議員の五分の一以上の要求があれば、各議員の表決は、これを会議録に記載しなければならない。

第五八条　1　両議院は、各々その議長その他の役員を選任する。

2　両議院は、各々その会議その他の手続及び内部の規律に関する規則を定め、又、院内の秩序をみだした議員を懲罰することができる。但し、議員を除名するには、出席議員の三分の二以上の多数による議決を必要とする。

第五九条　1　法律案は、この憲法に特別の定のある場合を除いては、両議院で可決したとき法律となる。

2　衆議院で可決し、参議院でこれと異なつた議決をした法律案は、衆議院で出席議員の三分の二以上の多数で再び可決したときは、法律となる。

3　前項の規定は、法律の定めるところにより、衆議院が、両議院の協議会を開くことを求めることを妨げない。

4　参議院が、衆議院の可決した法律案を受け取つた後、国会休会中の期間を除いて六十日以内に、議決しないときは、衆議院は、参議院がその法律案を否決したものとみなすことができる。

第六〇条　1　予算は、さきに衆議院に提出しなければならない。

2　予算について、参議院で衆議院と異なつた議決をした場合に、法律の定めるところにより、両議院の協議会を開いても意見が一致しないとき、又は参議院が、衆議院の可決した予算を受け取つた後、国会休会中の期間を除いて三十日以内に、議決しないときは、衆議院の議決を国会の議決とする。

第六一条　条約の締結に必要な国会の承認については、前条第二項の規定を準用する。

第六二条　両議院は、各々国政に関する調査を行ひ、これに関して、証人の出頭及び証言並びに記録の提出を要求することができる。

第六三条　内閣総理大臣その他の国務大臣は、両議院の一に議席を有すると有しないとにかかはらず、何時でも議案について発言するため議院に出席することができる。又、答弁又は説明のため出席を求められたときは、出席しなければならない。

第六四条　1　国会は、罷免の訴追を受けた裁判官を裁判するため、両議院の議員で組織する弾劾裁判所を設ける。

2　弾劾に関する事項は、法律でこれを定める。

第五章　内閣

第六五条　行政権は、内閣に属する。

第六六条　1　内閣は、法律の定めるところにより、その首長たる内閣総理大臣及びその他の国務大臣でこれを組織する。

2　内閣総理大臣その他の国務大臣は、文民でなければならない。

3　内閣は、行政権の行使について、国会に対し連帯して責任を負ふ。

第六七条　1　内閣総理大臣は、国会議員の中から国会の議決で、これを指名する。この指名は、他のすべての案件に先だつて、これを行ふ。

2　衆議院と参議院とが異なつた指名の議決をした場合に、法律の定めるところにより、両議院の協議会を開いても意見が一致しないとき、又は衆議院が指名の議決をした後、国会休会中の期間を除いて十日以内に、参議院が、指名の議決をしないときは、衆議院の議決を国会の議決とする。

第六八条　1　内閣総理大臣は、国務大臣を任命する。但し、その過半数は、国会議員の中から選ばれなければならない。

2　内閣総理大臣は、任意に国務大臣を罷免することができる。

第六九条　内閣は、衆議院で不信任の決議案を可決し、又は信任の決議案を否決したときは、十日以内に衆議院が解散されない限り、総辞職をしなければならない。

第七〇条　内閣総理大臣が欠けたとき、又は衆議院議員総選挙の後に初めて国会の召集があつたときは、内閣は、総辞職をしなければならない。

第七一条　前二条の場合には、内閣は、あらたに内閣総理大臣が任命されるまで引き続きその職務を行ふ。

第七二条　内閣総理大臣は、内閣を代表して議案を国会に提出し、一般国務及び外交関係について国会に報告し、並びに行政各部を指揮監督する。

第七三条　内閣は、他の一般行政事務の外、左の事務を行ふ。

一　法律を誠実に執行し、国務を総理すること。

二　外交関係を処理すること。

三　条約を締結すること。但し、事前に、時宜によつては事後に、国会の承認を経ることを必要とする。

四　法律の定める基準に従ひ、官吏に関する事務を掌理すること。

五　予算を作成して国会に提出すること。

六　この憲法及び法律の規定を実施するために、政令を制定すること。但し、政令には、特にその法律の委任がある場合を除いては、罰則を設けることができない。

七　大赦、特赦、減刑、刑の執行の免除及び復権を決定すること。

第七四条　法律及び政令には、すべて主任の国務大臣が署名し、内閣総理大臣が連署することを必要とする。

第七五条　国務大臣は、その在任中、内閣総理大臣の同意がなければ、訴追されない。但し、これがため、訴追の権利は、害されない。

第六章　司法

第七六条　1　すべて司法権は、最高裁判所及び法律の定めるところにより設置する下級裁判所に属する。

2　特別裁判所は、これを設置することができない。行政機関は、終審として裁判を行ふことができない。

3　すべて裁判官は、その良心に従ひ独立してその職権を行ひ、この憲法及び法律にのみ拘束される。

第七七条　1　最高裁判所は、訴訟に関する手続、弁護士、裁判所の内部規律及び司法事務処理に関する事項について、規則を定める権限を有する。

2　検察官は、最高裁判所の定める規則に従はなければならない。

3　最高裁判所は、下級裁判所に関する規則を定める権限を、下級裁判所に委任することができる。

第七八条　裁判官は、裁判により、心身の故障のために職務を執ることができないと決定された場合を除いては、公の弾劾によらなければ罷免されない。裁判官の懲戒処分は、行政機関がこれを行ふことはできない。

第七九条　1　最高裁判所は、その長たる裁判官及び法律の定める員数のその他の裁判官でこれを構成し、その長たる裁判官以外の裁判官は、内閣でこれを任命する。

2　最高裁判所の裁判官の任命は、その任命後初めて行はれる衆議院議員総選挙の際国民の審査に付し、その後十年を経過した後初めて行はれる衆議院議員総選挙の際更に審査に付し、その後も同様とする。

3　前項の場合において、投票者の多数が裁判官の罷免を可とするときは、その裁判官は、罷免される。

4　審査に関する事項は、法律でこれを定める。

5　最高裁判所の裁判官は、法律の定める年齢に達した時に退官する。

6　最高裁判所の裁判官は、すべて定期に相当額の報酬を受ける。この報酬は、在任中、これを減額することができない。

第八〇条　1　下級裁判所の裁判官は、最高裁判所の指名した者の名簿によつて、内閣でこれを任命する。その裁判官は、任期を十年とし、再任されることができる。但し、法律の定める年齢に達した時には退官する。

2　下級裁判所の裁判官は、すべて定期に相当額の報酬を受ける。この報酬は、在任中、これを減額することができない。

第八一条　最高裁判所は、一切の法律、命令、規則又は処分が憲法に適合するかしないかを決定する権限を有する終審裁判所である。

第八二条　1　裁判の対審及び判決は、公開法廷でこれを行ふ。

2　裁判所が、裁判官の全員一致で、公の秩序又は善良の風俗を害する虞があると決した場合には、対審は、公開しないでこれを行ふことができる。但し、政治犯罪、出版に関する犯罪又はこの憲法第三章で保障する国民の権利が問題となつてゐる事件の対審は、常にこれを公開しなければならない。

第七章　財政

第八三条　国の財政を処理する権限は、国会の議決に基いて、これを行使しなければならない。

第八四条　あらたに租税を課し、又は現行の租税を変更するには、法律又は法律の定める条件によることを必要とする。

第八五条　国費を支出し、又は国が債務を負担するには、国会の議決に基くことを必要とする。

第八六条　内閣は、毎会計年度の予算を作成し、国会に提出して、その審議を受け議決を経なければならない。

第八七条　1　予見し難い予算の不足に充てるため、国会の議決に基いて予備費を設け、内閣の責任でこれを支出することができる。

2　すべて予備費の支出については、内閣は、事後に国会の承諾を得なければならない。

第八八条　すべて皇室財産は、国に属する。すべて皇室の費用は、予算に計上して国会の議決を経なければならない。

第八九条　公金その他の公の財産は、宗教上の組織若しくは団体の使用、便益若しくは維持のため、又は公の支配に属しない慈善、教育若しくは博愛の事業に対し、これを支出し、又はその利用に供してはならない。

第九〇条　1　国の収入支出の決算は、すべて毎年会計検査院がこれを検査し、内閣は、次の年度に、その検査報告とともに、これを国会に提出しなければならない。

2　会計検査院の組織及び権限は、法律でこれを定める。

第九一条　内閣は、国会及び国民に対し、定期に、少くとも毎年一回、国の財政状況について報告しなければならない。

第八章　地方自治

第九二条　地方公共団体の組織及び運営に関する事項は、地方自治の本旨に基いて、法律でこれを定める。

第九三条　1　地方公共団体には、法律の定めるところにより、その議事機関として議会を設置する。

2　地方公共団体の長、その議会の議員及び法律の定めるその他の吏員は、その地方公共団体の住民が、直接これを選挙する。

第九四条　地方公共団体は、その財産を管理し、事務を処理し、及び行政を執行する権能を有し、法律の範囲内で条例を制定することができる。

第九五条　一の地方公共団体のみに適用される特別法は、法律の定めるところにより、その地方公共団体の住民の投票においてその過半数の同意を得なければ、国会は、これを制定することができない。

第九章　改正

第九六条　1　この憲法の改正は、各議院の総議員の三分の二以上の賛成で、国会が、これを発議し、国民に提案してその承認を経なければならない。この承認には、特別の国民投票又は国会の定める選挙の際行はれる投票において、その過半数の賛成を必要とする。

2　憲法改正について前項の承認を経たときは、天皇は、国民の名で、この憲法と一体を成すものとして、直ちにこれを公布する。

第一〇章　最高法規

第九七条　この憲法が日本国民に保障する基本的人権は、人類の多年にわたる自由獲得の努力の成果であつて、これらの権利は、過去幾多の試錬に堪へ、現在及び将来の国民に対し、侵すことのできない永久の権利として信託されたものである。

第九八条　1　この憲法は、国の最高法規であつて、その条規に反する法律、命令、詔勅及び国務に関するその他の行為の全部又は一部は、その効力を有しない。

2　日本国が締結した条約及び確立された国際法規は、これを誠実に遵守することを必要とする。

第九九条　天皇又は摂政及び国務大臣、国会議員、裁判官その他の公務員は、この憲法を尊重し擁護する義務を負ふ。

第一一章　補則

第一〇〇条　1　この憲法は、公布の日から起算して六箇月を経過した日から、これを施行する。

2　この憲法を施行するために必要な法律の制定、参議院議員の選挙及び国会召集の手続並びにこの憲法を施行するために必要な準備手続は、前項の期日よりも前に、これを行ふことができる。

第一〇一条　この憲法施行の際、参議院がまだ成立してゐないときは、その成立するまでの間、衆議院は、国会としての権限を行ふ。

第一〇二条　この憲法による第一期の参議院議員のうち、その半数の者の任期は、これを三年とする。その議員は、法律の定めるところにより、これを定める。

第一〇三条　この憲法施行の際現に在職する国務大臣、衆議院議員及び裁判官並びにその他の公務員で、その地位に相応する地位がこの憲法で認められてゐる者は、法律で特別の定をした場合を除いては、この憲法施行のため、当然にはその地位を失ふことはない。但し、この憲法によつて、後任者が選挙又は任命されたときは、当然その地位を失ふ。

本書は一九九一年の初版刊行以来、阿部照哉先生、畑博行先生の編集で版を重ねてまいりました。今回第五版にあたって、阿部先生よりご体調不良のため、編者ご辞退の申し出をいただきました。編者・出版社での相談の結果、阿部先生のご推薦により、これまでもご執筆に参加されていました小森田秋夫先生（神奈川大学教授・元東京大学社会科学研究所所長）に、編者に入っていただくことになりました。この間、阿部先生には一方ならぬご高配を賜りました。ここに記して厚く御礼申し上げます。

有信堂高文社

編著者
畑　博行　（広島大学名誉教授、近畿大学名誉教授）
小森田秋夫　（神奈川大学教授）
著　者（執筆順）
髙井　裕之　（大阪大学教授）
高橋　利安　（広島修道大学教授）
孝忠　延夫　（関西大学名誉教授）
佐藤　潤一　（大阪産業大学教授）
高田　敏　（大阪大学名誉教授）
平松　毅　（元関西学院大学教授）
百地　章　（日本大学名誉教授、国士舘大学特任教授）
尹　龍澤　（創価大学教授）
杉田　憲治　（広島修道大学名誉教授）
全　理其　（大阪学院大学教授）
永田　秀樹　（関西学院大学教授）
萩野　芳夫　（元鹿児島大学他教授）
二宮　正人　（サンパウロ大学教授）
永井　康之　（弁護士）
光信　一宏　（愛媛大学教授）
武居　一正　（福岡大学教授）
佐藤　史人　（名古屋大学教授）
新井　信之　（香川大学教授）

世界の憲法集〔第五版〕

1991年5月9日　初　版　第1刷発行　〔検印省略〕
1998年8月21日　第二版　第1刷発行
2005年7月7日　第三版　第1刷発行
2009年6月29日　第四版　第1刷発行
2018年12月7日　第五版　第1刷発行

編　者©畑　博行・小森田秋夫
発行者　髙橋明義　印刷・製本／亜細亜印刷

東京都文京区本郷1－8－1　振替00160－8－141750
〒113－0033　TEL（03）3813－4511
FAX（03）3813－4514
http://www.yushindo.co.jp
ISBN 978-4-8420-1083-0

発　行　所
株式会社　有信堂高文社
Printed in Japan

CONSTITUTIONS OF NATIONS
(5th ed.)

畑　博行・小森田秋夫 編

有信堂